Construction and Maintenance Technology of Long-Span Bridges for Huangpu Bridges of Pearl River

珠江黄埔大桥

大跨度桥梁建设与养护技术

张少锦　王中文　刘士林　等　编著

人民交通出版社
China Communications Press

内 容 提 要

本书以珠江黄埔大桥建设和养护管理实践为例，综述大跨度缆索承重体系桥梁关键技术，系统介绍复杂环境大跨度斜拉桥和悬索桥建设前期工作及设计、施工、养护技术与管理技术的创新工作，为广大好桥、赏桥、读桥、造桥、护桥之人士提供直接的、有价值的经验借鉴。

本书可供从事桥梁设计、施工、科研、管理等专业人员使用，也可供高等院校相关专业师生参考。

图书在版编目(CIP)数据

珠江黄埔大桥大跨度桥梁建设与养护技术 / 张少锦等编著. —北京:人民交通出版社,2012. 11

ISBN 978-7-114-08789-9

Ⅰ. ①珠… Ⅱ. ①张… Ⅲ. ①大跨度结构—桥梁工程 Ⅳ. ①U448. 43

中国版本图书馆 CIP 数据核字(2012)第 020469 号

书　　名:珠江黄埔大桥大跨度桥梁建设与养护技术
著 作 者:张少锦　王中文　刘士林　等
责任编辑:王文华(wwh@ ccpress. com. cn)
出版发行:人民交通出版社
地　　址:(100011)北京市朝阳区安定门外外馆斜街 3 号
网　　址:http://www. ccpress. com. cn
销售电话:(010)59757969,59757973
总 经 销:人民交通出版社发行部
经　　销:各地新华书店
印　　刷:北京市密东印刷有限公司
开　　本:880 × 1230　1/16
印　　张:46. 5
字　　数:1390 千
版　　次:2012 年 11 月　第 1 版
印　　次:2012 年 11 月　第 1 次印刷
书　　号:ISBN 978-7-114-08789-9
定　　价:120. 00 元
(有印刷、装订质量问题的图书由本社负责调换)

作者简介

张少锦，广东揭阳人，工学博士，广州交通投资集团教授级高级工程师，先后就读于重庆交通学院公路与城市道路专业、长沙交通学院桥梁与隧道专业、中南大学土木工程规划与管理专业；中国公路学会青年专家委员会委员，第六届中国公路百名优秀工程师，广东省劳动模范；主要从事公路（桥梁）建设、管理和科研工作。作为主要完成人获得省部级科技进步一等奖4项、二等奖2项，主编著作4部，核心期刊发表技术论文20余篇。

王中文，湖南常德人，工程硕士，广东省长大公路工程有限公司教授级高级工程师，先后就读于长沙交通学院公路与城市道路专业、西南交通大学桥梁与隧道工程专业、中山大学工程管理专业、华中科技大学桥梁与结构工程专业；主要从事公路（桥梁）施工、管理和科研工作。作为主要完成人获省部级科技进步特等奖1项，省部级科技进步一等奖5项、二等奖2项，主编著作2部，核心期刊发表技术论文30余篇。

刘士林，河北唐山人，中交第一公路勘察设计研究院教授级高级工程师，享受国务院特殊津贴专家，国家有突出贡献中青年科技管理专家，重庆交通大学和长安大学兼职教授，主要从事桥梁勘测设计和科研工作，亲自参加、主持或负责的大桥和特大桥勘察设计百余座，其中获国家和省部级工程项目奖和科研奖10余项，发表20余篇有价值的学术论文，主编或主审专著7部。

本书编写顾问委员会

主　任：潘双明

副主任：吴滨生　钟　鸣　李朝文　黄成造　刘刚亮　孟凡超

委　员：郑顺潮　张焕新　肖汝诚　郝培文　何玉珊　李裕民
陈　勇　陈开利　李　良　钱　亮　赵　军　李宗民
杨少希　吴明远　王晓晶　苏　辉　谢　军　陈　红
张建平　刘向阳　张太科　姚志安　吴绍明

本书编写单位及人员

编写单位：广州交通投资集团有限公司
广东省长大公路工程有限公司
中交第一公路勘察设计研究院有限公司
广州珠江黄埔大桥建设有限公司

编　　著：张少锦　王中文　刘士林　等

参 编 者：邓志华　张东曾　王应良　王　勇　冯云成　党志杰
梁颖晶

审　　核：王孟钧　苏　成　楼庄鸿

序　言

我国不仅有悠久的桥梁建造历史，而且现代化桥梁建设也在世界上大放异彩。在改革开放的形势下，我国持续开展大规模公路铁路等基础设施建设，有力地推动了桥梁事业的发展，并取得了举世瞩目的成就。通过桥梁理论研究和工程实践，解决了跨越近海区、江河强潮区、多年冻土区等特殊条件下建桥技术难题，突破了大跨度现代化桥梁建设关键技术，走出了一条自主创新的成功之路，使我国桥梁建设技术跻身于世界先进行列。这是广大桥梁建设人员以自己的聪明才智和辛勤劳动为国家和人民争得的崇高荣誉。

珠江黄埔大桥是近年建成的一座颇具代表性的城市桥梁。该桥位于广州市东南部产业聚集区，桥梁先后跨越工厂、码头、学校、交通干线、高压电线、江河水网等，建设规模大，技术要求高，环境十分复杂，对设计施工都提出了严峻挑战。《珠江黄埔大桥大跨度桥梁建设与养护技术》一书，总结珠江黄埔大桥建设成功实践，系统介绍了大跨度斜拉桥和悬索桥建设前期工作，以及设计、施工、养护技术和管理，突出了重大技术创新和管理创新，提出了有待深化研究和改进的重要建议，这对发展大跨度桥梁很有积极意义。

作者在本书中全面论述大跨度桥梁建设与养护技术，特别强调以系统思想为指导，实行全方位、全过程、全寿命的工程管理。在选择合理可行的桥位之后，确定以大跨度桥梁越江，努力做到桥梁结构、景观、环境与人群的和谐统一。在深入勘察基础上，致力于攻克大跨度桥梁结构设计、大体积深基础施工、复杂环境上部结构施工等关键技术，取得了一批技术创新成果。在大桥工程建设中，提出了建设前期合理化管理、工程建设过程中的执行控制管理和规范化管理。在大桥运营养护中，提出了预防性管理理念和日常养护、定期质检、长期监测“三位一体”养护技术。实现了工程技术与工程管理有机结合，工程建设与运营养护有机结合，形成了“建养一体化”的创新模式。这些新理念、新技术、新模式都具有很好的推广价值。

我国桥梁建设和养护不论是技术还是管理，都存在着不足之处，有些问题还比较突出，必须努力加以解决。要坚决纠正盲目追求“世界之最”，忽视质量品质、忽视寿命耐久、忽视经济社会环境效益的现象，认真贯彻科学发展的要求。要加强桥梁科学技术研究，不断推广成熟的新结构、新技术、新软件、新材料、新工艺、新设备，适时修订标准规范。要加强建设人员素质培训，坚持合理工期，推行构件工厂化、施工标准化、管理精细化，提高建设质量和水平。要克服“重建轻养”倾向，加强桥梁养护维修工作。我坚信，只要我们坚持正确的发展方向，我国桥梁事业一定会创造更加辉煌的成就。

孙永福

2012 年 10 月

前　言

交通建设的快速发展使得大跨度桥梁规划和建设越来越多，受限制的建设条件造成其存在许多关键技术难题，包括大跨度斜拉桥、悬索桥结构设计与计算技术，大体积深基础施工与控制技术，复杂环境上部结构施工与施工精度控制技术，超宽钢箱梁与超长缆索制造质量控制技术，特殊结构的预防性养护技术等等。针对具体技术问题，选择黄埔大桥建设与养护进行研究和实践。

黄埔大桥位于广州东南部经济产业带，是国道主干线广州绕城公路东段与珠江三角洲经济区环形高速公路并线的重要控制工程，交通量需求巨大，需按照八车道标准建设。大桥总长7 016.5m，跨过工厂、码头、学校、交通干线、水网河涌、高压线网和珠江主（河道宽1 450m）、辅（河道宽450m）航道等，是工程可行性研究报告路线方案选择中唯一合理的过江通道。因此，必须设计大跨度桥梁结构物来满足受限制的地形、地物和通航交通条件。主控工程包括：不等跨径、不对称纵坡（1%单向坡）、大跨度独塔斜拉桥（383m + 322m）；不等锚跨、不对称纵坡（1%和 -2%）、超千米跨径（主跨1 108m）整体式钢箱梁悬索桥（桥宽41.69m）；大跨度移动模架（单孔62.5m）施工的连续梁桥和连续刚构桥等。因此，建设对设计和施工方案的选择及技术开发和组织管理都提出很高要求。

黄埔大桥经历43个月的精细施工，于2008年12月建成通车。其建设凝聚了所有参建单位和参建人员及历次咨询专家的聪明智慧，为我国桥梁建造技术、管理技术、养护技术的提高积累了有价值的经验。为系统总结和介绍这些宝贵经验，丰富桥梁技术宝库，为广大好桥、赏桥、造桥之人士提供借鉴，并为桥梁保护者提供基础性指南，特编著此书。

全书共分四篇。第一篇是大跨度缆索承重桥梁概述：综述大跨度缆索承重体系桥梁的技术演变及发展，结合黄埔大桥工程成功案例，提出了建设前期合理化管理、工程建设的执行控制管理以及具有丰富内涵的规范化管理技术，并将这些理念和技术与后期运营养护管理有机结合，形成了"建养一体化"创新思维。第二篇和第三篇是黄埔大桥设计与施工关键技术：针对工程建设的复杂条件，从前期论证、勘察、设计，到开工建设，系统地介绍大跨度斜拉桥和悬索桥的结构设计与计算技术、大体积深基础施工与控制技术、复杂环境上部结构施工与施工精度控制技术、超宽钢箱梁与超长缆索制造质量控制的关键技术和管理控制方法。第四篇是黄埔大桥试验与养护技术：介绍大桥的荷载试验、健康监控系统、强震监测系统等的技术及实施方法，阐述"三位一体"的养护技术和预防性管理理念，提出了适合现代桥梁运营管理和科学养护的方法。

工程建设必须是全方位、全寿命、全过程的管理和控制，这是工程技术和工程管理有机结合的哲学思维问题；工程建设在强调创新的同时更加应该注重成果的继承和推广，这是工程的管理文化问题。没有继承就没有发展，只有继承和发扬好的技术、好的经验、好的管理，我们才能将成千上万的桥梁都建成精品，才能在合理快速度建设的同时，避免工程质量和安全事故的发生。黄埔大桥将工程技术和管理技术有机结合，既重视继承吸收，也重视创新发展，编著本书，意在体现这种精神。

本书由广州交通投资集团有限公司、广东省长大公路工程有限公司、中交第一公路勘察设计研究院有限公司、广州珠江黄埔大桥建设有限公司组织，张少锦、王中文、刘士林等编著；邓志华、张东曾、王勇、冯云成、梁颖晶及中铁大桥局集团有限公司王应良、党志杰参加编写；中南大学王孟钧教授、华南理工大学苏成教授、交通运输部公路科学研究院楼庄鸿研究员审核；中铁大桥局集团武汉桥梁科学研究院有限公司、中交公路规划设计院、中铁宝桥集团有限公司、江苏法尔胜股份有限公司等单位相关技术人员积极参与并提供宝贵完善意见。书中内容丰富，虽经努力，错漏在所难免，恳请批正。

衷心感谢！

编著者

2012 年 10 月

目　　录

第一篇　大跨度缆索承重桥梁概述

第二篇　黄埔大桥勘测与设计

第三篇 黄埔大桥施工关键技术

第四篇 黄埔大桥荷载试验与养护技术

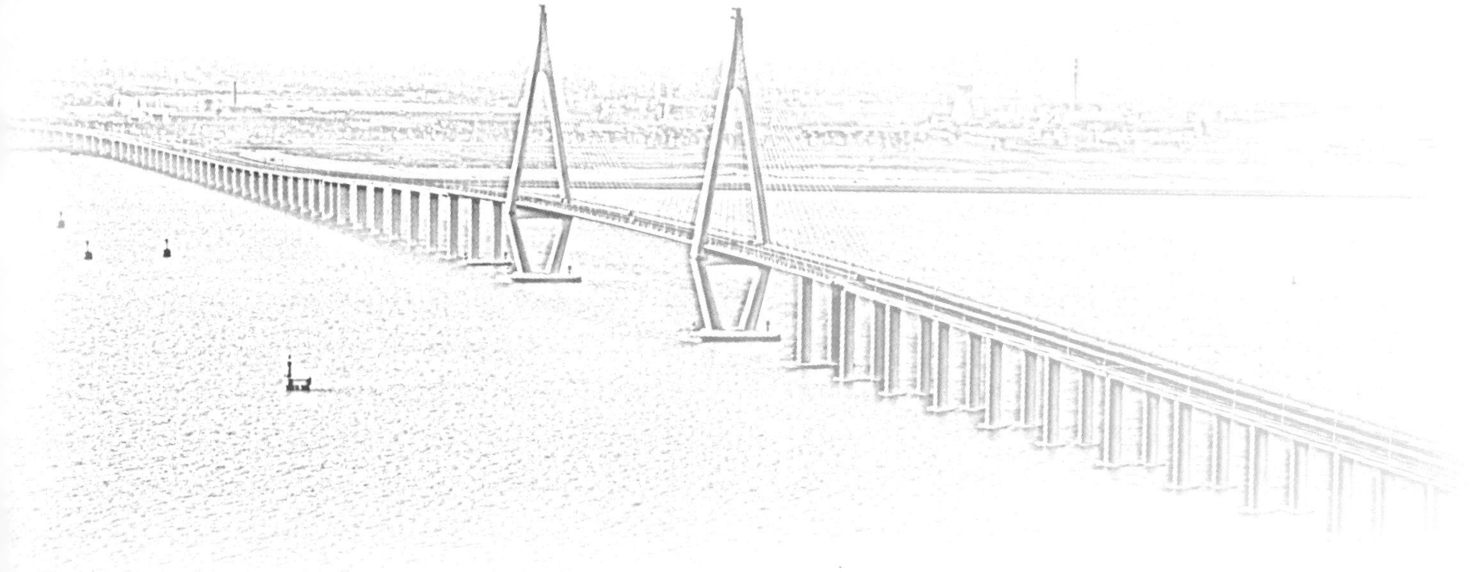

第一篇　大跨度缆索承重桥梁概述

第一章　大跨度斜拉桥、悬索桥综述

斜拉桥和悬索桥属于缆索承重桥梁，是大跨度桥梁的代表。斜拉桥(cable stayed bridge)又称斜张桥，是将主梁用许多拉索直接拉在桥塔上，由承压的塔、受拉的索和承弯的梁体组合起来的桥梁。悬索桥(suspension bridge)又称吊桥，是指通过索塔悬挂并锚固于两岸(或桥两端)的缆索(或钢链)作为上部结构主要承重构件，将桥面系用吊索挂在缆索上的桥梁。本章主要介绍跨度超过100m(技术标准属大桥)的斜拉桥和悬索桥及其技术演变与发展。

第一节　斜拉桥技术演变

一、早期著名的斜拉桥

斜拉桥发展比较早，但是早期的斜拉桥因为斜拉索材料等原因，不是很成功。1926年，西班牙滕普尔建成主跨60.3m引水桥(Acueducto de Tempul)。该桥在桥塔顶部设置索鞍，顶升索鞍，对斜拉索进行了张拉。1938年，基辛格(Dischinger)在德国汉堡跨越易北河采用斜拉索式，设计铁路悬索桥。第二次世界大战后，桥梁建筑发展很快，由于桥梁设计理论和新材料使用，设计人员赋予了斜拉桥建设新的内容。1952年，法国建成的Donzère-Mndragon桥是主跨81m公路预应力混凝土斜拉桥，法国人认为这是世界上第一座现代化的斜拉桥。1955年，瑞典建成孔跨布置为75m+182.6m+75m的斯特姆桑特桥。20世纪50～70年代，在德国修建了许多大跨度的斜拉桥，尤其是独塔斜拉桥，为世界大跨度斜拉桥的发展铺平了道路。

德国早期斜拉桥的特点：

(1)早期斜拉索采用稀索体系，斜拉索大部分采用锁口钢丝绳，后来逐渐发展为密索体系，如1972年建成美茵河的混凝土主梁斜拉桥。

(2)桥塔采用钢桥塔，两个塔柱在桥面以上不设置横向连接。

(3)主梁采用正交异性板的钢箱梁或者钢板梁。后来发展了中跨为钢箱梁或者钢板梁，边跨为混凝土主梁的混合梁斜拉桥，如曼海姆—罗德维希港桥和傅累埃桥为代表的混合梁斜拉桥。

早期著名的斜拉桥如下。

1)斯特姆桑特桥(Strömsund Bridge)

斯特姆桑特桥于1955年建成，许多人认为是第一座现代斜拉桥，位于瑞典的Strömsund，结构体系为塔墩铰接，塔梁分离，类似于连续梁体系。孔跨布置为75.0m+182.0m+75.0m，主梁高度3.25m，主梁宽度14.30m。斜拉索采用扇形布置，每个桥塔顶部有两对斜拉索，桥塔为门形框架形式(图1-1-1)。主梁由两片钢板梁组成，上铺混凝土行车道板，斜拉索和主梁的锚固构造在桥面内侧。桥塔采用钢结构，支承布置在主梁两侧的竖向缆索体系。加劲梁为两根位于索面外侧的板梁，以便隐藏斜拉索锚具。

斯特姆桑特桥作为斜拉桥新时代的开始，在很大程度上由于改进了结构分析方法，索力计算贯穿整个架设过程，保证了全部拉索在最终结构中的效能。在斯特姆桑特桥架设中第一次系统地作了与架设有关的计算。

图 1-1-1　斯特姆桑特桥

作为平面体系，斯特姆桑特桥是 8 次超静定结构，但将荷载分成对称部分和反对称部分后，超静定次数减少到 4。20 世纪 50 年代初，对计算尺和机械计算器所能进行的计算来说，这一数值计算工作，正好适合其能接受的限度。就斯特姆桑特桥而言，由于两根工字形板梁组成的加劲梁扭转刚度不大，容许作用在桥面梁上的力以杠杆原理横向分配给两个索面，各索面体系按平面分析即可保证精度。

2）西奥特—霍义斯桥（Theodor-Heuss Bridge）

西奥特—霍义斯桥于 1959 年建成，位于杜塞尔多夫市，跨越莱茵河，孔跨布置为 108m + 260m + 108m。该桥是德国的首座斜拉桥，第二座现代化斜拉桥，斜拉索为竖琴形稀索体系，其荷载传递在很大程度上依靠主梁和桥塔的刚度（图 1-1-2）。西奥特—霍义斯本人负责该桥的设计咨询工作，在该桥的设计咨询中首次提出了“倒退分析法”进行施工控制，此后，德国有多座钢斜拉桥采用此法进行施工控制。

随后德国在杜塞尔多夫和科隆建成多座斜拉桥。其结构特征一般为：

（1）结构体系为塔梁固接、墩梁铰接；

（2）桥塔一般采用钢桥塔，而且为双柱式；

（3）主梁一般采用钢箱梁或钢板梁；

（4）斜拉索一般采用封闭钢丝绳，斜拉索体系一般采用稀索体系。

3）弗里特里希—欧贝特桥（Friedrich Ebert Bridge）

随着钢箱梁和计算机的发展，德国又发展了单索面和密索体系的斜拉桥。德国于 1967 年建成的弗里特里希—欧贝特桥，跨越莱茵河，在 A565 高速公路上，是密索体系公路斜拉桥，斜拉索扇形布置。主梁采用钢箱梁，桥塔采用独柱钢塔，主跨 280m，总长 520m，结构体系为塔梁固接，墩梁铰接体系。主桥孔跨布置为 120.10m + 280.0m + 120.10m。桥面以上桥塔高 53m，桥面宽度 35.8m，该桥是第一座密索体系的斜拉桥，也是第一座单索面的斜拉桥（图 1-1-3）。

图 1-1-2　西奥特—霍义斯桥

图 1-1-3　弗里特里希—欧贝特桥

该桥借助计算机辅助分析取得了重要技术成果，致使密索体系被广泛采用。每个桥塔采用一中心索面，各支承 40 根斜拉索。斜拉索采用单根封闭钢丝索股制成，直径取决于斜拉索的位置，从 90mm 到 123mm。密索体系对加劲梁提供了连续支承，同时在各索锚点上传递的索力将有所减小，避免了加强梁在锚固区局部加强。由于从一个锚固点到下一锚固点所需悬臂长度很小，有利于安装架设，而且在最终结构中，比较小的斜拉索单元也易于替换。

4）塞弗林桥（Severins Bridge）

德国于 1969 年建成的塞弗林桥为独塔斜拉桥，采用钢桥塔及两个边箱式的钢箱梁，主跨 301.67m。这在当时是最大跨度的斜拉桥（图 1-1-4）。早期的德国斜拉桥在杜塞尔多夫市和科隆市居多，分布如图 1-1-5 所示。

图 1-1-4 塞弗林桥

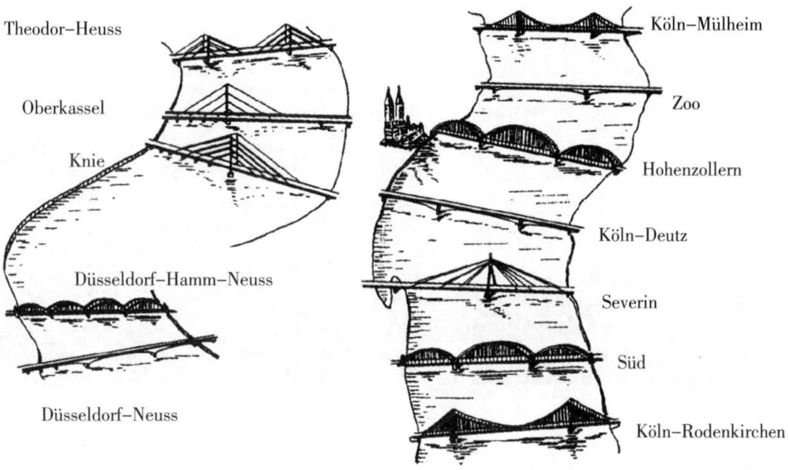

a)杜塞尔多夫市的桥梁　　b)科隆市的桥梁

图 1-1-5 德国杜塞尔多夫和科隆市的桥梁示意图

5）格尼桥（Knie Bridge）

格尼桥于 1969 年建成，位于杜塞尔多夫市，跨越莱茵河，主跨 319m。桥总长 561.15m，主梁高 3.35m、宽 29.3m，桥塔高 114.10m，是单塔不对称公路斜拉桥。采用稀索体系，主梁和桥塔的刚度比较小，边跨采用多个辅助墩增加刚度（图 1-1-6）。

图 1-1-6 格尼桥

在此桥中，缆索体系具有平行索的竖琴式构造，与这一体系的早期桥梁相比较，中间支墩布置在边跨的各索锚点之下，这是为了增大双竖琴体系的效率，以至于采用细长、开口的加劲梁（扭转刚度不大）成为可能。尽管塔高很高（达 114m），但该桥还是采取了无任何横向支撑或系杆的独立柱结构。

6）奥博卡瑟尔桥（Oberkassel Bridge）

奥博卡瑟尔桥于1973年建成，总长590m，主跨257.75m，为稀索体系独塔钢箱梁斜拉桥，如图1-1-7所示。该桥最大的特点是利用旧桥使用了横向移动的方法施工。

更换旧桥主梁时，先在旧桥旁制成新梁（旧桥仍暂时运营），然后横移旧桥主梁出位，将新梁横移到位，并立即开通新桥。横移时，横移滑道总是靠近梁的支点布置，所以，在稳定和强度方面，较为安全。

桥梁总质量12 700t，下设4条横移滑道，但绝大部分桥重（约10 300t）是作用在独塔之下的滑道上。横移力由千斤顶通过拉杆提供。横移距离是47.5m，横移速度是3.6m/h。

7）曼海姆—罗德维希港桥（Mannheim Ludwigshafen Bridge）

德国于1972年建成的曼海姆—罗德维希港桥如图1-1-8所示。该桥加劲梁主跨采用钢箱梁，边跨一部分主梁采用预应力混凝土结构，跨径布置为287.0m + 60.0m + 65.0m。该桥第一次使用平行钢丝作为斜拉索，也是第一座采用钢箱梁和混凝土箱梁的混合梁斜拉桥。每根斜拉索采用295丝直径7mm的钢丝，标志着平行钢丝索股在较大的斜拉桥中首次使用。拉索采用高幅型的新型锚筒锚固，并使用了包含环氧复合物冷填充料，增大了抗疲劳性能。

图1-1-7　奥博卡瑟尔桥

图1-1-8　曼海姆—罗德维希港桥

曼海姆—罗德维希港桥还展示了材料的组合性能，主跨加劲梁完全用钢制作，边跨一部分加劲梁则采用混凝土主梁，这种组合是非常合理的。边跨（通过应用中间支墩）最大跨径为65m，而主跨是287m。边跨的较大恒载减少了负反力，对结构整体受力有利。

8）杜伊斯堡—纽卡布桥（Duisburg-Neuenkamp Bridge）

德国于1975年建成的杜伊斯堡—纽卡布桥，为主跨350m的钢箱梁斜拉桥，采用塔梁固接，塔墩分离的体系，桥塔采用全焊结构，如图1-1-9、图1-1-10所示。主梁现场接头的桥面板采用焊接，其余部分采用栓接。桥塔部分采用屈服强度为700MPa的高强钢320t。全桥的用钢量为10 000t（包括斜拉索），平均354kg/m^2。

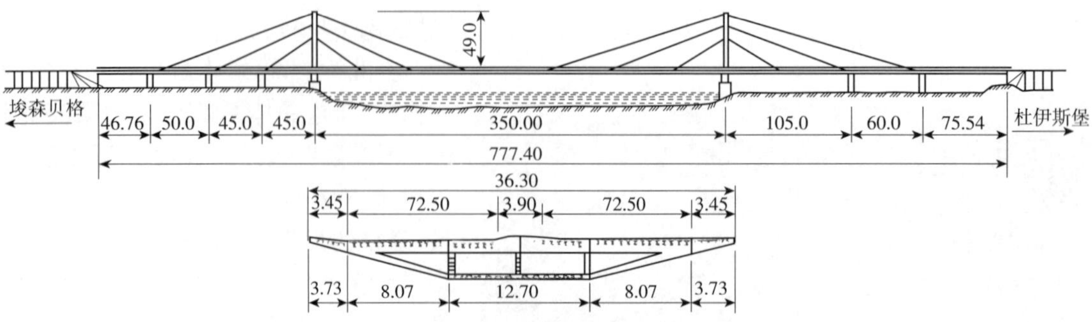

图1-1-9　杜伊斯堡—纽卡布桥总体布置图（尺寸单位：m）

图 1-1-10　建成后的杜伊斯堡—纽卡布桥

9)傅累埃桥(Flehe Bridge)

德国 1979 年建成的主跨为 368m 的傅累埃桥,位于杜塞尔多夫。该桥主跨 367.24m,建成后如图 1-1-11 所示。斜拉索采用稀索和单索面体系,独塔不对称斜拉桥,边跨采用多个辅助墩增加刚度,宽度 41.7m。主梁采用钢箱梁和混凝土箱梁混合梁,该桥的悬臂拼装长度首次超过了 350m,保持了 20 多年的独塔斜拉桥跨径纪录。目前跨度最大的独塔斜拉桥是俄罗斯的 Живописный 桥,主跨达 410m。

德国的工作为以后的斜拉桥发展奠定了良好的基础,在法国的诺曼底桥和日本的多多罗桥上都可以看到德国斜拉桥的影子。

图 1-1-11　傅累埃桥

10)萨瓦河铁路斜拉桥(Sava River Bridge)

前南斯拉夫 1979 年建成的萨瓦河桥,位于贝尔格莱德,是世界上第一座双线重载铁路钢箱梁斜拉桥。孔跨布置为 52.74m + 85.00m + 254.00m + 50.00m + 64.20m,斜拉索采用平行索面的稀索体系。主梁是两道箱梁,高 4.45m,分布在两侧;在两箱梁之间设置钢正交异性板,板上铺设道碴桥面。该桥采用塔梁固接,墩梁铰支体系。斜拉索间距大约 50m。边跨的背索均锚固在距离主塔 50m 的边跨,采用 BBR 平行钢丝系统和高疲劳强度的 Hi-Am 锚头。建成后的该桥如图 1-1-12 所示。

图 1-1-12　萨瓦河铁路斜拉桥

11)斯罗博达桥(Sloboda Bridge)

斯罗博达桥于 1981 年建成,位于诺维萨德市,跨越多瑙河,是公路钢箱梁斜拉桥,斜拉索为单索面稀索体系,桥面宽 27.60m,按 6 车道布置,桥塔高度 60.0m,主梁高 3.80m。结构体系为塔梁固接,塔墩铰接体系。该桥主跨 351m,当时是跨度最大的单索面斜拉桥。主桥的主梁采用倒梯形钢箱梁,节段长度 16.0m。桥塔采用独柱钢桥塔,斜拉索在主梁上的间距对称布置,为 54m + 48m + 48m。基础采用混凝土桩基,桩基直径 120 ~ 150cm。主桥采用悬臂拼装法架设。1999 年 4 月 3 日遭到北约袭击,部分桥梁遭到破坏,炸毁后的该桥如图 1-1-13 所示。2000 年后根据原来的设计开始修复,2005 年 10 月 11 日修复后开通,修复后的该桥如图 1-1-14 所示。

12)圣纳泽桥(St. Nazaire Bridge)

法国于 1983 年建成圣纳泽桥,该桥孔跨布置为 158m + 404m + 158m,主梁采用钢箱梁,宽 15.0m,桥塔采用钢桥塔。本桥建成时是当时世界上最大跨度的斜拉桥,如图 1-1-15 所示。

图 1-1-13　被炸毁后的斯罗博达桥

早期也建成了不少混凝土斜拉桥，其中，比较著名的是委内瑞拉马拉开波桥、德国的美茵河混凝土斜拉桥和法国的布鲁顿桥。

图 1-1-14　修复后的斯罗博达桥

图 1-1-15　圣纳泽桥

13）马拉开波桥（Maracaibo Bridge）

该桥为 5 孔 235m 公路桥，桥全长 8.678km，主桥孔跨布置为 160.0m + 5 × 235m + 160.0m。主梁高 5.0m，宽 17.40m，桥塔高 86.60m。引桥孔跨布置为 26 × 85.0m + 2 × 65.8m + 79 × 46.6m + 20 × 36.6m + 22.6m，桥梁的结构体系如图 1-1-16 所示，建成后如图 1-1-17 所示。

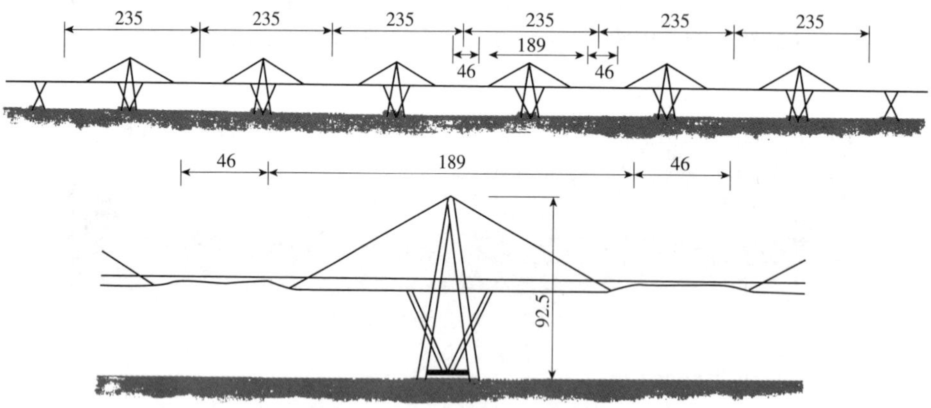

图 1-1-16　马拉开波桥结构总体布置（尺寸单位：m）

马拉开波桥的索塔和加劲梁均采用混凝土材料，引进了在缆索承重桥梁主要构件上从未采用过的材料，而且这是第一座多跨斜拉桥。为了提供出口单向进出马拉开波湖，选择了建设一座具有 5 个主跨和各主跨径为 235m 的长桥。5 个主跨中的每一跨包含两悬臂，各由一对从三角形桥塔上放射的斜拉索支承。该三角形索塔为了稳定结构体系，也为了承担反对称荷载。在悬臂端之间布置小的悬挂孔，因此该体系被视为外部静定平面体系。由于只有一组索，不得不使用重箱梁从索塔到缆索支点跨越。

马拉开波桥的最大特点是位于上部结构，其技术和艺术上都很特殊。该桥的大跨和小跨，其桥塔或桥墩都是独立稳定的构造，左右伸臂，端部搁上悬孔的伸臂梁桥。主塔左右伸臂各约 93m（约 0.39 跨长）。伸臂端用斜拉索拉在 A 字形塔上。为了增加墩上左右伸臂梁的支点，在塔处再加双 X 形墩柱。斜拉索在塔端集中锚固，梁端锚固于伸臂梁端。施工时，伸臂梁端设临时墩，设钢脚手架，在此支架上就地制梁，再施拉索。

图 1-1-17　马拉开波桥

14）美茵河桥（Mainbrücke）

1972 年，德国在法兰克福建成跨越美茵河的混凝土斜拉桥，为铁路、公路和管道三用斜拉桥，主跨 148.23m，主梁宽 30.95m。全桥孔跨布置为 16.91m + 25.65m + 29.0m + 39.35m + 148.23m + 26.17m = 300.31m，建成后如图 1-1-18 所示。该桥原设计为钢斜拉桥，因造价高而改变设计成混凝土斜拉桥。

在结构和构造上有若干突出的创新点，主要是：

（1）河中不能设墩，主跨必须达 148m，南岸引桥只需长 4m，因而在北段采用与 T 构悬臂相协作的做法，是最早的一座斜拉与 T 构协作体系桥梁。

（2）T 构采用双幅三角形实心鱼鳍板梁桥（当时称为翼墙），板厚 1.24m，顶高 6m，悬臂长约 30m，这种鱼鳍梁能提供极大的刚度，满足专用铁路和 6 车道公路活载承载需要。

图 1-1-18　美茵河桥

（3）第一次采用迪威达公司研究的密索体系，拉索呈竖琴形，主跨索距 6.3m，边跨 5.8m，开创密索体系混凝土斜拉桥之先河，使斜拉桥结构进入一个新的阶段。

（4）桥面全宽 30.95m，每侧人行道宽 1.7m，3 车道公路路面宽 9m，与铁路之间分隔带宽 1.25m，中部为铁路线路和输油管道，宽 8m。为承受中部的铁路荷载，主梁采用 10m 宽的箱梁，斜拉桥塔柱和鱼鳍梁（即沿箱梁两侧，每隔 3m 伸出梯形横梁，上设悬臂桥面板以支承公路和人行道的构造）拉板设置在箱梁两侧腹板对应位置处，这种布置是适应该桥荷载条件的最佳布置之一。箱梁具有足够的抗弯和抗扭刚度，横梁端部（即在两侧悬臂桥面板的外缘）还设有一根边纵梁，以改善在集中荷载下的荷载分布。

（5）斜拉索和鱼鳍梁内的预应力索纵、横向皆用迪威达体系，鱼鳍梁用由 St85/105 钢制成的 $\phi26\sim32$mm螺旋钢筋，斜拉索用 25ϕ16mm 的 St135/150 螺旋钢筋，外套钢管，内灌水泥浆，形成刚性索。

（6）结构体系属于塔梁固接、梁墩铰接体系，斜拉索按照竖琴形布置。

15）布鲁顿桥（Brotton Bridge）

布鲁顿桥于 1977 年建成，跨越塞纳河，是公路斜拉桥。结构体系为塔梁固接、梁墩铰接。斜拉索采用单索面，是当时最大跨度的预应力混凝土桥。布鲁顿桥首创千吨级斜拉索和万吨级盆式橡胶支座。主梁腹板采用预制混凝土，其余部分采用现浇，主跨 320m，总长 1 278m，高度 50m，主桥孔跨布置为 58.50m + 143.50m + 320.0m + 143.50m + 70.0m，主梁高 3.80m、宽 19.20m，桥塔高 72.20m，建成后如图 1-1-19 所示。该桥的箱梁内部设置斜撑杆，27 对斜拉索锚固在主梁桥面顶板中线上，梁段的斜腹板采用预制结构，其余的顶板、底板和斜撑采用现浇结构。塔顶设置半径为 3m 的索鞍，各斜拉索连续穿过索塔。

图 1-1-19　布鲁顿桥

二、20 世纪后期至今斜拉桥的发展

20 世纪后期，斜拉桥在全世界范围内得到了巨大发展，混凝土主梁斜拉桥的跨度超过了 500m，结合梁斜拉桥跨度超过了 600m，钢箱梁斜拉桥的跨度甚至达到了 900m 以上，尤其在日本和我国建造了大量的大跨度斜拉桥。

进入 20 世纪 80 年代以来，斜拉桥的建造取得了长足发展，主要表现在：

(1)主梁向着柔薄化的方向发展，目前预应力混凝土斜拉桥的跨度已发展到 530m。

(2)钢箱梁和混合结构主梁斜拉桥向着特大跨的方向发展，例如我国的苏通长江大桥和我国香港的昂船洲长江大桥。

(3)向多塔方向发展，以法国工程师设计的米约桥和里翁—安蒂里翁桥、我国的二七长江大桥等为代表。

(4)向矮塔(部分)斜拉桥方向发展。

(5)出现结合梁斜拉桥，并在宽桥面、大跨斜拉桥中发展。

1. 20 世纪后期建造的著名斜拉桥

1)巴里奥斯月亮桥(Barrios de Luna Bridge)

图 1-1-20 巴里奥斯月亮桥

西班牙于 1983 年建成的巴里奥斯月亮桥(Barrios de Luna Bridge)如图 1-1-20 所示。该桥位于西北部莱昂市近郊，跨越人工水库，因水库深达 50m，底部卵石层厚达 17m，水库北侧湖底地质为坚硬石灰岩层，不能进行挖掘，必须一跨而过，和钢箱梁相比，混凝土斜拉桥价格低，所以设计为混凝土斜拉桥。

该桥桥塔呈 H 形，斜拉索按半扇形排列，主梁采用预应力混凝土。主跨跨度 440.0m，边跨长 101.71m。主梁高 2.30m、宽 22.50m。该桥是当时最大跨度的预应力混凝土斜拉桥。为配合边跨的悬臂施工，采用了平衡重桥台。斜拉索呈 45°角布置，纵向水平索距 8.16m。在主跨中央设立中间铰(剪力铰)，能传递剪力和扭矩，但不传递轴力。中间铰处的桥面为非连续桥面，并设置伸缩缝。主梁内每隔 4.08m 设置一道横隔板，板厚 20cm，配置了抛物线形预应力索，同时施加了横向和竖向预应力。斜拉索由 $\phi^{S}15.2$mm 的钢绞线组成，根据不同受力情况，斜拉索钢绞线束数在 31 ~ 80 根不等，外套聚乙烯管，内灌水泥砂浆防腐。该桥的建成，表明混凝土不仅能应用于索塔，还能应用于斜拉桥的加劲梁。它的跨径纪录在斜拉桥中保持了两年。

2)阳光航线桥(Sunshine Skyway Bridge)

阳光航线桥于 1986 年建成，位于美国佛罗里达州，跨越塔帕海湾，是单索面预应力混凝土公路斜拉桥，如图 1-1-21 所示。主梁采用预制预应力混凝土，采用悬臂拼装法完成。孔跨布置为 42.70m + 73.20m + 73.20m + 73.20m + 164.60m + 365.80m + 164.60m + 73.20m + 73.20m + 73.20m + 42.70m，主桥长 1 219.60m。引桥主梁采用预制预应力混凝土，混凝土梁质量达 160 ~ 200t。主梁预制节段长 3.60m，桥面上塔高 73.50m，桥塔纵向宽度 4.30 ~ 7.0m，桥塔横向宽度 3.30m，主梁梁高 4.30m，梁宽 29m。

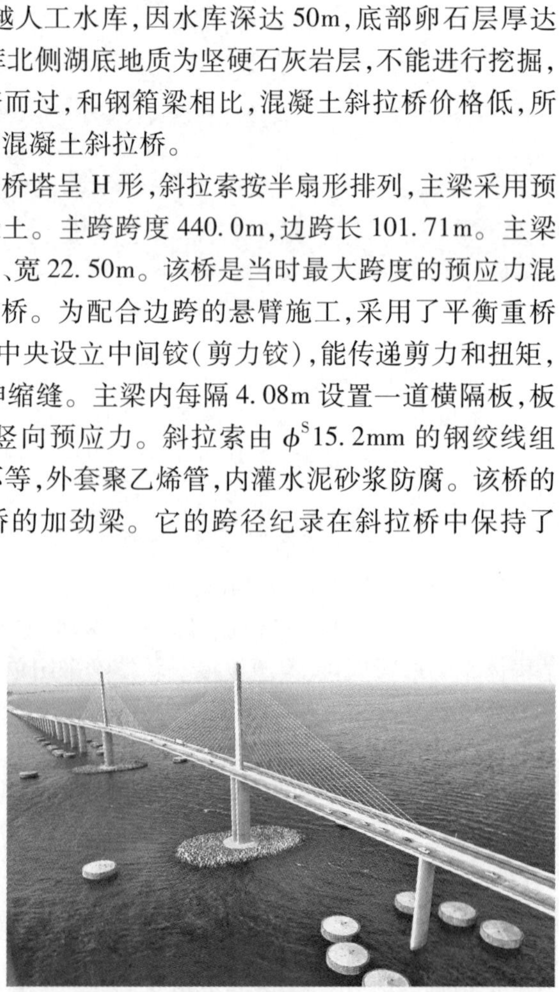

图 1-1-21 阳光航线桥

该桥在布鲁顿桥基础上得到进一步提高，具体体现在：

（1）斜拉索依然采用单索面体系，但是结构体系由以前的塔梁固接、塔墩铰接体系，改变为塔、墩、梁固接体系，同时将布鲁顿桥六边形的下塔柱改为阳光航线桥的刚构体系。

（2）阳光航线桥的主梁全部采用预制拼装法，布鲁顿桥的主梁只有腹板是预制的。

该桥结构体系为塔、墩、梁固接的刚构体系，依靠薄壁桥墩的变形来适应温度变化、混凝土收缩和徐变等。但是由于采用刚构体系的双薄壁墩，必然给桥梁的防撞带来困难，因此，该桥设置了防撞岛和较多的航标保护桥墩。

3）安纳西斯桥（Annacis Bridge）

1982 年，德国公司提出阳光航线桥设计方案。它有现代结合梁斜拉桥桥面的主要特征，是采用双工字形截面的结合梁，主梁和斜拉索直接采用锚拉板锚固，预制混凝土桥面板，在横梁之间采用纵置桥面板，采用钢筋搭接加劲的现场湿接头（CIP）。主梁、横梁和预制板都采用小构件架设，桥面板的裂缝采用普通钢筋控制，而不需要后张预应力。但是这座桥投标时，在价格上稍微高于预应力混凝土斜拉桥，后来采用了预应力混凝土斜拉桥。这座桥的设计理念随后用于加拿大的安娜西斯桥，取得了成功。

安纳西斯桥于 1986 年建成，位于加拿大的温哥华，跨越 Fraser 河，是公路斜拉桥，如图 1-1-22 所示。斜拉索按照半扇形体系，主梁采用结合梁，桥塔采用钢筋混凝土结构，桥面板采用钢筋混凝土结构，主跨 465.0m，孔跨布置为 50.0m + 182.75m + 465.0m + 182.75 + 50m，主梁宽度 32.0m。该桥建成时是世界上最大跨度的双塔斜拉桥，也是第一座大跨结合梁斜拉桥。

该桥在 1986 年保持了当时的世界纪录，此后在全世界范围内陆续修建了一系列的结合梁斜拉桥。

中小跨度和桥面不太宽的斜拉桥采用混凝土主梁比较经济。但混凝土斜拉桥的跨度大于 500m，或宽度大于 30m 时，设计和施工都比较困难，而且施工质量也不易保证。结合梁斜拉桥由混凝土承受大部分的主梁压力，混凝土板桥面比正交异性板钢桥面经济。结合梁斜拉桥的主梁、横梁和预制板都可采用小构件，以便运输和安装。钢梁现场栓接，预制混凝土板用现场湿接头连接。同全混凝土主梁相比，起重设备比较小且没有干接头；同全钢主梁的斜拉桥相比，用钢量少，对运输条件要求较低。

图 1-1-22　安纳西斯桥

4）海尔格兰桥（Helgeland Bridge）

海尔格兰桥于 1991 年建成，位于挪威的 Nordland，跨越莱厄海湾（Leir Fjord），是公路斜拉桥，设计师为 Holger Svensson，孔跨布置为 177.5m + 425m + 177.5m。该桥主梁采用预应力混凝土边主梁形式（如东亨廷顿桥的主梁截面形式），但主梁高度仅 1.20m，梁宽 12m。该桥的主梁高跨比非常小，达到了 1/345，如图 1-1-23 所示。

5）斯卡恩桑特桥（Skarnsund Bridge）

挪威于 1991 年建成主跨 530m 的斯卡恩桑特桥，如图 1-1-24 所示，主桥分跨布置为 190m + 530m + 190m，是目前最大跨度的混凝土斜拉桥，采用三角箱形截面，中设一竖腹板。

该桥的主要特点为:

(1)桥面宽 9.5m,其中双车道 7.0m,加人行道 2.5m,全梁宽仅 13.0m,宽跨比 1∶40.8,索距 10.5m,索跨比 1∶50.5,为世界之最小者(比挪威后来的 Helgeland 桥还要小,该桥主跨 425m,梁宽 11.95m,索距 9.9m,宽跨比与索跨比分别为 1∶35.6 和 1∶43)。

图 1-1-23 海尔格兰桥

图 1-1-24 斯卡恩桑特桥

(2)梁高 2.15m,与跨度之比 1∶246.5,也是很小的,居于世界前列。梁的高宽比为 1∶6.05,这一比值较大。

从抗风角度来看,梁宽与跨径之比已超过一般认为的悬臂施工安全长度(1∶40),梁高宽比大于 1∶8 ~ 1∶10,也不甚理想,为此曾进行了三种截面的风洞试验比较,最终采用了有很高扭弯频率比、衰减率和最大临界风速的三角形截面。

6)埃弗里布斯桥(Evripos Bridge)

早期的斜拉桥主梁跨高比一般在 50 ~ 100 之间。从流行密索体系以后,1992 年希腊建成埃弗里布斯(Evripos)斜拉桥,板式混凝土主梁的跨高比已突破 400,创纪录地达到 478。

埃弗里布斯桥位于希腊,主桥部分为三孔斜拉桥,其孔跨布置为 90m + 215m + 90m。斜拉桥的桥塔与主梁皆为混凝土结构,采用塔、梁、墩固接体系,斜拉索采用扇形双索面体系。边跨梁端布置有可承受负反力的眼杆式摆动拉板支座,可提供结构所需的纵向位移。桥下通航净空高达 32.40m。由于塔柱在桥面以下有相当大的高度,可产生足够的纵向弹性变形来适应塔梁固接条件下的主梁温度伸缩。

主梁采用 PC 实体板式截面(图 1-1-25),总宽 14.14m,板的平均厚度仅 45cm。斜索的横向间距(桥面梁体的横向跨度)为 13.50m。两侧各有宽 1.50m 的人行道,中间可提供 8.00m 宽的车行道。

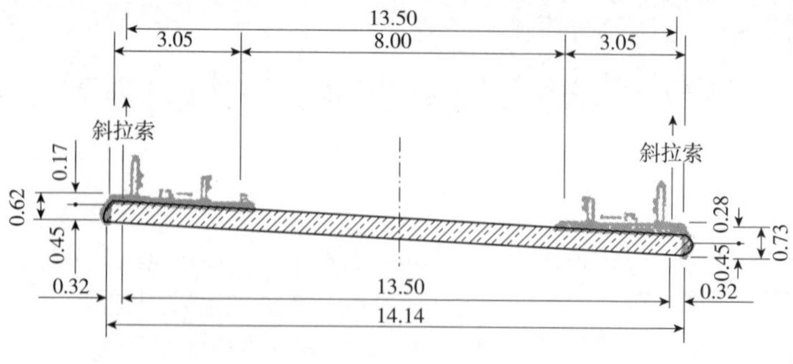

图 1-1-25 埃弗里布斯桥主梁横截面(尺寸单位:m)

由于主桥位于 1.9% 的单向纵坡上,故 2 个主塔不等高(相差 4.085m)。桥塔总高度为 85.85m,在横向共有上下两道横梁将两根塔柱连接成门架形框架,塔柱间距为 16m。空心截面塔柱截面尺寸下端为 4m × 4m,壁厚 50cm,上端为 2.5m × 2.5m,壁厚 35cm。

双索面在立面上的布置接近于理想的扇形体系，每个扇形在主跨与边跨均有18根斜拉索，其中，边跨最上面的4根布置成2道（每道2根）尾索。斜拉索上端锚固在高达10.10m的花盆状塔柱顶部，拉索产生的水平分力直接由塔柱顶端的钢锚箱来平衡，垂直分力则通过抗剪栓钉传递给混凝土柱壁。斜拉索张拉端设在柱顶一侧，集中在花盆式柱顶双壁之间的工作室内，锚固端的位置已考虑千斤顶所要求的工作净空。拉索的下端锚固在板式梁体的双侧，锚头在张拉斜拉索时均为固定端。建成后的桥如图1-1-26所示。

图1-1-26　埃弗里布斯桥

7）胡格利二桥（Hooghly Bridge Second）

胡格利二桥于1993年建成，位于印度的加尔各答，是主跨457m的结合梁斜拉桥，该桥原本可能是设计最早的大跨度结合梁斜拉桥，设计早于安娜西斯桥。经胡格利河上溯加尔各答港的远洋轮船要求有457.2m的主跨和38.0m的通航净高。对此，作为最经济的方案，只能考虑斜拉桥，边跨选为182.88m，相当于主跨的40%。曾经有一个两边跨各91.44m增加一个辅助墩的比较方案，虽然可以增加桥梁刚度，减小背索疲劳应力幅的优点，但考虑水下基础费用太高而未被采纳。

桥面双向各设12.3m宽的3条车行道及2.5m宽的人行道，总宽35.0m。结合梁由钢筋混凝土板和钢格子梁组成，钢格子梁由3片纵梁和密布横梁组成。这种结合体系即使不考虑印度的特殊情况，也大大高于当时采用正交异性板的纯钢结构的技术水平；钢筋混凝土桥面板比正交异性钢桥面便宜，格子梁与桥面板（厚度为23cm）相结合为上部结构提供了必要的抗弯刚度。格子梁可以预制成小型单元（每件钢构最大重量为350kN），以便安装。

上部结构在桥的一端设置纵向固定支座，其余部位设纵向活动支座，桥台和桥塔处设横向支座，在桥台上设拉压支座。拉索锚固装置布置在人行道和车行道之间，可以把主纵梁间距减小到29.0m。这就确定了横梁的结构高度，进而将格子梁的总高度定为2.0m。为了改善集中荷载的分布，又增加了一片中间纵梁。所有纵梁均为工字形截面，并用相当于St52的高强度钢制造。设计该桥时，印度国内可以买到的最厚的钢材是22mm，所以上翼缘采用单层板，腹板采用双层板，下翼缘则视受力情况采用1（跨中）~4（桥塔）层板。板与板之间的连接以及腹板与上下翼缘的连接（借助于200m×200m的轧制角钢）均采用铆接。纵梁预制成12.3m长的单元，相当于一个索距或3倍的横梁间距。横梁采用相当于St37的低碳钢制造，并最后铆接在纵梁上。

图1-1-27　加尔各答胡格利二桥

主跨采用悬臂拼装，边跨在辅助支架上拼装。钢格子梁的主梁和横梁采用浮运，从悬臂端部开始，使用专为该桥特制的起重机起吊，接头铆接，成桥后如图1-1-27所示。

根据建设方的要求和印度的生产能力，为了便于安装，对工厂预制提出了很高的精度要求，1978年才得以开工。由于某些领域缺乏技术条件，以及资金筹措的问题，把原定5年的工期延长到几乎13年。设计要求混凝土桥面在永久荷载作用下没有拉应力。如果按照当时的规划于1980年建成，该桥应该保持当时的世界纪录，但由于设计变更和施工问题，该桥直到1992年才建成通车。

这种本来是为发展中国家设计的上部结构方案，后来却显示出普遍的技术经济优势，特别是对于中等跨度的宽桥。后来相继建成了一批结合梁斜拉桥，主要分布在加拿大、美国和中国。

8）杨浦大桥

1993年9月，我国杨浦大桥建成，该桥全长8 354m（包括主桥、引桥、匝道、引道）。主桥全长1 178m，跨径组合为:45m + 243m + 602m + 243m + 45m,中间设置辅助墩,主桥桥面总宽 30.35m。主桥为双塔空间双索面钢—混凝土结合梁斜拉桥结构,塔墩固接,上部结构为纵向悬浮体系,横向设置限位和抗震装置,该桥是当时最大跨度的斜拉桥,如图 1-1-28 所示。

9)武汉长江二桥

我国 1995 年建成的武汉长江二桥,主跨 400m,采用边箱中板式混凝土主梁,桥塔采用实心截面,斜拉桥采用平行钢丝斜拉索。这座桥是我国较早建成的大跨度预应力混凝土斜拉桥,如图1-1-29所示。

图 1-1-28 杨浦大桥

图 1-1-29 武汉长江二桥

10)诺曼底大桥(Normandy Bridge)

20 世纪最后 10 年里,在缆索支承桥梁领域取得了巨大成就。这些成就中的第一项,就是法国跨越塞纳河具有斜拉跨径达 856m、破世界纪录的诺曼底大桥的建设。

诺曼底大桥于 1995 年建成,主梁采用钢箱梁和预应力混凝土箱梁的混合梁,桥塔采用倒 Y 形,桥塔和斜拉索的锚固采用钢锚箱,边跨采用预应力混凝土主梁,并伸入主跨 116m,既节约了造价,又增加了主跨的抗风稳定性。施工方法为边跨的混凝土主梁进行顶推施工,主跨的混凝土主梁采用悬臂浇筑施工,钢箱梁节段采用悬臂拼装法施工。斜拉索表面设置了防风雨振动的螺旋线,建成后的诺曼底大桥如图 1-1-30所示。

图 1-1-30 法国诺曼底大桥

11)香港汀九桥(Ting Kau Bridge)

香港汀九桥于 1997 年建成,为 127m + 448m + 475m + 127m 三塔结合梁斜拉桥,结构总体布置如图 1-1-31 所示,桥梁主跨跨越水域为宽 924m 的 RAMBLER 海峡。中央的主桥塔坐落在人工构筑的保护岛上,两边桥塔位于岸坡上,无水下基础工程。中央主桥塔设计为用纵向稳定索加劲的柔性桥塔,由稳定拉索斜拉至两边桥塔塔位处,锚固在主梁上。

该桥为四索面体系。每两个索面悬挂一个 4 车道的主梁。两个 4 车道的主梁,各自独立工作。每隔 13.5m 处(即斜拉索在主梁上的锚固点处)用连接横梁将两组主梁连接,以传递斜拉索的横向水平分力。两组主梁间的净距为 5.8m,每组主梁的桥面宽度为 18.5m。斜拉桥横向宽度为 18.5m + 5.8m + 18.5m,总宽 46.3m。

这座桥有两个鲜明的特征:一个是在中塔上设置纵向斜拉索,以提高中塔的刚度,减小一跨加载时中塔的弯矩;另一个是桥塔的构造。

该桥独特的中桥塔，是混凝土结构与钢结构的完美结合。从塔墩顶面起算，中央主塔高157.35m，两边塔各高129.35m（汀九岸）和120.35m（青衣岸）。采用长圆形等截面的混凝土独柱桥塔，减小了挡风面积，使挡风系数由2.0减至0.9，既美观，又便于施工。近200m的高塔分成三节，其中梁底到塔顶段宽5.5m，长10m，高129m，宽度受制于左右车道梁之间的间距，较为纤细；中段宽14.0m，长10m，高29.0m；塔下段宽18.0m，长10.0m，高36.0m。塔正面等宽，横侧面呈阶梯形。塔柱上段因刚度较小，用纵向索稳定，通过撑于塔中段顶部的横撑，锚固于塔中、下段相交处。

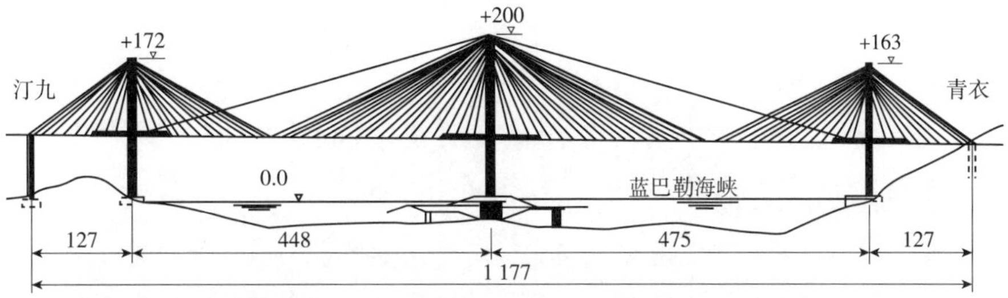

图1-1-31　汀九桥结构总体布置（尺寸单位：m）

桥塔塔身在横向采用钢横梁、钢斜撑和横向拉索加宽，以承担主梁。钢横梁的固定端，以DYWIDAG锚锚固于塔身，悬臂端用上、下贯通的横向拉索予以固定。每一悬臂端的拉索，共有4组8根，顶端（张拉端）固定在塔身上的钢锚箱中，底端（张拉端）固定在塔墩上。钢斜撑用以承担钢横梁固定端反力，这是富有创新精神的处理手法。结构上显得明快、清晰，受力明确，构思极具特色。全桥如图1-1-32所示。

12）多多罗桥（Tataro Bridge）

日本于1999年建成的主跨为890m的多多罗斜拉桥，如图1-1-33所示，主跨为钢箱梁，边跨少部分为混凝土主梁，桥塔采用钢桥塔。桥梁的孔跨布置为50m＋50m＋170m＋890m＋270m＋50m，钢箱梁宽30.6m，钢桥塔高220m。

图1-1-32　香港汀九桥

图1-1-33　多多罗桥

2. 进入21世纪建造的著名斜拉桥

1）厄勒海峡桥（Oresund Strait Bridge）

瑞典和丹麦之间于2000年建成著名的厄勒海峡桥，主桥为主跨490m的结合桁梁斜拉桥，斜拉索采用平行索面、密索体系，主梁采用混凝土板和钢桁梁结合，双线重载铁路，6线公路。钢桁梁采用大节段架设，是全焊结构，如图1-1-34所示，建成后如图1-1-35所示。

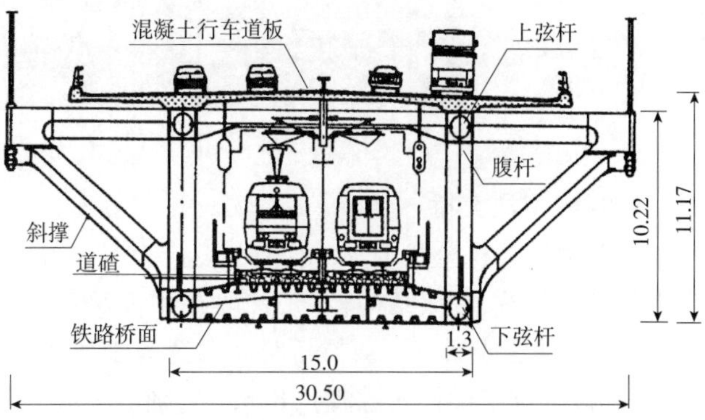

图1-1-34　主桁横截面布置（尺寸单位：m）

2）宜昌夷陵长江大桥

该桥于2001年建成，主桥为三塔单索面混凝土加劲梁斜拉桥，孔跨布置为：120m + 348m + 348m + 120m。桥梁全长 936m，为目前国内最大跨度的三塔混凝土斜拉桥。桥梁全宽 23.0m，主梁等高，梁高 3.0m，宽跨比为 1:15，高跨比为 1:116；全桥 3 个主塔塔高不等，其中，中塔高出两座边塔约 20m，均采用钻石形钢筋混凝土结构；斜拉索为单索面置于桥面中央，斜拉索均由两根组成，间距 1.2m，全桥共 236 根斜拉索；在中塔处采用塔、梁、墩固接的纵向约束结构体系。

图 1-1-35　厄勒海峡桥

主梁采用单箱三室截面，三向预应力混凝土结构。主梁全桥外轮廓尺寸一致，梁高 3.0m，顶板宽 23.0m，底板宽 5.0m，两侧悬臂板悬臂长度 3.5m。主梁边跨长约 90m 区段为压重段，压重集度约 40t/m。主梁断面见图 1-1-36，建成后全桥如图 1-1-37 所示。

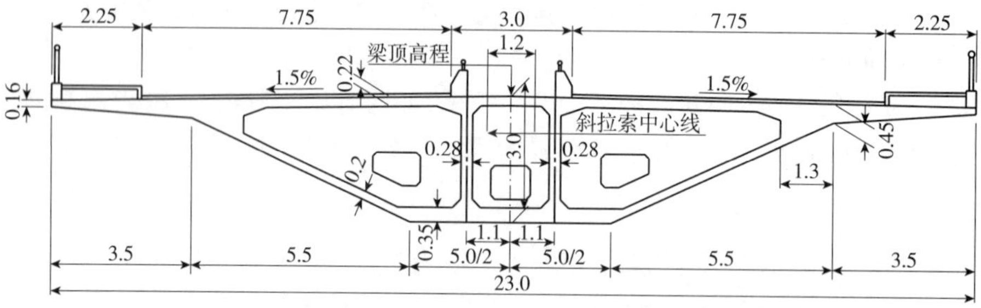

图 1-1-36　混凝土加劲梁（尺寸单位：m）

图 1-1-37　夷陵长江大桥

3）青洲闽江大桥

青洲闽江大桥全长 1 185m，桥型设计为主跨 605m 的双塔双索面斜拉桥，建成时是世界上跨度最大的结合梁斜拉桥，主梁结构轻巧，首次在国内采用了斜拉索锚拉板锚固形式，大桥于 1998 年 8 月开工，2002 年 12 月建成通车。斜拉桥跨度布置为 250m + 605m + 250m，斜拉桥两端各设一跨度为 40m 的简支过渡孔，斜拉桥主梁伸入过渡孔 8.5m，过渡孔其余部分配以跨径 31.5m 的预制 T 梁，建成后如图 1-1-38 所示。

图 1-1-38 青洲闽江大桥

4)八世皇桥(Rama VIII Bridge)

泰国的曼谷于2002年建成的八世皇桥(Rama VIII Bridge),跨越湄南河,是一座不对称独塔斜拉桥,采用中跨结合梁,边跨混凝土主梁的混合梁体系,塔高160m,呈倒Y形。主桥全长475m,主跨长300m,陆跨由2个长50m的背跨和1个长75m的锚固跨组成。塔柱顶部、中间以及底部的建筑处理使得桥塔表现出明显的泰国风格。塔顶设高15m的玻璃观测台,形似一朵待开的睡莲(泰国国花)。塔柱底部附加了非结构性的混凝土外饰,形似象脚。主跨桥面宽29.2m,设置4个行车道和总宽5.3m的人行道及自行车道。为降低恒载,主梁采用钢—混结合梁。人行道在钢梁两侧悬出,混凝土桥面板纵向搁置在横梁上。混凝土桥面板和钢主梁、钢横梁之间采用剪力钉连接,预制混凝土板现场采用湿接头连接。斜拉索和钢主梁之间锚固采用锚拉板。全桥建成后如图1-1-39所示。

图 1-1-39 八世皇桥

5)里翁—安蒂里翁桥(Rion-Antirion Bridge)

主桥为多塔结合梁斜拉桥,总长2 880.40m,孔跨布置286m+3×560m+286m,主桥长2 252m。主梁高2.82m,宽27.2m,如图1-1-40所示。里翁—安蒂里翁桥是世界上最长的斜拉桥,2004年12月8日建成通车。

该桥所处的建设条件相当复杂,主要表现在水深(65m)、深厚的软弱土层、可能的强地震运动(包括潜在的构造运动)等方面。由于海床两岸很陡,地基软弱,合同要求结构的跨越长度大于2500m。特殊的建设条件给桥梁设计、施工带来了巨大的困难。由于史前的地壳运动使伯罗奔尼撒逐渐远离希腊大陆,出现了科林斯海湾,至今伯罗奔尼撒半岛仍以每年8~11mm的速度漂离大陆。在这个区域的一些活动断层造成强烈地震,在过去的35年间,科林斯湾发生过3次里氏6.5级以上的地震。考虑地壳板块漂离和地震时产生位移,设计时预留了水平和竖向各2m的变形能力。

由于抗震要求,该桥主桥采用了五跨全飘浮体系的连续结构,纵向位移基本不受约束,在主桥两端为纵向可摆动的钢排架。基础为大型沉箱，放置在砂砾垫层上(可以起到隔震和消除基础与地基间的相互位移的作用)，其上是粗壮的圆锥形墩身。为了克服强震时塔顶过大的水平位移和塔根弯矩，采用了金字塔式的4腿柱塔形和阻尼器，以保证强震时塔柱内仅有塑性铰。主梁大胆地采用了钢与混凝土的组合结构。

图1-1-40　里翁—安蒂里翁桥

6)米约高架桥(MillauViaduct)

米约高架桥因坐落在法国西南的米约市而得名，是目前世界上最高的桥梁，于2004年12月14日落成。全长达2.46km，大桥桥面距地面270m，大桥塔顶最高点距离地面343m，高出艾菲尔铁塔23m，创下距地面最高的世界建筑纪录。值得称道的是，这座大桥虽然长2 460m，却只有7个桥墩，其中的第2、3号桥墩分别高达245m和220m，是世界上最高的两个桥墩。大桥全长2 460m，共8跨，为180m+6×320m+180m的7塔8跨钢箱梁斜拉桥，结构体系为塔梁固接，塔墩铰接。由于两端高度不同，整座桥以3%的纵坡由南端向北端下降，如图1-1-41所示。为使桥墩避开软土不良地质地段，同时，也为了在行车过程中能够欣赏到大桥的英姿，大桥布置在半径为20km的平曲线上。全桥总质量29万t，其中，仅钢结构桥面质量就达3.6万t。

图1-1-41　米约高架桥

7)Живописный桥(Живописный Мост)

俄罗斯于2007年在莫斯科建成的Живописный桥，是公路独塔钢箱梁斜拉桥。桥塔采用钢桁拱塔，主梁采用钢箱梁，斜拉索采用密索体系，边跨的斜拉索按照曲面布置，主跨410m，跨越Moskva河，主梁47m宽。因为河水浅，采用临时墩先顶推钢箱梁，再张拉斜拉索，拆除临时墩，效果图和基本建成的桥如图1-1-42所示。根据这座桥造型、跨度、宽度和施工方法推测，其造价是不言而喻的。

图1-1-42　莫斯科Живописный桥

8）苏通长江公路大桥

我国于2008年5月建成苏通长江公路大桥。该桥主桥为七跨双塔双索面钢箱梁斜拉桥，桥跨布置为100m + 100m + 300m + 1 088m + 300m + 100m + 100m，全长2 088m，是目前世界上最大主跨的斜拉桥。主梁采用全焊扁平钢箱梁结构，中心线处高度4.0m；含风嘴全宽41.0m，不含风嘴顶板宽35.4m，底板宽为9.0m + 23m + 9.0m（图1-1-43）；标准节段长16m；材料以Q345qD为主，受力较大部分采用Q370qD。采用ϕ7mm强度为1 770MPa的平行钢丝斜拉索体系，全桥共2×4×34 = 272根斜拉索，最长的为577m，最大规格为PES7－313，单根最大质量为59t。斜拉索设计寿命为50年，并考虑其可更换性，成桥后如图1-1-44所示。

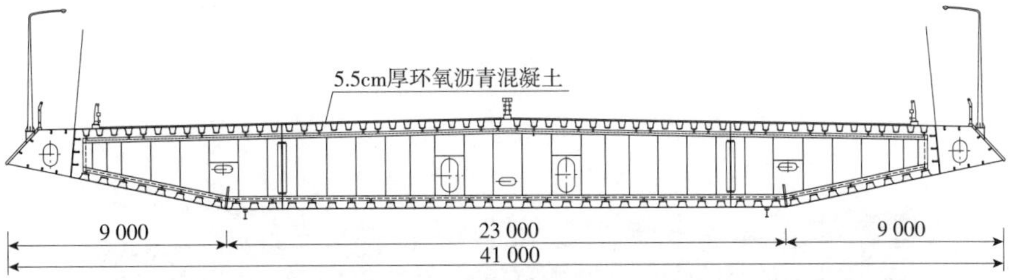

图1-1-43　主梁构造（尺寸单位：mm）

9）武汉天兴洲大桥

我国于2008年9月建成武汉天兴洲公铁两用长江大桥，这是世界上目前跨度最大的公铁两用斜拉桥。南侧主河道主桥为双塔三索面三主桁连续钢桁梁斜拉桥，桥跨布置为98m + 196m + 504m + 196m + 98m = 1 092m，两边跨各设一辅助墩。武汉天兴洲公铁两用长江大桥斜拉桥分上、下两层。上层公路双向6车道为钢正交异性板和混凝土结合桥面板，沥青桥面，设计活载公路—Ⅰ级，设计车速80km/h，桥面宽27m。下层为4线铁路，上游两线为客运专线，下游两线为1级线路、道碴桥面，客运专线设计速度200km/h，货运线120km/h，建成后如图1-1-45所示。

图1-1-44　苏通长江公路大桥

图1-1-45　武汉天兴洲公铁两用长江大桥

10）观音岩长江大桥

2009年12月，我国建成江津观音岩长江大桥，主桥采用主跨436m的结合梁斜拉桥，桥面宽度36.2m，主梁采用双工字形截面结合梁，斜拉索和主梁的锚固形式采用拉板式锚固构造。该桥是目前国内公路上最宽的结合梁斜拉桥。建成后如图1-1-46所示。

11）昂船洲大桥（Stonecutters Bridge）

我国香港昂船洲大桥于2009年12月20日建成通车。该桥主跨1 018m。孔跨布置为69.25m + 70m + 70m + 79.75m + 1 018m + 79.95m + 70m + 70m + 69.25m = 1 596m。边跨因为地形所限，采用了289.2m的跨度，中跨采用钢箱梁，边跨采用混凝土主梁。主梁采用分离式钢箱梁，两个梁体间的间距为14m，桥面总宽度51m。建成后的该桥如图1-1-47所示。

图 1-1-46　江津观音岩长江大桥

图 1-1-47　香港昂船洲大桥

12）黄埔大桥北汊桥

黄埔大桥北汊桥于 2008 年 12 月建成通车，该桥是当时建成的我国最大跨度的独塔斜拉桥，主桥为独塔双索面四孔连续钢箱梁斜拉桥。采用半飘浮体系，桥跨布置为 383m + 197m + 63m + 62m = 705m（图 1-1-48），边跨设两座辅助墩。主梁为扁平钢箱梁，梁高 3. 5m，梁宽 41m（含风嘴）；斜拉索索距按扇面布置，扇面由 22 对斜拉索组成，标准索距 16m，边跨部分索距为 12m。索塔为门形索塔，塔高 226. 14m，索塔位于大濠洲近岸的浅滩，由两个分离承台用系梁连接，各设 16 根直径为 2. 5m 的嵌岩桩。建成后如图1-1-49所示。

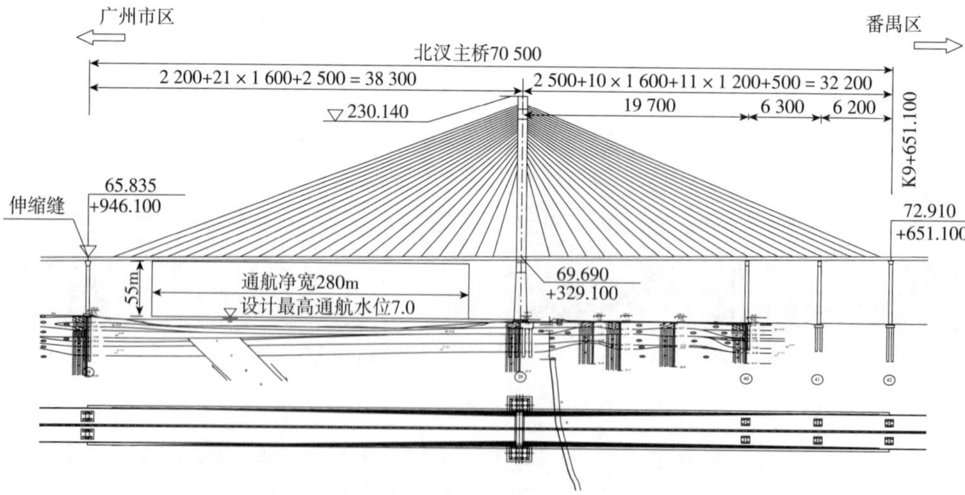

图 1-1-48　黄埔大桥北汊桥总体布置（尺寸单位：cm）

黄埔大桥北汊桥具有以下特点：

（1）受条件限制，采用 1% 单向坡和不对称跨径设计。

（2）采用桥墩固结，主梁在索塔处设置抗震球形双向钢支座的半漂浮体系，同时，在索塔处设置横向抗风支座，辅助墩设竖向支承活动支座，墩梁设置纵向限位阻尼器和限位弹性索。塔、墩处钢箱梁采用铸铁件压重。

(3)采用热镀锌平行钢丝冷铸锚斜拉索。全桥共88根,最长索长391.2m,重28.4t,采用双层热挤高密度聚乙烯防腐。表面采取压花空气动力学措施,使用寿命50年。

(4)采用运梁台车解决钢箱梁上岛和岛上运输,采用大吨位大变幅步履式吊机解决塔及辅助墩处钢箱梁吊装问题。

黄埔大桥北汊桥在大跨度斜拉桥的设计和施工中均具有很高难度和代表性。建设过程在以往经验基础上有创新,在以后章节中将做详细介绍。

图1-1-49　黄埔大桥北汊桥

第二节　悬索桥技术演变

一、近代锻铁主缆悬索桥

近代悬索桥的主缆,有一些采用锻铁眼杆或钢眼杆,也有一些采用熟铁丝或钢丝。后来趋向于采用钢丝做主缆,并在发展中形成了自锚悬索桥。采用锻铁眼杆做主缆的悬索桥主要以英国的托马斯·泰尔福特等为代表,在英国、东欧曾修建多座。以法国为首的另一些国家,则修建了许多采用熟铁丝为主缆的悬索桥,其中还包括多座三塔悬索桥。但是近代悬索桥走向大跨,还是以美国的辛辛那提悬索桥和布鲁克林悬索桥为标志。

代表性的锻铁眼杆悬索桥有如下几座。

1)康威城堡桥(Conwy Castle Bridge)

英国于1822年建成的康威城堡桥,采用重力式地锚,主跨99.7m,横跨康威河直通中世纪的康威城堡,是一座完整的锻铁悬索桥。该桥历时4年建成,康威城堡桥的桥塔与康威城堡相互呼应,是威尔士北部最著名的景观之一,如图1-1-50所示。

2)梅奈海峡桥(Menai Straits Bridge)

英国于1826年建成梅奈海峡桥。该桥的设计要求之一是主跨要有30.5m的净高,以满足较高的帆船通行,悬索桥跨度176.6m,1819年开始施工建造,历时8年。该桥的桥塔和引桥石拱用石灰石建造,桥面用木板铺设,其余用铸铁材料。为防止铁制构件在建造过程中锈蚀,它们一直被浸在热亚麻子油中。在过去的近200年中,此桥经受了时间的考验,但也不同程度地遭到破坏。1893年的一场大风曾将桥面毁坏;1893年用钢桥面取代了原来的木桥面。由于现代交通运输的需要,1938~1940年间,桥上的铁制构件全部用钢制构件取代,1999年又进行了一次桥面更换,并加固了桥身,但桥拱和桥墩一直完好无损。图1-1-51为现今的梅奈海峡桥。

图1-1-50　康威城堡桥

图1-1-51　梅奈海峡桥

3）克利夫顿桥（Clifton Bridge）

英国于1864年在艾维安峡谷上建成克利夫顿桥。该桥主跨214m，桥塔高度26m，用钢量1 500t，该桥是当时设计跨度最大的悬索桥。建成后的该桥如图1-1-52所示。

图1-1-52　克利夫顿桥

另外，1849年在布达佩斯建成塞赫尼链子桥（Széchenyi Chain Bridge），跨越多瑙河，由英国工程师设计，孔跨布置为90.9m+203.1m+90.9m，桥宽14m。第二次世界大战时，于1944年被炸毁，于1949年修复。

1853年英国工程师在基辅建成68m+4m×134m+68m的5塔6跨悬索桥，采用锻铁眼杆主缆，圬工桥塔。1920年该桥在战争中被炸毁。四条主缆和销钉共用锻铁1 578t。

1894年伦敦跨泰晤士河建成塔桥（Tower Bridge），悬孔与双叶开启桥相结合。两边为眼杆悬索桥，并用加劲桁梁加强。1976年起，桥启闭操纵改用现代化自动控制系统。

1926年建成的巴西弗洛里纳波利斯（Floriannapolis）悬索桥，是世界上最大跨径的采用眼杆做主缆的悬索桥，其眼杆与加劲桁梁上弦相结合，跨径339.7m，塔下设摆轴。

此后，大约在20世纪30年代在莫斯科建成一座钢眼杆悬索桥，同高强钢丝相比，钢眼杆的强度低、加工费事、造价较高。自20世纪40年代后，钢眼杆主缆的悬索桥已经不再修建。

二、近代采用熟铁丝和钢丝做主缆的悬索桥

法国工程师马克·塞昆和拉梅（G. Lame）最先用熟铁丝代替锻铁眼杆，自1823年法国开始建悬索桥，至1870年共建造了500多座。由于当时英法等国正发展铁路，悬索桥不适用，因此，日后跨径有所下降。

具有代表性的熟铁丝和钢丝主缆悬索桥有如下几座。

1）圣辛福里安桥（Saint-Symphorien Bridge）

圣辛福里安桥于1847年建成，跨越卢瓦河，是地锚式悬索桥，总长350m，主跨55m，后来重新加固。它是多跨悬索桥，主梁采用非连续体系，在桥塔的塔顶设置水平拉索以增加其纵向刚度，如图1-1-53所示。

图1-1-53　圣辛福里安桥

2）朗热桥（Langeais Bridge）

该桥于1846～1849年建造，1861年被破坏，后来按照原来的样子重新修建，孔跨布置为43m+3×88m+43m，塔顶采用水平钢索增加中塔的纵向刚度，桥塔采用经典的罗马建筑风格，现在的朗热桥如图1-1-54所示。

3）俄亥俄河悬索桥（The Ohio River Suspension Bridge）

1847～1849 年美国在惠林（Wheeling）建造跨俄亥俄河的悬索桥，跨径 370.5m，创当时世界纪录。两主缆共有 6 根丝股，各有 550 丝，总截面达 $613cm^2$。主缆不是设在竖直面，而是在斜面，因此在竖直面的投影为一抛物线，而在水平面又是一抛物线，企图用这样简单方式抵抗风力。1854 年 5 月 17 日，该桥被大风所毁。

图 1-1-54　朗热桥

4）尼亚加拉河悬索桥（The Niagara River Supension Bridge）

美国人罗布林于 1851～1855 年在尼亚加拉河上，用平行熟铁丝主缆建造了一座跨度为 250m 的公铁两用悬索桥。主缆 4 道，直径各 0.25m，用平行熟铁丝在空中编制而成（罗布林在 1841 年凭此空中编制法取得专利）。桥塔采用石砌，加劲梁为木桁梁，梁高 5.5m，跨度达 250m（当时创纪录）。桥面按双层桥面布置，上层是单线铁路，下层是马路。主缆之外，不仅从塔顶有斜索连到加劲梁，还用锚于两岸基岩的若干斜索将加劲梁下弦节点牢牢拉住，借以抵抗不同方向的风力。运营过程中，该桥曾加固几次，并将木桁梁改为钢桁梁，一共使用了 37 年。后由于活载不断增加，于 1892 年用一座跨度为 168m 的钢拱桥取代了原尼亚格拉河悬索桥（原桥如图 1-1-55 所示）。

图 1-1-55　原尼亚加拉河悬索桥

5）辛辛那提悬索桥（Cincinnati－Covington Bridge）

1866 年建成的辛辛那提悬索桥，主跨 322m，如图 1-1-56 所示。该桥主梁采用铆接变高度桁梁，结构体系为三跨两铰。

图 1-1-56　辛辛那提悬索桥

6）布鲁克林桥（Brooklyn Bridge）

在曼哈顿岛和长岛之间跨越东河的布鲁克林桥被誉为近代悬索桥的先驱，如图 1-1-57 所示。该桥第一次使用钢丝主缆，孔跨布置为 284m＋486m＋284m。1869 年，罗布林在去世前已基本做好了此桥的细部设计，不久后开始建设，1883 年 5 月 24 日竣工。缆索支承长度超过了 1km，达 1 054m。加劲桁架梁有 6 道，其较高桁架梁的高度是 5. 2m，高跨比 1∶94。主缆 4 道，左右各一对，每对主缆中心距是 25. 9m，宽跨比为 1∶19。主缆之外，有斜索（从塔顶连到加劲梁），这是罗布林所造悬索桥的共同特征。桥梁跨越东河，离海不远，桥址是一风口，但此桥抗风性能良好。20 世纪 50 年代，为适应交通运能发展，改造了加劲梁，并将有轨电车道改为汽车车道，使汽车通行能力翻了一番，其主缆、塔及锚碇三者仍保持原来状态。该桥的建造成功，可以说是美国悬索桥向大跨度发展的先声。

图 1-1-57　布鲁克林桥

三、20 世纪上半叶的悬索桥

20 世纪初，美国开始采用挠度理论设计悬索桥，桥塔和主梁开始变得纤细轻盈。20 世纪 30 年代建成了两座跨度大于 1 000m 的悬索桥。在塔可马（老）桥振毁后，开始研究大跨悬索桥的抗风设计。

1. 代表性悬索桥

1）曼哈顿桥（Manhattan Bridge）

曼哈顿桥位于美国纽约，跨越东河，于 1912 年建成。该桥采用重力式锚碇，主梁为双层钢桁梁，钢桥塔，主跨 448. 1m，总长 2 089m，桥面高出水面 41. 1m。主桥孔跨布置为 221. 0m + 448. 1m + 221. 0m，结构体系为三跨两铰式，主缆直径 53. 975cm，每根主缆由 9472 丝钢束组成。桥塔高 102. 4m，主梁高 7. 3m，主梁宽 36. 6m。建成后的曼哈顿桥如图 1-1-58 所示。

图 1-1-58　曼哈顿桥

曼哈顿桥是第一座采用柔性钢桥塔、华伦式桁梁作为加劲梁及骑跨式吊索的悬索桥，也是第一座采用挠度理论设计的悬索桥，和旁边的布鲁克林桥、威廉斯堡桥相比，桥塔和主梁都显得非常纤细。

2）本杰明富兰克林桥（Benjamin Franklin Bridge）

该桥于1926年建成，位于美国费城，跨越特拉华河，通行城市轻轨和公路，采用重力式锚碇，结构体系为三跨两铰，采用钢桁梁、钢桥塔，由莫西夫设计。桥梁主跨533.75m，总长972.6m，如图1-1-59所示。

图1-1-59　本杰明富兰克林桥

3）大使桥（Ambassador Bridge）

该桥于1929年建成，位于美国的底特律，是地锚式单跨简支悬索桥，主跨564.3m，钢桁架主梁，桥塔显得格外纤细，如图1-1-60所示。该桥建成时是最大跨度的悬索桥，跨度首次超过当时最大跨径的悬臂钢桁梁桥（魁北克桥，主跨548.64m）。

图1-1-60　大使桥

4）乔治·华盛顿桥（George Washington Bridge）

乔治·华盛顿桥于1931年建成，孔跨布置为186m + 1 067m + 186m，基础很好，跨度首次超过1 000m。这是世界上第一座真正意义上的大跨悬索桥，如图1-1-61所示。

图1-1-61　乔治·华盛顿桥

该桥的设计者认识到大跨悬索桥所具有的重力刚度，并用这一概念来修正“挠度理论”的分析结果，并做出了下列推断，对于大跨悬索桥的刚度（在活载下的），加劲梁的贡献很有限，因此随着跨度增大，加劲梁的高度不必加大。该桥采取分期修建，从其一期工程竣工到二期工程尚未实现时，总共用时 31 年（1931 年 10 月到 1962 年 8 月）。第一期工程没设加劲梁，仅将桥面系梁（横梁、纵梁等）及该处的平纵联（抗风桁架）在主缆之下悬吊，用实例验证了“加劲梁对于大跨悬索桥并非主要”这一个划时代的新观点。

5）金门大桥（Golden Gate Bridge）

这是全球最著名的一座悬索桥，是当时最大跨度的悬索桥，建造于 1933 ~ 1937 年，位于美国加利福尼亚州，跨越圣弗朗西斯科海湾，是旧金山市的地标性建筑，如图 1-1-62 所示。

图 1-1-62　金门大桥

金门大桥主跨 1 280. 15m，孔跨布置为 342. 9m + 1 280. 15m + 342. 9m，结构体系为三跨两铰式，在该桥两边跨的梁端附近各设置一个反拉结，用以代替副鞍来固定主缆理论点的位置。桥塔采用多箱室的铆接钢结构，南北两个桥塔用钢 40 200t，该桥的矢跨比为 1/8. 94，是比较大的。两根主缆缠丝后的直径为 924mm，没有转弯，使用了散索套直接进入锚体。主梁采用两片华伦式桁架，高 7. 6m，桥面宽度 27m。

1951 年，当历时 4h 的风暴来临时，金门大桥已显出非灾难性的竖向风激振动，这些振动的竖向振幅达到 3. 3m，因此大桥只好关闭 3h。该现象表明该桥的空气动力稳定性很差，需要采取增大安全度的预防措施。理论研究的结果表明扭转刚度不足，可能导致灾难性的扭转振动，工程措施上采取在竖向桁架下弦之间添加下横向支撑，另外将三榀平面桁架组成的开口截面，改变成由四榀平面桁架组成的闭合截面，其中竖向两榀，横向两榀。施工过程中在世界上首次采用高强螺栓代替铆钉，共用高强螺栓 190t。

1954 ~ 1955 年该桥增加了侧向抗风系统，1976 年更换吊索，1981 ~ 1982 年抗震加固，1983 ~ 1985 年更换公路桥面和人行道。目前这座桥基本完好，其间经历了 1989 年的 Loma Prieta 大地震。

6）旧金山奥克兰海湾西桥（San Francisco Oakland Bay Bridge West）

1930 年 11 月美国遭遇了严重的经济危机，就在这个严酷的时候，旧金山市开工建设两座超长大桥。一座是 2 月 26 日开工的金门大桥，另一座是 7 月 9 日开工的旧金山奥克兰海湾西桥，如图 1-1-63 所示。世界上很多人都知道非常有名的金门大桥，却不大知道奥克兰海湾西桥，该工程全长 13. 2km，桥梁长 8. 4km。奥克兰海湾大桥分上下两层设 12 个车道，另由主跨 427m 的悬臂桁梁和长度 1. 6km 的隧道构成一个很大的桥、隧组合体。该桥于 1936 年 11 月 12 日通车，比金门大桥通车早 6 个月。两联三跨悬索桥孔跨布置为 356. 6m + 704. 3m + 353. 6m + 356. 6m + 704. 3m + 353. 6m。两座悬索桥间共用一个锚墩，桥塔采用铆接钢框架结构，横向联结系采用桁架式。主缆中心线距 20. 12m，加劲梁的桁高和节间长度都是 9. 15m。该桥最大的特点就是采用串联共锚悬索桥。

7）老塔可马桥（Old Tacoma Narrows Bridge）

1940 年，塔可马桥（在华盛顿）建成，跨度 853m，高跨比是 1∶350，宽跨比是 1∶72，而且其加劲梁（梁高 2. 44m）是下承钢板梁，桥面宽 11. 9m，桥面是不透风的混凝土板。结构体系为三跨两铰，该桥使用了中央扣,桥面和两钢板梁形成一个H状截面,结构总体布置如图1-1-64所示。当风从横向吹来时,就使H状截面上下各形成一连串移动的涡流,产生向上及向下的吸力,使H状截面反复受扭。由于H状截面抗扭刚度很小,使桥的使用性能不好。通车后4个多月,于1940年11月7日在一次68km/h(19m/s)的持久风速下振毁,其实该桥开通以后,虽然主梁的扭转刚度较小,但是由于使用了中央扣,所以振型一直以弯曲振型为主,后来由于中央扣损坏,导致结构振型成为典型的弯曲和扭转耦合,最终吊索和梁都被摧毁,桥梁破坏前如图1-1-65所示。事故发生后,工程界开始对风振进行大量研究。此后,全世界再也没有发生过同类事故。可是,桥梁会发生风振事故这一事实,却成为举世皆知的了。

图1-1-63　奥克兰海湾西桥

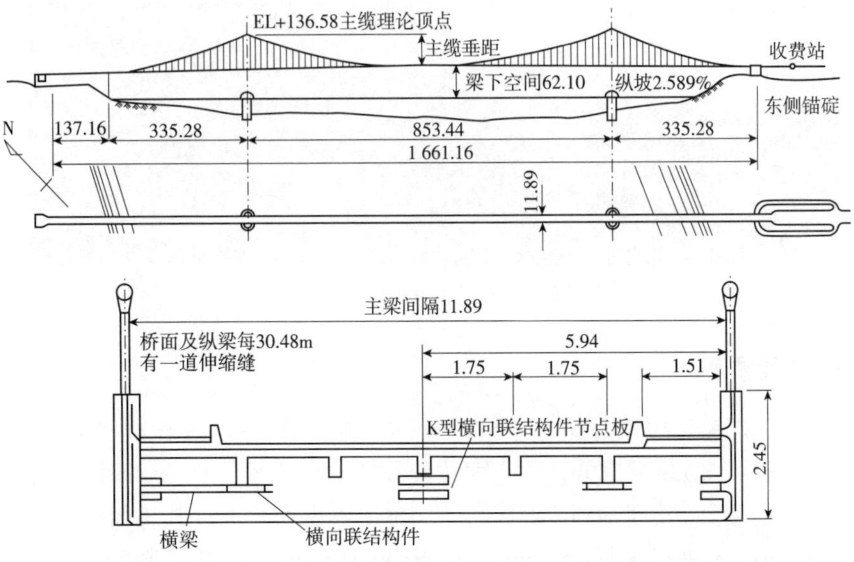

图1-1-64　塔可马桥结构总体设计(尺寸单位:m)

8)布朗克斯—白石桥(Bronx-Whitestone Bridge)

布朗克斯—白石桥于1939年建成,位于美国纽约。在塔可马桥垮塌后进行了相应的加固,加固后的该桥如图1-1-66所示。该桥跨越东河,是重力式锚碇公路悬索桥,由阿曼担任总工程师,设计师为Allston Dana,咨询工程师是莫西夫,设计风格和老塔可马桥类似。该桥采用钢桥塔,最初采用钢板梁作为主梁,主跨701m,边跨长224.0m,总长1 149.10m,桥面高41.1m。1940年在塔可马桥倒塌以后,增加了斜拉索,以保证在风荷载作用下的稳定性。2001～2008年重新维修桥

图1-1-65　塔可马桥破坏前的弯曲和扭转耦合振动

面系统时，拆除了1940年修建的桁架和斜拉索，为了保证抗风稳定性，在桥面上安装了导流板。该桥原采用刚度较小的实腹加劲板梁，后来由于风振的问题，又在加劲梁上增加了桁梁，在跨中附近由于主缆的干扰，采取将桁梁的上弦和主缆结合的方式。

这一时期，美式悬索桥的主要特点如下：

(1)结构体系一般是三跨两铰式；

(2)主缆一般是空中送丝；

(3)桥塔采用钢塔；

(4)加劲梁全是桁架式，桥面使用厚重的混凝土板旧金山海湾桥则在加劲梁架设中开始采用梁段提升法。

2. 本时期美式悬索桥的主要成就及特点

美国工程师修建的悬索桥处在创业阶段，他们发掘了大跨悬索桥的本质特点，利用20世纪30～60年代所通用的材料和工艺建成质量优良的悬索桥，培养出了奥斯玛·赫尔曼·阿曼(Othmar Herrmann Ammann)和戴维·伯纳德·斯坦因曼(David Bernard Steinman)等一批专家。

于1940年建成的老塔可马(老)桥，只有两条汽车车道，不久就因风振毁。通过研究，美国人找到了避免风振致毁的方法：一则是让加劲梁有孔洞，以削弱涡流，减轻扭矩作用；再则是增加加劲梁的抗扭和抗弯刚度。此时主缆钢丝的极限强度大约为1 450MPa，其间由鲁宾逊(H. D. Robinson)发明了液压紧缆机及缠丝机。

图1-1-66 布朗克斯—白石桥

四、现代美式悬索桥

老塔可马桥振毁后，美国在1950年重建了塔可马(新)桥。在1957年建成了麦金纳克桥(4车道公路桥)，孔跨布置为549m+1 158m+549m，是美国总长最长的悬索桥。桥面采用透风格栅，主缆和加劲梁之间采用中央扣，缆索悬挂总长度达到2 256m。于1964年建成了韦拉扎诺桥(12车道的城市及过境公路桥)。1966年，在葡萄牙建成4月25日桥。1969年，在美国又建成了纽波特桥(4车道汽车公路桥)。在2003年建成卡奎内斯海峡悬索桥，为主跨728m的三跨连续钢箱梁悬索桥。

现代美式悬索桥继承了近代美式悬索桥的特点，又有所发展，主要体现在：

(1)结构体系开始采用连续加劲桁梁，如4月25日桥(因考虑日后行驶铁路列车)；

(2)纽波特桥第一次使用预制平行丝股；

(3)4月25日桥采用了钢格栅代替厚重的混凝土桥面；在维拉扎诺桥架梁工作中，采用梁段提升法，梁段最大质量达357t。

现代美式悬索桥代表桥梁如下。

1)塔可马二桥(Second Tacoma Narrow Bridge)

塔可马二桥如图1-1-67所示，1950年建成，是主跨853m的钢桁梁悬索桥，通风性能非常好。该桥是在塔可马桥垮塌以后由美国修建的第一座大跨度的悬索桥。通过风洞试验及理论研究，美国对其风振性能稍差的既有悬索桥都进行了加固或改造,用钢桁架梁作加劲梁。该桥高跨比为1∶85,宽跨比为1∶47。美国人用于提高风振稳定的措施:一是提高结构空隙率,主要是加劲梁用桁架梁而不用实腹钢板梁,并在桥面留出纵向缝隙(缝隙可以不连续),使涡流分散,吸力减弱;二是提高加劲梁的抗扭及抗弯刚度,也就是在梁间设置上下平纵联及横联(采用上承结构,便于上平纵联及横联布置),借以抵抗扭转的破坏作用。

图1-1-67　塔可马二桥(右侧的为二桥,左侧的为三桥)

2)麦金纳克桥(Mackinac Straits Bridge)

麦金纳克桥如图1-1-68所示,孔跨布置为549m + 1 158m +549m,是美国总长最长的悬索桥,1957年建成。桥面采用透风隔栅,主缆和主缆之间采用中央扣。缆索支承(悬挂)总长度达2 256m,超过以前建成的任何一座悬索桥。

图1-1-68　建成后的麦金纳克桥

设计者极力想获得高度空气动力稳定性,甚至要超过塔可马二桥。麦金纳克桥的临界风速第一次设计确定为995km/h,大于战前已建成悬索桥的10倍。在以后的设计过程中,又将两中央车道上改为开敞网格桥面,并宣称可大幅提高临界风速。

高度空气动力学稳定性是对有竖吊杆和简支加劲桁梁传统悬索桥影响空气动力稳定性的全部参数作了彻底研究获得的。这就导致加大加劲桁架的尺度,其高度为11. 6m,相当于主跨径的1/11和宽度为20. 7m,大于路面宽度6m。

虽然设计一座桥梁取得这样大的临界风速,功绩令人佩服,但另一方面,现实世界里不可能发生这样大的风速,结构尺寸尚有优化的空间。

图1-1-69　维拉扎诺桥

3)维拉扎诺桥(Verrazano Narrows Bridge)

维拉扎诺桥于1964年建成,孔跨布置为370m + 1 298m +370m。结构立面布置如图1-1-69所示,位于美国纽约,跨越Verrazano Narrows。阿曼认为重力就是刚度,该桥是迄今人类架设最重的悬索桥。它是双层公路悬索桥,结构体系为三跨两铰式,采用重力式锚碇、钢桥塔、钢桁梁主梁、4根主缆。桥面高度66m,设12车道。桥塔高207m,两个桥塔用钢44 000t。该桥的主跨较大,桥塔设计时考虑了地球地面曲率的影响。

4)4月25日桥(April 25th Bridge)

塔古斯(Tagus)河流经葡萄牙首都里斯本,汇入大西洋,研究工作从1876年就开始了。1960年美国Steinman公司联合葡萄牙当地公司赢得了这座悬索桥的设计和建造合同,因此它的结构、外形甚至涂装颜色,酷似1937年建成的美国金门大桥,人们称之为里斯本的金门大桥。这座桥开始设计不久,Steinman就去世了,但是从后来的桥梁看来,依然保持了他的设计风格(桥面采用透风隔栅,塔细、梁透)。当时的设计目标就是建成一座4车道公路桥,而且要求该桥今后能被改建成悬索/斜拉复合公铁两用桥。4月25日桥的一期工程完成了公路桥的建造,于1966年8月6日通车,耗资3 200万美元,孔跨布置为483m +1 013m +483m。钢桁梁全长2 279m,是当时欧洲最大的桥梁和世界第一的连续桁梁。南塔沉井基础在水下79m嵌入岩层,是当时世界上最深的基础。

4月25日桥虽然建在欧洲的葡萄牙,却是美国悬索桥实践的产物,设计者斯泰因曼、格朗奎斯特和伦敦以及承包商美国钢结构协会美国桥梁分会,都隶属于美国。尽管如此,4月25日桥显示出与早期美国悬索桥实践的某些差别,主要由于需求变化所致(原先建设4车道路面),此后要在加劲桁架的下层增加双线铁路,必须将加劲桁架做成连续的,不仅从主跨到边跨而且进一步伸展到相邻大约100m跨径的梁桥中。依靠这一连续性,可避免纵断面轨道线形令人讨厌的角位移。如今的4月25日桥如图1-1-70所示。

图1-1-70　改建后的4月25日桥

为了控制投资,塔和锚碇按公路和铁路两者的最终荷载设计,而缆索体系和加劲桁架在增加双线铁路荷载时加强。在设计第二阶段,解决方法是原先的纯悬索桥体系用许多斜拉索补偿,并利用铁路纵梁传递斜拉索索力的水平分量。

与罗布林的原先概念相比,加建到4月25日桥上的斜拉索体系只有少数几根,与最初的悬索体系所提供的支承相比较,加劲梁支承更不连续。后来该桥扩建增加铁路桥面时,在主缆上方增加了两根小直径主缆。

五、现代英式悬索桥

第二次世界大战后,英国财力拮据。到20世纪60~80年代,建成了福斯公路桥、塞汶桥和亨伯桥。这些桥都是公路桥,运能不大。此间,土耳其需要在伊斯坦布尔修建跨越博斯普鲁斯海峡、兼顾过境运输的城市桥,英国联合其他国家(日本、意大利等国)共同投资,承担了其建设。1992年,英国在香港回归前发包了青马大桥工程,并在1997年7月前建成该桥。

总的来说,英国工程师建设的大跨悬索桥简况如下:

(1)福斯公路桥,分跨是408m +1 006m +408m,于1964年建成;

(2)塞汶桥,分跨是305m +988m +305m,于1966年建成;

(3)博斯普鲁斯海峡一桥,单跨1 074m,于1973年建成;

(4)亨伯桥,分跨是280m +1 410m +530m,于1981年建成;

(5)博斯普鲁斯海峡二桥,单跨1 090m,于1988年建成;

(6)我国香港青马桥,分跨是355.5m +1 377m,于1997年建成。

上述悬索桥的特点为:

(1)就结构体系说,仍是以三跨(或单跨)两铰式为主,但青马桥因为有轻轨荷载,加劲梁采用连续式。

(2)主缆方面,都是用空中送丝法,福斯公路桥采用此法时,是从美国引进,但博斯普鲁斯一桥已开始引用钢丝卷放(两用)机,其二桥又开始使用低拉力控制法,在经济和安全方面都有改进。

(3)桥塔方面,所使用的钢塔设计趋向于经济及合理(钢塔在拼接处采用纵向高强螺杆,在塔的下面采用半埋节段,塔柱截面改为单室单箱),后来在亨伯桥和青马桥采用混凝土塔。

(4)加劲梁方面,根据风洞试验,从塞汶桥开始,加劲梁采用流线型扁平钢箱梁,并采用钢正交异性板作桥面,用梁段提升方法架梁(每段质量从130t发展到500t),加劲梁工地连接使用焊接,桥面沥青铺装厚度为38mm;相对于美国所习惯的桁架式加劲梁及混凝土桥面板讲,这种箱梁既经济又合理,具有根本的革命意义。

(5)大跨悬索桥采用有限位移理论计算。

英国人学习和吸收了美国长大悬索桥的建造技术,同时也表现出追求合理和经济性的特点,在掌握当代科技知识(空气动力学、板钢结构制造及安装、焊接、混凝土工艺、预应力技术等)并灵活运用方面,迈开了大步,使悬索桥的技术经济指标有较大的改善。

其代表性英式悬索桥有如下几座。

1)福斯公路桥(Forth Road Bridge)

福斯公路桥是欧洲第二座大跨度悬索桥,随法国坦卡维尔桥之后,于1964年在苏格兰由英国女王亲自为该桥通车剪彩。它靠近英格兰爱丁堡的皇后渡口,跨越福斯海湾,当时按主跨排序为世界第四。福斯公路桥采用隧道锚,主梁采用钢桁架,靠近1890年修建的福斯铁路桥。主梁桁高8.4m,梁宽5.18m+23.77m+5.18m。该桥矢跨比1/11.1,使用散索套,建成后如图1-1-71所示。这是在美国以外第一座主跨径超过1km的大桥,具有钢索塔和简支加劲桁架主梁的福斯湾公路桥主体布置与法国的坦卡维尔桥相比较,似乎更接近美国实践。

图1-1-71　福斯公路桥(后面的是福斯铁路桥)

该桥学习和吸收了美国长大悬索桥的建造技术,同时也表现出英国人追求合理和经济性的特点,在许多细节上,福斯公路桥显示出重要创新。福斯湾公路桥的加劲桁架高度选取8.4m,相应的高跨比为1/120,比美国同期建造的悬索桥加劲桁梁更细长单薄。为了减少主缆承受的恒载,主跨采用正交异性板钢桥面,钢板厚度12.7mm,上铺38mm厚的沥青混凝土。边跨桥面采用混凝土板,边跨恒载大约为20.9t/m,比主跨约大5.6t/m。该桥的另一个特点是把人行道放在主缆的外侧。

桥塔采用框架结构,横向风撑采用桁架,采用工厂大节段制造,现场栓接。整个桥塔造型纤细、轻巧。施工节段裸塔时,在10m/s的风速下桥塔就出现了涡激振动,此后开始进行裸塔的抖振效应和制振措施研究。

2)塞汶桥(Severn Bridge)

塞汶桥在1966年建成,是当时桥梁界的一大盛事。它跨越塞汶河,采用斜吊索、钢桥塔,是重力锚悬索桥。主跨987.55m,边跨304.8m,建成后的塞汶桥如图1-1-72所示。塞汶悬索桥是三跨两铰式,主跨及边跨加劲梁采取两端简支。

图1-1-72　塞汶桥

该桥设计中,加劲梁和吊索的外形引进了新概念。自从塔可马桥灾难以来,所有重要悬索桥都采用抗弯、抗扭刚度巨大的桁架以获取空气动力稳定性,但塞汶桥第一次使用流线型的扁钢箱加劲梁,这是由风洞试验认识到了它的实用价值(阻力系数小、对风致振动的反应较优),设计者以3m高的细长箱梁代替桁架,相应的高跨比只有1/324,非常接近塔可马一桥的高跨比1/350。在塞汶桥的设计中,消除了塔可马桥的两个主要弱点:一是通过风洞试验确定采用钢箱梁的流线型,二是扁平钢箱梁截面形式提供了大扭转刚度。

建造过程中，加劲梁第一次使用全焊钢结构，考虑振动时的阻尼系数比铆接结构为小(对桥面铺装的阻尼作用当时还缺乏认识)，不利于抑制振动，将吊索从竖置改为呈 V 形的斜置，主要是斜置吊索在桥梁振动时所受拉力有脉动，这一脉动将使其钢绞线时松时紧，由此而对振动产生阻尼。对于塔柱，第一次采用了矩形单箱式；而且对于柱的工地水平接头，靠承压传力，用 20 根 ϕ50mm 的高强螺栓在竖向上下拉紧(用以抵抗施工荷载)。每塔用钢量仅为 1 200t，塔顶主鞍第一次采用了全焊式。

流线型扁平钢箱梁悬索桥已被世界公认为是桥梁史上的一个重大进步。为了增加结构刚度和全桥的抗振阻尼效果将吊索由竖直形式改为倾斜形式，世界桥梁界尚有争议，如日本对悬索桥采用斜吊索持否定态度，原因是该桥的斜吊索后来曾发生严重的损坏事故，导致了大量的修复、更换。此外，还有一种观点认为塞汶桥的设计有所不足，这就是虽然全桥因采用钢箱梁而节约了用钢量，但是恒载偏小，不利于抗风。但是该桥在悬索桥发展史中非常重要，标志着英式悬索桥的兴起。

3)博斯普鲁斯海峡一桥(Frist Bosporus Bridge)

博斯普鲁斯海峡一桥于 1970 年 4 月 24 日开工，1973 年 8 月 15 日竣工，为公路悬索桥，由 Gilbert Roberts 和 William Brown 设计。该桥的设计流量为 12 万辆/d，采用钢桥塔、流线型扁平钢箱梁，主桥为 231m + 1 074m + 255m 的单跨悬索桥。孔跨布置为 40m + 3 × 45m + 56m + 1 074m + 4 × 63.75m，建成后如图 1-1-73 所示。桥下通航净空定为 64m，桥宽 25m，两旁人行道 2.5m。桥面按 6 车道布置，曾有斜拉索桥方案，由于经验不够，数据不足，未敢采用。该桥吸收了塞汶桥的经验，采用扁平箱形梁、斜吊索。主缆计 19 股，每股有 548 根丝，丝径 5mm，主缆间距 28m，斜吊索面积为 19.5cm^2。从跨中开始架设，向桥塔方向安装。每节箱梁安装就位后用螺栓与前节相连，调整后再行相连，然后调整焊接。

图 1-1-73　博斯普鲁斯海峡一桥

4)亨伯桥(Humber Bridge)

1981 年英国建成当时世界上最大净跨 1 410m 的亨伯桥，采用重力锚、斜吊索和流线型扁平钢箱梁。三跨悬索桥的总体布置为 280m + 1 410m + 530m，梁体采用双铰式非连续支承。亨伯桥类似于塞汶桥和博斯普鲁斯一桥，即有流线型箱形加劲梁和悬索体系中的斜吊索。但是，亨伯桥采用钢筋混凝土桥塔，而其他两座均为钢塔。亨伯桥不寻常之处是边跨长度差别很大，其一边跨长 280m，另一边跨长 530m。如此不对称布置，这在以前任何一座重要悬索桥上从未见过。因主跨跨径大，南北边跨与主跨不对称的情况看上去并不明显。

图 1-1-74　亨伯桥

主缆的矢跨比约为 1/11，南侧和中跨主由 37 束索股组成，每股 404 丝钢丝。北侧由于主缆坡度较陡，每缆增加四股，每股 200 丝，主缆质量 11 000t，钢丝直径 5mm。中跨每缆直径 0.293m^2，压紧后的主缆直径为 700mm。主缆横向间距 22.20m，桥面宽度 28.50m，主梁高度 4.50m，4 车道。建成后的亨伯桥如图 1-1-74 所示。

该桥从 1981 年建成后，直到 1998 年日本的明石海峡大桥(1 990m)与丹麦大贝尔特东桥(1 624m)的建成，该桥 1 410m 的主跨保持世界纪录达 17 年之久。

5)博斯普鲁斯海峡二桥(Second Bosporus Bridge)

该桥建于 1986 ~ 1988 年，位于土耳其的伊斯坦布尔，跨越博斯普鲁士海峡，是公路重力式锚碇悬索桥，主跨 1 090m，建成后如图 1-1-75 所示。该桥设计流量 16 万辆/d。1985 年 12 月 3 日开工，1988 年 5 月 29 日建成。

图 1-1-75　博斯普鲁斯海峡二桥

20 世纪 80 年代后期，倾向于空中纺线法的趋势有所改变，在博斯普鲁斯海峡二桥施工时，这一方法在引进低张拉工艺后有所改进。低张拉工艺取消了对每一根钢丝的个别垂度进行调整，变为只要求对整个多丝索股的垂度进行调整。采用这一工艺后，主缆（9 500t 钢丝）编织耗时只有 4 个月，证明空中纺线法仍然有效。

博斯普鲁斯海峡二桥与其他英式悬索桥的唯一差别是采用竖直吊索，主要是斜吊索引起了诸多问题（即与疲劳有关的问题）。博斯普鲁斯海峡二桥的结构体系在许多方面是与博斯普鲁斯海峡一桥一致的，亦为单跨悬索桥，只有主跨是缆索体系支承的。其特点是主塔设置在海峡两岸陡坡的顶上，通往索塔的道路全在地面线上，与桥台基础、塔基整体构筑。

六、20 世纪后 20 年欧美大跨悬索桥的进展

20 世纪后 20 年，欧美大跨悬索桥的进步主要体现在如下几方面。

1. 采用液压阻尼器限制主梁的纵向位移，改善支座和吊索的工作状态

瑞典 1997 年建成霍腾加斯特桥（HögaKusten Bridge），基础的岩层比较好，因此桥塔和锚碇的设计都比较节约。它是主跨 1 210m 钢箱梁悬索桥，也是欧洲第三大跨度的悬索桥。桥梁孔跨布置为 310m + 1 210m + 280m，矢跨比 1/9.5，三跨连续体系，总长 1.8km，桥塔高 180m，桥面宽 17.80m。钢箱梁质量达 15 000t（合计 8.3t/m），主缆横向间距为 20.8m，吊索纵向间距为 20m。

该桥的技术特点：主梁采用三跨连续体系，钢箱梁连续长度 1 800m，在两个桥台设置有油压阻尼器。液压阻尼器的纵向活动量为±0.85m，平时作用力很小，只有在纵向位移达到极值时，按承载能力极限状态计算的水平力会达到 18MN。主鞍和散索鞍均采用全焊结构。锚固系统使用岩孔锚，将主缆各丝股分散在各个岩孔内，通过后锚板锚固。每根主缆有 37 根钢丝股，在厚度约为 37.7m 的岩体内钻有 37 个直径为 200mm 的岩孔，在每个岩孔内设有一根 VSL 后张预应力筋（32ϕ15mm 钢绞线），每根 VSL 后张预应力筋用一根 PE 套管保护。

建成后的该桥如图 1-1-76 所示。需要说明的是，从桥位来看，该桥的两个边跨都在岸上，可以采用单跨简支体系，未必需要全部采用钢箱梁，该桥的边跨采用钢箱梁以后，由于边跨在陆地上，不能浮运，给架设工作带来一定困难。

丹麦于 1998 年建成的大贝耳特海峡东桥，如图 1-1-77 所示，主跨 1 624m，三跨连续体系，采用中央扣，锚碇两端采用液压阻尼器，改善了支座和行车的条件。于 1991 年冬季开工，竣工于 1998 年 6 月。引桥设跨度 193m 的连续钢箱梁 19 孔，悬索桥主桥部分设有连续长度达 2 694m 的加劲梁。同加劲梁为三跨两铰式者相比，该桥用钢量并不节省，但桥面连续长度大，使得行车顺畅，并且免去了相邻两跨之间的碰撞，降低了维修费。从提高桥的运营质量上讲，这是可取的。但三跨连续加劲梁的纵向弯矩变化相当大，通过变更吊索间距（一般为 24m，但在塔处增至 56m）、梁的横截面（箱底板厚度在

9~20mm间变化)、施工中进行应力调整(主要是在塔顶处使主梁内预置正弯矩)等方法,使部件截面设计较为合理。在桥塔处,只在主梁两侧设置水平支座,以传递水平反力(风效应);因为梁体连续,不需设止撞设施。梁的两端(在锚碇处)、竖向设活动支座,纵向(桥轴方向)则设置液压缓冲装置(用以代替止撞措施)。整个加劲梁(全长2 694m)分成57个节段预制完成,用船运到桥位后,每一节段用2台缆载起吊设施(每台的起吊能力是600t)起吊到位。节段之间的工地接头一共是56个,全用焊接完成。箱梁外表面光滑平整,容易油漆,而内表面则适合于用除湿防锈。在防止疲劳方面,局部考虑加强,该桥均较以往大有改进。

图1-1-76　霍腾加斯特桥

图1-1-77　大贝耳特海峡东桥

2. 对特大跨度的悬索桥采用分体式钢箱梁截面

为了建造墨西纳海峡桥,开展了特大跨度悬索桥的研究和设计,英国的威廉布朗(William Brown)教授提出分体式桥面,目前该桥尚未修建。但是分体式主梁截面已经在多座桥梁上面使用(例如我国香港昂船州大桥、上海闽浦长江大桥、舟山西堠门大桥等)。

墨西纳海峡桥方案位于意大利的西西里岛,跨越墨西纳海峡,采用重力式锚碇,是公铁两用悬索桥,由William Brown设计。采用分体式流线型钢箱梁,钢框架桥塔。主跨跨度3 300m,总长5 070m,矢跨比1/11。孔跨布置为183m+3 300m+183m,悬吊孔长3 666m,最大风速215km/h。主梁总长5 300m,4根主缆,主缆直径1.24m,主梁总宽60.4m,桥面高出水面70.0m。桥塔高度382.60m,桥塔共用结构钢2×56 000t。主梁用钢量66 500t,公路车道双向4车道,每个方向各一个紧急车道,双线铁路。该桥结构总体布置如图1-1-78所示,分体式钢箱梁如图1-1-79所示,全桥效果图如图1-1-80所示。

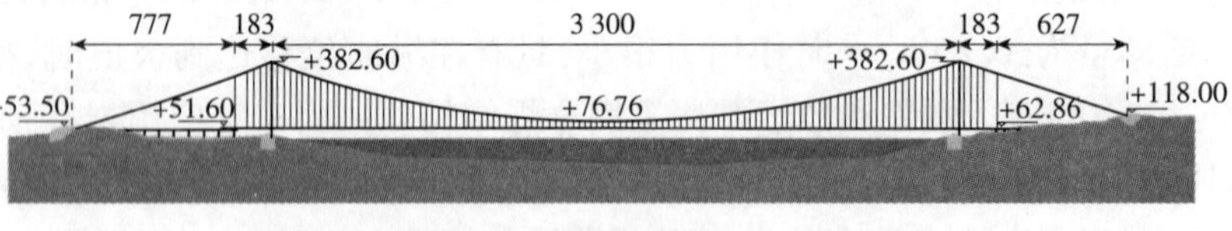

图1-1-78　墨西纳海峡桥方案总体布置(尺寸单位:m)

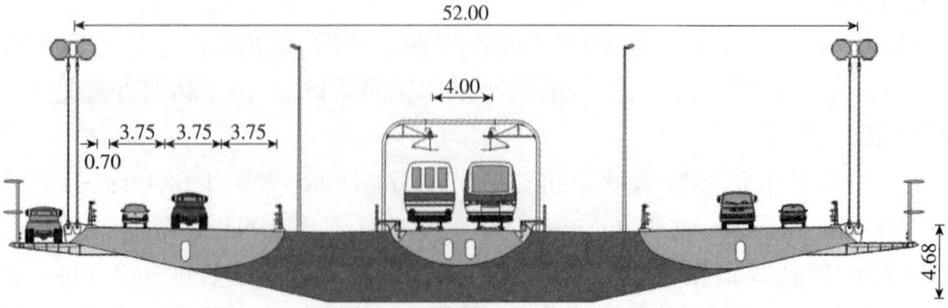

图1-1-79　墨西纳海峡桥方案钢箱梁横截面(尺寸单位:m)

3. 挪威在隧道锚的基础上开发成功岩孔锚，更经济、可靠

挪威 Bergen 附近的阿斯柯吊桥（主跨 890m）等悬索桥采用了该种形式的锚碇。后来瑞典 1997 年建成的霍腾加斯特桥也采用了岩孔锚。

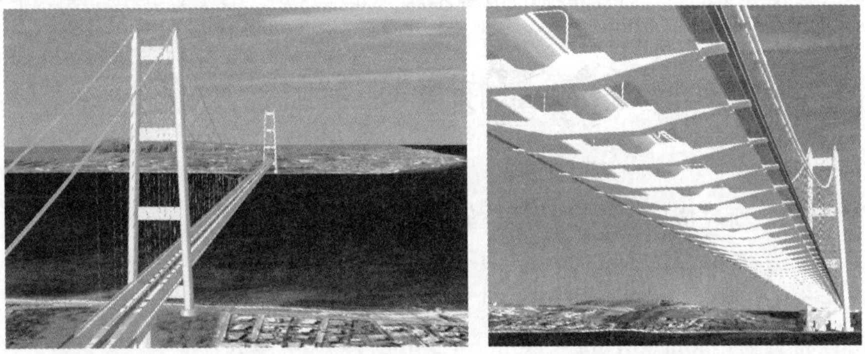

图 1-1-80　墨西纳海峡桥方案效果图

4. 重新研究多塔大跨度悬索桥

智利的查考桥拟采用 1 055m + 1 100m 三塔悬索桥方案。希腊的 Lloannis Kapodistrias 桥拟采用主跨 4 × 2 000m 的 5 塔 6 跨悬索桥方案。

5. 对主梁截面形式，欧洲除了采用传统的钢桁梁、钢箱梁之外，也开始采用结合梁

法国于 2000 年建成的夏瓦翁高架桥（Chavanon Viaduct），如图 1-1-81 所示，采用结合梁主梁。该桥主跨 300m，单索面、桥塔向内倾斜 20°，是公路结合梁悬索桥。它采用钢筋混凝土桥塔，总长 360m，2 根主缆每根 61 索股，每股 61 丝，桥面高出谷底 100m。采用顶推法施工，颇具特色。该桥是世界上第一座单索面的地锚式悬索桥。

图 1-1-81　夏瓦翁高架桥

桥塔高度 75m，其中桥面以上 55m。锚跨跨度 80m，主梁长度 360m，矢跨比为 1/10，主梁总长 30m + 300m + 30m = 360m。桥面宽度 22.4m，桥塔采用三角形钢筋混凝土桥塔，塔柱截面实心三角形。

主梁采用结合梁，其中梁高 3m，宽 22.04m，横截面如图 1-1-82 所示。纵向不施加预应力，横向采用 4T15S 力筋施加预应力，间距 0.63m。横隔板间距 5m，桥面混凝土板厚 22cm，横向支撑钢管直径 323.9mm，厚度 12mm，底板宽 6.14m，厚度 16 ~ 28mm。采用 5 个纵向闭口肋加劲，纵向加劲肋中心间距

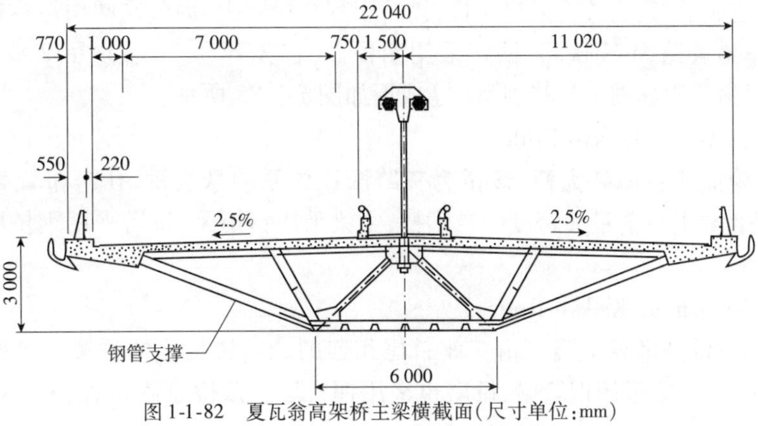

图 1-1-82　夏瓦翁高架桥主梁横截面（尺寸单位：mm）

1.028m，厚10mm或12mm。两道斜腹板和底板的夹角为120°，厚度14~18mm。腹板采用开口加劲肋，高320mm，厚20mm。每侧主梁从桥台向跨中75m的范围内采用闭口的箱形结合梁，顶板厚度为14~30mm。跨中210m的范围内采用槽形结合梁，该范围内上翼缘采用宽650mm、厚20~25mm的钢板。吊索纵向间距10m，长度6.15~37.8m，靠塔的吊索采用3根55T15S的平行钢丝，其余采用2根31T15S的平行钢丝。

七、20世纪后期悬索桥在日本和我国的发展

1.现代日式悬索桥

日本从1973年开始，所完成的大跨度悬索桥如下：

关门桥，跨径布置为：178m+712m+178m=1 068m，1973年建成；

因岛桥，跨径布置为：250m+770m+250m=1 270m，1983年建成；

大鸣门桥，跨径布置为：330m+876m+330m=1 536m，1985年建成；

下津井濑户大桥，单跨悬索桥主跨940m，1987年完成；

大岛大桥，主跨560m，钢箱梁悬索桥，1988年建成；

北备赞濑户大桥，三跨连续274m+990m+274m=1 538m，1988年完成；

南备赞濑户大桥，三跨连续274m+1 100m+274m=1 648m，1988年完成；

明石海峡大桥，三跨两铰960m+1 991m+960m=3 911m，1998年完成；

来岛1号桥，跨径布置为：140m+600m+170m=910m，1999年完成；

来岛2号桥，跨径布置为：250m+1 020m+245m=1 515m，1999年完成；

来岛3号桥，跨径布置为：260m+1 030m+280m=1 570m，1999年完成。

日本的悬索桥特点如下：

(1)主缆一般采用预制平行索股法，钢丝的抗拉强度原来采用1 600MPa，从明石海峡桥开始采用1 800MPa。

(2)桥塔均采用钢框架结构，两根塔柱稍微向内侧倾斜，并采用水平撑杆或者剪力撑杆。

(3)桥塔基础大部分采用沉井基础。

(4)主梁习惯采用钢桁梁，公路桥面采用正交异性板钢桥面，钢桥面和主桁梁的上弦杆不焊接，而是搁置在桁梁上，桥面不参与主桁梁总体体系的受力，铁路桥面一般采用明桥面，但是将纵梁搁置在横梁上，钢桁梁的架设大多采用桥面吊机，从来岛大桥后大量采用钢箱梁作为主梁。

代表性悬索桥如下。

1)南、北备赞濑户大桥(Seto-Ohashi Bridge)

日本于1988年建成了南、北备赞濑户大桥，该桥工程规模宏大，为公铁两用悬索桥，而且本桥为串联悬索桥。设计为4车道公路，4线铁路，铁路采用明桥面，首先开通2线，预留2线。本桥总体布置如图1-1-83所示。主梁横截面如图1-1-84所示，建成后如图1-1-85所示。

2)明石海峡大桥(Akashi Kaikyo Bridge)

日本于1998年建成明石海峡大桥，该桥为三跨两铰体系的悬索桥，孔跨布置为960m+1 991m+960m=3 911m，它是世界上目前最大跨度的悬索桥，主梁采用钢桁梁，桥塔采用钢桥塔，建成后的该桥如图1-1-86所示。

3)来岛海峡桥(Kurushima-Kaikyō Bridge)

来岛海峡大桥的主桥是世界上唯一由三座首尾相连的悬索桥构成的桥梁。该桥于1999年全部建成。该桥是公路悬索桥，主梁采用钢箱梁，桥塔也采用钢桥塔。该桥总体布置和建成后分别如图1-1-87和图1-1-88所示。

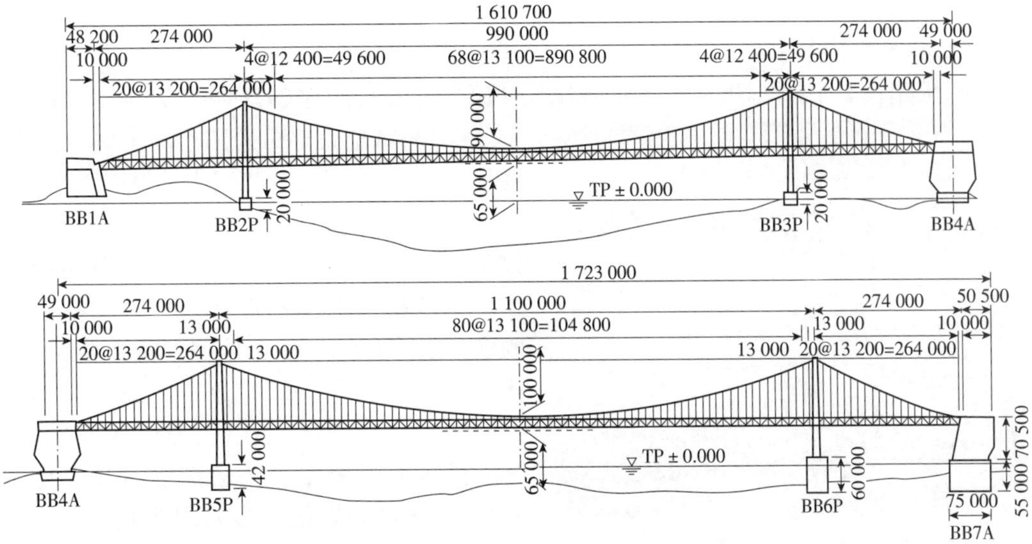

图 1-1-83　南、北备赞濑户大桥总体布置图(尺寸单位:mm)

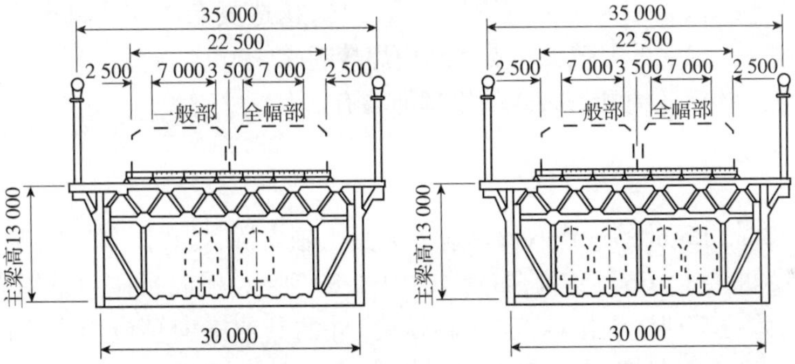

a)暂时截面　　b)最终截面

图 1-1-84　南、北备赞濑户大桥主梁横截面图(尺寸单位:mm)

图 1-1-85　南、北备赞濑户大桥

图 1-1-86　明石海峡大桥

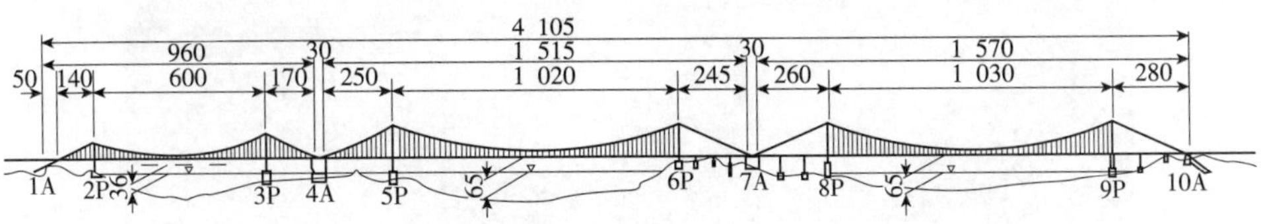

图 1-1-87　来岛海峡桥总体布置图(尺寸单位:m)

2. 现代中式悬索桥

我国悬索桥的主要特点如下：

(1)主缆均采用预制平行索股法，钢丝的抗拉强度原来采用1 600MPa，现在已经采用1 770MPa。

图1-1-88　建成后的来岛海峡桥

(2)桥塔绝大部分采用混凝土框架结构，两根塔柱稍微向内侧倾斜，并采用水平撑杆。

(3)锚碇的形式大多采用重力锚或者隧道锚，锚碇的基础形式采用沉井或者地下连续墙。地下连续墙基础中采用矩形和圆形的均有。锚体最早的多采用钢桁架锚固体系，后来多采用预应力体系。

(4)主梁大部分采用全焊流线型扁平钢箱梁，公路桥面采用正交异性板钢桥面并参与总体体系的受力，钢箱梁架设大多采用缆载吊机。在我国的山区也有一些采用混凝土板梁的悬索桥和一些采用钢桁梁的悬索桥，21世纪后，出现采用结合梁的悬索桥。

(5)悬索桥的主索鞍和散索鞍大多采用铸焊组合结构，构造复杂的鞍头部分采用铸造，鞍头下部的支承结构采用厚钢板焊接，然后再把鞍头和支承结构焊接起来。

(6)吊索采用骑跨式的钢丝绳和销接式的钢丝绳均有。

代表性悬索桥如下。

1)汕头海湾大桥

主桥为154m+452m+154m的三跨双铰预应力混凝土悬索桥，是我国第一座现代化的悬索桥。加劲梁采用单箱三室预应力混凝土(C60)结构，布置如图1-1-89所示，横向预应力采用大吨位有黏结束和单股无黏结束两种方式，除位于现浇湿接缝范围(副横梁)外的其他横向预应力在梁段预制阶段完成。纵向预应力分为有黏结束和无黏结束，体外束布置在底板上部。主跨设有27束有黏结通长束，孔道长度444.64m，采用两次张拉。建成后如图1-1-90所示。

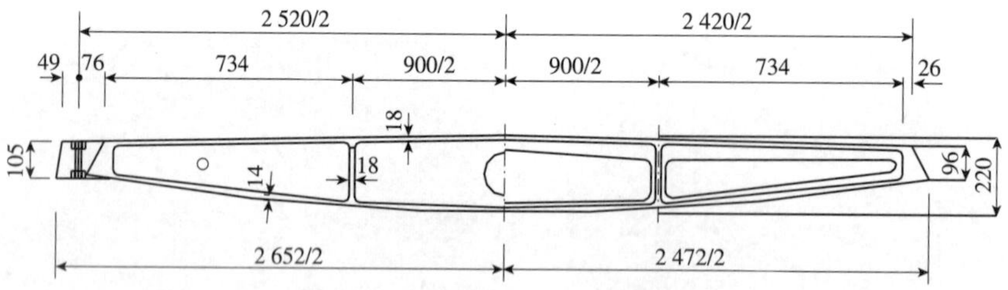

图1-1-89　加劲梁横断面(尺寸单位：cm)

图1-1-90　汕头海湾大桥

2）江阴长江大桥

江阴长江大桥于 1999 年 9 月建成。大桥全长 3 177m，主桥长 1 385m，是我国首座主跨超千米的特大型桥梁。主桥为跨度布置 336.5m + 1 385m + 309.34m 的单跨简支钢箱梁悬索桥。主跨缆索垂跨比 1/10.5，两缆中心距 32.5m。垂直吊索间距 16m。近塔吊索距塔中心线 20.5m。建成后如图 1-1-91 所示。

图 1-1-91　江阴长江大桥

3）润扬长江大桥南汊桥

南汊主桥采用主跨 1 490m 的单跨双铰钢箱梁悬索桥，跨径布置为 470m + 1 490m + 470m，索塔下横梁上设滑动支座，约束加劲梁竖向和扭转位移。在索塔内侧壁与加劲梁间安装横向抗风支座，限制加劲梁的横向位移。该桥总体布置和建成后分别如图1-1-92和图 1-1-93 所示。

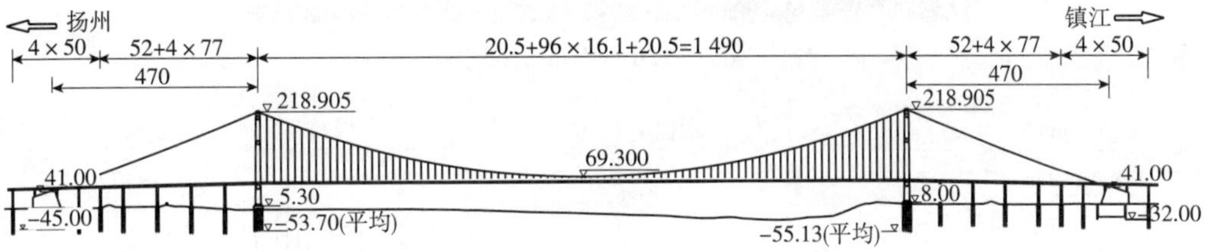

图 1-1-92　南汊悬索桥总体布置（尺寸单位：m）

4）西堠门大桥

我国于 2009 年 12 月 25 日建成浙江西堠门大桥。该桥为主跨 1 650m 的分体式钢箱梁悬索桥，主梁两跨连续。本桥也是世界上首次使用分体式钢箱梁的悬索桥，成桥后如图 1-1-94 所示。

图 1-1-93　润扬长江大桥南汊桥

图 1-1-94　西堠门大桥

目前，我国正在建造多座大跨度的多塔多跨悬索桥，例如泰州长江大桥、马鞍山长江大桥和鹦鹉洲长江大桥等，丰富了大跨度悬索桥的结构形式。

5）泰州长江公路大桥

泰州长江公路大桥主桥的孔跨划分为 390m + 1 080m + 1 080m + 390m。两主跨的主缆垂跨比均采用拉力较低的 1/9。主梁采用钢箱梁，中间的桥塔采用钢塔。总体布置如图 1-1-95 所示，预计 2012 年下半年建成。主缆架设完成后如图 1-1-96 所示。

6）黄埔大桥南汊桥

黄埔大桥南汊桥于 2008 年 12 月建成，主跨是跨径为 1 108m 的单跨钢箱梁悬索桥，两边跨均为跨径 62.5m 的连续混凝土箱梁桥。南汊悬索桥主缆分跨为 290m + 1 108m + 350m = 1 748m（图 1-1-97），中跨为悬吊结构。主缆矢跨比为1∶10，建成后如图 1-1-98 所示。

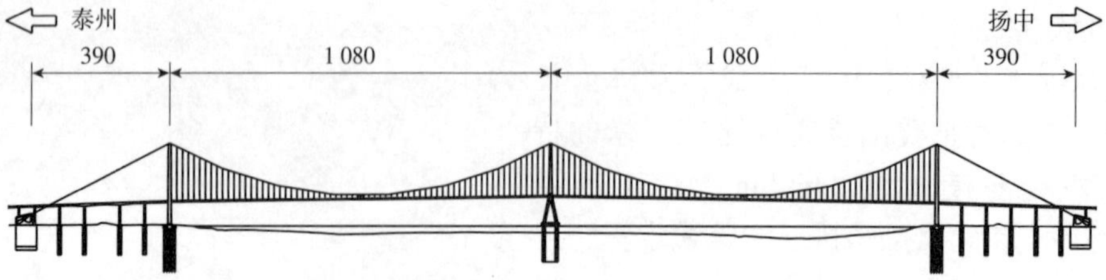

图 1-1-95　泰州长江公路大桥总体布置图(尺寸单位:m)

图 1-1-96　建设中的泰州长江公路大桥

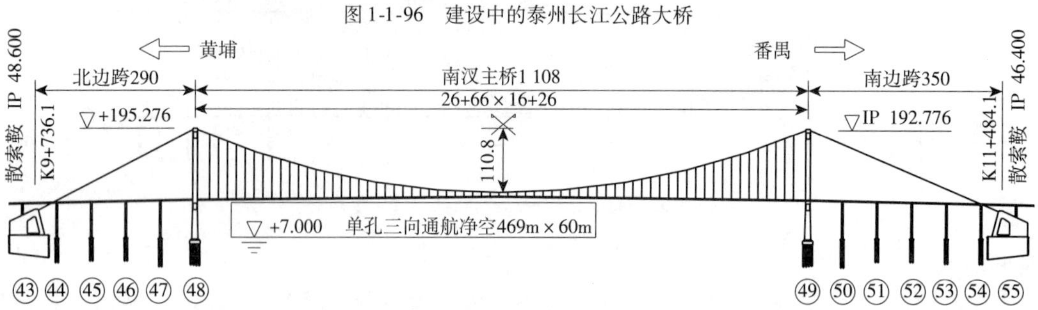

图 1-1-97　黄埔大桥南汊桥型布置图(尺寸单位:m)

图 1-1-98　黄埔大桥南汊桥

第三节　缆索承重桥梁发展趋势

在此从跨度纪录发展的角度,对缆索承重桥梁的技术演变做一个简短的小结。

一、斜拉桥跨度纪录发展

相对于悬索桥而言,斜拉桥跨度增加的幅度比较适中。只有西奥特—霍义斯桥(+42%)和诺曼底桥(超过杨浦桥跨度的 +42% ,超过安纳西斯桥跨度的 +84%)的跨度较以前的跨度纪录超过 25% 。

斜拉桥跨度纪录的保持时间一般比悬索桥短,如表 1-1-1 所示。纪录保持最长的是日本的多多罗桥,保持了 9 年世界纪录,其次是塞弗林桥和圣纳泽桥,各保持了 8 年世界纪录。最短的纪录保持者是日本的生口桥,只保持了几个星期。

在我国，自20世纪90年代起，斜拉桥跨度纪录取得重大突破，具体情况见表1-1-2。

自1955年以来的斜拉桥跨度纪录　　表1-1-1

纪录保持时间(年)	桥梁名称	主跨(m)	主梁材料	主塔材料	国家
1955~1959	斯特姆桑特桥 Strömsund Bridge	182	钢	钢	瑞典
1959~1961	西奥特—霍义斯桥 Theodor Heuss Bridge	260	钢	钢	德国
1961~1969	塞弗林桥 Severins Bridge	302	钢	钢	德国
1969~1970	膝盖桥 Knie Bridge	320	钢	钢	德国
1970~1975	杜伊斯堡—纽卡布桥 Duisburg-Neuenkamp Bridge	350	钢	钢	德国
1975~1983	圣纳泽桥 St. Nazaire Bridge	404	钢	钢	法国
1983~1986	巴里奥斯月亮桥 Barrios de Luna Bridge	440	混凝土	混凝土	西班牙
1986~1991	安纳西斯桥 Annacis Bridge	465	结合梁	混凝土	加拿大
1991	生口桥 Iguchi Bridge	490	钢	钢	日本
1991~1993	斯卡恩桑特桥 Skarnsund Bridge	530	混凝土	混凝土	挪威
1993~1995	杨浦大桥 Yangpu Bridge	602	结合梁	混凝土	中国
1995~1999	诺曼底桥 Normandy Bridge	856	钢—混凝土	混凝土	法国
1999~2008	多多罗桥 Tataro Bridge	890	钢	钢	日本
2008~	苏通桥 Sutong Bridge	1088	钢	混凝土	中国

我国已建斜拉桥跨度纪录表($L \geqslant 400$m)　　表1-1-2

序号	桥梁名称	跨径(m)	建成年份	类别	备注
1	荆州长江公路大桥	200+500+200	2002	混凝土梁	世界最大肋板式混凝土梁斜拉桥
2	鄂黄长江公路大桥	55+200+480+200+55	2003	混凝土梁	
3	重庆奉节长江大桥	30.4+202.6+460+174.7+25.3	2006	混凝土梁	
4	重庆忠县康家沱长江大桥	205+460+205	2008	混凝土梁	
5	重庆长寿长江大桥	207+460+207	2008	混凝土梁	
6	四川宜宾长江大桥	63.5+120.5+460+120.5+63.5	2008	混凝土梁	
7	重庆大佛寺长江大桥	198+450+198	2002	混凝土梁	
8	重庆涪陵石板沟长江大桥	200+450+200	2009	混凝土梁	
9	重庆长江二桥	53+169+444+169+53	1996	混凝土梁	
10	铜陵长江公路大桥	80+90+190+432+190+90+80	1995	混凝土梁	
11	湖北郧阳汉江大桥	43+414+43	1993	混凝土梁	
12	武汉长江二桥	180+400+180	1995	混凝土梁	
13	福州青洲闽江大桥	205+605+205	2001	钢—混组合梁	世界最大组合梁斜拉桥
14	上海杨浦大桥	40+99+144+602+144+99+40	1993	钢—混组合梁	
15	香港汀九大桥	127+448+475+127	1997	钢—混组合梁	
16	海南洋浦大桥	460	2012	钢—混组合梁	
17	江津观音岩长江大桥	193+436+193	2008	钢—混组合梁	
18	上海南浦大桥	170+423+170	1991	钢—混组合梁	

续上表

序号	桥梁名称	跨径(m)	建成年份	类别	备注
19	东海大桥主航道桥	73+132+420+132+73	2005	钢—混组合梁	
20	苏通长江公路大桥	2×100+300+1 088+300+2×100	2008	钢箱	世界最大钢箱梁斜拉桥
21	济南黄河三桥	386+160+60+60	2008	钢箱	独塔,双索面
22	广州黄埔大桥北汊桥	383+197+63+62	2008	钢箱	独塔,双索面
23	上海长江大桥	107+243+730+243+107	2010	分离钢箱	
24	上海闽浦大桥	4×63+708+4×63	2010	钢桁	
25	宁波象山港大桥	82+262+688+262+82	2012	钢箱	
26	南京长江三桥	63+257+648+257+63	2005	钢梁	钢塔
27	南京长江二桥	58.5+246.5+628+246.5+58.5	2001	钢箱	
28	舟山金塘大桥	77+218+620+218+77	2008	钢箱	
29	安庆长江铁路大桥	101.5+188.5+580+188.5+101.5	2012	钢桁	四线,三索面
30	安庆长江公路大桥	50+215+510+215+50	2005	钢箱	
31	武汉天兴洲长江大桥	98+196+504+196+98	2008	钢桁	双层行车,四线铁路,六车道,三索面
32	武汉军山长江大桥	48+204+460+204+48	2002	钢箱	
33	杭州湾跨海大桥北航道桥	70+160+448+160+70	2007	钢梁	
34	浙江嘉绍大桥	70+200+5×428+200+70	2012	钢箱	六塔,桥面在塔柱两侧
35	润扬长江公路大桥北汊大桥	175.4+406+175.4	2005	钢箱	
36	香港昂船洲大桥	3×70+80+1 018+80+3×70	2008	(钢—混)混合梁	世界最大钢—混混合梁斜拉桥
37	湖北鄂东长江大桥	275+926+275	2010	(钢—混)混合梁	
38	湖北荆岳大桥	398+826+230	2010	(钢—混)混合梁	
39	武汉白沙洲长江公路大桥	50+180+618+180+50	2000	(钢—混)混合梁	
40	舟山桃夭门大桥	2×48+50+580+50+2×48	2003	(钢—混)混合梁	
41	汕头礐石大桥	2×47+100+518+100+2×47	1998	(钢—混)混合梁	
42	广东湛江海湾大桥	60+120+480+120+60	2006	(钢—混)混合梁	
43	武汉二七长江大桥	90+160+2×616+160+90	2011	(组合—混)混合梁	三塔
44	上海徐浦大桥	40+3×39+45+590+45+3×39+40	1996	(组合—混)混合梁	世界最大组合—混合梁斜拉桥
45	香港汲水门大桥	2×80+430+2×80	1997	(组合—混)混合梁	双层行车

二、悬索桥跨度纪录发展

黄埔大桥南汊桥具有以下特点:

①受条件限制,考虑到桥梁日后运营和管理问题,分别采用1%和2%不对称坡度设计,整体梁宽

41.69m，制造和施工精度控制难度大。

②钢箱梁在北塔和南塔处各设一对竖向支座、一对横向抗风支座和一对纵向阻尼装置。

③主缆通长索股147股，单股丝数127丝，采用公称直径φ5.2mm、公称抗拉强度1 670MPa高强镀锌平行钢丝制造，采用单线往复式牵引系统架设。设计采用无抗风缆绳和下压装置的猫道系统。

④采用圆形地下连续墙重力式锚锭。距珠江大堤约30m，外径73m，运用“抓、冲、铣”成槽施工新工法，采用取消冷却水降温的大体积混凝土施工控制方法。

黄埔大桥南汊桥在大跨度悬索桥的设计和施工中均具有很高难度和代表性。建设过程在以往经验基础上有创新，在以后章节中将做详细介绍。

对于悬索桥来说，主要进步体现在（按照跨度超过前面最大跨度的25%作为标准）1834年瑞士的大吊桥 Grand Pont Suspendu（+55%）、布鲁克林桥（+50%）、乔治华盛顿桥（+89%）、金门大桥（+25%）和明石海峡桥（+41%），具体情况参见表1-1-3。

美国金门大桥的跨度纪录从1937～1964年保持了27年，是最长的。第二保持长时间跨度纪录的是威廉斯堡桥，从1903～1924年，共计21年。1996年以前，最短的纪录保持者是熊山桥和大使桥，分别从1924～1926年、1929～1931年，保持纪录2年时间。

我国悬索桥从20世纪90年代开始迅速发展，具体情况见表1-1-4。

自1826年以来的悬索桥跨度纪录表　　表1-1-3

纪录保持时间（年）	桥梁名称	主跨（m）	主梁材料	主塔材料	国家
1826～1834	麦纳海峡桥 Menai Bridge	176	铸铁	石头	英国
1834～1849	大吊桥 Grand pont Suspendu	273	铸铁	石头	瑞士
1849～1866	威林桥 Wheeling Bridge	308	铸铁	石头	美国
1866～1883	辛辛那提桥 Cincinnati Bridge	322	铸铁	石头	美国
1883～1903	布鲁克林桥 Brooklyn Bridge	486	铸铁	石头	美国
1903～1924	威廉斯堡桥 Williamsburg Bridge	488	钢	钢	美国
1924～1926	熊山桥 Bear Mountain Bridge	497	钢	钢	美国
1926～1929	本杰明·富兰克林桥 Benjamin Franklin	533	钢	钢	美国
1929～1931	大使桥 Ambassador Bridge	564	钢	钢	美国
1931～1937	乔治·华盛顿桥 George Washington Br.	1 067	钢	钢	美国
1937～1964	金门大桥 Golden Gate Bridge	1 280	钢	钢	美国
1964～1981	维拉扎诺桥 Verrazano Narrows Br.	1 298	钢	钢	美国
1981～1998	亨伯桥 Humber Bridge	1 410	钢	混凝土	英国
1998～	明石海峡桥 Akashi Kaikyo Bridge	1 990	钢	钢	日本

我国已建悬索桥跨度纪录表（$L \geq 400$m）　　表1-1-4

序号	桥梁名称	跨径（m）	建成年份	类别	备注
1	舟山西堠门大桥	578+1 650+485	2008	钢箱	两跨
2	润扬长江大桥南汉大桥	470+1 490+470	2005	钢箱	单跨
3	南京长江四桥	422+1 418+352	2012	钢箱	单跨
4	江阴长江大桥	336+1 385+309	1999	钢箱	单跨
5	香港青马大桥	355+1 377+300	1997	钢箱	双层行车、两跨
6	武汉阳逻长江大桥	250+1 280+440	2007	钢箱	单跨
7	湖南吉首矮寨大桥	242+1 176+116	2012	钢桁	单跨

续上表

序号	桥梁名称	跨径(m)	建成年份	类 别	备 注
8	广州黄埔大桥南汊桥	290 +1 108 +350	2008	钢箱	单跨
9	贵州坝陵河大桥	248 +1 088 +228	2009	钢桁	单跨
10	泰州长江公路大桥	390 +2 ×1 080 +390	2012	钢箱	三塔两主跨
11	宜昌长江大桥	246.3 +960 +246.3	2001	钢箱	单跨
12	西陵长江大桥	225 +900 +255	1996	钢箱	单跨
13	湖北四渡河大桥	114 +900 +208	2009	钢桁	单跨
14	虎门大桥	302 +888 +348.5	1997	钢箱	单跨
15	厦门海沧大桥	230 +648 +230	2000	钢箱	三跨
16	贵州北盘江大桥	192 +636 +192	2009	钢桁	单跨
17	重庆鹅公岩大桥	211 +600 +211	2000	钢箱	三跨
18	万州长江大桥	220 +580 +240	2004	钢桁	单跨
19	忠县长江大桥	147 +560 +212	2001	钢管桁架	单跨
20	汕头海湾大桥	95 +154 +452 +154 +95	1995	混凝土箱梁	单跨
21	丰都长江大桥	164.5 +450 +130	1996	钢桁	单跨
22	广西柳州双拥大桥	40 +430 +40	2011	钢箱	单跨、单主缆
23	江西赣州大桥	140 +408 +140	2010	钢箱	单跨

三、缆索承重桥梁发展趋势

通过对斜拉桥和悬索桥历史与发展的回顾,基本上可以探索缆索承重桥梁的发展趋势。

(1)设计理论和计算技术的发展推动了桥梁跨度的跃进和发展。

(2)桥梁结构体系和支撑体系的创新使结构更加趋于合理与安全。

(3)主体结构(梁体、索体)形成的变化改进了桥梁总体的结构受力。

(4)应用于缆索的新材料和锚固技术的发展促进了跨径的跃进。

(5)机械制造和装配技术的进步,促进了施工技术的进步和桥梁建造水平的提高。

随着斜拉桥、悬索桥设计理论和两种结构的有机结合、互补,以及科学试验手段的配合,使缆索承重桥梁向更大跨径纪录迈进,而对风暴、潮汐、地震等自然现象和桥梁重大灾变形态的认识深入与研究,使大跨度桥梁建设迈进海洋成为现实。另外,桥梁作为人类社会发展与进步的产物,也是城市灵魂的窗口,在十分重视其质量和实用性能的同时,也要重视它的美观性和桥梁精品的塑造。所以,桥梁结构、景观、环境和人的和谐统一是其发展本身所追求的精神。同时,人类在造桥时,越来越重视桥梁的耐久性,在桥梁结构设计时,除考虑结构受力的合理性外,还必须考虑主体结构不可替换部位的寿命和其他部位中、长期的材料可更换性,并在设计、施工过程中提出了日后养护的规程和可能采取的病害诊断及预防性养护措施,使得桥梁使用寿命不仅局限于百年,而是趋于更长时间。

在黄埔大桥的建设过程中,从斜拉索、吊索、锚固系统等的可置换性设计到桥梁健康监测系统的实施等,均考虑了桥梁建设、养护一体化问题。

下面将以黄埔大桥建设为例,详述大跨度斜拉桥、悬索桥的建造、管理和养护技术,并从某些侧面去窥探这种精神。

第二章　珠江黄埔大桥建设概况

本章主要介绍黄埔大桥建设的基本背景和工程建设的地质、水文、通航条件以及工程设计的技术标准、依据规范及工程难点等。

第一节　桥址及桥型

一、工程地理位置

珠江黄埔大桥位于广州东南部，距离出海口的虎门大桥34km，是国道主干线广州绕城公路东段项目（简称：项目）和珠江三角洲经济区环形高速公路共线的控制性工程（图1-2-1）。项目全长18.694km，投资43亿元，其中，黄埔大桥全长7 016.5m，投资约28亿元。

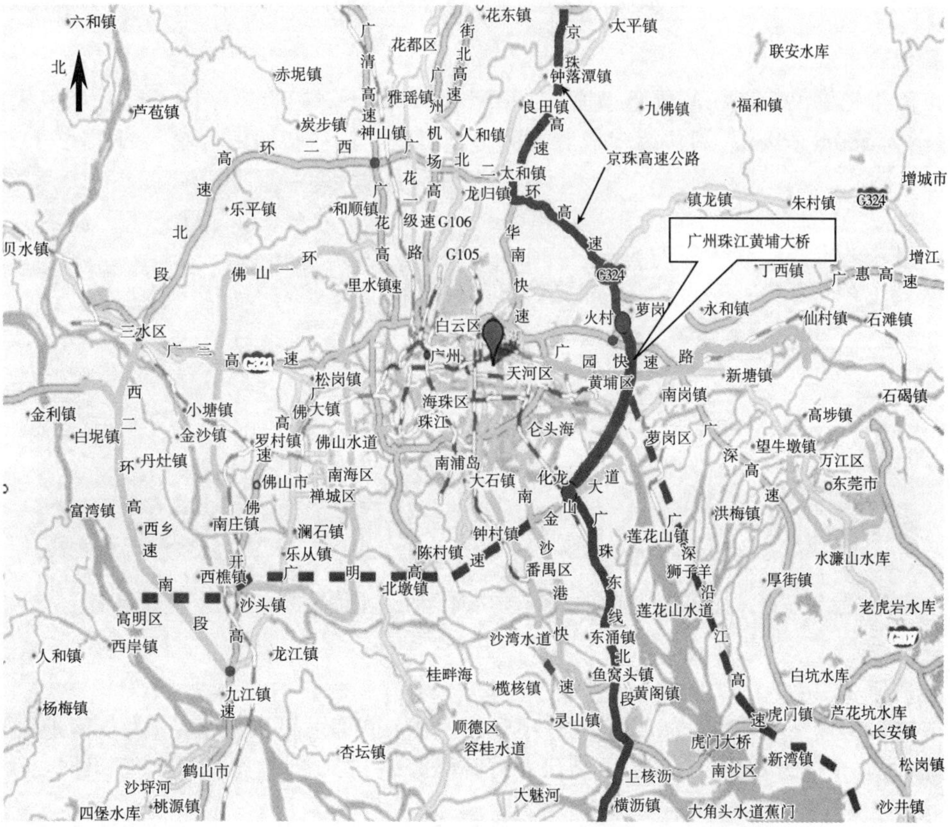

图1-2-1　项目的地理位置

项目于2005年4月动工建设,2008年11月完工。大桥的建设填补广州市东部和南部没有跨珠江大桥的空白,对实现广州“北优南拓、东进西联”的战略及促进珠江三角洲经济有着极为重要的意义。

黄埔大桥由北引桥、北汊桥、南汊桥、南引桥四部分组成。其中,北汊桥为主跨383m的独塔双索面钢箱梁斜拉桥,梁宽41m;南汊桥为主跨1 108m的单跨钢箱梁悬索桥,梁宽41.69m;引桥为跨径62.5m、45m、30m连续梁及连续刚构桥。主桥主墩基础施工采用钢板桩围堰,锚碇基础采用钢筋混凝土圆形地下连续墙,斜拉桥钢箱梁采用变频步履式吊机吊装,悬索桥钢箱梁采用跨缆式吊机吊装;引桥除悬索桥塔锚之间及加宽段箱梁采用挂篮法施工外,其余均采用移动模架法施工。

二、黄埔大桥的组成

1. 北引桥

北引桥位于黄埔区,跨越广州冶炼厂、广江路和107国道,其桥跨组成为3.0m+(46+43+35+47+40+35+35)m+2×(6×45)m+(45+2×62.5)m+(2×62.5)m+2×(5×62.5)m,为预应力混凝土连续箱梁和连续刚构。桥头连接龙头山隧道,并与广深沿江高速公路互通,设官田互通立交。

2. 黄埔大桥主桥

黄埔大桥主桥立面布置见图1-2-2。

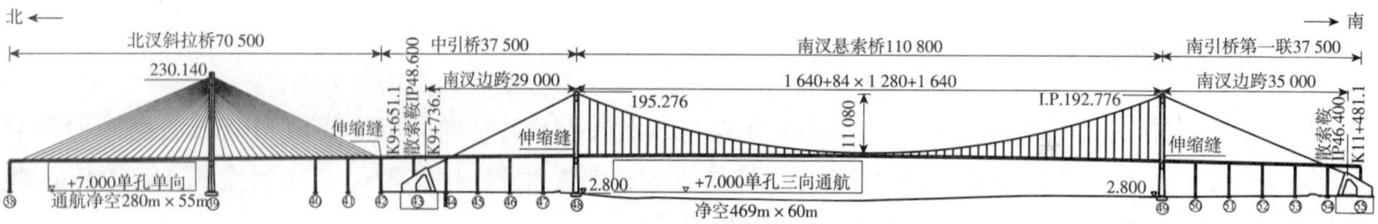

图1-2-2 黄埔大桥主桥立面图(尺寸单位:cm;高程单位:m)

1)北汊斜拉桥

北汊斜拉桥跨越繁忙的珠江菠萝庙水道,为383m+322m不对称半飘浮体系的独塔双索面钢箱梁斜拉桥,通航净空为280m×55m。斜拉桥建成后在同类型桥梁中跨径暂居国内第一(图1-2-3)。

图1-2-3 北汊斜拉桥

2)南汊悬索桥

南汊悬索桥跨越珠江主航道,为290m+1 108m+350m单跨钢箱梁悬索桥,为华南地区跨径最大的钢箱梁悬索桥,通航净空为469m×60m,可满足6万吨级海轮和30万吨级油轮通航(图1-2-4)。

3. 南引桥

南引桥位于番禺区化龙镇,跨越水网地带农田保护区,桥头与草堂互通立交相接。跨度组成为6×

62.5m + 2 × (5 × 62.5) m + (4 × 62.5 + 45) m + 2 × (6 × 45) m + (5 × 45 + 30) m + 2 × (6 × 30) m + 3 × (7 × 30) m + 3.0m，连续梁—刚构体系（图 1-2-5）。

图 1-2-4　南汉悬索桥

图 1-2-5　南引桥

第二节　工程建设条件

一、气象条件

1. 气候与气温

桥址地区属亚热带季风气候。年平均气温 22℃，夏季最热月份为 7 月份，平均 28.5℃，日最高气温大于等于 35℃的天数为 10d，极端最高气温 38.7℃；冬季 1 月份最冷，平均气温 13.6℃，极端最低气温在 0℃。

2. 降水与湿度

多年平均降雨量 1 694 ~ 1 726mm，最大降雨量 2 517mm，最小降雨量 1 243mm；多年平均蒸发量 1 604mm，最大蒸发量 1 955mm，最小蒸发量 1 421mm，相对湿度 81%，潮湿系数大于 1，为湿度适中—充足带。

各月雨量分布以6月最多(288mm),5月次多(280mm),12月最少(28mm)。冬半年各月也曾出现过仅有极少量降水或滴水未降的情况。

累年平均降雨日数(日雨量大于等于0.1mm)150d。10~12月雨日6~8d,其余月份均超过10d,5、6月最多,分别达到18d和19d。

雨季的开始日期在3月下旬,9月底结束,雨季的降雨量占年降雨量的81%。暴雨较集中的月份为5~9月份。连续降雨天数为20d,一般出现在6~7月。连续最长的不降雨天数为40~50d,集中在秋末冬初。

桥区附近累年平均相对湿度78%,四季分布特点为春、夏季节大于秋、冬季节,其中,6月最大为85%,11、12月最小为67%。历史极端最小相对湿度为12%。

3. 风速及风向

本地区冬夏风向的季节变化比较显著,春季至初秋盛行偏南风,秋季至冬末盛行偏北和偏东风。最大风速几乎都出现在台风影响过程中,对本地区影响最大的台风为惠州—台山一带登陆的台风,其中,在宝安登陆的台风出现过12级以上大风的记录。历年10min平均最大风速为22.0m/s,风向NE;历年瞬时极大风速为35.4m/s,风向NE。根据1951~2002年气象资料,在广州站10m高30年一遇10min平均最大风速为22.4m/s,100年一遇10m高10min平均最大风速为26.8m/s,60m高10min平均最大风速为33.6m/s,北风偏多,频率为13%。

在沿海所测得的台风最大风速,一般可达到34m/s,按照《公路桥涵设计通用规范》(JTJ 021—89)中全国风压分布图,珠江大桥桥址处于800Pa的等线上。

桥址区位于台风大风区内,多数年份的台风影响次数在8~15次之间,8月和9月为最盛期,各月登陆台风出现次数的可能性为:6月1次,7月1~2次,8月1~3次,9月1~2次。

4. 地震与断裂

根据区域地质资料、地震安全性评价报告以及初步勘察、详细勘察成果,黄埔大桥北汊桥通过地区的近场及场区内主要发育三组断裂带:

(1)北东向广州—从化断裂带;

(2)近东西的瘦狗岭—罗浮山断裂带;

(3)北西向文冲断裂带、化龙断裂带及白泥—沙湾断裂带。

以上五条断裂带中,瘦狗岭断裂带、文冲断裂带为场区断裂带,其余三条断裂带为近场区断裂带。

根据历史地震记录,地震主要分布在主要断裂带的交汇处,如广从断裂与瘦狗岭断裂带交汇的广州大北与小北附近曾经发生过4.7级地震,多次发生过3~4.5级地震,广从断裂带与沙湾断裂带交汇处的沙窖附近1976年曾发生3.3级地震。总体而言,地震次数不频繁,且震级一般,桥址区属于相对稳定区域。

根据本项目《地震安全性评价报告》以及国家质量技术监督局发布的《中国地震动参数区划图》(GB 18306—2001),地震动峰值加速度为0.10g,相当于地震基本烈度Ⅶ度区。

二、水文条件

黄埔大桥桥位处河道300年一遇设计洪水位为7.65m,历年最低水位为3.09m。风暴潮最高潮水位为6.37m,最低潮水位为3.30m。高潮平均潮水位为5.73m,低潮平均潮水位为4.18m,平均潮水位为5.00m。涨潮最大潮差为7.44m,平均潮差为1.55m。涨潮最大历时15h55min,落潮最大历时11h05min。300年一遇洪水最大流速为0.94m/s,平均最大流速为0.76m/s。桥位处河道100年一遇设计水位为7.00m,历年最低水位为3.09m。

根据"黄埔大桥桥墩冲刷局部动床模型试验研究",悬索桥北塔墩的最大冲刷深度为6.7m,南塔墩的最大冲刷深度为4.4m。北汊斜拉桥塔墩处实测桥墩附近落潮的最大流速接近0.8m/s,按规范公式计算得到的最大冲刷深度为7~13.5m。

三、航运条件

珠江北汊航道(菠萝庙水道)江面宽300~500m,除邻近大濠洲岸有少量边滩外,基本为深水区,水深5~8m,深泓最浅水深6.0m,位于桥位上游60m处,本水道东段菠萝庙冲对开河底存在礁石,礁顶最浅点水深3.7m。北汊菠萝庙水道不是正式航道,但沿岸聚集了广州文冲船厂、广远船舶修理厂、中海菠萝庙船厂三家大型船舶修造厂,构成我国南方重要船舶工业基地,加上沿岸码头较多水域水上作业繁忙,水道通航要求高。

根据交通运输部"关于珠江黄埔公路大桥通航净空尺度和技术要求的批复",珠江北汊航道(菠萝庙水道)通航净空高度在设计最高通航水位以上不少于55m,单孔单向通航净宽不小于280m。南汊航道通航净空高度在设计最高通航水位以上不小于60m,单孔单向通航净宽不小于469m。设计最高通航水位2.0m(珠基,对应广州城建高程系统为7.0m),设计最低通航水位-1.52m(珠基,对应广州城建高程系统为3.48m)。

四、地质情况

1. 地形地貌

通过区域地质资料及初次勘察、详细勘察成果判定,桥址区地貌类型为丘陵区及珠江三角洲平原,两区以瘦狗岭断裂为界(K8+190)。北为丘陵区,南为珠江三角洲平原区,地势北高南低。北部丘陵区由低山及洼地组成,最高点高程为49.90m,洼地高程在8.70~10.50m。南部珠江三角洲平原区地势平坦,高程在4.50~8.70m,以珠江的江心洲—大濠洲岛为最低点,总体地势由北向南微倾。珠江径流量大,且变幅显著,水深一般小于10m。

2. 水质条件

桥址区地势特点为北高南低,东西两面均为地形较高的残丘,地表水和地下水均由西、北向南汇入珠江。地下水主要靠大气降水补给,地下水由松散地层孔隙水和基岩裂隙水两大类组成。珠江三角洲平原地区地下水位埋藏浅,一般为1m左右,咸水或微咸水,矿化度大于1g/L,含有过量亚铁离子,一般不能饮用;基岩裂隙主要分布于丘陵区花岗岩及变质岩中,各地水量变化较大,水质类型为$HCO_3-Cl \cdot Mg$型,地下水及地表水对混凝土无侵蚀性。

3. 地质条件

桥址地层上部覆盖为第四系全新统海陆交互相沉积层(Q_4^{mc}),第四系全新统冲洪积层(Q_4^{ai}),第四系残坡积层(Q_4^{ei});下伏基岩为下古生界(P_{ZI})混合岩。现自上而下分述如下。

(1)第四系海陆交互相沉积层(Q_4^{mc})。

③$_2$淤泥:深灰、灰黑色,黏粒及粉粒为主,含少量砂质及腐殖质,有腥臭味,饱和,流塑。

③$_3$淤泥质土:深灰色,含少量砂质及腐殖质,有臭味,饱和,软塑。

③$_4$粉砂:浅灰色,深灰色,饱和,松散,砂质成分以石英砂为主,级配较差。

(2)第四系冲洪积层(Q_4^{ai})

④$_1$亚黏土:蓝灰色,湿,软可塑~硬可塑,含砂砾,土体黏性较好。

④$_4$中砂:深灰、灰黄色,饱和,稍密~中密,局部松散,主要成分为石英,级配好,夹粗砂薄层。

④$_5$粗砂:灰白、深灰等色,饱和、中密,主要成分为石英,含10%~15%的圆砾,砾径2~3mm居多,级配好。

(3)第四系残坡积层(Q_4^{ei})。

⑤亚黏土:灰绿色,湿~稍湿,硬可塑~硬塑,含石英砂粒,黏性差,混合岩风化残积土,遇水易软化、崩解。

(4)下古生界(P_{ZI})混合岩。

⑥$_1$全风化混合岩:黄褐、灰黄色,岩石风化剧烈,原岩结构大部分已破坏,结构尚可辨认,岩芯呈坚硬

土柱状，手可捏碎，遇水易软化、崩解。

⑥$_2$强风化混合岩：灰褐、红褐、灰黄等色，岩石风化强烈，半岩半土状，手可折断，泡水易软化、崩解。局部夹弱风化岩块，多分布于强风化层和弱风化层的界面附近。

⑥$_3$弱风化混合岩：黄褐、红褐、灰绿等色，中粗粒结构，碎裂状～块状构造。主要成分为石英、长石及少量黑云母，长石部分土化。裂隙发育，裂面铁质渲染、锈斑，岩芯呈短、长柱状夹少量碎块状。

岩石天然单轴抗压强度 R_a = 13.1～26.6MPa，平均 19.8MPa。

各层土力学参数建议值见表 1-2-1。

土层力学参数综合建议表 表 1-2-1

时代成因	层号	岩土名称	状态	容许承载力 σ_0 (kPa)	桩周土极限摩阻力 τi (kPa)
Q_4^{mc}	③$_1$	亚黏土	软塑～软可塑	100～150	40～45
Q_4^{mc}	③$_2$	淤泥	流塑	40～60	10～20
Q_4^{mc}	③$_3$	淤泥土质	流塑～软塑	60～80	20～30
Q_4^{mc}	③$_4$	粉砂	松散～稍密	100～150	35～40
(Q_4^{ai})	④$_3$	细砂	中密	200	45
Q_4^{ai}	④$_4$	中砂	稍密～中密	250～300	45～50
Q_4^{ai}	④$_5$	粗砂	稍密～中密	250～300	80～100
Q_4^{ei}	⑤	亚黏土	硬可塑～硬塑	250～300	60～70
P_{ZI}	⑥$_1$	混合岩	全风化	350	75
P_{ZI}	⑥$_2$	混合岩	强风化	500	120
P_{ZI}	⑥$_3$	混合岩	弱风化	1 500	—
P_{ZI}	⑥$_4$	混合岩	微风化	2 500	—

(5) K6 +900.000～K7 +100.000 范围，分布大量软土，以淤泥为主，流塑淤泥质黏土及亚黏土，对于桥头引道应采用工程措施进行处理。

(6)北汉桥桥址区，砂土液化指数为 0.57～11.98，中等液化为主，局部轻微液化。工程上应考虑液化砂土的不良影响。

第三节 技术标准和技术难点

一、设计依据

(1)国家发改委《关于国道主干线广州绕城公路东段可行性研究报告的批复》(发改交运[2004]1063 号)；

(2)交通运输部《关于黄埔大桥通航净空尺度和技术要求的批复》(交水发[2001]799 号)；

(3)水利部《关于广东省珠江三角洲经济区环形公路东环段工程水土保持方案的批复》(水保[2002]118 号)；

(4)交通运输部《关于国道主干线广州绕城公路东段可行性研究报告审查意见的函》(交函规划[2003]28 号)；

(5)中国国际工程咨询公司《关于同三、京珠国道主干线广州绕城公路东环段工程可行性研究报告

的评估报告》(咨交通[2003]463 号);

(6)广东省水利厅《关于京珠高速公路广州黄埔大桥桥型和桥跨布置方案设计的批复》(穗水管[2004]14 号);

(7)交通运输部《关于国道主干线广州绕城公路东段初步设计的批复》交公路发[2004]612 号;

(8)广州市公路管理局与中交第一公路勘察设计研究院、中交公路规划设计院签署的勘察设计合同;

(9)国道主干线广州绕城公路东段工程可行性研究报告及各设计阶段工程地质勘察报告;

(10)国道主干线广州绕城公路东段黄埔大桥河段定床、动床报告,通航及安全论证报告,大桥设计方案风洞试验报告,桥梁防撞论证报告等专题研究。

二、技术标准

(1)道路等级:高速公路。

(2)计算行车速度:100km/h。

(3)设计车道:双向 6 车道,远期为 8 车道。

(4)路基宽度:34.5m,桥梁标准宽度与路基同宽,斜拉桥部分宽 41.0m(含锚索区及人行道),悬索桥部分宽 41.69m(含吊索区及人行道)。

(5)设计荷载:汽车—超 20 级;挂车—120。

(6)最大纵坡:2.5%(路线),1%(斜拉桥主桥),≤2%(悬索桥主桥)。

(7)桥面横坡:≤2%。

(8)设计洪水频率:1/300。

(9)通航标准:最高设计通航水位为 7.0m,最低设计通航水位为 3.48m。最高设计通航水位以上,珠江南汊悬索桥 469m×60m;珠江北汊斜拉桥 280m×55m。

(10)地震基本烈度:Ⅶ度。

(11)设计风速:20m 高度百年一遇 10min 平均最大风速 41.4m/s。

(12)船舶撞击力。

北汊斜拉桥:横桥向 18MN,顺桥向 9MN;

南汊悬索桥:横桥向 210MN,顺桥向 105MN。

(13)高程系统:广州市城建高程系统。

(14)桥面铺装设计年限 15 年,设计交通量 2.3×10^{7}次/车道(累计标准轴载)。

三、标准规范

1. 采用标准、规范

(1)《公路工程技术标准》(JTG B01—2003)。

(2)《公路桥涵设计通用规范》(JTJ 021—89)。

(3)《公路斜拉桥设计规范(试行)》(JTJ 027—96)。

(4)《公路钢筋混凝土及预应力混凝土桥涵设计规范》(JTJ 023—85)。

(5)《公路桥涵地基与基础设计规范》(JTJ 024—85)。

(6)《公路桥涵钢结构及木结构设计规范》(JTJ 025—86)。

(7)《公路工程抗震设计规范》(JTJ 004—89)。

(8)《公路桥涵施工技术规范》(JTJ 041—2000)。

(9)《公路工程水文勘测设计规范》(JTG C30—2002)。

(10)《公路桥梁抗风设计规范》(JTG/T D 60-01—2004)。

(11)《海港工程混凝土结构防腐蚀技术规范》(JTJ 275—2000)。

(12)《公路沥青路面设计规范》(JTG D50—2006)。

(13)《公路沥青路面施工技术规范》(JTG F40—2004)。

(14)《公路工程沥青及沥青混合料试验规程》(JTJ 052—2000)。

(15)《公路工程集料试验规程》(JTG E42—2005)。

(16)《公路工程质量检验评定标准》(JTG F80/1—2004)。

(17)《涂装前钢材表面锈蚀等级和除锈等级》(GB/T 8923—1988)。

2. 参考规范、标准

(1)《公路桥梁抗风设计指南》。

(2)Standard Specification for Highway Bridges-AASHTO 1996。

(3)英国规范 BS 5400。

(4)《钢床板设计要领·同解说》(日本国本四联络桥公团,1989)。

(5)《上部结构设计基准·同解说》(日本国本四联络桥公团,1989)。

(6)《铁路桥梁钢结构设计规范》(TB 10002.2—99)。

(7)《建筑钢结构焊接技术规程》(JGJ 81—2002)。

四、技术难点

1. 斜拉桥

北汊斜拉桥跨越繁忙的珠江菠萝庙水道,为383m+322m不对称半飘浮体系的独塔双索面钢箱梁斜拉桥。斜拉桥建成后在同类型桥梁中暂居国内第一,世界前列。受建设环境限制,项目建设主要难点为:

(1)不对称结构、不对称纵坡的设计。

(2)索塔高226.14m,为华南地区最高的超高无中横梁门型索塔。

(3)由于特殊地理条件限制,塔区梁段吊装难点大。

(4)岛上钢箱梁吊装与过渡区钢箱梁吊装。

(5)水陆联运具有施工繁琐,施工费用高的特点,特别本桥岸侧钢箱梁位于上孤岛上,岛上运输也是本项目施工的难点之一。

(6)临时墩整体拼装。

(7)研究设计和制造长寿命超长斜拉索。

2. 悬索桥

南汊桥跨越珠江主航道,设计为单跨钢箱梁悬索桥,大桥主跨1 108m,通航净空为469m×60m(宽×高),可满足6万吨级海轮通航。主要难点为:

(1)采用无中横梁门式塔设计,索塔高193m,无中横梁门形桥塔柱上部设雀替,在国内属首创;水中承台采用大型钢板桩围堰施工。

(2)锚碇是悬索桥控制性工程之一,南锚碇距珠江大堤不足30m,桥位地质条件复杂。

(3)台风地区大跨度悬索桥上部安装及施工控制技术。

(4)整体式横隔板超宽梁段总拼精度控制技术。

3. 移动模架

黄埔大桥南、北引桥采用了正交、斜交、上行、下行等多种类的移动模架法施工,其中,62.5m跨引桥采用世界最大跨MSS62.5m移动模架施工,创造多项国内移动模架施工纪录。其难点有:

(1)北引桥高墩处位于作业繁忙的黄埔港,并横跨107国道、广江路、螺壳山公园、石化加油站及几个大型的国有企业,安全风险很高。而南引桥所处的鱼塘水网,软基路段较多,建设条件非常复杂。

(2)MSS62.5m移动模架在设计、制造、安装、纵移横移和施工控制等施工方面国内均无成熟经验借鉴,安全风险高,施工难度极大。

第三章 黄埔大桥关键建造技术综述

根据项目的特点和难点,介绍过江方案论证和结构设计关键技术,复杂条件大跨度独塔斜拉桥上部结构施工及控制与超长斜拉索耐久性技术,大跨度悬索桥临江大型锚碇深基础施工与上部结构快速施工及精度控制技术,整体式超宽钢箱梁制造精度及钢箱梁桥面铺装与运营环境关键技术,特大跨径移动模架设计与施工关键技术等。

第一节 设计理念

桥梁的设计既表现时代的主题,也体现了历史和传统的继承。黄埔大桥将现代和历史有机结合,技术、经济、功能和景观的和谐统一作为设计理念和桥梁文化建设的中心内容,在项目建设开始便精心规划并从设计入手进行落实。

一、刚柔相济的桥型组合

大桥位于广州新港和黄埔港之间,桥位上游 3 500m 有著名的黄埔军校,下游 500m 有我国海上丝绸之路发源地南海神庙,她既深刻历史文明的烙印,体现了丰富的传统文化,也给人以现代文明欣欣向荣的景象,大桥在不到 8km 的主控线路中必须跨过工厂、码头、学校、交通干线、铁路编组站和珠江主、辅航道以及穿越高压线网、公园等(图 1-3-1)。因此,项目设计了大跨度桥隧相连结构物来满足受限制的地形,并从 15 个方案的比较中选出现有的桥位方案(图 1-3-2),该线位被桥梁界誉为不可多得的桥位资源。

图 1-3-1 桥位周边环境图

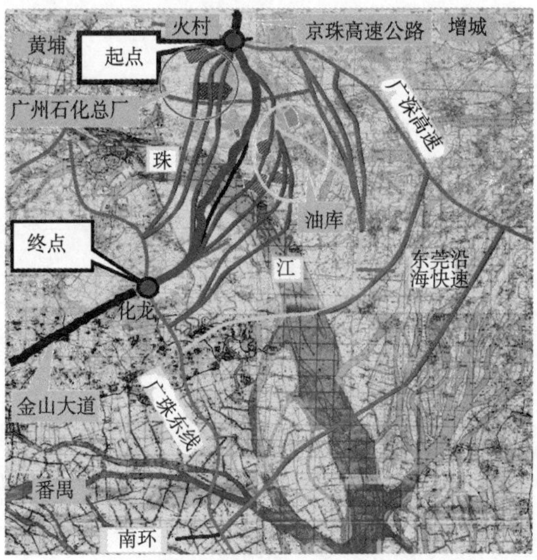

图 1-3-2 路线方案选择

大桥在工可论证阶段确定了线位方案后，从安全、实用、经济、景观、环保等方面进行了桥隧方案的详细比较，并选择了桥梁方案(表1-3-1)。

黄埔大桥与珠江黄埔隧道方案比较　　表1-3-1

内容 方案	景　观	建设、运营安全	实　用	投资比较	环　保
桥梁	有标志性	风险一般	综合利用较高，战略性较差	比隧道低3.04亿	一般
隧道	无	风险大	综合利用较低，战略性较好	比桥梁高3.04亿	较好

设计单位在选择桥梁方案后，对不同桥型组合的15个方案进行论证，最终优选出3个方案进行详细的比较并确定了推荐方案(表1-3-2)。

黄埔大桥桥型方案比较　　表1-3-2

方案 内容	方案一	方案二	方案三
	北汊383m独塔斜拉桥＋南汊1 108m悬索桥	北汊460m半跨悬索桥＋南汊1 108m悬索桥	北汊383m独塔斜拉桥＋南汊900m双塔斜拉桥
桥梁形式			
技术要求及规划条件	符合	北汊桥北锚位于规划路和码头区，应改为自锚	符合
环境协调	三个方案均能避开北岸高压电塔迁改的技术问题。方案一、二充分利用大濠洲岛的资源条件，达到了与环境的协调和统一。方案一利用环境资源实现两种桥型刚柔相济的有机组合		
经济比较	方案一、三基本相当，方案二投资约增加3亿人民币		
实施难度	有一定技术难度，实施风险性一般	技术难度大，实施难度大、风险性高	有一定技术难度，实施风险性较大
重大技术问题	大跨度不对称独塔斜拉桥结构体系	解决共锚和自锚问题	同方案一。船舶防撞问题，若再进一步增大跨径，费用和技术难度显著增大
推荐方案	推荐	不推荐	不推荐

二、内外和谐的实用理念

“内”指桥梁结构构造及其受力，“外”指平、纵线形和总体造型。大桥根据控制条件及设计规范要求，重点考虑综合设计和施工难度，在北引桥环境条件复杂路段和南引桥平原路段采用单曲线线形，主桥技术条件复杂路段采用直线线形。引桥根据原有道路交通、建筑物、珠江大堤及河流交织情况和桥墩高度，经过经济技术比较，采用62.5m、45m、30m等跨布置并选择移动模架法施工，主桥与62.5m跨径引桥均采用3.5m梁高，62.5m跨径与45m跨径梁高从3.5m渐变2.5m，45m跨径与30m跨径梁高2.5m渐变为1.8m，实现了对总体线形的有效控制。桥墩设计采用花瓶形，墩顶与箱梁底板同宽，实现墩梁的柔顺过渡。俯视大桥，宛如匍匐在珠江水网中蜿蜒的巨龙(图1-3-3)。

图1-3-3　引桥线形实景效果

黄埔大桥是我国内江河上难得一见的“高”桥，纵坡设计若考虑通航条件和控制桥长，则必须增大纵坡，若考虑重型车辆的爬坡能力和服务水平，则不宜设置大纵坡；另外，南北汊主桥跨中距离仅为1 251m，若考虑斜拉桥和悬索桥均采用对称坡并满足通航条件设计，将对桥梁总体线形造成破坏并增大投资。通过充分论证纵横线形的组合模拟，确定斜拉桥采用1%的单向坡，悬索桥采用1%和2%跨中非对称坡设计，通过构造和特别受力设计解决结构不对称的矛盾，合理地解决了结构受力、线形组合、桥下通航、桥面通车、造价经济、总体布局及与周边环境协调等问题，实现了内外和谐的统一。

三、古今合一之南国之门

邀请了建筑美学专家对桥塔造型进行设计和咨询，选择了具有中国传统特色的类似木结构门形塔（图1-3-4）。"门"意喻着中国改革开放之门，突出时代主题，木构隐含中国传统文化和历史，楔形加劲肋板意喻着开门笑迎八方客，充分体现了广州悠久的历史和开放、热情、好客、兼容的形象。

图1-3-4　索塔立面效果图

四、大跨度独塔斜拉桥支撑体系

黄埔大桥斜拉桥为国内最大跨度（383m）独塔斜拉桥，受桥头高压输电线路及主航道悬索桥地物限制，大桥采用单向坡不对称结构设计。若采用墩塔梁固接等传统支撑体系，大桥在地震作用下塔根弯矩及塔梁间水平剪力效应大，难以满足结构静、动力效应相互协调的问题。

首次提出了弹性限位索与阻尼器相结合的塔区主梁支撑体系（图1-3-5），改进了独塔斜拉桥在索塔处设置固定支座或采用墩塔梁固接体系的传统设计方法，有效改善了大跨度不对称独塔斜拉桥的受力性能。通过对阻尼参数和弹性限位索轴向刚度的优化设计，在地震作用下，黄埔大桥斜拉桥塔根弯矩比固接体系降低了36%，塔梁间水平剪力降低了56%，且梁端水平位移可以控制在合理范围内（表1-3-3）。

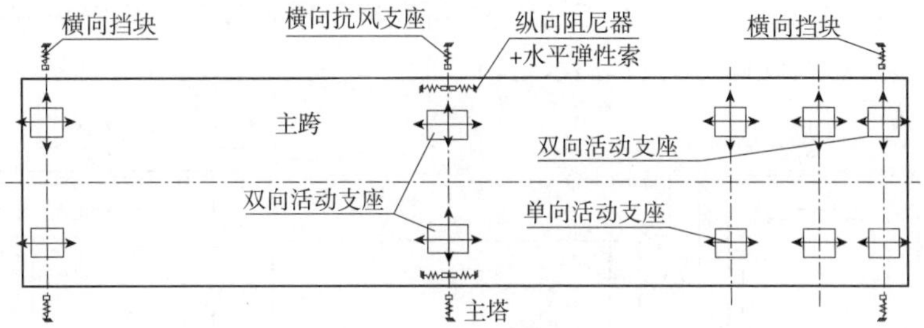

图1-3-5　弹性限位索与阻尼器组合支撑体系

主要控制截面地震效应　　表1-3-3

地震效应	支撑体系			
	塔墩梁固接	半飘浮	塔墩固接，设固定支座	加弹性限位索与阻尼器
塔根弯矩（kN·m）	2 237 470	1 869 980	2 060 320	1 423 480
塔梁间水平剪力（kN）	34 493	0	44 217	15 149
梁端水平位移（m）	0.138	1.820	0.126	0.243

五、超宽钢箱梁顶板加劲小横隔板设计

整体式超宽钢箱梁正交异性板顶板刚度小，制造精度难以控制，在重载交通作用下，U肋和顶板交界处、制造误差较大位置易出现裂纹并造成桥面铺装损坏，现有的钢箱梁结构设计与桥面铺装设计分离，未能合理反映桥面板和铺装层相互影响关系。

因此，提出了钢箱梁结构与铺装层一体化的设计方法，以铺装层的受力状况为控制指标，优化钢箱梁结构和铺装层设计，增加了顶板加劲小横隔板，以改善结构局部受力和提高桥面刚度，使桥面铺装层最大拉应力由0.819MPa降低为0.558MPa（图1-3-6、图1-3-7）。

图 1-3-6　增加小加劲肋的钢箱梁

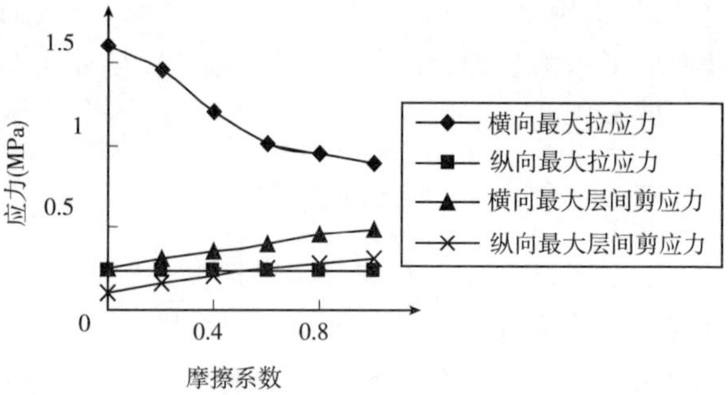

图 1-3-7　铺装层响应分析

第二节　施工技术

一、主塔基础大型钢板桩围堰施工

黄埔大桥承台及系梁呈哑铃形，承台尺寸为 19m×19m×6m（长×宽×高），承台间设置与承台等高 8.0m 宽系梁，塔柱与承台间设置高 2m 塔座（图 1-3-8）。承台顶高程为 +2.8m，底高程为 -3.2m。珠江桥位处 100 年一遇设计水位为 +7.0m，风暴潮最高水位为 6.73m。2005 年 5 月 23 日，桥位洪水和潮水叠加水位达到 7.52m。承台、系梁处于水下，结构尺寸较大，如何保证承台、系梁施工且保证混凝土施工质量是桥塔基础施工关键。根据现场条件及工期要求，研究确定承台施工采用钢板桩围堰并设计 2.0m 厚封底混凝土，封底混凝土达到设计强度后，抽水进行干施工。

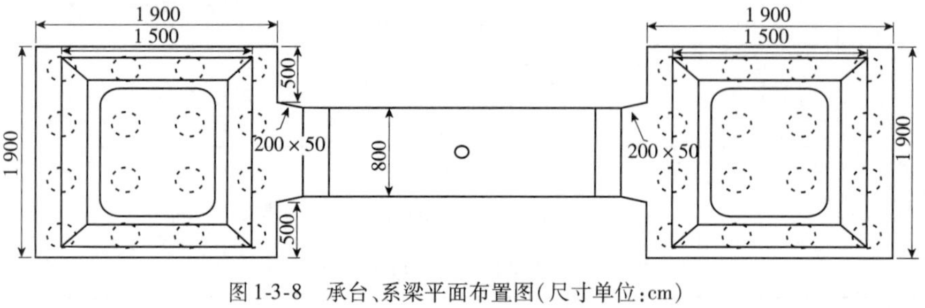

图 1-3-8　承台、系梁平面布置图（尺寸单位：cm）

桥塔钢板桩围堰选用拉森Ⅳ钢板桩，设计长度 24m，顶高程为 +7.2m，底高程为 -16.8m。采用三道钢框架结构内支撑，高程分别为 6.0m、3.3m、0.3m。支撑采用逆作法施工，在低水位时安装第一道支撑，然后抽水、挖泥到高程 +2.9m 时，安装第二道内支撑，继续抽水、吸泥到高程 -0.1m 时，安装第三道内支撑，三道内支撑全部安装完成后，打开连通孔，保持内外水头一致，吸泥至高程 -5.2m，检查基底平整度后，准备封底。钢板桩打设、第三道内支撑安装及封底混凝土质量是围堰施工控制的关键（图 1-3-9）。

图 1-3-9　钢板桩围堰施工图

1. 钢板桩加工

钢板桩在加工场内整理、校正、接长，使其截面尺寸和垂直度满足要求。由于钢板桩定尺为12m，接长时，除断面全焊接外，按等强原则贴焊钢板进行加强。钢板桩接长后用平板驳船运往施工场地。

2. 钢板桩打设

吊车停放在钻孔平台上，提起振桩锤，利用振桩锤打设钢板桩。打设的顺序是：从靠岸侧中间往两边，在靠江侧中间合龙。

钢板桩打设之前，在钻孔平台外侧打设钢管桩，在钢管桩上设置导向装置，保证钢板桩的平面位置和垂直度。钢板桩锁口环环相扣，整个围堰闭合后，开始安装内支撑。

3. 内支撑加工

内支撑系统为钢结构，采用型钢导梁，钢管支撑，内支撑体系全部在加工场内分段加工。靠岸侧角点位置将导梁与支撑钢管加工成整体，在第一道支撑安装之前先放入基坑内，以免第一道支撑安装完成后下放困难。靠江侧角点位置导梁按设计长度分节加工，钢管在加工场内按定尺下料完成后运往现场，在基坑内拼装。

4. 内支撑体系安装

钢板桩围堰闭合后，拆除主塔钻孔平台，吊车停放在栈桥上，首先利用振桩锤将竖向支撑钢构件打入基坑中，当水位到达支撑安装要求后，将角点位置处支撑整体吊起并与钢板桩和竖向支撑固定，待角点位置和导梁全部安装到位后，安装水平支撑钢管和平联钢管，形成内支撑体系。钢板桩与内导梁之间的空隙逐个用硬木塞紧，以免钢板桩变形过大。

5. 基坑内吸泥

第一道支撑安装完成后，首先用抓斗挖去表面淤泥层，挖出的淤泥直接运往弃土场。等水深满足吸泥机使用要求后，用空气吸泥机进行吸泥，到设计高程后抽水，用同样的方法安装支撑系统。待第三道内支撑安装完成后，打开连通管，保持内外水头一致，继续吸泥到高程 -5.2m 位置，潜水员下水检查基底平整度，满足要求后准备封底施工。

6. 封底混凝土施工

围堰封底厚2m，高程 -5.2 ~ -3.2m，混凝土强度等级C30，封底面积为1 090.2m^2，浇筑方量为2 180.4m^3。围堰封底混凝土施工顺序从承台一端开始，向另一端全断面推进，采用垂直导管法施工。

二、斜拉桥上部安装技术

北汊斜拉桥跨径组成为383m + 322(197 + 63 + 62)m，属独塔半飘浮体系平行双索面钢箱梁斜拉桥。北侧主跨用383m的跨径跨过珠江辅航道，通航净高55m、净宽280m；南侧边跨在大濠洲岛上，边跨有两个辅助墩和一个过渡墩。为了减小塔身位移并增加桥梁的整体刚度和施工过程中的风稳性在边跨设置了一个临时墩。北侧38号过渡墩在集通码头珠江防洪堤以内，39号主塔墩在大濠洲岛北侧边滩上，离防洪堤约30m远，40 ~ 42号辅助墩、过渡墩在大濠洲岛上(图1-3-10)。

全桥共分为52段钢箱梁，北侧主跨共24段(J1 ~ J24)、39号主塔墩墩顶附近有3段(DJ1、D0、DA1)、边跨侧共25段(A1 ~ A12、A12′、A13 ~ A17、A17′、A18 ~ A22、A22′)。主跨钢箱梁标准节段长度为16.0m，边跨上标准节段长度为12m，单段设计最大质量约为345t(A5、J5梁段)。考虑非对称性和斜拉索竖向分力的影响，分别在边跨部分梁段和索塔区梁段上实施配重。

全桥斜拉体系采用热挤聚乙烯高强平行钢丝斜拉索，两端采用冷铸锚，不含锚头质量共1 350t。斜拉索规格有PES(C)7-121、PES(C)7-139、PES(C)7-163、PES(C)7-199、PES(C)7-223、PES(C)7-253，共6种类型88根，每个索面有22根，主跨基本索距为16m，边跨辅助墩以后索距为12m。为了限制钢箱梁的纵向飘移，在J5 ~ A5梁段底板以下设计有8根水平弹性束，每束长90.5m，规格为PES (C)7-91。

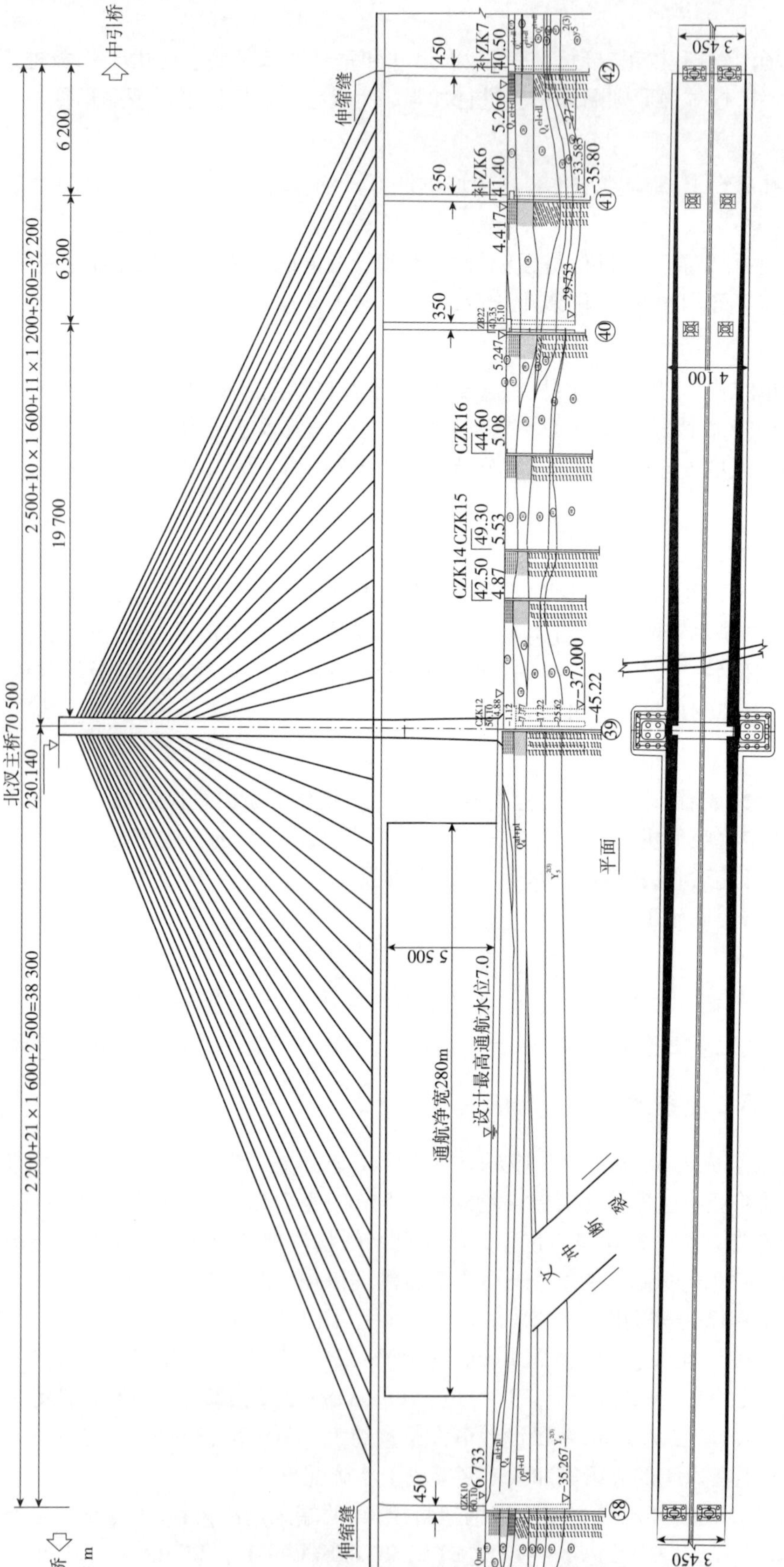

图1-3-10　北汉斜拉桥布置图（尺寸单位：cm）

黄埔大桥北汊斜拉桥为单塔双索面不对称斜拉桥，建成后为国内同类型桥梁第一跨径。本桥钢箱梁的岸上运输方法，塔区梁段的架设方法，边跨及墩顶梁段的架设方法，临时锚固墩的设计和施工方法，为同类型桥梁的施工提供了一个典型的范例。

1. 钢箱梁岸上运输

由于斜拉桥边跨位于大濠洲岛上，同时又受到主塔和辅助墩墩柱之间净距限制，所以钢箱梁运输采用水上船运至码头后由两台200t的平板运输车上岛运至起吊位置临时存放或直接吊装的方式（图1-3-11）。平板运输车最大的优点是能够实现钢箱梁90°转向并顺利通过墩柱之间位置的运输。

2. 特殊梁段架设施工

黄埔大桥北汊斜拉桥主塔和边跨位于江心洲上，桥面高出地面近60m，塔区梁段和边跨梁段无法采用常规浮吊吊装，过渡墩与辅助墩之间的边跨梁段在支架上预先拼装也十分困难，施工风险大。因此，必须创新斜拉桥钢箱梁施工方法，以解决复杂施工条件下超宽钢箱梁的安装问题。

研制了额定吊重为3 600kN的大变幅桥面步履式吊机（图1-3-12），其吊距变化范围为7～16.5m，吊距变幅达9.5m，实现了钢箱梁在起吊状态下的水平精准移位。基于自行研制的大变幅桥面步履式吊机，系统提出了适应深水、岸上等不同施工区域的超宽钢箱梁成套施工方法，实现了包括塔区梁段和边跨墩顶梁段的全桥梁段统一吊装（图1-3-13和图1-3-14），解决了超宽钢箱梁塔区梁段和边跨墩顶梁段高难度安装问题。这一创新性成果改变了以往依靠浮吊吊装、塔顶吊架提升或塔区散拼的塔区梁段施工技术，大幅节省了吊装设备费用；同时改变了以往边跨辅助墩之间或辅助墩与边墩之间的梁段采用支架法或顶推法施工的现状，大幅节省了支架费用，提高了施工效率，降低了风险，为大跨度钢箱梁斜拉桥边跨梁段的安装施工提供了一种新方法。

图1-3-11　平板运输车上岛运输

图1-3-12　大变幅桥面步履式吊机

图1-3-13　DA1、D0、DJ1梁段架设安装

图1-3-14　墩顶梁段安装

全桥52段钢箱梁全部通过4台变频步履式桥面吊机直接悬拼,单台桥面吊机的额定吊装质量为180t,由于钢箱梁纵肋间距为18.8m,所以每段钢箱梁用两台桥面吊机抬吊。下面介绍特殊梁段的架设方式。

(1)主塔墩区梁段(D0、DA1、DJ1)的架设。首先在主塔下横梁南、北两侧拼装托架,桥面吊机前支腿支撑桁架及临时支腿、滑道、桥面吊机后锚架等;然后再拼装主跨侧两台桥面吊机,用此两台桥面吊机吊装D0、DA1、DJ1三片梁段;DA1、D0、DJ1梁段架设安装好以后,将D0梁段与主塔下横梁通过预应力钢绞线进行张拉,实现墩梁临时锚固。由于受主塔墩两塔柱之间净距等因素限制,DA1、DJ1、J1三片钢箱梁的风嘴须在桥面上焊接(图1-3-13)。

(2)临时墩墩顶梁段的架设。先在40号墩北侧拼装临时墩,待A7梁段架设完成并挂设好斜拉索以后,将临时墩拖拉到位并与A7梁段实现临时连接。

(3)40号墩、41号墩、42号墩墩顶梁段的架设。在架设好A11梁段后,先把40号墩顶处A12梁段吊上墩顶临时存放,吊装A12′梁段与A11梁段焊接,完成后再吊起A12梁段与A12′梁段进行焊接。41号墩、42号墩墩顶梁段架设与40号墩方案一样,先把墩顶梁段A17、A22吊上墩顶临时存放,桥面吊机要后退6m吊装A17′、A22′梁段,焊接完成后再前移6m再次吊起A17、A22梁段,分别与A17′、A22′梁段焊接。

(4)北侧38号过渡墩附近J21、J22、J23、J24梁段的架设。由于受到码头等条件限制,先在38号墩处往江中修建近50m长的钢栈桥,把J23、J24、J22、J21四片钢箱梁依次吊放于钢栈桥上存放,待J20梁段架设完后,依次架设存放于钢栈桥上的J21、J22梁段后,把J24梁段先吊上38号墩顶并临时存放,待J23梁段架设安装到位后,再次吊起J24梁段,与J23梁段焊接完成全桥钢箱梁架设工作。

3. 斜拉桥施工控制技术

大跨度斜拉桥施工控制精度目标确定通常采用经验法,缺乏理论依据,大跨度超宽钢箱梁独塔斜拉桥施工控制精度的确定更加困难。同时,由于索力测试参数和索结构参数存在一定的变异性,导致索力测试精度难以合理评估,直接影响了施工控制的精度。

首次提出了斜拉桥施工控制合理误差计算的可靠度方法,全面考虑施工过程中各种随机因素的影响,揭示了施工控制精度与施工控制失效概率之间的内在关系,为大跨度斜拉桥施工控制精度目标的制定提供了理论依据。研究表明,黄埔大桥斜拉桥主梁不同节段的施工应设置不同的主梁高程和斜拉索力控制精度,例如,主跨11号梁段前端高程控制合理误差可设为2cm,对应的控制精度可靠度为92.3%(表1-3-4)。

主梁高程控制失效概率 表1-3-4

容许误差(m)	跨侧	失效概率(%)				
		6号梁	11号梁	13号梁	16号梁	18号梁
0.01	主跨	37	38	42	48	57
	边跨	37	39	0.038	20	4.6×10^{-2}
0.02	主跨	7.1	7.7	20	25	28
	边跨	7.4	8.1	1.9×10^{-4}	0.97	5.5×10^{-4}
0.03	主跨	0.66	0.84	3.5	8.9	13
	边跨	0.58	0.98	6.6×10^{-7}	1.0×10^{-4}	2.5×10^{-6}

首次提出了索力测试精度分析的可靠度方法,综合考虑索结构参数和索实测频率的随机变异性,揭示了索力测量精度及其保证度之间的相互影响规律,为频率法测量索力提供概率意义下的精度信息。研究表明,当黄埔大桥斜拉桥的索力测试精度为95%时,失效概率小于2.4%,表明有足够的保证率(表1-3-5)。

索力测量失效概率　　表 1-3-5

索　号	相对容许误差Δ/T（%）						
	1.0	2.0	3.0	4.0	5.0	6.0	7.0
S2	65.06	36.71	17.61	7.04	2.40	0.67	0.16
M2	65.00	36.47	17.52	7.16	2.34	0.64	0.15
S9	64.85	36.14	17.00	6.66	2.21	0.62	0.14
M9	64.48	35.55	16.92	6.75	2.22	0.61	0.14
S18	64.96	36.10	16.73	6.66	2.20	0.58	0.17
M18	63.96	34.23	16.15	6.18	2.15	0.54	0.12

首次综合考虑结构整体变形与梁段吊装局部变形的影响，提出了钢箱梁无应力尺寸的高精度计算方法，为梁段的顶底板提前制作提供精准的基础数据，保证现场梁段拼装焊接顺利进行。研究表明，若忽略钢箱梁吊装局部变形的影响，主梁预拼线形的最大偏差可达 0.5m（图 1-3-15），顶板焊缝宽度最大偏差可达 6mm（图 1-3-16）。

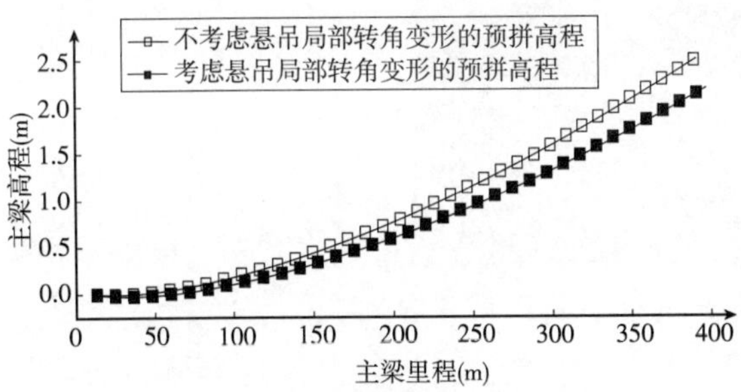

图 1-3-15　主跨主梁预拼线形

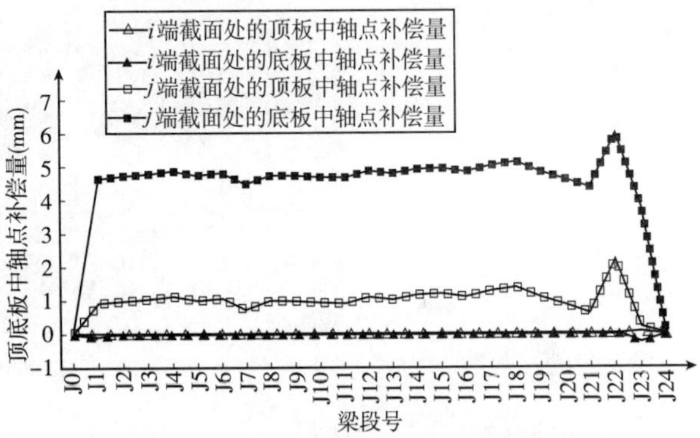

图 1-3-16　主跨主梁顶底板焊缝宽度补偿

三、悬索桥施工关键技术

黄埔大桥南汊桥为单跨钢箱加劲梁悬索桥，跨径布置 290m + 1 108m + 350m，两根主缆中心距为 36.5m，成桥状态下垂跨比为 1∶10。主缆采用预制平行钢丝索股，每根主缆有通长索股 147 股，直径为 779.9mm，北边跨另设 6 根背索，南边跨另设 2 根背索。每根索股由 127 根直径为 5.2mm、公称抗拉强度为 1 670MPa 的高强镀锌钢丝组成。吊索采用钢丝绳，钢丝绳公称直径为 56mm，公称抗拉强度为1 770MPa，结构形式为 8 × 55SWS + IWR。桥塔侧吊索距桥塔中心线水平距离为 16.4m，其余吊索水平间距为 12.8m。悬索桥全桥共分 87 个钢箱梁梁段，标准梁段 83 段，质量为 215t，合龙段 2 段，其余特殊段 2 段。

1. 超大锚碇基础施工技术

锚碇是悬索桥全桥控制性工程之一，基础埋深 30m，支护结构采用外径 73m，壁厚 1.2m 的混凝土圆形地下连续墙，墙深 32 ~ 42m，嵌入弱风化岩深度不小于 3m，为封闭地连墙底岩体缝隙渗流，在地连墙预埋钢管压浆（图 1-3-17）。基坑开挖时，内设 2.0 ~ 2.5m 钢筋混凝土内衬与连续墙相连。为提高基底应力分布的均匀性，基础前半部分设置 33 个空隔舱，其余部分用素混凝土填芯。黄埔大桥锚碇设计有别于润扬长江公路大桥的矩形地连墙支护结构加止水帷幕方案和阳逻长江公路大桥的圆形地连墙支护结构加挡水帷幕方案，其位置在距珠江大堤近（30m）、地下水位高、流塑砂性土及基底岩面高程变化大等复杂地质条件下，优质、高效完成锚碇基础施工，为类似工程的设计和施工提供了有益的经验。

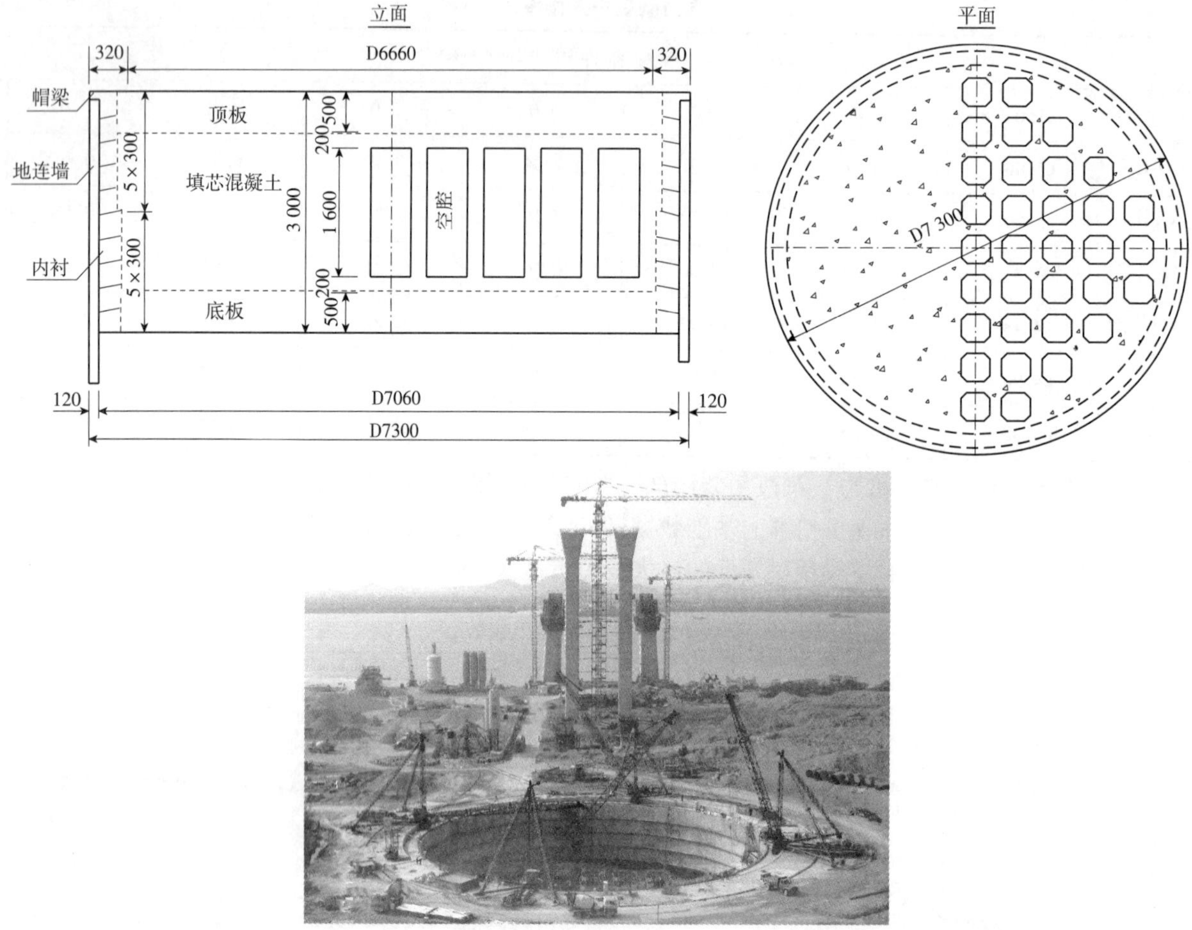

图 1-3-17　锚碇基础构造(尺寸单位:cm)

1)地连墙施工工法的选择

地连墙的成槽机械主要有抓斗、铣槽机、冲击钻和重锤(凿)等,其中,抓斗适用于较软的土层,液压铣槽机不仅在软弱土层、粉砂层中可以施工槽段壁面较光滑的槽孔,而且在砾石、卵石以及软弱基岩中直接铣削成槽,具有很高的效率,但是对坚硬基岩的直接铣削效果很差,施工费用高,应配合冲击钻或重凿进行施工。在国内,类似工程大多委托法国地基公司施工,费用比国内高出30%以上。黄埔大桥根据工程特点,经过综合评估,北锚碇地连墙由施工单位委托法国地基公司施工,南锚碇地连墙则由施工单位自主组织施工,并取得了明显效果。

2)南锚碇地连墙施工技术

南锚锭圆形地下连续墙分50个槽段,Ⅰ期、Ⅱ期两种类型各25个槽段。Ⅰ期槽段长6.72m,采用三铣成槽,边槽轴线处长2.8m,中间槽轴线处长1.12m,边槽与中间槽交角为176.9°;Ⅱ期槽段长2.8m,Ⅱ期与Ⅰ期之间交角为175.9°;Ⅱ期与Ⅰ期槽段在地连墙轴线处搭接长度为0.25m。

锚锭地连墙施工工艺流程:场地平整→导墙施工→地连墙成槽→下钢筋笼及注浆管→插入导管→浇筑水下混凝土→循环下一槽段施工→完成地连墙→墙底压浆(图1-3-18)。

地连墙成槽施工工艺概括为"一抓、二冲、三铣",即液压抓斗抓孔,卷扬式冲击钻成槽,铣槽机修槽,铣侧边。考虑在较硬岩层成槽工程量大的特点,将槽段分为上下两层,采用不同的成槽技术。

3)地连墙成槽工艺的技术创新

在基坑开挖过程中观察,南锚锭地连墙成槽质量完好,围绕基坑均匀布置了8个测斜管,通过实时监控,地连墙受力较为理想,内侧和外侧的环向应力较接近,以受压为主,当基坑开挖至20m深度位置,数据显示最大变形控10mm,最大应力9.67MPa,均控制在设计允许范围之内(图1-3-19、

图 1-3-20）。

南锚锭地连墙成槽施工技术创新在以下方面得到了充分体现：第一，降低了大量施工成本。该工艺所投入的设备由简易冲击桩机、液压抓斗及铣槽机组成，减少大量临时进口设备费用的支出，节省该项投资费用 30% 以上（约 1 000 万元）。第二，能大面积施工，满足工期要求。投入 16 台冲机施工，一期槽段能同时进行 8 个工作面的施工，二期槽段能同时在 16 个工作面开工。第三，成槽的最后一道工序由铣槽机控制，确保成槽质量和钢筋笼顺利下放。第四，通过地连墙墙底压浆工法代替止水帷幕方案，封闭地连墙底岩体缝隙渗流，阻隔地下水进入基坑，节省工期和投资费用。

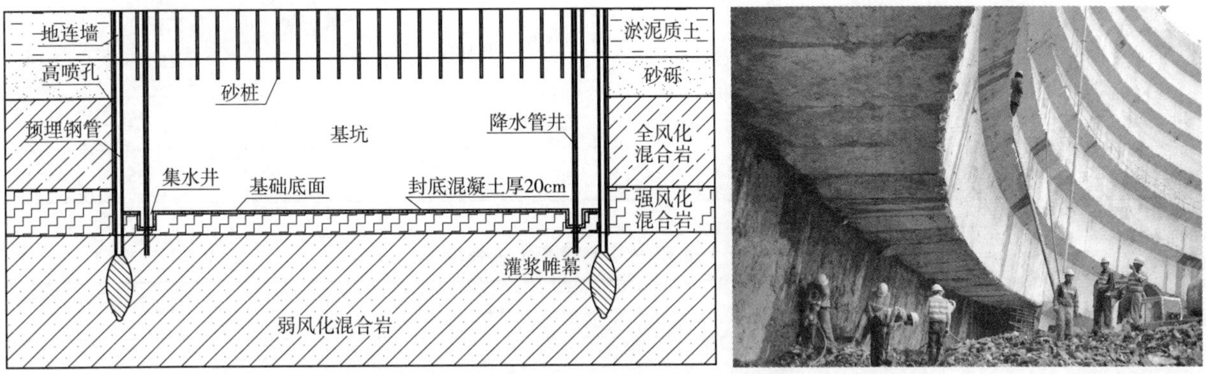

图 1-3-18　锚锭地连墙及支护结构施工

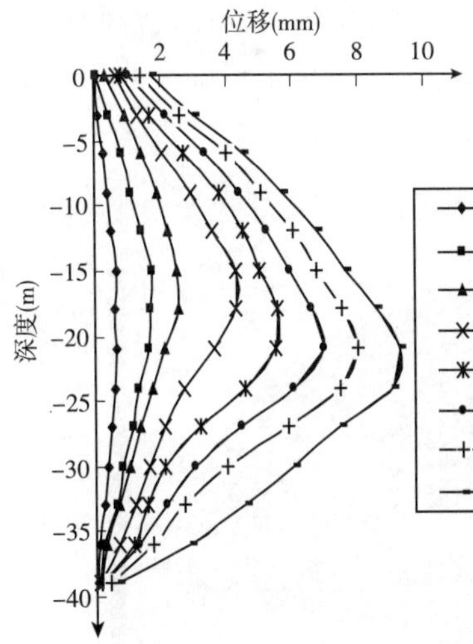

图 1-3-19　南锚碇地连墙位移图

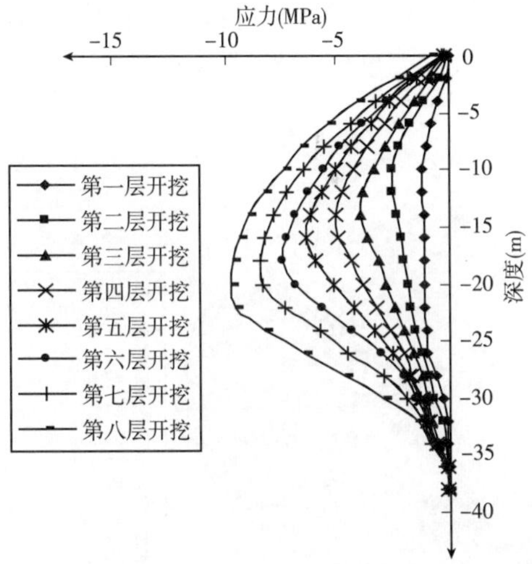

图 1-3-20　南锚碇地连墙环向应力图

4）锚锭大体积混凝土施工控制

锚锭基础和锚体工程为大体积混凝土施工，由于受混凝土水化热作用，混凝土浇筑后将经历升温期、降温期和稳定期三个阶段。在这个过程中，混凝土的体积在温度变化影响下亦随之伸缩，若各块混凝土体积变化受到约束就会产生温度应力，当该应力超过混凝土的抗拉能力时将导致混凝土开裂。为了提高混凝土施工质量，保证大桥长期安全地使用，施工过程中采取了温控措施以防止温度裂缝的产生。

在仿真计算的基础上，本项目制定了锚碇混凝土在施工期内不产生有害温度裂缝的温控标准：

（1）混凝土最大水化热温升不超过 25℃；

（2）混凝土内表温差不超过 25℃；

（3）相邻块体的混凝土温差不超过 25℃；

（4）混凝土允许最大降温速率不超过 2. 0℃/d。

锚碇大体积混凝土施工为防止温度裂缝产生，进行了温度控制和水化热分析，并采用了如下措施：

(1)采用了低水化热的水泥；

(2)采用三掺(掺入了矿粉、粉煤灰和减水剂)方法以降低水泥用量(表1-3-6、表1-3-7)，减少水化热；

(3)对集料进行防晒和预冷却，控制混凝土入舱温度，确保入模温度不高于25℃；

(4)对已浇筑混凝土进行养护，一方面避免塑性收缩裂缝的出现，另一方面避免了因受外界温度影响而导致裂缝的产生。

C30大体积混凝土施工配合比 表1-3-6

编号	各组分用量(kg/m³)							初凝时间(h)	坍落度(cm)		抗压强度(MPa)		抗渗等级
	水	水泥	粉煤灰	矿粉	砂	石	减水剂		0h	1h	7d	28d	
1	180	160	150	140	708	1 062	8.1	21	22.0	19	23.5	35.8	S14

C30大体积混凝土劈裂抗拉强度 表1-3-7

龄期(d)	7	14	28
R_{pl}(MPa)	1.60	2.79	3.30

5)锚碇大体积混凝土施工技术创新

对锚碇大体积混凝土进行温控计算，发现混凝土内外温差没有超过25℃(图1-3-21)，混凝土劈裂抗拉强度均大于温度应力值(图1-3-22)。采取有效温控措施并进行合理施工，防止了锚碇大体积混凝土产生有害温度裂缝。

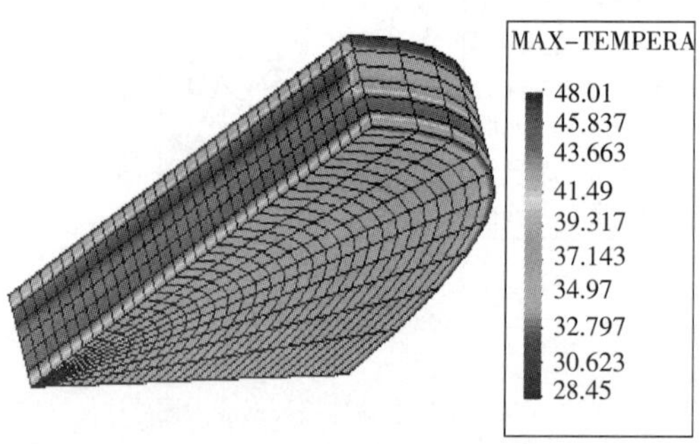

图1-3-21 锚体基础底板混凝土内部最高温度包络图

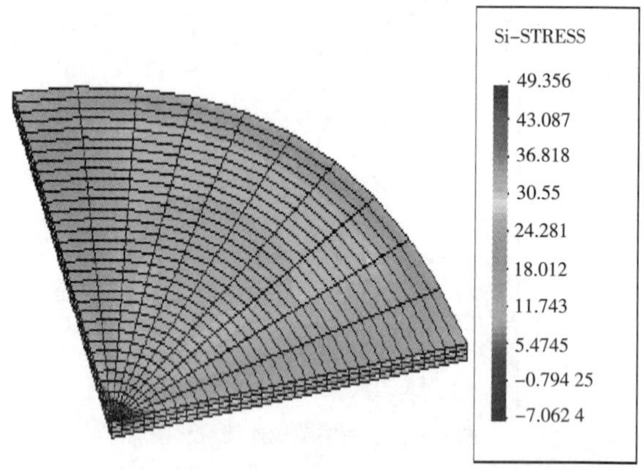

图1-3-22 底板第一层7d应力场(单位:0.01MPa)

从实际施工效果来看，黄埔大桥悬索桥锚碇基础和锚体大体积混凝土中添加了矿粉、粉煤灰等添加剂，降低了水化热，省略了相当大数量的冷却水管费用，解决了温控难题，降低了水泥用量，既节约了投资，又加快了进度。实践表明，其技术效果理想，达到了设计和规范要求。

2.上部结构快速施工和高精度控制成套技术

开发了无抗风和下压装置的缆猫道体系，改进上部结构安装设备，形成大跨度悬索桥上部结构快速施工和高精度控制成套技术，节省技术工期26%以上。

1)上部结构快速施工

猫道是悬索桥上部结构施工的工作平台，猫道体系的合理性将直接影响到上部结构施工的安全、质量和效率。猫道设计须考虑抗风稳定性的要求，通常需要设置抗风缆和下压装置，但这些措施将大大增加施工难度和成本，造成技术工期长。

通过猫道体系抗风性能敏感性分析，揭示了猫道体系抗风性能的力学行为及规律，提出门架绳、扶手绳与猫道承重绳共同受力理念，增加横向通道以提高猫道横向抗风稳定性，在保证结构安全的前提下，取消了猫道的抗风缆和下压装置（图1-3-23），并形成了大跨度悬索桥上部结构快速施工技术，将黄埔大桥悬索桥上部结构施工的技术工期缩短了半年以上。

改进了相关设备和工艺（图1-3-24～图1-3-26），其中在吊装无吊索的钢箱梁段中，采用临时索夹和临时吊索的新工艺，取代了高大的支架，节约了成本，缩短了约60d工期。为解决主索鞍、上下承板、隔栅等大型构件吊装过程容易产生摆动、旋转的弊端，巧妙地增设“导向索”，较好地解决了这一问题，增强了吊装的安全度，缩短了时间约15d。对索股放盘架机械性能进行改造，克服了牵引索股过程中产生鼓丝、折丝的现象，对索股质量提供保证，对编丝入鞍保证质量的同时，又缩短了入鞍和预应力安装调索时间。对跨缆吊机液压系统的改造，减少了移动时间，又对索夹安装部位不产生任何接触和摩擦，对主缆钢丝不因摩擦产生脱锌现象。对猫道门式架过索拽拉器通过装置进行改造，使牵引索股提高速度，由其他同类型8h作业时间内安装6条索，提高到8h作业时间内安装8条索，大大减少了牵引整索时间。

图1-3-23　无抗风缆和下压装置猫道体系

图1-3-24　索股架设

图1-3-25　紧缆机

图1-3-26　跨缆吊机

2）悬索桥上部结构施工控制

分析影响施工控制因素的敏感度，对主索鞍和塔顶接触单元、锚索区索股应力进行精细化分析，研发了具有自主知识产权的大跨度超宽钢箱梁悬索桥上部结构施工控制系统，保证了整个结构在施工过程中的安全，并最终达到最优设计的成桥状态，形成了大跨度悬索桥上部结构高精度控制技术。

基准索股的施工控制是很关键的一步。图1-3-27所示基准索股的线形控制要经过关键参数的收集和确定、跨中控制点的确定、基准索股标准状态计算、基准索股的现场调整等过程。

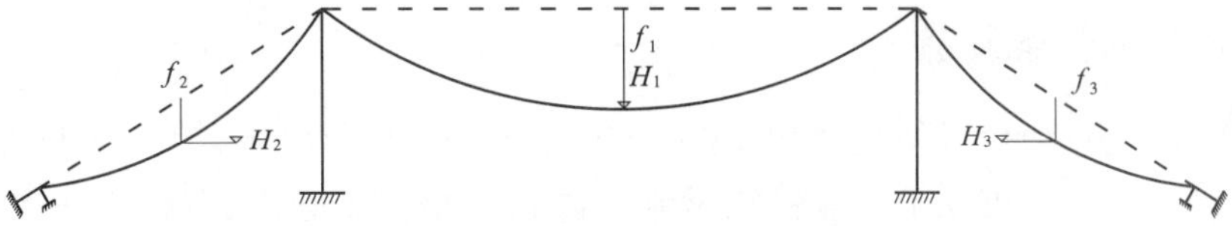

图1-3-27　基准索股控制参数示意图

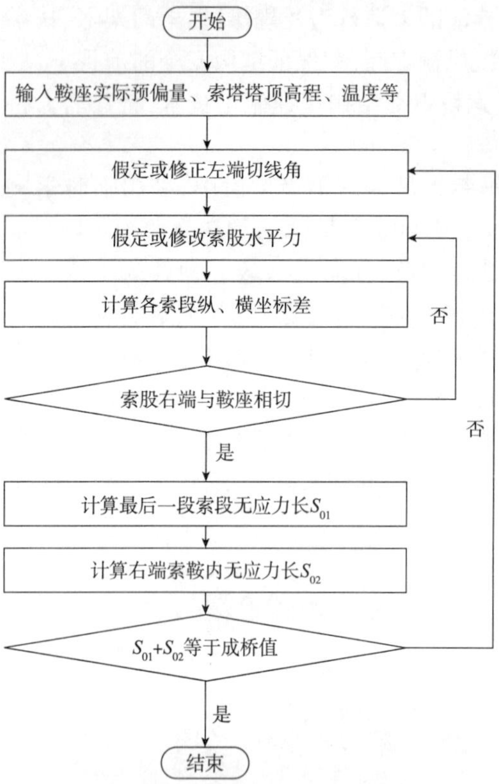

图 1-3-28　某跨基准索股标准状态计算流程

基准索股标准状态计算流程如图 1-3-28 所示。这是一个复杂的迭代过程，计算的收敛性经常会影响现场进度，因此必须寻找快速有效的计算方法，来实现基准索股的快速调整。

基准索股线形控制的核心内容是寻找索长调整量 S 与需要调整的垂度量 f 的函数关系式。根据基准索股的特点，推导索长 S 对垂度 f 的导数关系式。

$$\frac{\mathrm{d}S}{\mathrm{d}f}=\frac{2(M\mathrm{ch}M-\mathrm{sh}M)}{1+M\mathrm{sh}M-\mathrm{ch}M} \tag{1-3-1}$$

也就是说，基于悬链线方程的中跨调索公式是一有关变量 M 的单变量函数。变量 M 与此时的索股水平力 H 有关，对应于不同的调整前状态，其水平力 H 各不相同。由于调索时索股的垂度差往往不大，调整前状态的水平力 H 和目标状态的水平力 H 之间的差值比较小。为施工操作方便，可统一采用目标状态的 H 值。

边跨处的索原长与跨中垂度的比值为：

$$\frac{\mathrm{d}S}{\mathrm{d}f}=\frac{2(N^2-1)\left(\dfrac{M\mathrm{ch}M}{\mathrm{sh}M}-1\right)}{\dfrac{\mathrm{ch}M-1}{\mathrm{sh}M}\left[1+N^2\left(\dfrac{M\mathrm{ch}M}{\mathrm{sh}M}-1\right)\right]-M} \tag{1-3-2}$$

相比基于悬链线方程的中跨调索公式，其边跨调索公式中增加了与索两端高差 h 有关的参数 N。调索公式中的两参数 M、N 均与索股此时的水平力 H 有关。其处理方法同中跨调索公式。

表 1-3-8 给出了黄埔大桥中跨基准索股的调整计算比较。

中跨索长调整量比较　　表 1-3-8

垂度差	精确值		悬链线调索公式	
	索长	ΔS	ΔS	误差
1.0	1 128.558	0.463	0.465	0.54%
0.8	1 128.650	0.370	0.372	0.45%
0.6	1 128.742	0.278	0.279	0.38%
0.5	1 128.789	0.232	0.233	0.32%
0.4	1 128.835	0.186	0.186	0.24%
0.2	1 128.928	0.093	0.093	0.24%

由表 1-3-8 可知，中跨垂度差少于 1m 时，简化调索公式的误差不超过 1%；在保证精度的同时，实现了快速调索。

四、整体式超宽钢箱梁制造

研制了电动气压式板单元 U 形肋装配机、液压式板单元反变形角焊摇摆胎架及杆件栓接组合式立体胎架（图 1-3-29 ~ 图 1-3-31），攻克了超宽钢箱梁制造高精度控制难题，使钢箱梁一次合格率由原来的 95.3% 提高到 99.5%。

图 1-3-29　U 形肋装配机

图 1-3-30　角焊摇摆胎架

图 1-3-31　组合式立体胎架

五、钢桥面铺装技术

研发了性能优良、质量易控的钢桥面改良日本环氧沥青铺装结构，并开发了相关设备（图 1-3-32 和图 1-3-33，表 1-3-9）。

图 1-3-32　改良 TFT 环氧沥青施工

图 1-3-33　洒布车

日本环氧沥青与美国环氧沥青性能比较　　表 1-3-9

比 较 项 目	指　标	条　件	日本环氧沥青	美国环氧沥青
主要性能	马歇尔稳定度（kN）	60℃，50mm/min	89.2	51.3
	流值（0.1mm）	60℃，50mm/min	35	44
	极限弯拉应变（με）	15℃，50mm/min	13 700	14 800
	车辙动稳定度（次/mm）	60℃	24 360	18 620
	四点弯曲疲劳试验	15℃，10Hz，600με	1 千万次无破坏	1 千万次无破坏
经济效益			好	差
施工简易性			容易	难
运营养护难易性			容易	难

六、引桥移动模架施工关键技术

黄埔大桥南、北引桥在设计阶段综合考虑结构的安全、适用、经济及整体协调美观等因素，确定引桥跨径组合及结构形式为 62.5m、45m、30m 等截面连续刚构、连续梁桥，采用单箱单室截面，箱梁高度分别为 3.5m、2.5m、1.8m。综合考虑的因素特点：

（1）黄埔大桥地处繁忙的珠江主河道，主桥的通航净空要求高，桥面与地面最大高差达 70m，因此引桥墩身较高。

（2）北引桥需跨越交通繁忙的107国道、广江路、瘦狗岭断裂带及多处海关监管区，地质情况及环境条件复杂。

（3）南引桥位于水网地带的农田保护区内，基础全部为流塑状淤泥，地基承载力低。

通过对移动模架、挂篮施工、节段悬拼及整体预制等多种施工方案从技术难度、安全风险、场地要求、工期及经济性等几方面进行深入的对比，最终确定引桥全部采用模架法施工。其中，用于南、北引桥62.5m跨箱梁施工的两台MSS62.5m移动模架为目前世界上最大跨径的移动模架，北引桥使用的MSS47m移动模架可用于斜交箱梁的施工。

1. MSS62.5m移动模架施工

黄埔大桥南、北引桥的两台MSS62.5m分别由山东博瑞路桥技术有限公司、北戴河通联路桥机械有限公司负责设计、制造，两台模架均采用上行式，主承重梁均采用空腹钢箱梁结构，南引桥模架主梁高6.05m整机质量约1 600t，北引桥模架主梁高6m整机质量约1 450t（图1-3-34）。

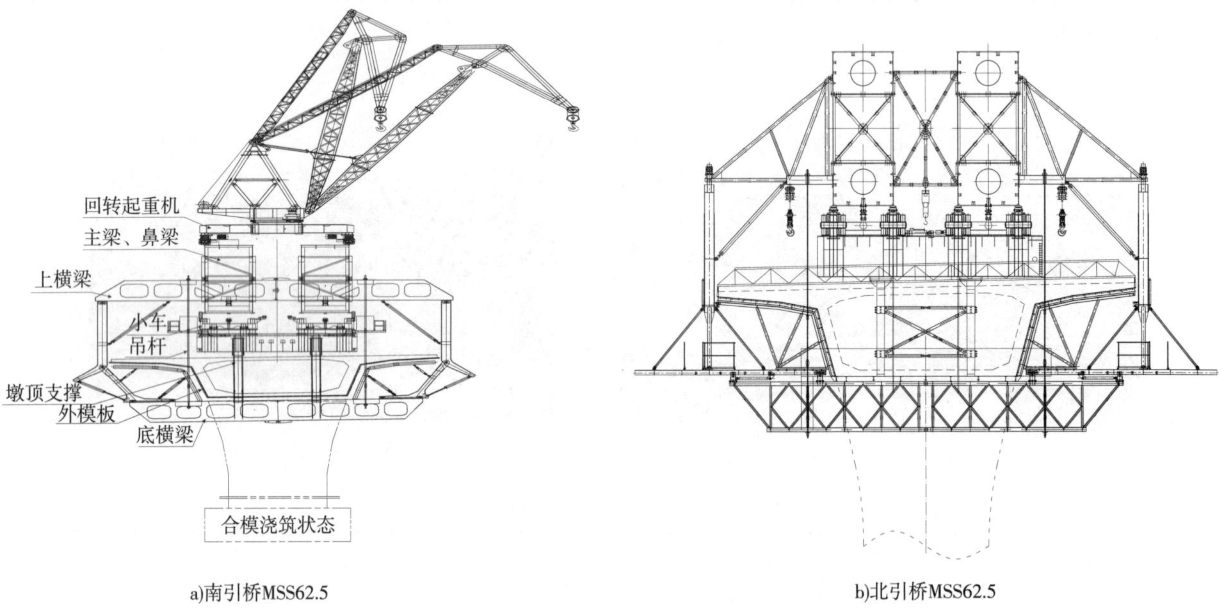

图1-3-34　南、北引桥MSS62.5m移动模架总装图

1）MSS62.5m移动模架施工

第一步：完成箱梁混凝土浇筑施工；

第二步：落模，将事先已准备好的小车及墩顶支承前移至悬臂端；

第三步：模架首次纵移，前辅助支腿至前一墩顶后支起；

第四步：第3套小车及墩顶支承纵移至前一墩顶后安装；

第五步：收起前辅助支腿，模架第二次纵移至下一孔浇筑位置；

第六步：利用桥面起重设备拆除后端的小车及墩顶支承，为下孔纵移准备。

2）MSS62.5m移动模架特点

黄埔大桥引桥MSS62.5m上行式移动模架施工一跨62.5m箱梁的时间在18d左右，箱梁施工的内在质量、外观及线性都十分理想，基本达到了前期的设计预想（图1-3-35）。珠江黄埔大桥MSS62.5m移动模架在应用上具有以下主要特点：

（1）模架为目前国内外跨度最大、吊装高度最高、一次起吊重量最大的造桥设备。

（2）该模架采用国内外比较少见的上行式的结构形式，即其承重主梁、行走系统位于现浇箱梁上方，与下行式移动模架相比，其承重主梁的移动不受下部墩身及已浇梁段的影响，通过独立的墩顶支撑系统可在箱梁顶面方便地纵横移动，而且墩顶支撑系统在下部墩身较高时，可避免在墩身结构上的开孔，提高成桥后的耐久性。

(3)当模架完成第一幅箱梁浇筑施工后，换幅至另一幅箱梁，可采用整体空中横移方案，既节省工期，又方便施工。由于 MSS62.5m 移动模架主梁高，整机及构件重量大，若不采用整体空中横移方案，其拼装、下放、提升、拆运难度都极大，且耗时较多。

图 1-3-35　MSS62.5m 移动模架施工

2. MSS47m 移动模架斜交梁施工

南、北引桥 45m、30m 跨等截面连续刚构、连续梁桥分别采用1台 MSS47m、1台 MSS45m 和2台 MSS30m 下行式移动模架施工。其中，MSS47m、MSS45m 移动模架采用自行牛腿设计。

北引桥第一联受广州至深圳沿江高速公路和大沙东路影响，部分桥跨按斜交 20°设计。MSS47m 移动模架特点在于设计中考虑该移动模架的变跨度施工和斜交施工。模架主梁与横梁布置位置考虑箱梁不同跨度，牛腿经过特殊设计，独立加长后上方增加旋转小车(图 1-3-36)，适应斜交梁施工。

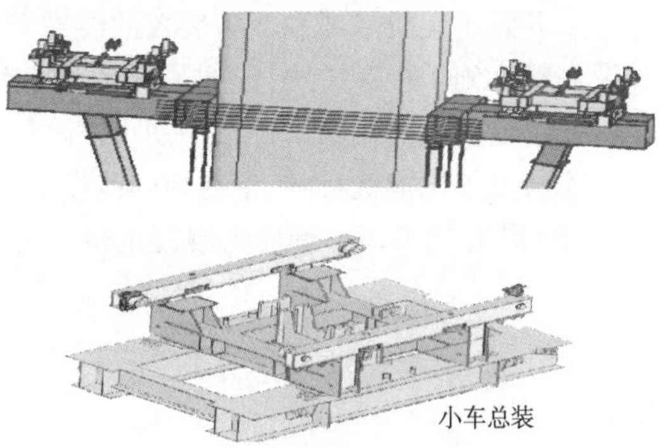

图 1-3-36　旋转小车图

3. MSS45m 移动模架整体后退横移

国内外常见的下行式移动模架横移换幅方法是将模架下放，拆散转运至另一幅施工起点，再拼装提升到位，进行另一幅箱梁的施工，该方法在实施中耗时较长，需要大量的起吊、运输设备，且需要更换大部分的连接件，施工费用比较昂贵。在本项目 MSS45m 移动模架横移换幅过程中，充分利用右幅已施工完成的箱梁及 MSS45 移动模架可自行的实际条件，采用了整体后退、下放、分段拆开、横移、拼装、整体吊装的方案(图 1-3-37)。实践证明，整体后退横移的方案相比传统的分部拆散、转运拼装方案，具有施工周期短、对模架损伤小、施工安全可靠、经济性好等优点，是下行式移动模架横移方案的一种创新，为今后下行式移动模架的横移换幅施工提供了一种可行方案。

图 1-3-37　MSS45m 移动模架整体后退横移施工

第三节　关键技术小结

黄埔大桥工程面临建设环境复杂、航道要求高、结构类型和控制因素多等难题，建设过程取得多项关键技术的突破。

(1)攻克了复杂条件大跨度独塔斜拉桥关键技术难题。

①提出了塔区主梁弹性限位索与阻尼器相结合的大跨度独塔斜拉桥支撑体系，将斜拉桥塔根弯矩比固接体系降低了36%，塔梁间水平剪力降低了56%。

②研制了大变幅步履式吊机，实现了复杂条件下大跨度钢箱梁斜拉桥全桥梁段的统一吊装，相比常规施工工法降低工程造价20%以上。

③提出了基于可靠度理论的大跨度斜拉桥施工监控技术，为斜拉桥施工控制精度目标的制定和施工安全控制提供了理论依据。

(2)解决了大跨度超宽钢箱梁悬索桥关键技术问题。

①提出超大型深基础嵌岩式地下连续墙考虑环向分配的弹性地基梁设计方法并形成了“抓、冲、铣”相结合成槽工法。

②开发了无抗风缆和下压装置的缆猫道体系，全面改进上部结构安装设备，提出了上部结构快速计算及高精度施工控制方法，形成了大跨度悬索桥上部架构快速施工成套技术，节省技术工期26%以上。

③首创了超宽钢箱梁顶板加劲小横隔板设计方法，大大改善了钢箱梁顶板的局部刚度。

④研发了性能优良、质量易控的改良TFT环氧沥青钢桥面铺装结构，并开发了施工设备。

(3)提出了62.5m预应力混凝土箱梁大跨度移动模架设计、制造与施工成套技术。

第四章　黄埔大桥建设创新管理技术综述

以公路建设执行控制理论框架为基础而建立起来的管理技术体系首创于黄埔大桥项目，作为一种新型的项目建设管理模式，贯彻执行效果控制的管理文化，以“凡事重在落实”为指导思想，以先进的管理理念、管理方法、管理手段和管理措施，有效地保证项目建设目标的实现。技术体系能有效地提高公路工程项目的建设管理水平和效率，并被越来越多的项目业主和建设行政主管部门所认知和推广，逐渐应用于其他行业建设项目的管理实践中。

第一节　项目建设前期的合理化管理

公路项目建设前期合理化管理就是从项目建设投资角度出发，论述在项目建设前期的项目申请、设计招投标、设计文件审批三个阶段业主如何通过工作程序、工作计划、工作质量的规范化和科学化管理，使项目建设在符合基本建设程序前提下，尽量缩短审批时间。同时，通过严格的合同化管理，促使设计和设计监理单位严格履约，按照合同文件要求精心组织设计，确保设计质量。建设前期是经营性公路投资项目三个阶段管理中开展最困难的阶段。通过对建设前期工作程序、工作计划、工作质量的规范化和科学化管理，达到项目合理化管理的目的。

一、建设前期工作的认识

经营性公路投资项目管理分为建设前期、建设期和运营期三个阶段。在这三个阶段的管理中，建设前期工作开展存在以下困难：

(1)由于项目公司未成立，往往只能根据项目投资各股东意向，由最大股东或多股东共同成立项目筹建处(以往为交通主管部门或政府牵头的指挥部)负责本阶段工作，而筹建处作为一个临时机构，其技术、经济等各方面资源不足，造成内部组织和外部协调不够。

(2)阶段必须经过各个审批环节，特别是规划选址和用地预审工作，牵涉单位和部门多、范围广、社会关系复杂，组织者难以按照计划开展工作。

(3)在工可阶段需要收集的基础资料多，特别是一些大型和技术复杂项目，要求在方案论证阶段就必须征求地方政府、规划、环保、水利、航道、文物等各方面意见。

(4)项目(特别是由国务院投资主管部门审批的项目)审批期长，工作效果不明显，容易造成投资者和上级领导对组织者的工作态度和能力产生怀疑，这对组织者的工作热情和工作耐心造成不利影响。

(5)在项目申请和初步设计阶段所开展的专题研究由于路线及结构方案的最终确定与评审时间的

矛盾，容易造成完成甚至评审之后的专题研究随着方案变化而调整或重做。

因此说，建设前期工作是经营性公路投资项目三个阶段管理中开展最困难的阶段，如何正确认识和做好本阶段工作对项目投资来说极为重要。

二、建设前期工作的程序管理

基本工作程序是制订工作计划，组织和落实各项具体工作的基础。弄清基本建设程序最直接的方法就是到项目审批部门进行相关业务咨询，如项目申请报告可向省级交通主管部门综合规划处和投资主管部门基础产业处咨询，设计文件的评审工作可向交通主管部门基本建设处咨询，招投标工作可向招投标所在地招标投标管理办公室咨询。根据《公路建设监督管理办法》（交通部令 2000 年第 8 号）、《公路工程勘察设计招标投标管理办法》（交通部令 2001 年第 6 号）和《企业投资项目核准暂行办法》（国家发展和改革委员会令 19 号）有关规定，建设前期的基本建设程序包括：①根据规划和发展编制《项目申请报告》；②根据批准的《项目申请报告》及设计招标文件，组织设计招标投标工作；③根据设计服务合同要求，编制初步设计文件；④根据批准的初步设计文件，编制施工图设计文件，同时进行施工招投标组织工作。

1. 项目申请阶段的程序管理

1）审批权限

根据国家发改委 2004 年 9 月 15 日发布的《企业投资项目核准暂行办法》（国家发展和改革委员会令 19 号）规定审批权限。

国务院投资主管部门：国道主干线、西部开发公路干线、国家高速公路网、跨省（区、市）公路项目，跨境、跨海湾、跨大江大河（通航段）的独立公路桥梁及隧道。

地方投资主管部门：由国务院投资主管部门核准以外的项目。

2）审批程序及内容（图 1-4-1）

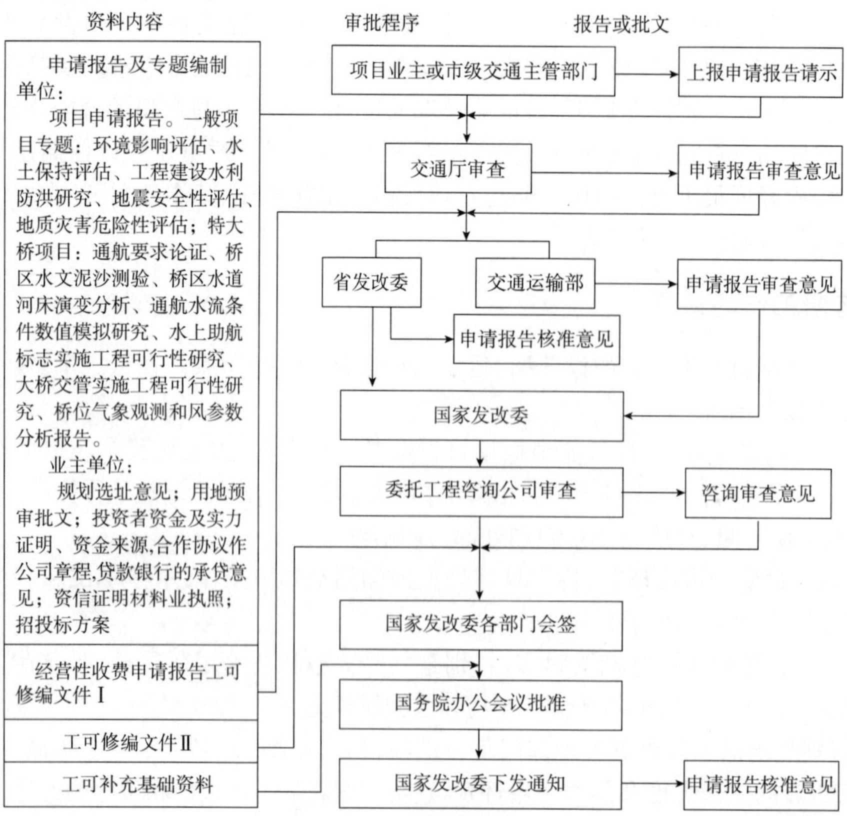

图 1-4-1　项目申请程序及内容

3)管理重点

(1)根据工程规模及性质选择批准的机构,了解其办事方式。

(2)认识和了解审批的程序、内容,留足审批时间,做好充分准备。

(3)清楚提交资料中所包含的内容,准备完善高质量的资料文件。

(4)统筹开展各方面的技术工作,协调相关关系,确保资料内容、质量和评审工作的统一。

2. 设计招投标阶段的程序管理

1)审批权限

招投标工作的组织分为业主自主招投标和委托招投标,业主或招标代理所编制的招标文件经主管部门批准后按规定程序向交易中心申请招投标。

2)审批程序及内容(图 1-4-2)

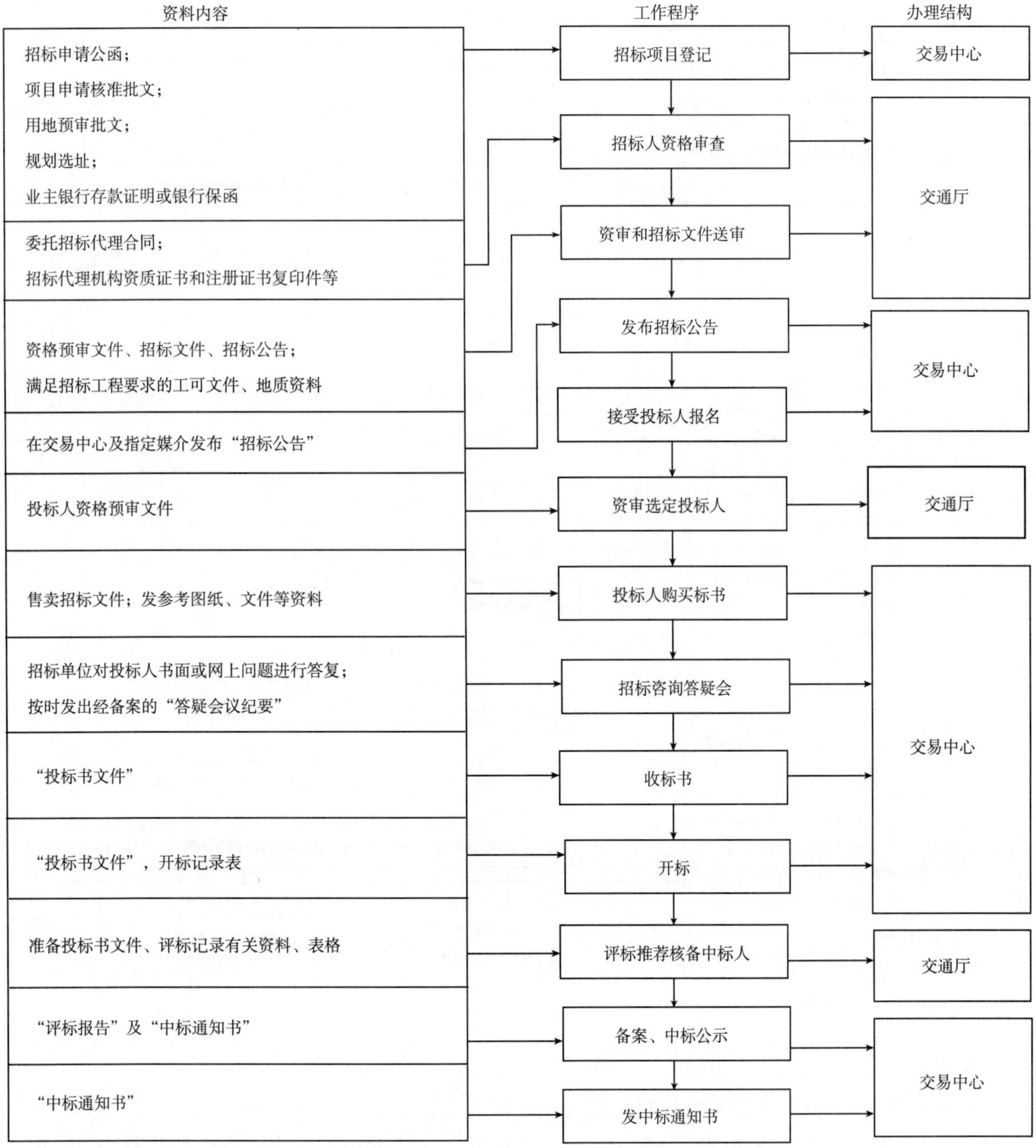

图 1-4-2　设计招投标审批程序及内容

3)管理重点

(1)弄清招投标各阶段必须完成的工作,做好各方面的沟通和协调工作。

(2)争取交通主管部门或投标主管单位的支持,尽量缩短程序管理工作时间。

(3)采用格式化管理模式,提高招投标工作的质量和效率。

3. 设计审批阶段的程序管理

1)审批权限

设计审批分为部审和厅审。由国务院投资主管部门核准项目的设计评审称为部审;由地方投资主管部门核准项目的设计评审称为厅审。部审项目初步设计评审前由交通厅组织外业验收和初步设计预评审。

2)审批程序及内容(图 1-4-3)

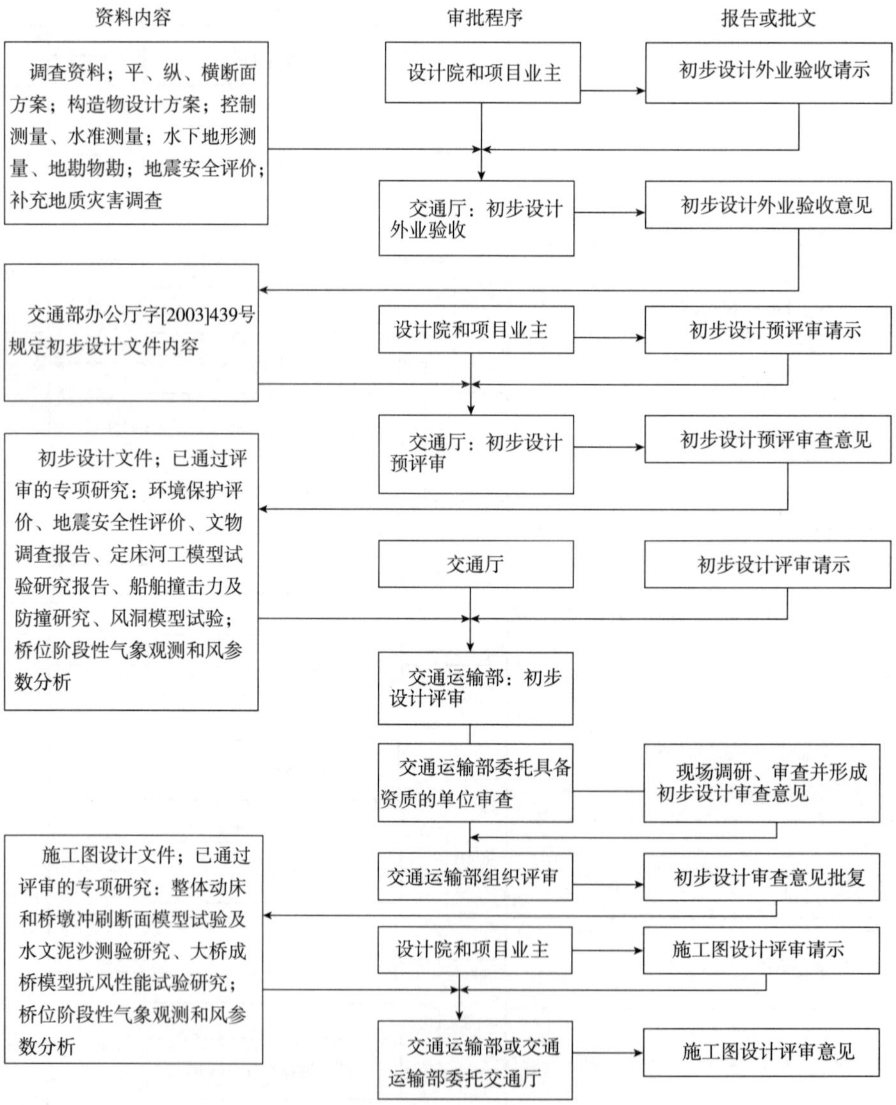

图 1-4-3 设计审批程序及内容

3)管理重点

(1)设计过程应保持与上级主管部门和有关专家的沟通。

(2)控制性工程方案比较应就安全性、经济性、美观性及运营管理等方面充分说明优缺点,并事先征求当地政府、规划部门及相关单位(如港口、码头、供电等)的书面答复意见,在评审过程中提交较为明确的方案供专家选择,应避免模棱两可的方案出现。

(3)特殊结构物设计方案确定之前(如跨江大桥、大型立交系统等),组织专门的方案论证会,对开展初步设计及专项研究有着重要的指导意义。

(4)专题研究工作开展应配合设计工作开展合理安排工期,并安排专门技术人员进行跟踪学习。

(5)采用格式化管理模式,提高评审工作的质量和效率。

三、建设前期工作的计划管理

1. 年度计划的编制

列出全年工作内容和工作重点,选定关键线路。围绕实现工作重点,列明必须完成的一切具体工作。

2. 年度计划的调整

在年终,根据年度计划完成情况进行调整,便于开展相应的计划分析、总结、调整和存档管理。

3. 月度计划的编制

根据年度计划,安排每月完成的工作内容,结合实际计划完成情况,将工作内容的具体工作再进一步细化。月度计划的每项工作将落实到具体人员身上。

四、建设前期工作的质量管理

质量是实现合理化管理的基础、前提和保证,是效率的统一。建设前期的质量管理与程序管理、计划管理一样,是实现管理效率的保证。

1. 项目申请文件的质量

项目申请文件的质量直接牵涉项目审批快慢及投资收益的问题,在申请编制过程中,特别强调文件的技术问题及获得基础资料的方式、方法。文件质量强调如下几方面:

(1)必须从经济、政治、路网规划等方面出发,以充分、可信的理由,论述项目建设的必要性。

(2)根据优选出来的方案由业主发文征求规划部门及当地政府的意见,召开协调会,并以书面形式确定路线方案。

(3)在业主配合下,征求沿线厂矿、企业、乡村及被交道路业主等单位的意见。

(4)根据 OD 调查及交通量预测,开展相应的社会评价及经济评价工作,并根据评价结果及服务水平确定工程规模。

(5)根据初步选定方案,选择 2 ~ 4 个方案,进行相应的技术、经济等方面的比较,形成相对明确的结论,再根据比较结果选定推荐线和比较线。

(6)根据项目特点,有针对性、有目的性地开展环境保护、水土保持、资源和能源消耗评价、地震评价、文物调查、通航论证等专题研究。

2. 设计招标阶段的工作质量

1)具体工作的格式化管理

总结以往成功的经验,将具体管理内容和模式制成格式化范本,并在重复或相似的工作管理中运用,这种将具体工作范本化管理的方法称为格式化管理。格式化管理在具体的工作中被广泛运用,如《公路工程国内招投标文件范本》将公路工程施工招投标工作的内容和组织形式进行格式化管理,既能保证操作者轻车熟路,提高工作效率,又能够避免工作过程中可能出现的疏忽和漏洞;在公路投资项目管理工作中,将评审、招投标及验收所有会务工作采用格式化管理,同样具有高效、高质的实际意义。

2)设计招标文件的质量

设计招标文件的质量是业主根据需要通过招标文件明确招标的目的、意义和补充具体条款来实现设计管理的目标。设计招标文件参照招投标文件范本编制，其质量重点体现以下几个各方面的内容：

（1）招标的目的。以选择好的设计单位和设计监理单位、选择项目设计负责人和专业负责人、选择优秀的设计方案为目的。

（2）标段的划分。在调查设计单位实力、水平、现有任务之后，以方便管理为原则进行分标。一般情况下，标段不宜分成太小，但要利于竞争。

（3）合同专用条款的补充。专用条款主要解决设计工作合同化管理思想问题、设计方案的版权问题、增加服务标准和内容问题，解决设计文件准确性和合理性的问题，准确性是指设计文件中外业调查、外业测量、地质钻探等勘察成果和标准、规范、计算模型等设计资料采用的准确程度；合理性是指根据项目特点和实际，在设计方案的选择上真正体现安全、经济、美观、合理的设计理念。

（4）设计阶段专题研究的开展。重点解决专题研究与设计阶段时间配合问题，解决研究方案和服务承诺问题，解决设计方案一般性调整造成试验数据修正问题，解决专题研究费用问题。

（5）设计费用的合理控制。

3. 设计阶段的工作质量

设计阶段的工作质量管理，包括业主对设计工作的总体协调和设计单位在规定时间内提交符合质量要求的设计文件。设计文件的质量体现在设计方案的科学性和合理性、设计内容的全面性和准确性上，设计监理（咨询）制度的成功实施是设计文件质量的根本保证。

1）业主单位的总体协调

业主单位设计阶段的工作质量体现在如何协调设计与监理单位高质量地完成设计文件并顺利通过阶段评审方面。具体工作包括：

（1）做好设计阶段总体进度计划，确保整个设计过程按计划实施。

（2）及时做好各设计阶段评审，确保阶段性设计评审工作顺利通过。

（3）做好沟通和协调，确保工程设计技术的合理运用和关键设计方案确定。

（4）监督设计监理严格履约，保证设计文件的质量。

（5）做好设计服务工作，确保设计外业工作及控制网点的布设。

2）设计监理制度的实施

业主采用直接委托或招标两种方式选择监理单位。设计监理制度的实施体现在设计监理服务合同条款的制订和具体实施上。设计监理服务合同条款体现以下精神：

（1）合同化管理精神。监理工作对设计质量负连带责任，全面吸收施工监理的成功做法，完成设计监理实施细则，并将施工监理的旁站制度、自检制度、抽检制度运用到地质钻探、外业调查、控制测量、断面测量等具体的外业工作之中。

（2）过程监理和阶段性咨询的有机结合。监理单位参照设计工作大纲及设计监理管理办法的具体要求，制定出适合各设计阶段原始记录、外业调查和质量验收等设计监理通用表格进行全过程监理，并在不同设计阶段形成总结性监理报告。

（3）现场设计监理制度的落实。即除特殊的结构计算或专项研究内容外，一般性的设计工作要求在现场开展，这是设计监理制度顺利开展的根本保证。

（4）建立设计工作例会制及设计进度及质量月报制度。设计工作会议大约每半月举行一次，由监理单位召集，设计和业主单位参加。

（5）建立行之有效的、杜绝设计质量通病的监理机制，确保设计文件的准确性。设计文件的准确性主要体现在对设计规范和标准的采用上，体现在对特殊构造物设计及验算上，体现在外业勘察资料的准确性和在内业设计运用的准确性上。设计质量通病主要体现在：一是由于地质调查不准确造成关于路基设计的挖方边坡坡比、土石方比例等一系列问题；二是由于地质钻探不准确造成关于桥梁和涵洞等构造物基础的问题；三是由于水文调查不准确造成关于路基排水问题或农田保护等环境问题；

四是由于路基横断面测量不准造成土石方数量不准及一系列问题;五是由于设计理念落后或计算方法不合理造成一些特殊结构设计错误或难以实施问题。针对这些问题建立相应的监理机制:一是建立地质钻探监理旁站和验收制度;二是由监理单位采用全站仪设计横断面进行验收;三是对设计单位外业调查原始记录采用现场核查,对外业调查整理结果实行验收;四是对任何需要进行结构设计和力学计算的桥梁工程、隧道工程由监理单位根据设计单位提供的结构尺寸和设计参数进行背靠背验算。

(6)建立设计工作重点内容的监理制度,确保设计文件的合理性。设计工作重点监理内容:一是对设计方案的充分比较和论证,内容包括平、纵面方案,大桥桥型及跨径方案等,要求监理单位从总体出发开展相应的方案论证和咨询工作;二是对设计文件采用标准及具体结构的形式开展监理,要求监理单位坚持以人为本,从方便施工管理角度出发统一设计标准;三是对工程使用功能和外观进行人性化监理,要求监理单位开展充分调查、比较,提出防护工程、排水工程、道路景观工程最优设计方案。

总之,要实现公路项目建设前期工作合理化管理的目标,组织与管理者必须做到:

(1)了解、熟识管理的具体程序及内容,包括项目申请核准程序、设计招投标程序、设计审批程序。

(2)掌握管理目标实现方法,包括程序管理、计划管理、质量管理。

(3)制订科学的实施计划。

(4)辅之以科学的合同化管理、设计监理管理手段。

(5)总结和运用程序咨询管理、格式化管理、设计通病管理等成功管理经验。

(6)建立业主与主管单位、设计、设计监理之间有效的沟通机制。

第二节　项目建设的创新管理理念

黄埔大桥在建设过程开展公路建设规范化管理技术体系的研究,试图将公路工程管理技术的各种要素整合为一个有机的整体,其根本目的在于建立一套规范、系统、公平、内在和谐、具有长久生命力的适用于中国公路工程管理的理论和技术体系,对公路工程及其文化的升华、历史的继承具有重大的现实意义。

一、公路建设执行控制管理理念

基于系统论、执行力理论和预控管理原理,通过战略、人员、运营三大核心要素深度剖析,找出公路建设管理中“执行”与“控制”之间既相对独立又相互作用的内在机理,指出影响执行控制的八大要素(目标、计划、组织、人员、流程、信息、工具、文化),并采用系统分析法对系统功能及环境分析,提出执行控制管理理念。

执行控制管理理念是保证公路建设项目组织架构内各管理层、各参建单位和不同岗位员工严格遵守法律、法规、规范、标准、制度,实现预期目标的一整套管理理念和方法;它将公路工程建设法规、技术规范、技术标准进行系统化、法制化、制度化管理,通过事前预防、过程落实和事后考核来保障执行效果,确保目标计划中规定事项的落实,从而实现控制主体对工程建设全过程的管理或监督。

二、公路建设规范化管理技术体系

建设管理技术,是指在建设管理中应用的各种定量和定性分析的具体技术手段。管理技术从字面上理解似乎与现代化的各种统计、预测、决策模型密不可分,但是本书中的管理技术是立足于现代技术的管理思维升华。

公路建设管理技术是指将公路工程的各种人力、物力、财力、技术及信息进行合理配置，以实现公路工程建设预期目标的管理手段和方法。管理技术实现了工程管理理论、方法、手段与工程建设技术的有机结合，是科学应用工程建造技术，实现公路工程目标的方法论。

公路建设管理技术体系是正确应用工程世界观和方法论，保证公路工程参建各单位和各岗位人员严格遵守国家颁布的各项法律法规和规章制度，应用工程技术规范、标准，开展创新研究，并实现项目预期目标的一整套管理理念、理论、方法、措施。公路建设管理技术体系是基于公路建设执行控制管理理论，以合同化（contract）、格式化（format）、程序化（procedure）（简称 CFP 技术）为核心管理技术的应用工程技术的方法论。规范化管理技术体系的框架模型见图 1-4-4。

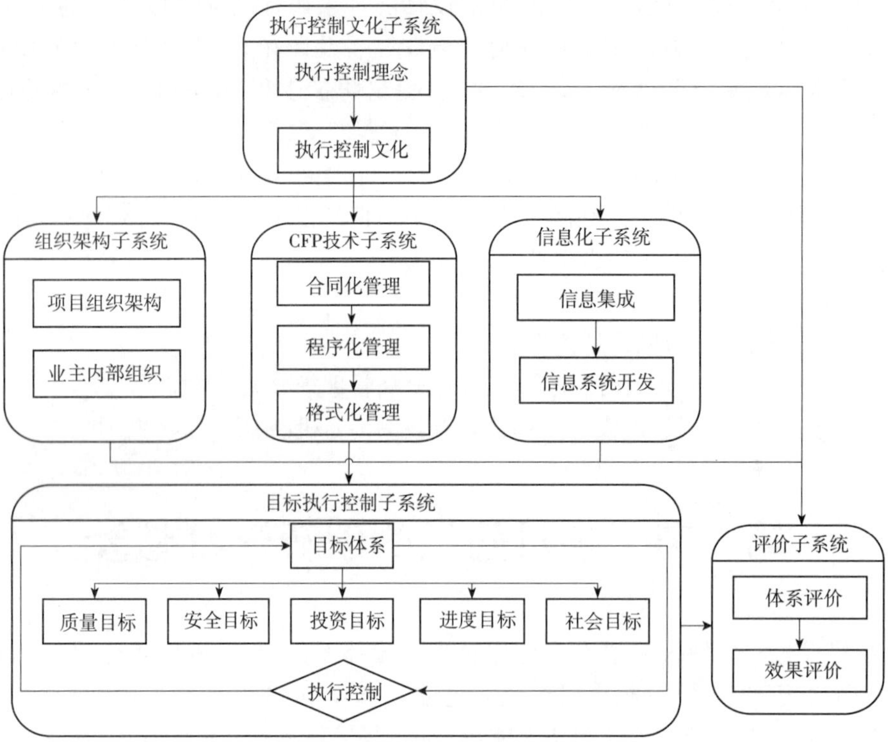

图 1-4-4　规范化管理技术体系的框架模型

公路建设规范化管理技术体系应用工程全寿命精品建设观和执行控制管理方法论，将公路工程建设法规、技术规范、技术标准进行系统化、法制化、制度化、精细化、合同化、格式化、程序化管理是公路建设规范化管理的核心技术。目标管理规范、内容管理规范、内容执行规范、执行手段规范的多维度统一，是公路建设规范化管理的实质内容。以公路建设管理执行控制理论为基础和核心管理技术为基本骨架，构建公路建设规范化管理技术体系（图 1-4-5）。

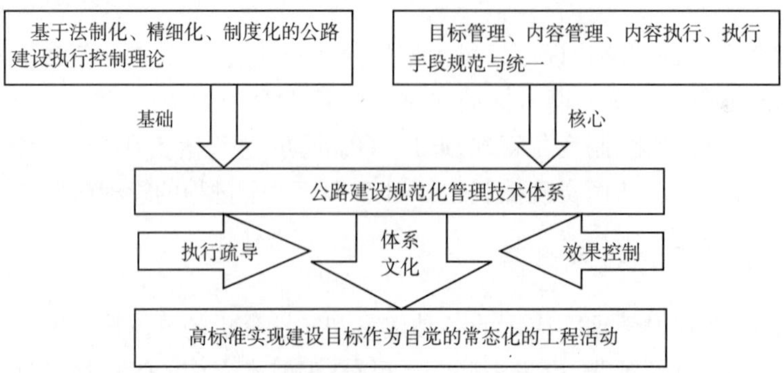

图 1-4-5　公路建设规范化管理技术体系构建思路

同时，提出了以“目标”、“内容”、“执行”作为管理体系的核心技术，清晰地界定了公路工程建设活动中业主、监理、施工等主要参建单位的职责和业务内容，以及在同时满足合同责任和社会责任前提下进行目标管理的活动，并贯彻执行疏导和效果控制相结合的体系文化，将高标准实现建设目标作为自觉的常态化工程活动。

三、规范化管理技术体系的核心技术

以目标管理为核心，以预警预控、权责一致原理为依据，以系统化、合理化为准则，以工程建设法规、建造技术为内容，明确目标管理中组织架构的执行和控制主体的责任及义务，形成了目标管理合同化、管理内容格式化、内容执行程序化的规范化管理体系核心技术，它将建造技术自然融入于管理之中，实现了公路建造技术与管理技术的无缝对接。

规范化管理技术体系的合同化、程序化、格式化管理技术是将理论和公路建设实践有机结合而形成的：合同化管理以事前控制理念为指导，通过制订详细和规范的管理制度，明确目标管理中执行和控制主体的责任和义务，并将管理制度纳入合同专用条款强制执行；格式化管理以精细管理理念为指导，对于执行控制目标管理中执行和控制主体的业务关系及其管理内容，全部采用统一的表格和格式进行管理；程序化以职权一致理念为指导，将执行控制目标管理中的管理流程和工作标准按定人（单位）、定时（时间）、定责（责任）的规则固化下来，形成工程实施细则的执行范本。

四、规范化管理技术体系的运行和评价系统

公路建设规范化管理技术体系的运行是指在执行控制理论和体系文化指导下，通过建立完善的组织系统，综合运用“CFP”规范化管理技术，对工程目标实施管理活动，并通过动态评价与反馈形成封闭循环（图1-4-6）。

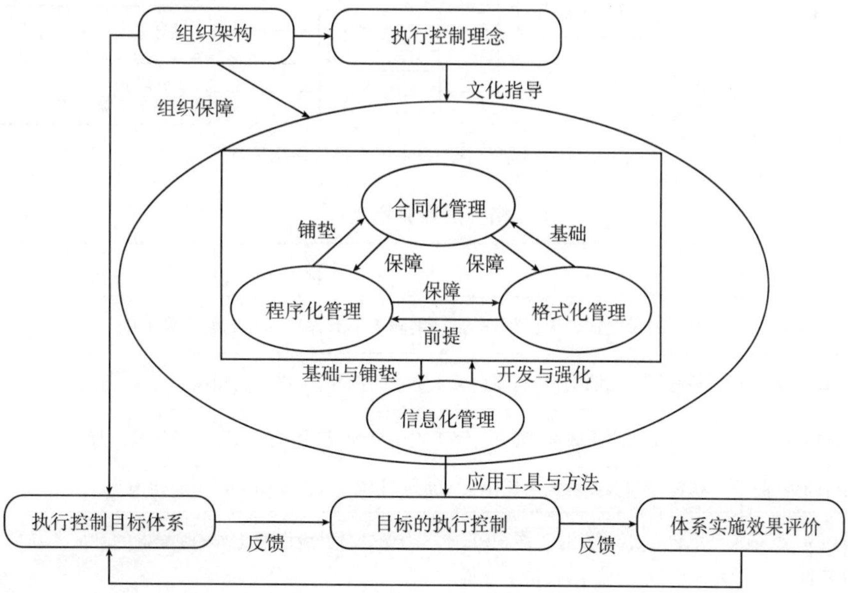

图1-4-6　规范化管理技术体系的运行图

动态评价与反馈是构建规范化管理技术体系并确保其发挥作用的保障，对体系构成的合理性进行评价及对运行效果进行综合评价构成了完善的评价子系统（图1-4-7）。综合评价法是对公路建设规范化管理技术体系进行全面系统评价的有效方法，它将定量与定性评价思维相结合，是一个“定性—定量—定性”的辩证认识过程，为公路建设规范化管理技术体系的改进和管理绩效的改进提供了动力。指标层评分标准见表1-4-1。

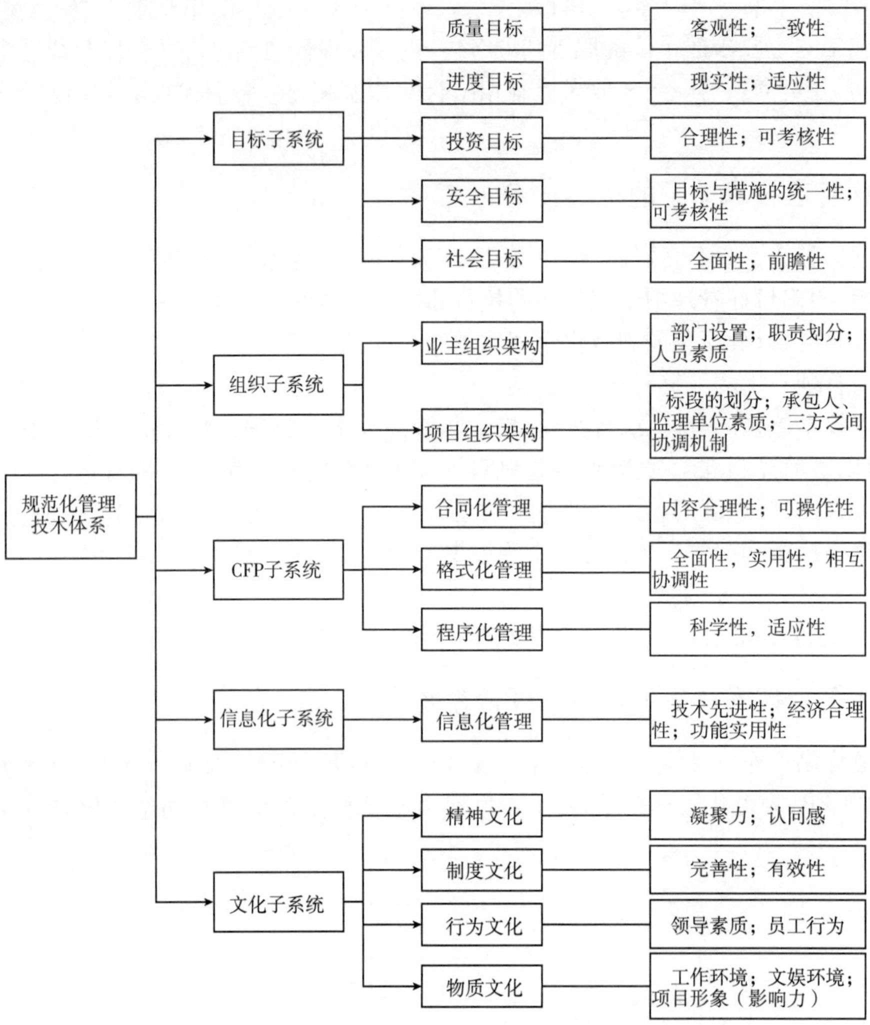

图 1-4-7　规范化管理技术体系评价指标体系

指标层评分标准　　表 1-4-1

子系统组成	评价指标	标　　准
业主组织架构	部门设置	部门的设置适合项目管理的需要，涵盖了五大目标控制的工作范围
	职责划分	各部门分工明确，无职能交叉或空白，各部门工作衔接顺畅
	人员素质	人员文化水平较高，具有公路工程项目管理工作经验，职称结构较合理
项目组织架构	标段的划分	标段的划分既有利于加快施工进度、提高质量，又便于业主的管理
	承包人、监理单位素质	承包人、监理单位工作积极，能尽力做好自己应做的工作；所配备的人员尤其是高层管理人员职称结构合理、经验丰富，富于创新
	三方之间协调机制	业主、承包人、监理单位之间有固定的沟通协调机制，如例会制、协调会等，并能够满足项目实施期间信息流通的需要
合同化管理	内容合理性	列在合同专用条款中的管理办法的内容合理、可行，在考虑参建各方（主要是业主和承包人）的利益方面比较均衡合理，不存在“霸王条款”
	可操作性	合同化管理便于实现，如在合同签订过程中，对业主的管理办法进行修订等没有显著增加工作量及工作难度

续上表

子系统组成	评价指标	标　　准
程序化管理	科学性	工作程序科学合理，符合公路工程建设管理的标准、规律
	适应性	条件变化时，工作程序便于调整，并能适用于其他项目
格式化管理	全面性	项目建设各阶段、各种所需表格齐全而不繁冗
	实用性	所有表格都很实用，不存在一些不必要的表格；表格易于理解、易于填写，必要时易于调整
	相互协调性	有关联的表格之间在内容方面协调，流转顺畅
信息化管理（信息系统）	技术先进性	信息系统能满足用户的需求，系统设计科学，有较强的适应性
	经济合理性	与所实现的功能相比，信息系统的投资较为经济
	功能适用性	信息系统的清单编制、招标管理、合同管理、变更管理、计量支付、计划进度、概算管理、工程量计算、权限管理、系统参数、材料管理、文档管理、台账查询等执行控制所必需的功能齐全、适用
质量目标	客观性	质量目标的设置综合考虑了项目的各种客观条件，即目标的难易与客观环境相适应，并且可以实现
	一致性	质量总目标与分目标一致，目标与措施相适应，并且可以实现
进度目标	现实性	进度目标的设置综合考虑了项目的各种客观条件，而非人为压缩工期
	适应性	进度目标便于随主客观环境的改变而作相应的调整，目标分解合理，对资源和投资的需要均衡，易于调节
投资目标	合理性	投资目标客观、合理，充分考虑了现行的技术和管理水平
	可考核性	投资目标便于对执行主体进行考核
安全目标	目标与措施的统一性	制订目标时有相应的措施保证目标的实现
	可考核性	建立了安全目标责任体系，责任明确，便于考核
社会目标	全面性	社会目标综合考虑了项目对社会经济、行业的技术和管理水平、沿线经济发展的贡献
	前瞻性	社会目标不仅考虑当前社会的需求，还要考虑中长期发展需要
精神文化	凝聚力	项目对参建单位及参建人员具有吸引力，成员对项目具有向心力，如承包人、监理单位等积极参与业主组织的各项活动，参建单位员工具有主人翁精神和责任感，团结协作
	认同感	项目参建人员充分认可和接受项目建设的意义、目标，业主的管理思想、理念、决策、作风，以及制度设计等
制度文化	完善性	业主项目管理制度完善，适应对项目全方位控制的需要
	有效性	制度具有科学性、针对性，可行性强，领导重视、身体力行、落实到位、监督检查有力
行为文化	领导素质	业主和参建单位领导人员是否具备应有的业务能力、领导水平、敬业精神等素质
	员工行为	业主和参建单位员工的业务水平与工作岗位要求相适应，工作积极性强
物质文化	工作环境	为员工提供良好的工作环境、舒适的生活环境及合理的收入
	文娱环境	项目部添置了篮球场、桌球室、阅览室、乒乓球室等文体娱乐设施，定期组织各类文娱活动等集体活动
	项目形象（影响力）	突出形象塑造，优化现场宣传环境，工地现场是否有统一的企业标志、形象广告和本项目效果图；工地周围有醒目的主题标语，员工身上有颜色、式样统一的工作装、安全帽以及胸卡等

五、公路建设管理技术体系创新实现平台

公路建设管理技术创新实现平台是以复杂重大工程项目为依托，以参建各方为主体，以资金、人才与信息为支撑，以创新型组织为保障，以建设管理合同化、格式化、程序化管理技术为手段，以金字塔模型为运行机制，通过创新资源的整合与共享，实现技术创新的成果集。

通过目标子系统、CPFI 子系统、组织子系统、文化子系统和评价子系统的运行，产生项目执行力，形成执行控制基础平台。在基础平台支撑下，项目执行力通过依托工程、有效资源、创新组织和实现手段形成技术创新能力，即上升至技术创新平台，通过孵化机制，形成成果集（图 1-4-8）。

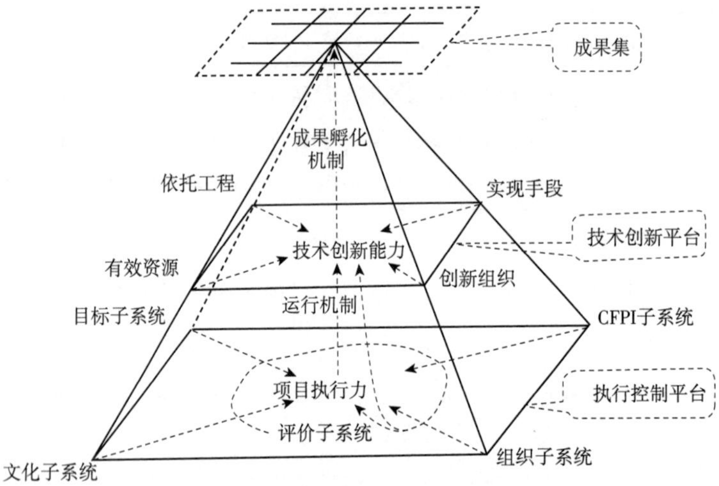

图 1-4-8　执行控制技术创新平台运行金字塔图

第三节　管理技术体系在项目建设中的应用

项目全面应用了公路工程建设规范化管理技术体系的管理理论和方法，构建了高效的项目组织系统、体系文化系统，在工程建设实践中以目标管理为核心，将体系中的目标管理合同化、管理内容格式化、内容执行程序化、执行手段信息化的规范化管理核心技术具体化并应用，有效提高了项目的管理水平和效率。

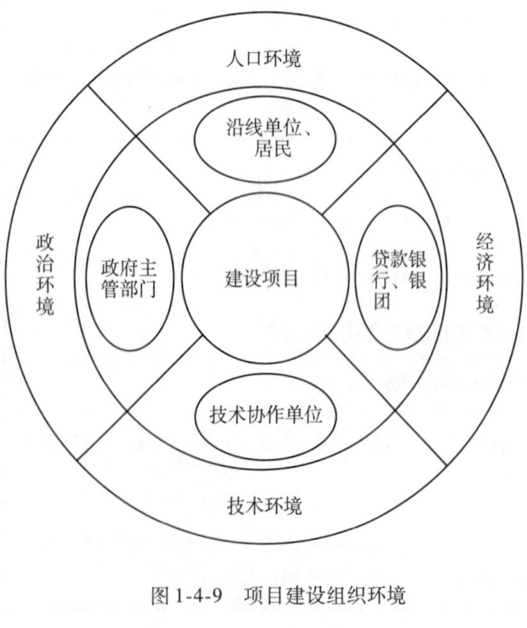

图 1-4-9　项目建设组织环境

一、项目管理组织架构的建立

1. 项目的组织环境

项目建设组织环境包括外部环境和内部环境，见图 1-4-9。外部环境主要指政治环境、经济环境、技术环境、人口环境等，是一个复杂的社会系统工程，直接作用和影响着项目的建设。

项目业主是两家国企和一家外企按 6∶3∶1 的比例出资组建的中外合作公司。基于项目实际情况，三个合作公司选择了合理的管理模式，组织和管理工程建设期间一切工作业务，构成了项目建设组织内部环境。主要环境因素包括如下几方面。

1）政府主管部门

项目建设严格执行基本建设程序，获得对建设立项、规划、设计、开工等的审查批准，当地政府主管部门对建设项目进行审批，同时依法进行监督、协调和管理。同时，项目利用政府建立起来的监管体系和企业诚信体系选择优秀的参建单位。

2）贷款银行、银团

项目主要借助合作公司的信用，以项目100%收费权作抵押贷款，通过主办银行组成银团贷款筹集资本金以外的建设资金，以项目运营阶段的经济收入还贷。

3）技术协作单位

项目根据项目建设的需要，选择了相关的技术研究课题，采用技术横向联系，发挥专业优势，为项目的建设提供技术服务，帮助解决建设过程中遇到的技术问题。

4）沿线单位居民

项目沿线居民及单位等经济实体对工程项目征地拆迁与建设有着极为重要的影响。避免与受影响的经济实体的冲突，搞好征地拆迁工作，对降低进度和投资控制风险，确保建设目标实现有关键作用。

2. 项目组织架构

项目按照不同的专业将工程分为4个监理标、17个施工标，按照业主、监理、施工三级管理模式构建项目组织架构，见图1-4-10。

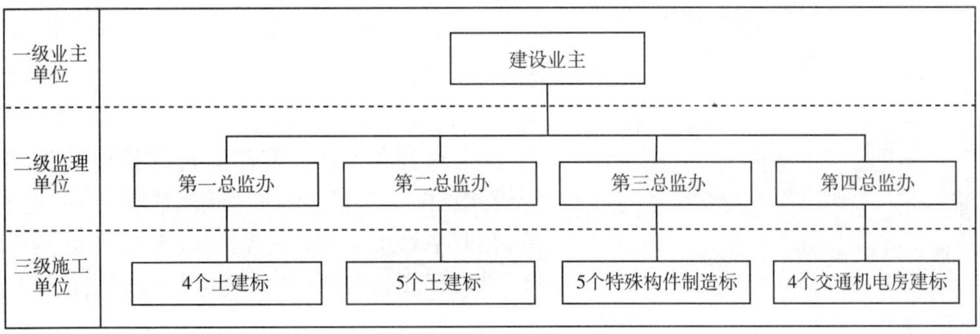

图1-4-10　项目组织架构

根据项目建设特点和合作公司章程，实行董事会领导、总经理经营班子负责制的业主组织架构并明确职责，见图1-4-11、表1-4-2。

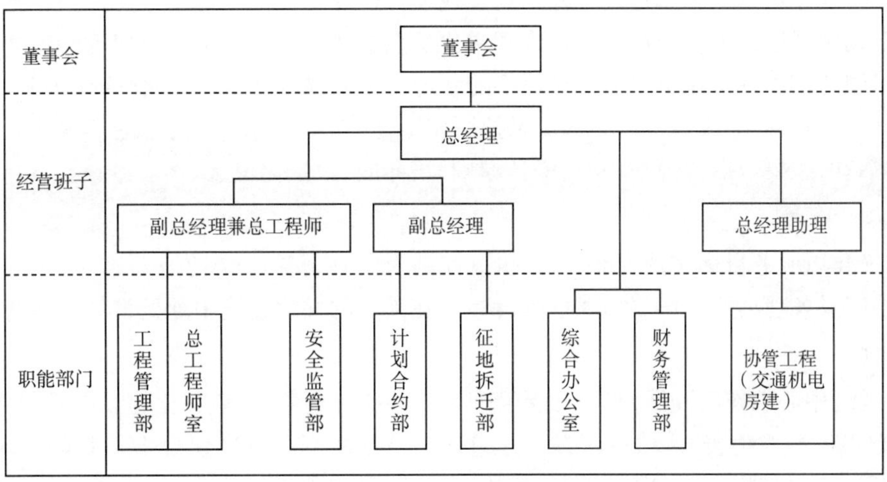

图1-4-11　业主组织架构

黄埔大桥公司各部门职能划分　　表1-4-2

部　门	职 能 划 分
综合办公室	人事劳资、行政事务、后勤保障、党工团妇、综合档案等
财务管理部	财务资金、计划融资、经济分析、税务登记、证照管理等
计划合约部	招标投标、合同合约、工程造价、计划编制、材料供应等
征地拆迁部	规划土地、征地拆迁、水电申报、乡镇工作、用地档案等
工程管理部	设计管理、施工管理、质量安全、科研管理、工程档案等
安全监管部	综合治理、内部安全、参建单位安全监管等

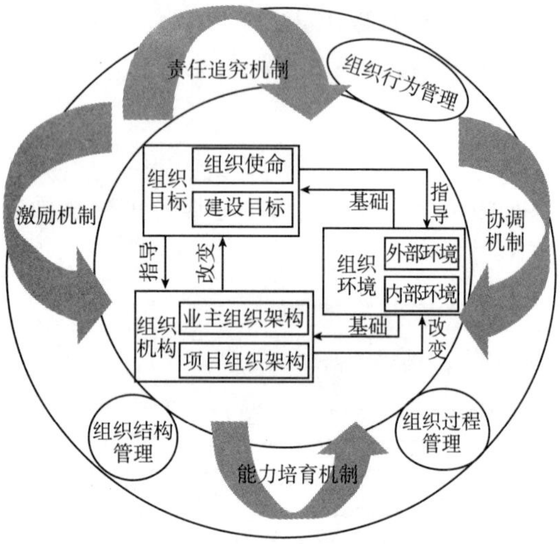

图1-4-12　组织架构运行模式

合作公司根据项目工作的分解结构和组织分解结构，将任务分配到各个职能部门及对应的岗位，并明确岗位职责对人员的能力和资格要求。综合考虑管理人员的工作经验、知识结构、文化水平进行岗位分配，按照人员特长定岗、能力水平定级的原则，将责权落实到每个具体的岗位上。

3. 组织架构的运行

合作公司通过招投标择优选择参建单位，所形成的项目组织架构和业主组织架构内各单位、部门、人员按建设管理体系的组织环境因素和目标要求，通过激励、协调、能力培育和责任追究四大机制各司其职，组织架构运行模式见图1-4-12。在项目组织架构内建立创优行动体系，在业主组织架构内建立绩效考核体系，实行季度和年终考核，形成强力、高效的规范化管理组织运行体系。

二、项目建设管理文化体系

项目贯彻了执行疏导和效果控制相结合的文化体系，其内容见图1-4-13，与工程实际相结合，培养广大参建人员树立正确的工程建设世界观，在建设中以执行控制的管理理念为基础，形成了项目的规范化管理文化体系，把参建单位和全体建设者统一到实现项目建设总目标的行动中并作为自觉的常态化工程活动，在实际活动中得以体现。项目规范化管理文化是在加强和规范业主组织架构管理文化建设的前提下，整合项目组织架构内各参建单位项目经理部的管理文化，以特定的项目文化介质为载体，集不同的文化背景，围绕共同的目标，形成执行疏导和效果控制相结合的体系文化，将高标准实现建设目标作为自觉的常态化工程活动，主要包括："抓住中心，坚持原则，培养能力，强化重点"。

1. 抓住中心

项目管理文化以服务目标实现为前提，以执行控制为中心，坚持"合理计划、严格执行，全面控制，有节奏、有目的地完成各项具体工作并实现总体目标"，在项目的文化建设中处处都体现执行控制理念。

2. 坚持原则

项目管理围绕中心工作的开展，并为开展管理活动创造有利条件，在文化建设中必须坚持两个原则。

(1)"开展创新，重在落实"。项目一方面通过建造技术的创新解决建设中关键的技术难题，另一方面通过管理创新，建立结构合理、程序严密、高效运行、监督完善的管理文化，为项目的规范管理提供硬制度。

(2)“围绕目标,协调行动”。尽管参建各方原来所在的文化氛围不同,但围绕共同的建设目标,其工作目标都必须与项目整体建设有机结合,并坚持服从和服务于项目整体建设目标,为项目的规范化管理创造软环境。

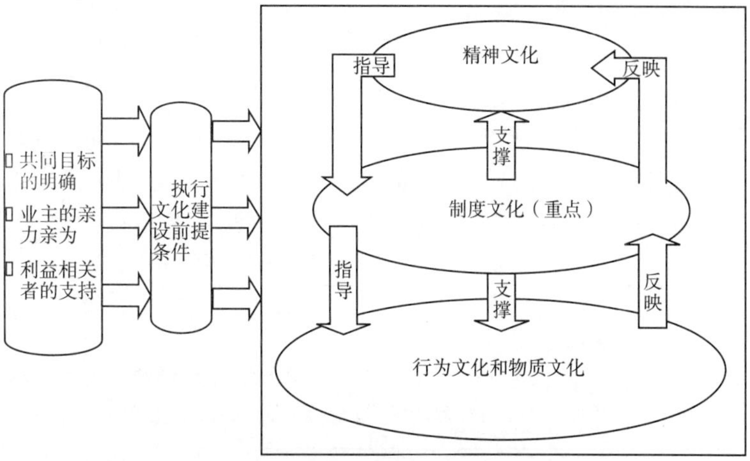

图 1-4-13　规范化管理文化建设的内容

3.培养能力

参建单位及其主要管理成员具备的技术水平和管理能力是实现管理中心目标的重要保障,要实现项目成员的规范化管理能力,就要以以下三大能力的培养为核心。

(1)学习能力:项目工程特点要求项目参与各方具备勤学肯钻、善于总结、学以致用的能力。

(2)凝聚能力:建设项目文化是多个参建单位、组织共同形成的,具有社会性特征的组织文化,是跨组织的社会和企业相结合的文化,它需要项目全体参建单位同心同德、同舟共济。

(3)创新能力:项目建设是实现组织变革的创新活动。创新是实现行业发展和进步的原动力,因此项目的建设需要有研究精神的创新人才,并以实事求是的态度看待和克服建设中遇到的困难。

在项目规范化管理能力中,学习能力是项目规范化管理实现的前提,凝聚能力是项目规范化管理能力建设的基础,创新能力是项目规范化管理能力提升的动力。

4.强化重点

在项目规范化管理技术体系文化建设的过程中,强化影响项目规范化管理的四个重点。通过这四个重要方面的建设,进一步推进规范化管理技术体系文化建设,为实现中心目标服务。

(1)开展创优活动:为提高项目整体的规范化水平和执行控制水平,项目建设单位通过创优考核提高了项目参建各方规范化管理的积极性。

(2)加强廉政建设:项目大力推行体制创新,全面落实廉政建设责任制,与检察机关建立廉政同步预防,在标段建立党支部,有效推进了项目的廉政建设,保证了项目规范化管理的有效性。

(3)举办文化活动:项目文化活动由建设单位牵头,以特定的文化形式为载体,带动参建各方以服务于中心目标的文化建设,在丰富项目参建人员业余生活的同时,提高项目建设者对建设项目中心目标的认同感。

(4)完善信息系统:开发并应用项目建设管理系统、图文信息管理系统和企业内部的自动化办公系统,实现项目建设的信息管理,同时,通过建立项目网站向社会公开项目建设的信息,通过信息化手段强化对项目各个环节的监督和监控,从而提高目标执行的力度。

三、建设管理技术体系的应用

项目建设公司以目标管理为核心,以预警预控、权责一致原理为依据,以规范化、合理化为准则,以业主经营班子负责制为主要控制主体，以项目组织架构和业主组织架构为执行主体，形成了目标管理合同化（contract）、管理内容格式化（format）、内容执行程序化（procedure）、执行手段信息化（information）的"CFPI"规范化管理技术，基于执行力和预控原理，将公路建设规范化管理技术体系应用于项目建设实践。

1. 合同化管理技术的应用

项目建设公司根据法律、法规、规范及管理理论，按质量、进度、投资、安全和社会管理总体目标针对性与总纲作用思想，细化法律法规在具体操作中的执行主体、控制主体和责任主体，编制了5大类86项管理制度和办法，将目标管理的程序、格式纳入合同专用条款，将各项管理全面纳入法制化管理轨道，体现了公平、公正的管理理念，项目执行控制合同化管理的主要内容见表1-4-3。

项目执行控制合同化管理的主要内容　　表1-4-3

执行目标	合同化内容
质量目标	工程设计管理，工程开工管理，施工方案报审管理，工程验收管理，工程质量管理，工程奖罚管理，工程督办管理，质量隐患销号管理，工程试验、检测管理，中心试验室管理，工程施工监控管理，工程施工技术管理
安全目标	安全生产管理，安全监管管理，安全监理管理，安全隐患督办销号管理，安全事故管理
进度目标	工程进度管理，进度计划资源配置与管理，工程进度检查督办管理
投资目标	工程招投标管理，工程造价管理，计量支付管理，工程变更管理，工程财务管理，工程专款监督使用管理，工程材料采购及供应管理，工程结算管理
社会目标	工程创优管理，文明施工管理，环境保护管理，竣工文档管理，工程廉政建设管理，科学研究及创新管理，征地拆迁及地方协调管理

2. 格式化管理技术的应用

项目建设公司将目标管理内容分为业主业务、监理业务和施工业务管理，明确了业主、监理、施工在工程管理中的业务内容，按照管理内容执行的规范格式、具体内容格式的定性定量化、格式内容的全面性和可操作性、管理格式的精细化与手册作用原则，编制了3篇29类1 335种管理格式，对执行目标进行定性和定量并纳入合同管理，达到统一标准、统一格式、统一管理，保证质量、进度、安全、投资、环保、科研的"三统六保"目标，体现精细化和规范化管理理念。项目格式化管理的主要内容见表1-4-4。

项目格式化管理的主要内容　　表1-4-4

业务管理	格式内容
业主业务	建设项目申报、工程招投标管理、合同管理、工程质量管理、安全监管、工程进度监管、资金监管、科学研究管理、甲供材料管理，设计及咨询管理、征地拆迁管理、创优考核管理、工程文档管理、竣（交）工验收管理、竣工决算管理、会务管理格式、信息管理格式
监理业务	工程开工管理、施工申报管理、工作指令管理、施工现场管理、中心试验室管理、监理报告管理、工程交验管理
施工业务	质量自控和监理、安全自控和监理、环境保护和监理、工程进度管理、工程费用管理

3. 程序化管理技术的应用

项目建设公司在施工工艺和管理流程的目标内容执行中，明确规范化管理控制主体、执行主体、执行时间、执行职责，对进度计划执行进行定性定量控制，结合技术规范，提炼出了102个管理程序并形成工程实施细则，纳入合同管理，体现了程序公平和权责一致的全过程管理理念。

4. 信息化管理技术的应用

项目建设公司信息化包含外部公开信息、内部办公信息和建设业务信息。通过建立公开网站，向社会公开项目的建设信息和建设经验；通过办公信息系统，实现业主组织架构内的事务管理；通过建设管理系统实现项目组织架构内规范化管理目标中的所有功能业务网上操作，提高业务处理的时效性和管理手段的集成与创新，体现了高效性、客观性的管理理念。

5. 管理技术体系的综合应用

规范化管理技术体系围绕工程建设目标的实现，黄埔大桥公司提出了创国家级优质工程奖和省部级以上科技进步奖的项目建设总体目标，消除设计和施工质量通病的优良工程质量控制目标，杜绝特、重大安全事故的安全控制目标，比计划工期提前的工期控制目标，竣工决算不超概算的投资控制目标，点、线、面一体，景、形、势协调，整洁、美观、环保的形象控制和创新、廉洁、和谐的公益控制目标。

1）质量目标的实现

质量目标的实现主要包括工程质量观和工程技术观的实现。项目工程质量观实现包括质量目标合同化管理、质量执行程序化管理的实现，工程技术观实现包括工程技术交底制度、现场质量控制制度、优秀经验推广制度的实现等。

（1）质量目标的合同化管理

项目按照质量全过程控制的理念和优质优价的管理思维，将工程质量目标、内容、执行、责任的标准及要求在工程招投标之前便制订相关的管理办法，并在招标文件的合同专用条款中给予明确，按照创优行动考核体系的规定在项目组织架构内进行季度和年终创优考核，实现对目标的有效控制。

（2）质量执行的程序化管理

质量依靠监理及其中心试验室按合同规定的职责实行严格的管理，业主单位实行全面的实时跟踪，任何分项工程和大临工程均严格执行监理—追踪—落实的质量执行程序。对任何质量问题必须进行追究和落实，执行过程实行督办、销号及违约处罚、内部和行业通报及优质奖励的制度。

（3）工程技术交底制度

在分项工程及关键工序施工前，施工技术人员必须在监理工程师在场的情况下对施工班组进行施工质量技术交底，并建立专门质量管理台账。

对关键工序和重大施工方案必须召开专家评审会，评审会除进行施工技术方案论证外，还要对如何保证施工质量及质量管理要求进行专题论证，并以技术会议纪要形式明确消灭质量通病的内容及做法。

（4）现场质量控制制度

对现场施工质量实行严格监理、监控、监管和过程督办制度；涉及工程的主要关键材料均由业主统一采购，并采取供应商、承包人、监理三方独立检测的做法，确保工程主要原材料质量的稳定。

（5）优秀经验推广制度

做好分项工程试验段、评比优秀的分项样板工程，以样板为标准，进行全线推广；学习其他项目在质量控制中的技术及经验和教训，及时吸收和应用。

2）安全目标的实现

项目在合同化管理内容中规定具体的管理措施，通过安全同步预防保障制度、安全技术交底制度、现场安全控制制度、安全应急预案制度等，将安全管理和监管责任落实到每个参建人员，保证施工内部和周围两个环境的安全。

（1）安全目标的合同化管理

承包合同中明确规定施工安全管理目标，明确参建各方及其相关人员的安全义务和施工方不能实现施工安全目标的违约责任、监理单位施工安全的连带责任及建设单位相关人员的监管责任。每月开展安全联合大检查，对检查出的问题进行严格的督办、销号、处罚，对优秀单位进行不限名额的奖励，实现对安全目标的有效控制。

(2)安全同步预防保障制度

施工、监理、业主三方均设立安全生产领导小组和工作组,三方均设置专职安全员,施工技术人员和班组长均为安全工作组成员,制订相关制度将安全管理职位明确规定细化至每个管理人员,工作组组织定期的安全检查落实工作。

与安全生产主管部门建立重点工程安全同步预防制度,利用主管部门的行政职能指导和规范承包人的安全生产管理工作。

委托专业中介公司进行安全评估,定期发布预防指引,对安全风险提出预警、预防措施,建立重大危险源管理档案进行严格监管。

(3)安全技术交底制度

在分项工程及关键工序施工前,施工技术人员必须在专职安全监理在场的情况下,对施工班组进行施工安全技术交底,确保安全工作贯彻落实到每个参建人员。

(4)现场安全控制制度

现场施工安全采取施工责任主体、监理检查落实,业主监管督办的控制制度,对重点工程、关键工序在施工工序转换和加载阶段,必须对设备和工程主要受力部位的受力和变形进行监控和观测,确保结构安全。

(5)安全应急预案制度

所有单位必须针对现场情况制订安全应急预案并进行评审,对提供评审的施工方案,必须根据工程具体特点制订安全保障措施和施工安全应急预案,并将预案列入检查评比的范畴。

3)进度目标的实现

依靠有效的进度目标的合同化管理,推行全方位的进度控制、资源配置落实制度、联席办公协调制度、重点进度督办制度、关键节点的学习借鉴制度,选择优秀的设计方案,消除影响关键工程进度的因素,在确保施工安全和工程质量的前提下,用40个月时间完成工程建设任务。

(1)进度目标的合同化管理

项目通过公平竞争招标选择了国内最有实力的设计单位、施工单位、特殊构件制造单位、设计与施工的监理单位,这些优秀参建单位在建设过程中确保技术、人员、设备、材料等资源的投入并纳入合同化管理内容,按照创优行动考核体系的规定,在项目组织架构内进行季度和年终创优考核,实现对进度目标的有效控制。

(2)确定优秀的设计方案

大桥设计方案的确定必须充分考虑总体施工工期,在工程实施前便通过合理的设计来缩短施工工期。另外,在制订施工方案时,必须充分考虑各种影响因素,缩短工序转换时间;充分考虑新工艺、新材料的运用,合理缩短技术工期。

(3)全方位的进度控制

按合同化和格式化的内容要求,在方案实施之前,利用施工单位技术部、承包人顾问组、监理专家组、业主评审组分别对总体方案和工期实现目标进行论证,列出可能影响正常进度推进的重点工程和关键节点及其解决措施。

(4)资源配置落实制度

对施工组织设计中的关键工序,按照倒排工期法计算完成每个阶段计划必须投入的技术、人员、设备、材料等资源,由监理单位和业主工程管理人员跟踪和督办落实,对存在的问题及时采取措施。

(5)联席办公协调制度

项目建设涉及众多参建单位,特别到施工后期,施工单位后期交叉作业,相互影响相当严重,由业主组织每周定期召开相关单位参加的联席办公会议,对涉及相互协调的问题明确单位,限时落实,保证施工总体的协调性。

(6)重点进度督办制度

按合同化督办、销号管理办法,对一般性工程进度采用常规的进度计划管理,对重点工程项目进度实行专人(负责)、专事(处理)、专(门档)案的管理办法和主管领导督办的制度,并限时落实销号,迅速及时地解决管理过程中碰到的问题。

(7)关键节点的学习借鉴

按合同化进度管理办法要求,根据节点工期,分不同阶段组织相关人员对同类工程建设情况进行针对性调查和学习,充分吸取其他项目在组织管理中的经验和教训,提前协调和研究应对方案,做好预控预防,取得明显的实质性效果,避免了与其他项目相类似的进度事故发生。

4)投资目标的实现

在高质量、高安全条件下的合理化投入是项目投资目标执行控制的核心,其管理的基本思路是从管理中实现效益,通过合理选择优秀设计方案,加强招投标和材料管理,并通过强化合同化管理和创新来节省工程投资。

(1)投资目标的合同化管理

在优秀的设计及管理前提下,合同化管理能最有效地减少工程变更和防止工程索赔问题。在合同关系中,对建设单位负责的征地拆迁工作,征地价格和拆迁工作的开展受政策影响极大,总体趋势是越快越省,所以在工程建设前期,重点加大对征地工作的管理。在特殊项目拆迁中,黄埔大桥公司探讨性地采用邀请招标办法选用单位,最大限度地利用社会资源为工程建设服务,并有效降低工程造价。在规划总体建设资源时,统一好施工临时用电、临时道路的建设和临时施工用地的租用均能较好节省投资。另外,做好工程建设资金计划,通过降低资金占用比例,减小贷款利息支出。

(2)优秀设计是节省投资的合理途径

项目在不同阶段设计优选中节约了工程投资,具体见表1-4-5。

项目设计优选中节约投资情况　　表1-4-5

设计阶段	比选方案	节省投资(亿元)
工可阶段	桥隧方案比较,选择桥梁	3.04
初步设计	桥梁方案设计,选择现方案	2.60
技术设计	锚碇基础优化,选择圆形基础	0.4
施工设计	北汉高压线拆迁方案,选择升高	0.75

(3)合理低价法的招投标管理

按合同化管理技术,项目全部采用合理低价法进行公开招标。所谓合理低价法是由设计、业主和造价管理部门根据严格的预算审核,确定在正常情况下完成招标内容所需的基本造价,以此为基础规定合理范围作为投标人投标时的最高和最低有效报价,以业主控制和有效报价的加权值作为标底价,接近标底低价者为最优报价。实践证明,合理低价法既能控制工程造价,防止承包人围标抬价行为,又能限制承包人低价抢标,防止低价中标可能出现的各种管理问题,合理地保护投资人和承包人双方的利益。通过招标,项目节约1.8亿元的直接投资。

(4)业主风险的材料管理

为了避免因材料价格变化影响工程的进展,同时确保施工承包合同的顺利执行,工程使用的主要关键材料由业主统一采购。业主采购招标的控制价以当季度的信息价为依据,与材料供应商的结算价则采用中标价加季度材料差价的做法,确保了材料结算价均处于市场价的合理范围内,材料价格变化风险全部由业主承担。通过业主提供主要材料的做法,项目为此节省0.8亿元投资。黄埔大桥公司根据材料管理办法和格式化管理确保了建设过程材料供应的顺利。

对于工程所用钢箱梁、悬索桥主缆等特殊材料,业主根据市场调查,在满足总体工期条件下,选择最低市场价情况下进行招标,业主通过加大对承包方工程预付款和提前支付的做法,确保中标单位中标后第一时间锁定主要材料价格。

另外，项目在追求高质量、高安全条件下，不忘适当的资金投入是合理化管理的体现，优秀工程奖、安全施工奖、安全设施专项资金及为确保质量的资金均为合同外的专项投入，对提高质量和安全具有积极意义。

5）公益目标的实现

公益目标的执行控制主要包括管理创新目标实现纲要、技术创新目标实现纲要、节能环保目标实现纲要、廉政工作落实纲要、人才教育实施纲要等。

通过管理技术体系的创新目标实现纲要，构建了公路建设技术创新实现平台。该平台是以复杂重大工程项目为依托，以参建各方为主体，以资金、人才与信息为支撑，以创新型组织为保障，以建设管理合同化、格式化、程序化管理技术为手段，以金字塔模型为运行机制，通过创新资源的整合与共享，实现技术创新的成果集。

利用技术创新实现平台，本项目获得多项国家发明专利授权、著作权、省部级工法、省部级科技进步一等奖、优秀设计奖等，并在环保、节能、廉政及人才培养上均取得好成绩，为促进行业的发展和社会进步作出了贡献。

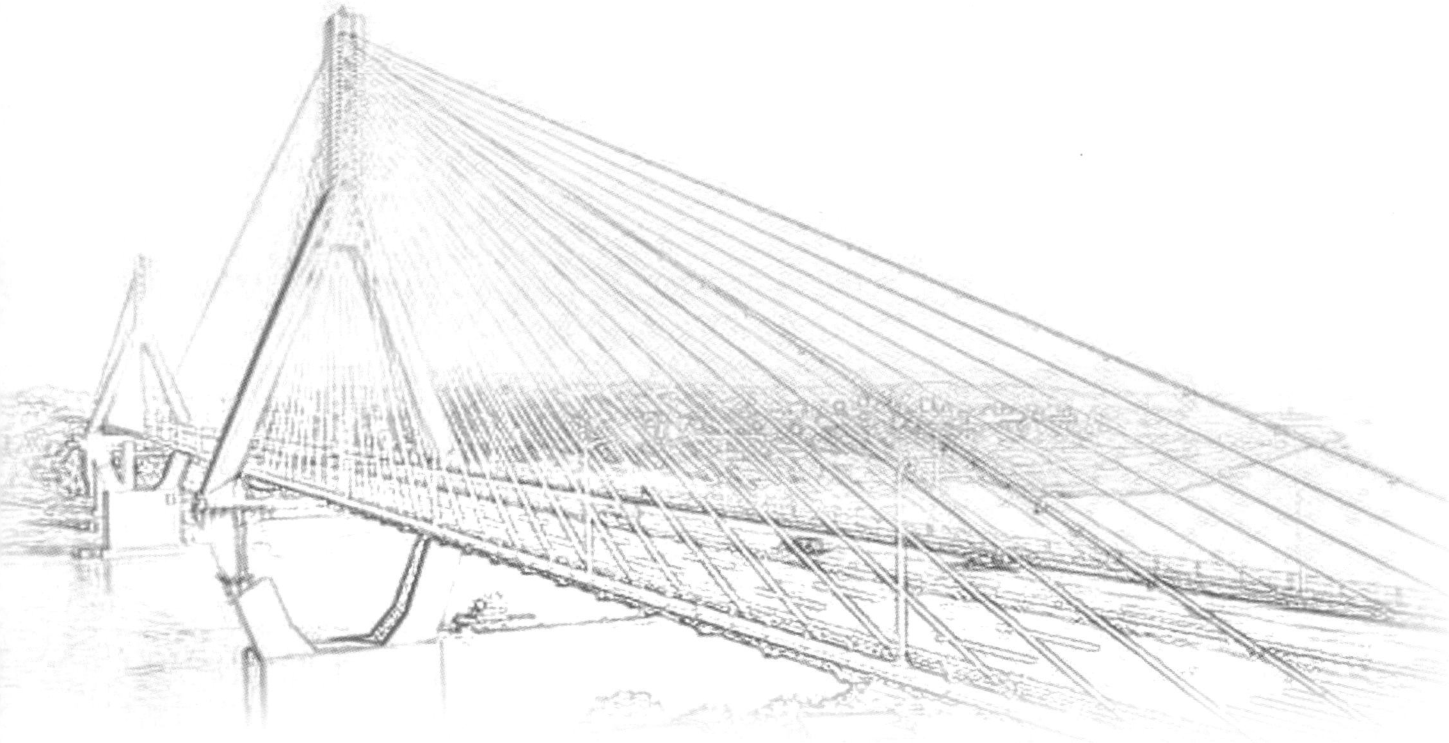

第二篇　黄埔大桥勘测与设计

第一章　勘测与初步设计

本章以黄埔大桥为例，详细论述大桥初步设计及前期的勘测工作、工程可行性专题研究、初步设计阶段桥式方案比选，及相应的专题研究工作。

第一节　工可阶段专题研究

一、地震安全性评估

广东省地震工程勘测中心进行了珠江三角洲经济区环形高速公路东环段的地震安全性评估。评估工作以我国地震行业标准《工程场地地震安全性评价技术规范》(GB 17741—1999)为技术依据，并按规范中规定的Ⅱ级要求进行。

1. 评估内容

确定潜在震源区和地震活动性参数，计算场地地震危险性。在收集和整理近年来最新研究成果的基础上，对区域地震构造、地震分布规律及其活动特征作综合评述；通过现场调查和断层物质的试验鉴定，对近场及专区主要断裂带，特别是广从断裂带、文冲断裂带、化龙断裂带、白坭—沙湾断裂带和瘦狗岭断裂带的活动性及场地的影响作出评价；对本场地影响较大的潜在震源区，根据地震衰减关系和地震危险性概率模型对重要场址进行了烈度复核，计算得到不同超越概率的基岩地震动参数；给出场地的动力特性参数；采用场地评定指数对7个场址进行场地土类别评定；将大蚝沙场址的基岩加速度时程作为基岩地震输入，进行场地土层地震反应计算，获得地面加速度峰值、动力放大系数反应谱和土层的人工地震波时程；采用《公路工程抗震设计规范》(JTJ 004—1989)等方法判别工程场地砂土液化影响。

2. 评估结论

综合研究分析，归纳本项工程评估的主要结论如下：

(1)近场及场区主要发育北东向、北西向和近东西向断裂带，且规模较大。其中，邻近公路场址或直接与公路交叉的主要断裂带有广从断裂带、白坭—沙湾断裂带、文冲断裂带、化龙断裂带和瘦狗岭断裂带。

经过对上述主要断裂带的地质调查和断层物质热释光年龄测定等手段的综合研究，可以认为，近场及场区主要断裂晚更新世以来活动性明显减弱，不会对工程场址造成直接的危害。

(2)工程场址区的基本烈度及基岩加速度峰值。地震危险性分析结果表明：工程场址区的地震基本烈度为Ⅶ度，7个场址相应于不同超越概率水平的基岩加速度峰值，见表2-1-1。

不同超越概率水平的基岩加速度峰值表　　表 2-1-1

场址 \ 基岩加速度峰值(cm/s^2) \ 超越概率	50 年			100 年
	63%	10%	2%	3%
黄埔大蚝沙	26.35	84.48	154.18	167.61
番禺沙基	26.57	84.30	154.06	167.48
番禺草堂	26.67	82.67	150.36	163.15
番禺眉山	26.65	81.48	147.35	160.21
番禺大介涌	26.67	80.46	145.13	158.24
番禺东导	26.70	80.41	144.94	158.08
番禺天益	26.70	80.64	145.34	158.44

(3)工程场址区地面加速度峰值。以地震危险性概率分析得出的场址基岩加速度反应谱和水平加速度峰值为目标函数,用数值模拟方法合成基岩人工地震波;再根据场址钻孔土层的剪切波速及土动力三轴试验结果,采用等效线性化地震反应分析方法,以大蚝沙的基岩加速度时程为输入波计算 7 个孔位的土层地震反应,得到相应于不同超越概率水平的地面加速度峰值,见表 2-1-2。

不同超越概率水平的地面加速度峰值表　　表 2-1-2

钻孔位置 \ 地面加速度峰值(cm/s^2) \ 超越概率	50 年			100 年
	63%	10%	2%	3%
黄埔大蚝沙 ZK1	41.3	106.0	206.0	228.2
番禺沙基　ZK2	39.5	101.1	183.5	192.4
番禺草堂　ZK3	41.3	105.5	186.4	204.7
番禺眉山　ZK4	42.6	123.0	226.8	258.9
番禺大介涌 ZK5	41.5	108.4	201.7	216.8
番禺东导　ZK6	43.3	99.9	188.9	200.5
番禺天益　ZK7	40.9	99.5	173.3	185.6

注:ZK1、ZK2……ZK7 表示地质钻孔编号。

(4)工程场址区的动力放大系数 β 值按下列表达式确定:

$$\beta(T)=\begin{cases}1+6.25T, & 0.04\leqslant T<0.2\\ 2.25, & 0.2\leqslant T<T_g\\ 2.25\left(\dfrac{T_g}{T}\right)^k, & T_g\leqslant T<T_2\\ \beta_c, & T\geqslant T_2\end{cases}$$

其中,表达式各特征参数按表 2-1-3 确定。

特征参数表　　表 2-1-3

特征参数 \ 超越概率	50 年			100 年
	63%	10%	2%	3%
T_g(s)	0.55	0.7	0.9	1.0
T_2(s)	10.0	10.0	10.0	10.0
k	1.1	1.5	1.7	1.7
β_c	0.09	0.054	0.048	0.045

(5)对重要场址区的砂土液化预测结果表明：除 ZK7 孔的中粗砂在Ⅶ度地震影响下不液化，在Ⅷ度会液化外，其余砂层在Ⅶ度和Ⅷ度地震影响下，可能会出现液化现象。因此，在工程施工过程中应采取适当的抗砂土液化措施。

(6)由于不同工程场地条件不尽相同，其土层地震反应和地震破坏效应亦不一样。因此，这里提出的设计地震动参数仅适合珠江三角洲经济区环形高速公路东环段工程抗震设计使用。

二、通航净空及通航安全论证

通过对比桥位河段 1977 年、1989 年、1996 年、1999 年、2003 年航道图，近 26 年桥区水道的演变情况是：大濠沙水道自 1997 年以来总的演变特征为北侧深槽普遍加深，南侧边滩淤浅，北侧边滩刷深，上下段差异显著。桥位区以下深槽区自 1977 年以来略有加深，1989 年以后冲刷明显加剧，水深普遍增加 1.50m 以上，最深处由原来与铁桩水道的主流水流动力汇合，加之上游来沙减少，导致淤泥质粉细砂的河床大幅刷深。总体上，桥区水道近 26 年来的河床演变特征为：河道平面形态稳定，深槽与边滩分布基本稳定，深泓区变深，北侧边滩冲刷或无边滩时基本稳定，南边滩不断发育，人类活动对河床演变影响较大，主要表现为垂直加深河床，改变水流动力分布和影响相邻水域冲淤变化。

北汊航道(菠萝庙水道)江面宽 300～500m，除邻近大濠洲岸有少量边滩外，基本为深水区，水深 5～8m，深泓最浅水深 6.0m，位于桥位上游 60m 处；本水道东段菠萝庙冲对开河底存在礁石，礁顶最浅点水深 3.7m。北汊菠萝庙水道不是正式航道，但沿岸聚集了广州文冲船厂、广远船舶修理厂、中海菠萝庙船舶修造厂，构成我国南方重要船舶工业基地，加上沿岸码头较多，水域水上作业繁忙，水道通航要求高。因此，北汊桥主跨跨径在 400～500m 一跨过江且净空高为 55m 比较合适。

南汊桥因为北边滩较短(70m 左右)，受水流影响较大，尤其根据河道演变趋势看，主河槽北移且冲刷较大，因此北塔位置应位于大堤内。根据通航论证报告，南汊桥的通航净空根据不同的航行方案，按铁桩航道与大濠沙水道的两航道汇合段重合、汇合段按两向航道设计和汇合段按三向航道设计，各需要宽 365m、470m 和 627m，净高 60m。交通部交水发[2001]799 号文《关于珠江黄埔公路大桥通航净空尺度和技术要求的批复》批准的通航净空尺寸为 469m×60m。

黄埔大桥跨越两个航道，其中北汊桥的菠萝庙水道通航净空是 280m×55m，属于船舶修造厂的专用航道，南汊桥的大濠洲水道，紧邻桥位还有铁桩水道汇入，通航净空是 627m×60m，不乘潮通航 1 万吨级船舶，乘潮 3.5 万吨级船舶。本航道的代表船型为 5 万吨级散装货船全潮进出广州港及 30 万吨级油轮乘低潮压载进出文冲船厂。

广东省航海学会对桥址水文、航道现状、港口现状、船舶工业现状及发展规划进行研究给出的《广州珠江黄埔大桥通航安全论证报告》认为：黄埔大桥采用通航净空技术标准：北汊桥 280m×55m，南汊桥 469m×60m。大桥建成后对船舶通航环境影响不大，只在施工期对船舶通航及施工安全可能会有一定的影响，但只要各项安全保障措施能落实，特别加强海事部门的现场监管，做好船舶的航行和停泊作业的安全管理工作，大桥水域的通航安全是有保障的。

第二节　初步设计阶段主要专题研究

一、风参数专题研究

1.《黄埔大桥桥位气象观测和风参数专题研究报告》结论

广东省气候与农业气象中心在广州黄埔区大蚝沙岛上建立70m高测风塔，进行18个月的风向风速观测，利用桥位区现场观测资料及桥位区附近广州地面气象观测站长年代气象观测资料进行统计计算和分析，给出桥位区设计所需的设计风参数，完成《黄埔大桥桥位气象观测和风参数专题研究报告》。报告主要结论如下。

根据有关规范要求和现有资料条件，采用Gumbel分布法，分别计算了广州站和桥位站离测站地面以上关键高度各规定重现期10min平均风速。计算结果列于表2-1-4、表2-1-5。

广州站地面以上各关键高度各重现期10min平均风速(m/s)　　表2-1-4

高度(m) \ 重现期(年)	5	10	20	30	50	100
10	15.1	17.9	20.5	22.0	23.8	26.4
70	22.7	26.4	30.0	32.0	34.6	38.1
100	24.4	28.4	32.2	34.4	37.2	40.9
200	28.3	32.9	37.2	39.7	42.8	47.1
300	30.9	35.8	40.5	43.2	46.6	51.2

桥位地面以上各关键高度各重现期10min平均风速(m/s)　　表2-1-5

高度(m) \ 重现期(年)	5	10	20	30	50	100
10	20.2	23.2	26.1	27.8	29.8	32.7
70	29.1	33.5	37.6	40.0	43.0	47.0
100	31.2	35.8	40.2	42.8	46.0	50.3
200	35.6	40.8	45.9	48.8	52.4	57.3
300	38.4	44.1	49.5	52.6	56.5	61.8

设计风速参数，是基于桥位18个月实测风资料和桥位区域附近陆地气象站观测资料的计算值，采用的原始资料均进行了归一化处理，选取的计算方法也在国家相关规范允许的范围内进行了合理性论证，桥位站计算参数的取值以实测资料计算为主，广州站的计算参数参考了国家规范给出的平均取值，并在以往实地观测资料研究、计算的基础上，根据地方气候特征进行适当调整后确定。因而，本专题提供的计算风速依据比较充分，计算结果也较合理。

建议现场测风，进一步开展登陆台风脉动风观测分析，这对现场施工和运营以及广州地区其他类似工程项目的设计施工均具有重要的工程应用和研究参考价值。

2.桥位风场特性

1)桥位10m高各重现期10min平均最大风速

根据《黄埔大桥桥位风速观测、设计风速计算专题阶段研究报告》，桥位处10m高度各重现期10min

平均最大风速如表 2-1-6 所示。桥位处地表粗糙度应为 A 类与 B 类地表粗糙类别之间。

桥位地面以上 10m 高度不同重现期 10min 平均最大风速　　表 2-1-6

重现期(年)	10min 平均最大风速	重现期(年)	10min 平均最大风速
10	24.7	110	35.0
20	27.8	120	35.4
30	29.5	130	35.7
40	30.7	140	36.0
50	31.7	150	36.3
60	32.5	160	36.6
70	33.1	170	36.9
80	33.7	180	37.1
90	34.2	190	37.3
100	34.6		

2)设计基准风速及施工设计风速

(1)桥址 10m 高 100 年一遇 10min 平均最大风速

根据《黄埔大桥桥位风速观测、设计风速计算专题阶段研究报告》,桥位 10m 高度处 100 年一遇 10min 平均年最大风速为 $u_{10}=34.6\mathrm{m/s}$。

(2)北汊斜拉桥施工设计风速

考虑到该桥位处水面开阔,故该桥桥位为Ⅰ类和Ⅱ类地表粗糙度类别之间,取 α 为 0.14。主梁距水面高度约 Z 为 64m,则该桥主梁设计基准风速为:

$$u_d=u_{10}\left(\frac{Z}{10}\right)^{0.14}=44.9\mathrm{m/s}$$

对于施工阶段的设计风速,可取重现期为 30 年,10m 高度处 30 年一遇 10min 平均年最大风速为 $u_{10}^s=29.5\mathrm{m/s}$。

则施工阶段的设计风速为:

$$u_d=u_{10}^s\left(\frac{Z}{10}\right)^{0.14}=38.3\mathrm{m/s}$$

(3)悬索桥施工阶段风参数

考虑该桥位处水面开阔,故该桥桥位为 A 类和 B 类地表粗糙度类别之间,取 α 为 0.14。主梁距水面高度 Z 约为 70m,则该桥主梁设计基准风速为:

$$u_d=u_{10}\left(\frac{70}{10}\right)^{0.14}=45.4\mathrm{m/s}$$

对于悬索桥施工阶段的设计风速,根据规范可取重现期为 20 年。根据表 2-1-6,10m 高度处 20 年一遇 10min 平均年最大风速为 $u_{10}^s=27.8m/s$。

则施工阶段的设计风速为:

$$u_d=u_{10}^s\left(\frac{70}{10}\right)^{0.14}=36.4\mathrm{m/s}$$

根据规范规定,桥梁的颤振检验风速为 $[v_{cr}]=1.2\mu_f U_d$,其中,1.2 为综合安全系数,μ_f 为考虑风的脉动特性以及空间相关特性影响的修正系数,成桥状态的颤振检验风速为:

$$[u_{cr}]=1.2\times1.22\times45.4=66.5(\mathrm{m/s})$$

施工阶段的颤振检验风速为:

$$[u_{cr}]=1.2\times1.22\times36.5=53.3(\mathrm{m/s})$$

二、悬索桥抗风性能风洞试验研究

1. 成桥与施工状态动力特性分析

1）成桥状态

主梁采用鱼刺梁式力学模型，采用三维梁单元。主缆和吊杆采用三维杆单元，并考虑主缆初始拉力。边界条件为：桥墩、桥塔嵌固于承台顶；主梁的横桥向、竖向和绕桥轴方向的转动自由度与主塔下横梁中间为变位主从，另三个自由度放松；主缆与锚碇固接。表 2-1-7 给出了由 ANSYS 程序计算所得的成桥状态主要模态的自振频率及其振型特点。

成桥状态结构动力特性 表 2-1-7

阶次	频率(Hz)	振型特点	阶次	频率(Hz)	振型特点	阶次	频率(Hz)	振型特点
1	0.068 1	L-S-1	6	0.235 7	V-A-2	11	0.414 5	L-S-2
2	0.094 7	V-A-1 + 纵飘	7	0.310 8	V-S-3	12	0.566 0	T-S-2
3	0.150 2	V-S-1	8	0.318 0	T-S-1	13	0.735 8	T-A-2
4	0.205 3	V-S-2	9	0.378 6	T-A-1			
5	0.208 1	L-A-1	10	0.388 2	V-A-3			

注：L-横向，V-竖向，T-扭转，S-对称，A-反对称。例如 V-S-3 表示第三对称竖弯。

2）施工状态

根据模型试验和抗风性能评估需要，风洞试验共模拟计算 100% 施工状态、82% 施工状态、63.5% 施工状态、49.7% 施工状态、40.4% 施工状态、31.2% 施工状态和 21.9% 施工状态七种状态。对于 100% 施工状态，其约束情况与成桥状态相同，其余 6 种施工状态的约束相同，计算所采用的边界约束条件为：塔、墩与承台顶嵌固、主缆与锚碇固接。本章以 82% 施工状态为例，其动力特性见表 2-1-8。

82% 施工状态时结构动力特性 表 2-1-8

振型特点	频率(Hz)	振型特点	频率(Hz)	振型特点	频率(Hz)	振型特点	频率(Hz)
V－A－1＋纵飘	0.100 3	T－A－1	0.277 3	V－S－1	0.160 3	T－S－1	0.312 9

2. 三分力试验结果

由于该桥主梁具有类似钝体断面的较固定的分离点，故可放松雷诺数的相似要求。试验结果取两次试验风速下测试结果的平均值，并分别给出了静力三分力系数曲线及数据表，即该桥主梁施工状态和成桥状态的静力三分力系数，体轴系和风轴系下主梁施工状态的三分力系数随风攻角 α 的变化曲线，体轴系和风轴系下主梁成桥状态的三分力系数随风攻角 α 的变化曲线。

以主梁成桥状态为例，其静力三分力系数见表 2-1-9。

主梁成桥状态静力三分力系数 表 2-1-9

攻角	C_H	C_V	C_M	C_D	C_L	攻角	C_H	C_V	C_M	C_D	C_L
-12.000	0.054	-0.940	-0.161	1.822	-0.9178	-4.000	0.372	-0.377	-0.086	0.609	-0.373
-11.000	-0.018	-0.939	-0.172	1.605	-0.922	-3.000	0.478	-0.268	-0.058	0.605	-0.265
-10.000	-0.128	-0.934	-0.188	1.343	-0.922	-2.000	0.564	-0.148	-0.031	0.611	-0.146
-9.000	-0.200	-0.867	-0.199	1.031	-0.860	-1.000	0.585	-0.039	-0.007	0.591	-0.038
-8.000	-0.144	-0.774	-0.192	0.832	-0.768	0.000	0.645	0.084	0.019	0.645	0.084
-7.000	-0.012	-0.669	-0.168	0.727	-0.664	1.000	0.644	0.199	0.045	0.676	0.198
-6.000	0.144	-0.567	-0.140	0.680	-0.562	2.000	0.668	0.302	0.069	0.763	0.299
-5.000	0.255	-0.474	-0.114	0.628	-0.470	3.000	0.623	0.387	0.090	0.805	0.383

续上表

攻角	C_H	C_V	C_M	C_D	C_L	攻角	C_H	C_V	C_M	C_D	C_L
4.000	0.583	0.479	0.111	0.884	0.473	9.000	0.631	0.753	0.139	1.691	0.733
5.000	0.586	0.617	0.140	1.071	0.609	10.000	0.662	0.727	0.136	1.811	0.728
6.000	0.610	0.699	0.146	1.269	0.688	11.000	0.677	0.724	0.135	1.915	0.696
7.000	0.619	0.742	0.144	1.433	0.728	12.000	0.688	0.665	0.132	1.925	0.635
8.000	0.624	0.770	0.143	1.588	0.753						

注：C_H 为体轴坐标系的阻力系数；C_V 为体轴坐标系的升力系数；C_M 为风轴坐标系的力矩系数；C_D 为风轴坐标系的阻力系数；C_L 为风轴坐标系的升力系数。

由结果可以得出结论：该桥主梁在施工和成桥状态下的升力曲线在 $-10° \leqslant \alpha \leqslant +6°$ 的较大风攻角范围内斜率为正，说明该桥具备良好气动稳定性能的必要条件。

3. 节段模型颤振试验结果

试验通过直接测量模型的颤振临界风速，再按风速比（即模型风速与实桥自然风速之比）推算实桥颤振临界风速，见表 2-1-10。

直接法颤振试验结果　　表 2-1-10

状　态	工　况	风 速 比	模型实测 u_{cr}(m/s)	实桥 u_{cr}(m/s)
成桥状态	-3°	5.27	>16.0	>84.3
	0°		>16.0	>84.3
	+3°		16.0	84.3
100% 施工状态	-3°	3.53	25.0	88.2
	0°		24.5	86.4
	+3°		21.0	74.1

试验表明，在试验考察的 -3° ~ +3°风攻角范围内，成桥状态和施工状态主梁颤振的最不利风攻角均为 +3°。后面进行的全桥气弹模型试验和三维颤振计算分析将以此风攻角作为检验颤振的控制风攻角。

由表 2-1-10 可见，在 100% 施工状态或成桥状态，各风攻角下的颤振临界风速均高于该桥颤振检验风速（施工状态$[u_{cr}^{s}]$ = 53.3m/s，成桥状态$[u_{cr}]$ = 66.5m/s）。

黄埔大桥南汊桥在施工阶段及成桥运营状态的抗风稳定性仍有待于气动弹性模型风洞试验和基于气动导数的三维颤振分析的进一步检验，但就目前的节段模型试验结果判断，该桥在成桥运营状态具备足够的气动稳定性。

4. 节段模型涡激振动试验结果

通过测定节段模型发生涡激振动的发振风速和振幅以及推算主梁截面的斯脱罗哈数，从而对实桥涡激振动特性进行评价。

对于成桥状态及施工状态，分别进行了 $\alpha = 0°$、±3°三种风攻角条件下的试验，试验在均匀流场中进行。

从试验结果可以看出，该桥主梁在桥面高度处风速约 13m/s 时有扭转涡激振动发生，最大扭转角振幅达 0.22°。根据《公路桥梁抗风设计规范》（JTG/T D60-01—2004）的规定，桥梁主梁涡激振动扭角振幅的容许值为：

$$[\theta_a] = 4.56/f_a B = 4.56/(0.3180 \times 41.69) = 0.344°$$

可见，试验得到的最大扭转角振幅小于容许值，因此该桥主梁涡激振动不至于对人体舒适性造成危害。

5. 全桥气动弹性模型试验

为对桥梁的抗风性能进行全面检验，针对成桥状态和主要施工状态，采用气动弹性模型进行了均匀流和紊流条件下的气弹模型风洞试验。气弹模型按空气动力学相似理论设计，气弹模型成桥状态及各施工状态的结构特性满足风洞试验要求。

根据紊流场中气弹模型抖振试验，得各测点的抖振位移根方差值(*RMSD*)，位移根方差值乘以峰值因子 $g \approx 3.5$ 即抖振振幅峰值。根据均匀流场中气弹模型试验得到成桥及施工各状态的颤振临界风速，见表 2-1-11。

各状态的空气动力失稳临界风速 表 2-1-11

状　态	风攻角(°)		试验风速(m/s)	实桥风速(m/s)	备　注
成桥	0		>9.0	96.9	颤振
	3		8.1	87.2	颤振
施工	100%	0	8.5	91.5	静风失稳
		3	6.5	70.0	颤振
	82.0%	0	6.5	70.0	颤振
		3	6.0	64.6	颤振
	63.5%	0	6.7	72.2	颤振
		3	6.2	66.8	颤振
	49.7%	0	6.7	72.2	颤振
		3	6.0	64.6	颤振
	40.4%	0	6.7	72.2	颤振
		3	6.7	72.2	颤振
	31.2%	0	7.0	75.4	颤振
		3	6.6	71.1	颤振
	21.9%	0	6.1	65.7	颤振
		3	5.8	62.5	颤振

6. 南汉桥风洞试验结论

通过对黄埔大桥南汊桥进行节段模型风洞试验、成桥状态及施工状态气动弹性模型试验，可得出如下结论：

(1)动力节段模型试验结果表明，黄埔大桥南汊桥在成桥运营状态及 100% 施工状态的颤振临界风速均高于相应的颤振检验风速。

(2)动力节段模型试验结果表明，黄埔大桥南汊桥在成桥运营状态下，主梁有扭转涡激振动发生，发振风速范围在 11.5 ~ 13.5m/s，扭转角振幅为 0.22°(*RMS* 值)。该振幅在规范规定的限值之内。

(3)气弹模型试验结果表明，成桥状态及施工状态的颤振临界风速均高于相应的颤振检验风速。

(4)基于气动导数的三维颤振分析表明，架设阶段的颤振临界风速与主梁扭转刚度关系密切。当架设阶段主梁总体扭转刚度不低于成桥状态主梁扭转刚度的 30% 时，颤振稳定性满足抗风设计要求。因此，主梁临时连接的设计应保证主梁总体扭转刚度不受到大的削弱。

三、定床、动床河工模型试验研究

1. 定床河工模型试验研究

1)试验研究的目的和内容

定床及局部动床河工物理模型试验的主要目的在于：研究建桥前后，桥区沿程流速、流向、水位的变化，滩槽的冲淤变化规律，河槽的稳定性以及桥墩一般冲刷深度。从而评价建桥对航道、行洪和河势的影响。通过断面物理模型试验，研究水中桥墩周围可能最大冲刷深度、冲刷范围和冲刷规律。

试验研究内容如下：

对试验河段的来水、来沙等水文泥沙特性进行分析，以便合理选取有代表性的、率定的试验水文组次资料。

利用已有和新测的近年河道地形资料，对试验河段近年的河床演变进行分析，为动床试验和桥墩的合理布置设计提供依据。

组织并拟订试验河段必要的水文泥沙测验和地形测量，作为率定定床和动床物理模型的基础资料，也为动床模型试验研究奠定必要的基础。

合理设计和制作模型，选取具有代表性的典型水文组次，对物理模型的沿程水面线、流速分布、流态及各汊的分流比进行率定。

在充分分析该河段水文、泥沙资料的基础上，通过定床物理模型，对工可研究初步设计选定的三个方案进行试验，研究建桥前后水流参数的变化，评价其对防洪、纳潮、排涝、航运以及堤防安全的影响，优化桥墩的形状，推荐合理的布置方案，进行动床模型试验。

上述文中所述的三个设计方案如下。

方案1：南汊1 108m单跨悬索桥，北汊383m单跨独塔斜拉桥方案加南、中、北引桥。

方案2：南汊1 108m单跨悬索桥，北汊460m单跨独塔悬索桥加南、中、北引桥。

方案3：北汊410m独塔斜拉桥，南汊900m斜拉桥加南、中、北引桥。

2）定床模型试验结论与建议

根据试验研究的目的、内容以及时间进度要求，通过对试验河段的水文泥沙、河床演变和水流运动特性的深入分析研究，制定了正确的试验研究技术路线和合理的试验研究方法，并选取合适的率定和试验水文组次。

通过正确选取模型比尺和合理的模型设计，并经具有代表性洪、中、枯水涨落潮多组水文条件对定床模型进行率定，表明模型与原型达到较好的相似，可以用于建桥方案的定床试验研究。

试验研究表明，三个方案主跨宽度不仅远远满足航道和航运的要求，而且从防洪、纳潮的角度来说，设计的黄埔大桥桥位的选择和桥墩的布置是合理的。从桥墩的冲刷坑及大桥的安全角度来说，所有桥墩都布置于淤积边滩上也是有利的。不管落潮还是涨潮，桥轴线都基本上和水流方向垂直。

试验研究成果显示，三个方案桥墩的壅水和对纳潮、排泄的影响都比较小，也没有明显的量级上的差别，原因就是桥墩相对较少，阻水面积也相对较小，而且都布置于流速较小的边滩上。但三个方案比较而言，方案3南汊桥南塔墩刚好布置于主槽与凸岩边滩的交界处，该处的流速相对大些，滩槽交界面的水流结构也相对比较复杂，桥墩的冲刷坑引起的局部河床的变化，易影响航道的稳定和桥墩的安全。方案1和方案2南汊桥南塔墩位于凸滩边滩的中部偏右岸，离主槽较远，主桥墩冲刷坑引起的局部河床变化对航道稳定的影响较小，对桥墩的安全也有利，而且引桥墩也比方案3少一些，尤其方案2北汊桥又没有桥墩置于河中，比较而言是各方面最优的方案，但方案2的布置，南、北汊桥共用锚碇，给设计、施工、管理带来了一定难度。因此，本试验研究把方案1作为推荐方案供设计单位参考。

河床演变分析表明，桥区的河床形态、深槽与边滩稳定，而建桥前后桥区河段的流态、流速基本上没有变化，流态、流速的变化仅限于桥墩周围局部，从而影响桥墩冲刷坑的大小及深度。因此，三个方案都不会对河势及整体的河床演变产生影响，鉴于此，下阶段重点进行桥墩冲刷的正态局部模型试验。

选择了五个有代表性的公式，根据试验测得的桥墩处的最大流速计算桥墩的局部冲刷坑深度。规范公式计算得到的最大冲刷深度为：北汊桥南塔主塔7～13.5m，南汊桥方案1主桥北塔墩4.5～7.9m，南塔墩4.0～4.5m，引桥墩1.0～1.5m；这仅是初步经验公式的计算结果，仅供设计参考。关于桥墩的冲刷深度问题，有待进一步的动床试验研究。

从广州片网河各站潮位资料统计来看，年最高潮位多出现在汛期，年最低潮位出现在枯季，说明汛期径流对潮位影响显著，汛期潮位高于枯水期潮位。高、低潮位的年际变化不大，潮差年最大变幅从珠江口逐渐向上游递减。广州浮标厂水位站近100多年来的实测洪潮水位呈逐年上升的趋势，前40多年最高潮位均值为1.72m，后50年均值为2.05m，尤其是20世纪70年代以后，实测洪潮水位上升的速率达到1.3cm/年，使得广州市的防洪（潮）形势更加严峻。据分析，河口延伸淤积、人类活动使河道缩窄、涉水建筑物(包括众多桥梁的桥墩)的阻水、河涌联围建闸使涌容调蓄能力减小等因素是导致洪潮水位逐年上升的原因。

桥梁密度的大小在一定程度上反映了该地区经济发展水平的相对高低。西、北江三角洲网河区桥梁平均密度约1.9座/10km,即整个西、北江三角洲每10km约有1.9座桥梁;广州片网河区桥梁密度最大,约3.3座/10km。珠江三角洲网河上众多桥梁的修建,对促进该地区经济的发展以及中心城市辐射作用的发挥起了很大的作用。经济要发展,桥梁要建设,但必须尽量减少对防洪的影响,不能以牺牲防洪安全为代价。经济高速发展,要求防御洪(潮)的标准也相应提高,如果人们的防洪意识淡薄,来之不易的经济增长将难以得到安全保障。因此,涉水建筑物的建设应严格遵守《中华人民共和国水法》和《中华人民共和国河道管理条例》,开展科学的研究评价工作,以作为水行政主管部门审批的依据。黄埔大桥业主和设计单位从全局出发,设计上精益求精,高度重视防洪、纳潮和桥梁的安全,以及航道和航运的要求,开展一系列的科学试验研究,为工程设计提供科学的依据,应该说是广东省跨河桥梁设计和建设的范例。

3)定床模型试验研究成果的专家评审意见

(1)项目承担单位在定床模型试验成果的基础上,依据桥区河段的水文泥沙、河床演变和水流运动特性制定的试验研究技术路线正确,试验研究方法可行,研究内容全面、资料翔实。

(2)正态动床模型几何比尺选取合理,模型选沙满足泥沙起动相似的要求,模型设计正确;试验选取流速较大、水位较低的代表水文条件进行极限冲刷试验是合适的。

(3)对黄埔大桥附近河段的东圃大桥、番禺大桥、洛溪大桥的主桥墩附近河床进行水下地形测量结果表明:三座大桥桥墩周围的局部冲刷范围小于10~15m,测量的成果可作为本工程设计及桥墩局部冲刷试验的参考。

(4)局部冲刷试验成果表明:南汊桥南、北塔和北汊桥南塔三个主桥墩的极限冲刷坑深度和横向影响范围与黄埔大桥桥址附近类似桥墩冲刷坑观测结果相近,试验成果可信,可作为桥墩、堤围边坡防护设计的参考依据。

(5)鉴于施工期桥墩周围水流条件变化较大,建议进行相关的研究。

2.桥墩冲刷局部动床模型试验

1)试验研究目的

《黄埔大桥工程定床河工模型试验研究报告》中,通过不同水文组合的定床模型试验以及对该河段的河床演变分析认为,原设计的珠江大桥工程的三个方案都不会对河势及整体的河床演变产生影响,因此,建议下阶段重点进行桥墩冲刷的正态局部模型试验。桥墩冲刷试验的主要目的是研究在设计的水文条件下,更准确地模拟桥墩周围复杂的水流结构,进而研究桥墩冲刷坑的极限冲刷深度和范围,为设计提供依据,以保证桥梁的安全。

2)结论及建议

本研究根据定床河工模型试验成果和评审专家的意见,在对附近已建桥梁的桥墩冲刷坑情况进行调查的基础上,对推荐方案主桥墩的冲刷深度进行局部动床模型试验研究,得到以下结论和建议:

(1)对试验河段河床进行进一步的边滩冲淤计算表明,桥墩所处边滩近年的淤积趋势为:北汊桥南塔墩所处的边滩(即左汊右侧边滩)呈缓慢淤积趋势,这对位于主流边缘大桥的稳定及右岸堤坡的安全是有利的,南汊桥北塔墩所处边滩(即右汊左侧边滩)略有冲刷,应充分注意该桥墩的防护及堤坡的稳定,南汊桥南塔墩所处边滩(即右汊右侧边滩)呈缓慢淤积趋势,这对大桥的安全及右岸边坡的稳定有利。

(2)对黄埔大桥附近河段的东圃大桥、番禺大桥、洛溪大桥主桥墩附近300m×500m河床范围进行水下地形测量结果表明:东圃大桥、番禺大桥主桥墩周围10~15m外未发现明显的冲刷坑。出于安全考虑,测量船未能太靠近桥墩,距桥墩最近的测点与桥墩的距离也有10~15m,故东圃大桥、番禺大桥及洛溪大桥贴近桥墩的冲刷坑可能未能测量出来。但从测量结果可以判定：东圃大桥、番禺大桥若有桥墩冲刷坑其大小不会大于桥墩周围10～15m范围。洛溪大桥主桥墩左侧由于有一高出河床约2m、长约10m的不可冲刷的障碍物，因而在桥墩左侧障碍物的前方及下游形成类似丁坝挑流而造成的冲刷坑，冲刷坑的深度为2～4.2m，长度往下游达150m，往上游约35m，宽度为30～70m。

(3)本试验研究的主要目的是探求桥墩极限冲刷的深度和范围，以便为设计提供必要的参考依据。故模型按较大比尺$\lambda_L=40$的正态模型设计，并重点考虑床沙的起动相似。

(4)根据南汊桥南、北塔墩和北汊桥南塔墩所处河道位置在各种水文条件下的流速，选取流速较大、水位较低、较危险的水文组合，并适当考虑加大流速的水文组合，进行的极限冲刷试验表明：

①南汊桥南塔墩的最大冲刷深度为4.4m，与定床模型报告按规范公式计算的结果接近（计算值为4.0～4.5m），冲刷坑范围在承台周围13.5m内。由于南汊桥南塔墩位于河道的右侧边滩上，离主河槽和右侧堤围较远，而桥墩冲刷坑的范围不大，深度较小，所引起的局部河床的变化不会影响航道的稳定，不会危及右侧堤围的安全。

②南汊桥北塔墩的最大冲刷深度为6.7m，与定床模型报告按规范公式计算的结果接近（计算值为4.5～7.9m），冲刷坑范围在承台范围12.2m内。试验最大桥墩冲刷坑的左侧边缘离堤脚进行一定的抛石防护，确保堤围的稳定和大桥的安全，右侧冲刷坑离主河槽的距离较近，也应对其采取必要防护措施，以避免桥墩冲刷坑所引起的局部河床的变化影响航道的稳定，同时确保黄埔大桥的安全。此外，河床演变分析表明，大濠沙凹岸（左岸）边滩近年的演变趋势为略有冲刷，桥墩冲刷坑所引起的局部河床变化将会加速该边滩冲刷后退的速度。因此，必须引起高度的重视，做好必要的防护措施，确保堤围和大桥的安全。

③北汊桥南塔墩的最大冲刷深度为6.8m，也与定床模型报告按规范公式计算的结果接近（计算值为7.0～13.5m），冲刷坑范围在承台范围16.1m内。试验最大桥墩冲刷坑的右侧边缘离堤脚仅有7.2m，深度6.8m，左侧冲刷坑的边缘到达主河槽的右侧，深度达6.8m。由于桥墩右侧冲刷坑离右岸堤脚较近，会对堤坡的稳定造成一定影响，应对桥墩周围及右岸堤脚进行一定的抛石防护，确保堤围的稳定，左侧冲刷坑到达主河槽的右侧，桥墩冲刷坑所引起的局部河床变化会影响航道及河床的稳定。因此，必须引起足够的重视，对其采取必要防护措施，以避免桥墩冲刷坑所引起的局部河床的变化而带来整个河床断面较大的变化，对航运及两岸堤坡造成较大的影响。

(5)比照东圃大桥等三座桥主桥墩附近的河床地形测量结果，模型试验所得到的桥墩冲刷坑的范围是可信和偏于安全的，设计的防护范围可以此为依据并适当大一些。

(6)北汊桥南塔墩和南汊桥北塔墩离堤围较近，施工期桥墩周围水流条件变化较大，不同的施工方案对水流的影响程度也会不同，建设施工时进行必要的监测，密切注意桥墩（围堰）周围流速流态及河床岩坡的变化，以避免产生较大的桥墩冲刷坑从而危及附近堤防的安全。此外，应注意施工后现场废渣的清理，以免出现类似洛溪大桥桥墩附近因施工废渣引起绕流而造成河床的局部冲刷，危及大桥的安全。

四、船舶撞击力及防撞研究

1.专题研究的目的和意义

在工可研究阶段，提出三个桥型组成方案。三个方案中通航孔包括方案1的南汊1 108m单跨悬索桥，北汊383m独塔斜拉桥和方案3的南汊900m斜拉桥。广州港是华南地区主要枢纽港，港区内锚地泊位和专用码头众多，过往船舶频繁。黄埔大桥的影响区域是珠江口至黄埔大濠洲航段，该段航道是一条运量大、船舶航行密度高的水上大动脉。因此，黄埔大桥的建设对船舶撞击力和桥墩防撞力进行研究十分必要。

2.桥墩防撞力研究结论

桥墩周围存在冲刷和周围冲刷防护时建议防撞力分别见表2-1-12和表2-1-13。

推荐桥位大桥桥墩建议防撞力(考虑桥墩周围存在冲刷时)　　表 2-1-12

南汉双塔悬索桥(1 108m) 单孔三向通航(469m)		南汉双塔斜拉桥(900m) 单孔三向通航(469m)		北汉独塔斜拉桥(383m) 单孔单向通航(280m)	
桥墩	防撞力(MN)	桥墩	防撞力(MN)	桥墩	防撞力(MN)
主通航孔 (南主墩)	5.0	主通航孔 (南主墩)	7.7	主通航孔 (南主墩)	18.0
主通航孔 (北主墩)	21.0	主通航孔 (北主墩)	27.0		

注:上述为桥墩侧向防撞力,沿桥轴线方向防撞力按照上述50%取值。

推荐桥位大桥桥墩建议防撞力(桥墩周围冲刷保护时)　　表 2-1-13

南汉双塔悬索桥(1 108m) 单孔三向通航(469m)		南汉双塔斜拉桥(900m) 单孔三向通航(469m)		北汉独塔斜拉桥(383m) 单孔单向通航(280m)	
桥墩	防撞力(MN)	桥墩	防撞力(MN)	桥墩	防撞力(MN)
主通航孔 (南主墩)	5.0	主通航孔 (南主墩)	7.7	主通航孔 (南主墩)	9.8
主通航孔 (北主墩)	19.4	主通航孔 (北主墩)	20.4		

3. 黄埔大桥桥墩防撞方案

大桥桥墩都位于浅水区,只要确保河床稳定,大型船舶不会撞击桥墩,吃水较浅的船舶(包括压载)才可能因偏航撞击桥墩。由于桥区通航数量较大,桥区码头、锚地、船厂密集,容易受各种因素影响偏航撞击桥墩,应在加强通航船舶管理的同时,采取防撞保护措施。大桥需要考虑防撞的桥墩有:北汉斜拉桥主墩;南汉主要通航孔北主墩、南主墩、边孔桥墩。

北汉斜拉桥主墩附近有两个浮船坞,对避免航道上过往船舶撞击主墩有一定保护作用,但主墩容易遭受协助船舶进出坞的拖轮的撞击。同时应考虑船坞为临时船厂建筑,存在移动搬迁、报废的可能,主墩防撞仍然需要考虑。

南汉南主墩离航道中心较远,受大型船舶偏航撞击的可能性较小,主要应针对2000DWT以下船舶、船队防撞。南汉北主墩离航道中心较近,但水深较浅。

桥墩防撞从技术上讲不是很困难,可考虑以下措施:

(1)最主要防撞措施是确保浅水区桥墩周围河床稳定,避免冲刷发生。

(2)桥墩位于浅水区,可局部区域填埋砂石、混凝土筑岛,在桥墩周围形成小范围的防撞岛。

(3)大桥也可采用桥墩自身抗撞的方式,同时可考虑在桥墩周围安装橡胶件缓冲消能,在保护桥墩的同时可减小撞击船舶的损伤。

(4)数量较多的边孔桥墩和非通航孔桥墩,与主墩相比抗撞能力较小,可根据实际情况,设置缓冲消能设施,或在易遭受撞击的一侧设置独立防撞墩。

4. 建议

大桥防撞需要进行综合考虑,结合航道、港口建设规划、航运管理,优化桥墩位置、跨距,尽量减少船舶撞击危险,优化承台的尺寸、高程,避免船舶撞击桥墩或桩基,尽量提高桥墩自身抗撞能力。对通航船舶,应采取严格的管理措施,采取引航、护航、临时保护等有效管理措施保证大桥安全;根据情况安装合理的防撞设施,确保桥墩安全。由于预测50年后桥区航道、航运情况有不确定性,建议适当提高桥墩防撞标准。

五、斜拉桥钢箱梁变形、横隔板及纵隔板稳定性研究

1. 研究背景

1)研究的必要性

斜拉桥是由塔、梁、索等构件组成的组合受力结构体系。大跨度斜拉桥主梁为受压为主的压弯构件。对大跨密索体系斜拉桥而言,由于密索体系的弹性支撑作用,主梁整体长细比比较小,整体弹性稳定系数较高。而考虑局部影响后,斜拉桥的第一阶屈曲模态表现为主梁板件的局部屈曲,远低于主梁整体屈曲的屈曲系数。不满足发生整体—局部相关屈曲的条件,即整体屈曲荷载和局部屈曲荷载比较接近。因此,绝大多数密索体系的斜拉桥的第一阶屈曲模态均为主梁板件的局部屈曲,局部构件的工作性能、极限承载力的评估关系到整个桥梁安全性能的评价。

大跨度斜拉桥主梁多选用扁平钢箱梁。扁平钢箱梁一般由顶板、底板、腹板、横隔板等几个部分组成,其中,顶板和底板常选用闭口加劲肋,腹板和横隔板常选用开口加劲肋。斜拉桥的腹板、横隔板要承受钢桥面的自重、二期恒载和汽车荷载,腹板、横隔板受弯矩、轴力、剪力共同作用,板件处于弯、压、剪组合受力状态。另外,在斜拉桥施工及运营阶段,这些板件均可能承受桥面吊机支点荷载、汽车轮载等局部荷载作用。因此,研究斜拉桥腹板、横隔板在局部压应力、弯曲应力、纵向压应力、剪应力共同作用时的屈曲性能是十分必要的。斜拉桥施工时,腹板、横隔板在吊机的前支点集中荷载作用下可能引起踬曲(局部弯曲的一种形式),进而导致整体失稳。

斜拉桥钢箱梁架设,通常采用悬臂拼装法,用桥面吊机将被起吊梁段整体起吊。在钢箱梁安装阶段,斜拉桥悬臂端受到斜拉索拉力、梁段自重与吊机支点力作用,为悬臂受力特性。然而吊装段钢箱梁由吊机悬吊,它只承受吊机向上的拉力及梁段自重作用。斜拉桥悬臂端与吊装段钢箱梁的受力体系和作用荷载相差很大,拼接断面箱梁不可避免产生一定程度的变形差。在上述两种力系作用下,两个梁段拼接箱口变形方向相反,如果二者相对变形较大,则会导致钢箱梁段间匹配困难,且难以保证焊接质量。对扁平钢箱梁拼装截面相对变形的有效控制可以保证钢箱梁的焊接质量,降低焊接残余应力,优化钢箱梁应力分布。因此,对大跨度斜拉桥扁平钢箱梁在悬臂施工阶段拼装截面的相对变形进行研究是十分必要的。

大跨度钢箱梁斜拉桥纵隔板、横隔板构造复杂,当考虑结构的焊接残余应力与变形、构件的初始弯曲时,纵隔板及横隔板在各种荷载作用下的极限承载力问题分析十分复杂。对钢箱梁的纵隔板及横隔板结构进行理论分析和模型试验是必要的。

2)国内外研究现状

斜拉桥悬臂施工时钢箱梁受力复杂,梁端截面变形不仅与作用荷载有关,而且吊机荷载的传递与箱梁横向弯曲刚度、腹板及纵隔板刚度,以及悬臂体系的总体刚度有关。钢箱梁拼接断面的相对变形分析不仅需要考虑悬臂体系箱梁纵向受力、横向受力及其对变形的影响,而且要考虑拼装段在安装状态下的受力与变形。许多学者对斜拉桥悬拼阶段钢箱梁变形进行了研究,提出一些控制方法,并在实际桥梁施工中得到应用。

(1)2001 年,西南交通大学的强士中和郝超对施工阶段钢箱梁的变形进行了分析,并以南京长江第二大桥为例,采用大型结构分析程序 SUPER SAP 对箱梁悬臂拼装阶段的变形进行了空间计算。

通过分析计算认为:斜拉桥的扁平钢箱梁在拼装时,吊机作用梁段与被起吊梁段因受力不同,其变形存在差异;由于钢箱梁顶、底板正温差对梁段相对变形影响较显著,顶、底板负温差的影响相对较小,因此钢箱梁匹配宜在夜间进行。

设置纵隔板对钢箱梁整体刚度有较大改善,采用桁架式纵隔板,其最大相对竖向位移比不采用纵隔板减小 15.21mm;采用实体式纵隔板则比采用桁架式纵隔板减小 5.87mm。

桥面吊机支点设在腹板上与设在纵隔板上相比,可大大减小梁段拼接箱口的相对变形,有利于减小桥面拼装时梁段匹配难度。

(2)2006 年,苏通大桥建设指挥部周建林与同济大学的吴冲以苏通大桥斜拉桥双吊机八支点悬臂拼

装施工方案为背景，采用混合有限元法对箱梁拼接断面的相对变形进行分析，在计算时考虑了悬臂体系箱梁整体受力和钢箱梁的纵向与横向局部受力及其对箱梁截面变形的影响。

根据分析结果：斜拉桥钢箱梁采用桥面吊机悬臂拼装法施工时，钢箱梁悬臂部分和箱梁吊装段的受力体系不同，应该采用相应的计算模型分别予以考虑；混合有限元法不仅可以考虑悬臂体系箱梁整体受力和钢箱梁的纵向与横向局部受力及其对箱梁截面变形的影响，而且可以较为精确地模拟计算结构体系的边界条件和箱梁细部结构，计算结果能够满足工程设计的需要。

钢箱梁横隔板受弯、压、剪共同作用，由于横隔板的构造特点，考虑其整体性较差，各种开孔造成截面削弱和截面应力集中等特点，研究横隔板在局部压应力、弯、压、剪共同作用时的稳定性能是非常必要的。钢箱梁施工吊装时，横隔板在吊机的前支点集中荷载作用下可能引起局部屈曲，即踬曲，甚至出现整体失稳。以往提出的计算公式多为经验公式，在计算集中荷载作用下的稳定时，仅当梁承受单个外荷载时方可采用这些公式。

目前，对受压加劲板件的理论研究主要分为三类：①以弹性理论为基础，采用简化方法，如单个半波的屈曲模态近似、不计抗扭刚度的近似，得到加劲板整体、局部屈曲荷载的简化公式；②以弹塑性理论为基础，如压杆法等，得到加劲板极限强度的近似表达式；③利用有限元、有限条法进行参数分析并辅以试验，拟合出屈曲荷载、极限强度的近似表达式。

随着计算机技术及有限元技术的不断发展，越来越多的学者用这个工具来直接研究加劲板的第二类稳定问题——极限承载力。由于几何、材料非线性影响以及结构的初始变形和残余应力的影响，对于斜拉桥的加劲板来说，研究第二类稳定问题更具有重要的实际意义。从力学分析角度看，分析结构的第二类稳定性，就是通过不断求解计入几何非线性和材料非线性的结构平衡方程，寻找结构极限荷载的过程。所以第二类稳定问题的实质是一个极限承载力问题。采用非线性有限元方法来进行极限承载力的分析可以包含材料、几何双重非线性影响，同时计入初始几何缺陷、焊接残余应力的影响。这是目前普遍采用的方法。

3）研究的目的、内容、方法与技术路线

（1）研究目的

对于黄埔大桥钢箱梁试验研究的目的主要有两个：一是验证，二是研究规律，并以前者为主。所谓验证，首先是指验证纵横隔板设置的合理性，第二是验证设计计算理论和方法的正确性并评估其准确程度或误差范围。研究规律则是指通过试验和理论分析，研究集中荷载作用下纵隔板和横隔板的应力分布规律、屈曲形式和桥面的变形，通过试验得出钢箱梁的极限承载力，并与考虑了初始缺陷的非线性有限元计算结果进行对比，为桥梁设计和今后的研究工作提供依据。

（2）研究内容

研究内容包括分析纵隔板和横隔板的稳定性能，加劲肋刚度是否匹配合理；研究纵隔板及横隔板在各种应力及应力组合作用下的稳定性能；研究横隔板在局部压应力作用下的踬曲行为。根据计算结果，对纵隔板和横隔板的稳定性能作出评价，尤其要对吊机前支点横隔板的强度和稳定性能作出评价，并确定横隔板是否设置吊机前支点局部竖向加劲肋。通过局部竖向加劲肋的方案比选，达到优化目标。通过试验模拟吊机支点反力，研究施工阶段斜拉桥钢箱梁的变形，纵隔板和横隔板的稳定性，分析影响施工阶段钢箱梁变形的因素。

（3）研究方法与技术路线

研究的技术路线可用图 2-1-1 所示的流程图，并说明如下。

①建立全桥模型，计算钢箱梁的整体内力、应力分布情况，计算钢箱梁施工时的整体内力、应力分布情况，确定最不利横隔板的位置及边界条件。

②建立钢箱梁空间模型，并进行加载分析，以确定横隔板结构的受力及应力分布情况，分析孔口的应力集中，以确定孔口的加固构造和横隔板的宽厚比，以及加劲肋的设置。根据计算分析结果对横隔板的安全性、局部构造的合理性进行评估，并提出改进建议。

③通过空间模型模拟实桥的边界条件，分析纵、横隔板的稳定性能，加劲肋刚度是否匹配合理。研究

纵、横隔板在各种应力及应力组合作用下的稳定性能。根据计算结果，对纵、横隔板的稳定性能作出评价，尤其是对吊机前支点横隔板的强度和稳定性能作出评价。

④考虑横隔板局部的初始缺陷，采用非线性有限元方法分析钢箱梁横隔板的极限承载力。

⑤对试验数据进行分析，检验钢箱梁纵横隔板布置的安全性和可靠性，对结构安全和设计合理性作出评价。

⑥与理论计算结果比较并估计其计算精度。对应力分布规律和变形进行研究，对结构设计提出意见和建议。

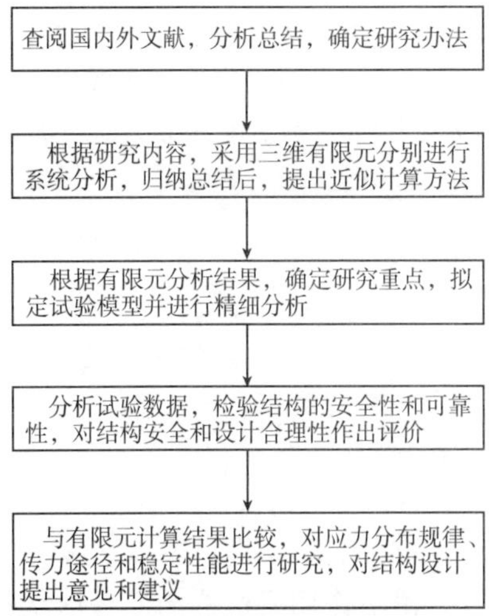

图 2-1-1　项目研究技术路线示意图

2. *施工阶段钢箱梁变形及梁段局部应力分析*

1）施工阶段钢箱梁变形研究

（1）有限元分析计算

钢箱梁施工阶段有限元计算采用的是大型通用有限元软件 ANSYS。采用空间杆系与空间薄壳单元相结合的混合有限元方法对斜拉桥钢箱梁拼装阶段的力学行为进行分析。其中，梁端箱梁梁段及吊装钢箱梁梁段采用空间薄壳单元，其他部分箱梁和索塔采用空间梁单元模拟，这样可以同时考虑斜拉桥悬臂体系的整体受力以及箱梁在恒载和吊机荷载作用下的纵横向局部受力对变形的影响，并且能够在合理简化计算的同时，尽可能精确地模拟计算结构体系的边界条件和箱梁细部结构。斜拉索用 Link10 单元模拟，其弹性模量按 Ernst 公式折减以反映斜拉索垂度的影响。

对于使用空间薄壳单元模拟的梁段的长度，分别取 1 倍索距、2 倍索距、3 倍索距进行比较试算，发现 2 倍索距有足够的精度，即决定采用 2 倍索距。为减少计算量根据结构对称性原则，仅建半幅模型，在对称面加对称约束。研究梁段（使用薄壳单元模拟）和其他梁段（梁单元模拟）之间按平截面假定用刚域连接。

（2）加载工况

在吊机作用梁段，对横向变形影响较大的因素有自重、吊机前后支点集中力和不均匀的升、降温荷载。因此，按四种工况计算，各种工况的荷载情况如表 2-1-14 所示。前支点集中力作用于四点共 768t，后锚点集中力作用于四点共 234t。梁段不均匀升、降温荷载参考英国 BS 5400 规范温度曲线。对于被吊装梁段按三种工况计算，各种工况的荷载情况如表 2-1-15 所示。

吊机作用梁段荷载工况表　　表 2-1-14

编　号	工 况 说 明	编　号	工 况 说 明
1	自重、索力	3	自重、索力、梁段不均匀升温
2	自重、索力、吊机前支点集中力和后锚点集中力	4	自重、索力、梁段不均匀降温

被吊装梁段荷载工况表　　表 2-1-15

编　号	工 况 说 明	编　号	工 况 说 明
1	自重	3	自重、梁段不均匀降温
2	自重、梁段不均匀升温		

按全桥施工程序分为 22 个施工阶段。第 1 施工阶段是指已安装完 1 号索和 1 号梁段，正在吊装 2 号梁段；第 2 施工阶段是指已安装完 2 号索和 2 号梁段，正在吊装 3 号梁段，依此类推。番禺侧 12 ~ 22 号梁段在支架上施工，在梁段吊装中横向变形很小，因此不予考虑。

珠江黄埔桥箱梁吊装时考虑前支点压力总计为 768t，后锚点拉力总计为 234t。同时利用两台吊机工作，每台吊机前后各有两个支点。其中前支点位于纵隔板两侧 2.4m 处，后锚点位于纵隔板两侧 3.6m 处。

（3）控制点选取

由于结构的对称性仅提供半幅桥数据，如图 2-1-2 所示，顶板控制点有 11 个点（T1 ~ T11），底板控制点有 10 个(B1 ~ B10)。横向坐标以桥面横向中心位置为原点(T1、B1)。由于箱梁对接时,显示对齐腹板匹配,因此顶底板的竖向位移分别是以顶底板处腹板位置为参考点,就是说 T1 ~ T11 点横向挠度是以 T9 点位参考点,B1 ~ B10 点横向挠度是以 B9 点为参考点,其中 T11 与 B10 点为同一点。

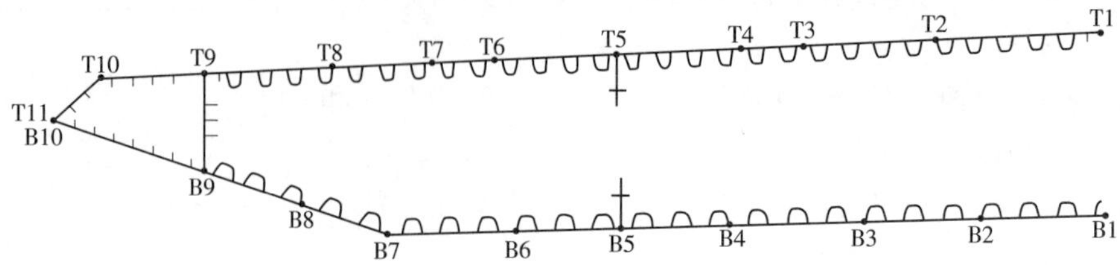

图 2-1-2　控制点编号图

(4)计算结果

吊机作用梁段横向变形形状基本上与腹板上简支梁的变形形状一致,跨中位置位移最大,但被起吊梁段的变形趋势与吊机作用梁段不一致,导致两个梁段在拼接处出现位移差。以第 13 施工阶段主跨侧为例,顶、底板在拼接处的位移差如图 2-1-3 所示。吊机作用梁段和被起吊梁段变形差最大值,在顶板处为 39.2mm,在底板处为 29.5mm,都在横向中心位置。

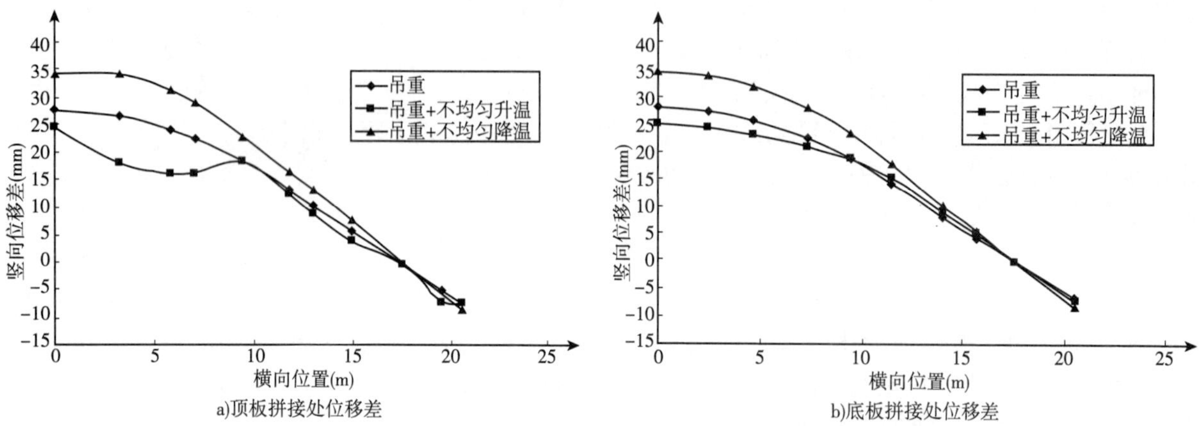

图 2-1-3　第 13 施工阶段黄埔侧顶、底板拼接处位移差

在太阳辐射、大气温度变化、风速等因素的组合影响下,钢桥可能会发生较大的温度变化。而钢材导热性能好,对环境温度变化比较敏感。在某种情况下,由温度变化产生的温度影响力可与恒、活载效应相比较。桥梁的温度作用分为梯度温度作用和均匀温度作用。由于太阳辐射和其他因素影响引起上部结构顶层温度增加,就产生正温差;反之,由于辐射和其他作用,热量由桥面顶层散失时则产生负温差,这就是梯度温度。我国公路桥梁规范仅对混凝土桥和带混凝土桥面板的钢结构的梯度温度作了规定。对于没有铺装层的钢桥,参照 BS 5400 的规定,其温度分布计算,温差梯度作用下被起吊梁段顶板挠度如图 2-1-4所示;温差作用下梁段变形如图 2-1-5 所示。

(5)研究结论

以上分析了梁段吊装过程中,被吊装梁段和吊机作用梁段两者的变形,仅考虑自重和吊装作用力情况下,两者的变形差最大值接近 30mm。考虑温度作用后的计算表明,均匀温度和梯度温度对横向变形都有影响,但后者影响要大得多,正温差作用下横向挠度减少约 15mm,负温差作用下横向挠度增加约 5mm,前者影响较小且影响主要是对于被吊装梁段引起,建议梁段的吊装对接应该安排在夜晚气温稳定的时候进行。

2)施工阶段梁段局部应力分析

(1)有限元计算基本资料

施工阶段局部应力分析考虑两个计算工况：

①桥面吊机作用在标准梁段上，起吊标准梁段。

②19 号索张拉完毕后要在江侧将剩余几个梁段吊到栈桥上。

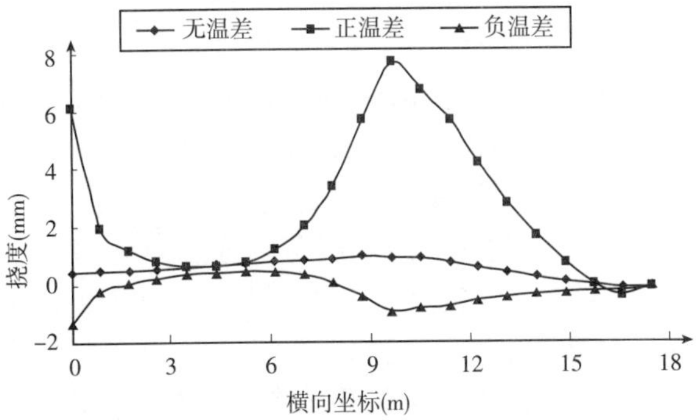

图 2-1-4 温度梯度作用下被起吊梁段顶板挠度

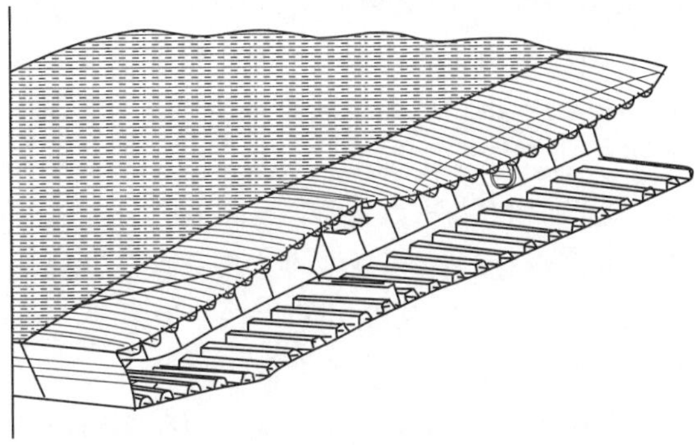

图 2-1-5 正温差作用下被起吊梁段变形

(2)计算模型的建立

采用大型通用的有限元软件 ANSYS 建立钢箱梁标准梁段的空间局部计算模型。计算模型包括两个标准梁段，顺桥向长 32m。由于边界的影响，计算模型只研究前支点作用梁段。由于钢箱梁风嘴部分不参与结构受力，计算模型不考虑风嘴。

计算模型采用了 SHELL181 壳单元、BEAM188 梁单元和 LINK8 杆单元。钢管根据计算模型的不同，分别用 BEAM188 梁单元和 LINK8 杆单元模拟。纵隔板上弦杆和下弦杆的翼缘板根据计算模型的不同，分别用 SHELL181 壳单元、BEAM188 梁单元模拟。钢箱梁的顶板、底板、腹板、U 肋、扁钢加劲肋、横隔板、纵隔板上弦杆和下弦杆的竖板均用 SHELL181 壳单元。

计算模型的位移边界条件为：J15(J18)梁段近塔端固接，J16(J19)梁段远塔端自由。计算模型上施加的荷载包括：梁段自重、吊机前支点反力、吊机后支点反力、斜拉索索力。

在局部分析中，边界条件分为位移边界条件和应力边界条件，对于无法准确模拟的边界条件按偏于安全处理。基于上述原则，梁段局部分析时，考虑施工阶段钢箱梁悬臂拼装的受力特点，钢箱梁段一侧端部位移边界条件为全自由，钢箱梁段另一侧端部位移边界条件为对称约束＋竖向支撑，即局部分析梁段近似考虑为单悬臂结构。同时，为模拟斜拉索对梁段的约束，在对应斜拉索锚箱位置沿斜拉索方向施加集中力。

(3)静力计算结果

对钢箱梁标准梁段在施工阶段的空间有限元计算表明，在计算工况 1，7 680kN 吊机荷载作用时：

①纵隔板加固前，钢箱梁钢管桁架式纵隔板钢管的应力水平较高，轴向压应力为 176MPa，轴向拉应力为 156MPa，在靠近桁架弦杆节点板附近应力达到 240MPa，应力偏大。

②纵隔板加固后，钢箱梁钢管桁架式纵隔板钢管的应力明显降低，轴向压应力为 120MPa，轴向拉应力为 115MPa，在靠近桁架弦杆节点板附近应力达到 170MPa，应力满足要求。

③加固前后，钢箱梁桁架式纵隔板弦杆上小节点板的应力均小于 200MPa，满足要求。

④钢箱梁横隔板的应力满足要求。其横桥向拉应力为 119MPa，横桥向压应力为 －115MPa，剪应力为 122MPa，主拉应力为 167MPa，主压应力为 －240MPa，Von. Mises 应力为 242MPa，满足要求。

在计算工况 2，8 610kN 吊机荷载作用时：

①加固前，钢箱梁钢管桁架式纵隔板钢管的应力水平较高，轴向压应力为 269MPa，轴向拉应力为 254MPa，在靠近桁架弦杆节点板附近应力达到 271MPa，应力偏大。

②加固后，钢箱梁钢管桁架式纵隔板钢管的应力明显降低，轴向压应力为 195MPa，轴向拉应力为 170MPa，在靠近桁架弦杆节点板附近应力达到 214MPa，应力满足要求。

③加固前后，钢箱梁桁架式纵隔板弦杆上小节点板的应力均在 200MPa 左右，满足要求。

④钢箱梁横隔板的应力满足要求。其横桥向拉应力为134MPa,横桥向压应力为-132MPa,剪应力为137MPa,主拉应力为187MPa,主压应力为-270MPa,Von. Mises应力为271MPa,满足要求。

分析表明,纵隔板、横隔板的加固措施可以提高结构强度,保证施工阶段吊机荷载作用下的结构安全。

3)施工阶段钢箱梁弹性局部稳定研究

扁平钢箱梁由于抗扭、抗弯惯矩大,而且具有好的抗风性能,在大跨度斜拉桥和悬索桥中得到大量应用。大跨度扁平钢箱梁斜拉桥横隔板的构造复杂,整体性较差,尤其是钢箱梁施工阶段悬臂拼装时,吊机前支点的反力基本上由前端横隔板承受,横隔板在吊机的前支点集中荷载作用下可能引起局部屈曲(即蹶曲)。横隔板的蹶曲会造成横隔板承载力降低,局部变形过大,甚至出现整体失稳。

结构的稳定问题可分为两类:第一类稳定和第二类稳定。第一类稳定问题属平衡分支问题,即达到临界荷载时,除结构原来的平衡状态理论上仍有可能外,出现第二个平衡状态;第二类稳定问题属极值点失稳问题,即结构保持某平衡状态,随着荷载的增加,在应力较大的区域出现塑性变形,结构的变形很快增大,当荷载达到一定的数值时,即使不再增加,结构变形也迅速增大而致使结构破坏。实际结构由于存在初始缺陷,其稳定问题属第二类稳定问题,但研究第一类稳定仍然重要,原因是:某些结构的极限荷载与分支屈曲荷载很接近;某些结构的屈曲后强度远远大于分支屈曲;第一类稳定问题体现了结构的刚度特征。扁平钢箱梁横隔板弹性蹶曲分析是第一类稳定问题。

(1)结构稳定安全系数

《公路斜拉桥设计规范(试行)》(JTJ 027—96)第5.1.7条指出,应对斜拉桥索塔和主梁进行稳定性分析,结构稳定安全系数应大于4。本项目研究认为,结构稳定安全系数大于4,应理解为对结构进行线弹性屈曲分析时,要求结构整体稳定的安全系数大于4,即主梁的面内屈曲或面外屈曲安全系数大于4,受压杆整体失稳的安全系数大于4,斜拉桥的面内屈曲或面外屈曲安全系数大于4。

斜拉桥主梁的局部稳定安全系数如何取值,现行桥梁规范未作规定。

对于组成结构构件截面的板件而言,如受压杆的翼缘板,以及钢箱梁的横隔板、纵隔板等,这些板件的失稳属局部失稳,板件局部失稳后,结构构件可以继续承载,而不会立即倒塌。钢板梁腹板若因抗弯失稳而退出工作,但只要其翼缘强度有富余,即翼缘不失稳,则钢板梁不会整体失稳而达到承载能力极限状态。因此,局部稳定安全系数可以比整体稳定安全系数低。

局部稳定安全系数大致在1.35~3.38之间,再参考钢材基本容许应力对屈服强度的安全系数大致为1.7,本项目研究认为采用空间有限元计算模型对钢箱梁横隔板进行稳定性分析时,钢箱梁横隔板的局部稳定安全系数大于2,其稳定性能够满足使用要求。

(2)弹性屈曲分析

在完成梁段局部应力分析后,利用ANSYS有限元分析软件对梁段模型进行弹性屈曲分析,计算得到梁段局部稳定安全系数。

分析按以下三个阶段进行:①加固前屈曲分析;②加固后屈曲分析;③吊点横隔板弹性屈曲分析。

(3)设计规范验算

分别根据《英国桥梁钢结构规范》(BS 5400)和《铁路桥梁钢结构设计规范》(TB 10002.2—2005)检算珠江黄埔桥横隔板在前支点荷载作用下的稳定性。隔板型号为HG2,板块位置选取为:前支点左侧隔板板块、前支点正下方隔板板块、隔板与腹板交界处隔板板块、前支点下方与翼缘交界处隔板板块。

(4)计算分析结果

①空间有限元分析结果表明,最大荷载工况下,加固前由模型3计算得到的钢箱梁桁架式纵隔板弦杆的稳定安全系数仅为1.4,其稳定安全系数偏低。加固前钢箱梁横隔板的稳定安全系数大于5.0,稳定性有一定的保证。

②空间有限元分析结果表明,最大荷载工况下,加固后由模型3计算得到的钢箱梁桁架式纵隔板弦杆的稳定安全系数仅为2.4,由模型5计算得到的纵隔板弹性稳定系数为4.8,其稳定安全系数得到明显提高。

③按《铁路桥梁钢结构设计规范》(TB 10002.2—2005)对钢箱梁横隔板的局部稳定性进行检算,横

隔板的局部稳定性满足要求。

④按英国规范 BS 5400 对钢箱梁横隔板的局部稳定性进行检算，横隔板的局部稳定性满足要求。

⑤吊点位置局部加劲肋对提高横隔板稳定性有很好的作用，在吊点位置设置局部加劲肋后，横隔板弹性局部稳定系数由 3.35 提高到 5.58。

4）纵隔板及横隔板极限承载力分析

（1）分析方法概述

国内外设计规范中，加劲板的稳定是根据经典的弹性平板屈曲理论计算，加劲肋的刚度要求同样是按弹性屈曲理论求得，以保证板屈曲时加劲肋不一起变形，计算所得板的临界应力值较高，与实际箱梁加劲板的承载力大相径庭。传统的线性屈曲理论不能很好地运用于箱形梁设计，由于受压时纵肋随加劲板一起变形，弹性屈曲理论对刚度要求的模式远不符合实际。

大跨度钢箱梁斜拉桥横隔板的构造复杂，由于过人洞、纵肋切口、管线孔等，使横隔板将该面削弱较多，截面由于焊接引起的残余应力和变形较大，横隔板的稳定性能、承载力呈现出非线性，叠加原理不再适用，计算较为复杂。

国内外有多种方法试图确定横隔板的最大承载力，所依据的基本理论是非线性弹性理论，这些方法所能达到的精确程度只能通过计算和试验结果来比较而加以评定。

由于几何、材料非线性影响以及结构的初始变形和残余应力的影响，对于扁平钢箱梁的加劲板来说，研究第二类稳定问题更具有重要的实际意义。从力学分析角度看，分析结构的第二类稳定性，就是通过不断求解计入几何非线性和材料非线性的结构平衡方程，寻找结构极限荷载的过程。所以第二类稳定问题的实质是一个极限承载力问题。

将有限元弹性屈曲分析计算得到的失稳模态作为初始几何缺陷施加到钢箱梁模型上，最大初始几何缺陷按 0.2% 考虑。计算得到施工阶段恒载 + 吊机荷载作用下钢箱梁荷载—位移曲线，由荷载—位移曲线可以看出，荷载系数小于 1.4 时，纵隔板横桥向位移与荷载接近线性变化。荷载系数超过 1.4 后，纵隔板横桥向位移有明显变化。同样，根据计算得到的施工阶段恒载 + 吊机荷载作用下钢箱梁荷载—位移曲线，可以看出，荷载系数小于 2.6 时，横隔板横桥向位移与荷载接近线性变化。荷载系数超过 2.6 后，横隔板横桥向位移有明显变化。

（2）计算分析结果

①施工阶段钢箱梁极限承载力分析结果表明，考虑 0.2% 的初始几何缺陷，计入几何非线性及材料非线性，在恒载 + 吊机荷载作用下，计算得到钢箱梁桁架式纵隔板的稳定安全系数为 1.4，失稳形式为纵隔板下弦节点板面外屈曲。

②施工阶段钢箱梁极限承载力分析结果表明，考虑 0.2% 的初始几何缺陷，计入几何非线性及材料非线性，在恒载 + 吊机荷载作用下，计算得到钢箱梁横隔板的稳定安全系数为 2.6，失稳形式为横隔板靠近外腹板位置处板块的面外屈曲。

③纵隔板经加固后，其非线性极限承载力受材料非线性影响较大，受几何非线性影响较小。

④横隔板的非线性极限承载力主要受材料非线性影响。在一定范围内，初始缺陷的大小对极限承载力的影响有限。

3. 梁段模型设计及模型试验

1）试验梁段模型设计

（1）试验模型设计

模型设计的一般原则：模型应能够反映实际结构的主要力学特征，忽略那些次要的因素。试件的尺寸一般根据研究目的的实现效果、实验室的设备及场地大小确定。由于模型与实际存在物理结果上的差别，所以模型应力分布与实际结构总存在一定的差异。但设计模型时这种误差的控制应遵循如下的原则：该差异应在一定的范围内，否则试验没有意义；模型的应力应该大于或等于实际结构的应力，这样才能得到偏于安全的结果。

本次模型试验为吊机荷载作用处钢箱梁结构1:2.5模型试验，因此，设计中模型尺寸取实桥的1/2.5，模型试件的主要设计要求及细节均与实桥相同，在此基础上实现研究目的。试验模型主体是按1:2.5尺寸缩小的原桥模型，箱梁板件选取范围按圣维南原理及加载需要选取。

模型试验中对实际结构的主要变化处理如下：

①试验模型去掉了风嘴部分。

②背塔向端部横隔板改为桁架，便于观测。

③在钢箱梁的两侧增设支墩，便于试验中模型的支撑。

试验中的加载系统由地锚、千斤顶、反力梁、锚固梁等组成。千斤顶用来模拟吊机集中力。反力梁反力通过横梁、锚梁传递给钢箱梁。

(2)试验加载设计

加载设备如下：

①千斤顶：本静载试验采用的4个液压千斤顶，吨位为250t。

②油泵车：油泵车是千斤顶的动力源，向千斤顶提供高压油，控制千斤顶的加载工作。

③油压传感器：为了精确控制千斤顶所施加的力，通过压力传感器来控制油泵车油压。采用成都新普传感器有限公司生产的CYYB－G1电阻应变式压力传感器。

④钢绞线：横梁通过钢绞线锚固于试验时的地锚锚槽中。试验所用钢绞线为标准7丝钢绞线，由上海申佳金属制品有限公司生产，符合ASTM416—98标准。抗拉强度1 860MPa，公称直径15.42mm，最小破断荷载260.7kN，延伸率≥3.5%。

⑤锚饼及工作夹片：静载试验中钢绞线通过预应力锚饼锚固，共用16个预应力锚饼。

试验加载过程如下：

①预加载：采用1.0倍设计荷载进行预加载及卸载，以检查仪器的工作状态和人员的组织情况，消除构件的非弹性变形。

②设计荷载工况加载：用设计荷载的20%为增量级，加载到1.0倍设计荷载，然后卸载。

③极限承载力工况加载：用设计荷载的20%为增量级，加载到1.0倍设计荷载，然后用设计荷载的10%为增量级，加载到2.5倍设计荷载后以设计荷载的20%为量级卸载至零。

在各级荷载作用下，持荷5min，以使结构的反应能够充分地表现出来，然后进行应变和位移的测量。在进行极限承载力的试验时，当超过设计荷载后，每次加载完毕，检查焊缝、加劲板等有无发生破坏。当观察到横隔板有明显的屈曲变形后进行横隔板变形量的测量。

(3)测试方案设计

本试验应力测试采用电阻应变计法。电阻应变计法是以电阻应变片为传感元件，将其粘贴在被测试件的测点处，并使其随试件共同变形。

结构位移是结构承受荷载作用后最直观的反应，是反映结构整体工作情况的最主要参数。位移通过仪表测量，仪表有机械式、电子式及光电式等多种。结构试验中广泛采用接触式位移计和差动变压器式位移计。本次试验中采用了滑线电阻式位移传感器及机械式百分表来进行位移测量。

(4)应变测点布置

应变测点在布置应遵循以下几个原则：①基于试件的受力特点，能通过测点数据反映结构的力学行为；②能够有效捕捉到结构上的应力极值，并能大致了解结构应力分布规律及变化趋势；③实际操作方便可行。

本试验在钢箱梁的横隔板HG2、加载位置的纵隔板和桁架式纵隔板上布置应变测点。根据有限元计算的结果，在受力比较复杂的地方，如横隔板和纵隔板相交处布置三周应变花，在受力简单的测点采用单轴应变片。

图2-1-6和图2-1-7给出横隔板HG2、千斤顶作用位置纵隔板及桁架式纵隔板上的应变测点布置。横隔板上应变片编号为A，千斤顶作用位置纵隔板应变片布置为B，桁架式纵隔板上的应变片编号为C，位移计的编号为D。位移计布置测点和应变片布置测点在同一张图中示出。除特殊说明外，图中尺寸单位均为mm。

1/2HG2横隔板构造

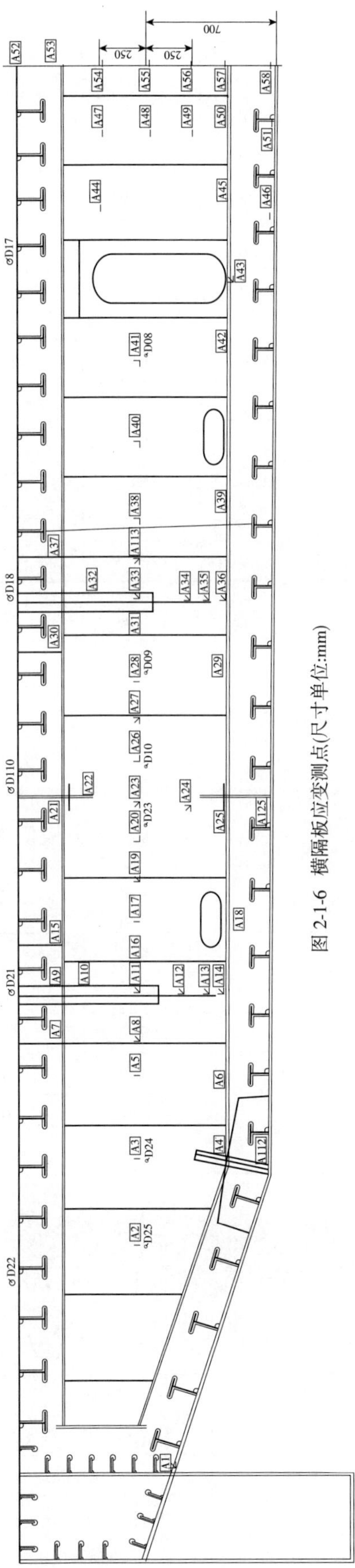

图 2-1-6　横隔板应变测点(尺寸单位:mm)

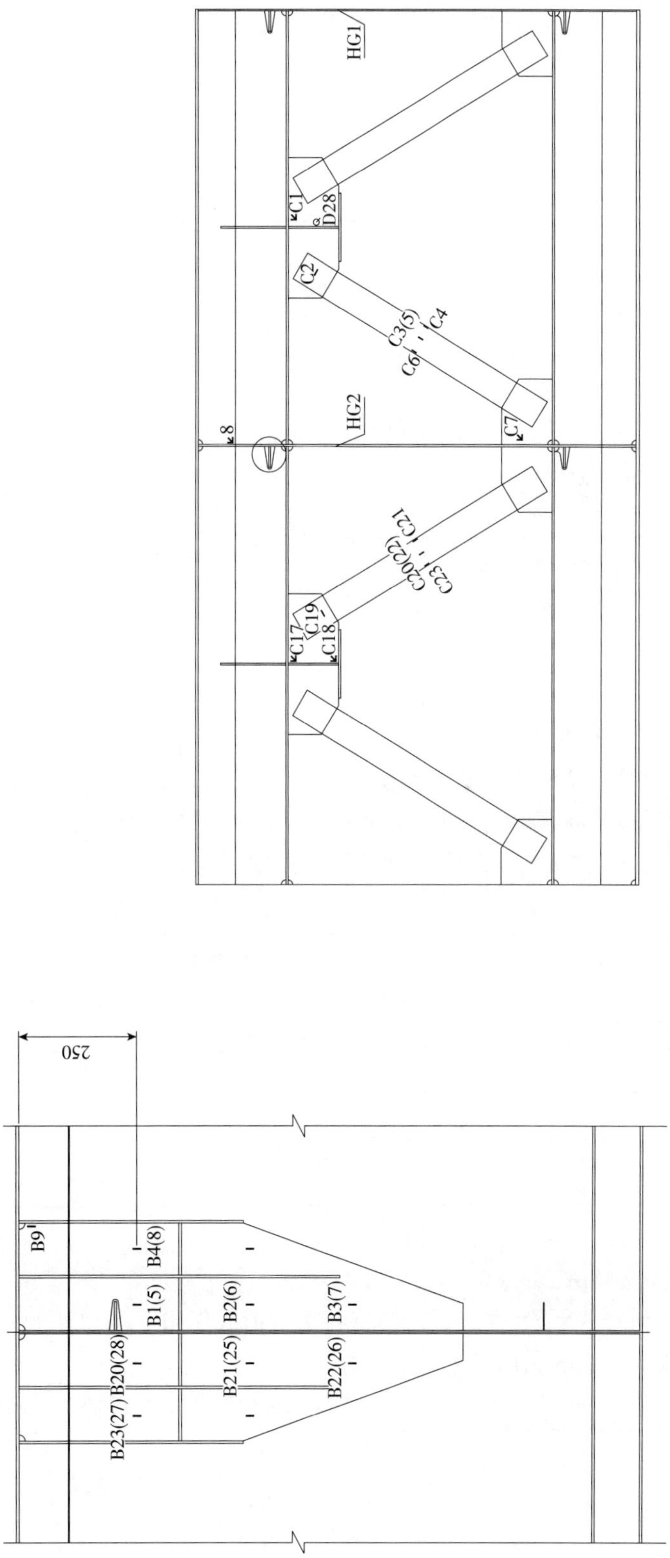

图 2-1-7　纵隔板应变测点(尺寸单位:mm)

(5)位移测点布置

为了描述钢桥面计横隔板 HG2 在千斤顶集中力作用下的变形情况,监测试验模型在加载过程中的刚体位移,需要设置位移测点。通过分析,在钢桥面板顶板上设置了 11 个变形测点,在横隔板 HG2 上设置了 13 个变形测点,在地板中部设置了 12 个变形测点,在桁架式纵隔板的节点板上各设置了一个变形测点。测点编号规则:D 表示为位移测点,第一位数字代表测点对应的位移数显仪对应的编号,后面的数字代表仪器所对应的通道数。如 D110 表示对应于 1 号位移数显计 10 号通道的位移测点。试件各部分对应的位移测点编号如表 2-1-16 所示。

变形测点布置表 表 2-1-16

部位	测点名称						
钢箱梁顶板	D22	D21	D110	D18	D17	D16	D15
	D14	D13	D12	D11			
横隔板 HG2	D25	D24	D23	D10	D09	D08	D07
	D06	D05	D04	D03	D02	D01	
钢箱梁底板	D27	D29					
桁架式纵隔板	D26	D28					

2)梁段模型试验

(1)梁段模型数值分析

①试验模型的建立

采用大型通用有限元软件 ANSYS 建立梁段试验模型(缩尺比例 1∶2.5)的空间计算模型。

②试验模型的应力分析

利用 ANSYS 计算得到设计荷载作用下试验段构件应力,比较实桥和试验梁段模型的横隔板、纵隔板、顶板及底板应力分布,可以看出实桥和试验梁段模型各板件应力分布规律基本一致,应力极值大体相当。表 2-1-17 给出了实桥试验梁段模型板件应力比较。

实桥及试验梁段应力极值比较(单位:MPa) 表 2-1-17

板件	实桥梁段			试验梁段		
	主拉应力	主压应力	Mises 应力	主拉应力	主压应力	Mises 应力
横隔板	187	312	259	168	226	267
纵隔板			263	235	-260	289
顶板			135			140
底板			157			142

③试验模型的稳定分析

a. 弹性稳定分析

利用 ANSYS 完成试验模型在吊机荷载作用下的弹性稳定分析,表 2-1-18 给出了前几阶的弹性稳定系数及对应的屈曲模态。

试验模型弹性模型稳定系数及屈曲形式 表 2-1-18

阶次	稳定系数	屈曲形式	阶次	稳定系数	屈曲形式
1	3.80	纵隔板下弦节点板屈曲	5	4.91	纵隔板下弦节点板屈曲
2	4.23	纵隔板下弦节点板屈曲	6	5.44	HG3 横隔板屈曲
3	4.33	非吊点横隔板屈曲	7	5.68	非吊点横隔板屈曲
4	4.69	HG3 横隔板屈曲	8	5.96	吊点横隔板屈曲

b.极限承载力计算

利用 ANSYS 完成试验模型在吊机荷载作用下的极限承载力分析，图 2-1-8 给出了荷载—位移曲线，图 2-1-9 给出了试验模型横隔板非线性屈曲模态。

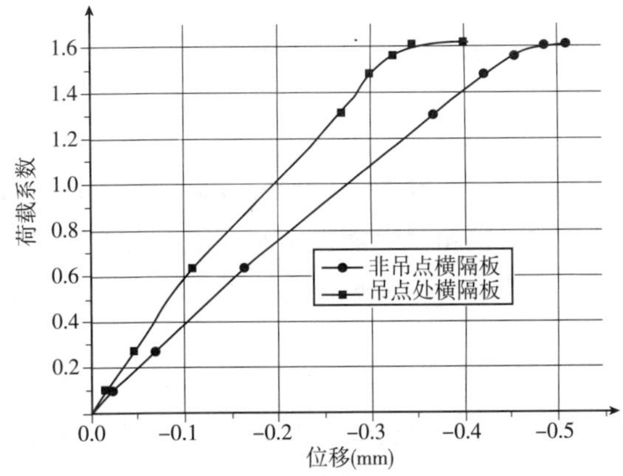

图 2-1-8　试验模型荷载—位移曲线

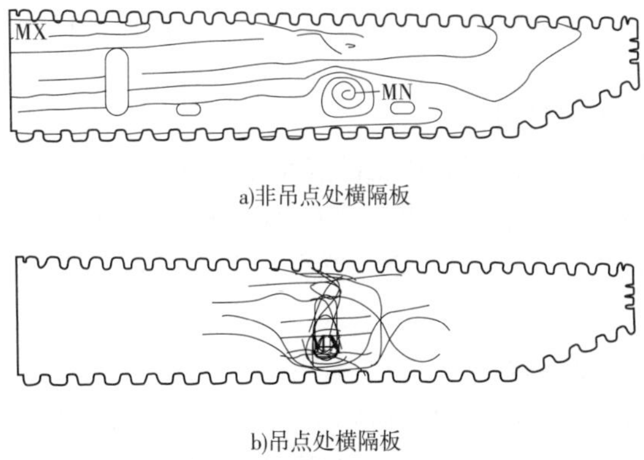

图 2-1-9　试验模型非线性屈曲模态

(2)实测应力分析

①基本情况

本次试验在中间横隔板、桁架式纵隔板的节点板及千斤顶作用处纵隔板上布置应变测点。重点分析在工况 1(设计荷载)和工况 2(极限荷载)各板应力分布、应力随荷载发展的历程，以此来反映板件的应力分布情况和应力分布特征。

②实际荷载工况下的实测应力结果

从测试数据可以看出，对应于 1.0 倍设计荷载加载工况，各测点均在弹性范围内工作，大部分测点应力值较低(100MPa 以下)，部分测点的实测应力有些偏大，但仍在弹性范围内。

③极限荷载工况下的实测应力结果

从测试数据可以看出，加载过程中试验模型部分测点已经屈服。低于设计荷载时，试验模型各测点处于弹性工作状态，荷载增加到 1.4 ~ 1.6 倍设计荷载时，试验模型部分测点加载历程曲线开始出现较大变化，荷载增加到 2.0 倍后测点应变急剧变化，在 2.5 倍设计荷载时，试验模型失去承载力。

(3)实测变形分析

黄埔大桥钢箱梁试件上共设置 30 个变形测点，其中钢箱梁顶板上设置 11 个变形测点，横隔板 HG2 上设置 13 个变形测点，钢箱梁底板上设置 2 个变形测点，两桁架式纵隔板节点板上各设置 1 个变形测点。通过对变形测点所测数据的分析，可以得到试件各部分在加载中的变形趋势。

①钢箱梁顶板变形分析

测点数据表明，1.0 倍设计荷载加载过程中，钢箱梁顶板上测点的竖向变形随荷载大致呈线性变化，卸载后测点变形局部恢复到 0 附近，钢箱梁顶板在加载过程中处于弹性范围。顶板变形形状基本上与简支梁的变形形状一致，跨中位置变形最大。在极限荷载加载过程中，当荷载不大于 1.0 倍设计荷载时，顶板变形仍在弹性范围内，当超过 1.0 倍设计荷载时，钢箱梁桥面板上多数变形测点出现跳跃，但还是跨中部分的测点变形最大。在完全卸载后，各测点变形无法完全恢复。

②横隔板 HG2 变形分析

与钢箱梁顶板一样，在设计荷载加载过程中，横隔板 HG2 上大部分测点变形随荷载大致呈线性变化，且卸载后测点变形基本恢复到 0 附近，横隔板 HG2 在加载过程中处于弹性范围。在极限荷载加载过程中，当 0 ~ 1.0 倍设计荷载的范围内，测点变形亦大致呈线性变化，超过 1.0 倍设计荷载后，多数变形测点出现跳跃，数据较乱，并且在完全卸载后，各测点变形无法恢复。

③纵隔板节点板变形分析

由变形数据可知，在两种荷载工况下，节点板的面外变形数值均很小，在1.0倍设计荷载时几乎不发生面外变形。说明和节点板相连的板件和桁架杆件对节点板的约束较强，节点板能较好地传递吊机荷载。

④试验梁段极限状态

在极限荷载的加卸载过程中，明显看到了横隔板板块及加劲肋出现局部屈曲，在卸载至0后仍很明显。

3）纵隔板模型试验

黄埔大桥北汊斜拉桥的扁平钢箱梁纵隔板采用板式纵隔板和三角桁式纵隔板两种。其中，标准梁段处采用三角桁架式纵隔板，在支座附近采用板式纵隔板。通过对钢箱梁纵隔板空间有限元仿真分析和模型试验，研究施工阶段钢箱梁纵隔板在局部荷载作用下的稳定性，可以为纵隔板的优化设计及局部构造提供建议。

（1）纵隔板模型

纵隔板稳定性研究所采用模型是在完成横隔板稳定性试验的梁段模型上截取纵隔板附近区域。根据纵隔板实际受力，调整加载方式，完成纵隔板模型试验。

（2）纵隔板试验设计

①加载设计

纵隔板试验模型采用简支结构，在跨中通过千斤顶单点加载。试验中加载分两个荷载工况，工况1为设计荷载工况，工况2为极限承载力荷载工况。工况1主要考察设计荷载作用下纵隔板应力分布情况，工况2主要研究纵隔板的极限承载力（第二类稳定问题）。工况1荷载由零逐级增加到设计荷载，再卸载至零；工况2荷载由零逐级增加到设计荷载。继续逐级加载，直至丧失承载力。

②测点布置

纵隔板模型试验测试内容包括应变测试及变形测试。在组成桁架式纵隔板的钢管及节点板上布置一定数量的应变测点。节点板上布置三向应变花，钢管上布置单向应变片。

（3）纵隔板模型数值分析

①应力计算

采用有限元软件ANSYS建立纵隔板试验模型（缩尺比例1:2.5）的空间计算模型。有限元计算模型采用了SHELL181壳单元、BEAM188梁单元。钢箱梁的顶板、底板、腹板、U肋、扁钢加劲肋、横隔板、纵隔板钢管桁架用BEAM188单元模拟。

计算结果表明，纵隔板试验模型应力分布与梁段局部有限元模型中纵隔板应力分布基本一致，设计荷载作用下，纵隔板桁架钢管（未加固）应力偏大，节点板局部也出现较大应力。

②局部稳定分析

利用ANSYS计算纵隔板试验模型在设计荷载作用下的弹性稳定系数，计算结果表明，桁管未加固时纵隔板试验模型的弹性稳定系数大于2.0，小于4.0，弹性稳定系数偏低。

（4）纵隔板试验结果

①设计荷载工况

试验荷载工况1研究了设计荷载作用下纵隔板的应力及变形，设计荷载作用下单轴测点的单向应力应变花值表明节点板及钢管应力随荷载增加呈线性变化，卸载时应变略有延迟，但最终能基本完全恢复。纵隔板变形测点也基本上按线性变化，设计荷载作用下纵隔板处于弹性工作阶段。

②极限荷载工况

试验荷载工况2研究了极限荷载作用下纵隔板应力及变形，极限荷载作用下单轴测点的单向应力及应变表明纵隔板节点板上多数测点达到屈曲，钢管上有测点达到屈曲。极限荷载作用下，纵隔板钢管上部分测点应力出现卸载现象。

③纵隔板破坏模式

千斤顶荷载施加到 1 250kN 时,纵隔板试验模型失去承载力,试验模型多处出现破坏。

4)纵隔板试验结论

通过纵隔板模型试验,可以得出以下几点结论:

(1)设计荷载作用下纵隔板处于弹性工作阶段,节点板及钢管应力随荷载增加呈线性变化,卸载时应变略有延迟,但最终能基本完全恢复,纵隔板变形测点也基本上按线性变化。

(2)超过设计荷载后,随着荷载增加节点板及钢管应力及结构变形变化越来越明显,千斤顶荷载达到 1 250kN 时(极限荷载)纵隔板丧失承载力,纵隔板试验得到的荷载稳定系数为 1.4。

(3)纵隔板达到极限承载力时,破坏模式可能是钢管弯曲屈曲或局部压屈失稳,采取加固措施的节点板局部测点应力较大,但节点板未见明显变形。

(4)纵隔板试验模型钢管未采取加固就,实桥纵隔板钢管加固后截面增大,截面积增加,惯性矩增大,应力降低,稳定系数将提高。

(5)试验模型为 1:2.5 缩尺模型,试验模型制造相对粗糙,初始缺陷对结构承载力影响较实桥严重,试验模型得到的稳定系数受初始缺陷影响突出。

4. 钢箱梁变形及桁管内力的参数分析

1)纵隔板设置对横向变形的影响

在悬索桥中,主缆是主要承重结构,而钢箱梁主要起到分配荷载到附近的吊索,并传给主缆的作用;其钢箱梁吊装时,多采用跨缆吊机,吊机支点力由主缆承担,悬索桥的钢箱梁在施工和运营过程中的荷载都不大。因而所采用的扁平钢箱梁多没有纵隔板,如江阴长江大桥、虎门大桥等。而在斜拉桥中,钢箱梁是主要承重构件之一,而且如果采用桥面吊机吊装梁段,施工过程中钢箱梁将承受吊机巨大的作用力。所以,扁平钢箱梁斜拉桥的钢箱梁中,多数都有纵隔板,将钢箱梁分隔成单箱多室的结构,也有些钢斜拉桥采用双箱单室的钢箱梁,即边主梁的形式,如东营黄河大桥、汕头礐石大桥等。

黄埔大桥钢箱梁在塔根部无索区、辅助墩顶和过渡墩顶等有竖向支承的区段,采用板式纵隔板,在其他区域采用桁架式纵隔板。由于桁架式纵隔板数量多,针对桁架式纵隔板,分别就其位置和刚度两个因素进行分析。

2)纵隔板位置对横向变形的影响

扁平钢箱梁中间往往设置两道纵隔板,通过设置纵隔板,使扁平钢箱梁由单箱单室变成了单箱多室,从而提高了截面的刚度。此外,还可改善悬臂拼装阶段扁平钢箱梁的相对横向变形。纵隔板的位置决定了纵隔板对横向体系的支撑位置和吊机支点的作用位置。

为了研究纵隔板位置对箱梁横向变形的影响,按三种方式安排纵隔板的位置,离横向中心位置分别是 7.9m、9.4m 和 10.9m,定义为 A、B 和 C 三种布置情况,纵隔板间距和腹板间距之比分别是 0.45、0.53 和 0.62。与之相适应,吊机前支点后后锚点的集中力也相应移动。B 布置情况和实桥一致。计算荷载包括自重、索力和吊机集中力。

由计算结果可以看出纵隔板越靠内,相应的吊机反力也越靠内,挠度越大。因此,纵隔板的位置在能够满足结构合理性的基础上,靠外布置,可以减少横向挠度。

3)纵隔板刚度对横向变形的影响

桁架式纵隔板主要构件之一的桁杆,主要采用钢管和角钢,以受轴力为主。同时桁杆必须要有一定的刚度来保证纵隔板的整体性和刚度。桁杆的截面面积变化也引起了纵隔板刚度的变化,对箱梁横向变形也就有了影响。

4)纵隔板参数变化对应力的影响

扁平钢箱梁斜拉桥的桥面宽度大多数在 30m 左右,在轴力和弯矩作用下,箱梁上下翼缘的应力分配相当不均匀,有着明显的剪力滞现象,在箱梁中间设置纵隔板可以有效地增加翼缘有效宽度。在斜拉桥施工过程中纵隔板可以减少桥面的横向变形,有利于梁段拼接。除此之外,施工中吊装梁段时,桥面吊机对桥面有强大的集中力作用，且往往在纵隔板处，因此纵隔板就会受到很大的作用，而且桁架节点处应力集中明显，应力分布相当复杂。

钢箱梁的纵隔板主要有两种：板式纵隔板和桁架式纵隔板。板式纵隔板主要布置在竖向支座位置附近，以抵抗这些区域较大的剪力，但其刚度大，应力水平也较低，有较大的承载力。桁架式纵隔板使用量较大，但刚度较小，在吊机支点力作用下节点板附近容易出现应力集中，目前已有钢斜拉桥在施工中，桁架式纵隔板的桁杆与节点板连接处焊缝在吊机反力作用下被撕开的先例。

钢箱梁桁架式纵隔板斜杆钢管的应力水平较高，轴向压应力为176MPa，轴向拉应力为156MPa，在靠近桁架弦杆节点板附近应力值更大。钢箱梁桁架式纵隔板弦杆上的小节点板的压力水平亦较高，大致在250MPa左右。为了验证和进一步了解桁架式纵隔板的受力情况，单独建立了纵隔板的有限元模型，并分析了桁管刚度和强度改变对桁管应力的影响。

5）纵隔板计算分析

先利用施工阶段钢箱梁变形计算的混合有限元模型计算出桁管的内力，用薄壳单元分别建立了上下节点板的局部有限元模型，将桁管的内力加到局部模型上去，既可以控制计算规模，又能保证计算精度。

计算结果表明，在梁段吊装过程中，桁管所受的轴力很大，其应力超出容许值很多；而稳定性不论是采用建规的公式计算，还是有限元的弹性分析，都表明稳定性是有保证的。纵隔板所存在的问题主要是强度问题，而非稳定问题。

6）纵隔板改进措施

纵隔板在施工过程中应力超限，桁管和节点板的连接处正是其危险区域。降低桁管应力的途径有两种：一是增强桁管的刚度和强度，即加大桁管截面并改用Q345钢材；二是设法减少纵隔板所受的荷载，可以通过改变吊机的作用位置或是改变纵隔板的位置来达到。

纵隔板一般应该布置在钢箱梁中间位置，以求最大限度地提高钢箱梁的整体刚度并增加截面的有效宽度，所以纵隔板的位置所能调整的余地有限，可改善的幅度也就不会太大。

另外，就是改变吊机作用力位置。如果将作用力位置改到腹板和顶板的交点处后，吊机巨大的作用力将不会直接作用在纵隔板处，而是作用在刚度更大的腹板处，再通过腹板传递给主梁，从而使纵隔板参与受力。经过计算，作用力改到腹板位置后，纵隔板桁管受到的最大拉力为554kN，最大压力位564kN，仅为吊机作用力位置在纵隔板处时的1/2左右，而且各个桁管的受力更加均匀。但是由于腹板处布置有斜拉索，布置空间有限，如果对所放置大型桥面吊机专门的设计可以解决这个问题的话，不但可以减少纵隔板桁管的受力，而且施工过程中的梁段的横向挠度也会大大减少，极大地方便梁段的拼接，提高施工的质量和速度。

7）提高桁管的刚度和强度的方法

提高桁管的截面积和惯性矩，自然可以减少桁管的应力，但是两者的关系并不是线性的，这是因为整个梁端体系是一个超静定结构，桁管刚度的改变，自然就会引起桁管内力的改变。

当桁管面积变化而惯性矩不变时，轴力随着截面积的增大而增大，增大的速率越来越小。当桁管截面积不变而惯性矩变化时，轴力略有减小，但其变化很小，最大也仅为1.5%；弯矩随惯性矩的增大而增大，增大的速率也越来越小。

另外，管状截面形式，抗弯惯性矩较小，而桁管也受到相当程度的弯矩，改用抗弯惯性矩较大的工字形、H形或方管截面应该有更好的效果，相应的其节点形式也应改变。

8）分析结论

钢箱梁变形及桁管内力的计算结果表明，施工过程中纵隔板在桥面吊机集中作用下承受很大的荷载，超出了限值，而在运营阶段桁管受到最大轴力。片面地加大桁管的尺寸虽然也可以达到目的，但是显然过于浪费材料。如果将吊机改到腹板位置，虽然避免了纵隔板受力过大的问题，却又给主缆的布置带来困难。为解决这个问题，可以加大纵隔板的刚度（大幅增加桁管尺寸，甚至全桥改用板式隔板）；而使外腹板成为主要受力构件，这样就解决了上述的两难问题。当然这样的构造也有着很多问题值得研究，比如如何保证索力顺利地向纵隔板传递就是其中较为突出的问题。

六、长寿命斜拉索耐久性技术研究

1.研究背景

斜拉索是斜拉桥的主要受力构件，本桥采用热镀锌平行钢丝冷铸锚斜拉索。

平行钢丝索是将一束镀锌平行钢丝作为一个整体构件放在聚乙烯套管内，两端安装灌注环氧铁砂填料形成冷铸锚具。

中国从20世纪80年代初，借鉴国外电缆技术的热挤聚乙烯平行钢丝拉索技术在我国得到广泛的推广和应用。这种热挤聚乙烯平行钢丝拉索是把若干根高强镀锌钢丝采用同心绞合方式扭绞成型，绞合角为2.5°~3.5°，扭绞后在钢索外面绕包高强度聚酯纤维带并在钢索上热挤高密度聚乙烯防护层。此种新型平行钢丝拉索整体(索体和锚具)均在工厂进行了荷载为1.4倍设计荷载超张拉检验，张拉时只需对锚具施加张力即可完成斜拉索的张拉。双层高密度聚乙烯是热挤斜拉索的主要防腐措施，一般可以保证25~30年的使用寿命。

随着桥梁技术的不断发展，桥梁跨径的增大以及新材料技术的运用，对斜拉索的耐久性提出了新要求。

黄埔大桥北汊桥为独塔钢箱梁斜拉桥，跨径组成为383m+197m+63m+62m，主桥全长705m，主梁全宽为41m。采用热挤聚乙烯高强钢丝斜拉索，数量共计88根，规格分别为：PES(C)7-121、PES(C)7-139、PES(C)7-163、PES(C)7-199、PES(C)7-223和PES(C)7-253，最长索长391.2m，质量28.4t。斜拉索表面采取压花的空气动力学措施，使用寿命为50年。

黄埔大桥长寿命拉索耐久性技术研究针对目前斜拉索存在的问题、技术特点及50年的使用寿命要求，从斜拉索的腐蚀机理入手，从原材料开始，对斜拉索整体包括锚头在内的所有防腐系统进行全面系统的研究，达到进行全长多层隔离或防护的目的，完全隔绝水分以及其他有害物质进入索体来提高斜拉索的使用寿命。

2.长寿命斜拉索关键技术研究

1)斜拉索腐蚀机理及分类

斜拉桥横跨各类大江、大河、山川、海湾，连接陆地和岛屿，地理位置千变万化，各处气候条件复杂，腐蚀环境亦不相同。如南方的湿热和酸雨，城市的工业大气的CO_2、H_2S、NO、NO_2和SO_2等，沿海的盐雾等都是造成斜拉索构件寿命失效的主要因素。斜拉索各构件的寿命失效根据不同的材料又分为大气腐蚀和大气老化。

斜拉索长期暴露在空气中，由于空气中的水分、氧气和腐蚀介质(如雨水中杂质、灰尘、表面沉淀物等联合作用)的化学和电化学作用引起的金属腐蚀现象称为大气腐蚀。斜拉索的金属腐蚀发生的两个基本条件是水和氧气，其本质上是钢构件与周围介质发生电化学反应。当没有保护层的钢暴露在潮湿有氧的环境中，就会发生阳极反应和阴极反应。如果腐蚀环境是导电的电解液(如有杂质的水)，那么羟基离子就会被传输到阳极，由于羟基离子的存在，铁离子就会形成三氧化铁，即常见的红褐色铁锈。

受太阳紫外线、热辐射的影响，空气中温度和湿度等作用，使非金属高分子材料如高密度基乙烯、橡胶等的分子键发生裂解、分解，引起的外观、力学性能、物化性能劣化的现象，称为大气老化。

黄埔大桥位于南亚热带季风气候区，地处低纬，地表接受太阳辐射量较多，同时受季风的影响，夏季海洋暖气流形成高温、高湿、多雨的气候；冬季北方大陆冷风形成低温、干燥、少雨的气候，年平均气温为21.4~21.9℃，绝对最高气温38.7℃。年平均太阳辐射值为4367.2~4597.3MJ/m^2。可见斜拉索所处环境极易发生大气腐蚀、大气老化等影响耐久性的问题。表2-1-19为斜拉索体系各个构件的腐蚀分类表。

斜拉索体系各个构件的腐蚀分类表

表 2-1-19

名　称	构件名称	寿命失效种类
斜拉索体系	钢丝	大气腐蚀
	HDPE 护套	大气老化
	锚具	大气腐蚀
	其他构件	大气腐蚀

根据斜拉索寿命失效的分类和机理，提高保证斜拉索长寿命需从以下几个方面入手：

(1)对于金属钢铁材料(如钢丝、锚具)，采用腐蚀防护的方法(如镀锌)来提高耐腐蚀性能，镀锌层同时具有阴极保护的效果。

(2)保护层 HDPE 护套，进一步提高了耐大气老化性能。

(3)提高斜拉索各构件的密封性能，阻止水分进入索体，切断金属腐蚀的根源。

2)长寿命斜拉索耐久性技术研究内容

黄埔桥长寿命斜拉索耐久性技术研究内容包括以下几个方面：优质镀锌钢丝防腐技术研究、50 年耐久型斜拉索防腐结构的研究及比较、长寿命耐久型热挤聚乙烯材料的研究。

(1)优质镀锌钢丝防腐技术研究

斜拉索是数根钢丝经过轻度扭绞而成的集合体，采用高强度、高韧性及抗疲劳性能高的热镀锌钢丝是保证斜拉索耐久性的一个基本措施。

黄埔大桥长寿命斜拉索的原材料采用高强度、高韧性、高疲劳强度优质镀锌钢丝，钢丝表面采用熔融热镀锌的方法作为耐久性热挤聚乙烯拉索最基本防腐措施。锌层用量为 $300g/m^2$。

黄埔大桥长寿命斜拉索的热镀锌钢丝具有以下两个优点：

①镀层结合强度高。热浸镀锌工艺过程中，熔融锌充分浸入经酸洗的钢丝中，并与基体形成锌合金，镀层自内向外分别由锌铁合金层、过渡层和纯锌镀层组成，镀层具有一定韧性，结合力高。

②耐腐蚀性好，镀锌层相对钢铁为阳极，它能提供钢铁阴极保护。锌腐蚀产生的不溶性氢氧化锌及氧化锌膜具有很好的稳定性，也将使钢基本的耐腐蚀性能进一步提高。

镀锌钢丝在使用前，通过严格的锌层质量检测来检验是否合格，包括硫酸铜试验、缠绕试验及单位面积锌层附着量试验。

根据锌涂层的耐久性与其使用环境之间的直接关系，可计算出大气中锌涂层的耐用年限，其具体计算公式如下：

$$\text{耐用年限} = \frac{\text{锌附着量}(g/m^2)}{\text{腐蚀速率}(g/m^2)} \times 0.9$$

假定锌皮膜在 10% 残留量时开始生锈(JIS H8641)，使用环境与锌腐蚀速率关系如表 2-1-20 所示。

使用环境与锌腐蚀速率关系表

表 2-1-20

暴露试验地区	每年腐蚀速率(g/m^2)	每年平均腐蚀速率(g/m^2)	暴露试验地区	每年腐蚀速率(g/m^2)	每年平均腐蚀速率(g/m^2)
重工业地区	32 ~ 35	34	田园地区	8 ~ 12	10
都市地区	12 ~ 18	15	山间地区	3 ~ 8	6
海岸地区	11 ~ 14	13	干燥地区	2 ~ 5	4

根据黄埔大桥所处的地理化境，以海岸地区为参考环境，以锌附着量 $300g/m^2$ 为基准，计算镀锌钢丝的使用寿命：

$$\text{镀锌钢丝的耐用年限} = \frac{\text{锌附着量 } 300(g/m^2)}{\text{腐蚀速率 } 13(g/m^2)} \times 0.9 = 21\text{ 年}$$

此计算说明，黄埔大桥斜拉索在没有任何保护的前提下，其钢丝锌层可满足斜拉索 21 年的使用寿命。但在实际情况中，钢丝的锌层会因为各种原因被损伤，因而其实际寿命也达不到21年。因此，在斜拉索制作过程中钢丝的保护技术也很关键。黄埔大桥斜拉索制作过程中锌层的保护技术包括以下几个方面：

a.钢丝的包装采用是双层PP布；

b.钢丝的存储地采用橡胶板等柔性材料保证钢丝与地面或者钢板隔离；

c.钢丝在短途运输中，叉车叉齿采用HDPE护套保护；

d.生产车间的放丝架外圆周上采用地毯布保护，避免钢丝与铁接触；

e.所有钢丝接触的滚轮均采用尼龙或者陶瓷保护。

(2)50年耐久型斜拉索防腐结构的研究及比较

斜拉索布置于梁体外部，并长期处于高应力状态下，其截面尺寸又小，故对腐蚀作用非常敏感，即使发生轻微的腐蚀，其强度也会有较大的损失。通过分析研究，以上问题的原因主要有以下几个：缆索体系防护结构不合理、缆索体系的防护材料（如HDPE）耐久性能较差、缆索锚头防腐不到位及密封结构不合理。因此，合理的体系结构是保证斜拉桥耐久性的重要因素。

传统的热挤聚乙烯拉索防腐结构措施（图2-1-10）如下：

索体：钢丝热镀锌＋热挤单层或双层高密度聚乙烯。

锚具：锚杯和螺母均采用电镀锌，锌层厚度为15～25μm。

锚头：无明确要求，一般采用连接筒。

针对黄埔大桥斜拉索50年的使用要求，本研究在以往结构的基础上，进行了长寿命斜拉索防腐结构研究，包括：索体多层防腐结构的技术研究、锚具新型防腐技术研究、锚具密封结构研究。

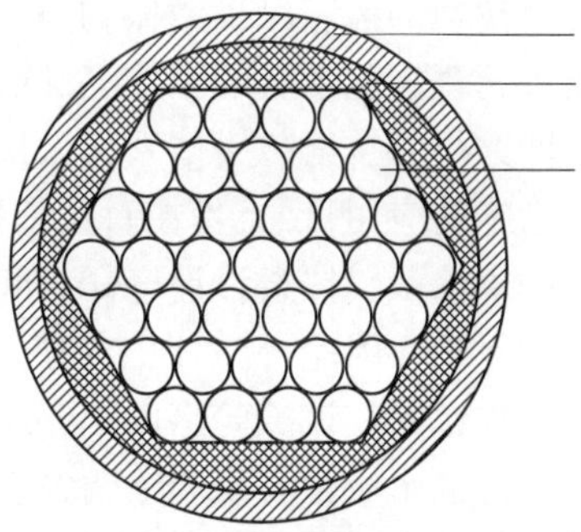

图2-1-10　钢丝热镀锌＋热挤双层高密度聚乙烯

①索体的多层防腐结构研究

索体的多层防腐结构主要指在传统的热镀锌钢丝＋高密度聚乙烯的基础上增加填充材料或者缠绕PVE氟化膜胶带进行进一步防腐的技术。以下对两种结构进行分析：

a.镀锌钢丝＋索体内填充油脂或者微晶蜡＋双层高密度聚乙烯（图2-1-11）

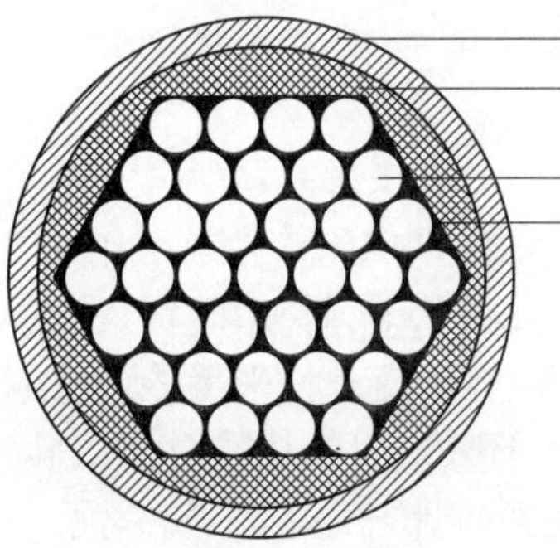

图2-1-11　镀锌钢丝＋索体内填充油脂或者微晶蜡＋双层高密度聚乙烯

对于索体内填充油脂或者微晶蜡的技术，从表面上讲，填充材料阻止了索体内水分流入的通道，有利于斜拉索结构的防腐。但国内外桥梁专家均未对油脂材料对钢丝镀锌层及HDPE的影响进行详细的研究，本课题对该内容进行了系统研究。

建筑防腐油脂在化学成分上都是高级脂肪酸跟甘油所生成的酯。

蜡是一种高分子量热塑性固体，其主要成分是不饱和脂肪酸与醇生成的酯。微晶蜡是一种具有极小晶体结构的蜡，一般是60%～65%的脂肪酸，32%～34%的高级醇，1.4%～3.5%的甘油。

以上两种材料均含有脂肪酸，脂肪酸在氧气的作用下会发生分解，产生水（H_2O）和二氧化碳（CO_2）。因此，以上两种材料作为填充材料的斜拉索在假设一段时间后，其中的脂肪酸分解产生水分，并使水分滞留在索体内，形成索体的锈蚀。

其次，油脂和微晶蜡经过长时间的氧化会产生其他有害物质，会造成HDPE材料中抗氧化剂等提高高密度聚乙烯的耐老化性能成分的离析，减低高密度聚乙烯的耐久性。

综上所述，镀锌＋索体内填充油脂＋双层高密度聚乙烯的技术目前还不完善，需要开发一种新型既不影响钢丝锌层又不影响高密度聚乙烯耐久性且适用于热挤聚乙烯拉索工艺的填充材料。

b. 镀锌钢丝＋缠绕 PVF＋双层高密度聚乙烯（图 2-1-12）

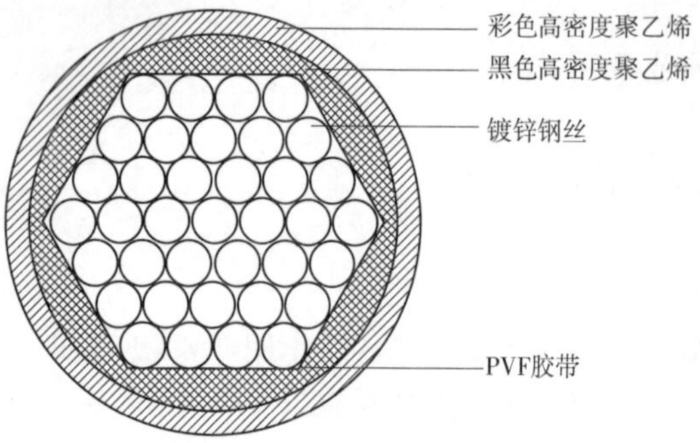

图 2-1-12　镀锌钢丝＋缠绕 PVF 性能＋双层高密度聚乙烯

氟化膜胶带是一种新型氟树脂材料，氟树脂是一类由乙烯分子中氢原子被氟原子取代后的衍生物合成的聚合物。氟树脂的分子链结构中由于有 C-F 键，碳链外又有氟原子形成的空间屏蔽效应，故其具有优异的化学稳定性和耐老化性。树脂中的 F-C 键，在热、光（包括紫外线）的作用下，F-C 键难以断裂，因此具有超长的耐候性及耐化学介质腐蚀。聚氟乙烯具有氟树脂中最高的拉伸强度，最低的气体透过系数和极优异的耐气候性，在大气中使用寿命长达 25 年，是一种极优的耐老化材料。聚氟乙烯薄膜能完全避免表面针孔，裂纹等缺陷。

由于考虑斜拉索的抑制风雨激振的空气动力学措施的可靠性和有效性，本研究创新性地将 PVF 胶带缠绕在钢丝束缠绕缠包带后的索体上，既发挥了其卓越的防腐性能，又保证了斜拉索的抗风雨振措施的有效性。黄埔大桥斜拉索防腐体系便采用此结构体系。

综合防腐措施的应用目的，是在斜拉索聚乙烯护套失效或者破坏的前提下，使 PVF 胶带或油脂提供另外一层防腐层来保证斜拉索设计寿命，同时也为了保证斜拉索在施工过程中由于破坏来不及修复时为斜拉索提供临时保护。因此，针对以上情况进行了模拟自然降雨情况，对不同防腐结构斜拉索进行了破坏 HDPE 后的淋水试验。该试验将内层缠绕了氟化膜胶带的拉索、填充了油脂的拉索及传统拉索同时在破坏 HDPE 后进行淋水试验。试验证明，经过 240h 的连续人工降雨，40t 的水喷淋，缠绕聚氟乙烯薄膜的耐久型拉索索体未进入水汽，填充油脂的拉索硅胶已经变色，而普通拉索钢丝之间已经充满游离液态水。因此，聚氟乙烯薄膜对于拉索在 HDPE 失效后的防水抗腐蚀性是有效的（详细内容见斜拉索淋水试验报告）。

盐雾腐蚀是一种常见的和最有破坏性的大气腐蚀。这里讲的盐雾是指含氯化物的大气，它的主要腐蚀成分为海洋中的氯化物盐——氯化钠，它主要来源于海洋和内地盐碱地区。盐雾对金属材料表面的腐蚀是由于含有的氯离子穿透金属表面的氧化层和防护层与内部金属发生电化学反应引起的。同时，氯离子还有一定的水合能，易被吸附在金属表面的孔隙、裂缝，排挤并取代氯化层中的氧，把不溶性的氧化物变成可溶性的氯化物，使钝化态表面变成活泼表面。

黄埔大桥长寿命斜拉索的高密度聚乙烯在理论上可以使用 50 年，大气无法直接接触钢丝，因此，不存在索体的盐雾腐蚀。但由于在施工过程中，不可避免地存在 PE 损伤的情况，短期内索体会暴露在大气中，在此情况下，大气中的有害物质会侵入索体，多层防腐结构正是为了提高此情况下斜拉索的耐久性。

斜拉索索体盐雾试验是一种主要利用盐雾试验设备所创造的人工模拟盐雾环境条件来考核斜拉索产品耐腐蚀性能的环境试验。本试验对不同防腐结构斜拉索进行局部破坏 HDPE 后的盐雾对比试验。结果表明，经过 3 000h 后，缠绕 PVF 胶带的斜拉索索体未出现锈蚀，填充油脂的斜拉索也未出现锈蚀，但填充油脂已经硬化，出现严重破裂，可以推断，在活载下将失去对钢丝的保护作用，传统结构的斜拉索已经出现白锈。

②螺母式锚具新型防腐技术研究

斜拉桥拉索锚头的作用是锚固拉索，传递索力，把桥梁恒载和活载通过斜拉索传递给桥塔。因此，斜拉索锚具是斜拉索体系的一个关键构件，其防腐技术直接影响到斜拉索体系的使用寿命。目前，用于锚具防护的涂层技术有电镀锌、热镀锌、富锌环氧漆等涂层技术等防护技术。斜拉索锚具根据结构形式可分为端面承压式（图 2-1-13）和螺母承压式（图 2-1-14），对于不同结构形式的锚具需采用不同的涂层防腐技术。

端面承压式利用锚具的端面直接承压在锚垫板上，通过使用不用的间隙调整板调整拉索的长度。该方法需要准备多钟厚度不同的调隙板，以满足施工要求，在施工过程中需要把锚杯完全拉出预埋钢管才能锚固，对于超长大拉索的施工，有一定的难度。但该种类型的锚杯不需要螺母，锚杯没有外螺纹，锚具外表面为光滑表面，在防腐处理方面可以采用电镀锌、普通热镀锌防护技术及油漆涂装技术。

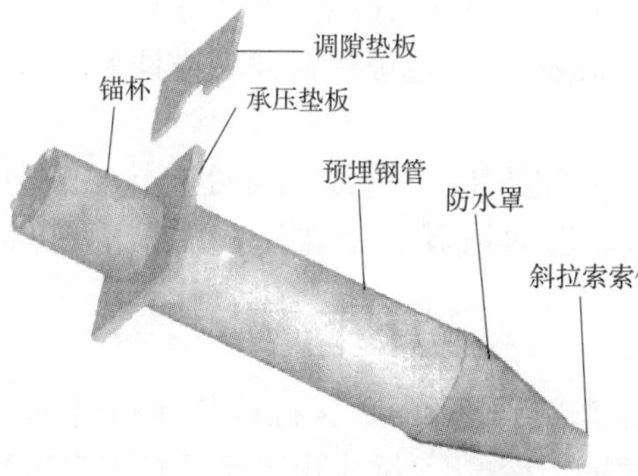

图 2-1-13　端面承压式锚具

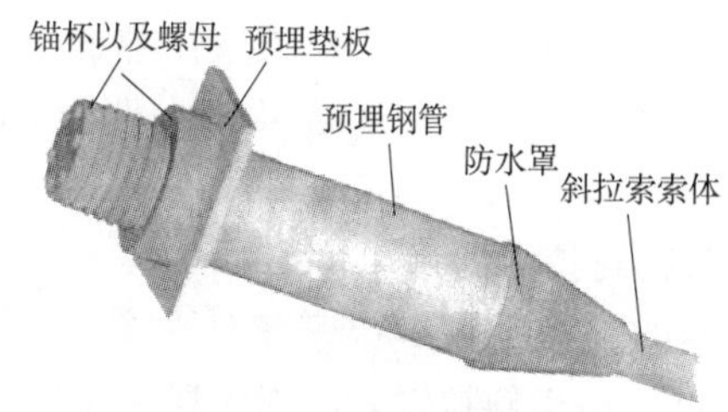

图 2-1-14　螺母承压式锚具

螺母承压式锚具（图 2-1-14）是通过螺母端面承压传递荷载，同时可以通过螺母调节斜拉索的长度。该方法的优点是拉索的长度可连续调整，且在施工过程中，牵引方便，施工难度较小。目前，我国大多数斜拉索采用此方法锚固。由于锚杯有外螺纹，因此，该类型锚具无法采用油漆涂装或者热镀锌处理，只能采用锌层厚度较薄的电镀锌防腐技术，其锌层的厚度一般为 15 ~ 25μm，耐久性较差。

根据黄埔大桥长寿命斜拉索技术要求，采用螺母承压式锚具且须满足 50 年的使用寿命。本研究针对黄埔大桥斜拉索锚具的结构形式及使用寿命要求，研究出一种适用于螺母承压式锚具的耐久性涂层技术，以满足其要求。

根据锌涂层的耐久性与其使用环境之间的直接关系，可计算出大气中锌涂层的耐用年限，其具体计算公式如下；

$$耐用年限 = \frac{锌附着量(g/m^2)}{腐蚀速率(g/m^2)} \times 0.9$$

根据黄埔大桥所处的地理环境，以海岸地区为参考环境，以耐用年限 50 年为目标，计算过程如下：

$$\begin{aligned}锌附着量(g/m^2) &= 耐用年限 \times 腐蚀速率(g/m^2)/0.9 \\ &= 50 \times 13/0.9 = 650/0.9 = 722(g/m^2)\end{aligned}$$

根据锌层的厚度与质量的关系 1μm = 7.2g/m^2 可知，锌层厚度需达到 90μm，即可从理论上满足黄埔大桥斜拉索锚具的使用要求。

热镀锌的原理，即是将已清洗洁净的铁件浸入锌浴中，使钢铁与熔融锌反应生成合金化的膜。热镀锌锌层结构分为三层（图 2-1-15），最外层的纯锌层是一个稠密六方晶系，质软、富于延展性，变形加工不易破裂，锌纯度约 98.5% 以上；中间一层为一显著单斜系柱状组织，以 FeZn13 化学成分存在，铁含量约 6%；最靠近铁基的一层致密合金层构造复杂，富有韧性及延展性，以 FeZn7 的化学成分存在，铁含量约 7% ~11%。

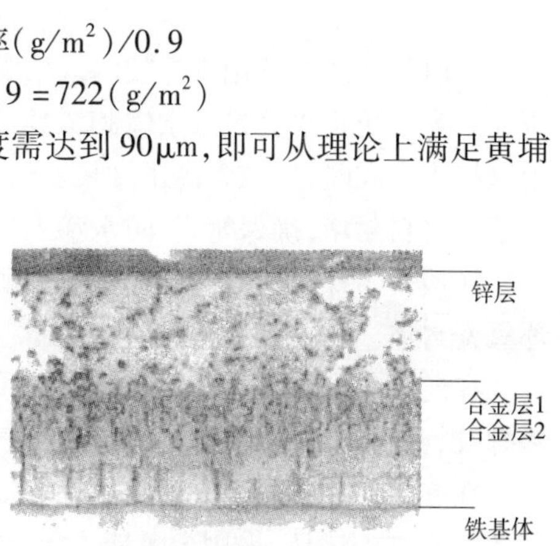

图 2-1-15　热镀锌锌层结构

热镀锌工艺与其他金属防腐蚀方法相比，在镀层电化学保护性、镀层致密性、镀层耐久性、镀层免维护性、镀层与基体结合力等方面具有其他工艺无法比拟、得天独厚的优势。该技术防腐性能较好，可以用于长寿命耐久型拉索的锚具。但是，由于螺纹的配合等问题，目前普通的热镀锌工艺技术不能用于螺母锚固式锚具，只能用于端面承压式锚具。

通过工艺研究以及试验，并对传统的热镀锌工艺进行研究分析，采用热镀锌后离心旋转处理的技术，使螺纹配合处的锌层均匀，满足螺纹配合要求，将此热镀锌技术用于螺母式锚具的防腐，能满足珠江黄埔大桥长寿命斜拉索锚具的防腐寿命要求。其具体工艺流程为：酸洗→热镀锌→起吊→离心处理→干燥。

由于热镀锌时需将锚杯浸入460℃左右的锌浴中，传统观点认为，该温度会对锚具强度产生一定的影响，但由于锚杯壁较厚，一般大于20mm，因此，该热镀锌并未对锚具的机械性能产生较大的影响。本研究对经过热镀锌的锚具进行了静载破断试验检验，试验结果表明，经过破断荷载后锚具无变形、无损伤，完全满足结构工程荷载要求。

对于黄埔大桥长寿命斜拉索采用热镀锌后离心旋转处理技术，在螺纹配合处镀锌层均匀，满足螺纹配合要求，锌层厚度试验结果也表明此热镀锌技术处理的锚具满足珠江黄埔大桥50年的使用要求。

③锚头密封技术研究

斜拉索的锚头是将斜拉索索体与箱梁、桥塔连接起来的构件，也是斜拉桥传递荷载的主要构件（图2-1-16）。由于斜拉索索体保护层采用连续的高密度聚乙烯护套，除了由于聚乙烯本身的质量问题以外，一般水分很难进入。因此，斜拉索的锚头部位成为水分进入斜拉索索体的主要通道，且由于锚头在保护箱内，很难检查，该部位的防腐可靠性在斜拉索的耐久性能中尤其重要。

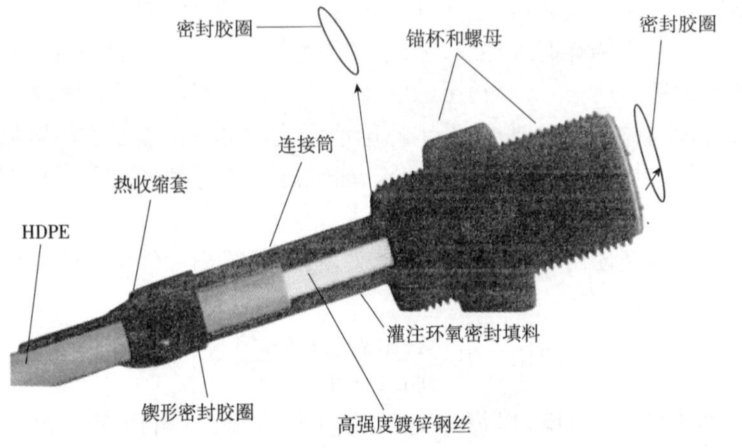

图2-1-16 锚头详图

本研究通过调查国内外技术规范和文献，在国内首次进行了斜拉索索体护套与锚具之间的密封技术研究。为了防止水分进入索体和锚具，结合液压以及气压密封原理，从锚具结构的设计上考虑该问题并予以解决。同时，斜拉索高密度聚乙烯防护层和锚具的连接处，保护层深入连接套筒内，二者之间的间隙用填充材料封堵，确保密闭、防水渗入。

连接筒与裸钢丝之间的缝隙采用耐老化性能较好的环氧密封填料浇灌，然后经过常温固化后，形成环氧密封体。

在连接筒和拉索索体的结合部位采用特殊设计的楔形密封胶圈，密封后面用带螺纹的压环压紧，拧紧螺纹，密封压环压紧密封胶圈，通过楔形原理和胶圈的变形来实现完全密封。

在连接筒和锚具之间通过细牙螺纹连接，采用O形密封胶圈密封。在锚具的端部，为防止水分以及其他物质进入锚杯，采用金属端盖板，锚杯与盖板之间采用气压用O形密封胶圈，拧紧盖板上的螺栓，压紧O形密封胶圈，防止水汽等有害物质进入锚杯，实现拉索的两端密封。

以上密封胶圈采用硅橡胶，硅橡胶即聚二甲醛硅氧烷，是由Si－O（硅－氧）键连成的链状结构，具有一种螺旋形分子构型，其分子间力较小，因而具有良好的回弹性，同时指向螺旋外的甲醛可以自由旋转，因而硅橡胶具有独特的表面性能，如憎水性，而且硅橡胶比其他普通橡胶具有更好的耐热性、化学稳定性等。普通橡胶在电晕放电产生的臭氧作用下迅速降解，而硅橡胶则不受臭氧影响，即使长时间在紫外线和其他气候条件下，其物性也仅有微小变化。

锚具与PE护套接合部位再用热缩套管收缩密封。该优质热收缩套是由辐射交联聚烯羟基材和特种密封热熔胶复合而成。辐射交联热收缩制品通过电子束或钴源辐射使高分子材料由线性结构转变成三维网状结构，并通过拉伸或扩张等加工手段使材料具有"记忆效应"，当再次受热时，产品能迅速收缩。该材料具有优异的耐磨损、耐腐蚀、抗冲击及良好的抗紫外线和光老化性能。

斜拉索防腐材料的可靠性均可通过相关的加速试验等到验证(如聚乙烯等有机材料可通过紫外线人工加速老化试验进行验证，其他防腐层可通过盐雾试验进行验证)，但斜拉索锚头的密封结构却没有科学的方法进行相关验证。因此，锚头部位的密封性能验证一直也是桥梁界关心的问题。2002年法国预应力协会出版的《CIP斜拉索的建议》在斜拉索的验收规范中提出了锚头水密性试验的要求(图2-1-17)。该试验考虑了以下因素：

a. 由于桥梁活载引起的斜拉索轴向荷载的变化导致的密封结构及材料变形。

b. 由于振动活载等原因引起的斜拉索二次弯曲导致的横向机械位移。

c. 由于气候原因引起的温度变化。

本研究针对珠江黄埔大桥长寿命斜拉索锚头密封性能进行了符合以上要求的动态水密性试验。

④长寿命斜拉索用高密度聚乙烯的耐久性研究

高密度聚乙烯亦称低压聚乙烯，其密度为0.94～0.97g/cm^3，相对于低密度聚乙烯和中密度聚乙烯，其化学性质稳定，具有较好的耐酸、耐碱、耐各种化学腐蚀的性能，具有优秀的流变性能、力学性能、耐环境开裂性能以及耐老化性能。影响耐久性拉索护套使用寿命的性能指标主要是耐老化性、耐环境应力开裂性能。

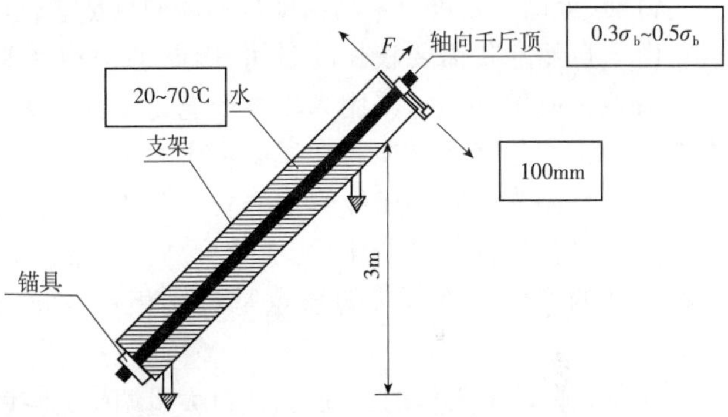

图2-1-17　斜拉索动态水密性试验示意图

聚乙烯材料的老化是材料在日光、风雨、寒热等自然气候条件下，在日光的紫外线、红外线，空气中的氧、臭氧、二氧化碳、二氧化硫、硫化氢、氮氧化物、氯、氯化氢、水以及气温变化等因素的长期作用，引起化学结构的破坏，导致原有性能丧失。斜拉索暴露在空气中，直接受到日光照射，而日光中的紫外线和空气中的氧互相作用，容易导致拉索护套急剧老化。

环境应力开裂是影响聚乙烯护套材料耐久性的另一个关键指标。环境应力开裂指标指聚乙烯受到低于其屈服点的应力或者低于其短期强度的应力(包括内应力、外应力以及两种应力的组合)长期作用下发生开裂而破坏的现象。

为了验证黄埔大桥长寿命拉索聚乙烯护套材料的耐久性，根据有机高分子材料领域中许多标准的、公认的环境试验方法，结合黄埔大桥斜拉索的使用环境，本研究课题对高密度聚乙烯材料老化机理及耐环境应力开裂机理进行研究并设计了相应的加速老化试验和耐环境应力试验。

a. 斜拉索用高密度聚乙烯老化机理研究

高密度聚乙烯的老化实质上是聚乙烯材料的光氧化降解和热氧化降解的过程。

聚乙烯光降解是按自由基链反应机理进行的，高密度聚乙烯含有如下所示的不饱和基团，在热氧化过程中，这些不饱和基团(亚乙烯基)生成了氢过氧化物。

作为链反应引发剂的氢过氧化物在加热、紫外线照射等条件下进一步分解转化成自由基，引起断链和交联等反应，即老化。

纯的HDPE对于紫外线照射不具有良好的防腐性，因此耐久性也比较差。

基于以上老化机理，为了提高斜拉索高密度聚乙烯的耐久性，在高密度聚乙烯中加入炭黑及其他抗氧化剂。加入炭黑主要是为了让 HDPE 具有紫外线稳定性。炭黑加入量一般为(2.3 ±0.3)%,以达到较好的紫外线稳定性。加入炭黑的 PE 护套的颜色是黑色的。在相同紫外线照射下,黑色护套表面升温较快,在自然条件下,容易引起护套热膨胀引起的热胀冷缩,该因素也会影响护套的耐久性及斜拉索的其他性能。同时,考虑斜拉索的景观效应,斜拉索保护常做成双层,外层为彩色 HDPE,内层为黑色 HDPE。

b. 不同颜色的高密度聚乙烯耐久性的研究

颜色虽然增加了高密度聚乙烯的美感,但着色剂本身对高密度聚乙烯的耐久性却有一定的影响。颜料有双重作用:屏蔽辐射和促进聚合物的降解。颜料加入到聚乙烯中,一方面起光屏蔽效应,保护内层高密度聚乙烯不受紫外线照射;另一方面,颜料中金属离子受紫外线激发后变为活化金属离子,起着加速老化作用。颜料中的金属离子对高密度聚乙烯的老化影响,与颜料的种类、颜料中残存的重金属、pH 值等有关。

针对黄埔大桥,选择了理论上耐老化性能较好的白色进行了人工气候老化试验。

(3)高密度聚乙烯老化性能试验

高密度聚乙烯的老化试验包括自然气候老化及人工气候老化两种手段。

自然气候老化是将试样直接置于自然条件下,定期取样,检测其性能指标以判定其使用寿命的方法。

目前,全世界已进行了高密度聚乙烯的自然老化试验或者实际工程应用跟踪。

由于自然老化需要较长的时间,因此如何快速有效地检测高密度聚乙烯的耐老化性能是众多桥梁建设者关心的问题。采用人工气候老化试验推算高密度聚乙烯的寿命是解决该问题的一个有效的方法。人工加速老化试验将在试验室中模拟阳光、空气(氧)、温度(冷、热)、湿度和雨量等五个因素,而其重点是阳光。将高密度聚乙烯置于氙弧灯为光源的模拟和强化自然气候中的老化因素环境中,测定试样老化后性能的变化,从而评价高密度聚乙烯的耐候性。目前,该方法普遍应用于高密度聚乙烯耐久性的评价。该方法的缺点是只能相对评价高密度聚乙烯的耐久性,但不能绝对评价其使用寿命。

本研究在以上工作的基础上,通过大量调研,寻找人工气候老化与自然气候老化的时间对应关系,从而通过人工气候老化时间来推算自然气候条件下材料的使用寿命。通过调查研究可知,美国得克萨斯大学于 1995 年在《斜拉索防腐系统研究报告》中给出了 5 000h 人工气候老化相当于 25 年的自然老化的对应关系,即 200h 的人工气候老化相当于 1 年的自然气候老化。

本研究针对黄埔大桥长寿命斜拉索护套材料进行了 10 000h 的人工气候老化试验,HDPE 护套材料的断裂延伸率及拉伸强度保持率在 50% 以上。目前,高密度聚乙烯的拉伸强度 $\sigma_1 \geqslant 20$MPa,断裂伸长率 $\zeta_1 \geqslant 650\%$,根据以上试验结果可知,经过 10 000h 后,高密度聚乙烯的拉伸强度 $\sigma_1 \geqslant 10$MPa,断裂伸长率 $\zeta_1 \geqslant 325\%$。

假设桥梁的最大荷载为 45% 的破断荷载,钢丝的拉伸强度 $\sigma_2 \geqslant 1\,670$MPa,此荷载引起的高密度聚乙烯的应力为 0.563MPa。

以黄埔大桥最长斜拉索为例,长度为 390m,荷载引起的 HDPE 延伸率为 0.37%。

根据以上计算可知,经过 10 000h 后,高密度聚乙烯护套材料仍然可以有效使用。因此,可以推算黄埔大桥斜拉索护套理论上可以满足 50 年的使用寿命。

(4)耐环境应力开裂机理研究

环境应力开裂指的是在某些化学品和应力的影响下产品对发生裂纹或龟裂的敏感性。这一定义表明,环境应力开裂取决于应力的施加和化学试剂。可见,应力(或应变)是引起环境应力开裂的两个主要因素之一。

一般情况下,材料的表面有许多疵点或缺陷,每一个疵点都可能成为内力产生反应的场所。当材料受到临界应力后,产生细小裂纹(图 2-1-18),细裂纹的发展受到应力大小的影响。图 2-1-19 为低应力下的薄片分离示意图。

环境应力开裂对暴露在户外条件下的材料有影响。当与可造成环境应力开裂的各种化学品接触时，这种处在自然条件下的材料将表现出不同的特性。

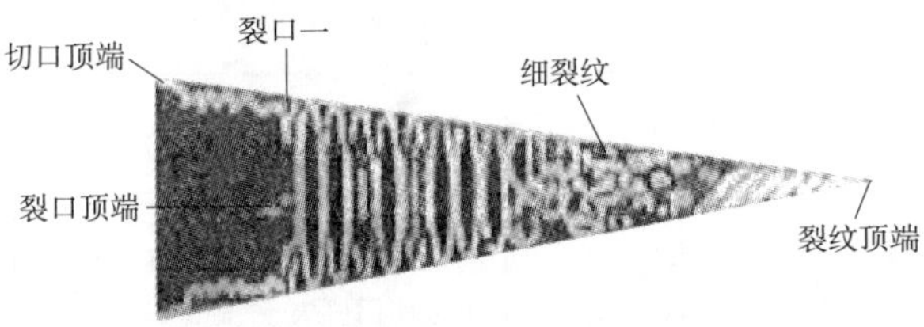

图 2-1-18　裂口及细小裂纹形成示意图

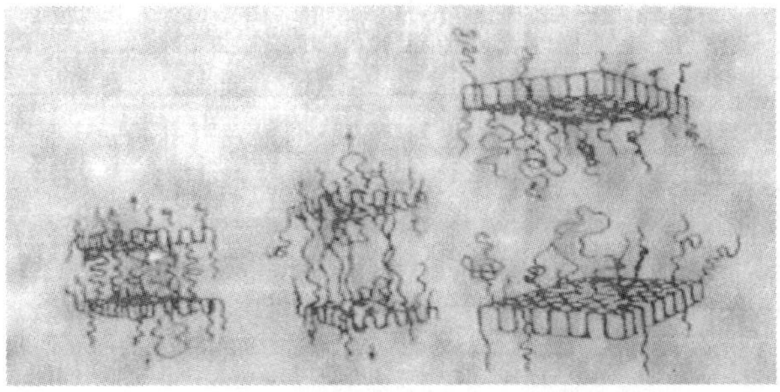

图 2-1-19　低应力下的薄片分离示意图

由于聚乙烯为结晶相和无定形相共存的两相共聚物，在加工过程中，结构内部容易产生内应力，这种内应力同时受外部环境很大的影响，诸如温度、湿度、pH 值、溶解气体以及溶液的对流或扩散速度等环境因素对内应力形成、应力开裂有很强的加速作用。

(5)耐环境应力开裂性能试验

耐环境应力与材料所处的环境和介质有极大的关系，在自然条件下，可能需要很长时间才会发生。当材料暴露于化学介质中，发生应力开裂而破坏的时间会大大缩短。

为了在短期内获得材料的耐环境应力开裂性能，根据斜拉索的受力情况，将试样的一个面夹紧在固定半径的型条上，并放入试验环境。由于应变的存在，经过与试验环境接触一定的时间后，可能产生裂纹，松开夹具，用肉眼观察评价。

由于该试验为加速试验，因此是把具有刻痕(产生应力源)的试样弯曲浸泡在具有一定温度的试剂中，观测试样的破损时间。根据实践表明，在不同的环境介质中，环境应力开裂，有明显的不同。高极性、低黏度、低表面张力的试剂是最有效引起应力开裂的试剂，按照《聚乙烯环境应力开裂试验方法》(GB 1842—1999)的要求，试验选用 TX－10(洗涤剂)作为耐环境应力开裂试验的介质。

本研究在材料环境应力开裂机理研究的基础上，针对黄埔大桥斜拉索高度聚乙烯护套材料的耐久性能，进行了 10 000h 相关耐环境应力开裂试验研究，得到了一些有意义的结论。

3. 耐久性相关试验

在前面研究的基础上，黄埔大桥进行了长寿命斜拉索锚头动态水密性试验、斜拉索索体复合结构抗盐雾性能试验及防水性能试验、斜拉索高密度聚乙烯护套耐老化试验及耐环境应力开裂试验(表 2-1-21)，以进一步验证黄埔大桥长寿命斜拉索的耐久性。

黄埔大桥斜拉索试验项目　　表 2-1-21

序　号	试 验 名 称	试 验 条 件	方 法 标 准	试 验 结 果
1	斜拉索锚头动态水密性试验	锚头浸泡水深：3m； 轴向加载：10 个周期的 0.3～0.5 倍的斜拉索破断荷载； 横向位移：1 000 周期的 ±100mm，为试样索长的 1/45； 水温循环：8 个周期，20～70℃	法国 CIP 规范	无水汽渗入
2	斜拉索多层结构抗盐雾性能试验	盐雾浓度为 50g/L ±5g/L 温度为 35℃ ±2℃；	GB/T 10125	经过 3 000h，无锈蚀；多层结构优于普通结构

续上表

序　号	试验名称	试验条件	方法标准	试验结果
3	斜拉索多层结构防水性能试验	雨水连续喷淋 240d； 雨量 2 ~ 4mL/h		多层结构防水性能优于普通结构
4	高密度聚乙烯护层人工加速老化试验	黑板温度：65℃ ±3℃； 温度：23℃； 相对湿度：60% RH；降雨周期：120min 降雨 18min； 紫外光辐射度：60.5W/m^2； 波长范围：290 ~ 330nm	《塑料实验室光源暴露试验方法　第 2 部分 氙弧灯》（GB /T 16422.2—1999）	经过 10 000h，机械性能指标满足使用要求
5	高密度聚乙烯护层耐环境应力开裂	50℃ ±0.5℃的恒温水浴中； 试样长度 38mm，宽 13mm；试验弯曲角度：180°； 环境加速开裂试剂：TX-10	GB 1842—1999	经过 10 000h，无开裂

1）斜拉索锚头动态水密性试验

（1）试样准备

斜拉索规格：151-ϕ7。

钢丝：采用实桥所用钢丝，钢丝强度级别为 1 670MPa。

拉索长度：≥5m。

锚具：采用实桥结构锚具。

索体防腐结构：钢丝镀锌 + 双层高密度聚乙烯（HDPE）。

锚头防腐结构：密封填料 + 密封胶圈 + 密封压环 + 热收缩套。

水密性试验索的结构见图 2-1-10。

（2）试验设计

动态水密性试验考虑了以下四种情况下斜拉索锚头的防水性能：

①斜拉索锚头预埋导管内积水，积水垂直深度为 3m。

②斜拉索轴向恒载及活载的变化，恒载为 0.3σ_b（约等于黄埔大桥设计荷载），活载为 0.2σ_b（大于珠江黄埔大桥设计活载）。

③斜拉索振动等因素导致的斜拉索横向位移，试验横向位移为 100mm，为索长的 1/45（珠江黄埔大桥设计要求斜拉索振幅不得大于 1/1 700）。

④由于气候原因导致的锚固系统温度变化（20 ~ 70℃）。

检验拉索防水性能的关键是检验拉索与锚头结合部位的防水性能。为了达到这个目的，在浸入拉索的水中放入有颜色的染料，在拉索内部放入指示剂（白色试纸），通过检验试验后拉索内部的指示剂（白色试纸）是否变色来判断拉索能否防水。

在拉索生产过程中，可在下面三个部位放入指示剂（图 2-1-20）：

a. 在离锚头头部 1m 处的拉索钢丝与高强聚酯纤维带之间放入指示剂。

b. 在锚头部位的连接筒与高密度聚乙烯（HDPE）护套结合处，高密度聚乙烯（HDPE）护套与热收缩套之间放入指示剂。

c. 在连接筒部位的高密度聚乙烯（HDPE）与密封填料之间放入指示剂。

（3）试验步骤

拉索按以下步骤逐步进行试验（图 2-1-21）

①进行 10 个周期的 0.3 ~0.5 倍拉索破断荷载的轴向加载。

②进行 1 000 个周期 ±30mrad 的径向弯曲。

③进行 8 个周期 20 ~70℃的热循环。

图 2-1-20　指示剂放置部位

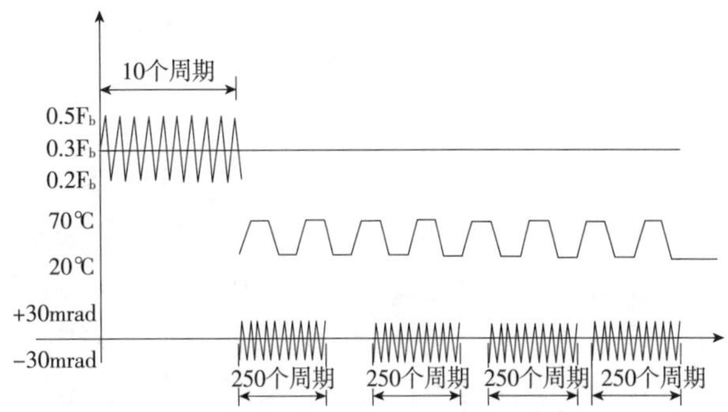

图 2-1-21　斜拉索水密性试验过程示意图

轴向载荷:在顶端安装一台 650t 的穿心式千斤顶和千斤顶撑脚,将一根丝杆穿过穿心式千斤顶与拉索锚头相连,当穿心式千斤顶通过螺母推动丝杆时,便将相应的载荷加载于拉索上。

径向弯曲:在顶端的锚垫板下安装有一套 PTFE(聚四氟乙烯)/不锈钢的滑动装置,通过安装在支架上的两个横向千斤顶推动它,从而带动顶端锚具的滑动,模拟实桥斜拉索的径向位移。

热循环:在支架中下部安装有六个加热器,通过加热器使支架内的水进行热循环。图 2-1-22 为水密性试验装置示意图。

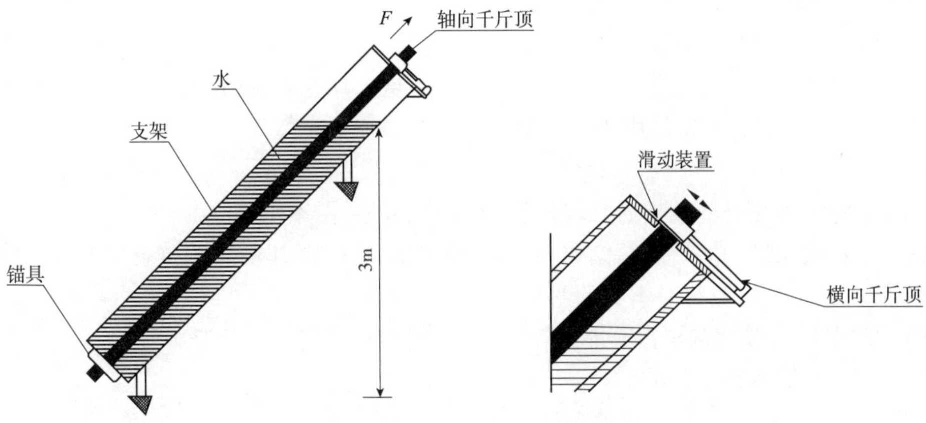

图 2-1-22　水密性试验装置示意图

当拉索结束试验,解剖后,通过观测指示剂是否变色来检验拉索的防水性能。

珠江黄埔大桥动态水密性试验在武汉桥梁科学研究院的见证下,于 2007 年 3 月 20 日开始,2007 年 5 月 20 日试验结束后进行拆除,至 5 月 25 日解剖完毕。

(4)试验结果

试验后解剖结果如下:

①在离锚头头部 1m 处,拉索钢丝与高强聚酯纤维带之间的指示剂未变色,没有水分进入。

②在锚头部位,连接筒与高密度聚乙烯(HDPE)护套结合处,高密度聚乙烯(HDPE)护套与热收缩套之间的指示剂未变色,没有水分进入。

③在连接筒部位,在高密度聚乙烯(HDPE)与密封填料之间的指示剂未变色,没有水分进入。

试验结论:该试验索锚头密封结构具有良好的动态水密性能。

2)斜拉索多层结构抗盐雾性能试验(图 2-1-23)

(1)试验设计

试验模型索规格:

试样1　37-ϕ7(镀锌钢丝+填充+双层HDPE)。

试样2　37-ϕ7(镀锌钢丝+PVF+双层HDPE)。

试样3　37-ϕ7(镀锌钢丝+双层HDPE)。

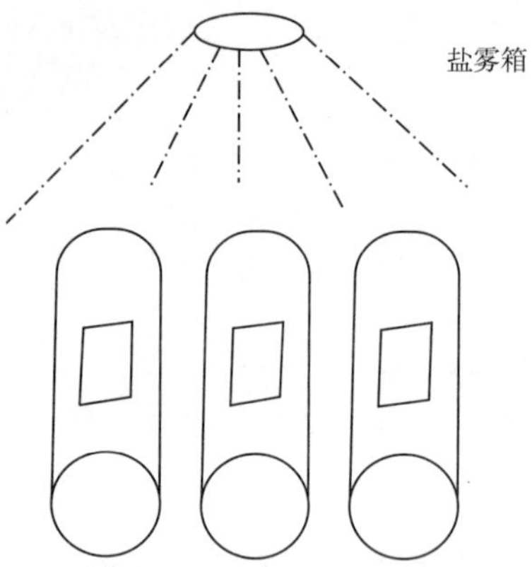

图2-1-23　不同结构的斜拉索抗盐雾性能试验示意图

试样准备：长度为0.3～0.6m，索中不开口。

(2)试验过程

该试验按照(GB/T 10125—1997)规定的方法进行，将化学纯或化学纯以上的氯化钠溶于电导率不超过20μS/cm的蒸馏水或去离子水中，其浓度为50g/L±5g/L。在25℃时，配置的溶液密度在1.025 5～1.040 0范围内。调整配置的氯化钠溶液的pH值，使其在6.5～7.2之间。盐雾箱内的温度为35℃±2℃。喷雾系统主要由喷雾气源、喷雾装置和盐水槽组成，其保证盐雾箱内盐雾的均匀分布，并使盐雾沉降速度每80cm^{2}面积上为1～2mL/h。盐雾试验机型号FY-03E(青岛电子元件二厂制造)。

试验的样品放在盐雾箱内且被试面朝上，让盐雾自由沉降在被试面上，被试面不能受到盐雾的直接喷射。在盐雾箱中被试表面与垂直方向呈15°～30°角，并尽可能呈20°角，在试验周期内喷雾不中断，将以上试样放在中性盐雾箱内，直至拉索HDPE开头位置出现锈蚀，观察、比较三种结构的防腐蚀能力。

(3)试验结果

经过3 000h后，经解剖检查，结果如下：

①普通结构斜拉索已经出现锈蚀；

②镀锌钢丝+油脂+护套的索体中未出现锈蚀，但油脂已经变质、硬化；

③镀锌钢丝+PVF+护套的索体中未出现锈蚀，且PVF胶带完好。

此结果表明：

①多层防腐结构索体在局部破损后其抗盐雾能力优于普通拉索结构。

②填充油脂或者微晶蜡的多层防腐结构中，起填充作用的材料其本身的抗盐雾能力较差，若用于长寿命斜拉索中，需要进一步研究材料本身的耐久性。

③缠绕PVF的多层防腐结构抗盐雾能力较好，其缠绕材料本身耐久性较好。

3)斜拉索多层结构防水性能试验

(1)试验设计

为了验证，我们进行了模拟自然降雨情况，对耐久型拉索进行了破坏PE的淋水试验。试验模型索规格：

试样1　37-ϕ7(镀锌钢丝+填充+双层HDPE)，见图2-1-24a)。

试样2　37-ϕ7(镀锌钢丝+PVF+双层HDPE)，见图2-1-24b)。

试样3　37-ϕ7(镀锌钢丝+双层HDPE)，见图2-1-24c)。

试样准备：长度为1m，索体内放置遇水变色的硅胶，索中部开口，两端用蜡密封。

(2)试验过程及解剖结果

制作试样，并在试样内放置遇水变色的蓝色硅胶。

将以上试样放在同样的试验台上，模拟雨水连续喷淋240d，然后解剖检查其防水能力(图2-1-25)。解剖结果证明：

a.试样1(镀锌钢丝+填充材料+双层HDPE)的遇水变色硅胶已经变色，但无游离态水，说明在PE破损后，填充物可以起到部分防水的作用。

b.试样2(镀锌钢丝+PVF+双层HDPE)的遇水变色硅胶基本未变色，说明在PE破损后，PVF带仍然可以防止水分及其他有害物质进入索体，具备较好的防水能力。

c.试样3(镀锌钢丝+双层HDPE)的遇水变色硅胶已经变色，且索体内充满游离态水，说明在HDPE

破损后，水等其他有害物质会进入索体。

4）高密度聚乙烯护层人工加速老化试验

（1）试验设计

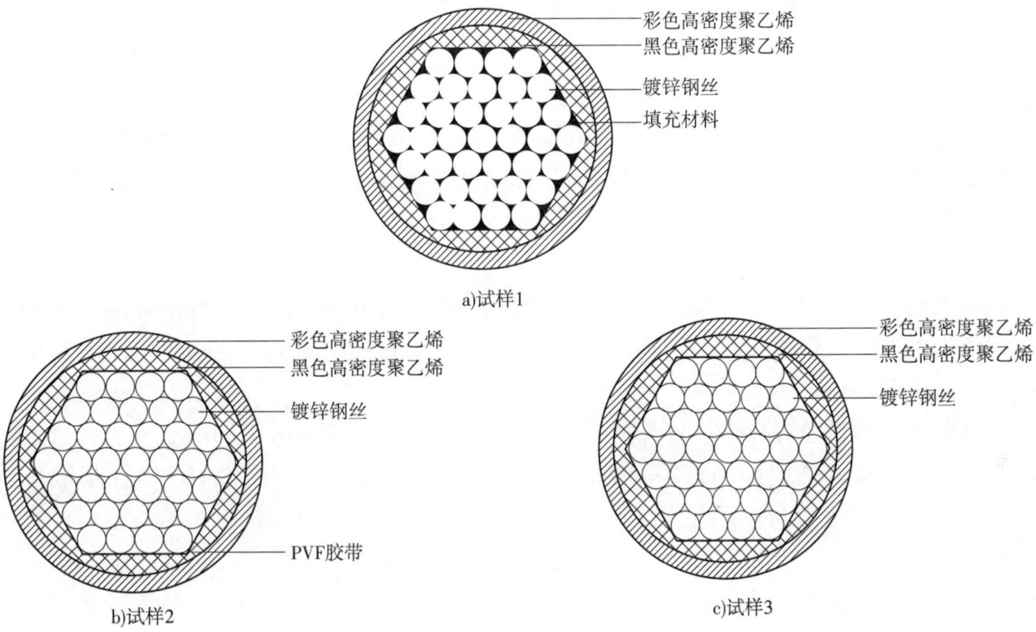

图 2-1-24　试样示意图

人工加速老化试验将在试验室中模拟阳光、空气（氧）、温度（冷、热），湿度和雨量五个因素，而其重点是阳光。有关资料证明，达到地面上的阳光中，只有波长在 300～400nm 的紫外线，才能引发高密度聚乙烯等高分子材料发生化学反应，产生老化降解。氙弧灯分布辐照度在现用的人工光源中模拟性最好。人工气候老化试验以氙弧灯为光源的模拟和强化自然气候中的光、热、空气、温度、湿度和降雨等主要因素。高密度聚乙烯置于氙弧灯为光源的模拟和强化自然气候中的老化因素的环境中，测定试样老化后性能的变化，从而评价高密度聚乙烯的耐候性。

试验原理如下：在试验箱的中心安装氙弧灯，箱体内有一个控制循环空气的调节器，用来调节黑板温度和排除箱内的臭氧。试样按自由状态安装在试样架上，试样工作区面积完全暴露在有效的光源范围。在暴露期间建议每天垂直调换试样位置，以减少不均匀的暴露。该试验按照《塑料实验室光源暴露试验方法　第 2 部分　氙弧灯》（GB/T 16422.2—1999）标准执行。

评价 HDPE 耐老化性能的指标，从理论上讲，凡是在暴露过程中发生变化并可以测量的性能，都可以作为防老化性能的评价指标，包括外观的变化（即变色，龟裂等现象），化学变化（即氧化物等指标），物理力学性能的变化（即拉伸强度、伸长率等指标）等。但是，在实际试验和应用中，一般选用 PE 老化敏感的指标和应用所需的重要指标。有关性能变化的指标一般采用性能保持率来表示，性能保持率为试样试验阶段的性能值与试样初始阶段的性能值之比。对于塑料材料防老化性能的判断，即材料寿命值，通常取性能保持率为 50% 作为寿命评价指标，按照《塑料实验室光源暴露试验方法　第 2 部分　氙弧灯》（GB/T 16422.2—1999）中的规定，也就是机械性能降至 50% 以下，就认为寿命终止。

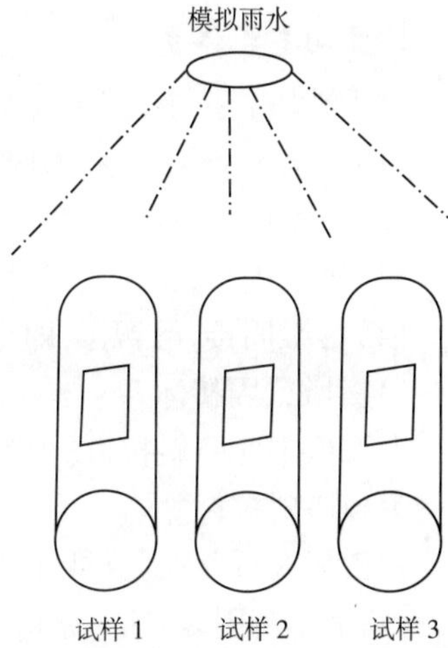

图 2-1-25　不同结构的斜拉索防水试验示意图

（2）试验过程及结果

本试验制作两组高密度聚乙烯护套试样，一组为黑色高密度聚乙烯试样，另一组为白色高密度聚乙烯试样，用试验室的人工气候老化、人工加速老化试验光源选择氙弧灯，定期取样进行断裂延伸率以及强度的测试，记录其损失率。

其试验结果如下：

经过了10 000h的人工气候老化，黑色及白色高密度聚乙烯材料的力学性能都保持在50%以上，根据200h人工气候老化相当于1年的自然气候老化，因此，可推算黑色及白色高密度聚乙烯材料理论使用寿命可达50年以上。

同时，特别制作一组试样在广州老化所进行暴晒，并定期取样，测试其拉伸强度和断裂延伸率。该试验已经进行了3年，其试验结果同高密度聚乙烯公称强度及断裂延伸率相比较，变化趋势不明显。

5）高密度聚乙烯护层耐环境应力开裂

（1）试验设计

为了在短期内获得材料的耐环境应力开裂性能，根据斜拉索的受力情况，将试样的一个面夹紧在固定半径的型条上，并放入试验环境。由于应变的存在，经过与试验环境接触一定的时间后，可能产生裂纹，松开夹具，用肉眼观察评价。

由于该试验为加速试验，高极性、低黏度、低表面张力的试剂是最有效引起应力开裂的试剂，按照《聚乙烯环境应力开裂试验方法》（GB 1842—1999）的要求，本试验选用TX-10（洗涤剂）作为耐环境应力开裂试验的介质。

（2）试验过程

护套的耐环境应力试验是将护套试样的一个面夹紧在固定半径的型条上，并放入试验环境。由于应变的存在，经过水浴试验环境一定的时间后，可能产生裂纹。松开夹具，用肉眼观察评价。试样长38mm，宽13mm，在试样刻痕的一面弯曲180°后，转移至试样架，然后将试样放置入一定温度的环境介质中（50℃ ±0.5℃的恒温水浴中），放入一定时间后观察试样，并每隔一定的时间，观察试样发生开裂的情况及破损几率。得到破损几率百分之五十的时间 F_{50}，即为试样在该介质中的耐环境应力开裂时间。

（3）耐环境应力开裂试验的结果：该试验进行了10 000h，试样表面未出现裂纹。

七、斜拉桥支撑体系研究

对于独塔斜拉桥，支承体系主要包括竖向、横桥向和顺桥向。下面分析这三个方向上可行的支承构造。

1. 竖向支承体系

对于独塔斜拉桥，其结构支承体系（竖向）主要有以下几种：

（1）塔墩梁固接体系，即固接体系；

（2）塔梁固接，铰支于墩上；

（3）塔墩固接，梁铰支于墩上，即半飘浮体系；

（4）塔墩固接，梁飘浮，即全飘浮体系。

1）塔墩梁固接体系

上海恒丰北路斜拉桥（主跨76.65m）和重庆石门大桥（主跨230m）采用了塔墩梁固接体系，这两座桥均为独塔斜拉桥。

就黄埔大桥北汊斜拉桥而言，主梁为钢箱梁，索塔为钢筋混凝土结构，如果采用塔墩梁固接支承体系，有两个不利因素，第一是塔墩梁固接处主梁弯矩较大，使该处钢箱梁的应力增加。第二是钢梁与混凝土索塔的刚结构造处理复杂，存在两种特性不同的材料连接问题，设计、施工均存在许多技术难题。主要体现在连接部的构造处理上，即如何使两种材料能够连接牢固，使得传力顺畅，减少应力集中，减少连接部附近混凝土的开裂，保证结构的耐久性；再者混凝土材料存在收缩徐变特性，而钢材则没有，这也使得连接部易出现混凝土开裂现象。

鉴于上述原因,本桥不宜采用塔墩梁固接体系。

2)塔梁固接,铰支于墩上

采用塔梁固接,铰支于墩上的支承体系时,主梁的绝大部分内力通过索塔轴向压力传递到墩及基础中,需在索塔下设置支承(支座)。这种支承体系构造简单、受力明确。上海泖港大桥采用了这种支承体系。

这种支承体系多用于跨度较小的斜拉桥中,随着跨度的增加,则需要承载能力相当大的支座。就本桥而言,需要40 000t级的超大吨位的支座。目前,国内外尚没有制造该类支座的技术和能力,不现实。因此,本桥也不宜采用该类支承体系。

3)全飘浮体系

全飘浮体系是指主梁在索塔处不设置垂直的刚性支承,而用拉索垂直悬吊支承或采用等效弹性垂直支承代替刚性支承,以避免主梁在该处产生较大负弯矩。

这种支承体系多用于双塔PC斜拉桥,不仅能减小主梁在该处的负弯矩(混凝土收缩、徐变产生的负弯矩也很大),而且能避免采用大吨位支座。对于独塔钢箱梁斜拉桥(特别是不对称的独塔斜拉桥),不宜采用全飘浮支承体系,避免采用过大的伸缩装置。

4)半飘浮体系

半飘浮体系指主梁在索塔处设置竖向的刚性支承(双向活动支座),主梁的剪力和扭转均由主梁与索塔下横梁之间设置的垂直刚性支承来承受。对于混凝土主梁,在该处的负弯矩较大(混凝土收缩、徐变产生的负弯矩也很大);而对于钢主梁,由于自重轻,在该处的负弯矩相对较小,而且所需的支座吨位也不大。

通过对上述四种支承体系的比较可知,对于黄埔大桥北汊桥(独塔双索面钢箱梁斜拉桥),最为合适的竖向支承体系为半飘浮支承体系。在这一点上,在专家审查会上(包括初步设计阶段)均得到认同。

为了确保在任何情况下支座不脱空,采取压重措施。同时,考虑抗震性能,主桥选用既能够承受上拔力又具有抗震功能的抗震球形钢支座,支承体系和支座布置如图2-1-26和图2-1-27所示。

2. 横桥向支承体系

一般而言,通常采用的竖向支承构造也能够承受相当大的横桥向水平力(如采用单向活动支座)。采用不能承受水平力的竖向支承(双向活动支座)时,则必须设置专门的横桥向支承体系。

就本桥而言,桥面高度在地面以上65m左右,20m高处百年一遇10min平均最大风速41.4m/s,而且桥址区地震烈度为Ⅶ度。因此由于横桥向风荷载和横桥向地震力产生的横向水平力很大(分别为2 908kN和3 861kN),竖向支承的水平承载能力难以承受,需要设置专门的横桥向支承。同时,本桥为独塔斜拉桥,仅在一处(索塔处)设置横向支承是不够的,尚须考虑全桥在风荷载及地震荷载作用下的横向稳定性。因此,需要设置明确的横桥向支承体系。

综合上述因素,北汊桥设置如下所述的横桥向支承体系(如图2-1-26所示)。

索塔处:横向抗风支座。

过渡墩处:横向挡块、竖向支承采用单向和双向活动支座。

辅助墩处:竖向支承采用单向和双向活动支座。

横桥向的支承体系在专家审查会上(包括初步设计阶段)均得到认同。横桥向的支承体系是在索塔处采用四氟滑板支座(GJZF4 700 ×1 000 ×164),承载力为7 000kN。在过渡墩处设置限位挡块。

这样的横桥向支承可以将部分横桥向地震力分摊到辅助墩和过渡墩上,减小索塔的地震效应。

3. 顺桥向支承体系

对于独塔斜拉桥顺桥向的支承体系,可采用一点固定支承的构造布置,其他支承点处采用可移动的支承。但是,随着跨度的增大,水平反力也急剧加大,将导致固定支承及相应的下部构造工程量加大。顺桥向支承构造有以下几种方式。

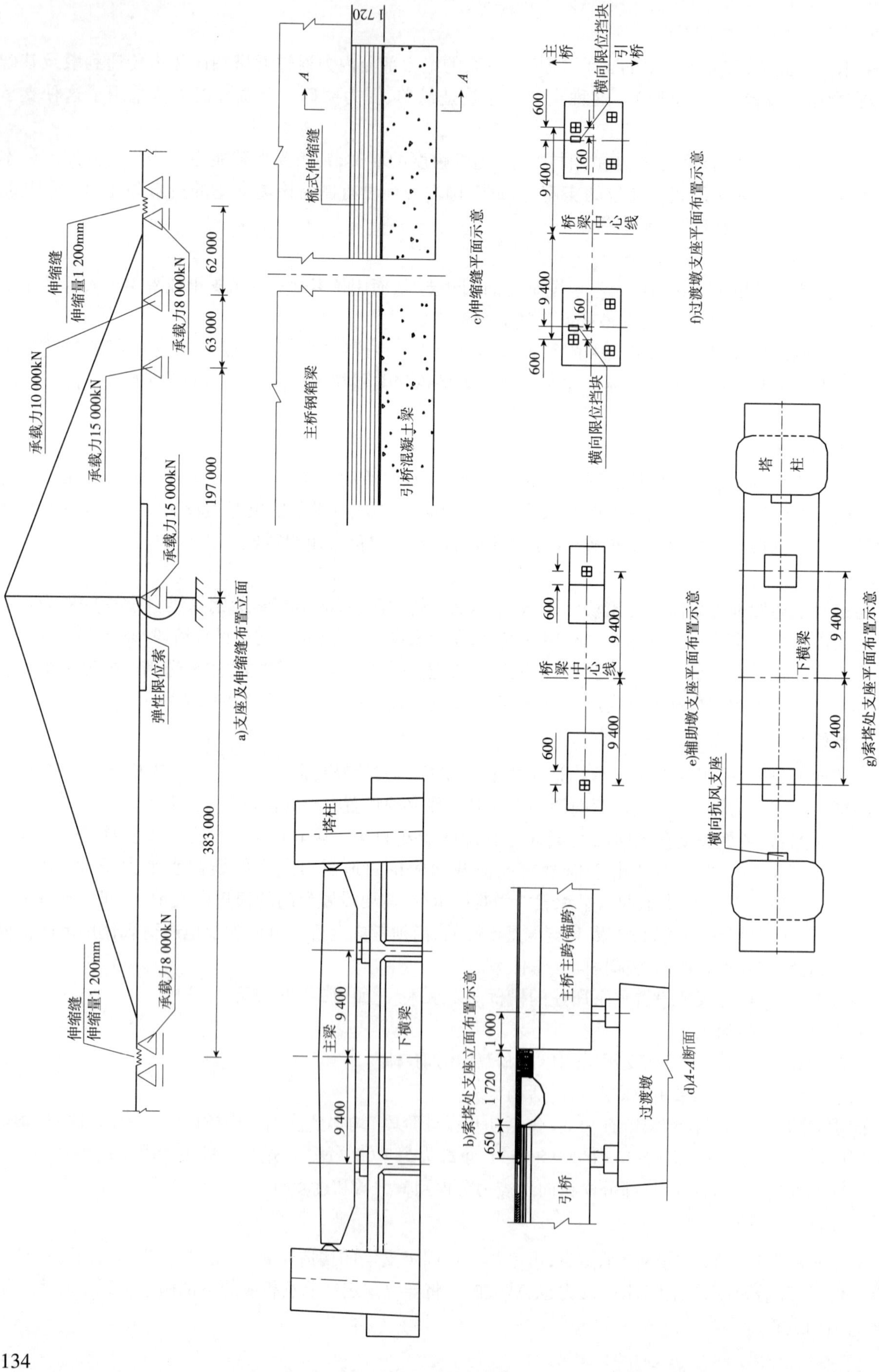

图 2-1-26　支承体系图(尺寸单位：mm)

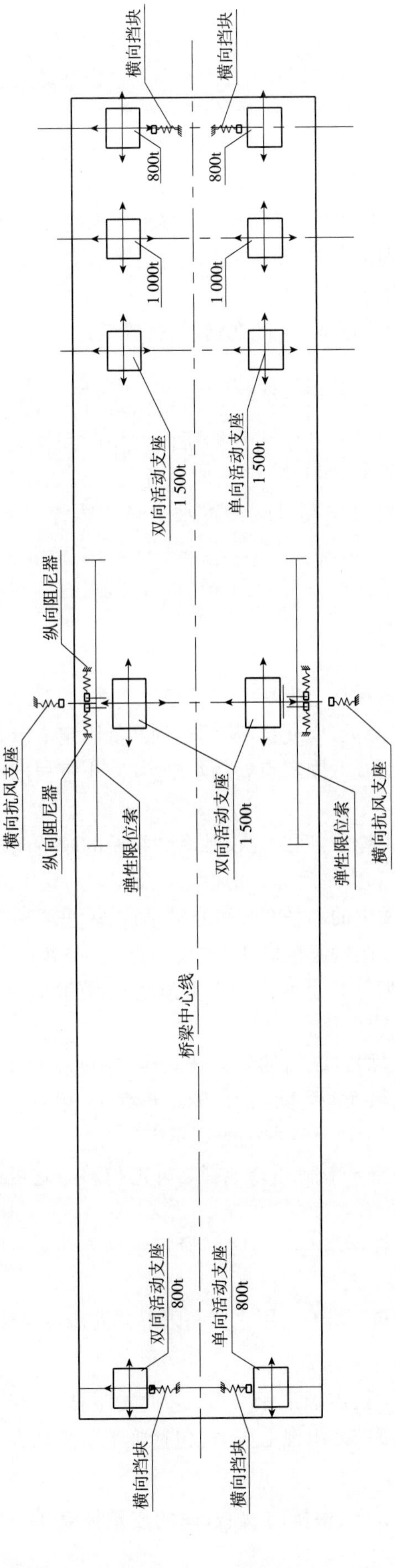

图2-1-27　主桥支座布置示意图

1)一点固定支承

一点固定支承(在索塔处布置一个固定支座)多用于规模较小的斜拉桥,而且在桥墩和桥面高度较低的情况下才采用。本桥主跨为383m,桥面距地面60m以上。恒活载产生的水平力为2 878kN,地震力产生的水平力较大,为44 217kN。与竖向反力一致的固定支座难以满足受力要求。

因此,北汊桥的顺桥支承不宜采用一点固定支承体系(即在索塔处设置固定支座)。

2)多点固定支承

多点固定支承是指将单点支承的巨大水平力分散到多个支承处,即在顺桥向设置多个固定支承。其主要目的在于分散强大的风荷载和地震力所产生的水平力。采用多点固定支承体系时,由于温度变化产生的内力过大,使得主梁的应力过大。

因此,本桥也不宜采用多点固定支承体系(即在索塔、过渡墩处设置水平固定支承)。

3)悬浮固定支承

悬浮固定支承是指主梁在顺桥向不设置约束,仅由斜拉索与索塔相连,也就是众所周知的全飘浮体系。由于索塔的柔性和整体悬浮状态,使索塔在顺桥向的振动周期大大增加,相应地使地震力的动力响应大大降低,对结构抗震十分有利。但是,采用该顺桥向支承体系时,主梁的水平变位很大,需设置足够的大伸缩量的伸缩装置,必要时需在梁端设置水平限位装置。美国的P-K桥最早采用这种支承体系。

这种支承体系主要适用于双塔斜拉桥。对于不等跨的独塔斜拉桥,在施工完成后主梁存在顺桥向的变位,因此,本桥不宜采用全飘浮支承体系。

4)弹性固定支承

主梁顺桥向的水平弹性支承有两种构造方法。一种是采用在端部设置水平弹性支承,它可以改变原有结构的自振动力特性,如自振频率降低、周期长,从而达到降低固定支承处地震力水平的目的。另一种是在塔与梁之间设置水平拉索来达到降低固定点处的水平力、减小塔根部弯矩、加大斜拉桥整体刚度、减小变形的目的。

综合上述四种顺桥向的支承约束体系,确定北汊独塔斜拉桥的顺桥向支承采用弹性固定支承体系。

另外,对于急剧产生的水平变形和水平反力,如风荷载、地震力,采用液体黏滞阻尼器进行约束和限位。这种阻尼器对温度变化等缓慢发生的水平变形可自动适应,做出缓慢的水平移动而不引起水平的约束反力。这种液压黏滞阻尼器最适于结构工程应用,主要一点是,在静止情况下,它没有起始刚度,不会影响到结构的其他计算(如周期、振型等),也就不会产生预想不到的副作用。这种阻尼器既可以降低地震反应中的结构受力,也可以降低反应位移。

对于独塔斜拉桥,不仅长度很长,而且纵向的约束比较少,刚度相对比较小,温度、风荷载(静动风)带来的纵飘都很大,阻尼器所需要的最大冲程就很大,较难于满足,相应造成阻尼器的价格也就比较高。主要用来抗地震的阻尼器要想在冲程上满足这些需求则很不经济。

因此,通过阻尼器之外的其他装置来限制部分地震之外的位移。它可以放在阻尼器耗能启动之前,也可以放在应用阻尼器之后。

对于黄埔大桥北汊独塔斜拉桥,在索塔与主梁之间设置水平弹性索,放在阻尼器耗能启动之前。阻尼器设置在索塔处,每侧设2个。

加上阻尼器后,对桥梁整体动力进行分析,用来判断阻尼器的最终使用效果。

4. 转角变形设置

北汊独塔斜拉桥上的支座均采用抗震球形钢支座,这种支座具有承受上拔力的能力,而且能适应0.05rad的转角。为了避免主跨侧过渡墩处出现上拔力(包括施工阶段),在梁端施加压重。

5. 支承体系计算

以上从理论上对北汊斜拉桥的竖向、横桥向、顺桥向的支承体系进行了分析比较。结合专家提出的意见和建议，对以下几种支承体系进行计算分析，从索塔根部弯矩、主梁在索塔处的负弯矩与轴力、主跨最大正弯矩（应力）、塔顶水平位移、支座的反力（包括竖向、水平），以及动力响应等方面进行计算分析与比较，确定合理的支承体系，特别是顺桥向的约束情况，主要对表 2-1-22 所示的几种支承体系计算分析。

北汉斜拉桥支承体系　　表 2-1-22

约束＼位置		索塔处	辅助墩 1	辅助墩 2	主跨侧过渡墩	边跨侧过渡墩
竖向		约束	约束	约束	约束	约束
横桥向		约束	释放	释放	约束	约束
顺桥向	约束 1	约束	释放	释放	释放	释放
	约束 3	阻尼器	释放	释放	弹性支承	弹性支承

注：①对于顺桥的约束分三种情况，分别与竖向和横桥向的约束条件组合。

②对塔墩梁固接、辅助墩与过渡墩处的竖向、横桥向约束如表中所示相同的支承体系也进行计算分析。

③弹性支承采用水平拉索。

④索塔处顺桥向、竖向进行约束是指采用固定支座。

⑤横桥向约束采用四氟滑板支座。

计算结果分析如下。

主梁纵飘体系不适用于独塔斜拉桥，主要是由于主梁在纵桥向引起的位移较大，达到 40cm 以上（初步设计阶段的计算结果），故此没有进行静力计算。设计中，独塔斜拉桥在塔墩处设置竖向支承（双向活动支座），并在纵向设置弹性支承，用预应力钢绞线将主梁与索塔下横梁连接，形成水平弹性支承，钢绞线的预施应力为标准强度的 45%，这样主梁的纵向位移受到钢绞线的限制而变得很小。

（1）塔墩梁固接体系

塔墩梁固接体系的荷载效应如表 2-1-23 所示，辅助墩与过渡墩处的竖向、横桥向的约束如表 2-1-22 所示。

塔墩梁固接体系的荷载效应　　表 2-1-23

荷载类别	塔根部弯矩（kN · m）	塔顶水平位移（m）	主梁水平位移（m）	索塔处主梁弯矩（kN · m）
恒载	164 595.6	0.014	—	－16 617.1
汽车	114 227.1/－302 283.3	0.042/－0.213	—	119 683.8/－88 344.8

（2）塔墩固接、主梁在索塔处设固定支座

塔墩固接、主梁在索塔处设固定支座，即所谓的纵桥向单点固定支承，结构的荷载效应如表 2-1-24 所示。

塔墩固接、主梁在索塔处设固定支座时荷载效应　　表 2-1-24

荷载类别	塔根部弯矩（kN · m）	塔顶水平位移（m）	主梁水平位移（m）	索塔处主梁弯矩（kN · m）
恒载	159 718.6	0.014	—	55 014.2
汽车	80 194.5/－259 429.2	0.042/－0.214	—	5632/－76301.6

支座反力如下。

恒载：竖向 21 267.5kN，水平向 244kN。

汽车：竖向 6 529.4/－621.0kN，水平向 1 462/－3 122kN。

(3)塔墩固接、主梁在索塔处设活动支座,加水平弹性索

塔墩固接:主梁在索塔处设活动支座,加水平弹性索时,结构的荷载效应如表 2-1-25 所示。水平弹性索初始索力 4 000kN。

塔墩固接、主梁在索塔处设活动支座,加水平弹性索的荷载效应　　表 2-1-25

荷载类别	塔根部弯矩(kN·m)	塔顶水平位移(m)	主梁水平位移(m)	索塔处主梁弯矩(kN·m)
恒载	152 043.7	0.014	0	55 651.4
汽车	66 157.1/－229 959.9	0.026/－0.181	0.019/－0.011	5 694.7/－29 621.4

支座反力如下。

恒载:竖向 21 309.3kN。

汽车:竖向 6 530.5/－669.0kN。

水平弹性索在恒载作用下的内力为 3 407.4kN,汽车荷载作用下产生的内力为－669.6/1 551.5kN。

(4)动力分析

根据不同的塔梁约束情况,本次计算分五种工况对黄埔大桥北汊桥的抗震性能进行了分析比较。采用 ZK12(索塔处)的地表加速度时程进行非线性时程分析。

工况一:塔墩梁固接。

工况二:主梁纵飘。

工况三:塔梁铰接(固定支座)。

工况四:塔梁间设弹性限位索(主梁在索塔处设置双向活动支座)。

工况五:塔梁间设弹性限位索和阻尼器(主梁在索塔处设置双向活动支座)。

主梁采用鱼刺梁式力学模型(图 2-1-28),主梁的轴线通过主梁断面的扭心,整个主梁的刚度以及分布质量和转动都集中到轴线上,并通过两边伸出的刚臂与拉索相连;二期恒载已计入主梁质量当中;桥塔采用空间梁单元;斜拉索采用三维杆单元,初始索力为恒载索力。

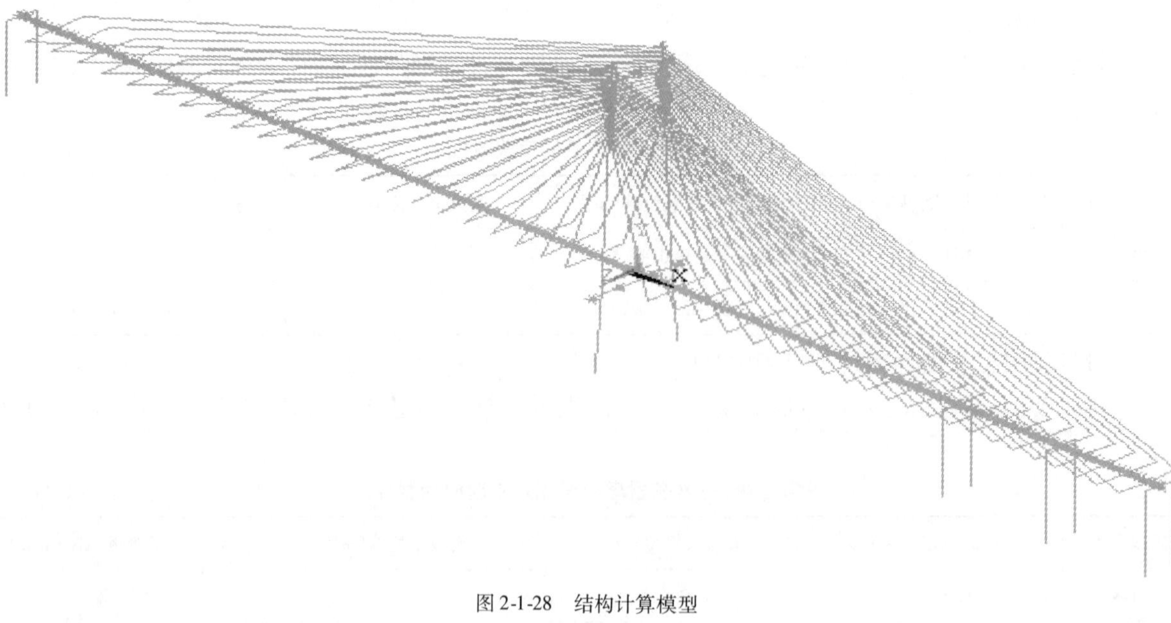

图 2-1-28　结构计算模型

①计算原则及基本参数

不同工况主要影响结构纵桥向的地震反应,故本次计算仅采用地震激励的纵向输入(纵桥向＋竖向),竖向地震系数取水平地震系数的 2/3。

《黄埔大桥工程场地地震安全性评价补充报告》中提供了三个概率水准,由于本次计算侧重比较不

同支撑体系的结构抗震性能，故仅采用100年10%的概率水准（P1），以此为依据进行结构内力控制。

根据概率设计原则，计算参数按照《黄埔大桥工程场地地震安全性评价补充报告》选取，计入规范中的结构重要性系数 C_i 和综合影响系数 C_z。

②工况一（塔墩梁固接）

塔墩梁固接体系的结构动力特性如表2-1-26所示，荷载效应如图2-1-29～图2-1-32所示。

结构动力特性（塔墩梁固接）　　表2-1-26

阶次	频率(Hz)	振形特点	阶次	频率(Hz)	振形特点
1	0.197 2	主塔横弯	6	0.379 2	辅助墩纵弯
2	0.269 5	主梁竖弯	7	0.400 5	辅助墩、过渡墩横弯（反对称）
3	0.345 1	辅助墩纵弯	8	0.447 8	主梁竖弯
4	0.345 1	辅助墩纵弯	9	0.463 2	辅助墩、过渡墩横弯（正对称）
5	0.379 2	辅助墩纵弯	10	0.589 2	主跨主梁竖弯

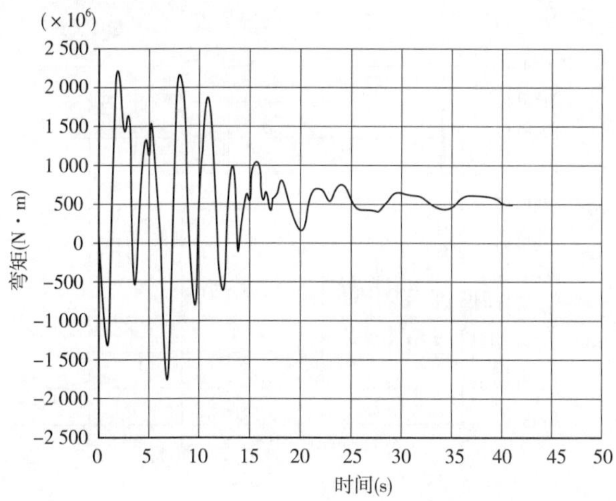

图2-1-29　塔底（单柱）顺桥向弯矩时程曲线（M_{max} =2 237 470kN·m）

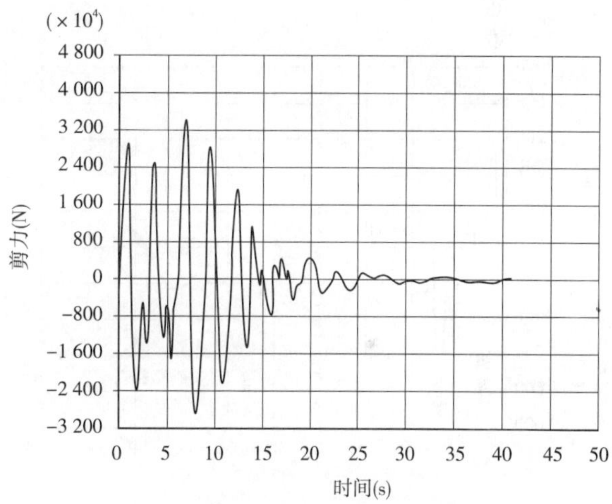

图2-1-30　塔底（单柱）顺桥向剪力时程曲线（F_{max} =34 493.5kN）

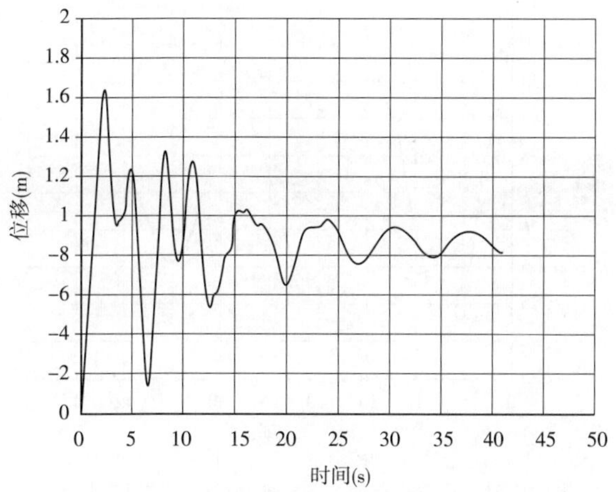

图2-1-31　索塔塔顶顺桥向位移时程曲线（UX_{max} =1.64 m）（相对位移）

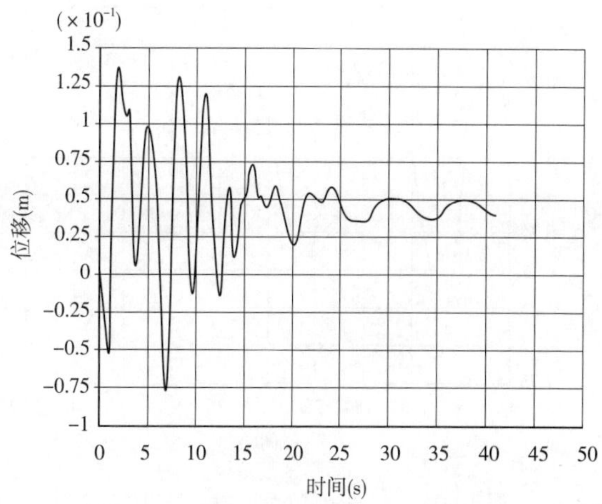

图2-1-32　塔梁交接处主梁节点顺桥向位移时程曲线（UX_{max} =0.138 m）（相对位移）

③工况二(主梁纵飘)

主梁纵飘体系的结构动力特性如表 2-1-27 所示,荷载效应如图 2-1-33 ~ 图 2-1-36 所示。

结构动力特性(主梁纵飘)　　表 2-1-27

阶次	频率(Hz)	振 形 特 点	阶次	频率(Hz)	振 形 特 点
1	0.062 6	主梁纵飘 + 主塔纵弯	6	0.373 8	辅助墩、过渡墩横弯(反对称)
2	0.196 1	主塔横弯	7	0.379 4	辅助墩纵弯
3	0.286 3	主梁竖弯	8	0.379 4	辅助墩纵弯
4	0.345 0	辅助墩纵弯	9	0.453 8	辅助墩、过渡墩横弯(正对称)
5	0.345 0	辅助墩纵弯	10	0.521 7	主梁竖弯

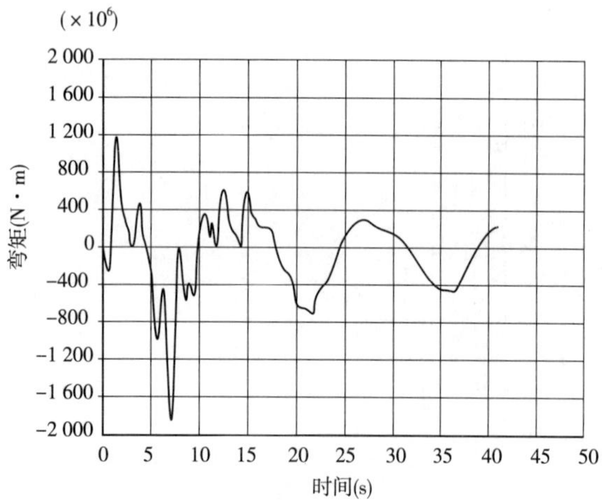

图 2-1-33　塔底(单柱)顺桥向弯矩时程曲线 (M_{max} = 1 869 980kN·m)

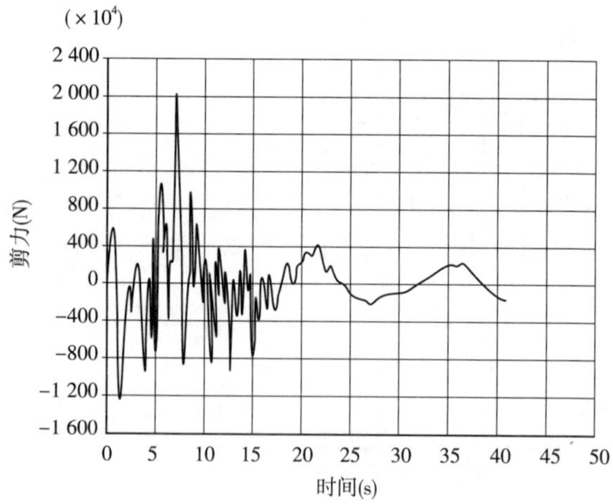

图 2-1-34　塔底(单柱)顺桥向剪力时程曲线 (F_{max} = 17 385.3kN)

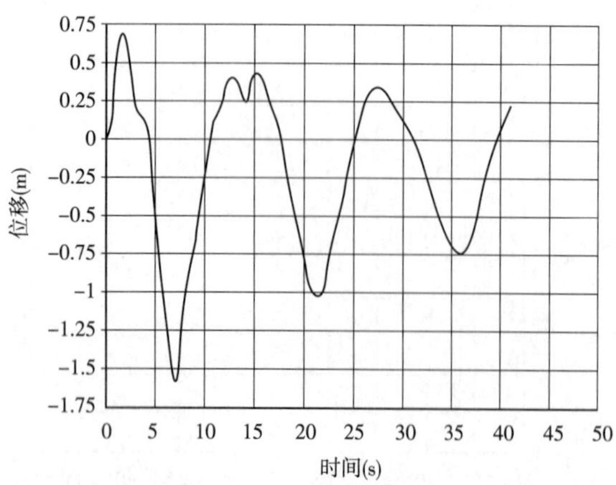

图 2-1-35　索塔塔顶顺桥向位移时程曲线 (UX_{max} = 1.59 m)(相对位移)

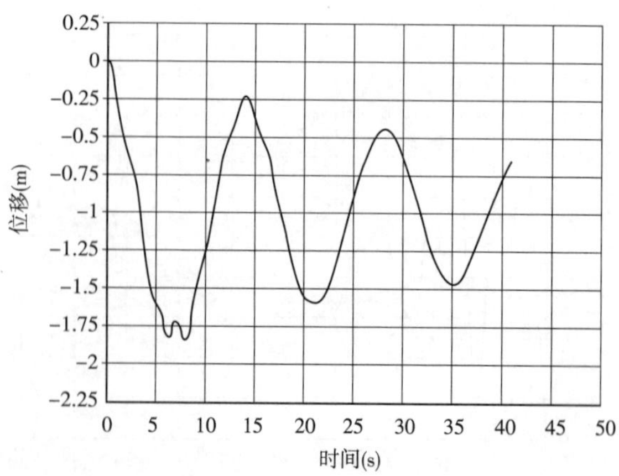

图 2-1-36　塔梁交接处主梁节点顺桥向位移时程曲线 (UX_{max} = 1.82 m)(相对位移)

④工况三(塔梁铰接)

塔墩固接、主梁在索塔处设置固定支座时,结构动力特性如表2-1-28所示,荷载效应如图2-1-37～图2-1-41所示。

结构动力特性(塔梁铰接)　　表2-1-28

阶次	频率(hZ)	振形特点	阶次	频率(hZ)	振形特点
1	0.196 1	主塔横弯	6	0.379 2	辅助墩纵弯
2	0.268 8	主梁竖弯	7	0.397 0	辅助墩、过渡墩横弯(反对称)
3	0.345 1	辅助墩纵弯	8	0.445 3	主梁竖弯
4	0.345 1	辅助墩纵弯	9	0.461 3	辅助墩、过渡墩横弯(正对称)
5	0.379 2	辅助墩纵弯	10	0.521 7	主跨主梁竖弯

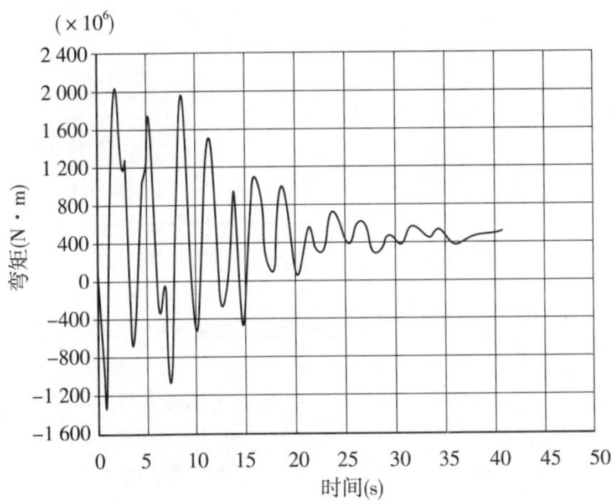

图2-1-37　塔底(单柱)顺桥向弯矩时程曲线
(M_{max}=2 060 320kN·m)

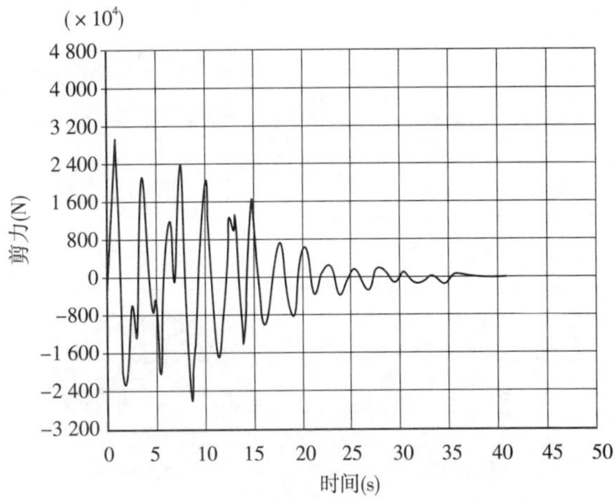

图2-1-38　塔底(单柱)顺桥向剪力时程曲线
(F_{max}=30 187.2kN)

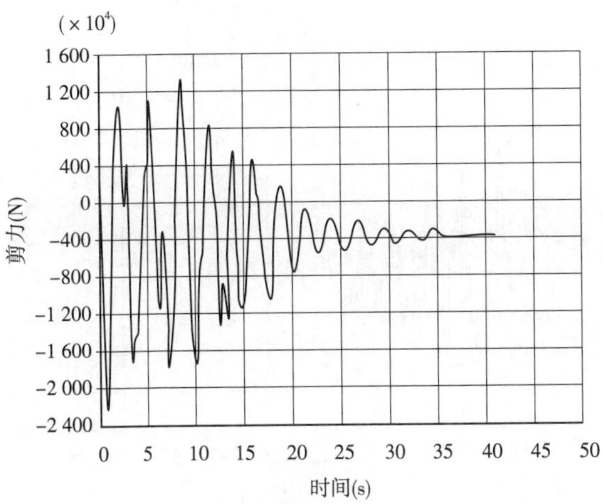

图2-1-39　塔梁交接处支座顺桥向剪力(一半)时程曲线
(F_{max}=22 108.7kN)

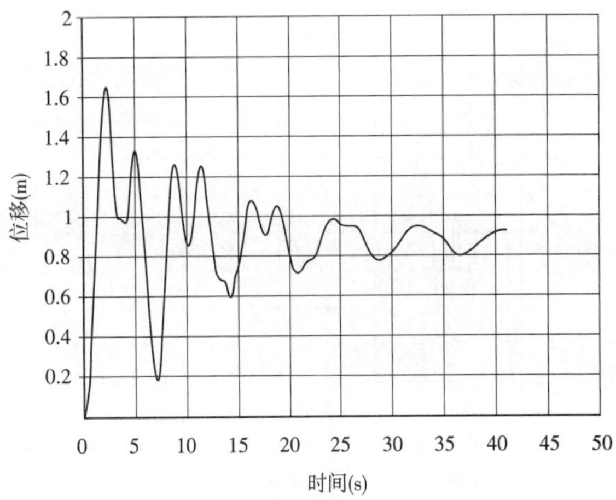

图2-1-40　索塔塔顶顺桥向位移时程曲线
(UX_{max}=1.65 m)(相对位移)

⑤工况四(塔梁间设弹性限位索)

塔墩固接,主梁在索塔处设置活动支座、在索塔处设置水平弹性索时,结构动力特性如表 2-1-29 所示,荷载效应如图 2-1-42 ~ 图 2-1-45 所示。

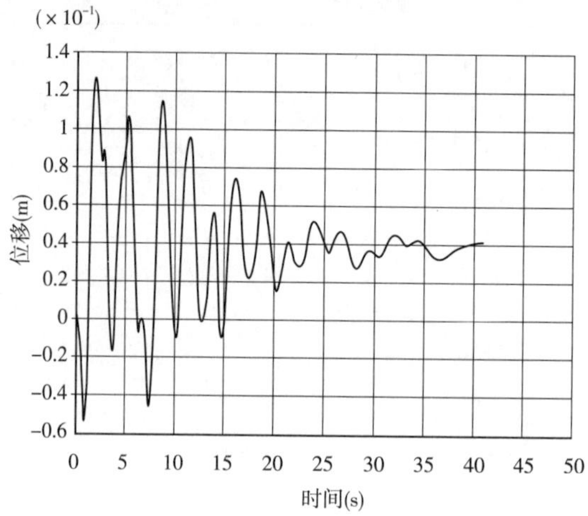

图 2-1-41　塔梁交接处主梁节点顺桥向位移时程曲线
(UX_{max} = 0.126 m)(相对位移)

结构动力特性(塔梁间设弹性限位索)　　表 2-1-29

阶次	频率(Hz)	振 形 特 点	阶次	频率(Hz)	振 形 特 点
1	0.196 1	主塔横弯	6	0.374 4	辅助墩、过渡墩横弯(反对称)
2	0.221 0	主梁纵飘 + 主塔纵弯	7	0.379 2	辅助墩纵弯
3	0.311 3	主梁竖弯	8	0.379 2	辅助墩纵弯
4	0.345 1	辅助墩纵弯	9	0.454 1	辅助墩、过渡墩横弯(正对称)
5	0.345 1	辅助墩纵弯	10	0.537 1	主梁竖弯

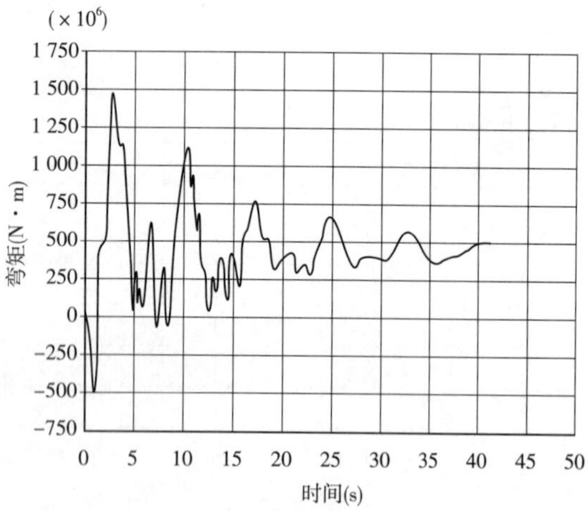

图 2-1-42　塔底(单柱)顺桥向弯矩时程曲线
(M_{max} = 1 465 590kN·m)

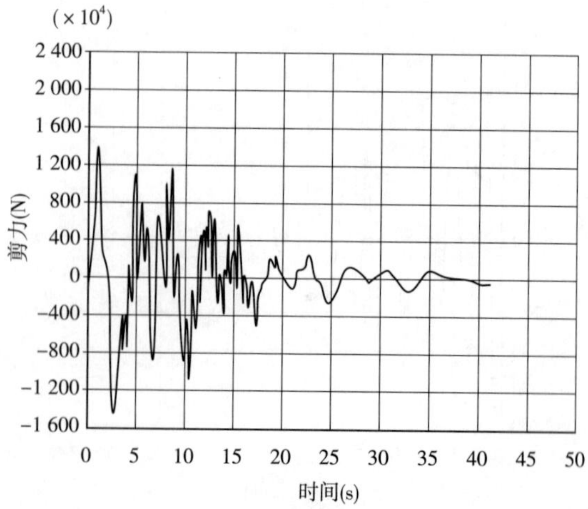

图 2-1-43　塔底(单柱)顺桥向剪力时程曲线
(F_{max} = 14 798.8kN)

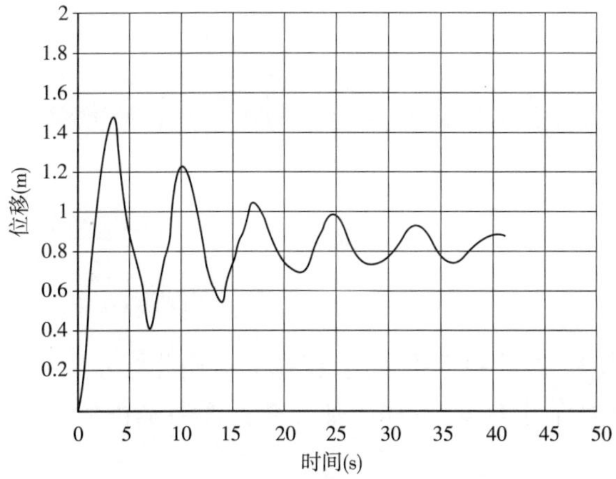

图 2-1-44　索塔塔顶顺桥向位移时程曲线
(UX_{max} = 1.48 m)(相对位移)

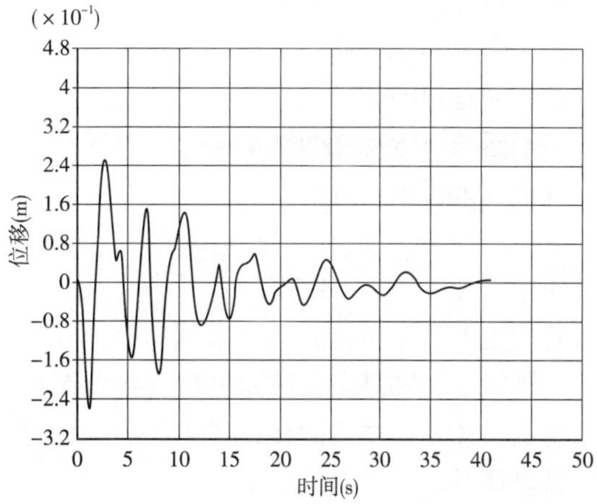

图 2-1-45　塔梁交接处主梁节点顺桥向位移时程曲线
(UX_{max} = 0.259 m)(相对位移)

⑥工况五(塔梁间设弹性限位索和阻尼器)

塔墩固接,主梁在索塔处设置活动支座、在索塔处设置水平弹性索并加阻尼器时,结构动力特性同工况四的表 2-1-29,荷载效应如图 2-1-46 ~ 图 2-1-49 所示。

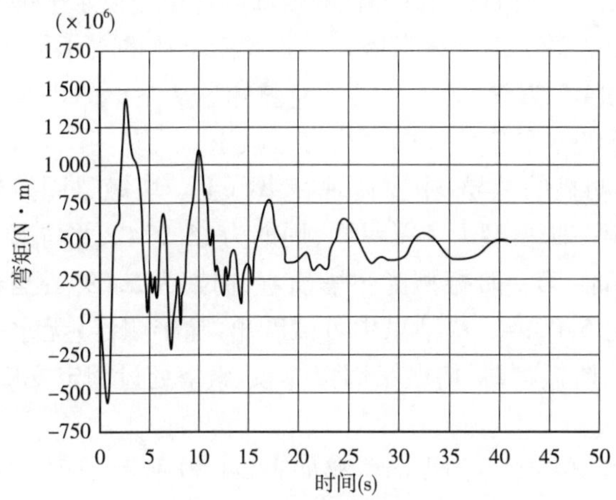

图 2-1-46　塔底(单柱)弯矩时程曲线
(M_{max} = 1 423 480kN·m)

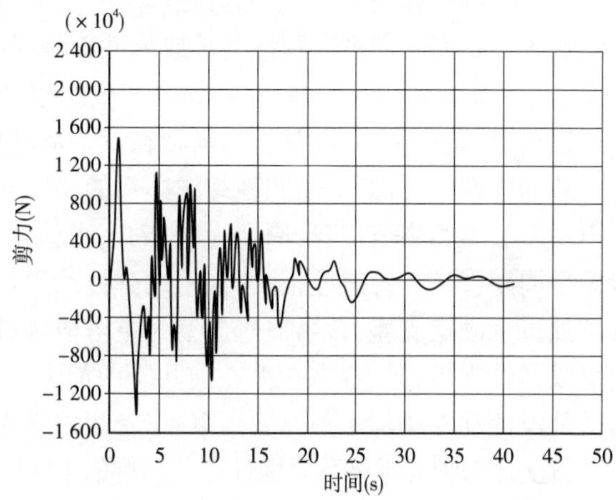

图 2-1-47　塔底(单柱)顺桥向剪力时程曲线
(F_{max} = 15 149.4kN)

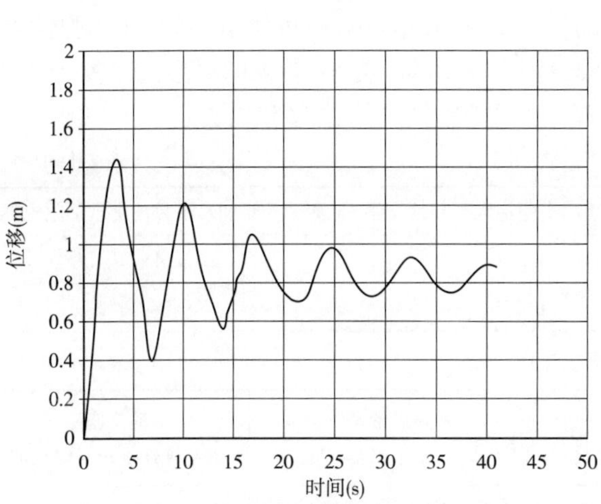

图 2-1-48　索塔塔顶顺桥向位移时程曲线
(UX_{max} = 1.43 m)(相对位移)

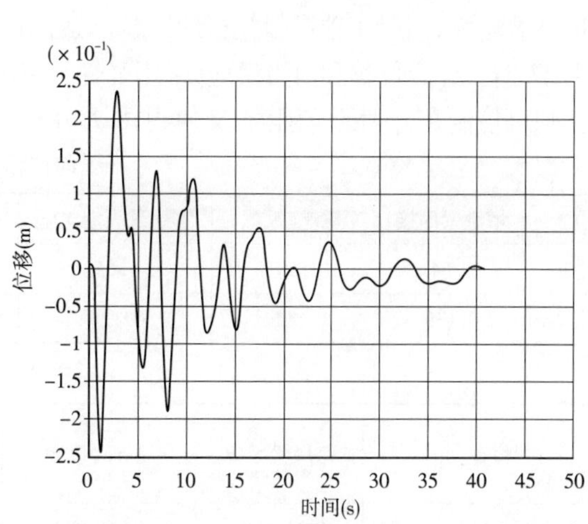

图 2-1-49　塔梁交接处主梁节点顺桥向位移时程曲线
(UX_{max} = 0.243 m)(相对位移)

初步拟定在塔梁交接处设置4个阻尼器,阻尼器相关参数如下:

最大阻尼力:2 000kN。

最大冲程:483mm。

阻尼系数:1 591.2kN/(m/s)。

阻尼速度指数 α:0.3。

最大阻尼器尺寸:3 730mm。

使用温度:-7~43.3℃。

通过以上计算可知:

①塔梁固接和塔梁铰接这两种支撑体系地震响应太大,设计中不予采用,仅作为对比分析。

②支撑体系由塔梁固接改为主梁纵飘以后,结构内力降低不多,位移增加显著。说明本桥型不适合作为纵飘体系。

③设置弹性限位索以后,结构内力和位移响应都有较大改善,且该方案成本较低,值得推荐。

④设置阻尼器能够有效减小地震响应,可以作为弹性限位索的辅助措施。

6. 分析比较

从静力分析结果可知,三种支承体系下主梁内力变化不大,但水平位移变化较大,而索塔根部的内力相差也较大。

塔墩梁固接体系下,主梁的弯矩(索塔处)最大,是设水平弹性索的4倍,塔根部的弯矩是设水平弹性索的1.3倍。而纵向设置刚性支承或弹性支承时则很小。对于主梁在索塔处设置固定支座的支承体系,支座的水平力达到2 878kN,地震效应产生的水平力达44 217kN,支座必定遭受破坏。从主梁的水平位移可以看出,设水平弹性索后,索塔顶在汽车荷载作用下的水平位移和内力均有所减小。

从动力性能方面,上述四种结构体系的动力特性有明显的差异,主要体现在纵飘上。塔墩梁固接体系第一阶振型为主塔横弯,周期为5.071s;纵飘体系时第一阶振型为主梁纵飘,周期为15.974s,并与第二阶振型周期(5.099s)相差很大;当采用弹性约束(纵向)时,第一阶振型为主塔横弯,周期为5.099s;当在索塔处设置固定支座时,第一阶振型为主塔横弯,周期为5.099s。从结果中可以看出,除半飘浮(无水平支承或弹性支承)外,纵飘振型在前几阶中消失。从第一阶振型看,塔墩梁固接体系、索塔处设固定支座、索塔处设活动支座加水平弹性约束,三者相差不大。

就上述四种支承体系分别计算了结构的地震响应。主要控制点的纵向位移如表2-1-30所示,主要控制截面的内力如表2-1-31所示。由计算可知,纵飘体系时,主梁的相对位移最大,是设固定支座的14.4倍(索塔处),是设水平弹性约束的7.03倍(索塔处)。从内力结果可知,随着斜拉桥纵向约束的增加,塔根部的内力也显著增大,而对于独塔斜拉桥的纵飘体系,由于体系的受力特点,其地震响应也比塔梁铰接(加弹性索)大1.27倍。综合位移和内力反应,采用弹性约束的内力较设固定支座的内力小,较纵向飘浮大许多,而纵向位移则可控制在合理的范围内,又使得内力分布更趋合理。加上阻尼器后,位移和内力也有所减小。

纵向位移反应值(单位:m) 表2-1-30

位置	塔墩梁固接	半飘浮(纵飘)	塔处设固定支座	塔处设活动支座加水平弹性支承	活动支座加水平弹性支承加阻尼器
塔顶	1.64	1.59	1.65	1.48	1.43
主梁	0.138	1.82	0.126	0.259	0.243

主要控制截面的内力 表2-1-31

位置	塔墩梁固接	半飘浮(纵飘)	塔处设固定支座	塔处设活动支座+水平弹性支承	活动支座+水平弹性支承+阻尼器
塔底弯矩(kN·m)	2 237 470	1 869 980	2 060 320	1 465 590	1 423 480
塔、梁处水平剪力(kN)	34 493	0	44 217	14 798	15 149

综合上述，采用水平弹性束约束主梁在恒载、温度、活载作用下的水平位移是有效的，采用阻尼限制主梁在地震、阵风荷载作用下的水平位移是可行的。因此，黄埔大桥北汊斜拉桥支撑体系设计采取半飘浮支承体系，并在索塔处设置水平弹性索和黏滞阻尼器，这样可以有效地减小索塔和主梁的水平位移，又使得内力分布更趋合理。

第三节　桥位比选及桥型方案选择

一、推荐桥位及桥位论证结论

路线推荐方案中，黄埔大桥的桥位位于珠江黄埔水道和铁桩水道的汇流口附近，见图2-1-50。桥位下游5km处，有东江水道汇入，汇流口下游江面宽阔，称为狮子洋。

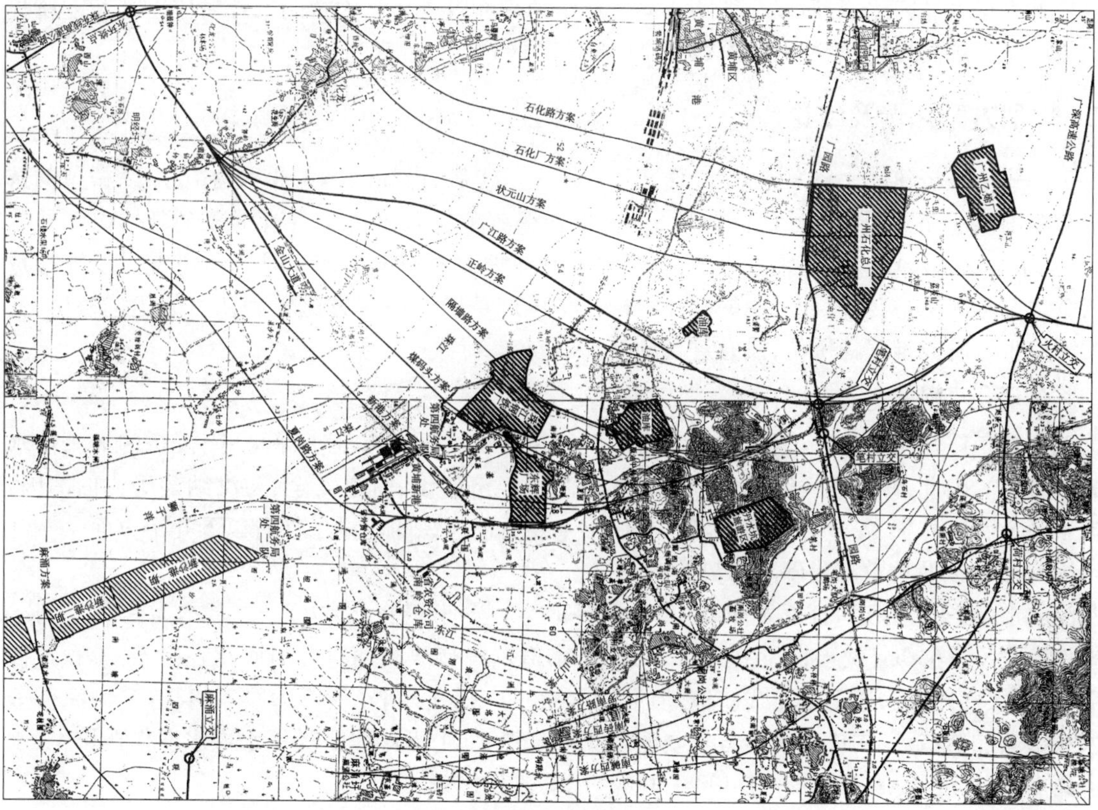

图2-1-50　黄埔大桥桥位论证图

珠江三角洲经济区环形公路东环段的起点在广州白云区萝岗镇的火村，与北环段相接，北环段的终点即为东环段的起点。因北环段现已建成通车，所以东环的起点是确定的。

从东环段的起点选线过珠江，黄埔大桥的桥位最好选在图2-1-26中石化路方案至煤码头方案之间的河段，原因有三个：

一是因为该河段的走向与路线走向比较接近正交，利于桥位选择；而该河段下游的河段走向与路线走向却比较接近平行，不利于桥位选择。

二是因为在该河段选择桥位离广州环城高速公路跨珠江黄埔水道的东圃大桥、广珠东线高速公路北段跨珠江铁桩水道的新造大桥、番禺至东莞跨狮子洋这三座大桥之间的距离比较合适，使路网布局和交通量的分配比较合理。

三是在该河段跨越珠江，其两岸引道接线最短，工程总造价最低。

在石化路方案至煤码头方案之间的河段，我们选择了7个桥位方案，但是因为该河段北岸的地形地物非常复杂，各个桥位方案与起点之间的连接线都遇到了困难。其中，石化路、石化厂和状元山三个方案的主要困难是路线通过广州石化总厂，而广州石化总厂防火要求极为严格，所有进入该厂的车辆都必须预先戴上防火罩，高速公路上行驶的车辆显然无法满足这一要求，因而这三个方案都被否定。

隔墙路和煤码头两个方案的主要困难是路线通过省石油公司、广州石化总厂和广州乙烯厂三家单位的油库所在地及广州珠江钢铁厂和东辉广场，无法在高速公路与油库之间留出必要的安全距离，且与珠江钢铁厂（广州重点工程项目）和东辉广场（国务院小康型住宅试点）产生的用地矛盾难以解决，所以也被否定。

余下的广江路方案和正岭方案两者都要经过位于珠江北岸的三道高压线，其中两道220kV，一道110kV。经过向电力部门了解得知，在广江路方案线位处，三道高压线可以架高从桥上经过，而在正岭方案线位处，由于离黄埔发电厂过近，该高压线已不能架高而从桥上经过，另外正岭方案需拆迁市八十八中、广冶子弟小学、广冶三村，拆迁量远比广江路方案大。所以广江路方案遇到的困难比正岭方案遇到的困难容易解决得多。因此，最后以广江路方案桥位作为东环段过珠江大桥的推荐桥位。推荐的桥位方案也得到了广州市规划局的同意，见穗规城乡字[1997]第61号文。

二、桥型方案比选及结论

由于广州市经济建设比较发达，沿着珠江形成了经济走廊，沿江两岸工业用趋饱和，给桥位的选取带来了很大的困难。在工程可行性研究阶段，工可报告编制单位对该桥位进行了多个跨越珠江的方案论证，即使采用本次初步设计的桥轴线方案，也需要提升或埋设黄埔电厂的三条高压电缆以及迁移珠江南汊的三个地锚。因此，初步设计采用的广江路桥位是珠江黄埔大桥多方比较后认可的优选桥位，初步设计阶段维持工可阶段推荐的桥位，没有进行调整。

1. 总体设计原则

黄埔大桥是广州市的门户工程，桥址上游是我国南方的主要船舶工业基地，南汊桥的大濠沙水道是珠江的主航道。因此，修建本桥需要充分考虑功能满足经济建设、航道安全、防洪纳潮等方面的因素，同时考虑景观、经济、养护、安全等方面因素。本桥梁主要需要考虑的建设条件有以下几个方面。

1）净空要求以及桥墩和锚碇对河势的影响

北汊航道（菠萝庙水道）江面宽300～500m，除邻近大濠洲岸有少量边滩外，基本为深水区，水深5～8m，深泓最浅水深6.0m，位于桥位上游60m处，本水道东段菠萝庙冲对开河底存在礁石，礁顶最浅点水深3.7m。北汊菠萝庙水道不是正式航道，但沿岸聚集了广州文冲船厂、广远船舶修理厂、中海菠萝庙船厂三家大型船舶修造厂，构成我国南方重要船舶工业基地，加上沿岸码头较多水域水上作业繁忙，水道通航要求高。因此，北汊桥主跨跨径在400～500m一跨过江比较合适。

南汊桥因为北边滩较短（70m左右），受水流影响较大，尤其根据河道演变趋势看，主河槽北移且冲刷较大，因此北塔位置应位于大堤内。根据通航论证报告，南汊桥的通航净空根据不同的航行方案（铁桩航道与大濠洲水道的两航道汇合段重合、汇合段按两向航道设计、汇合段按三向航道设计）各需要宽365m、470m和627m，净高60m。交通部批复的通航净空尺寸为469m×60m，但考虑各部门均要求主桥一跨过江的要求，实际设计中南汊桥的通航净空按照627m×60m考虑，且通航船舶吨位较大。为避免发生大的撞击事故，南塔应置于南边滩浅水区。根据上述要求南汊桥桥梁主跨跨径须不小于900m。

2）抗风要求和抗震要求

广州市是华南沿海台风登陆地区，基本每年都有台风登陆并侵袭广州。对结构的施工、运营都带来了一定的影响，甚至是决定性的影响。因此，对于结构的选择和抗风研究，必须充分考虑这方面的影响。根据《珠江三角洲经济区环形高速公路东环段地震安全性评价》报告，本桥区为Ⅶ度区，按照Ⅷ度设防，这对桥梁的抗震提出了较高的要求。因此，桥梁设计中应充分考虑抗震要求。

3）地质条件复杂

根据工可阶段和初步设计的地质报告，基岩主要是燕山期斑状花岗岩及其风化层，基岩面起伏较大，尤其对锚碇基础的施工带来了一定困难和不确定性。因此，在初步设计阶段和施工图阶段的地质勘察以及确定结构基础中，应充分重视这一特点。

4）景观要求以及南北汊桥的协调问题

本桥的特点之一就是南、北汊桥在濠洲上首尾相接，且互相干扰。处理好这种协调关系，两座桥梁就相得益彰，而处理不好就会互相影响，并且本桥是广州市的门户工程，从水路进出广州均需经过此桥；该桥修建后，除了作为国道主干线桥梁外，同时作为连接广州市的东二环，连接黄埔区和番禺区的主要通道，因此桥梁景观设计应充分考虑。

5）耐久性设计

考虑到广州市近海，且受到台风的影响以及地下水对混凝土及钢构件的侵蚀，空气相对湿度大（年平均相对湿度78%，最大可达到85%），同时考虑大跨度桥梁本身采用较多的钢材，因此，设计过程中的耐久性设计是十分必要的。

2.初步设计方案比较及推荐方案

初步设计阶段安排了抗风、抗震、河工模型、抗船舶撞击以及斜拉索、钢箱梁关键技术专题研究工作，结合工可阶段有关专题内容，作为初步设计有关工作的基础。

随着各国经济水平的不断增长，建桥技术亦飞速发展并日趋成熟，从目前国内外的成功桥例看，斜拉桥跨径达到1 000m，而悬索桥的适用跨径更是达到了2 000m，同时国内的斜拉桥和悬索桥建桥技术都已比较成熟。

北汊桥的主跨跨度在400～500m之间，适合的桥型有斜拉桥、悬索桥等。本次根据具体建设条件以及与南汊桥的协调，提出两种桥型，四种跨径布置，即斜拉桥和悬索桥，跨径分别为：383m＋305m独塔双索面钢箱梁斜拉桥；240m＋456m＋240m双塔双索面钢箱梁斜拉桥；383m＋272m独塔双索面钢箱梁斜拉桥；456m跨度的单跨独塔悬索桥。

对南汊桥方案的比较选取了三个方案：主跨1 138m双塔单跨悬索桥，主跨960m双塔双跨悬索桥，主跨900m双塔斜拉桥。三个方案北塔均位于大濠洲的大堤内侧，距离堤脚32m，南塔位于南边滩上，在最高通航水位下的水深分别为4.5m、4.2m、5.5m，船舶撞击力不大于1 500t，索塔自身在造价增加不多的情况下可以抵抗该撞击力。1 138m和960m悬索桥最大差别在于南锚碇是否在水中，当主跨跨径从960m增大到1 138m就可以将南锚碇从水中移到陆地上。

初步设计提出了五个桥式方案（图2-1-51～图2-1-55，表2-1-32）。

1）北汊桥383m＋305m独塔双索面钢箱梁斜拉桥、南汊桥1 138m单跨悬索桥（图2-1-51）

（1）北汊桥

主桥采用独塔双索面钢箱梁斜拉桥，跨径组成为383m＋305m。索塔位于大濠洲岸侧边滩浅水区，桩号为K9＋310m。为提高主跨结构的刚度和改善主梁、索塔的受力条件，在锚跨布置两个辅助墩，将锚跨分成146m＋99m＋60m三跨。大濠洲上的过渡墩以及相邻的辅助墩布置在南汊桥的北锚碇上。锚跨与主跨跨径比为0.796。

在塔墩、辅助墩、过渡墩设置竖向支座，结构为半飘浮体系。在塔墩、过渡墩设置横向限位支座以及纵向限位支座，防止在地震等情况下发生过大的水平位移。

（2）南汊桥

北塔位于K9＋925m，位于大濠洲的大堤内侧，距离堤脚32m，对于通航、防洪纳潮都没有影响。南塔在K11＋063m，位于南边滩上，在最高通航水位下的水深为4.5m，对于通航、防洪纳潮都没有影响。船舶撞击力不大于1 500t，索塔自身在造价增加不多的情况下可以抵抗该撞击力。

北锚碇位于大濠洲上，北锚碇在K9＋595m，北边跨330m，边中跨比0.29。锚碇布置在北汊桥的主梁下方，对北汊桥的主梁架设带来了一定的影响。

2）北汊桥456m双塔双索面钢箱梁斜拉桥、南汊桥1 138m单跨悬索桥（图2-1-52）

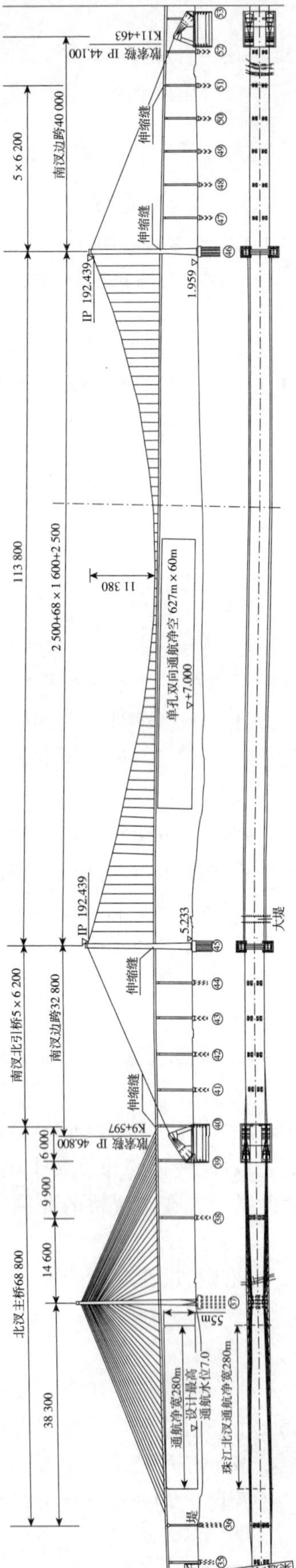

图 2-1-51　方案1：383m独塔斜拉桥及1 138m单跨悬索桥(尺寸单位：cm)

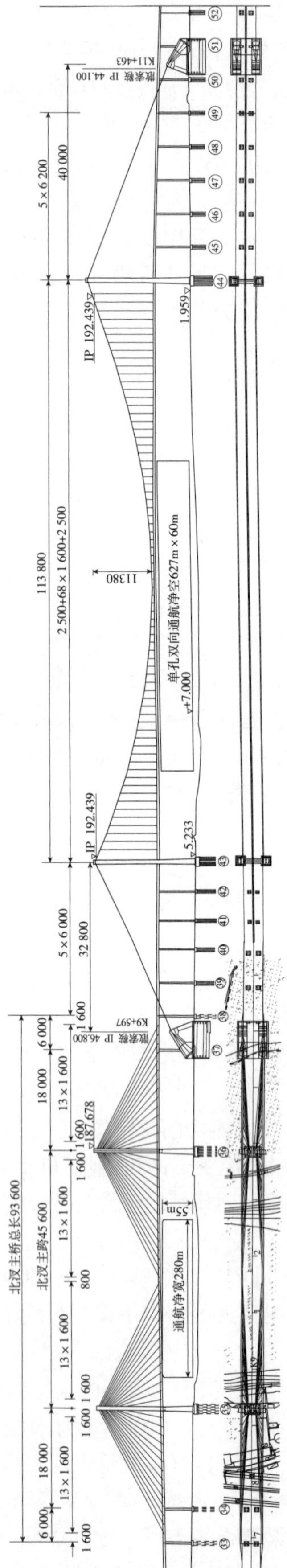

图 2-1-52　方案2：456m双塔斜拉桥及1 138m单跨悬索桥(尺寸单位：cm)

(1)北汊桥

主桥采用60m+180m+456m+180m+60m的双塔双索面钢箱梁斜拉桥,北索塔位于集通码头岸边,桩号为K9+929m,南索塔位于大濠洲上,塔中心桩号为K9+385m,距大堤坡脚的距离为33.5m。

为了增加斜拉桥的整体刚度,两边跨均设1个辅助墩,将240m的边跨分成180m+60m两跨。在塔墩、辅助墩、过渡墩设置竖向支座,结构为半飘浮体系。在塔墩、过渡墩设置横向限位支座,以及纵向限位支座,防止在地震等情况下发生过大的水平位移。

(2)南汊桥

北塔位于K9+925m,位于大濠洲的大堤内侧,距离堤脚32m,对于通航、防洪纳潮都没有影响。南塔在K11+063m,位于南边滩上,在最高通航水位下的水深为4.5m,对于通航、防洪纳潮都没有影响。船舶撞击力不大于1500t,索塔自身在造价增加不多的情况下可以抵抗该撞击力。

北锚碇位于大濠洲上,北锚碇在K9+595m,北边跨330m,边中跨比0.29。锚碇布置在北汊桥的主梁下方,对北汊桥的主梁架设带来了一定影响。

3)北汊桥456m单跨独塔悬索桥、南汊桥1 138m单跨悬索桥(图2-1-53)

(1)北汊桥

主桥采用独塔悬索桥结构,主桥全长456m,索塔位于大濠洲上。索塔中心桩号K9+385m,对应的南汊主桥为1 138m的悬索桥,两座大桥在大濠洲上共用一个锚碇。

(2)南汊桥

北塔位于K9+925m,位于大濠洲的大堤内侧,距离堤脚32m,对于通航、防洪纳潮都没有影响。南塔在K11+063m,位于南边滩上,在最高通航水位下的水深为4.5m,对于通航、防洪纳潮都没有影响。船舶撞击力不大于1 500t,索塔自身在造价增加不多的情况下可以抵抗该撞击力。

北锚碇位于大濠洲上,与北汊桥共锚,边跨长度受到限制。南锚碇在K11+463m,位于南岸大堤之内的陆地上,距离大堤堤脚30m。边跨跨径400m,边中跨比0.35。

4)北汊桥240m+456m+240m双塔双索面钢箱梁斜拉桥、南汊桥960m双塔双跨悬索桥(图2-1-54)。

(1)北汊桥

主桥采用60m+180m+456m+180m+60m的双塔双索面钢箱梁斜拉桥,北索塔位于集通码头岸边,桩号为K9+929m,南索塔位于大濠洲上,塔中心桩号为K9+385m,距大堤坡脚的距离为33.5m。

为了增加斜拉桥的整体刚度,两边跨均设1个辅助墩,将240m的边跨分成180m+60m两跨。在塔墩、辅助墩、过渡墩设置竖向支座,结构为半飘浮体系。在塔墩、过渡墩设置横向限位支座,以及纵向限位支座,防止在地震等情况下发生过大的水平位移。

(2)南汊桥

北塔位于K9+925m,位于大濠洲的大堤内侧,距离堤脚32m,对于通航、防洪纳潮都没有影响。南塔在K10+885m,位于南边滩上,在最高通航水位下的水深为4.2m,对于通航、防洪纳潮都没有影响。船舶撞击力不大于1 500t,索塔自身在造价增加不多的情况下可以抵抗该撞击力。

北锚碇位于大濠洲上,在K9+667.5m,北边跨257.5m,边中跨比0.27。南锚碇在K11+307.7m,位于南岸大堤之外的水上,距离大堤堤脚32m。边跨跨径422.7m,边中跨比0.44。

5)383m+272m独塔双索面钢箱梁斜拉桥、南汊桥343m+900m+343m双塔双索面钢箱梁斜拉桥(图2-1-55)

(1)北汊桥

主桥的起点桩号为K8+927m,终点桩号为K9+582m,接南汊桥斜拉桥,主桥长655m。

北汊主桥采用独塔双索面钢箱梁斜拉桥,半飘浮体系,索塔位置与方案1相同。在大濠洲岸跨设置两个辅助墩,跨径组成为383m+112m+100m+60m,边跨与主跨之比为0.710。

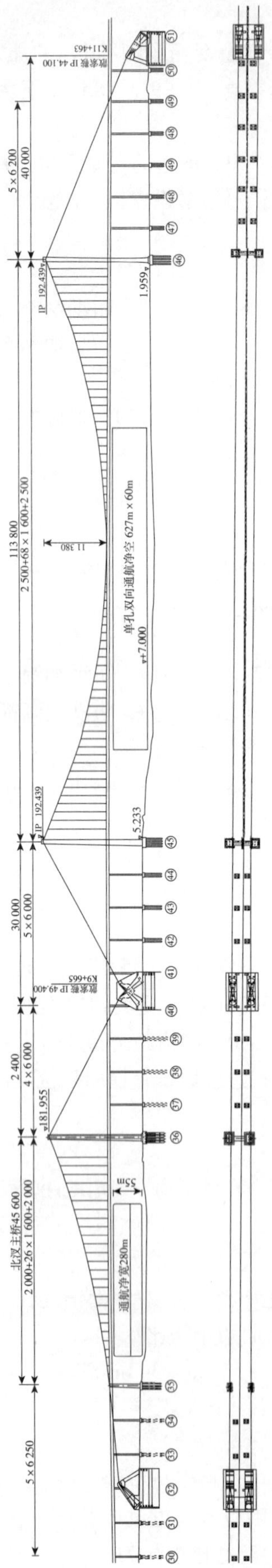

图 2-1-53　方案3：456m单跨独塔悬索桥及1 138m单跨悬索桥(尺寸单位：cm)

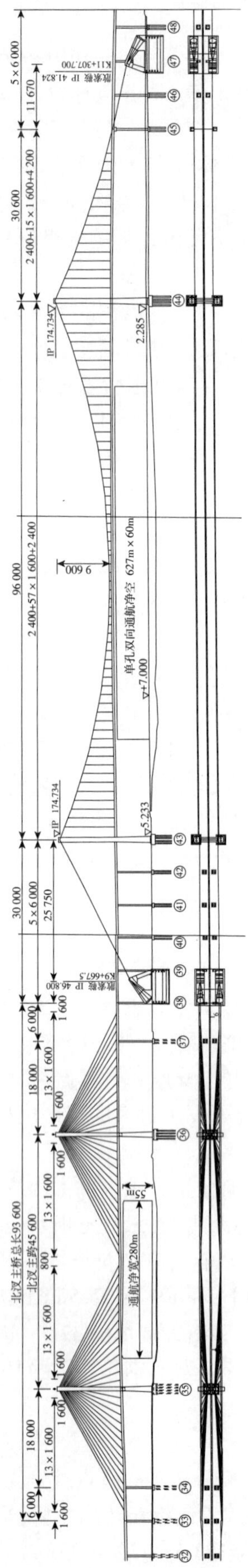

图 2-1-54　方案4：456m双塔斜拉桥及960m双塔双跨悬索桥（尺寸单位：cm）

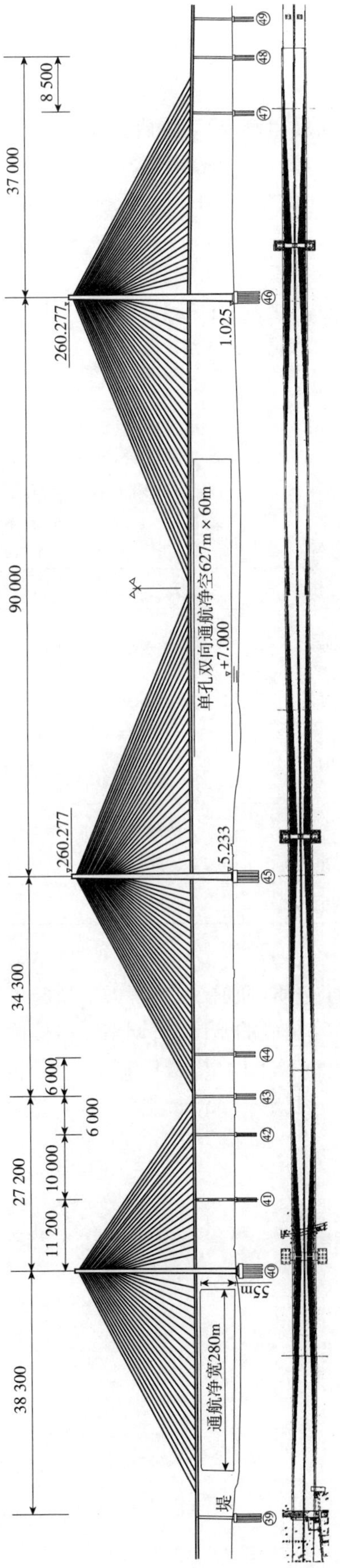

图 2-1-55　方案5：383m独塔斜拉桥及900m双塔斜拉桥（尺寸单位：cm）

北汊主桥在桩号 K9 +582m 处与南汊主桥 343m +900m +343m 双塔双索面斜拉桥相连。两座斜拉桥连成一体,形同一座三塔连续斜拉桥。

(2)南汊桥

北塔位于 K9 +925m,位于大濠洲的大堤内侧,距离堤脚 32m,对于通航、防洪纳潮都没有影响。南塔在 K10 +825m,位于南边滩上,在最高通航水位下的水深为 5.5m,对于通航、防洪纳潮影响较小。船舶撞击力不大于 1 500t,索塔自身在造价增加不多的情况下可以抵抗该撞击力。

北边跨 343m,南边跨 370m,边中跨比分别是 0.38 和 0.41。主要为保证主跨不小于 900m、与北汊桥的协调一致,以及跨越南岸大堤,所以采用了不对称边跨设计。

比较方案及推荐方案比较及主桥建安费见表 2-1-32。

黄埔大桥方案比较表　　表 2-1-32

方案 / 桥型方案 / 比较内容	方案 1	方案 2	方案 3	方案 4	方案 5
桥型方案	北汊桥 383m + 305m 独塔双索面钢箱梁斜拉桥,南汊桥 1 138m 单跨悬索桥	北汊桥 240m + 456m + 240m 双塔双索面钢箱梁斜拉桥,南汊桥 1 138m 单跨悬索桥	北汊桥 456m 单跨独塔悬索桥,南汊桥 1 138m 单跨悬索桥	北汊桥 240m + 456m + 240m 双塔双索面钢箱梁斜拉桥,南汊桥 960m 双塔双跨悬索桥	383m + 272m 独塔双索面钢箱梁斜拉桥,南汊桥 343m + 900m + 343m 双塔双索面钢箱梁斜拉桥
通航条件	完全满足	完全满足	完全满足	完全满足	完全满足
防洪、纳潮的影响	影响小	影响小	影响小	影响较大,尤其南汊桥南锚碇阻水	影响小
与电厂高压线干扰	影响小	影响大	影响大	影响大	影响小
技术成熟性	技术成熟	技术成熟	技术成熟	技术成熟	技术成熟,但施工风险较大
景观协调性	景观协调	景观协调	景观协调	景观协调	景观协调
主桥建安费	143 628 万元	141 726 万元	170 578 万元		
综合比较	推荐方案	比较方案	比较方案	比较方案	比较方案

3. 结论

在施工图设计阶段,全面、深入研究了地质、通航,统一考虑引桥施工及跨度划分;详细研究了斜拉桥及悬索桥主边跨的划分,在推荐方案 1 跨度组成的基础上,调整了斜拉桥辅助墩及过渡墩的跨度,使斜拉桥受力更为合理;对悬索桥主跨及边跨也进行了调整,最后施工图设计的主桥跨度组成为:独塔斜拉桥 383m +197m +63m +62m,悬索桥 290m +1 108m +350m。

第二章　施工图设计

本章以黄埔大桥为例，详述大跨度独塔斜拉桥、大跨度悬索桥、引桥的主体结构及其相关的供配电等设施的施工图设计和相关科研项目成果。

第一节　全桥总体结构布置及设计

黄埔大桥起于里程桩号 K7 +200.600，止于里程桩号 K14 +217.100，全长 7 016.5m。其中，北汊桥主桥为主跨 383m 的独塔斜拉桥，南汊桥主桥为主跨 1 108m 的悬索桥，引桥包括北引桥、中引桥及南引桥。北汊斜拉桥总体结构布置图见图 1-3-10，其他桥跨组成及布置见图 2-2-1 及图 2-2-2。

一、北引桥

起点里程 K7 +200.600 ~ K8 +946.100，其组成如下：

第一联：右幅桥 46.0m +43.0m +35.0m +47.0m +40.0m +2 ×35.0m，左幅桥 2 ×38.0m +36.0m +39.0m +40.0m +2 ×35.0m，为预应力混凝土连续箱梁；第二联、第三联：6 ×45.0m 预应力混凝土连续箱梁；第四联：45.0m +2 ×62.5m 预应力混凝土连续箱梁；第五联：2 ×62.5m 预应力混凝土连续箱梁；第六联、第七联：5 ×62.5m 预应力混凝土连续刚构。

北引桥基础采用 ϕ1.5m 和 ϕ1.8m 摩擦钻孔灌注桩，桩尖嵌入弱、微风化岩层不少于 1.2m。

北引桥除加宽段箱梁采用挂篮法施工外，其余均采用移动模架法施工。

二、北汊斜拉桥

里程桩号起于 K8 +946.100，止于 K9 +651.100。其跨度组成为 383.0m +197.0m +63.0m +62.0m，斜拉桥全长 705m。上部结构为独塔双索面连续钢箱梁，并采用半飘浮支撑体系。采用 ϕ7mm 热镀锌平行钢丝冷铸锚斜拉索。塔柱自承台顶面起高 226.14m，塔柱及横梁均采用箱形截面；承台高 6.0m，主塔基础为直径 2.5m 嵌岩钻孔灌注桩，嵌入弱风化、微风化基岩总深度不少于 15.0m。过渡墩与辅助墩基础均采用 ϕ1.8m 钻孔灌注桩，采用嵌岩桩形式。

三、中引桥

起止里程为 K9 +651.100 ~ K10 +026.100，上部结构为一联六跨 6 ×62.5m 预应力混凝土连续刚构，采用挂篮悬浇施工；基础采用 ϕ1.8m 和 ϕ2.2m 钻孔灌注桩，桩尖嵌入微、弱风化岩层深度不少于 1.2m。

四、南汊悬索桥

散索鞍转点（IP）里程 K9 +736.100 ~ K11 +484.100。其跨度组成为 290m +1 108m +350m，全长

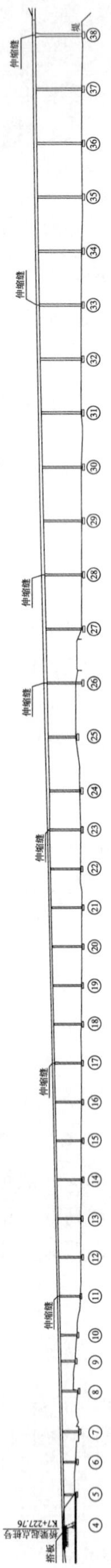

图 2-2-1　北引桥总体结构布置图

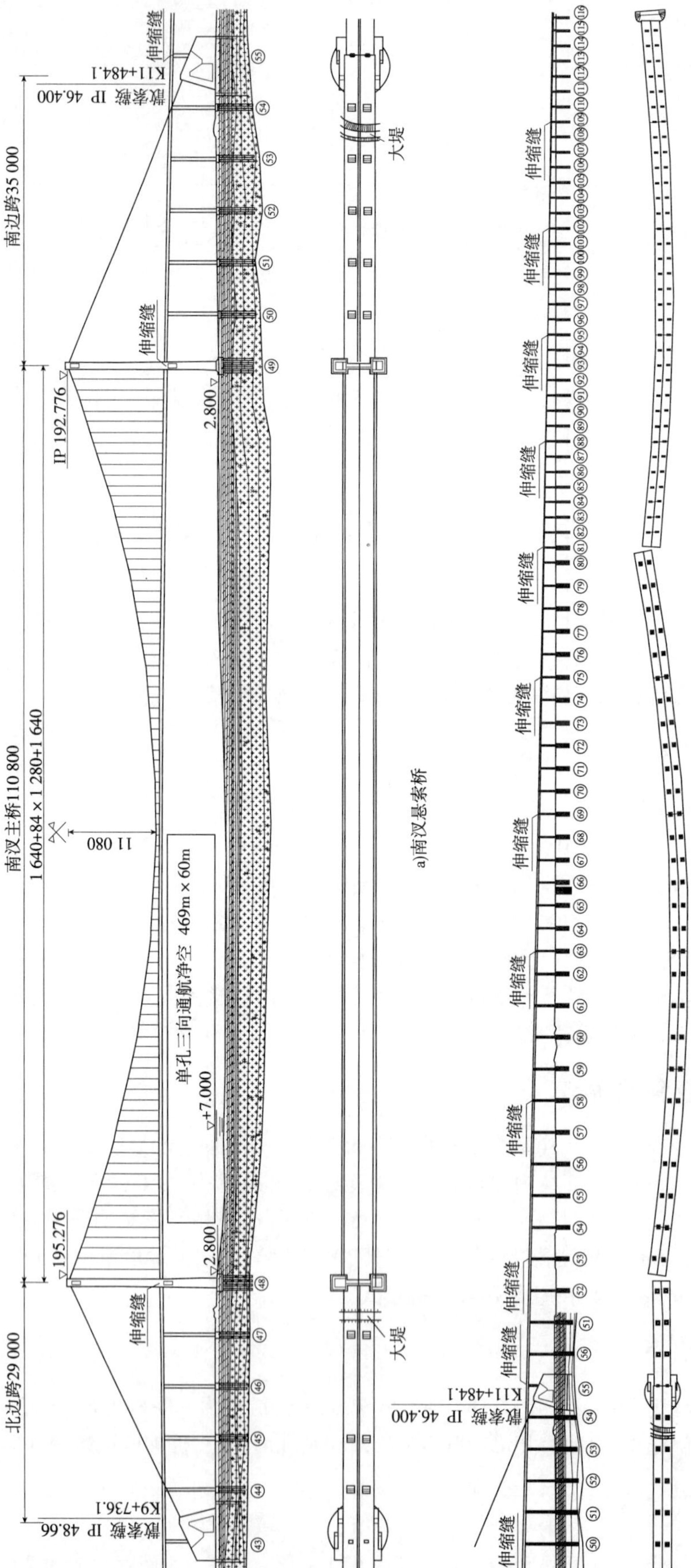

a)南汊悬索桥

b)南引桥

图 2-2-2　南汊悬索桥及南引桥总体结构布置图（尺寸单位：cm）

1 748m。主缆采用147股通长平行钢丝索股,每根索股有127根强度为1 670MPa、直径5.2mm高强度镀锌钢丝。吊索采用公称抗拉强度为1 770MPa、直径为56mm的8×55SWS+IWR钢丝绳。加劲梁为半飘浮支撑体系钢箱梁。塔柱基础采用16根ϕ2.2m钻孔桩,桩尖嵌入弱、微风化岩深度不少于2.2m;锚碇基础采用外径73m,壁厚为1.2m的圆形地下连续墙,深41.69m。

五、南引桥

南引桥里程桩号K11+134.100~K14+217.100,其跨度组成如下。

南引桥第一联:6×62.5m预应力箱梁连续刚构;第二、三联分别由五跨连续刚构组成,跨径均为62.5m,梁高3.5m;第四联由五跨连续刚构组成,跨径布置为4×62.5m+45m,其中,62.5m跨径梁高3.5m,45m跨梁高由3.5m渐变至2.5m;第五、六联分别由六跨连续刚构组成,跨径均为45m,梁高2.5m;第七联由六跨连续刚构组成,跨径分别是5×45m+30m,其中,45m跨径梁高2.5m,30m跨梁高由2.5m渐变至1.8m;第八、九联分别由六跨连续刚构组成,跨径均为30m,梁高1.8m;第十~十二联由七跨连续刚构组成,跨径均为30m,梁高1.8m。

第一~第九联除过渡墩及索塔处采用单向支座外,其余桥墩位置均为墩梁固结;第十~十二联除两个中墩处为墩梁固结外,其余桥墩均采用单向支座。

南引桥除第一联(悬索桥塔锚之间)采用挂篮悬浇施工外,其余均采用移动模架施工。

基础采用ϕ1.8m和ϕ1.5m的钻孔灌注桩,桩尖嵌入弱、微风化岩层深度不小于1.2m。

第二节　北汊斜拉桥设计

一、设计概况

北汊斜拉桥为独塔双索面钢箱梁斜拉桥,采用半飘浮支撑体系,跨径组成为383m+322m,锚跨与主跨跨径比为0.840 7。为提高结构的刚度和改善主梁、索塔的受力条件,在边跨布置2个辅助墩,将边跨分成197m+63m+62m三跨。

采用ϕ7mm热镀锌平行钢丝冷铸锚斜拉索,主跨标准索距16m,边跨辅助墩、过渡墩间索距12m。索塔采用门形索塔,钢筋混凝土结构,自承台顶面起高226.14m,索塔及横梁均采用混凝土箱形截面;承台高6.0m,索塔基础为ϕ2.5m嵌岩钻孔灌注桩,嵌入弱风化、微风化基岩总深度不少于15.0m。过渡墩与辅助墩基础均采用ϕ1.8m钻孔灌注桩,根据具体不同墩位,采用摩擦桩和嵌岩桩两种形式。

主梁采用单箱三室扁平流线型栓焊钢箱梁,设4道纵腹板。中心梁高3.5m(内轮廓),钢箱梁全宽41m,桥面设2%的双向横坡。钢箱梁顶板宽35m,行车道外侧设0.75m宽的斜拉索锚固区和1.5m宽的检修道;底板宽27.9m,下斜底板宽3.5861m。标准段顶板厚16mm,底板厚12mm,在支座附近顶、底板均加厚至20mm。

桥型布置见图1-3-10。

二、结构主要材料及标准要求

1.钢材

钢箱梁主体结构与临时吊点均采用Q345C级低合金高强度结构钢,其技术指标应符合《低合金高强度结构钢》(GB/T 1591—1994)的相关规定。

钢箱梁侧腹板因锚箱受力要求,采用抗层状撕裂钢材Q345D-Z25,即Z向钢板,且应做Z向超声波探伤。磷的含量应小于0.01%,硫的含量应小于0.007%,断面收缩率$\phi_2>25\%$。其他力学指标及化学成分应符合《厚度方向性能钢板》(GB 5313—1985)的相关规定。

风嘴部分采用低碳钢 Q235C,其技术指标应符合《碳素结构钢》(GB 700—1988)的相关规定。

压重槽、临时匹配件采用 Q235B 钢,钢箱梁行车道路缘石、防撞护栏、路灯底座及排水设施等均采用 Q235B 钢,其技术指标应符合《碳素结构钢》(GB/T 700—1988)的相关规定。钢板应分别符合《碳素结构钢和低合金结构钢热轧薄钢板及钢带》(GB/T 912—1989)和《碳素结构钢和低合金结构钢热轧厚钢板和钢带》(GB/T 3274—1988)的要求。

2. 高强度螺栓

钢箱梁连接用高强度螺栓、螺母、垫圈应符合《钢结构用高强度大六角头螺栓、大六角螺母、垫圈技术条件》(GB/T 1228 ~ 1231—1991)的要求。

3. 焊接材料

焊接材料采用与母材相匹配的焊丝、焊剂与手工焊条,并应符合相应的国标要求。二氧化碳(CO_2)气体保护焊的气体纯度应大于 99.5%,并符合(焊接用二氧化碳)(HG/T 2537)的规定。

4. 斜拉索

斜拉索采用热挤聚乙烯护层、ϕ7mm 热镀锌高强度平行钢丝拉索 PES(C)7 系列及相应的冷铸镦头锚具,拉索组装件 2×106 次循环加载的疲劳应力幅应不小于 200MPa;钢丝应符合国标《桥梁缆索用热镀锌钢丝》(GB/T 17107—1997)的性能要求。斜拉索及护层满足国标《斜拉桥热挤聚乙烯高强钢丝拉索技术条件》(GB/T 18365—2001)有关规定要求。拉索在主梁侧设置外部黏性剪切阻尼器,以抑制拉索在风载下的振动。

5. 混凝土

斜拉桥索塔、引桥主梁采用 C50 混凝土,塔座、墩身采用 C40 混凝土,承台 C30 混凝土,主桥钻孔灌注桩采用 C30 水下混凝土,引桥基桩采用 C25 混凝土。

6. 普通钢筋

采用符合《钢筋混凝土用热轧带肋钢筋》(GB 1449—1998)和《钢筋混凝土用热轧光圆钢筋》(GB 13013—1991)有关规定的Ⅰ级、HRB335 牌号的钢筋。在索塔柱截面外侧钢筋保护层内布置防裂钢筋网,采用公称直径为 5mm 的带肋钢筋焊接网(D5),网格间距为 10cm×10cm。产品应符合《钢筋混凝土用焊接钢筋网》(YB/T 076—1995)的有关规定。

7. 预应力钢筋

预应力钢筋采用高强度低松弛钢绞线,技术标准应符合美国标准(ASTM A416—2002)270 级和《预应力混凝土用钢绞线》(GB/T 5224—2003)的规定,公称直径 15.24mm,标准强度为 1 860MPa。弹性模量 1.95×10^5MPa。锚具采用与预应力钢绞线相匹配的成套产品,包括锚垫板、锚头、夹片和螺旋筋等,其技术标准应符合《预应力筋用锚具、夹具和连接器》(GB/T 14370—2000)。

8. 钢板及型钢

拉索锚固预埋钢板和钢套管采用 45 号钢。

塔柱内劲性骨架和附属设施采用热轧等边或不等边角钢、热轧工字钢等。

9. 钢筋机械连接器

直径大小等于 25mm 的钢筋采用直螺纹连接器接长,其技术标准应符合《钢筋机械连接通用技术规程》(JGJ 107—2003)。

三、索塔与基础设计

1. 索塔基础设计

承台平面尺寸两塔柱底分别为 19m×19m,厚度为 6m,两承台之间采用高 6m、宽 8m 系梁联成整体。

在承台顶设置2.0m厚的塔座，顶部平面尺寸为11m×13m，与承台结合部的平面尺寸为15m×17m。封底混凝土2m。基础采用钻孔灌注桩，索塔每塔柱下布置16根直径为2.5m的钻孔桩，为嵌岩桩，桩长35m，桩基嵌入弱风化及微风化基岩的总深度不小于15m。为保证系梁安全，系梁与承台连接加100cm×50cm倒角，并在系梁中心线上增加两根ϕ1.8m钻孔摩擦桩。

根据《黄埔大桥桥墩冲刷局部动床模型试验研究》成果，北汊桥索塔的最大冲刷深度为6.8m，冲刷坑基范围在承台16.1m内，应对索塔基础周围及右岸堤脚进行抛石防护。

承台与基础构造见图2-2-3。

2. 北汊斜拉桥索塔锚固区足尺模型试验研究

1）试验的必要性、目的和依据

北汊桥主塔在桥面以上结构高约200m。主塔拉索锚固区为预应力混凝土箱形结构，单箱单室截面，纵向总长8.5m，横向总宽5.5m。全桥斜拉索为空间扇形双索面布置，每面拉索共22对，采用两端对称张拉施工工艺。斜拉索通过锚固块锚固于上塔柱内壁上。为平衡斜拉索的水平分力，锚固区配有水平U形环向预应力束。预应力筋分长边开口和短边开口两束，两两对应，相对交错。环向预应力束均采用12ϕ^j15.24钢绞线，并用塑料波纹管成孔及真空辅助压浆技术。

由于未设中间横梁，且索力较大，在预应力和拉索索力作用下，锚固区的应力分布及其传递十分复杂。为了研究索塔锚固区的受力特点，研究U形预应力束的孔道摩阻损失，检验塔柱锚固段的设计方案，保证索塔结构安全，对锚固区采取足尺模型进行试验研究是十分必要的。

斜拉索在塔柱上的锚固区是将斜拉桥拉索承担的上部结构自重和外荷载传递到主塔的重要结构，对确保斜拉索与主塔的锚固区的安全至关重要，也是斜拉桥成败的关键因素之一。由于斜拉索锚固区承受强大的集中力作用，锚固区构造和受力状态均较为复杂，通常是控制桥塔设计的关键部位，结构可靠与否，将直接关系到整个大桥的安全。考虑混凝土材料的弹塑性、非均匀性、对孔道的削弱、预应力施工工艺的正常误差等一系列因素，在设计计算中，仅有限元的力学模型分析，很难全面反映结构的实际工作状态和应力分布。因此，有必要对斜拉索索塔锚固区的应力大小、应力分布、应力流方向等局部应力状态以及抗裂性、承载力进行分析和试验研究，对设计的合理性进行分析评价，提出相应的设计建议和具体的设计修改意见，确保结构受力的合理性和安全性。这对了解索塔锚固区的受力特性、指导设计具有很大的工程实用价值。

试验研究的目的：

（1）根据实际索塔预应力张拉方案施工，实测大曲率小半径U形预应力束的孔道摩阻损失及张拉伸长值。

（2）在预应力张拉和顶推加载过程中测试混凝土和钢筋的应力变化，分析计算索塔的应力分布及规律，确定控制应力的位置和数值，以及索塔整体受力的合理性。

（3）通过分级加载，确定开裂荷载和破坏荷载，研究索塔锚固区的工作性能，确认其承载能力和安全储备。

（4）结合试验成果与有限元计算，分析索塔锚固区的工作性能和预应力束对控制截面的应力和开裂荷载的影响，研究锚固区从开裂到破坏的特性和规律，对结构设计的安全性、合理性作出评估，为设计提供参考。

试验依据：

（1）《黄埔大桥北汊桥设计图》。

（2）《公路桥涵施工技术规范》（JTJ 041—2000）。

（3）《公路桥涵设计通用规范》（JTG D60—2004）。

（4）《公路钢筋混凝土及预应力混凝土桥涵设计规范》（JTG D62—2004）。

（5）《公路斜拉桥设计规范》（JTJ 027—1996）。

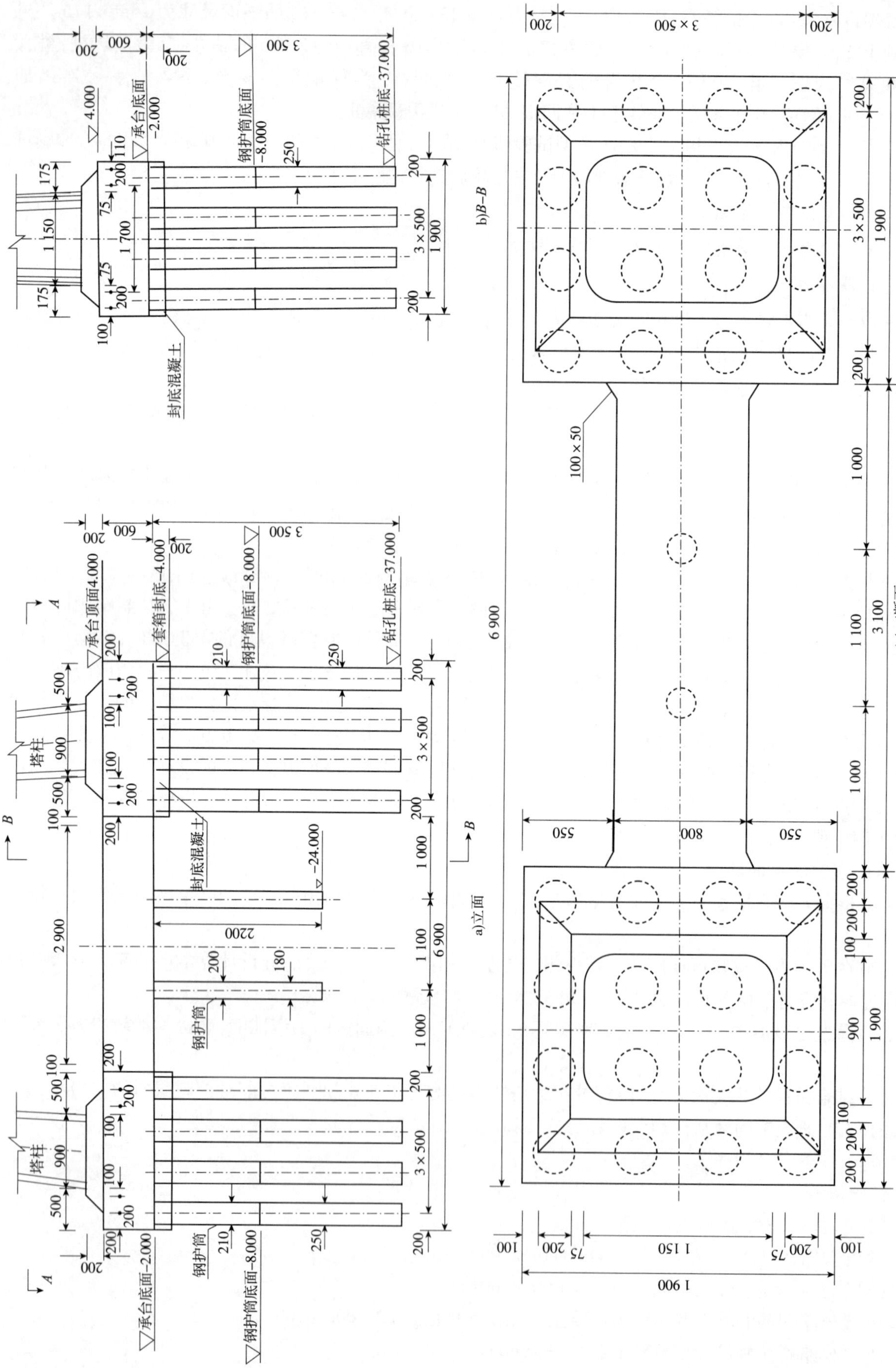

图2-2-3 索塔基础构造（尺寸单位：cm）

2)模型设计与制作

试验模型采用1∶1的比例制作,严格按照《珠江黄埔大桥北汊桥施工图设计》进行细部设计,其内容主要包括劲性骨架、钢筋、混凝土、预应力束管道等。由于塔柱各部分预应力配置不同,各斜拉索孔道水平角不同,导致了塔柱箱体上下部应力有较大不同。一般而言,顶部的斜拉索水平力较大,但塔柱的最上部是无索区,会有一定的约束作用。因此,综合考虑选取Z21斜拉索混凝土节段进行模型试验。试验截取顶部含Z21斜拉索锚固区的一个节段,由于预应力束距模型边缘需保持一定距离,所以截取位置为:顶面高程221.60m,底面高程219.45m,模型高2.15m。考虑该节段的特点,即斜拉索横桥向的偏角很小,索塔横桥向内外侧面的倾斜度也很小,为了方便模型的制作,将模型的结构改为竖直。

模型放置在试验台座上,台座采用钢筋混凝土结构。为模拟实桥边界条件,模型与台座之间垫2mm厚钢板和一层白铁皮,在钢板和白铁皮间涂油以减少摩阻力。荷载采用大吨位千斤顶配合专用加载架进行斜向加载,模拟加载按Z21斜拉索索力两侧对称加载。

模型所用材料的各项性能均满足规范和设计要求。钢板、钢筋、钢绞线及锚具均检验合格后投入使用。模型混凝土强度等级为C50,试验段一次性浇筑完成。混凝土28d立方体抗压强度为61.1MPa,28d实测弹性模量为3.80×10^4MPa。图2-2-4为模型结构示意图。

3)模型空间理论分析

理论分析采用有限元法对索塔锚固区模型进行分析,对实桥和模型的索塔锚固区结构分别建立三维有限元计算模型。理论分析包括以下内容。

(1)单节段模型计算,确定模型的受力、应力分布情况和变形等

对模型试验中的模型结构建立计算模型,分析该模型在试验过程中的结构应力和变形,同多节段模型的计算一样,主要计算受到预应力和斜拉索拉力时结构的应力和变形,为短期荷载作用,计算采用线弹性分析。

(2)多节段模型计算

由于本次试验截取的试验节段为Z21节段,离该节段较远的节段对该节段的影响甚小,所以对实桥上的索塔锚固区的结构分析只需取Z21节段附近的若干节段进行计算,理论分析取4个节段建立多节段模型进行计算。

计算分析的重点为索塔结构受到预应力和斜拉索拉力时的结构应力和变形,为短期荷载作用,按线弹性进行分析计算。

(3)分析温差对索塔锚固区应力分布的影响

考虑日照和季节温度影响造成的混凝土内外温差应力。

(4)混凝土收缩与徐变对应力分布的影响

通过计算考虑混凝土收缩与徐变对索塔应力分布的影响,并辅助进行两组收缩徐变试验,以一年期为限。

(5)索塔整体稳定性分析

对单节段模型采用有限元软件ANSYS9.0对珠江黄埔大桥索塔锚固区进行分析,计算重点为索塔锚固区受到预应力和斜拉索拉力时的结构应力和变形。

单节段有限元模型按照试验模型的高度建立。根据模型的对称性,取模型的1/4建立有限元模型,在对称面上施加对称约束。有限元模型的单元划分见图2-2-5。模型以纵桥向为X轴,横桥向为Y轴,竖向为Z轴。由于索孔的存在,使索孔处较难采用六面体网格划分,所以在该处采用四面体网格划分,其他部位用六面体网格,两者之间用金字塔形单元过渡。因在索孔的出口入口和倒角处有应力集中,在这些位置上适当加密网格,使得计算更加精确。

预应力筋的布置与模型设计图一致,施加有效预应力在单元节点上。混凝土弹性模量取为3.5×10^4MPa,泊松比为0.167,密度取为2 500kg/m^3,重力加速度取为9.8m/s^2;每束预应力按设计施加预应力;斜拉索的索力按设计的最大索力加载,并均匀分至索孔周边单元节点上;模型底面约束Y向位移,并在模型的对称面XY平面约束Z向位移,YZ平面约束X向位移。

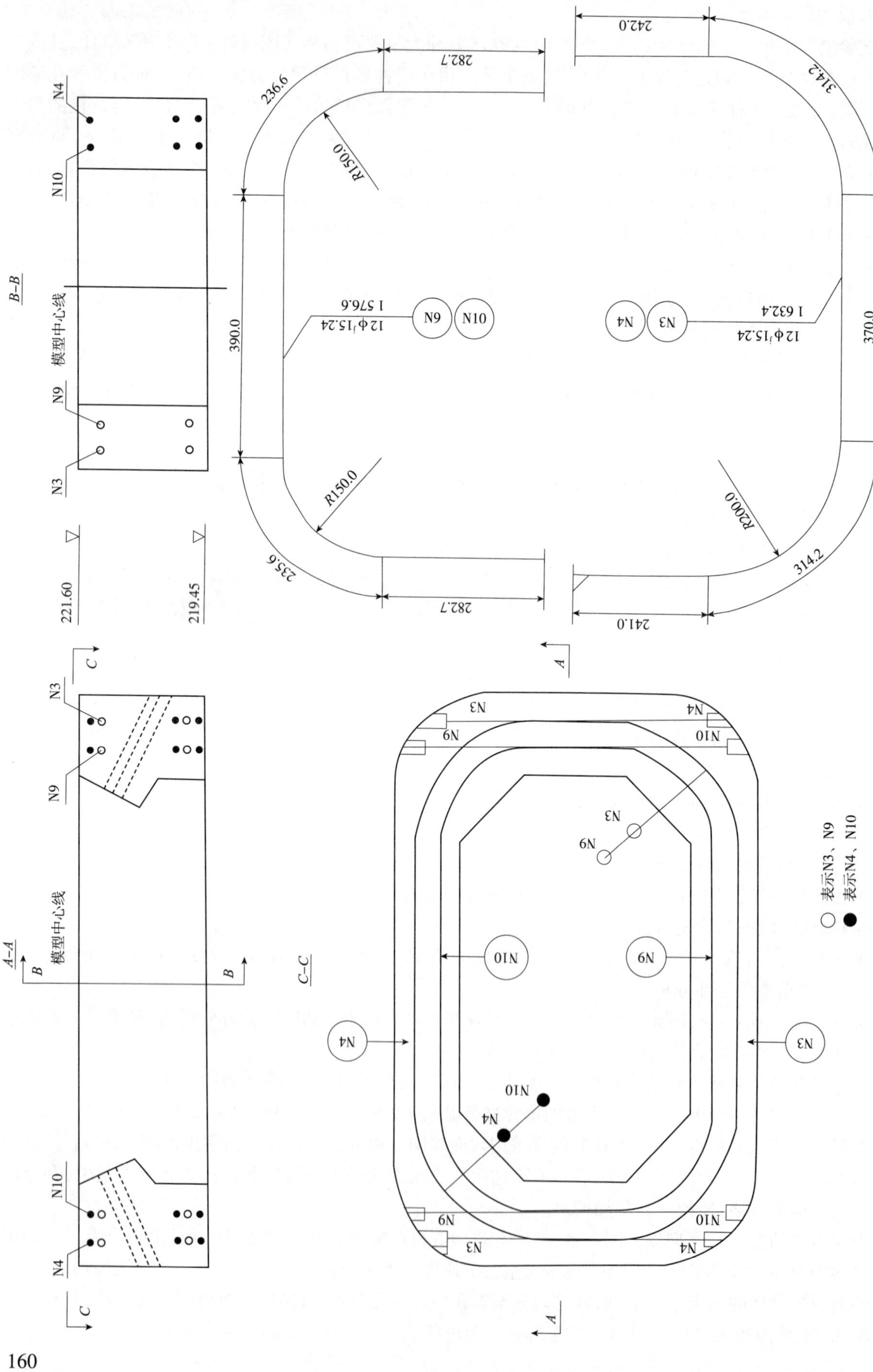

图2-2-4　模型结构图（尺寸单位：cm）

计算荷载包括预应力、自重、索拉力。计算时考虑了预应力损失影响。

按模型实际的试验过程，分为下面三个工况：

工况 1：施加预应力，模拟在张拉预应力筋时模型的应力变化。

工况 2：施加顶推力，模拟在顶推时模型的应力变化。

工况 3：施加重力 + 预应力 + 顶推力，模拟模型在顶推完成后的应力分布。

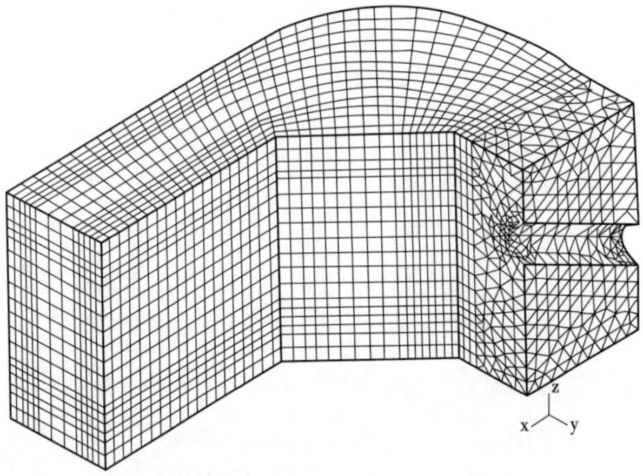

图 2-2-5　单节段模型单元划分示意图

①工况 1 的计算结果

在工况 1 作用下，模型的应力分布见图 2-2-6。

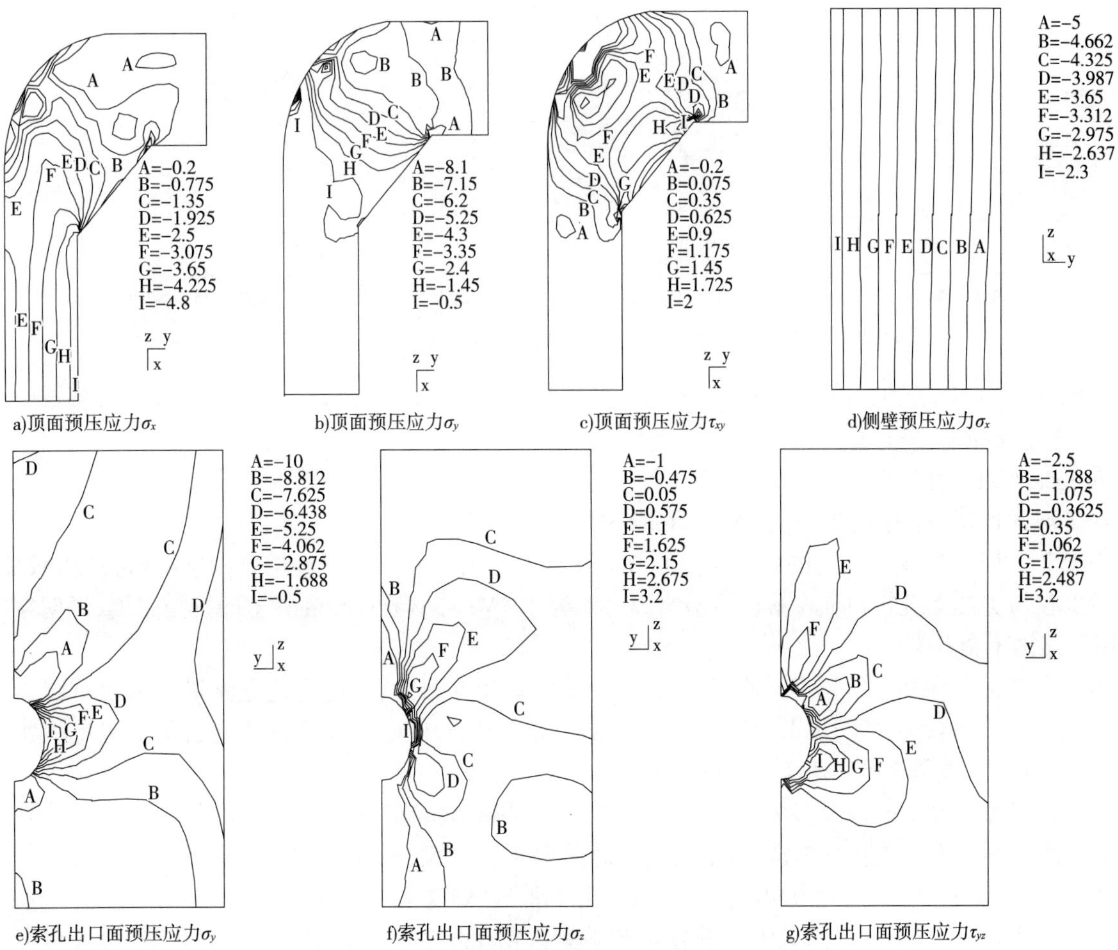

a)顶面预压应力σ_x　b)顶面预压应力σ_y　c)顶面预压应力τ_{xy}　d)侧壁预压应力σ_x

e)索孔出口面预压应力σ_y　f)索孔出口面预压应力σ_z　g)索孔出口面预压应力τ_{yz}

图 2-2-6　施加张拉力时单节段应力分布图（单位：MPa）

张拉预应力筋主要是为了对混凝土结构施加预压应力。由图 2-2-6 可以看出,施加预应力后,在模型的两个方向上均产生了一定的压应力。在侧壁上外侧小内侧大,在索孔面上外侧大内侧小,这与预应力筋的布置方式相符合。

②工况 2 的计算结果

顶推力作用时模型的应力分布见图 2-2-7。

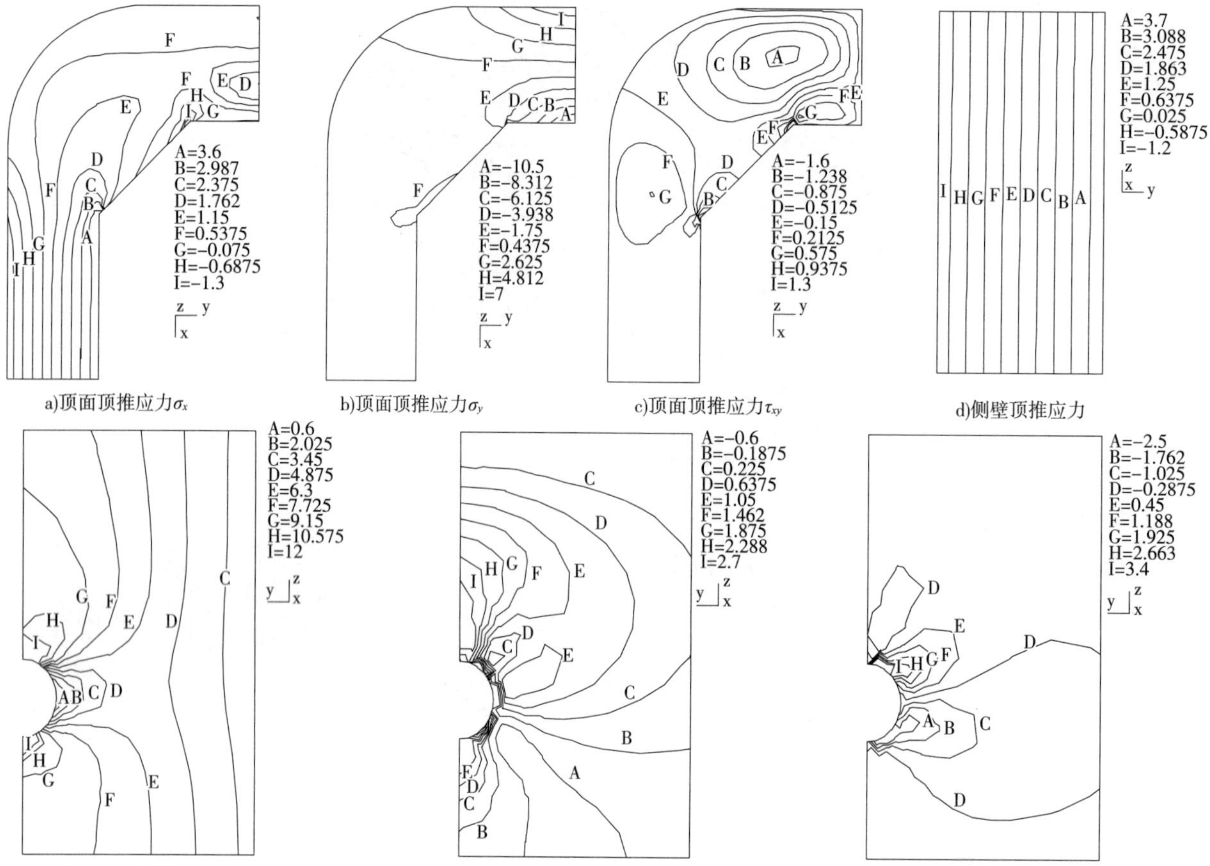

a)顶面顶推应力σ_x　b)顶面顶推应力σ_y　c)顶面顶推应力τ_{xy}　d)侧壁顶推应力

e)索孔出口面顶推应力σ_y　f)索孔出口面顶推应力σ_z　g)索孔出口面顶推应力τ_{yz}

图 2-2-7　施加顶推力时单节段应力分布图(单位:MPa)

从图 2-2-7 可以看出,受顶推力作用时,混凝土的应力分布在索孔出口面上拉应力较大,侧壁应力外壁受压,内壁受拉。

③工况 3 的计算结果

在工况 3 作用下,模型的应力分布见图 2-2-8。

由图 2-2-8 可知,模型结构的最大拉应力值出现在索孔出口面索孔附近位置,其他部位应力较低,未出现较大拉应力。索孔出口面主拉应力最大应力值为 2.4MPa,小于 C50 混凝土的抗拉强度,说明在工况 3 作用下结构不会开裂。

由于实桥上存在多个斜拉索锚固区节段,上下节段间相互影响,因此需建立索塔多节段有限元模型来更好地模拟实桥状态,并与单节段模型的计算结果相互比较,以确定模型试验是否能准确反映实桥的受力状态,试验结果是否能够用于实桥的分析。

多节段模型的建立与单节段模型相似,单元类型、材料参数和模型坐标轴与单节段模型相同,只是增加试验节段上下的几个锚固区节段,多节段模型总共取 4 个节段,分别为 Z19、Z20、Z21、Z22 节段。施加的荷载也包括三项:重力、预应力和斜拉索索力。由于要与单节段模型进行比较,故只计算重力 + 预应力 + 斜拉索索力这一工况,并取出 Z21 节段与单节段模型相同的工况进行比较。多节段模型最大应力位置的计算结果(Z21 节段)见图 2-2-9。

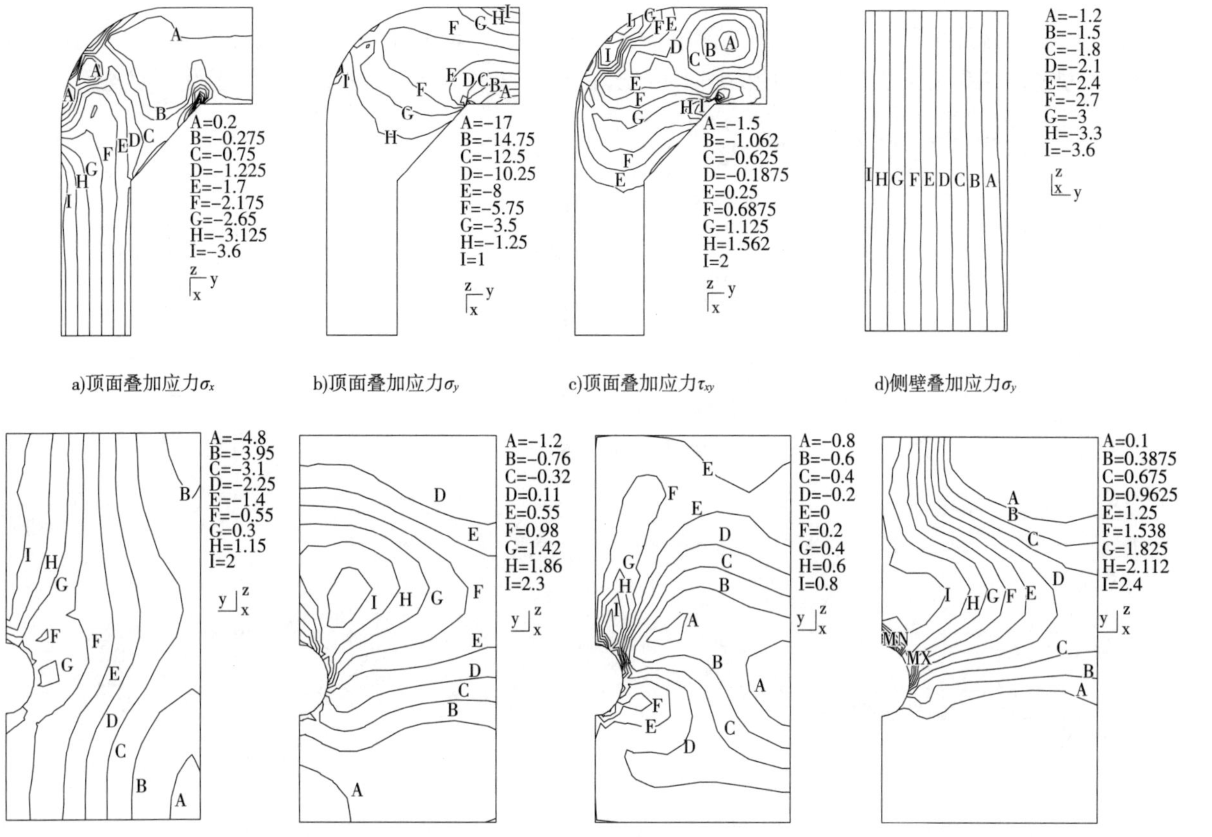

a)顶面叠加应力σ_x　b)顶面叠加应力σ_y　c)顶面叠加应力τ_{xy}　d)侧壁叠加应力σ_y

e)索孔出口面叠加应力σ_y　f)索孔出口面叠加应力σ_z　g)索孔出口面叠加应力τ_{yz}　h)索孔出口面叠加应力σ_1

图 2-2-8　施加重力 + 预应力 + 顶推力时单节段应力分布图(单位:MPa)

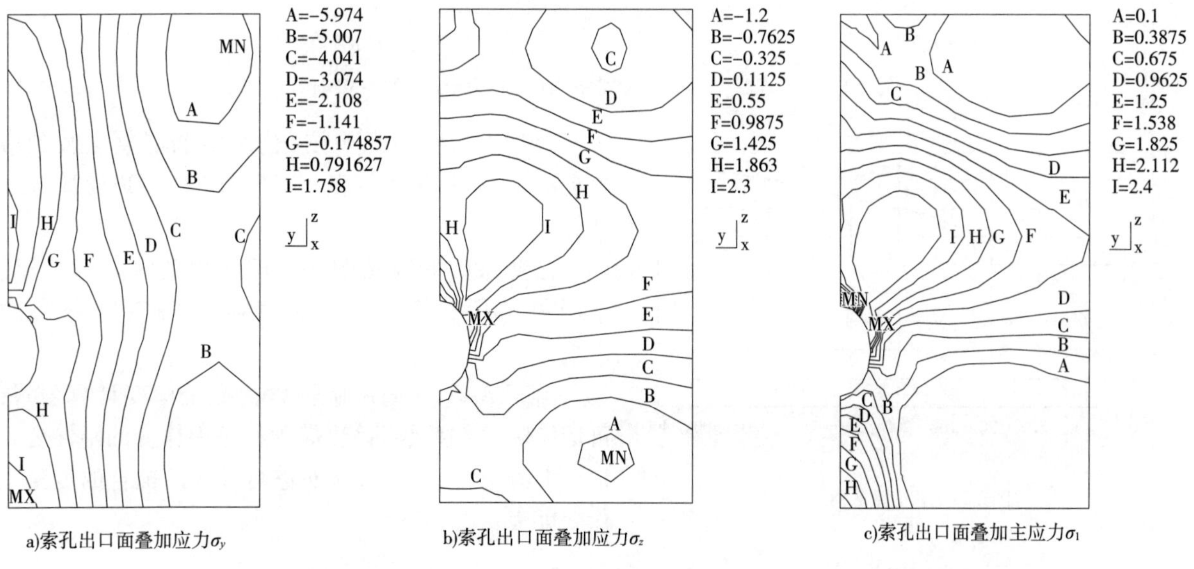

a)索孔出口面叠加应力σ_y　b)索孔出口面叠加应力σ_z　c)索孔出口面叠加主应力σ_1

图 2-2-9　施加重力 + 预应力 + 顶推力时多节段索孔出口面应力分布图(单位:MPa)

由图 2-2-9 可知,多节段模型的最大主拉应力为 2.4MPa,与单节段模型一致,且索孔出口面的主应力分布规律基本相同。但 Y 向应力值以及索孔应力集中位置的应力值均较单节段模型为小,因此,采用单节段模型进行试验结果会偏安全。

温度计算按索塔整体温度升高 25℃取值,塔柱左右两面之间的日温差采用标准值 5℃。考虑温度变化对锚固区应力分布的影响，混凝土的热膨胀系数取 10^{-5}/℃。

由于索塔外侧温度较内侧高，因此外侧混凝土膨胀产生一定的压应力，对减轻混凝土的受拉有利。计算结果见图 2-2-10 及图 2-2-11，从应力图上可见，在温差作用下，各点基本上都处于受压状态。

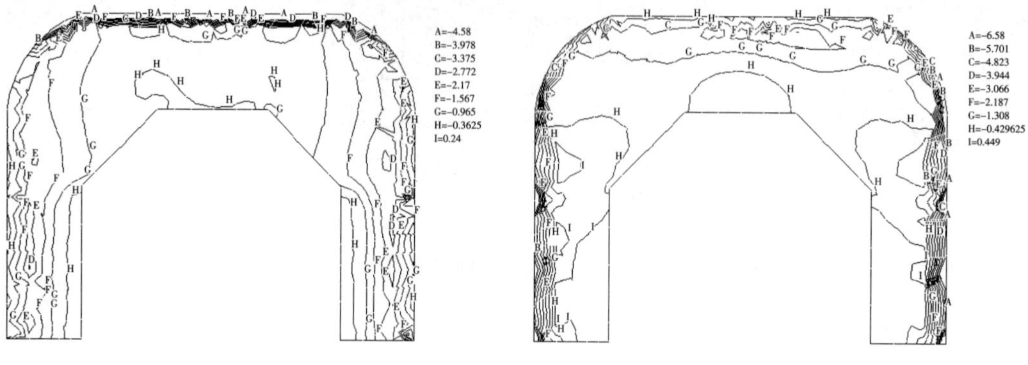

a)模型顶面纵桥向应力分布　　b)模型顶面横桥向应力分布

图 2-2-10　考虑温差时 Z21 节段顶面应力分布（单位：MPa）

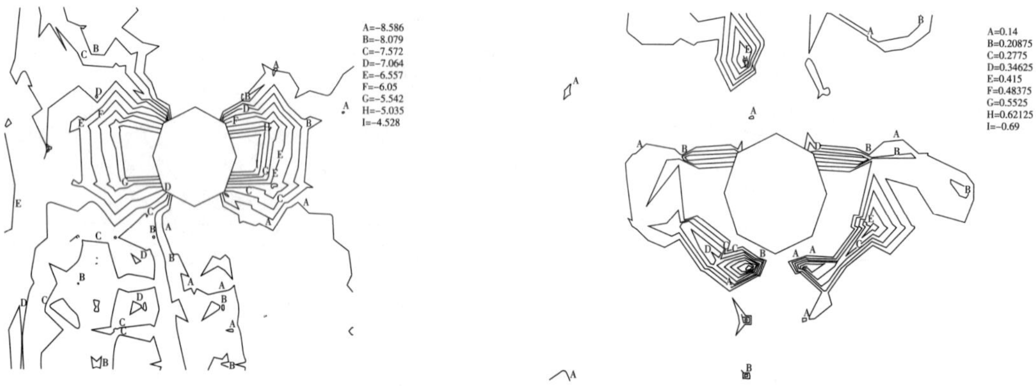

a)最大主应力　　b)水平应力

图 2-2-11　考虑温差时 Z21 节段索孔出口面应力分布（单位：MPa）

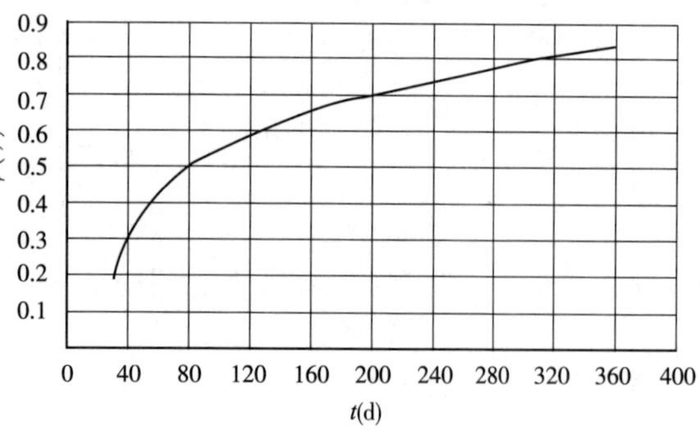

图 2-2-12 徐变系数曲线

混凝土徐变的影响按《公路钢筋混凝土及预应力混凝土桥涵设计规范》（JTG D62—2004）附录 F 计算。

徐变系数曲线见图 2-2-12。徐变时间为 1 年。采用单节段模型，计算徐变对索塔应力分布的影响。

由于 ANSYS 通用版不含混凝土徐变计算公式，可依实际徐变系数曲线，借用程序中徐变的隐性公式拟合混凝土材料性质，从而进行计算。拟合的混凝土徐变度表达式如下：

$$c(t,\tau)=c_1(1+9.20\tau^{-0.45})[1-e^{-0.30(t-\tau)}]+c_2(1+1.70\tau^{-0.45})[1-e^{-0.005(t-\tau)}]$$

式中：c_1、c_2——拟合参数，按图 2-2-12 拟合后其值分别为：$c_1=3.728\times10^{-6}$，$c_2=1$；

其他参数意义与前面相同。

计算结果见图 2-2-13。总体来看，大部分部位混凝土的应力随时间增加略有降低，但倒角处的应力随时间增加略有升高，索孔出口面上的应力基本上随时间的增加而降低，也有部分区域应力随时间增加略有升高。

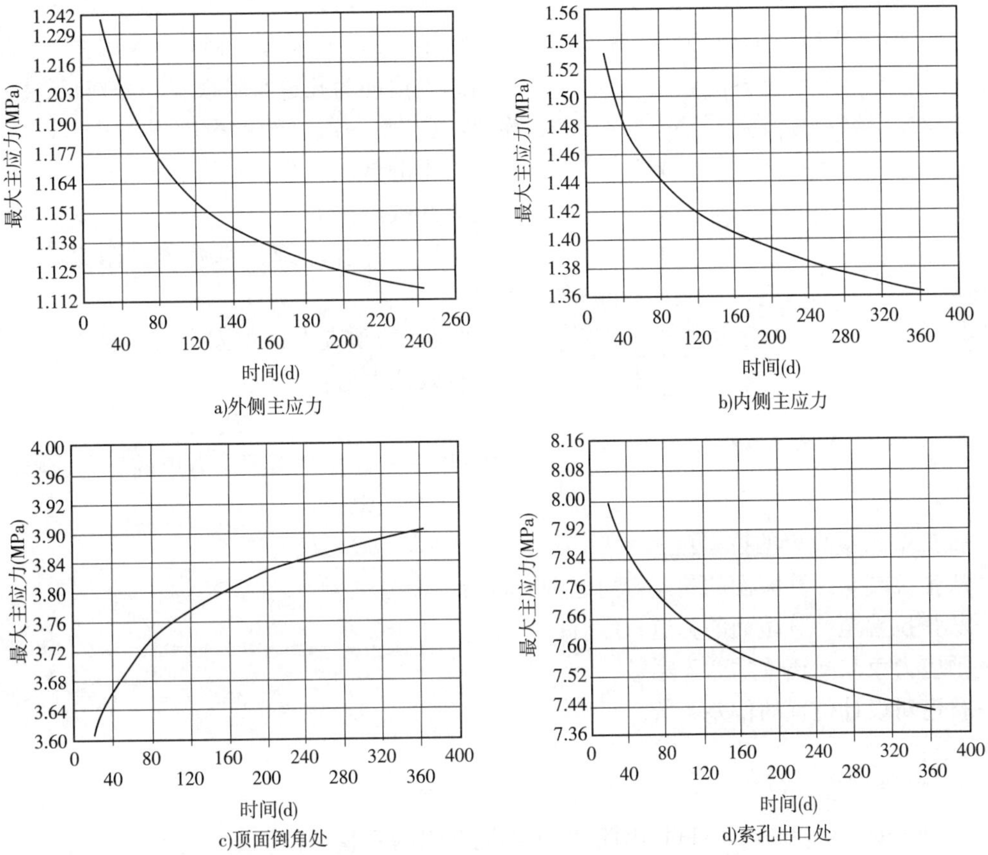

图 2-2-13　模型徐变分析结果

在建立索塔有限元模型、分析索塔稳定性的过程中，模型上端高程取 230.140m，下端高程为 6m。限于计算规模，用梁单元模拟塔柱和横梁，塔柱和横梁刚度与实际结构一致。塔柱底部固定，荷载包括自重和各索拉力，模型见图 2-2-14。

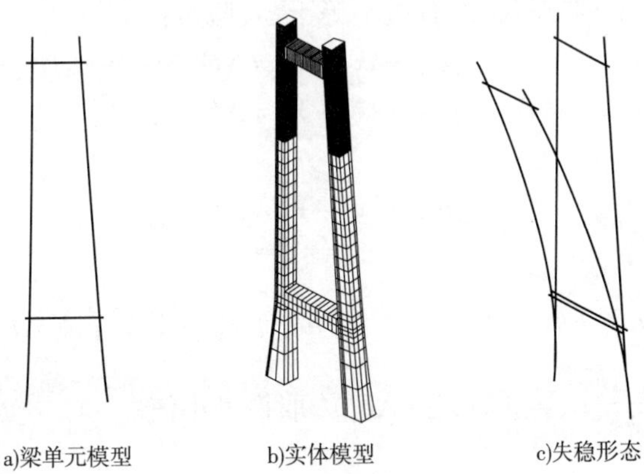

图 2-2-14　索塔稳定性分析模型

计算结果表明：索塔的稳定性系数为 3.99，索塔失稳形态沿纵桥向。

4）预应力钢丝束施工试验

（1）预应力钢束孔道摩阻试验

为了了解该模型预应力管道摩阻系数，选取不同形式的预应力钢束进行预应力孔道摩阻试验。具体试验时选取了 N4 号钢束 2 束和 N9 号钢束 1 束，进行孔道摩阻试验。

孔道摩阻试验方案如图 2-2-15 所示。

在预应力钢束两端安装压力传感器，两端同时张拉至0.1P后，一端固定，一端主动张拉，按0.1P—0.2P—0.4P—0.6P—0.8P—1.0P分级张拉（P为张拉控制荷载，大小为2 343.6kN），主、被动端荷载传感器的差值即为孔道摩阻损失。完成后，主、被动端交换，重复试验一次。然后根据不同孔道形式的预应力孔道所得的试验数据，即可计算孔道的摩阻系数及孔道偏差系数。

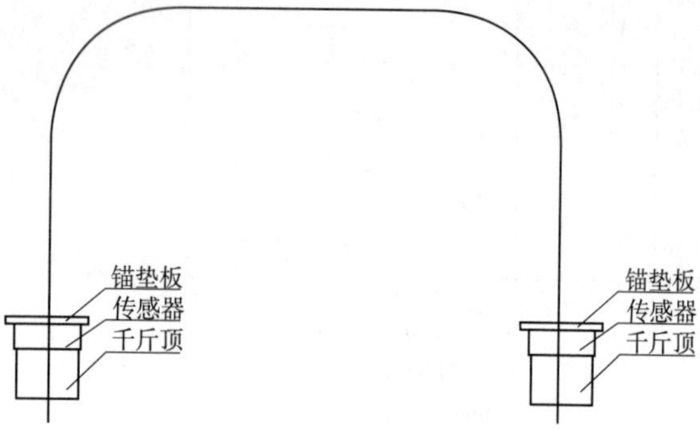

图2-2-15　孔道摩阻系数测试方案

按以下计算原理计算孔道摩阻系数及孔道偏差系数。

张拉时，预应力束距固定端距离为x的任意截面上的有效拉力为：

$$P_x = P_k e^{-(\mu\theta + kx)}$$

式中：P_x——计算截面预应力束的拉力，测量时取至固定端；

P_k——张拉端预应力束的拉力；

θ——从张拉端至计算截面的孔道弯角之和（rad）；

x——从张拉端至计算截面的孔道长度（m）；

μ——预应力束与孔道壁的摩阻系数；

k——孔道对设计位置的偏差系数。

上式中，令：

$$A = P_x / P_k = e^{-(\mu\theta + kx)}$$

则有：$-\ln A = \mu\theta + kx$，令$Y = -\ln A$，由此，对于不同孔道的测量可得一系列方程式：

$$\mu\theta_1 + kx_1 - Y_1 = 0$$

$$\mu\theta_2 + kx_2 - Y_2 = 0$$

……

$$\mu\theta_n + kx_n - Y_n = 0$$

由于存在测试上的误差，上列方程式的右边不等于零，假定：

$$\mu\theta_1 + kx_1 - Y_1 = \Delta F_1$$

$$\mu\theta_2 + kx_2 - Y_2 = \Delta F_2$$

……

$$\mu\theta_n + kx_n - Y_n = \Delta F_n$$

根据最小二乘法原理，则有：

$$(\mu\theta_1 + kx_1 - Y_1)^2 + \cdots + (\mu\theta_n + kx_n - Y_n)^2 = \sum_{i=1}^{n} \Delta F_1$$

当$\dfrac{\partial \Sigma (\Delta F_i)^2}{\partial \mu} = 0$，且$\dfrac{\partial \Sigma (\Delta F_i)^2}{\partial k} = 0$时，$\Sigma(\Delta F_i)^2$取得最小值。

由此可得：

$$\begin{cases} \mu \Sigma \theta_i^2 + k \Sigma x_i \theta_i - \Sigma Y_i \theta_i = 0 \\ \mu \Sigma x_i \theta_i + k \Sigma x_i^2 - \Sigma Y_i x_i = 0 \end{cases}$$

解方程组即可得μ、k值。

将预应力钢束两端压力荷载传感器测得的数据通过标定曲线换算成对应的荷载值后，即可计算得到各级荷载作用下张拉主动端至被动端的有效系数A及其相对应的y值。各预应力钢束孔道摩阻测试数据如表2-2-1所示。

在此基础上，将表2-2-1中各预应力钢束对应的转角θ和孔道长度x值代入上式求解μ、k值的线性回归方程组中，解之可得：

预应力钢束与孔道壁的摩擦系数 $\mu=0.16$；

孔道每米局部偏差对摩擦的影响系数 $k=0.001\ 7$。

《公路钢筋混凝土及预应力混凝土桥涵设计规范》(JTG D62—2004)中相应参数的参考值为：塑料波纹管孔道壁与预应力钢束的摩擦系数 $\mu=0.14\sim0.17$，孔道每米局部偏差对摩擦的影响系数 $k=0.001\ 5$。对比其他大桥的塑料波纹管的孔道摩阻试验，本次试验结果 μ 值处于其他试验结果之间，且在规范中的参考值范围内。

孔道摩阻系数计算表　　表 2-2-1

钢束号	次数	主动端实测荷载 P_k (kN)	被动端实测荷载 P (kN)	$A=P/P_k$	$y=-\ln A$
N4(下部)	1	1 725.1	1 035.9	0.600 486 928	0.510 014 406
		2 150.5	1 294.5	0.601 953 034	0.507 575 853
	2	1 722.7	1 023.2	0.593 951 355	0.520 957 856
		2 153.6	1 289.1	0.598 579 123	0.513 196 560
N4(上部)	1	1 727.5	987.5	0.571 635 311	0.559 254 059
		2 153	1 231.6	0.572 039 015	0.558 548 081
	2	1 739.7	1 020.2	0.586 422 946	0.533 713 998
		2 149.3	1 283.6	0.597 217 699	0.515 473 577
	3	1 714.2	934.5	0.545 152 258	0.606 690 152
		2 063.7	1 159.1	0.561 661 094	0.576 856 646
N9(下部)	1	1 871.1	1 109.3	0.592 859 815	0.522 797 307
		2 339.3	1 388.7	0.593 639 123	0.521 483 682
	2	1 712.2	971.1	0.567 165 051	0.567 104 923
		2 151.8	1 285.5	0.597 406 822	0.515 156 953

(2)锚圈口摩阻损失测试

试验时在一根预应力钢束的两端各安装两个压力荷载传感器，一个安装在锚具前端面，一个安装在锚具后端面，张拉时主动端锚具前后传感器测得的荷载差值即为锚圈口摩阻损失。锚圈口摩阻损失测试方案示意图见图 2-2-16。

$$\text{锚圈摩阻损失}=\frac{\text{锚具外传感器}-\text{锚具内传感器}}{\text{锚具外传感器}}\times100\%$$

本次试验锚圈口摩阻损失测试结果见表 2-2-2。

锚圈口摩阻损失试验结果　　表 2-2-2

钢束号	测试端	锚具内传感器压力 (kN)	锚具外传感器压力 (kN)	锚圈口摩阻损失 (%)
N4(下部)	左端	2 150.5	2 186.9	1.7
	右端	2 153.6	2 203.3	2.3
锚圈口摩阻损失均值				2

(3)锚固回缩损失测试

试验时在一根预应力钢束两端的工作锚具与锚垫板之间各安装一个压力荷载传感器，张拉至设计吨位后，分别测量两端传感器锚固前和锚固后的数值，换算成对应的荷载，两端传感器各自锚固前、后测得的荷载差值即为两端的锚固回缩损失。锚固回缩损失试验方案示意图见图2-2-17。

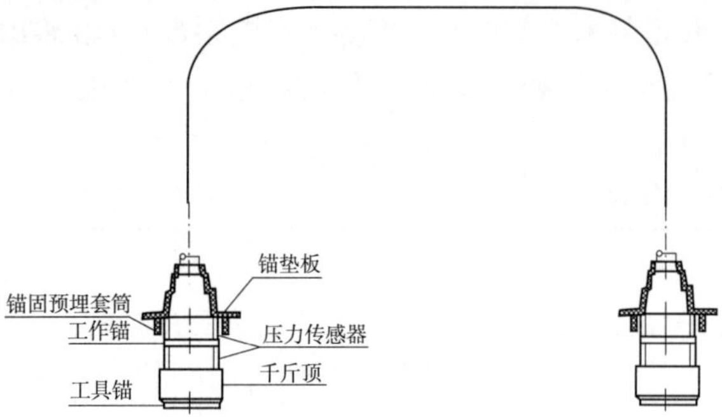

图2-2-16　锚圈口摩阻损失测试方案

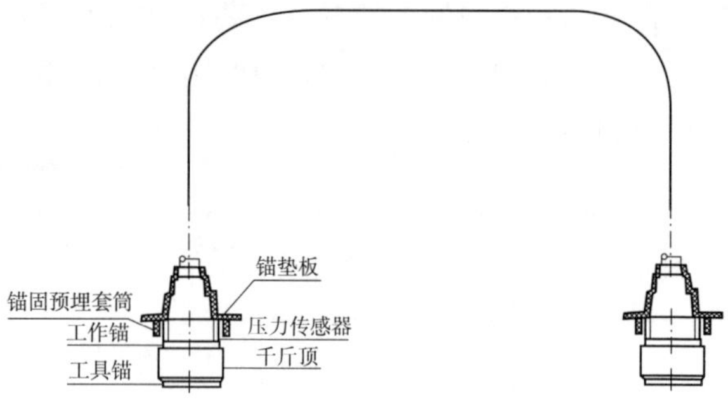

图2-2-17　锚固回缩损失测试方案

本次试验锚固回缩损失测试数据及计算结果见表2-2-3。

锚固回缩损失试验结果　　表2-2-3

1	2	3	4	5	6
钢束号	测试端	锚固前荷载（kN）	锚固后荷载（kN）	锚固回缩损失 =(3-4)/3×100%	平均锚固回缩损失
N4(下部)	左端	2 338.0	1 826.3	21.9%	22.4%
	右端	2 151.2	1 657.2	23.0%	

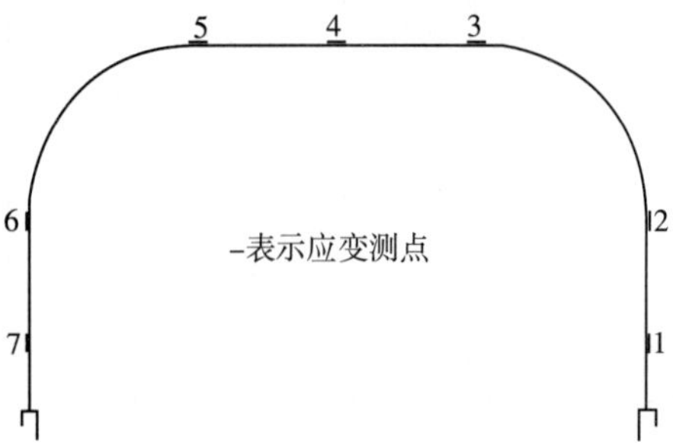

图2-2-18　N4预应力钢束测点布置

(4)预应力钢束有效应力及沿程分布

通过计算与实测相结合的方法，分析预应力钢束的沿程损失，从而了解预应力钢束有效预应力的沿程分布。在N4钢束上沿钢束长度方向粘贴应变片，测试钢束应变。张拉预应力束时，测试各测点应变，反算预应力，并与计算值进行比较。预应力钢束沿程应变测点布置及编号见图2-2-18。

现将试验实际测得的预应力沿钢束的分布数据及通过理论计算得出的预应力沿钢束的分布数据同时列于表2-2-4，以作对照。理论计算时，孔道摩阻系数μ、k值取试验实测值。表中数据为一端张拉时的应力沿程分布。

预应力沿程分布对照表(单位:MPa)　　表2-2-4

测点号	实测应力	计算应力	实测与计算应力偏差
1	1 247.21	1 253.21	0.5%
2	1 234.35	1 250.56	1.3%
3	915.22	965.64	5.2%
4	—	962.96	—
5	928.47	960.00	3.3%
6	722.05	741.28	2.6%
7	696.90	739.71	5.8%

(5)预应力钢束伸长量测试

在做孔道摩阻试验时,同时测量钢束的伸长量。本次试验测量的预应力钢束为上部和下部的 N4 号钢束各一束,下部的 N9 号钢束一束。

①理论伸长量

预应力钢束伸长量的计算按分段积分进行计算,其理论值按下述方法计算。

a. 考虑孔道摩阻的任意截面的钢索有效预应力

$$\sigma_x = \sigma_k e^{-(\theta\mu + kx)}$$

b. 直线段的伸长量

设直线段起点的应力为 σ_c,直线段长 L_1,则其伸长量为:

$$\Delta L_1 = \int_0^{l_1} \frac{\sigma_c}{E} e^{-kx} dx = \frac{\sigma_c(1 - e^{-kl_1})}{Ek}$$

c. 曲线段的伸长量

设曲线段起点的应力为 σ_d,曲线段转角为 ϕ,半径为 R,则曲线段的伸长量为:

$$\Delta L_2 = \int_0^{\varphi} \frac{\sigma_d}{E} e^{-(\mu\theta + kR\theta)} R d\theta = \frac{\sigma_d[1 - e^{-(\mu\theta + kR\varphi)}]}{E(\mu + kR)}$$

d. 张拉段伸长量

$$\Delta L_0 = \frac{\sigma_k}{E} S$$

式中:S——工作段长度,包括锚板、千斤顶及工具锚长度。

e. 总伸长量

$$\Delta L = \sum \Delta L_0 + \sum \Delta L_1 + \sum \Delta L_2 \tag{2-2-1}$$

在本模型试验中,取预应力钢束弹性模量为 $E_s = 1.95 \times 10^5$ MPa,张拉控制应力为 $\sigma_k = 1\ 395$ MPa,张拉段工作长度 $S = 1.2$m(N4 束张拉段安装了 2 个压力荷载传感器),0.9m(N9 束张拉段安装了 1 个压力荷载传感器)。

②实测伸长量

应力钢束张拉时的实际伸长量 ΔL 可按下式计算:

$$\Delta L = \frac{P_k}{P_k - P_0} \Delta L_1 \tag{2-2-2}$$

式中:ΔL_1——从初始张拉力至控制张拉力间的实测伸长量;

P_k——预应力钢束的控制张拉力;

P_0——预应力钢束的初始张拉力。

为了更好地了解预应力钢束的实际伸长量,试验时采用分级张拉,张拉程序为:0→0.1P_k→0.5P_k→0.8P_k→1.0P_k→锚固。测量每根预应力钢束在各级荷载下的实际伸长量,试验实测伸长量及其与按规范规定计算所得伸长量的比较列于表 2-2-5。表中伸长量为一端张拉时主动端的伸长量。

表 2-2-5 中理论伸长量按照上面式(2-2-1)计算,实测伸长量在式(2-2-2)的基础上,考虑钢束及工具锚滑移按下式计算:

$$\Delta L = 100 \times (1.0P_k\text{ 测试值} - 0.1P_k\text{ 测试值})/90 - \text{钢束及工具锚滑移量}$$

按照规范规定,式中钢束及工具锚滑移量一端按 6mm 计算。

试验表明,对于 U 形预应力钢束,实测伸长量与按规范规定计算的伸长量存在一定的差异,实测值普遍要比理论计算值大。以往做过的大曲率 U 形预应力钢束伸长量试验,例如巴东长江大桥、武汉军山长江大桥、鄂黄长江大桥、南京长江二桥、杭州湾跨海大桥、瑞安飞云江三桥等,其试验结果都是实测伸长量比理论计算值大得比较多,都超过了规范允许的 ±6%。

实测伸长量与计算伸长量比较(单位:mm)　　表 2-2-5

钢束号	$S_{10\%}$	$S_{100\%}$	$A_S = S_{100\%} - S_{10\%}$	$S_{实测}$	$S_{实测均值}$	计算伸长量	偏差
N4 上	85	184	99	104.0	98.4	91.1	8.1%
	76	165	89	92.9			
N4 下	42	140	98	102.9	96.8	91.1	6.2%
	65	152	87	90.7			
N9 下	38	132	94	98.4	99.6	86.0	15.8%
	17	113	96	100.7			

注:表中数值均为一端张拉时张拉端的伸长量。

造成实际伸长量大于理论计算伸长量的主要原因是:

a. 根据 U 形预应力钢束的特点,在张拉前,钢绞线在管道内的曲线分布状态,松紧程度是不一致的,特别是曲线段,钢束的内圈与外圈长度相差较大。因此在张拉过程中,当半径最小的钢绞线紧贴刚度较大的管壁后,半径较大的钢绞线却游离在管壁之外,随着张拉力的增大而不断紧密,不断排列组合,导致各根钢绞线受力不均,从而产生附加伸长量(理论伸长量计算是假定钢绞线均匀受力的)。

b. 小半径布置的 U 形预应力钢束,在巨大的张拉荷载作用下,将产生很大的径向压力,使得各根钢绞线之间更加密实,同时弯道处钢绞线与塑料波纹管内壁紧密相贴,使得预应力束会产生径向压入混凝土的形变 h,导致实际半径减小,从而管道中的钢绞线形成几何多余长度,在张拉力的作用下多余长度向管道口传递,最终表现为千斤顶活塞的行程,从而使实测活塞行程大于理论伸长量。该部分的形变 s 引起的附加伸长变形 ΔL_3,可以由下式求得:

$$\Delta L_3 = \frac{\pi}{2}s$$

s 的大小与等效径向荷载和曲率半径有关,且具有一定的偶然性。对小曲率半径的预应力束,当张拉控制应力为 $0.75f_{plk}$ 时,一般认为,s 在 3 ~ 6mm 的范围内变化。根据实际情况,取 $s = 4$mm。

若考虑小曲率半径预应力钢束径向变形影响,则理论计算伸长量可修正为:

$$\Delta L = \sum \Delta L_0 + \sum \Delta L_1 + \sum \Delta L_2 + \sum \Delta L_3$$

由此得到实测与计算伸长量对比结果如表 2-2-6 所示。

实测与修正后计算伸长量的比较(单位:mm)　　表 2-2-6

钢束号	$S_{实测}$	$S_{实测均值}$	计算伸长量	偏差
N4 上	104.0	98.4	97.4	1.1%
	92.9			
N4 下	102.9	96.8	97.4	-0.6%
	90.7			
N9 下	98.4	99.6	92.3	7.9%
	100.7			

由表 2-2-6 可知,考虑小曲率半径钢束径向位移后,各束实测值与计算值的偏差在 -0.6% ~7.9% 之内。

普通预应力钢束张拉是采取张拉力(油表读数)和伸长量双控,而大曲率 U 形预应力钢束张拉时,伸长量控制存在一定的偶然偏差，这就要求用于大曲率U形预应力钢束张拉的设备必须具有更高的精度及工作性能。由于伸长量控制在描述预应力钢束张拉的整体状态及张拉安全方面的作用，建议采用修正计算的伸长量进行校核，但不宜过分局限于规范规定的±6%。由于模型试验环向预应力索数量及形式有限，根据珠江黄埔桥索塔结构的实际情况，建议实桥索塔U形环向预应力索张拉前，进行适当数量的不同类型的U形环向预应力索张拉试验，在统计的基础上，确定实测伸长量与计算值的关系，用于索塔U形环向预应力索的施工张拉控制。

5）模型应力和变形测点布置

（1）混凝土应力测点在模型斜拉索出口端面和顶面、模型内壁倒角处、斜拉索锚垫板周围和模型侧壁中截面等布置应变测点，测试各工况荷载作用下，模型混凝土关键部位的应力分布情况（局部应力测点根据计算结果调整位置）。采用温度补偿测点来消除温度应变的影响。混凝土应变测点布置见图2-2-19。

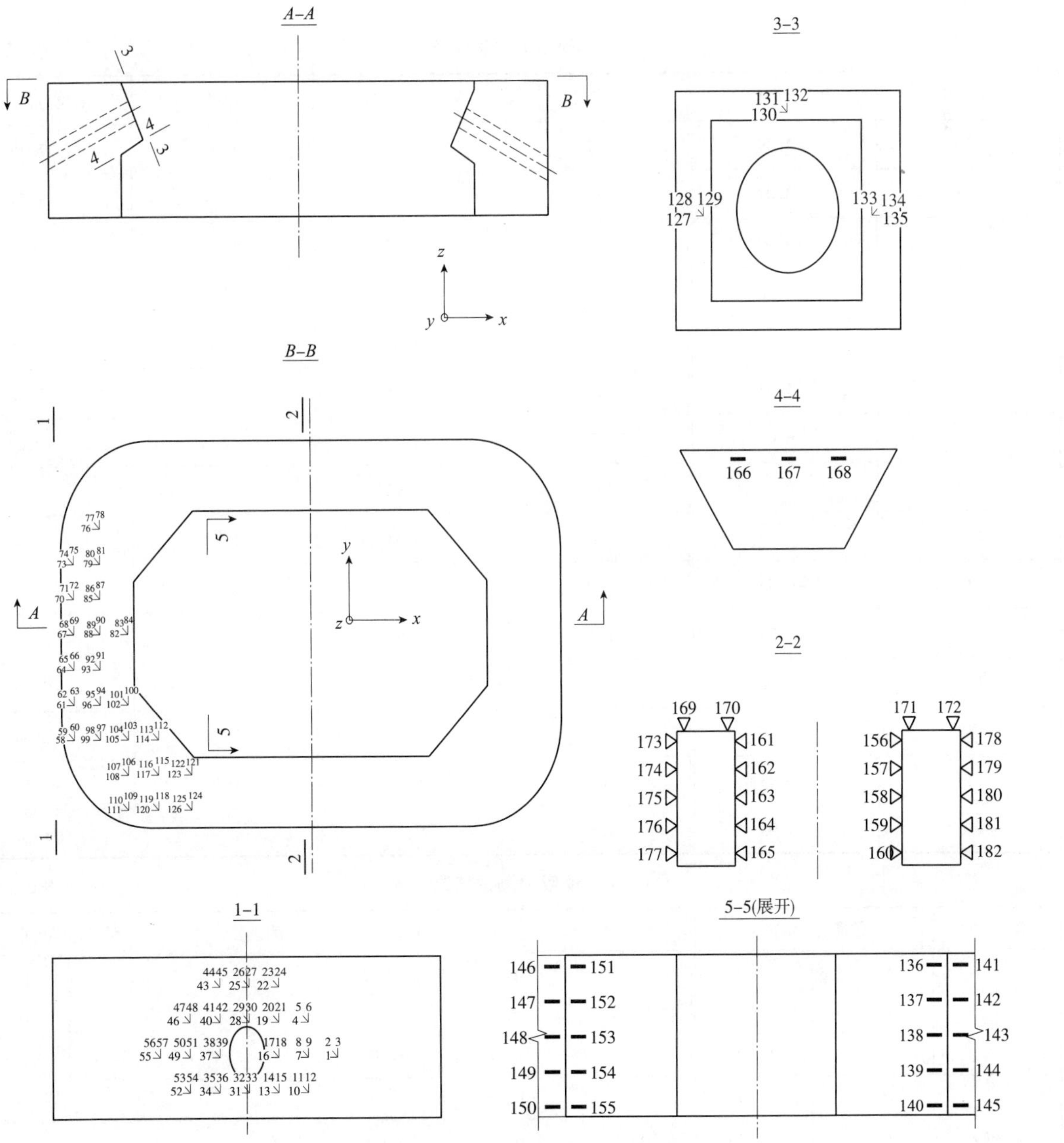

注：━ 和▷ 表示单向应变测点，↘表示应变花测点。

图2-2-19　混凝土应力测点布置及编号

(2)变形测点布置见图2-2-20。每个测点均测量模型外侧面垂直于表面方向上的位移,高度与斜拉索锚垫板中心的高度一致。

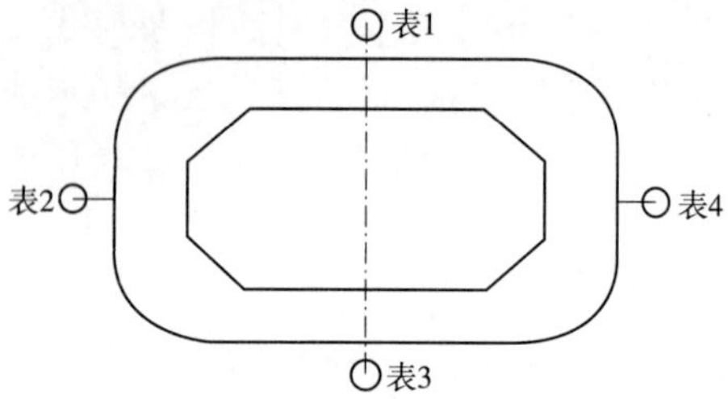

图2-2-20 变形测点布置

6)预应力测试及结果

在进行预应力钢束的张拉时,将各断面应变测点与测试仪器连接起来,测应力钢束张拉后模型各部位的实际预应力。

各测点的实测预应力值列于表2-2-7、表2-2-8中。少数测点损坏,表中未列出,后面的表格也作了相同的处理,不再重复说明。预应力计算时,取实测混凝土的弹性模量 $E_c = 3.8 \times 10^4$ MPa,泊松比 $\mu = 0.167$。为了便于和理论计算预应力相比较,规定以纵桥向为 X 轴方向,以横桥向为 Y 轴方向,以高度方向为 Z 轴方向。对于少数断面中不平行于坐标轴的应变花,为简化计算,取应变花的横片方向和竖片方向为两个坐标轴方向,并规定拉应力为正值,压应力为负值。

预应力测试结果 表2-2-7

测点号	预应力(MPa)	测点号	预应力(MPa)	测点号	预应力(MPa)
136	-4.39	151	-4.52	169	-2.45
137	-3.07	152	-3.88	170	-5.55
138	-3.47	153	-4.34	171	-5.37
139	-4.48	154	-4.64	172	-2.67
140	-3.22	155	-4.85	173	-2.38
141	-5.92	156	-5.28	174	-2.69
142	-6.03	157	-5.43	175	-2.2
143	-6.03	158	-5.92	176	-2.4
144	-6.26	159	-5.81	177	-2.24
145	-6.53	160	-6.25	178	-2.68
146	-6.28	161	-6.82	179	-2.58
147	-6.03	162	5.66	180	-2.50
148	-6.76	163	-6.03	181	-2.54
149	-6.33	164	-5.66	182	-2.53
150	-7.05	165	-5.97		

预应力测试结果 表2-2-8

测点号	预应力(MPa)		测点号	预应力(MPa)		测点号	预应力(MPa)	
1~3	σ_y =	-8.21	7~9	σ_y =	-8.08	13~15	σ_y =	-9.76
	σ_z =	0.27		σ_z =	0.94		σ_z =	0.21
	τ_{yz} =	0.42		τ_{yz} =	0.59		τ_{yz} =	0.51
4~6	σ_y =	-7.74	10~12	σ_y =	-8.96	16~18	σ_y =	-6.03
	σ_z =	-0.14		σ_z =	-0.37		σ_z =	0.02
	τ_{yz} =	0.23		τ_{yz} =	0.37		τ_{yz} =	0.38

续上表

测点号	预应力(MPa)		测点号	预应力(MPa)		测点号	预应力(MPa)	
19～21	σ_y =	-9.49	55～57	σ_y =	-9.88	94～96	σ_y =	-8.00
	σ_z =	0.62		σ_z =	-0.64		σ_x =	-0.44
	τ_{yz} =	0.06		τ_{yz} =	0.08		τ_{xy} =	-0.53
22～24	σ_y =	-7.74	58～60	σ_y =	-5.32	97～99	σ_y =	-7.34
	σ_z =	0.36		σ_x =	-0.41		σ_x =	0.68
	τ_{yz} =	0.29		τ_{xy} =	1.32		τ_{xy} =	0.47
25～27	σ_y =	-7.57	61～63	σ_y =	-7.37	100～102	σ_y =	-5.05
	σ_z =	-0.02		σ_x =	0.18		σ_x =	-0.45
	τ_{yz} =	-0.27		τ_{xy} =	0.60		τ_{xy} =	1.43
28～30	σ_y =	-7.62	64～66	σ_y =	-7.12	103～105	σ_y =	-4.33
	σ_z =	-0.91		σ_x =	0.36		σ_x =	-0.24
	τ_{yz} =	1.24		τ_{xy} =	0.60		τ_{xy} =	1.72
31～33	σ_y =	-8.22	67～69	σ_y =	-8.02	106～108	σ_y =	-2.40
	σ_z =	-1.14		σ_x =	0.21		σ_x =	-1.53
	τ_{yz} =	0.77		τ_{xy} =	0.57		τ_{xy} =	0.63
34～36	σ_y =	-8.28	70～72	σ_y =	-7.85	109～111	σ_y =	0.39
	σ_z =	-1.88		σ_x =	-0.16		σ_x =	-1.32
	τ_{yz} =	0.85		τ_{xy} =	0.07		τ_{xy} =	-1.53
37～39	σ_y =	-4.69	73～75	σ_y =	-6.12	112～114	σ_y =	-1.43
	σ_z =	-0.46		σ_x =	-0.03		σ_x =	-1.31
	τ_{yz} =	-1.16		τ_{xy} =	1.88		τ_{xy} =	0.64
40～42	σ_y =	-7.95	76～78	σ_y =	-7.24	115～117	σ_y =	0.27
	σ_z =	0.36		σ_x =	-0.72		σ_x =	-2.69
	τ_{yz} =	1.05		τ_{xy} =	1.37		τ_{xy} =	0.76
43～45	σ_y =	-8.00	79～81	σ_y =	-6.46	118～120	σ_y =	0.07
	σ_z =	-1.3		σ_x =	-0.10		σ_x =	-2.77
	τ_{yz} =	0.79		τ_{xy} =	0.82		τ_{xy} =	-0.71
46～48	σ_y =	-8.54	85～87	σ_y =	-7.33	121～123	σ_y =	0.36
	σ_z =	-0.45		σ_x =	-1.11		σ_x =	-3.04
	τ_{yz} =	-0.03		τ_{xy} =	0.13		τ_{xy} =	0.18
49～51	σ_y =	-8.03	88～90	σ_y =	-6.97	124～126	σ_y =	0.61
	σ_z =	-0.95		σ_x =	0.27		σ_x =	-3.02
	τ_{yz} =	0.72		τ_{xy} =	0.50		τ_{xy} =	0.13
52～54	σ_y =	-6.69	91～93	σ_y =	-8.61			
	σ_z =	-1.07		σ_x =	-0.58			
	τ_{yz} =	0.76		τ_{xy} =	1.14			

表 2-2-9 是施加预应力后模型各断面应变花测点测得的应力换算成主应力的结果。

施加预应力后应变测点的主应力　　表 2-2-9

测点号	主应力(MPa)		测点号	主应力(MPa)		测点号	主应力(MPa)	
1 ~ 3	σ_1 =	0.29	43 ~ 45	σ_1 =	-1.21	88 ~ 90	σ_1 =	0.31
	τ =	4.26		τ =	3.44		τ =	3.66
	σ_2 =	-8.23		σ_2 =	-8.1		σ_2 =	-7
4 ~ 6	σ_1 =	-0.13	46 ~ 48	σ_1 =	-0.45	91 ~ 93	σ_1 =	-0.42
	τ =	3.81		τ =	4.04		τ =	4.17
	σ_2 =	-7.75		σ_2 =	-8.54		σ_2 =	-8.76
7 ~ 9	σ_1 =	0.98	49 ~ 51	σ_1 =	-0.88	94 ~ 96	σ_1 =	-0.40
	τ =	4.55		τ =	3.61		τ =	3.82
	σ_2 =	-8.12		σ_2 =	-8.11		σ_2 =	-8.04
10 ~ 12	σ_1 =	-0.35	52 ~ 54	σ_1 =	-0.96	97 ~ 99	σ_1 =	0.71
	τ =	4.31		τ =	2.91		τ =	4.04
	σ_2 =	-8.97		σ_2 =	-6.79		σ_2 =	-7.37
13 ~ 15	σ_1 =	0.23	55 ~ 57	σ_1 =	-0.64	100 ~ 102	σ_1 =	-0.04
	τ =	5.01		τ =	4.62		τ =	2.71
	σ_2 =	-9.79		σ_2 =	-9.88		σ_2 =	-5.46
16 ~ 18	σ_1 =	0.05	58 ~ 60	σ_1 =	-0.08	103 ~ 105	σ_1 =	0.39
	τ =	3.05		τ =	2.79		τ =	2.67
	σ_2 =	-6.05		σ_2 =	-5.66		σ_2 =	-4.96
19 ~ 21	σ_1 =	0.62	61 ~ 63	σ_1 =	0.23	106 ~ 108	σ_1 =	-1.2
	τ =	5.05		τ =	3.82		τ =	0.77
	σ_2 =	-9.49		σ_2 =	-7.41		σ_2 =	-2.73
22 ~ 24	σ_1 =	0.37	64 ~ 66	σ_1 =	0.41	109 ~ 111	σ_1 =	1.29
	τ =	4.06		τ =	3.79		τ =	1.75
	σ_2 =	-7.75		σ_2 =	-7.17		σ_2 =	-2.22
25 ~ 27	σ_1 =	-0.01	67 ~ 69	σ_1 =	0.25	112 ~ 114	σ_1 =	-0.73
	τ =	3.78		τ =	4.15		τ =	0.64
	σ_2 =	-7.58		σ_2 =	-8.06		σ_2 =	-2.01
28 ~ 30	σ_1 =	-0.69	70 ~ 72	σ_1 =	-0.16	115 ~ 117	σ_1 =	0.46
	τ =	3.58		τ =	3.85		τ =	1.67
	σ_2 =	-7.84		σ_2 =	-7.85		σ_2 =	-2.88
31 ~ 33	σ_1 =	-1.06	73 ~ 75	σ_1 =	0.5	118 ~ 120	σ_1 =	0.23
	τ =	3.62		τ =	3.58		τ =	1.59
	σ_2 =	-8.3		σ_2 =	-6.65		σ_2 =	-2.94
34 ~ 36	σ_1 =	-1.77	76 ~ 78	σ_1 =	-0.44	121 ~ 123	σ_1 =	0.37
	τ =	3.31		τ =	3.54		τ =	1.84
	σ_2 =	-8.39		σ_2 =	-7.52		σ_2 =	-3.31
37 ~ 39	σ_1 =	-0.16	79 ~ 81	σ_1 =	0	124 ~ 126	σ_1 =	0.67
	τ =	2.42		τ =	3.29		τ =	1.98
	σ_2 =	-4.99		σ_2 =	-6.57		σ_2 =	-3.28
40 ~ 42	σ_1 =	0.49	85 ~ 87	σ_1 =	-1.1			
	τ =	4.29		τ =	3.11			
	σ_2 =	-8.09		σ_2 =	-7.33			

为了更直观地观察预应力的大小，将实测预应力绘制成预压应力分布图 2-2-21 ~ 图 2-2-23，并将该测点位置的计算预应力值列于括号内。

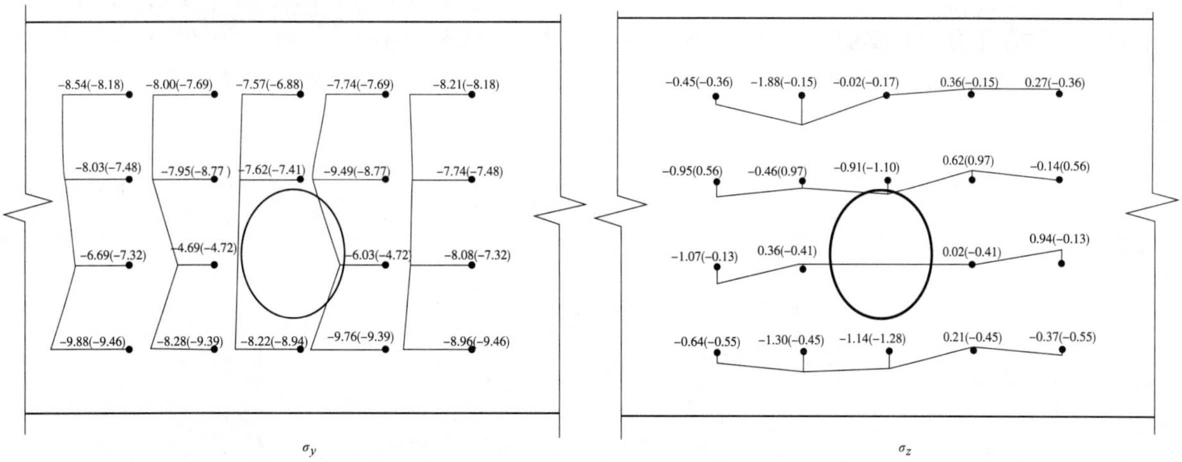

图 2-2-21　1-1 截面(索孔出口面)预压应力分布(单位:MPa)

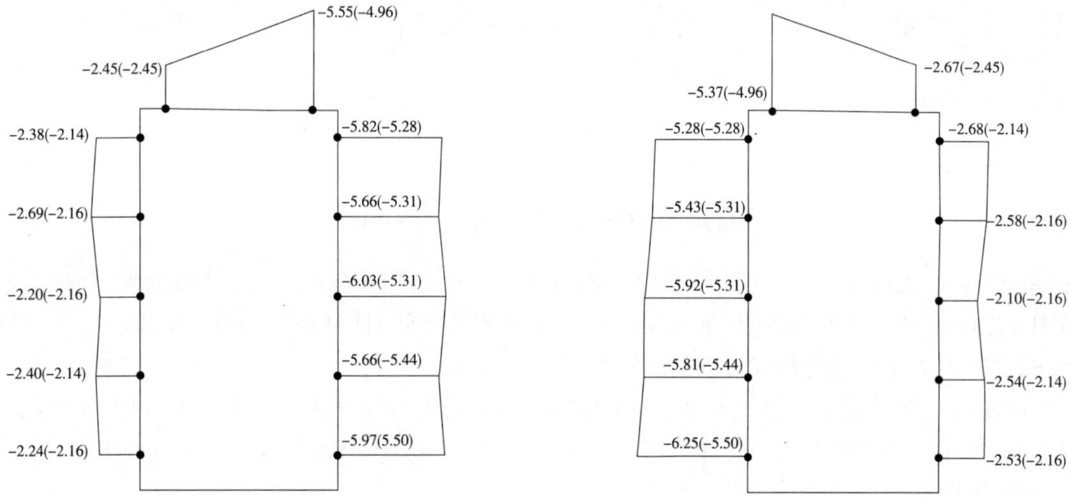

a)2-2截面预压应力

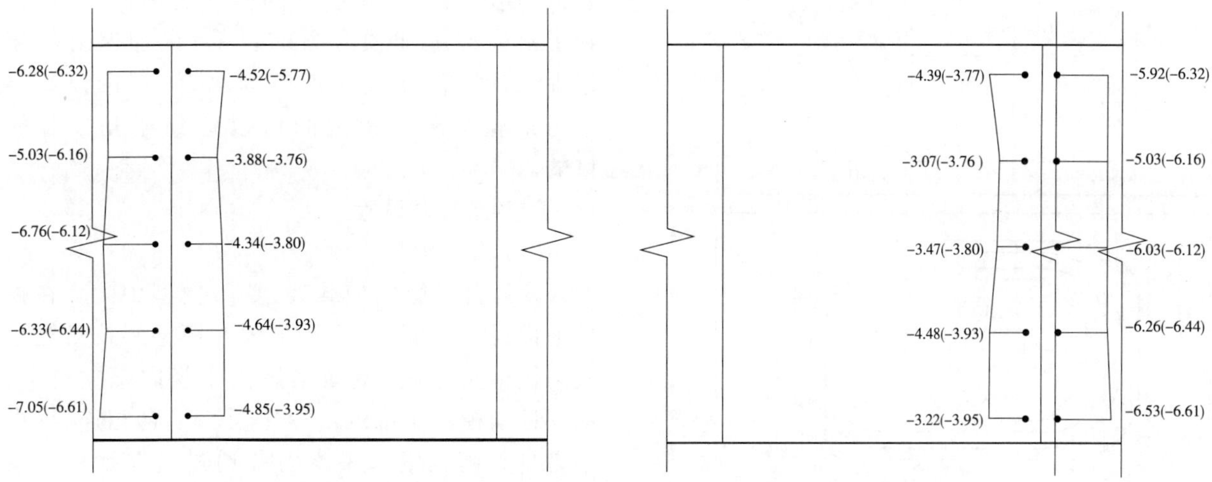

b)4-4 截面预压应力

图 2-2-22　2-2 及 4-4 截面预压应力分布(单位:MPa)

从预应力钢筋的布置方式和测试结果来分析，预应力主要为水平方向。1-1 截面：y 方向的实测预应力在 -9.88 ~ -4.59MPa 之间，计算预应力在 -10 ~ -0.50MPa 之间，实测应力在计算应力范围之内，索孔附近的测点实测应力与计算应力非常接近，这说明施加的预应力满足设计要求。z 方向的应力和剪应力较小，z 方向的实测应力在 -1.88 ~ 0.62MPa 之间，计算值在 -1.10 ~ 0.97MPa 之间；剪应力在 -1.16 ~ 1.05MPa 之间，计算值在 -0.87 ~ 0.4MPa 之间，z 方向应力和剪应力的实测应力与计算值相近。

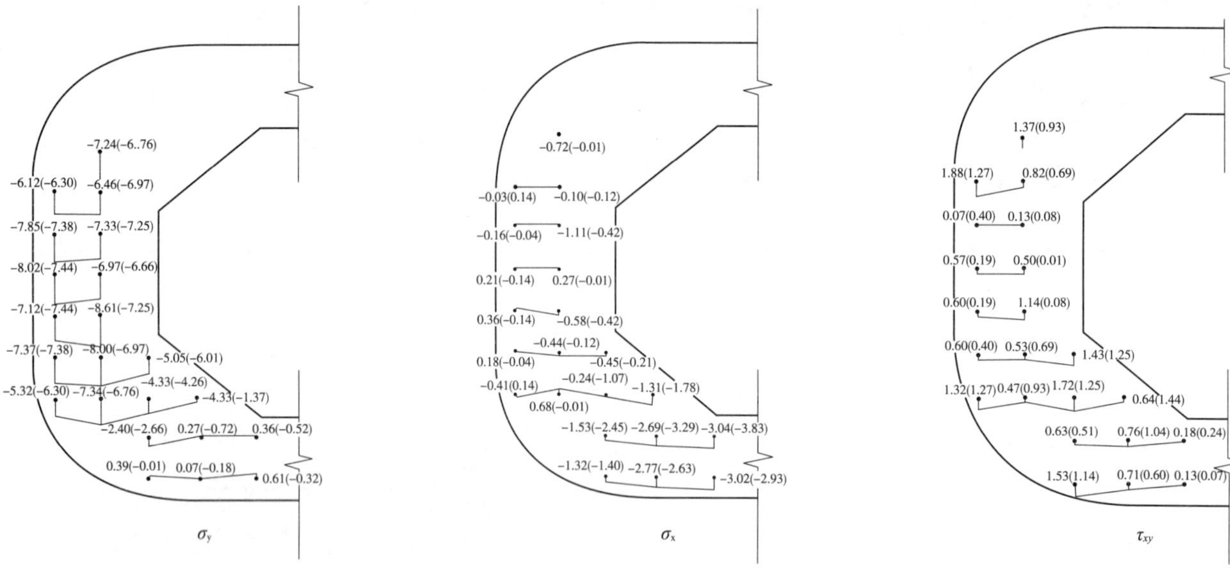

图 2-2-23　模型顶面预应力分布（单位：MPa）

2-2 截面：2-2 截面内壁上的实测预应力在 -6.25 ~ -5.28MPa 之间，计算预应力在 -5.50 ~ -5.28MPa之间，外壁上实测预应力在 -2.68 ~ -2.10MPa 之间，计算预应力在 -2.16 ~ -2.14MPa 之间，内壁的预应力大于外壁的预应力，与计算吻合。

模型顶面：x 方向实测应力在 -3.30 ~ 0.68MPa 之间，计算预应力在 -3.81 ~ 0.14MPa 之间；y 方向实测应力在 -8.61 ~ 0.66MPa 之间，计算预应力在 -7.44 ~ -0.01MPa 之间。两个方向上的应力都与计算应力吻合，说明预压应力达到了设计水平。

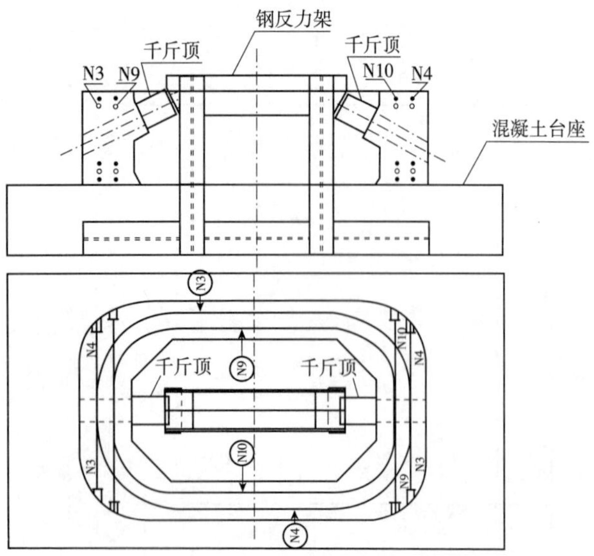

图 2-2-24　加载方案示意图

以上分析表明：预应力钢束全部张拉锚固后，在模型各处产生了不同程度的预加应力，达到了对模型施加预应力的目的；预加应力的模型理论计算值与实测值较为吻合，理论计算结果与试验实测结果之间可以达到相互校验的目的。

7）顶推加载试验

（1）试验方法

设计自平衡式加载架，置于模型中间。在模型上部设计钢横梁，千斤顶顶在模型斜拉索锚垫板与钢横梁之间，钢横梁焊接于竖向钢立柱上，钢立柱与模型下部的混凝土反力平台相连，钢横梁自身平衡拉索水平索力并通过竖向钢柱传递竖向索力给混凝土台座。加载方案示意图见图 2-2-24。

顶推加载试验除对前面图 2-2-19 所示应力测点，以及图 2-2-20 所示模型各部位变形测点进行监测以外，还着重观察模型的开裂情况。根据模型的仿真计算结果，估计出现裂缝的荷载等级，在接近该荷载等级时，注意观察第一条裂缝的出现，确定模型的开裂荷载。之后的每一荷载等级，观测裂缝的长度、宽度的变化及出现的新裂缝。

顶推加载试验采用 2 台 YDC10000 型液压千斤顶进行加载，千斤顶活塞端置于斜拉索锚垫板侧，模拟斜拉索的大螺母，另一端顶在钢反力架上进行加载。试验采用分级加载，实际加载程序如表 2-2-10 所示（表中 P = 6 089kN）。在进行逐级加载的过程中，测量所有应变测点、变形测点的变化情况以及观察裂缝的出现和发展变化情况。

顶推加载程序　　表 2-2-10

序　号	荷载级别	荷载大小(kN)	序　号	荷载级别	荷载大小(kN)
1	0.2P	1 217.8	8	1.2P	7 306.8
2	0.4P	2 435.6	9	1.3P	7 915.7
3	0.6P	3 653.4	10	1.4P	8 524.6
4	0.8P	4 871.2	11	1.5P	9 133.5
5	0.9P	5 480.1	12	1.0P	6 089.0
6	1.0P	6 089.0	13	0.6P	3 653.4
7	1.1P	6 697.9	14	0.0P	0

(2)试验结果

在 1.0P 顶推荷载作用下的实测叠加应力分布见图 2-2-25 ~ 图 2-2-27，测试结果见表 2-1-11 ~ 表 2-2-16，同时为直观表现顶推过程中关键部位应力的变化历程，绘制索孔附近应变花的荷载应力历程曲线，列于图 2-2-28。

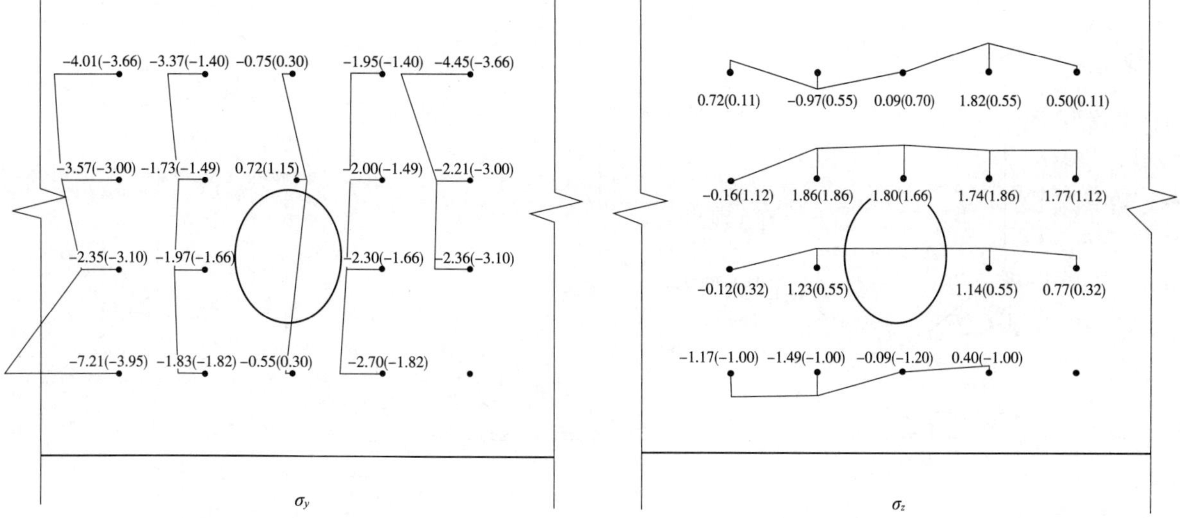

图 2-2-25　1-1 截面(索孔出口面)叠加应力分布(单位：MPa)

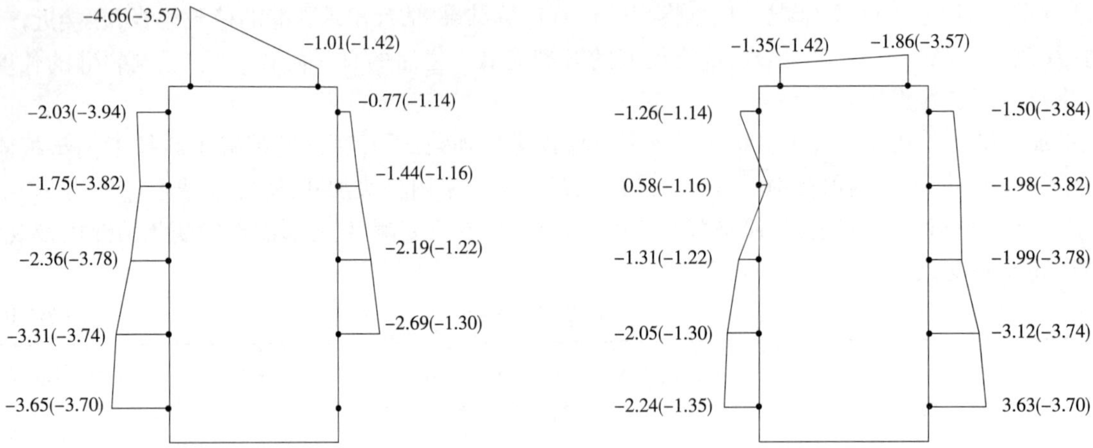

a)2-2截面叠加应力

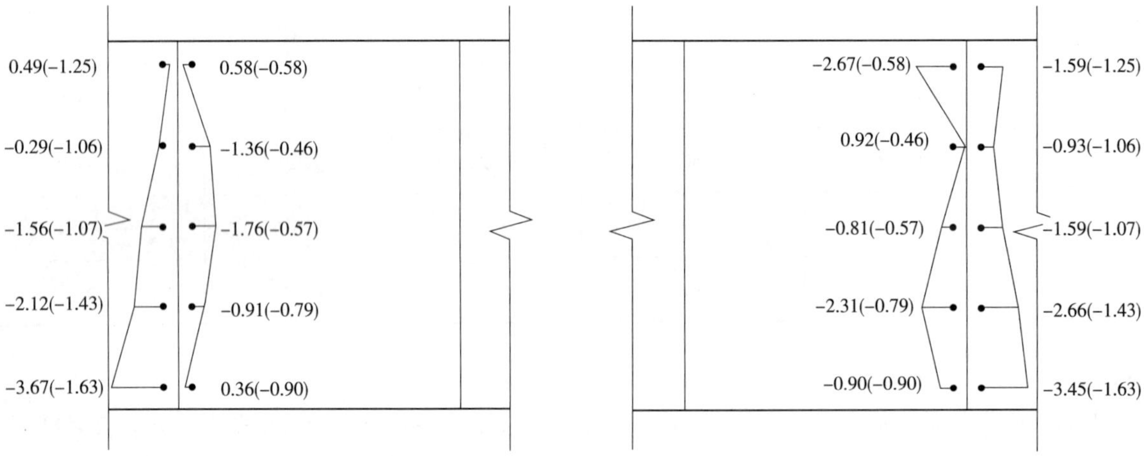

b)4-4截面叠加应力

图 2-2-26　2-2 及 4-4 截面叠加应力分布（单位：MPa）

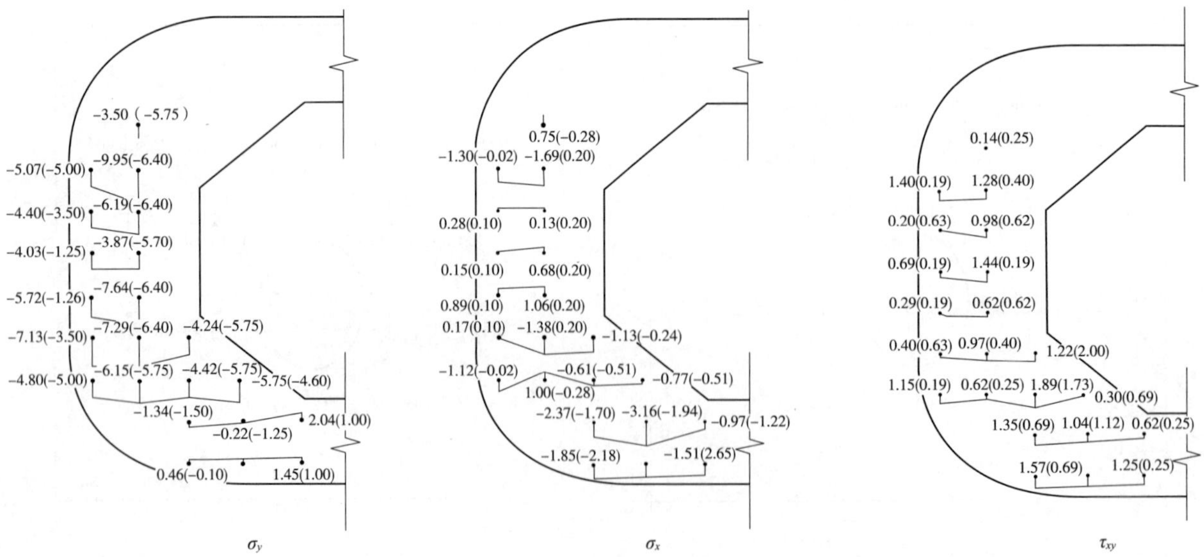

图 2-2-27　模型顶面叠加应力分布（单位：MPa）

顶推荷载为 6 089kN(1.0P)时应力测试结果　　表 2-2-11

测点号	应力(MPa)	测点号	应力(MPa)	测点号	应力(MPa)
136	1.72	151	5.09	169	1.44
137	4.00	152	2.52	170	-0.20
138	2.66	153	2.58	171	4.03
139	2.17	154	3.72	172	4.53
140	2.32	155	5.21	173	4.41
141	4.33	156	6.54	174	0.96
142	5.09	157	6.00	175	-0.15
143	4.45	158	4.60	176	-0.91
144	3.62	159	3.77	177	-1.41
145	3.08	160	2.93	178	1.18
146	6.76	161	5.06	179	0.61
147	5.74	162	4.22	180	0.12
148	5.21	163	3.84	181	-0.58
149	4.22	164	2.96	182	-1.11
150	3.39	165			

顶推荷载为 6 089kN(1.0P)时应力测试结果　　表 2-2-12

测点号	应力(MPa)		测点号	应力(MPa)		测点号	应力(MPa)	
1~3	σ_y =	3.76	28~30	σ_y =	8.34	55~57	σ_y =	2.67
	σ_z =	0.23		σ_z =	2.71		σ_z =	-0.53
	τ_{yz} =	0.77		τ_{yz} =	0.94		τ_{yz} =	0.65
4~6	σ_y =	5.53	30~33	σ_y =	7.67	58~60	σ_y =	0.52
	σ_z =	1.91		σ_z =	1.05		σ_x =	-0.71
	τ_{yz} =	0.80		τ_{yz} =	0.40		τ_{xy} =	0.17
7~9	σ_y =	5.72	34~36	σ_y =	6.45	61~63	σ_y =	0.23
	σ_z =	-0.17		σ_z =	0.39		σ_x =	-0.01
	τ_{yz} =	0.74		τ_{yz} =	0.13		τ_{xy} =	1.00
10~12	σ_y =	*	37~39	σ_y =	2.73	64~66	σ_y =	1.40
	σ_z =	*		σ_z =	1.68		σ_x =	0.45
	τ_{yz} =	*		τ_{yz} =	0.30		τ_{xy} =	0.89
13~15	σ_y =	7.06	40~42	σ_y =	6.23	67~69	σ_y =	3.59
	σ_z =	0.20		σ_z =	1.50		σ_x =	-0.05
	τ_{yz} =	0.60		τ_{yz} =	0.15		τ_{xy} =	0.12
16~18	σ_y =	3.72	43~45	σ_y =	5.63	70~72	σ_y =	3.45
	σ_z =	1.12		σ_z =	0.34		σ_x =	0.45
	τ_{yz} =	0.20		τ_{yz} =	0.35		τ_{xy} =	0.13
19~21	σ_y =	7.49	46~48	σ_y =	4.53	73~75	σ_y =	1.04
	σ_z =	1.12		σ_z =	1.17		σ_x =	-1.27
	τ_{yz} =	0.50		τ_{yz} =	0.58		τ_{xy} =	0.49
22~24	σ_y =	5.79	49~51	σ_y =	4.46	76~78	σ_y =	3.75
	σ_z =	1.47		σ_z =	0.78		σ_x =	1.47
	τ_{yz} =	0.71		τ_{yz} =	1.00		τ_{xy} =	1.23
25~27	σ_y =	6.82	52~54	σ_y =	4.34	79~81	σ_y =	-3.49
	σ_z =	0.11		σ_z =	0.94		σ_x =	-1.60
	τ_{yz} =	0.03		τ_{yz} =	0.31		τ_{xy} =	0.47

续上表

测点号	应力(MPa)		测点号	应力(MPa)		测点号	应力(MPa)	
85 ~ 87	σ_y =	1.14	100 ~ 102	σ_y =	0.46	115 ~ 117	σ_y =	-0.51
	σ_x =	1.24		σ_x =	-0.68		σ_x =	-0.47
	τ_{xy} =	1.11		τ_{xy} =	2.65		τ_{xy} =	1.80
88 ~ 90	σ_y =	3.11	103 ~ 105	σ_y =	-0.47	118 ~ 120	σ_y =	*
	σ_x =	0.39		σ_x =	-0.37		σ_x =	*
	τ_{xy} =	0.94		τ_{xy} =	3.60		τ_{xy} =	*
91 ~ 93	σ_y =	0.97	106 ~ 108	σ_y =	0.94	121 ~ 123	σ_y =	1.68
	σ_x =	1.64		σ_x =	-0.84		σ_x =	2.33
	τ_{xy} =	0.52		τ_{xy} =	1.98		τ_{xy} =	0.81
94 ~ 96	σ_y =	0.72	109 ~ 111	σ_y =	0.11	124 ~ 126	σ_y =	0.79
	σ_x =	-0.94		σ_x =	-0.53		σ_x =	1.77
	τ_{xy} =	0.43		τ_{xy} =	3.11		τ_{xy} =	1.39
97 ~ 99	σ_y =	1.19	112 ~ 114	σ_y =	-4.82			
	σ_x =	0.31		σ_x =	0.54			
	τ_{xy} =	0.15		τ_{xy} =	0.94			

注:“ * ”表示现场数据无法读出或数据值失真。

顶推荷载为 6 089kN(1.0P)时主应力结果 表 2-2-13

测点号	主应力(MPa)		测点号	主应力(MPa)		测点号	主应力(MPa)	
1 ~ 3	σ_1 =	3.91	25 ~ 27	σ_1 =	6.82	49 ~ 51	σ_1 =	4.71
	τ =	1.92		τ =	3.35		τ =	2.10
	σ_2 =	-0.07		σ_2 =	0.11		σ_2 =	0.53
4 ~ 6	σ_1 =	5.69	28 ~ 30	σ_1 =	8.49	52 ~ 54	σ_1 =	4.38
	τ =	1.98		τ =	2.96		τ =	1.73
	σ_2 =	1.74		σ_2 =	2.56		σ_2 =	0.91
7 ~ 9	σ_1 =	5.81	31 ~ 33	σ_1 =	7.69	55 ~ 57	σ_1 =	2.79
	τ =	3.04		τ =	3.33		τ =	1.73
	σ_2 =	-0.26		σ_2 =	1.03		σ_2 =	-0.66
10 ~ 12	σ_1 =	*	34 ~ 36	σ_1 =	6.46	58 ~ 60	σ_1 =	0.55
	τ =	*		τ =	3.04		τ =	0.64
	σ_2 =	*		σ_2 =	0.39		σ_2 =	-0.74
13 ~ 15	σ_1 =	7.11	37 ~ 39	σ_1 =	2.81	61 ~ 63	σ_1 =	1.11
	τ =	3.49		τ =	0.61		τ =	1.00
	σ_2 =	0.14		σ_2 =	1.60		σ_2 =	-0.89
16 ~ 18	σ_1 =	3.73	40 ~ 42	σ_1 =	6.23	64 ~ 66	σ_1 =	1.93
	τ =	1.31		τ =	2.37		τ =	1.01
	σ_2 =	1.11		σ_2 =	1.50		σ_2 =	-0.09
19 ~ 21	σ_1 =	7.53	43 ~ 45	σ_1 =	5.66	67 ~ 69	σ_1 =	3.59
	τ =	3.22		τ =	2.67		τ =	1.82
	σ_2 =	1.07		σ_2 =	0.31		σ_2 =	-0.05
22 ~ 24	σ_1 =	5.91	46 ~ 48	σ_1 =	4.61	70 ~ 72	σ_1 =	3.46
	τ =	2.28		τ =	1.77		τ =	1.51
	σ_2 =	1.35		σ_2 =	1.09		σ_2 =	0.43

续上表

测点号	主应力(MPa)		测点号	主应力(MPa)		测点号	主应力(MPa)	
73~75	σ_1 =	1.14	94~96	σ_1 =	0.83	112~114	σ_1 =	0.71
	τ =	1.26		τ =	0.93		τ =	2.84
	σ_2 =	-1.37		σ_2 =	-1.05		σ_2 =	-4.98
76~78	σ_1 =	4.28	97~99	σ_1 =	1.22	115~117	σ_1 =	1.31
	τ =	1.67		τ =	0.47		τ =	1.80
	σ_2 =	0.93		σ_2 =	0.29		σ_2 =	-2.29
79~81	σ_1 =	-1.49	100~102	σ_1 =	2.59	118~120	σ_1 =	*
	τ =	1.05		τ =	2.71		τ =	*
	σ_2 =	-3.59		σ_2 =	-2.82		σ_2 =	*
85~87	σ_1 =	2.29	103~105	σ_1 =	3.18	121~123	σ_1 =	2.88
	τ =	1.11		τ =	3.60		τ =	0.88
	σ_2 =	0.09		σ_2 =	-4.03		σ_2 =	1.13
88~90	σ_1 =	3.40	106~108	σ_1 =	2.23	124~126	σ_1 =	2.76
	τ =	1.65		τ =	2.17		τ =	1.48
	σ_2 =	0.10		σ_2 =	-2.12		σ_2 =	-0.20
91~93	σ_1 =	1.92	109~111	σ_1 =	2.91			
	τ =	0.62		τ =	3.13			
	σ_2 =	0.68		σ_2 =	-3.33			

注:“ * ”表示现场数据无法读出或数据值失真。

叠加应力测试结果(顶推荷载为 1.0P)　　表 2-2-14

测点号	应力(MPa)		测点号	应力(MPa)		测点号	应力(MPa)	
1~3	σ_y =	-4.45	25~27	σ_y =	-0.75	49~51	σ_y =	-3.57
	σ_z =	0.50		σ_z =	0.09		σ_z =	-0.16
	τ_{yz} =	0.35		τ_{yz} =	0.24		τ_{yz} =	1.72
4~6	σ_y =	-2.21	28~30	σ_y =	0.72	52~54	σ_y =	-2.35
	σ_z =	1.77		σ_z =	1.80		σ_z =	-0.12
	τ_{yz} =	-0.58		tyz =	0.29		τ_{yz} =	0.45
7~9	σ_y =	-2.36	31~33	σ_y =	-0.55	55~57	σ_y =	-7.21
	σ_z =	0.77		σ_z =	-0.09		σ_z =	-1.17
	τ_{yz} =	0.15		τ_{yz} =	0.37		τ_{yz} =	0.73
10~12	σ_y =	*	34~36	σ_y =	-1.83	58~60	σ_y =	-4.80
	σ_z =	*		σ_z =	-1.49		σ_x =	-1.12
	τ_{yz} =	*		τ_{yz} =	0.72		τ_{xy} =	1.15
13~15	σ_y =	-2.70	37~39	σ_y =	-1.97	61~63	σ_y =	-7.13
	σ_z =	0.40		σ_z =	1.23		σ_x =	0.17
	τ_{yz} =	1.11		τ_{yz} =	-0.86		τ_{xy} =	0.40
16~18	σ_y =	-2.30	40~42	σ_y =	-1.73	64~66	σ_y =	-5.72
	σ_z =	1.14		σ_z =	1.86		σ_x =	0.80
	τ_{yz} =	0.58		τ_{yz} =	0.90		τ_{xy} =	0.29
19~21	σ_y =	-2.00	43~45	σ_y =	-2.37	67~69	σ_y =	-4.43
	σ_z =	1.74		σ_z =	-0.97		σ_x =	0.15
	τ_{yz} =	0.55		τ_{yz} =	1.14		τ_{xy} =	0.69
22~24	σ_y =	-1.95	46~48	σ_y =	-4.01	70~72	σ_y =	-4.40
	σ_z =	1.82		σ_z =	0.72		σ_x =	0.28
	τ_{yz} =	1.00		τ_{yz} =	0.54		τ_{xy} =	0.20

续上表

测点号	应力(MPa)		测点号	应力(MPa)		测点号	应力(MPa)	
73 ~ 75	σ_y =	-5.07	94 ~ 96	σ_y =	-7.29	112 ~ 114	σ_y =	-6.24
	σ_x =	-1.30		σ_x =	-1.38		σ_x =	-0.77
	τ_{xy} =	1.40		τ_{xy} =	0.97		τ_{xy} =	0.30
76 ~ 78	σ_y =	-3.50	97 ~ 99	σ_y =	-6.15	115 ~ 117	σ_y =	-0.24
	σ_x =	0.75		σ_x =	1.00		σ_x =	-3.16
	τ_{xy} =	0.14		τ_{xy} =	0.62		τ_{xy} =	1.04
79 ~ 81	σ_y =	-9.95	100 ~ 102	σ_y =	-4.60	118 ~ 120	σ_y =	*
	σ_x =	-1.69		σ_x =	-1.13		σ_x =	*
	τ_{xy} =	1.28		τ_{xy} =	1.22		τ_{xy} =	*
85 ~ 87	σ_y =	-6.19	103 ~ 105	σ_y =	-4.80	121 ~ 123	σ_y =	2.04
	σ_x =	0.13		σ_x =	-0.61		σ_x =	-0.97
	τ_{xy} =	0.98		τ_{xy} =	1.89		τ_{xy} =	0.62
88 ~ 90	σ_y =	-3.87	106 ~ 108	σ_y =	-1.45	124 ~ 126	σ_y =	1.45
	σ_x =	0.66		σ_x =	-2.37		σ_x =	-1.51
	τ_{xy} =	1.44		τ_{xy} =	1.35		τ_{xy} =	1.25
91 ~ 93	σ_y =	-7.64	109 ~ 111	σ_y =	0.50			
	σ_x =	1.06		σ_x =	-1.85			
	τ_{xy} =	0.62		τ_{xy} =	1.57			

注:“ * ”表示现场数据无法读出或数据值失真。

叠加主应力结果(顶推荷载为 1.0P) 表 2-2-15

测点号	主应力(MPa)		测点号	主应力(MPa)		测点号	主应力(MPa)	
1 ~ 3	σ_1 =	0.52	22 ~ 24	σ_1 =	2.06	43 ~ 45	σ_1 =	-0.33
	τ =	2.50		τ =	2.13		τ =	1.34
	σ_2 =	4.48		σ_2 =	-2.19		σ_2 =	-3.01
4 ~ 6	σ_1 =	1.85	25 ~ 27	σ_1 =	0.15	46 ~ 48	σ_1 =	0.78
	τ =	2.07		τ =	0.48		τ =	2.43
	σ_2 =	-2.30		σ_2 =	-0.81		σ_2 =	-4.07
7 ~ 9	σ_1 =	0.78	28 ~ 30	σ_1 =	1.88	49 ~ 51	σ_1 =	0.54
	τ =	1.57		τ =	0.62		τ =	2.41
	σ_2 =	-2.37		σ_2 =	0.64		σ_2 =	-4.28
10 ~ 12	σ_1 =	*	31 ~ 33	σ_1 =	0.11	52 ~ 54	σ_1 =	-0.03
	τ =	*		τ =	0.43		τ =	1.19
	σ_2 =	*		σ_2 =	-0.76		σ_2 =	-2.42
13 ~ 15	σ_1 =	0.76	34 ~ 36	σ_1 =	-0.92	55 ~ 57	σ_1 =	-1.09
	τ =	1.91		τ =	0.74		τ =	3.11
	σ_2 =	-3.06		σ_2 =	-2.40		σ_2 =	-7.30
16 ~ 18	σ_1 =	1.24	37 ~ 39	σ_1 =	1.44	58 ~ 60	σ_1 =	-0.79
	τ =	1.81		τ =	1.81		τ =	2.17
	σ_2 =	-2.40		σ_2 =	-2.18		σ_2 =	-5.12
19 ~ 21	σ_1 =	1.81	40 ~ 42	σ_1 =	2.07	61 ~ 63	σ_1 =	0.20
	τ =	1.94		τ =	2.01		τ =	3.67
	σ_2 =	-2.07		σ_2 =	-1.94		σ_2 =	-7.15

续上表

测点号	主应力(MPa)		测点号	主应力(MPa)		测点号	主应力(MPa)	
64~66	σ_1 =	0.83	88~90	σ_1 =	1.09	109~111	σ_1 =	1.29
	τ =	3.28		τ =	2.68		τ =	1.97
	σ_2 =	-5.73		σ_2 =	-4.29		σ_2 =	-2.64
67~69	σ_1 =	0.25	91~93	σ_1 =	1.11	112~114	σ_1 =	-0.75
	τ =	2.40		τ =	4.40		τ =	2.76
	σ_2 =	-4.54		σ_2 =	-7.69		σ_2 =	-6.26
70~72	σ_1 =	0.29	94~96	σ_1 =	-1.23	115~117	σ_1 =	0.10
	τ =	2.35		τ =	3.11		τ =	1.79
	σ_2 =	-4.41		σ_2 =	-7.44		σ_2 =	-3.50
73~75	σ_1 =	-0.84	97~99	σ_1 =	1.05	118~120	σ_1 =	*
	τ =	2.35		τ =	3.63		τ =	*
	σ_2 =	-5.54		σ_2 =	-6.20		σ_2 =	*
76~78	σ_1 =	0.75	100~102	σ_1 =	-0.75	121~123	σ_1 =	2.16
	τ =	2.13		τ =	2.12		τ =	1.63
	σ_2 =	-3.50		σ_2 =	-4.98		σ_2 =	-1.10
79~81	σ_1 =	-1.50	103~105	σ_1 =	0.12	124~126	σ_1 =	1.91
	τ =	4.32		τ =	2.82		τ =	1.93
	σ_2 =	-10.14		σ_2 =	-5.53		σ_2 =	-1.97
85~87	σ_1 =	0.27	106~108	σ_1 =	-0.49			
	τ =	3.31		τ =	1.42			
	σ_2 =	-6.34		σ_2 =	-3.33			

注:“*”表示现场数据无法读出或数据值失真。

叠加应力测试结果(顶推荷载为1.0P)　　表2-2-16

测点号	应力(MPa)	测点号	应力(MPa)	测点号	应力(MPa)
136	-2.67	151	0.58	169	-1.01
137	0.92	152	-1.36	170	-4.66
138	-0.81	153	-1.76	171	-1.35
139	-2.31	154	-0.91	172	-1.86
140	-0.90	155	0.36	173	-2.03
141	-1.59	156	-1.26	174	-1.75
142	-0.93	157	0.58	175	-2.36
143	-1.59	158	-1.31	176	-3.31
144	-2.66	159	-2.05	177	-3.65
145	-3.45	160	-2.24	178	-1.50
146	0.49	161	-0.77	179	-1.98
147	-0.29	162	-1.44	180	-1.99
148	-1.56	163	-2.19	181	-3.12
149	-2.12	164	-2.69	182	-3.63
150	-3.67	165			

从叠加应力分布看,加载至水平推力1.0P时,1-1截面y方向应力出现了拉应力,最大值出现在28号测点,其值为0.72MPa,相应位置的计算应力为1.15MPa,y方向应力在-7.21~0.72MPa之间,z方向

应力在 -1.49 ~ 2.02MPa 之间,剪应力在 -0.86 ~ 1.71MPa 之间,最大主应力在 -1.09 ~ 2.07MPa 之间。这些测点的应力均小于 C50 混凝土的抗拉强度。

由图 2-2-28 的荷载应力曲线来看,当顶推荷载小于 1.3P 时,各测点的荷载应力曲线基本为直线,应力与荷载基本成正比关系,模型处于弹性工作状态。当顶推荷载大于 1.3P 时,25 ~ 27 和 28 ~ 30 测点应力突然降低,表明在顶推荷载为 7 915kN(1.3P)时,模型在 25 ~ 27 和 28 ~ 30 测点位置开始开裂。这也验证了前面的裂缝观测结论是正确的。

加载至水平推力 1.0P 时,在顶面、2-2 和 4-4 截面除极少数测点出现拉应力外(最大主应力为 2.16MPa,出现在顶面),其余测点均为压应力,这说明在这些位置上所施加的预应力大于顶推时产生的拉应力,预应力已足够满足设计要求。

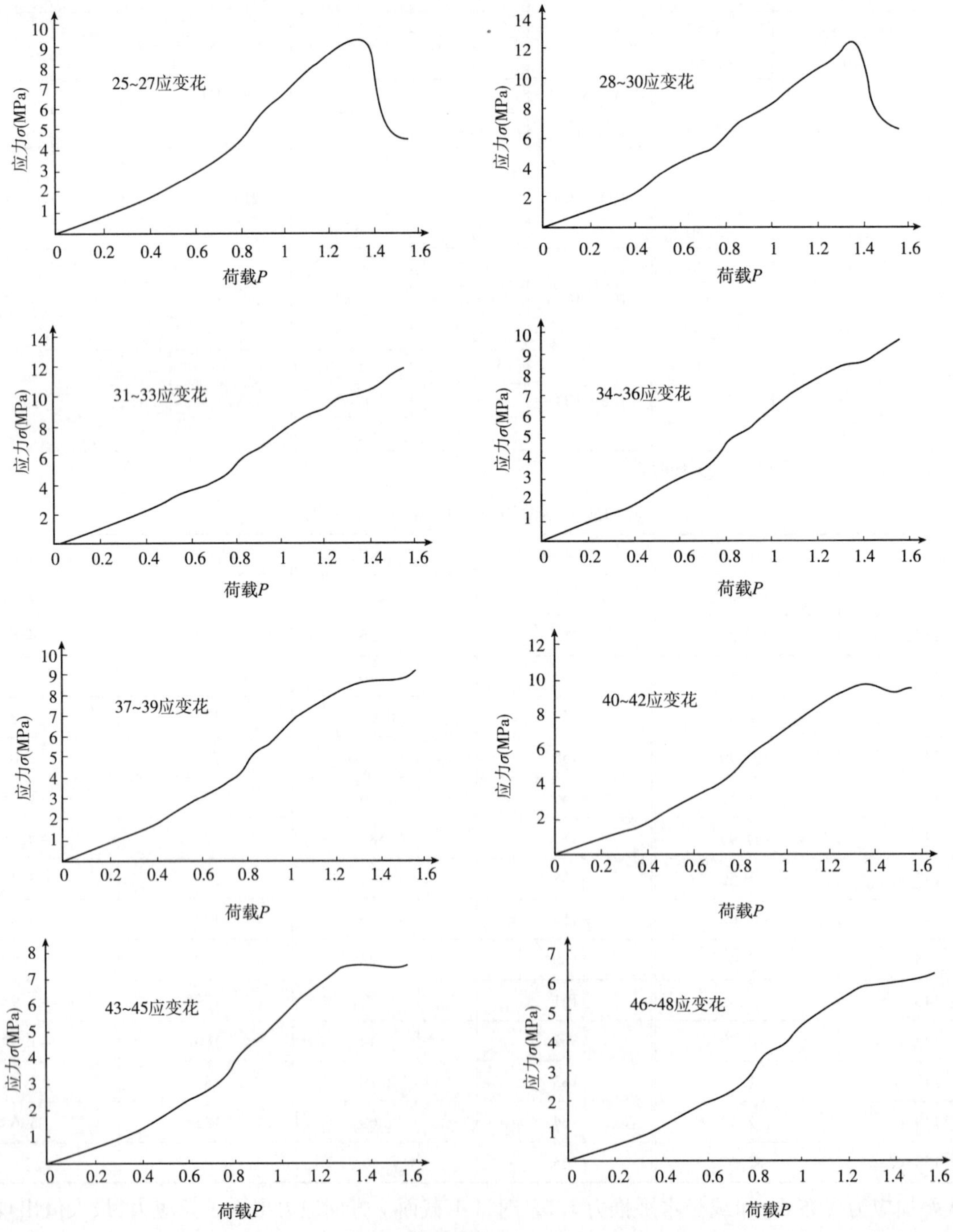

图 2-2-28 部分应变花测点的荷载应力曲线图(y 方向应力)

(3)变形应力测试结果

顶推试验时,变形测点的布置见变形测点布置图 2-2-20。表 2-2-17 为变形测点实际测试的数值。表中负值表示模型向外凸出,正值表示模型向内凹进。图 2-2-29 为各变形测点的荷载变形曲线。图 2-2-30 为利用有限元程序计算,顶推力在 1.0P 时的计算变形量。

变形测试结果(单位:mm)　　表 2-2-17

测点号	0.2P	0.4P	0.6P	0.8P	1.0P	1.2P	1.5P
表 1	0.16	0.22	0.28	0.84	1.29	1.16	1.68
表 3	0.17	0.30	0.51	0.80	1.07	1.26	1.85
(表 1 + 表 3)/2	0.17	0.26	0.40	0.82	1.18	1.21	1.77
表 2	-0.10	-0.26	-0.42	-0.58	-0.76	-0.90	-1.10
表 4	-0.13	-0.20	-0.31	-0.43	-0.60	-0.70	-0.97
(表 2 + 表 4)/2	-0.12	-0.23	-0.37	-0.51	-0.68	-0.80	-1.04

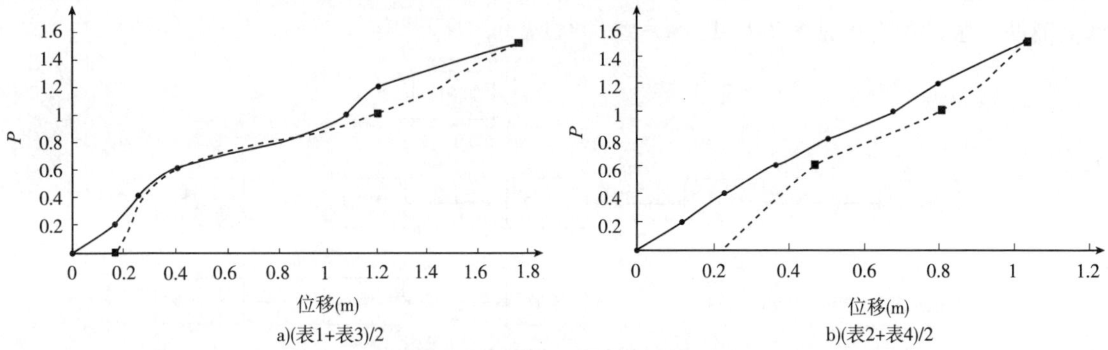

图 2-2-29　变形测点的荷载变形曲线

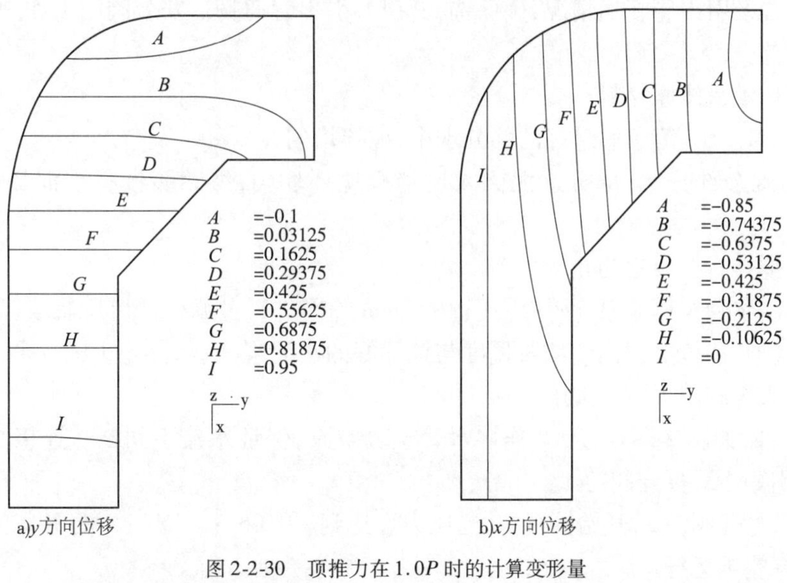

图 2-2-30　顶推力在 1.0P 时的计算变形量

由图 2-2-30 可知,模型在加载至 1.0P 之前,变形和荷载基本呈线性关系,说明模型处于弹性工作状态。在加载至 1.0P 时,表 1、表 3 两测点的平均位移为 1.07mm,表 2、表 4 两测点的平均位移为 0.68mm,二者的计算值分别为 0.95mm 和 0.85mm。实测值与计算值较为接近。

电子百分表 2、表 4 监测模型索孔出口面的位移,测试结果表明模型在该点处向外凸出,这与顶推应力测试结果中索孔出口面测点外壁以受拉为主、内壁测点以受压为主是一致的。表 1、表 3 监测模型侧壁的位移,测试结果表明模型在该测点处向内凹进,这与内力测试结果中模型两侧壁呈现出向内侧弯曲的特性(侧壁内侧受拉、外侧受压)也是相一致的。顶推至 1.5P 时,两个侧面位移达到最大值,分别达到 -1.10mm和 1.85mm。

8)真空辅助压浆试验

(1)试验目的

通过真空辅助压浆的试验实践,总结经验,确定预应力钢束管道真空辅助压浆的合理压浆工艺。

(2)技术控制要求

①孔道两端必须密封,一端留设压浆引出管,另一端留设抽真空引出管。

②真空时真空度控制在 -0.06 ~ -0.1MPa 之间。

③浆体配合比:水灰比控制在 0.36 ~0.37 比较适宜。

④浆体流动度大于 18s。

⑤浆体 24h 泌水率为 0,即泌水完全被水泥浆吸收。

⑥浆体充满孔道后持压 2 ~3min,并保持压力 0.6MPa 左右。

(3)施工工艺

真空辅助压浆设备连接见图 2-2-31。

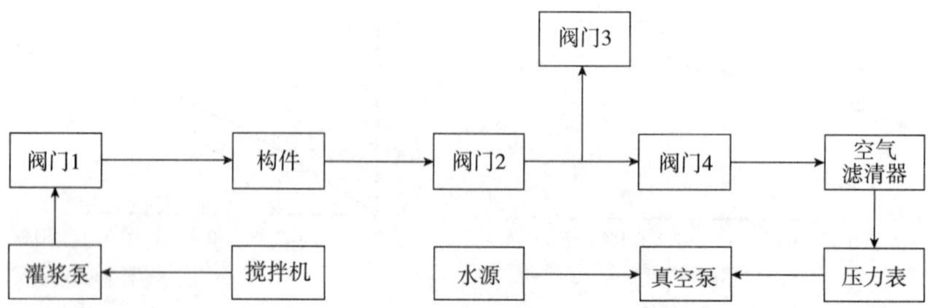

图 2-2-31　真空辅助压浆设备连接示意图

①检查两端封锚及引出管畅通情况,确保锚头密封,引出管通畅。安装阀门 1 和阀门 2。

②水泥浆的搅拌:

a. 按照配合比称量浆体原材料;

b. 将称量好的 JM - HF 溶于称量好的部分水中,搅拌均匀;

c. 将称量好的剩余部分水、部分水泥倒入搅拌机搅拌均匀,继续缓慢将水泥加完,放入搅拌匀的 JM - HF后再搅拌均匀。

水泥浆应连续搅拌直至泵送为止。

③连接搅拌机出浆管至压浆泵,浆体应通过 1.2mm 筛网进行过滤。开启压浆泵,压出残存在压浆机及枪头中的水分、气泡,待枪头冒出的浓浆稠度与搅拌好的水泥浆一致时,停止压浆泵。

④接压浆泵枪头至阀门 1,关闭阀门。

⑤接真空泵组件,如图 2-2-31 所示,连接水管至真空泵,保证水流不间断。连接真空端枪头至阀门 2,关闭阀门 2,关闭阀门 3,打开阀门 4。

⑥真空泵运行,打开阀门 2,开始抽真空,当压力表达到 -0.06 ~0.1MPa 时打开阀门 1,启动压浆泵开始压浆,同时保持真空泵运行。

⑦待浆体压入真空端管内时,迅速关闭阀门 4,打开阀门 3,关闭真空泵,通过阀门 3 继续排浆,直至浓浆冒出连续,且稠度与压浆端一致时,关闭阀门 2。

⑧压浆泵继续压浆,使压浆压力保持在 0.6MPa 左右,持荷 2 ~3min,关闭阀门 1,关闭压浆泵,完成该预应力管道的真空辅助压浆。

⑨按此顺序,逐次进行每个孔道压浆。全部结束后,拆卸外接管路、附件、空气滤清器和阀门,清洗干净。

⑩安装在出浆端和压浆端的阀门，待浆体初凝后拆除清洗。

(4)注意事项

真空辅助压浆试验严格按照上述技术要求及压浆工艺实施，于2006年4月6日完成模型中预应力孔道的真空辅助压浆工作。

真空辅助压浆时需注意的问题有：

①压浆管应选用牢固结实的高强橡胶管，确保有压力时不易破裂。

②拌制水泥浆时水一定要严格按配合比加入，否则多加的水全部泌出，容易造成管道顶部有空隙。

③灰浆进入压浆泵之前应通过1.2mm的筛子。

④真空泵放置应低于整条管道，启动时先将水阀打开，同时开泵，关泵时先关水阀后停泵。

⑤压浆宜在灰浆流动性没有下降的30min时间内进行，压浆要连续。

(5)压浆总结

通过模型中几条预应力钢束管道的真空辅助压浆试验，表明前述真空辅助压浆的压浆工艺可行、合理，实践证明真空辅助压浆具有浆体密实性好、连续及速度快的优点。我们认为，前述真空辅助压浆的压浆工艺可以用于珠江黄埔大桥北汉桥工程中预应力钢束的管道压浆。

9)索塔锚固区足尺模型试验结论

(1)实测U形预应力钢束与孔道壁的摩阻系数$\mu=0.16$，孔道每米局部偏差对摩擦的影响系数$k=0.0017$。

(2)实测U形预应力钢束预应力钢束锚圈口摩阻损失均值为2.0%。

(3)实测U形预应力钢束两端锚固回缩损失均值为22.4%。

(4)U形预应力钢束的实测伸长量与计算值的偏差范围为-0.6%~7.9%。

(5)通过对单节段模型与多节段模型的计算分析和对比，单节段模型与多节段模型应力相近，用单节段模型代表实桥的受力状况是可靠的。

(6)模型的应力测试结果与用有限元分析计算程序计算的结果基本一致。应力及变形试验结果表明，在大小为6 089kN(1.0P)的顶推荷载作用下，模型结构基本处于弹性工作状态下。

(7)试验模型的开裂荷载为7 915kN(1.3P)，模型的破坏荷载大于9 133kN(1.5P)，该索塔锚固区具有足够的安全度。

3.索塔与横梁

1)索塔

索塔采用门形、钢筋混凝土结构。门形塔上塔柱之间的净距在塔顶为24.5m，外边缘之间的距离为35.2m。塔顶高程为230.14m，塔底(塔座顶)高程为6m，承台顶高程为4m，塔柱自承台顶起的高度为226.14m，自桥面起的高度为160.45m。

塔柱采用矩形空心截面，在四角设置半径为1.5m的圆弧段。上塔柱断面为5.5m(横桥向)×8.5m(顺桥向)，壁厚为1.25m(顺桥向)和1.0m(横桥向)，在箱内四侧壁之间设置1m×1m的倒角。下塔柱在顺桥向宽度由8.5m按直线变化到塔底的11.5m，横向宽度由5.5m变化到9m，壁厚为1.25m(顺桥向)和1.2m(横桥向)，在箱内四侧壁之间设置1m×1m的倒角，在塔底部设置4m的实体段。由于下塔柱直接抵抗可能的船舶撞击作用，在高程10~30m的范围内，设置1m厚的横隔板进行加强，顺桥向与横桥向各1道，在箱内形成十字撑架。

索塔外侧壁设置ϕ100mm的PVC管作为通气孔，向下倾斜3°。

在上塔柱锚索区，塔柱内设置拉索锚块。为平衡斜拉索的水平分力，在锚索区范围内布置15-12ϕ^{j}15.24环向预应力钢绞线束，配15-12系列锚具。由于环向预应力钢束的弯曲半径较小，只有2m，沿钢束曲线的径向布置防劈裂钢筋，以防止内侧混凝土崩裂。预应力管道采用内径为ϕ85mm的塑料波纹管，波高5mm，内径85mm，壁厚2.5mm，管道压浆采用真空辅助法。

塔柱竖向布置直径为32mm的束筋，两根组成一束，为了增强塔柱混凝土外表面的抗裂性，在外侧钢筋的保护层内增设一层直径为5mm的带肋钢筋焊接网，网格尺寸为10cm×10cm。

2）横梁

塔柱共设上、下两道横梁，为全预应力混凝土结构。均采用箱形断面，高度10m。为了美观与协调，横梁在塔柱外侧设置了3m长的悬臂，端部设置1m厚的隔板。

下横梁断面外轮廓尺寸为10m（高）×7m（宽），在四角设置半径为0.75m的圆角。箱体顶、底板壁厚1m，内设两道1m厚的横隔板，位置与主梁永久支座相对应。下横梁共布置了46束15-22ϕ^j15.24预应力钢绞线束。配15-12系列锚具及内径为ϕ85mm的塑料波纹管，并采用真空辅助吸浆法。

上横梁断面外轮廓尺寸为10m（高）×8m（宽），在四角设置半径为0.75m的圆角。箱体顶、底板壁厚1m，两侧板壁厚1m，横梁中间设置一道厚1m的横隔板。在上横梁以下设置了塔柱与上横梁之间的楔形加劲隔板，厚2.8m，高39m，宽度由横梁处3.8m按直线变化至0m。上横梁共布置了32束15-22ϕ^j15.24预应力钢绞线束。配15-12系列锚具及内径为ϕ85mm塑料波纹管，并采用真空辅助吸浆法。

3）塔冠

塔冠是上塔柱的顶部，断面的外轮廓尺寸与上塔柱相同，壁厚0.5m，外侧壁高4m，内侧壁高1m，在塔冠以下设置一道0.5m厚的横隔板。

索塔结构构造见图2-2-32。

四、过渡墩与基础

主桥38号墩及42号墩分别为与北引桥和中引桥连接的过渡墩。其中心里程桩号分别为K8+946.100和K9+651.100。设计采用矩形空心薄壁墩，低桩承台钻孔灌注桩基础。38号过渡墩的外形尺寸为7.2m（横）×4.5m（顺），42号过渡墩的外形尺寸为5.0m（横）×4.5m（顺），采用矩形空心截面，壁厚为0.8m（顺桥向）和0.8m（横桥向），在箱内四侧壁之间设置0.50m×0.50m的倒角，在四角设R=75cm的圆角；另外，38号墩在距墩顶5m处设置半径为15m的圆弧，桥墩横桥向的宽度由6.5m沿此圆弧线渐变到宽8.7m。为设置大变位伸缩缝及支座的需要，桥墩纵向由4.5m变宽到5.4m。桥墩墩身底设2m高实体段，墩顶设3.5m高实体段。

承台厚3.0m，平面尺寸为11.9m×7.4m。基础采用直径为1.8m的钻孔灌注桩，采用嵌岩桩形式，其中，38号墩桩底嵌入微风化岩层的深度不小于2.7m，42号墩桩底嵌入微风化岩层的深度不小于3.6m。每幅桥的桥墩下布置6根，为群桩基础。

为了增强墩柱混凝土外表面的抗裂性，在外侧钢筋的保护层内增设一层直径为5mm的带肋钢筋焊接网，网格尺寸为10cm×10cm。

38号墩和42号墩结构构造分别见图2-2-33和图2-2-34。

五、辅助墩与基础

主桥斜拉桥在中引桥侧设置两个辅助墩，中心里程桩号分别为K9+526.1和K9+598.1，两墩外形完全一致。设计采用矩形空心薄壁墩，低桩承台，钻孔灌注桩基础。桥墩的外形尺寸为5.0（横）×3.5m（顺），采用矩形空心截面，壁厚为0.8m（顺桥向）和0.8m（横桥向），在箱内四侧壁之间设置0.50m×0.50m的倒角，在四角设R=75cm的圆角；在距墩顶5m处设置半径为15m的圆弧，桥墩横桥向的宽度由5m沿此圆弧线变宽到7.2m。桥墩墩身底设2m高实体段，墩顶设3.5m厚实体段。

承台厚3.0m，平面尺寸为7.4m×7.4m。基础采用直径为1.8m的钻孔灌注桩，采用嵌岩桩形式，桩底嵌入微风化岩层的深度不得小于3.6m，每幅桥的桥墩下布置4根，为群桩基础。

为了增加墩柱混凝土外表面的抗裂性，在外侧钢筋的保护层内增设一层直径为5mm的带肋钢筋焊接网，网格尺寸为10m×10cm。

40号（41号）辅助墩结构构造见图2-2-35。

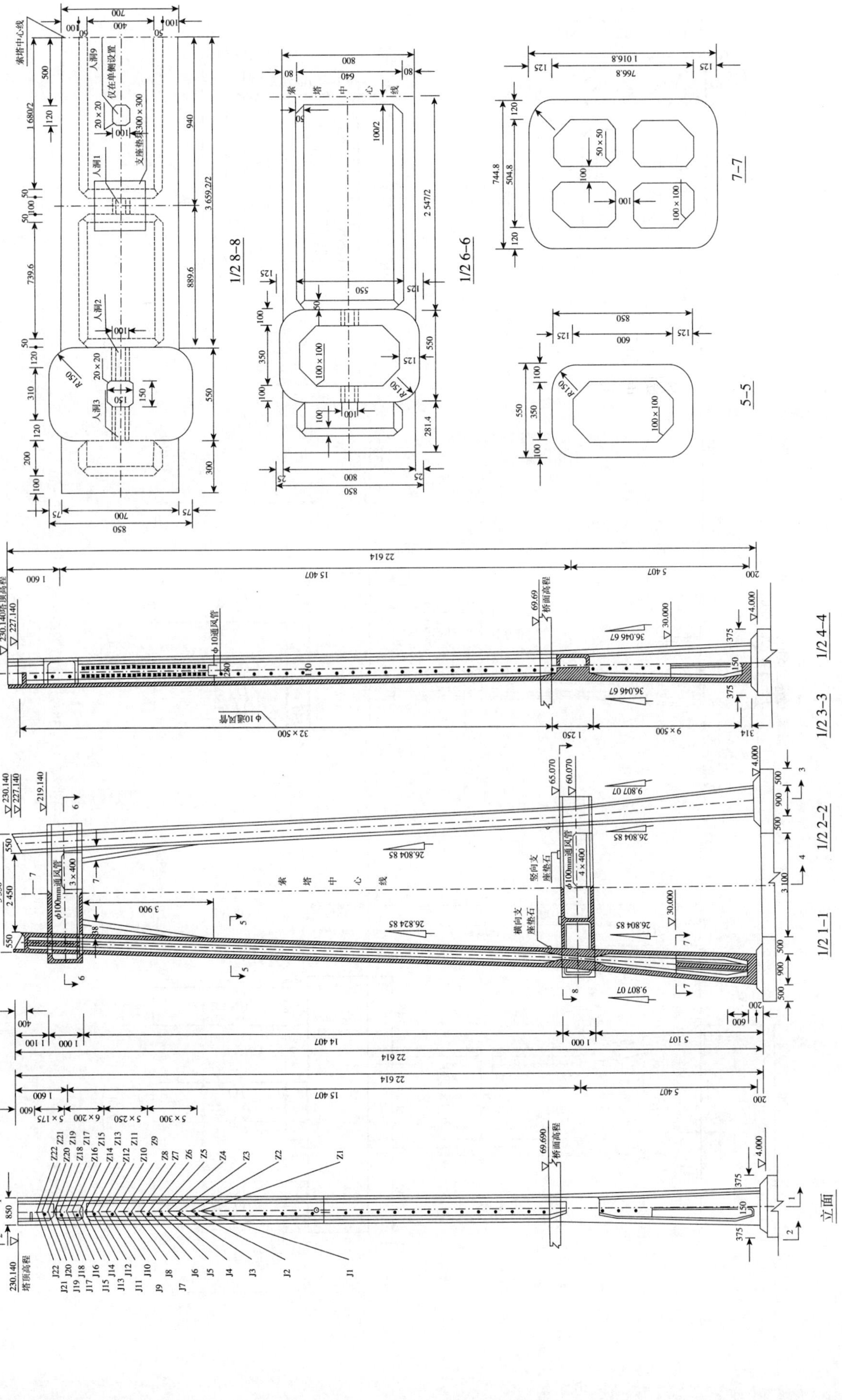

图 2-2-32　索塔一般构造(尺寸单位：cm)

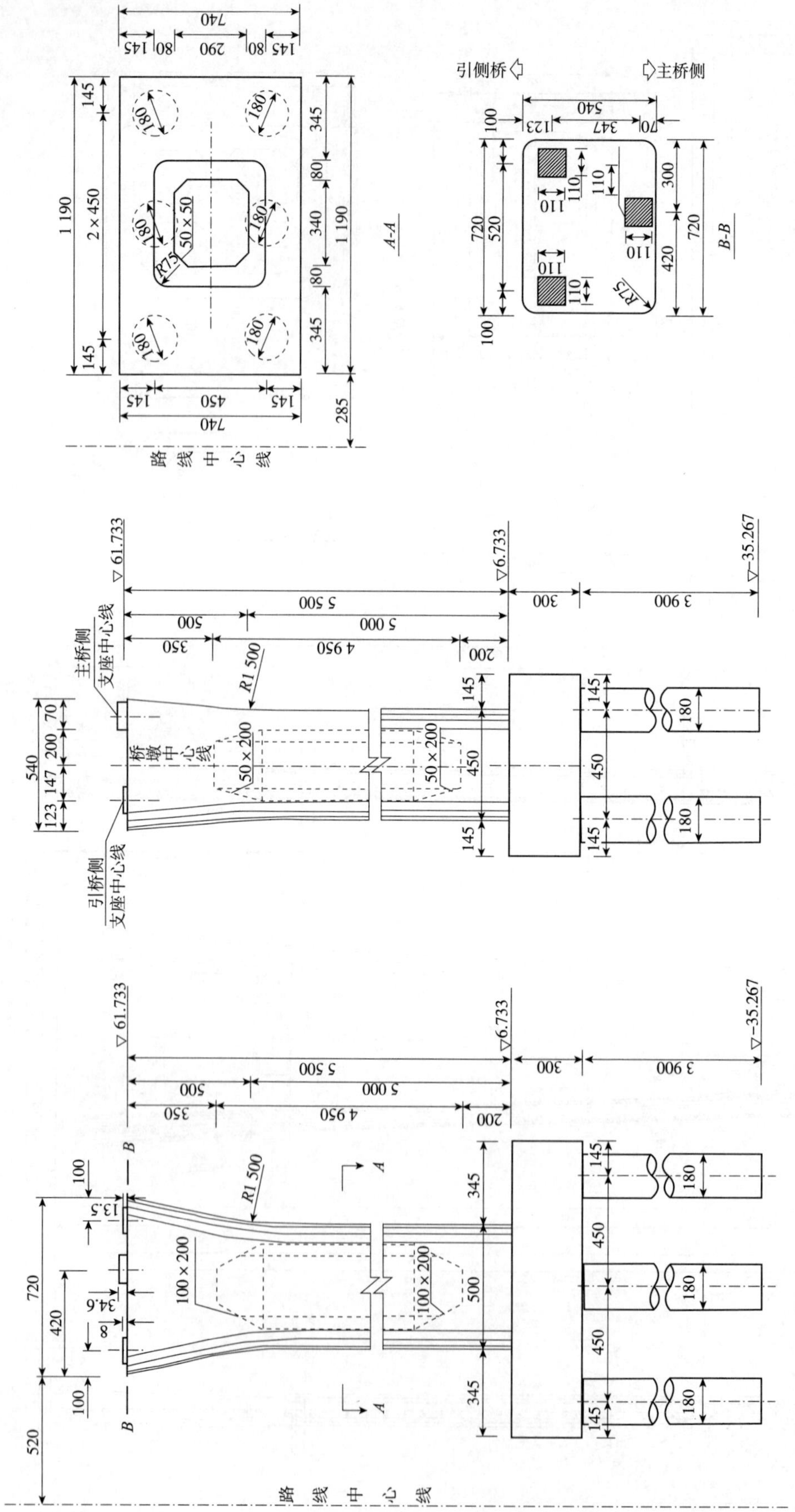

图 2-2-33　38号过渡墩的结构构造(尺寸单位:cm)

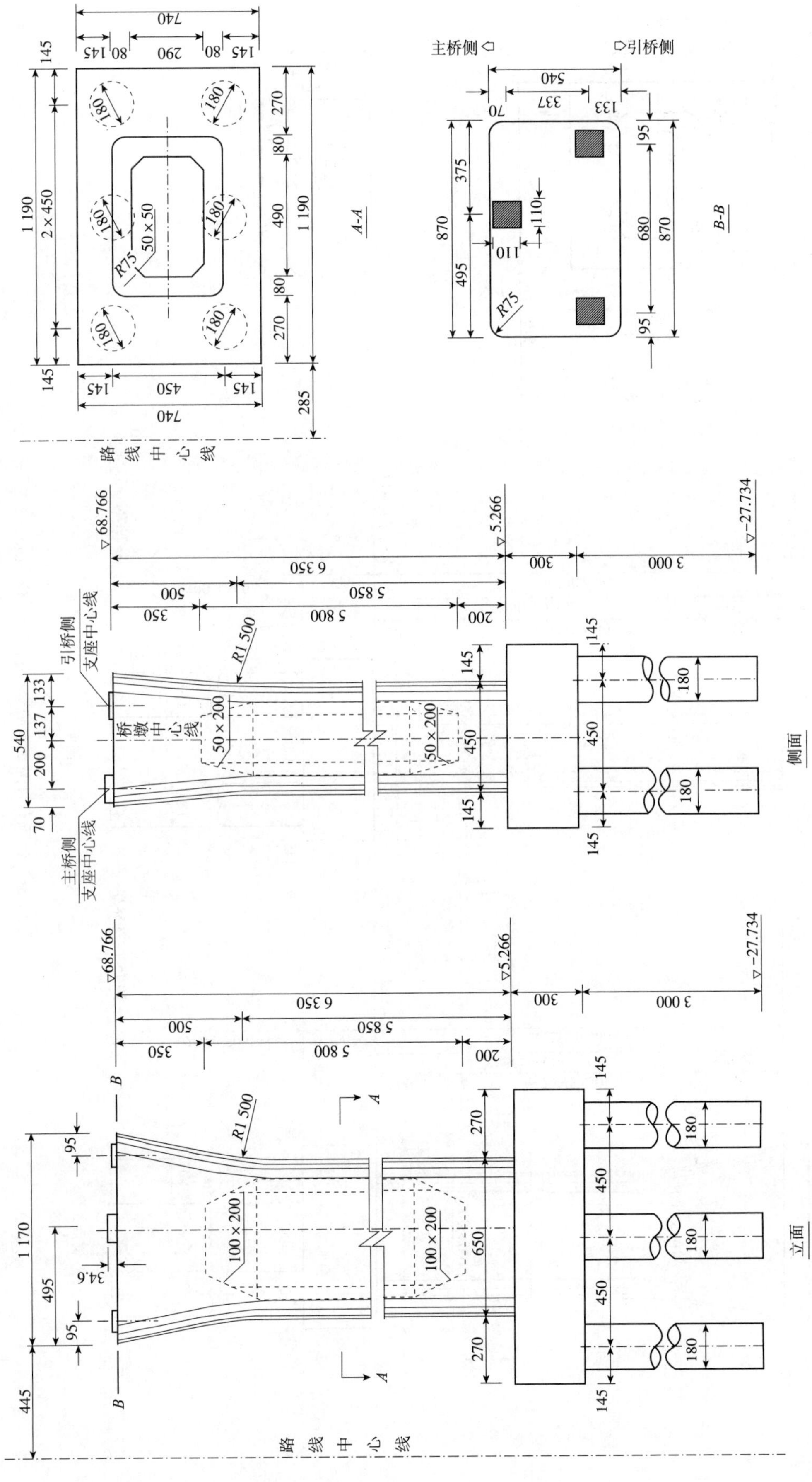

图 2-2-34　42号过渡墩的结构构造(尺寸单位：cm)

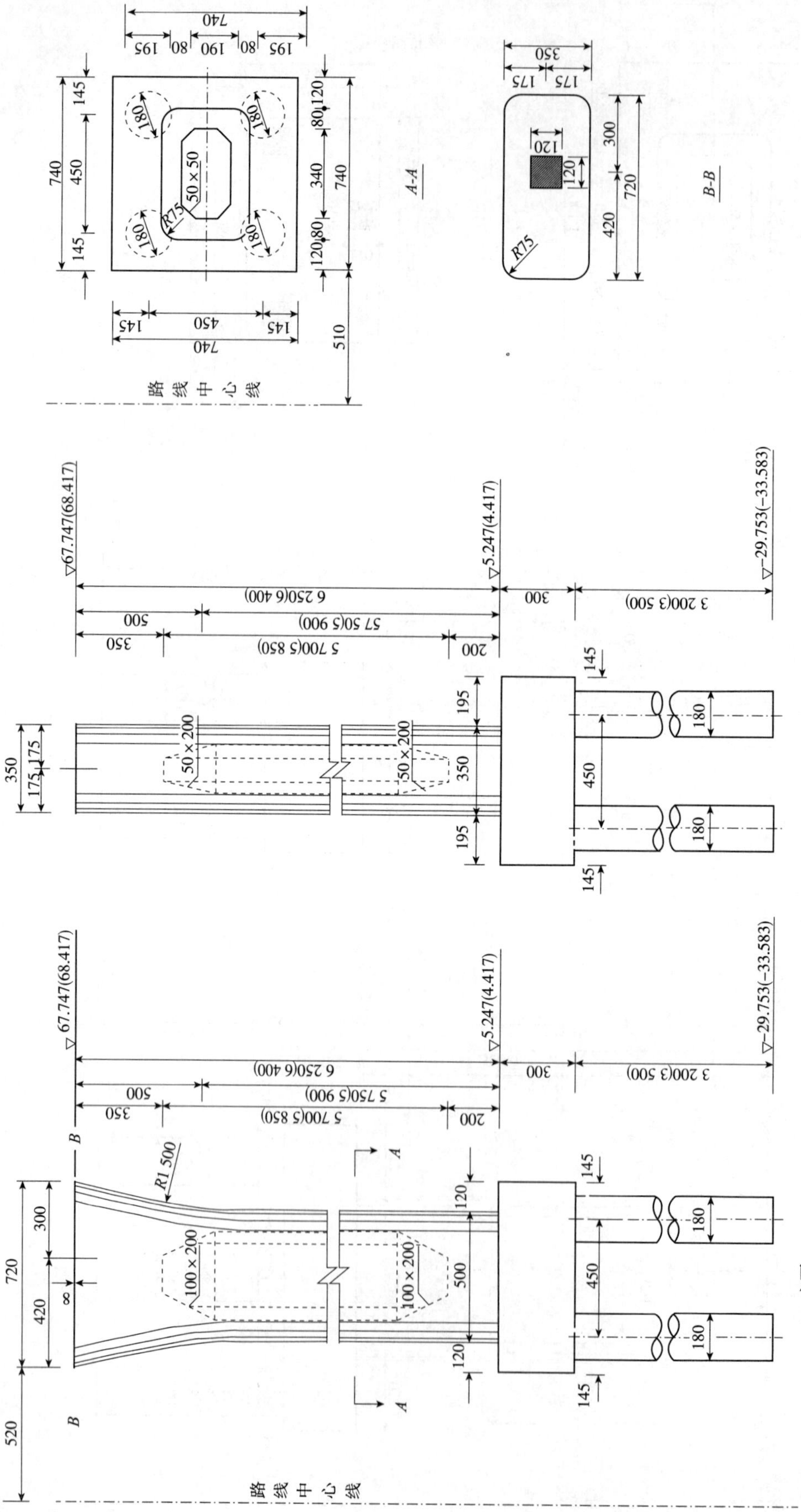

图 2-2-35　40号(41号)辅助墩结构构造(尺寸单位：cm)

六、钢箱梁结构与构造

1. 结构设计

钢箱梁截面设计充分考虑抗疲劳、制造施工及运营阶段抗风稳定性。主梁采用单箱三室扁平流线型栓焊钢箱梁，钢箱梁设4道纵腹板，中心梁高3.5m(内轮廓)，钢箱梁全宽41m，桥面设2%的双向横坡。截面高宽比1∶11.714，高跨比1∶109.429。钢箱梁顶板宽35m，行车道外侧设0.75m宽的斜拉索锚固区和1.5m宽的检修道；底板宽27.9m，下斜底板宽3.9125m。标准梁段顶板厚16mm，两侧5.357m范围采用20mm厚板与中间16mm厚板拼接；底板厚12mm，在索塔附近，顶、底板均加厚至20mm。

钢箱梁侧腹板因锚箱受力要求，应为抗层状撕裂钢材，即Z向钢板，厚32mm。顶板U形肋：板厚8mm，上口宽300mm，底宽170mm，高280mm，间距600mm；底板U形肋：板厚6mm，下口宽400mm，底宽250mm，高260mm，间距750mm；顶板扁钢加劲肋：高160mm，厚16mm；侧腹板扁钢加劲肋：高240mm，厚24mm；中间纵隔板至箱中心距离9 400mm。

横隔板全部采用整体式横隔板，等厚和不等厚对接，对接均采用双面坡口熔透焊。

横隔板HG1，无斜拉索，板厚10mm。

横隔板HG2，两端均有斜拉索支撑，采用16mm + 14mm熔透对接，对接处采用1∶8斜坡过渡。靠近拉索边为16mm，中间段14mm。

横隔板HG3，主塔中心0号块，具有临时锚固构造所在处，采用22mm熔透焊对接成整体。

横隔板HG4、HG4－1、HG5、HG6，均为永久支座所在处，均采用22mm熔透对接成整体。

横隔板HG7为箱梁两端封端板，采用20mm板熔透对接成整体。

此外，斜拉索J5与Z5所在横隔板HG2下设有水平限位弹性索支承构造。

箱体内的纵隔板有桁架式和板式两种类型，标准梁段采用桁架式纵隔板，在有竖向支座区段(辅助墩、过渡墩、索塔处)采用板式结构。支座处梁段的板式纵隔板厚度为24mm。

桁架式纵隔板上、下弦杆为T形截面，板厚12mm，斜杆为$\phi219\times8$圆钢管，节点板厚14mm。桁架式纵隔板与实体纵隔板在隔板上、下弦杆及斜杆处拼接。拼接采用M24高强度螺栓。

风嘴及检修道部分宽3.0mm，检修道板厚10mm，采用扁钢加劲肋，肋高150mm，厚10mm；风嘴部分的上下斜腹板厚为8mm，采用扁钢加劲肋，肋高120mm，厚8mm，间距400mm。横隔板板厚10mm。

全桥钢箱梁划分为52个制造与架设梁段，分索塔区梁段、辅助墩顶梁段、无索区梁段、标准段、边、中跨合龙段。其中标准梁段长度均为16m，在边跨有部分12m长的梁段，边跨合龙段长6m，中跨合龙段长9.6m。

钢箱梁标准截面见图2-2-36钢箱梁标准横截断面。

2. 重要连接及构造

1)顶板不等厚对接及U肋与顶板焊接、U肋嵌补段工地焊接

顶板不等厚对接采用陶瓷衬垫单面焊双面成型，U肋嵌补段及顶板拼接构造见图2-2-37b)，嵌补段工地焊接见图2-2-37a)。所有U肋与顶板焊接焊缝要求熔深0.8倍U肋板厚。顶板拼接焊缝及U肋焊缝是养护维修检查的重点位置。

2)侧腹板构造

侧腹板采用32mm厚板，箱梁全长采用熔透角焊缝与横隔板焊接。设有三条240mm×24mm通长板肋，在有拉索段增加两条肋，见图2-2-38。在截面*D-D*侧腹板外侧有斜拉索锚箱连接。

3)锚箱

锚箱是钢箱梁与斜拉索间荷载传递的重要构造，活载的反复作用，使锚箱构造设计和连接必须满足抗疲劳破坏的要求，见图2-2-39。由图可见，锚箱焊于侧腹板上，索力的偏心弯矩使腹板受*Z*向拉力。腹板除在锚箱连接范围增设纵向加劲肋外，在竖向增加肋板N7和斜向肋板N6。锚板N3与腹板采用熔透焊，焊缝打磨并锤击焊趾。

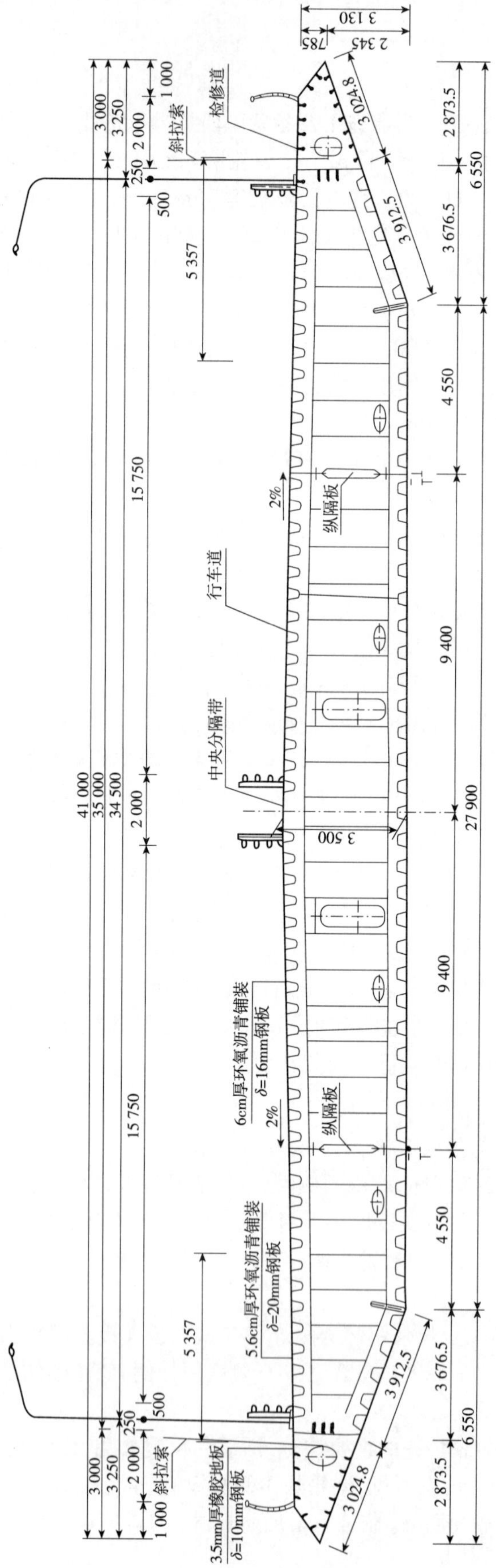

图 2-2-36　钢箱梁标准横截面(尺寸单位：mm)

锚箱焊缝开裂与否是维修养护检查的重要内容。

4）纵向阻尼器连接构造

纵向阻尼器是吸收和缓解地震、台风、车辆突发冲击力的设置。最大阻尼力达 2 400kN，最大冲程 700mm，故连接焊缝也是养护及维修检查的目标。纵向阻尼器一端与钢箱梁连接，另一端连于索塔下横梁，共四套。其连接构造见图 2-2-40。

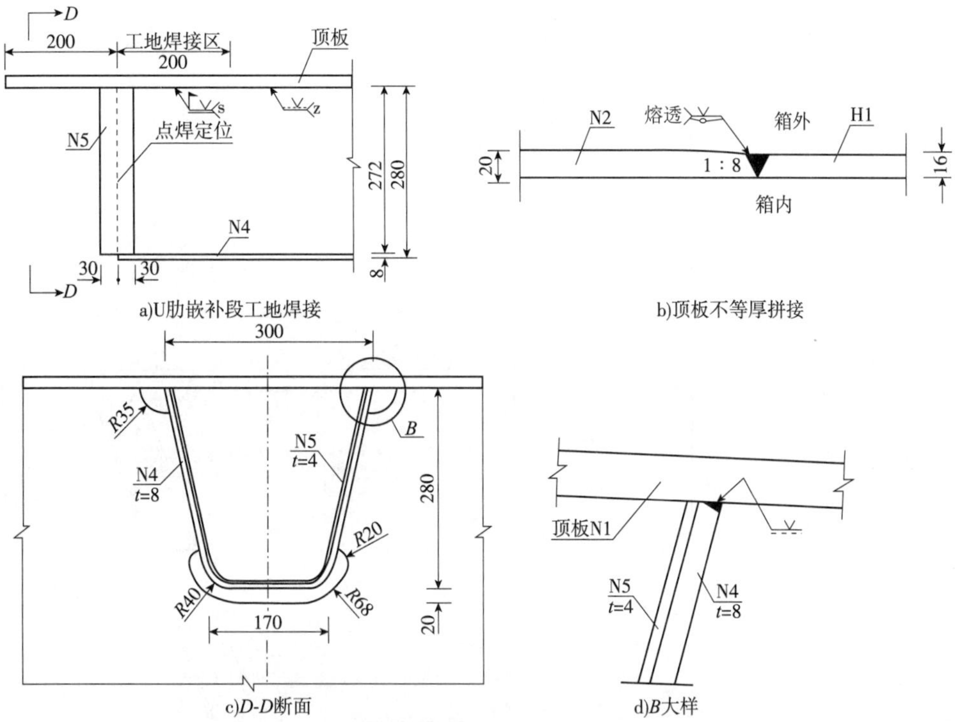

图 2-2-37　U 肋嵌补段及顶板拼接构造（尺寸单位：mm）

5）水平弹性索支承构造

水平弹性索限制主梁由于地震、台风及车辆产生的纵向位移，全桥共 8 套，塔每侧 4 套，分别锚固于主 J5 和 Z5 索位置 HG2 横隔板下方。水平弹性索张拉端位于主塔下横梁上，其支承构造见图 2-2-41。

七、斜拉索结构设计与布置

珠江黄埔大桥斜拉索总数共计 88 根，规格分别为 121ϕ7、139ϕ7、163ϕ7、199ϕ7、223ϕ7 和 253ϕ7。其中，最长斜拉索约 391.2m，质量达 28.4t。斜拉索全桥布置及规格数量见图 2-2-42。

黄埔大桥新型耐久性斜拉索索体系由高强度镀锌钢丝、索体缠绕聚氯乙烯（PVF）胶带，热挤双层高密度聚乙烯护层，配以全防腐型的锚固体系组成，具体结构见图 2-2-43 及图 2-2-44。

1. 索体结构

1）热镀锌钢丝

新型耐久性斜拉索的钢丝采用强度级别为 1 670MPa 的优质高强度热镀锌钢丝，钢丝表面采用熔融热镀锌的方法作为耐久性热挤聚乙烯护层拉索最基本防腐措施，即将钢丝浸入温度 440 ~ 465℃ 的熔化锌中进行处理，锌层覆盖在整个钢丝表面。镀锌表面有一定的韧性，可耐很大的摩擦及冲击，与基体能良好地结合。锌层厚度为 300g/m^2。镀锌钢丝通过严格的锌层质量检测，包括硫酸铜试验、缠绕试验及单位面积锌层附着重力试验等。

2）高密度聚乙烯护层

斜拉索护套采用内层黑色、外层白色高密度聚乙烯护套材料，高密度聚乙烯材料化学性质稳定，在斜拉索工作环境的暴露温度、湿度、日光和使用寿命期内具有较好的抗老化性能。为了保证斜拉索护层 50 年

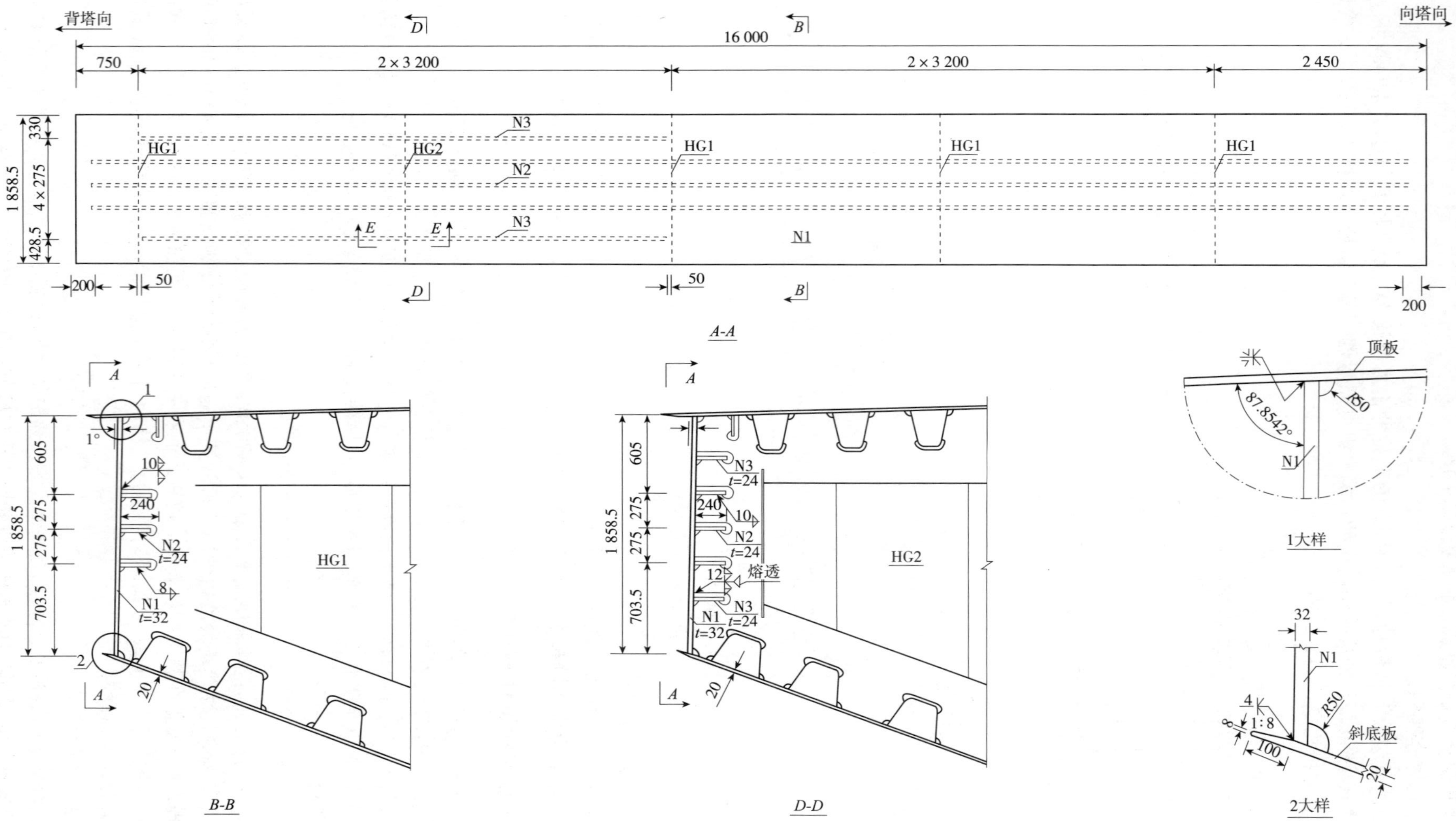

图 2-2-38　侧腹板构造(尺寸单位:mm)

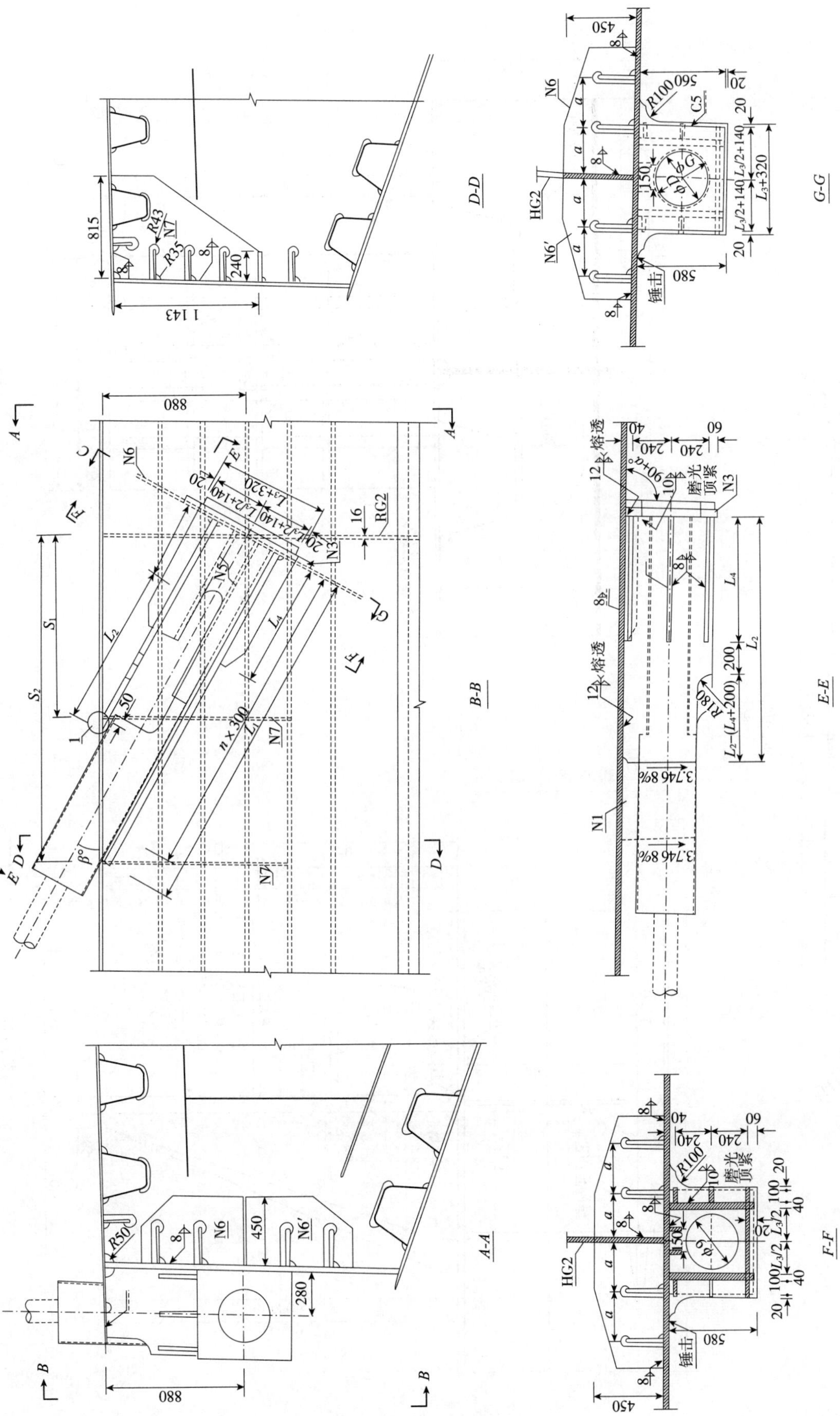

图 2-2-39　锚箱的结构构造(尺寸单位:mm)

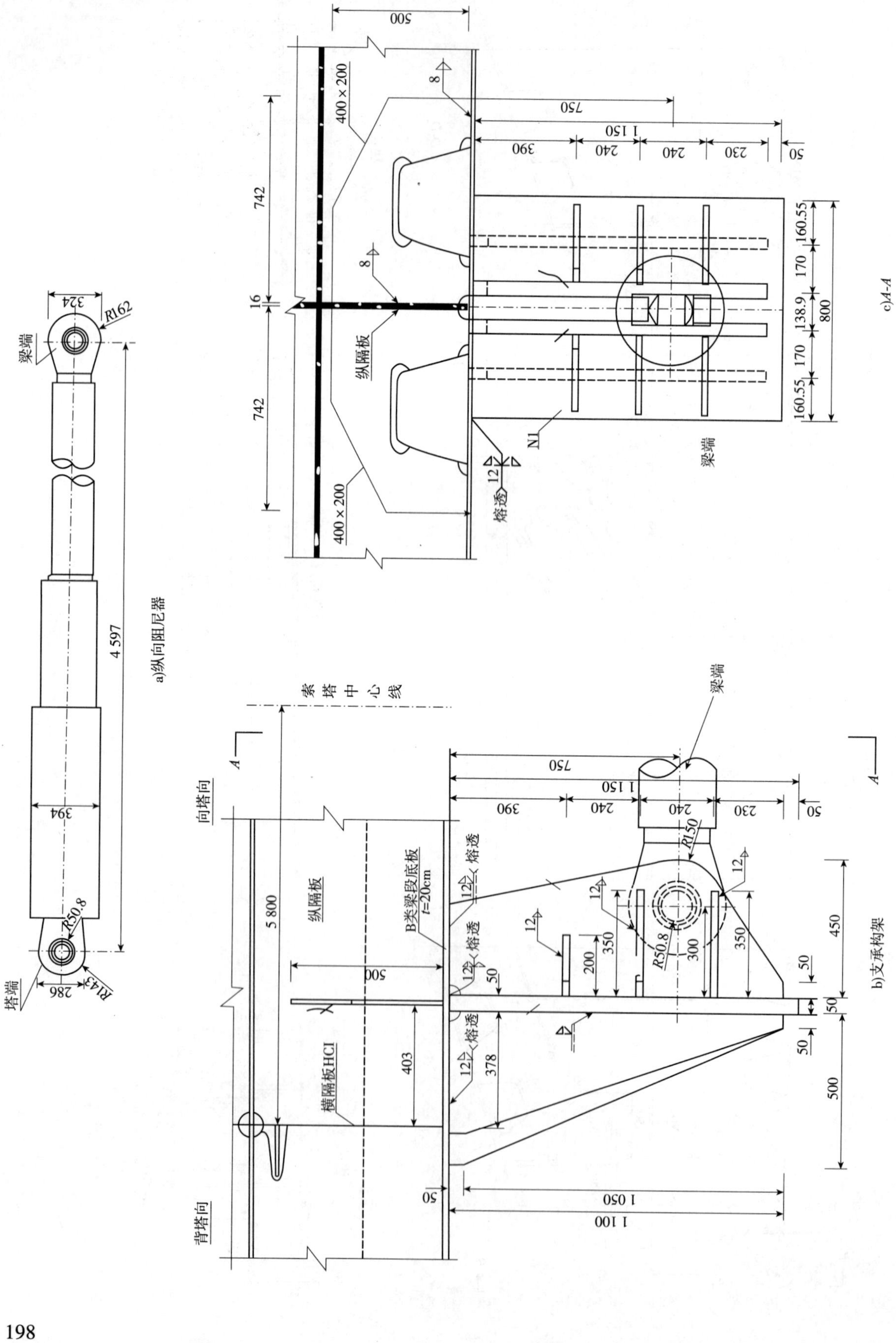

图 2-2-40　纵向阻尼器连接构造(尺寸单位:mm)

的使用寿命，内层黑色高密度聚乙烯护套材料选用德国 HOSTEN 优质高密度聚乙烯，外层白色采用与苏通大桥一致的日本进口优质高密度聚乙烯。

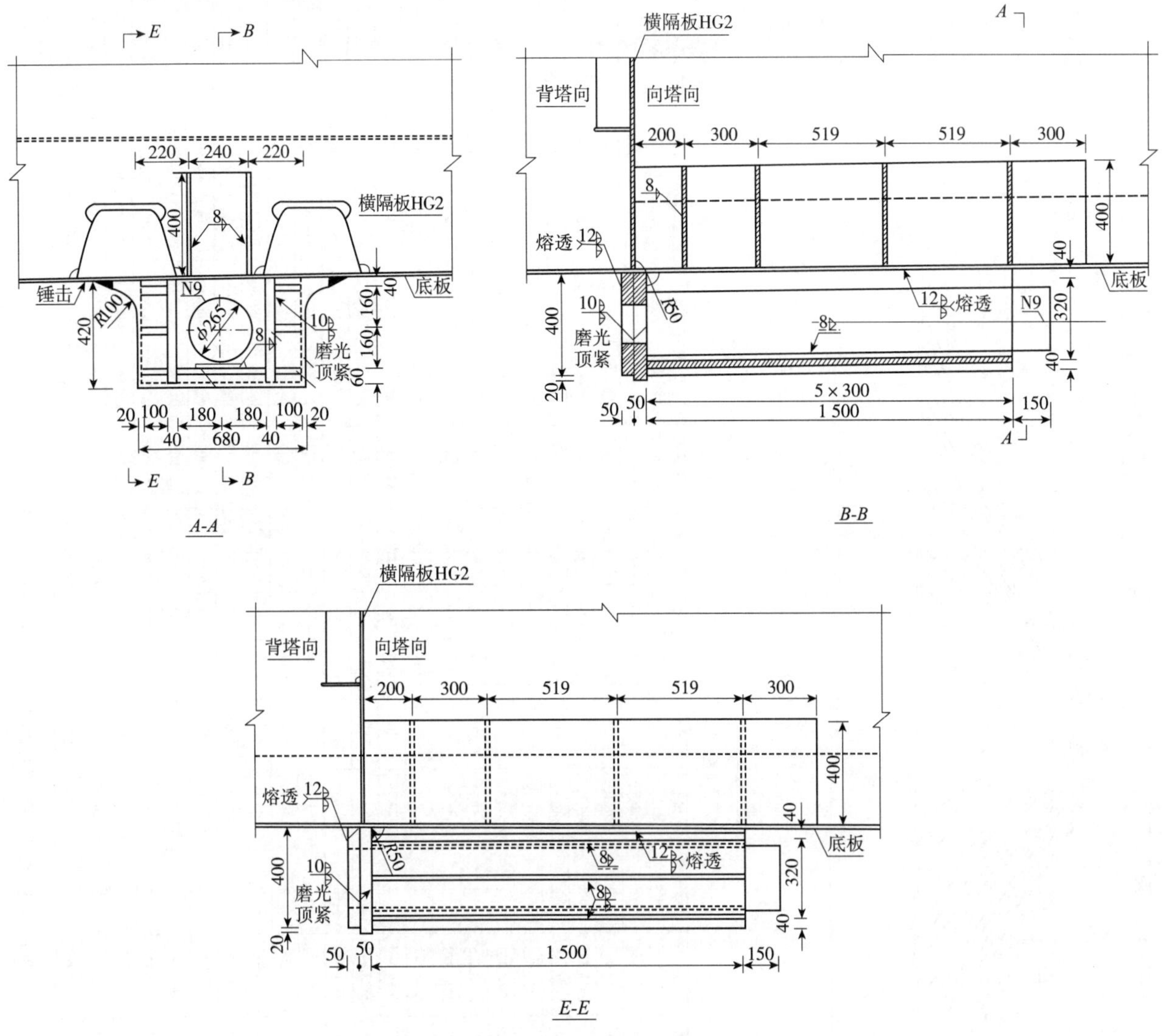

图 2-2-41　水平弹性索支承构造（尺寸单位：mm）

3）索体缠绕 PVF

钢丝束外表面缠绕聚氯乙烯胶带（PVF），胶带主要有两个作用：一是利用它本身的耐老化性能，作为 HDPE 外保护套对不安全因素进行隔离；二是利用材料缠绕之后本身的防水能力，与 HDPE 护套一样，阻隔水分进入索体。从而使拉索的寿命及安全性能得到进一步的保障。聚氯乙烯胶带外层再缠绕纤维增强聚酯带。

2. 锚头体系

锚头防腐结构：锚具热镀锌 + 密封胶圈 + 密封压坏 + 热收缩套。

1）锚头的防腐

锚具在拉索体系中作为裸露在外的金属构件，首当其冲会被腐蚀，因此对其防腐尤为重要。珠江黄埔桥耐久型拉索的锚具采用优质合金钢，并采用无损探伤方法（超声波 UT/磁粉 MT）进行检测，保证其优良的机械性能，以满足其锚固要求。

传统的热镀锌技术不能用于螺纹配合零件的防护处理，通过工艺研究及试验，采用新型热镀锌技术，使螺纹配合处的锌层均匀，满足螺纹配合要求，将热镀锌技术用于螺母式锚具的防腐。

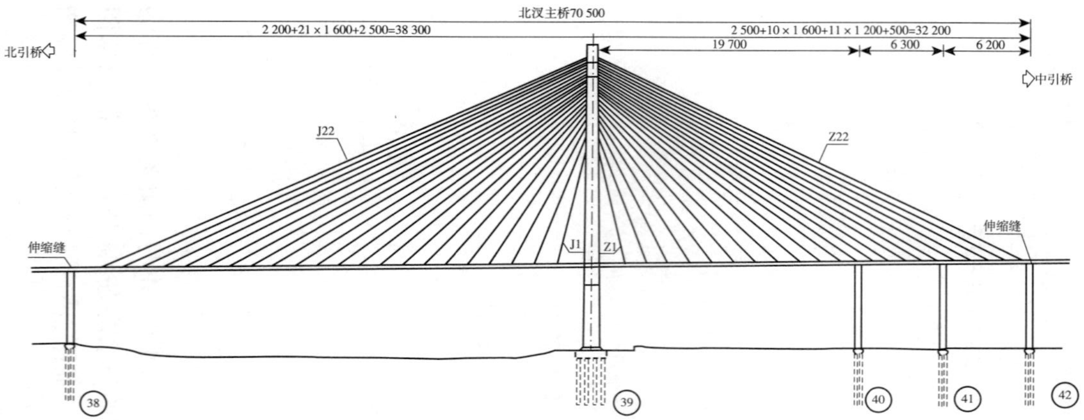

斜拉索编号示意

斜拉索工程明细表

斜拉索编号	PE热挤斜拉索规格	冷铸墩头锚拉索锚具	拉索垂直倾角α°	拉索水平倾角β°	拉索无应力长度(m)	单根索重(kg)	成桥索力(kN)	全桥束数(束)	全桥合计(kg)
J1	PES(C)7–139	PESM7–121	76.9352	1.2057	99.0203	3631.10	2288.682	2	7862.20
J2	PES(C)7–121	PESM7–121	69.7090	1.0972	110.5301	4388.05	2257.093	2	8776.10
J3	PES(C)7–121	PESM7–121	63.4452	0.9625	121.3818	4818.86	2415.753	2	9637.72
J4	PES(C)7–139	PESM7–139	58.0850	0.8653	132.8287	6070.27	2503.156	2	12140.54
J5	PES(C)7–139	PESM7–139	53.5215	0.7952	144.9144	6622.59	2631.523	2	13245.18
J6	PES(C)7–139	PESM7–139	49.6358	0.7429	157.6424	7204.26	2648.427	2	14408.52
J7	PES(C)7–163	PESM7–163	46.2030	0.6938	170.5990	9075.87	2758.285	2	18151.74
J8	PES(C)7–163	PESM7–163	43.2443	0.6551	183.9478	9786.02	3015.279	2	19572.04
J9	PES(C)7–199	PESM7–199	40.6807	0.6239	197.7738	12756.41	3267.821	2	25512.82
J10	PES(C)7–199	PESM7–199	38.4465	0.5982	211.8511	13664.39	3418.570	2	27328.78
J11	PES(C)7–199	PESM7–199	36.4877	0.5767	226.2001	14589.91	3522.647	2	29179.82
J12	PES(C)7–199	PESM7–199	34.6638	0.5531	240.4630	15509.86	3771.053	2	31019.72
J13	PES(C)7–199	PESM7–199	33.0426	0.5328	254.9710	16445.63	3767.576	2	32891.26
J14	PES(C)7–223	PESM7–223	31.5944	0.5152	269.6863	29579.22	4012.109	2	39158.44
J15	PES(C)7–223	PESM7–223	30.2944	0.4998	284.4799	20653.24	4253.913	2	41306.48
J16	PES(C)7–223	PESM7–223	29.1221	0.4862	299.4154	21737.56	4392.550	2	43475.12
J17	PES(C)7–223	PESM7–223	28.0605	0.4741	314.4503	22829.09	4577.736	2	45658.18
J18	PES(C)7–253	PESM7–253	27.0570	0.4615	329.5239	26922.11	5055.320	2	53844.22
J19	PES(C)7–253	PESM7–253	26.1405	0.4501	344.6429	28157.32	5181.632	2	56314.64
J20	PES(C)7–223	PESM7–223	25.3005	0.4398	359.7368	26116.89	5168.356	2	52233.78
J21	PES(C)7–223	PESM7–223	24.5286	0.4306	374.9944	27224.59	5287.192	2	54449.18
J22	PES(C)7–223	PESM7–223	23.8173	0.4219	390.3474	28339.22	5260.990	2	5678.44

斜拉索编号	PE热挤斜拉索规格	冷铸墩头锚拉索锚具	拉索垂直倾角α°	拉索水平倾角β°	拉索无应力长度(m)	单根索重(kg)	成桥索力(kN)	全桥束数(束)	全桥合计(kg)
Z1	PES(C)7–139	PESM7–121	76.8762	1.2104	98.5818	3913.70	2293.323	2	7827.40
Z2	PES(C)7–121	PESM7–121	69.56998	1.0999	109.8073	4359.35	2261.966	2	8718.70
Z3	PES(C)7–121	PESM7–121	63.2136	0.9644	120.4069	4780.15	2418.301	2	9560.30
Z4	PES(C)7–139	PESM7–139	57.7608	0.8667	131.6328	6015.62	2500.431	2	12031.24
Z5	PES(C)7–139	PESM7–139	53.1114	0.7963	143.5270	6559.18	2620.824	2	13118.36
Z6	PES(C)7–139	PESM7–139	49.1491	0.7439	156.0874	7133.20	2627.362	2	14266.40
Z7	PES(C)7–139	PESM7–139	45.6471	0.6946	168.8350	7715.76	2724.863	2	15431.52
Z8	PES(C)7–163	PESM7–163	42.6287	0.6559	182.1200	9688.79	2964.313	2	19377.58
Z9	PES(C)7–163	PESM7–163	40.0135	0.6246	195.7412	10413.43	3197.051	2	20826.86
Z10	PES(C)7–163	PESM7–163	37.7351	0.5988	209.7047	11156.29	3337.004	2	22312.58
Z11	PES(C)7–163	PESM7–163	35.783	0.5772	223.9475	11914.01	3431.921	2	23828.02
Z12	PES(C)7–199	PESM7–199	34.4228	0.5646	234.9406	15153.67	3682.890	2	30307.34
Z13	PES(C)7–223	PESM7–223	33.2224	0.5533	245.9619	17856.83	4171.530	2	35713.66
Z14	PES(C)7–223	PESM7–223	32.1242	0.5432	257.0447	18661.44	4431.205	2	37322.88
Z15	PES(C)7–223	PESM7–223	31.1159	0.5340	268.2308	19473.56	4542.150	2	38947.12
Z16	PES(C)7–223	PESM7–223	30.1877	0.5257	279.5056	20292.11	4552.752	2	40584.22
Z17	PES(C)7–223	PESM7–223	29.3307	0.5182	290.8460	21115.42	4562.057	2	42230.84
Z18	PES(C)7–223	PESM7–223	28.4963	0.5093	302.0914	21931.84	4769.945	2	43863.68
Z19	PES(C)7–253	PESM7–253	27.7214	0.5011	313.4845	25611.68	5074.114	2	51223.36
Z20	PES(C)7–253	PESM7–253	27.0002	0.4936	324.8509	226540.32	5229.834	2	53080.64
Z21	PES(C)7–253	PESM7–253	26.3275	0.4867	336.2453	27471.24	5484.406	2	54942.48
Z22	PES(C)7–253	PESM7–253	25.6986	0.4802	347.7239	28409.04	5488.334	2	56818.08

图 2-2-42　斜拉索全桥布置及规格数量(尺寸单位:cm)

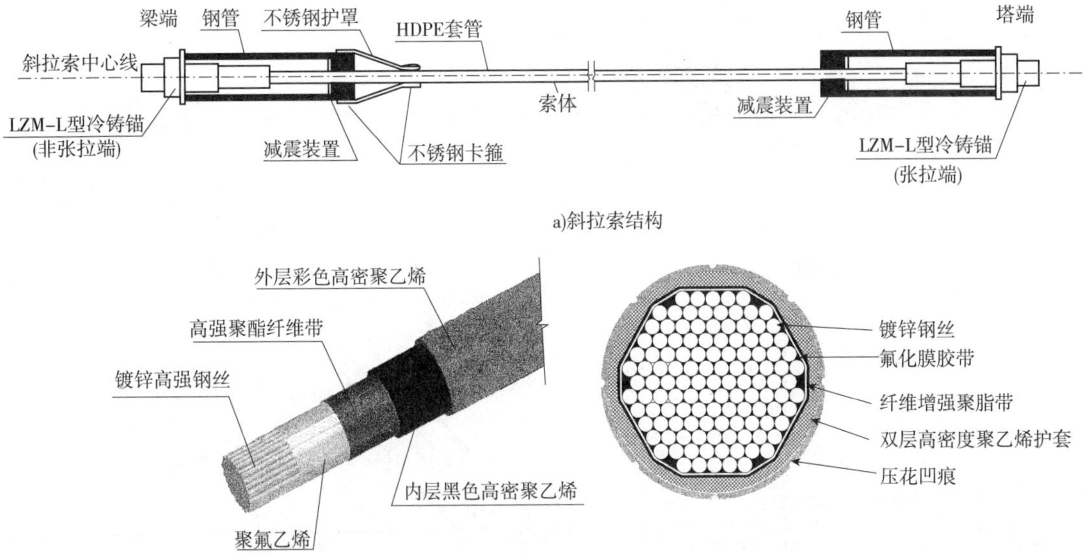

a)斜拉索结构

b)斜拉索防护　　c)横截面

图 2-2-43　斜拉索结构构造

热镀锌工艺与其他金属防腐方法相比，在镀层电化学保护性、镀层致密性、镀层耐久性、镀层免维护性、镀层与基体结合力等方面具有其他工艺无法比拟、得天独厚的优势。珠江黄埔大桥斜拉索锚具采用两端张拉锚具，不小于 90μm 的热镀锌涂层技术进行防腐。

2）锚具的密封

热挤聚乙烯拉索在锚头制作过程中，需要剥掉一定长度的 PE 防护层，以便于锚头制作。该长度在锚头浇铸后，除了一部分浇筑在锚杯中，还有一部分位于锚杯之外，通常该结合部位通过与锚杯连接的金属连接筒防护。因此，连接筒与钢丝、连接筒与拉索的过渡部位以及连接筒与锚具也是水分以及其他有害物质可能进入索体的一个路径。

锚头的端部也是水分及其有害物质进入拉索的另一个途径。

以上几个方面的原因通常会导致整根拉索防腐失败。为了防止水分进入索体和锚具，结合液压以及气压密封原理，从锚具结构的设计上考虑并予以解决。具体做法为：

（1）在连接筒与裸钢丝之间的缝隙采用耐老化性能较好的环氧密封填料浇灌，然后经过常温固化后，形成环氧密封体。

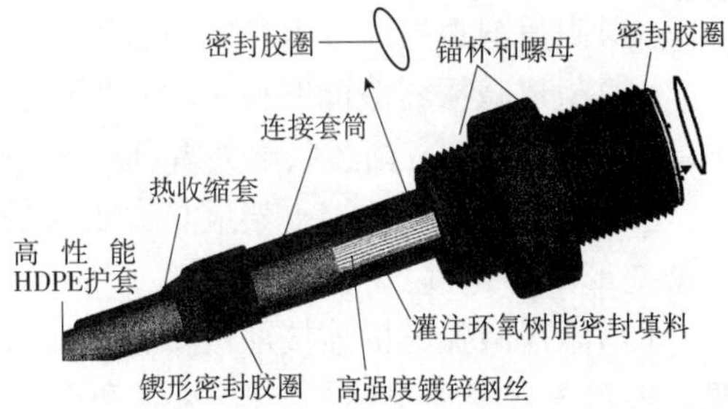

图 2-2-44　斜拉索锚端构造示意

（2）在连接筒和拉索索体的结合部位采用特殊设计的楔形密封胶圈，密封后再用带螺纹的压环压紧，拧紧螺纹，密封压环压紧密封胶圈，通过楔形原理和胶圈的变形来实现完全密封。在连接筒和锚具之间通过细牙螺纹连接采用 O 形密封胶圈密封。

（3）锚具的端部，为防止水分以及物质进入锚杯，采用金属端盖板，锚杯与盖板之间采用气压用 O 形密封胶圈，拧紧盖板上的螺栓，压紧 O 形密封胶圈，防止水汽等有害物质进入锚杯，实现拉索的两端密封。锚具与 PE 护套接合部位再用热缩套管收缩密封。

通过采用周密的斜拉索耐久型体系，可保证珠江黄埔大桥斜拉索 50 年的使用寿命。

3. 减振系统

斜拉索减振设施包括内置式减振器（减振圈）和外置式阻尼器（黏性剪切型阻尼器），见图 2-2-45。每根斜拉索塔端设内置式减振圈，减振材料采用 9050 高阻尼橡胶；梁端采用外置式黏滞剪切型阻尼器。

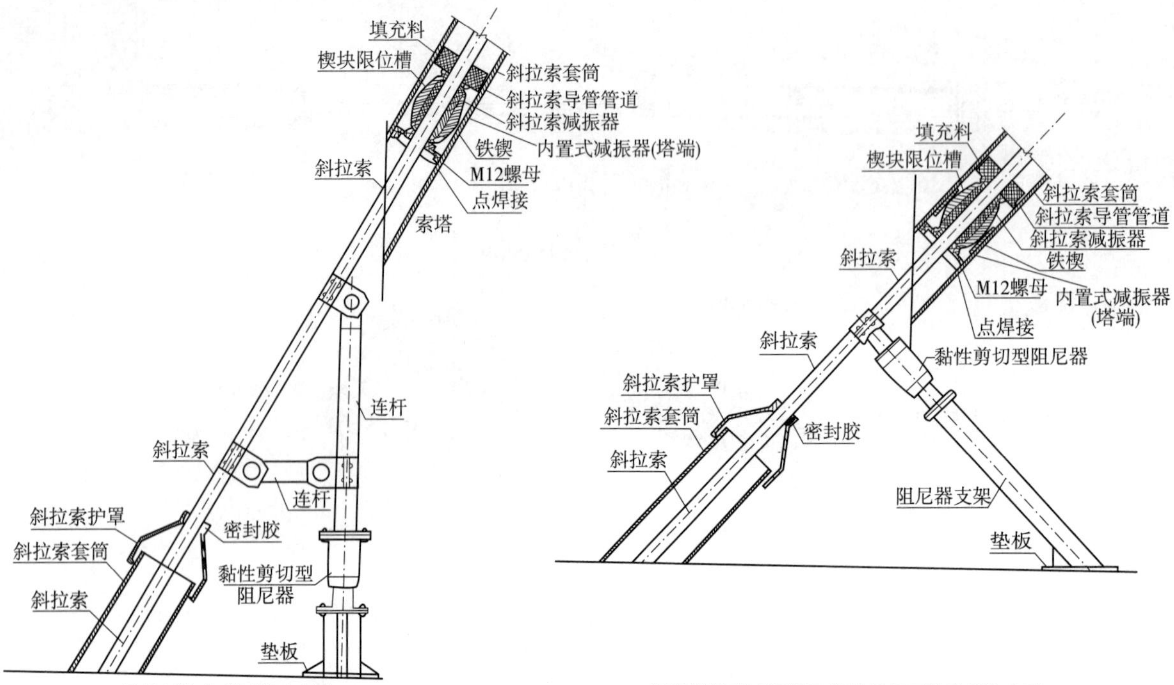

a)梁部斜拉索减振器示意图　　　　b)梁部斜拉索减振器示意图(适用于拉索倾角小于45°)

图 2-2-45　斜拉索内置式及外置式减振系统

外置式黏性剪切阻尼器结构包括:阻尼减振器上下连接结构和阻尼减振器本体结构两部分,技术要求如下:

(1)阻尼减振器自身能够为斜拉索提供至少 0.03 以上的结构附加阻尼。

(2)阻尼减振器应具备足够的强度和抗疲劳性能,使用寿命至少 20 年,并且可以更换,便于检查。

(3)阻尼器应满足自振频率不大于 3Hz 的斜拉索减振,并使拉索最大振幅不大于索长 ±1/1 700 的要求。

(4)阻尼减振器应具有稳定的阻尼特性,并易于调节,以适应不同振型的最优阻尼要求。

(5)阻尼减振器应能够在 -10 ~70℃的气温、100% 相对湿度的环境下工作,并能承受以下气象条件下的各种可能组合:雨、雪、雨夹雪、雹、冰、雾、烟、风、臭氧、紫外线、砂、尘。

(6)阻尼减振器连接支架应具有足够的刚度,以保证阻尼器正常工作。在最大阻尼反力的作用下,支架变形不得超过 0.5mm。

(7)阻尼减振器的连接部位要有较高的加工精度,连接件之间配合紧密,不得松动,以免影响减振效果。连接方式要易于调节定位、施工和更换。

八、结构支承体系布置及类型

斜拉桥的支承体系包括 38 号、39 号、40 号、41 号和 42 号墩的竖向支座;过渡墩的及主塔墩的横向挡块和横向抗风支座;纵向阻尼器和纵向水平弹性索。

1. 竖向支座

竖向支座均采用 QZ 型球型支座,除主塔墩两支座采用 1 500t 双向活动球型支座外;过渡墩采用 800t 球型支座,内侧单向活动,外侧双向活动;40 号辅助墩采用 1 500t 球型支座,内侧单向活动,外侧双向活动;41 号辅助墩采用 1 000t 球型支座,内侧单向活动;外侧双向活动。斜拉桥支承体系总布置见图 2-2-46a)。

2. 横向支承

主塔中心横隔板 HG4 中心线横梁两侧设四氟滑板横向抗风支座,规格 700mm ×1 000mm ×164mm,两端过渡墩内侧设横向限位挡块,见图 2-2-46b)。

3. 伸缩缝

钢箱梁两端分别设伸缩量为 1 200mm 和 1 000mm 的 LBDX 多向变位伸缩装置与引桥混凝土梁相连接，见图 2-2-46c）。

4. 纵向阻尼设施

4 套纵向阻尼装置设于主塔下横梁与钢箱梁间，连接细节见图 2-2-40 纵向阻尼器连接构造。最大阻尼力 2 400kN，最大行程 700mm，速度指数 0.4，阻尼系数 2 000kN/(m/s)，安全系数 2.0。设置位置见图 2-2-46a)。

5. 纵向水平弹性索

水平弹性索设于 J5、Z5 索间主塔中心线两侧的钢箱梁下面，共 8 根 91 丝 $\phi 7$mm 平行钢丝索。两侧主塔，每侧 4 索，固定端位箱梁 J5、Z5 锚箱下方钢箱梁上，张拉端位于主塔一横梁上，沿箱梁纵向桥轴线每边两索，张拉力 1 754.5kN。索长锚头支撑面间距 8 900mm，设置位置见图 2-2-46a)。

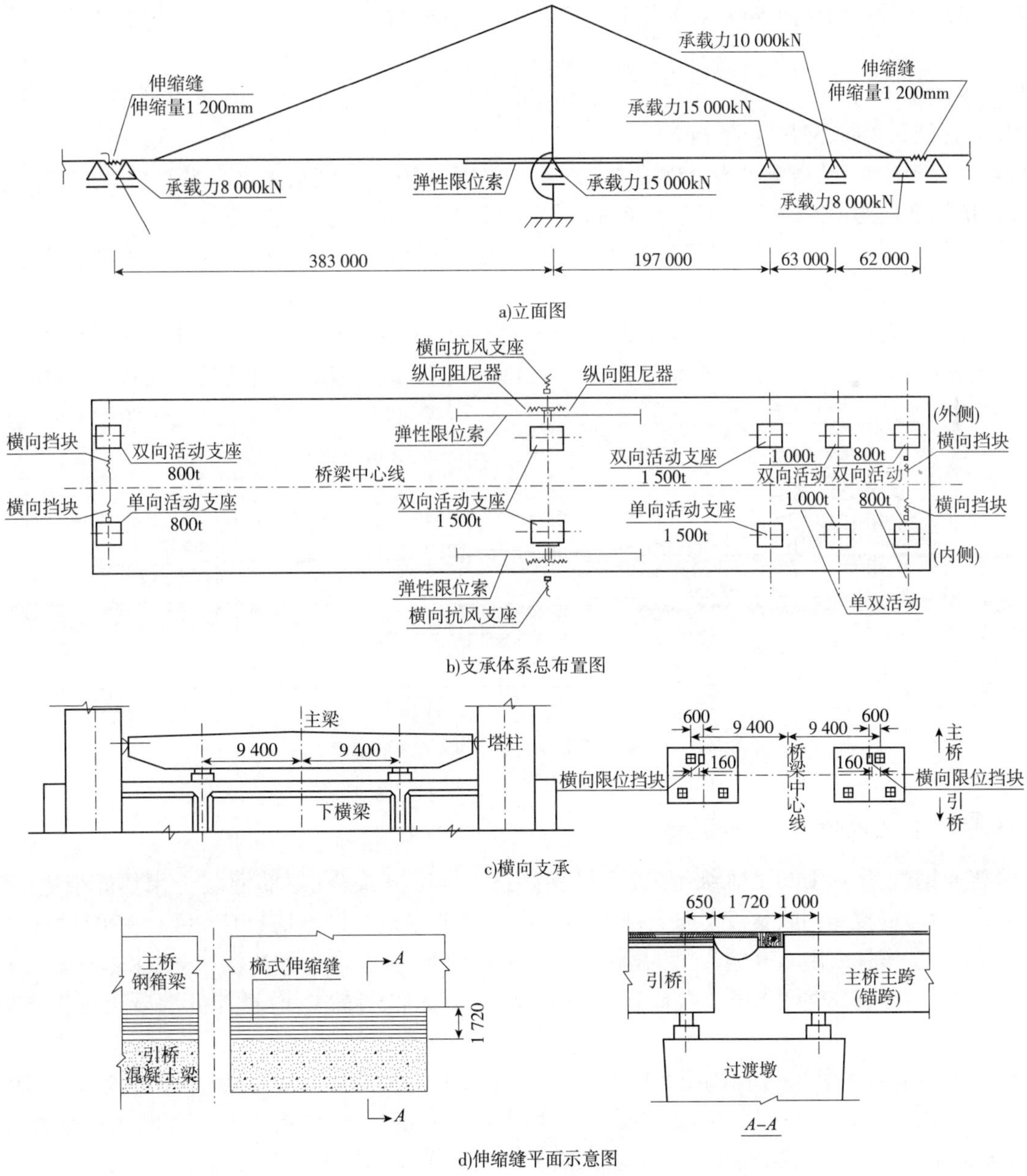

图 2-2-46 斜拉桥支承体系总体布置图（尺寸单位：mm）

第三节　南汉悬索桥设计

一、设计概况

黄埔大桥悬索桥为主跨 1 108m 的单跨钢箱梁悬索桥，主缆分跨为 290m + 1 108m + 350m，中跨为悬吊结构。主缆矢跨比为 1/10，主缆横桥向中心间距为 36.5m，吊索顺桥向标准间距为 12.8m，如图 2-2-47 所示。

加劲梁为半飘浮支撑体系钢箱梁，梁宽 41.69m。钢箱梁截面为扁平箱式构造，其截面基本由以下组成：顶板、上斜顶板、水平底板、斜底板、直腹板、横隔板等。全桥共划分 87 个梁段：标准梁段 83 个，合龙段 2 个，其余特殊梁段 2 个。梁段标准吊装质量约为 215t，最大吊装质量约为 230t。钢箱梁约束情况为：在北塔和南塔各设一对竖向支座，在北塔和南塔各设一对横向抗风支座，在北塔和南塔各设一对纵向阻尼装置。

两根主缆中心距为 36.5m。主缆采用 147 股平行钢丝通长索股，每根索股有 127 根强度为 1 670MPa、直径 5.2mm 高强度镀锌钢丝。

吊索设置于中跨，桥塔侧吊索距桥塔中心线水平距离为 16.4m，其余吊索水平间距为 12.80m。吊索采用公称抗拉强度为 1 770MPa、直径为 56mm 的 8 × 55SWS + IWR 钢丝绳。

主塔基础采用 16 根 ϕ2.2m 钻孔灌注桩，桩尖嵌入弱、微风化岩深度不小于 2.2m；锚碇基础采用外径 73m 圆形地下连续墙，深 41.69m。

黄埔大桥悬索桥是世界 30 座千米级以上悬索桥之一。本桥在大型地下连续墙锚碇深基础设计与施工、锚碇大体积混凝土施工以及猫道架设和主缆施工等方面均取得令人瞩目的技术成就。

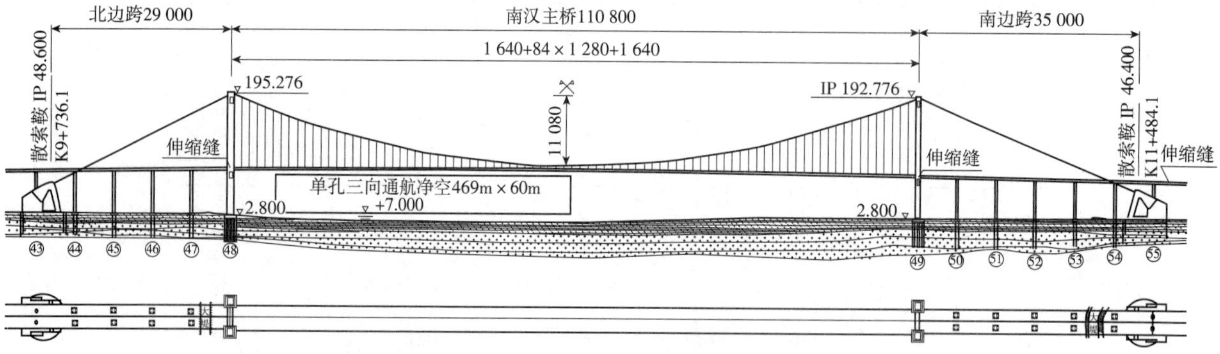

图 2-2-47　南汉悬索桥桥型布置（尺寸单位：cm；高程单位：m）

二、结构主要材料及标准要求

（1）普通钢筋：采用Ⅰ、Ⅱ、Ⅲ级钢筋；Ⅰ级钢筋技术标准应符合《钢筋混凝土用热轧带光圆钢筋》（GB 13013—91）的规定，Ⅱ、Ⅲ级钢筋应符合《钢筋混凝土用热轧带肋钢筋》（GB 1499—98）的规定。

（2）混凝土：塔柱采用 C50 混凝土，塔座采用 C40 混凝土，承台采用 C30 混凝土，桩基础采用 C30 水下混凝土；要求主桥索塔承台、塔座及高程在 + 9.000m 以下部分塔柱、墩身部分混凝土抗渗指标达到 S14 级。

（3）地下连续墙采用 C30 水下混凝土，帽梁及内衬采用 C30 混凝土，内衬层间接缝处采用 C30 自密实混凝土，内衬后浇段采用 C30 微膨胀混凝土，导墙采用 C30 混凝土，底板采用 C30 微膨胀混凝土，顶板采用 C30 混凝土，顶板后浇段采用 C30 微膨胀混凝土，垫层及填芯采用 C20 混凝土。

（4）预应力钢绞线：索塔横梁预应力采用 15-22 和 15-12 钢绞线。预应力钢绞线技术标准应符合

ASTM A416/A416M-2002 及《预应力混凝土用钢绞线》(GB/T 5224—2003),公称直径为 15.24mm,标准强度为 1 860MPa,弹性模量为 1.95×10^5MPa,控制张拉力 1 395MPa。锚具采用与相应钢绞线匹配的 15-22、15-12 型成套产品,包括锚垫板、锚板、夹片和螺旋筋等,其技术标准应符合《预应力筋用锚具、夹具和连接器》(GB/T 14370—2000)。锚固系统预应力锚具采用特制 T15-17 和 T15-34 型锚具,应符合《预应力筋用锚具、夹具和连接器》(GB/T 14370—2000)。

(5)钢筋机械连接器:直径≥25mm 的钢筋采用直螺纹连接器接长,其技术标准应符合《钢筋机械连接通用技术规程》(JGJ 107—2003),小于 25mm 的钢筋按 35 倍钢筋直径的搭接长度绑扎搭接。

(6)普通钢材:钢箱梁构件均采用符合《低合金高强度结构钢》(GB/T 1591—1994)的 Q345C 级钢。对于厚度大于等于 30mm 的钢板均应作 Z 向超声波探伤,钢箱梁导流板采用 Q235A 钢,其技术指标应符合《碳素结构钢》(GB/T 700—1988)的要求。

焊接材料:焊接材料应结合焊接工艺,通过焊接工艺评定试验进行选择,所选焊条、焊剂、焊丝均应符合相应的国家标准。CO_2气体保护焊的气体纯度应大于 99.5%。

(7)缆索系统:

①主缆材料,采用公称直径为 5.20mm,公称抗拉强度为 1 670MPa 的高强度镀锌钢丝,其技术指标应符合设计文件和《桥梁缆索用热镀锌钢丝》(GB/T 17101—1997)的规定。主缆缠绕钢丝采用公称直径 4mm 的镀锌软钢丝,其技术指标应符合设计文件和《钢丝绳》(GB/T 8918—1996)的规定。

锚杯采用 ZG310 - 570 铸钢,其技术指标应符合设计文件和《一般工程用铸造碳钢件》(GB/T 11352—1989)的规定。锚杯内铸体材料为锌铜合金,其合金成分为 Zn-2:98% ±0.2%,Cu-2:2% ±0.2%,锚杯热铸工艺应符合本设计文件要求。

主缆检修道栏杆钢丝绳为直径 18mm、扶手钢丝绳直径为 32mm,其公称抗拉强度 1 670MPa,结构形式为 6×31SW + IWR。

②吊索材料,采用镀锌钢芯钢丝绳。预张拉后,钢丝绳的宏观弹性模量不小于 1.10×10^5MPa;直径的正误差不大于 6%,负误差为 0;捻距不小于直径的 8 倍,吊索钢丝绳公称直径为 56mm,公称抗拉强度为 1 770MPa,结构形式为 8×55SWS + IWR,其技术指标应符合设计文件和《一般工程用铸造碳钢件》(GB/T 8918—1996)的规定。

三、主塔与基础设计

主塔采用门型索塔,索塔总高度为 190.476m,(以南塔为例),索塔的整体造型以及各部分的断面形式既考虑了受力需要,又考虑了景观的协调,同时尽可能方便施工,通过空间及平面分析,在动、静荷载作用下,索塔结构满足受力及稳定性要求。

1. 主塔基础设计

根据受力要求,塔柱基础设置 16 根直径 2.2m 的钻孔灌注桩,基岩风化不均,尤其是受断裂带的影响,导致弱风化基岩破碎、饱水强度低,部分位置岩层夹层较严重,为保证结构安全,弱风化岩层厚度小于 5m 时,桩基础嵌入微风化基岩深度不小于 4.4m;弱风化岩层厚在 5 ~ 15.5m 之间时,桩基础嵌入微风化基岩深度不小于 2.2m;弱风化岩层厚度大于 15.5m 时,桩基础嵌入弱、微风化基岩总深度不小于 18m。承台尺寸 19m×19m×6m,为改善承台顶面塔柱底处局部受力以及加强景观效果,在塔柱与承台间设塔座,尺寸为 17m×15m×2m。

2. 塔柱设计

下塔柱横桥向外侧面的斜率为 1/12.868,内侧面的斜率为 1/48.544,顺桥向侧面斜率为 1/40.854;上塔柱内、外侧面横桥向的斜率均为 1/48.544,顺桥向为竖直向上。

塔柱采用有两个对称轴的空心薄壁断面,上横梁、塔底等受力较大的区段设置加厚段,下横梁顶板、底板处设横隔板;主鞍室底面以下 11m 高度范围为实心段;在塔底设置 4m 高的实心段,为增加索塔的景观效果，在塔柱四角设有半径1.5m的圆弧形倒角，横梁四角设有半径0.75m的圆弧形倒角，雀替两角设半径0.5m圆弧形倒角。

塔柱在高程4.800～189.576m范围的截面外圈在竖向设置ф32mm的筋束，内圈竖向配置ф28mm的单钢筋，水平配置ф20mm箍筋；在塔顶实心段分别设置ф28mm、ф20mm水平钢筋网；雀替部分竖向配置ф28mm的单钢筋，水平配置ф20mm箍筋。塔柱中的劲性钢骨架由施工单位根据施工需要及刚度要求设计。

3. 横梁设计

索塔共设上、下两道箱形断面横梁，上横梁断面尺寸为5.5m×11m，下横梁断面尺寸为5.5m×11m，腹板及顶、底板厚均为1m。上、下横梁皆为全预应力混凝土结构，上横梁共设置了34束15-22+4束15-12钢绞线，下横梁共设置了52束15-22钢绞线。

南塔及基础构造如图2-2-48所示；北塔及基础构造如图2-2-49所示。

四、超大规模地下连续墙基础及锚碇设计

1. 锚碇设计研究

1）大直径圆形嵌岩地下连续墙设计方法研究

锚碇基础工程是黄埔大桥的控制性工程，南锚碇工程位于广州市番禺区化龙镇，桥址地处文冲船厂下游约1km，锚碇距堤岸距离约55m。围护结构为直径71.80m、壁厚1.2m的圆形地下连续墙，墙深32～42m，嵌入弱风化砾岩3m左右，开挖深度为25.5m；北锚碇基础工程位于珠江菠萝庙船厂段的江中的大濠沙岛上，围护结构为直径71.80m，壁厚1.2m的圆形地下连续墙，内设2.0～2.5m钢筋混凝土内衬。顶、底板厚5m，中间为填芯混凝土。该锚碇基础工程规模庞大，锚碇工程地质条件和基础结构复杂多变，施工技术难度很高。

本节以黄埔大桥南、北锚碇基坑支护结构设计为基础研究了圆形嵌岩地连墙支护结构的设计方法，以期能为工程建设提供技术依据和保障，达到保证安全、优化设计、指导施工的目的，同时为特大深基坑嵌岩支护结构的设计和施工积累研究成果与技术经验。

（1）支护结构设计方法概述

①相当梁法

相当梁法主要用于20世纪80年代以前，这种方法是在选择挡墙一定的入土深度以满足基坑整体稳定、抗隆起和抗渗要求的前提下，用经典土力学理论计算主动土压力和被动土压力，或对计算土压力作某些经验修正，然后计算挡墙（包括悬臂和有支锚体系）的内力，对挡墙和支锚构件进行设计计算。该方法对于普通挡土墙或者开挖深度不深的钢板桩是比较成熟的，主要应用于早期的钢板桩和钢筋混凝土板桩挡墙，而且一般只适用于具有一道支撑（或锚）的挡土结构。

②弹性地基梁法

相当梁法假定了基坑内侧的土抗力为被动土压力状态，尤其是对于有支撑点的支护结构。采用相当梁法对支点力的计算假定与支点刚度系数无关，在使用上受到了较大限制，从理论上也无法反映支护结构的真实工作性状。因此，逐渐被土抗力法所替代，我国《建筑基坑支护技术规程》（JGJ 120—99）推荐的就是弹性地基反力法。弹性地基梁法可以看作是对相当梁法的改进，其特点是：由于挡墙位移有控制要求，基坑内侧不可能达到完全的被动状态，实际上仍处于弹性抗力阶段，因此引用承受水平荷载桩的横向抗力的概念，将外侧主动土压力作为施加在墙体的水平荷载，用弹性地基梁的方法计算挡墙的变位与内力。土对墙体的水平向支撑用弹性抗力系数来模拟，支锚结构也用弹簧模拟。

③空间结构法

弹性地基梁理论的设计方法本质上是把支护结构的挡墙和内衬当作两组正交杆系来处理，故而对空间作用的考虑是不够充分的。因此在圆形嵌岩支护结构的设计中，还可以采用把支护结构作为空间结构进行分析的方法，即把地下连续墙用壳单元离散、内衬采用空间梁单元离散，以此来支护结构的拱作用。

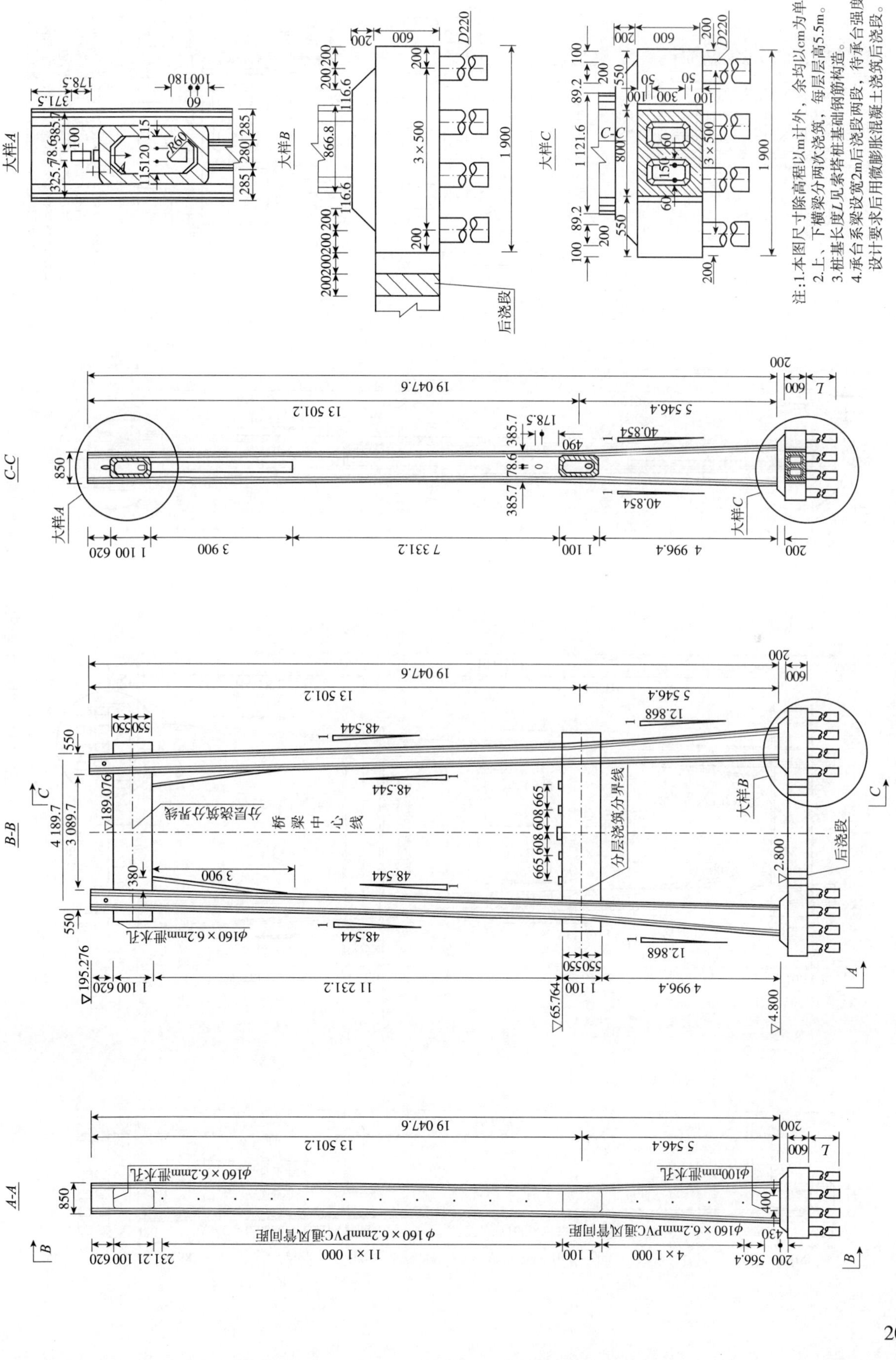

注：1.本图尺寸除高程以m计外，余均以cm为单位。
2.上、下横梁分两次浇筑，每层层高5.5m。
3.桩基长度L见索塔桩基础钢筋构造。
4.承台系梁设宽2m后浇段两段，待承台强度达到设计要求后用微膨胀混凝土浇筑后浇段。

图 2-2-48　黄埔大桥悬索桥南塔及基础构造

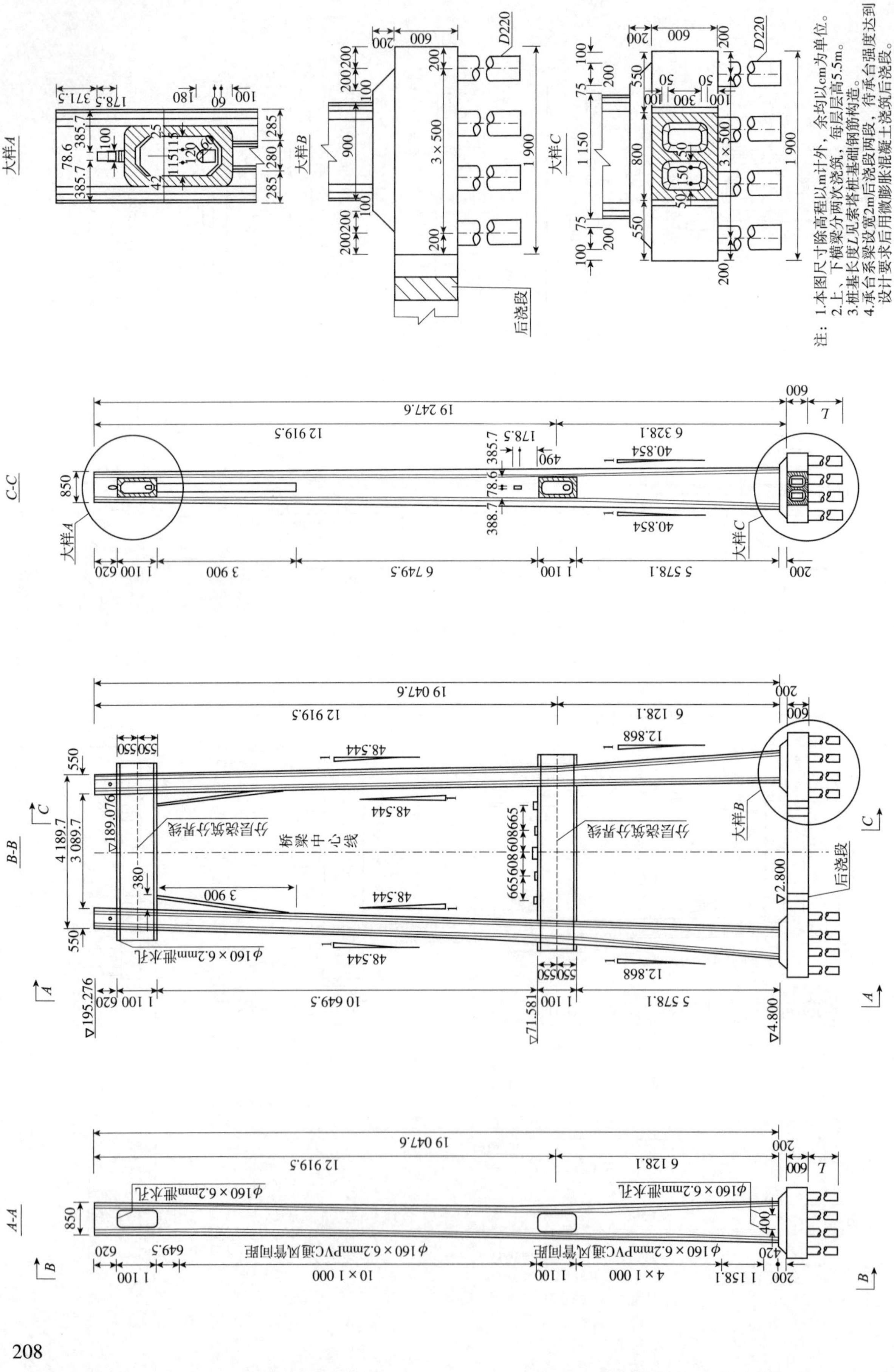

注：1.本图尺寸除高程以m计外，余均以cm为单位。
2.上、下横梁分两次浇筑，每层层高5.5m。
3.桩基长度L见索塔桩基础钢筋构造。
4.承台系梁设宽2m后浇段两段，待承台强度达到设计要求后用微膨胀混凝土浇筑后浇段。

图2-2-49　黄埔大桥悬索桥北塔及基础构造

④连续介质有限元法

有限单元法是随着电子计算机的发展而迅速发展起来的一种现代数值计算方法，自20世纪40年代Courant首次提出至今，随着计算机和软件技术的发展，已被广泛地应用于包括岩土工程在内的工程计算分析的各个领域，其基本思路是把求解区域看作由许多小的、在结点处相互连接的子域(单元)所构成，并将子域上的作用荷载用等效结点作用代替，以此给出基本方程的分片近似解。由于连续介质有限元法能考虑基坑开挖与支护施工过程的许多影响因素，如施工工况、土的非线性、弹塑性和固结效应、土与结构的相互作用等，并能直接计算分析开挖对周围环境的影响，再加上有限元的前、后处理技术具有强大的数据分析和图形显示功能，目前连续介质有限元法已成为基坑开挖与支护计算分析的强有力工具，与其他岩土工程问题一样，有限元方法得出的解的准确性与采用的土体本构模型有很大的关系，国内外经常应用于深基坑有限元分析的土体本构关系有线弹性模型、非线性模型和黏弹塑性模型，关于岩土材料本构关系、破坏准则和屈服函数有近百种之多。

⑤本工程计算方法选择

对于圆形嵌岩地连墙，相当梁法显然不能应用；弹性地基梁法是规范推荐方法，能否应用于圆形地连墙将在下文中进行讨论；直接采用连续介质有限元法进行基坑支护设计缺乏实用性，只能用于某些重点工程的辅助设计，本工程采用该法进行基坑开挖全过程的数值模拟，探讨了圆形地下连续墙的变形和受力特征问题。

(2)圆形支护结构荷载分配研究

①圆形支护结构计算模型

圆形支护结构在土压力q的作用下，假设此压力由竖向和水平结构共同分担，即地下连续墙承受竖向q_1作用，而圆形内衬则承受水平q_2作用，两结构在同一点的变形协调，而且有：

$$q_1 + q_2 = q$$

承受竖向荷载的地连墙按弹性地基梁考虑，现近似的按五跨梁考虑。

②地下连续墙竖向变形

跨度为l的五跨连续梁承受外部荷载q_1时，跨中挠度为：

$$f = kq_1 l^4/(100EI)$$

其中，系数k取值：边跨0.644，第二跨0.151，中跨0.315。

③圆形内衬水平变形

a. 平面圆环模型

对于承受外部压力q_2的圆环，内径向位移为：

$$\mu = \frac{1-\mu^2}{E} \cdot \frac{b^2 q^2}{b^2 - a^2}\left[\left(1 + \frac{\mu}{1-\mu}\right)\frac{a^2}{r} + \left(1 - \frac{\mu}{1-\mu}\right)r\right] \tag{2-2-3}$$

式中：a、b——分别为圆环的内、外半径；

μ——泊松比；

r——中面半径，$r=(a+b)/2$。

b. 柱面壳体模型

由于薄壳内只有中面内力，则可假定在整个薄壳的所有界面上都没有弯矩和扭矩，即无矩理论。柱面壳体无矩理论的平衡方程为：

$$\left.\begin{aligned} &\frac{\partial N_1}{\partial x} + \frac{1}{r}\frac{\partial S}{\partial \varphi} + X = 0 \\ &\frac{1}{r}\frac{\partial N_2}{\partial \varphi} + \frac{\partial S}{\partial x} + Y = 0 \\ &N_2 + rZ = 0 \end{aligned}\right\} \tag{2-2-4}$$

式中：X、Y、Z——柱面壳体所受的荷载集度分别在纵向、环向和法向的分量；

Z——指向曲率中心时为正；

N_1、N_2、S——分别为纵向拉压力、环向拉压力和剪力。

c. 拱模型

圆形内衬在均匀荷载中作用下产生均匀变形，且由于环形结构完全对称，结构上无弯矩，所以内衬结构的径向刚度为：

$$E_r = \frac{EA}{r^2} \tag{2-2-5}$$

式中：A——内衬结构的截面面积。

d. 圆形支护结构竖向和水平荷载分配计算

由整个结构的变形协调，即竖向和环向在同一点的位移相等，可得：

$$f = u \tag{2-2-6}$$

当内衬结构按平面圆环模型考虑时，可得竖向和环向分配的荷载之比为：

$$\frac{q_1}{q_2} = \frac{\dfrac{1-\mu^2}{E_2} \cdot \dfrac{b^2}{b^2-a^2}\left[\left(1+\dfrac{\mu}{1-\mu}\right)\dfrac{a^2}{r} + \left(1-\dfrac{\mu}{1-\mu}\right)r\right]}{k\dfrac{l^4}{100E_1I}} = \frac{k_2}{k_1} \tag{2-2-7}$$

当内衬结构按圆柱壳体或拱模型考虑时，可得竖向和环向分配的荷载之比为：

$$\frac{q_1}{q_2} = \frac{\dfrac{r^2}{E_2t}}{k\dfrac{l^4}{100E_1I}} = \frac{k_2}{k_1} \tag{2-2-8}$$

假设地下连续墙和内衬混凝土强度均为C30，则有混凝土泊松比$\mu=0.2$，圆环外径$2b$分别取10m至90m，壁厚1m，地下连续墙厚1.2m，连续梁跨度3m，计算得到的竖向和水平荷载比如表2-2-18和图2-2-50所示。

圆形支护结构竖向和水平荷载分配比 表2-2-18

计算式	直　径　10m			直　径　20m			直　径　40m		
	边跨	第二跨	中跨	边跨	第二跨	中跨	边跨	第二跨	中跨
式(2-2-7)	5.7∶1	24∶1	11∶1	24∶1	105∶1	50∶1	102∶1	437∶1	209∶1
式(2-2-8)	4.6∶1	19∶1	9.5∶1	20∶1	88∶1	42∶1	87∶1	373∶1	178∶1
计算式	直　径　50m			直　径　70m			直　径　90m		
	边跨	第二跨	中跨	边跨	第二跨	中跨	边跨	第二跨	中跨
式(2-2-7)	161∶1	688∶1	330∶1	318∶1	1 359∶1	651∶1	529∶1	2 256∶1	1 081∶1
式(2-2-8)	138∶1	588∶1	282∶1	273∶1	1 167∶1	559∶1	455∶1	1 942∶1	931∶1

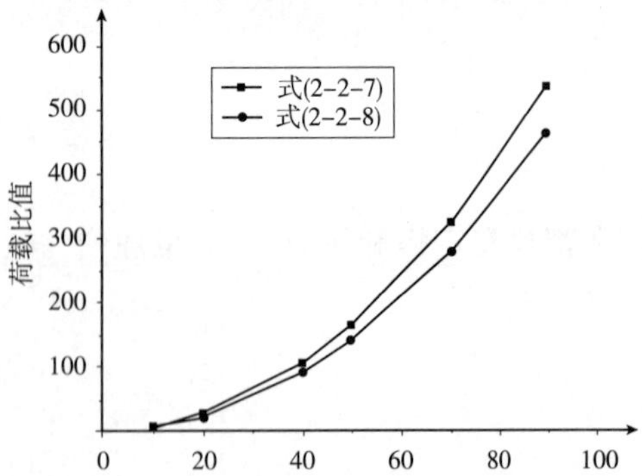

图2-2-50　支护结构竖向与环向荷载分配比值与圆环半径关系

④结论

随着圆形支护结构半径的增加，竖向分配的荷载逐渐增加，即圆形结构的拱效应逐渐减小。采用拱模型、柱壳模型和平面圆环模型分析内衬结构时的差别不大，都能较好地模拟内衬结构。但是，采用连续梁模型代替弹性地基梁模型来分析地下连续墙结构时，导致结构变形较小，因而分配的荷载较大。

由连续梁边跨变形协调时支护结构竖向与环向荷载分配比值与圆环半径关系可以看出，内衬结构采用不同模型时，计算结果的变化趋势一致，竖向与环向荷载分配的比值随半径的增加而增加，且增加速率逐渐增加拱模型、柱壳模型和平面圆环模型都能较好模拟内衬结构，用连续梁模拟地下连续墙的偏差较大，但还是能反映出基本规律，即圆形支护结构的拱效应随着半径的增加而逐渐减小。

(3)基于弹性地基梁理论的改进设计方法

圆形支护结构是由竖向壁体和水平内衬两组正交的结构杆件形成较为完整的体系，二者之间的荷载分配与支护结构的直径有直接关系，直径越大，那么支护结构的拱作用就越不明显，结构就越倾向于竖向受力，因此如何在弹性地基梁法中考虑结构的拱作用就是一个突出问题。在本节中，将基于壳体弯曲理论推导适合圆形支护结构的弹性地基梁设计方法。

①基本假定

a. 地下连续墙槽段接头不破坏圆形支护沿环向的连续性。

b. 圆形支护、内衬皆为薄壳结构。

c. 荷载、结构轴对称。

②计算模型

a. 墙身抗弯刚度

圆形支护取单位宽度的 y 向单元简化为平面问题时，只需将圆形支护壳体的抗弯刚度 D_{ex}，代替一般直梁的抗弯刚度 EI，而圆筒空间效应对单位宽度梁的支撑作用可用弹簧模拟，刚度为：

$$K = \frac{Et}{r^2} \tag{2-2-9}$$

b. 内衬等效弹簧

本工程内衬的分段高度为3m，所以可以不考虑其弯曲效应，直接将其作为弹性支撑处理，刚度为：

$$K = \frac{EA}{r^2} \tag{2-2-10}$$

c. 地基反力

地基反力取值建议采用 m 法。

③算例

为了验证上述计算方法，以南锚工程为例进行验算，基本参数取值列于表2-2-19中。考虑到规范推荐的 m 法不能分析圆柱形支护结构的拱作用，因此我们还按规范方法采用同样的岩土参数取值进行计算，两种方法结果的对比列于表2-2-20中。对比两种方法的结果可以发现，圆柱形支护结构本身的拱作用十分明显，在计算中应该考虑其有利作用，以减少截面的弯矩和剪力，优化截面设计。

南锚计算参数取值　　表2-2-19

土　层	重度(kN/m^3)	黏聚力(kPa)	摩擦角(°)	地基比例系数 m(MPa)
淤泥质土	17.7	5	10	4
淤泥质砂层	18.5	10.0	26	12
中粗砂层	19.5	5	35	20
全风化岩层	18.5	80	35	40
强风化岩层	22	1 800	45	80
弱风化岩层	24.5	4 000	50	160
微风化岩层	26	7 000	60	250

计　算　结　果　　表2-2-20

方　法	地下连续墙弯矩		地下连续墙位移		地下连续墙剪力	
	最大值(kN·m)	深度(m)	最大值(mm)	深度(m)	最大值(kN)	深度(m)
传统方法	-1 785	24	23.2	23	670	22
考虑环向分配的改进法	-1 351	24	18.5	20	510	22

④方法创新性总结

圆形基坑的受力以环向受压为主，最为精确的方法是采用板壳理论进行分析，目前设计规范所推荐的 m 法显然是无法体现支护结构的空间作用的。因此，从薄壁筒体的弯曲理论出发，推导了新的圆形地下连续墙设计模型，创新点如下：

推导了适用圆形地下连续墙支护结构即基本方程式，可以直接采用现有的基坑设计程序计算。

用圆形支护壳体的抗弯刚度代替一般直梁的抗弯刚度 EI，修正了传统 m 法的取值。

考虑了支护结构的空间作用，即将地下连续墙的拱作用通过等效弹簧来模拟，解决了传统 m 法应用圆形支护结构的最大难题，并以南锚为例进行了验算，结果表明地下连续墙的拱作用明显降低了墙截面的弯矩和剪力，有利于设计的优化。

(4)基于壳理论的空间有限元计算方法

弹性地基梁法应用在圆形嵌岩支护结构设计上的不足，可以认为其主要缺陷在于无法体现圆形支护结构的拱作用，虽然进行了一些改进，但是也仅仅是近似的考虑问题，因此在本节中提出基于壳理论的圆形地下连续墙支护结构设计方法。

一般壳体厚度 t 与半径 R 的比例大于 20 时，根据薄壳理论计算结果，一般不引起工程上不允许的误差。在本工程中，由于地下连续墙厚度为 1 200mm，基坑半径为 35m，所以可以按照薄壳理论进行分析。具体计算采用有限元法进行。

计算软件采用 ANSYS，地下连续墙用壳单元进行划分，内衬单元作为地下连续墙的弹性支撑，采用梁单元模拟，考虑到对称性，取四分之一模型计算，以北锚基坑为例，基本计算成果如下：

计算的地下连续墙最大变形为 6.8mm，最大竖向弯矩 640kN · m，最大环向压力为 4.56MPa，内衬受力列于表 2-2-21 中。

北锚内衬计算结果　　表 2-2-21

位　　置	轴压(MPa)	剪力(kN)	弯矩(kN · m)	位　　置	轴压(MPa)	剪力(kN)	弯矩(kN · m)
第一道	0.3	22	226	第六道	2.82	81	617
第二道	8.85	26	242	第七道	3.31	138	910
第三道	1.4	29	263	第八道	3.76	277	1 536
第四道	1.94	34	301	第九道	3.79	611	3 230
第五道	1.39	44	371	第十道	2.9	1 417	5 930

南锚计算结果为：计算的地下连续墙最大变形为 5.13mm，地下连续墙最大竖向弯矩 532kN · m，最大环向压力为 3.46MPa，内衬受力列于表 2-2-22 中。

南锚内衬计算结果　　表 2-2-22

位　　置	轴压(MPa)	剪力(kN)	弯矩(kN · m)	位　　置	轴压(MPa)	剪力(kN)	弯矩(kN · m)
第一道	0.32	33	303	第五道	2.31	112	798
第二道	0.83	35	317	第六道	2.77	220	1 331
第三道	1.32	40	361	第七道	2.89	482	2 559
第四道	1.80	69	562	第八道	2.25	1 118	5 199

(5)不同设计方法比较

在黄埔大桥南北锚的实际设计过程中，采用了多种计算方法进行分析，综合各家成果，认为弹性地基梁法有现行规范作为依据，力学概念明确，计算结果可靠，但是由于本工程系圆形基坑，采用该法会导致配筋量增加，故应该考虑环向分配问题；空间有限元法理论上是完善的，但是目前还不是主流的、规范推荐的计算方法，其结果可以作为选定合理设计参数的依据使用。因此最后选定：

北锚碇最大负弯矩：1 800kN · m；

南锚碇最大负弯矩：1 550kN·m。

(6)基于实测变形结果的反分析

①位移反分析基本原理

深基坑支护开挖过程中所获工况的监测信息，采用优化反分析来反演土体及支护结构力学参数；然后通过弹性地基梁有限元计算来预测下一工况的桩墙变形量、内力及支撑力；接着采集下一施工阶段的相应信息，再进行参数反演，计算预测下一工况的桩墙变形量等，如此反复循环，利用反分析预测指导施工，通过施工信息反馈修改设计，达到信息化施工的目的。土体的参数是有相关性的，难以同时反演所有参数，最直接的办法还是基于弹性地基梁理论的反分析法，即反算土体的水平抗力系数随深度的比例系数。

使目标函数极小化的土层参数即为待求的参数，这样就构成了一个无约束的优化问题，实际上，工程中的优化问题大多是有约束的，也就是说 m 值的取值范围不是任意的，应该在合理的范围内，由此在进行求解时，需要解决的是有约束的非线性规划问题。在优化计算中，要求自变量的变化范围在上下限以内，若超过则取上下限值，这样处理可以保持优化算法的简单有效，减少计算时间并保证所求得的值在可以接受的范围以内。在计算时采用的是杆系有限元法，因此目标函数难以写成显式形式，对于多约束条件的优化问题有一定的计算难度。在本文中采用一阶分析法来进行优化计算，其目的是将有限元计算的结果最小化而不是对逼近数值进行操作，故而精度较高。

②计算步骤

弹性地基梁多用杆系有限元法进行计算，通常将支护结构沿竖向划分单元，一般以支护桩截面刚度变化处、土层变化处、锚杆支撑处、基坑底面处以及外荷载作用点为节点，将梁划分成若干单元，各单元相互间仅在边界上的节点处相连接。梁单元长度要满足计算精度要求，但又不能无限细分，否则节点过多，计算量太大，此外单元长度太小时，计算结果会失真，并且相邻单元的长度比尽可能接近。具体计算步骤为：

a. 在开挖前，凭经验确定 m 值以计算被动区抗力弹簧刚度，建立杆系有限元模型，预测第一步开挖的变形。

b. 在进行第一步开挖施工时，相应进行监测，利用实测所得位移数据，通过优化分析，计算出与实际相符合的被动区抗力弹簧刚度并反算土体值。

c. 利用反演分析所得土体 m 值计算下一步开挖的变形。

③计算模型

a. 墙身抗弯刚度。

圆形支护取单位宽度的墙身简化为平面问题时，只需将圆形支护壳体的抗弯刚度$\frac{Et^3}{12(1-\mu^2)}$代替一般抗弯刚度 EI，而圆形空间效应对单位宽度梁的支撑作用可用弹簧模拟。

b. 内衬刚度。

本工程内衬的分段高度为3m，所以可以不考虑其弯曲效应，直接将其作为弹性支撑处理。

④算例

考虑到北锚的很多测点实测的变形偏向坑外，难以用弹性地基梁理论解释，故选取南锚作为算例进行分析：取 P7 测点为研究对象，实测变形如图 2-2-51 所示。

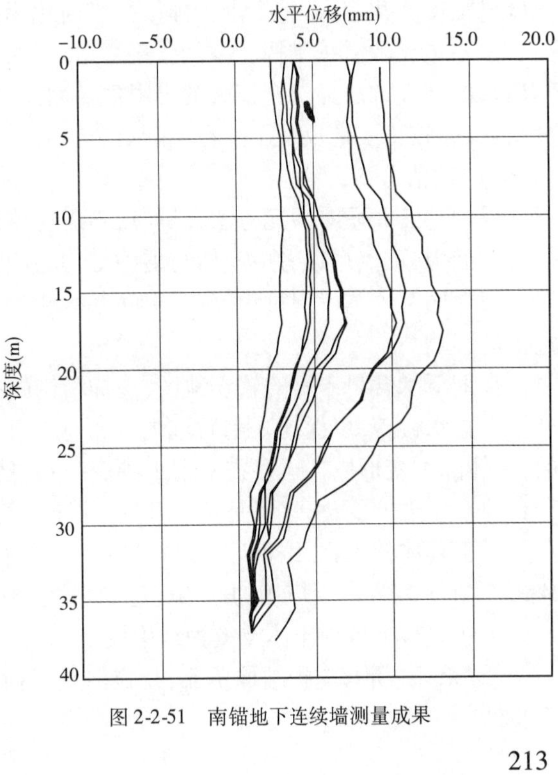

图 2-2-51　南锚地下连续墙测量成果

由于第 1 层的开挖位移没有详细的数据，故反分析从第2层开始，即利用第2层位移数据反演土体 m 值，在此基础上预测第3层的变形，在前6层开挖中，反分析的预测的变形与实测变形比较接近，到了第7和8层开挖，预测的变形比实测小，主要原因在于随着变形增大，地下连续墙部分位置出现了开裂。墙身的开裂削弱了抗弯刚度，此时按原始截面计算的墙体变形会小于实际变形。

(7)本项目设计方法的创新

①通过变形协调理论，总结了平面形式为圆形的基坑围护结构环向和竖向荷载的分配规律，并指出了分配规律与直径的关系，确立了合理的内衬计算模型。

②基于壳体的弯曲理论和弹性地基梁理论，推导了地下连续墙的挠曲弯曲方程。建议采用规范推荐的 m 法进行该类基坑支护设计时，应该采用壳体的抗弯刚度 D_{ex} 代替一般直梁的弯刚度 EI，并通过等效弹簧来模拟地下连续墙的拱作用以考虑环向抗力的分配问题。

③考虑到弹性地基梁理论仅是近似地考虑该类围护结构作用，我们还提出了基于薄壳理论的设计方法：即将地下连续墙作为壳体考虑；而内衬作为其弹性支撑使用，通过空间梁单元进行模拟更加准确地模拟了基坑支护的空间作用，有利于支护结构的优化设计。

④基于优化方法，以南锚为研究对象，利用开挖过程中的实测变形反演土体的 m 值，并以此预测下一步的开挖变形，实现了施工现场的实时变形控制。

2)黄埔大桥圆形锚碇基坑支护受力和变形特征研究

在传统的基坑工程中，多采用相当梁法等近似方法计算设计基坑的支护结构。其中，相当梁法仅适合于开挖深度不大的基坑，如只设一道或二道支撑的钢板桩支护体系；由于 m 值取值的困难，并且无法体现支护体系的空间作用，所以按照规范推荐的弹性地基梁法在应用中也存在一些需要探讨的问题。基坑开挖过程中的监测结果表明，支护结构的内力很大程度上是其自身变形引起的，而传统土压力理论如库仑或朗肯土压力公式都是根据土的极限平衡条件推导而来，没有考虑结构变形的影响；实际的基坑开挖过程一个复杂的时变系统，仅通过设置不同的开挖工况来模拟基坑土体的分层开挖和支护结构的工作状态很难准确模拟施工过程的影响；随着数值计算手段的逐步成熟，有限元分析也得到了广泛应用，一般来说通常将基坑过程简化为平面应变问题进行分析，二维有限元分析对于普通基坑这样处理是有足够的精度的。然而，锚碇基坑一般都要求支护结构嵌岩，由于基岩面起伏很大，甚至某些岩层会出现缺失，导致墙身深度变化很大，整个围护体系很难简化为平面应变问题；此外锚碇工程巨大的尺寸，显然二维有限元方法很难反映支护结构的空间作用。可见，对于悬索桥锚碇基础中大型特深基坑，基于一般基坑所总结出来的计算方法显然有很大的局限性。因此采用考虑支护结构与土体共同作用的三维非线性有限元分析方法，较真实地反映了工程实际。

(1)数值分析方法

采用连续介质有限元方法计算时，不需要事先假设支护结构上的土压力和抗力，各单元上只是承受体力和面力，不仅可以考虑土体与支护结构的相互作用，还可以求得基坑的隆起量、地表的沉降量以及地层的塑性区范围与发展过程，若紧密联系监测数据和流变理论，还可以分析基坑工程的时间效应和施工过程的影响。

在地下水含量丰富的软土地区，支护结构的挡墙除了满足挡土功能以外，还应起到止水作用，或在墙外另设止水帷幕，以保证开挖后坑内的干地施工条件，因此，开挖过程中坑内水位是随着开挖过程变化的，土体除了变形以外还存在地下水渗流问题，挡土墙和土体之间的作用应包括土固体骨架应力的变化和孔隙水压力的变化，这正是基坑开挖“水土分算”的概念。

对于具体的工程，编程计算可行性小，一般采用成熟的有限元软件进行，本文的计算采用了ANSYS、MAC等在工程界广泛应用的通用程序，具体实现步骤为：

①建立整个场地土体及支护结构模型。

②“杀死”所有支护结构单元，并施加重力荷载，模拟开挖前的初始应力场和位移场，并写入初始应力文件。

③在新的工作目录中读入该文件以消除初始位移场的影响,激活地下连续墙单元,施加水压力,模拟地下连续墙施工完毕后的状态。

④逐层"杀死"坑内土体单元并同时激活相应的支撑(内衬)单元直至开挖到坑底。

(2)计算结果分析

①北锚计算结果

a.模型建立。

基坑的截面为圆形,但是地下连续墙的深度不同,而基坑周围的土体也并非是完全的层状分布,说明在结构轴对称的前提下,结构的受力和变形也不是轴对称的,由地层非均匀性和施工非均匀性等引起的误差还是相当大的。结构布置可以通过控制施工误差、加强接头连接等措施尽量满足轴对称,但原始地层分布、超载、周边环境等是无法做到轴对称的,要完全模拟整个结构体系与周围土体是非常困难的,因此在计算中考虑对土体做适当简化,假定其按层状分布,地下连续墙的深度也不完全相等,计算取的是平均深度。考虑到对称性,所以采用1/4模型进行计算,对称性通过施加对称边界条件来实现,计算区域侧边界距坑壁大于两倍坑深,取60m,底边界垂直向坑底为20m。土体和地下连续墙采用20节点三维实体单元SOLID95模拟,内衬采用8节点壳单元SHELL93模拟,在划分单元时,首先通过映射(MAP)方法划分内衬单元,每一道内衬都在高度上划分为两层单元,其高为1.5m;然后通过映射方法划分地下连续墙单元,沿地下连续墙厚度方向划分为2等份,沿周长方向划为15等份;最后划分土体单元,考虑到计算机的容量,所以坑外土体单元划的比较稀疏。由于地下连续墙嵌入岩层的深度是不连续的,所以通过改变材料属性来模拟不同的嵌入深度。计算模型的边界条件,土体外侧为径向约束,底面约束竖直方向的位移。模型如图2-2-52所示。

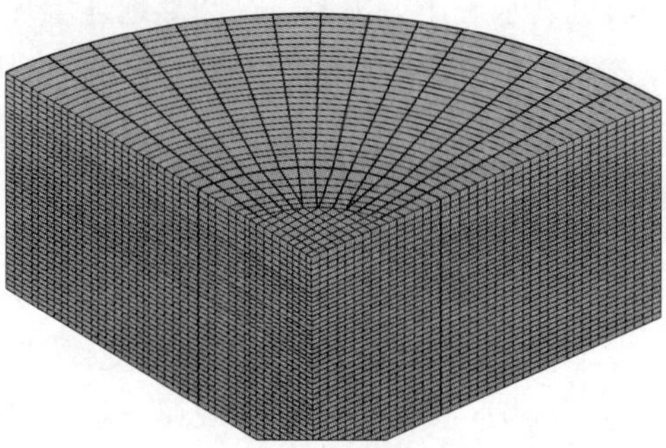

图2-2-52 北锚有限元网络

本文土体材料模型取"Drucker-Prager模型,该模型采用广义Von-Mises屈服条件:场区地层分布极不均匀,综合考虑地质资料及有关试验材料以后,计算中将覆盖土层简化,划分为以下七大层,工程地质材料计算参数取值如表2-2-23所示。

土层力学参数 表2-2-23

土 层	弹性模量(kPa)	泊松比	重 度(kN/m^3)	黏聚力(kPa)	内摩擦角(°)	层 厚(m)
淤泥质土	2 000	0.48	17.7	8	5	3
粉细砂	10 000	0.40	19	1	15	2
淤泥质砂	9 000	0.45	18.5	1	20	6
中粗砂	30 000	0.40	19.5	1	30	3
残积亚黏土	50 000	0.38	18	10	20	7
全风化岩	70 000	0.36	18.5	13	22	8
强风化岩	400 000	0.34	22	20	25	5
弱风化岩	2 000 000	0.30	24.5	3 000	30	2.5
微风化岩	3 200 000	0.25	26	8 000	40	23

b.地下连续墙变形计算结果。

计算表明,支护结构径向位移随着开挖深度的加大而逐渐增大,挖至坑底时的位移达到最大值,计算表明最大值为13.02mm,深度为24m。并且,在开挖的最后几个工况侧移值基本稳定,最大径向位移与开挖深度的比值约为0.043%、与矩形深基坑相比,圆形基坑的侧向位移要小的多,主要是因为圆形支护结构明显的拱作用。地下连续墙变形发展规律：最大变形位置随开挖的进程下移，在前三层开挖，最大变形位置都在开挖面以下；随后4～6层的开挖，其最大变形位于开挖面附近；最中后几个层的开挖，其最大变形位置一直保持在开挖面以上，特别是最后两层的开挖，最大变形位置基本没有变化，稳定在25m深度左右，说明墙底部基岩对墙身变形的约束作用比较明显，阻止了最大变形位置的进一步下移。

c. 地下连续墙受力计算结果。

(a)地下连续墙内力计算。

坑支护结构根据受力特性的不同，可以分为重力式支护结构和非重力式支护结构，后者主要靠自身的变形来抵抗坑外水土压力的作用，地下连续墙是一种典型的非重力式支护结构。前文的分析表明，广泛应用于基坑支护结构设计的弹性地基梁理论对于圆形支护结构是非常不准确的，计算结果与实际偏差较大，根据空间分析方法，得出了黄埔大桥悬索桥北锚碇地下连续墙随开挖进程的内力变化规律。

在开挖前，地下连续墙实际位于无限边界的连续土体介质中，随着开挖施工的进行，坑内土应力被释放，坑外水土压力主要通过圆形地连墙环向压应力来平衡。

地下连续墙内侧和外侧的环向应力比较接近，外侧稍大，以受压为主，最大应力达12.8MPa，应力的发展规律与变形的基本一致，最大应力位置随开挖的进程下移：在前3层开挖，最大环向应力位置都在开挖面以下；随后4～6层的开挖，其最大环向应力位于开挖面附近；7～10层的开挖，其最大环向应力位置一直保持在开挖面以上，由于在墙底的变形较小，所以环向应力也接近零。

(b)内衬受力。

内衬作为地下连续墙的弹性支撑，受力以环向受压为主，第5～8道内衬的应力最大，最后两道内衬的应力很小，与变形的发展规律一致。北锚设计时，内衬的厚度随着深度逐渐加厚，这主要是基于普通的地下连续墙支护结构的经验得来，显然，这种设计方法与结构的受力特点不协调，即圆形支护结构的内衬设计是存在很大的优化空间的。

d. 监测结果分析。

(a)地下连续墙侧移。

在施工阶段，通过在地下连续墙内埋设带导槽PVC塑料管，以跟踪围护结构侧向位移，测斜管的深度同墙深。

从实测变形来看，开挖阶段实测的最大变形值在10mm左右，侧移实测值无论在发展规律还是最大值都与按规范规定的m法计算值存在较大差异，另外各测量孔之间差异也较大，说明此类结构虽然设计时用轴对称圆形，但由于地层材料、结构布置、施工方式等非轴对称性，其变形明显具有非对称性，在整个圆周方向固然不均匀，即使在相邻的监测孔也存在明显差异，甚至变化规律完全不一致。

由此可见，墙体呈现出一种“蛇形”的变形，以P1孔为例，墙体上部分向坑外变形，下部往坑内变形，最大变形还是发生在墙身下半部分。这就表明圆形基坑的变形模式与矩形基坑有很大区别，各幅墙在自身独立变形以外，还影响到其他墙的变形，并且互相协调，体现出一定的整体变形。与其相对的矩形基坑变形就独立的多，从相类似的工程——润扬大桥北锚可以看出，矩形基坑变形各边都是向坑内的。

(b)地下连续墙纵向钢筋应力监测。

施工中在地下连续墙的纵向受力钢筋上布设了钢筋应力计，考虑到本工程圆形的特点，共取8个断面进行测量，即为G1～G8，由于钢筋在地下连续墙内是单向受力构件，反映的是钢筋布置方向的单向应变。各个测点的数值大小和沿深度分布都有较大差异，这也从另一个角度说明了基坑虽然设计为轴对称结构，但受力并不是轴对称的，钢筋的应力水平都很低，在大部分部位拉应力和压应力都不超过10MPa，但是在嵌岩位置有明显的应力集中现象，最大的钢筋应力近50MPa。

(c)内衬受力监测。

施工中在内衬的环向钢筋上布设钢筋应力计，位置位于内衬中部，沿圆周方向共布设6个测点。

图2-2-53是内衬各测点钢筋应力，内衬钢筋应力基本以受拉为主，从图2-2-53可看出，各个测点所得应力图形有一定差别，但是规律是一致的，内衬的实际监测应力与计算值偏差很大，无论是采用弹性地基梁法还是三维有限元法，计算结果显示内衬是以环向受压受力为主；而实际测得的内衬环向应力都是正值（受拉\最大拉应力接近70MPa，说明施工原因占据主导因素）。

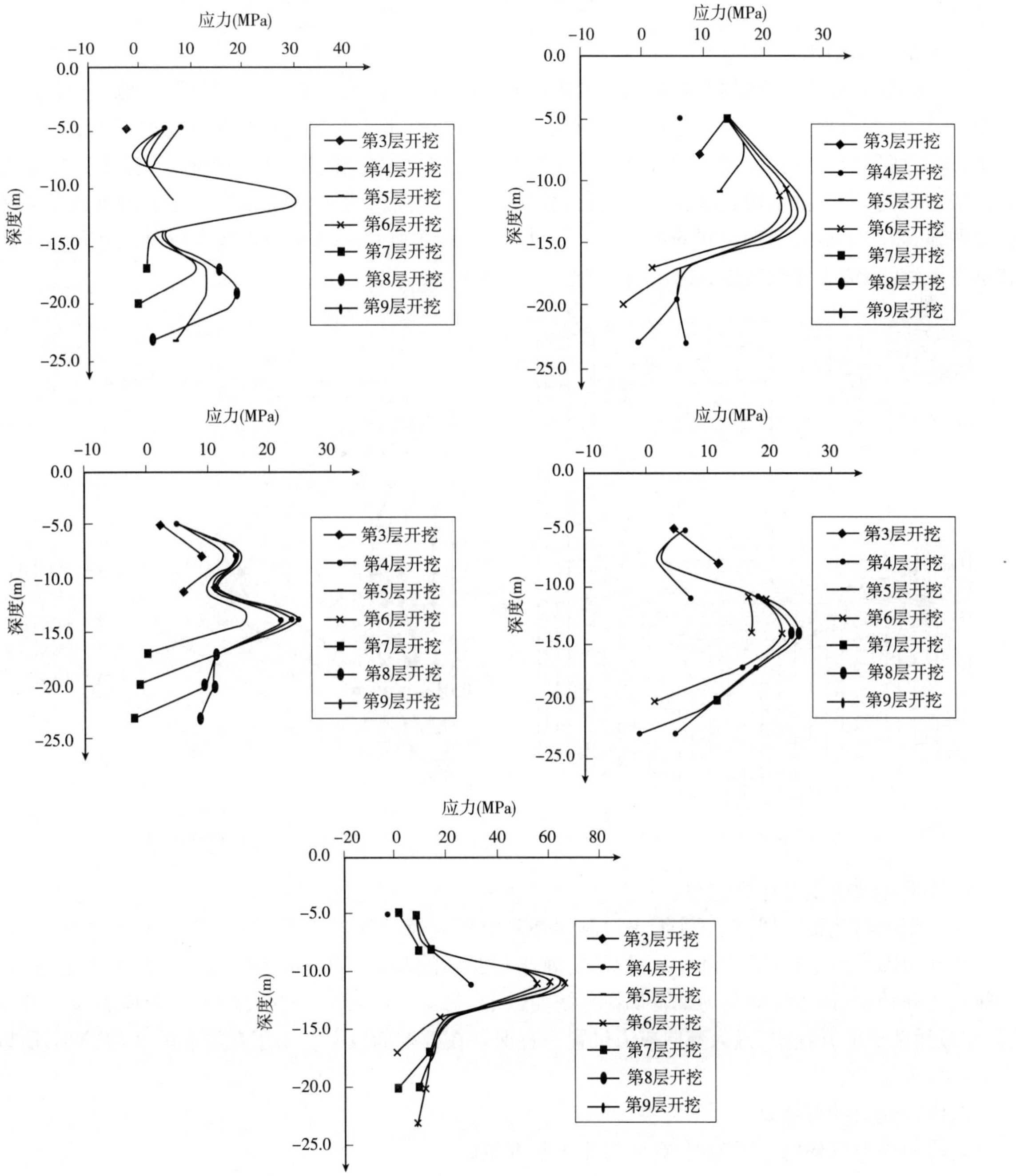

图2-2-53　内衬各测点钢筋应力

②南锚计算结果

a. 模型建立。

考虑到对称性，采用1/4模型进行计算，对称性通过施加对称边界条件来实现，计算区域测边界距坑壁大于两倍坑深，取60m，底边界距坑底为20m。

土体和地下连续墙采用20节点三维实体单元SOLID95模拟，内衬采用8节点壳单元SHEEL93。在划分单元时，首先通过映射（MAP）方法划分内衬单元，每一道内衬都在高度划分为两层单元，其高为1.50；然后通过映射（MAP）方法划分划分地下连续墙单元，沿地连厚度方向划分为2等份，沿周长方向划为15等份；最后采用扫掠（SWEEP）方法划分土体元，考虑到计算机的容量，坑外土体单元划的比较稀疏。由于地下连续墙嵌入岩层的深度是不连续的，所以通过改变材料属性功能来模拟不同的嵌入深度。计算模型的边界条件：土体外侧为径向约束，底面约束竖直方向的位移。模型如图2-2-54所示。

b. 变形计算结果。

变形的发展规律与北锚相似，最大变形控制在10mm以内，位于20m深度位置。地下连续墙变形发展规律：最大变形位置随开挖的进程下移；在前三层开挖中，最大变形位置都在开挖面以下；在4～6层开挖中，最大变形位于开挖面附近；在最后两层的开挖中，最大变形位置一直保持在开挖面以上，特别是最后两层的开挖，最大变形位置基本没有变化，稳定在22m左右，说明墙底部基岩对墙身变形的约束作用比较明显，阻止了最大变形位置的进一步下移，如图2-2-55所示。坑底的隆起和坑外土体沉降与北锚规律基本一致，数值也比较接近，在此不再赘述。

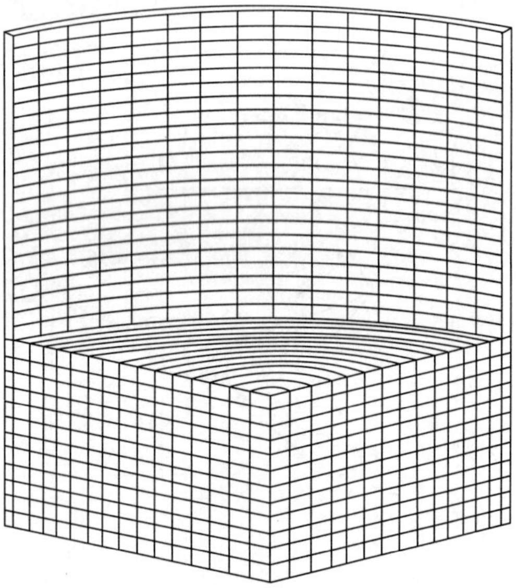

图2-2-54　开挖到坑底后的网格

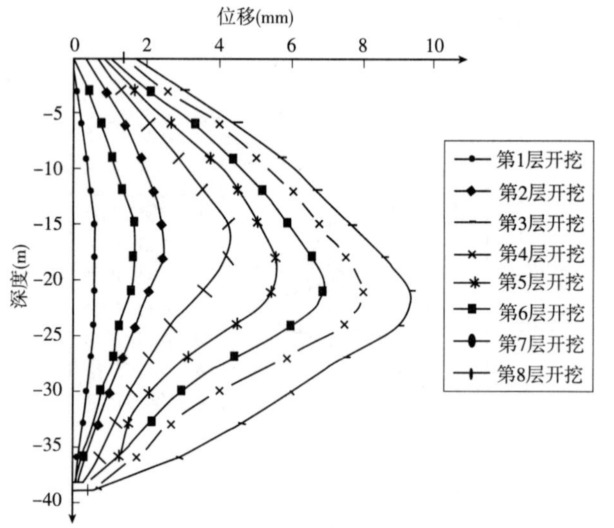

图2-2-55　地下连续墙位移

c. 地下连续墙受力计算结果。

发展规律与北锚相似，地下连续墙内侧和外侧的环向应力比较接近，外侧稍大，以受压为主，最大应力达9.67MPa。地下连续墙环向应力的发展规律与变形的基本一致，最大应力位置随开挖的进程下移：在前三层开挖中，最大环向应力位置都在开挖面以下；第4～6层的开挖中，最大环向应力位于开挖面附近；在最后两层的开挖中，最大环向应力位置一直保持在开挖面以上。由于在墙底的变形较小，所以环向应力也接近零。

d. 内衬受力计算结果。

内衬的受力以环向受压为主，规律与北锚基本相似。

e. 实测数据分析。

（a）地下连续墙变形监测。

在施工中，围绕基坑均匀布置了8个测斜管，8个测点的变形曲线如图2-2-56所示。监测数据与三维空间有限元计算的结果非常接近，并且8个测点的变形都没有像北锚那样出现斜向坑外的变形，基本都是朝向坑内。

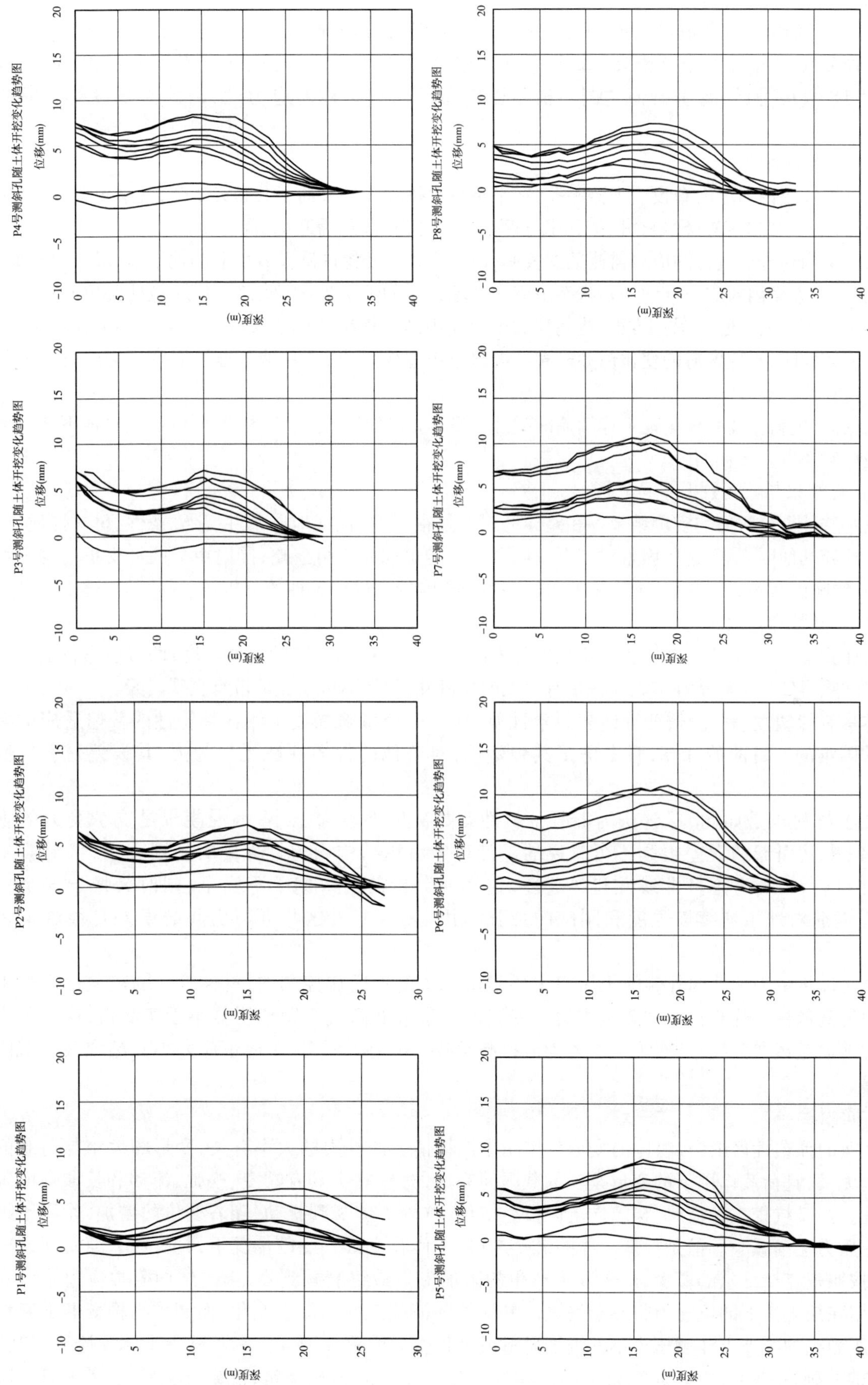

图2-2-56　8个测点的变形曲线

(b)地下连续墙受力监测。

在地下连续墙内布设钢筋应力测孔,在平行于垂直大桥轴线的两个方向上布设 4 个监测孔,在 45°角位置上另布设 4 个监测孔,每个监测孔中分两个剖面埋设,根据本工程的特点,每个监测孔埋设 18 只应力计,每个剖面的同一横截面内布设两只对称的应力计,因此共布设 144 只应力计。

(c)内衬受力监测。

在地下连续墙内衬墙内布设应力监测孔,在平垂直大桥轴线的方向上共布设 2 个,其余 4 个按照 60°角的间距布设,即 WL1 ~ WL6,每个监测孔中分两个剖面埋设,分别为迎坑、背坑面。

从第一层内衬开始进行的应力监测数据表明,内衬应力与开挖深度及其引起的地下连续墙变形间有着密切联系,一方面内衬应力计的初始状态由应力计埋设时的地下连续墙已有变形(包括基坑开挖和地下连续墙施工两部分)决定;另一方面,内衬应力的变化由地下连续墙的后续变形的大小和方向决定,变形的变化值较大时,对应内衬的变化值亦较大。内衬应力总体较小,并且地下连续墙内应力的发挥和使用尚未进入经济状态。

可以认为,内衬主要是作为地下连续墙的弹性支撑,对缓解地下连续墙内应力,进而减少地下连续墙的侧向变形发挥着重要作用。

(3)计算结果与监测数据差异分析

造成基坑计算分析值与实测结果存在差异的因素是很多的,包括地质条件、荷载条件、材料性质、施工条件和外界其他因素等,这些因素对圆形基坑受力性能也同样不可忽略,同时由于圆形支护的受力特点不同,其影响因素也不尽相同,下面主要对这些主要影响因素进行定性的分折。

①模型、参数和荷载

土的性质十分复杂,土力学对土的工程性质方面的认识只达到一定的近似程度,而目前进行的一般土工勘察试验得到的土质特性参数往往带有很大的随机性,而且不可避免地带有主观因素。

土体具有弹塑性、黏性、蠕变等诸多力学性质,建立一个精确描述土体各种特性的普遍适应的模型是非常困难的。目前的计算,只考虑了其弹塑性,对其他的性质往往无能为力,其误差是不言而喻的。

混凝土材料也是如此,尽管认为混凝土材性参数离散性较岩土小,因混凝土是支护受力的主要承担者,由其引起的误差也是不可忽视的。计算中沿用结构内力计算中的处理方法,将混凝土当作弹性材料,没有考虑其非线性和弹塑性,这样使分析的结果偏于不安全,同时又偏于安全地没有考虑钢筋对地下连续墙强度和刚度的加强作用,实际上由这些近似引起的误差是很难定量计算的。

有限元计算中围护结构外侧的土压力主要是由土体的泊松比控制的,材性参数的离散性必然引起土压力的离散性。计算得出的基坑周边沉降数值和最大处离坑边距离明显小于实测值,这是因为计算中的地面超载取为均布,而施工中人为地控制超载离坑边的距离(距离不应太小),造成最大沉降位置外移。

②时间因素

在经典的弹塑性理论中,物体的变形与作用于该物体上的外力的大小有关,变形的大小与荷载的作用时间无关,且荷载作用下的变形是在加载瞬间完成的,软黏土具有蠕变、松弛、流动和长期强度等流变特性。当基坑挖土卸荷时,挡墙向坑内发生变位,坑外土体受到扰动,随着变位的增加,作用于挡墙上的土压力逐渐减小。但是根据土体的流变规律,土体在变形一定的情况下,具有应力随时间衰减的特性,按照麦克斯维尔的概念,由于变形产生的附加应力最终衰减到零,当土体内附加应力不断衰减时,作用在挡土墙上的侧压力将逐渐增大。基坑外部荷载工况未发生变化,而围护结构变形不断增长,挡墙所受到的坑外土体侧压力不断增加是造成这种变化的重要因素。本工程中土体开挖按照“快挖快撑”的原则,平均 6d 左右就完成一层土体的开挖和相应的内衬浇筑,混凝土浇筑后,养护 2 ~ 3d

后就开始挖土，而混凝土强度和弹性模量的增长是一个过程，混凝土弹性模量随时间、龄期的变化规律可以采用指数函数表示。

$$E(\tau)=E_0(1-\beta e^{-\alpha t}) \tag{2-2-11}$$

式中：$E(\tau)$——不同龄期弹性模量；

E_0——成熟期的弹性模量，可根据混凝土强度等级按规范取值；

α、β——经验系数；

τ——龄期(d)。

可见，其弹性模量发展都还达不到分析计算中采用数值的一半。混凝土在这么短的龄期就受荷，变形自然会增大，而且，混凝土的徐变和收缩都表现为前期增长较快，后期增长缓慢并逐渐趋于稳定的特点，尤其是前3~5月增长较迅速，基坑历时数月，支护变形中的收缩和徐变影响不容忽视。

在对钢筋混凝土支撑进行轴力测量时，都是由应变式传感器测得支撑内部应变，再由应变计算出内力，进而计算出支撑轴力的，即由变形求内力，在由应变求应力的过程中，为简化计算，一般将混凝土应力应变关系当作线性弹性，实际上混凝土即使在单向受压条件下，也是非线性的。

③温度因素

计算中没有考虑支护和岩土的温度变化，根据监测资料分析，除地下连续墙外，其他构件温度在浇筑完毕后48~60h，温度持续上升至顶峰，而后开始回落。构件温度的下降幅度和速率与大气温度相关，各构件中部的温度比外界环境滞后12h左右。这一变化规律与构件尺寸有一定关系，但总体而言，在本工程的实际监测中，基本均与这一规律相符。需要说明的是，由于地下连续墙内温度变化受基坑外侧土体的温度影响，不符合上述规律。

④计算模式的影响

a.结构、荷载和施工方法的对称性。

监测数据和计算值的显著差异使各测点位移和受力不均匀，说明在结构轴对称的前提下，结构的受力和变形也是轴对称的，由地层非均匀性和施工非均匀性等引起的误差还是相当大的。计算中假定结构材料、地质材料、外荷载、周边环境和施工过程都是轴对称的，但监测结果表现出很大的离散性，说明轴对称假设只能得出近似的结果，而且这种近似很可能得出偏于不安全的结论。结构布置可以通过控制施工误差、加强接头连接等措施尽量满足轴对称，但原始地层分布、超载、周边环境等是无论如何也做不到轴对称的。

b.结构材料的连续性。

地下连续墙是分幅浇筑的，轴对称模型将其简化为环向连续，不可避免地增大了环向的刚度，虽然在混凝土弹性模量上进行了折减，但计算结果与实测相比，位移偏小，内力偏大，很大一部分原因是由于假设环向刚度过大引起的。

c.结构误差。

圆形地下连续墙的受力特点之一就是其拱效应有效地减小了结构的竖向弯矩和变形，拱效应的发挥依赖于结构的几何形状，这就决定了几何上的误差会影响到拱效应的发挥程度，考虑几何误差的三维分析结果也证明了这一点。数值模拟误差与实测结果的差异就是由结构的误差引起的，实际结构的几何误差带有很强的随机性，要完全模拟十分困难。

(4)考虑施工误差的圆形嵌岩地下连续墙的变形计算

对比实测数据和监测数据可以发现，北锚地下连续墙变形计算值与实测值有很大差距，但南锚的数值非常接近。北锚某些测点的实测变形偏向坑外，这一点用传统的方法是无法解释的，因此在本节中，采用MAC软件对北锚采用考虑施工误差的三维有限元分析。

考虑施工中存在的实际误差，近似取为椭圆，长轴比设计圆半径伸长1%。短轴比设计圆半径减小1%，即长短轴半径分别为36.8m和36m。根据模型对称性，取四分之一模型进行分析，计算范围水平方向取墙外60m，竖向取坑底以下32.5m。模型的计算边界分别施加水平断面上垂直不动约束和竖向不动约束。地质分层和墙体深度、材料参数、开挖工况与前文描述相同。计算工况如表2-2-24所示。

计算工况表　　表2-2-24

工况编号	Lcase1	Lcase2	Lcase3	Lcase4	Lcase5	Lcase6
开挖深度(m)	3	6	9	12	15	18
已设内衬		1	1~2	1~3	1~4	1~5
工况编号	Lcase7	Lcase8	Lcase9	Lcase10	Lcase11	
开挖深度(m)	21	24	27	30	坑底	
已设内衬	1~6	1~7	1~8	1~9	1~10	

(5)圆形嵌岩地下连续墙受力和变形特征总结

①地下连续墙变形特征

支护结构变形控制是基坑工程领域的一个重要研究方向，目前对于地下连续墙支护结构变形的研究主要是围绕软土地基展开，上海地区工程实践表明，基坑最大变形一般发生在开挖面附近，并且在支护结构的底端也有相当大的位移。

嵌岩地下连续墙的变形与常见的软基地连墙区别很大，主要体现在以下几个方面：

a. 基岩对地下连续墙的嵌固作用阻止了最大变形位置下移，在基岩附近，嵌岩地下连续墙变形逐渐集中，进入岩层出现明显的拐点，而软基地下连续墙则持续向下发展，曲线较平顺。

b. 从地下连续墙钢筋应力的监测数据可以看出，由于在基岩的顶面地下连续墙的变形出现了反弯点，所以在该处有较大的负弯矩，钢筋应力增长迅速，钢筋应力数据精度受外界影响较大，但是与地下连续墙的变形特征还是基本协调的，由于在嵌岩位置的负弯矩作用，钢筋应力变化剧烈。

c. 北锚实测变形数据显示：墙体呈现出一种“蛇形”的变形，以P1孔为例，墙体上部向坑外变形，下部往坑内变形，最大变形发生在墙身下半部分，这就表明圆形基坑各幅墙在自身独立变形以外，还影响到其他墙的变形并且互相协调，体现出一定的整体变形，而与其相对的矩形基坑变形就独立的多。

d. 出现偏向坑外变形的原因很多，但是主要原因是基坑的施工误差，如果基坑平面尺寸控制的好，这种向坑外“漂移”的现象是可以控制的，例如南锚的实测变形就与计算值比较接近，几乎没有偏向坑外的变形。

e. 实际的结构误差是难以定量分析的，所以采用MAC软件，将基坑平面考虑为椭圆形，施工误差假定为1%，计算表明，在椭圆长轴的端点是会出现偏向坑外的变形的。

②地下连续墙受力特征

南锚与北锚的内力发展规律基本一致，只是北锚开挖深度较大，应力比南锚大，主要特征归纳如下：

a. 在0~15m范围内墙体竖向应力很小，在嵌岩处有明显应力集中现象，墙体外侧的应力大于墙体内侧。墙体内侧和外侧的环向应力差别不大，都明显大于竖向应力，这主要是由于圆形地下连续墙的拱效应，将坑外水土压力转由环向轴力承受。

b. 在基岩顶面处有明显的应力集中，墙体外侧的最大拉应力和最大压应力都大于墙体内侧；应力在砾砂层和基岩内变化很快，内外侧的拉压应力最大值都在开挖至坑底时达到。

c. 墙体内侧和外侧的环向应力差别不大，外侧稍大；各模型环向压力最大值发生位置基本一致，随开挖发展情况也基本一致，进入基岩后都呈减小趋势。

(6)主要创新点

①基于现有有限元理论,以成熟的通用程序为平台,建立了圆形超深嵌岩地下连续墙支护结构数值分析模型,该模型考虑土体的非线性特征和土与支护结构的接触问题。提出嵌岩地下连续墙合理分析模型,并通过实测资料进行检验。

②通过对黄埔大桥南北锚圆形超深基坑的开挖过程数值模拟,得到了开挖过程中墙身的变形、应力发展规律,在此基础上总结了圆形支护结构的变形和受力特点,可以为今后类似工程的设计提供理论依据和实践参考。

③针对计算结果与实测资料的差异,分析了施工误差对圆形支护结构的影响,从理论上定性地解释了该类结构变形的"飘移"问题,为确定合理施工精度控制值提供了依据。

(7)圆形锚碇理论分析后采取的设计方案

相对于矩形基坑而言,圆形支护结构具有明显的空间作用,规范推荐的弹性地基反力法忽略了支护结拘的环向受力,偏于保守,易造成浪费。本文在总结国内外圆形锚碇基坑设计基础上,采用了圆形壳体的空间结构分析方法,考虑了锚碇围护结构在土体介质中的竖向和环向抗力效应,准确的分析方法使黄埔大桥的锚碇围护壁地下连续墙厚度减少到1.2m,纵向和环向受力钢筋配置数量也得到优化。经过开挖实践证明,黄埔大桥悬索桥南、北锚碇基坑设计采用圆形地下连续墙支护结构,分层岛式开挖土方。逆作法施工内衬作为坑内的横向支撑结构,总体设计和施工方案是可行的。随着开挖深度的递增,圆形地下连续墙支护结构内力不断增大,而内衬厚度的相应增加有效保证了支护结构的水平刚度,现场监测结果表明,支护结构变形得到了有效控制,结构受力十分合理,与国内同类特大型桥梁相比有较大的优化,经济效益明显。

2.黄埔大桥锚碇基坑信息化施工研究及锚体应力分析

信息化施工出现之前对工程的监测、管理可称为观测施工,它是在施工过程中凭借工程技术人员的经验判断施工过程的安全性,或安放测试元件进行测试,根据施工过程中的测试结果进行事后分析。对施工过程中可能出现的重大质量、安全问题主要靠工程技术人员的经验判断,必要时采取应急措施,而观测的目的主要是验证原有设计,为今后的工程设计积累经验和资料。靠事后分析的观测施工不能直接指导当前工程项目的施工,其原因主要是由测量、分析手段落后所致。如土中的应力和变形难以测量,现场数据不能实时获得以及靠人工计算分析花费时间较长等。因此,在大型复杂工程中,必须采用信息化施工技术来指导工程项目的设计、施工。

1)信息化施工技术概述

信息化施工技术是在现场测量技术、计算机技术以及管理技术的基础上发展起来的,它是在施工过程中,通过设置各种测量元件和仪器,实时收集现场实际数据并加以分析,根据分析结果对原设计和施工方案进行必要的调整,并反馈到下一施工过程,对下一阶段的施工进行分析和预测,从而保证工程施工安全、经济的进行。要进行信息化施工,应当具备一些条件:

(1)有满足检测要求的测量仪器元件和仪器。

(2)可实时检测。

(3)有相应的预测模型和分析方法。

(4)应用计算机进行分析。

信息化施工的基本方法主要有以下两种:

(1)理论解析方法:这种方法主要利用现有的设计理论和设计方法。进行工程结构设计时要采用许多设计参数,如进行深基坑开挖护坡结构设计时,需采用土的侧压力系数等。按照设计进行施工并进行监测时,如果实测结果与设计结果有较大偏差,说明对于现结构,原来设计时所采用的参数不一定正确,或其他影响因素在设计方法中未加考虑。通过一定方法反算设计参数,如果采用的一组设计参数计算分析得到的结构变形、内力与实测结果一致和接近,说明采用这组设计参数进行设计,其结果更符合实际。

利用新的设计参数计算分析，判断工程结构施工现状，并对下一施工过程预测，以保证工程施工安全、经济地进行。

(2)“黑箱”方法：这种方法不按照现有设计理论进行分析和计算，而是采用数理统计的方法，即避开研究对象自身机理和影响因素的复杂性，将这些复杂的、难以分析计算的因素投人“黑箱”，不管其物理意义如何，只是根据现场的反馈信息来推算研究对象的变形特性和安全性，如黏土地基的压密曲线可以用双曲线近似，对于在软弱黏土地基上的路基回填，可以不计算土的参数、也不应用土力学理论分析，而是利用前阶段的观测数据拟合双曲线，根据拟合的双曲线预测下阶段施工过程中的土体压密沉降变形。在研究对象自身机理复杂、影响因素多，而其物理特性又可以用某一已知曲线表达时(该曲线的系数可以通过拟合计算得出)，可用此法。

信息化施工通常主要包含以下几个阶段：

第一、基于观测值的日常管理：利用计算机实时采集工程结构的变形、内力等数据，每天比较观测值和管理值，监测工程的安全性以及是否与管理值相差过大。

第二、现状分析和对下阶段的预测：利用观测结果推算设计参数，根据新的设计参数计算分析，判断现施工阶段工程结构的安全性，并预测下一施工阶段结构的变形及内力。

第三、调整设计方案：根据预测结果调整设计方案，必要时改变施工方案，重新进行设计。

2)有限元模型建立及计算方法

根据钢筋处理方法的不同，混凝土非线性分析所采用的单元模型主要可以分为：分离式模型、整体式模型以及组合式模型。分离式模型将分析对象离散为钢筋单元、混凝土单元，并在两者之间附加连接单元，模拟钢筋和混凝土之间的黏结滑移；后两种模型均假定钢筋和混凝土之间没有相对的滑移，其中，组合式模型将分析对象离散为包含钢筋和混凝土条带的分层组合单元，或者包含钢筋的混凝土复合单元；整体式模型是假想钢筋“弥散”在混凝土中，将分析对象考虑为一般的连续体进行分析。

地下连续墙属于施工临时结构，不会承受反复荷载的作用，并且地下连续墙和墙身之间的错动比钢筋与混凝土的滑移大的多，因此建模时没有考虑钢筋与混凝土之间的滑移。具体方法为：对于纵向钢筋采用分离式建模，即纵向受力钢筋采用杆单元模拟，不考虑钢筋的横向抗剪作用，认为其仅承受轴向力作用；箍筋采用弥散方式分布在混凝土单元中；钢筋和混凝土通过共用节点的方式连接，不考虑两者之间的黏结滑移计算。采用 ANSYS 软件，混凝土采用 solid65 单元模拟，钢筋采用 link 单元。规则几何体建模时，优先考虑采用六面体单元，但是在模型几何尺寸不规则时，部分区域就退化为五面体或四面体单元，在本次计算中，混凝土都采用收敛性较好的六面体单元形式。

在有限元计算时，通过在支撑位置布置弹性垫块来模拟支撑，垫块采用八节点等参单元模拟。

基岩通过 8 节点等参单元模拟，由于计算中主要考虑地下连续墙的受力，基岩与混凝土之间的接触方法主要有两种：设置接触单元；认为两者之间完全固结，即通过共用节点连接。

接触问题是一种高度非线性行为，由于嵌岩地下连续墙在基坑围护中应用的工程先例很少，所以混凝土与基岩接触面的本构关系国内外鲜有文献提及，因此只能通过反复试算确定。本文采用库仑摩擦模型模拟两者之间的关系，综合文献的建议及试算结果，摩擦因数取为 0.25。

3)南、北锚计算结果

选取北锚 P2 监测点为研究对象，利用前文所述的方法进行反演计算，共计算了三个工况，分别为第三层开挖(挖深 9m)、第六层开挖(挖深 18m)和开挖至坑底(挖深 30m)工况，主要结果如下：

(1)开挖至 9m 深度地下连续墙整体受力状态。

地下连续墙前三层开挖结束时，墙身实测变形不超过 2mm，钢筋应力水平也很低，说明此时基坑开挖安全性是有保证的。并且该工况不是地下连续墙受力的控制工况。

(2)开挖至18m深度地下连续墙受力。

开挖到此阶段后,地下连续墙变形逐渐增大,随着最大变形位置的下移,在地下连续墙嵌岩位置应力逐渐增大,由于基岩的嵌固作用,使得地下连续墙在该处有很大的负弯矩,地下连续墙开裂区域主要集中在两部分:一是变形最大位置,墙身内侧出现了裂缝;二是嵌岩位置,由于负弯矩的影响而产生的裂缝。

(3)开挖至坑底时工况。

开挖到坑底是基坑开挖风险最大的工况,随着最大开挖位置的下移,地下连续墙嵌岩位置的应力集中会加剧,因此嵌岩段的受力是一个重要问题,地下连续墙的裂缝出现位置集中在嵌岩位置和最大变形位置,北锚地下连续墙开挖到坑底时,地下连续墙截面的2/3已经出现裂缝,但是没有贯通。

地下连续墙钢筋应力分布规律与墙身变形协调,最大应力为119MPa,位于地下连续墙嵌岩位置的外侧,由墙身在该处的负弯矩引起。

南锚计算结果:

南锚开挖深度约25m,施工难度比北锚略小,实测地下连续墙位移控制在10.9mm以内,应力在-45~+145MPa范围内变化。根据位移数据,分别对南锚开挖至12m深度和开挖至坑底的工况进行了地下连续墙受力分析,主要结果如下:

(1)开挖至12m地下连续墙整体受力状态。

南锚开挖至12m深度,即前四层开挖结束时,地下连续墙变形和受力都很小,通过反演分析,没有发现裂缝开展,钢筋墙身应力水平很低,最大应力位于变形最大和嵌岩处,外侧最大应力16.9MPa,内侧应力最大10.4MPa,墙身竖向应力最大为1.57MPa,等效应力最大为1.6MPa。

(2)开挖至坑底地下连续墙整体受力状态。

南锚开挖到坑底后,基坑西北侧地下连续墙最大变形接近10mm,东南侧最大变形接近9mm,小于北锚。地下墙开挖至坑底时的分布裂缝规律与北锚类似,主要分布在变形最大位置和嵌岩位置,钢筋应力和墙身应力规律与北锚也是类似的。

4)支护结构优化

本工程坑底的内衬厚度为2.5m,设计上是偏于保守,存在很大的优化空间;通过位移的反演分析,可以看出南、北锚的地下连续墙纵筋应力不超过120MPa、墙身等效应力不超过1.6MPa,考虑到基岩位置的应力集中,该数值实际有所偏大,故该类圆形嵌岩基坑围护结构有必要进行设计优化。

随着开挖,内衬(支撑)支护结构布置方法主要是基于普通的地下连续墙支护结构的经验得来:因为软土基坑的最大变形位置往往在基坑的底面,并且墙底位移也相当可观,所以在支撑体系设计时,支撑断面往往随开挖深度增加而增加。显然,这种设计方法与嵌岩支护结构的受力特点是相违背的。

现以北锚为例,运用优化方法对其围护结构进行优化。

(1)优化问题定义

优化分析基本内容有设计变量、状态变量和目标函数,这些参数主要是根据有限元分析结果来给定的。设计变量(DVS)为自变量,优化结果的取得就是通过改变设计变量的数值来实现的。本文取每道内衬的厚度作为设计变量,共10个;状态变量(SVS)是约束设计的数值。它们是"因变量",是设计变量的函数,取开挖结束后每道内衬位置处的支护结构径向位移和地下连续墙单元的等效应力(Von-Mises应力)作为状态变量,变形值的上限根据本课题三维分析结果和实测数据而定,取为13.02mm(三维非线性计算值),列于表2-2-25。表中初始值根据前文中三维非线性计算结果确定。混凝土材料的屈服应力并没有材性试验作为参考,因此根据文献的建议,保守的取20MPa;目标函数是要尽量减小的数值,它必须是设计变量的函数,取支护结构单元总体积作为目标函数。

状 态 变 量　　表 2-2-25

SVS	X1	X2	X3	X4	X5
对应内衬	1	2	3	4	5
初始值(mm)	5.212 5	6.882 5	8.236 8	9.485 2	10.652 7
上限值(mm)	13.02	13.02	13.02	13.02	13.02
SVS	X6	X7	X8	X9	X10
对应内衬	6	7	8	9	10
初始值(mm)	12.035 8	13.041 9	13.897 5	12.725 8	11.225 4
上限值(mm)	13.02	13.02	13.02	13.02	13.02

(2)优化方法

在优化计算中,要求自变量的变化范围在上下限以内,若超出此范围则取上下限值,这样处理可以保持优化算法的简单有效,减少计算时间,并保证所求得的 m 值在可以接受的范围以内。

由于目标函数难以写成显式形式,对于多约束条件的优化问题有一定的计算难度。在计算中采用一阶分析法来进行优化计算,其目的是将有限元计算的结果最小化而不是对逼近数值进行操作,故而精度较高。

①目标函数的转换

因为工程中的问题大多是有约束的,但是这些有约束优化设计的问题一般都可以转化为无约束问题。其中一阶分析方法就是对目标函数添加罚函数来将有约束的优化问题转化为无约束问题:

$$Q(k)=\frac{f}{f_0}+q\left[\sum_{i=1}^{n}P_k(k_i)+\sum_{i=1}^{n}P_m(m_i)\right]$$

式中:$Q(k)$——无约束目标函数,无量纲;

f_0——约束函数的初始参考值;

q——惩罚因子,决定了函数约束满意程度;

$P_k(k_i)$——设计变量的约束的罚函数;

$P_m(m_i)$——状态变量 m 的约束的罚函数。

②搜索方向以及收敛准则

优化计算时,采用共轭方向法确定设计变量的搜索方向,取初始值 k^0 的负梯度 $-\nabla Q(k^0)$ 作为初始共轭向量 d^0,则第 n 个迭代点的共轭方向由下式确定:

$$d^n=-\nabla Q(k^n)+\gamma^{n-1}d^{n-1}$$

式中:k^n——由一维搜索按最优步长获得的迭代点;

γ^{n-1}——组合系数,采用 Polak-Ribiere 公式确定,即:

$$\gamma^{n-1}=\frac{[\nabla Q(k^n)-\nabla Q(k^{n-1})]^T\nabla Q(k^n)}{[\nabla Q(k^{n-1})]^2}$$

获得搜索方向后,就可以通过一维线性搜索找到下一个迭代点:

$$k^{n+1}=k^n+\lambda_n d^n\quad\left(0\leqslant\lambda_k\leqslant\frac{\lambda_{\max}}{100}\lambda_n^*\right)$$

式中:λ_n——线性搜索步长,采用黄金分割和二次插值法相结合的方法求得;

$\lambda_{\max}$——最大的迭代次数;

λ_n^*——最大可能的迭代次数。

根据如下准则判断 k^{n+1} 是否为最优点,判断准则如下:

$$\left|f^{k+1}-f^{k}\right| \leqslant \tau$$

$$0 \leqslant k_i^{n+1} \leqslant LN_p/n$$

其中 τ 为目标函数的允许偏差，若不满足收敛条件，则得到一个新的搜索方向 d^{n+1}，进入下一轮的迭代，直到收敛为止。

(3)优化结果

通过优化分析，得到了各道内衬的合理厚度，列于表 2-2-26 中，可见最后两道内衬的优化空间最大，这与变形监测的结果是相吻合的。图 2-2-57 给出了优化分析后的地下连续墙变形，与三维计算值和实测变形值相比，地下连续墙变形曲线比较平缓；图 2-2-58 给出了优化分析后内衬的环向应力。

优　化　结　果　　表 2-2-26

对应内衬	1	2	3	4	5
初始厚度(m)	2	2	2	2	2
优化厚度(m)	1.023	1.123	1.324	1.664	1.712
对应内衬	6	7	8	9	10
初始厚度(m)	2.5	2.5	21.5	2.5	2.5
优化厚度(m)	1.605 3	1.418	1.081 7	0.648	0.311

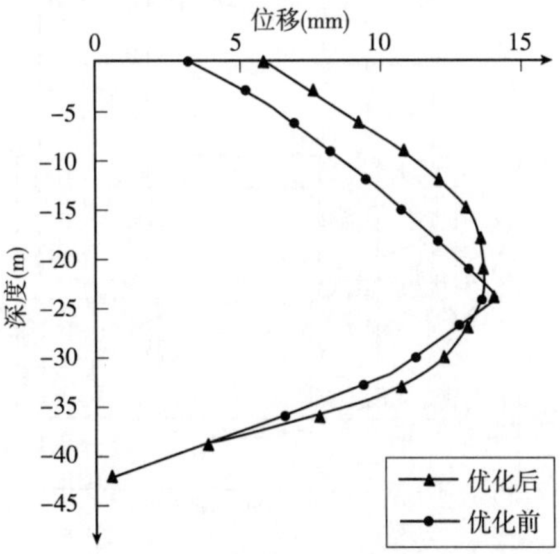

图 2-2-57　优化后地下连续墙变形

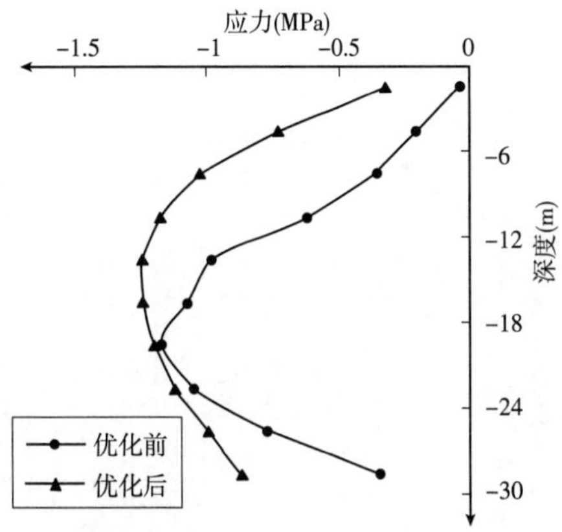

图 2-2-58　优化后内衬环向压应力

在黄埔大桥锚碇这种类似规模的基坑工程中采用圆形支护结构先例不多，因此设计相对比较保守。本课题的研究表明，基坑底部岩石对地下连续墙有很强的约束作用，内衬随开挖过程逐渐加强的做法不经济。通过优化分析，可以使得支护结构的布置更加合理，在最大变形和内力不增大的前提下减小了内衬截面。

需要说明的是，在本工程的施工过程中，并没有采纳上述优化分析结果，但是监测结果表明，支护结构的内力和变形都控制在很低的水平，进行合理的优化是必要的。建议在今后类似工程中应用。

5)锚碇基础大体积混凝土设计及施工控制

黄埔大桥悬索桥南、北锚碇基础工程规模巨大，北锚的锚体基本结构如图 2-2-59 所示。锚碇基坑底板、填芯混凝土、顶板，以及锚块、散索鞍、支墩均属大体积混凝土结构，由于混凝土的水化热作用，混凝土浇筑后将经历升温期、降温期和稳定期三个阶段，在这个过程中混凝土的体积在温度变化影响下亦随之伸缩，各块混凝土体积变化受到约束就会产生温度应力，如果该应力超过混凝土的抗裂能力，将导致混凝土开裂；因此，为了提高混凝土施工质量，保证大桥长期安全地使用，必须制订科学的锚碇基础大体积混凝土施工方案。

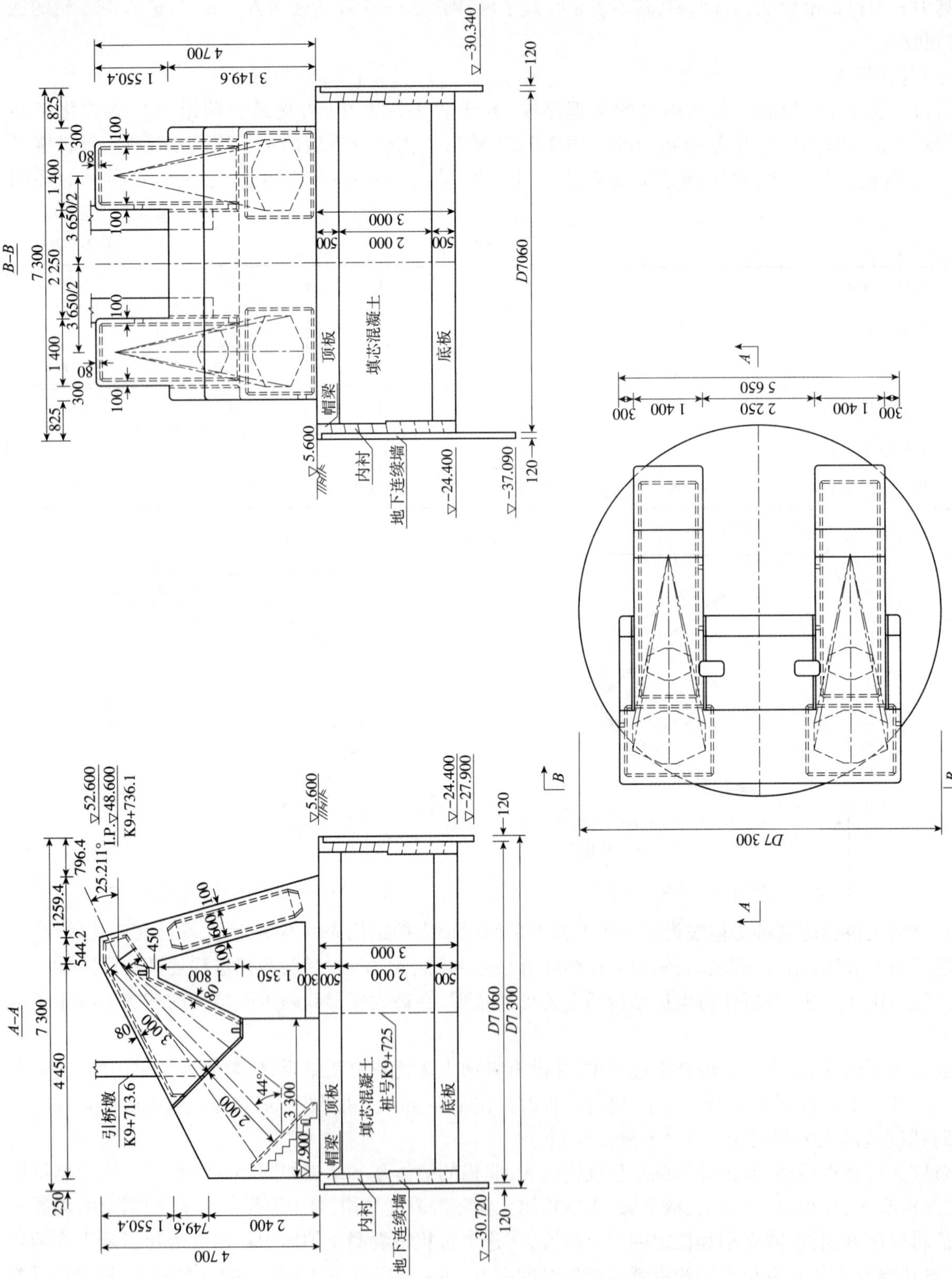

图2-2-59　锚碇基本结构图(尺寸单位:cm)

(1)锚碇基础大体积混凝土的配合比设计

①拟用原材料

水泥:P. O32.5R 和 P. II42.5R;

粉煤灰:II 级粉煤灰;

细集料:普通中砂;

粗集料:花岗岩碎石(5~31.5mm);

外加剂:JM-10 高效缓凝减水剂。

在原材料选择上,粗集料应尽量选择热膨胀系数低的粗集料,提高混凝土的抗开裂能力;掺和料采用粉煤灰,外加剂主要为减水剂,可减水增塑,在保持混凝土坍落度及强度不变的条件下,减少用水量,节约水泥,降低绝热温升,延缓放热值出现时间,一般在初期为表面产生裂缝的危险期,可以通过加外加剂,使混凝土强度在一定程度上增强。

②混凝土配合比

配合比设计原则为:在保证混凝土的设计强度、满足施工性能的基础上,尽量降低绝热温升,减少收缩,提高抗裂性。

水化热对混凝土结构影响很大,内外温差过大直接导致温度应力产生裂缝,通过水化热测试可以进行一定控制,其测试方法按照《水运工程混凝土试验规程》(JTJ 270—1998)中的直接水化热法,目的在于考察粉煤灰掺量(0%、15%、30%、45%)和外加剂类型(聚羧酸系超塑化剂和萘系高效减水剂)对水化热、水化放热速率的影响。其结果为水泥水化热随龄期增长而增加,随粉煤灰掺量的增大而降低;粉煤灰掺量越高,水化热越低,放热速率越小;外加剂减少了水化热,有效降低了早期的温升。

绝热温升试验是在绝热状态条件下,混凝土在水泥水化过程中温度变化及最高温升值,反应了早期混凝土中胶凝材料的水化速率和水化程度,影响因素有很多,包括水泥的水化热、混凝土中的水泥用量、混凝土比热、掺料的使用及水泥的水化程度等。其试验参照《水工混凝土试验规程》(DL/T 5150—2001)中绝热温升试验方法规定进行,测定混凝土在水化中的温升值及其变化过程。黄埔大桥进行了配合比试验,最终确定的混凝土配合比如表 2-2-27 和表 2-2-28 所示。

锚体 C30 混凝土配合比设计　　表 2-2-27

水泥强度等级	水泥用量(kg/m³)	粉煤灰掺量(kg/m³)	砂(kg/m³)	石子(kg/m³)	外加剂 JM-10(kg/m³)
31.5R	240	130	770	1 064	5.6

锚体 C40 混凝土配合比设计　　表 2-2-28

水泥强度等级	水泥用量(kg/m³)	粉煤灰掺量(kg/m³)	砂(kg/m³)	石子(kg/m³)	外加剂 JM-10(kg/m³)
42.5R	300	120	745	1 071	6.3

(2)锚碇基础大体积混凝土的浇筑方案

①混凝土水平分块方案:锚体大体积混凝土平面分成 *A*、*B*、*C*、*D* 四块(图 2-2-60)。其中锚块设置 2m 宽的后浇带,散索鞍支墩底板与锚块之间设置 3m 宽的后浇带,后浇带采用 C30 微膨胀混凝土。

②混凝土竖向分层方案:锚块共分 15 层,其中 1~6 层每层厚度为 2m;7~14 层每层厚度为 2.25m;15 层厚度为 1.5m。3m 厚散索鞍底板分为 2 层,每层厚度为 1.5m。散索鞍支墩顶部分

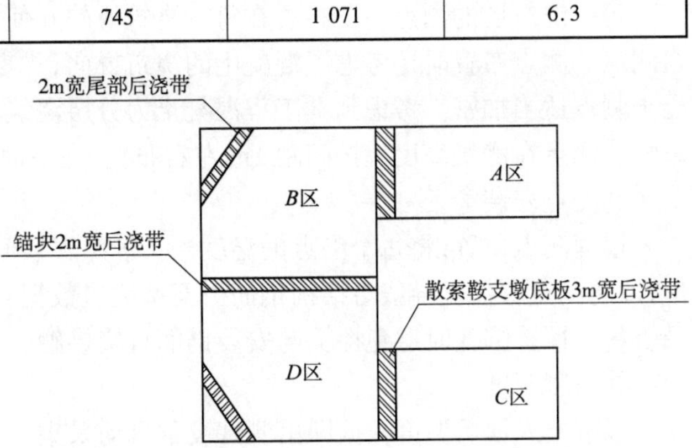

图 2-2-60　锚体平面分块示意图

为3层,厚度分别为2m、2.25m、3.08m。

锚体竖向分层示意图如图2-2-61所示。

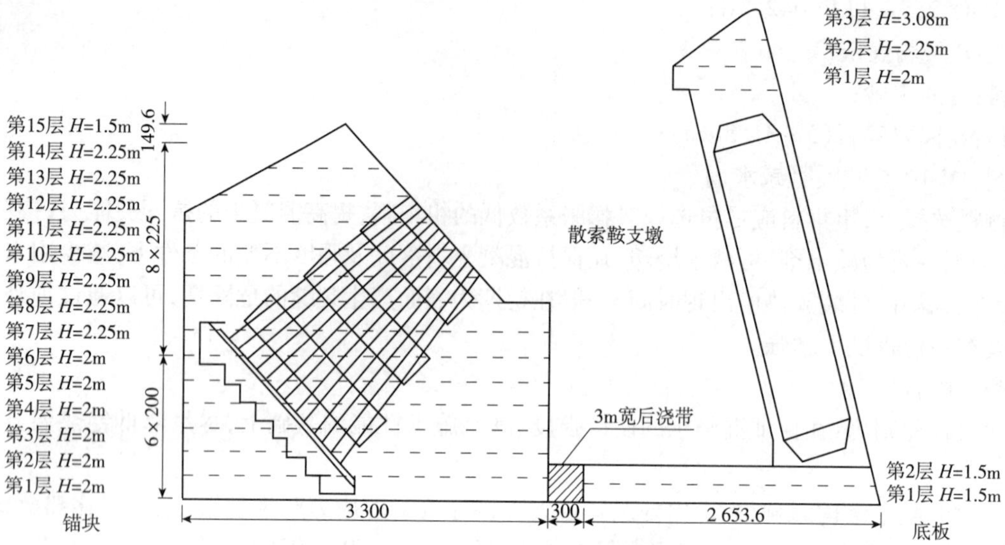

图2-2-61 锚体竖向分层示意图(尺寸单位:mm)

(3)锚碇基础大体积混凝土的浇筑温度控制

混凝土拌和出机后,经运输、振捣平仓过程后的温度为浇筑温度。夏季浇筑温度的估算:假定粗、细集料温度为30°C,水泥和粉煤灰温度为50°C,拌和水温度10°C,经计算,满足浇筑温度控制在30°C以内的要求。

(4)锚碇基础大体积混凝土的养护

大体积混凝土对养护的要求较高,考虑到锚体混凝土施工时外界气温较高,因此锚体混凝土养护的关键在于混凝土的保湿养护。在混凝土终凝后即开始养护,养护方法:在混凝土表面覆盖一层塑料薄膜,并充分洒水养护,以减少混凝土的收缩和早期干缩裂缝。同时根据现场的测温数据和环境气温变化,及时调整保温层。当气温较高、温降较缓时,减少保温层厚度,加速降温;当气温较低、温降较快时,增加保温层厚度,减缓降温,从而实现信息化的施工,确保混凝土内外温差控制在25°C以内。

(5)锚碇基础大体积混凝土的温度监控方案

水工混凝土规定,大体积混凝土内外温差不能超过25°C,否则就有可能产生温度裂缝,因此必须对锚碇大体积混凝土进行温度监控。温度监控就是通过在混凝土内埋设足够的温度计,跟踪掌握混凝土内部温度发展变化的规律,出现异常情况及时调整温控措施及施工方案,并为调整温控措施及施工方案提供依据,做到信息化施工。

①测点布置

每一浇筑层的测点主要布置在每一浇筑块的几何对称面上,同时在散热较快的边区和角部各布置一组测点。测点布置时还考虑了混凝土的浇筑方向,先期浇筑的混凝土由于临界温度变化较大,在该区混凝土测点适当加密。考虑到本工程混凝土为分层浇筑,因此还应考虑到浇筑上层混凝土对下层混凝土的影响。测点在浇筑高度上按间距1m左右布置,在平面尺寸上按间距10m左右布置。

②测点安装

根据测点位置,将每个测点的温度探头按照安装间距绑扎在安装钢筋上,将安装钢筋与结构钢筋点焊,以防测点移位。导线沿结构钢筋引至基坑边数据自动采集箱。记录每个位置探头的编号,并保存记录资料。探头绑扎时避免探头与安装钢筋直接接触。

③监测制度

混凝土入模后温度数据即由测试设备自动采集。每2~4h采集1次数据,温度监控人员随时可接受采集的温度信息。当混凝土开始浇筑时,温度监控即开始,当混凝土内温度下降至稳定温度后,温控工作便可以结束。

④监测结果反馈

根据采集到的数据，用计算机软件做出初步的分析，随时提供监测信息，指导现场施工，便于实现信息化施工。信息反馈：每天提供当天的温度测试分析值及施工建议。监测成果：监测工作结束后 1 个月内提出监测报告。

(6)锚碇应力分析

锚碇在运营期的应力情况是十分重要的，我们通过有限元软件 ANSYS，建立了锚体和基础的几何模型，考虑到对称性，取一半结构进行分析，分别在前后锚面和支墩顶面施加相应的荷载，同时考虑重力作用，锚碇所承受的主缆拉力如下：

后锚面拉力 $F_h = 436\ 905\text{kN}$；

前锚面拉力 $F_q = 171\ 055\text{kN}$；

支墩顶面荷载 $F_{zd} = 87\ 756\text{kN}$。

计算结果列于表 2-2-29 中，计算结果表明，锚体最大等效应力不超过 2.65MPa，基础最大等效应力不超过 1.43MPa，位于锚体支柱根部，在合理的受力范围以内，锚体最大变形为 3.155m。

计　算　结　果　　表 2-2-29

位置	最大变形(mm)	竖向应力(MPa)	剪应力(MPa)	第一主应力(MPa)	最大等效应力(MPa)
锚体	3.155	2.7	0.953	0.821	2.65
基础	1.394	1.57	0.384	0.398	1.43

6)主要创新点

(1)针对地下连续墙应力监测布点少、精度受外界影响大的缺点，提出通过实测变形值来反分析墙身受力，提高了墙身应力尤其是嵌岩段应力监测精度。

(2)提出采用最小二乘法进行变形数据的拟合，该方法实质是在离散情况下的最佳平方逼近，不要求拟合曲线精确地通过每一个数据点，只是反映变形的趋势，因此可以在一定程度上减小误差对真实位移测量数据的影响。

(3)建立了地下连续墙受力反演分析的计算模型，考虑了混凝土材料的非线性和各类因素对实测变形数据的影响，实现了对地下连续墙应力的实时控制，可以作为应力监测数据的印证和补充。

(4)根据本课题前期非线性计算的成果和监测数据，提出在施工中应用优化技术，并以北锚为例计算了内衬的合理厚度，为后续类似工程提供了借鉴。

(5)通过三维有限元法，得出了锚体和基础在使用阶段的应力分布，为其安全性评估提供了理论依据。

3. 悬索桥圆形锚碇基础支护地震荷载下应力及变形分析

地下结构在水利水电、公路、铁路交通运输以及城市建设中得到了广泛应用，对保障人民生命财产以及城市生活的正常运行有着极为重要的意义。一般的地下结构，特别是基坑围护结构并不考虑地震工况荷载下的受力，但本工程属于大型基坑围护结构，开挖周期较长，偶然因素较多，对其进行地震荷载下的应力及变形分析是必要的。

1)地下结构地震反应的特点

在地震作用下，地下结构与地面结构的振动特性有很大的不同。地下结构地震反应的特点主要有以下几个方面。

(1)地下结构的振动变形受周围地基土壤的约束作用显著，结构的动力反应一般不明显表现出自振特性的影响。

(2)地下结构的存在对周围地基地震动的影响一般很小，指地下结构的尺寸相对于地震波长的比例较小的情况。

(3)地下结构的振动形态受地震波入射方向变化的影响很大。地震波的入射方向发生不大的变化，地下结构各点的变形和应力可以发生较大的变化。

(4)地下结构在振动中各点的相位差别十分明显。

(5)一般而言，地下结构在振动中的主要应变与地震加速度大小的联系不很明显，但与周围岩土介质在地震作用下的应变或变形的关系密切。

(6)地下结构的地震反应随埋深发生的变化不很明显。

2)土—结构体系的动力相互作用

当地下结构与地面结构连为一个整体时，由震源出发，通过场地土传播的地震波出入结构体系，使其振动。这时，结构体系产生的惯性力如同新的震源又反过来作用于场地，引起新的地动再作用于结构体系。这种现象就是土—结构体系的动力相互作用(Soil-Structure Interaction，缩写 SSI)。

土—结构体系的动力相互作用一般包括两个方面：一方面是由惯性力引起的相互作用(Interal Interaction)；另一方面则是有所谓约束地震动的相互作用，也称运动相互作用(Kinematics Interaction)。

分析这类问题的有限元法采用的体系包括基岩层、土层及地下结构。

应该指出，虽然地基土对结构地震反应的影响可以计算，但在很多情况下分两步：

第一步，由基岩输入的地震波计算自由场的运动。

第二步，计算土—结构体系对自由场运动的反应。

事实上，精确分析表明地下结构对地面运动的影响是很小的。

3)地下结构抗震理论分析方法

地下结构和地面结构动力反应特点的不同，决定了它们抗震分析方法的不同。目前，地下结构抗震理论分析方法名目繁多，可将其按解析法或数值法的应用程度，大致分为解析法、半解析法半数值法和数值法。一般情况下，三维是最能反映对象物体真实受力情况的状态，三维计算可以省去将物体简化为二维时的种种假设，地层条件的适应范围也更广，较二维的可信程度高。因此采用三维空间有限元模型对结构进行地震荷载下的分析。

4)地震动加速度的输入

目前对于这种大型地下结构，还没有相关的抗震设计规范，所以这里借用《建筑抗震设计规范》(GB 50011—2001)给出的地震影响系数曲线。

本地区的抗震设防为Ⅶ度，设计基本地震加速度值为 0.10g。该场地覆盖层厚度为 16.70 ~ 25.6m(包括残积层、全风化层)，从上而下依次为人工填土层 <1>、淤积层 <2>、冲积层 <3>、残积层 <4>、全风化层 <5>、其下部为花岗混合岩的强、弱、微风化带 <6>。场地包含有软土、膨胀土、液化砂土、风化孤石等特殊地质条件。根据《建筑抗震设计规范》(GB 50011—2001)，本工程场地土类型为中软土，建筑场地类别为Ⅱ类，属对建筑抗震不利地段。

5)计算模型

计算模型采用结构与土体整体建模，完全模拟整个土—结构体系是非常困难的，因为地层分布、周边环境严格上都是非对称的。因此我们在计算中作适当的简化，假定土层分布是均匀的，地下连续墙的深度是相等的(取平均深度)。计算边界距坑壁大于两倍坑深，取 60m。

6)结果分析及结论

通过对 x 向(水平向)及 z 向(竖向)地震力荷载下结构进行反应谱响应分析，在地震工况下，锚碇基础的围护结构变形是很小的，均小于毫米级别。

在地震荷载下，围护结构的应力水平均较小，在北锚 x 向地震工况下，最大 Von-Mises 折算应力仅为 0.21MPa，发生在围护结构内衬靠近坑底的部位，且围护厚度发生变化的位置，体现出应力集中，也有较大应力出现；在 z 向地震工况下，最大 Von-Mises 折算应力为 33MPa，发生在围护厚度变化位置，且基坑底部应力也较大。南锚计算结果与北锚相近，在 x 向地震工况下，最大 Von-Mises 折算应力为 0.23MPa，发生在围护结构内衬靠近坑底的部位，且围护厚度发生变化的位置，体现出应力集中，也有较大应力出现；在 z 向地震工况下，最大 Von-Mises 折算应力为 0.37MPa，发生在围护厚度变化位置，且基坑底部应力也较大。

通过对地震震害的大量调查和研究，地震对于地下结构造成的震害，基本上可以分为两类：一类是由于断层所引起，造成地层的位移和错动，致使地下结构遭到严重破坏，这里也包括地震引起的砂土液化、软化震陷等其他不稳定因素造成的大片土壤滑移，另一类是由地震引起的振动，土壤在地震中不丧失整体性，地层中产生的位移和地震力作用到结构上，使结构产生应力和变形。这也是地下结构的震害特征，以往地下结构遭受震害受到破坏，一般是因为地震烈度超过了设防烈度或者进行设计时未考虑地下结构的抗震问题而发生的。

目前，对于地下结构地震作用机理还了解甚少，理论分析和数值计算并没有很成熟的方法，且国家规范中对于地下结构的抗震计算涉猎的内容也很少。对于地下结构的设计，主要是根据经验采取适当的抗震构造措施。

利用反应谱分析方法，按照《建筑抗震设计规范》(GB 50011—2001)给出的地震影响系数曲线，进行了地震荷载下的分析。从分析的结果来看，整个围护结构整体的刚度很大，在地震荷载作用下应力很小(小于混凝土受拉强度)且基坑围护是一个开口的结构，上部没有覆土堆载等，这对结构在地震荷载作用下也是有利的。

综合以上的分析，虽然该围护结构在外围没有设置止水帷幕，但是地下连续墙及内衬在地震荷载作用下亦满足要求。因此，可以说在保证构造措施和施工质量的前提下，该围护结构在地震荷载作用下是安全可靠的。

4.超大规模地下连续墙基础及锚碇设计

黄埔大桥悬索桥设有南、北两个锚碇，体积巨大，混凝土总用量约 30 万 m^3，基坑支护采用圆形地下连续墙加内衬结构。地下连续墙外径为 73m，厚 1.2m，为同等厚度下国内桥梁基础首次采用的大直径圆形地下连续墙；墙体深度最深为 41.69m。南锚基坑开挖设计深度为 25m，距珠江大堤仅 30m；北锚基坑开挖设计深度亦为 25m。锚体采用三角框架式轻型结构。

因本桥南、北锚碇基础均采用地下连续墙为支护的深埋扩大基础，所以，其基础设计主要为地下连续墙设计。

1)地下连续墙的设计

根据地质情况及锚体设计需要，地下连续墙采用外径为 73m，壁厚为 1.2m 的圆形结构。地下连续墙施工完成后，采用逆作法分层开挖土体，分层施工内衬，各层施工工期由土体开挖控制，内衬及土体分层高度为 3m。采用岛式开挖法进行土体开挖，一层沿圆周分 14 个区域进行对称开挖并浇筑内衬混凝土。内衬从上向下依次为：0～15m 深度内厚 2m，超过 15m 深度的厚 2.5m。顶、底板厚 5m，中间为填芯混凝土，为改善基底应力分布的均匀性，在基础前半部设置 33 个空隔仓。

(1)地下连续墙槽段连接形式

地下连续墙具有墙体深、厚度大、需嵌岩等技术特点，为确保地下连续墙的施工质量和施工进度，确定采用铣接法连接方式。

(2)地下连续墙槽段长度划分

地下连续墙施工槽段分Ⅰ、Ⅱ期两种槽段各 25 个槽段，共 50 个槽段。Ⅰ期槽段采用三铣成槽，边槽轴线处长 2.8m，中间槽轴线处长 1.12m，槽段轴线处总长 6.72m，边槽与中间槽交角为 176.9°；Ⅱ期槽段长 2.8m，Ⅱ期与Ⅰ期之间交角为 175.9°，Ⅱ期与Ⅰ期槽段在地下连续墙轴线处搭接长度为 0.25m。

(3)地下连续墙嵌岩深度

鉴于地质钻探结果所揭示的岩石单轴极限抗压强度较低、基岩破碎、裂隙发育的现状，为避免地下连续墙底脚发生渗流以及踢脚破坏，保证基坑的抗隆起稳定性，确定地下连续墙嵌入弱风化混合岩深度北锚碇不小于 2.5m、南锚碇不小于 3m。实际施工前，对每个槽段进行钻探，根据钻探揭示的情况校核修正各槽段的设计深度。

(4)导墙

导墙及平台顶面高程根据珠江水位以及地面高程确定为 6.6m，高出地面 1.0m。导墙由两个 L 形钢筋混凝土墙组成，墙间距离为1.3m，墙高1.6m，墙宽1.6m，墙厚0.5m。在地下连续墙两侧，采用水泥粉喷桩加固淤泥质黏土，加固深度平均9.4m，进入砂层深度不小于2m。粉喷桩直径50cm，间距40cm，导墙的纵向分段与地下连续墙的分段接头错开布置。

(5)帽梁

为保证地下连续墙开挖阶段受力及刚度的需要，在地下连续墙顶面设置刚度较大的帽梁，帽梁为钢筋混凝土圆形结构，帽梁悬出地下连续墙内侧2m，外侧与地下连续墙齐平，帽梁总宽度3.2m。

(6)内衬

为了满足地下连续墙开挖阶段的受力要求，在圆形地下连续墙内侧设置圆形的钢筋混凝土内衬，内衬作为地下连续墙的弹性支撑，设置在地下连续墙内侧，综合考虑地下连续墙结构受力、缩短施工周期和开挖段土体蠕变对地下连续墙的影响，内衬施工层高取3m，各层内衬底面设置成11°的斜坡，下层内衬与上层内衬结合面采用自密实混凝土，以避免各层内衬间混凝土浇筑出现空隙，为保证内衬与地下连续墙间的连接质量及共同受力，克服内衬自身重量，在地下连续墙施工时，预埋直螺纹钢筋连接器，内衬钢筋通过连接器与地下连续墙钢筋相连。各层内衬部分竖向钢筋采用钢筋连接器连接。

(7)垫层、底板、填芯及顶板

基底设计高程以下全风化混合岩清除后，用C20混凝土垫平，垫层厚度应根据开挖揭示的实际地质情况作适当调整，但需保证最小厚度不小于0.2m，垫层采用C20喷射混凝土。

底板厚5m，通过钢筋与内衬及垫层混凝土连成整体，为保证浇筑质量，填芯混凝土分层浇筑，挖空部分设置竖向插筋，顶板厚5m，通过预埋钢筋与帽梁及内衬混凝土连成整体。

以南锚碇为例，其围护结构及基础构造如图2-2-62所示。

2)锚体的设计

(1)结构安全度指标。

整体抗滑动稳定安全系数$K_a>2$；

整体抗倾覆稳定安全系数$K_c>2$。

施工阶段和运营阶段基底最大地基应力均小于地基容许承载力，且均不出现拉应力。

(2)锚体从功能、受力、施工等方面分为锚块、散索鞍支墩、底板、前锚室、后锚室等部分。散索鞍支墩主要承受由散索鞍传递的主缆压力，锚块主要承受预应力锚固系统传递的主缆索股拉力，前锚室，散索鞍支墩及底板与锚块形成一个完整的空间受力结构，前锚室由底板、侧墙、顶板及前墙构成封闭空间，对主缆索股起保护作用。

(3)由于锚碇平面尺寸很大，为避免锚体混凝土浇筑施工后出现收缩与温度裂缝，锚块、底板共分六块进行浇筑，锚块与锚块、锚块和底板之间设置后浇段，后浇段采用微膨胀混凝土。

(4)为减少用钢量，方便施工，并保证结构的耐久性，锚固系统采用预应力钢绞线锚固系统，锚固方式为前锚式。

南锚碇总体构造如图2-2-63所示；北锚碇总体构造如图2-2-64所示。

五、主缆系统及吊索系统

本桥缆索系统总体布置如图2-2-65所示。

1. 主缆系统

根据国内制造、安装等方面的经验和设备条件，主缆采用预制平行钢丝索股(PPWS)。

每根主缆中，从北锚碇到南锚碇的通长索股为147股，北边跨另增设6根背索，南边跨另增设2根背索，均在主索鞍上锚固。每根索股由127根直径为5.20mm、公称抗拉强度为1 670MPa的高强度镀锌钢丝组成。主缆在架设时竖向排列成尖顶的近似正六边形，紧缆后主缆为圆形，索夹内直径分别为805.4mm(北边跨)、789.4mm(中跨)、794.8mm(南边跨)。

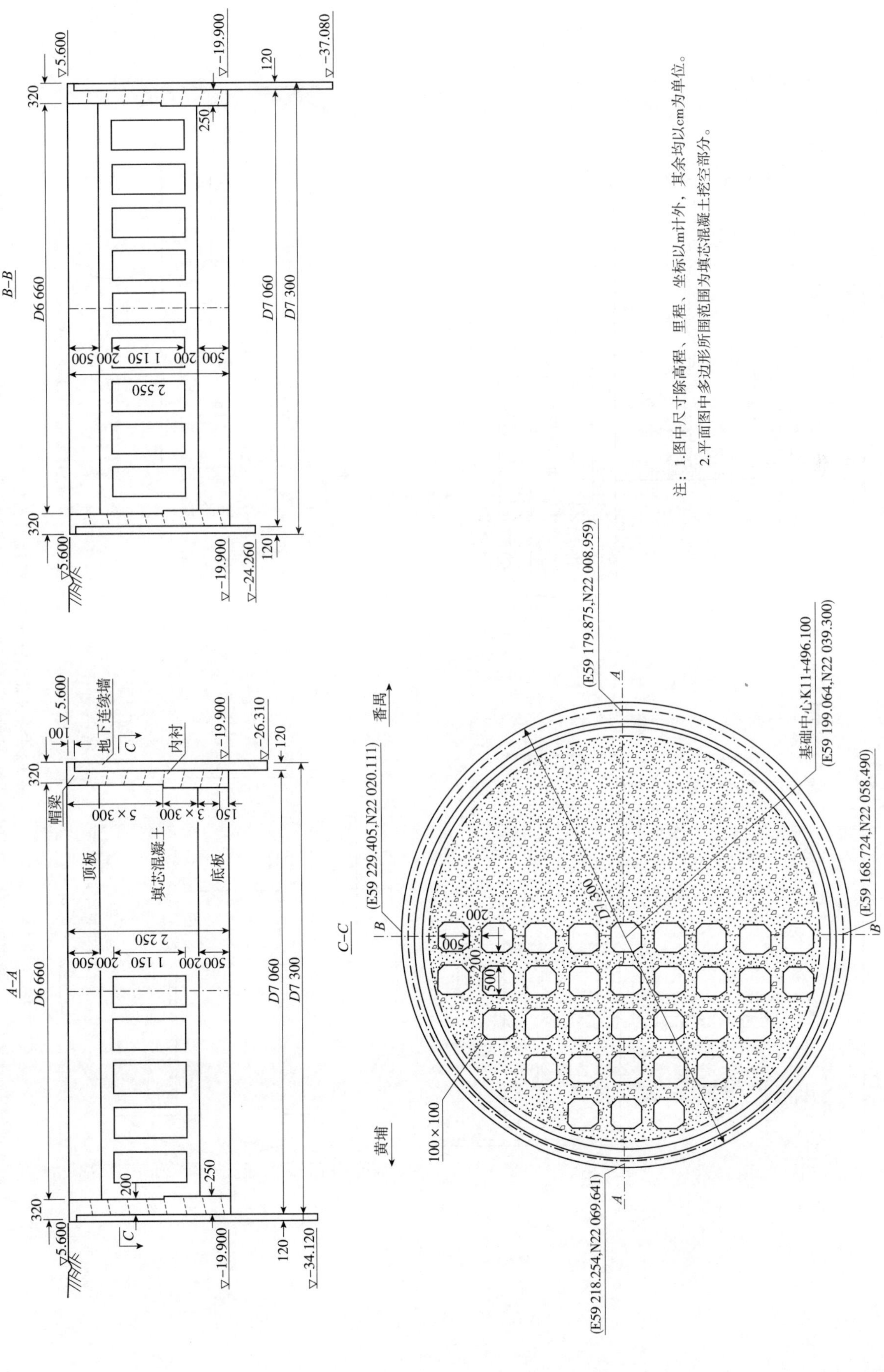

注：1.图中尺寸除高程、里程、坐标以m计外，其余均以cm为单位。

2.平面图中多边形所围范围为填芯混凝土挖空部分。

图 2-2-62 黄埔大桥悬索桥南锚碇围护结构及基础构造

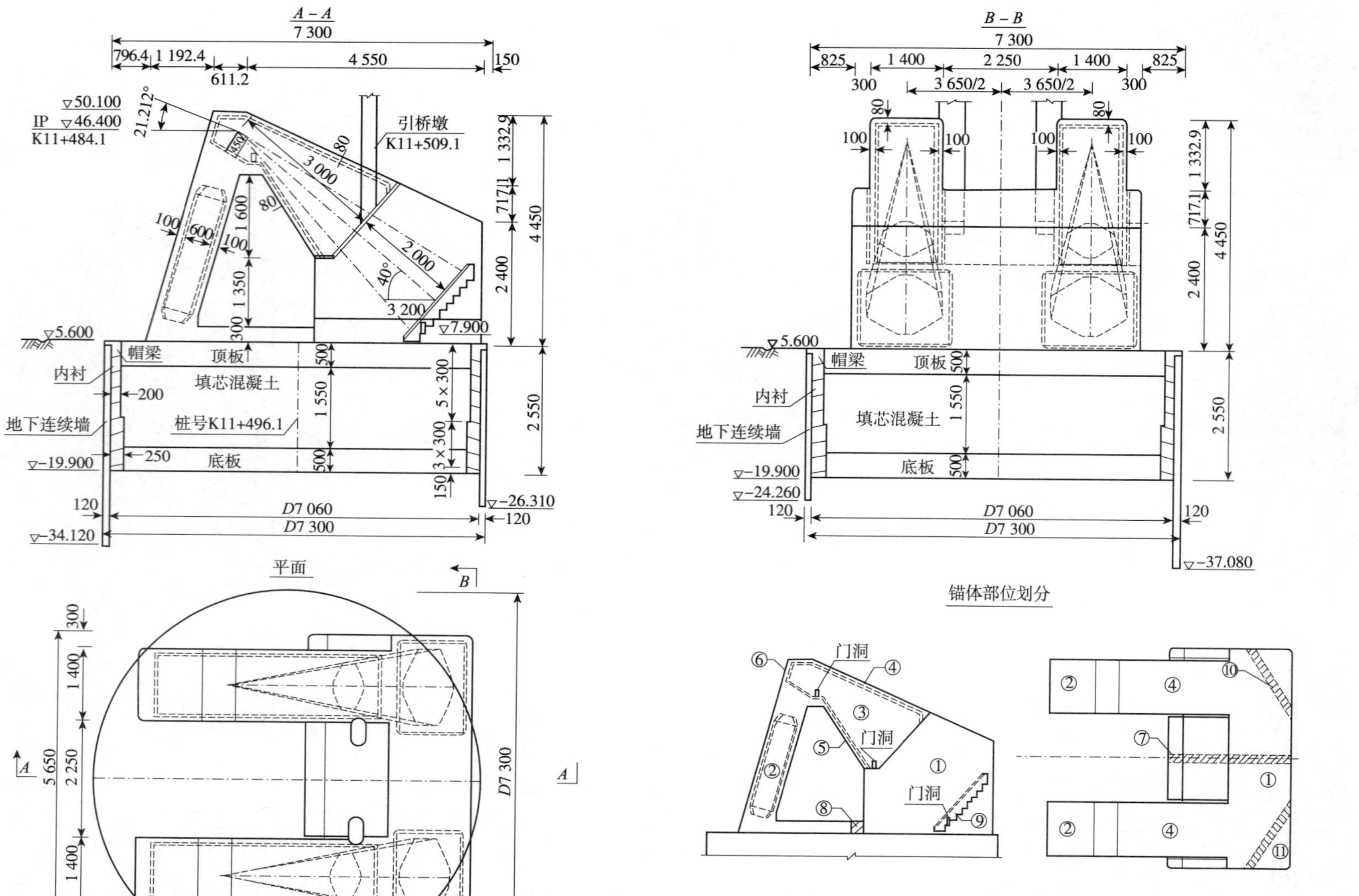

注：1.图中尺寸除高程及桩号以m计外，余均以cm单位。
2.前、后锚室门采用船用气密门AR1 700×700N，满足《气密门》(CB/T 3722—1995)的要求。
3.所有圆弧倒角半径均为75cm。

图 2-2-63 黄埔大桥悬索桥南锚碇总体构造

①-锚块；②-散索鞍支墩及底板；③-前锚室侧墙；④-前锚室顶板；⑤-前锚室底板；⑥-前墙；⑦-锚块后浇段；⑧-底板后浇段；⑨-后锚室；⑩-尾部后浇段；⑪-锚体尾部

缆套采用碳素结构钢钢板焊接。钢板及焊条的性能指标应符合设计文件和《碳素结构钢》(GB/T 700—1988)、《碳钢焊条》(GB/T 5117—1995)的规定。

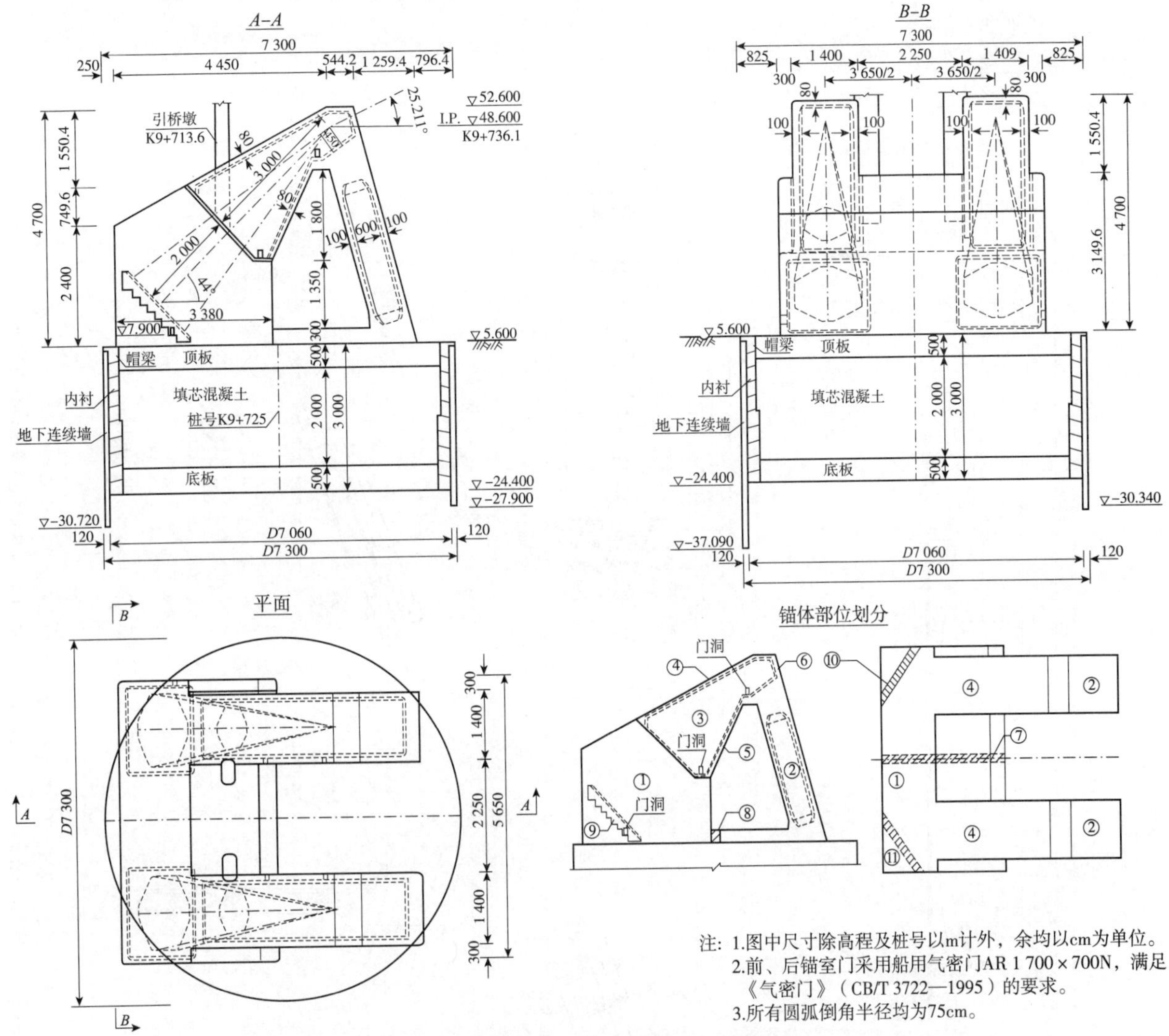

注:1.图中尺寸除高程及桩号以m计外,余均以cm为单位。
2.前、后锚室门采用船用气密门AR 1 700×700N,满足《气密门》(CB/T 3722—1995)的要求。
3.所有圆弧倒角半径均为75cm。

图 2-2-64 黄埔大桥悬索桥北锚碇总体构造

①-锚块;②-散索鞍支墩及底板;③-前锚室侧墙;④-前锚室顶板;⑤-前锚室底板;⑥-前墙;⑦-锚块后浇段;⑧-底板后浇段;⑨-后锚室;⑩-尾部后浇段;⑪-锚体尾部

主缆缆套是主缆出入索鞍鞍室或锚室的过渡装置。要求其在对主缆提供防护的同时且具有良好的密闭性能,并在索鞍鞍室或锚室前墙之间允许少量的伸缩活动,使主缆钢丝保持一定长度,不受缠丝的约束。

主缆缆套的构造形式为喇叭形管状钢套,缆套沿纵向分为上下两半,两半之间设螺栓夹紧装置和拼接条板,用螺栓将两半缆套连接安装在锥形索夹和塔顶鞍室(或锚碇前墙)连接件之间,条板连接处及两端接头均设有橡胶层防水构造。

索股两端设索股锚头,索股锚头采用热铸锚,在锚杯内浇注锌铜合金,使主缆钢丝锚固在锚杯内并与锚杯牢固相连。锚杯内锚固锥体的锥角及锚固长度采用经验公式计算确定,锚固力及可靠性还应通过试验验证。

主缆完成紧缆后,先进行捆扎和安装索夹,待桥面系施工完成后,进行主缆缠丝并同时进行主缆防护工程。主缆索鞍进出口采用喇叭形缆套密封防护。主缆全长上方设置主缆检查走道。

2. 主缆主要设计参数

(1)主缆索股在鞍槽中的滑动安全系数$f \geq 2$。

主缆安全系数2.50。

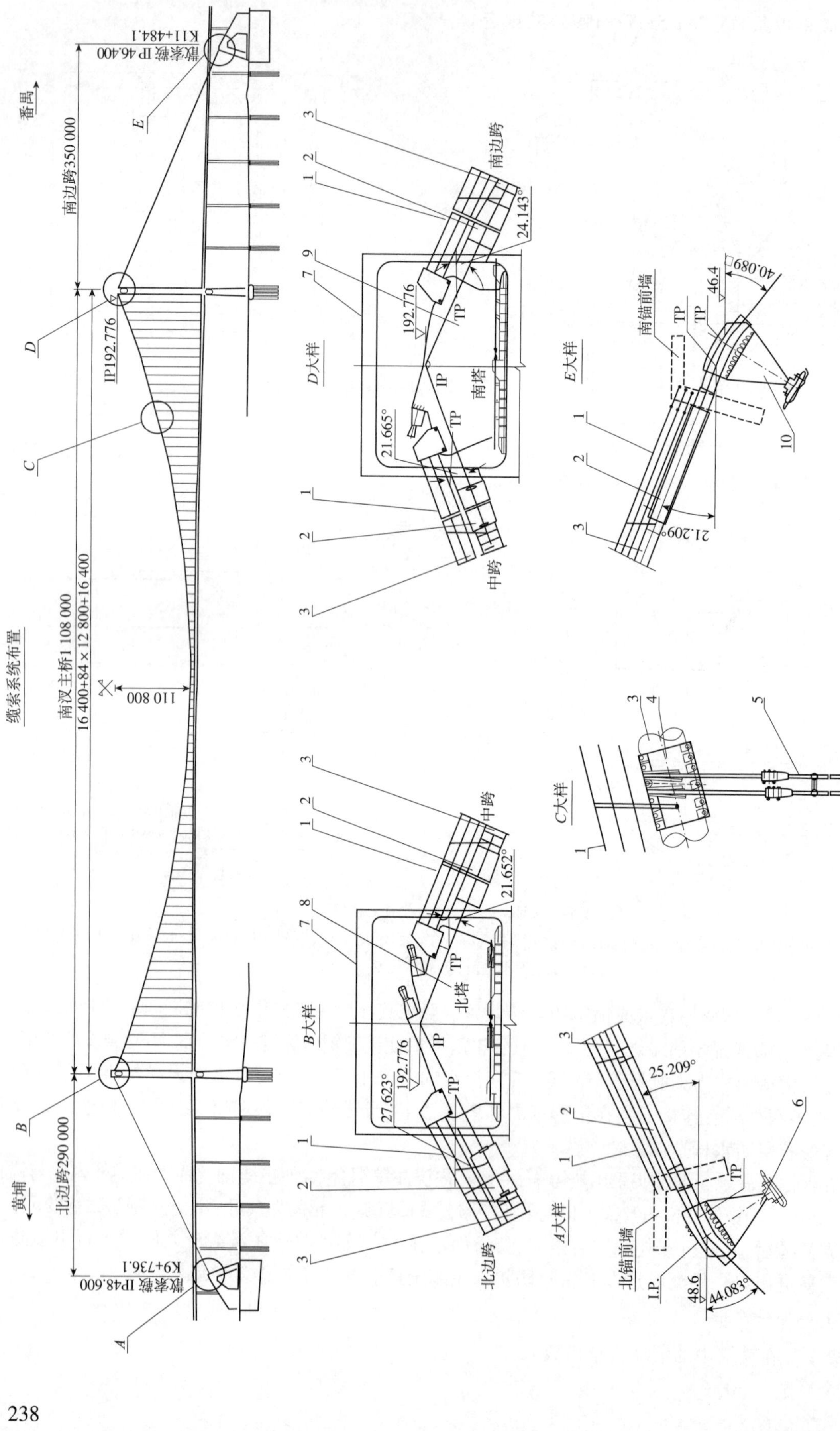

注：本图尺寸除高程以m计外，其余均以mm为单位。

图 2-2-65　黄埔大桥南汉主桥缆索系统总体布置

1-主缆检修道;2-缆套;3-主缆;4-索夹;5-吊索;6-北散索鞍;7-鞍室;8-北主索鞍;9-南主索鞍;10-南散索鞍

(2)主缆构成。

镀锌钢丝直径：$d=5.20$mm；钢丝公称抗拉强度：$\sigma_b=1\ 670$MPa。

主缆构成：北边跨：ϕ5.20×127(丝)×153(股)，缆径为805.4mm(索夹外空隙率19%)；

中　跨：ϕ5.20×127(丝)×147(股)，缆径为789.4mm(索夹外空隙率19%)；

南边跨：ϕ5.20×127(丝)×149(股)，缆径为794.8mm(索夹外空隙率19%)。

主鞍恒载切线角：中跨21.663 6°(北塔)，21.676 3°(南塔)；

边跨27.635 4°(北塔)，24.157 4°(南塔)。

散索鞍恒载切线角：44.083°(北锚跨)，40.089°(南锚跨)。

(3)主索鞍IP点(理论交点)高程：　192.776m(北塔)，192.776m(南塔)；

散索鞍IP点(理论交点)高程：　48.600mm(北边跨)，46.400mm(南边跨)。

(4)主索鞍预偏量：北主索鞍1 241mm，南主索鞍1 614mm。

(5)主缆在成桥状态下的垂跨比为：北边跨为1∶149.070，中跨为1∶10，南边跨为1∶130.504。两根主缆中心距为36.5m。

3. 吊索系统

1)吊索

根据吊索受力特点，并综合考虑材料性能、制造加工、安装维护、后期更换等因素，本桥采用钢丝绳吊索；每侧吊点设两根吊索，吊索与索夹为骑跨式连接；与加劲梁为销铰式连接，销铰接头带有自润滑轴承，以减小吊索的弯折。

吊索钢丝绳公称直径为ϕ56mm，公称抗拉强度为1 770MPa，结构形式为8×55SWS+IWR。

吊索两端锚头采用叉形热铸锚，锚头由锚杯与叉形耳板构成。锚杯内浇铸锌铜合金，叉形耳板与锚杯通过螺纹连接；每端叉形耳板与锚杯之间的螺纹各设有±20mm的调节量，用以消除制造、架设引起的吊索长度误差。锚杯口设有氯丁橡胶浇制的缓冲器，以改善吊索的弯折疲劳性能。

为将吊索平行束紧，在主缆中心下1.5m处设置吊索夹具，吊索的相应部位设有锥形铸块，以定位支撑吊索夹具并保护吊索钢丝绳。

对于悬吊长度大于20m的吊索，需在悬吊长度的中央设置减振架，以将一个吊点两根吊索的四肢互相联系，减少吊索的风致振动。

吊索布置及构造如图2-2-66所示。

吊索锚头构造如图2-2-67所示。

2)索夹

(1)索夹材料

索夹采用牌号为ZG20SiMn的低合金钢铸件，其技术指标应符合本设计文件和标准《大型低合金钢铸件》(JB/T 6402—1992)的规定。

索夹紧固件均采用合金结构钢制造，其技术指标应符合设计文件和国标《合金结构钢》(GB/T 3077—1999)的规定。

索夹拉杆，采用合金结构钢40Cr钢，性能符合《合金结构钢》(GB/T 3077—1999)毛坯调质处理后，硬度HB280-J10。拉杆直径ϕ38.5mm，螺纹外径M42×3-6g，垂直度公差0.03，圆度公差ϕ0.02。表面进行磷化处理。

(2)主要设计参数

主缆空隙率：索夹内取17%。

在主要荷载作用下，当螺杆拉力损失至安装拉力的70%时，吊索索夹的抗滑安全系数≥3.0。

索夹壁厚设计安全系数(经典计算)≥3.0。

索夹螺杆的设计安全系数≥2.0；在初始张拉力作用下，安全系数≥1.4。

吊索布置

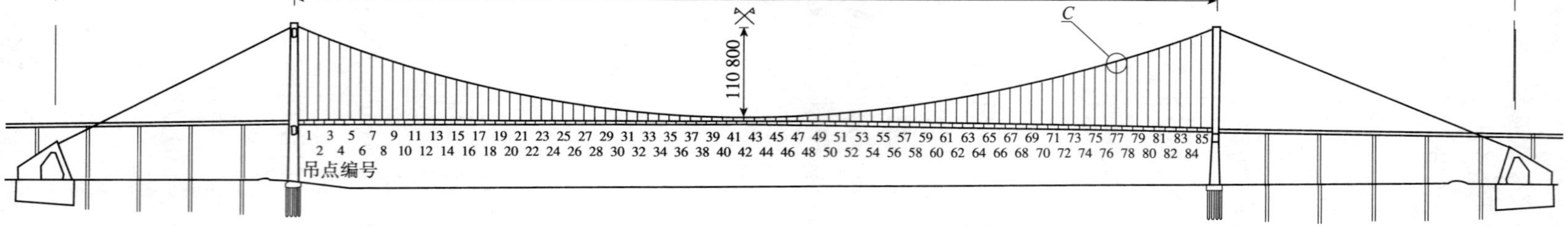

C大样

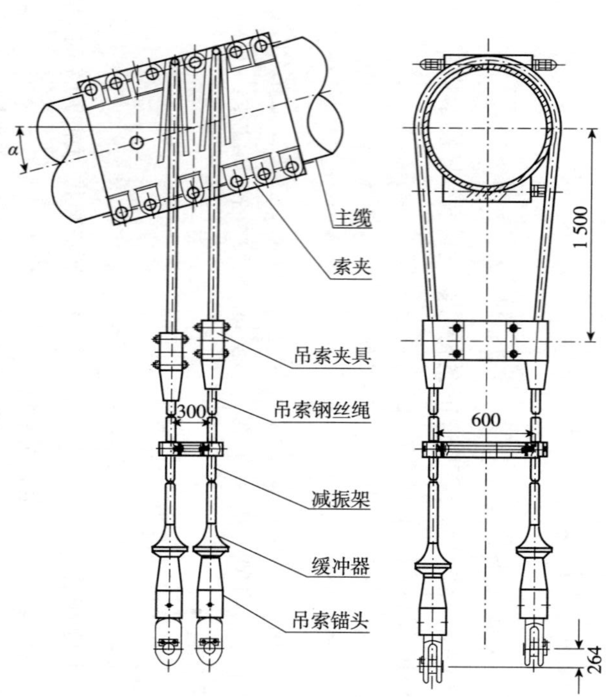

吊索构造

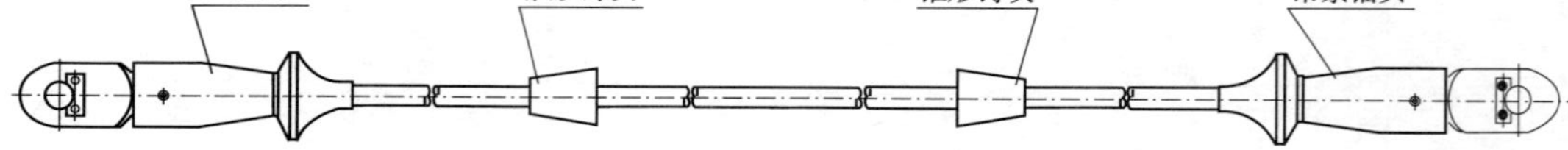

吊索钢丝绳断面

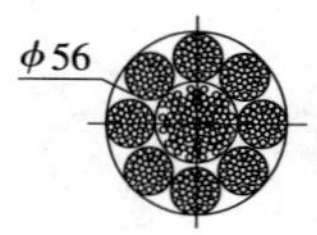

锥形铸块大样

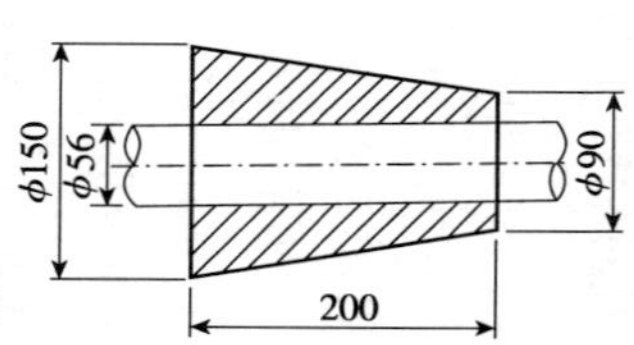

吊索钢丝绳规格表

直径	钢丝绳结构	抗拉强度	最小破断拉力	理论截面面积	宏观弹性模量
φ56mm	8×55SWS+IWR	1 770MPa	1 920kN	1 490mm^2	1.10×10^{5}MPa

注：执行标准为GB/T 8918—1996、GB/T 8919—1996。

吊索编号说明

X X X
N：同一吊点北侧吊索；
S：同一吊点南侧吊索。
吊点编号。

注：1.本图尺寸均以mm为单位。
2.“α”为各类索夹的设计倾角，如图2-2-68和图2-6-69所示。
3.锥形铸块材料采用2号锌（Zn-2）GB 470，并与吊索钢丝绳压铸为一体。锥形铸块单件质量13.079kg，全桥680件。

图 2-2-66　黄埔大桥悬索桥吊索布置及构造

吊索锚头构造

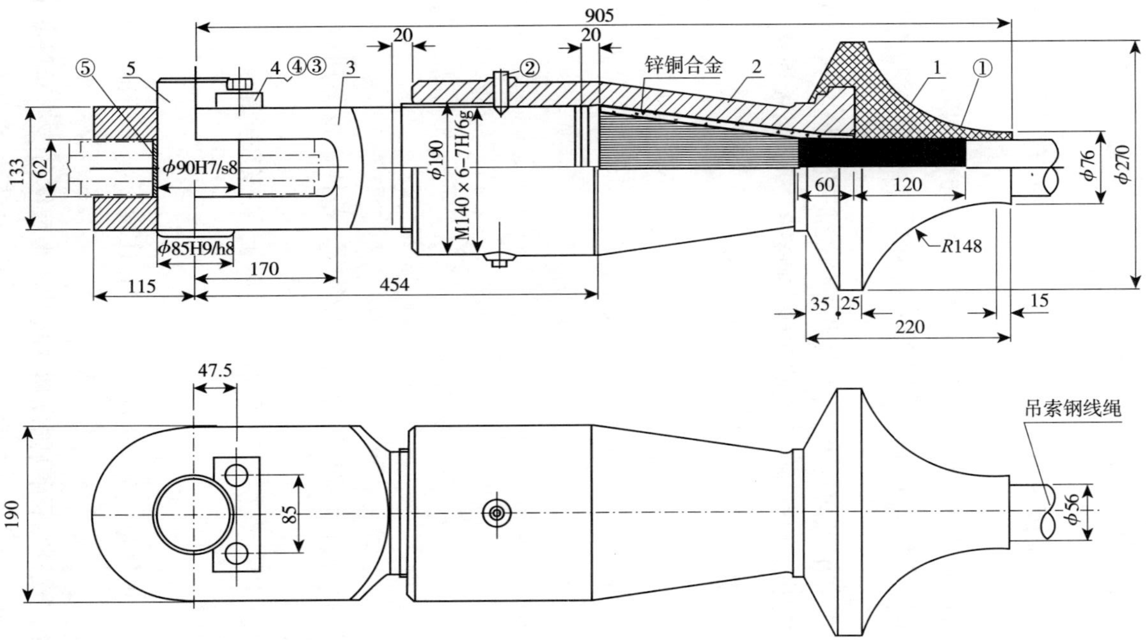

注：1.本图尺寸单位均以mm计。
2.吊索索体采用ϕ56mm直径的镀锌钢丝绳制成，吊索长度(L_0)规格共有170种，每种规格2件，全桥共340件。
3.钢丝绳应在恒载拉力下标记、下料。
4.锚杯与钢丝绳采用锌-铜合金热铸为一体，合金的成分为锌：98%；铜：2%；配制合金的原料应使用2号锌(Zn-2)和2号铜(T2)。每个锚杯的理论合金浇铸量为11.36kg；实际浇铸量不得少于理论浇铸量的92%。
5.锚杯及浇铸的合金完全冷却后，对浇铸合金进行顶压：将锚杯固定在顶压台上，在出口端的吊索上做出标记。顶压头顶在浇铸好的合金上，顶压头直径为130mm，顶压力为600kN，持压5min，卸压后，测量吊索的外移量，小于5mm为合格，否则，应将铸入的合金熔化，重新进行浇铸，但只允许重新浇铸一次。
6.装上两端的叉形耳板，应保证两端耳板的开口面相互平行，在标距精确的试验台架上转动叉形耳板，标定吊索总成的长度(每次转动应为180的整倍数)，吊索总成长度(L_0)的误差应小于理论值的1/3 000。
7.在叉形耳板的螺纹部分配钻90° 锥形凹坑，上紧件②定位。
8.锚杯热铸完成并经检查合格后，按图示尺寸做外模，制作缓冲器，缓冲器两端应与锚杯和吊索体黏结良好。
9.构件4、5及③、④、⑤在工地现场装配。
10.锚头浇铸前，应参照图及本册说明中的相关部分，制订详细的锚头浇铸工艺细则。
11.吊索锚头组装件单件质量118.998kg，全桥共680件。

序号	代号	名　　称	数量	材　料	质量(kg)		附　注
					单件	总重	
⑤	DIN 1494	自润滑轴承 COB 012 8560	1		0.324	0.324	外购
④	GB/T 93—87	垫圈 16	2		0.008	0.017	
③	GB/T 5782—1986	螺栓 M16×40	2		0.105	0.211	
②	GB/T 5278—1985	螺钉 M16×30-33H	2		0.047	0.095	
①	GB 3083—1982	热镀锌钢丝 Zd1.6-18.9m	1		0.298	0.298	
5	X5-1-14	销轴	1	40Cr	7.083	7.083	与挡板共图
4	X5-1-14	挡板	1	Q235A	0.653	0.653	
3	X5-1-13	叉形耳板	1	45	54.460	54.460	
2	X5-1-12	吊索锚杯	1	ZG310-570	52.099	52.099	
1		缓冲器	1	氯丁橡胶	3.758	3.758	无图

图 2-2-67　吊索锚头构造

(3)结构设计

①本桥为主跨1 108m的单跨钢箱梁加劲梁悬索桥,中跨设置吊索。中跨索夹的水平间距为12.8m,边跨索夹的水平间距为20m。根据吊索的受力特点,并综合考虑材料性能、制造加工、安装维护、后期更换等因素,本桥采用钢丝绳吊索。吊索与索夹为骑跨式连接,每个吊点设两根吊索,每个有吊索索夹设两道承索槽。索夹均采用左、右对合的结构形式,左、右两半索夹用螺杆相连接并夹紧于主缆上,接缝处嵌填橡胶防水条防水。

②索夹除设有安装吊索的索夹外,还设有夹紧边跨主缆的索夹和安装缆套的锥形索夹。各索夹的设计壁厚均为35mm。由于各跨主缆的缆径、索夹安装倾角不同,所需夹紧力、索夹长度及螺杆数量均不相同,为了制造方便,将全桥的索夹分为9种类型,其中有吊索索夹4种,无吊索索夹5种。各类索夹上均设有安装主缆检修道立柱的构造。

③为了适应与主缆、加劲梁相连的吊索在活载、温度及风作用下的顺桥向角变位,有吊索索夹承索槽的设计张角均为±3.5°。

④主缆缆套是主缆出入索鞍鞍室或锚室的过渡装置。要求其在对主缆提供防护的同时具有良好的密闭性能,并在索鞍鞍室或锚室前墙之间允许少量的伸缩活动,使主缆钢丝保持一定长度,不受缠丝的约束。

主缆缆套的构造形式为喇叭形管状钢套,缆套沿纵向分为上、下两半,两半之间设螺栓夹紧装置和拼接条板,用螺栓将两半缆套连接安装在锥形索夹和塔顶鞍室(或锚碇前墙)连接件之间,条板连接处及两端接头均设有橡胶层防水构造。

3)拉杆

索夹拉杆,采用合金结构钢40Cr钢,性能符合《合金结构钢》(GB/T 3077—1999)的要求毛坯调质处理后,硬度HB280-J10。拉杆直径为38.5mm,螺纹外径M42×3-6g,垂直度公差0.03,圆度公差ϕ0.02。表面进行磷化处理。

典型索夹结构如图2-2-68及图2-2-69所示。

六、鞍座与主缆锚固系统

1.主索鞍系统

主索鞍鞍体采用铸焊结合的混合结构;鞍槽用铸钢铸造,底座由钢板焊成。鞍体下设不锈钢板——聚四氟乙烯板滑动副,以适应施工中的相对移动。

为增加主缆与鞍槽间的摩阻力,并方便索股定位,鞍槽内顺桥向设竖向隔板,在索股全部就位并调股后,在顶部用锌块填平,再将鞍槽侧壁用螺栓夹紧。

边跨附加索股锚固于鞍顶的锚梁上。

塔顶设有格栅底座,以安装主索鞍。格栅悬出塔顶以外,以便安置控制鞍体移动的千斤顶,鞍体就位后将格栅的悬出部分割除。

为减轻吊装运输重量,将鞍体分成两半,吊至塔顶后用高强度螺栓拼装。半鞍体吊装重不超过50t。

施工中鞍体相对于底座的移动,借助设在塔顶的临时千斤顶分多次有控制地推动,到达规定移动量后,用夹件锁紧,应控制由于加劲梁安装使主索鞍两侧主缆拉力的水平分力之差,使其值不大于主塔所能承受的水平力。

(1)主索鞍鞍槽为铸钢件,材料牌号为ZG275-485H,应符合《一般工程用铸造碳钢件》(GB/T 11352—1989)和《焊接结构用碳素钢铸件》(GB 7659—1987)。铸钢件出厂前,需出具合格证明书,合格证明书包括:制造厂名称代号、图号或件号(发运号)、牌号、炉号、化学成分及机械性能试验报告,以及合同明确规定的其他内容。

(2)主索鞍鞍座为组焊件,材料牌号为20g钢板,应符合《锅炉用钢板》(GB 713—1997)标准。

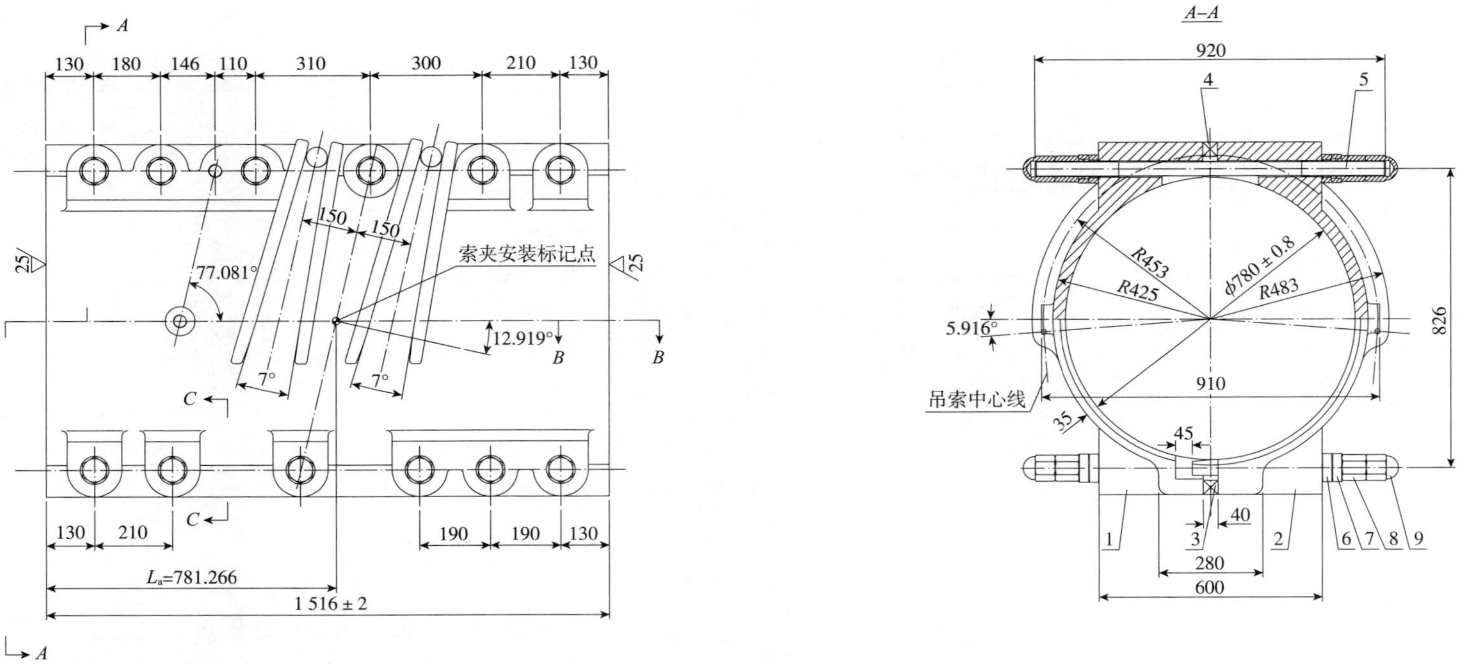

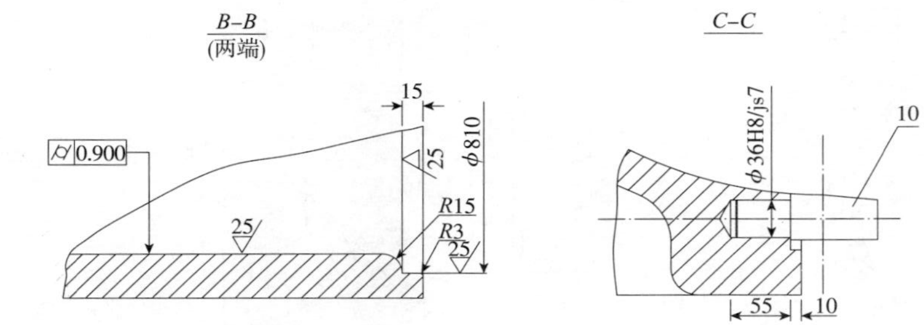

注：1.本图尺寸均以mm为单位。
2.对齐两半索夹的承索槽，组合加工12–ϕ45螺杆孔、ϕ780 ± 0.8内孔及两端面；加工后在两半索夹上打印标记。

序号	代号	名　　称	数量	材　料	质量(kg)		附　注
					单件	总量	
1	J5–4–09	SJ2–半索夹Ⅰ	1	ZG20SiMn	970.945	970.945	
2	J5–4–10	SJ2–半索夹Ⅱ	1	ZG20SiMn	979.587	979.587	
3		底部密封条40 × 40–1 546	1	氯丁橡胶	3.153	3.153	无图
4		顶部密封条40 × 40–1 546	1	氯丁橡胶	3.216	3.216	无图
5	J5–4–32	螺杆	12	40Cr	8.913	106.956	
6	J5–4–35	内球面垫圈	24	1Cr13	0.561	13.464	
7	J5–4–35	外球面垫圈	24	1Cr13	0.639	15.336	与内球面垫圈共图
8	J5–4–33	螺母	24	40Cr	1.392	33.408	
9	J5–4–34	防水螺母	24	5A02	0.440	10.560	
10	J5–4–36	定位键	8	45	1.977	15.816	

图 2-2-68　有吊索索夹的机构图

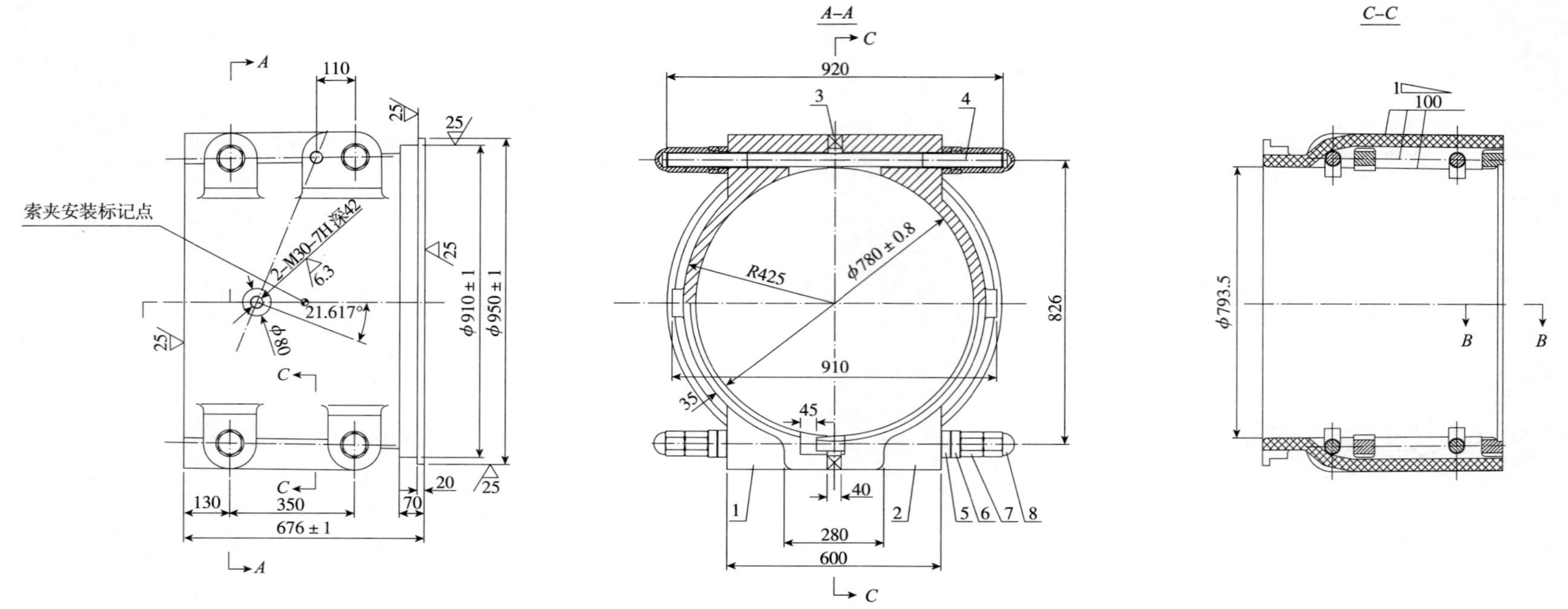

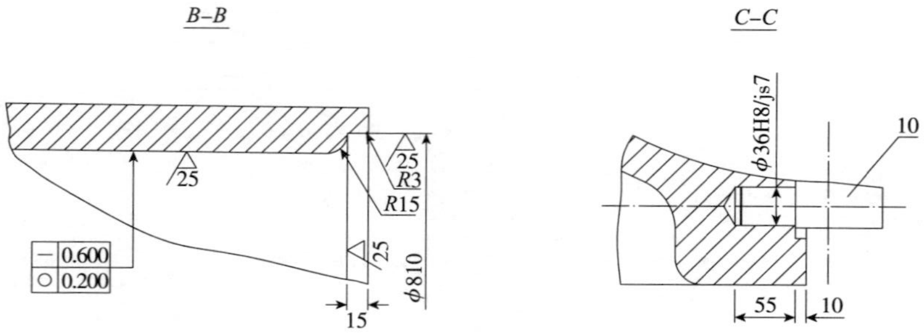

注：1.本图尺寸均以mm为单位。
2.对齐两半索夹的承索槽，组合加工4- φ45螺杆孔，φ910、φ950外圆以及φ780 ± 0.8内锥孔及各端面；加工后在两半索夹上打印标记。

序号	代号	名　称	数量	材料	质量(kg)		附　注
					单件	总量	
1	J5-4-18	SJ5-半索夹 Ⅰ	1	ZG20SiMn	396.928	396.928	
2	J5-4-19	SJ5-半索夹 Ⅱ	1	ZG20SiMn	401.250	401.250	
3		密封条35 × 40-696	2	氯丁橡胶	1.268	2.533	无图
4	J5-4-32	螺杆	4	40Cr	8.913	35.652	
5	J5-4-35	内球面垫圈	8	1Cr13	0.516	4.488	
6	J5-4-35	外球面垫圈	8	1Cr13	0.639	5.112	与内球面垫圈共图
7	J5-4-33	螺母	8	40Cr	1.392	11.136	
8	J5-4-34	防水螺母	8	5A02	0.440	3.520	
10	J5-4-36	定位键	4	45	1.977	7.908	

图 2-2-69　无吊索索夹结构图

以北主索鞍为例，其结构构造如图 2-2-70 所示。

2. 散索鞍系统

散索鞍鞍体采用铸焊结合的结构方案，鞍槽用铸钢铸造，鞍体由钢板焊成。

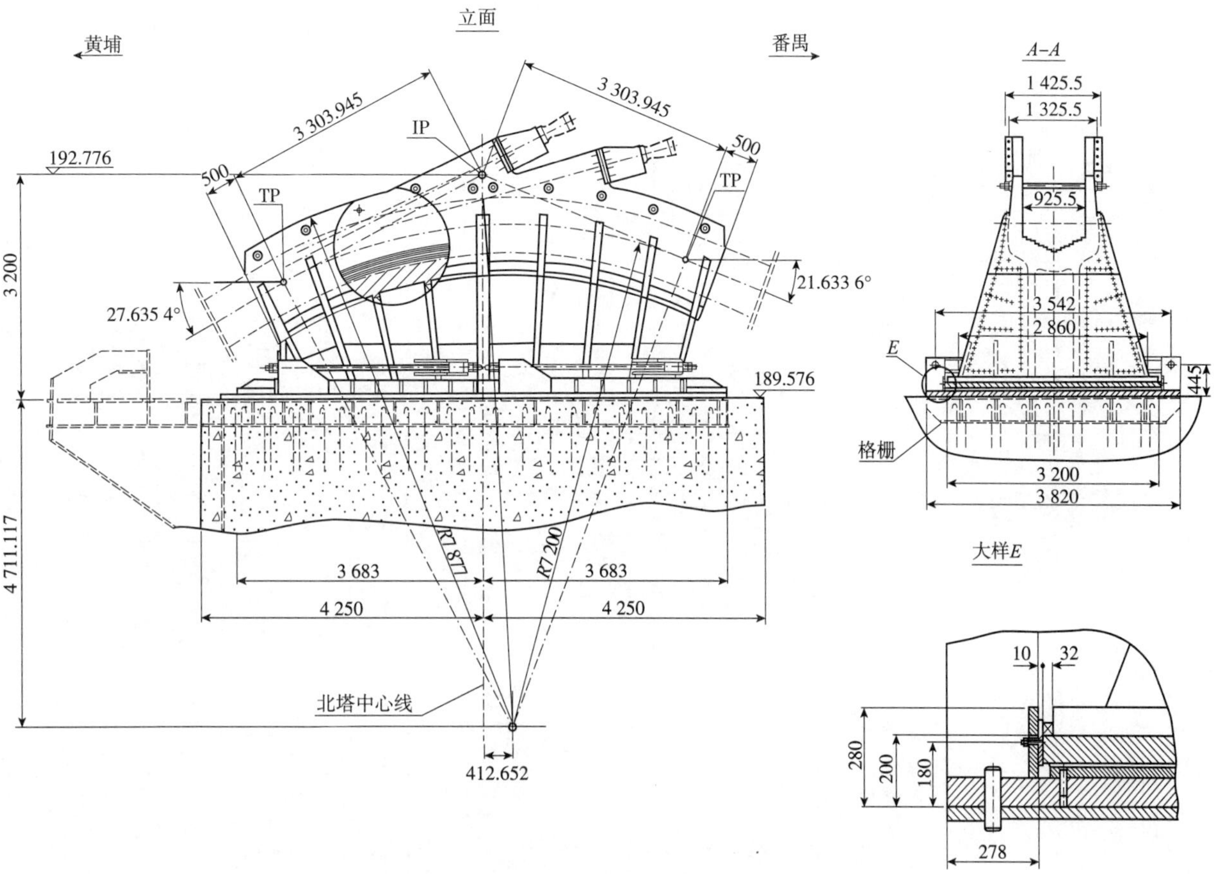

图 2-2-70　黄埔大桥悬索桥北主索鞍结构构造（尺寸单位：mm）

为增加主缆与鞍槽间的摩阻力，并方便索股定位，鞍槽内设竖向隔板，在索股全部就位并调股后，在顶部用锌填块填平，在压紧梁下放上垫板，然后上紧压紧梁，再将鞍槽侧壁用螺栓夹紧。

（1）散索鞍鞍槽为铸钢件，材料牌号为 ZG275-485H，应符合《一般工程用铸造碳钢件》（GB/T 11352—1989）和《焊接结构用碳素钢铸件》（GB 7659—1987）的要求。铸钢件出厂前，需出具合格证明书，合格证明书应包括：制造厂名称代号、图号或件号（发运号）、牌号、炉号、化学成分及机械性能试验报告以及合同明确规定的内容。

散索鞍鞍体为组焊件，材料牌号为 20g 钢板，应符合《锅炉用钢板》（GB 713—1997）。鞍体摆轴座为锻钢件。

（2）散索鞍底板和底座材料 ZG20SiMn，拉杆材料为 40CrNiMoA。

散索鞍结构构造如图 2-2-71 所示。

3. 锚固系统

为减少用钢量，方便施工，并保证结构的耐久性，本桥锚固系统采用无黏结可更换式预应力体系，锚固方式为前锚式，其结构特点如下：

（1）锚固系统由索股锚固连接构造和预应力钢束锚固构造组成，索股锚固连接构造由拉杆及其组件、连接器组成，预应力钢束锚固构造由管道、预应力钢绞线及锚具、防腐油脂、锚头防护帽等组成。在前锚面位置拉杆一端与索股锚头上的锚板相连接，另一端与被预应力钢束锚于前锚面的连接器相连接。

(2)本桥索股锚固连接构造有单索股锚固单元和双索股锚固单元两种类型,单索股锚固单元由两根拉杆和单索股连接器组成,双索股锚固单元由4根拉杆和双索股连接器构成。每根主缆在北锚碇端各有33个单索股锚固单元和60个双索股锚固单元;在南锚碇端各有29个单索股锚固单元和60个双索股锚固单元。

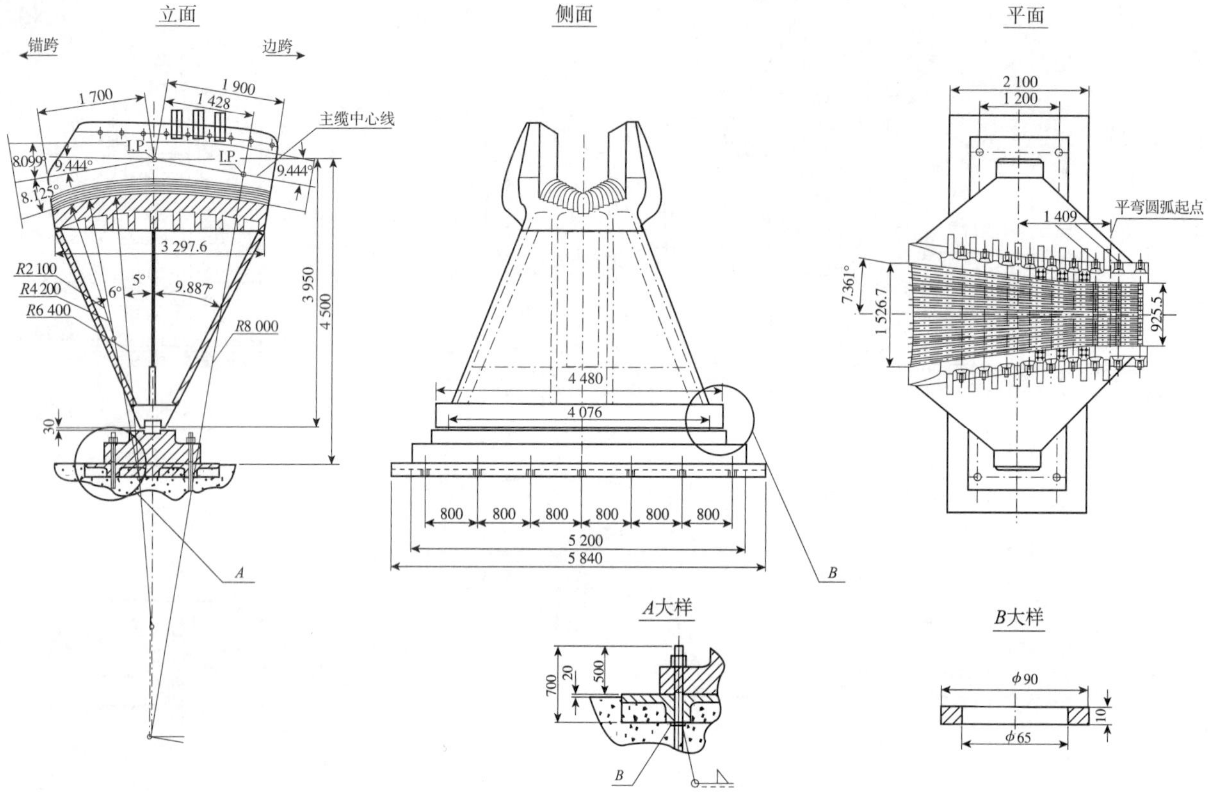

图2-2-71　黄埔大桥悬索桥散索鞍结构构造(尺寸单位:mm)

(3)索股锚固连接构造的设计安全系数大于2.5,预应力钢束锚固构造的设计安全系数大于2.5,拉杆设计考虑了10%的偏载系数。

(4)本桥锚碇锚固系统最大的特点是使用了即时监测无黏结可更换预应力钢绞线锚固系统。"即时监测"是指在部分锚固单元的锚固连接部位设置压力传感器,运营期间可随时监测索股受力情况;"可更换"是指预应力钢管及前后锚头防护帽内均充满防腐油脂,在运营期间,根据实际情况可进行预应力钢绞线及夹片的更换。

钢绞线更换施工步骤为:

①排除防护帽及管道内油脂。

②拆除前后防护帽。

③后锚面单根钢绞线退锚。

④新旧钢绞线连接。

⑤从前锚面抽除旧钢绞线,直至新钢绞线引出。

⑥上夹片完成该钢绞线张拉。

⑦重复上述过程,完成该孔道所有钢绞线及夹片拆换,整体张拉至设计吨位。

⑧更换O形垫圈,重新安装前后锚头防护帽。

⑨注油,密封。

(5)本桥无黏结可更换预应力钢绞线锚固系统能很好保证结构的可靠性、耐久性。

本桥锚固系统总体布置如图 2-2-72 所示；单索股锚固单元构造如图 2-2-73 所示；双索股锚固单元构造如图 2-2-74 所示。

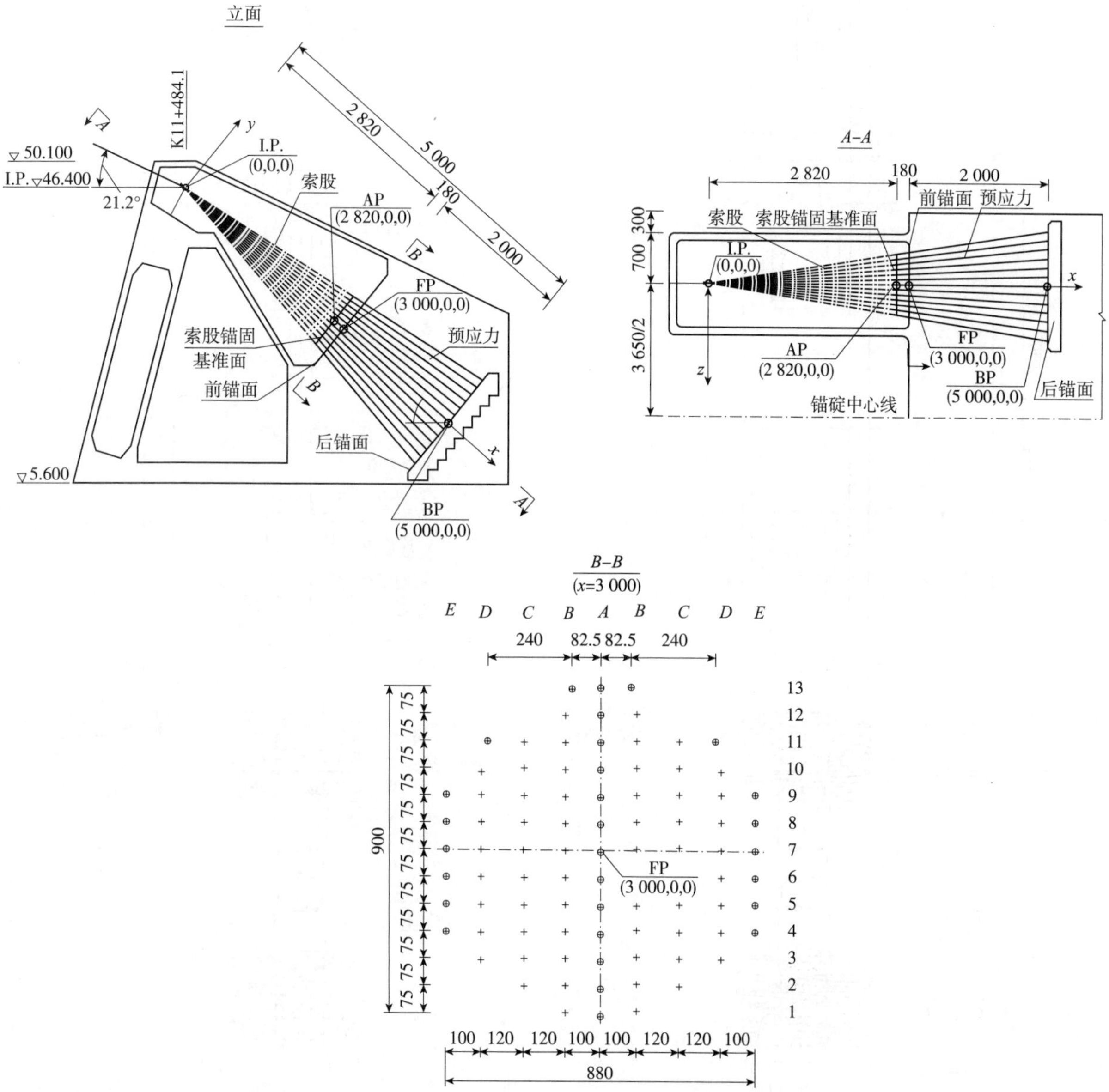

图 2-2-72　黄埔大桥悬索桥锚固系统总体布置(尺寸单位:cm;高程单位:m;坐标单位:cm)

七、钢箱梁结构及构造设计

1. 钢箱梁结构

黄埔大桥南汊桥为主跨 1 108m 的单跨钢箱梁加劲梁悬索桥，主缆分跨为 290m + 1 108m + 350m，中跨为悬吊结构。主缆矢跨比为 1/10，主缆横桥向中心间距为 36.5m，吊索顺桥向标准间距为 12.8m。

钢箱梁在工厂制造划分成 87 个梁段，*B* 梁段为标准梁段 83 个，端部梁段 *A*、*E* 和合龙段 *C*、*D* 各一个。安装编号为 0 ~ 40 号。安装顺序由跨中 0 号梁段开始至 40 号梁段。钢箱梁节段划分图和梁段类型及横隔板类型分别如图 2-2-75 和图 2-2-76 所示。

钢箱梁截面为扁平箱式构造，其截面基本由顶板、上斜顶板、水平底板、斜底板、直腹板、横隔板等组成。钢箱梁构造及钢箱梁主要结构尺寸如图 2-2-77 及表 2-2-30 所示。

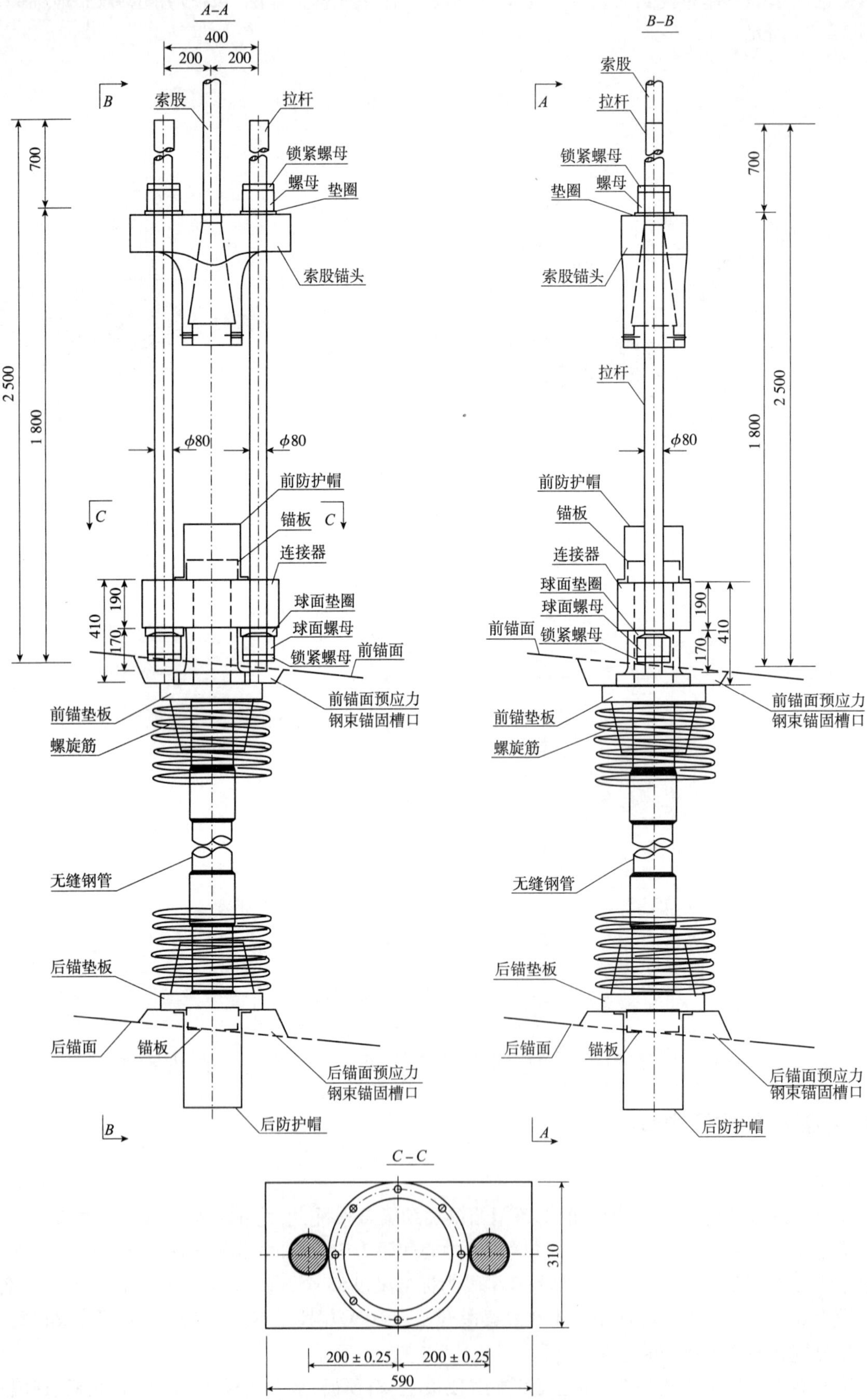

图 2-2-73　黄埔大桥悬索桥单索股锚固单元构造(尺寸单位:mm)

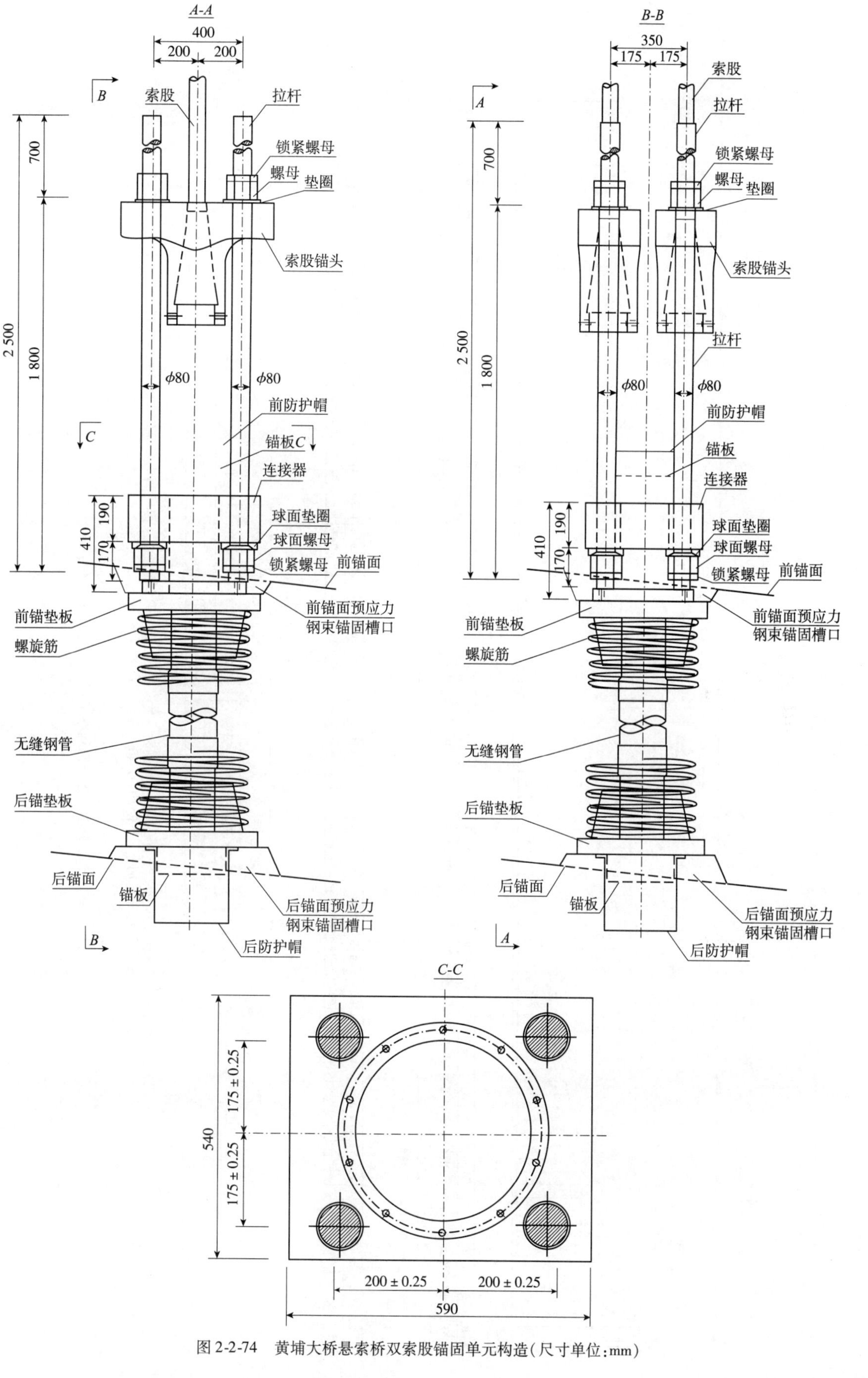

图 2-2-74　黄埔大桥悬索桥双索股锚固单元构造(尺寸单位:mm)

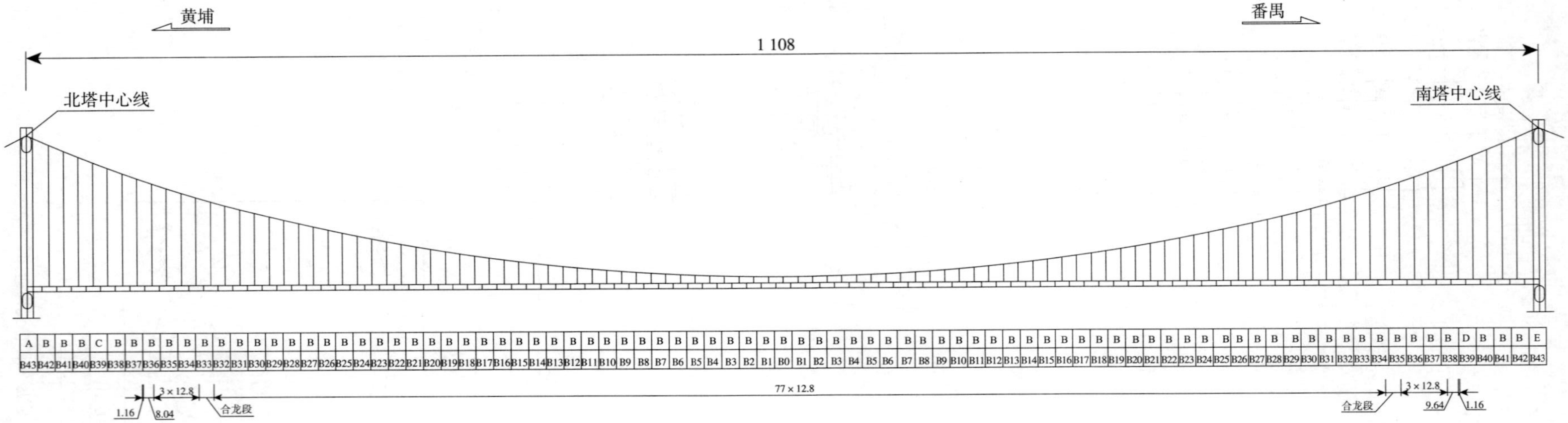

梁段编号	A	B	B	B	C	B	B	B	B	B	B	B	B	B	B	B	B	B	B	B	B	B	B	B	B	B	B	B	B	B	B	B	B	B	B	B	B	B	B	B	B	B	B	B	B	B	B	B	B	B	B	B	B	B	B	B	B	B	B	B	B	B	B	B	B	B	B	B	B	B	B	B	B	B	B	B	B	B	B	B	B	B	D	B	B	B	E
安装阶段	39	40	41	42	43	38	37	36	35	34	33	32	31	30	29	28	27	26	25	24	23	22	21	20	19	18	17	16	15	14	13	12	11	10	9	8	7	6	5	4	3	2	1	0	1	2	3	4	5	6	7	8	9	10	11	12	13	14	15	16	17	18	19	20	21	22	23	24	25	26	27	28	29	30	31	32	33	34	35	36	37	38	43	42	41	40	39

全桥梁段数量及吊装质量

梁段编号	*A*	*B*	*C*	*D*	*E*
全桥数量	1	83	1	1	1
梁段吊装质量(t)	211	215	213	214	230

注：1.为了设计的简洁，从构造上将相同的梁段划归一类，即A~E梁段。本图绘出了梁段的构造划分编号及相应的制造编号。
2.加劲梁架设流程见安装阶段，安装顺序0~40。

图 2-2-75　钢箱梁节段划分图(尺寸单位：m)

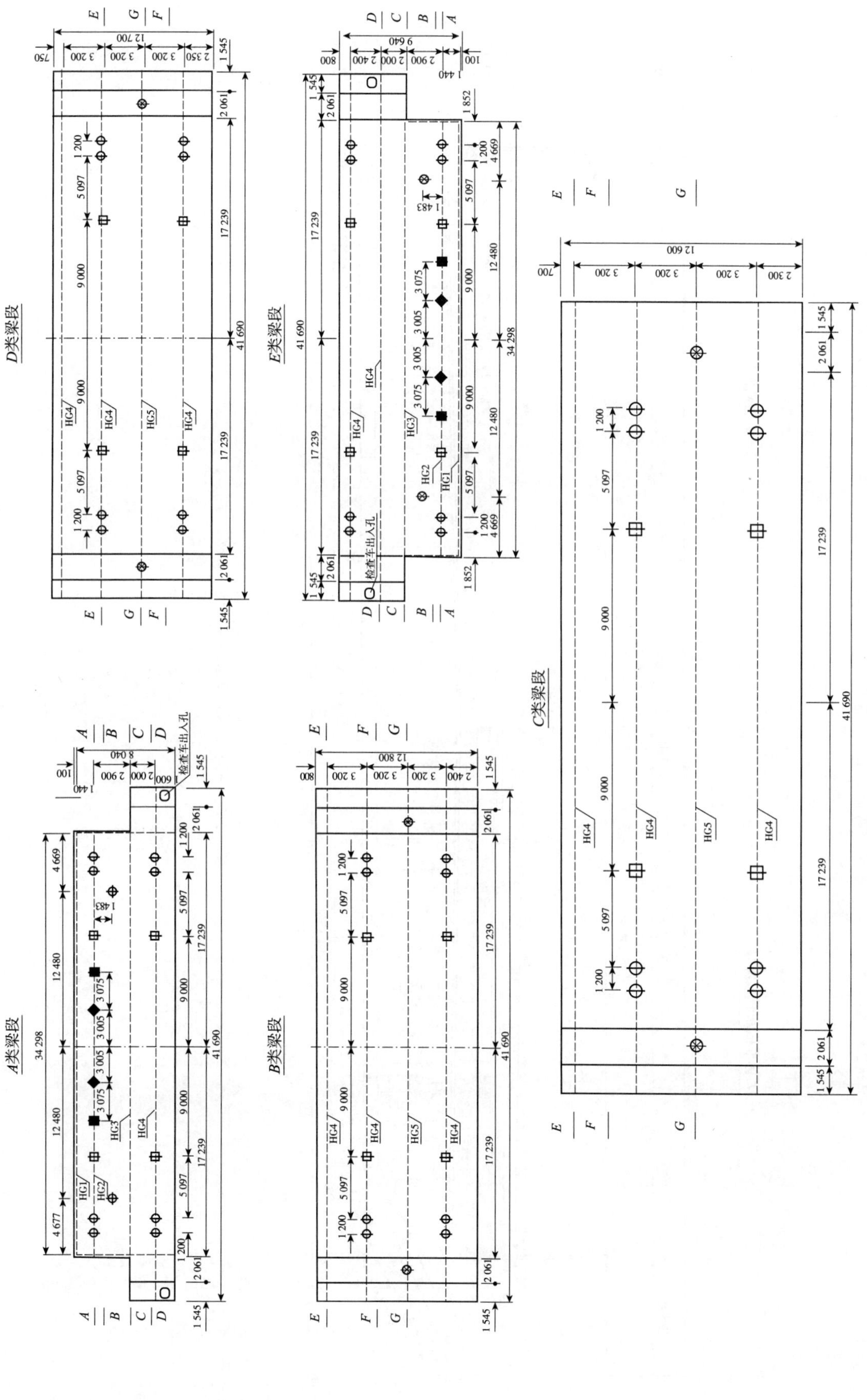

注：1.图中与吊索相连，⊕表示临时吊点；⊕表示竖向永久支点；■表示竖向临时支点；◆表示横向抗风支点；⊗表示纵向阻尼器支点。
2.本图尺寸以轮廓为基准。
3.图中HG表示横隔板。

图 2-2-76　梁段类型及横隔板类型(尺寸单位：mm)

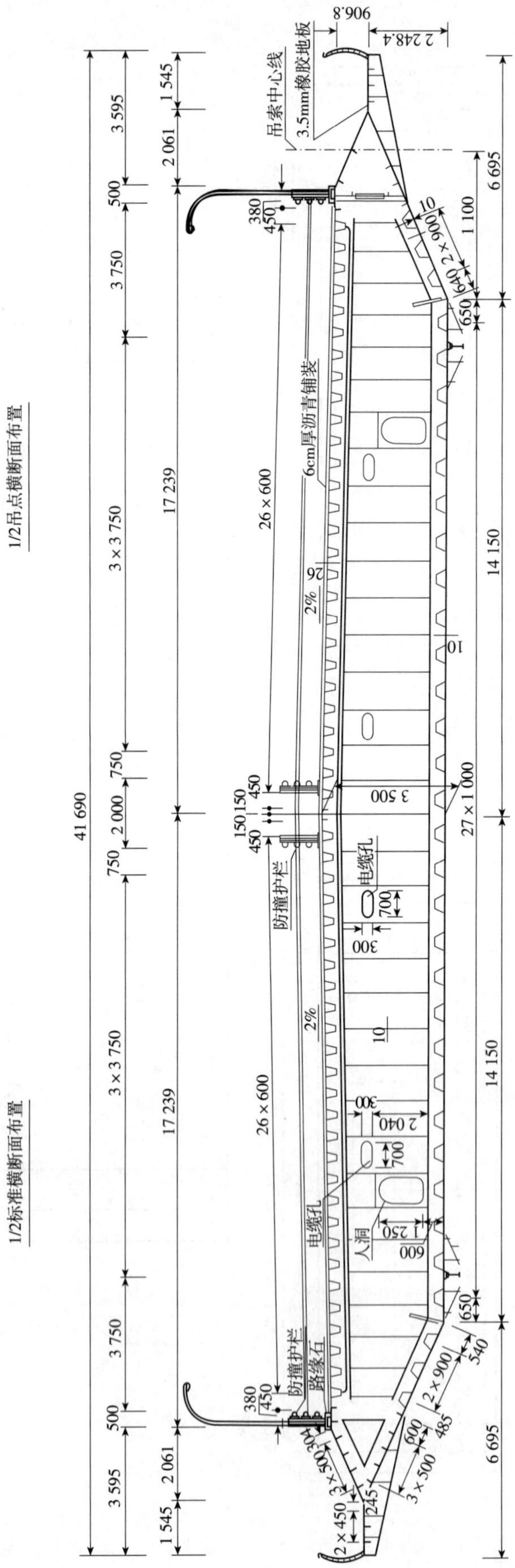

注：本图尺寸以内轮廓为基准。

图 2-2-77　钢箱梁标准断面结构图(尺寸单位：mm)

钢箱梁主要结构尺寸表　　表 2-2-30

<table>
<tr><th>构件名称</th><th colspan="2">几何尺寸</th></tr>
<tr><td>梁高</td><td colspan="2">3.5m(不包括顶、底板厚度)</td></tr>
<tr><td>桥面横坡</td><td colspan="2">双向 2%</td></tr>
<tr><td>梁宽</td><td colspan="2">41.69m</td></tr>
<tr><td>顶板厚</td><td colspan="2">16mm</td></tr>
<tr><td>上斜顶板厚</td><td colspan="2">10mm</td></tr>
<tr><td>水平底板厚</td><td colspan="2">10mm、16mm</td></tr>
<tr><td>斜底板厚</td><td colspan="2">10mm</td></tr>
<tr><td>直腹板厚</td><td colspan="2">16mm</td></tr>
<tr><td rowspan="5">顶板 U 形加劲肋</td><td>厚</td><td>8mm</td></tr>
<tr><td>上口宽</td><td>300mm</td></tr>
<tr><td>下口宽</td><td>170mm</td></tr>
<tr><td>高</td><td>280mm</td></tr>
<tr><td>标准间距</td><td>600mm</td></tr>
<tr><td rowspan="5">水平底板及斜底板 U 形加劲肋</td><td>厚</td><td>6mm</td></tr>
<tr><td>上口宽</td><td>240mm</td></tr>
<tr><td>下口宽</td><td>500mm</td></tr>
<tr><td>高</td><td>260mm</td></tr>
<tr><td>标准间距</td><td>1 000mm</td></tr>
<tr><td rowspan="2">加劲扁钢</td><td>厚</td><td>10mm</td></tr>
<tr><td>高</td><td>150mm</td></tr>
<tr><td>横隔板标准间距</td><td colspan="2">3.2m</td></tr>
<tr><td>横隔板厚</td><td colspan="2">10mm、12mm、16mm</td></tr>
</table>

吊索与钢箱梁连接的锚固构造如图 2-2-78 所示。

钢箱梁竖向支座、横向抗风支座以及纵向阻尼器等部位结构构造分别如图 2-2-79 ~ 图 2-2-81 所示。

2. 钢箱梁构造设计要点

(1)钢箱梁梁段划分。

钢箱梁梁段划分需同时考虑吊索受力情况、规格选用以及钢箱梁运输和安装架设时的起吊能力。设计采用 12.8m 的标准吊索间距，标准梁段长度为 12.8m，全桥共划分为 87 个梁段：标准梁段 83 个，合龙段 2 个，其余特殊梁段 2 个，梁段标准吊装重约为 215t，最大吊装重约为 230t，如图 2-2-75 所示。

(2)中跨钢箱梁的立面成桥线形为圆曲线，顶、底板位置的理论弧长不同，顶板略长，而实际加工制作中梁段顶、底板是按相同长度制造的，弧长的差异通过相邻梁段间不同大小的顶、底板焊缝间隙来实现，顶板间隙略大。

(3)在顶板、顶板 U 形加劲肋和横隔板的相交处，由于承受往复作用的车轮荷载，应力非常复杂，为提高此处的抗疲劳性能，将此处的横隔板局部先加工成 7mm × 7mm 的倒角，待各板件就位后，将横隔板与顶板和 U 形加劲肋的焊接采用连接焊过倒角的方式，将此处填实。

(4)本桥在桥塔处设抗风支座、竖向支座及纵向阻尼器，支反力较大，相应地在两端钢箱梁内设置了强大的加强构造，为保证力的顺畅传递，此部分梁段板加厚至 16mm。

钢箱梁约束情况为：在北塔和南塔各设一对竖向支座，在北塔和南塔各设一对横向抗风支座，在北塔和南塔各设一对纵向阻尼装置。

(5)为避免搭接偏心，提高整体受力性能，除端部端横隔板采用整体式横隔板外；余均采用上、下两块板组成的对接式横隔板，上、下板熔透对接，上板与顶板单元一起组装，板块间采用熔透对接的方式相连。

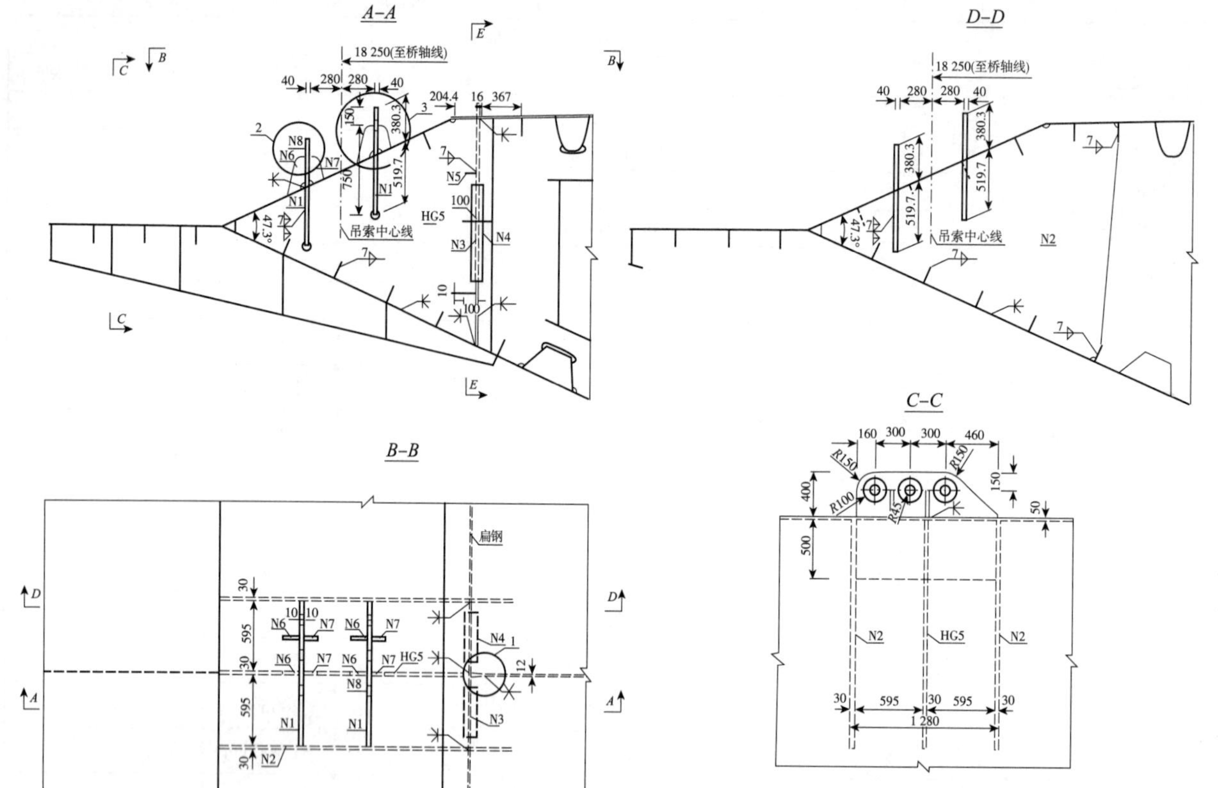

注：1.本图尺寸以内轮廓为基准。
2.*B–B*视图中未示出加劲肋构造。
3.本图过焊孔半径均为35mm。

图 2-2-78　吊索与钢箱梁连接的锚固构造（尺寸单位：mm）

（6）为加强钢箱梁的耐久性，在钢箱梁内部设置除湿机，保证箱梁内部空气湿度小于 50%。

（7）伸缩缝装置采用毛勒公司设计产品。

（8）为改善结构动力性能，减少地震力、台风、车辆制动力对桥梁结构，尤其是伸缩缝装置的破坏，在梁端与索塔横梁间顺桥向采用液体黏滞阻尼装置连接（两组共 4 个），阻尼装置要求最大阻尼力≥2 000kN、速度指数 α 取 0.4、线性阻尼系数 C 取 2 000、最大行程≥2.0m，参照美国 ENIDINE 公司产品设计。

八、防腐涂装设计

1. 钢箱梁防腐涂装

在运营期间，钢箱梁各部位所处的环境不同，故采取不同的防腐涂装体系。

1）箱梁外表面（顶板除外）

钢箱梁外表面是指除桥面行车道铺装部分及锚索区部分以外的所有直接暴露在大气中的钢箱梁外表面（包括腹板外表面以及斜拉索锚箱）。由于直接受到腐蚀介质侵蚀，采用重防腐涂装体系，其涂装耐久性要求不小于 30 年。

2）箱梁内表面

钢箱梁内表面是指箱内所有部分，该部分处于封闭的环境中。钢材处于腐蚀临界湿度之下，如在相对湿度低于 50% 的环境中，基本不锈蚀，因此，在钢箱梁内设置除湿系统，使箱内相对湿度低于 50%，这样，其防腐涂装体系可低于钢箱梁的外表面，U 形加劲肋的内侧与桥面盖板和底板焊接前应完成涂装。在斜拉桥钢箱梁压重区段内，钢箱梁底板及其 U 形加劲肋附近区域干空气流动不顺畅，相对湿度如难以保证在 50% 以下，则该区域内底板及其 U 形加劲肋外表面采用与外表面相同的重涂装体系，只是不涂面漆。

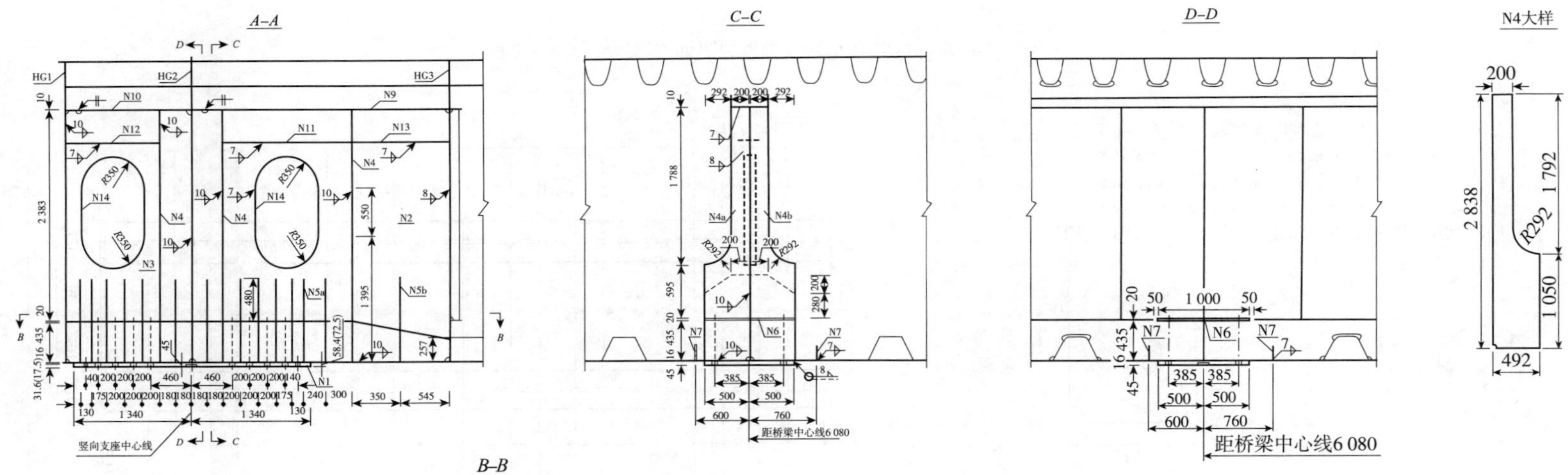

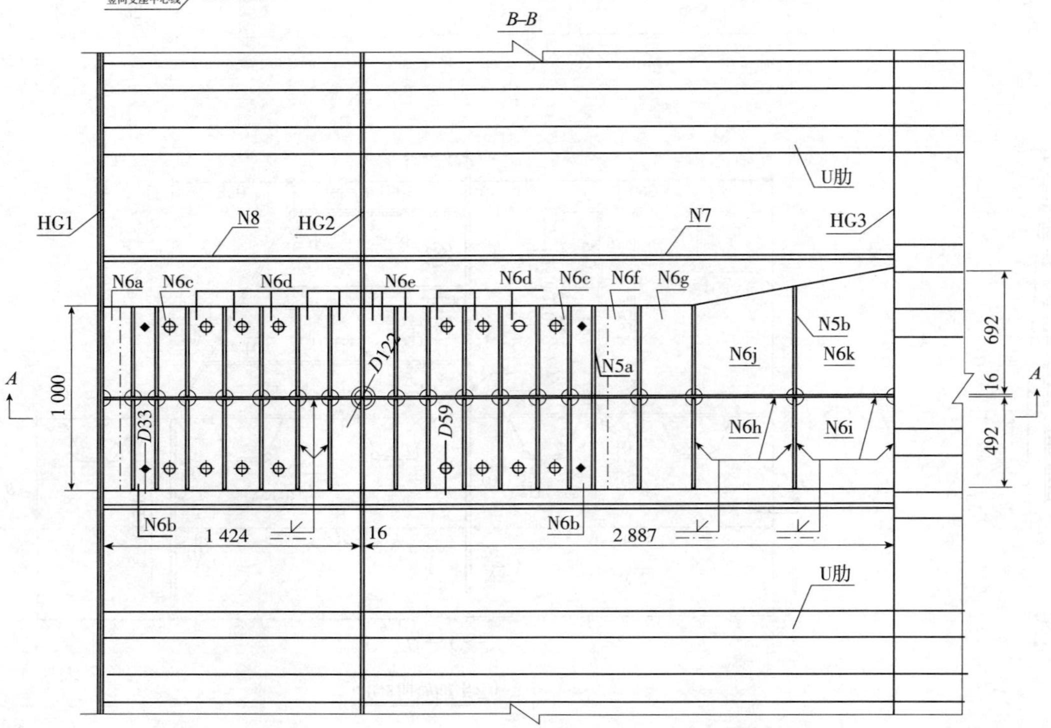

注：1.HG1、HG2下水平加劲肋在本图中断开，如图*D–D*所示。
2.本加劲构造由于结构比较复杂，焊接过程中需要注意焊接顺序。
3.图中未注过焊孔半径均为*R*35mm；括号外为北塔数据，括号内为南塔数据。
4.N1与箱梁底板焊接前进行平面加工，厚度由60mm或80mm加工至设计厚度，焊接后再进行钻孔。

图 2-2-79　钢箱梁竖向抗风支座部位结构图(尺寸单位：mm)

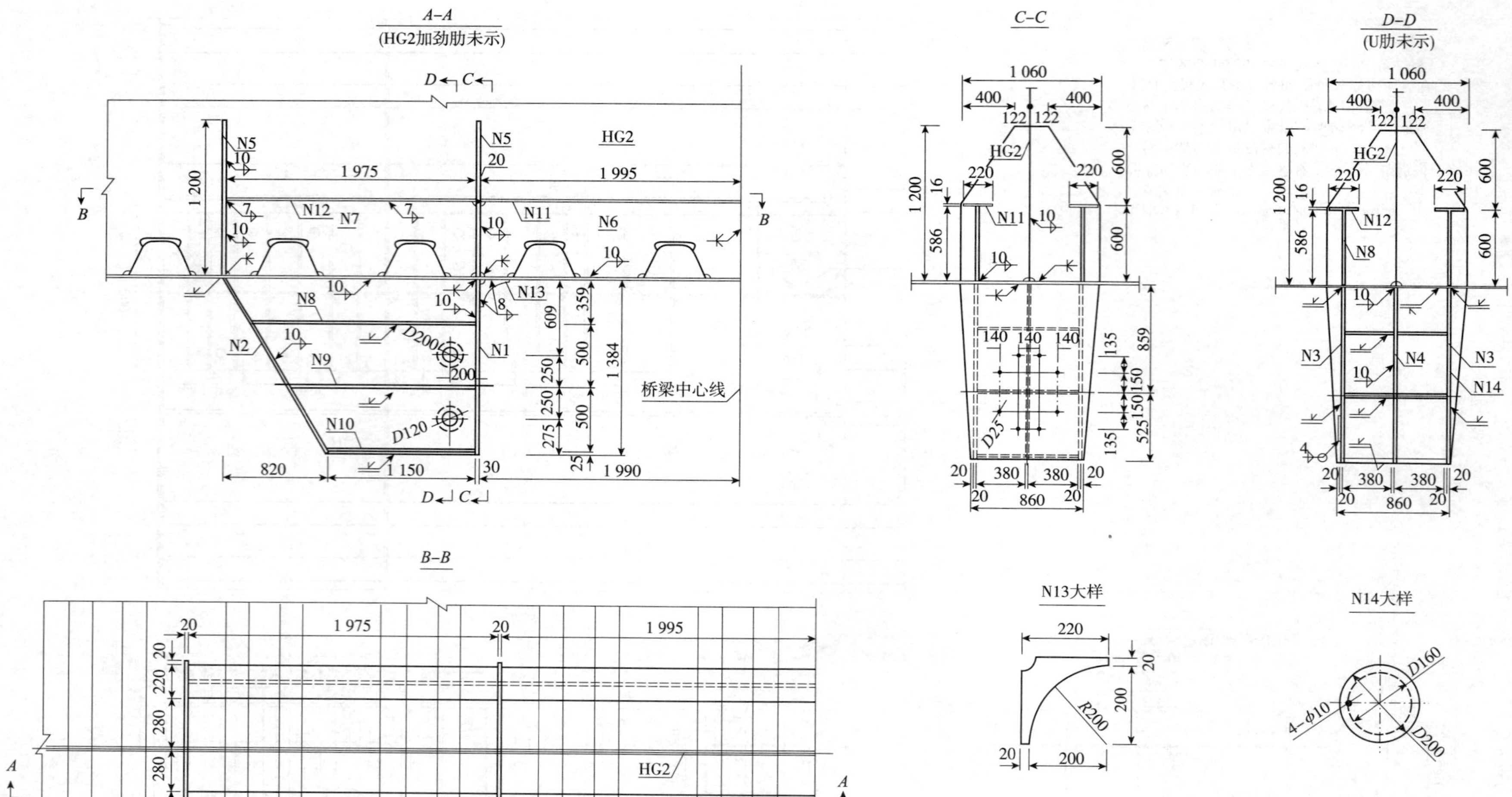

注：1.HG2下水平加劲肋可在距N5件50mm的位置断开。
2.N3、N4的区别在于N3上有手孔，N4上没有。
3.图中未注过焊孔半径均为$R35$mm。
4.在N3上与N14对应位置攻孔4−ϕ8,攻丝深度15mm。
5.所有外露孔洞需要用腻子密封。

图 2-2-80　钢箱梁横向抗风支座部位结构图(尺寸单位：mm)

3）箱梁桥面行车道部分（顶板）以及锚索区铺装部分，该部分的涂装体系根据桥面铺装专题研究的结果确定为环氧富锌底漆

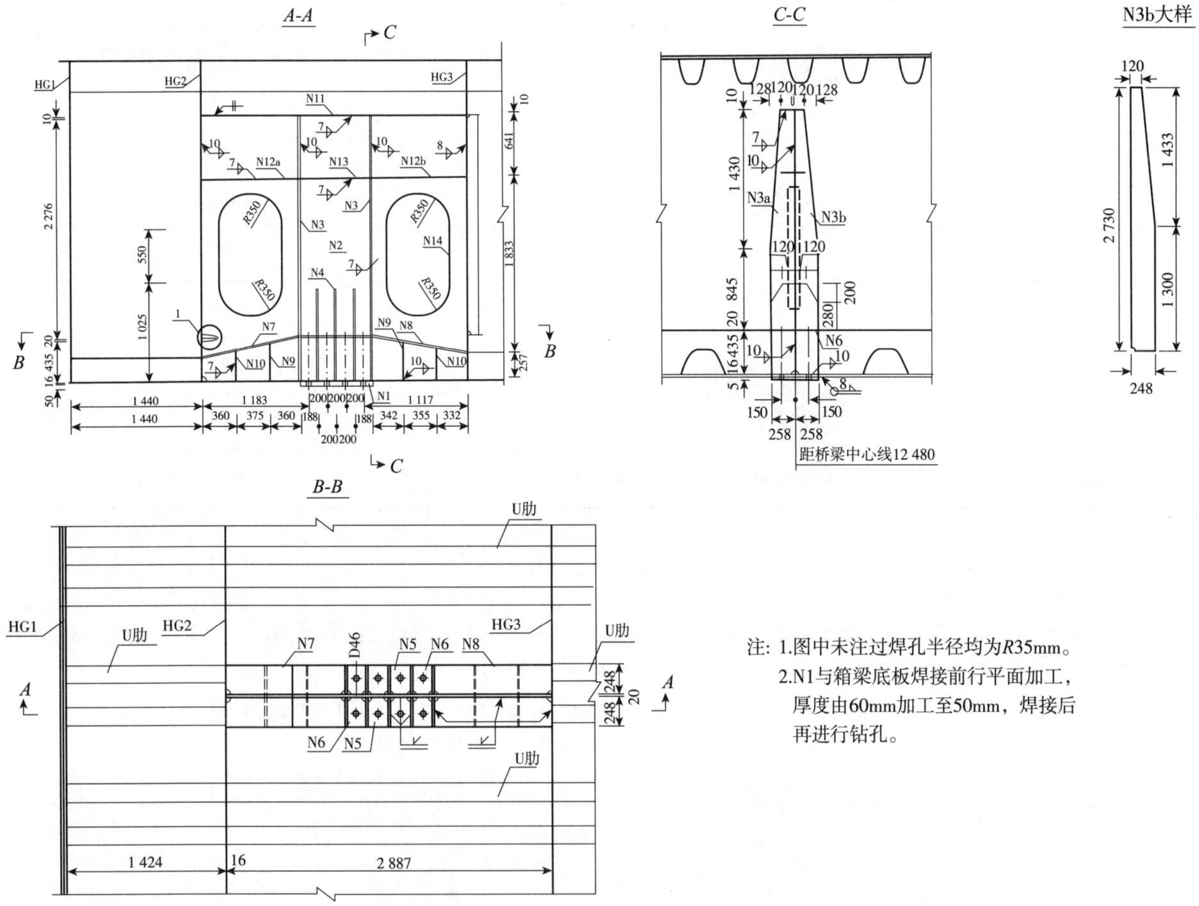

图 2-2-81　钢箱梁纵向阻尼器部位结构图（尺寸单位：mm）

4）护栏、路缘石、灯柱

护栏、路缘石、灯柱涂装的耐久性要求与钢箱梁外表面相同，为 30 年。

根据广州市东二环高速公路黄埔大桥所处的气候条件，并参考国内条件基本相同的桥梁的成功经验，提出如下的防腐涂装体系，如表 2-2-31 ~ 表 2-2-33 所示。涂装设计要求钢构件外表面喷砂除锈后表面清洁度不小于 Sa2.5 级，焊缝部位 St3。所有钢结构内表面工序间的防护采用无机硅酸锌车间底漆，干膜厚度 20μm。

钢箱梁各部位防腐涂装体系　　　　表 2-2-31

部　　位	涂 装 用 料	道　　数	干膜厚度（μm）
钢箱梁外表面（除桥面）	喷砂（Sa2.5 级）		Rz40 ~ 60
	环氧富锌底漆（干膜锌粉含量≥80%）	1 道	70
	厚浆型环氧云铁中间漆	1 道	150
	丙烯酸聚氨酯面漆	2 道	2 × 40
钢箱梁内部（布置抽湿机，湿度小于 50%）	厚浆型环氧云铁漆	1 道	150
桥面	喷砂（Sa2.5 级）		Rz40 ~ 60
	环氧富锌底漆（干膜锌含量≥80%）	1 道	75

桥面系附属结构防腐涂层设计如表 2-2-32 和表 2-2-33 所示。

人行道栏杆、路缘石及泄水管防腐涂层设计　　表 2-2-32

涂　层	油 漆 名 称 牌 号	干膜厚度(μm)
底漆	环氧富锌底漆(干膜锌含量≥80%)金属灰色	80
中间漆	环氧云铁中间漆　　深灰色	150
面漆	丙烯酸聚氨酯面漆　铁灰色	40×2

防撞护栏防腐涂层设计　　表 2-2-33

涂　层	油 漆 名 称 牌 号	干膜厚度(μm)
底漆	环氧富锌底漆　　　灰色	80
中间漆	环氧云铁中间漆　　深灰色	150
面漆	丙烯酸聚氨酯面漆　　铁灰色	40×2

2. 主缆系统防腐涂装

1)索鞍表面处理及涂装

(1)各外露不加工面需经表面处理,消除污垢、氧化皮、锈层。涂改性环氧耐磨漆 125μm,加氟碳树脂或脂肪族丙烯酸聚氨酯面漆一道 40μm,面漆颜色按景观设计要求确定。

(2)鞍槽内加工表面及各隔板表面喷砂处理,质量等级为 Sa3 级,后进行喷锌处理,锌层厚度不小于 200μm,喷锌表面涂金属环氧封闭漆两道。

(3)各孔、平面的加工表面涂脂防锈。

2)主缆涂装技术

(1)设计采用材料

①9501B 不干性密封膏

单组分膏状黏稠体,永久不结块,不硬化。用于主缆缠丝前缝隙防腐密封。

②HM106 聚硫型高强防水密封剂

双组分膏状黏稠体,可反应形成高强度弹性橡胶体。用于主缆缠丝后表面防护密封。

③XF06-2 磷化底漆

可加强镀锌层表面与防腐涂料的结合力,并对镀锌层损伤有磷化和修复作用。用于主缆索股、缠绕钢丝及索夹等镀锌层表面。

④881D02 环氧云铁底漆

用于主缆、索夹、螺栓等部位,作防腐底漆。

⑤881Y01 聚氨酯面漆

用于主缆、索夹、螺栓、不规则主缆段等部位,作防腐面漆。

(2)涂装设计寿命

①9501B 密封膏与主缆同寿 100 年。

②HM106 密封剂保质 40 年。

③881 系列防护涂料保质 15 年。

④上述材料在保质期内和保质期后均可复涂、更新维修,确保主缆防护安全。

(3)涂装施工工艺

①主缆缠丝部分

按工艺要求清洗干净表面后,遵照如下顺序涂装:

a. 缠丝前先刷涂 XF06-2 磷化底漆 1 道，干膜厚度 10μm。

b. 涂覆 9501B 密封膏，平均厚度为 3 500μm。

c. 缠丝后刷涂 XF06-2 磷化底漆 1 道，干膜厚度 10μm。

d. 刷涂 881D02 环氧云铁底漆，共 2 道，干膜厚度 80μm。

e. 刮涂 HM106 密封剂，共 3 道，平均厚度 2 500μm。

f. 刷涂 881Y01 聚氨酯面漆，共 2 道，干膜厚度 80μm。

g. 顶部 30cm 宽用 881Y01 聚氨酯面漆涂刷并加石英砂(20 目)做成防滑涂层。

主缆防护涂装结构示意图如图 2-2-82 所示。

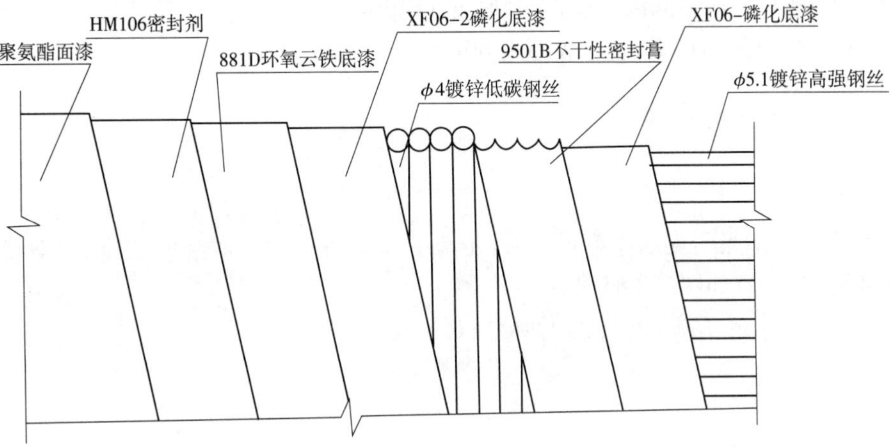

图 2-2-82　主缆防护涂装结构示意

②索夹、缆套部分

a. 主缆与索夹交接环缝部分

主缆缠丝后，刮涂 HM106 密封剂时，直接过渡对环缝进行缝外密封，密封结构尺寸 1/2 ×35mm × 35mm，索夹环缝密封如图 2-2-83 所示。

b. 索夹、缆套对接缝部分

用 HM106 密封剂进行缝外密封，缝隙密封结构尺寸为 10mm ×30mm，以填满表面缝隙为准。

c. 索夹、鞍座外表面涂装部分

在完成上述密封工序后，进行表面清洗，刷涂 881Y01 聚氨酯面漆 2 道，干膜厚度 80μm。

③检修道栏杆绳、扶手绳、缆套外表面、锚杯、叉形耳板、主缆索股锚杯、吊索减振架、螺栓头

经表面清洗后，刷涂 881Y01 聚氨酯面漆 2 道，干膜厚度 80μm。

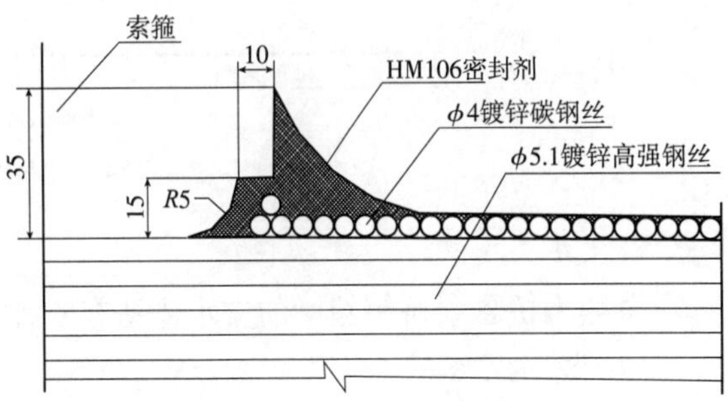

图 2-2-83　索夹环缝密封结构示意(尺寸单位:mm)

④鞍座顶口处密封部分

先将鞍座顶口处索股表面、垫板、螺栓等部位清洗干净，用 HM106 密封剂将暴露的索股及顶口各接缝部位密封，密封剂平均厚度 5mm，然后刷涂 881Y01 聚氨酯面漆 2 道，干膜厚度 80μm。

⑤吊索系统

a. 吊索钢丝绳防护

对钢丝绳上附的油迹、灰尘用有机溶剂清洗干净。

涂 XF06—2 磷化底漆 1 道，干膜厚度 10μm。

涂 881D02 环氧底漆 2 道，干膜厚度 80μm。

涂 881Y01 聚氨酯面漆 2 道,干膜厚度 80μm。

b. 吊索夹具的密封

对夹板表面用有机溶剂清洗,去除油迹、灰尘等。

涂 881D02 环氧底漆 2 道,干膜厚度 80μm。

涂 881Y01 聚氨酯面漆 2 道,干膜厚度 80μm。

⑥检修道栏杆绳扶手绳锚头、立柱、支架

a. 对表面的油迹、灰尘用有机溶剂清洗干净。

b. 涂 881X 环氧富锌底漆 1 道,干膜厚度 70μm。

c. 涂 881Z01 环氧云铁中间漆 1 道,干膜厚度 150μm。

d. 涂 881Y01 聚氨酯面漆 2 道,干膜厚度 80μm。

九、支承体系布置与类型

1. 支承体系布置

黄埔大桥悬索桥钢箱梁支承体系布置为:在南塔和北塔各设一对竖向支座、一对横向抗风支座和一对纵向阻尼装置,其布置如图 2-2-84 所示。

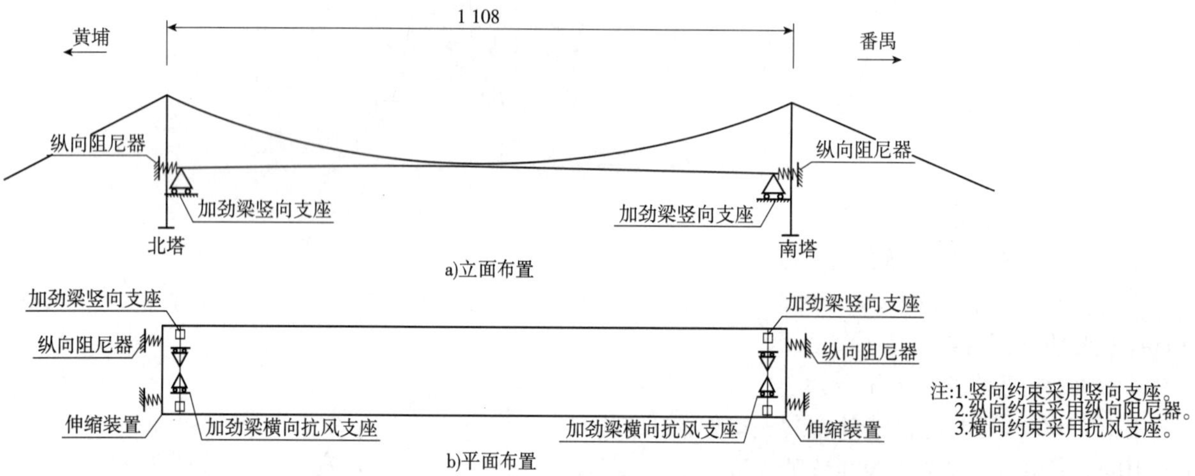

图 2-2-84 钢箱梁支承体系布置(尺寸单位:mm)

2. 支承类型

黄埔大桥悬索桥钢箱梁的支承体系有三种类型:竖向支座、横向支座和纵向限位装置。

(1)竖向支座

竖向支座构造如图 2-2-85 所示。

本桥竖向支座安装在钢箱梁的两端,每端安装两个,全桥共四个。竖向支座采用滚轮式结构,支座滑板及侧滑板与钢箱梁连接为一体,滚轮及座体固定在下部构造上;当温度变化或在活载作用下钢箱梁产生位移时,支座滑板可在滚轮上滚动,以完成钢箱梁的伸缩和力的传递。通过侧滑板、摇轴、摇座、座体及压板和地脚螺栓的联系,支座也可承受一定的负反力,以限制钢箱梁在支座处翘起。座底下部设有橡胶弹性件,允许支座总成有微小的摆动和位移。

竖向支座主要技术参数如下。

额定承载力:4 900kN(向下);

1 226kN(向上);

水平移动量:±1 050mm(纵向);

±10mm(横向);

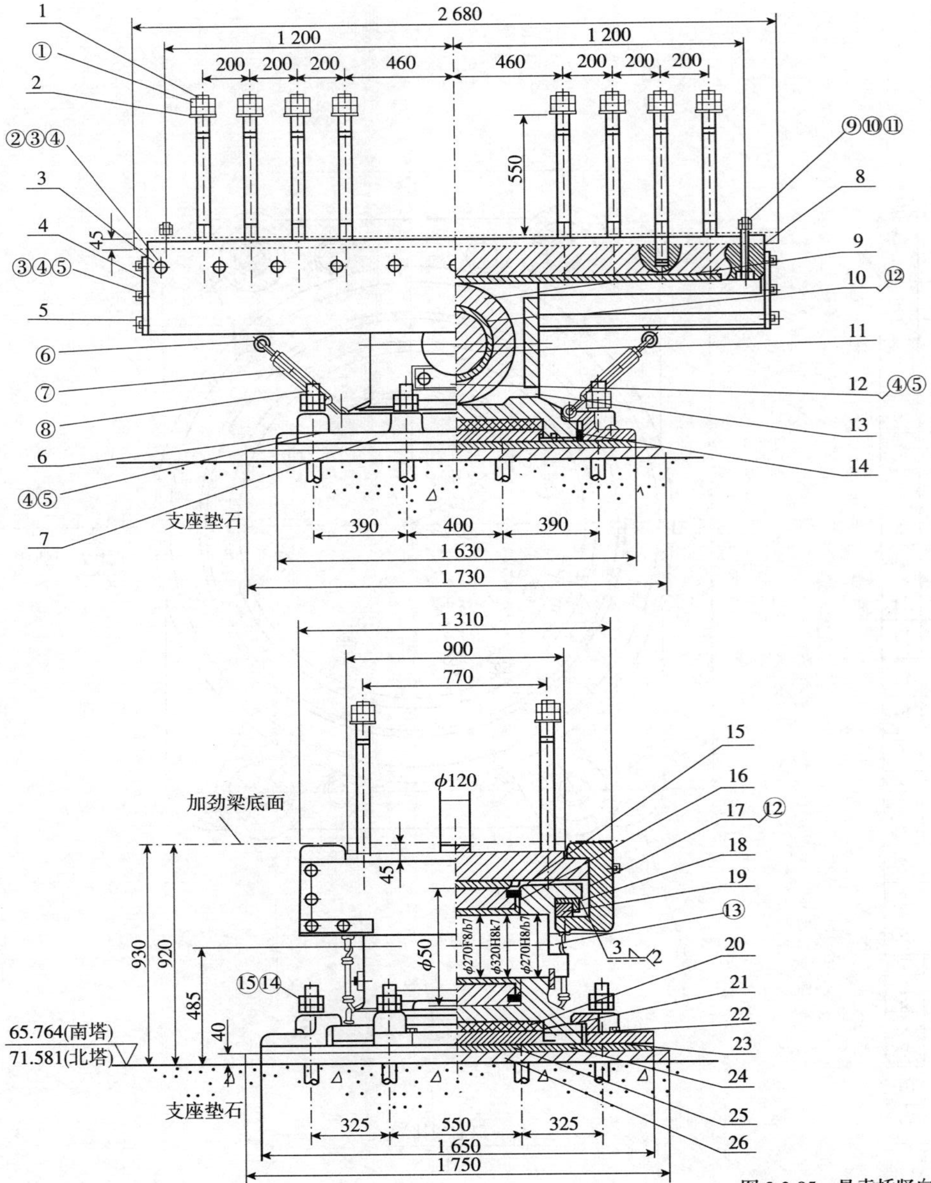

序号	代　号	名　称	数量	材　料	单件质量(kg)	总重质量(kg)	附　注
⑮	GB/T1670—86	螺母 M48	24		0.995	23.880	
⑭	GB/T 93—87	垫圈 48	12		0.215	2.580	
⑬	GB/T1152—79	油杯 M10×1	2		0.010	0.020	
⑫	GB/T2673—86	螺钉 M12×50	18		0.044	0.794	
⑪	GB/T1230—884	垫圈 30	8		0.084	0.676	
⑩	GB/T1229—84	螺母 M30	8		0.323	2.584	
⑨	GB/T1228—84	螺栓 N30×200	4		1.410	5.641	
⑧	JB/ZQ4363—86	螺栓 AM48×1800–5.6	12		29.361	352.332	
⑦	GB/T 561—65	螺旋扣 G1.2	4		1.990	7.960	
⑥	GB/T 825—88	螺钉 M16	8		0.295	2.360	
⑤	GB/T 5783—86	螺栓 M24×65	26		0.303	7.883	
④	GB/T 93—87	垫圈 24	48		0.027	1.296	
③	GB/T 97.1—87	垫圈 24–A200	38		0.032	1.216	
②	GB/T 5782—86	螺栓 M24×150	22		0.658	14.476	
①	GB/T 6170—86	螺母 M56–10	16		1.194	19.104	
26	X4–1–65	竖向支座预埋板	1	Q235A	892.693	892.963	
25	X4–1–63	支座滑板	1	SFB–1	2.461	2.461	
24	X4–1–64	调整板	1	组件	536.002	536.002	
23	X4–1–63	密封圈2	1	氯丁橡胶	2.349	2.349	
22	X4–1–62	中间板	1	20	153.381	153.381	
21	X4–1–62	垫环	1	SFB–1	2.350	2.350	
20	X4–1–61	橡胶板	1	氯丁橡胶	19.813	19.813	
19	X4–1–61	摇轴	2	QA110–4–4	8.705	17.409	
18	X4–1–60	摇座	2	20CrMnT1	21.083	42.165	
17	X4–1–60	侧滑块	2	QY110–4–4	2.132	10.264	
16	X4–1–59	衬环	2	ICr18Ni9Ti	3.083	6.165	
15	X4–1–59	密封圈1	2	组件	3.165	6.331	
14		调整垫块(20×50×850)	2	氯丁橡胶	1.020	2.040	无　图
13	X4–1–58	座体	1	ZG310–570	1 642.713	1 642.713	
12	X4–1–54	挡板	2	Q235A	4.003	8.005	
11	X4–1–57	轴	1	37CrNi3	373.715	373.715	
10	X4–1–56	衬套	2	QA110–4–4	61.333	122.666	
9	X4–1–55	滚轮	1	30CrNi3	436.506	436.506	
8	X4–1–53	滑板	1	组件	2 809.233	2 809.233	
7	X4–1–52	长压板	2	ZG310–570	221.023	442.046	
6	X4–1–51	短压板	2	ZG310–570	14.468	228.936	
5	X4–1–50	固定板	4	Q235A	2.646	10.584	
4	X4–1–50	封板	2	Q235A	33.062	66.125	
3	X4–1–49	侧滑板	2	组件	1 022.383	2 044.766	
2	X4–1–48	垫圈56	16	40Cr	1.293	20.688	
1	X4–1–48	螺栓56	16	20MnTiB	13.921	222.736	

注：1.本图尺寸除高程以m计外，其余均以mm为单位。
2.衬套内及各滑动表面涂2号钙基润滑脂。
3.出厂前应进行试装配，装配后滚轮应转动灵活，滑板应摆动自如，无卡死现象。
4.螺旋扣为临时固定件，在桥上装配后应拆除。
5.按说明中的要求进行防护涂装。
6.竖向支座总成每件质量10 564.944kg，全桥4件。

图 2-2-85　悬索桥竖向支座

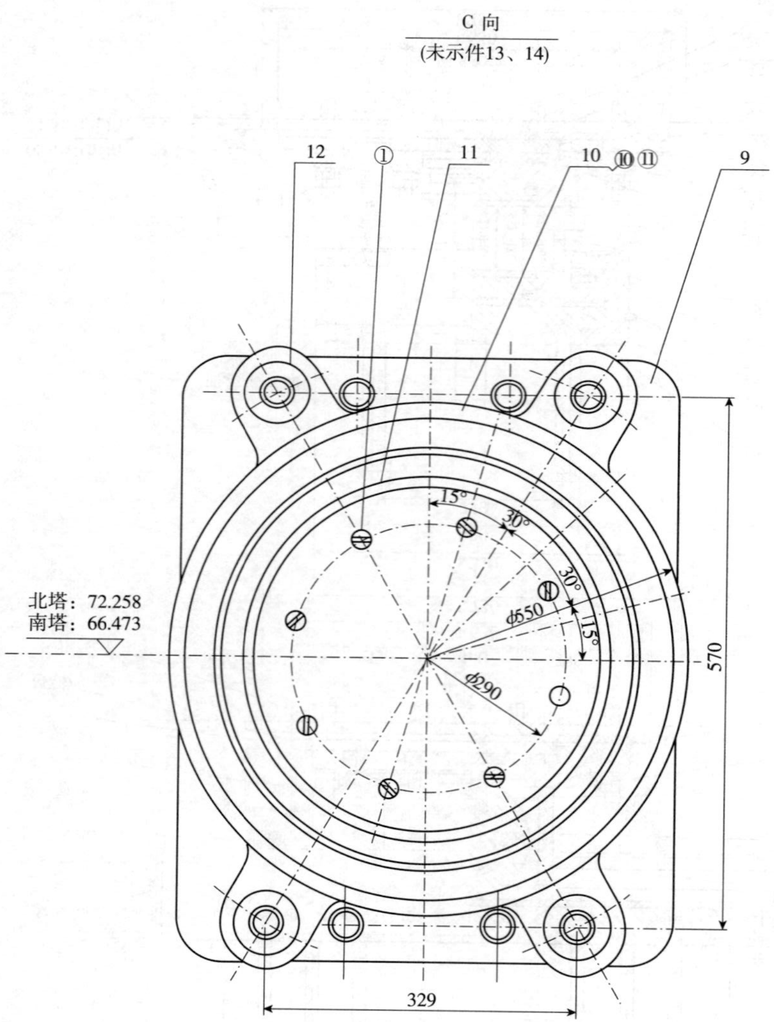

序号	代　号	名　称	数量	材　料	单件 质量(kg)	总重 质量(kg)	备　注
⑪	GB/T 93—87	垫圈16	12		0.008	0.096	
⑩	GB/T 5783—86	螺栓M16 × 40	12		0.098	1.176	
⑨	GB/T 2089—80	压簧8 × 38 × 140-2-Ⅱa-D-Zn	4		0.589	2.356	
⑧	GB/T 91—86	销5 × 80	4		0.012	0.045	
⑦	GB/T 9458—86	螺母M22 × 2	4		0.147	0.588	
⑥	GB/T 31.3—88	螺栓M22 × 2 × 280	4		1.086	4.344	
⑤	GB/T 96—85	垫圈22	12		0.088	1.056	
④	GB/T 93—87	垫圈22	8		0.026	0.208	
③	GB/T 6170—86	螺母M22	8		0.112	0.896	
②	GB/T 5782—86	螺栓M22 × 150	8		0.621	4.968	
①	GB/T 2673—86	螺钉M12 × 50	16		0.044	0.704	
14	X4-1-75	抗风支座预埋板	1	组件	364.895	364.895	
13	X4-1-74	调整板	1	组件	275.794	275.794	
12	X4-1-73	轴承座	1	ZG270-500	232.715	232.715	
11	X4-1-72	座板	1	HMn58-2	30.635	30.635	
10	X4-1-72	压环	1	Q235A	18.749	18.749	
9	X4-1-71	外轴承	1	ZG1Cr13	233.145	233.145	
8	X4-1-67	底板	1	35	78.620	78.620	
7	X4-1-70	内球面垫圈	4	1Cr18Ni9Ti	0.063	0.261	
6	X4-1-70	外球面垫圈	4	HMn58-2-2	0.163	0.652	
5	X4-1-68	弹簧套	4	1Cr18Ni9Ti	0.862	3.448	
4	X4-1-69	内轴承	1	HMn58-2	117.210	117.210	
3	X4-1-68	密封圈2	12	氯丁橡胶	4.198	4.198	
2	X4-1-72	滑动板	1	SFT-3	1.613	1.613	
1	X4-1-67	密封圈1	1	氯丁橡胶	0.378	0.378	

注：1.图中各尺寸以mm为单位。
2.尺寸391在装配时按主梁与主塔之间的距离，可以调整底板、调整板的厚度，并保证间隙约2mm。
3.按说明中的要求进行防护涂装。
4.抗风支座总成每件质量1 378.753kg，全桥共4件。

图 2-2-86

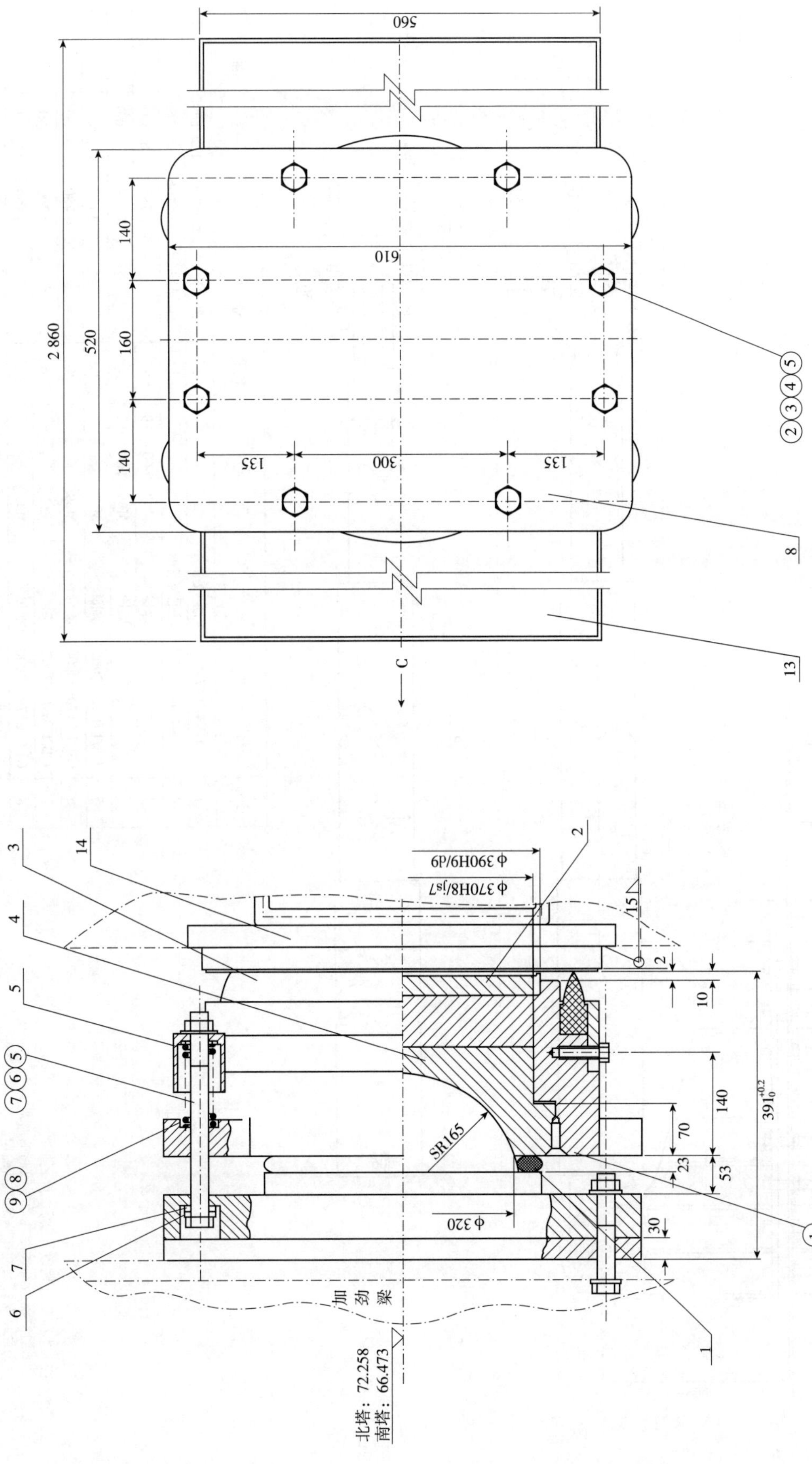

图 2-2-86 悬索桥横向支座

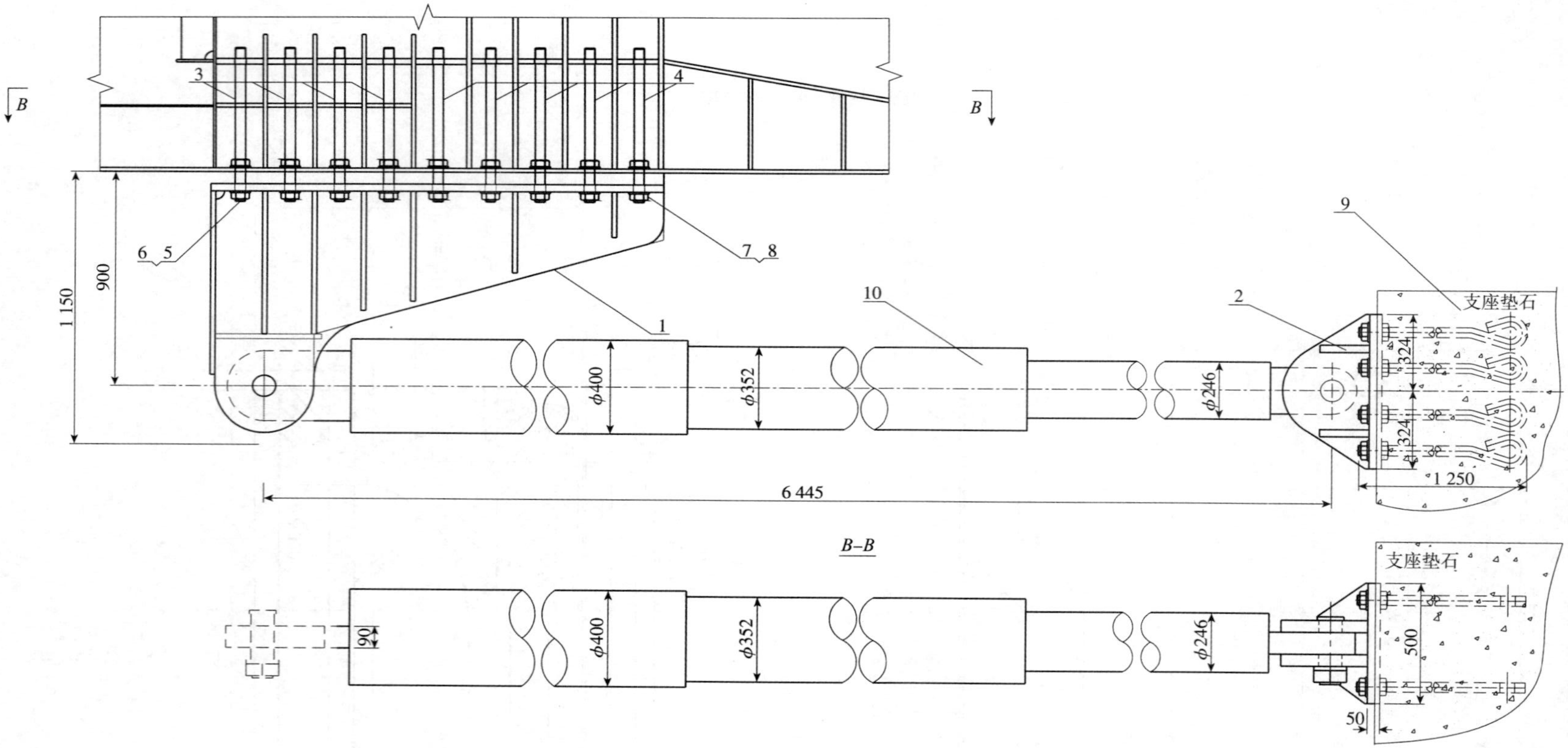

注: 1.本图尺寸均以mm为单位。
2.阻尼器应选择能耗效率较高的产品。
3.最终安装尺寸按采购产品确定。
4.部件3、4螺栓张拉力不小于35t。
5.部件3、4螺栓底端螺纹长度不小于30cm。

序号	代　号	名　称		数量	材　料	单　重	总　重	备　注
						质量(kg)		
1	GX4–1–77	阻尼支座A		1	组焊件	1 088.39	1 088.390	
2	X4–1–78	阻尼支座B		1	组焊件	258.166	258.166	
3		螺栓	M42 × 660–10.9	8		7.788	62.304	
4		螺栓	M39 × 660–10.9	10		7.788	77.880	
5	GB/T 97.1—2002	垫圈	39	20		0.130	2.600	
6	GB/T 6170—2000	螺母	M39	20		0.480	9.600	
7	GB/T 97.1—2002	垫圈	42	24		0.200	4.800	
8	GB/T 6170—2000	螺母	M42	24		0.599	14.376	
9	GB799–88	地脚螺栓	M42 × 1 250	8		15.955	127.640	
10		阻尼器		1		2 585.000	2 585.000	外　购

图 2-2-87　纵向限位装置

转角：0.06rad（竖平面内）；

0.05rad（水平面内）。

总成每件质量：10 564.944kg。

（2）横向支座

横向支座构造如图 2-2-86 所示。

本桥横向支座安装在钢箱梁的两端及两索塔的下横梁处，每处安装两个，全桥共 4 个。横向支座采用 QZ 系列球形支座，上支座板固定在钢箱梁横向支座牛腿上，下支座板及球形支座体固定在下横梁横向支座挡板上，横向支座除限制钢箱梁在支座处的横桥向位移外，对钢箱梁的其他自由度均无约束，球形支座体可沿固定在钢箱梁横向支座牛腿上的上支座板滑动而顺桥向滑动。

横向支座主要技术参数如下。

额定承载力：4 000kN；

转角：0.06rad（竖平面内）；

0.06rad（水平面内）；

总成每件质量：1 378.753kg。

（3）纵向限位装置

纵向限位装置构造如图 2-2-87 所示。

在上述钢箱梁构造设计要点中已介绍：为改善钢箱梁结构动力性能，减少地震力、台风、车辆制动力对桥梁结构，尤其是伸缩缝装置的破坏，在梁端与索塔横梁间顺桥向采用液体黏滞阻尼装置连接（两组共 4 个）。

液体黏滞阻尼装置，是液压双作用式阻尼器，当施以速度以后就产生抵抗力，从而消耗能量。当地震或其他外部激励引起结构间相对运动时，可避免结构被伤害；而液体黏滞阻尼装置消耗过多的能量，并将其转换成热能，耗散于大气中。

阻尼器主要技术参数如下。

阻尼力与速度的函数关系：

$$F = CV^{\alpha}$$

式中：α——速度指数，采用 0.4；

C——阻尼系数。

最大阻尼力：$F = 2\text{MN}$；

额定最大行程：+1 000 ~ −816mm。

第四节　引桥设计

一、南引桥（K11 + 134.1 ~ K14 + 217.1）

1. 南引桥桥型

南引桥共十二联，各联桥式组成为：

（1）第一联由一联六跨连续刚构组成，桥墩编号为 49 ~ 55 号。除过渡墩及索塔处采用单向支座，其余桥墩位置均为墩梁固接。

（2）南引桥第二、三联分别由五跨连续刚构组成，跨径均为 62.5m，梁高 3.5m，第四联由五跨连续刚构组成，跨径布置为 4 × 62.5m + 45m，其中 62.5m 跨径梁高 3.5m，45m 跨梁高由 3.5m 渐变至 2.5m。第二 ~ 四联除过渡墩处采用单向支座，其余桥墩位置均为墩梁固结。这三联桥墩编号为 55 ~ 70 号，桥型布置如图 2-2-88 和图 2-2-89 所示。

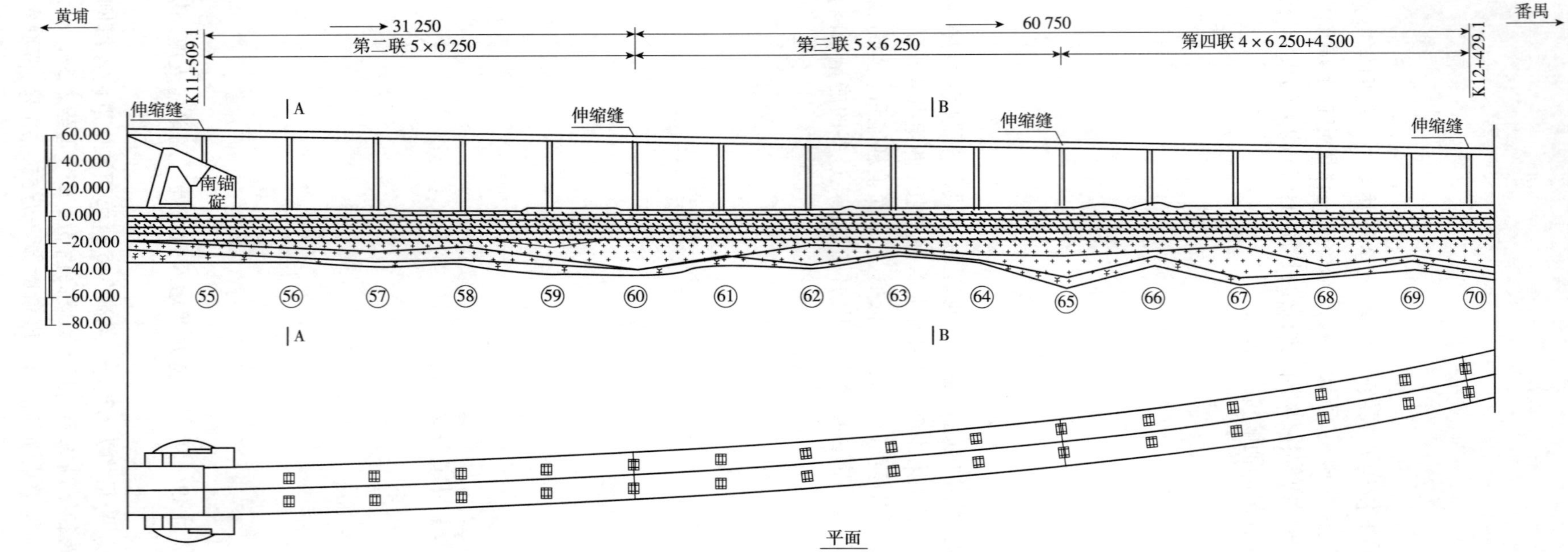

设计高程(m)	63.156	61.874	60.593	59.312	58.031	56.749	55.468	54.187	52.906	51.624	50.343	49.062	47.781	46.499	45.218	44.296
地面高程(m)	4.702	4.450	4.614	3.120	5.418	3.840	3.840	3.840	4.488	5.673	6.495	5.629	5.733	5.672	5.720	5.695
坡度(%)/坡长(m)	−2.050 / 3 346.000															
里程桩号(m)	+509.100	+571.600	+634.100	+696.600	+759.100	+821.600	+884.100	+946.600	K12 +009.100	+071.600	+134.100	+196.600	+259.100	+321.600	+384.100	+429.100
竖曲线要素(m)																
平曲线要素(m)	JD6 i–34° 19′ 44.7″ (Z) R–4 000 L_s–0/350															
超高	2% +458.01；2% 618.016；2% 618.016；2%；2%															

图 例

覆盖层　全风化　强风化　弱风化　微风化

注：1.本图尺寸除高程、里程以m计外，余均以cm计。
2.高程采用广州城建高程系统。

图 2-2-88　第二～四联桥型布置图(一)

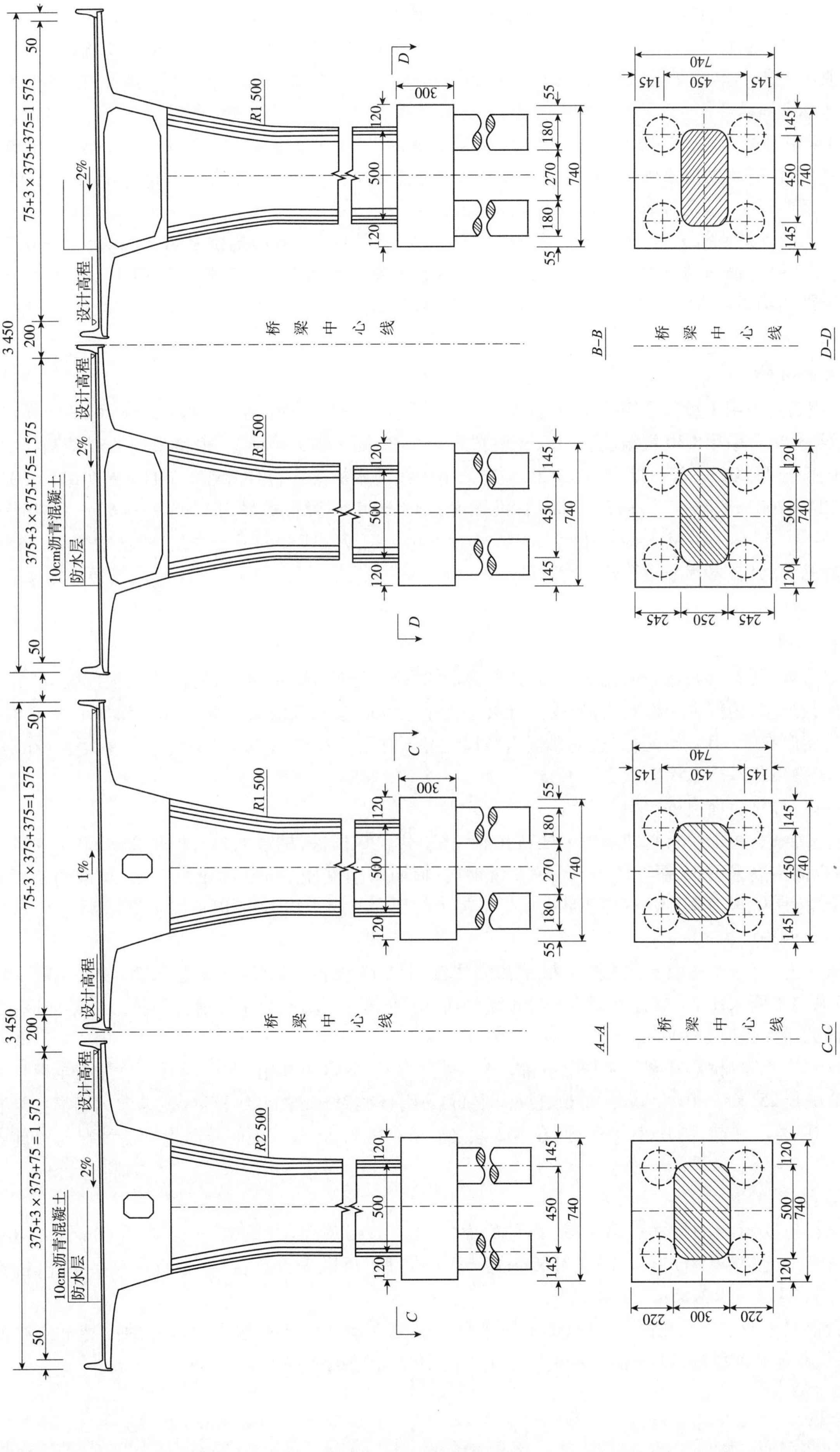

图 2-2-89　第二～四联桥型布置图（二）（尺寸单位：cm）

(3)南引桥第五、六联分别由六跨连续刚构组成,跨径均为45m,梁高2.5m,第七联由六跨连续刚构组成,跨径分别为5×45m+30m,其中45m跨径梁高2.5m,30m跨梁高由2.5m渐变至1.8m。第五~七联除过渡墩处采用单向支座,其余桥墩位置均为墩梁固结,这三联桥墩编号为70~88号;桥型布置如图2-2-90所示。

(4)南引桥第八、九联分别由六跨连续刚构组成,跨径均为30m,梁高1.8m,除过渡墩处采用单向支座,其余桥墩位置均为墩梁固结;第十~十二联由七跨连续刚构组成,跨径均为30m,梁高1.8m,除两个中墩处为墩梁固结,其余桥墩均采用单向支座,如图2-2-91所示。

这十二联连续刚构分上、下行分离的两幅桥,每幅桥净宽15.75m,两幅桥之间留2×35cm=0.7m宽的净距,便于张拉横向预应力,为等截面预应力混凝土连续刚构体系。两幅桥之间有2.0m宽的中央分隔带。上部结构采用现浇箱梁,宽翼缘,斜腹板,同时使不同跨径的箱梁腹板的斜度相同,桥型横断面如图2-2-92所示。

2. 主要材料

普通钢筋:采用Ⅰ级和Ⅱ级钢筋,其技术标准应符合GB 13013—91、GB 1499—1998;桩基础采用C30水下混凝土,承台采用C30混凝土,桥墩、支座垫石及护栏采用C40混凝土,主梁采用C50混凝土,其技术标准应符合JTJ 023—85、JTJ 041—2000;预应力钢绞线技术标准应符合ASTM A 416/A 416M—2002及GB/T 5224—2003,公称直径为15.24mm,标准强度为1 860MPa,弹性模量为1.95×10^5MPa,控制张拉应力1 395MPa。锚具采用M15-22、M15-5、BM15-4型与相应钢绞线匹配的成套产品,包括锚垫板、锚板、夹片和螺旋筋等,其技术标准应符合GB/T 14370—2000。

3. 下部结构

1)桩基础

南引桥地质情况为:基岩风化不均,尤其断裂带的影响,导致弱风化基岩破碎、饱水强度低,部分位置岩层夹层较严重,为保证结构安全,弱风化岩层厚度小于5m,桩基础嵌入微风化基岩深度不少于3.6m;弱风化岩层厚在5~10.2m之间,桩基础嵌入微风化基岩深度不小于1.8m;弱风化岩层厚大于12m,桩基础嵌入弱、微风化基岩总深度不少于12m。

第一联:详见后面引桥的相关介绍。

第二~四联:每个桥墩基础采用4根钻孔灌注桩,共120根桩,桩径1.8m,桩长35.760~54.405m。每根桩:纵向主筋采用35根直径28mm的Ⅱ级钢筋;箍筋采用直径10mm的Ⅰ级钢筋,从钢筋笼顶部向下3.00m范围内,箍筋间距加密至10cm,以抵抗较大的环向拉应力;3.00m以下的箍筋间距为15cm。桩基钢筋的净保护层为10cm。

第五~七联:每个桥墩基础采用4根钻孔灌注桩,共144根桩,桩径1.8m,桩长24.124~57.900m。每根桩:纵向主筋采用26根直径28mm的Ⅱ级钢筋。等间距布置;箍筋布置情况与第二~第四联相同。桩基钢筋的净保护层为10cm。

第八~十二联:桥墩基础设1根钻孔灌注桩,桥台为上、下幅桥共用,设6根桩。总计134根桩。桩径1.8m,桩长25.300~61.800m。每根桩纵向主筋,采用直径28mm的Ⅱ级钢筋,但纵向钢筋的数量有所不同,在102号墩之前,所有桩为35根,在102墩之后所有桩为25根。箍筋及净保护层情况与以前各联相同。

2)承台

南引桥各联承台的尺寸。第一联:详见后面中引桥的相关介绍;第二~四联:7.40m×7.40m×3.00m;第五~七联:7.00m×7.00m×3.00m;第八~十二联:桥墩未设承台,桩与墩柱直接相连,桥台承台的尺寸为34.48m×3.85m×3.00m。

承台混凝土及水中墩在高程+9.000m以下部分及陆上墩在低于地面高程部分的混凝土应掺加硅粉,或采取其他有效措施,以保证抗渗指标达到S14。承台钢筋的净保护层为5cm。

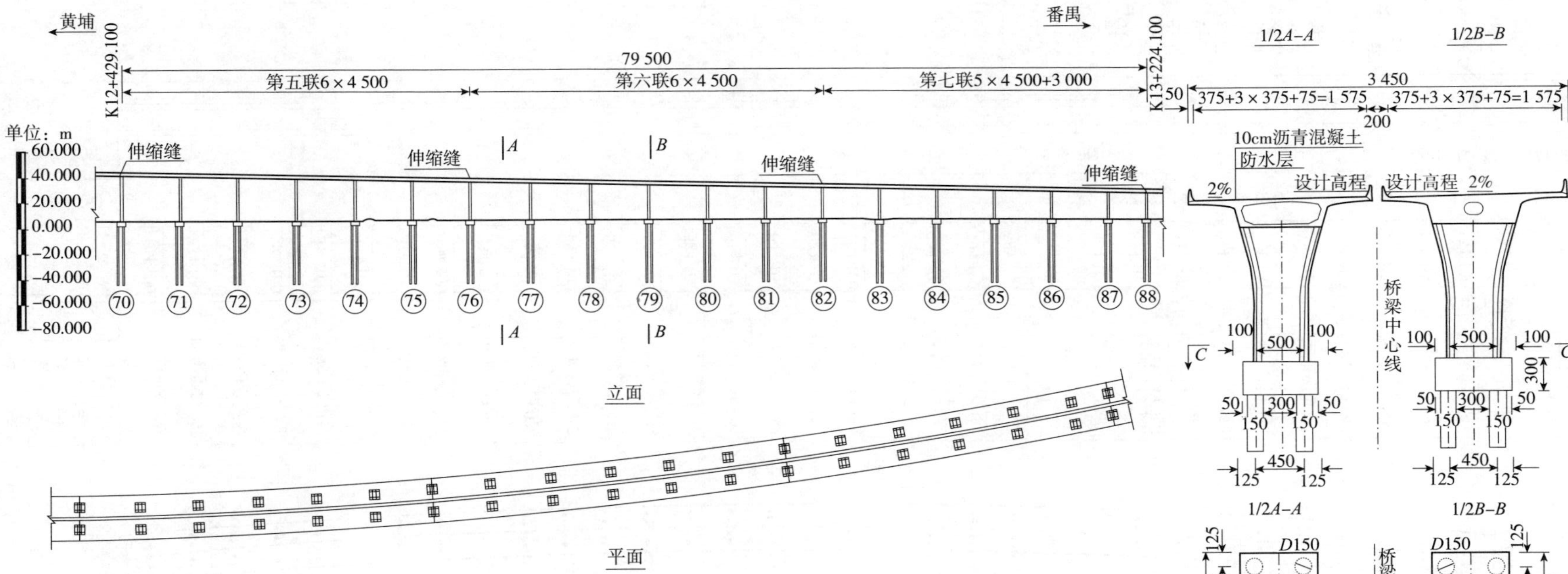

设计高程(m)	44.296	43.373	42.451	41.528	40.606	39.683	38.761	38.838	36.916	35.993	35.071	34.148	33.226	32.303	31.381	30.458	29.536	28.613	27.998
地面高程(m)	5.695	5.489	5.355	5.518	5.318	6.200	5.144	5.027	5.363	5.258	5.254	5.343	5.345	4.745	5.255	5.475	5.329	5.213	5.038
坡度(%)	−2 050																		
坡长(m)	3 346.000																		
里程桩号(m)	+429.100	+474.100	+519.100	+564.100	+609.100	+654.100	+699.100	+744.100	+789.100	+834.100	+879.100	+924.100	+969.100	K13+014.100	+059.100	+104.100	+149.100	+194.100	+224.100
竖曲线要素(m)																			
平曲线要素(m)	JD6 i−34° 49′ 46.6″ a(Y) R−400 Ls−0/340																		
超高																			

注：1.图中尺寸除高程及里程桩号以m计及注明者外，余均以cm为单位。
2.图中高程采用广州城建高程系统。

图 2-2-90　第五～七联桥型布置图

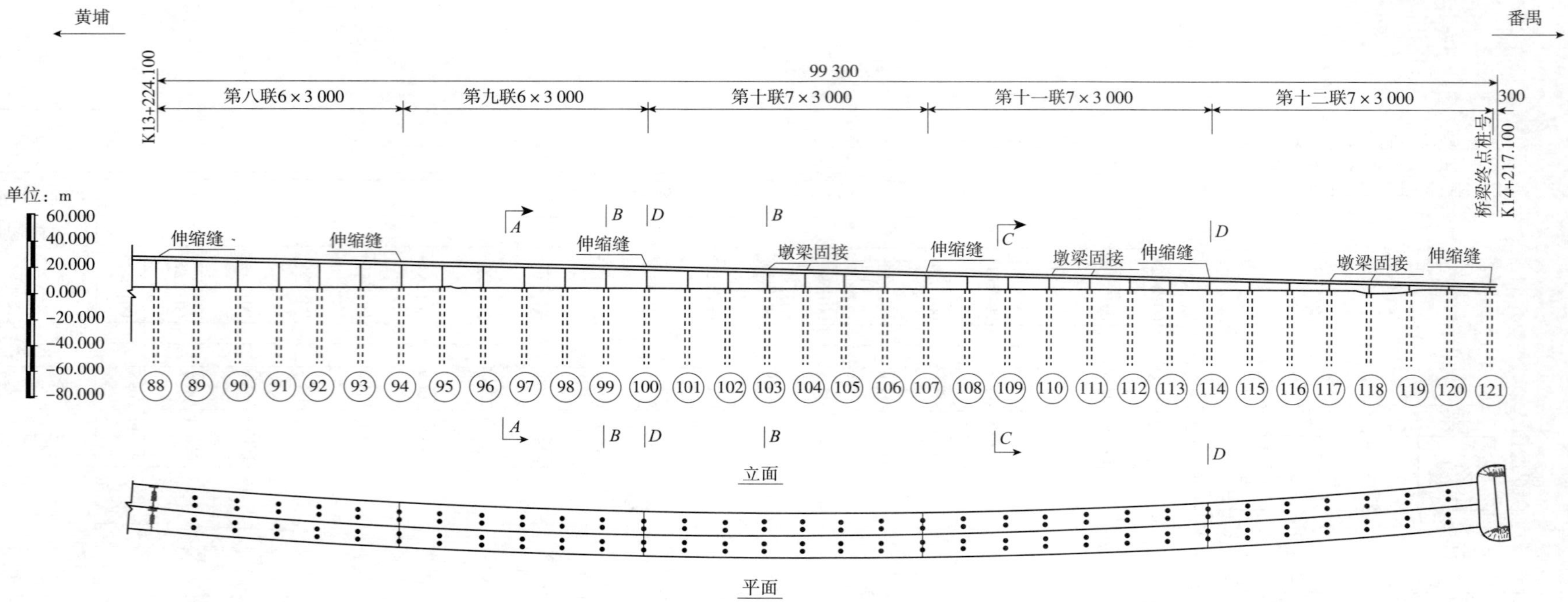

里程桩号（m）	K13+194.100	+224.100	+254.100	+284.100	+314.100	+344.100	+374.100	+404.100	+434.100	+464.100	+494.100	+524.100	+554.100	+584.100	+614.100	+644.100	+674.100	+704.100
设计高程(m)	28.613	27.998	27.383	26.768	26.153	25.5.38	24.923	24.308	23.693	23.078	22.463	21.848	21.233	20.618	20.003	19.388	18.773	18.158
地面高程(m)	5.213	5.038	4.984	4.723	4.791	5.380	5.740	6.099	6.033	4.838	5.193	5.401	5.556	5.607	5.662	5.749	5.551	5.382

里程桩号（m）	+734.100	+764.100	+794.100	+824.100	+854.100	+884.100	+914.100	+926.1	+944.100	+974.100	K14+004.100	+034.100	+064.100	+094.100	+124.100	+154.100	+184.100	+214.100	+217.100
设计高程(m)	17.543	16.947	16.382	15.850	15.350	14.882	14.446	14.280	14.042	13.670	13.330	13.025	12.747	12.504	12.293	12.093	11.894	11.695	11.675
地面高程(m)	5.873	5.893	5.469	5.235	5.545	5.579	5.590	5.572	5.554	5.939	5.704	5.740	5.817	5.769	4.000	5.580	5.792	5.806	5.802

坡度(%)／坡长(m)：−2.050；+926.1　13.601；−0.664　1 073.900

竖曲线要素(m)：R−28 035.22　T−194.09　E−0.673

平曲线要素(m)：+879.582　λ = 1 166.19 L_s=340 R=4 000

超高：+139.582　+129.582

注：1.图中尺寸除高程及里程桩号以m计及注明者外，余均以cm为单位。
2.图中高程采用广州城建高程系统。
3.第八、九联为连续刚构，第十一、十二联为连续梁。

图 2-2-91　八～十二联桥型布置图（一）

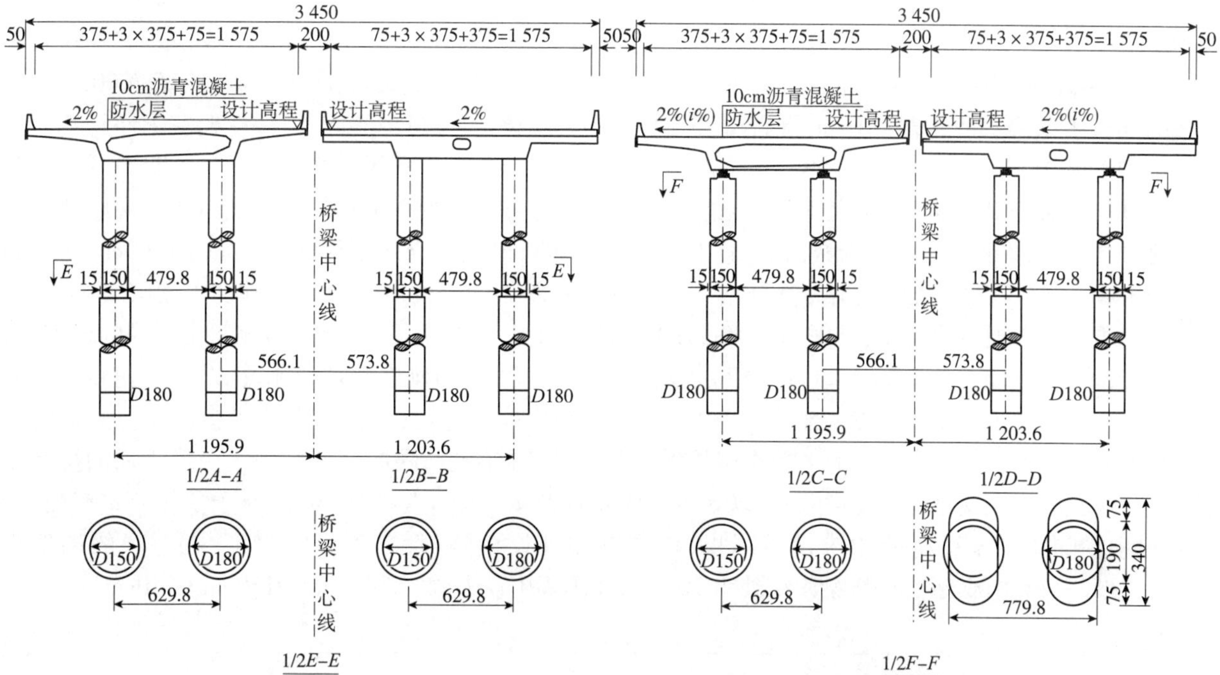

注:1.本图尺寸均以cm计。

2.1/2C–C、1/2D–D断面中横坡$i\%$适用于超高变化段。

图 2-2-92　第八～十二联桥型布置图(二)

3)桥墩

南引桥第一联:见中引桥。

第二～七联:桥墩全部采用花瓶形。因各墩受力不同,桥墩断面不全相同。主筋采用直径 28mm 的Ⅱ级钢筋。墩梁固结的桥墩,墩身主筋上伸入箱梁和承台,伸入长度均为 120cm。墩顶设支座的桥墩,墩身主筋仅下端伸入承台 120cm。墩顶设双层加强钢筋网,上下层间距 10cm。钢筋净保护层 5cm。

第八～十二联:桥墩设计为双柱形,桩径 1.5m,主筋采用直径 28mm 的Ⅱ级钢筋,伸入直径1.8m的桩中 250cm。桥墩的顶端,如果墩梁固结,墩身主筋即伸入箱梁 120mm;如果墩梁不固结,则在墩顶设置支座。分两种情况,一种是过渡墩(即 94、100、107、114 号墩),为了在墩顶并列布置两个支座,从距墩顶约 3.3m 处开始,以 $R=600$cm 向墩顶逐渐加宽,墩顶尺寸为 3.4m × 1.5m,端部为 $R=70.9$m 的圆弧,主筋在圆弧处的弧线间距 15.45cm,均布设置。另一种是一般墩,在这类墩顶仅布置一个单向支座,墩身在墩顶部分不加宽。墩顶设双层加强钢筋网,上下层间距 10cm。钢筋净保护层 5cm。

墩身施工要点:施工墩身之前必须凿毛承台接触面,并保证清洗干净。墩身垂直允许最大偏差不得大于墩高的 1/3 000,同时墩身各截面中心位置偏差不得大于 10mm。墩身施工可采用滑模或翻模施工,分段施工时应注意新老混凝土的结合牢靠。墩身一次浇筑高度不得大于 6m,且混凝土布料应由外至内,保证保护层内集料的含量。模板面板采用木质结构,加劲部分采用钢质结构。混凝土应控制水灰比、集料温度、拆模时间,同时按“内降外保,控制模板温度”的原则,综合采用降温水管、外部泡沫塑料保温、控制模板温度等措施,以防止大体积混凝土水化热引起表面开裂。结构中所有钢筋要求定位准确,保证钢筋的净保护层。桥墩、支座垫石位置和高程控制必须准确,垫石顶面必须保证平整。支座应按图纸与生产厂家的要求安装,在浇筑支座垫石混凝土时埋入地脚螺栓。

4. 上部结构

1)连续刚构箱梁结构

南引桥由上下行分离的两幅桥组成:

第一联箱梁构造详见后面中引桥的介绍。

第二～四联箱梁的标准横断面如图2-2-93所示，第四联最后一跨跨度为45m的变截面箱梁，箱梁一般构造如图2-2-94所示；这三联中其他各跨跨度皆为62.5m，箱梁一般构造如图2-2-95所示。各跨中主要位置的横截面如图2-2-96所示。每幅主梁采用单箱单室，单幅桥主梁顶宽15.75m，底宽7.00m，主梁梁高3.5m，主梁两侧各悬臂4.05m，悬臂端部厚度24cm，悬臂根部厚度75cm，顶板在箱室内净跨5.8m，板厚度28cm，横桥向单向放坡2.0%。箱梁底板厚度为26cm，在支座两侧5m范围内逐渐加厚至根部66cm，以与箱梁向支座处负弯矩逐渐增大相适应。腹板为斜腹板，厚度60cm，斜度为3.67:1，以减少下部工程数量。箱梁腹板主要承受截面剪力和主拉应力，腹板厚度在支座两侧5m范围内由60cm增加到根部100cm，以与箱梁向支座处剪力逐渐增大相适应。在箱梁内部的四个角点处都加了梗腋，且上下不同，下边两个角点梗腋的尺寸为100cm×40cm；上边两个角点，为减少箱梁自重，做成斜度不同的梗腋，其尺寸为25cm×40cm及100cm×22cm。梗腋提高了箱梁截面的抗扭刚度和抗弯刚度，减少了扭转剪应力和畸变应力；增加了桥面板支点的刚度，减少了桥面板跨中的正弯矩；增大了布置纵横向预应力筋的空间；便于内模脱模。箱梁横隔板的主要作用是增加截面的横向刚度，限制畸变应力。箱形截面的抗弯及抗扭刚度较大，除在支座处设置横隔板，以满足支座布置及承受支座反力需要外，对于单箱单室截面，一般不设中横隔板。南引桥跨中未设横隔板，仅在支座处设横隔板，横隔板的厚度，在每联的端部为150cm，在每联的中部支点，即墩梁固结处为300cm，横隔板中设人洞，尺寸一般为150cm×120cm。

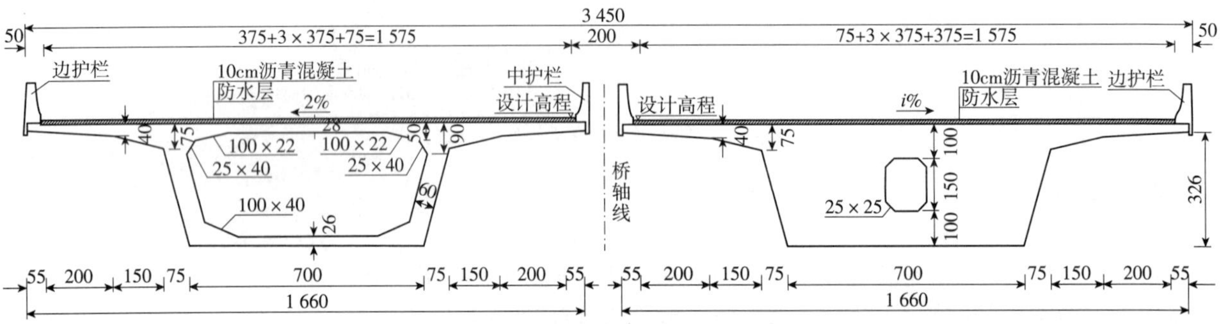

图2-2-93　第二～四联箱梁标准断面（尺寸单位：cm）

第五～七联箱梁的标准横断面主梁梁高2.5m，箱梁内部上边两个角点，每个梗腋尺寸为25cm×40cm及150cm×22cm，腹板斜度3.5:1，其余尺寸与第二～四联相同。

第八～十二联箱梁的标准横断面如图2-2-97所示，每幅主梁采用单箱单室，单幅桥主梁顶宽15.75m，底宽7.90m，主梁梁高1.8m，腹板厚度50cm，主梁两侧各悬臂4.05m，悬臂端部厚度24cm，悬臂根部厚度75cm，顶板在箱室内净跨6.9m，板厚度28cm，横桥向单向放坡2.0%，箱梁底板厚度为26cm，在支座两侧1.5m范围内逐渐加厚至根部0.56m，以与箱梁向支座处负弯矩逐渐增大相适应，腹板为斜腹板，斜度为3.5:1，腹板厚度在支座两侧1.5m范围内由0.5m增加到根部0.9m。箱梁内部下边两个角点梗腋的尺寸为100cm×40cm；上边两个角点，每个角点的梗腋尺寸为25cm×30cm及150cm×22cm。每个横隔板皆为150cm，横隔板中设人洞，尺寸一般为100cm×74cm。

2）连续刚构箱梁预应力体系

第一联箱梁预应力钢束布置详见后面中引桥的相关介绍。

第二～四联箱梁为双向预应力混凝土结构，纵向预应力采用15-22、15-12钢束，箱梁顶板横向预应力采用15-4钢束，预应力钢束设计张拉控制应力为0.75倍的公称破断强度，单根钢绞线张拉吨位为195kN。15-22钢束每束控制张拉力为4 301.7kN，15-12钢束每束控制张拉力为2 346.3kN。

纵向预应力钢束按照连续梁正负弯矩变化规律呈波浪形布置，在支座处主要分布在箱梁顶板中，在跨中主要分布在箱梁底板中，箱梁顶板横向预应力束采用15-4钢绞线，BM15-4扁锚，一端张拉，锚下控制应力$\sigma_k=1\ 395$MPa；固定端采用H型轧花锚。15-4钢绞线采用相应内径塑料扁波纹管成孔。顶板横向预应力束沿桥轴线纵向按0.8m间距布置。

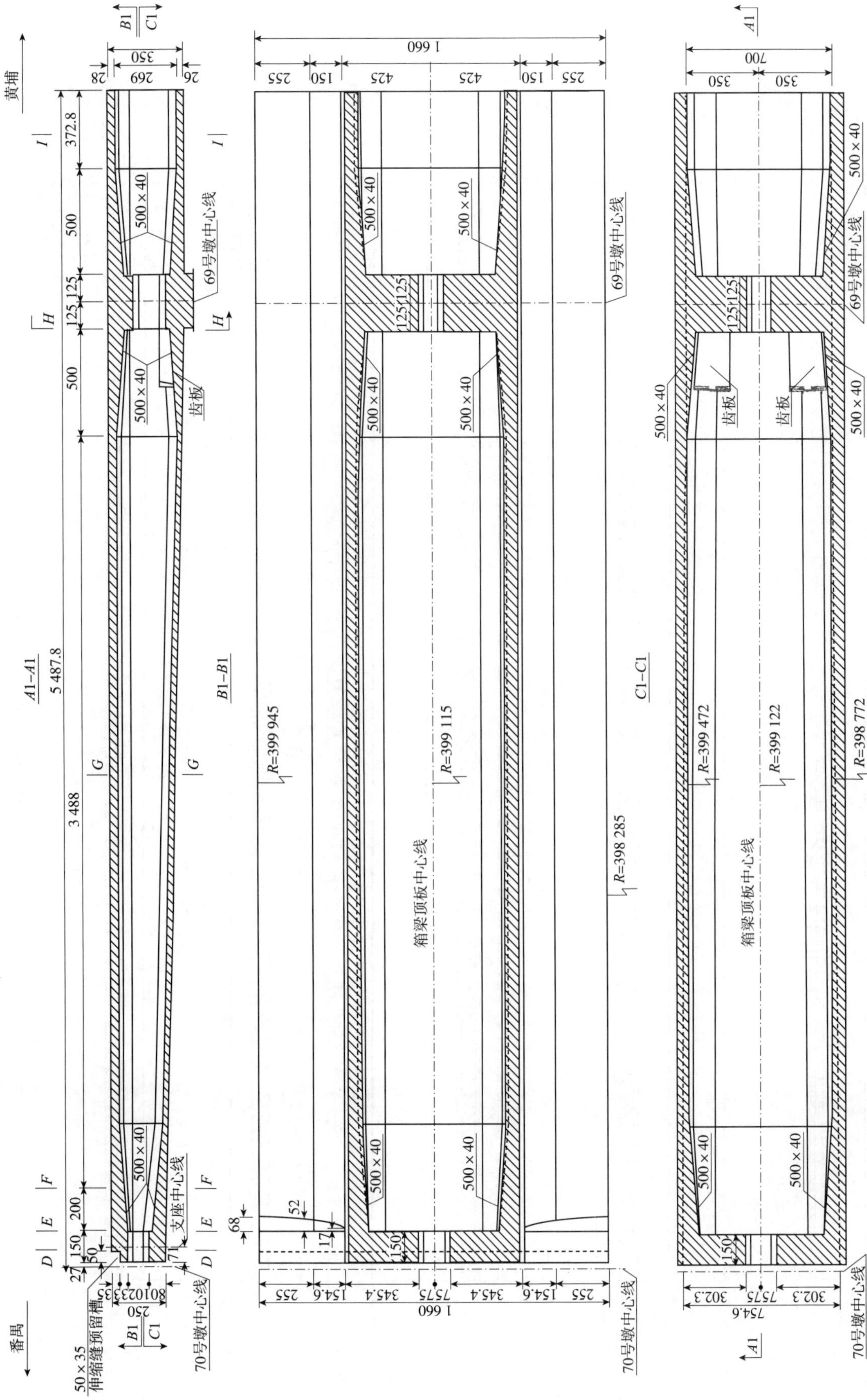

注：1.本图尺寸均以cm为单位。
2.图中A1–A1断面梁长为箱梁中心线处长度。
3.齿板类型及构造详见相关图纸。
4.本图适用左幅第1浇筑段。

图 2-2-94　45m跨度变截面箱梁纵断面一般构造

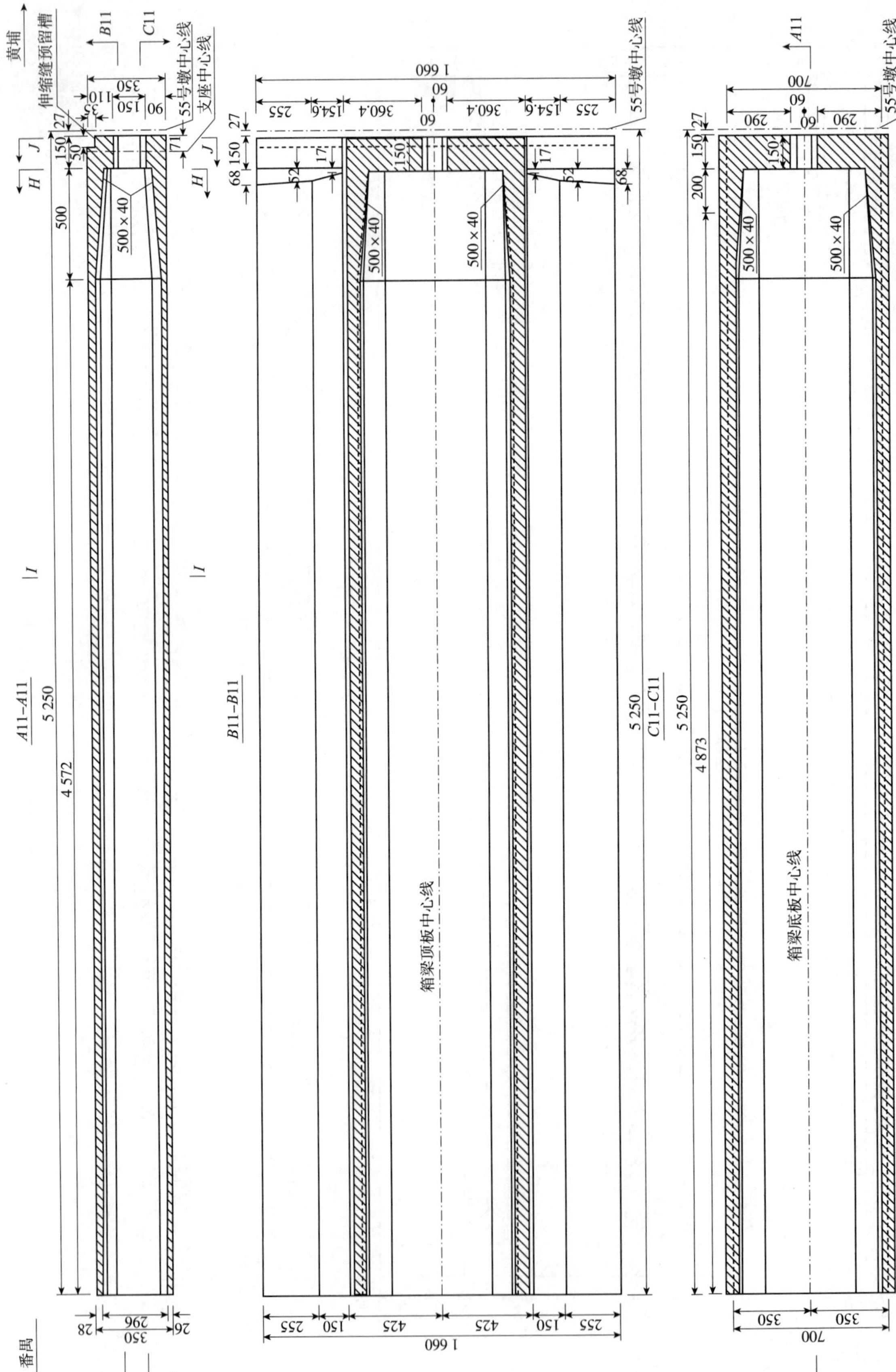

注：1.本图尺寸均以cm为单位。
2.图中A11-A11断面梁长为箱梁中心线处长度。
3.齿板类型及构造详见相关图纸。
4.本图适用于第15浇筑段。

图 2-2-95　62.5m箱梁纵断面一般构造

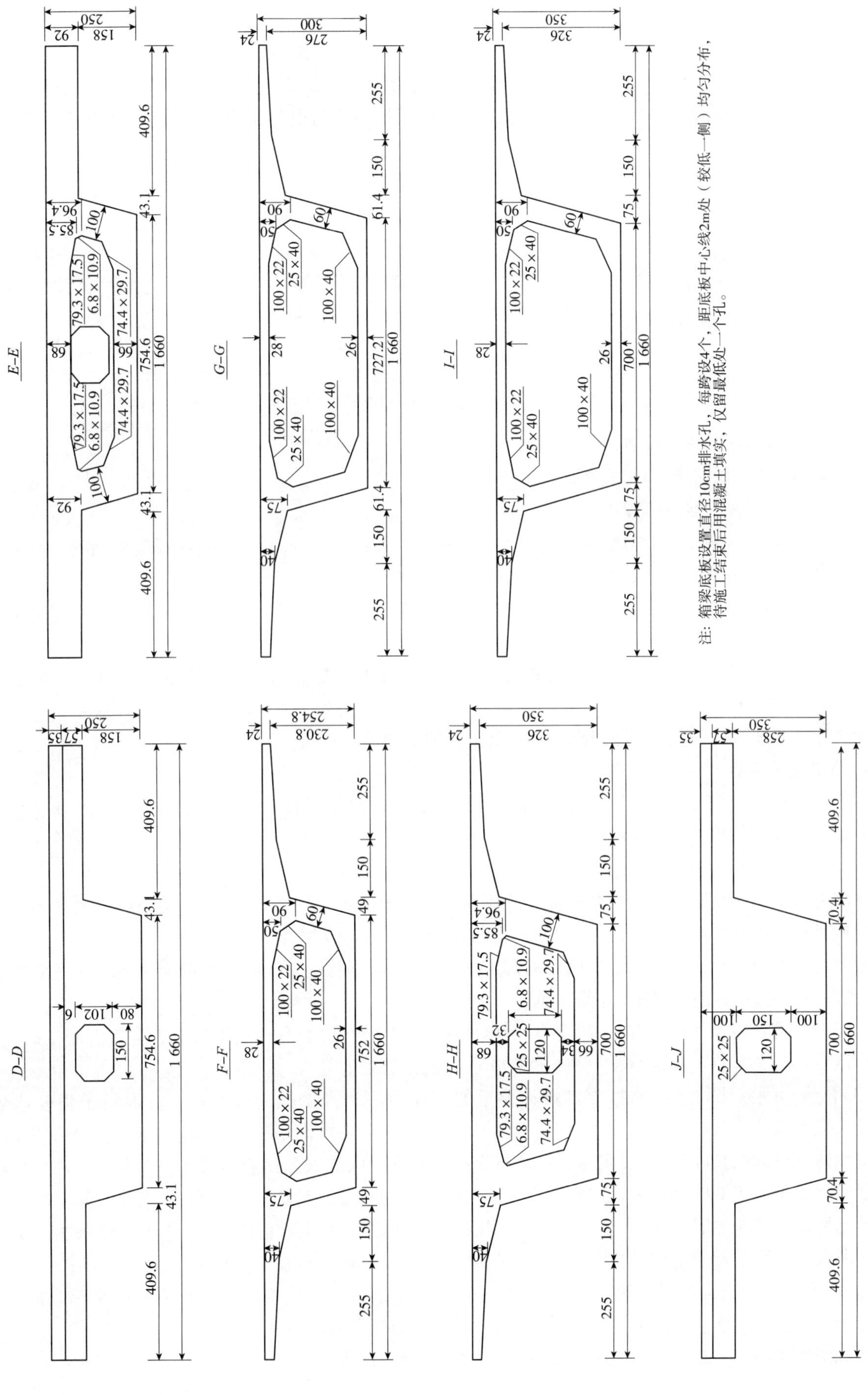

注：箱梁底板设置直径10cm排水孔，每跨设4个，距底板中心线2m处（较低一侧）均匀分布，待施工结束后用混凝土填实，仅留最低处一个孔。

图 2-2-96　箱梁横断面（尺寸单位：cm）

第五～七联箱梁预应力情况与第二～四联基本相同。

第八～十二联箱梁预应力，除了纵向预应力采用15-22、15-5钢束外，其余与第二～四联基本相同。

钢绞线分别采用相应内径塑料波纹管成孔，管道摩擦因数0.17，偏差系数0.000 8，一端锚具变形钢束回缩6mm，钢束松弛率0.035。预应力钢束张拉采用张拉吨位与引伸量双控的方法，引伸量误差满足设计要求。

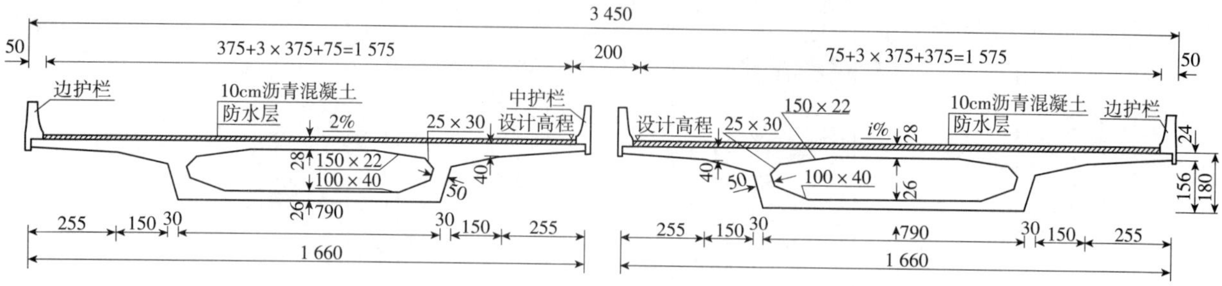

图2-2-97　第八～十二联箱梁标准断面(尺寸单位:cm)

3)连续刚构箱梁的钢筋配置

第一联详见后面中引桥的相关介绍。

第二～十二联普通钢筋布置:

(1)纵向钢筋:顶板顶层及底板底层采用直径20mm的Ⅱ级钢筋，间距15cm;顶板底层、底板顶层、腹板内外侧及悬臂板底层钢筋均采用16mmⅡ级钢筋，间距15cm。

(2)横向钢筋:顶底板的顶底层、腹板的内外侧全部采用20mm的Ⅱ级钢筋，翼缘悬臂的底层采用直径16mm的Ⅱ级钢筋，间距10cm。

(3)端横梁、中横梁钢筋:横桥向主筋采用直径20mm的Ⅱ级钢筋，横桥向的箍筋采用12mm的Ⅱ级钢筋，间距10cm。

除了箱梁顶板净保护层采用2.5cm外，其余净保护层均为3.0cm。

4)箱梁施工要点

(1)连续梁施工工艺要求及质量检验标准应符合《公路桥涵施工技术规范》(JTJ 041—2000)、《公路工程质量检验评定标准》(JTJ 071—98)。

(2)预应力管道。

预应力管道采用塑料波纹管。塑料波纹管可由高密度聚乙烯或聚丙烯制成，有关塑料波纹管的具体技术标准可参照国际混凝土结构协会(FIB)有关体内预应力塑料波纹管的要求。

预应力管道应准确定位并用定位网钢筋固定牢靠，定位网钢筋片最大间距不得大于1m，并同主钢筋焊牢，预应力束弯曲段定位网钢筋片间距应适当加密。

预应力管道在接头处不得有毛刺、卷边、折角等现象，接头处要封严，不得漏浆。在浇筑混凝土时，应防止管道变形。在混凝土浇筑后，应及时通孔清孔，发现阻塞及时处理。

(3)预应力钢束张拉应严格按照本设计要求的张拉顺序和张拉控制应力进行。混凝土强度达到90%设计强度后，方可施加预应力。所有预应力钢束的张拉均要求采用张拉吨位与伸长量双控的方法，即当钢束达到设计张拉吨位时，其实际伸长量与理论计算值之间的误差应控制在6%之内。要求同一断面的断丝率不得大于1%。预应力张拉完毕后24h内必须压浆，要求管道压浆密实，水泥浆水灰比不大于0.4，不允许掺氯盐外加剂，可掺一定量的减水剂和膨胀剂，以减少水泥浆的收缩，防止钢绞线锈蚀。同时要求水泥浆的强度不低于结构自身混凝土设计强度。采用真空辅助吸浆工艺施工。

(4)为保证各跨新老混凝土的整体性，在浇筑箱梁新混凝土前，应将旧混凝土的接触面凿毛洗净。

(5)钢筋接头布置应按规范错开布置;保证各类钢筋保护层厚度。

(6)箱梁预制时应加强养护等措施，防止温度收缩裂缝的产生。

5. 附属工程

1）桥面铺装

桥面铺装采用沥青混凝土，厚度为10cm，在铺设沥青混凝土之前，在梁顶面刷涂一层防水层。

2）伸缩缝

采用梳齿伸缩缝。

3）支座布置

第一联：详见后面中引桥相关部分的介绍；

第二～四联：除过渡墩处采用单向支座，其余桥墩均为墩梁固结。过渡墩为55、60、65及70号墩、支座型号为GPZ（Ⅱ）8DX，这三联墩顶支座共24个。

第五～七联：布置与第二～四联一样，除过渡墩处采用单向支座外，其余桥墩位置均为墩梁固结。过渡墩为70、76、82及88号墩。这三联墩顶支座共24个，除了88号墩的4个支座型号为GPZ（Ⅱ）4DX外，其余20个全为GPZ（Ⅱ）5DX。

第八、九联：除过渡墩均采用单向支座，其余桥墩位置均为墩梁固结。

第十～十二联：除两个中墩处为墩梁固结，其余桥墩均采用单向支座。在这四联中，墩顶支座型号因过渡墩、一般墩而有所不同。过渡墩支座型号为GPZ（Ⅱ）3.5DX，相应墩号为88、100、107、114及121号；一般墩支座型号为GPZ（Ⅱ）7DX，相应墩号为101、102、105、106、108、109、112、113、115、116、119、120号。这五联共用单向支座88个，其中GPZ（Ⅱ）3.5DX型号40个，GPZ（Ⅱ）7DX型号48个。

所有支座均采用耐候钢的盆式橡胶支座。对于曲线梁上的支座布置按支座纵向活动方向沿着曲线半径切线位移的方法进行布置。

4）护栏

第二～十二联护栏：

（1）由边护栏与中护栏组成。

（2）钢筋混凝土护栏，现浇施工。

（3）护栏隔离缝间采用沥青浸木条隔离。

（4）在与伸缩缝相邻的两侧护栏中，预埋钢管$\phi108 \times 4 \times 800$（mm）；在此钢管中穿入连接管$\phi83 \times 5 \times 1\,740$（mm），实现与伸缩缝同步伸缩。

5）桥面排水系统

（1）桥面设2%横坡，并设泄水管，桥面水经泄水管流入溢流箱，再经横向排水管将水导入纵向排水。

（2）顺桥向设排水管收集引至墩旁PVC排水管，排水管伸入消能池，接入地面排水系统。

（3）纵向排水管采用D25PVC管，用吊环固定在箱梁翼缘根部，吊环纵向间距为2m，纵向排水坡度为2%。

（4）在桥墩处采用D25PVC管将雨水引出，流入横向排水管。

（5）横向排水管采用D11PVC管。

6. 移动模架施工

黄埔大桥南、北引桥跨径组合及结构形式为62.5m、45m、30m等截面连续刚构、连续梁桥，采用单箱单室截面，箱梁高度分别为3.5m、2.5m、1.8m。引桥全部采用模架法施工。其中，用于南、北引桥62.5m跨箱梁施工的两台MSS62.5m移动模架为目前世界上最大跨径的移动模架，北引桥使用的MSS47m移动模架可用于斜交箱梁的施工。两台模架均采用上行式，主承重梁均采用空腹钢箱梁结构，南引桥模架主梁高6.05m，整机重约1 600t；北引桥模架主梁高6m，整机重约1 450t。

1）MSS62.5m移动模架施工流程

第一步：完成前一孔箱梁混凝土浇筑施工。

第二步：落模，将事先已准备好的小车及墩顶支承前移至悬臂端。

第三步：模架首次纵移，前辅助支腿至前一墩顶后支起。

第四步：第3套小车及墩顶支承纵移至前一墩顶后安装。

第五步：收起前辅助支腿，模架第二次纵移至下一孔浇筑位置。

第六步：利用桥面起重设备拆除后端的小车及墩顶支承，为下孔纵移准备。

2）MSS47m、MSS45m、MSS30m 移动模架施工

南、北引桥45m、30m跨等截面连续刚构、连续梁桥分别采用1台MSS47m、1台MSS45m和2台MSS30m下行式移动模架施工。以MSS45m移动模架施工过程为例，介绍下行式移动模架施工。

3）MSS45m 移动模架施工流程

第一步：在完成一跨施工后，通过C型梁及后横梁，利用已施工的梁面吊住整个模架。

第二步：利用移动小车打开支撑牛腿后，完成一跨的纵移。

第三步：模架在C型梁及已前移的牛腿上开模。

第四步：利用梁面的轨道及顶推装置完成纵移过孔，合模后进行下一跨施工。

北引桥第一联受广州至深圳沿江高速公路和大沙东路影响，部分桥跨按斜交20°设计。MSS47m移动模架特点在于设计中考虑该移动模架的变跨度施工和斜交施工。

4）MSS45m 移动模架整体后退横移

在MSS45m移动模架横移换幅过程中，充分利用右幅已施工完成的箱梁及MSS45m移动模架，采用整体后退、下放、分段拆开、横移、拼装、整体吊装的施工步骤，具有施工周期短、对模架损伤小、施工安全可靠、经济性好等优点，是下行式移动模架横移的一种创新。

二、中引桥（K9+651.1~K10+026.1）

中引桥与南引桥第一联结构及施工方法基本相同，在这里一并介绍。

1. 桥型

中引桥及南引桥第一联都是由一联六跨连续刚构组成，跨径均为62.5m，梁高3.5m，除过渡墩、43号（55号）墩及索塔处采用单向支座，其余桥墩位置均为墩梁固结。桥墩编号为42~48号（49~55号）括号外及括号内的数字分别代表中引桥及南引桥墩号。桥型布置如图2-2-98和图2-2-99所示。

2. 主要材料

与南引桥相同。

3. 下部结构

1）桩基础

中引桥与南引桥地质情况相同，对钻孔灌注桩桩长处理原则也相同。

除了45号（53号）墩设置4根直径2.2m的钻孔灌注桩外，其余桥墩均设置4根直径1.8m的钻孔灌注桩；桩长38.8~48.3m（34.7~48.3m）；直径2.2m的桩采用40根直径28mm的双肢Ⅱ级钢筋，箍筋在桩与承台连接处7.2m加密为螺距10cm；直径1.8m的桩采用35根直径28mm的Ⅱ级钢筋，箍筋在桩与承台连接处3m加密为螺距10cm；箍筋采用直径10mm的Ⅰ级钢筋。净保护层10cm。注：括号内的数字是南引桥第一联的，以下相同。

2）承台

直径2.0m桩的承台较直径1.8m桩的承台大：中引桥及南引桥各有一个大承台，中引桥在45号墩，南引桥在53号墩，承台尺寸皆为9.10m×9.10m×3.00m。其余桥墩承台尺寸为7.40m×7.40m×3.00m。承台下设30cm厚的混凝土垫层。承台混凝土及水中高程低于+9.0m、陆上低于地面高程的桥墩混凝土应掺加硅粉，或采用其他有效措施，以保证抗渗指标达到S14。

承台底层布置两层钢筋，层间距15cm，顶层布置一层钢筋，四周布置一层钢筋；钢筋直径皆为25mm的Ⅱ级钢筋，间距皆为15cm。

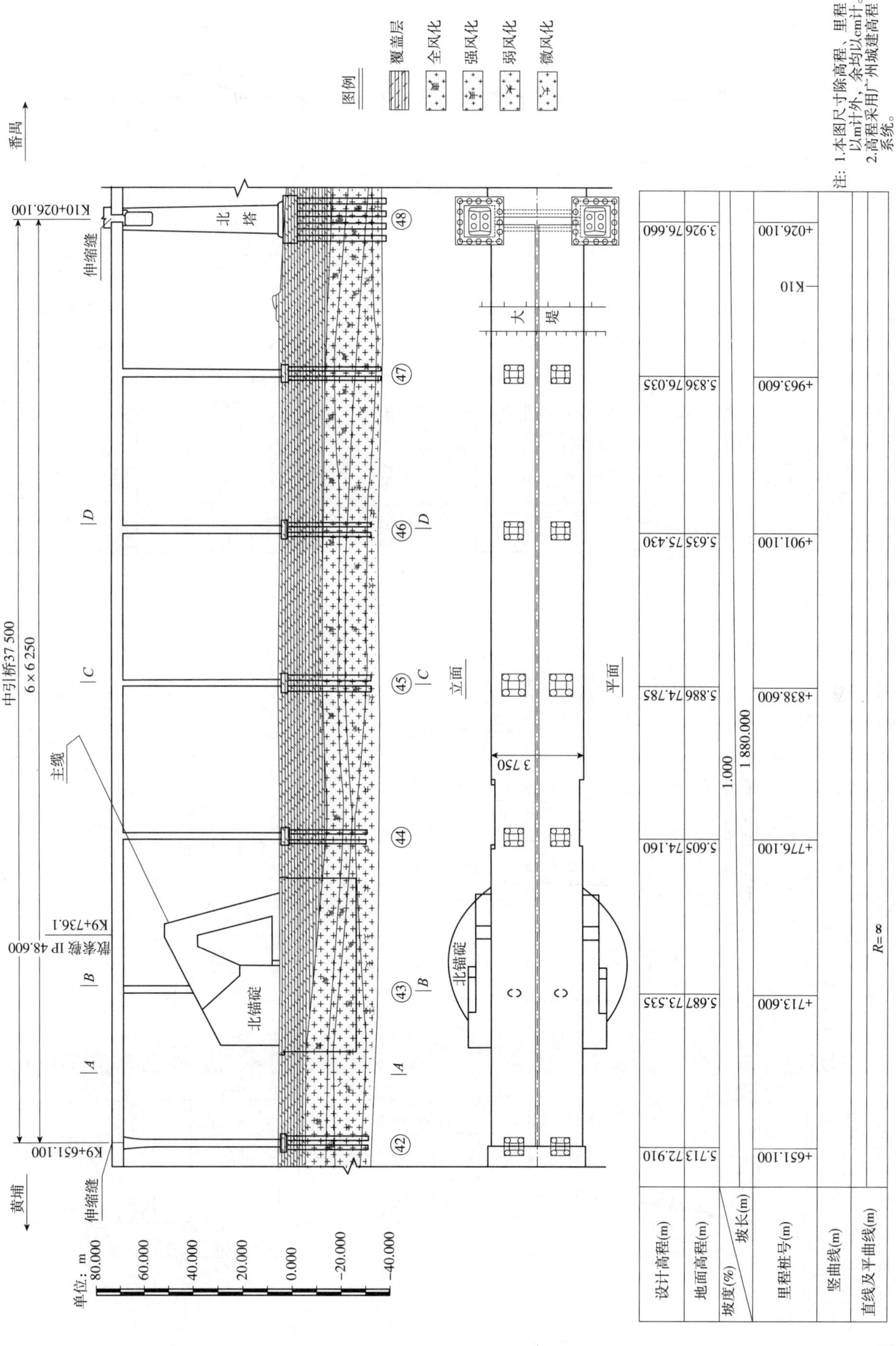

注：1.本图尺寸除高程、里程以m计外，余均以cm计。
2.高程采用广州城建高程系统。

图 2-2-98　中引桥桥型布置图（一）

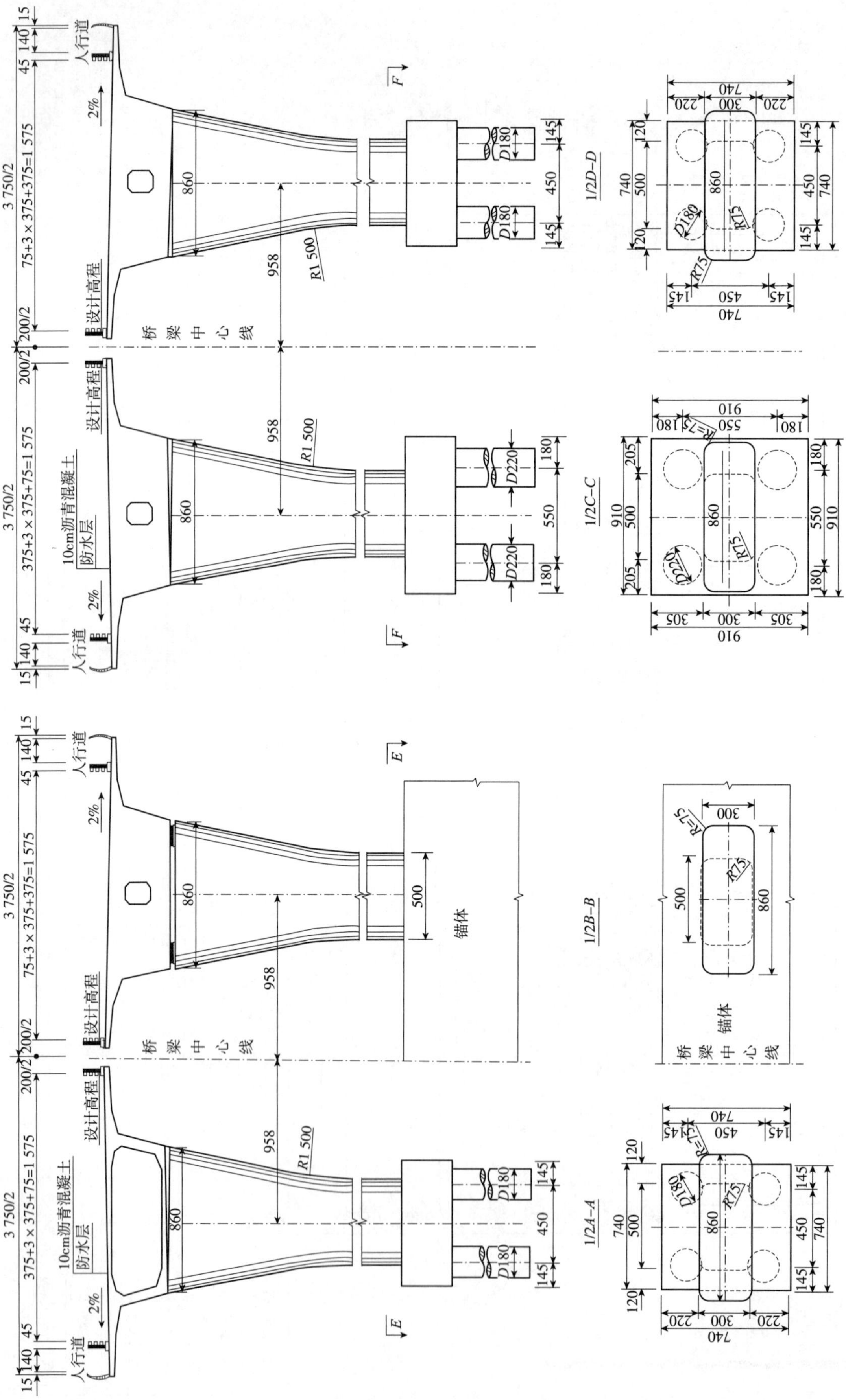

注：1.本图尺寸除高程、里程以m计外，余均以cm计。
2.高程采用广州城建高程系统。

图 2-2-99　中引桥桥型布置图（二）

3）桥墩

桥墩为花瓶墩，所有桥墩的外形尺寸基本相同，桥墩截面为 5.00m×3.00m，在距墩顶 8.60m 处以 $R=15$m的弯曲切线将桥墩向墩顶逐渐加宽，墩顶截面为 8.60m×3.00m，四角设 $R=0.709$m 的圆角。主筋采用直径 28mm 的Ⅱ级钢筋，钢筋间距：墩身顺桥向 20cm，横桥向 12.5cm；墩顶顺桥向 20cm，横桥向 25cm。墩顶设双层加强钢筋网，上下层间距 10cm，钢筋采用直径 28mm 的Ⅱ级钢筋，间距与竖向主筋间距相同。墩身箍筋采用直径 16mm 的Ⅱ级钢筋，钢筋间距：在承台顶面以上约 8m 的高度内及离墩顶约 2m 的范围内为 10cm，其余为 20cm。墩身钢筋净保护层 5cm。对于墩梁固结的桥墩，墩身主筋上下伸入梁体和承台，伸入长度均为 120cm。墩顶设支座的桥墩，墩身主筋仅下端伸入承台 120cm。

4）支座布置

中引桥在 42 号墩及 48 号墩处采用单向支座，支座型号：42 号墩为 GPZ（Ⅱ）9DX，每幅 2 个，共 4 个；48 号墩为 GPZ（Ⅱ）8DX，每幅 2 个，共 4 个。第一联在 49 号墩及 55 号墩处采用单向支座，支座型号皆为 GPZ（Ⅱ）8DX，每幅 2 个，共 8 个。

4. 上部结构

1）连续刚构箱梁构造

箱梁的标准横断面如图 2-2-100 所示，每幅主梁采用单箱单室，单幅桥主梁顶宽 17.60m，底宽 8.60m，主梁梁高 3.5m，主梁两侧各悬臂 4.05m，悬臂端部厚度 24cm，悬臂根部厚度 75cm，顶板在箱室内净跨 8.60m，板厚度 30cm，横桥向单向放坡 2.0%。箱梁底板厚度为 28cm，在支座两侧 5m 范围内逐渐加厚至根部 0.68m，腹板为斜腹板，厚度 60cm，斜度为 3.67∶1，腹板厚度在支座两侧 5m 范围内由 0.6m 增加到根部 1.0m，在箱梁内部的四个角点处都加了梗腋，且上下不同，下边两个角点梗腋的尺寸为100cm×40cm；上边两个角点做成斜度不同的梗腋，其尺寸为 40cm×40cm 及 100cm×20cm。

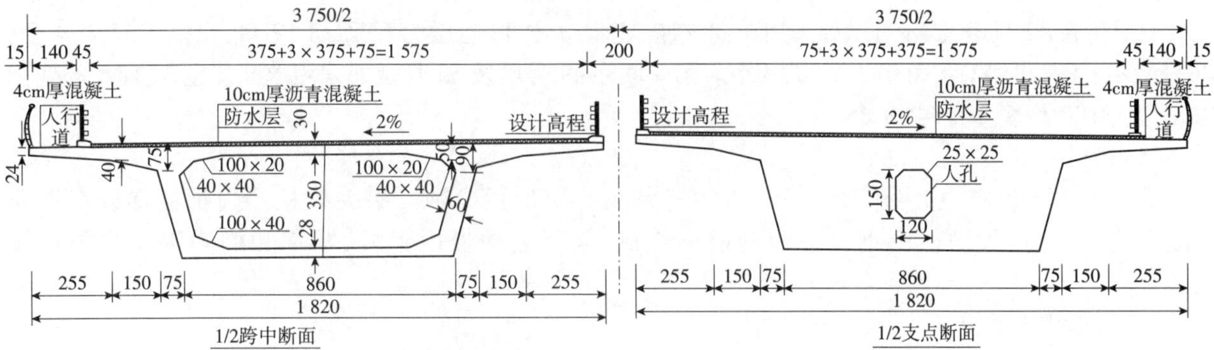

图 2-2-100　箱梁标准断面（尺寸单位：cm）

箱梁中横隔板设置情况为：中引桥及南引桥第一联跨中不设横隔板，仅在支座处设置。这两联在中间支点，即墩梁固接处的横隔板厚度为 300cm，但在每联端部，即在过渡墩处隔板的厚度则有所不同。中引桥在 42 号过渡墩处横隔板的厚度为 286cm，在 48 号过渡墩处横隔板的厚度为 400cm。南引桥第一联，在 49 号过渡墩处横隔板的厚度为 400cm，在 55 号过渡墩处横隔板的厚度为 150cm。横隔板中设人孔，尺寸一般为 150cm×120cm。

2）连续刚构箱梁预应力体系

中引桥及南引桥第一联箱梁为双向预应力混凝土结构，纵向预应力采用 15-22 钢束，箱梁顶板横向预应力采用 15-3 钢束；预应力钢束设计张拉控制应力为 0.75 倍的公称破断强度，单根钢绞线张拉吨位为 195kN。15-22 钢束每束控制张拉力为 4 301.7kN。有关计算钢束引伸量的参数为：管道摩阻隔系数 0.17，偏差系数 0.000 8，一端锚具变形钢束回缩 6mm，钢束松弛率 0.035。预应力钢束采用张拉吨位与引伸量双控的方法，引伸量误差满足设计要求。纵向预应力筋按照连续梁正负弯矩变化规律布置，在支座处主要布置在箱梁顶板中、在跨中主要加强布置在箱梁底板中。箱梁顶板横向预应力束采用15-3钢绞线,BM15-3扁锚,一端张拉,锚下控制应力σ_k=1 395MPa;固定端采用H型轧花锚。15-3钢绞线采用相应内径塑料扁波纹管成孔。顶板横向预应力束沿桥轴线纵向按0.5m间距布置。

3)连续刚构箱梁普通钢筋配置

(1)纵向钢筋:顶板顶层及底板底层采用直径20mm的Ⅱ级钢筋,间距15cm;顶板底层、底板顶层、腹板内外侧及悬臂板底层钢筋均采用直径16mmⅡ级钢筋,间距15cm。

(2)横向钢筋:顶底板的顶底层、腹板的内外侧全部采用直径20mm的Ⅱ级钢筋,翼缘悬臂的底层采用直径16mm的Ⅱ级钢筋,间距10cm。

(3)端横梁、中横板钢筋:横桥向及顺桥向顶层及底层主筋采用直径20mm的Ⅱ级钢筋,间距横桥向10cm,顺桥向15cm。横桥向的箍筋采用直径12mm的Ⅱ级钢筋,间距10cm。过人孔的周边纵横向钢筋采用直径16mm的Ⅱ级钢筋,间距:横向10cm,纵向15cm。

4)附属工程

(1)桥面系布置

中引桥和南引桥第一联分别处在悬索桥的北、南两端,它们皆在悬索桥的边跨处,且主桥锚碇就在它们的端跨之中,它们的桥面宽度要比南北引桥一般宽度要宽,因为每幅外侧要多加一个140cm人行道宽度及一个45cm边护栏宽度。

(2)桥面铺装

桥面铺装采用沥青混凝土,厚度为10cm,在铺设沥青混凝土之前,在梁顶面刷涂一层防水层。人行道的铺装主要采用一层厚度为4cm的混凝土层,这层混凝土的表面为粒径4~6mm的河卵石。

(3)伸缩缝

42号墩采用RBDX1570A梳齿式伸缩缝,48号墩采用D2000mm毛勒伸缩缝。

(4)支座布置

中引桥在42号墩及48号墩处采用单向支座,支座型号:42号墩为GPZ(Ⅱ)9DX,每幅2个,共4个;48号墩为GPZ(Ⅱ)8DX,每幅2个,共4个。第一联在49号墩及55号墩处采用单向支座,支座型号皆为GPZ(Ⅱ)8DX,每幅2个,共8个。

(5)护栏

桥面上的护栏有中央分隔带护栏、边护栏及人行道护栏3种。中央护栏及边护栏都设有钢筋混凝土底座,这两种护栏由钢立柱和钢横梁组成;人行道护栏由钢板、圆钢和椭圆钢管扶手焊接而成。

(6)桥面排水系统

与南引桥基本相同。

5.施工要点

1)箱梁采用挂篮悬浇施工

(1)挂篮应具有足够刚度和强度。

(2)在每次安装完成使用前,采用压重或其他方法消除非弹性变形以及其他不利影响。

(3)立模高程应计入预拱度、挂篮的弹性变形等。

(4)主梁悬臂施工中最大高程允许误差为1cm。

(5)挂篮需要考虑悬臂梁段与已浇梁段结合处的平顺,避免出现错台和错位。

2)预应力束张拉

(1)预应力钢束张拉严格按设计规定的张拉顺序进行。

(2)混凝土达到90%设计强度后方可施加预应力。

(3)张拉步骤为:张拉到15%张拉吨位→持荷3min→开始测量引伸量→张拉到设计吨位→持荷3min→测量引伸量→回油→测量引伸量。

(4)实测伸长量如下式所示。

$$\Delta = \Delta_1/0.85 - \delta$$

式中：Δ_1——张拉到设计吨位后测得的伸长量；

δ——夹片回缩值，由实测确定。

(5)其他要点按《公路桥涵施工技术规范》要求执行。

3)预应力管道采用塑料波纹管

(1)波纹管刚度满足规范要求。

(2)直线段每延米设一个定位架，曲线段适当加密。

(3)在浇筑混凝土过程中避免踩压波纹管，防止变形。

(4)预应力张拉完毕后24h内必须压浆，水泥浆水灰比不大于0.4，不允许掺氯盐外加剂，可掺减水剂和膨胀剂。

(5)箱梁各段间的施工缝应凿毛冲洗干净。

三、北引桥(K7+200.6～K8+946.1)

1.桥式

北引桥由七联组成，跨径组成分别如下。

第一联(4号～11号墩)：

左幅桥为(38+38+36+39+40+35+35)m(连续箱梁)；

右幅桥为(46+43+35+47+40+35+35)m(连续箱梁)。

第二联(11号～17号墩)：

左、右幅皆为6×45m。

第三联(17号～23号墩)：

左幅桥为2×45m+4×45m；

右幅桥为6×45m。

第四～七联(23～38号墩)：

左、右幅皆为45m+2×62.5m+2×62.5m+5×62.5m+5×62.5m。

北引桥分上、下行分离式双幅桥，两幅桥之间留2×35cm=0.7m宽的净距，便于张拉横向预应力。上部结构采用宽翼缘斜腹板现浇箱梁。

2.主要材料

与南引桥、中引桥基本相同。

3.上部结构

1)第一联箱梁构造

(1)桥型跨径组成

左幅桥为38m+38m+36m+39m+40m+35m+35m(连续箱梁)；

右幅桥为46m+43m+35m+47m+40m+35m+35m(连续箱梁)。

这是一联7跨不等跨连续箱梁，左、右幅跨径组成略有不同，桥墩编号为4～11号，桥型布置如图2-2-101和图2-2-102所示。

这一联是等宽段(4～9号跨径斜交)的连续梁。采用单箱单室截面，顶板宽16.7m，底板宽7.7m，梁高2.5m。顶板厚28cm。在跨中部分底板厚26cm，腹板厚40cm。在距支点一定范围内底板厚度由26cm加厚到60cm，腹板由40cm过渡到60cm厚。翼缘悬臂长4.0m，厚由端部20cm增加到根部75cm。顶底板设2%的横坡。采用纵、横二向预应力体系。

第一联中支点处设200cm厚的横梁，端支点处设150cm厚的横梁，跨中不设横梁。

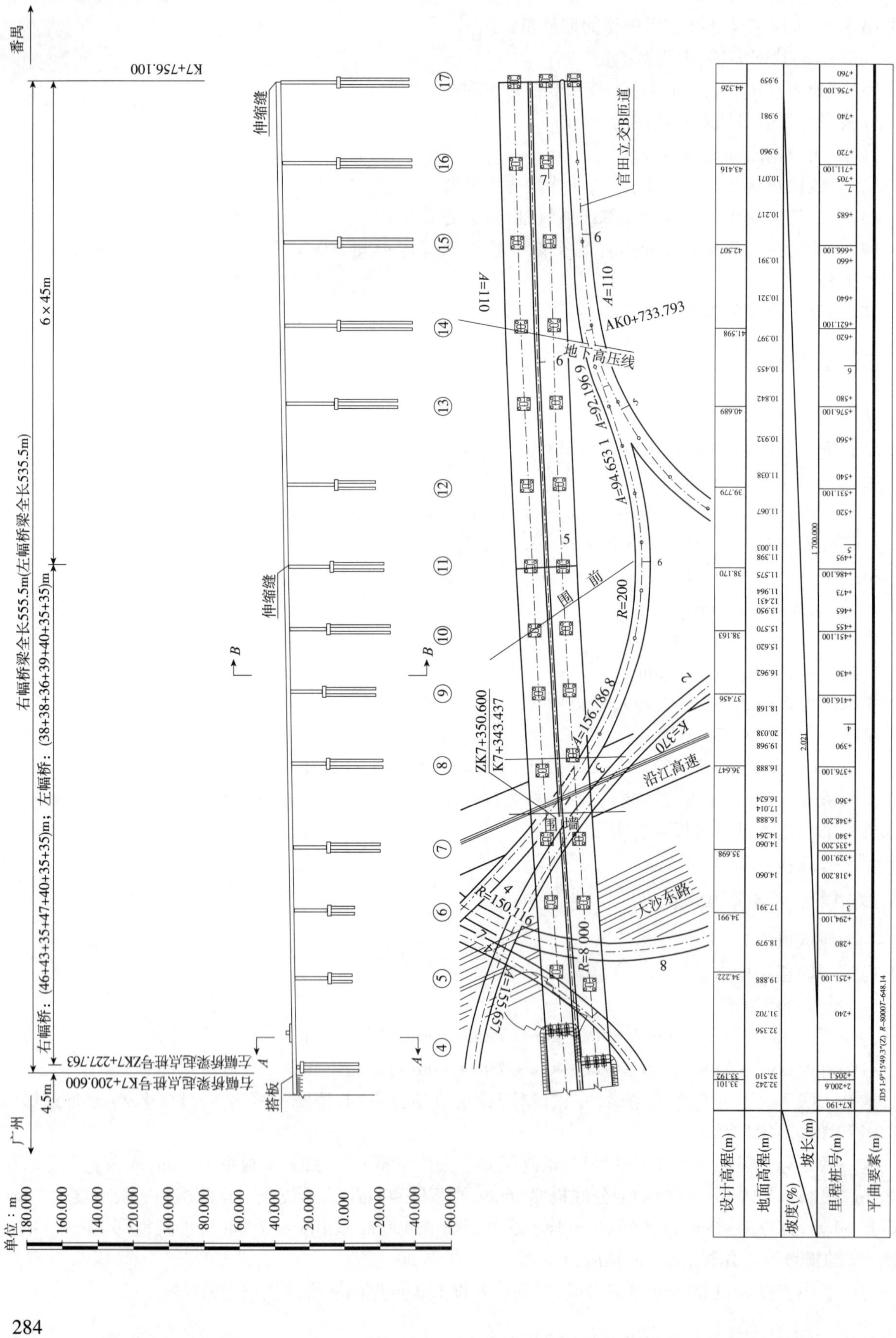

图 2-2-101　第一、二联桥型布置图（一）

(2)预应力体系

纵向预应力主要布置在腹板内,箱梁腹板布置16根22-ϕ^j15.24的通长束,每一施工阶段在各施工缝处分别张拉并用连接器接长。横向预应力采用扁锚15-4的钢绞线,沿顺桥向以75cm等间距布置,交替单端张拉。锚下控制应力为1 395MPa。

预应力管道均采用塑料波纹管,管道压浆采用真空辅助法。

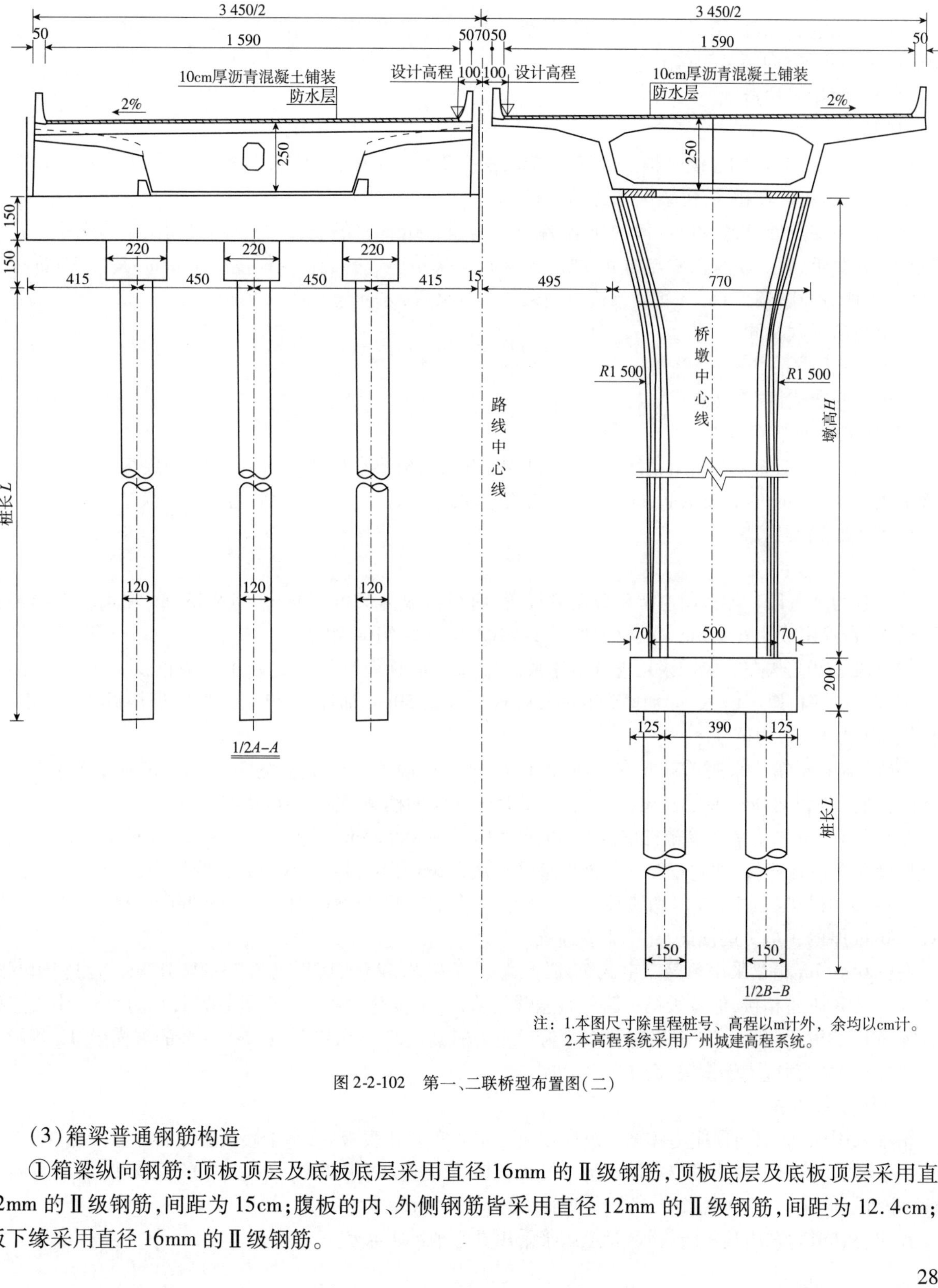

图2-2-102　第一、二联桥型布置图(二)

(3)箱梁普通钢筋构造

①箱梁纵向钢筋:顶板顶层及底板底层采用直径16mm的Ⅱ级钢筋,顶板底层及底板顶层采用直径12mm的Ⅱ级钢筋,间距为15cm;腹板的内、外侧钢筋皆采用直径12mm的Ⅱ级钢筋,间距为12.4cm;翼板下缘采用直径16mm的Ⅱ级钢筋。

②箱梁横向钢筋：除了要保证腹板内、外侧钢筋骨架间距而设置直径12mm的Ⅱ级钢筋外，其余，如顶、底板顶、底层钢筋以及腹板箍筋全部采用直径16mm的Ⅱ级钢筋，腹板钢筋间距在距支座10m的范围内加密至10cm。

③箱梁端横梁钢筋：端横梁的主筋，由直径32mm的Ⅱ级钢筋做成的A骨架（10个，间距9.4cm）及B骨架（5个，间距10.5cm）组成；顺桥向的箍筋由直径12mm的Ⅱ级钢筋，间距10cm组成。

④箱梁中横梁钢筋。

中横梁的主筋，由直径32mm的Ⅱ级钢筋做成的21个骨架组成，间距9.4cm；顺桥向的箍筋，由直径12mm的Ⅱ级钢筋，间距10cm组成。

2）第二联箱梁构造

（1）桥型

这一联是6×45m的连续刚构。桥宽16.7m，梁高2.5m，顶底板设2%的横坡。采用纵、横二向预应力体系。左、右幅跨径相同，桥墩编号为11～17号。

第二联中支点处设置180cm厚的横梁，端支点处设150cm厚的横梁，跨中不设横梁。为满足千斤顶张拉空间的要求，第二联右幅桥与加宽段右幅6×45m联相连处的端横梁厚度为185cm，其中35cm厚为后浇段，待加宽段右幅6×45m箱梁预应力钢束张拉结束后，方可进行后浇段的施工。

其余与第一联相同。

（2）预应力体系

与第一联所述情况相同。

（3）箱梁普通钢筋构造

箱梁纵、横向钢筋及端横梁钢筋与第一联基本相同；中横梁在横桥向的顶板顶层、底板底层及腹板外侧皆采用直径32mm的Ⅱ级钢筋，间距13cm与第一联差别较大；顺桥向的箍筋与第一联基本相同。

3）第三联箱梁构造

（1）桥型

这一联为加宽段。加宽段左幅桥分两联设置，跨径组成为（2×45）m+（4×45）m；加宽段右幅桥按一联设置，跨径组成为6×45m。其桥型如图2-2-103和图2-2-104组成。

加宽段上部结构左右幅均采用连续梁体系，梁高2.5m，顶板厚28cm。跨中部分底板厚26cm，在距支点一定范围内底板厚度由26cm加厚到60cm，腹板厚度由50cm加厚到70cm。顶底板均设2%的横坡。采用纵、横两向预应力体系。

左幅2×45m箱梁采用单箱双室截面，顶板宽16.7～19.586m，底板宽7.7～10.574m，翼缘悬臂长4.0m。中支点处设200cm厚的横梁，端支点处设150cm厚的横梁，跨中不设横梁。

左幅4×45m箱梁采用单箱三室截面，顶板宽16.7～30.525m，底板宽7.7～23.01m，为与官田互通式立体交叉F匝道相接，加宽段第三跨外侧悬臂长从2.5m变化到4m，其余处悬臂长均为4m。中支点处设200cm厚的横梁（其中，20号墩墩顶横梁为预应力横梁），23号墩墩顶设150cm厚的端横梁，19号墩墩顶设180cm厚的预应力端横梁，跨中不设横梁。

右幅6×45m箱梁采用单箱三室截面，顶板宽16.7～28.523m，底板宽7.7～21.017m，为与官田互通式立体交叉B匝道相接，加宽段第一跨外侧悬臂长从2.5m变化到4m，其余处悬臂长均为4m。中支点处设200cm厚的横梁（其中，20号墩墩顶横梁为预应力横梁），23号墩墩顶设150cm厚的端横梁，17号墩墩顶设220cm厚的预应力端横梁，跨中不设横梁。

（2）预应力体系

箱梁采用纵、横双向预应力体系。纵向预应力主要布置在腹板内，每个腹板各布置8根$19\phi^{S}15.2$通长束，钢绞线在各施工缝处张拉并用连接器接长。横向预应力采用扁锚$4\phi^{S}15.2$的钢绞线，沿纵桥向以75cm等间距布置，交替单端张拉。锚下控制应力为1 395MPa。

预应力管道均采用塑料波纹管，管道压浆采用真空辅助吸浆法。

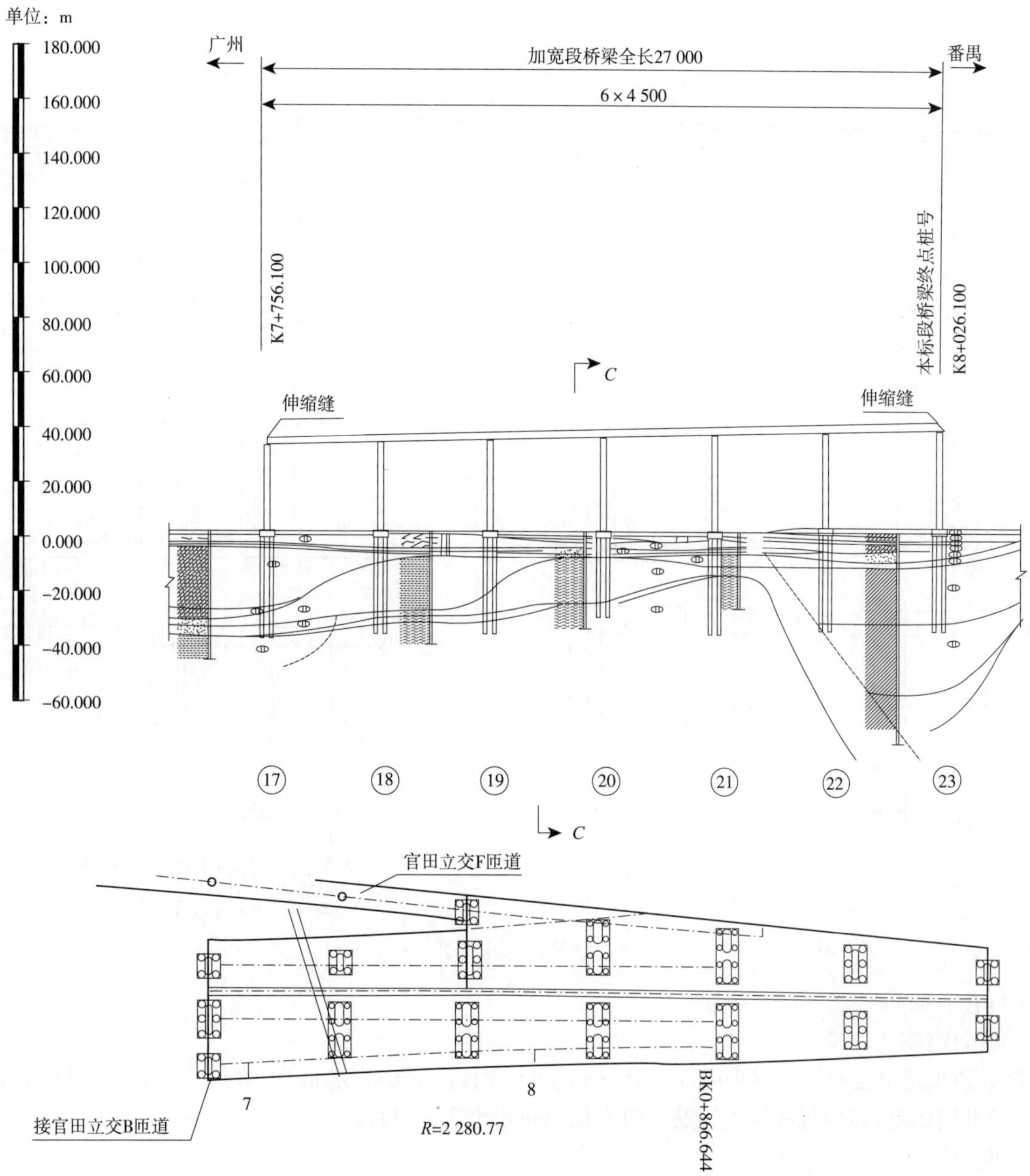

设计高程(m)	44.326 45.235 46.144 47.053 47.963 48.872 49.781
地面高程(m)	9.959 10.030 10.461 9.772 9.622 9.613 9.254 9.234 9.267 9.232 8.935 8.920 10.761
坡度(%)	2.021
坡长(m)	1 700.000
里程桩号(m)	+756.100 +760 +775 +790 +801.100 +820 +840 +846.100 +865 +880 +891.100 9 +926 +936.100 +940 +955 +965 +981.100 K8 +026.100
平曲线要素(m)	JD5 i-9°15′49.3″(Z) R-8 000 T-648.14

注：1.本图尺寸除里程桩号、高程以m计外，其余均以cm计。
2.本高程系统采用广州城建高程系统。

图 2-2-103　第三联桥型(一)

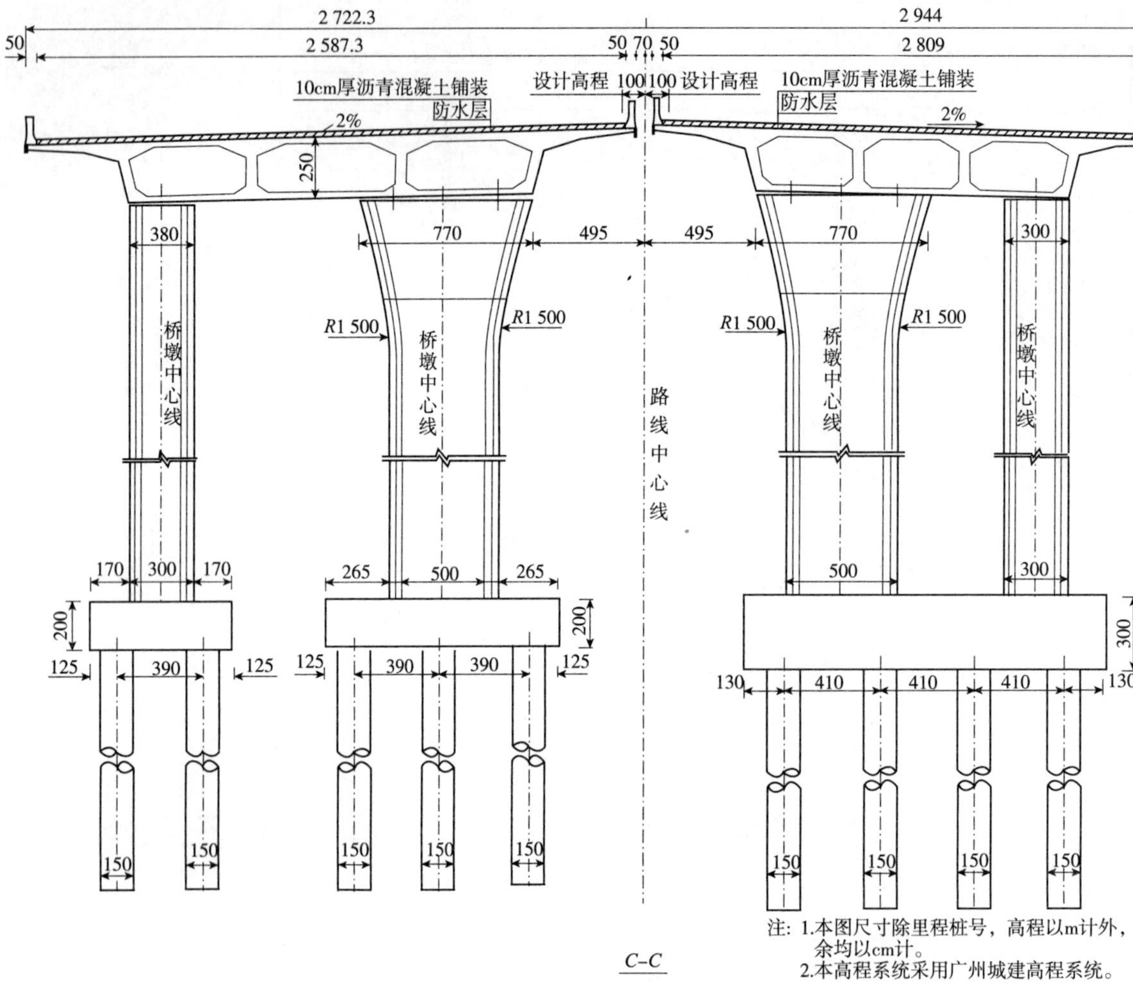

图 2-2-104　第三联桥型(二)

(3)普通钢筋

①纵向钢筋。

箱梁顶板顶层及底板底层采用直径 16mm 的Ⅱ级钢筋;顶板底层、底板顶层及腹板内、外侧采用直径 12mm 的Ⅱ级钢筋;悬臂板底层的钢筋采用直径 16mm 的Ⅱ级钢筋。

②横向钢筋。

箱梁底板的底层采用直径 20mm 的Ⅱ级钢筋。其余,除了为保证腹板内、外侧钢筋骨架间距而设置直径 12mm 的Ⅱ级钢筋外,全部采用直径 16mm 的Ⅱ级钢筋。

③端横梁、中横梁钢筋。

横桥向主筋采用直径 32mm 的Ⅱ级钢筋,横桥向的箍筋采用 12mm 的Ⅱ级钢筋,间距 10cm。

4)第四～七联箱梁构造

(1)桥型

第四～七联跨径组成为:(45 + 2 × 62.5)m + (2 × 62.5)m + (5 × 62.5)m + (5 × 62.5)m,分上、下行分离式双幅桥,桥型布置如图 2-2-105 所示。

第四～五联为连续梁体系。边跨由 45m 跨度过渡到 62.5m 跨度,梁高的变高度梁,梁高由 2.5m 按直线过渡到 3.5m。第六～七联为连续刚构体系。箱梁中心梁高 3.5m.。箱梁横向底板保持水平,顶板设 2% 的横坡。采用纵、横双向预应力体系。

箱梁采用单箱单室截面,顶板宽 16.7m,底板宽 7.2m,翼缘悬臂 4.0m,顶板厚 28cm。在跨中底板厚 26cm,腹板厚 40cm。在距支点 13.5m 范围内底板厚度由 26cm 加厚到 60cm,腹板由 40cm 过渡到 60cm 厚。

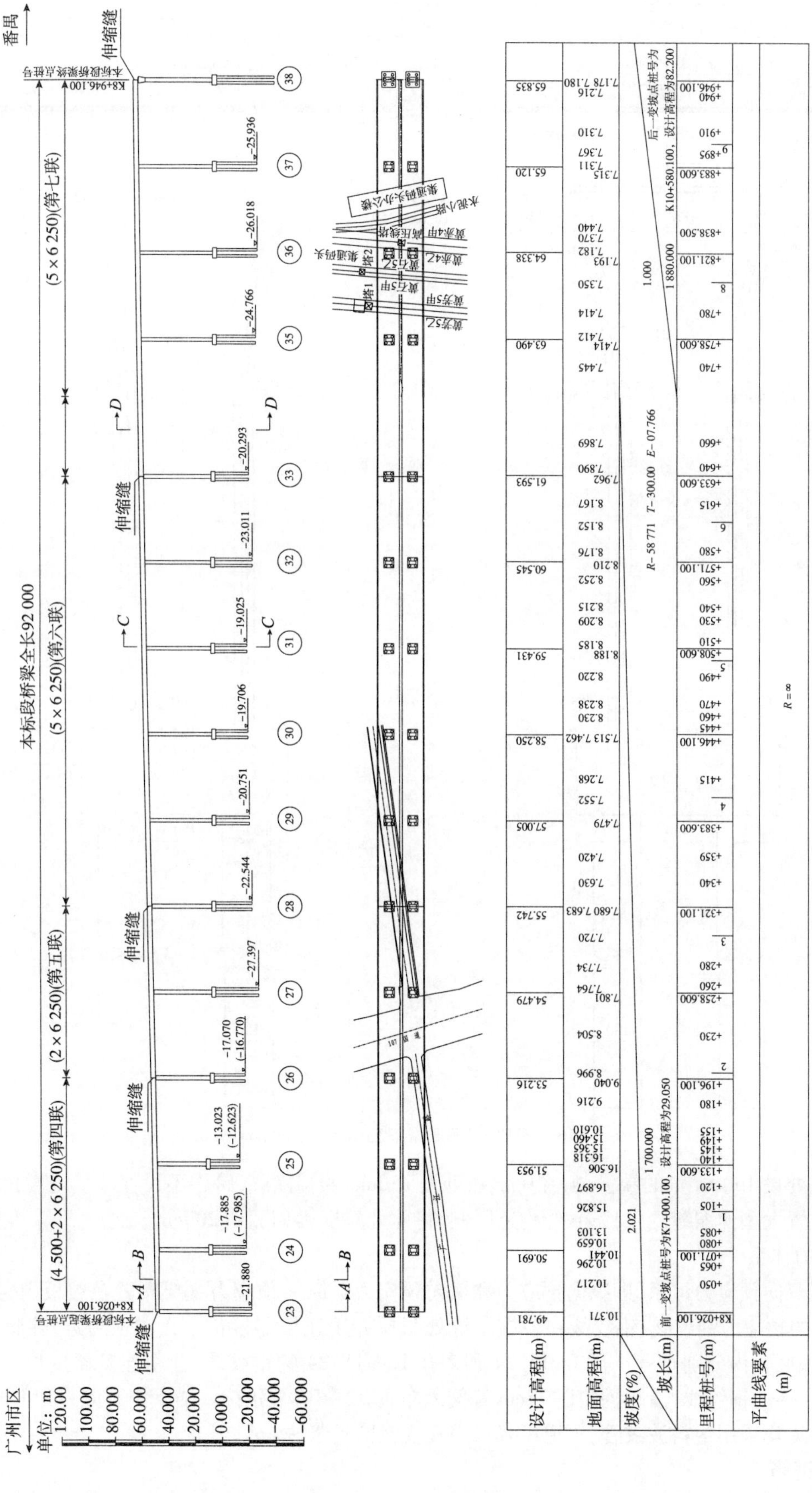
广州市区
单位：m
番禺
伸缩缝
本标段桥梁全长92 000
(4 500+2×6 250)(第四联)
(2×6 250)(第五联)
(5×6 250)(第六联)
(5×6 250)(第七联)
本标段桥梁起点桩号 K8+026.100
本标段桥梁终点桩号 K8+946.100
设计高程(m)
地面高程(m)
坡度(%)
坡长(m)
里程桩号(m)
平曲线要素(m)

图 2-2-105

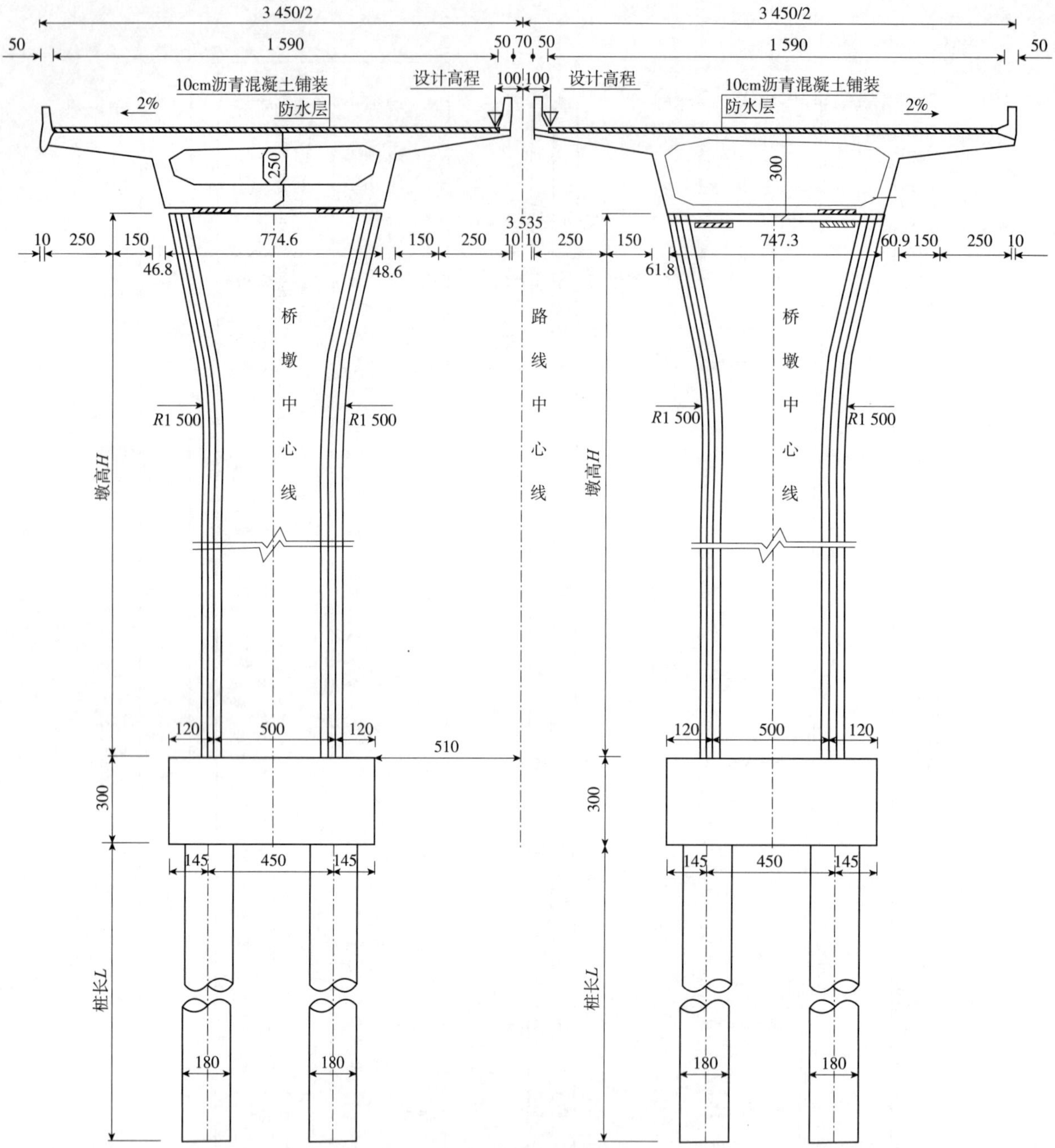

图 2-2-105　第四～七联桥型布置图(尺寸单位:cm)

在端支点处设 150cm 宽的端横梁,在中支点处设 250cm 的端横梁,跨中不设横梁。与主桥相连跨的箱梁由于要放置大型伸缩缝的位移箱,受构造限制,将此处端横梁加宽到 200cm。

(2)预应力体系

箱梁采用双向预应力体系,即纵向预应力和横向预应力。纵向预应力主要布置在腹板内,共布置 20 孔 22ϕ^j15.24 的预应力钢绞线;钢绞线在各施工缝处张拉并用连接器接长。在墩顶附近,除腹板布置预应力束外,在顶底板内分别布置 4 孔 4ϕ^j15.24 和 2 孔 16ϕ^j15.24 的钢绞线,并用连接器接长。横向预应力采用扁锚15－4的钢绞线,沿顺桥向以 75cm 等间距布置,交替单端张拉。锚下控制应力为 1 395MPa。

预应力管道均采用塑料波纹管,管道压浆采用真空辅助吸浆法。

(3)普通钢筋

①纵向钢筋。

顶板的顶层、底板的底层、腹板的外侧及翼缘悬臂的底层，采用直径16mm的Ⅱ级钢筋；顶板的底层、底板的顶层及腹板的内侧，采用直径12mm的Ⅱ级钢筋，间距15cm。

②横向钢筋。

顶底板的顶底层、腹板的内外侧及翼缘悬臂的底层全部采用直径16mm的Ⅱ级钢筋。

③端横梁、中横梁钢筋。

横桥向主筋采用直径32mm的Ⅱ级钢筋，横桥向的箍筋采用12mm的Ⅱ级钢筋，间距10cm。

5）施工方法

箱梁采用移动模架施工，其方法如南引桥所述。

4. 下部结构

桥墩采用矩形墩，低桩承台，钻孔灌注桩基础。桥台采用柱式台、钻孔灌注桩基础。

1）钻孔灌注桩

第一~三联桩径有三种：120cm、150cm及180cm。其中桩径120cm的桩用于桥台，其他两种用于桥墩。一般一个承台下设4根桩；第三联因为是加宽段，根据受力情况，一个承台下设有4根、6根、甚至8根桩的。桩径150cm的桩用于18号右幅，5号、6号、7~8号左幅，9~17号及19~22号墩；180cm的桩用于18号左幅及5、7、8号的右幅桥墩。120cm、150cm及180cm三种桩径的主筋皆为直径28mm的Ⅱ级钢筋，根数分别为22、30及32根，箍筋皆为直径8mm的Ⅰ级钢筋。桩长变化较大：17~56m。

第四~七联桩径为180cm，由于基岩埋置深度深浅不一，根据不同墩位，采用摩擦桩或嵌岩桩，每幅桥的桥墩下布置4根，每根桩的主筋为36根直径28mm的Ⅱ级钢筋。

2）承台

第一~三联采用低桩矩形承台。承台尺寸与左右幅及承台下的桩数有关。四个桩的承台尺寸有两个：一个是740cm×740cm×300cm，适用于左幅桥18号和右幅桥5、7、8号桥墩；另一个是640cm×640cm×200cm，适用于左幅桥5~17号、19~20号小墩和右幅桥6号、9~16号、17号大墩及18号小墩承台；六个桩的承台尺寸为1 030cm×640cm×200cm，适用于右幅桥18号大墩、左幅桥19~20号大墩；八个桩的承台尺寸为1 490cm×640cm×300cm，适用于左幅桥21号和右幅桥19~21号墩。凡承台高度为300cm的，承台底部都采用二层直径28mm、顶部采用直径25mm的Ⅱ级钢筋，间距15cm；凡承高度为200cm的，底部采用直径25mm、顶部采用直径20mm的Ⅱ级钢筋，间距15cm。

第四~七联采用低桩矩形承台。承台尺寸为740cm×740cm×300cm。承台底部与顶部皆采用28mm的Ⅱ级钢筋。

3）桥墩

第一~三联桥墩采用矩形墩，外形尺寸：左幅19号墩为787.4cm×280cm；22号墩为746.6(830.8)cm×280cm(注：括号内外的数字分别用于左幅及右幅)其他桥墩皆为500cm×220cm。在四角设$R=75cm$的圆角。在距墩顶5m处设置半径为15m的圆弧，利用圆弧在墩身下部始点与上部终点到距墩顶5m处的距离不同，调节墩顶横桥向的宽度，桥墩在横桥向的宽度不全相同。桥墩主筋直径32mm的Ⅱ级钢筋，间距11.5~13cm。桥墩周围的横向钢筋为直径16mm的Ⅱ级钢筋，间距15cm，在距墩顶3m的范围内加密至10cm。

第四~七联桥墩采用矩形墩。第六、七联中间墩的外形尺寸为500(横)×250cm(顺)，在四角设$R=75cm$的圆角；在距墩顶5m处设置半径为15m的圆弧，桥墩横桥向沿此圆弧线将宽度由5m变宽到7.2m，即与梁底同宽。过渡墩顺桥向加宽至300cm，其余与中间墩保持一致。第四、五联桥墩和过渡墩尺寸相同。桥墩的主筋为直径32mm的Ⅱ级钢筋，间距12.84~14cm。桥墩周围的横向钢筋为直径16mm的Ⅱ级钢筋，间距15cm，在距墩顶3m的范围内加密至10cm。

第一~七联桥墩的顶部设有四层直径28mm(横桥)、五层直径12mm(顺桥)的Ⅱ级、间距10cm的加强钢筋网。在墩身外侧钢筋保护层内布置防裂钢筋网，采用公称直径为5mm的带肋钢筋焊接网(D5)，网格间距为 10cm × 10cm。产品应符合《钢筋混凝土用焊接钢筋网》(YB/T 076—95)的有关规定。

5. 附属工程

1)桥面铺装

桥面铺装为,在防水层上铺设 10cm 的沥青混凝土。

2)伸缩缝

北引桥采用梳齿板和毛勒伸缩缝。伸缩缝型号有:D160、RBDX240、RBDX320、RBDX400、RBDX480 和 RBDX560 六种。D160 用于 4 号桥台台顶箱梁;RBDX240 用于左幅 19 号墩顶和 26 墩顶箱梁;RBDX320 用于 11、17、23、28 及 33 号墩顶箱梁。

3)支座

第一 ~ 七联采用抗震型盆式橡胶支座,型号有固定、双向及单向三种,可以承受的支点反力有 5 000kN、6 000kN、8 000kN、10 000kN、12 500kN 及 20 000kN。每个墩的支座按设计选用。在施工过程中,必须保证支座上、下面水平;支座就位后,将支座与上垫板焊在一起,采用四周围焊接。具体施工及其精度按规范要求进行。支座性能应符合交通行业标准 JT/T 4—93 的规定。

4)护栏

采用钢筋混凝现浇护栏,与南引桥基本相同。

5)排水系统

与南引桥、中引桥基本相同。

第五节　附属工程及其他

一、供配电系统

1. 供电模式

黄埔大桥主桥采用中压供电模式进行供电,在 23 号桥墩处设置一座 10kV 变配电站,将 10kV 市网经过变电所引入本工程内,为大桥区段供电(引出 10kV 两路出线)。高配站外线为两路独立 10kV 电源,两路电源一主一备,设可靠的电气联锁开关。主供由庙头 F30 供电,由站敷设电缆至 10kV 开闭所;备供由文冲 F21 供电,由站敷设电缆至 10kV 开闭所。中压供电模式是目前特大型桥梁应用较广泛的一种供电模式,该模式通过若干台埋地式变压器串接,进行长距离电能的输送,适用于特大型桥梁,特别是长距离特大型桥梁对分散性、小容量公用性负荷进行供电。

黄埔大桥供配电系统如图 2-2-106 所示。

2. 主要供配电设施负荷

黄埔大桥的用电负荷主要集中在道路照明、景观照明、辅助设施(锚室照明、主塔内部检修照明、钢箱梁内部检修照明、主塔内电梯、大桥除湿系统、大桥监控设备、大桥检修小车等),其他如交通工程系统的设备种类多,但功率较小,多为较长距离的分散性负荷。主要供配电设施负荷如下:景观照明 523. 8kW;道路照明 173. 76kW;钢箱梁内部检修照明 44. 49kW;主塔内电梯 30kW;大桥检修小车 60kW;大桥除湿系统 259. 2kW;大桥监控设备用电 20kW。

3. 黄埔大桥景观照明

1)景观照明系统概述

黄埔大桥在桥区实施景观照明,大桥景观照明具有特殊的人文和经济意义,设计的目的主要是突出大桥的雄伟气势,改善交通环境,提高交通运输效率,在黄埔大桥景观照明设计中,将悬索桥、斜拉桥作为美化的主题,以整体效果为主,通过恰当的先进灯光设备,表现大桥的轮廓、气势和力度,整体效果以稳重、大方为基调,表现出黄埔大桥开放、充满活力的文化背景。

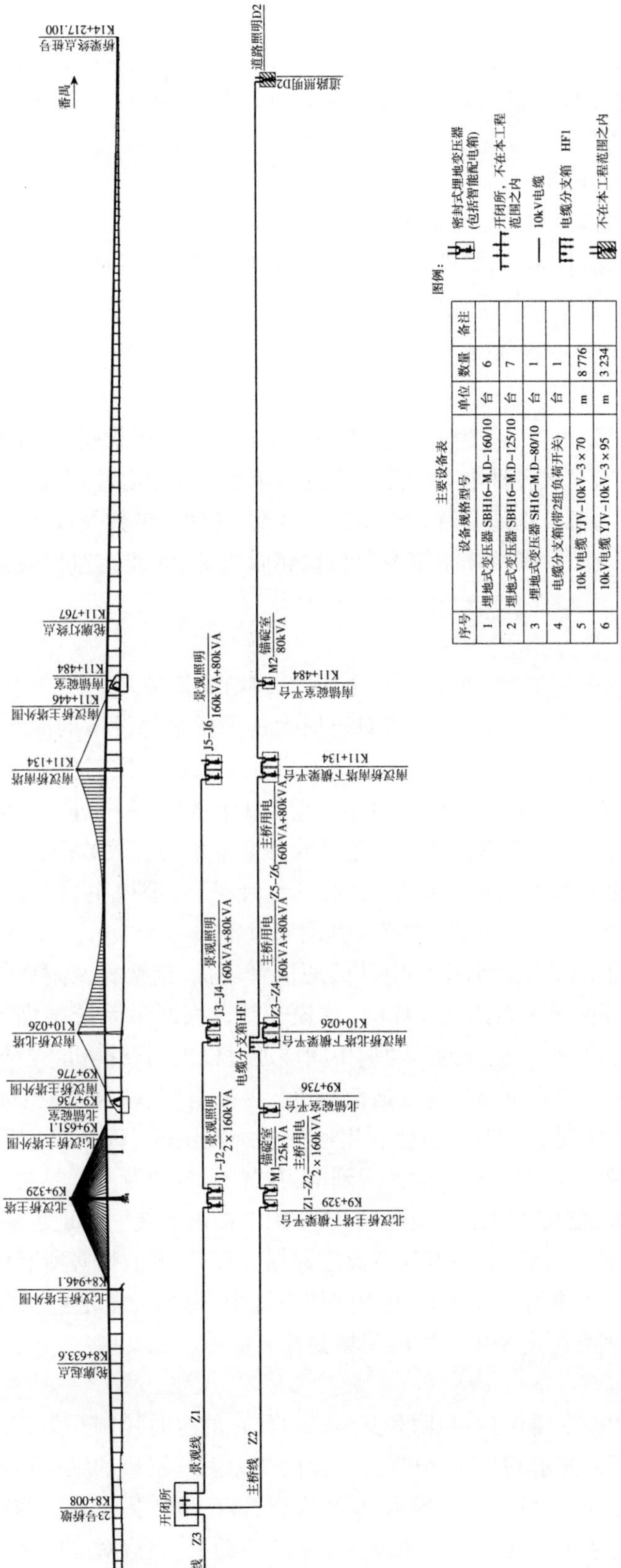

主要设备表

序号	设备规格型号	单位	数量	备注
1	埋地式变压器 SBH16–M.D–160/10	台	6	
2	埋地式变压器 SBH16–M.D–125/10	台	7	
3	埋地式变压器 SH16–M.D–80/10	台	1	
4	电缆分支箱(带2组负荷开关)	台	1	
5	10kV电缆 YJV–10kV–3×70	m	8 776	
6	10kV电缆 YJV–10kV–3×95	m	3 234	

图 2-2-106　黄埔大桥10kV供配电系统

2）系统设置方式

黄埔大桥景观照明工程其设置方式为：斜拉桥斜拉索、主塔采用单色灯具；悬索桥主塔采用灯具、主缆全部采用三色 LED 和无极灯灯具，其开关控制采用计算机控制系统，实现主缆动态控制的变色方案。

3）基本构思、表现元素及照明手法

黄埔大桥景观照明的基本构思从六个方面体现：即象征性、现代性、广泛性、舒适性、合理性、经济性，其表现主要是通过桥塔、主缆、斜拉索、箱梁的元素来表现，主要照明手法包括对桥塔、斜拉索进行投光照明，对主缆进行点状灯照明，对箱梁进行泛光照明。

4. 黄埔大桥电力监控系统

1）电力监控系统概述

黄埔大桥电力监控系统对变电所、箱变、埋地变等用电场所进行分布式遥信、遥测和遥控。通过现场控制网络，将电气设备的运行状况及各种电力参数等信息传送到监控中心并存放在系统数据库中。操作人员通过工作站的模拟运行图，可直观地了解到设备运行情况、各种电参数及设备开关情况，并可显示或打印各种电参数的历史趋势数据、设备故障报警及电参数超限报警、并能在监控应急中心即可遥控各照明回路的开关。

2）电力监控系统构成

电力监控系统采用三层结构：监控管理层、通信中间层、现场设备层。

监控管理层设置在监控应急中心，它主要完成对黄埔大桥主桥电力设备的高级应用，并与其他系统的接口等功能。主站从各个变电所、站的监控系统中获取供配电系统的实时信息，从整体上对供配电系统进行监视和控制，分析供配电系统的运行状态，对整个监控的供配电系统进行有效的控制、管理，使供配电系统处于最优的运行状态。监控管理站将实时地接收各变电站的有效数据，以保证监控中心对供电系统全局运行状态的掌握并协调各个监控系统之间的运行。监控管理层主要包括监控计算机、服务器（与交通监控系统合用）、系统软件、应用软件、网络及其附属设备。

通信中间层指主干光纤通信网、沿线各个供电区的通信管理机、交换机及附属设备。监控中心内部采用 100M 高速以太网；主干环网采用高速光纤环网（单模光纤以太网）；系统根据地理位置和被监控对象的类型，全线由单模光纤构成两个自愈环网。通信中间层通过以太网交换机、光纤以太网交换机、光端机、光缆等，为监控系统提供一个稳定可靠高速的通信通道。各变电所、站与监控中心之间的数据传输是通过全线高速光纤通信网络来实现的。电力监控利用通信系统提供的 100M 高速通信网络通道进行数据的传输与交换，电力监控数据在此通道中传输并送到电力监控服务器及工作站进行数据处理。

现场设备层指在变配电所、箱式变电站及埋地变、低压配电柜内安装一台现场测控装置，负责采集本回路的各种数据，包括 U、I 及各开关状态等；变压器温度数据、EPS 状态数据等所有的数据通过通信处理机汇总，然后通过以太网上传至监控中心。在本电力监控系统中，现场设备层包括各个 10kV 变配电站、10kV 变电所、箱式变电站、地埋变配电柜中设置的现场测控装置等。

3）电力监控系统功能

黄埔大桥电力监控系统功能主要包括：照明和其他供电回路的定时控制开关、人工远程控制、系统联动控制、报警及处理、图形化画面显示和打印、分层分平面的电力系统图形的维护和实时显示、系统维护、数据处理、继电保护、前置通信处理、事件语音提示、系统安全管理、事故追忆及反演功能、趋势曲线等。

安装在监控中心的计算机系统在现场设备和通信介质的协助下，完成对变电站和埋地变处的状态量和测量值的数据采集，这些信息在进入监控系统后被处理、分析、保存后，以图形（接线图、棒图、趋势曲线等）、报表、提示信息（变化信息）等多种方式反映给当班的运行人员，供运行人员掌握供电系统的运行状况，包括相关设备（如功能照明、景观照明、除湿机、航空灯、航标灯等）的运行状况，在需要时，还可提供快捷的远程控制手段，完成对设备运行状态的改变以及事故情况的处理。

5. 供配电设计、施工的特点与优势

本供电照明系统在满足机电设备需求的基础上，本着安全可靠，节能降耗的目的，坚持性价比优、维护方便，运营费节省的原则，推进节能新技术，推广节能新设备及新产品。

1）中压供电方式

根据本项目的特点，全线用电设备多而且分散，采用传统的集中供电模式将无法满足用电设备的用电要求。采用10kV中压分布式供电方式，在全线设置若干10kV地埋式变压器，以满足全线用电设备的用电需求，并降低了线路损耗。

2）系统节能

节能是当前设计工作中的重要指标，国家发改委多次提出工程节能是国家的基本国策，是衡量工程质量的关键指标。根据本工程装机容量大，使用容量小的特点，必须要有节能措施和节能指标。

（1）把变压器分为一般负荷和重要负荷变压器。对于白天不运行的变压器，可以停运，减少空载损耗。

（2）把大变压器分成若干小变压器。一方面可以减少负载损耗（大马拉小车），另一方面对不使用的变压器，可以根据季节或白天黑夜停运或部分停运。

（3）照明节能调控装置。

本项目全线设置了照明，为了减少后期运营费用，并结合目前成熟的照明节能产品，设置了照明节能调控装置，该装置利用高压钠灯的发光原理，通过降压限流，实现夜间零点以后的降压节能。另外，通过设置这种装置，可以实现灯具的软启动，有效防止点亮灯具时的冲击电流，延长灯具寿命；并可以实现正常点亮时的稳压功能，防止由于市电波动影响灯具寿命。

3）节能耐腐型钢制电缆桥架

考虑大桥的特殊环境，大桥内电缆敷设用桥架设计，采用节能耐腐型钢制电缆桥架。该类型桥架采用凹凸结构，在提高产品强度的基础上，降低了钢板使用厚度，不但节能了钢材，而且降低了大桥的恒载，有利于延长大桥寿命；同时，由于增大了桥架散热面积，改善了桥架内电缆的敷设环境，延长了导线使用寿命；其次，该类型电缆桥架强度高、耐腐蚀性能强，而且价格比同规格传统桥架低，性价比高。

二、除湿系统

1. 结构腐蚀因素分析

金属材料尤其是钢铁材料，产生腐蚀的原因主要是金属材料表面发生电化学腐蚀和化学腐蚀。电化学腐蚀主要是由于大气中的水分或水蒸气的存在而发生的。即便是有化学腐蚀的发生，根据腐蚀机理的研究可知，在水分的作用下的电化学腐蚀，更会加剧腐蚀过程的速度和深度。

因此，可以说，金属腐蚀的元凶主要是材料所处的环境空气中的水分。

环境中水分的存在有两种形式：游离的水和以水蒸气形式潜含在空气中的水分子。为了防止金属腐蚀，这两种形式存在的水分均应得到严格地控制。

在桥梁结构施工完成后，结构内部需经过清理和干燥处理，并应保持密封，一般是不允许残留多余的水分。这里所指的游离水主要是指露点水，即在内部空气相对湿度较高时，当金属表面温度低于空气露点温度，在金属表面发生结露时而产生的表面冷凝水。

这种结露现象与空气中水蒸气的分压力直接有关，即与空气的绝对含湿量有关。在一定的温度条件下，结露与空气中的相对湿度有关。

潜含水即空气中的水蒸气，虽然一般我们肉眼看不见它的存在，但是，它确实时刻潜藏在空气中。即便没有游离水的存在，它同样可使金属材料产生电化学腐蚀。

这种潜藏水的存在，同样与空气中水蒸气的分压力有关，即与空气的绝对含湿量有关。在一定的温度条件下，空气相对湿度的高低，即反映了空气中潜藏水的多少。

综上所述,影响金属腐蚀的上述两种水分,在一定温度条件下,均与空气的相对湿度密切相关。由此可见,控制腐蚀作用的产生,主要就是控制钢结构内部环境空气的相对湿度。

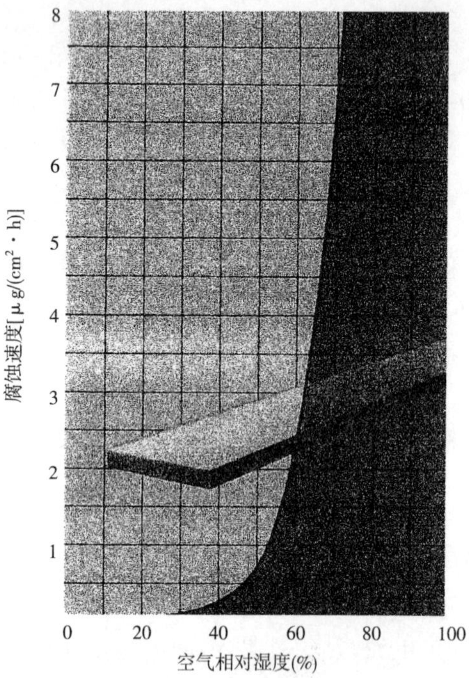

图 2-2-107　钢铁腐蚀速度曲线

试验研究结果也证实了上述的分析结论。钢铁腐蚀速度曲线如图 2-2-107 所示。该曲线表示的是:综合各种因素,在常温条件下,将金属材料(钢铁)置于各种相对湿度的空气条件中,实测钢铁表面的腐蚀速度,从而得出钢铁材料的腐蚀速度与环境空气相对湿度的关系,横坐标点为相对湿度,以% 表示;纵坐标表示钢铁表面的腐蚀速度,单位是 $\mu g/(cm^2 \cdot h)$,即每平方厘米每小时的腐蚀质量,从图 2-2-107 可以看出几点结论:

(1)空气相对湿度越高,腐蚀速度越高。反之,空气相对湿度越低,腐蚀速度越低。

(2)在空气相对湿度 50% 以下时,钢铁的腐蚀速度很低,而且变化不大,而在空气相对湿度 50% 以上时,钢铁的腐蚀速度曲线成抛物线上升,腐蚀速度将随环境湿度的增高而迅速加快。

(3)从钢铁腐蚀速度曲线图的分析可以看出:为防止钢铁腐蚀,环境空气相对湿度参数应该控制在 40% ~50% 之间。

2. 转轮除湿机工作原理

固体转轮除湿机工作原理如图 2-2-108 所示。

转轮除湿机的主体结构为一不断转动的蜂窝干燥转轮。干燥转轮是除湿机中吸收水分的关键部件,它是由特殊复合耐热材料制成的波纹状介质所构成。波纹状介质中载有新型高效硅吸湿剂。这种设计的结构紧凑,而且可以为湿空气与吸湿介质的充分接触提供巨大的表面积。从而大大提高了除湿机的除湿效率。

除湿转轮两侧由具有高度密封性能的材料制成的隔板,分为两个扇形区:一个分处理湿空气端的扇形区域;另一个为再生空气端的扇形区域。

当待除湿的潮湿空气(称处理空气)进入转轮湿气端的扇形区域时,空气中水分子被转轮内的吸湿剂吸收,干燥后的空气则通过处理风机送至干空气出口。

除湿转轮在除湿过程中,不断缓慢转动。在除湿过程中,处理空气区域的转轮扇面吸收了水分子,逐渐变成饱和状态后,自动旋转到再生空气端扇区,进入再生过程。

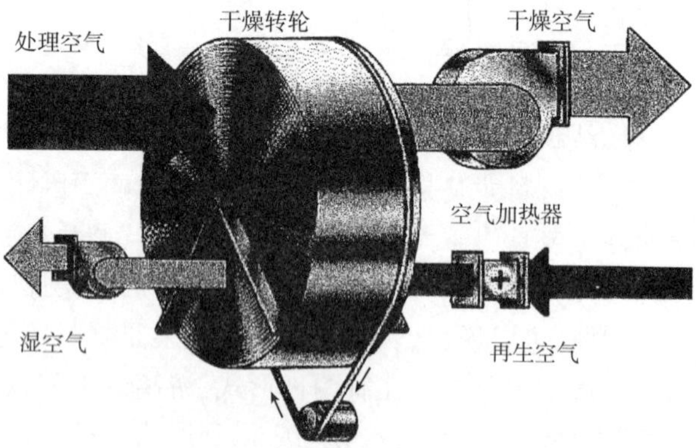

图 2-2-108　转轮除湿机原理图

在再生过程中,再生空气(一般为室外空气)经加热后,进入转轮再生区扇面,在高温状态下,转轮中的水分子被脱附,散失到再生空气中。再生空气由于在脱附过程中损失了热量,自身温度降低,变成了含湿量较大的湿空气,湿空气(废气)则由再生风机排至室外。

在上述边除湿边再生的过程中,空气不断被除湿,转轮不断再生,如此周而复始,连续进行除湿过程。

3. 湿系统技术要求与布置

1)斜拉桥钢箱梁

除湿空间为北汉斜拉桥钢箱梁全长范围箱内空间。

结构要求箱内密封、防潮、无漏水。

空气参数要求，相对湿度≤50% *RH*，箱内温度无要求。

除湿系统总体布置：

黄埔大桥北汊桥钢箱梁除湿系统的除湿范围 J24 ~ A22 段的钢箱梁内部空间，共设 4 套除湿系统，在 J2 两侧对称布置系统 1、2 设备段及系统 3、4 设备段，钢箱梁除湿设备和主要风管放置于 J13 段和 A9 段。除湿系统全桥布置如图 2-2-109 所示。

以系统 1、2 为例，经 J13 段除湿机处理后的干风由编号 2、17、2′、17′底肋管送至大桥中部 J2 段和黄埔侧 J24 段分别出风，并通过钢箱梁中室和边室回风至 J13 段，以此达到钢箱梁内部除湿的目的，系统 3、4 同理。用作送风的编号 2、17、2′、17′底肋管应预制通连，并按设计布设隔断板和在两端采取密封措施，J13 段除湿系统布置如图 2-2-110 所示。

每套除湿系统电功率为 28kW，总计电功率 28kW × 4 = 112kW。DT2400 除湿机质量 190kg。

J13 除湿设备段和 A9 除湿设备段横桥向各布置两套 DT2400 型除湿机，以桥纵轴线对称布置。其他控制系统、传感器系统、风管风口系统等配套设备如表 2-2-34 所示，表 2-2-34 给出相关设备在箱梁中位置的梁段编号。除湿系统设计参照多乐公司产品。

钢箱梁除湿系统设备配置表　　表 2-2-34

<table>
<tr><th>除湿系统编号</th><th>除湿系统 1</th><th>除湿系统 2</th><th>除湿系统 3</th><th>除湿系统 4</th><th>合　计</th></tr>
<tr><td rowspan="6">设备段(S)</td><td>DT2400 除湿机
1 台</td><td>DT2400 除湿机
1 台</td><td>DT2400 除湿机
1 台</td><td>DT2400 除湿机
1 台</td><td>DT2400 除湿机
4 台</td></tr>
<tr><td>M35 迷宫混合箱
1 台</td><td>M35 迷宫混合箱
1 台</td><td>M35 迷宫混合箱
1 台</td><td>M35 迷宫混合箱
1 台</td><td>M35 迷宫混合箱
4 台</td></tr>
<tr><td>风管系统、
控制系统</td><td>风管系统、
控制系统</td><td>风管系统、
控制系统</td><td>风管系统、
控制系统</td><td>风管系统</td></tr>
<tr><td>平衡系统
1 套</td><td></td><td></td><td>平衡系统 1 套</td><td>平衡系统
2 套</td></tr>
<tr><td>A 型送风口
4 个</td><td>A 型送风口
4 个</td><td>A 型送风口
4 个</td><td>A 型送风口
4 个</td><td>A 型送风口
16 个</td></tr>
<tr><td>温湿度传感器
1 个</td><td>温湿度传感器
1 个</td><td>温湿度传感器
1 个</td><td>温湿度传感器
1 个</td><td rowspan="2">温湿度传感器
12 个</td></tr>
<tr><td>信号段(X)</td><td>温湿度传感器
2 个</td><td>温湿度传感器
2 个</td><td>温湿度传感器
2 个</td><td>温湿度传感器
2 个</td></tr>
<tr><td>出风段(C)</td><td>B 型出风口
12 个</td><td>B 型出风口
12 个</td><td>B 型出风口
12 个</td><td>B 型出风口
12 个</td><td>B 型出风口
48 个</td></tr>
<tr><td>相关梁段编号</td><td colspan="2">(S)J13；(C)J24，J2；(X)J14，J12</td><td colspan="2">(S)A9；(C)J2，A22；(X)A8，A10</td><td></td></tr>
</table>

2）悬索桥钢箱梁

为加强钢箱梁的耐久性，在钢箱梁内部设置抽湿机保证箱梁内部空气湿度小于 50%；钢箱梁内除湿系统的预留孔、预装板参照多乐公司产品设计。除湿系统布置，如图 2-2-111、图 2-2-112 和表 2-2-35 所示。

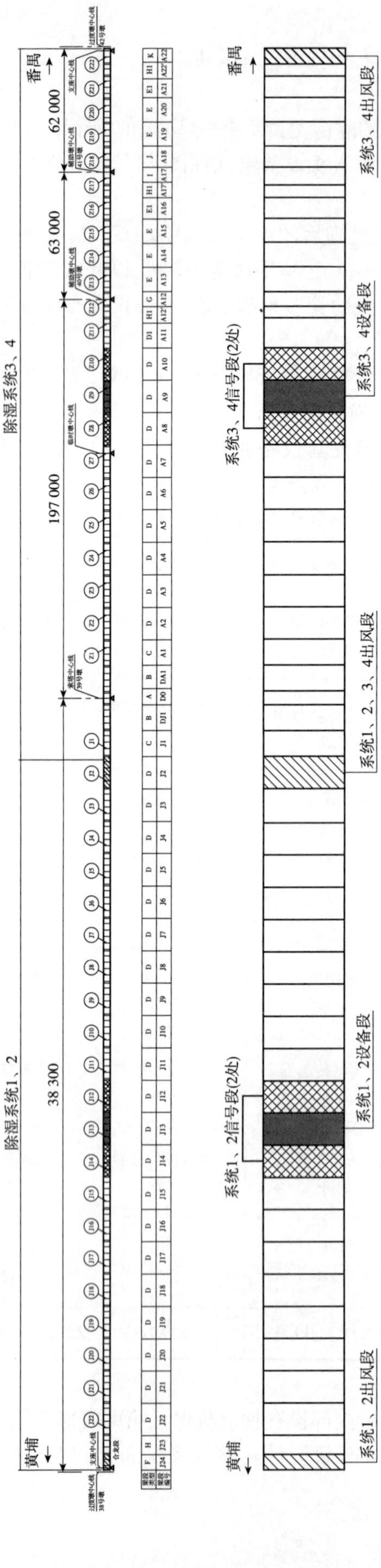

图 2-2-109　斜拉桥除湿系统全桥总布置图(尺寸单位:mm)

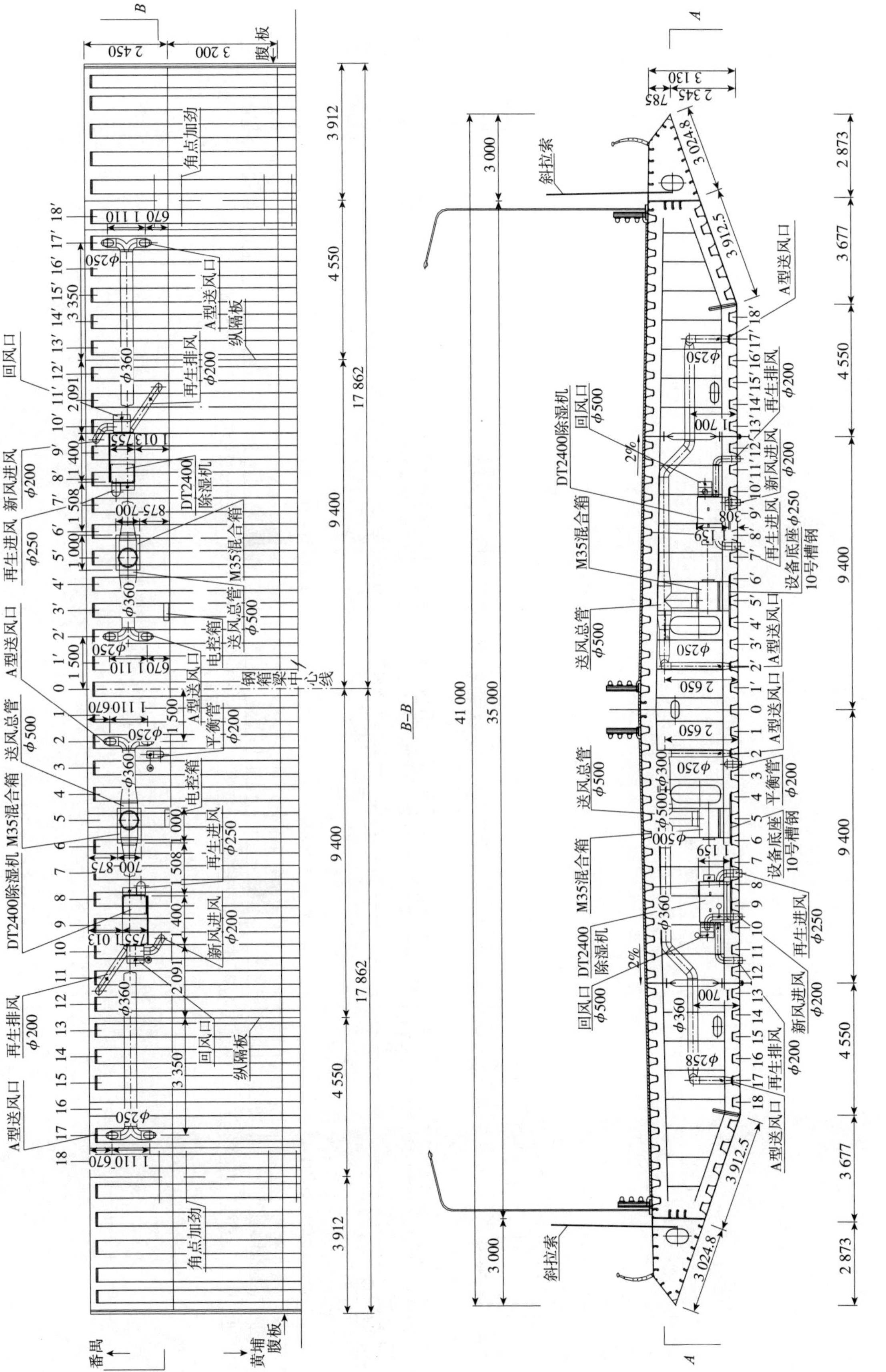

图 2-2-110　J13段除湿系统布置图(尺寸单位:mm)

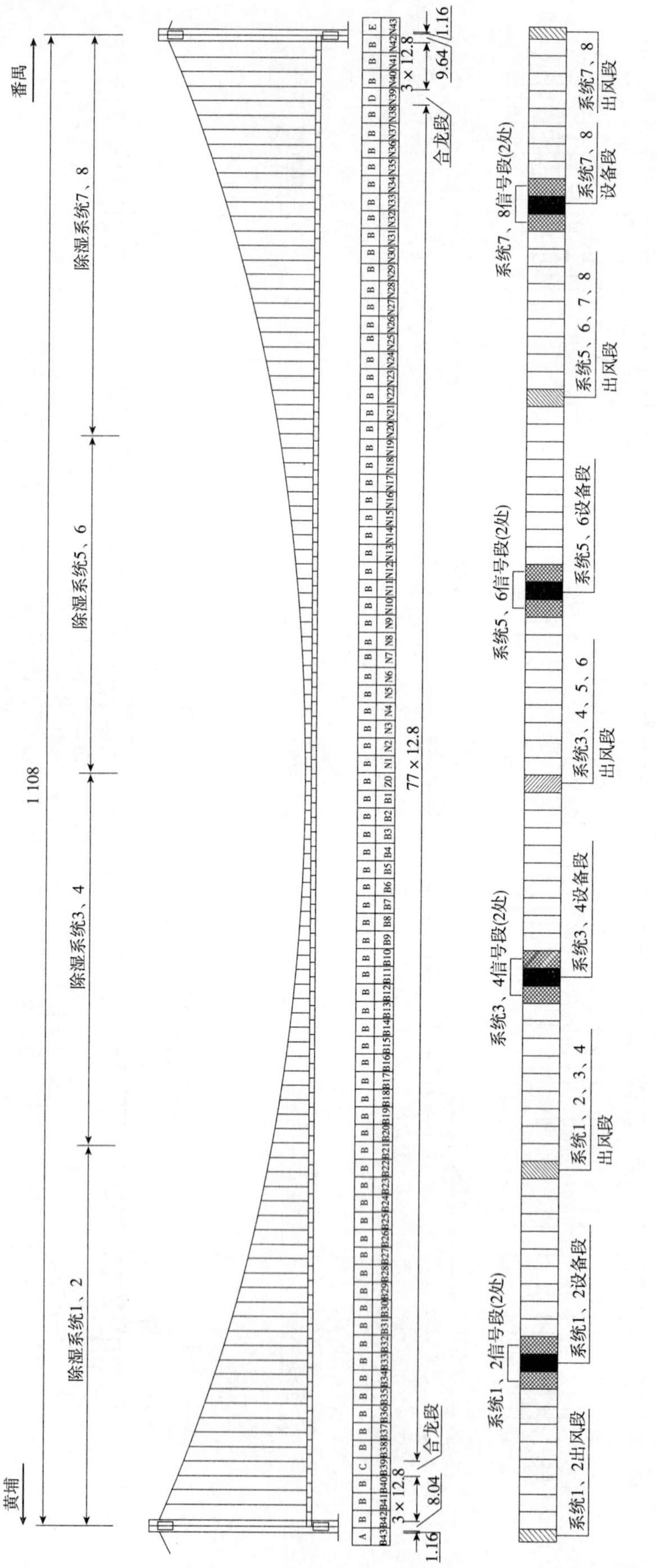

图 2-2-111　悬索桥钢箱梁除湿系统总布置(尺寸单位:m)

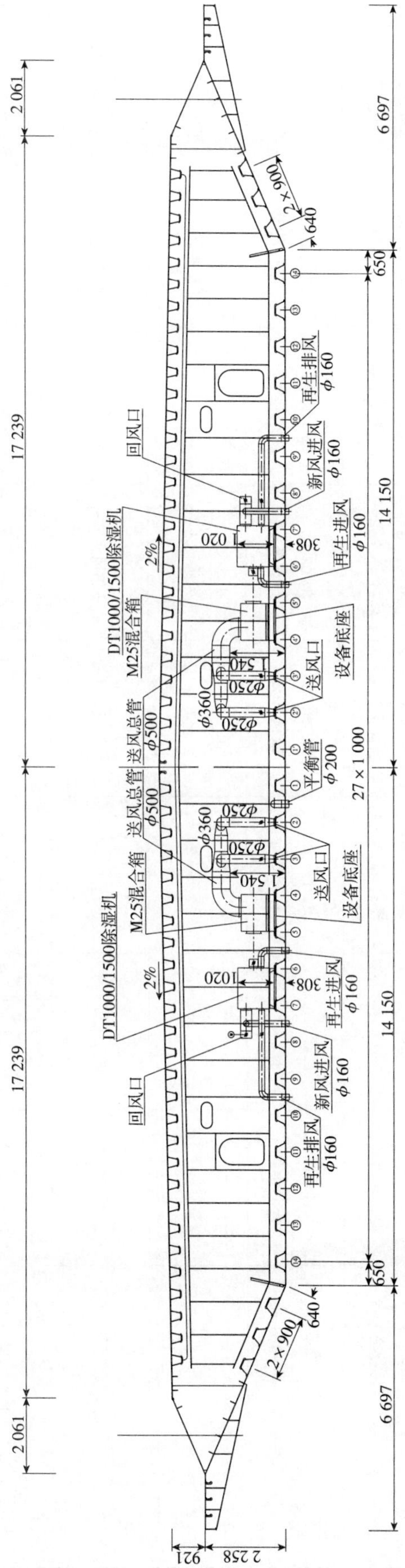

图 2-2-112　设备段除湿系统立面布置（尺寸单位：mm）

钢箱梁除湿系统配置表

表 2-2-35

除湿系统编号	除湿系统 1	除湿系统 2	除湿系统 3	除湿系统 4	除湿系统 5	除湿系统 6	除湿系统 7	除湿系统 8	合计
设备段(S)	DT1000/1500 除湿机 1 台	DT1000/1500 除湿机 1 台	DT1000/1500 除湿机 1 台	DT1000/1500 除湿机 1 台	DT1000/1500 除湿机 1 台	DT1000/1500 除湿机 1 台	DT1000/1500 除湿机 1 台	DT1000/1500 除湿机 1 台	DT1000/1500 除湿机 8 台
	M25 迷宫 混合箱 1 台	M25 迷宫 混合箱 1 台	M25 迷宫 混合箱 1 台	M25 迷宫 混合箱 1 台	M25 迷宫 混合箱 1 台	M25 迷宫 混合箱 1 台	M25 迷宫 混合箱 1 台	M25 迷宫 混合箱 1 台	M25 迷宫 混合箱 8 台
	风管系统、 控制系统	风管系统、 控制系统	风管系统、 控制系统	风管系统、 控制系统	风管系统、 控制系统	风管系统、 控制系统	风管系统、 控制系统	风管系统、 控制系统	风管系统、 控制系统 8 套
		平衡系统 1 套		平衡系统 1 套		平衡系统 1 套		平衡系统 1 套	平衡系统 4 套
	A 型送风口 4 个	A 型送风口 4 个	A 型送风口 4 个	A 型送风口 4 个	A 型送风口 4 个	A 型送风口 4 个	A 型送风口 4 个	A 型送风口 4 个	A 型送风口 32 个
出风段(C)	B 型出风口 12 个	B 型出风口 12 个	B 型出风口 12 个	B 型出风口 12 个	B 型出风口 12 个	B 型出风口 12 个	B 型出风口 12 个	B 型出风口 12 个	B 型出风口 96 个
信号段(X)	湿温度传感器 2 个	湿温度传感器 2 个	湿温度传感器 2 个	湿温度传感器 2 个	湿温度传感器 2 个	湿温度传感器 2 个	湿温度传感器 2 个	湿温度传感器 2 个	湿温度传感器 16 个
相关梁段编号	(S)B33;(C)B43;B22;(X)B34,B32		(S)B11;(C)B22;ZO;(X)B12,B10		(S)N11;(C)ZO,N22;(X)N10,N12		(S)N32;(C)N22,N43;(X)N31,N33		

从表 2-2-35 可知：悬索桥钢箱梁除湿设 4 个设备段，每个设备段 2 套除湿系统，共计 8 套除湿系统。每套除湿系统电功率为 16kW；DT1000/DT1500 除湿机，质量 130kg。

3）悬索桥鞍室与锚室

悬索桥南、北索塔有鞍室共 4 个，共设 4 套除湿系统，采用 DT210 除湿机。鞍室除湿系统布置如图 2-2-113所示。

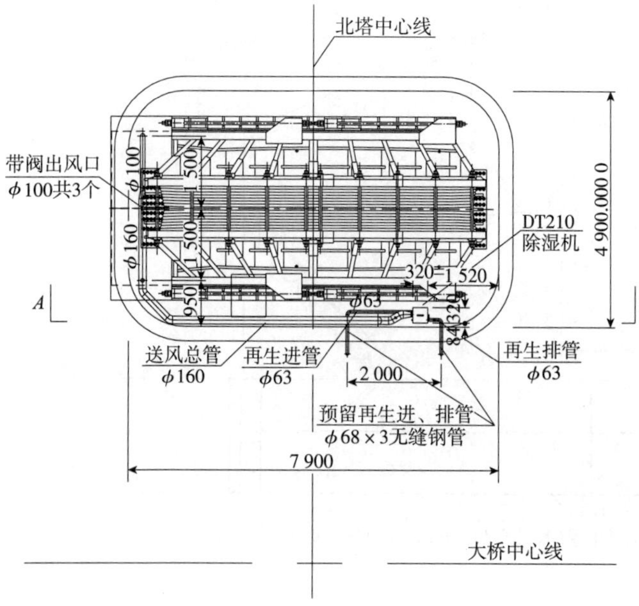

注：1.南汉桥南北索塔有鞍室共4个，共设4套除湿系统，采用DT210除湿机。
2.出风口和再生排风均设手动调节风阀。
3.再生排风管室内部分需保温，并坡向排出口。
4.再生进出穿墙风管需预埋无缝钢管，室外进出风口需设向下弯头，并设不锈钢丝网。
5.每套除湿系统各设温湿度传感器1个，除湿机回风口就近安装，安装高度1.2m。
6.人洞设密闭门。送风总管在顶板人洞进入路线部分应作保护。
7.本图的布置方案可根据鞍座、顶板和侧墙人洞实际情况作相应调整。
8.DT210除湿机功率1.1KW(220V，50Hz),质量17kg。

a)平面布置

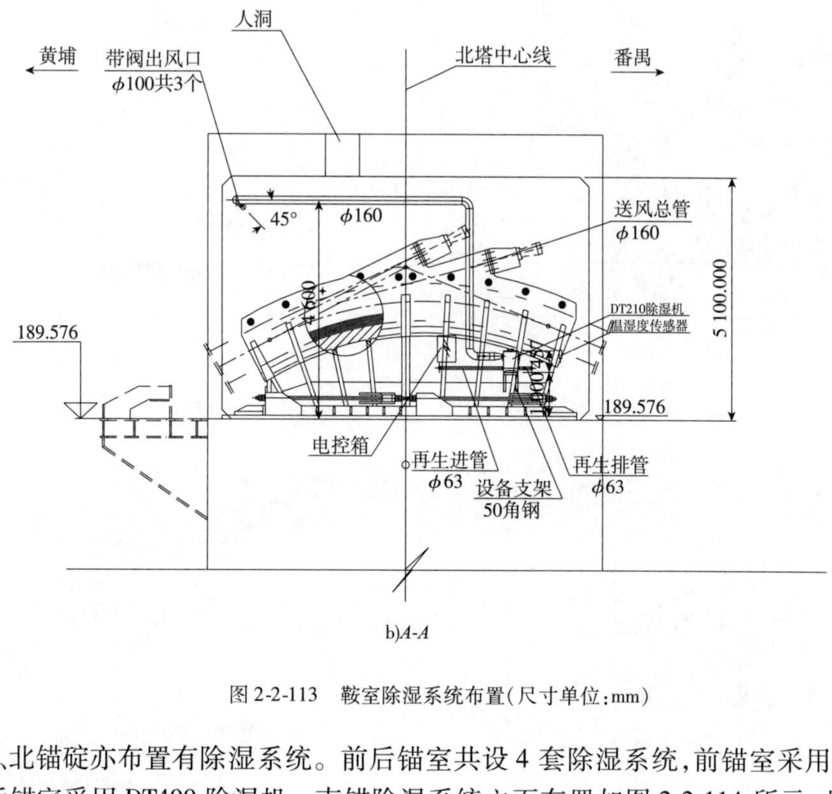

b)*A-A*

图 2-2-113 鞍室除湿系统布置（尺寸单位：mm）

悬索桥南、北锚碇亦布置有除湿系统。前后锚室共设 4 套除湿系统，前锚室采用 DT1000 除湿机和 M20 混合箱，后锚室采用 DT400 除湿机。南锚除湿系统立面布置如图 2-2-114 所示；北锚除温系统立面布置如图 2-2-115 所示。

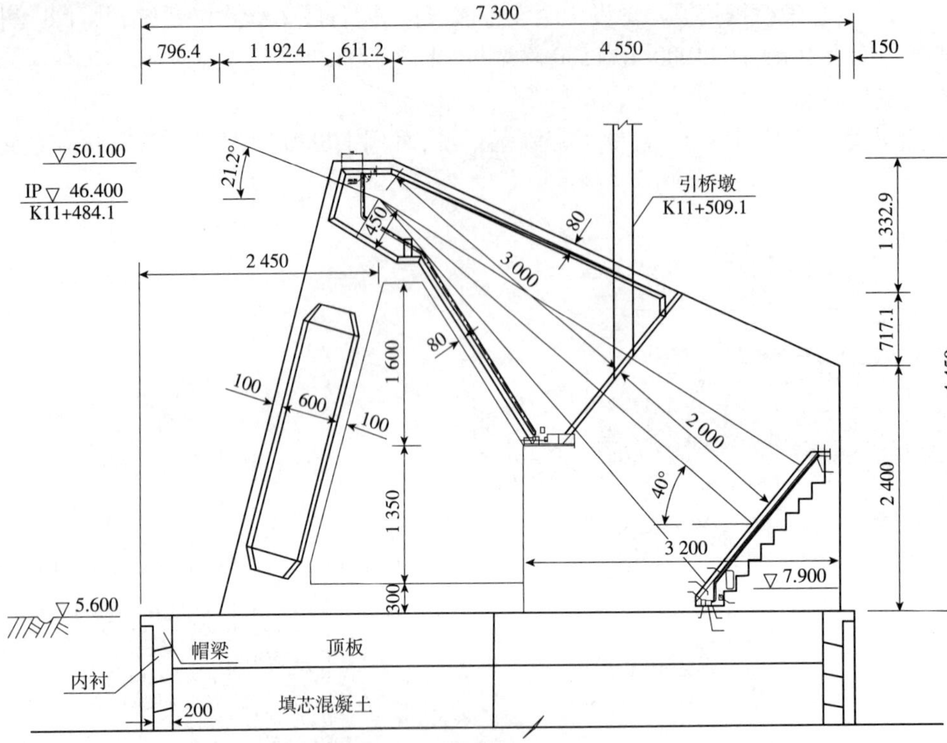

图 2-2-114 南锚除湿系统立面布置(尺寸单位:cm;高程单位:m)

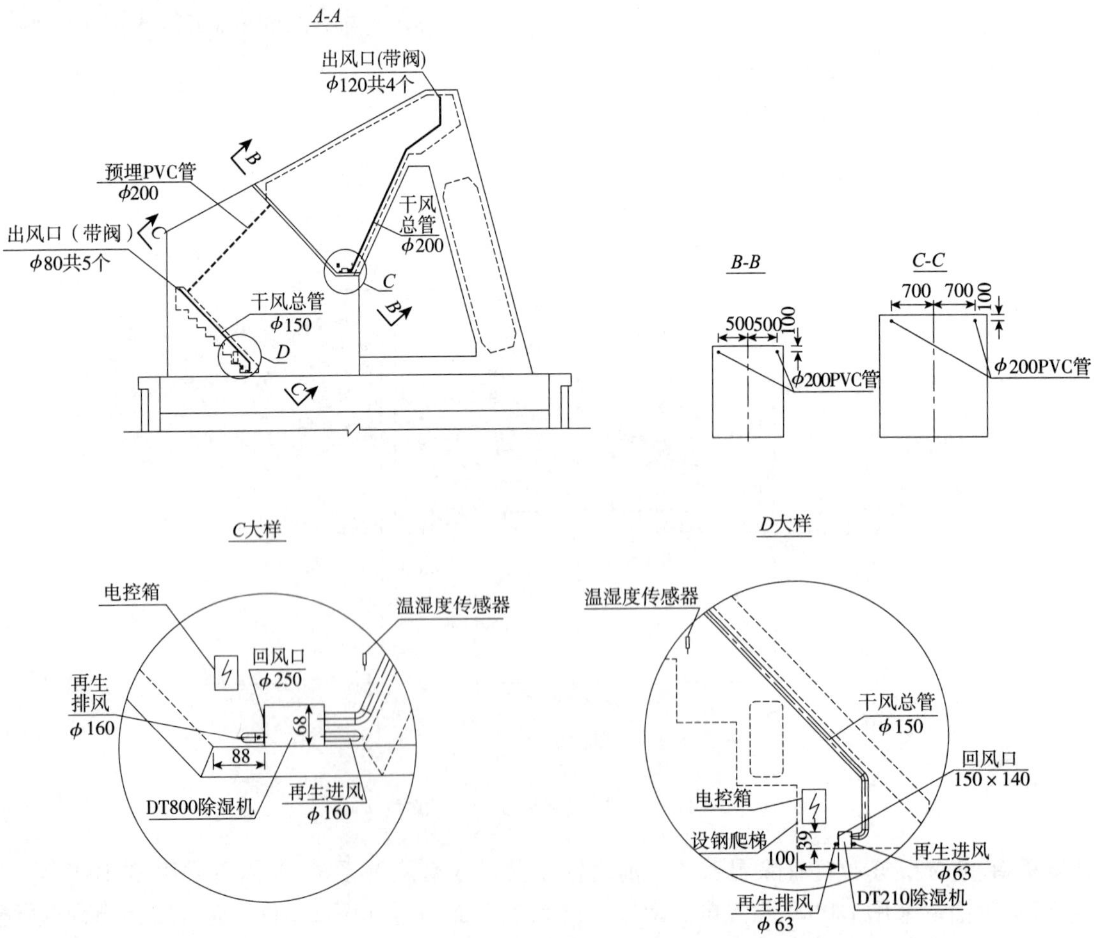

图 2-2-115 北锚除湿系统立面布置(尺寸单位:mm)

三、避雷设施

1. 斜拉桥避雷设施

本桥按《建筑物防雷设计规范》(GB 50057—94)等标准设计为二类防雷;设计避雷针、浪涌防护器(SPD)、接地及等电位等。

防直击雷措施:因桥梁跨度大、索塔高,所以避雷针采用具有提前放电功能的接闪器、减小雷电流到地放电峰值的功能,具有最大的保护范围。

索塔和桥面上的金属物件等电位连接与接地引下线电气连接。

雷电感应防护措施:桥上和各类布线穿金属管,金属管接地,桥上的供电用电设备设计采用2~3级电源浪涌保护器(SPD),信号线设计采用1~2级浪涌保护器(SPD)。

接地:桥梁防雷接地、设备接地、交流接地等共用接地系统,接地电阻值≤10Ω,若主桥墩自然接地达不到要求值时,在主桥塔的承台离地面 -1m 处增加人工接地体。

防雷接地做法按《GHBT-471 97×700-77》和中南标图集《98ZD501》有关部分的要求施工。

避雷针、引下线及接地干线连接及构造分别如图2-2-116、图2-2-117和图2-2-118所示。接地干线采用5mm×50mm扁钢或钢带制作,接地干线沿桥面两侧地槽沟布设,在引桥混凝土箱梁接头处(伸缩缝处)对接地干线采用多股软铜线作伸缩处理,伸缩缝软连接处理如图2-2-117所示。接地干线与主桥墩作为接地引下线的主筋相连,并与南汊主桥接地干线相连,焊接重合长度要求达10cm。接地干线与桥面上供(用)电系统、电器设备等预留接地端子连接。

在大桥主桥墩顶各安装一只提前放电避雷针,提前放电时间 $\Delta T=60\mu s$,共二只,避雷针支杆采用 ϕ89不锈钢管,安装于大桥主桥塔顶,高7.5m,避雷针高1.0m。避雷针与大桥主桥塔内置钢筋连接。接地引下线沿塔柱箍筋内钢骨架绑扎,当与预应力钢丝束有干扰时,可适当移动引下线位置。在主桥塔两个立柱内孔位于桥面内侧人洞上0.5m处,分别预留接地端子(A、B),采用5mm×50mm热镀锌扁钢伸出柱体表面100mm,主桥塔每根基桩必须有三根以上主钢筋与承台钢筋焊接,引下线进入承台分成三股与承台钢筋钢焊接,引下线与避雷针底座的连接也采用焊接。

引桥面接地干线在桥面箱梁接头处过渡带采用50mm×5mm的软铜带连接,连接处采用铜焊焊接,软铜带长度不应小于伸缩缝宽度的两倍。

2. 悬索桥避雷设施

黄埔大桥悬索桥避雷系统,按中华人民共和国国家标准《建筑物防雷设计规范》(GB 50057—94)设计。

1)设计要点

(1)本桥防雷系统按二类防雷要求进行设计。

(2)防雷系统由两只避雷针和与其配套的传导系统构成,保护索塔、缆索系统、钢箱梁、防撞护栏等易受雷击的部位免受损伤。

(3)索塔上避雷针的引下线由专设铜条和索塔内部钢筋网构成,为保证两座塔柱的铜质引下线的可靠性,在两塔柱之间的横梁也进行横向电气连通。

(4)在锚碇锚体内也设置了铜质引下线,与基础顶板钢筋网相连,通过地下连续墙作为接地体。

(5)钢箱梁的接地通过软质金属导体连接到索塔横梁上的接地预留点。

2)主要材料

黄埔大桥悬索桥避雷系统主要材料如表2-2-36所示。

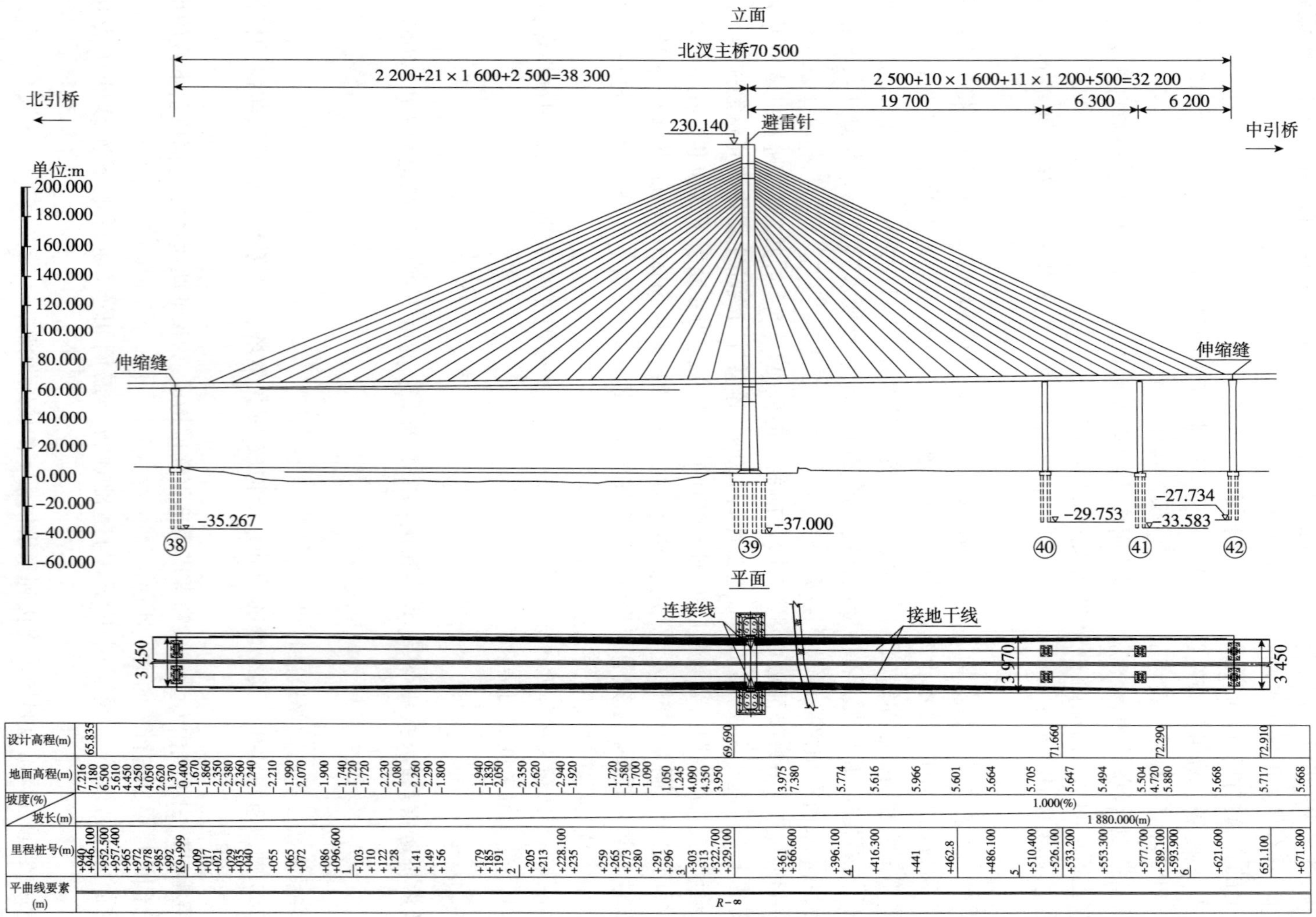

注：1.图中尺寸除高程以m计及注明者外，余均以cm为单位。
2.接地干线采用5mm × 50mm扁钢或铜带制作。
3.接地干线沿桥面两侧地槽沟布设。
4.在引桥混凝土箱梁接头处(伸缩缝处)对接地干线采用多股软钢线作伸缩处理。
5.接地干线与主桥墩作为接地引下线的主筋相连，并与南汊主桥接地干线相连，焊接重合长度要求达0.1m。
6.接地干线与桥面上供(用)电系统、电器设备等预留接地端子连接。

图 2-2-116　避雷系统总体布置(尺寸单位:cm)

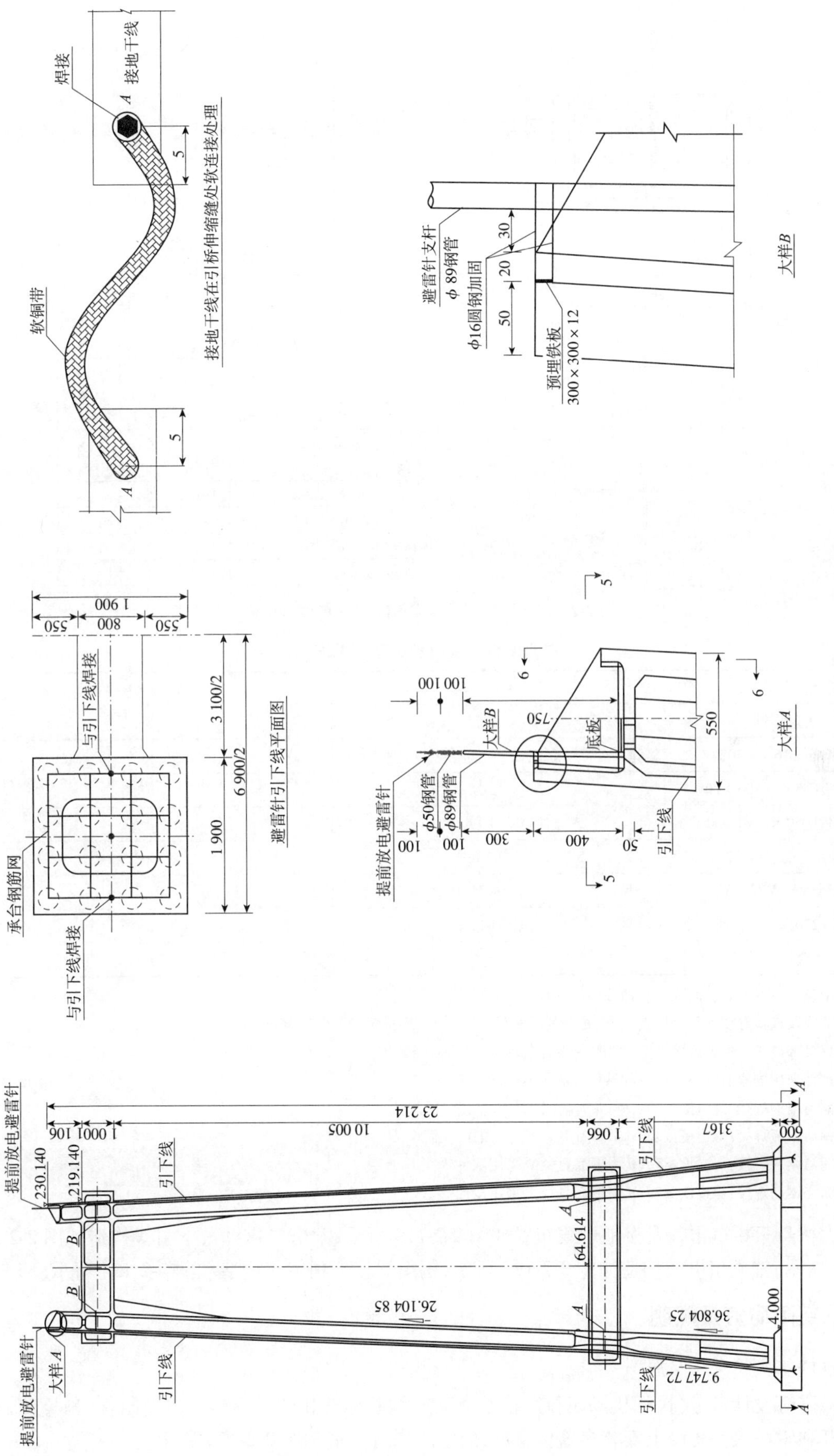

图 2-2-117　引下线、接地干线及伸缩缝软线(尺寸单位：cm)

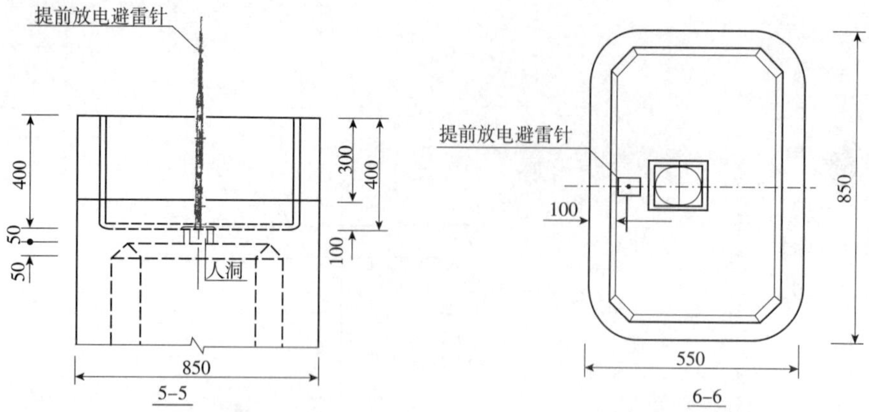

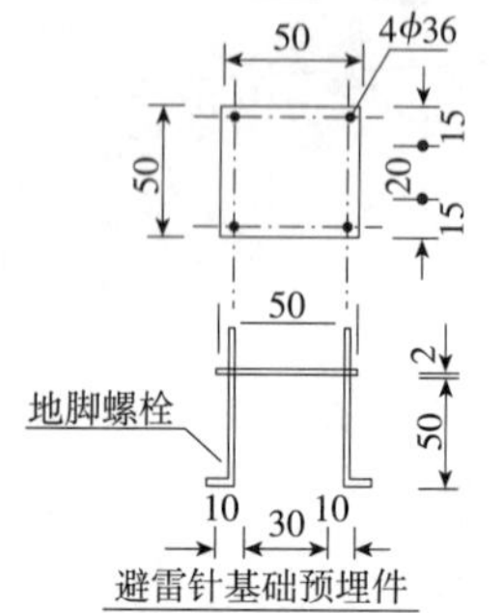

避雷针材料数量表

材料及规格(mm)		数量	总长(m)	总质量(kg)
接地干线	5×50mm扁钢或铜带		1 434	2 814.2
	5×50mm软铜带		6	11.8
引下线	ф28钢筋,225m长	2根	450	2 173.5
避雷针支杆	ϕ89×5钢管	2根	15	155.4
	ϕ50×5钢管	2根	2	11.1
预埋铁板	□300×300×12	2个		17.0
提前放电避雷针		2个		

图 2-2-118　避雷针安装构造(尺寸单位:cm)

防雷系统主要材料数量汇总表　　　　表 2-2-36

材料规格(mm)	数　量	总质量(kg)
避雷针	2套	96.2
钢筋 ϕ16×1 402	4根	8.9
钢板□500×500×20	2块	78.5
钢板□50×5×1 000	4块	7.9
引下线□4×12	950m	407.7
螺母螺栓 M32×500	8套	
$S=270\text{mm}^2$ 软铜线	16m	38.6
合　计		541.6

注:①表中螺母、螺栓以套计,施工时请按国标备料。

②引下线及连接导线均采用扁紫铜排,要求其厚度不小于4mm,截面面积不小于48mm^2。

③各焊接部位必须保证焊缝平整、饱满、无明显气泡,必须做防锈处理。

④避雷针采用国家防雷中心认可的型号并满足本桥功能要求。

⑤扁铜与扁铜焊接:焊边搭接长≥4b(b为扁铜宽度),采用三面焊接。

扁铜与钢板焊接:焊边搭接长≥4b(b为扁铜宽度),采用三面焊接。

扁铜与钢筋焊接:焊边长≥5d(d为钢筋直径),采用双面焊。

钢筋与钢筋焊接:焊边长≥5d(d为钢筋直径),采用双面焊。

黄埔大桥悬索桥避雷针及接地干线布置如图2-2-119所示;索塔避雷针及下引线构造如图2-2-120~图2-2-122所示;锚碇引下线构造如图2-2-123所示;钢箱梁接地预留点构造如图2-2-124所示。

四、航空障碍灯及照明

1. 斜拉桥航空障碍灯及照明

航空障碍灯设计参考《民用机场飞行区技术标准》、国防标准和建设措施—机场附件(航空障碍灯)。在避雷针杆和索塔顶女儿墙上安装多盏标志灯,航空障碍灯构造如图2-2-125所示。

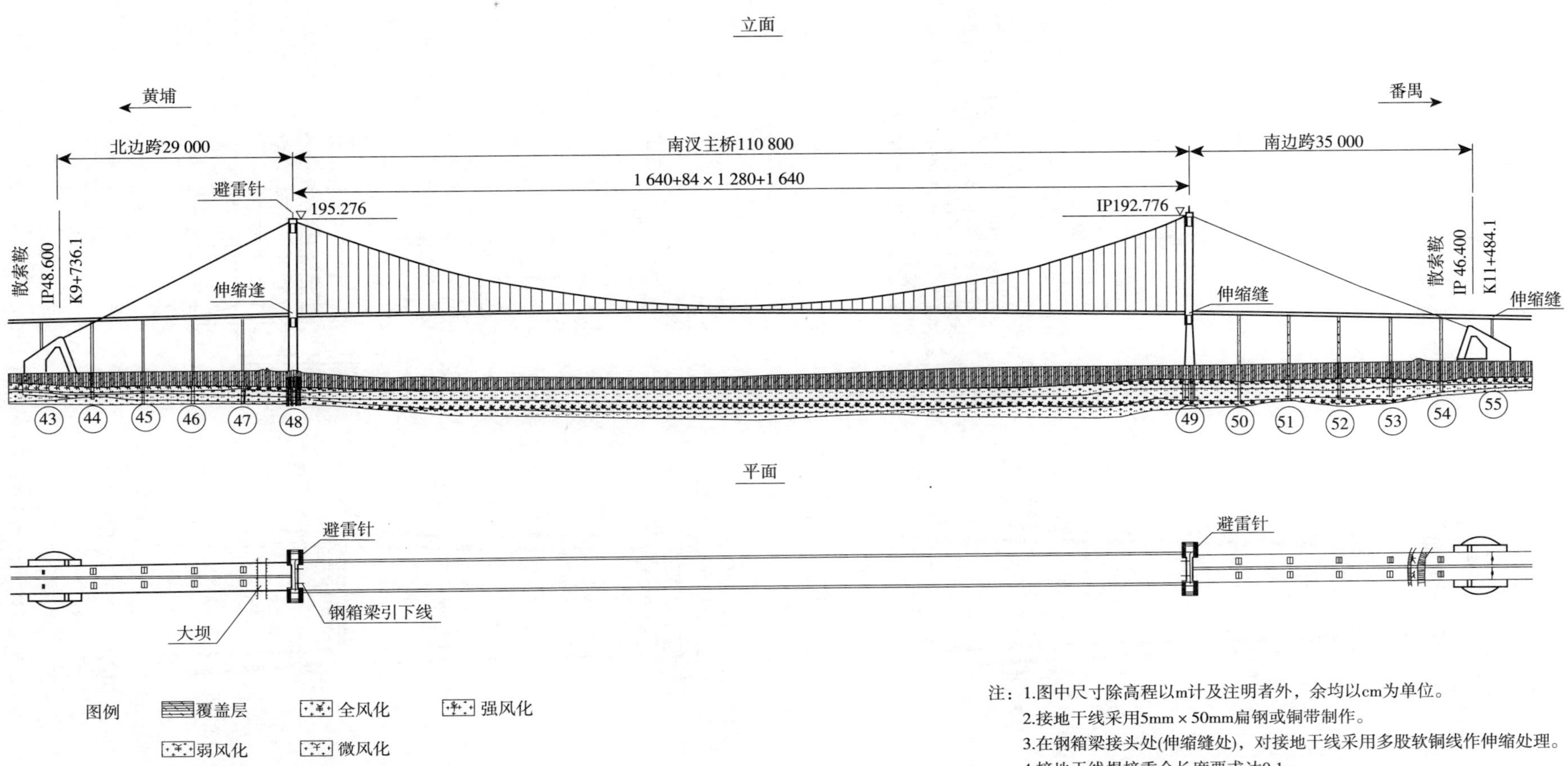

注：1.图中尺寸除高程以m计及注明者外，余均以cm为单位。

2.接地干线采用5mm × 50mm扁钢或铜带制作。

3.在钢箱梁接头处(伸缩缝处)，对接地干线采用多股软铜线作伸缩处理。

4.接地干线焊接重合长度要求达0.1m。

图 2-2-119　避雷针及接地线布置

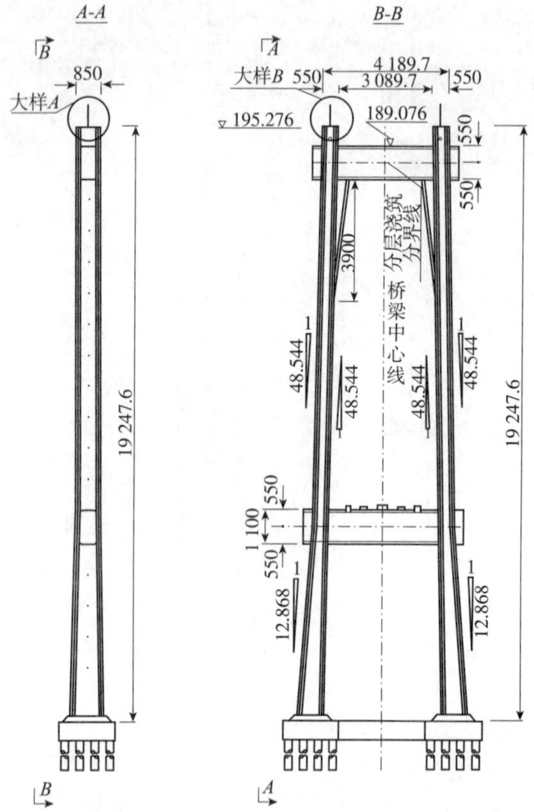

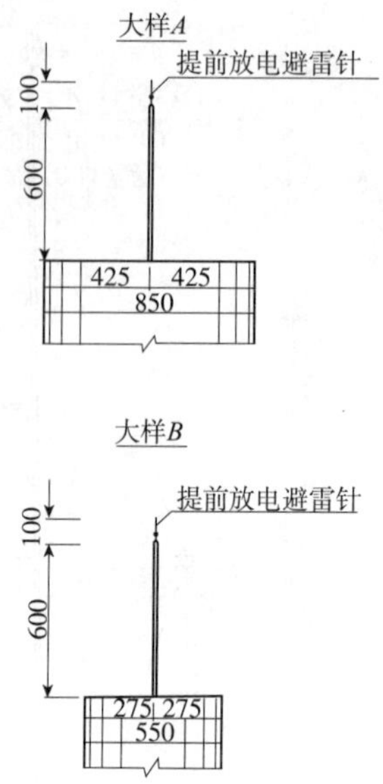

注：1.本图尺寸除高程以m计外，余均以cm为单位。
2.在大桥四个桥墩顶各安装一只提前放电避雷针，提前放电时间ΔT=60μs，共四只。
3.避雷针支杆采用ϕ89不锈钢管，安装于大桥主桥墩顶，高6m，避雷针高1.0m。
4.避雷针与大桥主桥墩内置钢筋连接。

图 2-2-120　索塔避雷针及引下线构造(一)

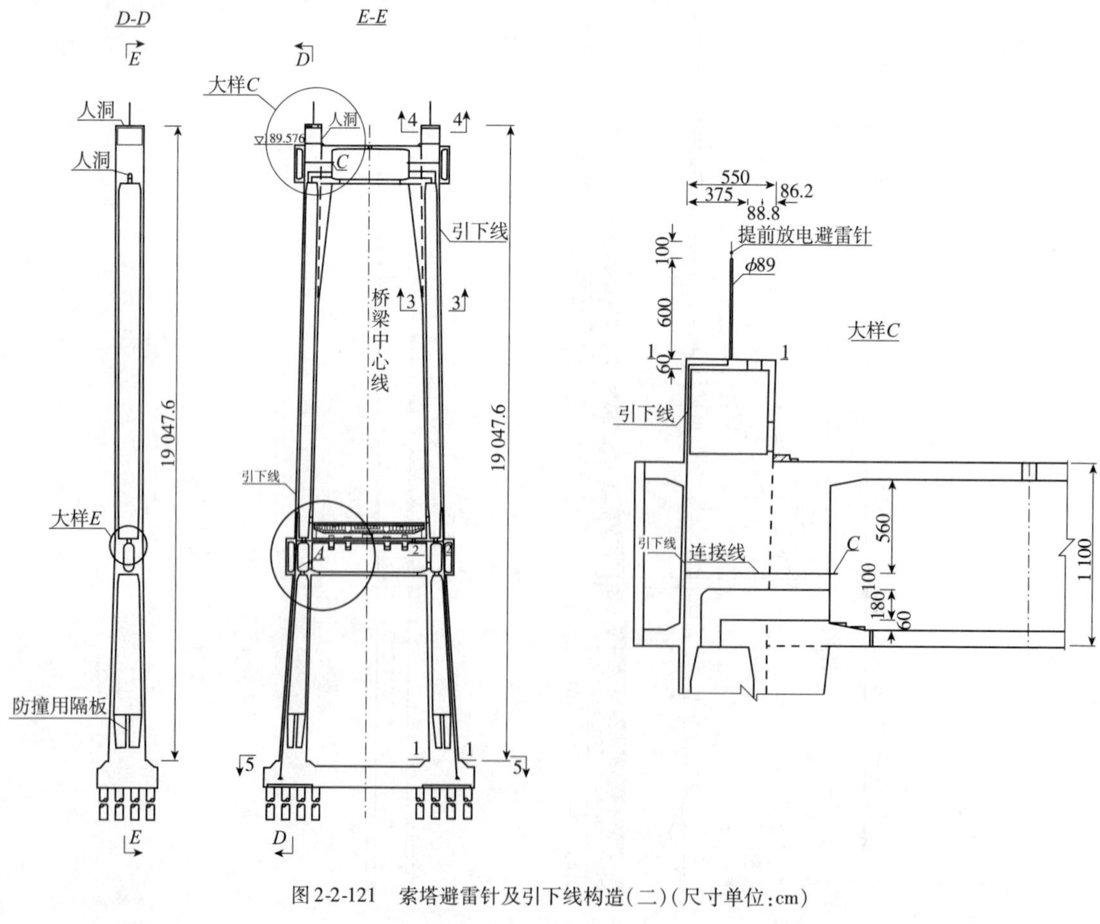

图 2-2-121　索塔避雷针及引下线构造(二)(尺寸单位:cm)

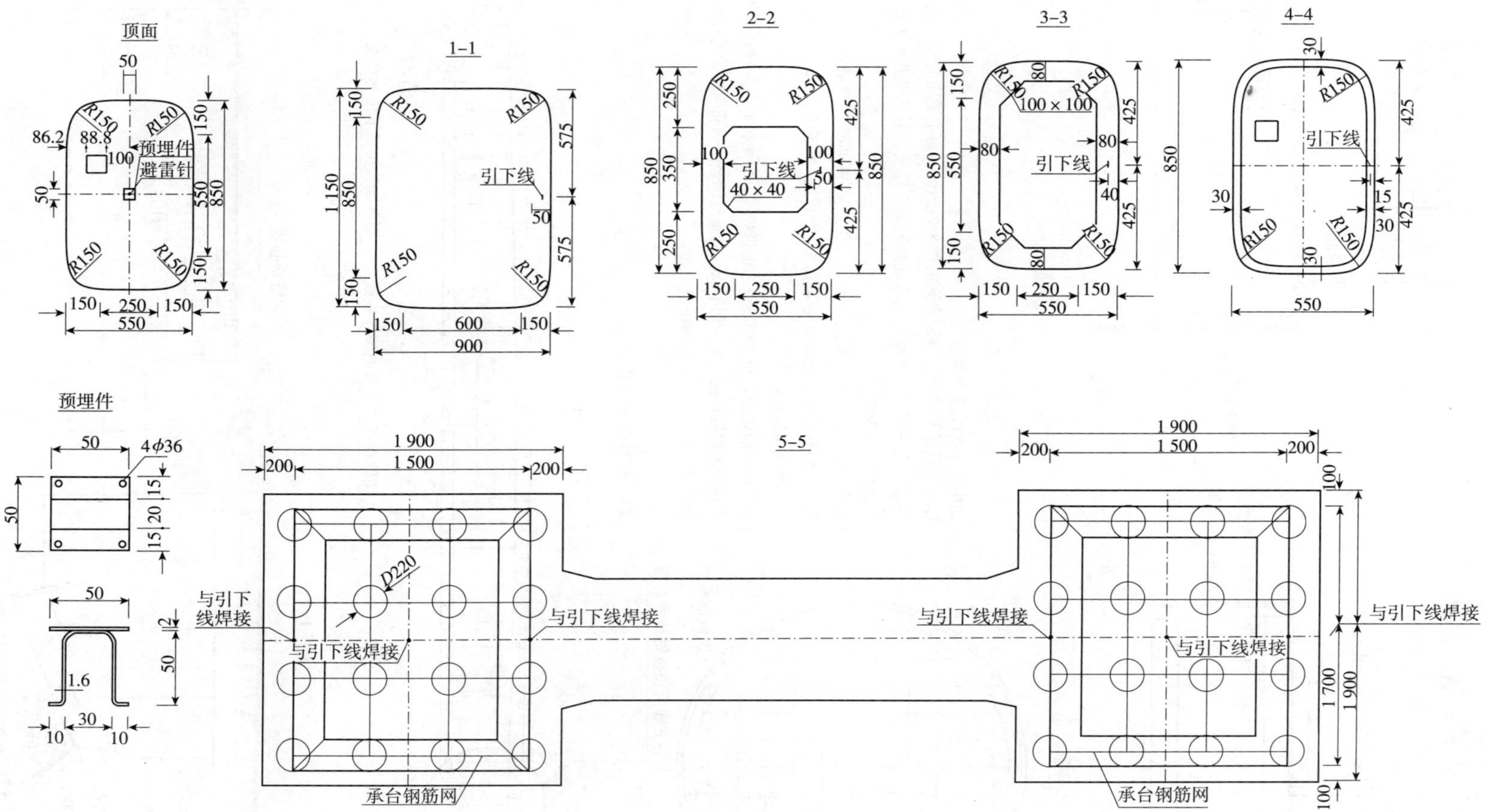

注：1.本图尺寸以cm为单位。
2.主桥索塔地网采用桩基钢筋作为接地体,每根基桩必须有三根以上主钢筋与承台钢筋焊接,引下线进入承台分成三股与承台钢筋网焊接,引下线与避雷针底座的连接也采用焊接。

图2-2-122　索塔避雷针及引下线构造(三)

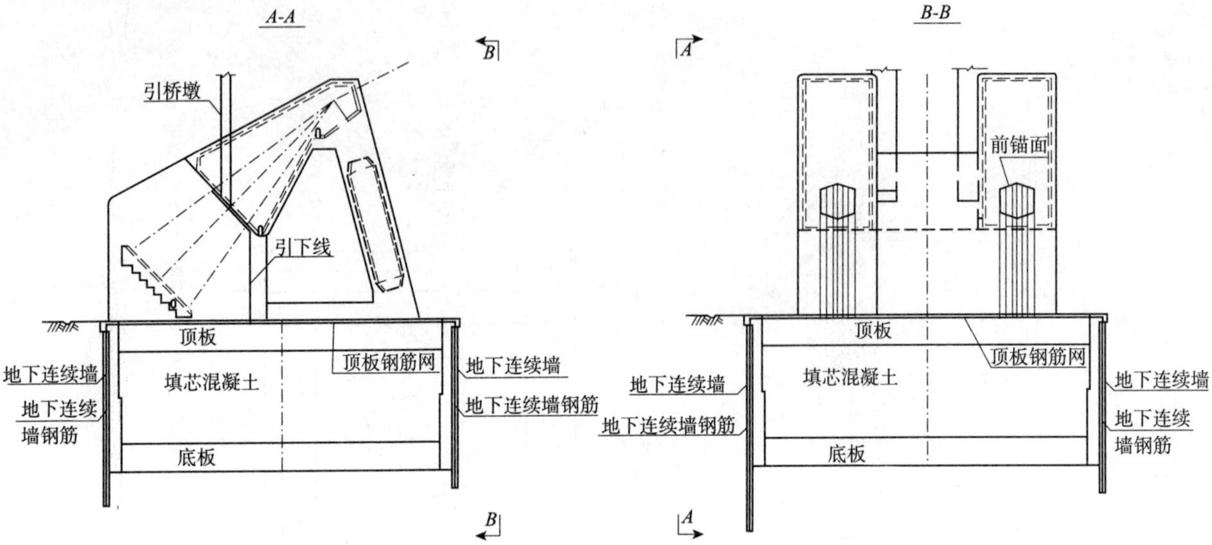

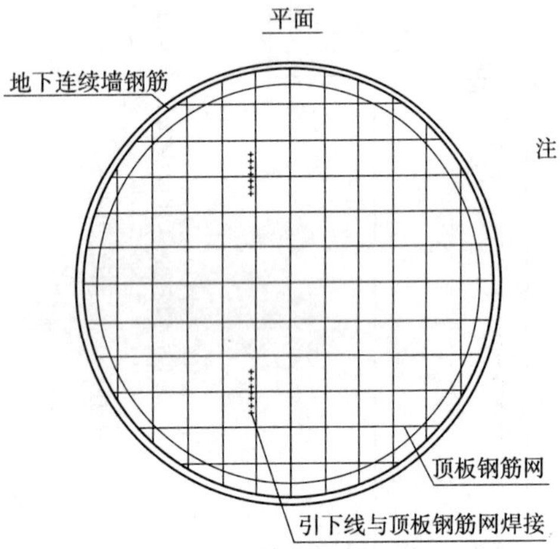

注：1.图中尺寸均以cm为单位。

2.锚碇地网采用地下连续墙内钢筋作为接地体，每个槽段的地下连续墙钢筋必须有三根以上主钢筋与基础顶板钢筋焊接，引下线进入基础顶板需与顶板钢筋焊接。

3.所有与基础顶板钢筋焊接的地下连续墙主钢筋间需用规格为40mm×4mm扁铜带将其相连，铜带间连接采用三面焊接，焊边搭接长≥4倍扁铜宽度。且焊接处作好防腐处理。

4.引下线在前锚面处与锚固系统的钢管焊接，每个锚面共分7列引下线，引下线与各钢管焊接后将一列串联，与附近的竖向钢筋绑扎后接入承台顶板钢筋网，一个锚体共有14条引下线。

图 2-2-123 锚碇引下线构造

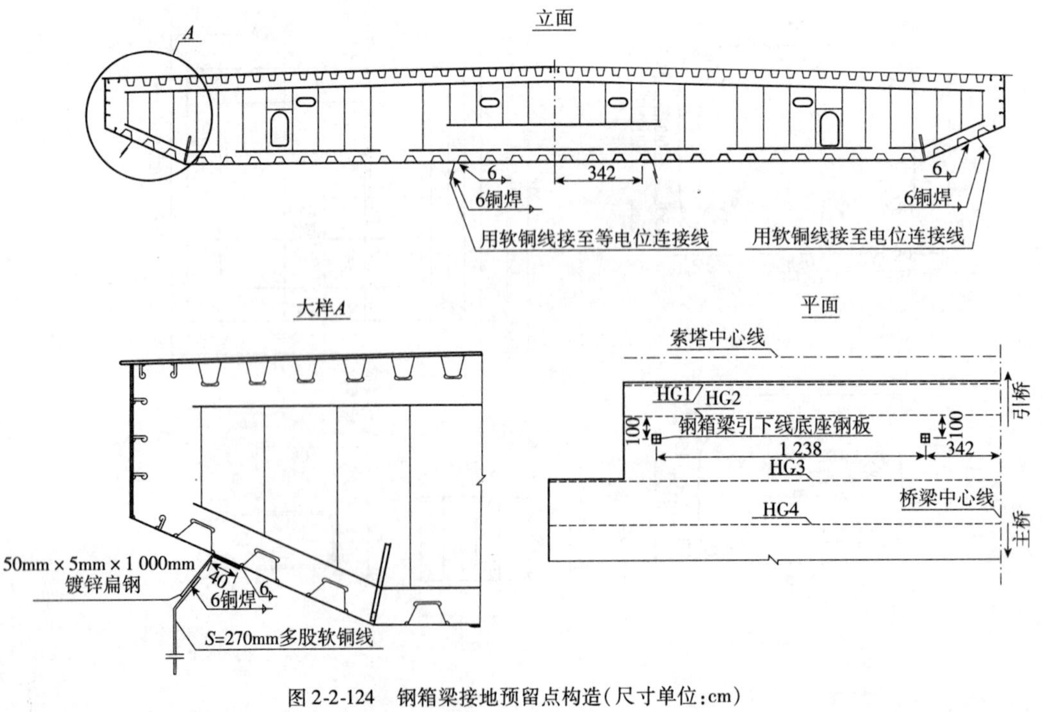

图 2-2-124 钢箱梁接地预留点构造(尺寸单位:cm)

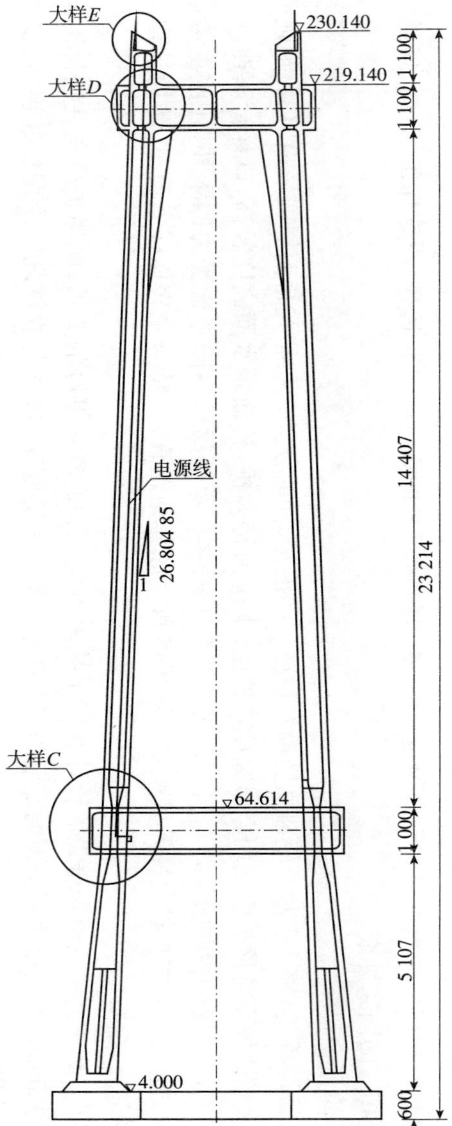

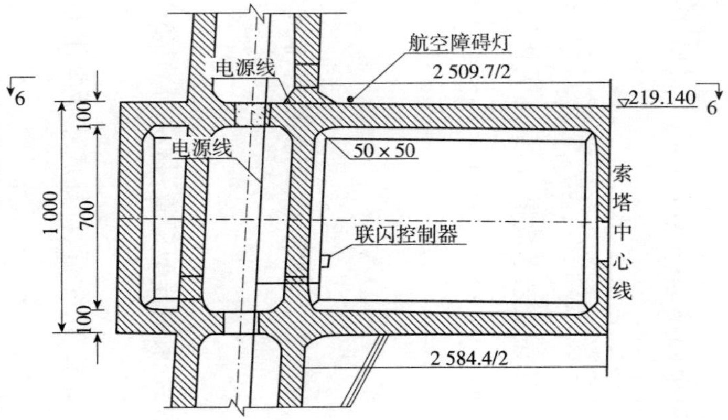

大样D

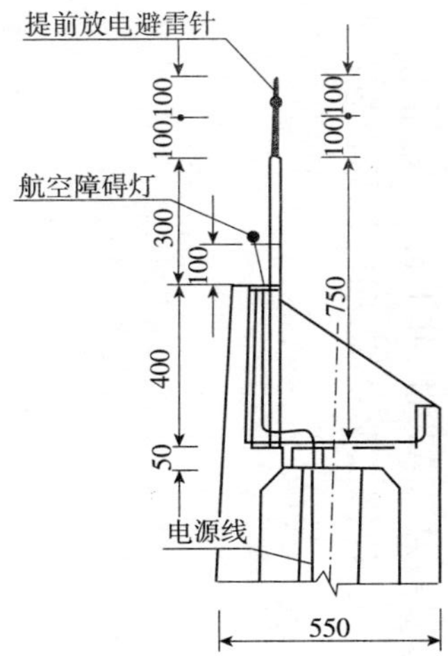

大样E

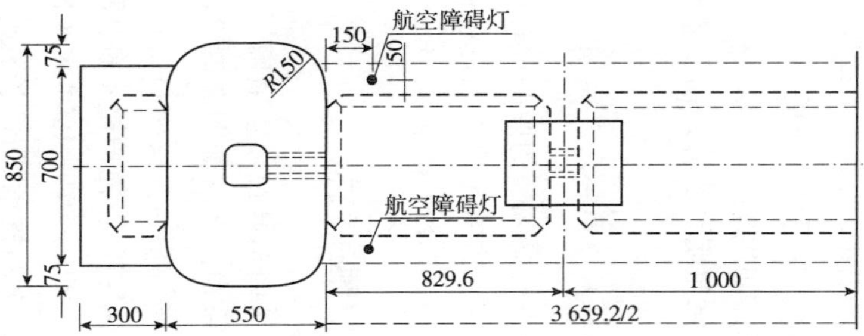

1/2 6-6

航空障碍灯材料数量表

项　　目	数量	总长(m)
航空障碍灯	6盏	
电源避雷器	1台	
联闪集中控制器	1个	
电源线		300

图 2-2-125　航空障碍灯安装构造(尺寸单位：cm高程单位：m)

在每个主桥柱上各3盏，共6盏灯，主桥柱设置一个联闪集中控制器，安装位置在大桥桥面层柱孔内航空障碍灯专用供电配电盒上，航空障碍灯电源线采用屏蔽槽沿人洞布线，两根主柱共设1条线电源引下线，供航空障碍灯使用，航空障碍灯电源线敷设在同一井道内，航空障碍灯用电取自桥孔内桥面层的配电盒上，在航空障碍灯配电盒上各安装1台40kA电源避雷器，型号为LCA401P，共1台。

为给本桥钢箱梁检修提供照明，设置钢箱梁内检修照明系统，检修照明系统、照明灯具设置起点为K8+947.600，终点为K9+649.600，照明灯采用60W检修照明灯（带防护罩），整个大桥主桥钢箱梁内设置678套检修照明灯。

1）检修照明灯具布置

纵桥向设置三排检修照明灯，三排灯分别布置在如下位置：

（1）箱梁左侧纵腹板和左侧隔板中间。

（2）左侧隔板和右侧隔板中间。

（3）箱梁右侧纵腹板和右侧隔中间，横桥向在每两块横隔板之间均设置了照明灯具，灯具采用吊装方式，上端固定在钢箱梁顶板上。

2）检修照明供电

三排检修照明灯具分别由设置在主桥上的变电所引出三个回路进行供电，供电电缆敷于钢箱梁内电力管道内。

2. 悬索桥航空障碍灯及照明

在黄埔大桥悬索桥的照明设计中，既考虑照明功能要求，又顾及艺术效果，达到与大桥风格相协调的目的。桥面照明方式主要采用灯柱照明，灯柱与桥面连接构造如图2-2-126所示。索塔航空障碍灯的构造及布置如图2-2-127和图2-2-128所示。

五、其他附属结构

下面对桥面系其他附属结构如：防撞护栏、人行道栏杆、路缘石、泄水管桥面铺装、伸缩缝等的设计作简介。桥面系横向布置如图2-2-129所示。

1）其他附属结构主要材料

（1）异型钢管：防撞护栏立柱、横梁、连接管套、检修道扶手采用异型钢管，材质为Q345C钢，其技术标准应符合GB/T 1591—1994和GB 3094—2000的要求。

（2）低合金结构钢：防撞护栏底座板、人行道栏杆立柱、横梁、路缘石、灯柱底座板采用Q345C钢，其技术标准应符合GB/T 1591—1994的要求。

（3）连接件：防撞护栏及灯柱底座板所采用的各类型螺栓、螺母、垫圈均应符合相应的国家标准。

（4）焊接材料：焊接材料应结合焊接工艺，通过焊接工艺评定试验进行选择，所选焊条、焊剂、焊丝均应符合相应的国家标准。

2）防撞护栏

为减轻桥梁自重，吸收车辆碰撞防撞护栏产生的能量，同时使防撞护栏与桥面周围景观协调，加强全桥景观效果，桥面防撞护栏采用金属梁柱式护栏，本桥为特大桥，桥面距水面高度较高，设计行车速度为100km/h，故防撞护栏防撞等级采用PL3级。防撞护栏立柱及横梁形状除考虑受力因素外，还注重考虑了其外观造型。防撞护栏立柱及横梁采用圆弧形和拱形异型钢管，其特点是表面线条简单，防撞护栏整体风格简洁、流畅。

根据《高速公路交通安全设施设计及施工技术规范》（JTJ 074—94）的要求，防撞护栏立柱的标准间距为1 920mm，立柱顶端距桥面的高度为1 150mm，设置3道横梁，横梁与立柱之间采用螺栓连接，横梁标准连接段间距为5 760mm。

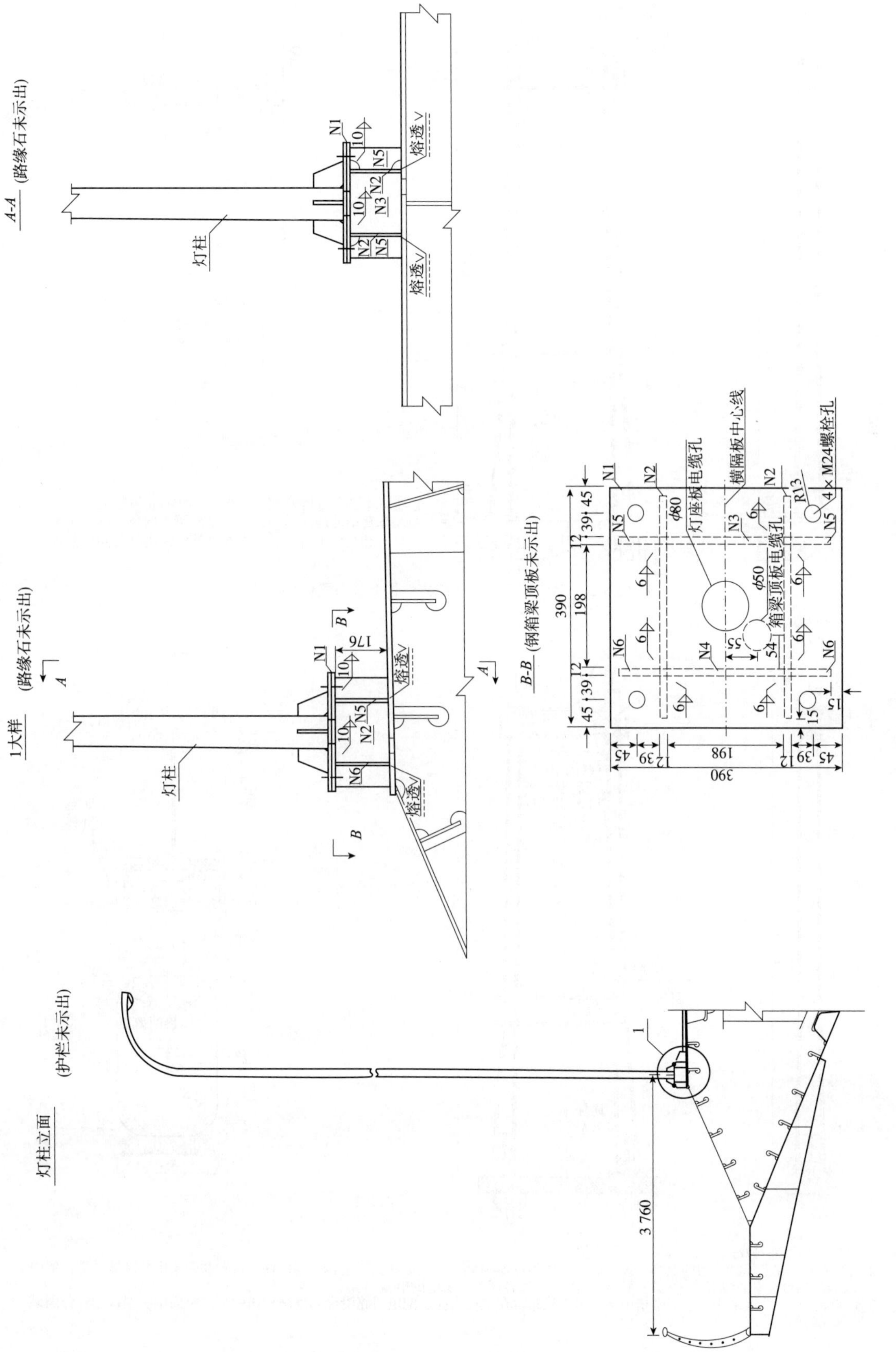

图 2-2-126　灯柱与桥面连接构造(尺寸单位：mm)

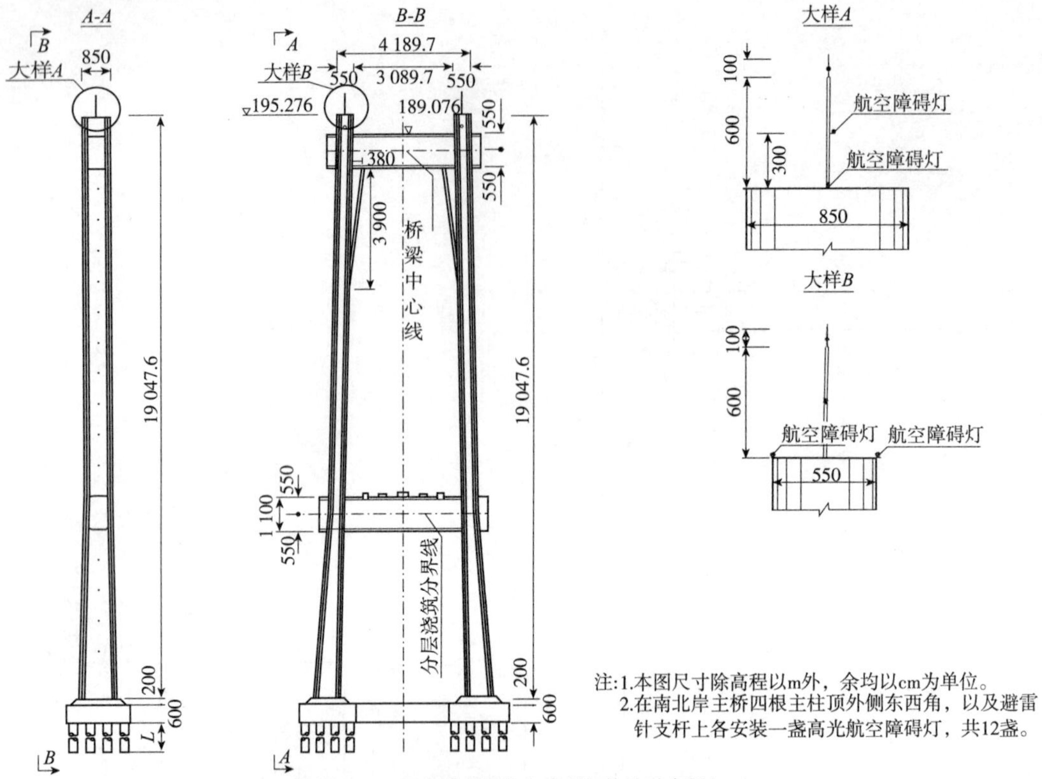

注:1.本图尺寸除高程以m外，余均以cm为单位。
2.在南北岸主桥四根主柱顶外侧东西角，以及避雷针支杆上各安装一盏高光航空障碍灯，共12盏。

图 2-2-127 悬索桥索塔航空障碍灯构造及布置(一)

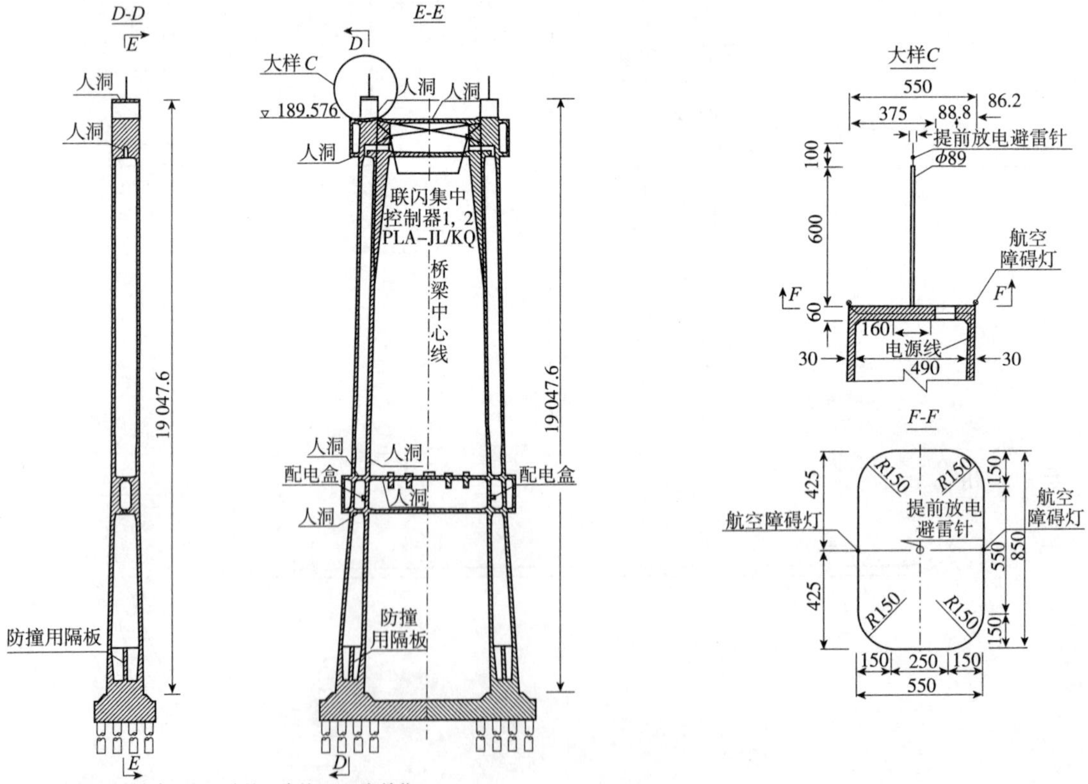

注: 1.本图尺寸除高程以m计外，余均以cm为单位。
2.在每个主桥柱上各2盏，共4盏灯，设置联闪集中控制器一个；在避雷针支杆上1盏，共2盏，设置联闪集中控制器一个，集中控制器共2台，安装位置在大桥桥面层柱孔内航空障碍灯专用供电配电盒上。
3.航空障碍灯电源线采用系统屏蔽槽引下，引下线布设在主柱内孔。配电线路沿金属屏蔽槽内引下主桥面层。四根主柱分别设两条线电源引下线，供航空障碍灯使用。

图 2-2-128 悬索桥索塔航空障碍灯构造及布置(二)

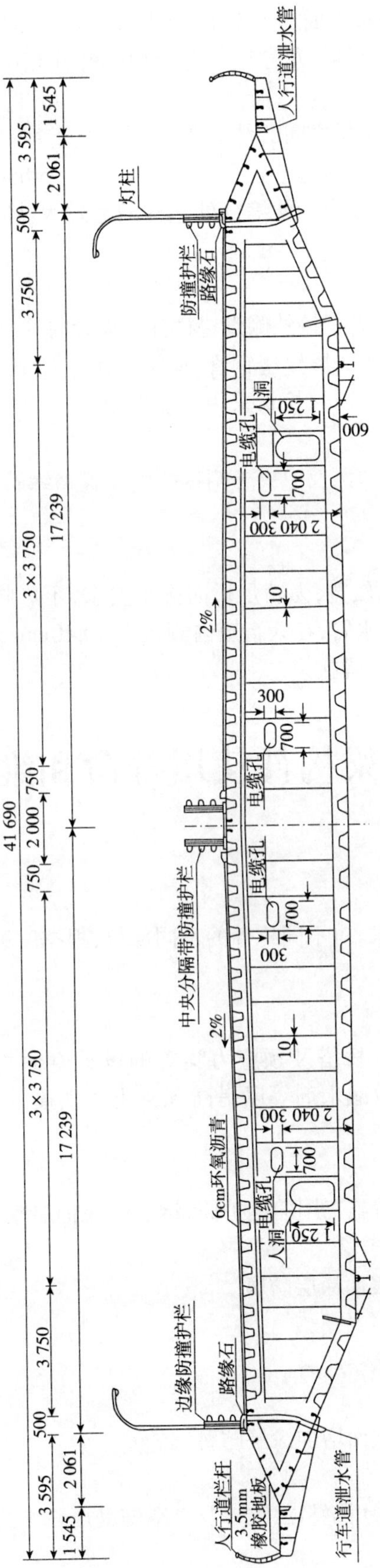

图 2-2-129　悬索桥桥面系横向布置(尺寸单位：mm)

主桥防撞护栏立柱底座板与桥面板应在工厂焊接，中央分隔带防撞护栏立柱底座板厚为69mm，边缘防撞护栏立柱底座板厚为79mm，底座板顶面加工水平，以保证立柱与水平面垂直，底座板与立柱采用螺栓连接，底座板应在工厂完成攻丝，攻丝螺纹尺寸应与连接地脚螺栓相配套，为减小底座板的尺寸，地脚螺栓采用M24×60内六角螺栓。

伸缩缝和防撞护栏应满足主桥与引桥之间的伸缩变位，此处防撞护栏横梁通过连接套管连接。连接套管为拱形异型钢管，主桥侧及引桥侧连接套管各设一个长度为1 050mm的腰圆孔，横梁和连接套管之间可以相互滑动，以满足伸缩缝变位的要求。伸缩缝处立柱间距较大，所以在伸缩缝两侧并列设置两对立柱。

3）人行道栏杆

为了确保游人及检修人员的安全，人行道外侧设置栏杆。设计时充分考虑栏杆形式与桥面构造的景观协调，立柱采用弧形立柱，扶手采用椭圆形异型钢管，横梁采用直径20mm实心圆钢，底座板为半圆形钢板，扶手及横梁的定尺长度按5 760mm计，接长采用对接焊接。

4）路缘石

主桥桥面横坡为2%，桥面行车道两侧及中央分割带两侧设置路缘石，路缘石高150mm，与钢箱梁顶板工厂焊接。

5）泄水管

广州地区降雨量较大，且本桥桥面较宽，为满足桥面排水要求，不影响正常行车，在路缘石内侧每隔3 840mm设置一个直径为140mm的泄水管，在人行道内侧每隔3 840mm设置一个直径为100mm的泄水管，泄水管采用无缝钢管，在钢箱梁工厂焊接。

第六节　桥梁构件使用寿命和维护周期

一、结构的耐久性设计

根据所处环境条件和使用功能要求，对不同构件的不同部位，根据腐蚀环境的不同，采用以下结构耐久性措施。

1. 混凝土结构

黄埔大桥混凝土结构，基础、墩台、桥塔及预应力梁等的设计寿命均为100年。耐久性设计除在混凝土配合比中加入活性粉煤灰、高效减水剂等以提高混凝土密实度外，不同构件采用不同混凝土净保护层。

1）钻孔桩

钻孔桩在水位变化区和水下区保留施工用的钢护筒，钢筋净保护层厚度100mm。

2）墩身及承台

钢筋净保护层厚度50mm，桥墩外表面涂层防腐。

3）索塔承台

钢筋净保护层厚度80mm，外表面涂层防腐。

4）索塔及主塔

钢筋净保护层厚度80mm，索塔外表面增加涂层防腐。

5）混凝土箱梁

钢筋净保护层厚度不小于30mm，采用塑料波纹管及真空辅助压浆工艺。

2. 钢结构

对于钢箱梁、主缆系统、斜拉索组件等不易维护且难以替换的重要构件按设计使用寿命100年考虑。

1）钢箱梁

钢箱梁内部采用厚浆型环氧云铁中间漆，并布置除湿系统，保持箱内相对湿度小于50%；风嘴内采用环氧富锌底漆、环氧云铁漆；桥面采用环氧富锌底漆。钢箱梁外表面采用环氧富锌底漆、厚浆型环氧云铁中间漆、丙烯酸聚氨酯面漆。防腐年限不小于30年。

2）斜拉索

黄埔大桥新型耐久斜拉索体系由高强度热镀锌钢丝、缠绕聚氟乙烯胶带、热挤双层高密度聚乙烯护层，配以全防腐锚固体系：热镀锌锚具 + 密封填料 + 密封胶圈 + 密封压环 + 热收缩套，防腐寿命50年。

3）主缆系统

紧缆、9501B密封膏、缠丝、HM106密封剂、881系列防腐涂料涂装。881系列防腐涂料寿命15年。

二、构件设计寿命及维护周期

混凝土结构及钢结构设计寿命及维护周期分别如表2-2-37和表2-2-38所示。

混凝土构件设计使用寿命与维护周期表　　表2-2-37

构件名称	设计寿命	日常维护周期	是否可更换	备　注
桩基	100年	每10年检测1次	不可更换	发现问题及时处理
承台	100年	每2年检查1次	不可更换，局部可修复	发现问题及时处理
桥墩、索塔	100年	每2年检测1次	不可更换，局部可修复	建立健康检测系统，定期维护
混凝土箱梁	100年	每2年检测1次	不可更换	建立健康检测系统，定期维护
钢桥面铺装	15年	每半年检测1次	可修补更换	发现问题及时处理
防撞护栏	30年	每年检查1次	可更换	发现问题及时处理
支座垫石	100年	每2年检测1次	不可更换	发现问题及时处理
承台系梁	100年	每2年检测1次	不可更换，局部可修复	发现问题及时处理

钢构件设计寿命和维护周期表　　表2-2-38

构件名称	设计寿命	日常维护周期	是否可更换	备　注
钢箱梁	100年	每年全面检测1次	不可更换	发现问题及时维护，30年对防护涂层进行重涂
斜拉索	100年	每年全面检测1次	可换索	建立健康检测系统，定期维护
主缆系统	100年	每年全面检测1次	881系列涂料15年重涂1次	发现劣化及时修补，定期维护
预应力束锚固系统	100年	每2年全面检测1次	可更换，可换油	发现问题及时处理
钢护栏	100年	每年检查1次	可更换	发现问题及时维护
支座	30～50年	每2年检测1次	可更换	发现问题及时处理
伸缩缝	30年	每2年全面检测1次	可更换，局部可修复	发现问题及时处理

三、基础冲刷防护

北汊斜拉桥主塔墩按实测流速计算的最大冲刷深度为7～13.5m，设计考虑抛石防护。索塔基础抛石防护示意如图2-2-130所示。

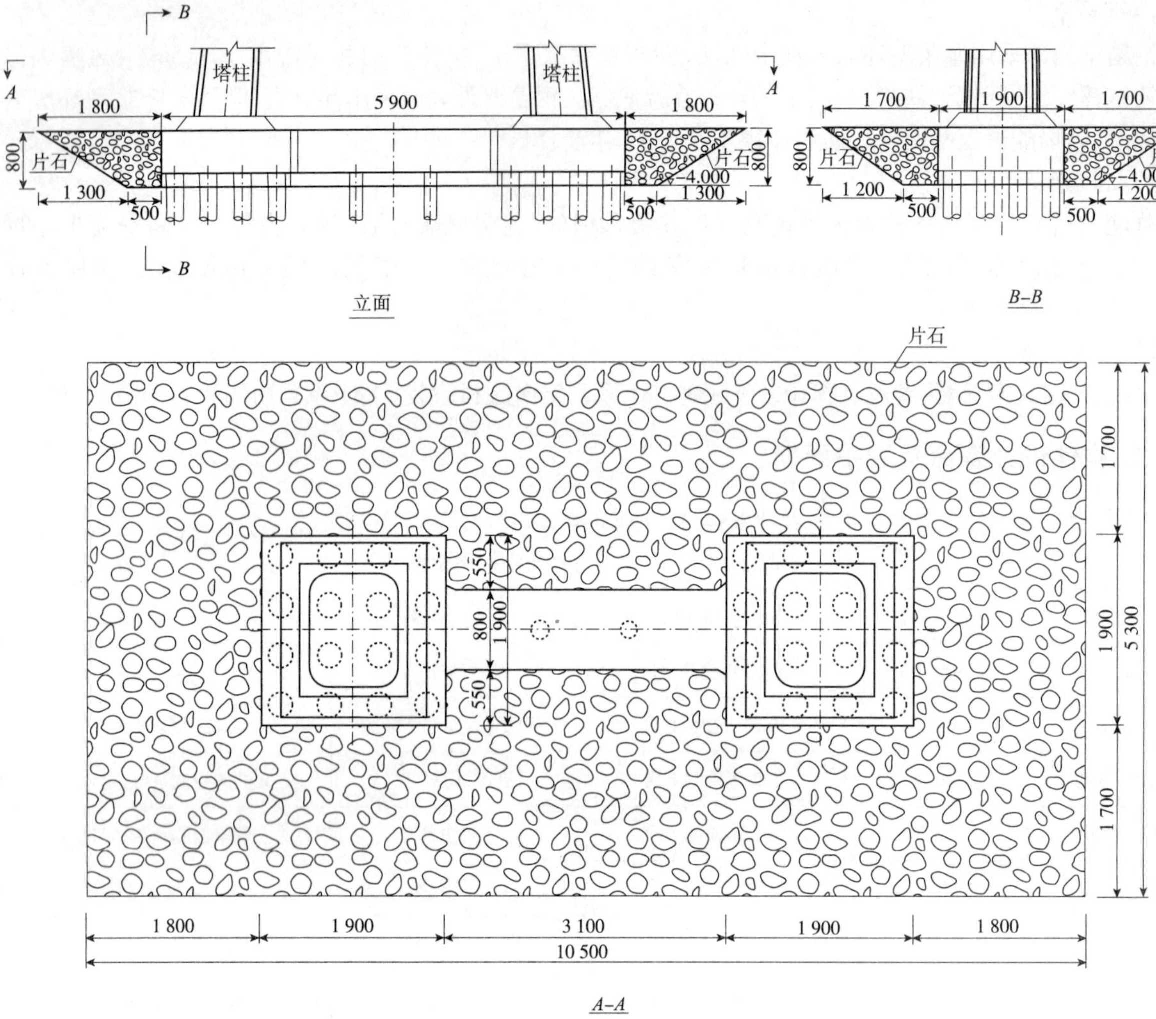

图 2-2-130　索塔基础抛石防护示意图(尺寸单位:cm)

第三章　钢箱梁桥面铺装设计

本章以黄埔大桥为例,系统介绍钢桥面铺装的美国环氧沥青混凝土铺装和日本环氧沥青混凝土铺装技术的研究和设计。

第一节　钢桥面铺装体系的研究

一、研究及设计背景

随着大跨径钢箱梁桥的建设与投入使用,钢桥桥面铺装技术已经成为一项关键技术。从减轻桥梁自重、经济和行车舒适性等方面考虑,大跨径钢桥一般采用薄层沥青混凝土铺装层。正交异性钢桥面沥青混合料铺装不同于一般公路沥青混凝土路面,它直接铺设在钢桥面板上,保护钢板并提供保证汽车行驶要求的路面表面特性功能,一般为厚度35~100mm的单层或双层承重构造物,由防锈层、防水黏结层、沥青混凝土铺装层等构成。沥青混凝土铺装层必须为车辆提供长期稳定、平整的行车表面。但由于正交异性钢桥面板的柔度大,在行车荷载作用下易产生较大的局部变形,并在各加劲肋与钢板焊接处出现明显的应力、应变集中。在行车荷载、风载、温度变化等因素的影响下,其受力和变形远较公路路面或机场道面复杂,因而对其强度、变形稳定性、疲劳耐久性等均有更高要求。同时,钢桥面板的温差大、防水防锈层层间结合要求高,这些都决定了钢桥面尤其是钢箱梁桥面铺装具有一般沥青路面所没有的特点:

1)结构形式不同

钢桥面铺装不像公路沥青混凝土路面那样具有路基与基层结构,而是直接铺筑在正交异性钢桥面板上。因此,桥面铺装处于变形大的钢板之上,正交异性钢桥面板本身的变形、位移、振动等都直接影响铺装层的工作状态。

2)温度变化范围大

除铺装层自身温度变化外,钢桥结构的温度变化也严重影响铺装层的变形。由于钢的导热系数高,并且钢箱梁密不透风,钢桥面沥青混合料铺装的全年极端高温要比相同地区的沥青混凝土路面大,而极端低温更低。

3)临时荷载影响大

大跨径钢桥一般都建在大江、大河或横跨海峡之上,强风、台风频繁,各种因素产生的振动作用在一般沥青混凝土路面上是遭遇不到的。

4)受力模式与破坏模式不同

正交异性钢桥面铺装层的受力模式与一般沥青混凝土路面的受力模式不同。由于加劲肋的加劲支撑作用,在车辆荷载作用下,加劲肋、横肋(或横隔板)、纵隔板顶部的铺装层表面会出现负弯矩,铺装层最大拉应力或应变出现在铺装层表面。因此，对于负弯矩处的沥青混合料铺装，疲劳裂缝从铺装层表面向底面扩展；而对于一般的沥青混凝土路面，沥青混凝土面层的最大拉应力或应变均出现在面层底面。

5）节点重要性强

大跨径钢桥一般都是重要交通网络的枢纽，或者是某一地区过江跨海的重要通道，它的畅通直接影响到整个路网交通的正常运行。桥面铺装一旦发生破坏，对交通的影响要比公路路面损坏的影响和危害大得多，而且维修更加困难。

6）对致密性要求高

钢桥的最大弱点之一就是遇水会生锈，而我国大跨径钢桥多建造于南方的大江大河之上，不但多雨，空气湿度也很大。因此，钢桥面沥青混合料铺装的一个重要特点是要求致密性好，不能让雨水腐蚀钢桥面板。

因此，钢桥面铺装除了要满足普通沥青混凝土路面的基本要求外，还应具有与正交异性钢桥面板的结构特点及使用条件相适应的技术性能：

（1）足够的强度与适当的刚度。

（2）良好的变形协调性。

（3）良好的抗疲劳性能。

（4）较好的高温稳定性与抗剪能力。

（5）良好的抗裂性能。

（6）与钢板黏结牢固。

（7）良好的防水性能。

（8）良好的抗汽油、柴油及用于除冰化学物质腐蚀的能力。

（9）适当的厚度。

（10）良好的表面特性。

正交异性钢桥面的桥面铺装对铺装材料及结构的各方而要求都很高。至今，正交异性钢桥面的桥面铺装问题在国内外都没有得到很好的解决。对于钢桥面铺装技术的研究，尽管形成了以高温拌和浇筑式沥青混凝土、环氧沥青混凝土和改性沥青 SMA 混凝土为三大铺装材料的配置和施工体系，但仍未能从根本上解决桥面铺装成套技术问题。从我国已建成的大跨径钢桥来看，钢桥面铺装层在服务期限内都或多或少的出现裂缝、波浪推移、局部壅包、车辙等一种或多种破坏，完全成功的实例还不多。在不同行车荷载和自然环境因素影响下，除了因施工工艺不当造成的些病害（如局部松散、泛油等）外，钢桥面沥青混合料铺装使用过程中出现的主要破坏类型可概括为两大类：一是结构性破坏，如疲劳开裂、低温开裂、黏结层失效或脱层等；二是功能性破坏，如车辙、推移和壅包、鼓包等。

目前钢桥面铺装在使用过程中还存在相对较多的问题，特别是现阶段我国还没有相应的设计规范，如何设计出性能较好的钢桥面铺装，还需通过相关的深入研究来确定。

国外对浇筑式沥青混凝土、改性沥青 SMA、环氧沥青混凝土等铺装层混合料进行了大量研究和工程应用，这对我国钢桥面铺装的研究应用具有重要的指导意义。但是，由于国外的气候、交通等使用条件与我国差异较大，因此，我国在应用不同类型铺装层混合料时，不能盲目照搬国外的研究成果及经验，应该具体考虑我国的特定使用条件。影响铺装层混合料使用性能的因素较多，从混合料设计角度考虑，主要包括配合比设计的控制指标、配合比设计方法、混合料性能测试方法与评价指标，以及铺装层施工工艺等。目前，国内针对铺装层混合料已进行了初步的研究，既有成功的经验也有失败的教训。现有研究存在的问题是：铺装层混合料配合比设计主要参考国外经验，没有探究更加合理的配合比设计控制指标；另外，混合料性能分析与评价不够全面和深入，没有做到充分考虑钢桥面铺装的使用条件，造成铺装层的过早破坏。

现有的针对钢桥面沥青混凝土铺装层下的防锈层研究较少，对于防水黏结层材料虽然进行了大量的研究,取得了一定的成果,但从已建大跨径钢桥面铺装的使用状态来看,对防水黏结层的认识和研究还远远不够,因此有必要对钢桥面铺装的防锈层和防水黏结层做进一步深入研究。

此外,传统的设计方法基于材料线弹性以及平截面假设,大量实际应用证明,传统钢桥面铺装层设计方法过于粗糙,暴露了大量问题。通过足尺加速加载试验,可深入了解钢桥面铺装层破坏机理,具有极好的相关性,同时还具有试验耗时短,节约科研经费的优点。为了从根本上解决钢桥面铺装技术这个世界性难题,最近几年各国学者采用加速加载试验对钢桥面铺装技术进行研究,并取得了一些重要成果。针对我国基础建设的技术相对薄弱而科研经费又相对紧张的矛盾,足尺钢桥面模型加速加载试验技术为广大交通工程界学术界提供了良好的解决手段。

大跨径钢箱梁桥面铺装体系结构形式复杂、荷载及环境要求高、变形大、易产生病害,因而对其强度、变形稳定性、疲劳耐久性等均有更高要求。本项目针对目前国内外钢桥面铺装研究和应用中存在的关键技术问题展开研究,有助于提高铺装材料综合性能,减轻铺装层的病害,延长使用寿命,从而发挥巨大的社会与经济效益。

黄埔大桥钢桥面铺装问题是一个集桥梁结构、铺装结构、铺装材料及防水黏结材料的综合性课题。项目借助室内试验、有限元分析、1/3 足尺模拟试验等研究方法,从以下几个方面进行了研究:

(1)国内环氧沥青铺装现状及黄埔大桥使用条件分析。

(2)混合料设计及路用性能研究。

(3)防水黏结材料性能研究。

(4)钢桥面铺装体系力学分析。

(5)钢桥面铺装加速加载试验研究。

(6)钢桥面铺装结构组合设计。

(7)铺装方案的技术与经济比较。

(8)钢箱梁桥面铺装施工与质量控制关键技术。

研究针对钢桥面铺装的工作环境及使用特点,对钢桥面铺装组合结构设计、钢桥面铺装黏结层设计、日本环氧沥青、美国环氧沥青,SMA 及美国、日本环氧沥青下不同级配的铺装层路用性能等方面进行了深入研究,总结出其关键技术:

(1)钢桥面铺装层沥青混合料配合比设计指标及方法。

(2)桥面铺装体系内部应力应变状态及参数优化。

(3)钢桥面铺装层层间抗剪强度。

(4)钢桥面模型横隔梁支撑条件以及桥面铺装力学分析的足尺验证。

(5)铺装层组合结构优化设计与性能评价方法与指标。

(6)钢桥面沥青铺装体系施工工艺。

二、国内钢桥面环氧沥青铺装现状及黄埔大桥使用条件分析

我国从20世纪80年代开始修建具有正交异性钢桥面板的桥梁,对钢桥面铺装技术的研究也始于这一时期。最早的研究始于广东省肇庆市四会县马房镇的北江大桥,而较系统的研究工作则始于广东虎门大桥,并且随着江阴大桥、厦门海沧大桥、南京二桥等大跨径钢箱梁桥梁的建设,我国的钢桥面铺装技术取得了一定进展。在此工程技术背景下,针对黄埔大桥钢桥面铺装工程,对我国近年来修建的正交异性钢板桥桥面铺装采用环氧沥青混合料铺装层进行了系统的调查分析。

由于黄埔大桥在荷载、温度变化和风载作用下的受力非常复杂,而且钢桥面板结构受力也比较特殊,所以准确地把握黄埔大桥钢桥面铺装的使用条件,包括交通量和交通组成、环境气候条件、桥面铺装支撑结构的构造条件,对黄埔大桥桥面铺装研究是至关重要的。

1)气温条件

黄埔大桥所经地区气候属亚热带季风气候,年平均气温 21.8℃,冬季最冷月份为 1 月,平均气温为

13℃,极端最低气温在0℃以下。夏季最热月份为7月,平均气温为28.8℃,极端最高气温为38.7℃。

2)降雨条件

该地区雨季的开始日期在3月下旬,结束期在9月底,雨季的降水量占年降水量的81%,年蒸发量1 400~1 600mm。年均降水量约1 638.5mm,最大降水量可达2 000mm,雨季的降水量占年降水量的81%,年蒸发量1 400~1 600mm,潮湿系数大于1。

3)工作温度

环境条件中气温对桥面铺装沥青混合料影响最明显、最大。根据我国沥青路面设计规范中对气候分区的规定,7月平均最高气温为20~30℃、年极端最低气温大于-9℃(根据本地区最冷月份1月的平均气温为13℃,极端最低气温0℃以下得出)、年降雨量大于1 000mm的地区属于夏热冬温区,由于气温相对较高,应该注意沥青路面材料的热稳定性和防透水性。根据以上资料,黄埔大桥桥面铺装设计温度范围应为-10~+70℃。

4)荷载及交通条件

双向六车道(远期维持八车道),全线按照高速公路标准建设。设计行车速度100km/h,计算荷载汽车—超20,验算荷载挂车—120。根据《工可报告》提供的交通量预测,建成使用初年(2008年)交通量为12 734辆,交通组成为金杯北京BJ130为4 213辆,占33.1%,东风EQl40为3 804辆,占29.1%,黄河NJl51为3 609辆,占28.3%,东风DEZ为1 209辆,占9.5%,前两年交通增长率为2.7%,中间10年交通增长率为7.3%,后3年交通增长率为3.3%。经计算在设计年限内一个车道上的累计当量轴次为2.3×10^7次。相对于南京二桥,交通量大大增加。

5)加劲肋构造条件

黄埔大桥南汊桥为主跨1 108m的单跨钢箱梁悬索桥,主缆分跨为(290+11 108+350)m,中跨为悬吊结构。主缆矢跨比为1/10,正交异性钢桥面铺装的尺寸如表2-3-1所示。

根据以往经验,在大跨径钢箱梁正交异性板纵横肋支撑条件下,承受行车荷载作用时,铺装层最大横向拉应力出现在加劲肋顶部的铺装层表面,最大纵向拉应力出现在横隔板顶部的铺装层表面。因此,加劲肋顶部的铺装层表面易出现纵桥向裂缝,横隔板顶部的铺装层表面易出现横桥向裂缝。

正交异性钢桥面尺寸 表2-3-1

钢桥面板厚度(mm)	16	横隔板厚度(mm)	12
纵向加劲肋厚度(mm)	8	纵向加劲肋横向布置间距(mm)	600
纵向加劲肋上口宽(mm)	300	横隔板间距(m)	3.2
纵向加劲肋下口宽(mm)	170	横隔板计算高度(m)	0.5
纵向加劲肋高度(mm)	280		

本项目工程所用正交异性钢桥面板的加劲肋示意图如图2-3-1所示,钢箱梁构件均采用Q345C,满足《低合金高强度结构钢》(GB/T 1591—1994)的要求。

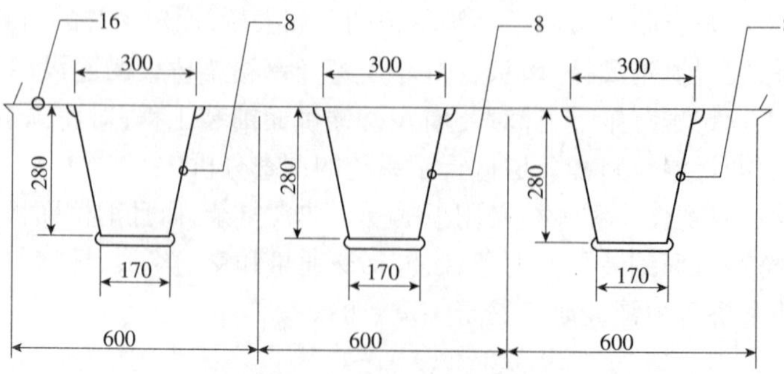

图2-3-1 正交异性钢桥面板的加劲肋示意图(尺寸单位:mm)

通过调研大量国内已建成的大跨径钢桥面，我国修建钢桥面铺装成功与失败的例子都有。结合黄埔大桥所在地的自然环境、交通条件及桥梁构造等因素，系统而深入地对钢桥面铺装所使用的材料、受力以及施工技术开展完整的研究是很有必要的。针对采用环氧沥青已建成的大跨径钢桥面调研情况及黄埔大桥使用条件分析，总结如下：

(1)国内所修建的大跨径钢桥面所使用的材料均为进口美国 ChemCo System 公司生产的环氧沥青，且矿料级配也均采用美国环氧沥青公司推荐级配。

(2)美国环氧沥青混合料配合比设计是在传统的马歇尔设计方法的基础上，结合混合料固化前后性能差异，选用视密度、马歇尔稳定度、残留稳定度、TSR 等指标作为混合料目标配合比控制指标，确定环氧沥青用量，并且还要在此基础上根据混合料高温性能、低温稳定性及抗疲劳性能等方面对环氧沥青用量进行微调。

(3)从南京二桥、润扬大桥、南京三桥等大桥的使用情况来看，环氧沥青混合料与其他材料相比，较适用于大跨径钢桥面铺装，且铺装层的厚度均在 50 ~ 65mm 之间，施工时分两层摊铺以确保压实度。

(4)针对钢桥面铺装的使用特性，选择合适的铺装材料与铺装结构，通过系统设计的方法，采用合理的试验研究，使得钢桥面铺装体系在高温稳定性与低温抗裂性、抗疲劳能力与极限强度、耐久性与抗滑性等性能之间取得整体平衡，并获取最佳结构组合。

(5)铺装层与钢板及铺装层之间的黏结性能及黏结层的抗剪切性能应当满足要求。铺装层能否具有良好的追从性以适应钢板复杂的变形状态，一方面取决于铺装材料自身的强度与韧性，另一方面还取决于铺装层与钢板以及铺装各层界面间的黏结作用与抗剪切性能。

(6)铺装体系应具有很好的防水、排水与防腐功能。钢桥面铺装除承受行车荷载的直接作用外，还要充当钢桥面板的保护层。水与潮湿的空气始终是危害钢桥面板的重要因素。因此必须十分重视铺装体系的防水、排水与防腐的处理。

(7)针对不同的钢桥面铺装方案、钢桥面铺装的设计理论、计算方法、技术指标与标准，目前国内外还没有成熟的规范。因此，合理选择钢桥面铺装的铺装方案、设计理论、计算方法与计算参数显得十分重要。

(8)加强铺装工程实施技术研究，保证铺装设计的正确施工。一些铺装材料和结构在室内试验中表现出良好的性能，但在工程应用中，却因施工技术及施工质量控制等方面的原因使桥面铺装远未达到设计指标和预定的使用性能。因此，正确制订施工方案和建立完善的质量控制体系也是保证铺装成功不可缺少的一个重要环节。

三、环氧沥青混合料级配设计及路用性能

随着钢桥面铺装技术在我国应用技术的日益成熟，环氧沥青材料作为钢桥面铺装的主要使用材料，我国主要引进的多为美国 ChemCo System 公司所生产的环氧沥青和日本大有建设株式会社所生产的 TAF 环氧沥青。但是两者在施工工艺和技术指标上都存在着很大的差异。可以从不同环氧沥青材料的黏度特性、高温性能、低温抗裂性能等各方面对两种结合料进行了系统的对比分析。

对于两种环氧沥青混合料采用相同级配，在控制应力状态下，日本环氧沥青混合料的疲劳寿命要较美国的大，但是同时日本环氧沥青混合料对于疲劳的敏感程度也较美国的大。证明在高应力状态下，日本环氧沥青混合料疲劳性能要较美国的差。

在控制应力条件下，不论是采用哪种级配设计所得到的环氧沥青混合料，根据疲劳线形的高低，均能得出日本环氧沥青混合料疲劳性能较美国环氧沥青混合料好的结论。但是在钢桥面铺装层特殊的受力条件下，由于铺装层是附着在钢板上，受力时受到了钢板的限制，是以控制应变条件为准。而控制应力方式疲劳试验结果与控制应变方式结果相反。因此，美国环氧沥青混合料疲劳性能较日本环氧沥青混合料优异，美国环氧沥青混合料比日本环氧沥青混合料具有较好的柔韧性。

四、环氧沥青防水黏结材料性能

1.黏结材料

鉴于黏结材料的特殊作用、要求等,国内工程实践使用状况,以及本工程较大交通量等情况,选择美国 ChemCo Systems 公司生产的环氧沥青黏结剂(以下简称美国环氧黏结剂)和日本大有建设株式会社 TAF 环氧沥青黏层油(以下简称日本环氧黏层油)。

2.环氧沥青黏结材料质量检验

1)不透水性

桥面铺装应有良好的防水层,并且要特别注意养护,防止防水措施被破坏,当铺装防水层设计,施工不合理,或使用劣质防水材料,达不到防水效果,或铺装防水层遭到破坏,就会对桥梁产生破坏。

2)低温柔韧性

黏结材料低温性能的好坏直接影响到其耐久性。冬季气温骤降会使黏结材料的抗拉伸性能降低,收缩变形过大以致发生脆裂。因此黏结材料必须具有一定的耐低温性能。

3)高温稳定性

防水层的耐热性能是检验防水材料在不同阶段经受最不利高温的能力,属于感温性指标,并以在规定的温度和时间内受热后外观变化来判断。在铺设沥青混合料时,黏结层会受到高温混合料的热冲击。如果黏结材料耐热性差,会导致流淌。从实用性考虑,为了确保黏结材料在高温时能够正常的工作,不至于熔融、软化、流动,采用原料的高温稳定性试验检验黏结材料的高温稳定性。

无论是美国环氧黏结剂还是日本环氧黏层油,在试验过程中,都没有出现起泡、皱皮等现象,一般情况下一个小时内沥青混合料摊铺碾压均可完成,所以两种黏结剂均满足高温稳定性要求。

4)耐酸碱性

冬季在桥面铺装层上撒的除雪盐。含盐的水分进入桥面板以后,会产生冻融破坏、钢筋锈蚀等,将降低黏结材料的黏结性,破坏其原有的性能。在喷砂除锈后的钢板试块上面涂刷黏结层,进行固化;配制 2% H_2SO_4溶液和 2% NaOH 溶液,将固化后的试件浸泡在其中 15d,观察黏结层有无剥落、分层、起皱等现象。

在钢桥面铺装的实际使用过程中,黏结材料遇酸、遇碱属于特殊情况,极少发生。而从试验结果得知,各黏结材料均完好,完全符合耐酸耐碱性要求。

3.环氧沥青防水黏结层剪切试验

本试验中黏结层材料抗剪切性能使用的是直剪实验加载装置。将试件切割成一定尺寸,测量剪切试件的剪切面积后,将其放入剪切试验仪器中,使待检验试件的剪切面与仪器的剪切面保持在一个平面上。然后以恒定的速率施加荷载,直至试件发生剪切破坏,测试所能施加的最大破坏荷载 P。根据钢桥面铺装的实际使用条件,车辆在桥面行驶时对黏结层所施加的水平剪切力,最不利的情况是在高温环境条件下。

4.环氧沥青防水黏结层拉拔试验

一般认为在桥面铺装中,铺装层的黏结强度对铺装整体的抗疲劳特性有很大影响,剪切试验模拟的是铺装层在服务期内受到水平力作用的抵抗能力,而拉拔试验则是模拟铺装层在服务期内受到垂直方向上力的作用的抵抗能力,所以一般采用拉拔试验来研究铺装层之间的黏结力状况。

5.环氧沥青防水黏结层技术指标要求

防水黏结层试验研究表明,影响黏结层性能的因素较多,黏结层性能主要受铺装层混合料类型、黏结层材料、温度、施工工艺、试验方法即以试验仪器等一系列因素的影响。

五、钢桥面铺装体系力学分析

黄埔大桥北汉桥斜拉桥和南汉桥悬索桥的钢箱梁的桥面铺装力学分析步骤为：首先，对斜拉桥和悬索桥进行了整体分析；其次，在整体三维模型分析的基础上，对关键部位的标准梁段建立局部梁段模型，考察在整桥环境中铺装层的响应。

1. 整桥受力分析

1）北汉斜拉桥成桥状态分析

分析斜拉桥活载作用效应时，以斜拉桥成桥时的状态作为初始状态，然后再进行相关的非线性分析。北汉斜拉桥恒载分为一期恒载和二期恒载，理想情况下，斜拉桥在恒载内力状态下主梁吊点处的位移应该为零，这就是成桥内力状态的确定依据。

2）恒载与汽车荷载组合Ⅰ作用分析

以斜拉桥结构成桥状态作为初始状态，施加 42 777N/m 的均布荷载以及1 466 640N的集中荷载，计算汽车荷载效应。

在恒载和汽车荷载组合作用下，所有主梁都承受着轴向的压力，这是同斜拉桥结构的受力特点相符的，如果主梁是混凝土梁，这种轴向压力将会起到预应力的效果。

3）斜拉桥动力分析

考虑汽车荷载冲击系数的车道荷载的静力计算结果与车道荷载以 120km/h 的速度从桥面通过的动力计算结果进行对比，结果如表 2-3-2 所示。

静力计算结果与动力计算结果对比　　表 2-3-2

计算变量	主梁最大竖向位移(m)	主梁最大弯矩(N·m)
静力计算	0.557	0.786×10^{8}
动力计算	0.541	0.798×10^{8}
相差	-2.8%	1.5%

从表 2-3-2 可知，考虑荷载冲击系数的静力计算结果与动力计算结果相差比较小，均在 5% 范围之内，满足工程精度的要求，所以采用《公路桥涵设计通用规范》(JTG D60—2004) 中考虑汽车荷载冲击系数的静力计算方法是可行的。

4）南汉悬索桥成桥状态分析

黄埔大桥南汉悬索桥的恒载分为一期恒载和二期恒载，一期恒载是指结构在加劲梁吊装完成后，加劲梁连接之前，形成的结构重力，在一期恒载作用下，架设加劲梁时，加劲梁段之间是临时铰接的，整个体系非常柔性的。二期恒载是指悬索桥主梁连接过程和完成之后，桥面铺装、主缆缠丝等引起的荷载，由于悬索桥在承受这部分荷载时，已经成为一个整体结构，其各部分的受力按刚度分配，计算时将一期恒载内力状态作为计算初始状态，进行几何非线性分析。悬索桥的恒载内力是一期恒载内力与二期恒载内力的累加。

5）南汉悬索桥动力分析

同样把《公路桥涵设计通用规范》(JTG D60—2004) 中的公路—Ⅰ级荷载图式作为常量作用在桥面上，以 120km/h 速度从桥左向桥右移动，采用 ANSYS 的瞬态动力学分析，阻尼采用瑞利阻尼，以结构恒载静力计算结果作为初始态进行瞬态动力学分析。考虑荷载冲击系数的静力计算结果和移动荷载分析的计算结果如表 2-3-3 所示。

静力计算结果与动力计算结果对比　　表 2-3-3

计算变量	主梁最大竖向位移(m)	主梁最大弯矩(N·m)
静力计算	1.382	0.384×10^{8}
动力计算	1.389	0.390×10^{8}
相差	0.5%	1.6%

从表2-3-3可知，考虑荷载冲击系数的静力计算结果与动力计算结果相差比较小，均在5%范围之内，满足工程精度的要求，所以采用《公路桥涵设计通用规范》(JTG D60—2004)中考虑汽车荷载冲击系数的静力计算方法是可行的。

2. 最不利荷载位分析

最不利荷载位分析采用的沥青铺装层厚度为55mm，铺装层材料的弹性模量为3 400MPa，泊松比取0.25，密度取2 382kN/m^3。

1)横向最不利荷载位

对于每种荷载位，分别计算出铺装层横向最大拉应力、纵向最大拉应力、横向最大拉应变、纵向最大拉应变、铺装层与钢桥面板之间的横向、纵向层间剪应力、铺装层表面的最大弯沉值。

根据三种荷载位单轮加载和双轮加载的计算结果可知：横向最大拉应力(应变)大于纵向最大拉应力(应变)，因此，在铺装结构面层常常会先出现纵向裂缝，所以对于最大拉应力这一指标，横向最大拉应力起控制作用。对于铺装层与钢桥面板之间的层间剪应力，横向的层间剪应力起控制作用。

横向最大拉应力、纵向最大拉应力均出现在铺装层的顶面。横向最大拉应力出现在轮载作用位置旁边的加劲肋肋顶对应的铺装层表面，因此在该位置常常会出现纵向裂缝。纵向最大拉应力出现在轮载作用临近的横隔板处对应的铺装层表面，因此在该位置常常会出现横向裂缝。

最大剪应力、剪应变都发生在铺装层的底部，即所谓的最大层间剪应力，当其超过黏结层的最大抗剪强度时，黏结层将发生破坏，铺装层将会出现滑移，因此要控制铺装层与钢桥面板之间的最大层间剪应力。

2)纵向最不利荷载位

当纵向荷载位从横隔板上方从跨中移动时，铺装层横向最大拉应力不断增大，铺装层表面的最大弯沉值也不断增大，对应于这两项控制指标，跨中位置对应为纵向最不利荷载位。对于铺装层纵向最大拉应力，当荷载中心位于距离横隔板200mm时，将达到最大值。最大值发生在横隔板正上方的铺装层表面。

对于控制铺装层与黏结层黏结破坏的层间最大剪应力，当荷载中心位于横隔板正上方时，横向最大层间剪应力达到最大值，当轮载中心位于跨中时，纵向最大层间剪应力取最大值。

3. 正交异性板桥面铺装构造参数的影响分析

1)铺装层弹性模量的影响

铺装层厚度取55mm，弹性模量分别取1 000MPa、2 000MPa、3 400MPa、4 800MPa、7 600MPa、10 000MPa、12 000MPa进行分析计算。

分析表明铺装层的弹性模量对铺装层的受力性能影响很大，对于沥青混合料铺装层，其弹性模量的改变可以反映出铺装层温度的改变，当温度降低时，沥青混合料弹性模量增大，铺装层的最大拉应力增大，拉应变减小；反之，当温度升高时，沥青混合料的弹性模量减小，铺装层的最大拉应力减小，拉应变增大。

2)铺装层厚度的影响

通过分析铺装层的厚度变化对铺装层设计控制指标(横向最大拉应力、横向层间最大剪应力、铺装层表面最大弯沉)的影响可以看出，控制铺装层同钢桥面板黏结破坏的横向最大层间剪应力并随铺装层厚度的增加而减小，在铺装层厚度处在40~50mm之间有一个峰值，而随后随厚度的增加而逐渐减小，因此为了更好地抵抗黏结破坏，铺装层厚度应该尽量避开这个范围。

铺装层表面的最大弯沉随铺装层厚度的增加而减小，因为铺装层厚度增加提高了铺装层的整体结构刚度，故铺装层表面的最大弯沉值会减小。因此当铺装层厚度增大时，铺装体系各控制指标均有不同程度地减小，所以在一定程度上，铺装层厚度的增大对铺装体系受力是有利的，但铺装层厚度的增加会增大钢桥面静力荷载和工程造价，同时在高温季节容易出现车辙，且铺装层受力除随铺装层厚度的变化外，还受铺装层材料力学性能的影响，所以不能无限制的增大铺装层的厚度，必须在受力性能和工程造价之间寻找一个平衡点。

3）钢桥面板厚度的影响

目前，大跨度钢箱梁桥的钢桥面板大多采用 12mm 到 22mm 的厚度，在其他条件一定的情况下，钢桥面板的厚度分别取 12mm、14mm、16mm、18mm、20mm、22mm 来研究钢桥面厚度对铺装层受力性能的影响。铺装层弹性模量取 3 400MPa，厚度为 55mm，荷载采用单轮加载，加载位取横向和纵向的最不利加载位，即横向轮载中心位于中间加劲肋的正上方，纵向轮载中心取跨中，计算结果如表 2-3-4 所示。

钢桥面板厚度对铺装层受力变形性能的影响　　表 2-3-4

钢桥面板厚度（mm）	12	14	16	18	20	22
横向最大拉应力（MPa）	1.075	0.962	0.867	0.769	0.674	0.586
纵向最大拉应力（MPa）	0.249	0.234	0.219	0.206	0.196	0.185
横向最大层间剪应力（MPa）	0.679	0.574	0.476	0.398	0.354	0.316
纵向最大层间剪应力（MPa）	0.375	0.336	0.298	0.263	0.234	0.210
铺装层表面最大弯沉值（mm）	0.883	0.839	0.796	0.756	0.720	0.687

从表 2-3-4 可以看出，铺装层的横向最大拉应力、横向最大层间剪应力、铺装层表面最大弯沉值都随着钢桥面板厚度的增大而减小，因此适当增加钢桥面板的厚度有利于铺装层的受力，但同时会增加工程造价，所以同样要在两者之间找到一个平衡点。

4）横隔板间距的影响

为了分析横隔板间距对铺装层受力性能的影响，横隔板间距分别取 2 400mm、2 800mm、3 200mm、3 600mm、4 000mm，铺装层弹性模量取 3 400MPa，厚度取 55mm，荷载采用单轮加载，加载位取横向和纵向的最不利加载位，即横向轮载中心位于 4 号加劲肋的正上方，纵向轮载中心取跨中，计算结果如表2-3-5所示。

横隔板间距对铺装层受力变形性能的影响　　表 2-3-5

横隔板间距（mm）	2 400	2 800	3 200	3 600	4 000
横向最大拉应力（MPa）	0.754	0.821	0.867	0.894	0.905
纵向最大拉应力（MPa）	0.219	0.220	0.219	0.217	0.216
横向最大层间剪应力（MPa）	0.475	0.474	0.476	0.478	0.479
纵向最大层间剪应力（MPa）	0.297	0.297	0.298	0.297	0.296
铺装层表面最大弯沉值（mm）	0.511	0.647	0.796	0.959	1.135

根据表 2-3-5 的计算结果可以看出，铺装层横向最大拉应力、铺装层表面最大弯沉值随横隔板间距的增大而增大，但是横向最大层间剪应力、纵向最大层间剪应力、纵向最大拉应力随横隔板间距的影响较小。

4. 钢桥面铺装层间接触状态对受力的影响

对钢桥面结构进行有限元分析，通常假设铺装层与钢板之间是完全连续的，黏结层不作单独考虑，其厚度计算在铺装层中；近年来，从国内一些已建成的钢桥面沥青铺装层使用情况来看，铺装层与钢板之间黏结力丧失而脱落是桥面铺装损坏的主要原因之一。在铺装层与钢桥面之间的黏结材料发生破坏时，整个铺装体系的受力状态都会发生改变，所以本小节重点考察了铺装层底剪应力这一力学指标，通过在铺装层与钢桥面之间设置接触单元，调整接触单元的接触刚度和接触摩擦因数，模拟分析黏结层破坏后的不完全黏结状态对铺装层受力的影响。

1）层间接触分析模型

钢桥面铺装层间接触分析模型选取钢桥面板为 3m（含 5 个矩形加劲肋，1 个加劲肋的宽度 600mm），板长取四个横隔板三跨的距离9.6m(横隔板间距3.2m),横隔板宽度取0.5m。

边界条件:横隔板底部完全固结,铺装层和钢桥面板无水平位移,允许有竖向位移。

计算车轮荷载根据《公路桥涵设计通用规范》(JTG D60—2004)中公路—Ⅰ级荷载,采用的560kN车辆荷载、后轴轴重140kN进行加载。采用单轮加载,将每侧双轮转化为单轮轴重70kN,车辆与铺装层的接触面积为0.6m(横向)×0.2m(纵向),考虑30%的冲击系数,轮压为0.785MPa。

2)计算结果分析

取六种层间接触状态进行静力分析,六种接触状态的摩擦因数从0变化到无穷大,即从完全光滑变化到完全连续六种层间接触状态。摩擦因数为0代表层间完全光滑接触,摩擦因数取无穷大代表层间完全连续。

可以看出:随着层间摩擦因数的增大,铺装层横向最大拉应力随之减小,层间光滑的铺装层横向最大拉应力比层间完全连续的大78.21%,因此,相对于层间接触,弱化铺装层与钢桥面板的接触对横向最大拉应力的影响更为不利。因而需要研究铺装层纵向最大拉应力对层间接触状态变化的影响。

对于铺装层表面的最大弯矩,层间完全光滑比完全连续大42.8%,因此强化铺装层与钢桥面板层间接触,可以减小铺装层表面的弯沉。

对于铺装层与钢桥面之间的层间剪应力,当层间接触从完全光滑变化到完全连续变化时,横向最大层间剪应力和纵向最大层间剪应力逐渐增大。根据前面正交异型板铺装体系静力计算可知,层间完全连续时,最大层间剪应力发生在轮载的下方。但是根据层间接触分析结果,随着层间接触的减弱,最大层间剪应力并不一定发生在轮载的下方,而是发生在滑移面的边缘处。

5.黄埔大桥箱梁加劲方案分析

1)四种加劲方案

(1)四种加劲方案如图2-3-2~图2-3-5所示。

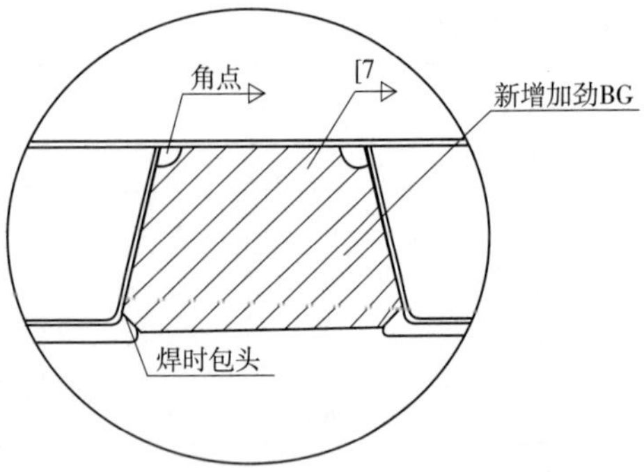

图2-3-2　第一种加劲方案

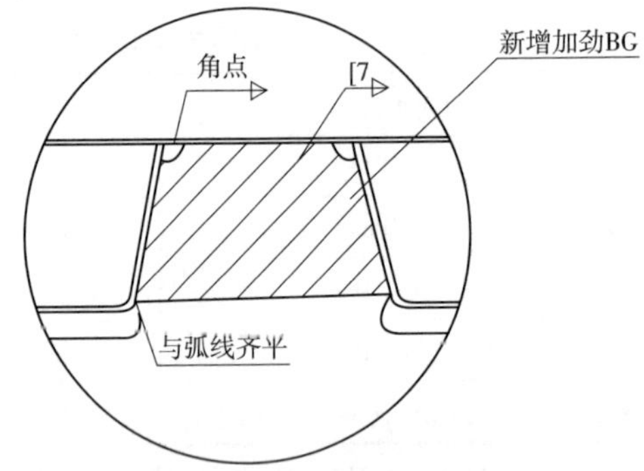

图2-3-3　第二种加劲方案

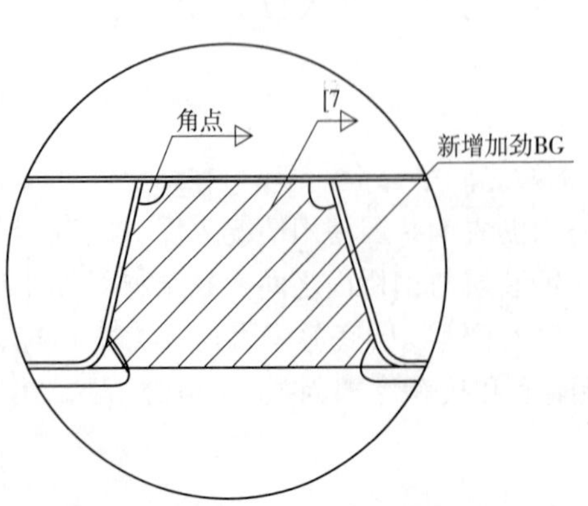

图2-3-4　第三种加劲方案

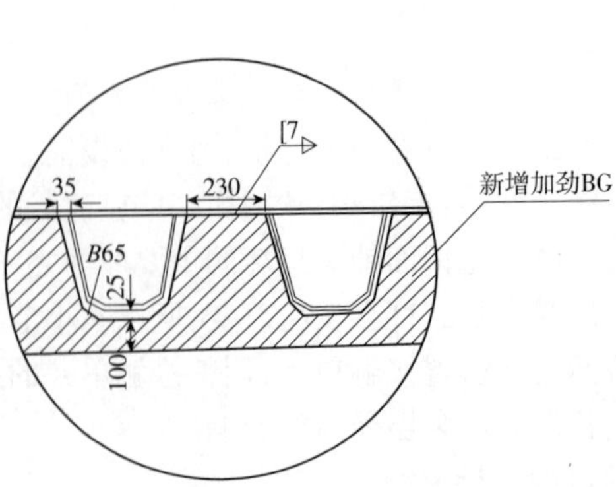

图2-3-5　第四种加劲方案

(2)横向加载位和中心加载位分别如表 2-3-6 和表 2-3-7 所示,正交异性板铺装模型单轮加载布置如图 2-3-6 所示。

横向加载位　　表 2-3-6

荷载编号	荷载位置说明
H_1	荷载中心作用在两加劲肋中心的正上方
H_2	荷载中心作用在中间加劲肋侧肋的正上方
H_3	荷载中心作用在中间加劲肋中心的正上方

中心加载位　　表 2-3-7

荷载编号	荷载中心距离横隔板的距离(L = 3.2m)
Z_1	$L/2$(跨中)
Z_2	$L/3$(短加劲横隔板正上方)

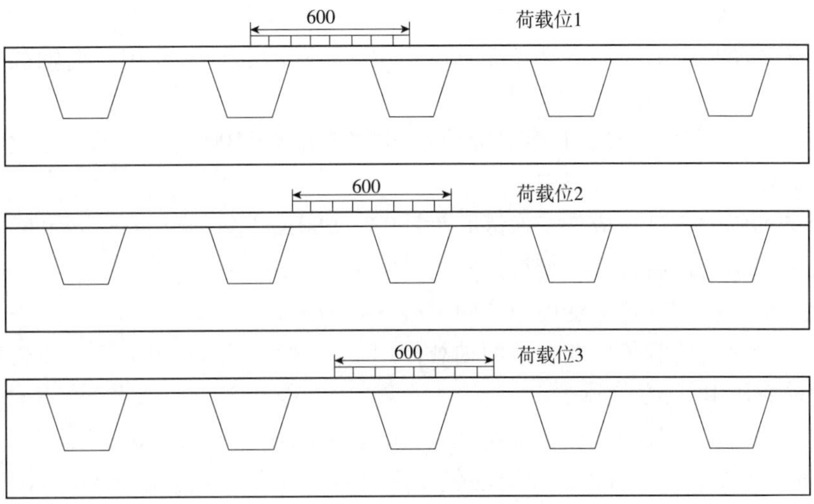

图 2-3-6　正交异性板铺装模型单轮加载布置图(尺寸单位:mm)

2)方案建议

这四种方案铺装的横向最大拉应力(0.674MPa)比原始结果(0.819MPa)都有了较大的降低,优化效果显著;纵向最大拉应力和纵向最大层间剪应力基本没有变化;但同时横向最大层间剪应力(0.620MPa)比原始结果(0.477MPa)有了一定程度的增加。

综合比较四种方案的计算结果,首先推荐方案四(12mm),其次推荐方案二和方案三。

方案四(12mm)中新增加的横肋会增加钢箱梁的自重,每个横肋的质量为 0.736t,以两个隔板之间增加两条横肋计,12m 箱梁增加的质量为 4.418t。

六、钢桥面铺装加速加载试验

由于桥面铺装加速加载试验与实际情况具有良好的相关性,因此有限元计算的有效性验证需要进行加速加载试验。加速加载试验是本项目方案优化以及技术创新的核心环节,对本研究实施具有重大影响。

1. MMLS3 加速加载试验方案设计

方案设计包括:MMLS3 设备参数确定、室内试验小比例模型置备成型、钢桥面铺装加载方案与数据采集、仪器参数试验调节控制、设备操作。

通过对加速加载 MMLS3 设备介绍、参数设置、试验方案确定、试件成型以及数据采集与处理方法等内容的详细探讨与研究,可知:

(1)采用 MMLS3 加速加载试验设备对于桥面铺装试验具有较强的适用性。

(2)采用 FBG 传感器及其配套设备在采集数据方面具有较强灵活性,可以更客观、准确地量测和读取数据。

2. 加速加载试验轴载次数与应变规律分析

1)轴载作用次数—铺装层应变数据分析

通过对日本环氧沥青铺装上面层轴载作用次数从 $N<100$ 万次→100 万次 $<N<400$ 万次→$N>400$ 万次的试验数据分析，有如下规律：

(1)铺装层上表面纵向荷载位应变变换区间为：[0με,1 400με]。

(2)铺装层上表面横向荷载位应变变换区间为：[0με,1 400με]。

(3)铺装层上表面纵向荷载位应变由边缘向中心逐渐增大。

(4)铺装层上表面纵向荷载位应变在短期轴载作用下，应变变化小；在短期、中长期轴载作用下，应变累积变形较大；在长期轴载作用下，变化较小。

(5)铺装层上表面横向荷载位应变在短期轴载作用下，应变变化小；在中长期轴载作用下，应变累积变形较大；在长期轴载作用下，变形急剧增大。

通过对美国环氧沥青厚钢板铺装上面层轴载作用次数从 $N<100$ 万次→100 万次 $<N<400$ 万次→$N>400$ 万次的试验数据分析，有如下规律：

(1)铺装层上表面纵向荷载位应变变换区间为：[0με,900με]。

(2)铺装层上表面横向荷载位应变变换区间为：[0με,800με]。

(3)铺装层上表面纵向荷载位应变由边缘向中心逐渐增大。

(4)铺装层上表面纵向荷载位应变在短期轴载作用下，应变变化小；在中长期轴载作用下，应变累积变形较大；在长期轴载作用下，变化较小。

(5)铺装层上表面横向荷载位应变在短期、中长期、长期轴载作用下应变变化均较小。

通过对美国环氧沥青薄钢板铺装上面层轴载作用次数从 $N<100$ 万次→100 万次 $<N<400$ 万次→$N>400$ 万次试验数据的分析，有如下规律：

(1)铺装层上表面纵向荷载位应变变换区间为：[0με,1 500με]。

(2)铺装层上表面横向荷载位应变变换区间为：[0με,1 500με]。

(3)铺装层上表面纵向荷载位应变由边缘向中心逐渐增大。

(4)铺装层上表面纵向荷载位应变在短期轴载作用下，应变变化小；在中长期轴载作用下，应变累积变形较大；在长期轴载作用下，变化较小。

(5)铺装层上表面横向荷载位应变在短期、中长期、长期轴载作用下应变变化均较小。

2)轴载作用次数—黏结层应变数据分析

通过对日本环氧沥青铺装黏结层轴载作用次数从 $N<100$ 万次→100 万次 $<N<400$ 万次→$N>400$ 万次试验数据的分析，有如下规律：

(1)黏结层纵向荷载位应变变换区间为：[0με,1 600με]。

(2)黏结层纵向荷载位应变由边缘向中心逐渐增大，20 号点位为最危险位置，18 号点位为安全位置。

(3)黏结层纵向荷载位应变在短期轴载作用下，应变变化小；在中长期轴载作用下，应变累积变形稳定；在长期轴载作用下，变形较大。

通过对美国环氧沥青厚钢板铺装黏结层轴载作用次数从 $N<100$ 万次→100 万次 $<N<400$ 万次→$N>400$ 万次试验数据的分析，有如下规律：

(1)黏结层纵向荷载位应变变换区间为：[0με,1 100με]。

(2)黏结层纵向荷载位应变由边缘向中心逐渐增大。

(3)黏结层纵向荷载位应变在短期、中长期、长期轴载作用下应变累积变形均稳定。

通过对美国环氧沥青薄钢板铺装黏结层轴载作用次数从 $N<100$ 万次→100 万次 $<N<400$ 万次→$N>400$ 万次试验数据的分析，有如下规律：

(1)黏结层纵向荷载位应变变换区间为：[0με,1 200με]。

(2)黏结层纵向荷载位应变由边缘向中心逐渐增大。

(3)黏结层纵向荷载位应变存短期、中长期、长期轴载作用下,应变累积变形均稳定。

3)轴载作用次数—钢箱梁底应变数据分析

通过对日本环氧沥青铺装钢箱梁底部轴载作用次数从 $N<100$ 万次→100 万次 $<N<400$ 万次→$N>400$ 万次试验数据的分析,有如下规律:

(1)钢箱梁底部纵向荷载位应变变换区间为:[0με,160με]。

(2)钢箱梁底部纵向荷载位应变由边缘向中心逐渐增大,即钢箱梁底部变形中间最大,两边最小。

(3)钢箱梁底部纵向荷载位应变在短期轴载作用下,应变变化较大;在中长期轴载作用下,应变累积变形稳定;在长期轴载作用下,变形很小。

通过对美国环氧沥青厚钢板铺装钢箱梁底部轴载作用次数从 $N<100$ 万次→100 万次 $<N<400$ 万次→$N>400$ 万次试验数据的分析,有如下规律:

(1)钢箱梁底部纵向荷载位应变变换区间为:[0με,130με]。

(2)钢箱梁底部纵向荷载位应变由边缘向中心逐渐增大。

(3)侧箱梁底部纵向荷载位应变在短期、中长期、长期轴载作用下,应变累积变形均稳定。

通过对美国环氧沥青薄钢板铺装钢箱梁底部轴载作用次数从 $N<100$ 万次→100 万次 $<N<400$ 万次→$N>400$ 万次试验数据的分析,有如下规律:

(1)钢箱梁底部纵向荷载位应变变换区间为:[0με,160με]。

(2)钢箱梁底部纵向荷载位应变由边缘向中心逐渐增大。

(3)钢箱梁底部纵向荷载位应变在短期、中长期、长期轴载作用下,应变累积变形均稳。

3. MMLS3 加速加载试验有限元分析

MMLS3 测试设备单轮加载 2.7kN,接地压强 0.7MPa,测试传感器布设和轮胎荷载作用位置如图2-3-7所示。

1)传感器布局点位方案

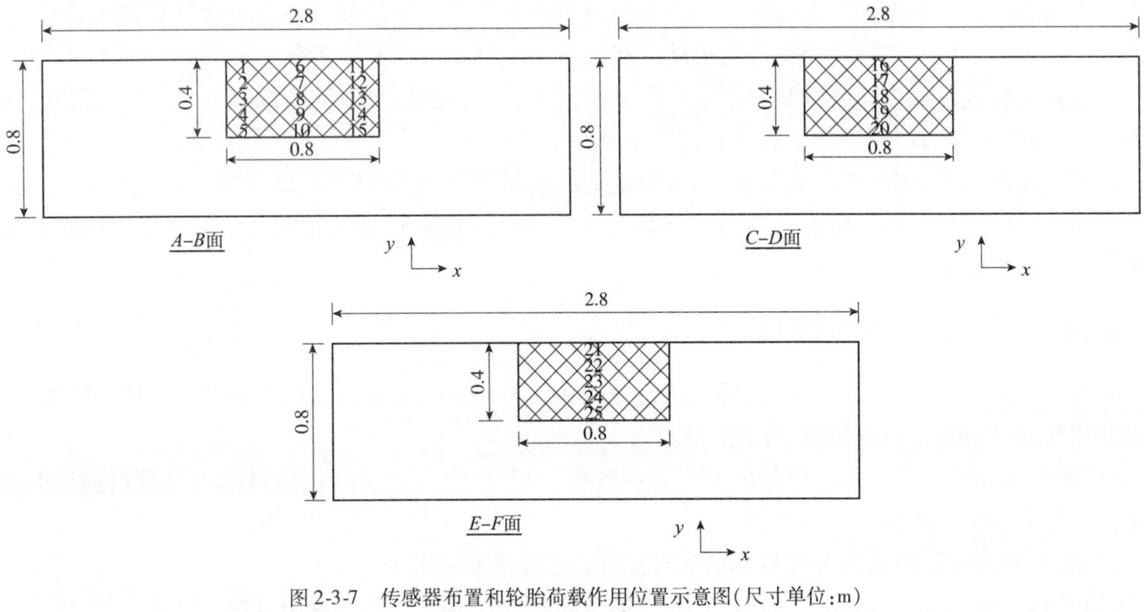

图 2-3-7　传感器布置和轮胎荷载作用位置示意图(尺寸单位:m)

2)钢箱梁桥面试件关键节点分析

有限单元网络划分后,寻找模型关键节点对应实际传感器的位置是进行受力分析及校核计算准确度的关键步骤。模型在单元网络化划分设计时设定单元格尺寸为:0.07m(长)×0.04m(宽)×0.011 5m(高),铺装层分 4 层,黏结层独立为一层,钢桥面板为 1 层,横隔板与梯形加劲肋板的纵向尺寸均与铺装层单元格尺寸相同。

3)有限元分析结果

通过有限元分析结果表明美国与日本环氧沥青试件均在钢箱梁底层边缘处最易变形,但变形量较小。铺装层表面、黏结层、钢箱梁底面受力大小与前面所述变形规律一致。

4. 加速加载铺装结构层破坏原因分析

在本次加速加载试验中,日本环氧沥青、美国环氧沥青钢桥面铺装试件主要破坏类型为钢桥面铺装层的疲劳开裂。所谓疲劳开裂是指铺装层在正常使用情况下,由行车荷载的多次反复作用引起的铺装层的开裂破坏。在本次加载试验中,各块试件加载作用次数在1 200万次左右。

试验采用南非MMLS3加速加载设备,在轴载持续作用1 200万次的条件下,日本环氧沥青、美国环氧沥青、薄钢板桥铺装层裂缝位置主要发生在以下几个部位:铺装层表面、纵向加劲肋、纵隔板、主梁肋顶部、横隔板(或横向加劲肋)顶部及横隔板与加劲肋交汇处。

钢桥面铺装直接铺设在异性钢桥面上,其材料性能能受日照以及等温度变化等影响较大,故铺装层材料的弹性模量在使用环境中的变化范围较大,铺装层模量的改变将直接导致铺装层与桥面钢板间相对刚度的改变,使两者间的应力应变协调能力也将改变,从而改变铺装体系内部的应力应变分布状况。本次加速加载试验所用材料为美国环氧沥青混合料与日本环氧沥青混合料,美国环氧沥青弹性模量3.7GPa,日本环氧沥青弹性模量4.7GPa。随着铺装层弹性模量的增加,控制铺装层表面产生纵向裂缝的横向最大拉应力以及控制铺装层与钢桥面板的黏结破坏层间最大剪应力也逐渐增加。铺装层横向最大拉应变、纵向最大拉应变、横向最大层间剪应变以及纵向层间最大剪应变、铺装层表面的弯沉值都随铺装层弹性模量的增加而减少。故这也是在本次加速加载试验里,日本环氧沥青铺装层试件裂缝产生数量较美国环氧沥青铺装层少的原因。

钢桥面铺装层试件主要是对美国环氧沥青厚钢板与美国环氧沥青薄钢板试件进行分析,故弹性模量取3.4GPa,MMLS3设备荷载为单轮加载方式,加载位取横向和纵向的最不利加载位,即横向轮载中心位于中间加劲肋的正上方,纵向轮载中心位跨中。铺装层的横向最大拉应力、横向最大层间剪应力、表面最大弯沉都随着铺装层厚度的增大而减小。故美国环氧沥青厚钢板铺装层试件在本次计算加载试验里,裂缝产生与扩展现象较美国环氧沥青薄钢板试件轻微。

通过对全桥进行计算加载试验数据及有限元模拟分析,发现纵向加劲肋、纵隔板、主梁、横隔板(或横向加劲肋)对桥面铺装层裂缝发生具有直接影响作用。

在本次美国环氧SMA结构沥青加速加载试验中,其破坏形式主要为轻微开裂。对比分析前面三种试件,美国环氧沥青SMA试件加载次数在800万次左右时,伴有轻微裂缝发生,在轴载作用次数持续1 200万次时,未见轻微裂缝延伸或扩展。

七、钢桥面铺装结构组合设计

通过室内试验,对不同结合料(包括美国环氧沥青、日本环氧沥青)、不同级配类型(日本级配、美国级配以及AC10)进行了系统研究,发现:

(1)集料类型对环氧沥青混合料的强度影响较小,环氧沥青自身强度是环氧沥青混合料强度的关键因素。

(2)日本推荐级配组成的混合料其抗裂性能和抗水损害性能较优。

(3)美国环氧沥青混合料的耐疲劳性能、抗裂性能和抗水损害性能表现出良好的特性。

(4)综合考虑各项因素,黄埔大桥实桥方案为:主桥悬索桥与斜拉桥钢桥面铺装层采用美国环氧沥青结合料,级配采用日本级配;为了进一步进行深入的对比分析,在悬索桥钢桥面铺装层铺筑二幅双层日本环氧沥青混合料进行实桥后期对比试验。考虑到两种环氧沥青黏结剂性能相当,采用同种材料进行结构层间黏结,即美国环氧沥青混合料采用美国环氧黏结剂,日本环氧沥青混合料采用日本环氧沥青黏结剂。

八、钢桥面铺装方案技术与经济比较

钢桥面铺装方案的技术与经济比较研究是一个集铺装结构、铺装材料及防水黏结材料的综合性课题。如何合理选择一套科学合理的钢桥面铺装方案,同时使建设费用经济就显得至关重要。

1. 钢桥面铺装方案

实体工程在施工时石料采用了广东省生产的角闪岩,矿粉为石灰石矿粉。

1)双层 JA - AM 环氧沥青混凝土铺装

美国环氧沥青混合料采用日本级配,目标空隙率 $n=2.2\%$,推荐最佳油石比为 6.5%。

2)双层 JA - JA 环氧沥青混凝土铺装

日本环氧沥青混合料采用日本级配,根据目标空隙率 $n=2.2\%$,推荐最佳油石比为 6.8%。

3)上层 SMA8 - AM + 下层 JA - AM 沥青混凝土铺装

级配采用 SMA8 级配,目标空隙率 $n=2.2\%$,推荐最佳油石比为 6.8%,同时使用水质素纤维,剂量为混合料总量的 0.3%。

2. 全桥总造价对比

黄埔大桥施工桥面桥宽 34.5m,桥长 1 500m,施工面积为 51 750m^2。上下层均按照 30mm 的厚度进行设计,对三种方案的总造价进行了对比。

两种环氧沥青黏结材料按照其最佳洒布量计算,美国环氧沥青黏结料上下层最佳洒布量之和为 1.13L/m^2,日本环氧沥青黏结料上下层最佳洒布量之和为 0.70kg/m^2。

按照混合料的单价与黄埔大桥施工面积等参数,结合混合料密度、油石比等得出每种类型的混合料施工的总造价,可以看出,单层 30mmJA - JA 混合料的造价最高,与 SMA8 - AM 造价接近,JA - AM造价最低。从工程经济角度出发,当上层材料采用双层 JA - JA 级配时,其工程造最高,双层 JA - AM 工程造价最低,可见,上层采用 SMA8 级配美国环氧沥青 + 下层采 JA - AM 结构组合方案与采用双层 JA - AM 结构组合方案相比,其造价高出约 58.44 万元,即总造价高出 2.13%,双层 JA - JA 方案与双层 JA - AM 结构组合方案相比,其造价高约 280.24 万元,总造价高出约 10.2%。推荐结构组合方案为:

(1)方案一:铺装上层 JA - AM + 铺装下层 JA - AM。

(2)方案二:铺装上层 JA - JA + 铺装下层 JA - JA。

(3)方案三:铺装上层 SMA8 - AM + 铺装下层 JA - AM。

从性能角度出发,三种方案的排序结果是:方案三 > 方案一 > 方案二:从经济性角度出发,三种方案的排序结果是:方案一 > 方案三 > 方案二。

单从两种防水黏结材料的经济性来分析,美国环氧沥青黏结剂的最佳洒布量较大,上下层最佳洒布量之和为 1.23L/m^2,但价格相对于日本环氧沥青黏结剂较低,日本环氧沥青黏结料最佳洒布量相对较小,上下层最佳洒布量之和为 0.70kg/m^2,但其价格相对于美国环氧沥青黏结剂的要大。如果全桥只使用一种铺装材料,即相应地只使用一种环氧沥青黏结材料时,美国环氧沥青黏结材料的最佳洒布量较大,所以其总造价远远大于日本环氧沥青黏结材料的总造价,其价格大约是日本环氧沥青黏结剂的 1.46 倍。

九、铺装体系研究成果总结

1)铺装层混合料设计

对于美国环氧沥青,时间和温度对其影响程度均很大,温度高、时间长不利于施工碾压;但是对于日本环氧沥青而言,时间对其影响比较小,温度对环氧沥青的摊铺和碾压有比较大的影响,尽量选择高温拌和。

美国环氧沥青结合料长期老化后黏度影响的程度要较短期老化的大的多,但是对于日本环氧沥青结合料,两者的影响程度,长期老化后的影响程度要略微较短期老化的大一些。

美国环氧沥青在不同低温下的蠕变速率均小于日本环氧沥青,表明其低温抗裂性能较好。且从试验现象观察到,美国环氧沥青在低温环境下较日本环氧沥青具有更好的柔韧性。

2)混合料配合比设计

对于拌和温度偏低的美国环氧沥青混合料,性质和普通的沥青混凝土性质不同,空隙率偏低,黏度增长慢,有较长的可操作时间,但是强度较低,所以对于美国环氧沥青混合料在拌和温度较低的情况下,应适当延长其保温的时间,最少应该在70min以上。

对于美国环氧沥青混合料正常的拌和温度为120℃,随着时间的延长,空隙率逐渐增长。由空隙率和强度增长的规律可知对于拌和温度为120℃的环氧沥青混合料最好能在50min内完成碾压工作,否则碾压将因为黏度的增大而变得困难。

对于超过正常拌和温度的美国环氧沥青混合料,只要在允许的可操作时间范围内进行碾压,试件的空隙率和强度均能满足技术要求,并且强度要比120℃下碾压的试件大一些。但是超过该时间范围内进行碾压,混合料将受到超时超温双重因素的影响,混合料的空隙率、强度特性和变形都发生了很大程度的变化。

日本环氧沥青混合料试件不论是经过60℃养护或者是常温养护,对其空隙率的影响均可以忽略不计。但是对于不固化试件来说,在同一保温温度下,随着保温时间的延长,试件的空隙率和强度以及变形影响都比较小。随着保温温度的升高,试件的空隙率有很大程度地降低,这与温度升高混合料的黏度减小有很大的关系。同时随着温度的升高,试件空隙率的降低,试件强度增大的幅度也很大。证明日本环氧沥青混合料对温度极其敏感,但是对于时间的敏感程度不大。

3)混合料的路用性能

通过室内环氧沥青混合料强度、高低温稳定性能、水稳定性、抗压回弹模量及疲劳试验对两种环氧沥青混合料从路用性能等方面进行了综合的对比,研究成果如下:

(1)不同级配下日本环氧沥青混合料抗压强度均要较美国环氧沥青混合料高,但是美国环氧沥青混合料受级配影响程度小,日本环氧沥青混合料采用AC级配其抗压强度最大。

(2)不同级配下日本环氧沥青混合料车辙深度均比美国要小。同时,美国环氧沥青混合料和日本环氧沥青混合料高温稳定性都非常优异,建议配合比设计时高温稳定性不作为控制性技术要求。

(3)试验对比分析抗弯拉强度和最大弯拉应变弯曲破坏性能,表明美国环氧沥青混合料低温性能较日本环氧沥青混合料优异。

(4)试验对比分析两种材料的初期强度与残留稳定度,表明日本环氧沥青混合料浸水性能较美国环氧沥青混合料差。

(5)在级配相同条件下,日本环氧沥青混合料在常温下模量要远大于美国环氧沥青混合料,在高温环境下,两者模量差别不大。日本环氧沥青经改良后,其回弹模量降低,与美国环氧沥青混合料模量较为接近。

(6)经综合比较分析,得出钢桥面铺装层使用美国环氧沥青混合料较日本环氧沥青混合料疲劳性能更优异,且美国环氧沥青混合料柔韧性较日本环氧沥青混合料好,破坏时美国环氧沥青混合料是由初始小裂纹逐渐向上发展,形成贯通的裂纹,导致整个试件破坏,而日本环氧沥青混合料小梁破坏是处于脆断破坏状态。

4)防水黏结层设计

(1)环氧沥青黏结材料的黏结效果优于热熔型黏结材料和溶剂型黏结材料,大跨径正交异性钢桥复杂的受力和严酷的使用条件,对防水黏结性能要求较高,所以应该选择黏结效果较好的环氧沥青黏结材料。

(2)通过对原材料检验,对比两种环氧沥青黏结剂的性能,结果表明:两种防水黏结材料耐酸、碱腐蚀性较好,在摊铺混合料前后黏结层均密实不透水,且符合低温柔韧性和高温耐热性的要求,在高温耐热性方面,美国黏结剂明显优于日本黏层油。

5)钢桥面铺装力学分析

(1)对黄埔大桥北汊桥斜拉桥和南汊桥悬索桥的钢箱梁的桥面铺装进行全面系统的力学分析。

(2)采用从整体到局部的方法,先建立桥梁的整体模型,得到整桥在不同荷载工况下的内力分布,再根据材料力学原理将这些内力作为外荷载施加到关键梁段的局部模型,进行三维壳实体有限元分析,对不同工况下的关键梁段进行了有限元分析,并对美国、日本两种铺装材料的铺装层应力进行了对比分析。

(3)对局部模型和正交异性板铺装模型进行了对比研究,证明了采用正交异性板铺装模型可以比较准确地对铺装层的应力进行分析。并采用正交异性板铺装模型研究了铺装结构参数和铺装层材料性能对铺装层的受力状况的影响。

6)加速加载研究

考虑在不同轴载作用下,通过对日本环氧沥青、美国环氧沥青(厚、薄)桥面板进行加速加载试验,分析基于不同轴载作用次数下的钢桥面各个结构层变形规律归纳如下:

(1)无论是日本环氧沥青铺装层,还是美国环氧沥青铺装层,其上表面纵向荷载位应变由桥面板边缘向中间逐渐增大,且在短期轴载作用下,应变变化明显;在长期轴载作用下,累计变形能力趋于稳定,微应变变化区间在[0με,1 400με]。

(2)无论是日本环氧沥青铺装层,还是美国环氧沥青铺装层,其上表面横向荷载位应变两边大,中间小,且在短期、中长期及长期轴载作用下,累计变形无明显差异趋于稳定,微应变变化区间在[0με,2 000με]。

(3)由于横向荷载位应变区间大于纵向荷载位区间,可知铺装层的横向力学指标可以作为钢桥面铺装层结构设计的重要控制指标。

(4)两种环氧沥青黏结层纵向荷载位应变由桥面板边缘向中间逐渐增大,微应变变化区间为[0με,2 500με]。

(5)三种钢箱梁底部纵向荷载位应变在不同轴载作用下,累计变形无明显差异,微应变变化区间在[0με,200με],累积应变量较小。

7)MMLS3 加速加载试验有限元分析

(1)分析各个断面应力等值线图,可以得到横向最大拉应力(拉应变)都大于纵向最大拉应力(拉应变),铺装层出现的开裂破坏主要是由于横向拉应力引起的纵桥向裂缝,因此可以将铺装层的横向最大拉应力作为铺装层设计的一个重要控制指标。

(2)通过比较横向荷载加载位置,发现车轮荷载对称施加于纵向加劲肋的正上方,对应于横向的最不利荷载位,此时横向最大拉应力出现在荷载作用区域边缘外 U 形加劲肋肋顶处的铺装层表面位置。

(3)车轮荷载纵向加载位置的变化对铺装层横向最大拉应力的影响很大,通过比较荷载位于纵向不同位置时铺装层横向最大拉应力,发现当荷载位于两横隔板之间的跨中时为纵向最不利荷位。

8)加速加载铺装结构层破坏原因分析

(1)采用南非 MMLS3 加速加载设备,在轴载持续作用 1 200 万次下,研究发现:日本环氧沥青、美国环氧沥青厚、薄钢板钢桥面铺装层裂缝位置主要发生在铺装层表面、纵向加劲肋、纵隔板、主梁肋顶部、横隔板(或横向加劲肋)顶部、横隔板与加劲肋交汇处等部位。

(2)对日本环氧沥青、美国环氧沥青厚、薄钢板钢桥面铺装层加速加载产生裂缝原因进行了分析,明确铺装层材料弹性模量、钢桥面板厚度、钢箱梁桥面构造参数对钢桥面铺装层裂缝产生有直接影响。

(3)对比分析美国环氧沥青普通级配与 SMA 的加速加载疲劳破坏性能状况,美国环氧沥青 SMA 级配较美国普通级配在抗疲劳性能方面有较强的优越性。

9)桥面铺装结构组合及经济性比较

综合考虑各项因素，黄埔大桥悬索桥与斜拉桥钢桥面铺装层采用美国环氧沥青结合料，级配采用日本级配；为进一步进行深入的对比分析，在悬索桥钢桥面铺装层铺筑二幅双层日本环氧沥青混合料进行实桥后期对比试验。考虑到两种环氧沥青黏结剂性能相当，采用同种材料进行结构层间黏结，即美国环氧沥青混合料采用美国环氧黏结剂，日本环氧沥青混合料采用日本环氧沥青黏结剂。

第二节　钢桥面铺装设计

一、设计标准及依据

道路等级：六车道高速公路。

设计车速：100km/h。

设计荷载：汽车—超20级；挂车—120。

坡度：纵坡≤2%，横坡2%。

设计规范：

《公路沥青路面设计规范》(JTG D50—2006)；

《公路沥青路面施工技术规范》(JTG F40—2004)；

《公路工程技术标准》(JTG B01—2003)；

《公路工程沥青及沥青混合料试验规程》(JTJ 052—2000)；

《公路工程集料试验规程》(JTG E42—2005)；

《公路工程质量检验评定标准》(JTG F80/1—2004)；

《涂装前钢材表面锈蚀等级和除锈等级》(GB/T 8923—1988)。

设计交通量(累计标准轴载)：2.3×10^7 次/车道。

桥面铺装设计年限：15年。

自然气候：桥位区气象特征如表2-3-8所示。

桥位区气象特征表　　　　表2-3-8

极端最高气温	38.7℃	最冷月平均最低气温	13.0℃
极端最低气温	-3℃	年降雨量	1 638.5mm
最热月平均最高气温	28.8℃		

二、钢桥面铺装设计使用条件

1. 钢桥面铺装使用温度确定

根据气象资料，并结合对钢桥面铺装温度测试的经验结论：一般在低温时，铺装温度略高于气温；高温时，铺装面层温度比气温高20~25℃(太阳直射状态下，在13:00~15:00之间)，铺装底面及钢板温度比气温高15~20℃。广州地区的温度为-3~38.7℃，考虑一定的余量，可估算该桥钢桥面铺装极端使用温度在-5~65℃之间，铺装下层及钢板温度在0~55℃之间。

2. 钢桥面板结构参数

钢桥面板结构参数如表2-3-9所示。

钢桥面板结构参数

表 2-3-9

梁高	3.5m(不包括顶、底板厚度)	
梁宽	41.69m	
顶板厚	16mm	
上斜顶板厚	10mm	
顶板 U 形加劲肋	厚	8mm
	上口宽	300mm
	下口宽	170mm
	高	280mm
	标准间距	600mm
横隔板标准间距	3.2m	
横隔板厚	10mm、12mm、16mm	

3. 钢桥面铺装设计要求

1)铺装层要求具有良好的抗车辙性能

从黄埔大桥的气候环境条件来看,年极端最高气温相对比较高,加之钢桥面的热储作用,使铺装层的温度显著高于路面面层的温度。因此,如何保证桥面铺装层在重交通荷载作用下具有较高的高温稳定性,以期能够有效地防止或延缓沥青铺装层车辙的出现,是桥面铺装设计的技术关键。

2)铺装层要求具有良好的抗疲劳开裂性能

在交通荷载作用下,桥面铺装层要随同钢板变形,而产生反复的挠曲变形,特别是在钢板 U 形加劲肋顶部对应的铺装表面将受反复弯曲应力(应变)作用而开裂。因此,铺装设计要重点考虑铺装层的抗疲劳开裂性能。

3)铺装层与钢板之间应具有良好的层间结合能力

在交通荷载作用下,桥面铺装层与钢板要同步变形;在气候环境条件作用下,沥青铺装结构层以及钢板要产生不同的温缩变形,这使各结构层产生弯拉应力,层间产生剪切应力,导致层间脱离,引起铺装层破坏。因此,要求铺装层与钢板之间必须具有良好的层间结合力。

4)铺装层对桥面板等钢结构应具有良好的保护作用

黄埔大桥桥位地区年降雨量大于 1 000mm,雨量充沛,气候潮湿,水分极易导致钢板锈蚀,降低铺装结构层的耐久性和桥梁钢结构的使用寿命。因此,在铺装设计中,还要重点考虑铺装结构体系对钢板的保护作用和防腐作用。

5)沥青铺装具有良好的抗滑性能

广州属于夏炎热、冬温潮湿地区,暴雨、阵雨现象较为常见,在这种气候条件下,桥面湿滑,面层抗滑性能降低,存在很大的交通隐患,桥面铺装设计应具有良好的抗滑性能,以确保交通安全。

6)沥青铺装具有良好的变形协调能力

桥面铺装层的温度变化幅度和速度远大于普通路面,铺装层与底部桥面钢板热变形会相互影响和制约,如果铺装层和钢板的热收缩系数相差过大,温度应力可能导致铺装开裂或层间滑移,因此要求沥青铺装具有良好的变形协调能力。

三、钢桥面铺装方案及材料

1. 钢桥面铺装结构设计

1)行车道桥面铺装设计

钢桥面行车道铺装层厚度按功能要求的不同,分多层设计,桥面铺装设计总厚度60mm,结构组成为:

30mm 环氧沥青混凝土(EA10) +30mm 环氧沥青混凝土(EA10) + 防水黏结层。

铺装上层:环氧沥青混凝土 EA10,厚度 30mm。

黏层:环氧黏结剂,用量 0.45L/m^2。

铺装下层:环氧沥青混凝土 EA10,厚度 30mm。

防水黏结层:环氧沥青黏结剂,用量 0.78L/m^2。

防腐层:环氧富锌漆。

钢板:喷砂除锈,清洁度 Sa2.5 级,粗糙度 50~100μm。

钢桥面板在施工、营运过程中,一般会发生锈蚀,为保护桥梁结构的耐久性,在铺装前应对钢桥面进行喷砂除锈处理。根据《涂装前钢材表面锈蚀等级和除锈等级》(GB/T 8923—1988),要求钢桥面喷砂除锈清洁度达到 Sa2.5 级,即"非常彻底的喷射除锈,钢材表面无可见的油脂、污垢、氧化皮、铁锈和油漆涂层等附着物,任何的痕迹应仅是点状或条纹状的轻微色斑"。同时,为保证防腐层与钢桥面的附着力,要求钢桥面板喷砂除锈后粗糙度达到 50~100μm。

桥面铺装层的使用寿命约 15 年,而桥梁结构的设计寿命超过 100 年,保护桥梁结构不被损坏意义重大。因此,增设防腐层来保护钢桥面板不被锈蚀是很必要的,盐雾试验结果显示:环氧富锌漆对钢板有很好的防腐作用。因而,要求在喷砂除锈后 4h 以内,喷涂环氧富锌漆。

防水黏结层在桥面铺装结构中除了具有防水效果之外,还应具有:①良好层间结合力及防腐效果。②良好的低温抗裂性和随从变形能力。③良好的水稳性和耐久性等。针对上述性能要求,结合铺装结构体系,采用环氧沥青黏结剂作为防水黏结层材料。

桥面铺装整体结构采用双层环氧沥青混凝土,两层均为 3cm 厚,设计空隙率均≤3%,层间洒布环氧沥青黏结剂。环氧沥青混凝土中的环氧沥青结合料经过固化后,成为一种含有沥青补充剂的双相环氧聚合物。其连续相是一种经过酸固化处理的环氧树脂,而非连续相是一种沥青材料混合物。它是一种热固性聚合物(即不会熔化)。环氧沥青混凝土是一种高韧性聚合物混凝土,具有良好的温度稳定性和疲劳性能。

铺装下层选用环氧沥青混凝土,该混合料空隙率小,稳定性高,抗疲劳、防开裂及黏合能力强,防滑能力也好,可起到分散荷载的作用。

铺装上层选用环氧沥青混凝土,主要考虑到面层功能性的要求,对铺装面层的综合性能要求较高,要具有良好的高温稳定性、抗滑性能、低温抗裂性、抗疲劳性能等,还要求空隙率小、水稳性好。因此,选用环氧沥青混凝土作为面层结构类型。同时,为了增强沥青混凝土铺装上下层之间的结合力,在铺装层之间喷涂环氧沥青黏结剂。

铺装下层环氧沥青混凝土与环氧沥青黏结剂、环氧富锌漆构成了黄埔大桥钢桥面铺装的防水体系。

2)人行道及检修道桥面铺装设计

人行道所承受的竖向荷载与水平方向的作用力远远小于行车道,桥面结构本身的变形幅度也小,因此,不需要很复杂的防水体系和结构强度。由彩色防水橡胶地板和专用黏结胶组成的防水体系,即可满足其使用要求。

钢桥面人行道及检修道铺装结构为:桥面板喷砂除锈清洁度达到 Sa2.5 级、粗糙度达到 50~100μm 后,涂布专用黏结胶 0.5~1.5mm 厚,铺筑 20mm 厚的彩色防水橡胶板。

铺装层:20mm 彩色防水橡胶板。

防水层:0.5~1.5mm 专用黏结剂。

防腐层:环氧富锌漆。

钢板:喷砂除锈,清洁度 Sa2.5 级,粗糙度 50~100μm。

3)中央分隔带桥面铺装设计

钢桥面中央分隔带铺装结构为:桥面板喷砂除锈清洁度达到 Sa2.5 级、粗糙度达到 50~100μm 后,涂布环氧沥青黏结剂，涂布量约为0.78L/㎡；铺筑60mm厚的浇筑式沥青混凝土，撒布3～5mm的碎石，其撒布量为3 000～5 000g/m^2。

铺装层：浇筑式沥青混凝土GA10，厚度60mm，铺装层上撒布3～5mm碎石，用量3 000～5 000g/m^2。

防水层：环氧沥青黏结剂，用量0.78L/㎡。

防腐层：环氧富锌漆。

钢板：喷砂除锈，清洁度Sa2.5级，粗糙度50～100μm。

2. 行车道铺装材料、混合料组成及性能要求

1）环氧富锌漆

钢桥面喷砂除锈清洁度达到Sa2.5级、粗糙度达到50～100μm后，喷涂环氧富锌漆，环氧富锌漆性能指标如表2-3-10所示。

环氧富锌漆性能指标　　表2-3-10

试验项目	技术要求	试验方法
表干时间（25℃，min）	≤15	《道桥用防水涂料》（JC/T 975—2005）
完全固化时间（25℃，d）	≤7	《道桥用防水涂料》（JC/T 975—2005）
黏结强度（与钢板，25℃，MPa）	≥5.0	见《公路钢箱梁桥面铺装设计与施工技术指南》

2）美国环氧沥青黏结剂及环氧沥青结合料

美国环氧沥青黏结剂和环氧沥青结合料都为双组分材料，A组分相同，技术指标如表2-3-11所示。环氧沥青黏结剂由组分A和组分BId按比例混合而成，环氧沥青结合料由组分A和组分Bv按一定比例配制而成，组分BId、Bv的技术指标如表2-3-12所示。环氧沥青黏结剂与环氧沥青结合料的技术指标如表2-3-13所示。

组分A环氧树脂技术指标　　表2-3-11

试验项目	技术要求	试验方法
黏度（23℃，$\times 10^{-1}$Pa·s）	100～160	ASTM　D 445
环氧当量	185～192	ASTM　D 1652
颜色、加德纳（Gardner）	≤4	ASTM　D 1544
含水率（%）	≤0.05	ASTM　D 1744
闪点（克立夫兰敞口杯，℃）	≥200	ASTM　D 92
相对密度（23℃）	1.16～1.17	ASTM　D 1475
外观	透明琥珀状	目视

组分B性能技术指标　　表2-3-12

试验项目	技术要求		试验方法
	BId型	Bv型	
黏度（100℃，$\times 10^{-3}$Pa·s）	≥800	≥140	JTJ 052—2000 T 0625
相对密度（23℃）	0.98～1.02	0.98～1.02	ASTM D 1475
颜色	黑	黑	目视
含水率（%）	≤0.05	≤0.05	ASTM D 1744
酸值（mg,KOH/g）	60～80	40～60	ASTM D 664
闪点（克立夫兰敞口杯，℃）	≥250	≥200	ASTM D 92

环氧沥青黏结剂与环氧沥青结合料性能技术指标　表 2-3-13

试验项目	技术要求		试验方法
	环氧沥青黏结剂	环氧沥青结合料	
闪点(克立夫兰敞口杯,℃)	≥250	≥200	ASTM D 92
重量比,组分 A/组分 B	100/445	100/585	—
抗拉强度(23℃,MPa)	≥6.89	≥1.52	GB/T 528—1998
断裂时的延长率(23℃,%)	≥190	≥200	GB/T 528—1998
在 121℃下黏度增加至 1Pa·s 的时间(min)	≥20	≥50	JTJ 052—2000
热固性(300℃)	不熔化	不熔化	小试件放在热钢板上
膨胀比(23℃)	≤3.0	≤3.5	特殊方法
浸耗率(23℃,%)	≤35	≤35	特殊方法
吸水率(7d,23℃,%)	≤0.3	≤0.3	特殊方法
在荷载作用下的热挠曲温度(℃)	-18 ~ -15	-18 ~ -15	ASTM D 648

3)日本环氧沥青黏结剂及环氧沥青结合料

日本环氧沥青结合料是一种三组分材料,由基质沥青、环氧树脂(主剂)和硬化剂(固化剂)组成。主剂和固化剂按照 60∶40 混合后所形成的混合物,再与沥青按照 40∶60 的比例混合,在一定的温度条件下固化成型,形成环氧沥青。环氧树脂(主剂)和沥青混合时,使用的沥青为 60∶80 的基质沥青,基质沥青要满足表 2-3-14 所要求的各项技术指标;表 2-3-15 ~ 表 2-3-17 是环氧树脂的基本物理性能和技术指标。

基质沥青的技术指标　表 2-3-14

试验项目	技术要求	试验方法
针入度(25℃,100g,5s,0.1mm)	60 ~ 80	JTJ 052—2000 T 0604
针入度指数 PI	-1.5 ~ 1.0	JTJ 052—2000 T 0604
软化点(℃)	44.0 ~ 52.0	JTJ 052—2000 T 0606
延度(10℃,5cm/min,cm)	≥15	JTJ 052—2000 T 0605
延度(15℃,5cm/min,cm)	≥100	JTJ 052—2000 T 0605
蜡含量(蒸馏法,%)	≤2.2	JTJ 052—2000 T 0615
闪点(℃)	≥260	JTJ 052—2000 T 0611
溶解度(%)	≥99	JTJ 052—2000 T 0607
密度(15℃,g/cm^3)	≥1.000	JTJ 052—2000 T 0603
RTFOT 后残留物		
质量变化(%)	≤0.6	JTJ 052—2000 T 0610 或 T 0609
残留针入度比(25℃,%)	≥55	JTJ 052—2000 T 0604
残留延度(10℃,cm)	≥6	JTJ 052—2000 T 0605

环氧树脂的物理性能和技术指标　表 2-3-15

试验项目	技术要求	试验方法
黏度(23℃,10^{-1}Pa·s)	1 000 ~ 5 000	ASTM D 445
相对密度(23℃)	1.00 ~ 1.20	ASTM D 1475
环氧当量	190 ~ 210	ASTM D 1652
闪点(克立夫兰敞口杯,℃)	230	ASTM D 92
外观	淡黄色透明液体	肉眼观测

固化剂的物理性能和技术指标 表 2-3-16

试验项目	技术要求	试验方法
黏度(23℃, 10^{-1}Pa·s)	100～800	ASTM D 445
相对密度(23℃)	0.8～1.00	ASTM D 1475
酸值(mg,KOH/g)	150～200	
闪点(克立夫兰敞口杯,℃)	145	ASTM D 92
外观	淡黄褐色液体	肉眼观测

环氧树脂养生固化后的技术指标 表 2-3-17

试验项目	技术要求	试验方法
重量比(主剂/固化剂)	56/44	—
拉伸强度*(23℃,MPa)	≥3.0	JIS K 7113
破坏延伸率*(23℃,%)	≥100	JIS K 7113

注:*表示在60℃的烘箱里养生4d后的试验值。

日本环氧沥青与美国环氧沥青施工工艺的差别较大,日本环氧沥青的生产过程是在试验时将基质沥青加热到150℃、环氧树脂加热到60℃,两者放入搅拌器里搅拌4min后制成试件。然后在150℃烘箱里放置3h、在60℃烘箱里养生4d、在常温下放置1d后进行试验。其养生后的技术要求如表2-3-18所示。

环氧沥青养生固化后的技术指标 表 2-3-18

试验项目	技术要求	试验方法
重量比(基质沥青/环氧树脂)	50/50	—
相对密度(23℃)	1.00～1.05	T 0603
针入度(25℃,100g,5s,0.1mm)	5～20	JIS K 2207
软化点*(℃)	≥100	JIS K 2207
拉伸强度*(23℃,MPa)	≥2.5	JIS K 7113
破坏延伸率*(23℃,%)	≥100	JIS K 7113

注:*表示在60℃的烘箱里养生4d后的试验值。

日本环氧沥青黏结剂(HYPER－PRIMER)由两种成分组成:主剂和固化剂,其基本物理性能和技术指标分别如表2-3-19和表2-3-20所示。

HYPER－PRIMER主剂的物理性能和技术指标 表 2-3-19

试验项目	技术要求	试验方法
黏度(23℃, 10^{-1}Pa·s)	1 000～5 000	ASTM D 445
环氧当量	180～200	ASTM D 1652
闪点(克立夫兰敞口杯,℃)	130	ASTM D 92
相对密度(23℃)	1.10～1.30	ASTM D 1475
外观	微黄色透明液体	肉眼观察

HYPER－PRIMER 固化剂的物理性能和技术指标 表 2-3-20

试验项目	技术要求	试验方法
黏度(23℃,10^{-1}Pa·s)	500～1 100	ASTM D 445
胺价值(mg,KOH/g)	130～160	
闪点(克立夫兰敞口杯,℃)	145	ASTM D 92
相对密度(23℃)	0.80～1.00	ASTM D 1475
外观	淡黄褐色液体	肉眼观察

将主剂和固化剂分别加热到30℃,以1∶1的比例混合后搅拌2min,拌和温度维持在30℃,温度范围上下不超过2℃,拌和后注入到成型模里、成型模要在30℃的烘箱里加热1h以上、注入后在30℃的烘箱里养生4d,养生固化后的环氧沥青黏结剂性能如表2-3-21所示。

HYPER－PRIMER 养生固化后的物理性能和技术指标 表 2-3-21

试验项目	技术要求	试验方法
重量比(主剂/固化剂)	50/50	—
拉伸强度(23℃,MPa)	≥1.0	JIS K 7113
破坏延伸率(23℃,%)	≥100	JIS K 7113

4)集料及矿粉

环氧沥青混凝土所用的细集料应满足表2-3-22的要求,粗集料应该满足表2-3-23的要求,规格满足表2-3-24的技术要求。

细集料技术指标 表 2-3-22

试验项目	技术要求	试验方法
吸水率(%)	≤1.5	JTG E42—2005 T 0330
坚固性(%)	≤5.0	JTG E42—2005 T 0340
砂当量(%)	≥65	JTG E42—2005 T 0334

粗集料技术指标 表 2-3-23

试验项目	技术要求	试验方法
抗压强度(MPa)	≥120	参照岩石抗压强度试验方法
洛杉矶磨耗(%)	≤22	JTG E42—2005 T 0317
磨光值(BPN)	≥48	JTG E42—2005 T 0321
针片状含量(%)	≤5	JTG E42—2005 T 0312
压碎值 (%)	≤12	JTG E42—2005 T 0316
黏附性 (级)	≥4	JTJ 052—2000 T 0616
吸水率 (%)	≤1.5	JTG E42—2005 T 0304
坚固性 (%)	≤5	JTG E42—2005 T 0314
软石含量 (%)	≤1	JTG E42—2005 T 0320
小于0.075mm颗粒含量(水洗法,%)	≤1	JTG E42—2005 T 0310

环氧沥青混凝土用集料规格 表 2-3-24

规格	通过下列筛孔(方孔筛,mm)的质量百分率(%)								
	13.2	9.5	4.75	2.36	1.18	0.6	0.3	0.15	0.075
1号	100	0~5							
2号		100	0~5						
3号			100	25~30					
4号				100	40~50	5~10			
5号				100	95~100	90~95	60~70	30~40	5~15

矿质填料宜用石灰岩或岩浆岩中的强基性岩石等憎水性石料磨制的矿粉,不应含泥土杂质和团粒,要求干燥、洁净,能自由地从矿粉仓流出,其质量应满足表 2-3-25 的技术要求。

矿粉技术性能指标 表 2-3-25

试验项目		技术要求	试验方法
表观密度(g/cm^3)		≥2.50	JTG E42—2005 T 0352
含水率(%)		≤0.2	JTG 051—1993 T 0103
通过率(%)	0.3mm	100	JTG E42—2005 T 0351
	0.15mm	90~100	
	0.075mm	80~100	
亲水系数		≤1	JTG E42—2005 T 0353
塑性指数(%)		≤4	JTG E42—2005 T 0355
安定性		不变质	JTG E42—2005 T 0355

5)环氧沥青混凝土

环氧沥青混凝土 EA10 的矿料级配应该满足表 2-3-26 的要求,环氧沥青混凝土应满足表 2-3-27 的要求。

环氧沥青混凝土 EA10 级配组成 表 2-3-26

筛孔(mm)	13.2	9.5	4.75	2.36	1.18	0.6	0.3	0.15	0.075
通过率(%)	100	95~100	65~85	50~75	35~60	25~45	17~33	12~23	7~14

环氧沥青混凝土性能技术指标 表 2-3-27

试验项目		技术要求	试验方法
马歇尔稳定度(60℃,kN)	固化试件	≥40.0	JTJ 052—2000 T 0709
	未固化试件	≥5.4	
马歇尔流值(60℃,mm)	固化试件	2.0~5.0	
	未固化试件	2.0~5.0	
车辙动稳定度(次/mm)	60℃,0.7MPa	≥5 000	JTJ 052—2000 T 0719
	70℃,0.7MPa	≥3 000	
空隙率(%)		≤3	JTJ 052—2000 T 0705
冻融劈裂强度比(%)		≥70	JTJ 052—2000 T 0729
低温弯曲应变(-15℃,1mm/min)		$\geq 2\times10^{-3}$	JTJ 052—2000 T 0715

第三节　钢桥面铺装层降温系统的数值模拟研究

随着我国公路建设的高速发展和路桥建造技术的不断提高，公路桥采用钢箱梁架设的建设方案受到建设者和研究人员的广泛关注。钢箱梁与普通钢架梁相比，具有刚性好、强度高、现场施工时间短、安装方便等显著特点。但因钢箱梁普遍采用内箱封闭空间的建造方法，其传热性能较差。因此，对钢箱梁大桥沥青铺装层的结构提出了温度响应问题。

由于沥青混合料在钢箱梁上铺装厚度较薄，而所依赖的硬路基为刚性的钢板，混合料直接铺装在钢板上，且整个钢箱梁桥体由钢缆将其悬挂在几座桥墩上，由太阳辐射和与环境的对流换热得到的热量聚集在箱体内散发不出去，引起整个钢箱梁桥体的温度很高，这样会影响前面沥青混合料的抗变形能力，特别是在炎热的夏天。因此，铺装层的降温就显得十分的必要。

由于黄埔大桥地处亚热带海洋性季风气候区，温度高，湿度大，降温除湿都很关键，因此，如何提高铺装层抗高温的能力，降低钢箱梁内气体的湿度，是亟待解决的问题。

一、降温除湿系统设计

本文根据黄埔大桥的天气情况与其本身的实际构造，设计了一套钢箱梁降温除湿系统，如图 2-3-8 所示。

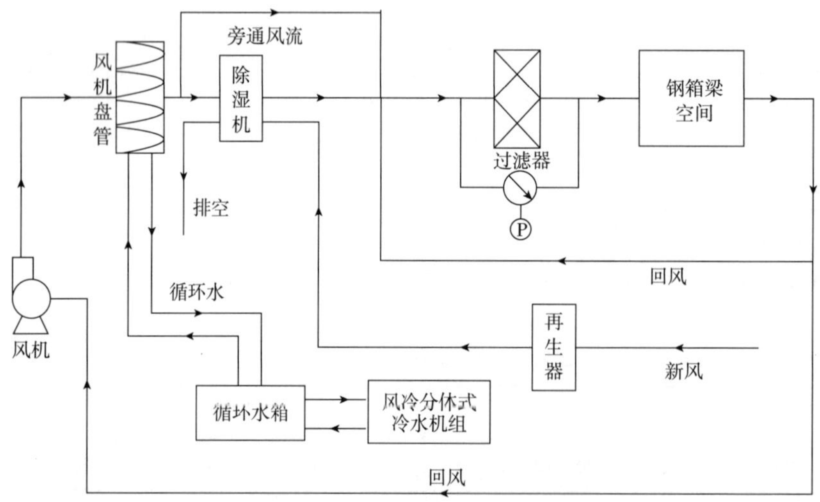

图 2-3-8　降温除湿系统设备联合布置图

通风空调降温系统空气与通风除湿系统的空气经过风机盘管的降温除湿后，通过风机盘管的低温空气分成两路，部分空气经过转轮除湿机除湿，作近似的等焓除湿过程，另一路作为旁通风路，为了适当的增大风量，达到更好的降温除湿效果，我们可以采用部分的二次回风，旁通风流、与从除湿机里出来的空气和回风三股气流汇合，一块经过滤器进入钢箱梁（过滤的同时，还可以使三股空气充分混合，为进入钢箱梁更好地进行降温除湿做好准备），分别进行降温与除湿。

二、钢箱梁温度场模型

1. 模型的建立

钢箱梁沥青路面的典型横断面如图 2-3-9 所示。

为了对沥青路面温度分布模拟计算，对钢箱梁桥体的传热作如下简化假定：

(1) 对桥体的传热只考虑太阳辐射和与周围环境的对流换热。

(2)忽略钢箱内温度变化。

(3)不考虑车流量在车辙处形成的瞬时温度波峰。

(4)不考虑对大气及天空的辐射散热。

(5)由于钢板导热很快,黏结层很薄,所以在模型中只考虑沥青层。

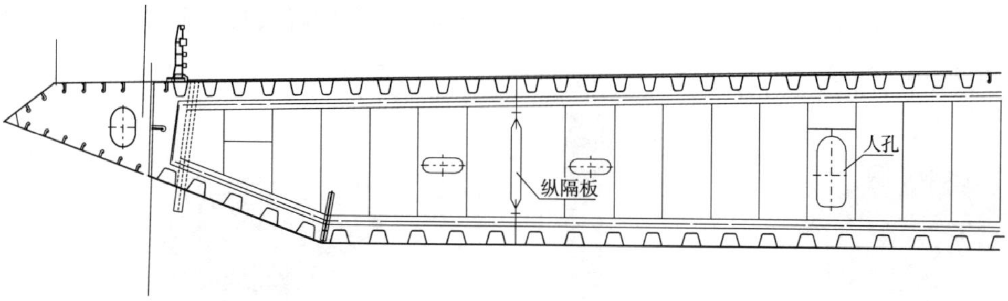

图 2-3-9 钢箱梁沥青路面的典型横断面

(6)由于桥梁的长度远远大于桥梁的宽度,故沿桥梁长度方向的热量变化可以忽略不计。对于组成钢箱梁桥体的每一跨桥体,沿箱体长度的变化与整个桥梁长度的变化一致,其变化主要沿箱体的深度变化,因此铺装层内的热量传递可以考虑为沿铺装层深度方向的一维非稳态传热,如图 2-3-10 所示;因桥面宽度对于日地距离是一个小量,桥面可简化为一个受辐射点。

因此,铺装层热传递数学模型可以采用下式描述:

$$\rho c_p \frac{\partial T}{\partial t} - \frac{\partial}{\partial x}\left(\lambda \frac{\partial T}{\partial x}\right) = q$$

$$x = 0: q = \alpha Q_s(t) - Q_{air}(t)$$

$$x = l: q = Q_{air}(t)$$

式中:ρ——桥面材料的密度,kg/m^3;

c_p——桥面材料比热,J/(kg·℃);

λ——材料导热系数,各层材料取不同值,W/(m^2·℃);

α——桥面对太阳辐射的吸收率,W/(m^2·℃);

$Q_s(t)$——太阳向桥面的总辐射热流,W/m^2;

$Q_{air}(t)$——桥体向周围大气的对流换热热流,W/m^2;

T——环境温度,℃。

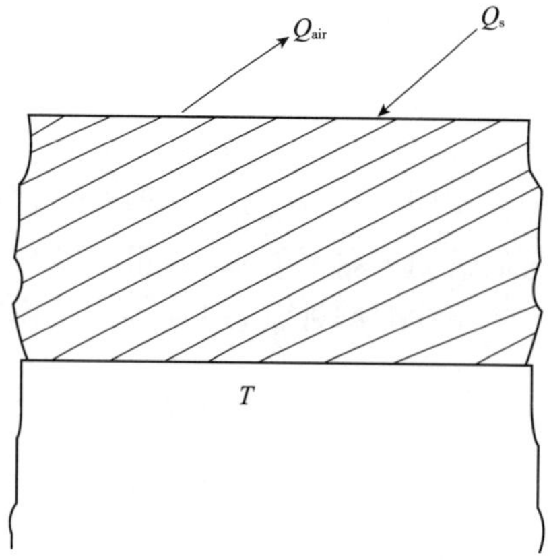

图 2-3-10 一维非稳态传热模型

2. 模型的解算

采用 MATLAB 对 2004 年最热一天的最高辐射时间段进行数值模拟,得到路面温度达到了 72℃左右,铺装层具体温度如图 2-3-11 所示。其中,桥面与大气对流换热系数、钢板与钢箱梁内的空气对流换热系数等参数由文献资料取得。

假设能在铺装层下面提供冷量,当达到 50W/m^{2}时,铺装层温度就能下降到 66℃(图 2-3-12),虽然一般的沥青铺装层所能承受的温度范围为 −25 ~ 75℃,但是接近 75℃的高温必将大大缩短沥青路面的使用期限,而且高温路面也将缩短路面上车辆轮胎的使用寿命,所以本文根据钢箱梁大桥的结构特点,提出用空调机组提供冷量,通过风机盘管将冷风吹入到钢箱梁内的 U 形槽内(为了保证冷量的充分利用,要对通入冷气的 U 形槽外壁进行一定的隔热处理),从而实现铺装层降温的目的。

三、除湿效果理论分析

影响钢箱梁腐蚀速度的主要因素就是钢箱梁内空气的温度与湿度。

研究表明,钢铁表面在空气相对湿度 60% 以上条件下,腐蚀速度大大加快。考虑到在钢箱梁、鞍室和锚室内进行防腐表面处理的困难、金属表面腐蚀后的不可恢复性以及空气除湿系统在运行时或多或少存在不稳定因素，造成空气参数的变化等，同时参考国外同类型桥梁建设的经验，设定内部空气的相对湿度为40%，此值为相对湿度数值的基本要求。虽然空气温度会对腐蚀产生影响，在高湿高温条件下，氧化反应速度大大快于一般条件下的速度。考虑到U形槽位于钢箱梁的上部，其与钢箱梁内空气的接触面如果按照设计进行一定的隔热处理，就阻断了铺装层热量向钢箱梁的传递，从而在一定程度上降低了钢箱梁内空气温度，本文将这一温度设为45℃。

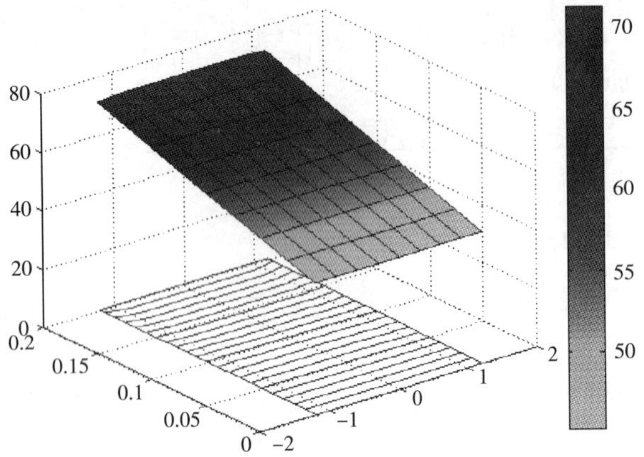

图2-3-11　铺装层的温度分布

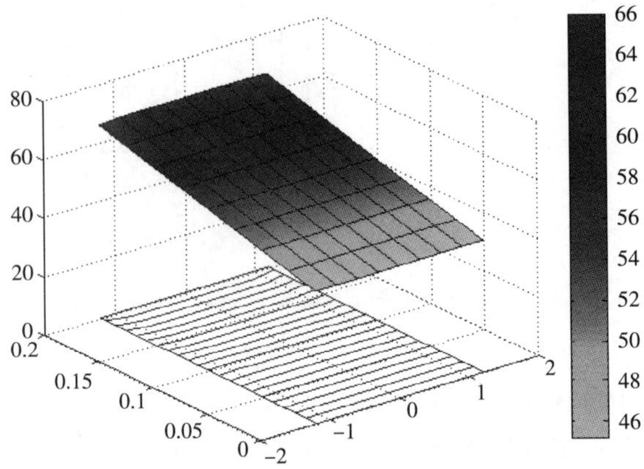

图2-3-12　通入一定冷量后的铺装层温度分布

在本文的降温除湿系统里面，用于降温的是低温低湿的气体，与普通的除湿系统单纯降低空气湿度来降温，效率大大提高，特别是对于高温条件下空气湿度本来就不高(40%)的情况。考虑到风机盘管的效率、风量的大小等因素，选取用于降温除湿的空气状态为空气湿度40%，温度30℃；普通的除湿系统一般使用回风，将这部分回风的湿度降低，然后通入到钢箱梁内，通过混合，来实现整体湿度的降低，假设处理后的回风温度为45℃，相对湿度为10%。

下面对两种状态下的空气除湿能力进行对比，结果如表2-3-28所示。

两种系统的除湿效果比较　　表2-3-28

状态 / 系统	除湿前		除湿后		绝对湿度变化(g/kg，干空气)
	温度(℃)	湿度(%)	温度(℃)	湿度(%)	
降温除湿系统	30	40	45	40	13.6
普通除湿系统	45	25	45	40	9

显然通过降温除湿效果将更好，而且更容易实现。

四、结论

(1)对于广东地区，在炎热的夏天，沥青铺装层最高温度接近其所能承受的温度上限，因而铺装层的降温非常必要。

(2)模拟显示，降温系统能在一定程度上降低铺装层的温度，使其在较高温度出现时，能保持铺装层温度远离上限温度。

(3)理论分析表明，降温除湿系统较普通除湿系统将更为有效。

第三篇　黄埔大桥施工关键技术

第一章　北汉斜拉桥施工

本章以黄埔大桥为例，介绍大跨度独塔斜拉桥桥塔深基础施工技术、钢箱梁制造和安装技术、斜拉索制造和安装技术，以及超宽大跨径钢箱梁独塔斜拉桥的施工控制技术。

第一节　塔柱基础、承台施工

一、钢板桩围堰基础

黄埔大桥北汉斜拉桥是一座跨径组成为383m + 197m + 63m + 62m的独塔双索面钢箱梁斜拉桥，如图3-1-1所示。

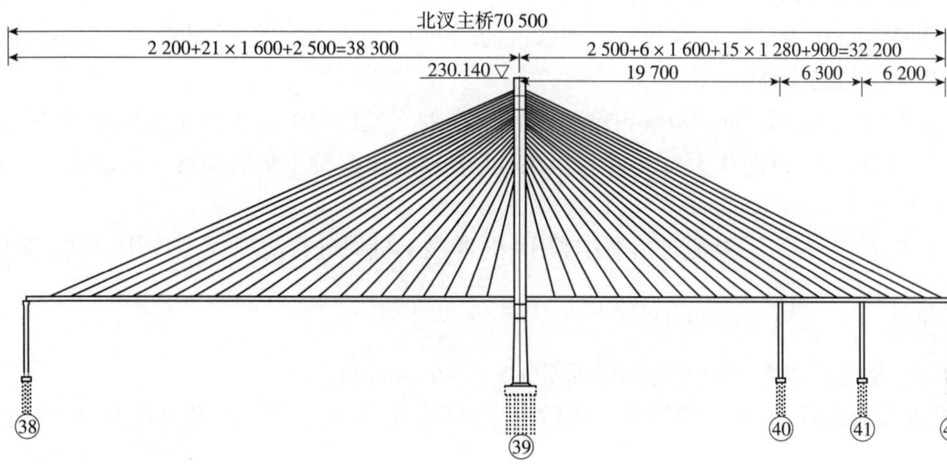

图3-1-1　黄埔大桥斜拉桥（尺寸单位：cm）

基础为哑铃形承台配群桩基础，承台平面尺寸为19m × 19m，高度为6m，以宽8m、长31m的系梁联成整体，承台上面塔柱下面用2m高的塔座过渡。每个承台下布置16根直径2.5m钻孔灌注桩，系梁底下设置两根直径2.0m钻孔灌注桩，桩长35m，全塔共设34根桩。索塔采用门型钢筋混凝土结构，塔柱自承台顶起的高度为226.14m，桥面以上索塔高度为157.35m，并设置上下两道横梁，塔柱与横梁均采用带圆形倒角的箱形截面；桥面宽41m。

索塔处于江中大濠洲岛的北侧边滩上，施工期墩位处最大潮差为3.7m，采用填砂筑岛法变为陆地施工。桩基础全部采用正循环冲击法成孔，泥浆净化器反循环法清孔分离钻渣与泥浆，用吊机分节下放桩身钢筋笼；用垂直提升导管法浇筑桩身水下混凝土。

承台基坑开挖支挡结构采用钢板桩围堰系统，钢板桩长平均18m，钢板桩内支撑结构突破了传统的井字形结构，预留较大的施工空间，方便采用长臂挖掘机开挖基坑，大大节省工期。设置汇水并浇0.5m

厚垫层混凝土，采用大体积混凝土施工的控制方法及钢模板分层（2.2m+3.8m）浇筑承台及其系梁C30混凝土，大体积混凝土温控满足规范要求，无肉眼可见的温度裂纹发生。

二、超长钢板桩围堰设计与施工

1.概述

围堰平面布置形式为沿承台及系梁外侧预留1.7m立模操作空间，形成哑铃形布置。按考虑封底（开挖至-4.15m）和不封底（开挖至-2.5m）两种情况进行设计。

采用拉森Ⅳ型钢板桩，围堰内部沿高度方向设两道钢内支撑系统。第一道内支撑系统由主梁（3×HM588×300）、平面撑杆系统（ϕ820mm、ϕ1 000mm钢管）组成；第二道支撑系统由主梁（3×HN700×300）、平面撑杆系统（ϕ1 200mm、ϕ1 000mm、ϕ820mm、ϕ500mm钢管）及其竖向支撑管（ϕ300mm钢管）等组成。

2.钢板桩围堰施工

1）钢板桩围堰施工步骤

（1）降低岛面高程至+6.0m，临江三面高程为+6.5m。

（2）采用KH180履带式吊机及DZ-90NM2-500EⅢ振动打桩锤进行插打钢板桩；其顶面高程定为+7m，桩底高程定为-11.0m；单根钢板桩长18m，桩底嵌入全风化混合岩4.0~6.0m，嵌入强风化混合岩0~3.8m。

（3）钢板桩围堰插打完成后，进行基坑开挖，开挖至+3.7m时，利用低潮水位的时间差，将堰内水位降至+3.7m以下，在高程+5.2m处安装第一道内支撑；开挖的方式以长臂挖掘机（臂长最好在20m以上）为主，对砂层可用砂石泵抽吸等方法除土。

（4）基坑开挖至+0.9m时，再次利用低潮水位的时间差，将堰内水位强制降至+0.9m以下，在高程+1.5m处安装第二道内支撑。

（5）继续基坑开挖至-2.5m，基坑开挖完成；由于在抽水过程当中渗水较小或基本无渗水，所以决定基底就开挖至-2.5m处，再铺0.35m厚碎石垫层，浇0.15m厚混凝土垫层即可完成基底处理（承台底面高程为-2.0m）。

（6）凿除桩头松散混凝土、基底进行基本整平、对混凝土桩周进行清理、清除桩周泥浆、泥皮。

2）钢板桩插打

（1）施工准备

①场地准备：桩基施工完成后筑岛面清理至+6.0~6.5m高程。

②钢板桩进场修整检验：钢板桩运到工地后，应进行检查、分类、编号等，凡有弯曲、破损、锁口不合的均应整修。

③锁口检查：应用一块长1.5~2.0m符合类型、规格的钢板桩作标准，将所有同类型的钢板桩作锁口并通过检查。

④为了摸清地质情况，验证钢板桩能否插打至设计高程和插打工艺能否实现，在正式施工以前先选择6~9个点进行试桩。根据试桩结果来判断能否满足要求。

⑤内支撑系统的加工：内支撑系统主要分为檩（558mm×300mm、700mm×300mmH型钢）、支座系统（由钢板焊成）及支撑系统（ϕ500、ϕ820、ϕ1 000、ϕ1 200钢管）。

⑥H型钢单根下放并焊于钢板桩及ϕ300mm钢管柱上，支座（节点）先单独加工好，待H型钢放到位后再与之焊连。所有钢管先在工厂加工好，然后按设计长度下料（单根下料），最后单根在围堰内组焊。

（2）钢板桩的接长

用同类型的钢板桩等强度焊接，焊接时先对焊或将接口补焊合缝，再焊加固定板，相邻板桩接长缝应错开，如图 3-1-2 所示。

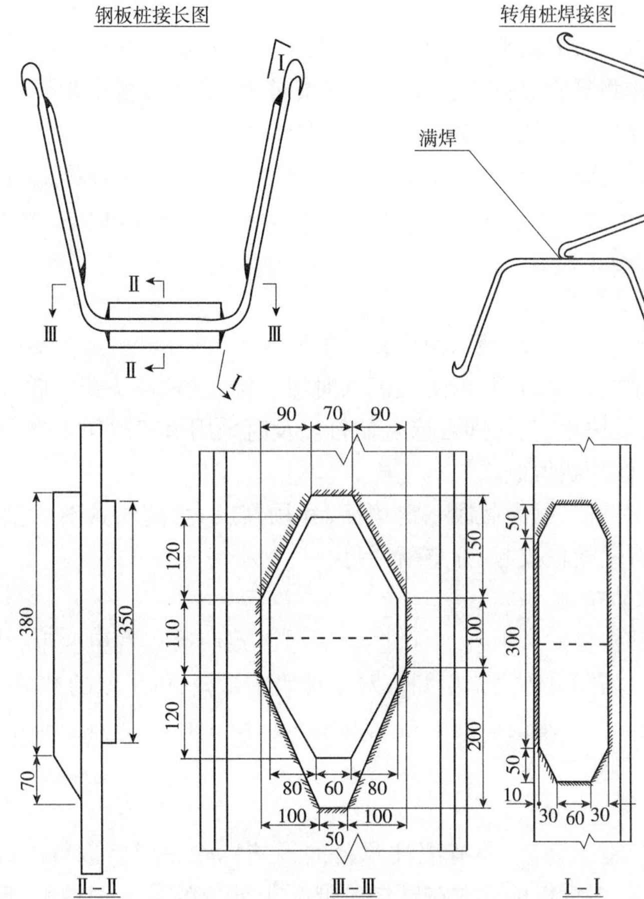

图 3-1-2　钢板桩的接长（尺寸单位：mm）

（3）钢板桩的插打

①插打顺序，从每一边的中间开始，向两边推进，如图 3-1-3 所示。最后量测合龙块尺寸，制作异型钢板桩，插打合龙；在拼制角桩时，可将一块钢板桩纵向割开，中间用角钢连接成角桩。角桩也可用两块钢板桩相互垂直焊接在一起。

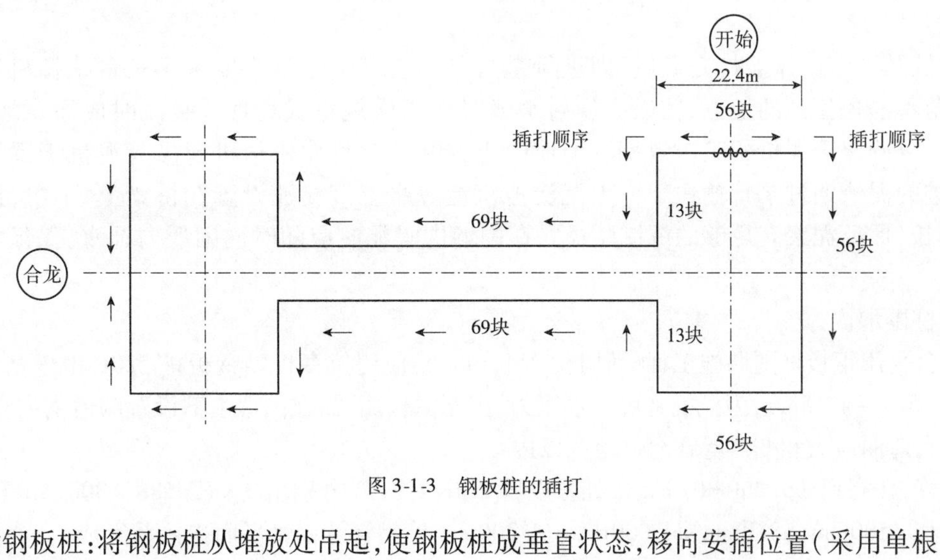

图 3-1-3　钢板桩的插打

②安插钢板桩：将钢板桩从堆放处吊起，使钢板桩成垂直状态，移向安插位置（采用单根吊打法插打施工），插入已就位的钢板桩锁口中。起吊前，锁口内填嵌黄油沥青混合料。插打第一根钢板桩（定位

桩)时一定要保证其垂直,然后内、外各布置一块Ⅰ45b工字钢,两工字钢连为整体,在两工字钢的间隙中插打其余钢板桩。

③每组钢板桩插打完以后,用短钢筋头点焊固定在导向框顶层内导框上,当遇到悬挂外导框的挑梁时,应及时拆除,并用钢筋钩将导框悬挂在已插好的钢板桩上,以免导框变形。当钢板桩全部合龙后,用打桩锤由上游及合龙处向导框两侧逐次将钢板桩打至设计高程。

④钢板桩围堰完成以后,必须将导框与钢板桩之间空隙逐个用硬木塞紧,以免变形。

⑤施工精度:钢板桩在平面位置±30mm;垂直度:<1%。在插桩过程中,要做到"插桩正直、分散偏差、有偏即纠、调整合龙"的施工要点。

(4)插打钢板桩预防倾斜的措施

在插钢板桩前,除在锁口内涂润滑油以减少锁口的摩阻力外,在砂砾层中对套形、环形锁口的前进方向的锁口下方应用木或铁制的栓塞封闭,以防止沉入时泥沙堵塞锁口;从开始插打的第一根桩开始,必须保持垂直不偏,插打一块或几块稳定后,即可依次插打。及时采用滑车组纠正钢板桩的横向倾斜,并用铁件与已稳定的钢板桩焊连,保障纠偏成果。

在坚实土层插钢板桩时,可将桩尖截成一定角度,利用其反力,使已倾斜的钢板桩逐步恢复正常;当倾斜较大,很难纠正时,应将钢板桩拔起,并重新插打。

(5)钢板桩锁口漏水预防措施

围堰抽水时发现由于钢板桩插打不当、不慎撞击等原因致使锁口发生变形,出现渗漏。当渗水不大时,可从内侧嵌填沥青麻丝、堵漏灵等措施堵漏。对于地表水渗漏,可采取的补救措施是在漏水锁口处的围堰外侧抛撒细煤渣,煤渣沉至漏水高度处即可堵塞漏水。由于在桩基施工时用砂筑岛,若在地面以下漏水,可用灌浆法堵塞。

(6)钢板桩拔出

钢板桩拔出必须在承台施工完成,所有灌注承台的设施拆除完毕后进行。承台验收后往基坑内回填,回填之前应用硬木把每一根钢板桩支撑在已浇筑混凝土部分的承台侧壁上,回填至下一层支撑位置时拆除下一道支撑,然后继续回填,直到拆除完所有的支撑结构。回填前应在钢板桩内侧涂刷废机油,以减少上拔时的摩阻力。

拔桩可利用振动打桩锤等设备,先进行一根钢板桩的拔出,再依次拔出,确有困难时,可考虑开挖一定深度,以减少摩阻力。

3. 基坑开挖及围堰内撑系统安装

1)基坑开挖

在钢板桩及围堰内撑插打完成后,即进行基坑开挖。基坑开挖主要采用长臂挖掘机进行不排水开挖,对边角不易挖掘到的地方,辅以高压射水或吸泥等常规方式处理。吸泥时应注意堰内补水,保持合适水深,以确保吸泥机的工作效率。围堰内土方开挖时首先用吊机起吊吸泥机于围堰的各个部位吸泥,吸进的泥渣通过泵管输送于岸上沉淀池沉淀。岸上沉淀池设置在桥梁上、下游,沉淀池的长度应尽量加长,保证泥浆有足够的沉淀路径。在围堰内吸泥时应随时向围堰内补水,保证围堰内水头的平衡。

2)钢板桩围堰内撑安装

主墩承台采用钢板桩围堰施工,侧面周长211.6m,共使用拉森Ⅳ型钢板桩720t,由于基坑深度深达10.65m(+6.5~-4.15m),为抵抗基坑外水压力、土压力作用,需在围堰上部设置两道钢内支撑,以确保钢板桩的最大弯曲应力和变形等在允许范围以内。

根据计算,在高程+5.2m和+1.5m处各设置一道内支撑(分别由3×HM588×300、3×HN700×300组成的横梁和ϕ500mm、ϕ820mm、ϕ1 000mm、ϕ1 200mm等钢管及钢管平面连接系组成)。在内支撑的横梁一侧,插打ϕ300mm钢管作为竖向支撑,插打至高程-13.0m。

围堰内撑安装前，应首先将围堰内泥土不排水开挖至高程 +3.7m 处，在堰内布设抽水设备，排除围堰内积水。按基坑底面每平方米渗水量为 $0.2m^3/h$、基坑侧面（钢板桩）每平方米渗水量为 $3\% \times 0.2m^3/h$ 计，则基坑总的渗水量约为 $270m^3/h$。水泵的选择应按总排水量为 $1.5 \times 270 = 405m^3/h$ 来选择，每台水泵的排水量若为 $70m^3/h$，则需要此种离心泵共计 6 台，或采用 2 台泥（砂）石泵。

内支撑安装过程为在承托钢管桩与钢板桩之间按顺序先安装第二道和第一道围堰内支撑梁（3×HM588×300、3×HN700×300），并分别支于 ϕ300mm 等钢管桩上，再安装第一道围堰内支撑梁平面支撑系统（ϕ820mm）钢管，在安装平面系统时，需用 32t 螺旋千斤顶进行预顶，以确保围堰内支撑按设计要求受力。

待围堰第一道内支撑安装就位后，继续不排水开挖围堰内泥土至 +0.9m，于低潮位，抽干围堰内积水，将第二道围堰内支撑梁分单元下放到其设计位置（+1.5m），并支于 ϕ300mm 钢管柱上；安装第二道围堰内支撑梁平面支撑系统。

再继续不排水开挖围堰内泥土至 -4.15m，若开挖过程中抽水显示基坑渗水量较小，设置几个汇水井即可抽干，则基坑底只开挖至 -2.5m 即可（实际施工时因基坑基本不渗水，只挖至 -2.5m 处）。

3）混凝土灌注

首盘混凝土储备方量不小于 $8.0m^3$；拔球时，导管底口距基坑底 0.30m 左右，拔球后导管最小埋深 0.5m，正常埋深为 0.7～1.5m。保证每一个断面的混凝土最小灌注速度不小于 0.25m/h。

采用分层往复灌注，每次同时开灌 3～5 根导管，由围堰一侧向另一侧推进。2m 封底高度一次成型；在导管顶部料斗上焊设小型附着式振捣器，根据测量的封底混凝土顶面高程情况，决定提导管时是否开振捣器，使混凝土顶面平整。

混凝土面测点布置在导管点连线及导管线的中点，对混凝土流动受影响的转角地段应进行补点测量。绘制混凝土动态高程线，以便控制混凝土浇筑正常进行。汇水井可采用油桶内装砂密封下沉等办法设置，桶顶略高于封底混凝土顶面，用铁丝或铅丝固定。在围堰内抽水清基时汇集基坑积水。

4）封底混凝土灌注保证措施

配合比设计：粗集料粒径 5～31.5mm，坍落度 18～22cm，考虑混凝土能在重塑时间内浇筑完成，要求混凝土初凝时间为 16h，和易性、泵送性良好，最小混凝土供应量 $\geq 70m^3/h$。封底混凝土方量较大，施工前应充分备料，以确保封底混凝土的厚度。

施工中注意通过对首个拔球的导管混凝土作用范围的测量，确定实际混凝土流动坡度。浇筑过程中，注意量测混凝土面高程变化，并作出记录，画出混凝土面高程线。

测点布置原则：导管附近；浇筑作用半径处（$R = 3.5m$）；加测桩基周围；侧板边每 1m 为间距。

测量方法：利用测绳和竹竿测探各处混凝土面高程，其中重点检查交点及桩周，若发现厚度不够需进行补灌。

水下封底应有周密施工组织，严格浇筑顺序及操作工序，详细掌握测量资料及施工情况，集中指挥，互相配合，实施有效的信息通信系统。

三、承台大体积抗渗混凝土施工

1. 概述

（1）承台及承台系梁混凝土施工，在高度方向分为两层，按两次浇筑，各层厚度分别为 2.2m、3.8m；在离承台 1.8m 处系梁两端留湿接缝，在承台施工完后 20d 以内，用微膨胀混凝土浇筑两个湿接缝。

（2）由于承台施工季节气温高，为了减少水化热，平面分三块浇筑，每次在高度方向浇筑 C30 混凝土 $2\,134m^3$、$3\,686m^3$。在平面方向浇筑面积为 19m×19m、31m×8m、19m×19m 三块，分隔处设置快易收口网，这种收口网为一次性金属网，属进口高科技产品。

（3）承台为大体积混凝土，为防止产生温度裂缝，尽量采用水化热较低的水泥，采用"双掺"技术（掺优质粉煤灰、优质减水剂),选择含泥量低、颗粒级配好的粗细集料;每立方米水泥用量275kg,Ⅱ级粉煤灰掺量为95kg,KJ—45L减水剂(水剂有效物质为30%)掺量为6.66kg/m^3。

(4)采用分层浇筑并在承台混凝土内设置循环冷却水管、保温和及早回填等办法,使承台内外温差控制在24~26℃之间;冷却水管选择外径为25mm,壁厚为2.0mm的电焊钢管。流量为10~20L/min,进水口、出水口温差控制在10℃以内。为了保证混凝土的浇筑温度在30~32℃以下,采用制冷机使搅拌用水冷至10℃以下。

主塔墩承台施工工艺流程如图3-1-4所示。

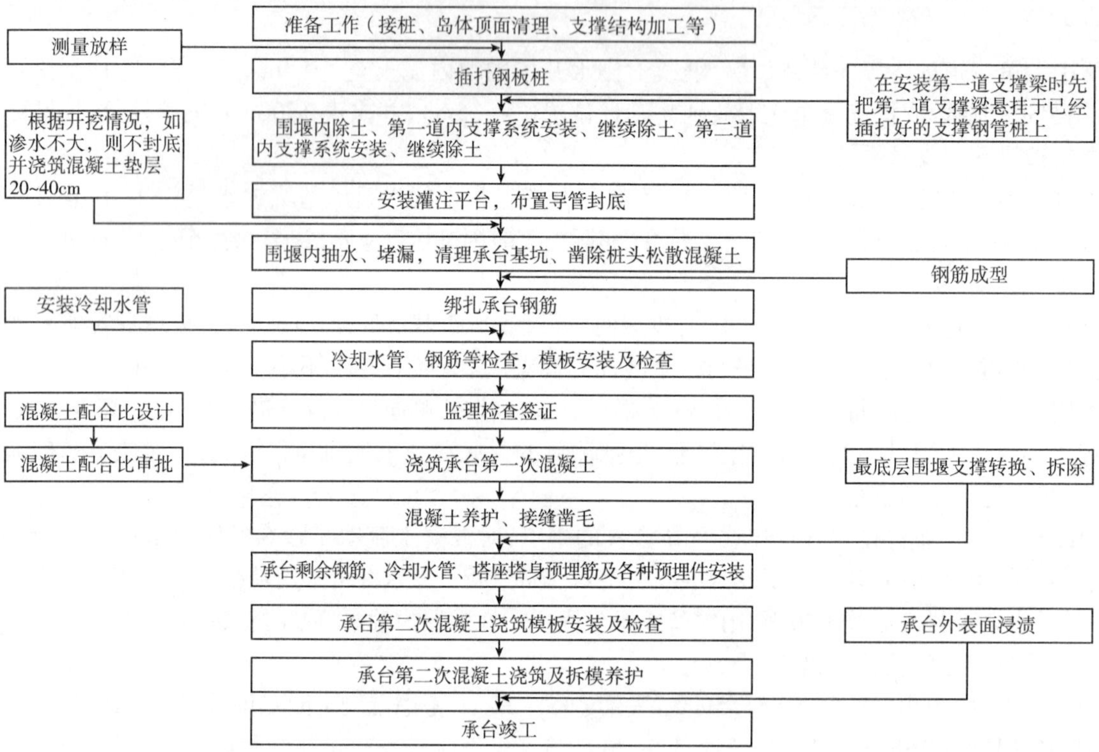

图3-1-4 主塔墩承台施工工艺流程

2. 围堰抽水、凿除封底软弱层及破桩头

灌注封底混凝土完成后,待混凝土强度达80%以上时可在围堰内抽水。应配备从围堰外向堰内灌水的水泵,以防止抽水过程中发生意外事故,保证围堰安全。一旦发生异常情况,立即向堰内灌水,恢复内外平衡,经检查处理后再抽水。抽水过程中,需派专人对钢板桩和内支撑进行观察,同时由专门人员进行堵漏。凿除封底软弱层并破除桩头,调整桩头钢筋。用风镐找平封底混凝土顶面高程至设计位置,准备承台钢筋混凝土的施工。

3. 钢筋施工

本工程钢筋用量较大,总共约计750t,钢筋直径较粗。结构大,各型号钢筋之间交叉较多,现场绑扎难度较大。

1)本工程钢筋绑扎顺序

承台钢筋绑扎、接地防雷钢筋焊接安装→系梁钢筋绑扎→散热管及预埋件安装→塔身预埋钢筋施工→塔座预埋钢筋绑扎。

2)钢筋加工

(1)材料

用于工程中的每批钢筋,在使用前应由生产厂家提供以下资料:轧制钢筋的生产方法;每炉或每批钢筋的物理力学性能试验结果;每炉或每批钢筋的化学组成。

识别标志：在检验以前，每批钢筋应具有易识别的标签。标签上标明制造商试验号及批号，或者其他识别该批钢筋的证明。

材质：带肋钢筋应符合《钢筋混凝土用热轧带肋钢筋》（GB 1499—1998）的规定，光圆钢筋应符合《钢筋混凝土用热轧光圆钢筋》（GB 13013—1991）的规定。

（2）抽样试验

钢筋应按《金属拉伸试验方法》（GB/T 228—2002）、《钢及钢产品 力学性能试验取样位置及试样制备》（GB/T 2975—1998）、《金属材料 弯曲试验方法》（GB/T 232—1999）及《焊接接头冲击试验方法》（GB 2650—1989）、《焊接接头拉伸试验方法》（GB 2651—1989）的规定进行屈服点、抗拉强度、延伸量和冷弯试验，或执行合同的规定。所有钢筋的试验检验必须在合同规定或经国家计量部门鉴定批准具备一定资质的试验室进行。

（3）钢筋的储存、加工

钢筋应储存于地面以上 0.3m 的平台、垫木或其他支承物上，并在顶上搭设雨篷或进行封闭遮盖，使其不受机械损伤及由于暴露于大气中而产生锈蚀和表面破损。

当安装于工程时，钢筋表面应无灰尘、有害的锈蚀、松散锈皮、油漆、油脂、油或其他杂质。

钢筋应检查外观质量无有害的表面缺陷，例如裂纹机械损伤及剥离层等。

（4）钢筋的加工成型

钢筋调直：对盘条和弯曲的钢筋应予整直；采用冷拉方法调直时，I 级钢筋的冷拉率不宜大于 2%；HRB335、HRB400 牌号钢筋的冷拉率不宜大于 1%。钢筋应按设计图纸所示的形状进行加工成型。

受力钢筋的末端圆钢筋做成 180°弯钩，带肋钢筋做成 90°直角弯钩或 135°弯钩；弯曲直径及平直部分长度应符合规范要求。

箍筋的端部应按图纸规定设弯钩，其弯曲直径应大于受力钢筋的直径且不小于箍筋直径 2.5 倍；弯钩平直段长度，一般结构不宜小于 $5d$；抗震结构不应小于 $10d$（d 为钢筋直径）。

钢筋的连接：钢筋的连接方式原则上应按设计规定处理，主筋可采取焊接及滚轧直螺纹连接方式，其余钢筋采用绑扎或焊接的连接方式。

质量要求：

①接头的现场检验：同一施工条件下采用同一批材料的相同等级、形式与规格的接头，以 500 个为一个批次验收，不足 500 个也作为一个验收批。

②对每一个验收批，按规范要求取试件做单向拉伸强度试验进行评定。现场连续检验 10 个验收批，单向拉伸试件一次抽样均合格时，验收批接头数量可扩大 1 倍。

③丝头加工质量检验项目、检验方法及要求如表 3-1-1 所示。

丝头质量检验要求 表 3-1-1

序号	检验项目	量具名称	检验要求
1	外观质量	目测	牙形饱满、牙顶宽超过 0.6mm 秀牙部分累计长度不超过一个螺纹周长，丝头不得有裂开现象
2	外观尺寸	卡尺	丝头长度应满足设计要求，标准型接头的丝头为 $+1P$
3	螺纹大径	光面轴用量规	通规应能通过螺纹的大径，而止规则不应通过螺纹大径
4	螺纹中径	通端螺纹环规	能顺利旋入螺纹并达到旋合长度
5	螺纹小径	止端螺纹环规	允许环规与端部分旋合，旋入量不应超过 $3P$

注：P 表示螺距。

④自检合格的丝头,随机抽样进行检验,抽检10%;合格率小于95%时,应加倍抽检。

3)钢筋的安装

(1)一般要求

承台钢筋位置必须进行放样。其绑扎顺序,一般情况下先长轴后短轴,由一端向另一端依次进行,操作时按图纸要求画线、铺钢筋、穿箍筋、绑扎、成型。在多排钢筋之间,必要时可垫入短钢筋头或其他适当的钢垫,但短钢筋头或钢垫的端头不得伸入混凝土保护层;接地防雷钢筋的焊接要符合设计所要求的电阻值。

受力钢筋采用焊接搭接接头,接头位置相互错开,上层钢筋接头位置在跨中,下层钢筋接头位置尽量在桩顶处;主筋的搭接采用焊接搭接,其搭接长度应满足设计及规范的要求。预埋墩身钢筋,在达到设计的要求后加以固定,以确保其墩身的预埋钢筋在浇筑完混凝土后位置不变。

在承台上、下两层钢筋间除设置架立筋外,应充分利用结构本身钢筋或增设铁件按适当间距进行支撑,以保持上下两层钢筋间距的正确。注意加强该部分焊点强度,确保钢筋骨架的牢固和定位准确,以策安全。

垫好钢筋保护层的水泥砂浆垫块,侧面的垫块与钢筋绑牢,并检查有无遗漏。水泥砂浆垫块应保证强度,其厚度、大小及绑扎位置等应符合有关规定。

注意预埋各种预埋件,承台外表面(除底层、顶层塔座范围内及承台与系梁接触面以外)应加设ϕ5@10cm×10cm钢筋网一层。

(2)钢筋制造及安装质量要求

加工钢筋的检查项目如表3-1-2所示,安装检查项目如表3-1-3所示,受拉钢筋绑扎接头的搭接长度如表3-1-4所示。

加工钢筋的检查项目表 表3-1-2

项次	检查项目	规定值或允许偏差	检查方法
1	受力钢筋顺长度方向加工后的全尺寸(mm)	±10	按受力钢筋总数30%抽查
2	弯起钢筋各部分尺寸(mm)	±20	抽查30%
3	箍筋、螺旋筋各部分尺寸(mm)	±5	每构件检查5~10个间距

安装检查项目表 表3-1-3

<table>
<tr><th>项次</th><th colspan="3">检查项目</th><th>规定值或允许差(mm)</th><th>检查方法</th></tr>
<tr><td rowspan="4">1</td><td rowspan="4">受力钢筋间距(mm)</td><td colspan="2">两排以上排距</td><td>±5</td><td rowspan="4">每构件检查2个断面,用尺量</td></tr>
<tr><td rowspan="2">同排</td><td>梁、板、拱肋</td><td>±10</td></tr>
<tr><td>基础、锚碇、墩台、柱</td><td>±20</td></tr>
<tr><td colspan="2">灌注桩</td><td>±20</td></tr>
<tr><td>2</td><td colspan="3">箍筋、横向水平钢筋、螺旋筋间距(mm)</td><td>±20</td><td>每构件检查5~10个间距</td></tr>
<tr><td rowspan="2">3</td><td rowspan="2">钢筋骨架尺寸(mm)</td><td colspan="2">长</td><td>±10</td><td rowspan="2">按骨架总数30%抽查</td></tr>
<tr><td colspan="2">高、宽或直径</td><td>±5</td></tr>
<tr><td>4</td><td colspan="3">弯起钢筋位置(mm)</td><td>±20</td><td>每骨架抽查30%</td></tr>
<tr><td rowspan="3">5</td><td rowspan="3">保护层厚度(mm)</td><td colspan="2">柱、梁、拱肋</td><td>±5</td><td rowspan="3">每构件沿模板周边检查8处</td></tr>
<tr><td colspan="2">基础、锚碇、墩、台</td><td>±10</td></tr>
<tr><td colspan="2">板</td><td>±3</td></tr>
</table>

受拉钢筋绑扎接头的搭接长度 表 3-1-4

钢筋等级 \ 混凝土强度等级	C20	C25	高于 C25	适 用
HPB235(Ⅰ级)	35d	30d	25d	公路工程
HRB335(Ⅱ级)	45d	40d	35d	
HRB400(Ⅲ级)	55d	50d	45d	

注:①当带肋钢筋直径 d 不大于 25mm 时,其受拉钢筋的搭接长度应按表中值减少 5d 采用;当带肋钢筋直径 d 大于 25mm 时,其受拉钢筋的搭接长度应按表中数值增加 5d 采用。

②在任何情况下,纵向受拉钢筋的搭接长度不应小于 300mm,受压钢筋的搭接长度不应小于 200mm。

③当混凝土强度等级低于 C20 时,HRB335 钢筋的搭接长度应按表中 C20 的数值相应增加 10d,HRB400 钢筋不宜采用。

④对有抗震要求的受力钢筋的搭接长度,抗震烈度为 7 度(及以上)时应增加 5d。

⑤当混凝土在凝固过程中受力钢筋易受扰动时,其搭接长度宜适当增加。

⑥两根不同直径的钢筋的搭接长度以较细的钢筋直径计算。

⑦除非另有规定,在构件任一有钢筋绑扎搭接接头的区段内,搭接接头的钢筋面积,在受拉区不得超过其总面积的 25%,受压区不得超过其总面积的 50%;应尽量少设接头,受力钢筋绑扎接头应设置在内力较小处,并错开布置,两接头间距离不小于 1.3 倍搭接长度并不小于 50cm。

⑧钢筋搭接点至钢筋弯曲起始点的距离不应小于 10 倍钢筋直径。

(3)搭接电焊接头

焊缝长度、宽度、厚度应符合图纸规定,如图纸无规定,按表 3-1-5 规定执行。电弧焊接接头与钢筋弯曲处的距离不应小于 10 倍钢筋直径。

电弧焊的焊缝规格 表 3-1-5

项 目		焊缝规格
帮条焊或搭接焊,每条焊缝长度 L	帮条焊接,4 缝(双面焊)	5d
	帮条焊接,2 缝(单面焊)	10d
	搭接焊接,2 缝(双面焊)	5d
	搭接焊接,1 缝(单面焊)	10d
帮条钢筋总面积		>A
焊缝总长度	帮条焊接	20d
	搭接焊接	10d
焊缝宽度		0.7d 但不小于 8mm
焊缝深度		0.3d 但不小于 4mm

注:A 为焊接的钢筋的面积;d 为被焊接的钢筋的直径。

4. 模板施工

(1)承台模板采用组合钢模组拼成的大面钢模板,模板的强度、刚度、表面平整度、接缝宽度及错台大小等应满足规范的要求。

(2)清理基层,放好轴线、模板边线、水平轴线、水平控制高程,模板底口用水泥砂浆找平,用吊机吊放等方法,支立模板,用线垂和水平尺初步找平模板。模板安装应符合《公路桥涵施工技术规范》。

(3)把预先制作好的模板按顺序就位后固定,安装承台模板的纵横龙骨及支撑体系,按照设计要求的位置布置拉杆。

(4)调模:在测量人员的配合下,调整已经支立好的模板,首先调整模板的位置与高程,然后调整模板各断面的尺寸(通过松或紧拉杆的方式进行调整),调整达到要求后,将模板固定。

(5)将模内清理干净,封闭清理口,模板底部外侧与垫层接口处用水泥砂浆封口。

(6)办理模板验收手续。

浇混凝土时专人负责看模,发现局部变形或支架松动及时加固。当所有与模板有关的工作做完,构件中所有预埋件亦安装完毕，检查认可后才能浇筑混凝土。

5. 混凝土浇筑

配合比设计：按照大体积抗渗混凝土（抗渗等级为 P12 级）进行配合比设计，采用"双掺"技术；混凝土初凝时间 >12h（室外模拟施工时的气候条件测试），坍落度 16 ~ 18cm，和易性好，便于泵送施工；混凝土构件原材料及检验符合相关规范要求。

混凝土分层浇筑时，上、下层间不超过混凝土的初凝时间，混凝土的浇筑应连续进行，如因故必须间断，间断时间应根据混凝土初凝时间和气温确定，并应尽量缩短，若超过允许间隔时间，则按施工缝处理并做出记录。

混凝土的入模温度在高温季节施工时应控制在 30 ~ 32℃以内。混凝土由高处自由落下的高度不得超过 2m，否则应采用串筒或溜槽；超过 10m 时应采用减速装置，避免混凝土发生离析。

浇筑混凝土期间，应派专人检查支架、模板、钢筋和预埋件等稳固情况，随时检查安全情况，当发现支架松动、变形、移位情况时，应及时处理。

混凝土初凝后，模板不得振动，伸出的钢筋不得承受外力。

在晚间浇筑混凝土时，应备有适当的照明设施。雨季施工，应做好必要的防范措施。

承台混凝土按有关规定制作混凝土试件，并指定专人填写混凝土施工记录，详细记录浇筑日期和时间、原材料质量、混凝土的配合比、坍落度、拌和质量、混凝土的浇筑和振捣方法、浇筑进度和浇筑过程出现的问题等。

泵送混凝土要求按《混凝土泵送施工技术规程》（JGJ/T 10—95）有关规定执行。

混凝土的振捣应在浇筑点和新浇筑混凝土面上进行，振捣器插入混凝土或拔出时速度要缓慢，以免产生孔洞。振捣器要垂直地插入混凝土内，并要插至前一层混凝土，以保证新混凝土与先浇混凝土结合良好，插进深度一般为 50 ~ 100mm。插入式振捣器移动间距不得超过有效振动半径的 1.5 倍，表面振捣器移位间距，应使振动器平板能覆盖已振实部分 100mm 左右。当使用插入式振捣器时，应尽可能地避免与钢筋和预埋构件相接触。模板角落以及振捣器不能达到的地方，辅以插入振捣，保证混凝土密实及其表面平滑。不能在模板内利用振捣器使混凝土长距离流动或运送混凝土，防止引起离析。混凝土振捣时间一般为 20 ~ 30s，以混凝土停止下沉、不冒气泡、表面泛浆为度。

混凝土浇筑时宜在整个截面内进行，可采用连续薄层（0.3m 厚以内）推进方式进行，如图 3-1-5 所示。

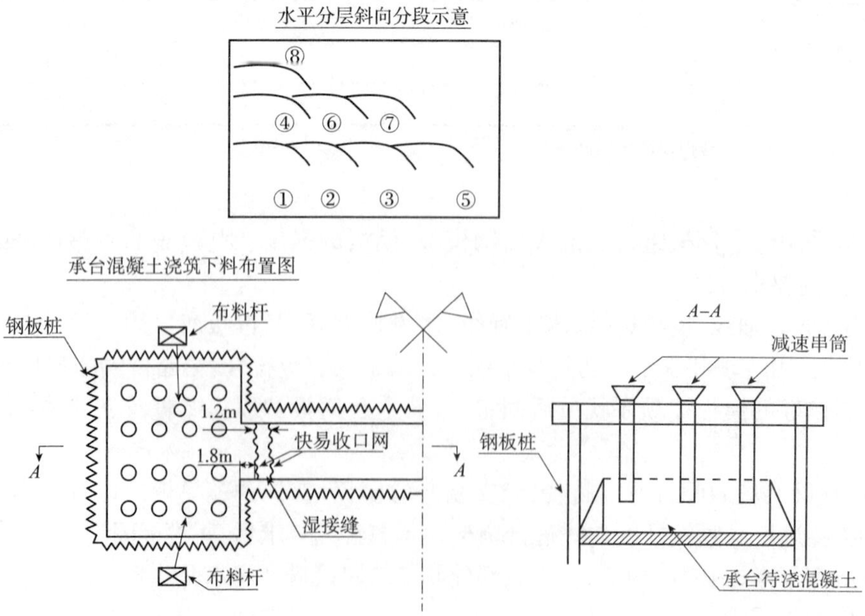

图 3-1-5　混凝土浇筑

四、混凝土温度控制

黄埔大桥 S08 标主墩承台成哑铃形布置，承台尺寸：19m × 19m × 6m，上下游承台之间由 31m × 8m × 6m系梁连接而成，混凝土强度等级 C30，共 5 820m^3，属于典型的大体积混凝土施工。在混凝土内外散热不均匀以及内外约束的情况下，混凝土内部产生的较大温度应力，导致裂缝产生，为结构埋下了严重的质量隐患。因此大体积混凝土施工中的温度控制是控制裂缝产生的关键。选用以下温度控制方案：

1. 合理选择原材料，优化混凝土配合比

（1）水泥：选用水化热低、安全性好的水泥，并在满足设计强度要求的前提下，尽可能地减少水泥用量，以减少水泥的水化热。

（2）集料：尽量选用粒径大、级配较好的粗集料（5 ~ 31.5m）。

（3）外加剂：掺加适量的优质粉煤灰和减水剂，以减少水泥用量。

（4）混凝土在浇筑过程中围堰上搭棚遮盖，避免日光曝晒，不使混凝土表面失水。高温时用冷却水拌和（制冷机制冷至 10℃以下），降低混凝土入模温度。

2. 施工方法

水平分层浇筑，第一层 2.2m，第二层 3.8m，封底混凝土 2m。采用分层浇筑，合理分层 30cm 厚左右，适当控制混凝土的灌注速度，尽量减小新老浇筑混凝土的"冷接缝"。

混凝土结构内部埋设冷却水管和测温点，通过冷却水循环，降低混凝土内部温度，减小内表温差，通过测温点测量，掌握内部各测点温度变化，以便及时调整冷却水的流量，控制温差。

冷却循环水管采用黑铁管，埋设在混凝土浇筑层的中心位置稍靠下。每层水管的进、出水口相互错开，且出水口有调节阀和测流量设备。冷却水供给采用潜水泵集中供水。

冷却水管按设计图安装好后，要与钢筋骨架固定牢靠，以防混凝土灌注时水管变形及脱落，发生堵水和漏水，浇筑混凝土前应进行通入 0.1MPa 的水检查管路的密封性，防止管路漏水、阻塞。

每层循环水管被混凝土覆盖并振捣完毕，即可进行通水。循环冷却水的流量可控制在10 ~ 20L/min，使进、出水的温差小于 10℃，自混凝土浇筑开始，冷却水管要连续通冷却水 15d。冷却水管的管径及流量应通过计算确定（根据水化热、平均绝热温度升、散热方式等条件计算）。

冷却水管（及测温管）使用完毕，需压注水泥浆封闭。混凝土浇筑完毕后，混凝土表面满铺两层薄膜，两层草包，保持混凝土表面温度，控制混凝土内外温差。

3. 温度观察

（1）在混凝土浇筑开始时，应对混凝土进行观测，记录混凝土的入模温度。

（2）在混凝土初凝时，观测混凝土温度。

（3）混凝土初凝后，每 2h 观测一次温度，直到温度达到最高后，每 4h 观测一次，观察两天。同时记录大气温度。

（4）以后每天观测一次。

（5）浇筑下一层混凝土重复以上步骤，并同时观测以前所有测点温度。

（6）所有测点编号，进行混凝土内部不同深度和表面温度的测量。

（7）在测温过程中，发现温差超过 25℃时，应及时加强保温或延缓拆除保温材料。

（8）测温管平面位置及数量由现场布置。为方便观测以及长时间的观测而不影响施工进度，测温管应分节且便于接长。

（9）温度监测。

温度测点布置如图 3-1-6 所示（测温点处也用外径为 32mm 的钢管埋进混凝土中，完后与冷却水管一并压浆处理），测温设备采用耐高温测温计，也可采用上海仪表厂 XQC – 300 大型长图自动平衡记录仪。

当混凝土离表面5cm处温度与体内中心温度相差25℃时，要及时向各有关负责部门报告，及时采取加强保温措施，以防混凝土内外温差进一步扩大，使混凝土内外温差控制在25℃以内。当混凝土中心温度与混凝土表层以下5cm处的温差小于20℃时，可以停止测温，当温差小于15℃，可解除保温。

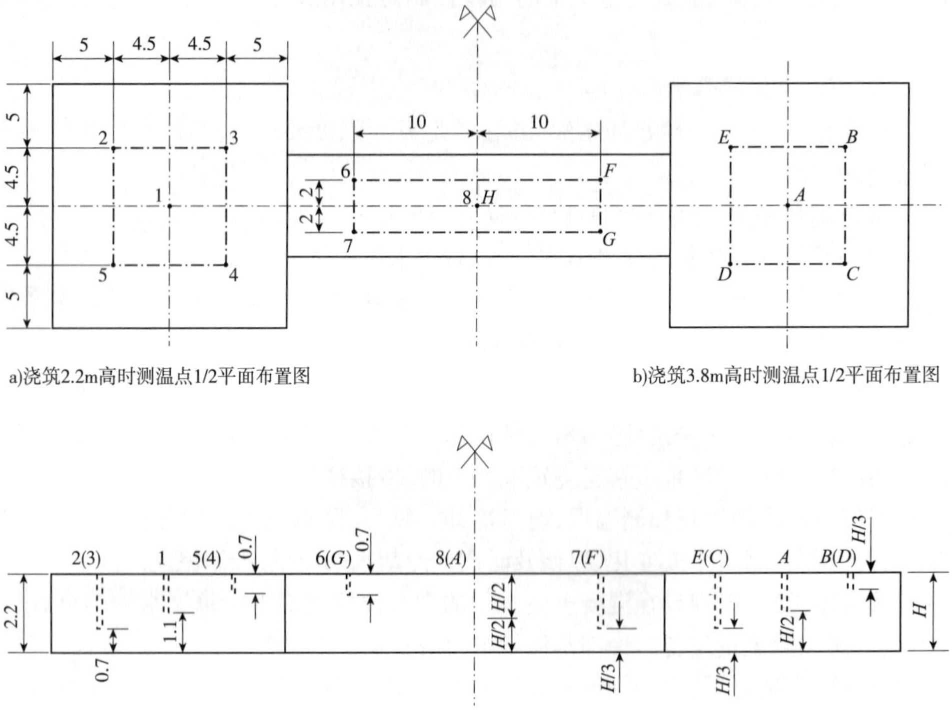

c)1/2立面布置图

图3-1-6　温度测点布置图（尺寸单位：m）

注：在各测温点附近，离混凝土顶面以下5cm处再分别布置测温点，图中未示。

4. 养护

1）一般要求

（1）混凝土浇筑完成，表面收浆后，尽快对混凝土进行养护，保持表面湿润，养护最少的时间一般为7d。

（2）适当推迟拆模时间，拆模后，加强表面保温、保湿养护，延缓降温速率，防止混凝土表面干裂。

（3）承台不论采用什么养护方法，在拆模之前均应连续保持湿润。

（4）养护期间，混凝土强度达到2.5MPa之前，不得使其承受行人、运输工具、模板、支架及脚手架等荷载。

（5）洒水养护使混凝土表面保持湿润；养护用水应符合拌和用水的要求。

2）炎热气候承台混凝土施工

在浇筑承台时，混凝土入模温度不应超过32℃（夏秋季施工），一般可采取以下保证措施：

（1）集料及浇筑现场应遮荫或洒水冷却，但不得积水。

（2）搅拌和运送（含泵送）等设备进行遮阴或冷却。

（3）对集料或拌和用水进行冷却（含拌和水用制冷机冷却后用作拌和水）。

（4）与混凝土接触的模板、钢筋及其他表面，在浇混凝土前均应冷却至32℃以下，其方法有盖以湿麻布或棉絮、喷雾状水，用保护罩覆盖或其他认可的方法。

(5)喷洒用水及制冷水应符合规范的要求。

3)其他有效措施

(1)覆盖养护:混凝土浇筑完成后应立即进行保温、保湿保养,一般顶面可先用一层塑料薄膜覆盖,再加盖两层草袋养护,对于结构侧面,可在模板外面包裹两层草袋保湿。洒水养护时间为7d以上,每天洒水次数视环境湿度与温度控制,洒水以能保证混凝土表面经常处于湿润状态为度。

(2)拆模后及时回填土。

(3)当混凝土中心温度与表面温度相差达到或超过25℃时,应及时加强混凝土内部降温和外部保温措施,以防温差继续扩大;当混凝土内外温差小于20℃时,可适当减少温度监测,保温工程;当混凝土内外温差小于15℃时,可解除混凝土保温措施。

第二节　塔柱、过渡墩及辅助墩施工

一、塔柱施工

1. 塔座施工

索塔塔座设计为顶、底面尺寸分别为13m×11m、17m×15m,高2m的棱台体,每个塔座顶面设计有62个长1.0m、宽0.5m、深0.1m的剪力槽。塔座混凝土级别设计为C40,与承台一样按大体积混凝土施工的方法控制,即用制冷机冷却混凝土拌和用水以控制混凝土的浇筑温度、内部根据温控设计布设冷却循环水管、保护层内设抗裂钢筋网、包裹保温保湿法养生等。采用钢模板,倾斜面开洞振捣,确保混凝土的施工质量。

2. 索塔塔柱施工

索塔下塔柱自塔座顶至上、下塔柱转折点(下横梁中心线处)为53.614m,上塔柱从上、下塔柱转折点至塔顶高度为170.526m;上、下塔柱内侧面斜率均为1:26.804,上塔柱顺桥向竖直向上;下塔柱横桥向外侧面的斜率为1:9.747,上塔柱外侧面的斜率为1:26.804,顺桥向两面斜率均为1:35.742。下塔柱截面内部由塔座向上设24m高防撞"十"字撑,其中4m为实心段。其余塔柱内腔均为矩形空心截面。塔柱外表面四角均设置为半径1.5m的圆弧,上横梁下部、塔柱内侧设置39m高倒三角形楔体结构。

索塔上、下塔柱全部设计有双层桁架式型钢劲性骨架以定位钢筋并兼作施工操作平台、主钢筋分9m一节采用滚轧直螺纹套筒接头连接。索塔上、下塔柱外模全部采用液压自爬模(除上横梁底以下39m高有楔体的一面除外),如图3-1-7所示。由于下塔柱四个面的尺寸均在变化,因而模板每浇筑一次均要切割划分。所以液压爬模的面板采用Wisa面板,下塔柱内模也全部采用木模面板(竹筋板)。下塔柱内模施工脚手架采用ϕ48mm扣件式钢管脚手架。下塔柱底、顶面外轮廓平面尺寸分别为9m×11.5m、5.5m×8.5m。上塔柱内模用钢内模,如图3-1-8所示,在设计此内模时,集施工脚手架、平台及模板"三合一"的附墙悬挂式结构,利用塔式吊机提升的方法逐节升高。在有拉索锚固齿块处的内腔端面设计为通长(约68m高)不拆除的钢内模,施工时分节安装。在楔体(空心结构)施工时,该面的液压爬模的面板要拆除,另外在此面搭设扣件式钢管脚手架和安装楔体钢外模、木内模。

主塔下塔柱范围在高度方向设置两道水平横撑,用ϕ800mm钢管,上塔柱每隔18~20m设置一道,共7道水平横撑,采用万能杆件结构("井"字形)。两塔柱之间的水平横撑采用被动内支撑结构,承受压力最大一处约2 000kN。为了确保主塔塔柱线形和倾斜度,在安装内支撑时一是要及时安装(爬模腾出空间后应立即安装),二是用千斤顶先对顶横撑结构以基本消除水平方向的非弹性变形以后再与塔柱连接(并根据弹性变形、设计计算等设置立模预偏值)。

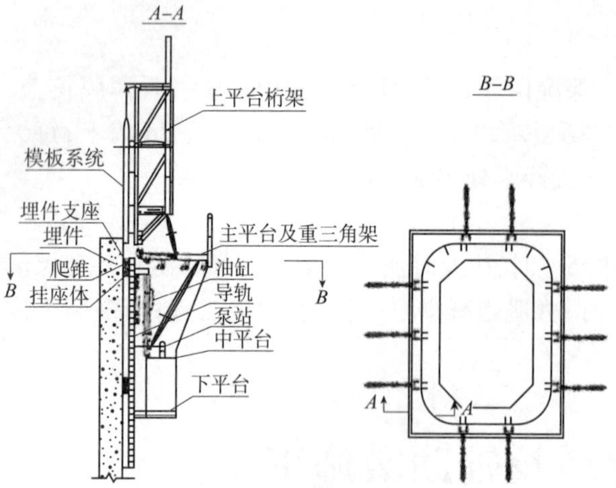

图 3-1-7　液压自爬模结构图

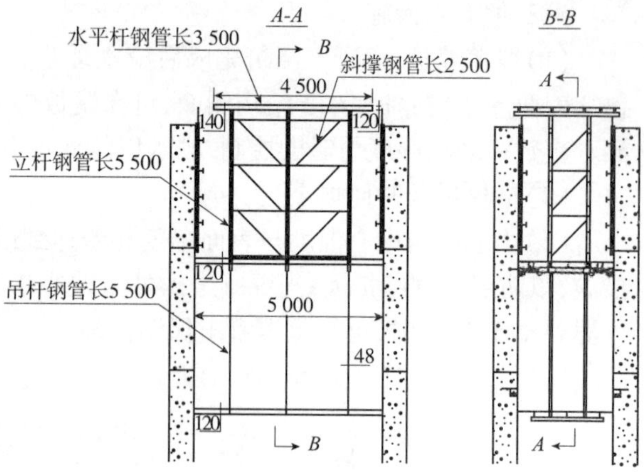

图 3-1-8　上塔柱钢内模结构图(尺寸单位:mm)

3. 上塔柱拉索锚固区的施工

主塔的拉索锚固部分是将一个拉索的局部集中力,安全、均匀地传递到塔柱的重要受力构造,是大桥关键的核心受力部位。

1)索导管的定位

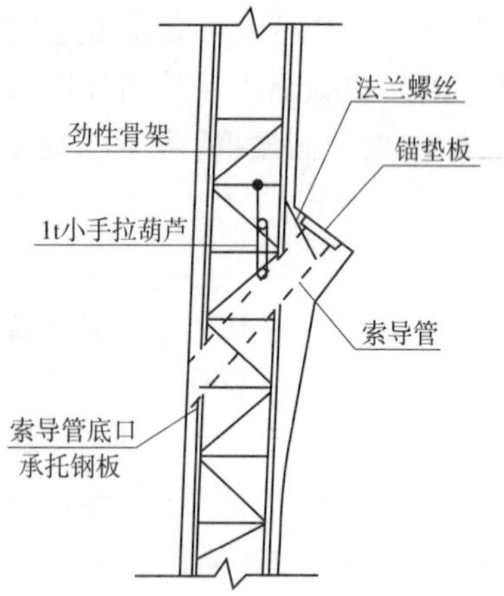

图 3-1-9　索导管定位结构图

针对本工程中索导管比较长(1 号索导管近 9m 长)、索塔较高等的特点,对索导管采用“三点定位一点复核”的方法,施工简单、快捷。即首先对索导管出口上、下点及锚固面中心点进行精确定位(采用国家Ⅰ级控制网点和莱卡 TC2003 世界最先进的全站仪),然后利用劲性骨架固定索导管,最后再在索导管顶面控制线上任取一点复测,待所有点的误差均小于 5mm(施工按 2mm 控制)以后完全固定索导管,索导管定位结构如图 3-1-9 所示。

2)施工顺序

拉索锚固区结构物密集,包括钢筋、劲性骨架、环向预应力、索导管、各种预埋件及锚固齿块加强钢筋等,施工顺序相当重要,本书认为按以下顺序施工较为合理。

劲性骨架安装→索导管安装→内外排竖向主钢筋及其水平筋安装→环向预应力管道安装及定位→其余钢筋安装→内模安装→外模爬升→内外模对拉杆安装。

3)环向预应力施工

为平衡斜拉索的水平分力,在锚索区范围内布置 12ϕ15 环向预应力钢束,预应力管道采用塑料波纹管,波高 5mm,内径 85mm,壁厚 2.5mm,管道压浆采用真空辅助法。并通过足尺模型试验和现场经验总结,对环向预应力损失进行分析,对张拉伸长量的计算及初张拉力进行调整,使其满足设计要求。

4. 索塔横梁施工

1)下横梁施工

下横梁施工采用落地支架施工,下横梁断面外轮廓尺寸为 10m(高)×7m(宽),在四角设置半径为 0.75m 的圆角。箱体壁厚 1.0m,内设两道 1.0m 厚的横隔板。下横梁共布置了 46 束预应力钢绞线束。采用分层浇筑法施工(第一层浇 6m 高,第二层浇 4m 高),第一层张拉部分预应力束以后继续施工第二层,然后张拉完所有预应力束。

索塔下横梁采用 ϕ800mm 的钢管落地支架法施工(支撑于承台系梁上),钢管顶部设分配梁,再在其上安装万能杆件横梁及底模系统。

索塔下横梁支架的搭设施工与主塔下塔柱施工同时进行,待爬模底面全部超出下横梁顶面一定高度以后,进行下横梁的支架预压、钢筋绑扎、模板安装及混凝土浇筑等工作,然后继续施工上塔柱(爬模继续施工)。下横梁两悬臂端采用在塔柱外侧面埋设"牛腿"的方法作为外段横梁承重支架,如图 3-1-10 所示。

2)上横梁施工

考虑本桥无中横梁,落地支架高度高,经济和安全问题均非常突出,因此采用牛腿支撑 + 拆装鱼腹式桁架梁的结构,如图 3-1-11 所示。即通过在索塔塔柱上设置满足结构受力要求的牛腿,以鱼腹式桁架梁位承重结构的施工平台支承在牛腿上。

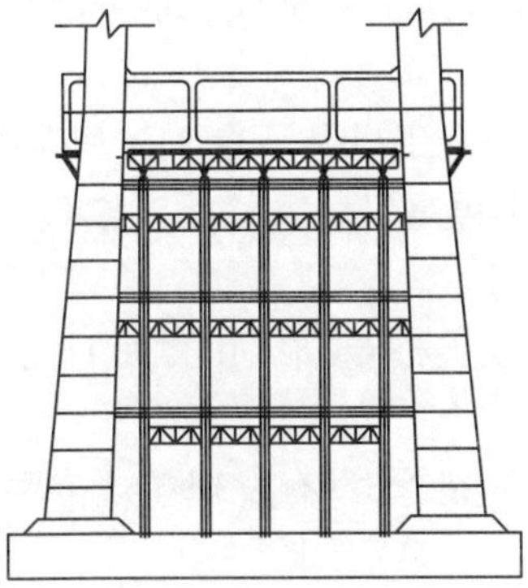

图 3-1-10 下横梁施工支架示意图

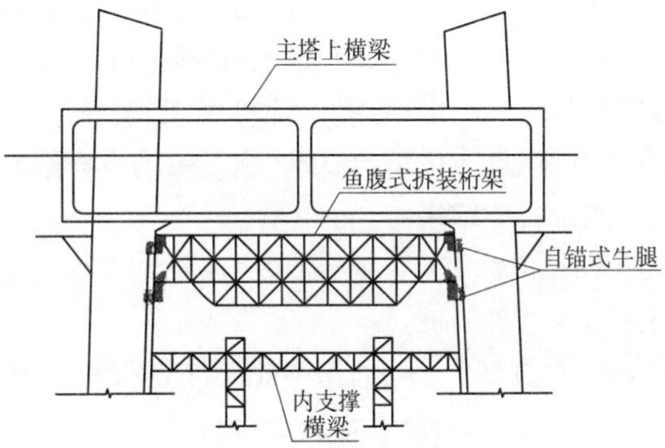

图 3-1-11 上横梁施工结构示意图

爬模施工至上横梁底面高程时,拆除内侧面爬模、爬架,留下南北侧爬模爬架,外侧因为横梁有 3m 长悬臂端,拆除爬模、留下爬架作为施工平台。上横梁也分两层浇筑(各 5m),施工完后(预应力张拉完后)利用爬模面板浇筑塔冠部分混凝土。

二、过渡墩及辅助墩施工

本桥设置 40 号及 41 号两个辅助墩和 38 号及 42 号两个过渡墩。38 号及 42 号墩分别与北引桥和中引桥连接;主桥斜拉桥为增加主梁体系刚度,改善塔、梁受力情况,设置两个辅助墩 40 号及 41 号墩。桥墩均采用箱形空心薄壁截面,直径为 1.8m 的钻孔灌注桩基础。其中 38 号过渡墩其桥墩的外形尺寸为 7.2m(横)×4.5m(顺),42 号墩的外形尺寸为 5.0m(横)×4.5m(顺);两个辅助墩外形完全一致,为 5.0m(横)×3.5m(顺)。桥墩在箱内四侧壁之间设置 0.50m×0.50m 的倒角,在四角设 $R=75$cm 的圆角;38 号墩在距墩顶 5m 处,设置半径为 15m 的圆弧,桥墩横桥向的宽度由 6.5m 沿此圆弧线渐变到宽 8.7m。为设置大变位伸缩缝及支座,桥墩纵向由 4.5m 变宽到 5.4m。

桥墩墩身底设 2m 高实体段,墩顶设 3.5m 高实体段。

承台厚 3.0m,平面尺寸为 11.9m×7.4m。基桩采用嵌岩桩形式,桩底嵌入微风化岩层的深度不小于 2.7~3.6m。

为了增强墩柱混凝土外表面的抗裂性,在外侧钢筋的保护层内增设一层直径 5mm 的带肋钢筋焊接网,网格尺寸为 10cm×10cm。

过渡墩及辅助墩施工要点:

(1)现场控制要求模板设计刚度、强度、稳定性均满足施工规范要求,要求模板安装无接缝、错台。钢筋的采购、储存均按规范标准进行,并严格按图纸级规范要求加工、制作、安装。混凝土浇筑质量好,并做到内实外美,并按规范要求进行养护。

(2)本标共有桩基(钻孔灌注桩)74 根。桩基础施工时,桩的清孔应严格按有关规范进行,桩底沉淀土厚度满足规范要求且不得大于50mm,施工上要严格控制。

桩基终孔原则:根据钻孔柱状图和弱风化岩层和微风化层的单轴抗压强度,结合承台底内力组合结果,通过计算,确定嵌岩桩嵌岩深度;根据施工图详勘地质钻孔资料和施工超前钻地质钻孔资料,如果根据设计高程桩嵌入微风化岩层浅,通知设计代表,应适当增加桩长;过深时,可按下表确定嵌岩深度级桩底高程。

(3)采用提升滑模浇筑墩身混凝土并应符合下列规定:

宜采用低流动度或半干硬性混凝土。浇筑应分层分段进行,各段应浇筑到距模板上口不小于100~150mm的位置为止。采用插入式振捣器振捣,每一整体结构的浇筑应连续进行,若因故中断,应按施工缝处理。所有混凝土外表面均应达到平整、光洁和全桥混凝土颜色的一致的要求。混凝土脱模时的强度宜为0.2~0.5MPa,表面有缺陷,应及时予以处理。混凝土结构外观应符合下列要求:

混凝土表面应平整、密实,施工缝整齐,不得有颜色不均匀和模板接头痕迹;墩、承台的混凝土蜂窝、麻面面积不超过被检查面积的0.5%,深度不超过10mm。

钢板桩围堰施工、ϕ1.8m钻孔灌注桩施工、滑模浇筑墩身混凝土施工以及承台大体积混凝土施工等施工工艺,在塔柱基础、主塔承台、塔柱施工中均有详细叙述,此处不再重复。

桥墩施工质量检验结果:

(1)基桩(钻孔灌注桩)74根,经超声波及钻芯取样检查,其中Ⅰ类桩63根,Ⅱ类桩11根,没有不合格桩和有问题需要处理的桩。

(2)两边墩、两过渡墩、承台、墩身施工质量没有发现肉眼可见的裂缝,没有发现超规范要求的缺陷,表面平整度及质量符合《公路工程质量检验评定标准》(JTG F80/1—2004)要求。

三、新技术、新材料、新工艺的应用

1. GPS测量与RTK技术的结合

黄埔大桥北汊斜拉桥是一座具有跨度大、塔身高等特点的大跨度的斜拉桥,其跨越河汊处建筑障碍物多,测量难度大、精度要求高,特别是拉索锚固区的索导管的定位放样,精度要求平面误差在5mm以内,所以,采用先进的GPS全球定位系统,用GPS测量与RTK技术相结合的作业模式,用三角测量检测GPS的定位成果,确保桥位、主塔及梁体的定位准确,速度快,精度高。三角测量的仪器采用DJ2级全站仪(2″,2+2ppm),高程控制水准测量采用SI级水平仪。

2. 新技术、新工艺

主塔塔柱采用液压自爬模施工技术,主塔上横梁采用自锚式无水平推力的支架施工技术,解决了高塔柱施工模板和施工平台问题以及高“门型塔”的上横梁的施工支架的搭设难题。

3. 新设备的运用

先进的全自动混凝土搅拌设备为大体积混凝土搅拌用水降温的制冷机、大功率高压力混凝土输送泵等设备的采用,既保证了混凝土的施工质量,又保证了混凝土的顺利输送到位。

4. 新型材料的使用

大体积混凝土施工,选用低水化热的低碱水泥、无碱集料反应的碎石、高效减水缓凝外加剂。

使用活性矿物掺和料等新技术,配制出高强、缓凝、早强、低水化热、高流动性的泵送混凝土。

5. 其他

利用计算机网络技术、数码照相、数码摄像技术,科学、真实地管理、记录、反映本工程的施工,有利于提高本工程的施工质量。

运用计算机分析技术,对本工程的人员、材料、机械、进度、质量、财务进行全面跟踪,及时分析出本工程的各种指标,实现对本工程的过程控制,提高了效益。

第三节　钢箱梁制造与架设

一、钢箱梁制造

钢箱梁的加工、制作、运输、安装应符合《公路桥涵施工技术规范》(JTJ 041—2000)的相关要求。

钢箱梁制造时应对材料检验、下料、加工、装焊及矫正等工序进行三检，制定专用记录表格，记录各种几何尺寸和工艺参数，对首制件进行评审。

单元件制造工艺：钢箱梁划分为若干单元件，如顶板单元件、底板单元件、斜底板单元件、横隔板单元件、纵腹板单元件、锚箱单元件、风嘴单元件等，各种单元件在厂内生产线制造。

单元件有余量制造：梁段单元件在桥长方向上留20mm余量(一般向塔侧T端为无余量端；个别有板厚过渡的梁段，背塔侧B端为无余量端，以下所述以T端基准，均指一般情况)。梁段完成总装后切除桥长方向余量。4个合龙段加放30mm余量，吊装时根据实测尺寸切割。

纵隔板连接采用后孔法栓接工艺：纵隔板单元件两端工地连接孔群先行钻孔，连接板只钻一端孔群，梁段总装完成后墨孔钻制连接板另一端孔群，拼接板编号随梁段分别发运。

梁段总装及预拼在同一胎架上一次完成，采用“1+6”匹配方式。梁段间留50mm间隙。预拼装胎架纵向不设线形，即采用纵向水平胎架预组装，横向设反变形线形。

梁段加放工艺余量：梁段在桥宽方向加放焊接收缩量，余量分布在每个单元件上，梁段横向加放反变形量，两侧风嘴端点各向下20mm，转折点在离横隔板对接处最近的一道底板纵缝对接处。

边纵腹板后装工艺：边纵腹板上装有锚箱，其定位精度要求很高，因此在桥面板、底板、横隔板装焊完成后再焊接边纵腹板，以保证锚箱精度。

单元件U形肋及开口肋在单元件制造时两端各留200mm不焊，成桥吊装时，同嵌补段一起施焊。

检验项目：梁段制造各工序环节必须严格按照《珠江黄埔大桥北汉桥钢箱梁制造检验项目清册》中的要求进行检验。

1. 进场材料验收

材料进场后需要进行复验，以确认材料的材质是否达到要求。

1)复验依据及要求

根据《公路桥涵施工技术规范》(JTJ 041—2000)和《珠江黄埔大桥北汉桥施工图设计》的规定，黄埔大桥北汉桥钢箱梁制造所用材料的材质应满足设计要求和现行有关标准的规定。所采购的材料必须有材料质量证明书，并应进行复验验收。

(1)复验的内容：材质证书(包括炉批号、力学性能、化学成分)，超声波检验证书及其他必要的试验资料等技术文件。

(2)复验要求：对同一厂家、同一材质、同一板厚、同一出厂状态的钢材，按每10个炉(批)号抽验一组试件。

2)钢材复验的标准及技术要求

钢材的表面、厚度复验：钢材进场后对钢材表面进行全面检查，表面锈蚀，麻点或划痕等缺陷深度不得大于该材料厚度允许偏差的1/2，钢材厚度允许偏差符合《热轧钢板和钢带的尺寸、外形、重量及允许偏差》(GB/T 709—1988)的规定，钢材表面锈蚀等级符合《涂装前钢材表面锈蚀等级和除锈等级》(GB/T 8923—1988)规定的A、B、C级要求。

(1)钢材复验标准(表3-1-6)

钢材复验标准 表 3-1-6

项目	执行标准名称	标准号	备注
抽样及试验方法	《钢材产品力学性能试验取样位置及试样制备》	GB/T 2975—1998	
材料复验性能指标	《低合金高强度结构钢》(Q345C、Q345D)	GB/T 1591—1994	含钢板、钢管、型钢
	《碳素结构钢》(Q235B、Q235C)	GB/T 700—1988	
钢板探伤	《中厚钢板超声波检验方法》	GB/T 2970—1991	
高强度螺栓、螺母、垫圈	《钢结构用高强度大六角头螺栓》、《钢结构用高强度大六角螺母》、《钢结构用高强度垫圈》、《钢结构用高强度大六角头螺栓、大六角螺母、垫圈技术条件》	GB/T 1228-1231—1991	

(2)其他专项复验标准及要求

①本桥侧腹板板厚为32mm,材质为Q345D的钢板做Z向超声波探伤及Z向拉伸试验,断收缩率评定,$\phi_2>25\%$其抗层状撕裂性能Z向拉伸试验按(GB 5313—1985)中Z25要求执行。磷含量≤0.01%,硫含量≤0.007%。其力学指标和化学成分应符合《厚度方向性能钢板》(GB 5313—1985)的要求。

②本桥钢板厚度大30mm,有"Z"向受力技术要求的钢板做Z向超声波探伤(仅对锚腹板部分)。

③焊接材料需进行焊接工艺评定试验,明确焊材生产厂家、性能和牌号后,再按国内外有关标准进行复验。

④涂装材料的复验执行《珠江黄埔大桥北汊桥钢箱梁制造涂装工艺规程》(WSD 496L—02301)有关规定。

3)复验方法

钢材材质复验的试样数量和试验方法按表3-1-7执行。

钢材材质复验表 表 3-1-7

序号	检验项目	试样数量	取样方法	试验方法
1	化学成分	1个	GB/T 222—1984	GB/T 223.30—1984
2	拉伸	1个	GB/T 2975—1998	GB/T 228—2002
3	冷弯	1个	GB/T 2975—1998	GB/T 232—1999
4	冲击	3个	GB/T 2975—1998	GB/T 229—1994

注:有"Z"向要求的钢板,其Z向断面收缩率试样数量及试验方法按GB/T 5313—1985执行。

4)复验规则

(1)钢板由质量检验部门检查和验收。

(2)发现的钢材缺陷,按TB 10212—98的附录处理。

(3)其他项目的复验符合GB/T 247—1997的规定。

(4)包装、标志及质量证明符合GB/T 247—1997的规定。

2. 梁段划分、工艺文件及工装准备

(1)钢箱梁梁段划分如图3-1-12所示。

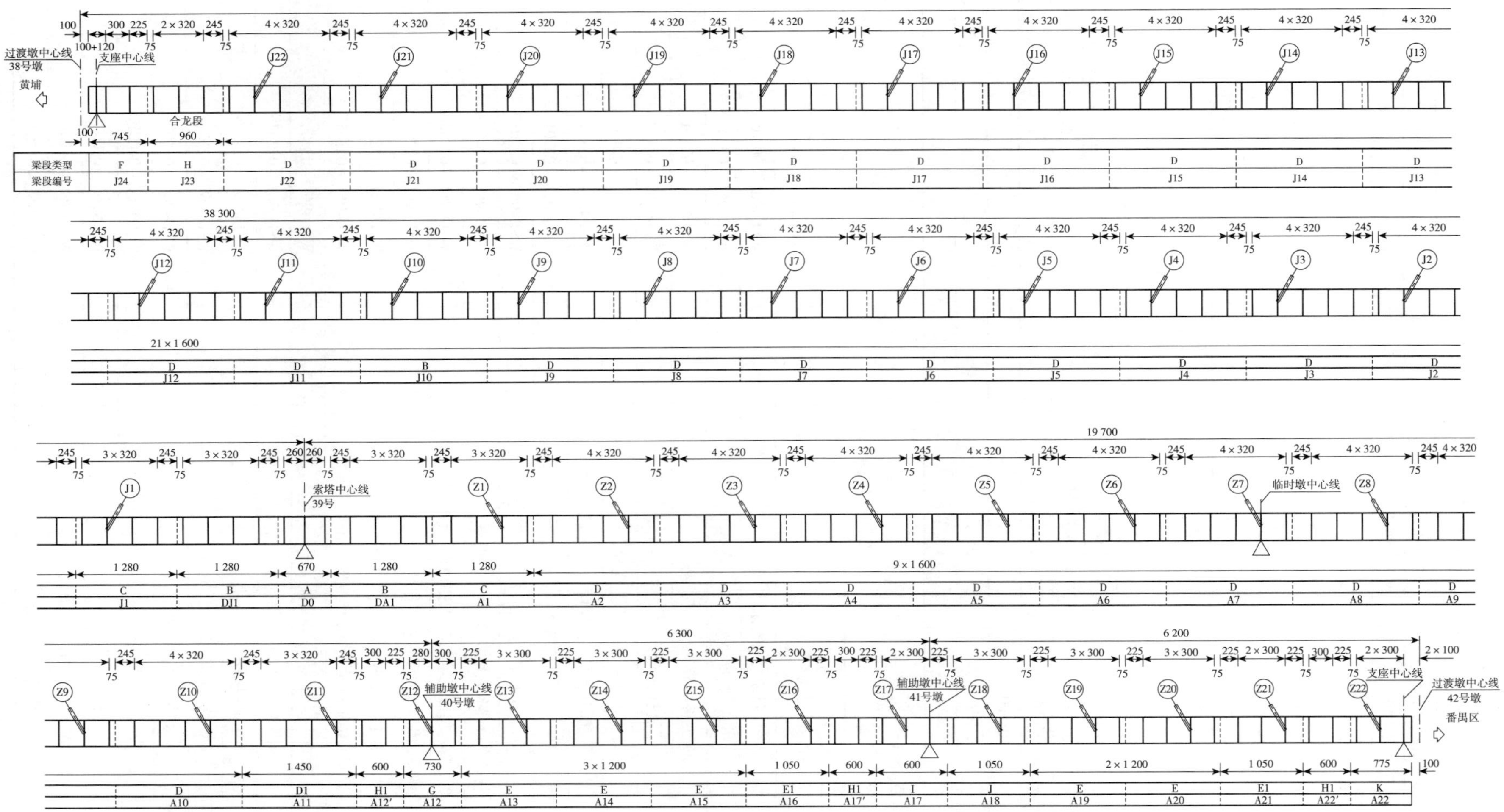

全桥梁段类型一览表

梁段类型	A	B	C	D	D1	E	E1	F	G	H	H1	I	J	K	合计
全桥数量(个)	1	2	2	30	1	5	2	1	1	1	3	1	1	1	52

注：1.图中A~K为钢箱梁加工梁段类型编号。
2.钢箱梁采用工厂预制加工，现场吊装拼接连接。
3.本桥最大双悬臂状态的悬臂长度为124.95m，最大单悬臂长度364.95m。
4.本图未示箱梁施工流程。

图 3-1-12　钢箱梁梁段划分(尺寸单位：cm)

各种类型梁段的数量、长度及设计质量如表 3-1-8 所示。

北汉桥钢箱梁相关信息表 表 3-1-8

梁段编号	梁段长度(m)	梁段质量(t)	数量	备注
A	6.716	185.3	1	
B	12.830	283.7	2	
C	12.830	289.0	2	
D	16.000	321.5	30	标准梁段 1
D_1	14.500	284.9	1	
E	12.000	247.7	5	标准梁段 2
E_1	10.500	210.9	2	
F	7.450	194.1	1	
G	7.300	185.0	1	
H	9.600	188.9	1	主跨合龙段
H_1	6.000	129.5	3	边跨合龙段
I	9.000	221.9	1	
J	10.500	241.3	1	
K	7.750	217.2	1	
合计		14 831.6	52	

(2)工艺文件如表 3-1-9 所示。

工艺文件目录表 3-1-9

序号	文件名称	图号
1	施工工艺、检验流程图	WSD496L－00004
2	材质复验要求	WSD496L－00005
3	精度要求	WSD496L－00006
4	单元件制造装配工艺规程	WSD496L－02101
5	梁段总成装配工艺规程	WSD496L－02102
6	检修小车试验、安装工艺规程	WSD496L－02103
7	桥上装配工艺规程	WSD496L－02104
8	焊接工艺规程	WSD496L－02201
9	涂装工艺规程	WSD496L－02301
10	构件存放、起吊、翻身、转运工艺规程	WSD496L－02401
11	面板、底板、斜底板单元件焊接作业指导书	WSD496L－02202
12	横隔板、纵隔板单元件焊接作业指导书	WSD496L－02203
13	风嘴角单元件焊接作业指导书	WSD496L－02204
14	腹板及锚箱单元件焊接作业指导书	WSD496L－02205
15	检修小车桁架焊接作业指导书	WSD496L－02206
16	梁段总成焊接作业指导书	WSD496L－02207
17	工地焊接作业指导书	WSD496L－02208
18	涂装作业指导书	WSD496L－02302
19	焊接工艺评定清册	WSD496L－02209
20	检验规程	WSD496L－04001
21	检验项目清册	WSD496L－04002
22	焊缝无损检验工艺规程	WSD496L－04201
23	焊缝无损检验清册	WSD496L－04202

(3)工装准备

①画线及检验测量钢带的准备

为保证单元件制造精度,减少环境温度影响,单元件画线和完工验收使用测量钢带。

②工装设备

本着质量保证、实用高效、安全可靠的原则,根据产品特点和生产的实际需要,制造了专用的工装设备和检测测量装置。在单元件制造前需对这些工装设备和测量装置进行复查。主要专用设备如表3-1-10所示。

工装主要专用设备表　　表3-1-10

序号	工装设备名称	检查项目	允许误差	检测方法
1	板单元切割画线平台	平台平面度	≤2mm	激光经纬仪、钢尺
		长度、宽度刻划线	≤1mm	钢带
2	气压U形肋装配机	轨道水平度	≤2mm	激光经纬仪、钢带、吊线锤
		胎架平板平面度	≤2mm	
		胎架平板面与轨道平行度	≤2mm	
		装配机模板与胎架中心重合度	≤1mm	
		压紧定位系统运行状况		试运行
3	400t油压机底板折边压模	上下模块中心线重合度	≤1mm	激光经纬仪、钢带、吊线锤
		前后侧面定位辊位置	≤1mm	
4	板单元件检验平台胎架	模板平面度	≤1mm	激光经纬仪
5	横隔板装焊胎架	跨板平面度	≤1mm	激光经纬仪
6	风嘴立体单元装焊胎架	模板角度	±0.2°	全站仪、钢带、吊线锤
		地标定位点	≤1mm	
		定位模板位置	≤1mm	
7	反变形焊接胎架	胎架模板横向线形	≤1mm	样板
		胎架模板纵向直线度	≤2mm	激光经纬仪
		压紧装置是否工作可靠		试运行
8	总成胎架	胎架水平度	±1mm	激光经纬仪
		模板垂直度	≤1mm	吊线锤
		模板型值位置	≤1mm	钢带、吊线锤
		地标定位标记	±1mm	全站仪、钢带、吊线锤

3. 焊接试验及焊接工艺评定

本次焊接工艺评定项目针对黄埔大桥北汊桥钢结构的重要焊缝,涵盖了钢箱梁制造所有焊接接头形式,所用材料为Q345C、Q345D、Q345D－Z25、Q235C,严格按照黄埔大桥北汊桥钢梁制造招标文件、合同、设计图纸以及《铁路钢桥制造规范》(TB 10212—98)的要求进行评定。

1)焊接工艺评定试验项目的确定

根据设计图纸、按本桥结构接头形式以及《铁路钢桥制造规范》(TB 10212—98)的要求,设定焊接工艺评定试验项目,如表3-1-11所示。其中单元件制造12项,梁段总成15项,工地制造12项。

焊接工艺评定试验项目表

表 3-1-11

序号	评定项目	接头形式(尺寸单位:mm)	焊缝成型	试板材质	焊接材料 牌号及规格	焊接方法	焊工资质	适用部位	备注
1	EM16C	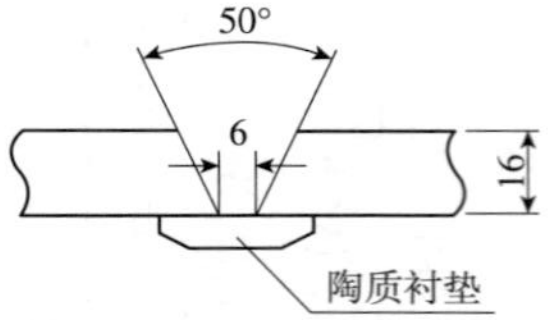	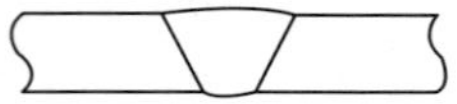	Q345C	ER50－6 ϕ1.2 H10Mn2 ϕ5.0 SJ101 陶质衬垫	实芯焊丝、气体保护半自动焊打底，埋弧焊填充、盖面	CO_2焊Ⅰ级焊工、埋弧自动焊焊工	顶底板纵横向对接焊缝平焊	
2	E12C	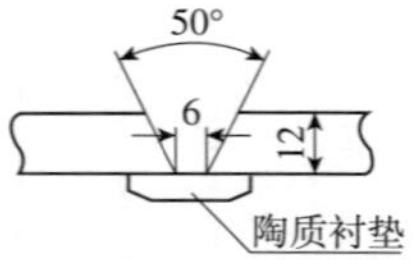	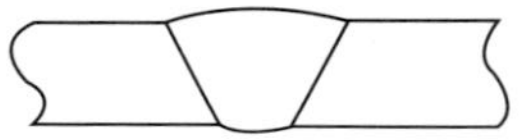	Q345C	ER50－6 ϕ1.2 陶质衬垫	实芯焊丝、气体保护半自动焊	CO_2焊Ⅰ级焊工	工地底板对接平焊	
3	EM20/12C	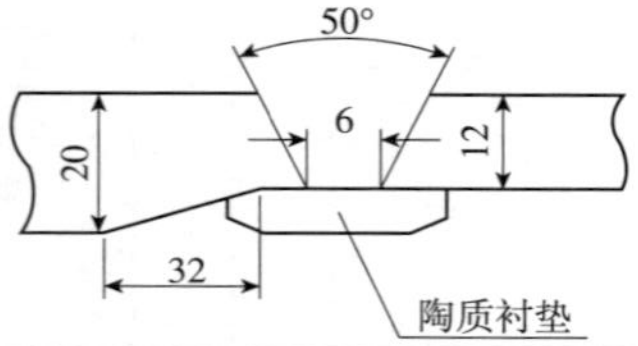		Q345C	ER50－6 ϕ1.2 H10Mn2 ϕ5.0 SJ101 陶质衬垫	实芯焊丝、气体保护半自动焊打底，埋弧焊填充、盖面	CO_2焊Ⅰ级焊工、埋弧自动焊焊工	顶、底板不等厚板对接焊缝平焊	
4	EM20C	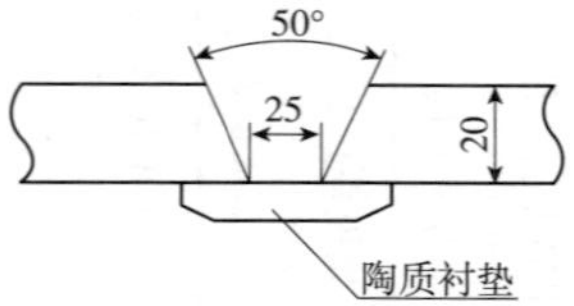	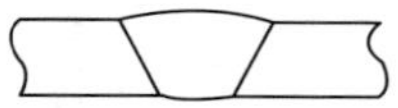	Q345C	ER50－6 ϕ1.2 H10Mn2 ϕ5.0 SJ101 陶质衬垫	CO_2半自动焊打底，埋弧焊填充、盖面	CO_2焊Ⅰ级焊工、埋弧自动焊焊工	工地顶、底板大间隙对接焊缝平焊	
5	EM12C	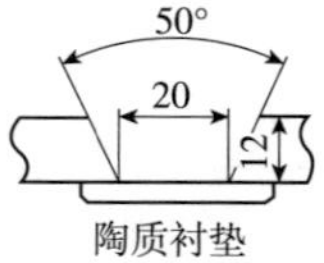	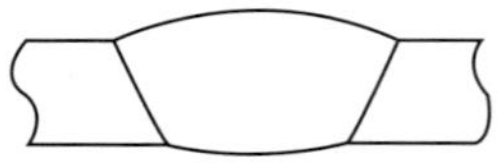	Q345C	ER50－6 ϕ1.2 H10Mn2 ϕ5.0 SJ101 陶质衬垫	实芯焊丝、气体保护半自动焊打底，埋弧焊填充、盖面	CO_2焊Ⅰ级焊工埋弧焊工	工地顶、底板可能出现宽间隙对接焊缝平焊	
6	E22LC	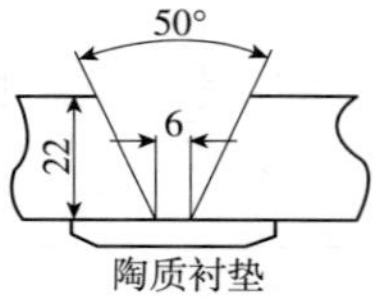	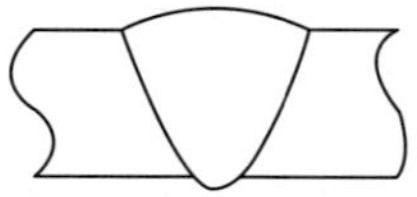	Q345C	ER50－6 ϕ1.2 陶质衬垫	实芯焊丝、气体保护半自动焊	CO_2焊Ⅱ级焊工	横隔板对接焊缝立焊	

续上表

序号	评定项目	接头形式(尺寸单位:mm)	焊缝成型	试板材质	焊接材料牌号及规格	焊接方法	焊工资质	适用部位	备注
7	E10LC	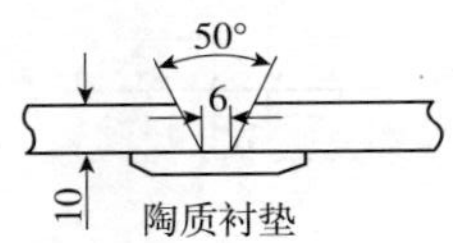		Q345C	ER50－6 φ1.2 陶质衬垫	实芯焊丝、气体保护半自动焊	CO_2焊Ⅰ级焊工	横隔板对接焊缝立焊	评定覆盖工地纵横板对接焊缝
8	E10/20C	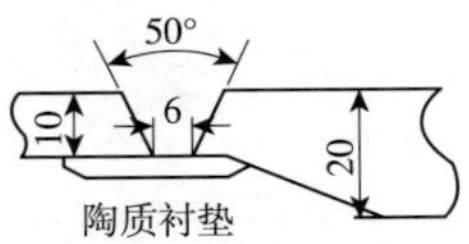	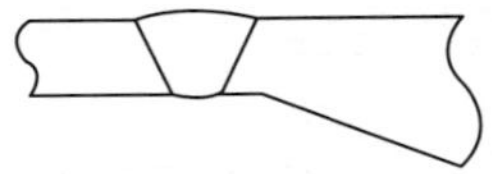	Q235C＋Q345C	ER50－6 φ1.2 陶质衬垫	实芯焊丝、气体保护半自动焊	CO_2焊Ⅰ级焊工	风嘴与箱梁顶、底板不等厚对接焊缝平焊	板厚10mm试板材质为Q235C
9	E8/10C	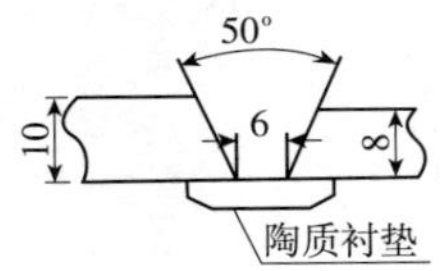	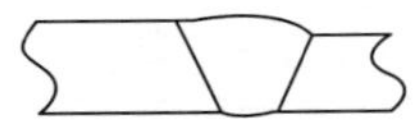	Q235C	AT－YJ502Qφ1.2 陶质衬垫	药芯焊丝、气体保护半自动焊	CO_2焊Ⅰ级焊工	风嘴斜顶、底板对接焊缝平焊	
10	E6C	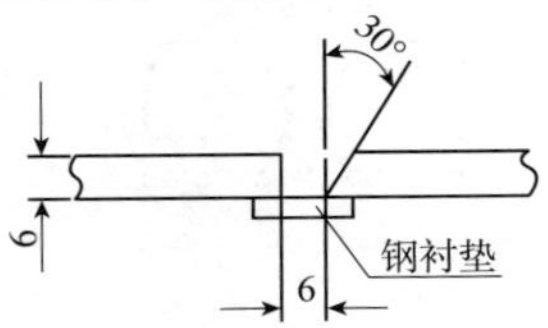	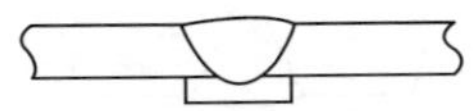	Q345C	ER50－6 φ1.2 钢衬垫	实芯焊丝、气体保护半自动焊	CO_2焊Ⅰ级焊工	工地底板U肋嵌补段对接焊缝平焊	
11	E6LC	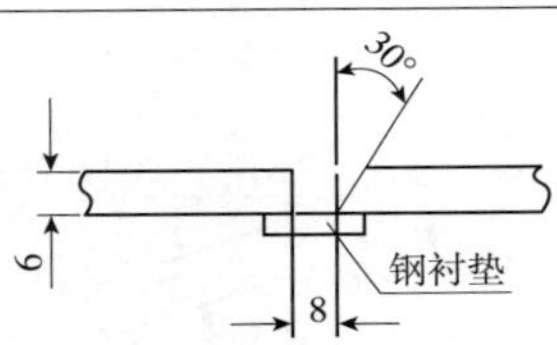	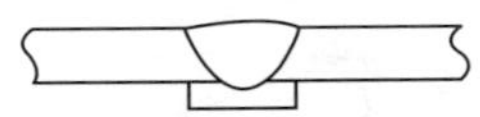	Q345C	ER50－6 φ1.2 钢衬垫	实芯焊丝、气体保护半自动焊	CO_2焊Ⅱ级焊工埋弧焊工	工地底板U肋嵌补段对接焊缝立焊	
12	EJ8/10L	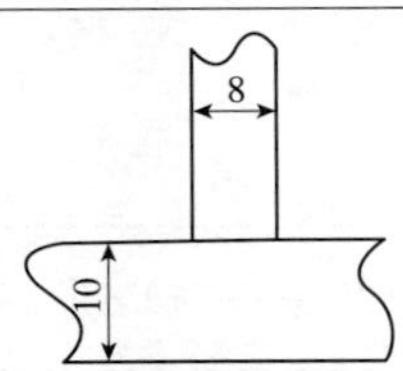	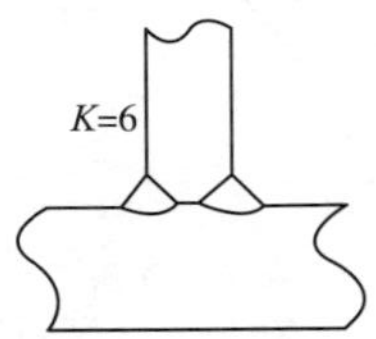	Q235C	AT－YJ502Qφ1.2	药芯焊丝、气体保护半自动焊	CO_2焊Ⅱ级焊工	风嘴横隔板与加劲肋角接焊缝立焊	

续上表

序号	评定项目	接头形式(尺寸单位:mm)	焊缝成型	试板材质	焊接材料 牌号及规格	焊接方法	焊工资质	适用部位	备注
13	EJ8/16	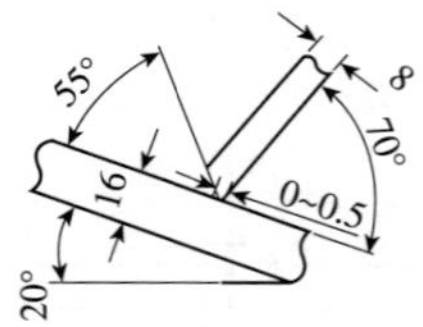	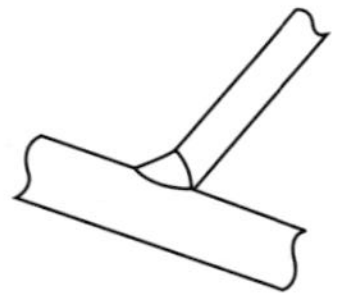	Q345C	AT－YJ502Qϕ1.6	药芯焊丝、气体保护半自动焊	CO_2焊Ⅰ级焊工	U肋与顶底板间角接焊缝亚船形焊	
14	E32LC	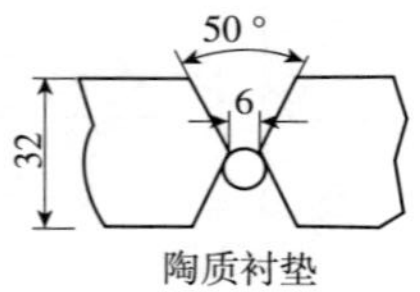	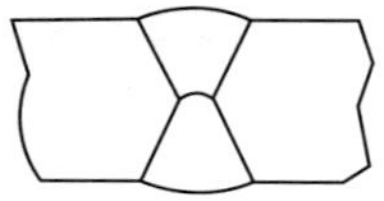	Q345D－Z25	ER50－6 ϕ1.2 陶质衬垫 TG－1.30S	实芯焊丝、气体保护半自动焊	CO_2焊Ⅱ级焊工	工地腹板对接焊缝立焊	反面清根
15	E16LC	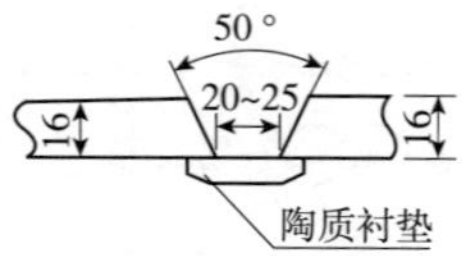	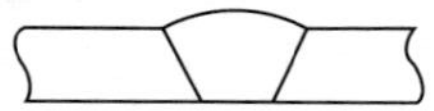	Q345C	ER50－6 ϕ1.2 陶质衬垫 TG－1. 0Z	实芯焊丝、气体保护半自动焊	CO_2焊Ⅱ级焊工	工地纵隔板宽间距、对接焊缝立焊	
16	E8YC	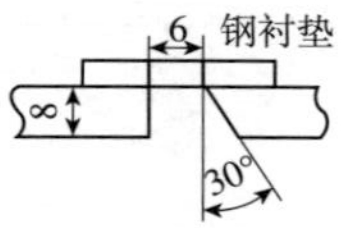	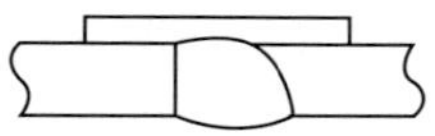	Q345C	ER50－6 ϕ1.2 钢衬垫	实芯焊丝、气体保护半自动焊 CO_2	CO_2焊Ⅱ级焊工	工地顶板U肋嵌补段对接焊缝仰焊	

续上表

序号	评定项目	接头形式(尺寸单位:mm)	焊缝成型	试板材质	焊接材料牌号及规格	焊接方法	焊工资质	适用部位	备注
17	EJ8/16Y	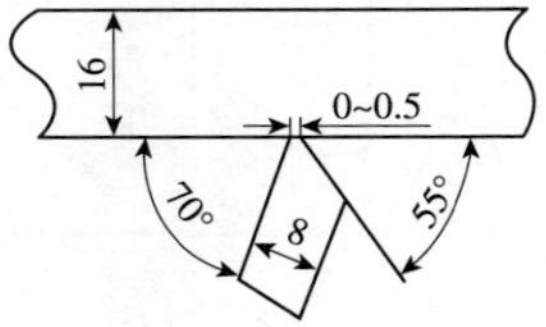	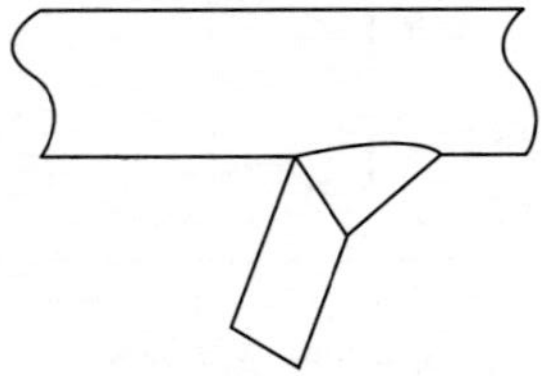	Q345C	ER50－6 ϕ1.2	实芯焊丝、气体保护半自动焊	CO_2焊Ⅱ级焊工	工地嵌补段与顶板间角接焊缝仰焊	
18	EJ6/12	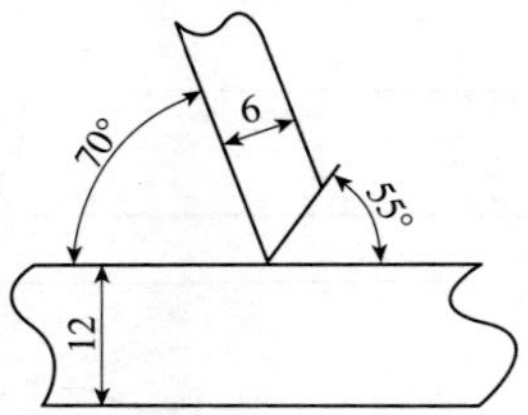	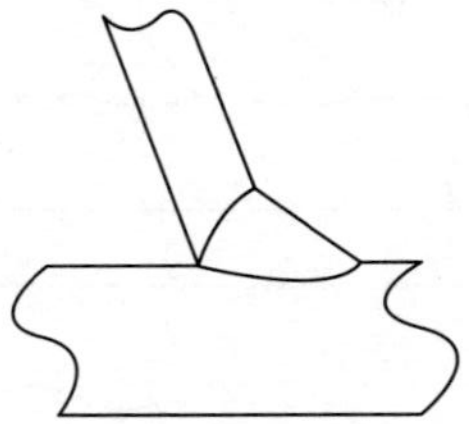	Q345C	ER50－6 ϕ1.2	实芯焊丝、气体保护半自动焊	CO_2焊Ⅰ级焊工	工地U肋嵌补段与底板角接焊缝	
19	EJ20/32Y	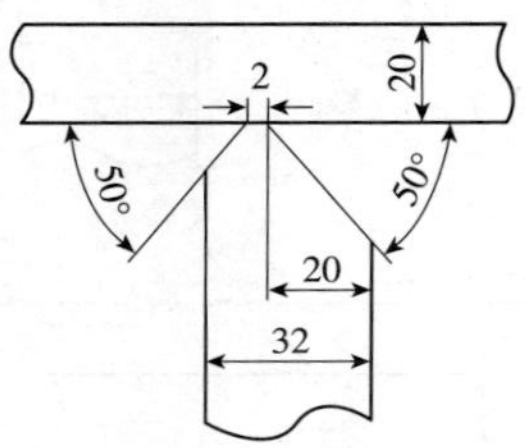	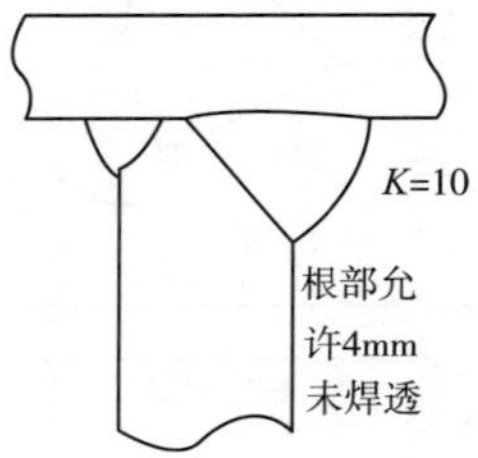	Q345C＋Q345D－Z25	ER50－6 ϕ1.2	实芯焊丝、气体保护半自动焊	CO_2焊Ⅱ级焊工	腹板与顶板间角接焊缝仰焊	板厚20mm试板材质为Q345C
20	EJ20/32	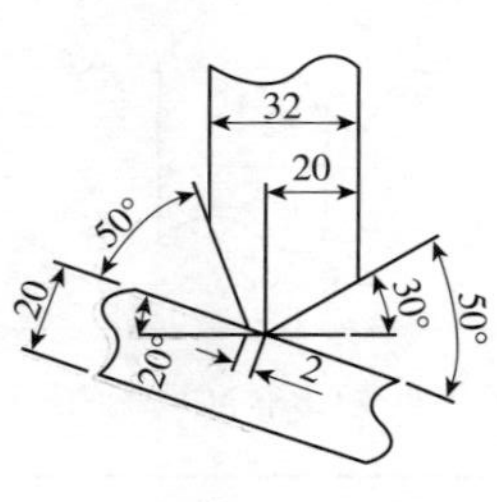	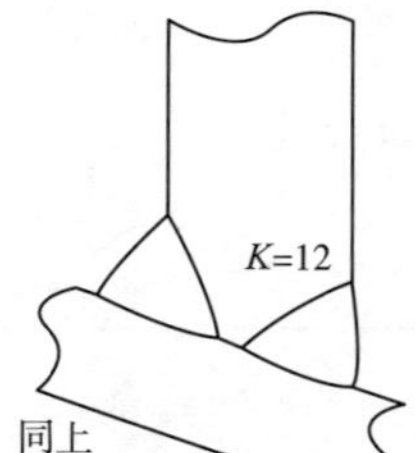	Q345C＋Q345D－Z25	ER50－6 ϕ1.2	实芯焊丝、气体保护半自动焊	CO_2焊Ⅰ级焊工	腹板与斜底板间角接焊缝平焊	板厚20mm试板材质为Q345C

续上表

序号	评定项目	接头形式(尺寸单位:mm)	焊缝成型	试板材质	焊接材料牌号及规格	焊接方法	焊工资质	适用部位	备注
21	EJ32/40	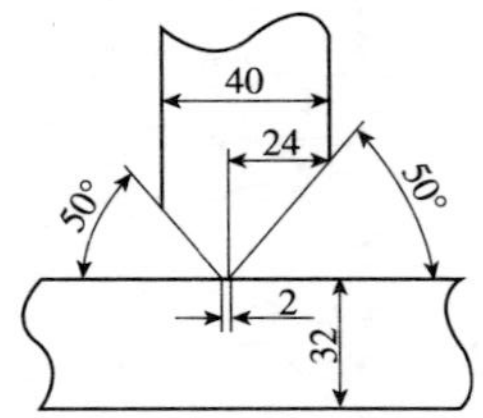		Q345D + Q345D - Z25	AT - YJ502Qϕ1.2	药芯焊丝、气体保护半自动焊	CO_2焊Ⅰ级焊工	锚箱承力板与腹板间角接焊缝平焊	板厚32mm试板材质为Q345D - Z25
22	EJ24/40C	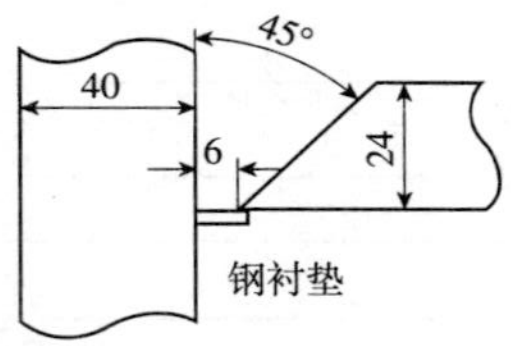	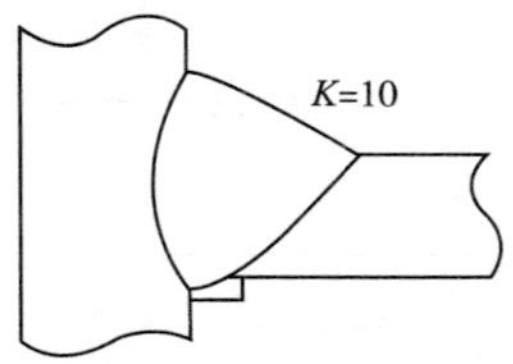	Q345D	AT - YJ502Qϕ1.2 钢衬垫 4×40×300	药芯焊丝、气体保护半自动焊	CO_2焊Ⅰ级焊工	锚箱梁承力板与连接板间角接焊缝	
23	EJ16/22Y	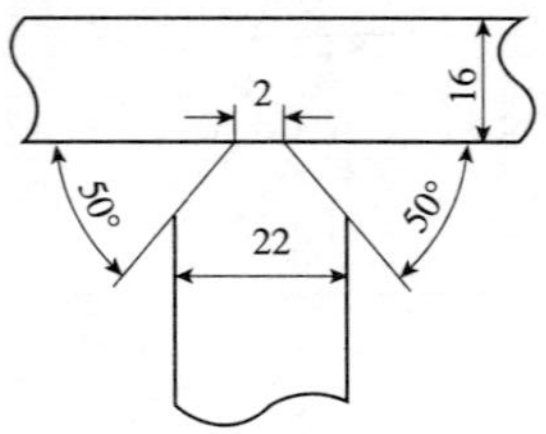	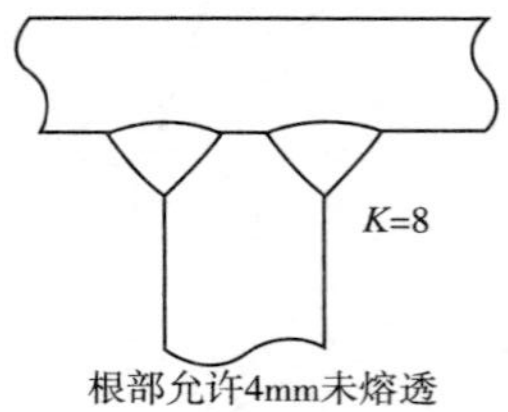	Q345C	ER50 - 6 ϕ1.2	实芯焊丝、气体保护半自动焊	CO_2焊Ⅱ级焊工	横隔板与顶板间角接焊缝仰焊	
24	EJ12/22	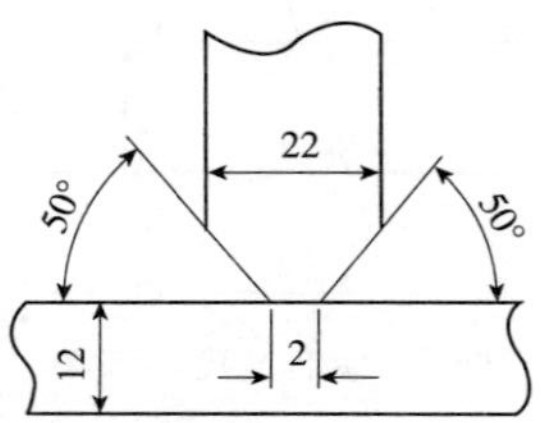	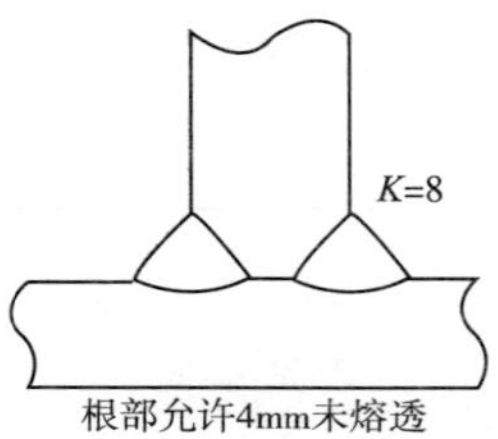	Q345C	ER50 - 6 ϕ1.2	实芯焊丝、气体保护半自动焊	CO_2焊Ⅰ级焊工	横隔板与底板间角接焊缝平焊	

续上表

序号	评定项目	接头形式(尺寸单位:mm)	焊缝成型	试板材质	焊接材料牌号及规格	焊接方法	焊工资质	适用部位	备注
25	EJ22/32L	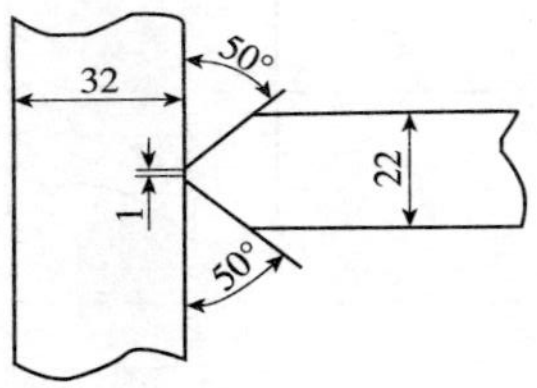	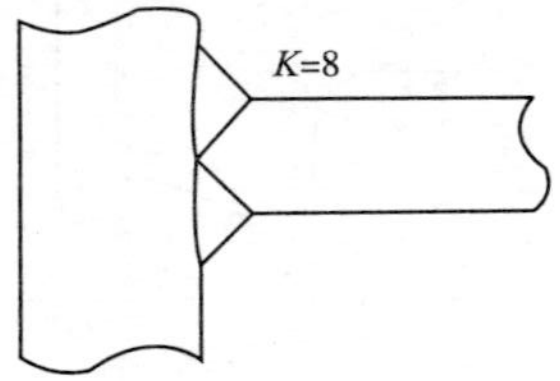	Q345C + Q345D - Z25	ER50 - 6 ϕ1.2	实芯焊丝、气体保护半自动焊	CO_2焊Ⅱ级焊工	横隔板与底板间角接焊缝立焊	板厚22mm试板材质为Q345C
26	EJ10/16Y	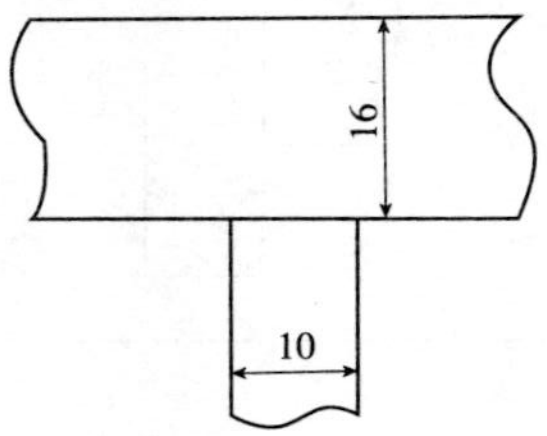	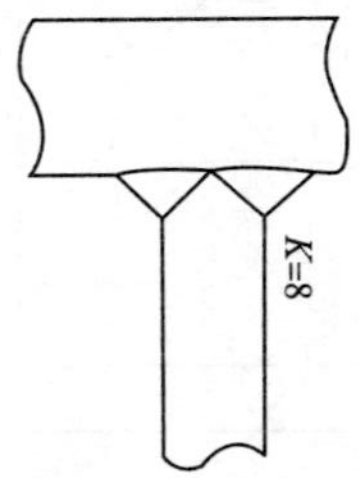	Q345C	ER50 - 6 ϕ1.2	实芯焊丝、气体保护半自动焊	CO_2焊Ⅱ级焊工	所有焊角$K=8$mm角接焊缝仰焊	
27	EJ10/20	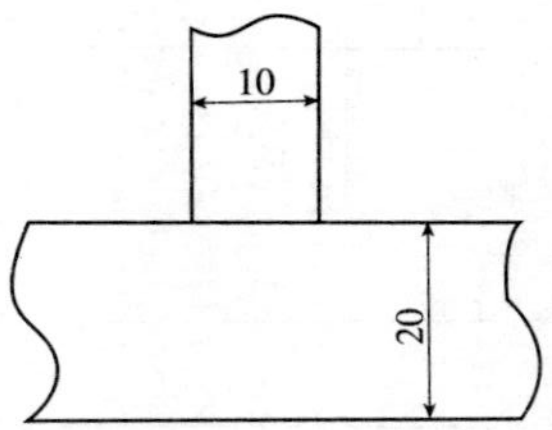	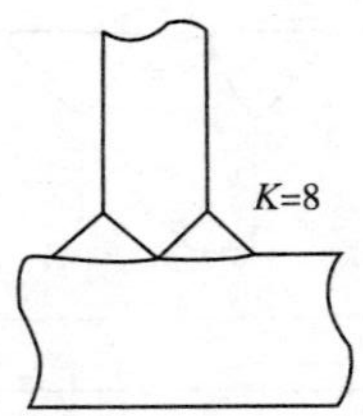	Q345C	AT - YJ502Qϕ1.2	药芯焊丝、气体保护半自动焊	CO_2焊Ⅰ级焊工	所有焊角$K=8$mm角接焊缝平焊	
28	EJ24/32	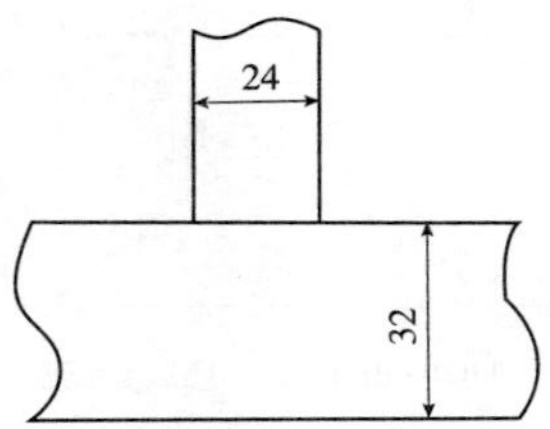	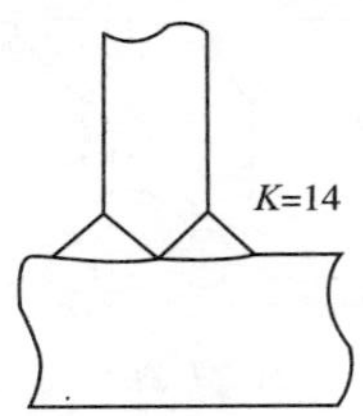	Q345C + Q345D - Z25	AT - YJ502Qϕ1.2	药芯焊丝、气体保护半自动焊	CO_2焊Ⅰ级焊工	所有焊角$K=14$mm角接焊缝平焊	板厚24mm试板材质为Q345C

续上表

序号	评定项目	接头形式(尺寸单位:mm)	焊缝成型	试板材质	焊接材料牌号及规格	焊接方法	焊工资质	适用部位	备注
29	EJ10/10L	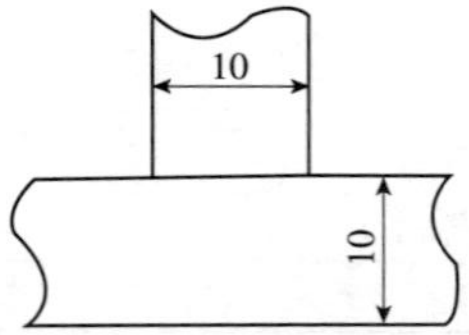	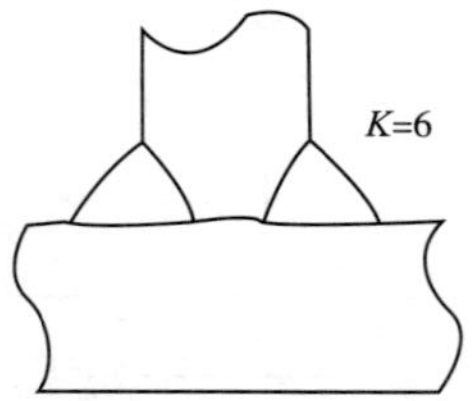	Q345C	AT-YJ502Qϕ1.2	药芯焊丝、气体保护半自动焊	CO_2焊Ⅱ级焊工	所有焊角 K=6mm、7mm角接焊缝立焊	
30	EJ20/20	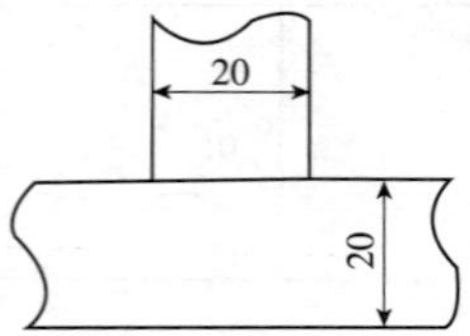	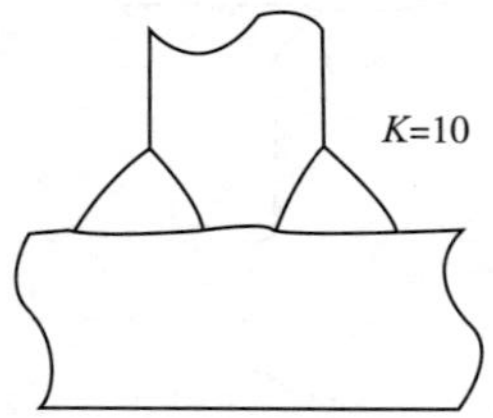	Q345C	ER50-6 ϕ1.2	实芯焊丝、气体保护半自动焊	CO_2焊Ⅰ级焊工	所有焊角 K=10mm、12mm角接焊缝平焊	带车间底漆
31	EJ16/24L	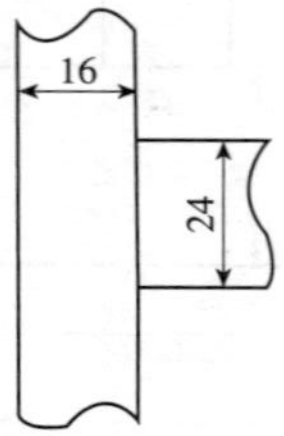	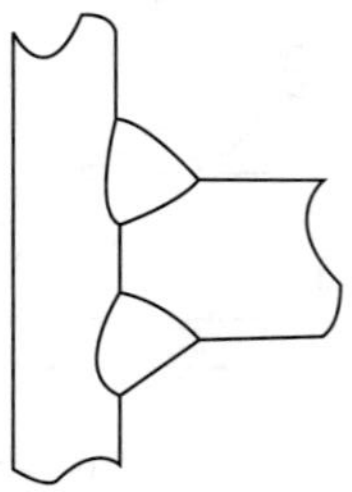	Q345C	ER50-6 ϕ1.2	实芯焊丝、气体保护半自动焊	CO_2焊Ⅱ级焊工	所有焊角 K=10mm、12mm角接焊缝立焊	
32	EJ10/32L-1	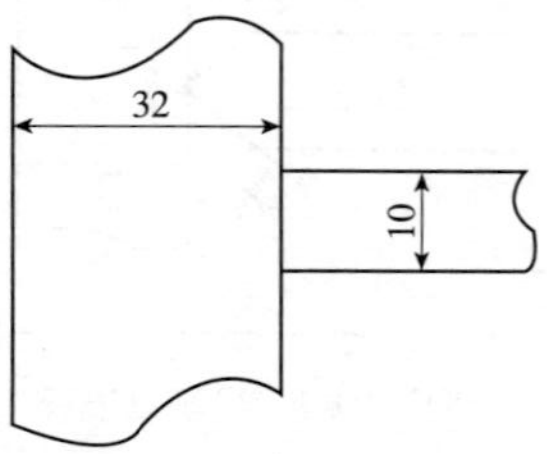	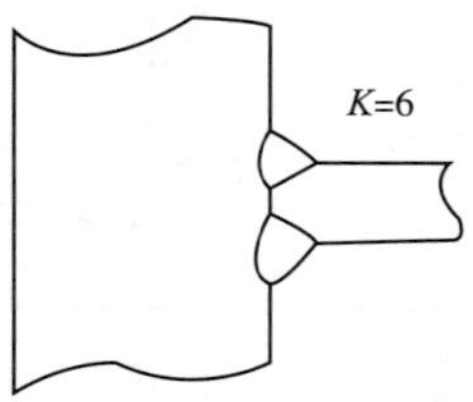	Q235C+Q345D-Z25	ER50-6 ϕ1.2	实芯焊丝、气体保护半自动焊	CO_2焊Ⅰ级焊工	风嘴隔板与腹板间角接焊缝立焊	板厚10mm试板材质为Q235C

续上表

序号	评定项目	接头形式(尺寸单位:mm)	焊缝成型	试板材质	焊接材料牌号及规格	焊接方法	焊工资质	适用部位	备注
33	EJ10/32L	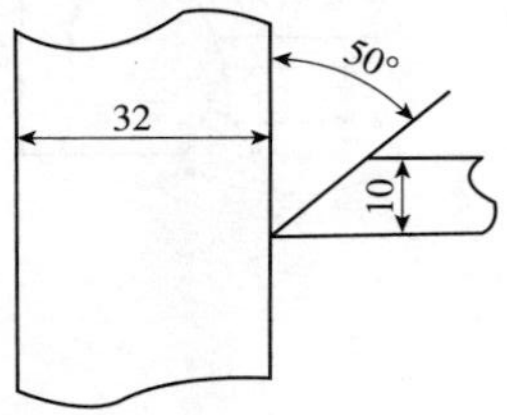	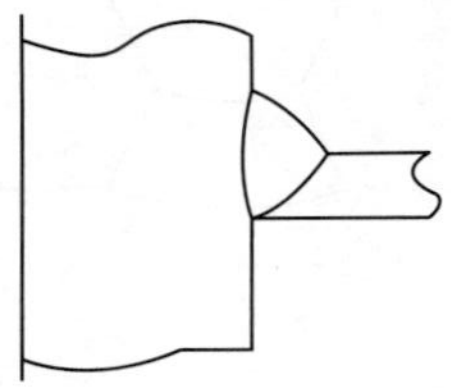	Q345C + Q345D - Z25	ER50 - 6 ϕ1.2	实芯焊丝、气体保护半自动焊	CO_2焊Ⅱ级焊工	横隔板与腹板间角接焊缝立焊	板厚10mm试板材质为Q345C
34	EJ10/8	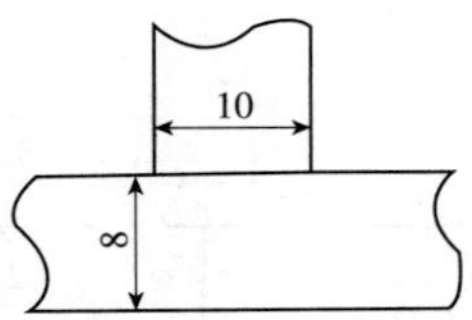	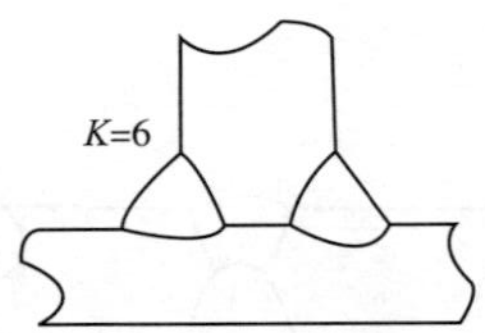	Q235C	AT - YJ502Qϕ1.2	药芯焊丝、气体保护半自动焊	CO_2焊Ⅰ级焊工	风嘴部分焊角 K = 6mm 角接焊缝平焊	
35	EJ16/32L	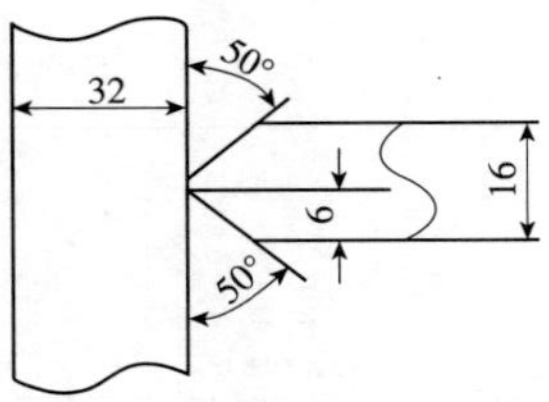	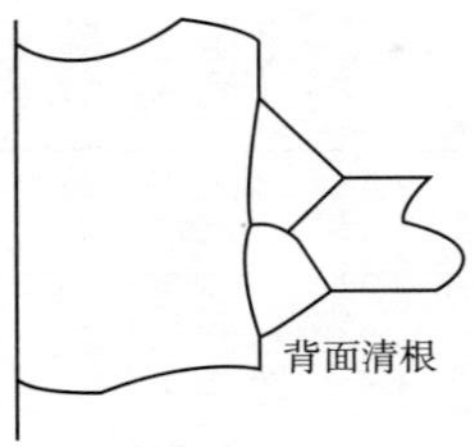	Q345C	ER50 - 6 ϕ1.2	实芯焊丝、气体保护半自动焊	CO_2焊Ⅱ级焊工	横隔板与腹板间全熔透角焊缝立焊	
36	M24	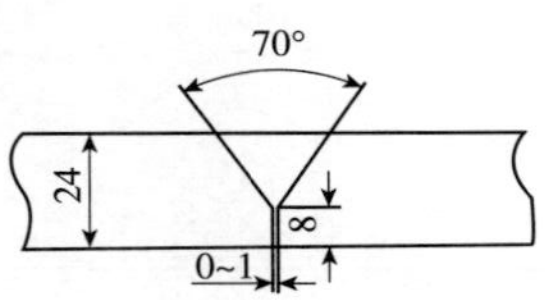	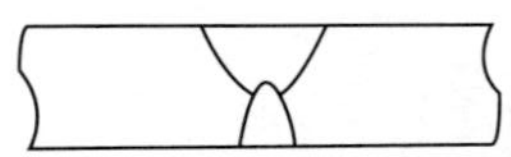	Q345C	H10Mn2ϕ5 SJ101	双面埋弧自动焊	埋弧焊工	横隔板对接平焊	熔透反面清根

续上表

序号	评定项目	接头形式(尺寸单位:mm)	焊缝成型	试板材质	焊接材料牌号及规格	焊接方法	焊工资质	适用部位	备注
37	M16	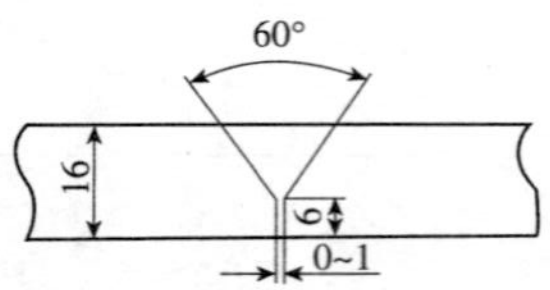	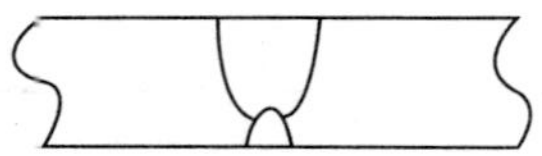	Q345C	H10Mn2ϕ5 SJ101	双面埋弧自动焊	埋弧焊工	横隔板对接平焊	熔透反面清根
38	M10	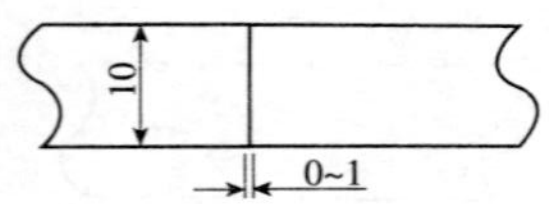	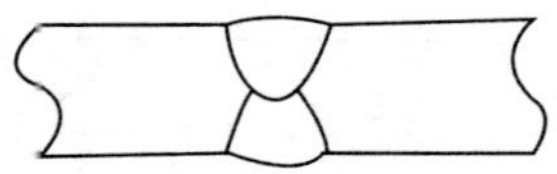	Q345C	H10Mn2ϕ5 SJ101	双面埋弧自动焊	埋弧焊工	横隔板对接平焊	熔透反面清根
39	E32LC－1	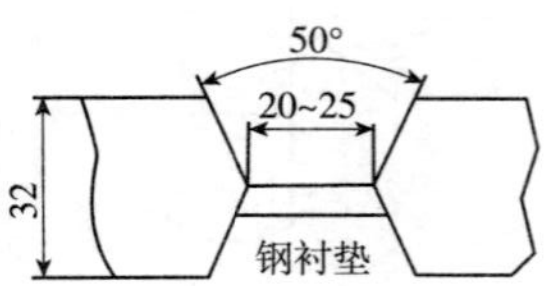	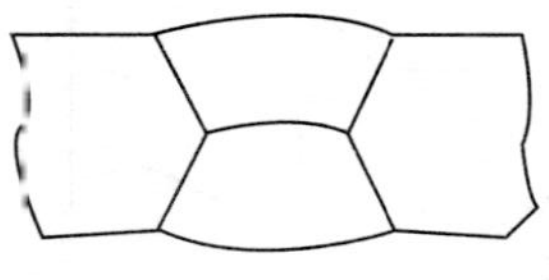	Q345D－Z25 ER50－6 陶质衬垫	ER50－6 ϕ1.2	实芯焊丝、气体保护半自动焊	CO_2焊Ⅱ级焊工	工地腹板对接宽间隙焊缝立焊	反面清根

(1)评定项目

对接接头试件:接头和焊缝金属的拉伸试验、焊缝金属及热影响区低温冲击试验、接头侧弯试验、宏观断面酸蚀试验、接头硬度试验。

T 型接头试件:接头硬度试验、宏观断面酸蚀试验、焊缝成型系数和焊缝金属的拉伸试验。

(2)试验方法和标准

试验方法参照下面标准进行:

焊缝力学性能试验取样按《焊接接头机械性能试验取样方法》(GB 2649—89)进行。

对接接头拉伸试验按《焊接接头拉伸试验方法》(GB 2651—89)进行。

焊缝金属拉伸试验按《焊缝(及熔敷)金属拉伸试验方法》(GB 2652—89)进行。

弯曲试验按《焊接接头弯曲试验方法》(GB 2651—89)进行。

冲击试验按《焊接接头弯曲试验方法》(GB 2651—89)进行夏比冲击试验(V 型缺口)。

接头硬度试验按《焊接接头(及熔敷)金属试验》(GB 2654—89)进行。

宏观断面酸蚀试验取样数量、方位同硬度试验,试验方法按《钢的低倍组织及缺陷试验法》(GB 226—91)进行。

(3)检验要求

弯曲试验、拉伸试验以不低于母材机械性能的标准进行评定,冲击试验 A_{kv} 的规定值在 0℃时,Q345C 为 34J,Q235C 为 27J;在 -20℃时,Q345D、Q345D—Z25 为 34J。焊接接头的硬度不应大于 HV350。宏观断面酸蚀后不得存在裂纹、未熔合、气孔、夹渣。焊缝成型系数应为 1.3 ~2.0。

2)焊接工艺评定试板的制备

全桥采用 Q345C、Q345D、Q345D—Z25、Q235C 钢板进行焊接工艺评定。U 肋角焊缝的坡口采用机械加工,其余的坡口采用精密的火焰切割进行加工。

3)焊接工艺评定试板的焊接

工艺评定试板焊接时焊工均来自于生产车间的焊接工人,焊工的技术水平为中等偏上,全部持有合格的焊工合格证,满足不同焊接位置对焊工技能的要求。

焊接前的预热采用了陶瓷电加热方式,并且在焊接过程中有驻厂监理工程师和焊接工艺员全程监控。

4)焊接工艺评定试板的检测

焊接完成的试板在外观检验合格后,经过 24 ~48h 后进行焊缝无损检测。

检测项目包括:对接焊缝进行 100% 超声波探伤,B 级检验,Ⅰ级合格;射线探伤,并拍片一张,Ⅱ级合格;贴角焊缝和 U 肋角焊缝进行 100% 磁粉探伤;全熔透和部分熔透角焊缝进行 100% 超声波探伤,B 级检验,Ⅰ级合格。

无损检测标准包括:超声波探伤标准按《钢焊缝手工超声波探伤方法和探伤结果分级》(GB 11345—89)执行,结果评定按《铁路钢桥制造规范》(TB 10212—98)执行;焊缝射线探伤检验标准按《钢熔化焊对接接头照相和质量分级》(GB 3323—87)执行;磁粉探伤按《压力容器无损检测》(JB 4730—94)执行。

5)焊接工艺评定试板的试验

全部焊接工艺评定试板按照《铁路钢桥制造规范》(TB 10212—98)附录 C 的要求进行力学性能试验。

对于对接接头,需进行焊接接头的拉伸试验、焊缝金属的拉伸试验、焊接接头的侧弯试验、焊缝及热影响区的低温冲击试验、焊接接头的硬度试验、焊接接头的宏观金相。

对于 T 形接头,需进行焊缝金属的拉伸试验(符合取样条件的)、焊接接头的硬度试验、焊接接头的宏观金相。

6)焊接工艺评定试验结果评定及结论

焊接工艺评定试验结果按《铁路钢桥制造规范》(TB 10212—98)附录C的要求进行评定。

在焊接工艺评定标准中,对于拉伸试验(屈服强度、抗拉强度、及拉棒的延伸率)以不低于母材标准值为合格,当试验结果低于母材标准值,则在同一试件上再取一个试样重新试验,若试验结果不低于母材标准值,则判为合格,否则,判为不合格。

接头侧弯试验结束后,若试样受拉面上的裂纹总长不大于试样宽度的15%,且单个裂纹长度不大于3mm,为合格;当试验结果未满足上述要求时,则从同一试件上再取一个试样重新试验,若试验结果满足上述要求,则可以判为合格,否则,判为不合格。

-20°C低温冲击试验的每一组(3个)试样试验结果的平均值不低于27J,且任一试验结果不低于19J时,则判为合格;当试验结果未满足上述要求时,则从同一试件上再取一组(3个)附加试样重新试验,若总计6个试验结果的平均值不低于27J,且低于27J的试验结果不多于3个(其中,不得有2个以上的试验结果低于19J,也不得有任一试验结果低于14J),则可以判为合格,否则判为不合格。

接头硬度不大于HM350者为合格,否则,判为不合格。

焊接工艺评定结论:本次焊接工艺评定项目,涵盖了北汉桥钢箱梁所有焊接接头形式,焊接工艺评定试验结果满足《铁路钢桥制造规范》(TB 10212—98)要求,焊接工艺评定试验所选用的焊接工艺方法、焊接材料、焊接参数等可以作为黄埔大桥北汊桥钢箱梁制造焊接作业指导书的依据,能够用于指导黄埔大桥北汊桥钢箱梁制造的焊接生产作业,以保证黄埔大桥北汊桥钢箱梁制造的焊接质量达到设计要求。

7)焊接工艺规程

(1)车间内制造部分

面、底板单元件均采用药芯焊丝CO_2气体保护自动焊进行焊接,焊丝为AT-YJ502Q ϕ1.6mm。

横隔板单元件的角焊缝采用药芯焊丝CO_2气体保护自动焊进行焊接,人孔和管线孔的加劲板及其他外焊缝采用药芯焊丝CO_2气体保护半自动焊进行焊接,焊丝为AT-YJ502Q、ϕ1.2mm。横隔板横向拼板对接采用双面埋弧自动焊,需清根,焊丝为H10Mn2、ϕ5.0mm,焊剂SJ101。

风嘴单元斜顶、底板对接采用CO_2气体保护半自动焊接,焊接材料为CHW-50C6、ϕ1.2mm,隔板与加劲肋、斜顶底板角焊缝采用药芯焊丝CO_2气体保护半自动焊,焊接材料为AT-YJ502Q、ϕ1.2mm。

腹板与腹板上加劲肋焊接采用药芯焊丝CO_2气体保护自动焊,焊位为平焊,焊接材料为AT-YJ502Q、ϕ1.2mm。锚箱部分焊接采用药芯焊丝CO_2气体保护半自动焊,焊接材料为AT-YJ502Q、ϕ1.2mm。

(2)梁段的组焊

梁段组焊在胎架上进行,顶底板单元件间的对接焊缝采用陶质衬垫实芯焊丝CO_2气体保护半自动焊打底,埋弧自动焊填充盖面。

横隔板对接立焊采用实芯焊丝CO_2气体保护半自动焊,陶质衬垫垫底,单面焊双面成形。横隔板与腹板间的熔透与部分熔透角接焊缝,横隔板与顶、底板间仰、平角焊缝,与U肋的立角焊缝均采用实芯焊丝CO_2半自动焊,焊接材料为CHW-50C6、ϕ1.2mm。

风嘴与梁箱顶、底板不等厚对接采用实芯焊丝CO_2气体保护半自动焊,陶质衬垫衬底。

腹板与顶板、斜底板间角接焊缝采用实芯焊丝CO_2气体保护半自动焊,焊接材料为CHW-50C6、ϕ1.2mm。

(3)工地制造部分

梁段顶、底板对接采用实芯焊丝CO_2气体保护半自动焊打底,陶质衬垫垫底,埋弧自动焊填充、盖面,焊接材料为CHW-50C6、ϕ1.2mm,H10Mn20、ϕ5.0mm,焊剂SJ101。风嘴顶、底板对接采用陶质衬垫实芯焊丝CO_2气体保护半自动焊,单面焊双面成型。

工地腹板、纵隔板立对接焊采用陶质衬垫实芯焊丝CO_2气体保护焊,焊接材料为CHW-50C6、ϕ1.2mm。

工地顶板U肋嵌补段对接仰焊、底板U肋嵌补段角接平焊均采用实芯焊丝CO_2气体保护焊,焊接材料为CHW-50C6、ϕ1.2mm。

(4)焊材使用与保管

焊条及焊剂必须按其产品说明书的要求进行烘焙。焊丝及钢衬垫应存放在干燥、通风的地方,锈蚀焊丝及钢衬垫需把铁锈清除干净后才能使用。

焊条、焊剂的一次领用量应以4h工作所需用量为准,焊条使用时应存放在保温筒内,随用随取。不得使用受潮的焊条、焊剂。

陶质衬垫要求粘贴牢固,启封后没有使用完的衬垫,要求退回焊条房烘焙后才能使用。衬垫要求与母材贴紧密,间隙不得大于1.0mm。

(5)焊接要求

①焊前准备

焊接前应认真清理焊缝区域,使其不得有水、锈、氧化皮、油污、油漆(车间底漆除外)或其他杂物。

封闭部位施焊时应采取良好的通风和排烟措施,以防中毒。

焊接设备必须是完好设备,具有良好的调节功能,电流表、电压表均在检验有效期内。设备管理人员对焊接设备进行定期检查,抽验焊接时的实际电流、电压与设备上的指示是否一致,以保证焊接设备处于完好状态,对达不到焊接要求的设备及时进行检修、更换。焊接设备使用电源网络电压的波动范围应小于7%。焊接导线的截面长度应保证供电回路动力线压降小于额定电压的5%,焊接回路电压降小于工作电压的10%。

切割不整齐的坡口要求打磨光顺,不得有大的凸起和凹陷。

环境温度低于5°C或板厚大于25mm时,焊前要求预热,预热范围一般为每侧100mm以上。预热温度为100~150°C,距焊缝30~50mm范围内测量温度。

在工地施工时,若环境湿度高于80%,焊前要求使用烘枪除湿。工地施工应考虑搭设良好的防风、雨的设施。

②定位焊

定位焊焊缝长度为50~80mm,间距400~500mm,焊脚尺寸为3~4mm,且不得大于设计焊脚尺寸的1/2。定位焊采用手工电弧焊或药芯焊丝CO_2气体保护焊。焊条采用E5015、$\phi3.2$mm,定位焊应距焊缝端部30mm以上。

定位焊不得存在裂纹、夹渣、气孔、焊瘤等缺陷。定位焊如出现开裂现象,需先查明原因,然后用碳弧气刨清除原定位焊缝,再由装配人员重新定位。定位工严禁采用锤击法或疲劳破坏的方式拆除,需采用气割、磨平方式,且不得伤及母材。

③焊接

焊工应根据焊缝的具体形式以及相对应的《黄埔大桥北汊桥钢箱梁制造焊接作业指导书》来选择焊接规范参数。

多层多道焊时,各层各道间的熔渣必须彻底清除干净。

角焊缝的转角处包角应良好,焊缝的起落弧处应回焊10mm以上。

CO_2气体保护焊在风速超过2m/s时应采取良好的防风措施。埋弧自动焊焊剂覆盖厚度不应小于20mm,且不大于60mm,焊接后应等焊缝稍冷却再敲去熔渣。如在焊接过程中出现断弧现象,必须将断弧处刨成1:5的坡度,搭接50mm施焊。

不允许在焊缝以外的母材上随意打火引弧。施工人员如发现焊缝出现裂纹,应及时通知工艺员,查明原因后才能按工艺人员制订的方案施工。

(6)焊接顺序

①面、底板单元件需在专用亚船形转胎上进行,面底板单元件采用两台CO_2气体保护自动焊机间隔对称施焊,焊机要求焊接方向相同,焊接速度一致。面、底板单元件焊接顺序如图3-1-13所示。

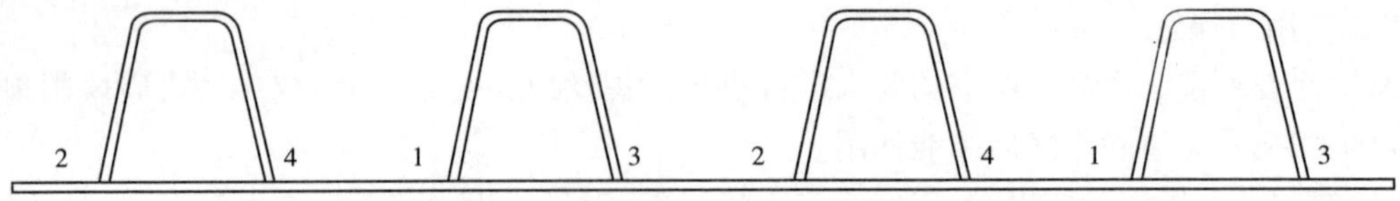

图 3-1-13　面底板单元件焊接顺序示意图

②横隔板单元件在平装胎架上固定，夹具夹紧、点装横竖向加劲肋及人孔、管线孔。采用 CO_2 气体保护自动焊施焊，先焊接竖向加劲肋，后焊接横向加劲肋。人孔、管线孔及自动焊不能达到处采用 CO_2 气体保护半自动焊。两台焊机从中间向两端分散施焊，避免热量过分集中，减小变形。焊接顺序如图 3-1-14 所示。

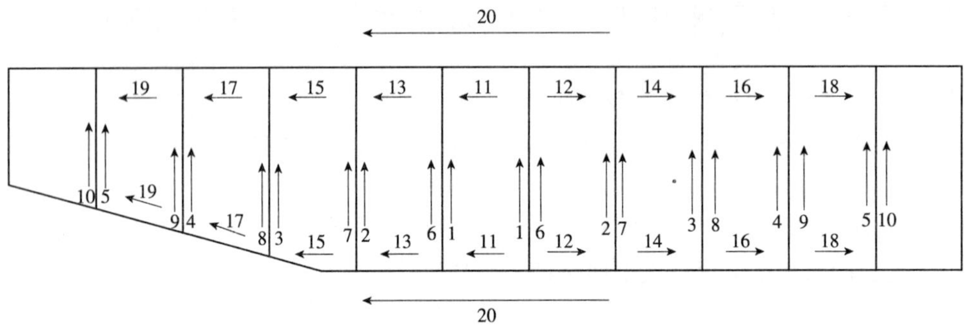

图 3-1-14　横隔板单元焊接顺序示意图

③风嘴单元件采用倒装法进行装焊，在刚性固定斜顶板上进行装焊。装焊顺序如下：

a. 斜顶板与隔板装焊。

b. 斜底板与隔板装焊。

c. 在胎架上装焊斜顶板单元与斜底板单元，并点焊固定，然后焊接两者连接角焊缝。

d. 焊接斜顶板与隔板角焊缝及隔板与加劲肋角焊缝。

e. 风嘴翻身后焊接斜底板与隔板角焊缝及隔板与加劲肋角焊缝。焊接方法采用药芯焊丝 CO_2 气体保护焊，焊接要求配备四名 CO_2 焊工，均匀分布从中间向两边焊接。

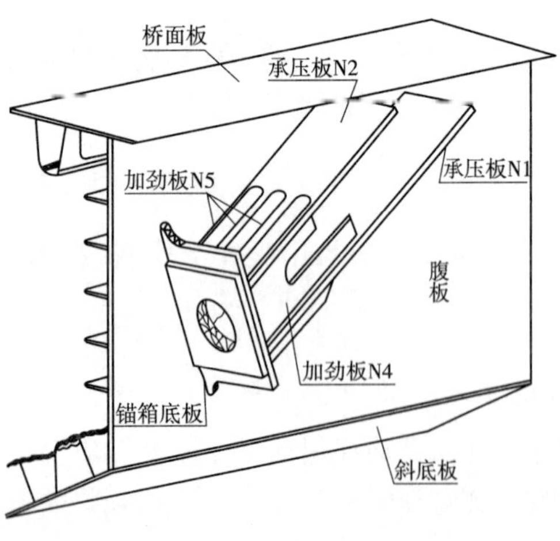

图 3-1-15　锚箱式索梁锚固

④斜拉索锚箱。

斜拉索与钢箱梁的连接采用钢锚箱构造，如图3-1-15和图 3-1-16 所示。锚箱式索梁锚固结构主要由两块承压板（N1、N2 板）与一块底板（N3、N9 板）组成，承压板厚 40mm，底板厚 50mm，每块承压板的外侧各设有 3 道加劲板（N5 板），板厚和高度分别为 24mm 和 100mm，两承压板之间的外侧设加劲板（N4 板），板厚 24mm。下侧设两块小承压板（N5 板），厚度 24mm，与 N1、N2 板平行。加劲板 N4 端部与底板间磨光顶紧。钢锚箱各板件采用 Q345D 钢材，锚箱式连接的传力途径是通过斜拉索将巨大的索力传递到锚箱底板，底板将力分别传递给承压板（锚箱侧板）和腹板。承压板上的力通过侧焊缝传递给腹板；腹板上的力通过横隔板、顶板和底板，传递到整个截面。

由于钢锚箱与箱梁纵腹板通过焊接连为一体，斜拉索的索力通过焊缝传递到腹板，索力对锚箱和腹板的偏心形成附加弯矩，对焊缝和腹板产生 Z 向拉力。因此，采用抗层状撕裂钢材 Q345D－Z25，即 Z 向钢板，厚 32mm。对有索区附近的纵腹板进行加劲，在纵向加劲板肋的上下侧各加劲一道覆盖相临两个隔板区，同时增加竖向加劲肋 N7（$t=12$mm）和斜向加劲肋N6（$t=16$mm），如图 3-1-17 所示。

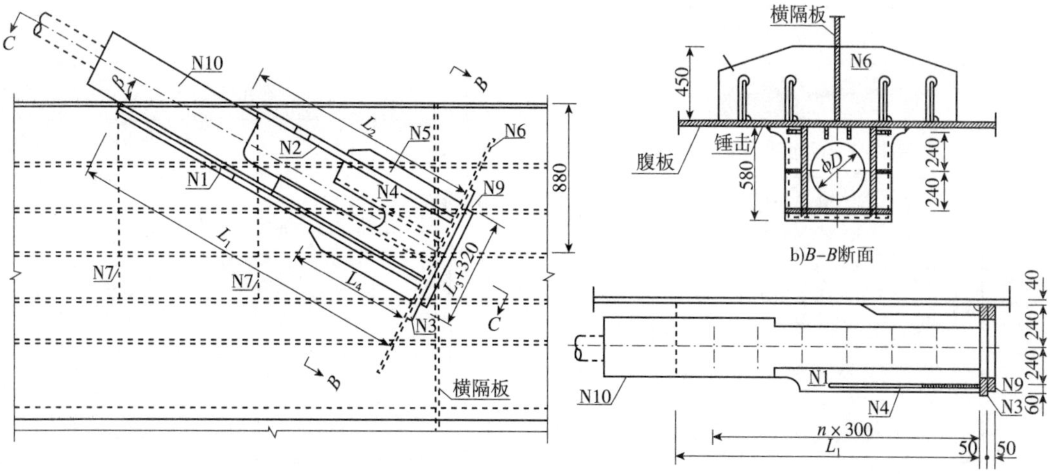

a)侧面　　c)C-C断面

图 3-1-16　钢锚箱构造(尺寸单位:mm)

将顶板延伸过腹板,腹板与顶扳通过角焊相连,顶板与风嘴板通过对接焊连接,承压板与顶板通过角焊缝连接,如图 3-1-17 所示。这样可改善钢锚箱的受力性能。

由于钢锚箱板件多为厚板,焊接刚性约束较大,焊接残余应力较大,对疲劳抗力影响大。为降低焊缝的局部应力峰值,除了在加工时严格控制尺寸精度外,还应对局部进行打磨和锤击,消除和缓和残余应力。如对底板 N3 与腹板间焊缝的末端进行打磨和锤击。

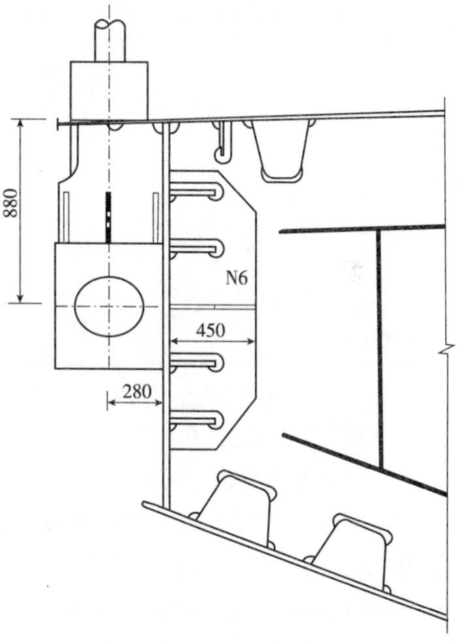

图 3-1-17　腹板加劲(尺寸单位:mm)

腹板上加劲肋焊接采用 CO_2 气体保护自动焊。锚箱与腹板组焊采用单件分步进行,焊接顺序为:承力板 N1 装焊→承力板 N2 装焊→底板 N3 装焊→连接板 N4 装焊→其他部位装焊。承力板与腹板的角接焊缝多层焊应对称施焊,先焊小坡口端,两板定位焊接临时支撑,防止角变形。

⑤梁段总装焊接工艺。

a. 装焊底板单元,焊接底板单元对接纵焊缝。

b. 横隔板、纵隔板与底板装配,点焊固定。

c. 腹板与斜底板、横隔板装配,点焊固定。

d. 焊接横隔板对接焊缝→焊接腹板与底板角接焊缝→焊接横隔板与腹板立角焊缝→焊接横隔板与底板焊缝→焊接横隔板与 U 肋、腹板加劲肋焊缝→焊接横隔板与纵隔板部件的立角焊缝。

e. 面板单元装配,点焊面板单元间对接纵焊缝焊接。

f. 面板与腹板角接头焊接→面板与横隔板角焊缝焊接→焊接纵隔板焊缝。

g. 风嘴单元件与钢箱梁装配→风嘴面、底板与钢箱面底板焊接→风嘴隔板与腹板焊接。

⑥工地顶底板环焊缝焊接顺序为:底板对接→面板对接→腹板对接→纵隔板及 U 肋、加劲肋嵌补段对接。

(7)焊接检验

所有焊缝必须在全长范围内进行外观检查,不得有裂纹、未熔合、夹渣、焊瘤和未填满弧坑等缺陷,并应符合表 3-1-12 的规定。

焊缝外观质量标准(单位:mm) 表 3-1-12

<table>
<tr><th>项　目</th><th>焊缝种类</th><th colspan="2">质量标准</th></tr>
<tr><td rowspan="3">气孔</td><td>所有对接焊缝</td><td colspan="2">不允许</td></tr>
<tr><td>腹板与盖板、底板间的角焊缝</td><td>不允许</td><td rowspan="2">每米不多于 3 个,间距不小于 20</td></tr>
<tr><td>其他的焊缝</td><td>直径小于 1.5</td></tr>
<tr><td rowspan="4">咬边</td><td>所有对接焊缝</td><td colspan="2">不允许</td></tr>
<tr><td>腹板与盖板、底板间的角焊缝以及横隔板与腹板、盖板、底板间的角焊缝</td><td colspan="2">≤0.3</td></tr>
<tr><td>纵肋与腹板、盖板、底板间的角焊缝</td><td colspan="2">≤0.5</td></tr>
<tr><td>其他的焊缝</td><td colspan="2">≤1.0</td></tr>
<tr><td rowspan="2">焊脚尺寸</td><td>横撑、横梁短接头的角焊缝</td><td colspan="2">K_{0}^{+2}</td></tr>
<tr><td>其他角焊缝</td><td colspan="2">K_{-1}^{+2}*</td></tr>
<tr><td>焊波</td><td>角焊缝</td><td colspan="2">≤2.0(任意 25mm 范围高低差)</td></tr>
<tr><td rowspan="4">余高</td><td>垂直于应力方向的对接焊缝</td><td colspan="2">0</td></tr>
<tr><td rowspan="3">其他对接焊缝</td><td colspan="2">≤3.0(焊缝宽 b≤12)</td></tr>
<tr><td colspan="2">≤4.0(12 < b≤25)</td></tr>
<tr><td colspan="2">≤4b/25(b > 25)</td></tr>
<tr><td>余高打磨</td><td>横向对接焊缝</td><td colspan="2">不高于母材 0.2,不低于母材 0.3</td></tr>
</table>

注:* 表示手工角焊缝全长的 10% 允许 K_{-1}^{+3}。

(8)焊缝无损检测

①焊缝无损检验评定标准

焊缝超声波探伤的评定标准按《钢焊缝手工超声波探伤方法和探伤结果分级》(GB 11345—89)执行,射线探伤的评定标准按《钢熔化焊接接头射线照相》(GB 3323—87)执行,磁粉探伤检验标准按《压力容器无损检测》(JB/J 4730.1 ~6—2005)执行。

②焊逢无损检测布片长度

无损检测布片长度为 300mm,焊缝长度不足 300mm 以一张片位记。

③焊逢无损检测要求

a. 拼板接料的对接焊缝。

拼板接料的对接焊缝要求全部进行 UT100% ,B 级检验,Ⅰ级合格;抽查 10% 的接头进行 RT,AB 级检验,Ⅱ级合格,每个接头两端各布一张片位,焊缝长度大于 1 200mm 时,中间加拍一张片位。

b. 单元件 U 肋角焊缝。

单元件 U 肋与面、底间的角焊缝要求进行 100% 磁粉探伤,Ⅱ级合格。磁粉探伤范围为焊缝两端各探 1 000mm,发现不合格则加倍抽查。

c. 面板对接焊缝。

每个梁段面板纵向对接焊缝要求进行 100% UT,B 级检验,Ⅰ级合格;同时要求进行 100% RT,AB 级检验,Ⅱ级合格,RT 范围为每条焊缝两端及中间,各布片一张。

d. 底板对接焊缝。

每个梁段底板纵向对接焊缝要求进行 100% UT,B 级检验,Ⅰ级合格;同时要求进行 100% RT、AB 级检验,Ⅱ级合格,RT 范围为每条焊缝两端及中间,各布片一张。

e. 横隔板对接焊缝。

每隔梁段横隔板对接焊缝要求进行 100% UT,B 级检验,Ⅰ级合格,UT 范围为每条焊缝两端、中间各 500mm。

f. 锚箱区域焊缝。

锚箱座板、承力板与腹板间熔透角焊缝要求全部进行 100% UT,B 级检验,Ⅰ级合格,并进行 100% MT,Ⅰ级合格。

g. 钢锚箱处横隔板与腹板间熔透角焊缝。

此焊缝要求进行 100% UT,A 级检验,Ⅰ级合格,并进行 100% MT,Ⅱ级合格。其余横隔板与腹板间角焊缝进行 100% MT 探伤,Ⅱ级合格,探伤部位为焊缝两端各 500mm。

h. 腹板与顶底板间部分熔透角焊缝。

腹板与顶板间部分熔透角焊缝要求进行 100% UT 探伤,B 级检验,Ⅰ级合格,允许留根 4mm 不焊透。探伤范围为锚箱与腹板连接区并向两边外延各 1m。

腹板与底板间部分熔透角焊缝要求进行 100% MT 探伤,Ⅱ级合格,探伤范围为锚箱与腹板连接区并向两边外延各 1m。

i. 纵隔板与顶、底板角焊缝全部进行 100% MT,Ⅰ级合格,以 B 梁段为例,8 条纵向角焊缝片位布置顺序为从塔中至背塔向。

j. 工地制造部分

工地各梁段面底板焊缝要求全部进行 100% UT,B 级检验,Ⅰ级合格。顶板焊缝十字交叉处 100%、底板焊缝十字交叉处 30% 要求进行 RT,AB 级检验,Ⅱ级合格。

k. 工地腹板、纵隔板(实腹式)对接焊缝进行 100% UT,B 级检验,Ⅰ级合格,探伤部位为焊缝两端、中间各 500mm。

l. 腹板加劲钢板嵌补段对焊缝要求进行 100% UT,B 级检验,Ⅱ级合格,面板加劲钢板嵌补段对焊缝要求进行 100% UT,B 级检验,Ⅱ级合格。

m. U 肋嵌补段对接焊缝要求 100% MT,Ⅰ级合格。

n. 临时吊点进行 100% UT,B 级检验,Ⅰ级合格。

o. 支座处横隔板与加劲板间部分熔透角焊缝进行 100% UT,A 级检验,Ⅱ级合格。

4. 板单元制造

1)板单元的制造设备

钢箱梁顶、底板单元制造本厂采用液压式板单元反变形角焊摇摆胎架。

液压式板单元反变形角焊摇摆胎架的工作原理为:板单元件液压反变形角焊摇摆胎架设有焊接机架、板边压紧液压系统、机架摆动液压系统,焊接机架按面、底板单元件尺寸设计,设有栓接的反变形模板和对中定位模板,板边压紧液压系统按杠杆原理设计,多点条状压紧,机架摆动液压系统可使焊接机架作横向 ±20°的摆动,使 U 形肋与面、底板的焊缝处于亚船形焊接位置。

液压反变形角焊摇摆胎架的工作过程为:启动液压系统,操控控制台电器按钮,摆动液压系统工作使机架处于水平状态;将面、底板单元件吊上焊接机架,启动板边压紧液压系统压紧板边,为单元件施加焊接反变形,压紧的同时单元件沿对中定位模板自动定位;操控摆动液压系统,焊接机架向一侧摆动 20°,焊接完工一侧的角焊缝后,操控机架向另一侧摆动,再焊接另一侧的角焊缝;焊接完工后,操控摆动液压系统,使机架回复水平状态;操控板边压紧液压系统松开板边压紧;将面、底板单元件吊出焊接机架,完成一块单元的焊接。由于采取了反变形措施及板边液压压紧装置,使单元件焊接变形控制在最小范围。

液压反变形角焊摇摆胎架实现了全液压操控的板单元液压反变形压紧和亚船形焊液压摇摆，避免了人工C形夹具施压板单元和人工吊起翻转所造成的板单元受力不均匀。液压反变形角焊摇摆胎架目前主要用于桥梁钢结构钢箱梁板单元件U形肋反变形亚船形焊，可推广用于各行业钢结构板单元件的板肋、T形肋、角钢肋、球扁钢肋的亚船形焊。

2)U形肋的装配设备

电动气压式U形肋装配机设置了电动驱动装置，使U肋装配机在工作中自动行走；在装配机的横梁上设置了气动压紧系统，能对不同板块进行各种肋骨的自动行走；在装配机的横梁上设置了气动压紧系统，能对不同板块进行各种肋骨的自动定位和夹紧，实现无码装配。

电动式U形肋装配机的工作原理：在装配胎架平台上设板块自动定位装置和板边压紧装置及U形肋纵向定位挡板。行走机构使门架、专用模板沿单元件纵向移动；门架为气缸提供支撑；气压系统为U形肋装配提供外力；专用模板根据板单元结构形式设计，设有弹性压块和U形肋自动对位装置。

工作时将面(底)板吊上平台，启动板块自动定位装置，板块自动定中、对位，压紧板边；按大致位置摆放U形肋，并使端头靠紧定位挡块；启动行走机构，使模具对准U形肋的一端；启动气压系统，模板下压，在下压过程中U形肋自动定位装置张开顶住U形肋腹板下缘并逐步定位，当模具下压到位时，U形肋已定位完毕，点焊固定；启动行走机构，移位，再次装配U形肋，直到安装完毕。由于设置了弹性压块，U形肋不致受压变形。

电动气压式U形肋装配机目前主要用于桥梁钢结构钢箱梁板单元件U形肋装配制造，可推广用于桥梁钢结构钢箱梁板单元件的板肋、T形肋、角钢肋、球扁钢肋的装配制造以及各行业钢结构板单元的板肋、T形肋、角钢肋、球扁钢肋的装配制造。

3)钢箱梁的预拼胎架

杆件栓接组合式立体胎架的组装过程：

(1)对安装立体胎架的混凝土地面进行测量，确定立柱安装处的地面高程，根据地面高程的情况，制作立柱地面调整垫板。

(2)按立柱安装位置布置调整垫板及立柱，按顺序组装纵横角钢杆件、纵横槽钢杆件及斜撑角钢杆件，调整好各安装件的正确位置，紧固连接螺栓。

(3)调整好立柱底面的垫板，在立柱底板上向地面钻膨胀螺栓孔，安装膨胀螺栓并紧固，在立柱底板周围灌入混凝土砂浆。

(4)安装风嘴支架并紧固连接螺栓，在风嘴支架外侧加装纵向稳定槽钢杆件。

(5)在横槽钢杆件上安装模板并紧固连接螺栓，用激光经纬仪在模板上扫出立体分段安装水平线并切割模板多出余料，将模板顶面清磨平整。

杆件栓接组合式立体胎架的结构特点：

(1)采用上下搭接板呈十字形装焊在钢管上的立柱构件，可以方便地与纵横槽钢杆件、纵横角钢杆件、斜撑角钢杆件进行栓接，胎架结构简捷可靠。

(2)立体胎架采用了纵横向斜撑角钢杆件，且横向斜撑角钢杆件呈八字形安装在槽钢杆件的中间，提高了横向槽钢杆件的支承刚度，保证了胎架结构的稳定性。

(3)胎架模板采用了栓接方式，便于更换模板。

(4)按产品不同要经常更换的风嘴支架，是用槽钢装焊成稳定性较好的三角形整体构件，且与基面的横向槽钢杆件采用栓接固定方式，方便拆换。

(5)胎架的各种杆件结构紧凑，重量较轻，方便异地施工安装。

杆件栓接组合式立体胎架目前主要用于桥梁钢结构钢箱梁制造过程中各种立体分段及分段匹配制造所需的立体胎架工艺装备。可推广用于钢结构各种立体分段及分段匹配制造所需的立体胎架工艺装备。例如：各种检验平台、装配平台、预拼装配焊接平台、总装立体胎架、大面积支承架、造船胎架基础等。

5. 梁段制造及厂内预拼装

梁段制作及预拼装在同一胎架上一次完成。采用“6+1”匹配方案。由桥梁塔区梁段对称交互进行制作，共9轮完成全桥52个梁段制作工作。

匹配胎架制造时预留总成焊接收缩量并预放焊接反变形，保持两梁段间的间隙。每梁段单元件向塔侧T端对齐，梁段制作及预拼后切除另一端口(背塔侧端)余量。两端均留余量。每轮共6个梁段采用统一制作工艺。一轮制作完成后，运走前面的6个梁段，把最后一个梁段拖至前面重新定位，作为下一轮预拼的基准梁段。

1)钢箱梁长度余量切割

梁段装焊、预拼完成后，用总成钢带画线切割长度方向余量，并测量其总长度，将该长度与理论长度比较，其差值在下一轮预拼装单元加以修正，避免产生积累误差。

2)工地匹配件的安装

梁段预拼时已确定了相邻梁段的相对位置，此时，将相邻两梁段的匹配件按图纸规定的位置成对安装在焊缝两侧，先定位、焊接一侧的构件，再定位焊接另一侧的构件，中间采用增加了工艺量的垫块(工艺量包括梁段间距、上下张口差)。

对于特殊梁段的制造可参照相关梁段制造总成图中的制造说明。

3)钢箱梁附属件、桥面系安装

(1)梁段临时吊点在梁段匹配完成后进行安装，安装时吊点部件与梁段面板的高强螺栓孔需进行配钻，高强螺栓的拧紧按相关工艺文件执行。

(2)除湿机体积庞大，无法通过箱梁的人孔进入箱内。因此在拼装相应梁段时，按图纸要求，将除湿机预置在梁段内(包括除湿机底座、通风口、风管等)，将除湿机包装捆扎好，以避免装焊、涂装、运输过程中损坏。

(3)压重槽在梁段面板装焊之前安装，厂内做成部件，总成安装布置按图纸要求。

(4)在梁段预拼后画出各类支座和阻尼系统、路缘石、护栏立柱座板、路灯座板、泄水系统、临时吊点等构件的安装线，并对线定位装焊。

(5)支座等带有丝孔的构件，在空内涂油保护，防止损坏或堵塞丝孔。

4)梁段标记、标志

(1)样冲标志要求：要求样冲间距20~30mm，样冲点直径不大于1mm，并用压敏胶带进行保护。

(2)分段涂装时，在梁段端部两横隔板上，采用浅色油漆喷涂分段识别标志。

梁段采用正装法，以胎架为建造平台，以底板外表面为建造基面进行建造。纵向按全桥线形设纵坡。在总结已建钢箱梁制作经验的基础上，结合本桥钢箱梁的结构特点，充分考虑焊接方法和顺序，对梁段组装焊接变形的影响，制订梁段组装程序。

6. 现场安装与现场焊接

1)现场安装前准备

总成胎架制造前在胎架区的地面上先设置供各单元定位的(纵、横向)标记线，如梁段端口定位线、锚箱中心线以及梁段中心线、转圆点位置线等，在胎架以外的钢柱上设置各单元件的高度定位基准标记线(即高程样杆)。

2)钢箱梁阶段组装焊接

为保证板单元的组装精度，加快生产进度，在单元件上胎架前进行双拼。并对胎架预放反变形控制板单元焊接变形。采用马板定位拼接，以保证组装精度并且控制焊接变形。此工艺既能减少总拼胎架上焊接工作量，又保证了焊接质量，同时加快了总拼进度。横隔板固定后测量其高程及尺寸，保证箱梁外形尺寸精确，然后进行面板单元定位及拼装(面板定位之前，边纵腹板预置)、横隔板对接缝焊接、预留面板单元件定位装焊、边纵腹板的装焊、风嘴单元定位装焊。

3）梁段总成矫正

梁段主结构装焊结束后，解除梁段约束（底板与胎架、风嘴与胎架、临时加强支撑等）。定位工装严禁采用锤击法或疲劳破坏的方式拆除，需采用气割方式。气割时不得损伤母材，要留 1 ~ 3mm 的余量，然后铲掉，最后磨平。

梁段两端口自由板边波浪变形，匹配端口板的错边，纵向焊缝的角变形。梁段端口各角点超差及其自由边高度线形不良。

采用专用烘枪及相应工装对需要矫正的地方进行火工矫正，可采用压砣、千斤顶等辅助工具、工装。对于无法矫正的部位，也可以打开焊缝重新装配焊接，但在打开焊缝前一定需主管工艺人员到场确认。

矫正需满足自由板边视觉平整，符合精度要求；匹配端口板的错边量不大于 2mm。

7. 钢箱梁制造质量检验与控制

1）钢箱梁制造检验工艺规程

在钢箱梁制造过程中，应对每道工序进行监控。各工序的施工必须严格按照工艺文件的规定进行，检验人员应认真监督。各工序施工人员必须按《珠江黄埔大桥钢箱梁检验项目清册》中的规定认真执行自检、互检，再专检的程序。工程中所使用的计量器具必须经厂中心试验室检定合格，并在有效期内使用，以保证钢箱梁制造精度的要求。未经检验或检验不合格的产品不得转入下道工序，严禁不合格产品出厂。

（1）检测内容

黄埔大桥钢箱梁制造工程中的质量检验主要包括原材料进场检验、切割下料及矫正弯曲和边缘加工、制孔的质量检验、单元件组装质量检验、单元件焊接质量检验、分段组装质量检验、分段焊接质量检验、分段预拼装质量检验、工地分段组装质量检验、工地环缝质量检验、焊缝外观质量检验，焊缝内部质量检验等。

（2）质量检验关键点

根据钢箱梁的施工工艺、检验流程，质量管理部对钢箱梁制造的每一道工序实行全过程的质量控制，并将钢箱梁制作有关的 9 个质量检验点作为质量检验关键点。

①钢箱梁制造相关施工程序检验

a. 原材料进场：包括钢板、型材、成品或半成品零件、焊接材料等材料的进场和验收。

b. 材料矫正、弯曲和边缘加工、制孔：包括单元件下料的外形尺寸、加工变形及坡口角度、部件制孔等质量检验。

c. 单元件的组装：包括单元件的外形尺寸、构件组装精度、焊接质量、焊后矫正等质量检验。

d. 分段组装：包括分段长度、宽度、高度、线形、结构定位精度等质量检验。

e. 分段预拼装：包括分段预拼长度、线形、匹配接缝的间隙、接缝的错边量等质量检验。

f. 焊缝的质量检验：包括焊缝外观及外形尺寸的检查和焊缝内部质量的检验。

g. 锚固点及吊点区的附属结构定位、装配、焊接的质量检验。

h. 分段完工合格出厂的质量检验。

i. 全桥总成时环缝的装配及焊接的质量检验。

②各单元件制造程序及相关检验步骤

a. 面板单元。

下料→自、互、专检→面板画线→自、互、专检→纵向、横向结构安装→自、互、专检→焊接→自、互、专检→矫正标记→自、互、专检→存放。

b. 底板单元。

下料→自、互、专检→底板画线→自、互、专检→纵向、横向结构安装→自、互、专检→焊接→自、互、专检→矫正标记→自、互、专检→存放。

c. 上、下斜腹板部件。

下料加工→自、互、专检→腹板画线→自、互、专检→纵向、横向结构安装→自、互、专检→焊接→自、互、专检→矫正标记→自、互、专检→存放。

d. 横隔板、中纵腹板单元。

下料→自、互、专检→横隔板画线→自、互、专检→加劲肋安装→自、互、专检→焊接→自、互、专检→矫正标记→自、互、专检→存放。

e. 风嘴角单元。

下料→自、互、专检→上、下斜腹板部件分别制造→自、互、专检→下斜腹板部件定位→自、互、专检→安装隔板→自、互、专检→安装上斜腹板部件→自、互、专检→焊接→自、互、专检→矫正标记→自、互、专检→存放。

f. 边纵腹板单元。

下料→自、互、专检→加劲肋画线→自、互、专检→加劲肋安装→自、互、专检→焊接→自、互、专检→矫正→自、互、专检→翻身安装锚箱结构→自、互、专检→焊接→自、互、专检→矫正标记→自、互、专检→存放。

③施工过程检验方式

单元件组装完成后由施工人员参照图纸及精度要求对产品进行自检，合格后上报互检，互检合格后填写报检单报专检，报检单上必须填写单元件编号、组成单元件的构件编号、板材炉批号、焊材炉批号、装焊人自互检签名及自互检的检查数据、日期等。

专检合格后依据相关程序和频率报监理工程师，监理工程师检验合格并贴合格证后转序。

(3)质量检验工艺及判定方法

①原材料检验工艺及判定方法

本工程为独塔斜拉桥钢结构，钢箱梁主体结构及临时匹配件均采用 Q345C 低合金钢，钢锚箱采用力学性能和物理性能不低于合金钢 Q345D 钢，风嘴部分采用低碳钢 Q235C。

a. 材质证明书检验。

材料检验员核实钢材的材质证明书与钢板上标号(牌号、炉号、批号等)是否相一致，材质证明书上的化学成分和机械性能是否符合规范要求，记录核查结果。

b. 钢板尺寸、数量核查。

核查钢板的长宽尺寸是否符合定尺供货要求，用游标卡尺或超声波测厚仪在离钢板边缘 50mm 处测量钢板厚度是否符合标准要求，清点数量是否准确。板厚 5 ~ 8mm 时，钢材厚度偏差应控制在 +0.45 ~ -0.6mm 之间；板厚 10.0 ~ 13.0mm 时，控制在 +0.7 ~ -0.8mm 之间；板厚 13.0 ~ 25.0mm 时，控制在 +0.8 ~ -0.8mm之间。

c. 钢材表面质量检查。

目测检查钢材表面有无气泡、结疤、裂纹、折叠等缺陷，钢材端边或断口不应有分层、夹渣等缺陷，并对照标准判断是否合格。当钢材的表面有锈蚀、麻点或划痕等缺陷时，其深度不得大于该钢材负允许值的 1/2。

高强钢需重点检查表面凹坑、裂纹等；任何钢板不得存在死弯；如实记录检查结果；如钢板表面质量不满足规范要求，应出具不合格品通知单，做退货处理。

d. 型材的尺寸及外观质量的检查。

型材的品种、规格、性能、尺寸、外形等应符合规定和设计要求。并检查型材的质量合格证明文件及检验报告等。型材的表面不得有裂缝、折叠、轧折、离层和结疤。

e. 化学成分分析和机械性能试验。

按工艺文件《黄埔大桥主桥钢箱梁制造材料复验要求》进行钢材试验，委托具有试验资质和试验能力并经监理认可的检验单位，进行材料化学成分分析和机械性能试验，具体试验项目按不同材质规格进行。对 Z 向钢应做超声波探伤检查。

f. 验收标识。

试验合格并经监理确认后入库使用。物资供应部门对验收的钢板、型材进标识，并做好标记移植工作。

②焊接材料检验工艺及判定方法

a. 包装检验。

检查焊接材料包装符合有关标准要求：是否完好，有无破损、受潮，将检查结果如实填写在物资验证记录上。

b. 质量证明书检验。

核对质量证明书所提供的数据是否齐全，并符合规范及技术要求。将检查结果如实填写在物资验证记录上。

c. 外观检验。

检验焊接材料的表面是否污染，在储存过程中是否有影响焊接质量的缺陷产生，识别标志是否清晰、牢固，与产品实物是否相符。将检查结果如实填写在物资验证记录上。

d. 化学成分分析和机械性能试验。

按材料试验计划进行机械性能试验，试验项目如表 3-1-13 所示。

试验项目表 表 3-1-13

序　号	试验项目	备　注
1	手工电弧焊焊条	熔敷金属的拉伸和冲击试验
2	CO_2 气体保护焊焊丝	熔敷金属的拉伸和冲击试验
3	埋弧自动焊焊丝	熔敷金属的拉伸和冲击试验

e. 验收标志。

专检验收合格并出具材料报审表，经监理确认后入库使用。物资供应部门对验收的焊材进行标志。

③下料和坡口开制检验工艺及判定方法

a. 外观及标记检验

(a) 检查钢板画线后是否用钢印、油漆或样冲眼等标记分别标出零件编号，桥中线方向，水平和垂直中心线，坡口角度及切割线等。

(b) 检查切割和刨边面的熔渣、毛刺和缺口是否清理干净，并检查边缘是否有裂纹、夹层、夹渣等缺陷。

b. 单元件下料尺寸检验

钢板下料切割及坡口开制质量检验按表 3-1-14 进行。

钢板下料切割及坡口开制质量检验表 表 3-1-14

序　号	检测项目	质量指标(mm)	检测方法及说明	检　测　工
1	宽度和长度	±1.0	钢板平放在切割平台上，用钢盘尺在钢板上离测量边 50mm 处及板中间分别测量，每次测量三次，并取平均值作为宽度和长度的实测值	钢盘尺
2	对角线相对差	≤2.0	钢板平放在切割平台上，用钢盘尺在钢板两对角测量对角线长度	钢盘尺
3	切割垂直度	$0.05t$ 且不大于 2.0	钢板平放在切割平台上，用焊规或角尺测量	焊规或角尺
4	割纹深度	0.2	钢板平放在切割平台上，用目测及焊规测量	焊规
5	塌角	圆角半径不大于 0.5	钢板画线和切割后进行检查，钢板平放在切割平台上，用目测及焊规测量	焊规
6	型材端面的垂直度	1/500 且不大于 3	型材放在水平胎架上，用线垂吊型材端口的垂直度，用钢卷尺测量	吊线垂及钢卷尺

④单元件组装及焊接的检验工艺及判定方法

a. 面底板单元件及腹板单元件的装焊完工质量检验按表 3-1-15 执行。

面底板单元件及腹板单元件的装焊完工质量检验表　　表 3-1-15

项　次	检 查 项 目	规定值或允许偏差(mm)	检查方法及说明
1	标记线的刻画	≤1.0	用激光经纬仪开制角尺线及用钢卷尺测量数值
2	板单元长度 L	+2.0、-1.0	用钢卷尺测量两个边及板横向中心线的位置
3	板单元宽度 B	±1.0	用钢卷尺测量两端及板纵向中心线的位置
4	板单元对角线 D	≤2.0	用钢卷尺测量
5	纵肋的定位尺寸偏差	≤1.0	用钢卷尺测量横向偏差及纵向偏差
6	板局部平面度	≤1.0	用钢直尺测量两端,并在中间抽检 3 ~ 5 个点或把单元件放在水平检验胎架上,查看单元件与水平胎架的间隙
7	板横向弯曲	≤3.0	单元件放在水平检验胎架上,查看单元件与水平胎架的间隙
	板纵向弯曲	<5.0	
8	角焊缝焊角尺寸	+2、0	用焊规检查

b. 横隔板单元件装焊质量检验按表 3-1-16 执行。

横隔板单元件装焊质量检验表　　表 3-1-16

项　次	检 查 项 目	规定值或允许偏(mm)	检查方法及说明
1	上下齿形孔位置	≤1.0	用钢卷尺测量
2	板单元长度 L_1	±1.0	用钢卷尺测量
3	板单元长度 L_2	≤1.0	用钢卷尺测量
4	板单元宽度 H_1(一端)	≤1.0	用钢卷尺测量
5	板单元宽度 H_2(另一端)	≤1.0	用钢卷尺测量
6	纵横肋板的定位偏差	≤2.0	用钢卷尺测量
7	板横向平面度	≤3.0	用钢直尺测量两端,并在中间抽检 3 ~ 5 个点或把单元件放在水平检验胎架上,查看单元件与水平胎架的间隙
8	板纵向弯曲	≤5.0	拉线检查或者把单元件放在水平检验胎架上,查看单元件与水平胎架的间隙
9	角焊缝焊角尺寸	+2、0	用焊规检查

⑤风嘴单元装焊的检验工艺及判定方法

风嘴单元装焊质量检验按表 3-1-17 执行。

风嘴单元装焊质量检验表　　表 3-1-17

项　次	检 查 项 目	规定值或允许偏(mm)	检查方法及说明
1	底板单元定位	≤1.0	定位单元用吊线锤吊地标点、非定位单元用钢带量测相邻两单元中心线的间距
2	隔板单元定位	≤1.0	用钢带量测隔板间距、用吊线锤和钢尺测量隔板垂直度
3	面板单元定位	≤1.0	定位单元用线锤吊地标点、非定位单元钢带测两侧相邻两单元件中心线的间距、用线锤吊端口与底板端口的重合度、用激光经纬仪量面板水平,确定面板 1% 斜坡
4	分段高度 H	±4.0	用钢卷尺测量,用激光经纬仪量测水平
5	分段宽度 B	±4.0	用线锤吊地标点或用钢卷尺量测

续上表

项　次	检 查 项 目	规定值或允许偏(mm)	检查方法及说明
6	分段长度 L	±2.0	用线锤吊地标点或用钢卷尺量测
7	端口与中心线垂直度	≤2.0	用激光经纬仪量测
8	分段水平	±4.0	用激光经纬仪量测
9	焊缝检查	符合要求	用焊规检查及观察检查

⑥梁段总成检验工艺及判定方法

a. 胎架的检验：胎架制造时，应对地线进行重点检查。按胎架线形图进行检查，用全站仪及卷尺检查胎架地标点，用激光经纬仪检查胎架模板水平。胎架地标点的刻画必须清楚、牢固。

b. 梁段组装检验按表 3-1-18 执行。

梁段组装检验表　　表 3-1-18

项　次	检 查 项 目	规定值或允许偏差(mm)	检查方法及说明
1	底板单元定位	≤1.0	定位单元用吊线锤吊地标点、非定位单元用钢带量测相邻两单元件中心线的间距
2	边横隔板单元定位	≤1.0	用钢带量测隔板间距，用吊线锤和钢尺量测隔板垂直度
3	纵腹板单元定位	≤1.0	用吊线锤量测腹板垂直度，用激光经纬仪量两端水平
4	中隔板单元定位	≤1.0	用吊线锤量测隔板垂直度，用激光经纬仪量两端水平
5	面板单元定位	≤1.0	定位单元用吊线锤吊地标点，非定位单元用钢带量测相邻两单元件中心线的间距，用吊线锤吊端口与底板端口的重合度，用激光经纬仪量面板水平，确定面板 2% 斜坡
6	人行道单元定位	≤2.0	用吊线锤吊地标点，用激光经纬仪量测面板水平
7	吊点及附属结构定位	≤1.0	用钢带量测吊点间距，用吊线锤量测附属结构垂直度，用激光经纬仪确定两吊点连线与桥轴线的垂直度
8	分段高度 H(端、中)	±4	用钢卷尺量测，用激光经纬仪量测水平
9	分段宽度 B	±4	用吊线锤吊地标点或用钢卷尺量测
10	分段长度 L	±2	用吊线锤吊地标点或用钢卷尺量测
11	端口与中心线垂直度	≤2.0	用激光经纬仪量测
12	分段水平	±4	用激光经纬仪量测中心线，每条纵缝位置及角点位置

c. 梁段焊接检验。

(a) 分段每条焊缝焊接完成后进行自检，对焊缝外观缺陷进行修磨，合格后填写报检单报专检，专检合格后申请探伤。报检单上必须写明分段编号、焊缝编号、焊工姓名或编号、焊材炉批号、焊接时间、焊接参数及自互检签名等。

(b) 焊缝外观及外形尺寸质量需符合表 3-1-19 要求。

焊缝外观及外形尺寸质量规格表　　表 3-1-19

项　次	检 查 项 目		规定值或允许偏差(mm)
1	表面气孔		不允许（对接缝），其他焊缝直径 <1.0，每米不多于 3 个，间距不小于 20
2	咬边	不要求修磨	≤0.3
		要求修磨	不允许（对接缝及熔透角焊缝）
3	焊缝余高		≤3.0
4	焊缝错边		≤2.0
5	飞溅		清除干净

(c)焊缝内部质量检验。

焊缝经外观检验合格后方能进行内部质量检验，焊缝内部质量检验应在焊后24h后进行。无损检测人员在接到检验员所签发的《无损检测申请表》以后，按《焊缝无损检验清册》及《铁路钢桥制造规范》(TB 10212—2009)的要求执行。超声波检验按照《钢焊缝手工超声波探伤方法和探伤结果分级》(GB/T 11345—89)执行，射线探伤采用(GB 3323—87)标准，工艺要求作磁粉探伤的指定的区域，按(JB 4730—94)执行，Ⅰ级合格。

d. 梁段预拼装检验工艺及判定方法如表3-1-20所示。

梁段预拼装检验表　　表3-1-20

项　次	检 查 项 目	规定值或允许偏差(mm)	检查方法及说明
1	预拼总长 L	±4	用吊线锤吊地标点、并用钢带量测量
2	水平	±4	用激光经纬仪测量1～n各测量点并抽检焊缝位置高程水平
3	中心线对合度	≤1.0	用激光经纬仪连1、6两点，测量中心线与激光连线的重合度
4	风嘴角点直线度	≤2.0	用激光经纬仪测量
5	接缝间隙	±3	用焊规测量或用直尺测量
6	接缝错边量	≤2.0	用焊规测量或用直尺测量
7	角点匹配	≤4.0	用焊规测量或用直尺测量
8	标记与检查线的刻画	≤1.0	用钢带测量
9	螺栓连接匹配状况	符合技术要求	按节点数抽查10%分初拧、复拧、终拧检验

梁段预拼装现场图如图3-1-18所示。

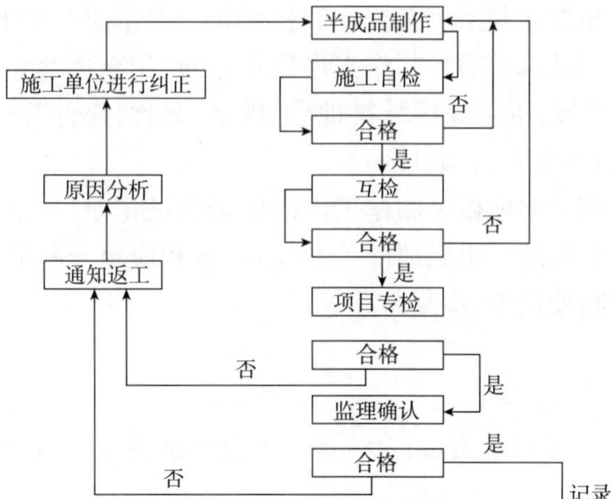

图3-1-18　梁段预拼装现场图

e. 梁段工地拼装检验工艺及判定方法。

(a)梁段工地拼装检验按表3-1-21执行。

分段工地拼装检验表　　表3-1-21

项　次	检 查 项 目	规定值或允许偏差(mm)	检查方法及说明
1	检查线间距	≤1.0	用钢卷尺或钢带测量
2	拼装总长	±15	用钢卷尺测量
3	水平	±4	用激光经纬仪测量1～n各测量点并抽检焊缝位置高程水平

续上表

项 次	检查项目	规定值或允许偏差(mm)	检查方法及说明
4	中心线对合度	≤1.0	用激光经纬仪连1、6两点,测量中心线与激光连线的重合度
5	接缝间隙	±3	用焊规测量或用直尺测量
6	接缝错边量	≤2.0	用焊规测量或用直尺测量
7	焊缝质量检验	符合技术要求	焊缝外观检验及内部质量探伤
8	高强度螺栓施拧质量检验	符合技术要求	按节点数抽查10%,分初拧、复拧、终拧检验

(b)梁段工地吊装主要是配合吊装单位做好吊装工作,阶段工地总成吊装重点检查钢箱梁环缝接头的错边量和焊缝的清洁度,焊后检查焊接表面成型并进行焊缝内部质量的检查。

(c)梁段成桥对接装焊。

梁段工地成桥全断面对接按《黄埔大桥钢箱梁桥上装配工艺规程》《黄埔大桥钢箱梁工地焊接作业指导书》进行。

对接准备:复核待吊装梁段的各种测量点、线;检测并调整对接缝口间隙(定位焊前实施);打磨、清除铁锈、氧化皮、油污、水分,显露出钢材金属光泽(定位焊前实施)。

对接装配:为保证梁段对接质量符合图纸及有关规则,确定合理的梁段焊接收缩量、控制梁段的总长,同时加强对首批接头的监测,及时整理、分析监测数据,以便调整,固化工艺。

对接装配、焊接程序为"复核梁段测量标记点、测量梁段缝口间隙→修整并清磨缝口→外板定位(采用定位'马')→贴衬垫→缝口焊接及无损检测→U肋等嵌补段测量、配制、装配及缝口清磨→U肋等嵌补段焊接及无损检测→临时吊点拆除及清磨转下一轮梁段吊装"。

(4)钢箱梁制造检验记录

在钢箱梁制作过程中,严格按照制造工艺制作和检验精度要求进行验收,并且每道制作工序按照检验要求进行检验,施工人员必须认真填写各制作工序质量记录,记录内容包括:部件编码,组成部件单元编号,各相应单元材质号、炉批号,所用焊接材料批号、规格、名称,部件装焊尺寸精度偏差,施工设备状态,检测器具,施工人及自互检人签字,完成日期等。

在钢箱梁制作过程中,真实详细地做好制作工序的质量见证记录,见证记录内容包括制作工序的施工状态的完整性记录,包括:部件编码,组成部件单元编号,各相应单元材质号、炉批号,所用焊接材料批号、规格、名称,部件装焊尺寸精度偏差,检测器具等。

2)钢箱梁制造质量控制

(1)质量目标的确定

①钢箱梁制造尺寸精度、外观制造质量;全面满足《公路桥涵施工技术规范》及其相关技术标准的要求。

②钢箱梁制造焊接质量:全面满足《公路桥涵施工技术规范》及其相关标准的要求,外观焊缝成型一级品率达到98%以上,焊接X光摄片一次合格率≥98%,焊接超声波检测一次合格率≥99%,磁粉探伤合格率99%。

③钢箱梁制造工程验收质量:装焊报验一次合格率确保≥98%,评级项目一次合格率≥98%,评级项目优良率达≥99%。

(2)质量控制流程

黄埔大桥斜拉桥钢箱梁的制造过程中主要以控制工序的质量来保证整个工程的质量,因而建立了工序质量控制的流程图,对每道工序质量都实行三检制和监检制,从而使整个工程质量得到有效的保证。

(3)钢箱梁制造精度要求

①零部件下料加工及矫正精度如表3-1-22所示。

零部件下料加工及矫正精度表　　表 3-1-22

序　号	分类名称	项　目	允许偏差(mm)	备　注
1	钢板、钢管和钢带矫正	钢板平面度	1.0/m	
		钢板直线度	3.0	$L≤8m$
			4.0	$L>8m$
		钢管直线度	0.5/m	
		钢管椭圆度	3.0	长短轴之比
		钢带宽度	0.5/m	$L≤3mm$
		槽钢腹板平面度	0.5	连接部位
			1.0	其余
		槽钢翼缘垂直度	0.5	连接部位
			1.0	其余
2	加工样板	加工样板偏差(长、宽)	+0.5,-1.0	
		曲线样板上任意点偏差	≤1	
3	精密切割	主要零件　长度	±1	
		主要零件　宽度	±1	
		其他零件　长度、宽度	±2	
		直线边缘直线度	±1	
		切割面垂直度	≤0.05t,且不大于 2.0	t 为板厚
		焰割边表面粗糙度	≤25μm	
		崩坑	Ⅰ级焊缝不允许,Ⅱ级焊缝 1 000mm长度内允许一处 1.0	
		塌角	$R≤0.5$	R 为圆角半径
4	刨边加工	加工表面粗糙度	≤25μm	
		刨削边缘直线度	≤1	每 10m 长度内
		两板边垂直度	≤0.5	每 10m 长度内
5	制孔	孔壁表面粗糙度	≤25μm	
		两相邻孔距偏差	±0.4	
6	闭口肋加工	端口断面 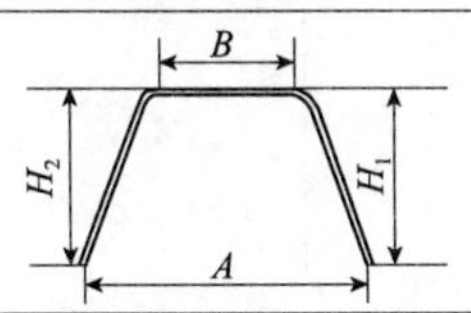	A　+2.0,-1.0	
			B　±1.5	
			H_1、H_2　±2.0	
			H_1-H_2　≤2.0	
		端口垂直度	≤1	
		闭口肋弯曲、扭曲变形	L/1 000,且≤6.0	L 为闭口肋长度

②焊接坡口加工精度如表 3-1-23 所示。

焊接坡口加工精度表　　表 3-1-23

序　号	项　目	允许偏差(mm)	备　注
1	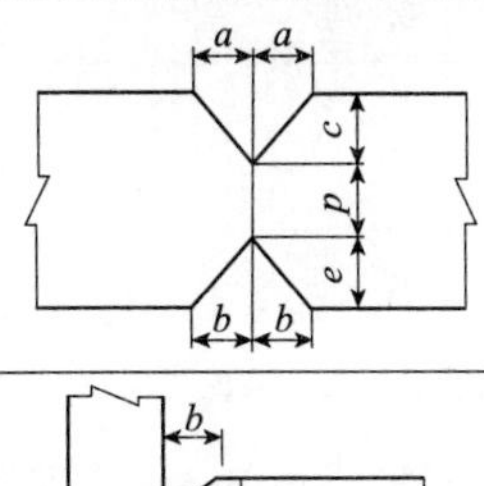	a、b: +1.0,-0.5 p: +0.5,-1.0 c、e: +1.0,-0.5	对接接头
2	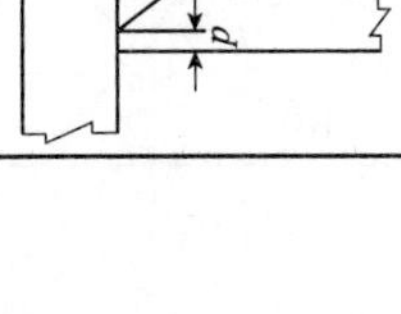	b: ±1.0 p: +0.5,-1.0	角接接头

③面板、底板、腹板、横隔板、纵隔板等单元件制造精度如表 3-1-24 所示。

面板、底板、腹板、横隔板、纵隔板等单元件制造精度表 表 3-1-24

序 号	分类名称	项 目		允许偏差(mm)	备 注
1	画线	中心线、检查线位置偏差		≤1.0	
		结构组装线位置偏差		≤1.0	
2	构件组装	结构安装对线		≤1.0	
		结构组装间隙 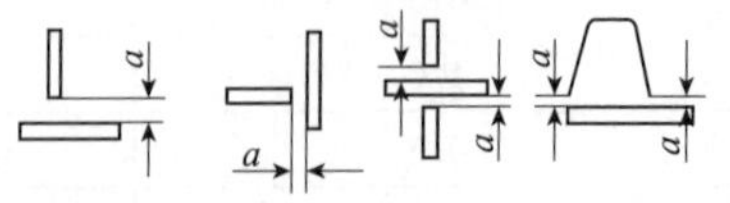		a≤0.5	
		结构组装直线 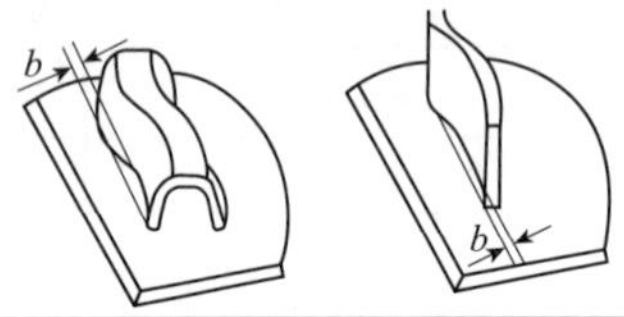		b≤1.0	
		结构组装垂直度 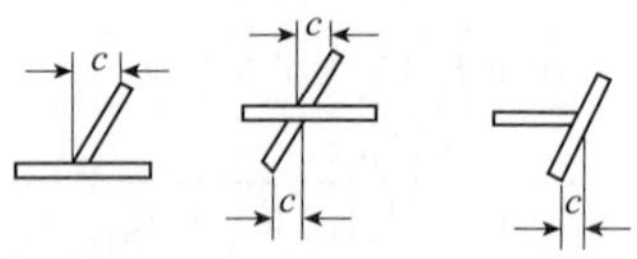		结合处≤0.5;其余处≤2.0	
		对接错边 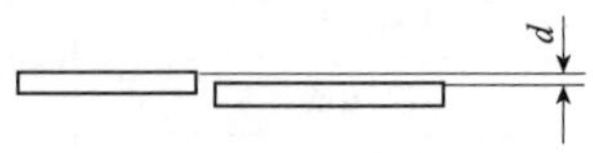		当 t<25 时,d≤0.5;当 t≥25 时,d≤1.0	t 为板厚
		对接焊组装间隙 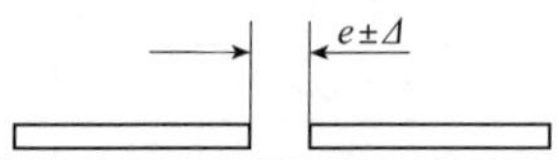		Δ≤2.0	e 为对接缝理论间隙
		组装错位 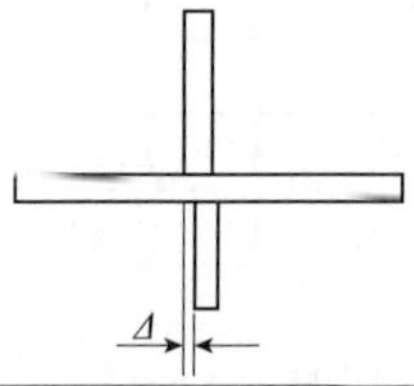		t/5,且 Δ≤2.0	t 为板厚
3	单元件组装	板单元长度		+2.0,-1.0	
		板单元宽度		±1.0	
		板单元构件间距		±1.0	
		矩形板对角线之差		≤2.0	
		局部平面度	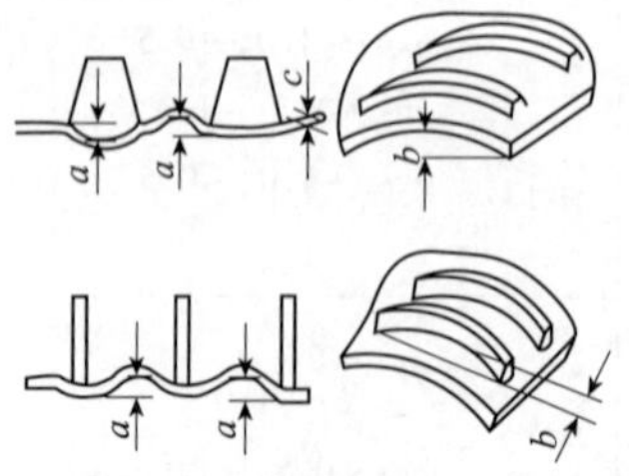	a≤1.0	
		纵向弯曲		b≤H/500,且≤5.0	H 为单元件长度
		横向弯曲		c≤B/250,且≤3.0	B 为单元件宽度
		风嘴单元端口尺寸偏差		≤3.0	

④工字型桁架组装精度如表 3-1-25 所示。

工字型桁架组装精度表　　　　表 3-1-25

序　号	项　目		允许偏差(mm)	备　注
1	板对接	对接缝处错边量	≤0.5	$t<25$
		对接间隙	≤1.0	$t\geq25$
2	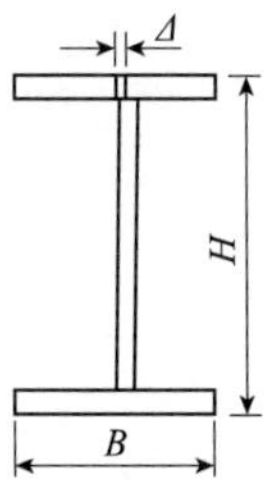	盖板中心与腹板中心线偏差	≤1.5	
		H	±1.5	
		B	±2.0	
		长度	±5.0	
3	拼装缝隙		≤1.0	
4	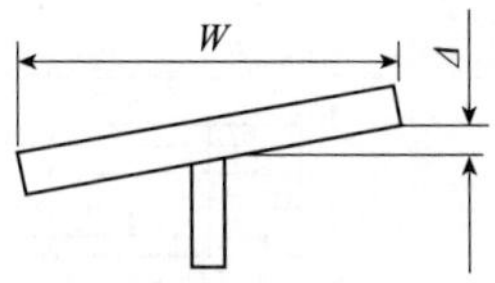	盖板倾斜	$\Delta\leq W/200$，且≤2	
5	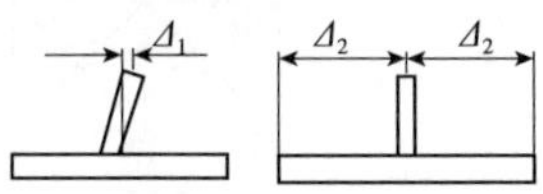	Δ_1	≤1.0	端部 1.5m
		Δ_2	≤1.0	端部 1.5m
			≤3.0	其余部位

⑤钢箱梁节段制造精度如表 3-1-26 所示。

钢箱梁节段制造精度表　　　　表 3-1-26

序　号	项　目		允许偏差(mm)	示 意 图
1	梁长	上翼缘板长度 L_1	±1	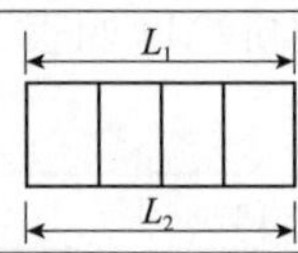
		下翼缘板长度 L_2		
2	梁高	中高 H	±2	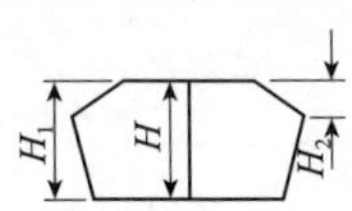
		边高 H_1、H_2		
3	梁宽	1/2 全宽($B/2$)	±2	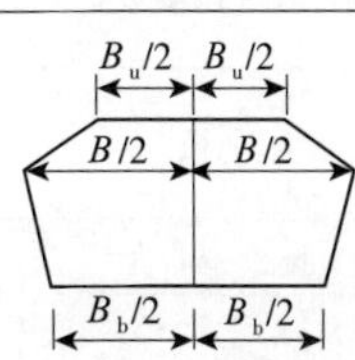
		1/2 上翼缘板宽($B_u/2$)		
		1/2 下翼缘板宽($B_b/2$)		
4	端口对角线 AO_1，EO，BO_1，DO，FO，CO		<4	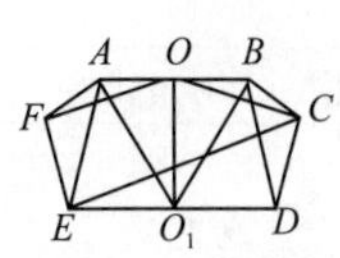
5	上下翼缘板中心线重合度 OO_1		≤2	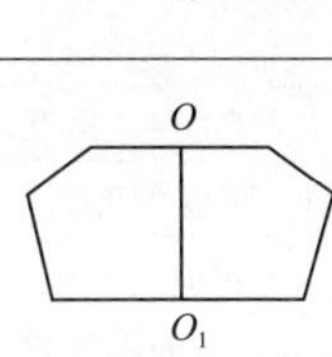

续上表

序 号	项 目		允许偏差(mm)	示 意 图
6	锚箱位置	锚箱(横向)距桥中心线偏差	±2	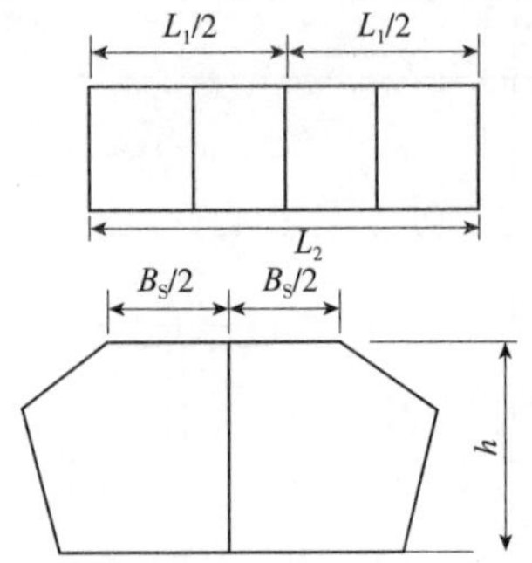
		同节段两点高差	<5	
		锚箱距端口检查线长度 L_1、L_2	±2	
7	三节段中心线与桥轴中心线偏差		±1	
8	垂直度	端口垂直度偏差 δ_1	≤1	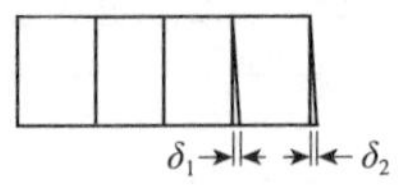
		横隔板垂直度偏差 δ_2	≤2	
9	横隔板间距偏差		±2	
10	桥面板四角水平 A、B、C、D		±4	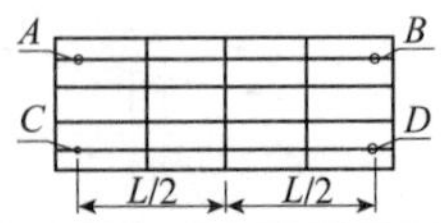
	相对高差		<6	
11	桥面板 1/2 对角线 AO_1、BO、A_1O_1、B_1O		<8	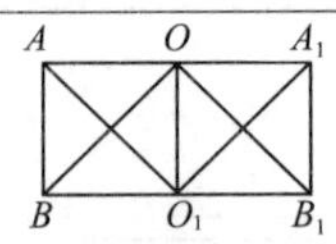
12	板面不平度	纵肋间	$W_1/300$	W_1 为纵肋间距
		横肋间	$W_2/500$	W_2 为横肋间距
13	相邻两节段纵肋直线度		≤2	
14	风嘴直线度		$L/2\,000$，且<5	

⑥钢箱梁预拼精度如表 3-1-27 所示。

钢箱梁预拼精度表

表 3-1-27

序 号	项 目	允许偏差(mm)	条 件
1	梁高 H	±2	工地接头处
		±3	其余部分
2	组拼长度 L	±6	6 分段试装最外两吊点中心距
		±2	分段时两吊点中心距
3	全长	±8	6 分段累加长度
		±2	分段长
4	腹板中心距	±3	可量风嘴距离
5	盖板宽	±1	盖板单元纵向有对接时盖板宽
		±3	钢箱梁盖板宽
6	横断面对角线差	≤4	工地接头处的横断面
7	旁弯	3m + 0.1L 任意位置于 20m 测长内，<6	桥面中心连线在平面内的偏差 L(m)3 段试装长度
		≤5	单段箱梁
8	左右支点高度差(吊点)	≤5	左右高低差
9	盖板、腹板平面度	$H/250$，$2t/3$ 取最小值	H 为加劲肋间距；t 为板厚
10	扭曲	每米不超过 1，且每段≤10	每段以两边隔板处为准
11	工地对接板面高低差	≤1	安装匹配后板面高差

⑦胎架制造精度如表 3-1-28 所示。

胎架制造精度表　　　　表 3-1-28

序　号	项　目	允许偏差(mm)	序　号	项　目	允许偏差(mm)
1	胎架水平度	±1.0	3	模板型值位置	≤1.0
2	模板垂直度	≤1.0	4	地标定位标记	±1.0

二、钢箱梁架设

1. 钢箱梁架设施工设计

1)工程概况

黄埔大桥北汊斜拉桥钢箱梁全宽为 41m，高 3.5m，主跨标准节段长度为 16.0m，边跨标准节段长度为 12m。全桥共分为 52 个钢箱梁节段：北侧主跨共 24 段(J1 ~ J24)、39 号主塔墩墩顶附近有 3 段(DJ1、D0、DA1)、边跨侧共 25 段(A1 ~ A12、A12′、A13 ~ A17、A17′、A18 ~ A22、A22′)。单段设计最大重量约为 345t(A5、J5 梁段)。钢箱梁典型横断面如图 3-1-19 所示。

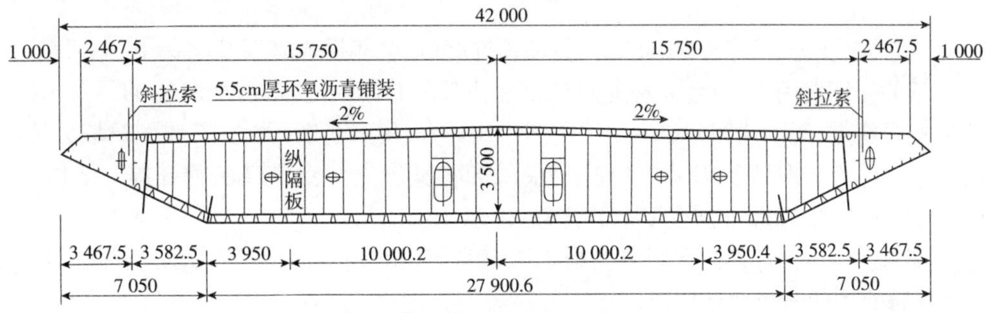

图 3-1-19　钢箱梁典型横断面图(尺寸单位：mm)

2)钢箱梁架设总体施工方案

(1)钢箱梁运输

钢箱梁由武船重工制梁厂船运至桥梁工地范围。由于钢箱梁一半处于珠江北汊航道(水域)，另一半在大濠洲岛上(陆地)。水中钢箱梁采用直接运输桥下起吊，陆地钢箱梁先水运后上岸变成陆上运输作业方式。由于周边环境受限，计划钢箱梁从两个塔柱之间运输过去，但钢箱梁全宽 41m，塔柱之间距离不到 40m，因此需要在过塔柱时从节段的短边方向运输过去，之后再旋转 90°。为减少运梁轨道及运输旋转装置，计划从水上到陆地以及陆地上的运输全部采用现有的运梁小车实现。运梁小车从梁厂发运将钢箱梁运输至船上，然后跟随运梁船到达吊梁现场。利用珠江潮差上岸后将钢箱梁运输至目标位置。

(2)钢箱梁架设

①水文、气候情况

由于受珠江口海潮的影响，桥位处每日两潮两落，施工期间，最低潮水位约为 +3.5m，最高潮水位约为 +6.7m，一般潮水位在 +3.8 ~ +6.2m 之间。落潮时平均流速为 0.8m/s。桥址地区属亚热带海洋季风气候，属华南沿海台风区。年平均风速 1 ~ 2m/s，桥址处于 800Pa 等压线上。

②总体架设方案选择

全桥 52 段钢箱梁全部通过桥面吊机直接悬拼，由于钢箱梁纵隔板间距 18.8m，临时吊点在纵隔板上方，所以每段钢箱梁用两台桥面吊机抬吊，全桥共有四台桥面吊机。单台桥面吊机的额定吊装重量为 180t。

根据国内外已建钢箱梁斜拉桥的施工方法来看，黄埔大桥北汊斜拉桥钢箱梁的总体安装方法一般在悬臂拼装法和顶推法两种方法中选择。悬拼施工法又包含边跨辅助墩至过渡墩之间的梁段的安装方法的研究，即全桥所有梁段均采用悬拼的方法，还是边跨辅助墩至过渡墩之间的部分梁段和主跨侧过渡墩顶附近梁段采用其他方法提前完成安装;顶推施工法又可以分为全桥所有梁段均顶推,以及边跨部分梁段采用顶推两种方法。通过若干整桥修建方案的对比讨论,确定黄埔大桥北汊斜拉桥的钢箱梁的总体安装采用桥面吊机全悬臂拼装、非对称吊装主跨、边跨梁段的施工方案。

a.施工方案与常用的浮吊加支架方案吊装边跨辅助墩与过渡墩之间的梁段、用桥面吊机悬拼主跨及边跨其余部分梁段的方案的比较研究。

(a)在可行性和工期上的比较。

如果边跨所有梁段悬拼,在理论上可以通过索力、边跨部分梁段适当配重、边跨梁长合理配置以解决梁段运输和过墩吊装问题等,与边跨部分梁段先完成安装一样可实现的。在工期方面,虽边跨部分梁段在支架搭设好后可提前吊装,但是整个工期还是要以主跨合龙的时间来定,只是可先把边跨部分梁段完成安装,在施工后期就可集中精力进行主跨悬拼。两者在工期上没有明显的优势。

(b)由于都有悬拼工作,悬拼工作在进行到主跨侧达最大悬臂阶段(最大单悬臂状态)和边、主跨均在悬拼,且达到最大双悬臂状态时为比较危险的阶段,但这两种状态即使把边跨梁段用其他方法先完成安装,也同样存在。所以这一部分的安全风险均基本相同,但边跨用浮吊和支架施工部分的梁段,由于要在水中修建基础、拼拆支架,安全风险骤增,危险源明显增多,加大了施工管理的难度,提高了出安全事故的几率。

(c)在经济上的比较。

边跨部分梁段需要支架、浮吊安装,还有需整体顶推就位,会多投入支架基础费用、支架费用、支架拼拆及运输费用、浮吊的使用费用等,而且大跨度斜拉桥往往都具有高度比较高、所跨越的河流水比较深、梁体重比较大、梁体宽等特点,所以这部分费用往往达到好几百万、甚至上千万元。具体到黄埔大桥的北汊斜拉桥,由于边跨位于江心大濠洲岛上,所以,若先把边跨一部分梁段先安装,则需要修建提升站和置梁支架。

(d)在对周围环境、生态等影响程度上的比较。

非对称、全悬拼影响最小,其他常用方法由于边跨要搭设支架,对周围环境、生态等容易造成影响,而且支架的基础日后处理起来也比较困难。

b.施工方案与常用的边跨部分梁段用顶推法施工、主跨与另一部分边跨用悬拼法方案的比较研究。

(a)在工期上的比较。

主桥工期同样决定于主跨合龙的工期,边跨部分梁段只能是先提前完成拼装工作,两者工期上也均差不多,哪一种方案都不占明显优势。黄埔大桥北汊斜拉桥边跨梁段若用顶推法施工,由于边跨侧的过渡墩后面不远处就是南汊悬索桥的两根主缆的庞大的锚碇结构,在此处(过渡墩后面与主缆锚碇之间)不能设置顶推平台。那么,顶推平台就只能设在主塔和第一个辅助墩之间的适当位置,由于在此处的软基上要修建70多米高的大型提升站和临时墩、拼焊平台等,如果不能尽早提前(与开始架梁时比较)开工,反而会影响整个工期。

(b)在安全性上比较。

由于边跨部分梁段顶推时一般需要修建临时墩,还需要顶推的平台支架和提升站或大型吊机、浮吊等,也多出了不少危险源,加大了施工管理难度,提高了安全风险,当然,这种方案也是很成熟的,在某些特殊情况还有它的优势。

(c)在经济上的比较。

边跨部分梁段采用顶推施工时要多投入顶推设备、导梁或临时墩、顶推平台、提升站或大型吊机、浮吊等的费用,一般比用桥面吊机全悬拼要花费更多的费用。黄埔大桥北汊斜拉桥边跨在江心岛上,边跨梁面离地面高度$\geqslant 70$m,若采用顶推法施工,则避免不了在软基上修建大型提升站和临时墩、拼焊平台等,不经济。

(d)在对周围环境、生态等影响程度上的比较。

由于多出了顶推工艺,因而其配套方案的实施会对周围环境、生态等的影响要大一些。

c.施工方案与全桥全部采用顶推法施工方案的比较研究。

大跨度斜拉桥的主跨跨度均较大,而且一般要跨越大江、大河、海湾或海峡、大江大河的入海口附近等,如果全部采用顶推法施工,肯定难以避免要在深水中修建临时墩,而且修建临时墩以后又会对航道及船只通航造成影响,所以一般是不安全、不经济的(某些特殊情况可以例外)。若黄埔大桥的钢箱梁采用顶推法安装,则在水中要修建大型临时墩,阻碍了河道,并将严重影响附近的修船浮船坞的正常工作。

d. 施工方案与全部梁段采用浮吊悬拼施工方案的比较研究。

一般来说,一座800m左右跨度的大跨度斜拉桥上部梁段安装的总工期为7~8个月,两边对称悬拼若采用大型浮吊安装,则费用是非常高的,而且对航道及船只通航均会带来一定程度的影响。另外,采用浮吊全部悬拼的前提条件是全桥所有钢箱梁的吊装位置均在水上,并且还要满足使用浮吊吊装的水深、水面宽度等条件的要求。因此,此方案用在黄埔大桥上并不合适。

对比以上几个方案,可以看出,无论是从理论上还是实践上,黄埔大桥北汊斜拉桥钢箱梁是可以实现用桥面吊机全部拼装的。

③特殊梁段的吊装方案

a. 主塔墩区梁段(D0、DA1、DJ1)的架设要先拼装托架(在主塔下横梁南、北两侧)、桥面吊机前支腿支撑桁架(在主塔墩两塔柱内侧面之间)及临时支腿、滑道、桥面吊机后锚架等。然后再拼装主跨侧两台桥面吊机,用此两台桥面吊机吊装D0、DA1、DJ1三片梁段。由于受主塔墩两塔柱之间净距和39号主塔墩处码头的长度、北侧托架等因素限制,DA1、DJ1、DJ1三片钢箱梁的风嘴要在桥面上焊接(在吊装之前不能焊)。DA1、D0、DJ1梁段架设安装好以后,要将D0梁段与主塔下横梁通过预应力钢绞线进行张拉,实现墩梁临时锚固。另外,39号码头处河床要根据靠船需要、潮水位情况等,进行清淤工作。

b. 临时墩处A7梁段的架设。

临时墩先在40号墩北侧拼装,待A7梁段架设好并挂设好斜拉索以后,临时墩拖拉到位并与A7梁段实现临时连接。

c. 40号墩顶梁段(A12)的架设。

架设好A11梁段后,先把40号墩顶处A12梁段吊上墩顶临时存放,然后再吊装A12′梁段,最后再吊起A12梁段与A12′梁段进行焊接。

d. 41号墩墩顶梁段、42号墩墩顶梁段的架设。

与40号墩墩顶梁段架设方案一样,也是先把墩顶梁段A17、A22先吊上墩顶临时存放,只是在吊装A17′、A22′梁段之前,桥面吊机要后退,最后再前移6m,再次吊起A17、A22梁段,分别与A17′、A22′梁段焊接。

e. 北侧38号过渡墩附近J20、J21、J22、J23、J24梁段的架设。

在架设此处梁段以前,要在墩处往江中修建近50m长的钢栈桥,在架设完J19梁段以后,先把J23、J24、J22、J21四片钢箱梁先后依次吊放于钢栈桥上存放,然后再吊装J20梁段,待J20梁段架设完后前移桥面吊机,依次架设存放于钢栈桥上的梁段,但在吊装J23梁段之前,要先把J24梁段先吊上墩顶,并临时存放,待J23梁段架设安装到位后,再次吊起J24梁段,与J23梁段焊好后完成全桥钢箱梁架设工作,为了插打钢管桩,为确保满足此处停靠运梁船的需要,根据原始河床高程及钢箱梁运输船只的吃水深度情况、潮水位情况,需要对此处河床进行清淤工作。

④钢箱梁配重施工方案

a. 39号主塔墩处钢箱梁的配重

此处钢箱梁配重长度为21.2m,按每米150kN的荷载配置,共重318t。配重用特制铸铁块制造,每块质量为20~25kg均匀放置于钢箱梁压重槽内。全桥合龙后移至边跨处作为边跨第八次压重的一部分。

b. 边跨侧梁段配重

边跨侧从A11梁段开始一直至A22梁段(A15、A20梁段除外),分8次压重。全桥(边跨侧)共计用铁矿砂混凝土预制块2 852t,铸铁块558t。边跨总计压重3 410t。准备用桥面吊机带一部分质量上去(先放预制块于钢箱梁内,然后与钢箱梁一起吊装),通过与钢箱梁一起带上去的压重块共重1 060t,所以边跨侧还需人工搬运2 350t压重块。压重预制块全部均匀布置在钢箱梁压重槽内。压重块在预制时铁矿砂混凝土的重度不小于 35kN/m³,铸铁块的重度不小于 70kN/m³。压重块要便于人工搬动及在压重槽内码放,压重块在压重槽内的码放高度按照设计所规定的高度进行。

⑤钢箱梁水平弹性束、阻尼器等的安装

钢箱梁水平弹性束采用单端张拉方式,张拉端设在主塔墩下横梁支承垫石上,每根水平弹性束的张拉控制应力为 $0.3\sigma_y = 501\text{MPa}$,张拉力为 1754.5kN。单束长为 90.5m(考虑张拉端工作长度下料长度应为 92m),全桥共 8 束。水平弹性束采用 PES7－91 规格的与斜拉索一样的平行钢丝索。

水平弹性束在 Z5、J5 斜拉索张拉后挂设上,并按设计要求张拉到位。水平弹性束的挂索方案就是先在 DJ1、J1～J5 梁段(主跨)和 DA1、A1～A5 梁段(边跨)底板下面,在水平弹性束对应位置,在钢箱梁横隔板底下焊设吊耳,待 J5、Z5 斜拉索挂设好后,牵引水平弹性束到位(顺着钢箱梁底板的吊耳牵引)。

⑥钢箱梁的线形控制

钢箱梁的线形受斜拉索的索力、钢箱梁的自重、施工荷载(如桥面吊机等)、风力及温度等因素的影响较大,所以在施工时要按照设计线形、监控线形等要求进行测量监控、测量软件,并考虑各种因素的影响,制订施工测量方案。同时,报据不同的施工实际情况,把各种影响因素的信息及时反馈给设计、监控单位,以进行及时地调整并正确、及时地指导下一阶段的施工。

3)钢箱梁架设施工工艺

(1)钢箱梁架设施工工艺流程如图 3-1-20 所示。

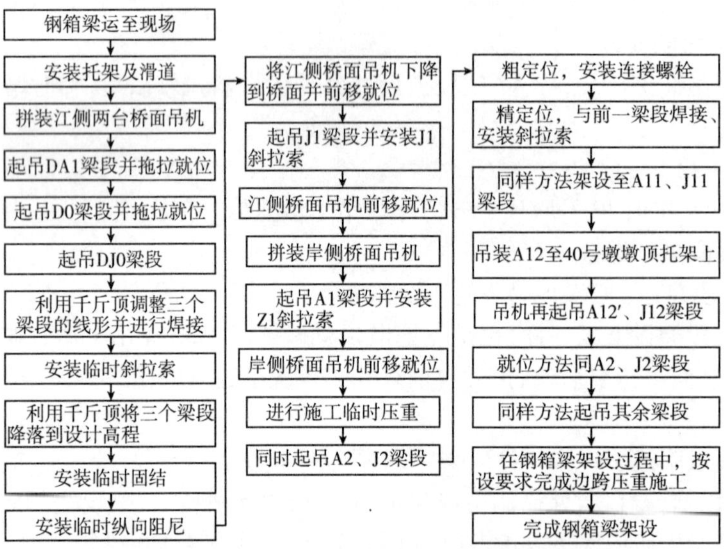

图 3-1-20　钢箱梁架设施工工艺流程图

(2)钢箱梁架设

①D0、DA1、DJ1 段钢箱梁架设

D0 块节段长 6.7m,重 185.4t,DA1、DJ1 块节段长 12.8m,重 284t。采用两台独立的步履式吊机吊装 D0、DA1、DJ1 节段,放置在下横梁托架上,DA1、DJ1 段上安装临时斜拉索,使步履式吊机可支在 DA1、DJ1 节段上,吊装 A1、J1 梁段。步履式吊机单台吊重 180t,自重约 100t。

在偏离主塔横桥向中心线 1.68m 位置,距箱梁顶面约 1m 位置,设置一组桁架,桁架两端支在主塔柱上。主跨侧,在主塔下横梁上设置两组托架Ⅱ,每组托架距主塔中心线 9.4m;边跨侧,设置 4 组托架Ⅰ和两组托架Ⅲ,托架Ⅲ中心距主塔中心线 9.4m,每组托架Ⅲ两侧各设一组托架Ⅰ,托架Ⅰ中心线距托架 III 中心线 3.6m,在托架Ⅱ、Ⅲ顶面布置钢箱梁拖拉滑道,并通过纵梁及横向分配梁等延伸至托架Ⅲ尾部。

步履式吊机前支腿支座放在支撑桁架上,后支腿支座通过后支腿支于托架Ⅰ上,吊装时,支撑桁架下设临时支腿,步履式吊机的前支点反力由临时前支腿传至横梁,后支点反力由锚杆锚固于托架Ⅰ上,每台步履式吊机共设两组锚杆。

先吊装边跨侧 DA1 块(两端风嘴先不焊),放置在托架Ⅱ上,解除临时前支腿,让出位置,由设在托架Ⅲ尾部的千斤顶沿滑道拖拉 DA1 块至设计位置,并设置竖向千斤顶调整箱梁的高程。D0 块节段吊装及拖拉方法同 DA1 块节段,当 DA1 块 D0 块焊接为一体后,再吊装主跨侧 DJ1 块,并与 D0 块焊接为一体。

DA1、DJ1 梁段上挂设临时斜拉索(每根索张拉力为 100t),步履式吊机整机下落至钢箱梁顶面,并前移至主跨侧 DJ1 梁段上,吊装 J1 梁段,J1 梁段与 DJ1 梁段焊接好后安装并第一次张拉(张拉力暂定为设计索力的 60%)主跨侧 J1 斜拉索,前移步履式吊机至 J1 节段,安装边跨侧的两台步履式吊机,吊装边跨侧的 A1 梁段,A1 梁段与 DA1 梁段焊接好后,安装并第一次张拉(张拉力暂定为设计索力的 60%)边跨侧 Z1 斜拉索,前移边跨侧步履式吊机至 A1 梁段,同时第二次张拉 J1、Z1 斜拉索至设计索力。然后主跨、边跨侧对称安装其他节段钢箱梁。

②塔区钢箱梁就位及调整

钢箱梁纵移采用 10 个 200t 移位器、钢绞线及 60t 穿心式千斤顶实现,滑道上设纵向限位滑条。托架Ⅱ、Ⅲ上各布置 4 台 100t 千斤顶,主塔横梁上布置 4 台 500t 千斤顶,用 4 台 100t 千斤顶及 4 台 500t 千斤顶调整 DA1 及 D0 节段钢箱梁至设计高程,然后焊接,用布置于托架Ⅱ上的 4 台千斤顶调整 DJ1 梁段至设计高程,然后与 D0 梁段焊接,钢箱梁纵向调节由纵向牵引装置完成,横向调节各个节段到设计里程位置后,在滑道及下横梁支座垫石上设横向滑道,利用 60t 千斤顶进行横向顶推调整。塔区梁段吊装总体布置如图 3-1-21 所示。

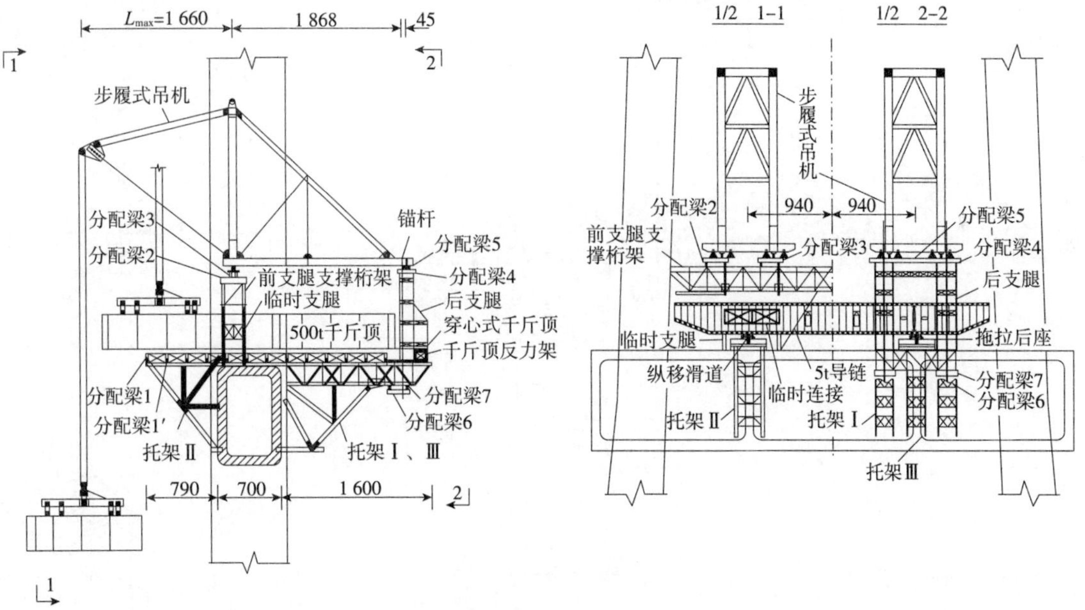

图 3-1-21　塔区梁段吊装总体布置图(尺寸单位:cm)

③D0 钢箱梁与主塔下横梁临时固接和 DJ1、D0、DA1 钢箱梁压重

a. D0 钢箱梁与主塔下横梁的临时固接

D0 钢箱梁安装就位后(平面位置及高程均符合规范和设计要求),通过 64 组 $4\phi^{j}15.24$ 钢绞线与主塔下横梁张拉连接起来,实现“墩梁临时固接”。

b. DJ1、D0、DA1 钢箱梁压重

在 DJ1、DA1 钢箱梁的临时斜拉索安装并张拉好后,在 DJ1、D0、DA1 钢箱梁的压重槽内按照150kN/m 的压重荷载布置提前预制好的压重块(压重顺桥向长度为 21.2m,共压重 318t)。此部分压重待全桥钢箱梁架设完成后移至边跨侧钢箱梁上作为永久性压重。

④标准节段钢箱梁架设步骤

标准节段梁长 16m,宽 41m,净重 322t。采用起重机移动站位一次,架设钢梁一节的施工方法,标准节段钢箱梁架设步骤如图 3-1-22 所示。

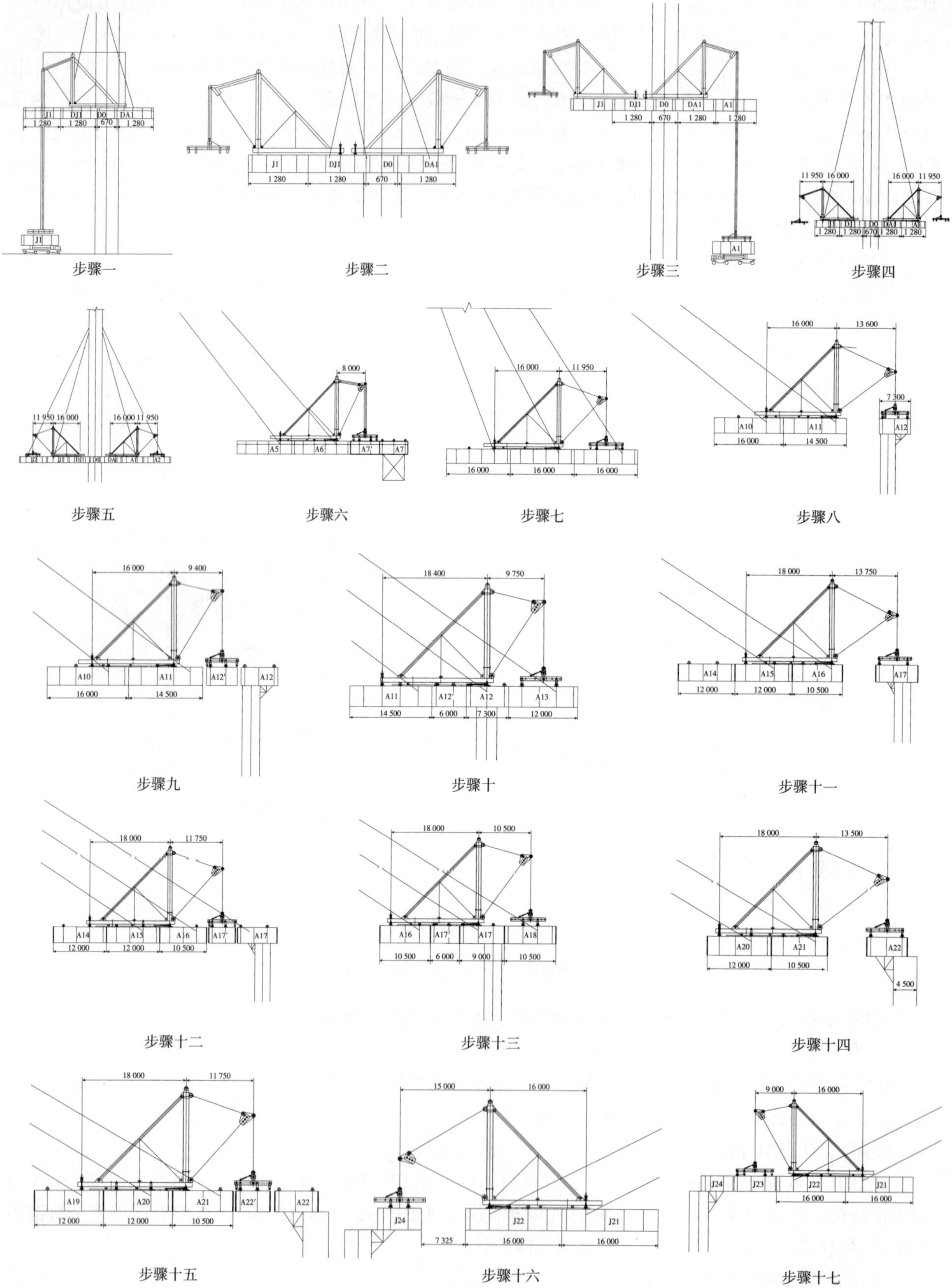

图 3-1-22　标准节段钢箱梁架设步骤示意图(尺寸单位:mm)

步骤一：

a. 拆除托架Ⅰ、Ⅱ、Ⅲ。

b. 步履式吊机前移至安装 J1 梁段位置(之前要在 DJ1、DA1 上安装临时斜拉索)。

c. 吊装 J1 梁段就位,与 DJ1 梁段连接。检修小车与梁段一起吊装。第一次张拉 J1 斜拉索。

步骤二：

a. 前移主跨侧步履吊机 14m,空出边跨侧步履吊机的安装位置。

b. 采用塔吊吊装边跨侧步履吊机。

c. 前移边跨侧步履吊机至边跨侧 A1 梁段吊装位。

步骤三：

a. A1 节段由运梁台车运到桥位。

b. 吊装 A1 节段就位,与 DA1 节段连接。检修小车与梁段一起吊装。

步骤四：

a. 安装并第一次张拉第一对斜拉索。

b. 步履吊机前移,第二次张拉第一对斜拉索,准备起吊下一梁段。

步骤五：

a. 起吊 A2、J2 梁段,与前一梁段连接。

b. 安装并第一次张拉第 2 对斜拉索。

c. 步履吊机前移,第二次张拉第 2 对斜拉索,准备起吊下一梁段。

d. 重复以上施工工序,直至张拉第 6 对斜拉索。

步骤六：

a. 边跨侧步履吊机起吊 A7 梁段至临时墩顶,并滑移到拼接位置。

b. 边跨步履吊机起吊 A7′梁段,与 A6、A7 梁段连接。

c. 主跨步履吊机起吊 J7 梁段,与 J6 梁段连接。

d. 安装并第一次张拉第 7 对斜拉索。

e. 步履吊机前移,第二次张拉第 7 对斜拉索,准备起吊下一梁段。

步骤七：

a. 起吊 A8、J8 梁段,与前一梁段连接。检修小车与 A8 梁段一起吊装。

b. 安装并第一次张拉第 8 对斜拉索。

c. 步履吊机前移,第二次张拉第 8 对斜拉索,准备起吊下一梁段。

d. 重复以上施工工序,直至张拉第 11 对斜拉索。

步骤八：

a. 安装 40 号辅助墩处的临时托架(应提前安装好)。

b. 起吊 A12 梁段至 40 号辅助墩墩顶,并滑移到拼接位置。

步骤九：

a. 边跨步履吊机后退 3.2m,起吊 A12′梁段就位,与 A11、A12 梁段连接。

b. 主跨步履吊机起吊 J12 梁段,与 J11 梁段连接。

c. 安装并第一次张拉第 12 对斜拉索。

d. 拆除 40 号辅助墩处的临时托架,进行边跨第一次压重施工(在 Z11、Z12 斜拉索之间按 200kN/m 的荷载共压重 240t)。

e. 步履吊机前移,第二次张拉第 12 对斜拉索,准备起吊下一梁段。

步骤十：

a. 起吊 A13、J13 梁段,与前一梁段连接。

b. 安装并第一次张拉第 13 对斜拉索,进行边跨压重施工(在 Z12、Z13 斜拉索之间按 200kN/m 的荷载共压重 240t)。

c. 步履吊机前移,第二次张拉第 13 对斜拉索,准备起吊下一梁段。

d. 重复以上施工工序,直至张拉第 16 对斜拉索(在 Z13、Z14 斜拉索之间按 200kN/m 的荷载共压重 300t,实现第三次边跨压重)。

步骤十一:

a. 安装 41 号辅助墩处的临时托架。

b. 起吊 A17 梁段至 41 号辅助墩墩顶,并滑移到拼接位置。

步骤十二:

a. 边跨步履吊机后退 6m,起吊 A17′梁段就位,与 A16、A17 梁段连接。

b. 主跨步履吊机起吊 J17 梁段,与 J16 梁段连接。

c. 安装并第一次张拉第 17 对斜拉索。

d. 拆除 41 号辅助墩处的临时托架,进行边跨压重施工(在 Z16、Z17 斜拉索之间按 200kN/m 的荷载共压重 300t,实现第四次边跨压重)。

e. 步履吊机前移,第二次张拉第 17 对斜拉索,准备起吊下一梁段。

步骤十三:

a. 起吊 A18、J18 梁段,与前一梁段连接。

b. 安装并第一次张拉第 18 对斜拉索,进行边跨压重施工(在 Z18 斜拉索附近与墩之间按 200kN/m 的荷载共压重 240t,实现第五次边跨压重)。

c. 步履吊机前移,第二次张拉第 18 对斜拉索,准备起吊下一梁段。

d. 重复以上施工工序,直至张拉第 21 对斜拉索(在 Z18 斜拉索附近与 Z19 斜拉索附近之间按 200kN/m 的荷载共压重 240t,实现第六次边跨压重)。

步骤十四:

a. 安装 42 号辅助墩处的临时托架(提前安装好)。

b. 起吊 A22 梁段至辅助墩墩顶,并滑移到拼接位置。

步骤十五:

a. 边跨步履吊机后退 6m,起吊 A22′梁段就位,与 A22、A21 梁段连接。

b. 主跨步履吊机起吊 J22 梁段,与 J21 梁段连接。

c. 安装并第一次张拉第 22 对斜拉索,进行边跨压重施工(在 Z19 斜拉索附近与 42 号墩之间按 200kN/m 的荷载共压重 320t,实现第七次边跨压重)。

d. 拆除 42 号墩处的托架和边跨步履吊机。

e. 主跨吊机前移,第二次张拉第 22 对斜拉索,准备起吊下一梁段。

步骤十六:

a. 安装 38 号过渡墩处的临时托架(提前安装好)。

b. 起吊 J24 梁段至过渡墩顶,并滑移到拼接位置。

步骤十七:

a. 主跨步履吊机,起吊 J23 合龙梁段就位,完成工地连接,合龙主跨;边跨钢箱梁进行最后一次压重(第八次压重)。

b. 拆除 38 号过渡墩处的托架和主跨步履吊机。

c. 拆除临时墩。

d. 拆除 0 号块与索塔横梁的临时固结,安装永久支座。

(3)钢箱梁运输

①总体运输方案

采用水上运输的方法把钢箱梁运抵桥址范围内,边跨侧钢箱梁上大濠洲岛采用两台特制运梁车通过钢栈桥运输的方法上岛。靠近 38 号过渡墩的 4 片梁(J21 ~ J24),一片一片先用桥面步履吊机吊上钢栈桥并先后拖拉至对应位置,然后再用桥面步履吊机分片吊装。

从主塔 39 号墩承台系梁中心线外延 37m 栈桥作为钢箱梁上岸码头,码头中心线与主塔顺桥向中心线一致,大濠洲岛上沿桥轴线设置 16m 宽汽车运输道,并在主塔至 42 号墩每两墩之间设置一个钢箱梁旋转转盘区。运梁道路在临时墩前后要绕行,因为临时墩净宽只有 11.6m,钢箱梁横、竖都通不过。上岸及运输平面如图 3-1-23 所示。

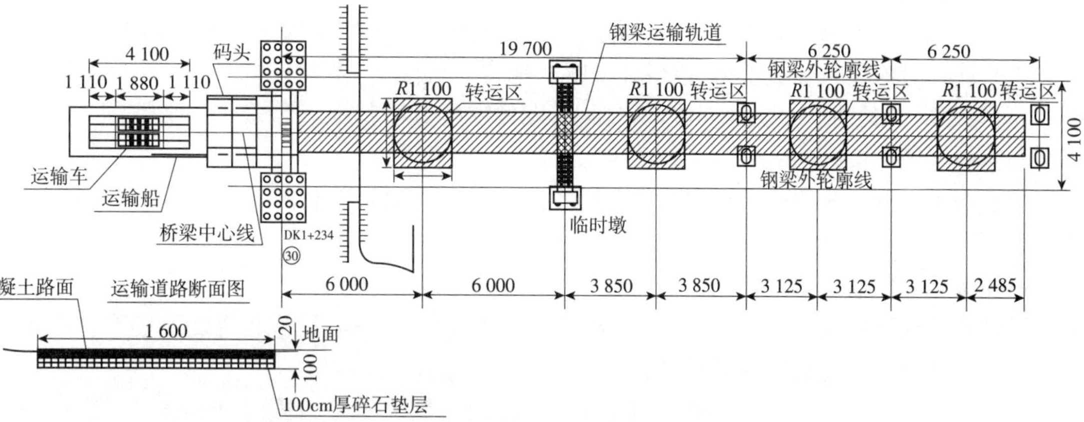

图 3-1-23 钢箱梁上岸及运输平面(尺寸单位:cm)

船泊运输钢箱梁至桥位处,运输 D0、DA1、DJ1 块及主跨 J1 块,船体长边侧在码头停靠,即钢箱梁朝向与安装方向一致,运输船抛锚固定,舱内注水,使船体沉至河床,保证钢箱梁脱离船体后运输船不浮起。码头与船体间搭设跳板,运梁汽车上船将钢箱梁送至起吊位置,D0、DA1、DJ1 块及主跨 J1 块的起吊位置在码头上。

运输边跨其他节段箱梁,采用钢箱梁朝向与安装方向相反的方向在码头靠绑,使钢箱梁可通过塔根,运梁汽车上船将钢箱梁运至转盘区旋转 90°,使钢箱梁朝向与安装方向一致,再将钢箱梁运输至起吊位置。主塔至 42 号墩,每两墩之间的钢箱梁均由运梁汽车将钢箱梁运至该两墩之间的转盘区后才旋转,使钢箱梁可以从桥墩之间通过。

运输主跨其他节段钢箱梁,采用钢箱梁朝向与安装方向一致的方位泊船,并在吊装位置抛锚固定船泊,直接从船上起吊钢箱梁。靠近 38 号墩集通码头附近的 3 片钢箱梁的运输,需要拆除一些障碍物(水上房子等),否则需要加长钢栈桥的长度,并且 J21 ~ J24 钢箱梁需要拖拉前行到位。

②码头设置

码头从系梁中心线向外延 37m,端部设活动跳板与船泊搭接,使运梁汽车可以上下船。清理河床并从码头外端向外约 20m 长的范围抛填砂袋,使运输船可以靠绑并在注水后落至河床时,船面与码头面大至齐平。

码头栈桥宽 24m,桩顶布置横向分配梁,承重梁采用 6 组 H700 × 300 × 13 × 24 的 H 型钢,每组两根,跨度 10m,钢桥面,码头荷载产生的水平力传至系梁面。

③边跨钢箱梁运输道路

边跨钢箱梁运输道路宽 16m,沿桥轴线布置,基础采用深层水泥搅拌桩或抛填碎石碾压加固,加固后的承载力不小于 0.4MPa,上面铺设 C30 混凝土路面。转盘区基础和路面的处理方式同运输道路,并与运输道路水平。

④运输汽车

每个节段钢箱梁采用两辆动力平板运输车运输,型号 DYC200,单台车辆额定载质量 200t,外轮廓尺寸 16.6m × 4m,8 轴 64 轮,自重 52t。满载车速 12km/h,满载爬坡能力 6%,转向模式:直行、斜行、横行、中心回转、八字转向。可以满足钢箱梁运输及转向的工况。钢箱梁平板运输车及运输船只均由钢箱梁制造厂家提供。

2. 临时支架设计及安装

1)前支腿支撑桁架

支撑桁架主要由万能杆件组拼,局部杆件新制,桁高2m,两端支点支在塔身上,步履式吊机空载时,为标准简支钢桁梁结构,吊重时,在每台步履式吊机的位置,在支撑桁架下弦节点设四个临时支腿,此时桁架局部杆件受力较大,整体杆件受力较小。

2)前、后支腿

步履式吊机吊重时的前支点反力,通过临时前支腿传至主塔下横梁。前支腿主要由型钢组成,四个前支腿通过临时连接系连成整体,以保证支腿的稳定。拆除时,解除连接系,5t导链沿上端铰点收起,安装时,为保证吊装时的反力能全部传至支腿上,在每支腿旁边各设一台25t手摇式千斤顶,将支腿起顶并使底端抄垫抵紧横梁。

后支腿主要承受步履式吊机空载时的后支点反力,受力较小,由万能杆件配一部分新制件组成桁架柱结构。

3)托架Ⅰ、Ⅱ、Ⅲ

托架Ⅱ承受钢箱梁自重,杆件由型钢组成,一组托架共2榀,2榀之间设连接系。主桁杆件接头设铰,与横梁的预埋件连接也采用铰接结构。

托架Ⅰ承受步履式吊机空载时自重的后支座反力,同时承受吊重时,向上的后锚固力;托架Ⅲ承受DA1块钢箱梁自重。托架Ⅰ、Ⅲ结构形式大体相同,仅杆件规格不同。托架Ⅰ、Ⅲ上端主桁架为万能杆件,下端斜撑杆件为型钢,斜撑杆与万能杆件铰接,托架与预埋件连接设铰。

4)预埋件

预埋件主要是钢板,受力较大的锚固杆采用角钢,受力较小的采用锚筋。预埋板离混凝土面2cm,架设完成后修补混凝土表面。

5)托架拼装

主跨侧,在主塔下横梁上设置两组托架Ⅱ,每组托架距桥梁中心线9.4m;边跨侧,设置4组托架Ⅰ和2组托架Ⅲ,托架Ⅲ中心距桥梁中心线9.4m,每组托架Ⅲ两侧各设一组托架Ⅰ,托架Ⅰ中心线距托架Ⅲ中心线3.6m,在托架Ⅱ、Ⅲ顶面布置钢箱梁拖拉滑道,并通过纵梁及横向分配梁等延伸至托架Ⅲ尾部。

托架Ⅰ、Ⅲ结构形式为万能杆件加型钢组成,每组重约为18t,托架Ⅰ与托架Ⅲ在地面分三组进行拼装,其中两组为10m万能杆件单片桁及与该单片桁相连的型钢,重约为4t,一组为剩余的万能杆件桁架,重约为4t。在拼装时先吊装单片桁及型钢,并与下横梁上的预埋件焊接牢靠,在吊装对位后焊接前要测量检查桁架的平面位置以及万能杆件桁架顶面是否水平,整片桁架是否与下横梁垂直。当两片单片桁吊装完成后按照设计图纸的连接系将桁架连成整体。当已吊装的桁架连成整体后即吊装剩余的万能杆件桁架。

托架Ⅱ结构形式为型钢组成的托架结构,每组重约为8.8t,托架Ⅱ在地面分两片进行拼装,每片重约为4t,吊装时分单片进行吊装,并与下横梁上的预埋件焊接牢靠,在吊装对位后焊接前要测量检查桁架的平面位置以及托架顶面是否水平,整片托架是否与下横梁垂直。当两片单片托架吊装完成后,按照设计图纸的连接系将桁架连成整体。在两组托架Ⅱ的前端用贝雷片连为整体,以增加横向刚度。

3. 桥面吊机安装

钢箱梁架设用的两台步履式吊机如图3-1-24所示,分为底盘、立柱、斜拉杆、变幅臂杆、滑轮系统、吊具、卷扬机及钢丝绳系统、电气系统、驾驶室等几大部分。其外轮廓尺寸为(长×宽×高)20.32m×9m×15.5m(不含变幅臂杆),变幅臂杆长19.9m,单重约10t,变幅范围为7~16.6m。当吊臂收至最高时整机重心高4.244m,整机重心前后偏移4.801m。

偏离主塔横桥向中心线1.68m、距箱梁顶面约1m位置,设置一组桁架,桁架两端支在主塔柱上。步履式吊机前支腿支座放在支撑桁架上,后支腿支座通过后支腿支于托架Ⅰ上,吊装时,支撑桁架下设临时支腿,步履式吊机的前支点反力由临时前支腿传至横梁,后支点反力由锚杆锚固于托架Ⅰ上,每台步履式吊机共设两组锚杆。

在桥面吊机拼装前先在桥面吊机纵梁接头处的托架上拼装临时支腿，然后开始拼装桥面吊机纵梁，在拼装时要注意两根纵梁在同一水平面上，然后按纵梁连接系、卷扬机、立柱、斜拉杆、变幅臂杆、穿钢丝绳、安装数字控制系统、调试的顺序安装桥面吊机。

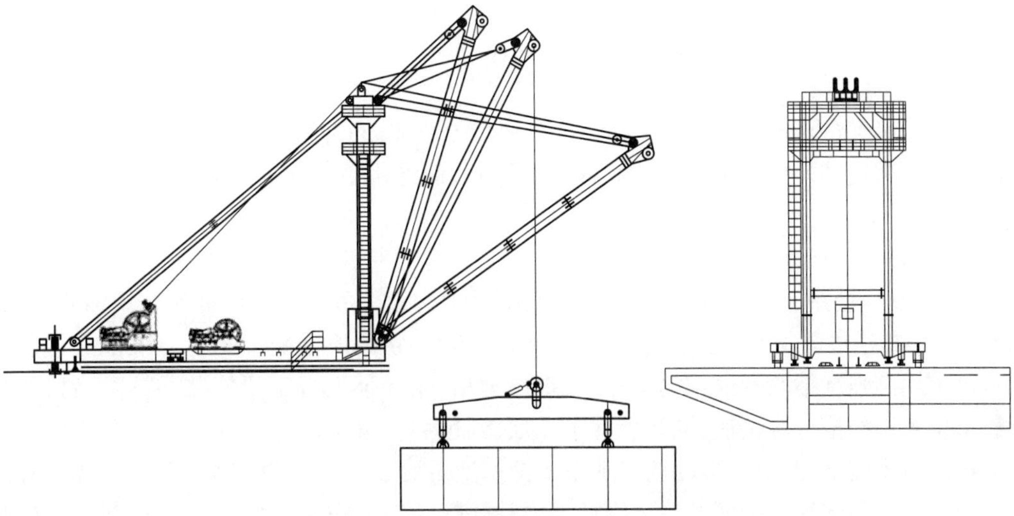

图 3-1-24 步履式架梁起重机总图

(1)拼装机架。

①安装滑道梁，使其中心线距离为 9.4m。

②安装机架左右主纵梁，使其主纵梁中心线距离为 4.8m，并使机架边梁滑靴坐在滑道梁上。

③安装机架前后支承螺旋顶，使前、后螺旋顶支承在临时支架上，调整前后支承螺旋顶，使机架水平。

④将后锚固装置与临时支架连接。

⑤组装步履式前移机构。

(2)拼装立柱及拉杆。

①在立柱下部设置临时铰与机架相连，利用主塔吊机将立柱拉起，将立柱下部与机架用高强螺栓连接，安装变幅平衡滑轮组，取力装置。

②将两根斜拉杆同机架、立柱铰接。

(3)安装电动卷扬机。

(4)安装司机室及液压站。

(5)液压、电气安装调试。

(6)拼装吊臂，吊具。

①将吊臂下部节段同立柱用销轴连接，利用塔吊将吊臂下部节段拉起 30°并固定，起吊并拼装吊臂上部节段。

②穿变幅钢丝绳，将吊臂用本吊机自身动力拉起至 70°。

③拼装吊具及吊具液压站。

④穿主钩钢丝绳并起吊吊具。

(7)在完成 D0、DA1 及 DJ1 梁段的起吊及架设后，利用吊机自身的支顶系统将吊机下落至梁顶。

(8)桥面吊机下放。

①在吊机的前端离吊机立柱中心线南、北侧各 1.85m 处各布置一根 ϕ300mm(δ = 6mm)钢管(共 4 根)。钢管底部垫梁采用 2HM588 × 300 型钢，钢管高度为 9.552m。吊机立柱附近 4 根钢管在底、顶部各设一道连接系(用 2[14b 以上型钢)。在离吊机立柱中心线 15.58m 远处(吊机尾部)南北两侧各布置一

根(共4根)ϕ300mm(δ=6mm)钢管,此处4根钢管在顶、底部也布置一道连接系。钢管顶部均布置两层分配梁(分别为2I50b.2I56b.2I32b)。

②分别在吊机两根立柱的外侧离底盘底部4.6m高处焊设提吊牛腿。分别在后端吊机底盘纵梁上焊设提吊框架结构(框住吊机底盘的主纵梁)。然后按设计图中所示要求安装高强度精轧螺纹钢筋和千斤顶。

③为了确保吊机的稳定性和钢管立柱的稳定性,利用斜撑杆和预埋件(主塔塔柱内壁上)框住ϕ300mm钢管立柱和吊机的立杆。

④由于吊机的吊臂(变幅臂杆)不能收至7m处(因与ϕ300mm钢管立柱连接系位置相冲突),因而吊机后面的已有的高强度精轧螺纹钢筋后锚固杆不能拆除,而是边下放边跟进下拧后锚固杆的螺帽,以防整机顺桥向倾覆。

⑤两台桥面吊机下放的施工步骤。

垫梁、钢管及其连接系、分配梁加工→桥面吊机立柱上焊设下放提吊牛腿并涂防锈油漆、吊机后端下放提吊框架施工→6根垫梁安装→钢管立柱及连接系安装→立柱顶分配梁安装→限位抱箍及稳定附墙斜撑安装→提吊用高强度精轧螺纹钢筋千斤顶、提吊框吊、千斤顶上分配梁安装→拆除吊机的吊具→臂杆变幅至最小位置→经检查合格后,同步提升千斤顶,到位后拧紧精轧螺纹钢螺帽→观察检查无异常现象后拆除吊机前后支腿下分配梁、拆除前支腿下支撑桁架及后支腿立柱梁面以上部分→同步分次下放吊机并不断拧紧高强度精轧螺纹钢筋及后锚固杆高强精轧螺纹钢螺帽→边同步下放边观测立柱倾斜情况直至下放至桥面。

⑥在DA1、DJ1梁段的前端分别安装临时斜拉索以后,两台桥面吊机前移,进入到下一施工阶段。

4.钢箱梁运输注意事项

钢箱梁运输除了本节前面在钢箱梁施工组织设计中提到的运输外,还要注意运输装船的新工艺。

1)航线及航行

从东莞麻涌堆场码头沿麻涌河出口后,途经东江、珠江水道,到达大豪洲黄埔大桥桥址。途经广深沿海高速东江北特大桥(在建),桥孔净宽100m,上下游各设有红绿浮标2组;东江口有一座公铁两用桥,桥孔通航高度为9.2m,桥孔净宽57m,该水路为珠江一级航道。设计航速为2~4节,预计航行时间4~5h。

2)运输准备

梁段在驳船绑扎:对钢箱梁进行整体软加固,采用的加固方法应保证在绑扎加固施工过程中,不对钢箱梁造成任何损伤。利用梁段上的吊码与驳船上带缆桩,用ϕ28mm钢丝绳绑扎固定,在梁段吊码一端用卸扣固定,在带缆桩另一端加一拉力30t的花兰螺丝。驳船抛锚定位:运输驳船至桥位附近江面。利用驳船上四个锚机将驳船固定在所要吊装节段位置。节段上岛与节段上驳船一样。

3)整体装船运输过程

(1)梁段用液压平板车从存放场地转运至船台。

(2)梁段采用液压平板车转运上船,梁段平稳下落在船上预置钢墩上。

(3)液压平板车退回原位,采用专用紧固装置将梁段与船舶紧密紧固。

(4)将梁段运至桥址进行吊装。

5.钢箱梁架设施工

1)钢箱梁架设的特点及难点

(1)钢箱梁标准横断面宽度41m,索塔区横断面宽度35m,梁高3.5m,分段长度为6~16m,全桥共有52个吊装阶段,最大钢箱梁节段340t。其中,主跨23个节段(J1~J24),主塔墩顶3个节段(DJ1、D0、DA1),边跨22个节段(A1~A22),边跨三个桥墩前有3个合龙段H1(A12′、A17′、A22′)。

(2)在38、40、41、42号墩靠近主塔一侧,分别布置合龙段J23、A12′、A17′、A22′,根据设计要求,这几节钢箱梁应该在其后面墩顶的梁段架设后再合龙安装。同时,岸侧A7节段下还设有临时墩,A7节段的吊装还需绕开临时墩架设。

(3)由于斜拉桥主墩位于距珠江边30m的岸上，位于高度大于60m的DJ1、D0、DA1等3个节段，采用吊船架设存在吊船的调遣、周期和费用的问题。为解决工程对吊船的依赖，降低工程施工成本，施工单位要求架桥机能完成39号墩墩顶DJ1、D0、DA1等3个节段的架设。

(4)由于钢箱梁的节段划分长短不一，钢箱梁的接头为全断面的焊接接头，为保证钢箱梁架设的线形，架设时，钢箱梁节段应具有上下、前后移动，顺桥和横桥方向的转动等位置调整功能。

(5)塔段钢箱梁最大吊重近300t，起吊高度约70m，按照常规的方法为大型浮吊进场吊装，但受周边复杂的建设环境影响，浮吊进场、站位场地受限。

(6)边跨为大濠洲孤岛上，运输不便，按照常规的方法，为架设运梁轨道实现岛上运输，但钢箱梁的上岛及岛上运输等费用高。

(7)中边跨为不对称结构，同时受辅助墩影响，原设计方案为满堂支架先完成辅助墩段125m的钢箱梁架设，辅助设施费用高。

(8)临时墩和辅助墩位于孤岛上，无大型起吊设备吊装墩上箱梁。

2)吊装设备

钢箱梁吊装设备主要采用四台单台吊重为180t桥面吊机，单片箱梁采用两台桥面吊机同步提升。除起升机构、变幅机构外，在吊具上设置有纵向调整装置。即在顺桥向通过左右两水平油缸的作用使两侧吊梁绕主吊梁旋转来实现纵向调整，其横向调整靠两台起升绞车分别实现。架桥机工作时的水平调整，采用前、后油压千斤顶的调整方式，调平整机后，依前、后螺旋顶调位支承，以适应架桥机上、下坡架梁的需要。电控系统采用PLC，起升、变幅采用变频调速系统，两台吊外的操作采用联动台集中控制，联动台布置在其中一台的司机室内，两台吊机的起升能实现同步控制。

3)塔区梁段架设

采用后续梁段架设用的步履式吊机实现塔段钢箱梁的架设。先在横梁前端布置托架Ⅱ、后端布置托架Ⅰ、Ⅲ，托架Ⅰ上布置立柱，横梁上端的两塔柱间布置一道桁架横梁，步履吊机前支点放置在横梁桁架上，后支点放置在托架Ⅰ立柱上，吊梁时横梁桁架下端设临时支腿，步履吊机大部分前支反力通过临时支腿传至主塔横梁。步履式吊机后支反力锚固在托架Ⅰ上。

(1)塔区梁段安装步骤

步骤一：安装托架Ⅰ、Ⅱ、Ⅲ及滑道→安装步履式吊机前支腿支撑桁架、临时支撑及后支腿立柱→安装步履式吊机及后锚固杆→步履式吊机调试，确定步履式吊机处于良好状态。

步骤二：吊装边跨侧DA1块，放置在托架Ⅱ上→解除临时支腿，用导链收起→安装拖拉牵引系统，拖拉DA1块至设计位置。

步骤三：吊装D0块，同步骤二→焊接D0块和DA1块之间的接头。

步骤四：在临时支腿位置，D0块顶面抄垫临时支点，抵紧支撑桁架→吊装主跨侧DJ1块，放置在托架Ⅱ上→焊接D0块及DJ1块的接头。

步骤五：在两侧的DA1、DJ1块上安装临时索，竖向千斤顶配合临时索将三段钢箱梁调整至设计高程，解除托架Ⅰ、Ⅱ的支点→步履式吊机整机下落至钢箱梁梁面。

(2)钢箱梁就位及调整

钢箱梁纵移通过10个2 000kN位移器、钢绞线及穿心式千斤顶实现，滑道上设纵向限位滑条；托架Ⅱ、Ⅲ上各布置4台1 000kN千斤顶，主塔横梁上布置4台5 000kN千斤顶，用4台1 000kN千斤顶及4台5 000kN千斤顶调整DA1及D0节段钢箱梁至设计高程，然后焊接，用布置于托架Ⅱ上的4台千斤顶调整DJ1梁段至设计高程，然后与D0梁段焊接，钢箱梁纵向调节由给向牵引装置完成。在三个节段钢箱梁焊接在一起后，在主塔柱上设4台千斤顶起顶钢箱梁侧面进行横向调节。

(3)技术参数

起吊DA1、DJ1梁段：单台步履式吊机前支点反力2 740kN，后支点拉力1 294kN；托架Ⅲ挠度11mm；

锚杆应力 186MPa，安全系数 $K=4.0$。

起吊 D0 梁段：单台步履式吊机前支点反力 1 889kN，后支点拉力 889kN；托架Ⅲ挠度 46mm；锚杆应力 112MPa，安全系数 $K=6.7$。

4）主跨过渡墩附近梁段架设方案（J21～J24 梁段）

无论是吊船加支架法，还是顶推法，都要受到许多环境等客观条件的约束，在许多情况下不能使用或难以使用，因而都有一定的局限性。

如果全部梁段均用桥面吊机悬拼，则这些墩顶梁段的架设技术就需要研究，否则可能运输不到位，又吊不上去。在墩顶附近梁段合理分段（满足受力等需要的前提条件下）的情况下，如果悬拼用的桥面吊机具有变幅功能，则能解决这一问题。即先可把墩顶梁段吊上墩顶临时存放，但往往由于墩身宽度比梁段长度要小很多，为了确保梁段在墩顶临时存放的稳定性，一般还需要在墩顶的一侧或两侧设置小型托架或支架。

通过比较，采用墩身设置托架，边跨梁段用桥面吊机全部悬拼这一方案的可行性较高。此项技术的关键就是利用桥面悬拼吊机的变幅功能和墩顶托架先将墩顶梁段吊上墩顶临时存放，然后再吊墩顶附近的临时合龙段。其实质是由于边跨一般受桥墩的影响，墩顶梁段的运输位置与墩身位置相冲突，从而难以实现边跨梁段也用悬拼的方法施工。这一方案解决了这个问题。

由于受到河滩潮位以及地形的限制，在架设主跨 38 号过渡墩附近 J20、J21、J22、J23、J24 梁段以前，要在 38 号墩处往江中修建近 50m 场的钢栈桥，在架设完 J19 梁段以后先把 J24、J23、J22、J21 四片钢箱梁先后依次吊放于钢栈桥上并拖拉使之达到起吊位置存放，然后再吊装 J20 梁段，待 J20 梁段架设完后，前移桥面吊机，依次架设存放于钢栈桥上的架设，在吊装 J23 梁段之前，要先把 J24 梁段先吊上 38 号墩顶，并临时存放，待 J23 梁段架设安装到位后，再次吊起 J24 梁段，与 J23 梁段焊好后完成全桥钢箱梁架设工作。

（1）38 号墩栈桥施工。

因靠近 38 号墩位置处有一些障碍物，因此靠近 38 号墩附近有 4 片钢箱梁（J21～J24）无法直接从船上起吊，为使钢箱梁能顺利吊装，需在 38 号墩处修一栈桥，栈桥从 38 号墩中心线向外延 54.855m，并保证钢箱梁在栈桥上时的底高程不低于 +11.5m，钢箱梁在栈桥上拖拉就位。栈桥采用 20 根直径为 1 000mm的钢管桩，分 4 排 4 列，每列 5 根桩，桩长 24m，入土深度为 15.86m。应用电振动打桩锤打桩，利用测量全站仪来定位，铅垂度控制在 0.1%，桩间设连接系，桩顶布置横向分配梁，承重梁采用贝雷片，钢箱梁在栈桥上的滑道上拖行。

（2）J21～J24 梁段上栈桥及拖拉。

施工机械和材料：2 台 60t 穿心千斤顶、12 台 50t 手摇式千斤顶、2 台油泵、2 个预制反力架、4 根 ϕ^j15.24 钢绞线、12 台滚动滑车、4 台 100t 千斤顶、16 个预制支垛、电焊设备、润滑油、2 台 10t 受拉葫芦等。

将栈桥布置好以后，当桥面吊机前移至 J19 梁段的前端时，采用架桥机和千斤顶分别按顺序将 J24～J21 梁段采用边拖拉边松钩的办法缓慢放置于预先固定的滚动滑车上，然后用千斤顶拖拉至指定起吊位置。

由于架桥机受到变幅限制，不能满足钢箱梁落到栈桥上的位置要求，要达到钢箱梁上栈桥的要求，需要荡移。采用千斤顶和 2 台 10t 手拉葫芦相结合拖拉，先利用吊具上的调平千斤顶将钢箱梁小里程一端调得稍微低点，然后起吊钢箱梁并变幅，缓慢松钩，使得钢箱梁前端先落于栈桥上的台车上。台车由两台滚动滑车连接一分配梁组成，由于钢箱梁是倾斜的，前端落于台车上时会带动台车往前稍微前行一端距离后停住，停止松钩，安装穿心千斤顶、油泵和钢绞线、2 台 10t 手拉葫芦，根据架桥机吊重显示数据以及梁自重，边拖拉边松钩，直到钢箱梁后端落于提前放好的台车上。

箱梁下放稳定后如图 3-1-25 所示，拆除架桥机吊具，在前端台车的滚动滑车位置焊接拉板，在 38 号墩身预埋件上安装拖拉反力架，钢绞线采用夹片锚，钢绞线前端锚固于反力架上，后端锚固于滚动滑车的拉板上，穿心千斤顶每顶完一个行程，油泵回油，继续拖拉。重复操作直至拖拉到位，如图 3-1-26 所示。前后两组滚动滑车之间焊接一根钢筋条，严格控制穿心顶的顶进速度和钢箱梁前进同步性，并在钢轨上刻画好尺度线，缓慢同步地将钢箱梁拖拉到指定位置。

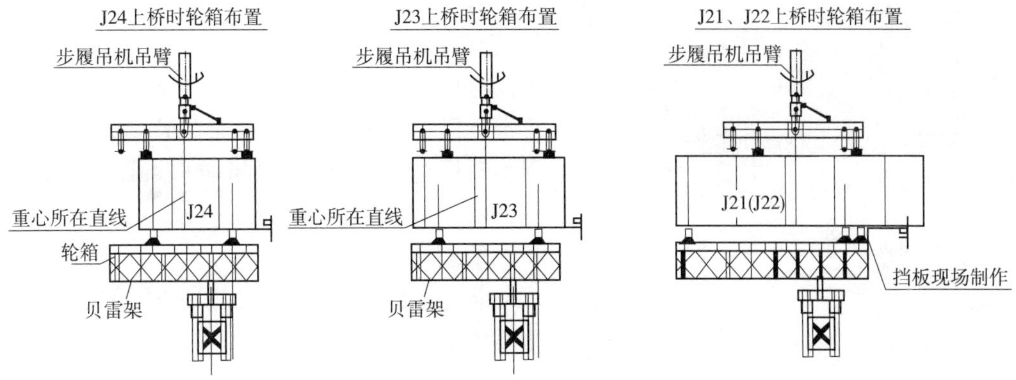

图 3-1-25 钢箱梁上栈桥布置图

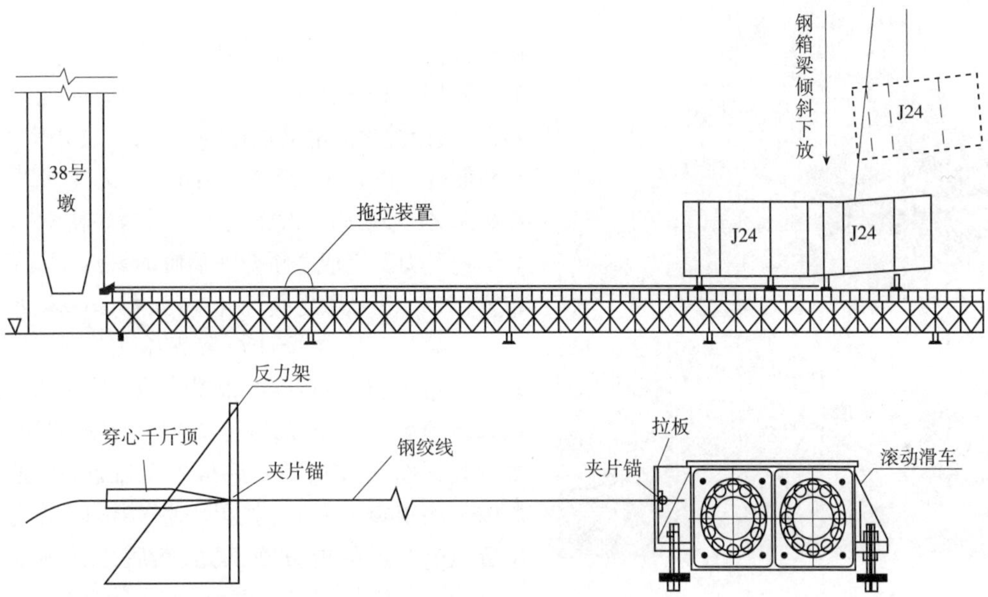

图 3-1-26 钢箱梁拖拉布置图

拖拉完成后，在钢箱梁地下纵隔板位置安装 6～12 台 50t 手摇千斤顶（数量视梁重而定），起顶拆除滚动滑车，然后装上 4 个预制支垛，卸下千斤顶，将力传于支垛上，并将滚动滑车和千斤顶重复利用于下一片钢箱梁的拖拉和存放。继续下一片梁的拖拉，并重复以上操作步骤。

在四片钢箱梁按位置要求依次存放于钢栈桥上以后，桥面吊机仍然在 J19 梁段上吊装 J20 梁段。当 J20 梁段与 J19 梁段焊接好以后，再前移吊机，依次安装完 J21、J22 梁段。

（3）墩顶梁段 J24 的安装

步骤一：在 38 号过渡墩墩顶布置托架（靠钢箱梁侧）。

步骤二：步履式架桥机前支腿前移至 J22 梁段支点处，从栈桥上起吊 J24 梁段，由于受到托架竖向的阻挠，需先减小架桥机扒杆变幅，后起吊至超过托架支腿高度，再变大变幅，将 J24 梁段往架设方向纵向偏位 50cm，将 J24 梁抄垫稳妥地置于托架上。

步骤三：起吊合龙段 J23 梁段，按照悬臂拼装工作，完成其与 J22 梁段的连接安装工作。

步骤四：步履式架桥机前支腿前移至 J22 梁段支点处，起吊 J24 梁段，根据监控单位计算提供的数据，将托架上支垛的高度进行调整，以达到将 J24 落到设计位置后，其线形及坡度满足监控计算的数据要求，利用桥面吊机的变幅调整墩顶梁段的纵向位置，利用导链等设备匹配，焊接墩顶梁段与匹配梁段，完成墩顶梁段的安装。

（4）合龙口上下缝宽调整

图 3-1-27 临时墩实景

由于主梁顶底板温差，主跨长悬臂端线形施工误差，合龙口上下缝宽必然存在差异，为了保证梁段顺接，通过计算分析，在主跨合龙施工时，可采用调整悬臂端梁段拉索索力，适当调整悬臂端的高程和转角；采用临时压重，调整悬臂端与墩顶梁段间的高程和转角差；桥面吊机适当带力，调整悬臂端与墩顶梁段的高程和转角差。

通过上面的措施可以保证主跨合龙施工的顺接和施工质量。

5）边跨临时墩施工技术

由于黄埔大桥北汊斜拉桥主桥跨度大且桥址位于珠江口，为我国台风多发地区，为增加斜拉桥钢箱梁悬臂拼装过程中的抗风稳定性及钢箱梁架设过程中的不平衡力。根据设计要求在边跨距主塔 121m 处设临时墩一座，墩顶设置单向滑动抗拉约束，墩顶设计荷载竖向压力 7 000kN，上拔力 3 100kN，横向水平力 450kN，设计要求在边跨 Z7 号索第一次张拉完成后与主桥钢箱梁连接，参与结构受力。完成主桥合龙后临时墩约束解除。临时墩布置在 39、40 号墩之间，实体图如图 3-1-27 所示。

如果临时墩在设计位置先施工完成，其顶部的梁段又很难吊装上去，或者很难实现墩梁临时锚固；如果对其墩顶梁段再分段，则会影响其结构的受力性能；如果待其顶部梁段施工完后再施工临时墩，则会大大影响施工的工期。所以，如果将临时锚固墩先在其设计位置以外合适的地方施工完，然后待其顶部梁段施工完以后再整体将其拖拉就位（或顶推就位），实现墩、梁临时锚固，则既不会影响工期，又不会影响其顶部梁段的吊装。具体可行性较高的方案为：合适位置拼装然后顶推。

临时墩受力的控制工况包括：钢桩恒载 + 竖向压力 + 横桥向力 + 顺桥向墩顶位移力 + 钢桩横桥向风载；钢桩恒载 + 竖向拉力 + 横桥向力 + 顺桥向墩顶位移力 + 钢桩横桥向风载；钢桩恒载 + 竖向拉力 + 横桥向力 + 顺桥向墩顶位移力 + 钢桩顺桥向风载；钢桩恒载 + 竖向压力 + 横桥向力 + 顺桥向墩顶位移力 + 钢桩顺桥向风载。

通过 MIDAS 建立模型分析计算可知，临时墩受力最不利的工况为上述第一个工况，在此工况下应力及剪力值满足规范，但在横向荷载作用下墩顶横桥向变形值较大，现场通过在钢管内灌注 14m 的 C25 混凝土增加临时墩整体刚度以减小墩身变形。

在临时墩的结构细部上，临时墩自重加配重达 600t，高 59m，因此临时墩的顶推前移是整个临时墩设计的难点，在施工过程中，为减小摩擦力，在临时墩底部设置行走轮，施工中先在条形基础上铺设钢轨，在每个临时墩钢管桩底部下安装两台行走轮箱，每个行走轮箱设计承载力为 55t，临时墩的行走采用 4 台 50t 的千斤顶分别顶推行走轮箱，千斤顶通过拉板钩住预埋于条形基础的预埋件固定。行走工况如图 3-1-28所示。

临时墩与钢箱梁的连接形式是临时墩是否参与结构受力的关键，设计中两者采用拉板销轴连接，形成对钢箱梁的滑动抗拉约束，分配梁采用 3 根 H 型钢，通过加劲板焊接于钢管桩牛腿上使其能承受钢箱梁产生的拉压作用力。具体构造如图 3-1-29 所示。

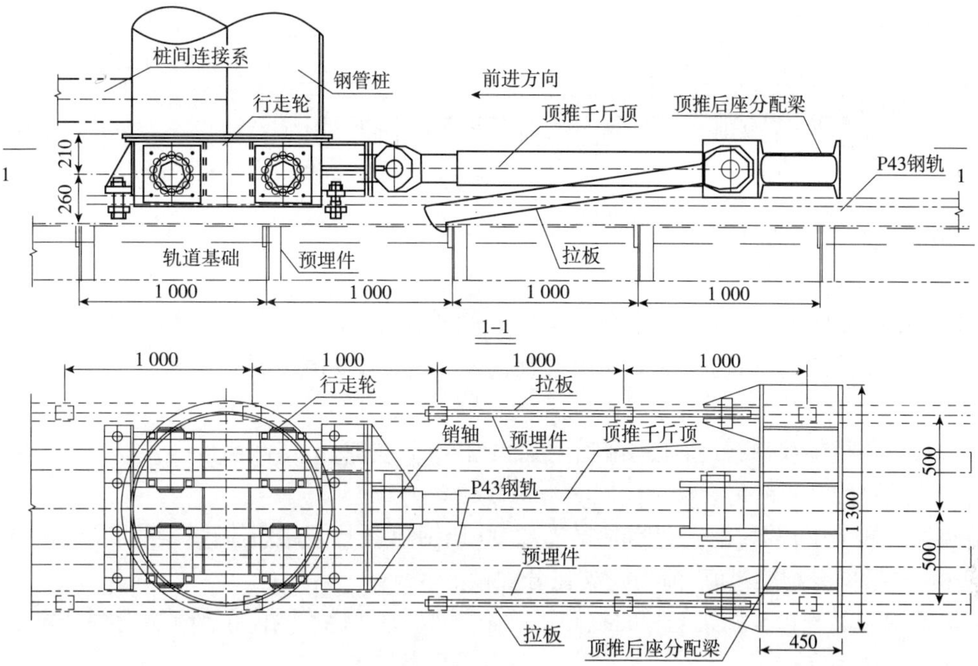

图 3-1-28　临时墩顶推位移立面图(尺寸单位:mm)

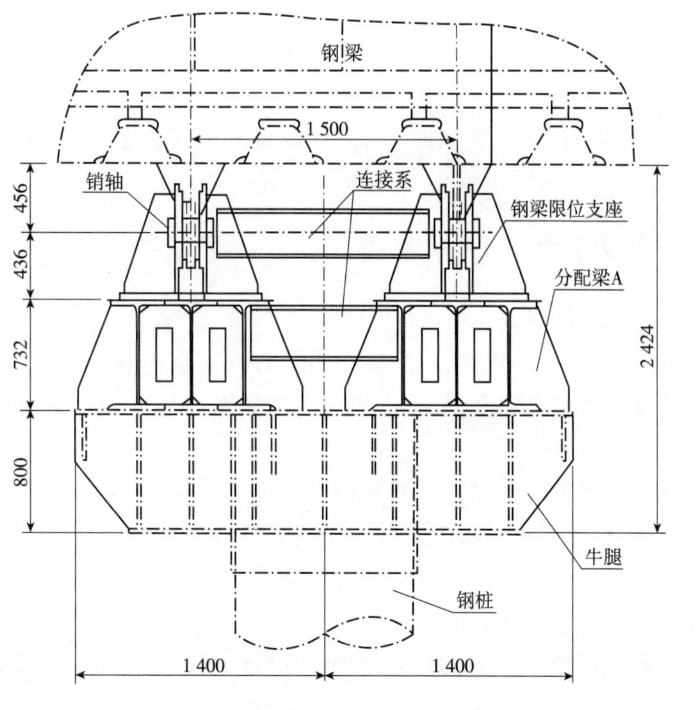

图 3-1-29　临时墩钢桩桩顶构造图(尺寸单位:mm)

黄埔大桥北汊斜拉桥大型临时墩的拼装和顶推是对超重形框架结构实现顶推的又一次成功实践。将60m高、30m宽(横桥向)、6m长(顺桥向),自重近750t的钢管结构“门形”墩顶推滑移超过60m远,然后就位,这是对连续顶推法的一次推广和应用,其简单、快捷和有效性得到了充分地展示。

6. 斜拉桥钢箱梁架设安全质量保证措施

1)建立安全质量保证体系

安全质量保证体系如图 3-1-30 所示。

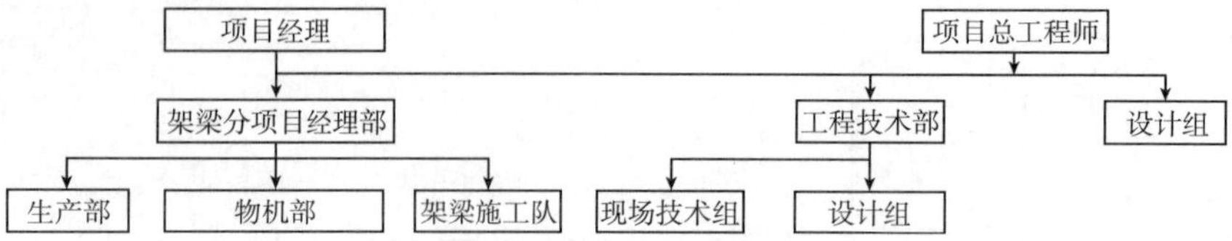

图 3-1-30　安全质量保证体系

2)建立安全质量检查监督制度

3)安全质量保证措施

(1)步履式吊机按严格的调试程序执行,并组织安全质量检查组签证认可,确保安全后,方可吊装钢箱梁。

(2)临时前支腿安装时,应起顶至支撑桁架顶面水平为止,以便步履式吊机前支座反力通过临时支腿传至横梁上。

(3)滑道布置与桥轴线平行,滑座与滑道间只预留 4mm 空隙,滑座侧面设限位结构,并且使牵引方向与滑道严格保持平行,保证钢箱梁顺桥向准确滑移就位。

(4)吊装主跨侧 DJ1 块时,前支腿临时支垫在 D0 块钢箱梁上,为保证钢箱梁的安全,在 D0 块横隔板位置设置垫板,顺桥向分配梁过渡,前支腿支在分配梁上。

(5)为保证钢箱梁搁置在托架上时的抗倾覆稳定,计算弹性挠度,在托架前端设置一定的上拱,保证托架受载时顶面保持水平。

(6)钢箱梁架设粗定位可以在全天任何时间进行,但精定位必须在清晨或温度变化不大的时候进行,并及时将测量资料反馈给监控单位。

(7)所有起重钢丝绳、卡环、转向滑车、卷扬机、倒链等均应符合起重行业施工规范,具有足够的安全度,不得超载进行起吊作业。

(8)及时与气象部门联系,有大雨、大风时,尤其是台风暴风雨来临之前不能进行钢箱梁起吊工作,应提前作好安全防护措施。

三、钢箱梁关键技术及创新

1. 宽体扁平钢箱梁受力特性研究

黄埔大桥北汊桥钢箱梁属于薄壁构件,其整体受力具有以下主要特点:

梁跨高比很大,箱梁自身的抗弯刚度很小,必须通过斜拉索提高主梁的整体刚度,斜拉索索力使得箱梁主要承受轴力和局部弯矩作用。

箱梁宽度大,集中索力主要通过钢锚箱和横隔板等传递到箱梁断面,在风荷载与偏心荷载作用下的扭转变形使扁平薄壁箱梁处在弯扭和局部应力共同作用的复杂应力状态,箱梁剪力滞效应明显。

主梁宽度与索距相比较大,在索力和车轮集中荷载下会产生较大的横向应力,箱梁为复杂的双向受力状态,支承处横隔板承受较大的局部支承反力。

受其他因素的制约,索塔在桥面以上的高度较低,外侧拉索倾角较小,导致对钢箱梁的支承刚度较小,不利于钢箱梁受力。

可见,黄埔大桥北汊桥的扁平钢箱梁的受力特性与普通梁式桥的箱梁受力特性不同,钢箱梁的受力分析研究对指导桥梁设计十分必要。

1)钢箱梁扭转按空间整体杆系有限元计算

在汽车荷载作用域成桥状态时,顶板的最大扭转剪应力为 11.48MPa,底板的最大扭转剪应力为 16.54MPa;最大翘曲正应力为 10.07MPa,发生在塔根处;最大翘曲剪应力为 5.42MPa,发生在近塔辅助墩处,可以看出,钢箱梁的剪应力和翘曲应力均不大。

2)温度荷载作用下箱梁受力分析

采用主梁顶板处温度为±15℃、腹板以下温度为0℃的分布图式，温差内力采用空间杆系有限元计算。温差效应、恒载和8车道均布活载组合后，上缘最大压应力为-88MPa，发生在桥面降温15℃时靠近塔梁结合处；下缘最大压应力为-91MPa，发生在桥面降温15℃时靠近塔梁结合处。可以看出，温差对箱梁顶底板的应力结果有一定影响。

3）运营阶段箱梁受力分析

采用杆系单元与薄壳单元相结合的混合有限元法，研究在恒载与汽车荷载作用下，主跨远端、塔根附近、近塔辅助墩附近钢箱梁顶底板、纵隔板与横隔板等板件的受力。计算荷载包括钢箱梁自重、二期恒载和公路—Ⅰ级汽车荷载。

由计算可知：顶板在主跨远端，大部分压应力在-85～-100MPa之间；在索塔附近，大部分压应力在-100～-85MPa之间；在近塔辅助墩附近，大部分压应力在-40～-75MPa之间；全桥顶板纵桥向压应力最大值为-120MPa，发生在索塔附近顶板处。底板在主跨远端，大部分拉应力在60～80MPa之间；在索塔附近底板纵桥向，大部分压应力在-90～-80MPa之间；在近塔辅助墩附近，底板纵桥向大部分压应力在-40～-60MPa之间；底板纵桥向压应力最大值为-112MPa，发生在靠近索塔位置附近。顶板U肋的纵桥向最大压应力为-111MPa，发生在靠近索塔位置附近；底板U肋纵桥向最大压应力为-115MPa，发生在靠近索塔位置附近。横隔板的最大剪应力达到了80MPa，横隔板Mises应力最大达到了160MPa；纵隔板纵桥向压应力最大为-160MPa，Mises应力最大约为180MPa。桁架杆件最大拉力为742kN，最大压力为-842kN，按强度验算得到最大轴向压应力为-159MPa，考虑稳定后得到对应的压应力为-177MPa。外腹板除索梁锚固区有应力集中外，外腹板的应力均小于90MPa。横隔板加筋肋最大Mises应力为74.7MPa，其他大部分在30MPa以下。箱梁外腹板加筋肋的Mises应力在靠近斜拉索处的应力较高，达到了180MPa，其他部位的应力大部分在75MPa以下。

4）钢桥面板局部受力与变形分析

研究在车轮荷载作用下，主梁上最薄的钢箱梁顶板的局部变形。通过局部板壳有限元模型计算可知：当车轮作用于单个U肋上时，顶板的局部相对变形为0.198mm；当车轮作用于两个U肋间时，顶板的局部相对变形为0.172mm；16mm厚的桥面板具有较大的刚度，与14mm厚的桥面板相比，肋间相对变形明显减小，有利于桥面铺装的使用性能和耐久性。

5）箱梁在吊机荷载作用下的变形

研究在吊机荷载作用下，主梁上最薄的钢箱梁顶板的局部变形、顶板和加筋肋的受力以及吊装段与非吊装段的相对变形。采用混合有限元方法建立最薄弱的顶板所在节段的板壳模型，按照吊机实际着地面积施加面荷载，计算在吊机起吊最重箱梁节段情况下的箱梁顶板、底板变形，计算箱梁节段的应力。

通过对最大单悬臂状态起吊节点跨中钢箱梁节段的计算可知：吊机前支点处横隔板应力最大，该隔板上除了靠近拉索锚固区附近的应力水平较高外，其他部位的Mises应力大都在115MPa以下。顶板、底板、顶板U肋、底板U肋的Mises应力都在117MPa以下。在吊机前支点附近的纵隔板的腹板和翼缘的Mises最大值在100MPa以下；纵隔板中的桁架杆件的最大拉力为1 110.4kN，最大压力为-1 118.5kN，与之对应的拉应力为209MPa，压应力为-211MPa；吊机前支点处加劲板的Mises应力在70MPa以下。

悬臂端顶板最大横向相对挠度22.5mm，悬臂端与吊装段的最大变形差为21.8mm；悬臂端底板最大横向相对挠度16.3mm，悬臂端与吊装段的最大变形差为15.7mm。

2. 钢箱梁整体稳定性和局部稳定性

稳定问题是以受压为主的薄壁钢箱梁斜拉桥设计制造中需要解决的关键问题之一，其总体稳定（纵向、横向）、局部稳定（索塔、加劲梁）将成为设计的主要控制因素之一。

1）钢箱梁整体稳定性研究

北汊桥的稳定性分析采用MSC. Nastran大形结构分析程序，建立空间有限元模型。针对整体稳定性，采用了线性和双重非线性两种模式对五种工况进行了分析比较。各种工况下线性、非线性稳定系数分析的结果如表3-1-29所示。

稳定系数分析结果　　表3-1-29

计算工况	线性失稳 λ_1 值	非线性失稳 λ_2 值	λ_2/λ_1
①	8.521 4	3.018 8	0.35
②	7.896 1	2.841 7	0.36
③	7.691 1	2.589 7	0.34
④	7.917 9	2.958 6	0.37
⑤	6.592 1	2.487 5	0.38

计算分析结果表明，大跨度斜拉桥的非线性稳定安全系数比弹性稳定安全系数降低很多，评价结构稳定性时必须区别对待，可以认为：结构的非线性稳定安全系数大于2.0时，结构的稳定性是有保证的。对大跨度斜拉桥而言，线性稳定分析的结果是偏保守的，可作为稳定安全系数的上限；非线性稳定分析考虑了所有非线性的影响，能真实地反映结构实际受力情况，结果更接近实际情况。所以，必须对大跨度斜拉桥进行第二类稳定分析。

2）横隔板稳定性

当车轮荷载对称作用于横隔板上时，横隔板在活载作用下最小稳定系数为4.877 7，在恒载、活载共同作用下最小稳定安全系数为3.317 1；当车轮荷载非对称作用于横隔板上时，横隔板在活载作用下最小稳定安全系数为4.493 3，在恒载、活载共同作用下最小稳定安全系数为3.136 4。可以看出，横隔板的尺寸和横隔板上加筋肋的布置形式合理，具有足够的安全度。

3. 钢箱梁合理构造研究

1）顶板与腹板连接方式

将顶板向外延伸与风嘴板对接焊相连，腹板与顶板采用角焊缝相连。同时将钢锚箱承压板与顶板焊接，以改善顶板与钢锚箱的受力。经计算分析，钢锚箱以及与之相连的钢箱梁的应力在屈服应力以下。

2）整体实腹板式横隔板的应用

此类横隔板整体性好，抗扭刚度大，可以避免沿高度搭接构造引起的结构偏心，或对接引起的局部变形。

3）钢锚箱构造

在最大设计索力602t作用下，按照Mises屈服准则，锚箱加劲板紧靠承压板处等效应力超出材料的容许等效应力。在1.5倍最大设计索力903t作用下，只有个别点的等效应力超过材料屈服强度，结构仍然具有很大的承载能力。对于锚箱板件，在试验过程中出现了拉、压应力，这是由于在模型加工过程中存在初始几何缺陷。所有的焊缝处均未出现开裂或异常现象，焊缝整体应力水平较低，安全可靠。所以可以认为：锚箱各板件的连接可靠，锚箱与腹板的连接可靠，索梁锚固区域的承载能力能达到设计要求，并具有一定的安全储备；本桥锚箱式索梁锚固结构设计合理、安全；通过计算结构与实测结果的比较分析，证明三维有限元方法可以用于估算索梁锚固区的应力分布；有限元数值分析与模型试验相结合是研究桥梁复杂结构承载性能的有效手段。

4）桥面板厚度

本桥对14mm和16mm两种板厚进行了分析比较，最终采用16mm的板厚，以提高桥面板的刚度，改善桥面铺装的使用条件。

4. 超宽钢箱梁制造工法

研制了液压反变形角焊摇摆胎架、电动气压式U形肋装配机及杆件栓接组合式立体胎架，全面改进了超宽钢箱梁段的制造工法，提高了生产效率和产品质量。

5. 超宽钢箱梁场地运输和吊装工法

提出了特殊场地条件下超宽钢箱梁段场地运输和吊装的成套施工方法。这套工法涵盖了钢箱主梁施工中的钢箱梁水上和路上运输到位、塔区钢箱梁吊装、边墩和辅墩墩顶钢箱梁吊装、边跨临时墩施工、桥面变幅式步履吊机设计等关键环节。其中包括：

针对操作空间受限的情况，基于大吨位动力运输平板车，提出大尺寸、大吨位钢箱梁的上下江河和陆上运输工法，改变了常规的轨道运梁工法，减少转运次数，有效地保障了梁段运输的安全和梁段质量，为今后类似场地条件下的梁段运输提供了安全、高效的新思路和方法；针对架设高度受限的情况，提出塔区梁段与标准梁段的统一吊装工法，改变了常规的塔区梁段浮吊吊装、塔顶吊架提升或塔区散拼的施工技术，利用变幅式吊机为塔区梁段的吊装提供了一种新的施工工法，既解决了本项目常规方法解决不了的难题，同时又具有较大的经济效益；突破了以往斜拉桥钢箱梁架设中过墩的常规方法，采用变幅步履式吊机，实现了过墩处的钢箱梁的起吊问题，避免了常规的钢箱梁吊装的支架施工方法，为今后类似桥梁钢箱梁吊装过墩提供了一种新的方法；提出了边跨临时锚固墩（60m 高）整体拼装后滑移就位的施工工法，不影响其顶部梁段吊装，既节约了工期，又减少了常规支架施工的支架长度；研制了额定吊重 3 600kN 的桥面变幅式步履吊机，使吊臂可以根据需要调整吊距幅度，实现了全桥梁段的直接吊装悬拼。

6. 超宽大跨径钢箱梁斜拉桥施工监控技术

提出了针对超宽大跨径钢箱梁斜拉桥上部结构施工的成套施工监控技术。这套施工监控技术涵盖了施工过程仿真分析技术、现场数据监测技术、参数识别技术、施工过程调整技术以及施工控制可靠度方法等。

提出了施工控制容许误差计算的可靠度分析方法，综合考虑了施工过程中多种随机因素的影响，采用响应面——蒙特卡罗法计算施工控制失效概率，为大跨径桥梁施工过程控制目标的制订提供了科学的依据；提出了钢箱梁预拼线形的计算新方法，综合考虑结构整体变形与吊装梁段局部变形的影响，为梁段的顶底板提前配切提供基础数据，保证了现场梁段拼装焊接顺利进行；提出了基于悬链线公式的无应力索长和斜拉索戴帽索力的实用快速算法，高效率地得到接近精确悬链线理论的计算结果，尤其适用于超长斜拉索的计算；提出了一种新的Trefflz 有限单元以分析超宽钢箱梁的剪力滞效应，可高效率地计算钢箱梁断面的不均匀应力分布规律；提出了每一节段钢箱梁施工的两步控制法，通过主梁节段定位高程和斜拉索终拉索力的分步调整，实现了钢箱梁焊缝宽度控制以及主梁线形平顺的要求；提出了基于多阶测试频率和样条拟合技术的斜拉索参数识别与索力测试新方法，拓宽了频率法测试索力的适用范围，提高了索力测试精度；提出了索力测量精度计算的可靠度分析方法，以索力—频率对应关系的有限元及样条拟合方法为基础，考虑索结构参数和索实测频率的随机变异性，采用响应面——蒙特卡罗法计算索力测量的可靠度，为频率法测量索力提供概率意义下的精度信息；提出了一种基于 DataTaker 采集器的传感器连接自动切换系统，实现了利用较少的采集器来采集更多断面上传感器数据的目的，使整个数据采集系统更加紧凑精简，更加适应施工现场的恶劣工作环境；提出了钢箱梁吊装提升过程中钢箱梁应力监测数据的两种无线传输技术，分别通过手机拨号连接和手机短信方式，实现了对吊装过程中钢箱梁应力的实时监测。

7. 超宽钢箱梁加劲设计方法

基于非线性有限元分析、模型试验和实桥测试成果，提出了超大尺寸整体式横隔板以及桁架式纵隔板的加劲设计方法，解决了钢箱梁吊装过程中纵横隔板的局部稳定性问题，保障了施工安全。

8. 钢箱梁总装新工艺

（1）板单元在吊上总装胎架之前，增加了一道工序：将两个面板或底板单元在专用胎架上进行对接焊缝的“双拼”，因施工环境和工位较好，焊缝质量有了更好的保证。大大缩短了梁段在匹配制造生产线上停留的时间，进而大幅度缩短了每轮次的梁段组装预拼周期。

（2）常规的预拼方法是采用地标来定位和匹配，为了消除累积误差带来对梁段总质量的影响，在常规的匹配工艺上对定位方法作了一定的改进。对中间梁段定位基准单元的纵向定位利用激光经纬仪参照胎架两端头的标记塔上的纵向基准线进行，横向定位利用激光经纬仪在梁段纵向中心线上开角尺检验;为今后的成桥焊接线形控制奠定了牢固的基础。

(3)优先确保重要部件的安装进度和焊接质量。例如在锚腹板装配时制作了检查样板,同时在斜底板背面焊接了反变形模板控制锚腹板在焊接过程中的变形,更好地保证了锚箱的安装精度。

第四节　斜拉索的制造和安装

一、超长斜拉索的制造

黄埔大桥北汊斜拉桥的主、边跨径较大,导致斜拉索超长,最长索的长度达到391m,最大单根索重达到284kN。长、重斜拉索的挂设和张拉是一个新课题,由于索长、索重、张拉索力大,挂索时牵引力也大,而且斜拉索在打盘时有扭力存在,放索时,在现有条件下扭力很难全部释放,因此,必须对挂索和张拉方案进行认真的研究,既要考虑挂索、张拉问题,又要考虑扭转问题及张拉时的回扭问题,达到既节省工期,又确保安全,而且也能保证施工质量的目的。此外,长、重斜拉索的非线性效应明显,针对无应力索长和斜拉索挂设时戴帽索力的计算,规范推荐的基于抛物线假定的Ernst公式的计算误差较大,必须采用精确的悬链线公式进行计算,但该公式较为复杂、不便应用,研究高精度的实用计算公式更具有现实推广意义。同时,斜拉索的索力对施工过程中的主梁线形和内力有关键性的影响,因此,必须研究高精度的索力测试技术,为施工过程中的主梁线形和内力控制提供保障。

1. 高强度钢丝、PE料、锚具及成品索技术性能要求

1)镀锌钢丝的性能及主要技术参数(表3-1-30)

镀锌钢丝主要技术参数表　　表3-1-30

序　号	项　目	技术指标
1	公称直径	ϕ7.0(±0.07)mm
2	不圆度	<0.07mm
3	横截面面积	38.5mm^2
4	理论质量	301(g/m)
5	抗拉强度	>1 670MPa
6	屈服强度	>1 410MPa
7	延伸率	>4.0%(L_0=250mm)
8	弹性模量	21.95×10^5~2.15×10^{5}MPa
9	反复弯曲	>5次(R=20mm,180°)
10	缠绕	3d×8圈不断裂
11	松弛	<2.5%(0.7G.U.T.S,1 000h,20℃)
12	疲劳性能	360MPa(上限0.45σ_b,N=2×10^{6}次)
13	锌层单位质量	>300g/m^2
14	锌层附着性	5d×8圈,不起层,不剥离
15	硫酸铜试验	>4次(次/min)
16	伸直性能	≤5mm;弦长1 000mm(最大自然矢高)
17	自由圈升高度	≤15cm

2)PE料的性能及主要技术指标

斜拉索外包的高密度聚乙烯材料在人气环境中有较好的抗老化寿命。内层采用黑色高密度聚乙烯

防护套,其主要技术性能如表3-1-31所示,其他参照《建筑缆索用高密度聚乙烯塑料》(CJ/T 3078—1998)的要求执行。聚乙烯材料化学性质稳定,在斜拉索设计温度和使用寿命下不会失效。

PE料的主要技术指标　　表3-1-31

序　号	项　目	技术指标
1	密度	0.942~0.978g/cm^3
2	熔融指数	≤0.45g/10min
3	拉伸强度	≥20MPa
4	拉伸弹性模量	≥150MPa
5	断裂伸长率	≥650%
6	邵氏硬度	≥60
7	维卡软化点	≥115°C
8	脆化温度	≤-70
9	冲击强度	≥25kJ/m^2
10	耐热应力开裂	>96h
11	耐环境应力开裂性 IU Igcpalco 630	>1 500h
12	炭黑含量	(2.3±0.3)%
13	炭黑粒度	<20μm
14	炭黑分散性	
15	分散度	≥6分
16	吸收系数	≥400
100℃、168h空气箱老化		
17	拉伸强度保留率	>85%
18	断裂伸长率保留率	>85%
19	耐光色牢度	≥7级

外层采用彩色高密度聚乙烯防护套,其技术性能应符合表3-1-32的要求。材料具有抵御各种不良气候的能力。

采用彩色高密度聚乙烯防护套的技术性能表　　表3-1-32

序　号	项　目	技术指标
1	密度	0.942~0.978g/cm^3
2	熔融指数	≤0.45g/10min
3	拉伸强度	≥20MPa
4	拉伸弹性模量	≥150MPa
5	断裂伸长率	≥650%
6	邵氏硬度	≥60
7	维卡软化点	≥110℃
8	脆化温度	<-76℃
9	冲击强度	≥25kJ/m^2
10	耐环境应力开裂性 IU Igcpalco630	>1 500h
11	耐热老化100℃、168h拉伸强度变化率	±20%
	断裂伸长率变化率	±20%
12	耐臭氧老化延伸25%;温度24°C±8°C,臭氧浓度0.01~0.15mg/m^3,暴露1h	无异常变化

续上表

<table>
<tr><th>序 号</th><th>项 目</th><th>技术指标</th></tr>
<tr><td rowspan="7">13</td><td colspan="2">人工气候老化,老化时间 0 ~ 1 008h</td></tr>
<tr><td>拉伸强度变化率</td><td>±25%</td></tr>
<tr><td>断裂伸长率变化率</td><td>±15%</td></tr>
<tr><td colspan="2">人工气候老化,老化时间 504 ~ 1 008h</td></tr>
<tr><td>拉伸强度变化率</td><td rowspan="2">15%</td></tr>
<tr><td>断裂伸长率变化率</td></tr>
<tr><td>14</td><td>耐光色牢度</td><td>≥7 级</td></tr>
</table>

3)锚具性能及主要技术参数

(1)采用优质合金结构钢制作,应符合《合金结构钢》(GB/T 3077—1999)的要求,外表面镀锌;所有选用材料的机械件能、化学性能符合相应的国标或部颁标准。

(2)锚具在表面镀锌前逐个按《锻轧钢棒超声波检验方法》(GB/T4 162—1991)进行探伤检测。锚杯与螺母均为梯形螺纹,应符合《梯形螺纹—极限尺》(GB/T 12359—1990)等要求。锚具表面采用新型热镀锌涂层技术。

4)成品索技术性能要求

(1)抗拉强度

成品拉索的抗拉强度在 1 670MPa 以上。

(2)张拉性能

成品索经超张拉后,冷铸锚分丝板内缩量不应大于 6mm,锚圈与锚杯的旋合不受影响。

(3)弹性模量

成品拉索的弹性模量不小于 1.90×10^5MPa。

(4)静载破断延伸率

成品拉索的破断延伸率不小于 2% 。

(5)静载性能

静载破断载荷应不小于斜拉索标称破断荷载的 95% 。

(6)抗风雨振性能

成品拉索在不同风速下的风阻系数均为 C_d 不大于 0.7,抗雨振效果良好。

(7)拉索外观

拉索外表面均匀、光滑、平整、无裂纹。

(8)拉索长度精度

斜拉索长度精度达到 ±1/15 000。

(9)盘绕性能

盘绕内径≥20 倍的拉索直径。

2. 黄埔大桥长寿命斜拉索制造工艺

1)钢丝放丝

(1)根据成品索长,并考虑各种制作误差,经修正后,确定钢丝粗下料长度。

(2)钢丝通过牵引小车进行电动牵引下料,将粗下料后的钢丝绑于排丝架上。

2)编丝、扭绞

(1)确定牵引速度、扭绞转速及缠带机转速。

(2)启动牵引机、扭绞机及高强度聚酯带缠带机。

钢丝束同心左向绞合而成,最外层钢丝绞合角严格控制在 3° ±0.5°。

3)缠绕高强聚酯纤维带

右向缠绕缠包带，绕包带单记重叠宽度根据拉索规格分别控制在不小于带宽的1/3，且重叠层数不多于4层。

4）双层挤塑

（1）做好挤塑的前期准备工作，包括烘料、预热挤塑机机头、机筒各部位等。

（2）达到预估计加热温度，启动挤塑机。

（3）调整偏心，启动牵引机。

（4）调整牵引速度和挤塑机螺杆转速，确保内外层护套厚度。

（5）严格控制护套厚度偏差在（+1.0，-0.5）mm之间。

5）表面压花

拉索表面按有关要求进行压花处理，以满足拉索抗风雨振要求。不同直径的斜拉索需采用不同的凹坑尺寸和覆盖率，根据本桥选定的拉索规格将选定不同的花形和覆盖率。

6）精下料

按照工艺要求剥套、粗下料，然后寻找标准丝标记，进行精确下料。

7）穿丝、镦头

（1）在索的两端依次穿好锚具及其配件，注意固定端、张拉端锚具的摆放顺序。

（2）将中心标准丝的标记转移到斜拉索的外层钢丝上，并进行标记。

（3）逐根清洗钢丝，但要保留有关标记，并将钢丝穿进分丝板相应的位置。

（4）钢丝端头采用液压冷镦。镦头直径不小于钢丝直径的1.5倍，高度不小于钢丝直径，头形正规；允许有0.1mm的纵向裂缝，不允许有横裂缝；镦头以下不得有削弱断面。镦头机应随时注意调整。每操作一批镦头，应例行检查镦头机一次，确保镦头质量。

8）灌锚

（1）按特定配比进行冷铸料的配制。

（2）锚具就位，预热锚杯至特定温度。

（3）待锚具温度达到要求后，安装振动器，灌注冷铸填料。

（4）加热固化，随炉固化一组三只试样，用以检验灌锚质量，冷铸体强度在常温下应达到147MPa。试验结果的取值应满足《斜拉桥热挤聚乙烯高强钢丝拉索技术条件》（GB/T 18365—2001）的规定。

（5）高密度聚乙烯防护层和锚具的连接处，保护层应该深入连接套筒内，两者之间的间隙要用填充材料封堵，确保密闭、防水渗入。

9）超张拉

（1）根据索长需要，确定连接器、工装等，并将拉索安装到位。

（2）在锚具冷铸体表面取三个互成120°的点，用深度游标卡尺测其距锚杯端面的深度，做好记录和标记。

（3）确保锚具质量，每根斜拉索在安装前，应以1.2~1.4倍设计索力进行超张拉力锚固试验。即设计索力小于或等于3 000kN时取1.4倍，设计索力大于3 000kN且小于6 000kN时，取1.3倍；设计索力大于或等于6 000kN时，取1.2倍。超张拉力允许调整至最接近的50kN的整数倍上，并分为五级加载。

3. 新工艺、新材料、新技术的应用

黄埔大桥北汊桥斜拉索采用聚乙烯高强钢丝斜拉索，数量共计88根，规格分别为：121ϕ7、139ϕ7、163ϕ7、199ϕ7、223ϕ7和253ϕ7，最长索长391.2m，重28.4t。斜拉索表面采取压花的空气动力学措施。

黄埔大桥斜拉索设计使用寿命要求为50年，是普通斜拉桥斜拉索的2倍。围绕黄埔大桥斜拉索的以上技术特点，对包括超高强度平行钢丝耐久性拉索体系技术、斜拉索的抗风雨振技术等一整套黄埔大桥关键技术进行了深入研究，所有研究成果均委托有关权威单位进行了检测或验证，其中抗风雨振压花拉索、超高强度平行钢丝拉索以及超高强度平行钢丝耐久性拉索体系三项技术通过了省级科技成果鉴定。

1）高强度平行钢丝耐久型拉索体系技术研究

黄埔大桥长寿命拉索耐久性技术研究与应用项目紧密结合该斜拉桥建设的需要，针对目前斜拉索存在的问题以及斜拉索的技术特点及50年的使用寿命要求，从斜拉索的腐蚀机理入手，从原材料开始，对斜拉索整体包括锚头在内的所有防腐系统进行全面系统地研究，达到进行全长多层隔离或防护的目的，完全隔绝水分以及其他有害物质进入索体来提高斜拉索的使用寿命。采用了综合防腐技术措施的“高强平行钢丝耐久性拉索体系”产品（图3-1-31）在正常使用条件下可满足50年的使用寿命要求。

2）斜拉索长度精度控制技术

斜拉索的长度精度对于控制斜拉桥的线形以及结构内力的分布有很大关系，黄埔大桥斜拉索要求无应力条件下长度偏差 ΔL 应符合以下规定：

$L_0<200$m 时，$\Delta L_0\leqslant\pm15$mm；

$L_0\geqslant200$m 时，$\Delta L_0\leqslant\pm(L_0/10\,000-5\text{mm})$。

该要求远远大于国内普通斜拉索的精度要求（$L\leqslant100$m，$\Delta L\leqslant20$mm；$L>100$m，$\Delta L\leqslant5\,000$），为了保证黄埔大桥斜拉索制作的长度精度，采用了标准长度钢丝控制斜拉索长度的技术。该技术是在借鉴悬索桥主缆索股长度精度控制技术的基础上，在斜拉索中心设置一根标准长度钢丝，以标准钢丝的长度控制斜拉索的长度精度的一项控制技术，如图3-1-32所示。

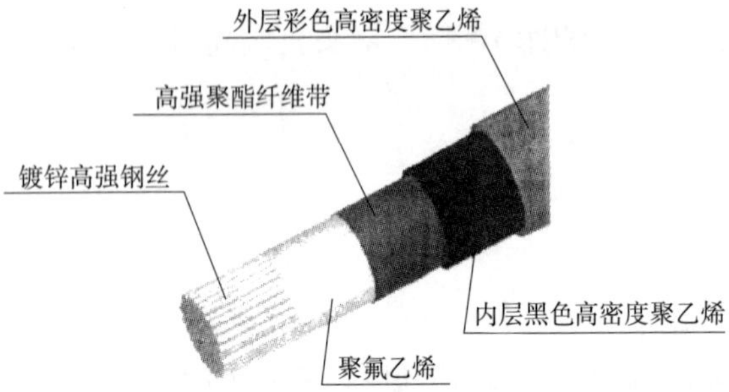

图3-1-31　高强度平行钢丝拉索耐久性索体结构

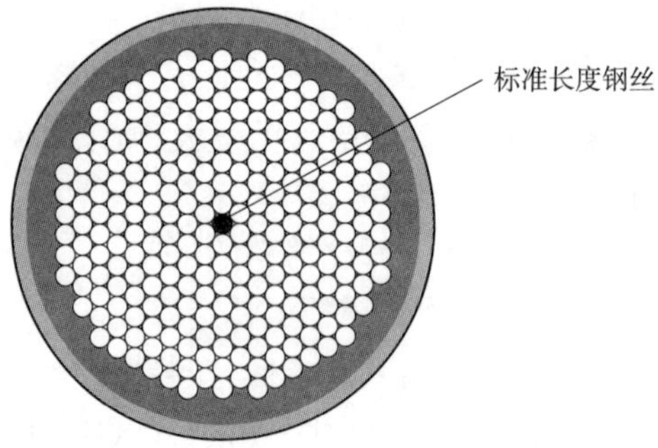

图3-1-32　设置标准丝的斜拉索截面

由于斜拉索在制作过程中需要3°±0.5°的轻度扭绞，所以，除了中心钢丝外，其余的钢丝均有小的扭绞角度。因此，选取不受扭绞角度影响的中心钢丝作为标准长度钢丝，在标准长度钢丝上作上无应力长度的标记，在锚具安装之前，将标准长度钢丝的长度标记转移到斜拉索上，以此标记控制斜拉索的长度。

3）抗风雨振压花拉索技术

新型抗风雨振压花拉索的设计思路就是开发一种新型空气动力学拉索表面，在改善阻力系数的同时又能有效抵抗雨振。新型抗风雨振压花拉索的开发是通过保持光滑表面部分并将它们与紊流容易发生的粗糙表面部分结合起来，开发出一种将临界雷诺数附近的阻尼系数特性保持在更宽的范围内的拉索表面形式。因为拉索表面的水线对雨振的产生具有很大的影响，研究通过正确分布拉索表面的粗糙部分来控制拉索周围的气流，阻止水线的形成，以控制振动。针对黄埔大桥进行了压花拉索抗风雨振技术研究。试验结果证明，新型抗风雨振技术可以有效抑制斜拉索的风雨振，保证拉索的振幅小于1/1 700的索长，同时可以保证斜拉索的风阻系数小于0.7（设计要求 $C_d=0.8$）。

4. 生产过程的质量控制

1）原材料的质量控制

（1）镀锌钢丝的质量控制

黄埔大桥斜拉索用镀锌钢丝交付前由厂家100%自测，交付后按照GB 2103抽取5%进行检测，监理在此基础上，抽取30%进行检测。

(2)锚具的质量控制

锚具检验措施包括:锚杯、螺母等材料由锻造厂家进行100%的自检;由厂家按每炉批进行100%的机械性能检测,100%的无损(磁粉、超声)检测,监理独立抽检30%;进厂后按照图纸要求进行验收,对锚具机加工尺寸、镀锌厚度、硬度及表面外观等进行100%检验,驻厂监理工程师进行30%抽检。

(3)PE料的质量控制

黄埔大桥斜拉索采用内为黑色PE、外为白色PE双护层。PE料委托第三方检测。

(4)纤维胶带的质量控制

缠胶带委托第三方检测,报驻厂监理工程师审批。

(5)冷铸锚灌锚填料的质量控制

对进厂的填料进行三组配方试验,合格后报驻厂监理工程师审批。

2)斜拉索制作的质量控制

斜拉索在制作过程中,根据工艺工序流程流图对以下控制要点进行监督和控制,质量控制要点主要有:扭绞节距、裸索外径、扭绞角、缠绕带、挤塑后拉索外径、护套厚度、护套外观、压花质量、下料后拉索长度、镦头直径、镦头高度、镦头外观、灌锚密实性、抗压强度、锚板回缩值、拉索弹性模量、拉索长度精度,如表3-1-33所示。

斜拉索制作质量控制表　　表3-1-33

检验项目		检验规程	仪器设备	检验频率	检验形式
破断试验	破断荷载	GB/T 18365—2001	张拉台、千斤顶、传感器、百分表	开工前做1组(3根)	施工自检、监理抽检
	弹性模量				
	破断延伸率				
扭绞	扭绞节距	设计图纸	卡尺、卷尺	1次/30m	施工自检、监理抽检
	裸索外径	设计图纸		1次/30m	
	扭绞角	设计图纸		1次/30m	
挤塑下料	拉索外径	设计图纸	卡尺	1次/30m	施工自检、监理抽检
	压花质量	设计图纸	卡尺	1次/30m	
	护套厚度、下料长度	设计图纸	卷尺	两端/根	
灌锚	镦头直径	设计图纸	卡尺	5%	施工自检、监理抽检
	镦头高度	设计图纸	卡尺	5%	
	灌锚密实性	设计图纸	电子台秤	两端/根	
	抗压强度	GB/T 18365—2001	万能试验机	两组/根	
张拉	弹性模量	GB/T 18365—2001	经纬仪、传感器	2根/每种规格	施工自检、监理抽检
	锚板回缩值	GB/T 18365—2001	深度尺		
	测长长度	GB/T 18365—2001	钢卷尺		

二、斜拉索的安装

1.桥面、主塔吊装设备及牵引设备布设

1)桥面设备布置

斜拉索标准索距为16m,边跨辅助墩、过渡墩间索距12m。索塔高度226.14m,塔身斜度1:26,1号索施工高度95.16m(距桥面),22号索施工高度153.21m(距桥面),斜拉索施工区段高度65.30m。最大索长J22号:391.13m,索重28.4t;最短索长Z1号:98.6m,索重3.91t,主塔斜拉索布置如图3-1-33所示。

施工时,在桥面索塔区布置两台5t慢速卷扬机,快速卷扬机用于放索,慢速卷扬机用于压索,另配30t汽车吊一台,放索台车一辆,用于放索、压索,如图3-1-34所示。

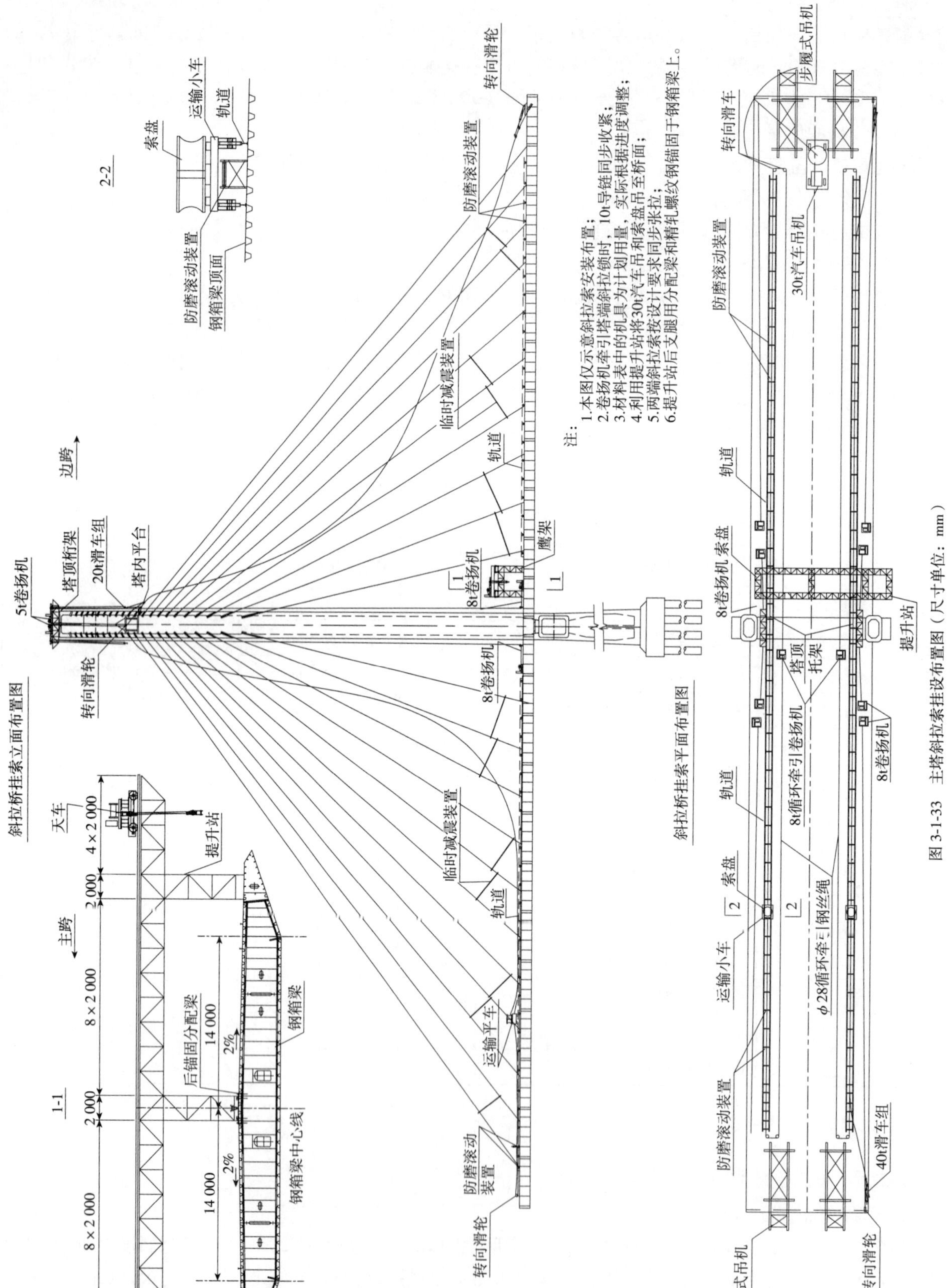

注：1.本图仅示意斜拉索安装布置；
2.卷扬机牵引塔端斜拉锁时，10t导链同步收紧；
3.材料表中的机具为计划用量，实际根据进度调整；
4.利用提升站将30t汽车吊和索盘吊至桥面；
5.两端斜拉索按设计要求同步张拉；
6.提升站后支腿用分配梁和精轧螺纹钢锚固于钢箱梁上。

图 3-1-33 主塔斜拉索挂设布置图（尺寸单位：mm）

锚头其本参数如表 3-1-34 所示。

锚头基本参数表(单位:mm)　　　　表 3-1-34

序号	斜拉索规格	锚杯外螺纹尺寸	锚杯外径	锚圈外径	拉索外径	拉索外径允许偏差	锚头长度	锚杯螺母厚度
1	PES7 - 121	Tr240 × 12	240	310	105	0.5,1	450	135
2	PES7 - 139	Tr250 × 12	250	325	112	0.5,1	460	135
3	PES7 - 163	Tr270 × 12	270	350	121	-0.5,1	510	135
4	PES7 - 199	Tr300 × 14	300	385	130	-0.5,1	540	155
5	PES7 - 223	Tr315 × 14	315	405	139	-0.5,1	575	180
6	PES7 - 253	Tr335 × 16	335	435	145	-0.5,1	595	180

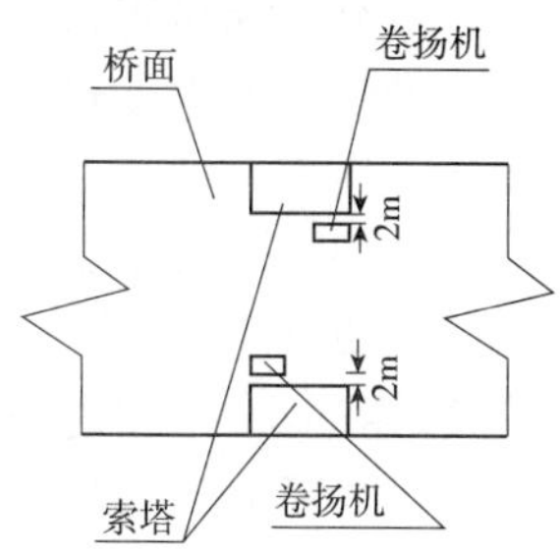

图 3-1-34　桥面卷扬机示意图

2)塔内施工布置

(1)塔内施工用电

按安全用电规程在塔内从塔顶向下沿脚手钢管架设电缆至1 号索刚性平台处,每 50m 设置用电接口,塔内施工用电采用活动点盘供电,塔内照明除在塔顶安装向下俯射的射灯外,在斜拉索施工平台处增设带防护罩的白炽灯,以确保塔内施工照明的亮度。

(2)全封闭刚性平台设置

利用工地现有型钢在 1 号索齿板处设置全封闭刚性平台,用于安全防护和塔内脚手架承重结构。以齿板上锚垫板斜面作为刚性平台受力面。刚性平台利用工地现有型钢,主梁采用 2[36a 槽钢,分配梁采用 2[16a 槽钢、I20a 工字钢。

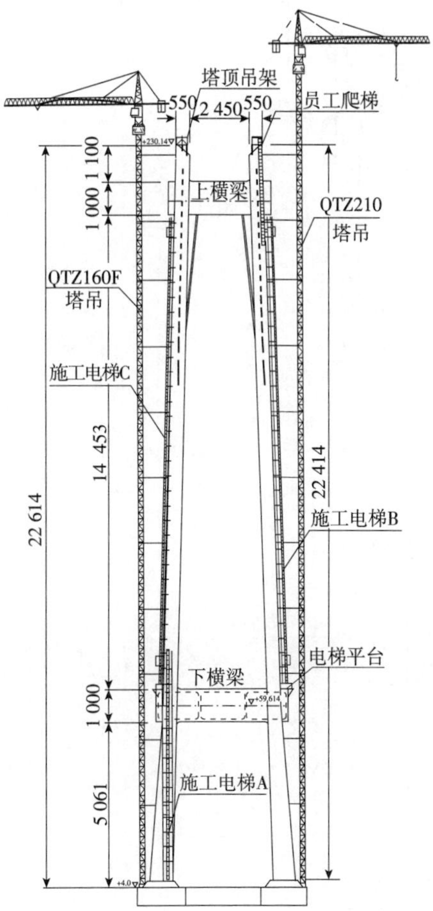

图 3-1-35　主塔电梯、塔吊布置图
(尺寸单位:cm;高程单位:m)

(3)塔内支架、通道、施工平台

以塔内刚性平台作为承重结构,从下向上搭设脚手架至塔顶,用于铺设塔内斜拉索挂索、软牵引、张拉、调索施工平台及工人上下班通道。支架搭设分三层。

第一层:上横梁至塔顶内腔部分。

在上横梁顶面和上塔柱交汇处的塔内混凝土顶面上设置立杆,搭设脚手支架,利用支架设置塔内爬梯,搭设塔内人行通道和斜拉索施工平台,支架底部利用钢制人行步板和 300mm × 50mm 脚手板全封闭,以确保施工安全,施工人员从塔外专用通道进入塔顶,再利用塔内爬梯至上班工作面,支架中部设置 1.5m × 1.5m 活动翻板,施工时打开翻板,以方便塔内卷扬机施工和工人上下班。

第二层:塔内上横梁内腔部分。

在上横梁底板顶面和上塔柱交汇处的塔内混凝土顶面上设置立杆,搭设支架,利用支架设置爬梯,搭设塔内人行通道和斜拉索施工平台,支架底部利用钢制人行步板和 300mm × 50mm 脚手板全封闭,以确保施工安全,塔内施工人员上班从塔外专用通道进入塔顶,再利用塔内爬梯至上班工作面,支架中部设置 1.5m × 1.5m 活动翻板,施工时打开翻板,以方便塔内卷扬机施工和工人上下班。主塔电梯、塔吊布置如图 3-1-35 所示。

第三层:1 号索工作面至上横梁底板部分。

以1号索齿板处设置的全封闭刚性平台作为承重结构搭设脚手管支架，刚性平台承载力必须满足脚手架自重及施工荷载要求。支架立杆布置在分配梁上，间距900mm，横杆步距1 400mm，除横杆全部顶住索塔内侧混凝土面外，每隔6m在横杆两侧设置顶托，顶紧塔内两侧混凝土面，以保证支架整体稳定。利用支架设置爬杆，搭设塔内上下班人行通道和斜拉索施工平台，每斜拉索施工处工作平台以5cm厚脚手架板全封闭搭设，脚手板与分配梁、横杆之间用铁线捆绑固定，施工结束后施工平台移至下一工作面。

(4)塔内悬挂设置

利用塔内索道管，在索道管内设置16号工字钢组件或在锚垫板上焊接耳板，用于悬挂张拉、软牵引设备、撑脚及设置内卷扬机牵引导向。

(5)塔内导向设置

由于塔柱具有1:26.804的斜度，为保证材料、设备上下部碰撞塔内支架，可利用塔内预埋件设置多道导向滑车，以保证塔内卷扬机钢丝绳始终在塔中间的施工范围内移动。

3)塔顶施工布置

利用搭设的万能杆件支架，在塔顶布置卷扬机3台(图3-1-36)。其中塔内牵引采用5t慢速卷扬机，

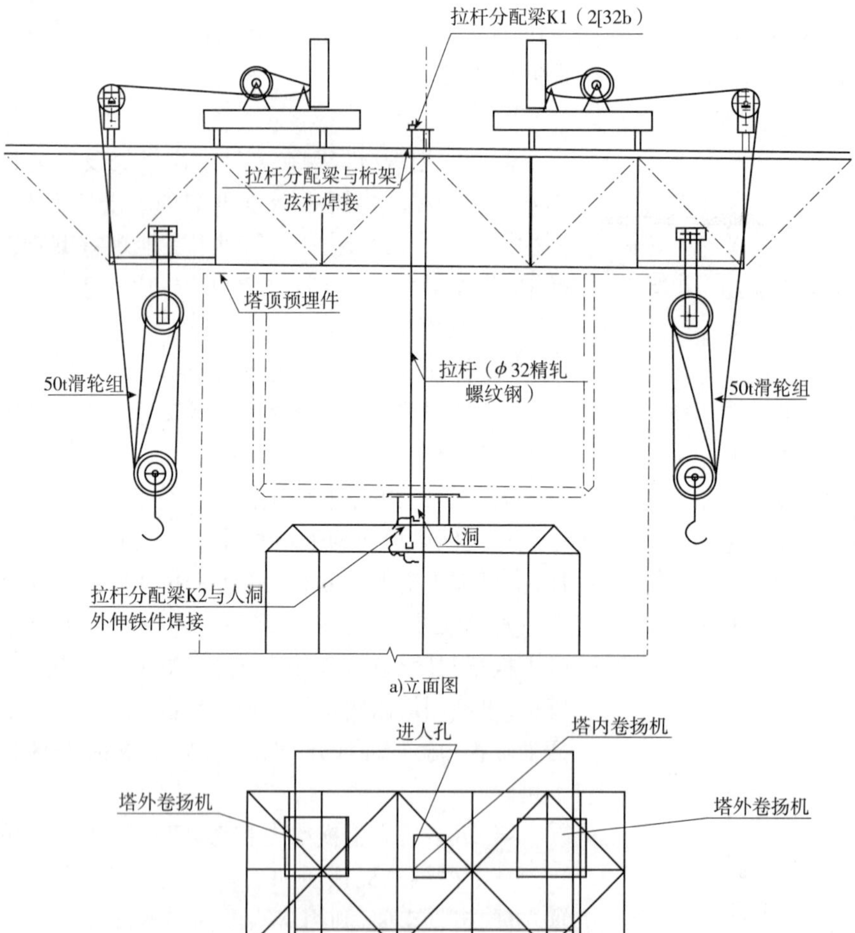

a)立面图

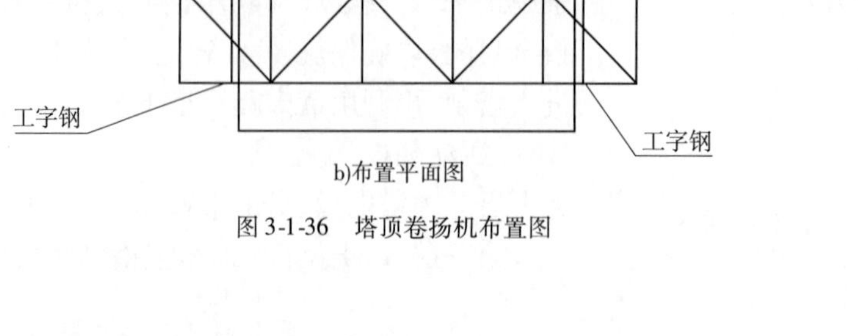

b)布置平面图

图3-1-36　塔顶卷扬机布置图

容绳量 250m，布置在塔顶进人孔处，用于挂索时塔内牵引、起吊张拉、软牵引设备、拆除防护夹板；塔外牵引采用 8t 快速卷扬机，容绳量 1 000m，布置在塔顶两侧（顺桥向），用于挂索、软牵引及张拉时调整斜拉索角度，挂索时根据索重采用走 4 滑车，考虑索塔具有 1∶26.804 的斜度，塔外卷扬机布置在支架分配梁的滑道上，卷扬机底座和滑板焊接，滑板和分配梁采用夹具固定，根据不同的斜拉索位置及时调整卷扬机的位置，使钢丝绳和索道管对中。

4）塔外吊笼设置

在塔外设置一吊笼，用临近塔吊升降吊笼，塔顶卷扬机为吊笼保险，卷扬机钢丝绳头上另悬挂一根 6（19）ϕ16 已插好绳头的钢丝绳（用于悬挂施工人员安全带），用于拆除防护夹板。因索塔较高，吊笼回放桥面，效率太低，吊笼闲置时，安放在上横梁顶面，且与支架相连，以方便使用和安全。

5）塔外施工专用通道设置

利用第一级电梯从地面至下横梁处施工平台，第二级电梯从下横梁施工平台至上横梁处施工平台，在上横梁外侧利用万能杆件搭设专用通道支架和塔顶万能杆件支架相连，以保证专用通道支架安全，在专用通道支架内设置爬梯至塔顶，与塔内施工通道相连，形成一条完整上下班的通道。

6）塔式吊机配置

在主塔上、下游塔柱外侧配备 QTZ160F 形、QTZ210 形塔吊各一台，用于材料、设备吊装、前期 1、2 号索的挂索、压索、吊笼升降和拆夹板。

7）软牵引装置、防护夹板、张拉设备配制

因风嘴处施工空间较小，为减小梁端牵引力，方便施工以及施工工期的要求，斜拉索施工都要配制软牵引装置。根据施工需求全部新定制各规格斜拉索的防护夹板。

2. 斜拉索施工流程

根据本工程斜拉索体系特点及工期要求，斜拉索施工流程如图 3-1-37 所示。

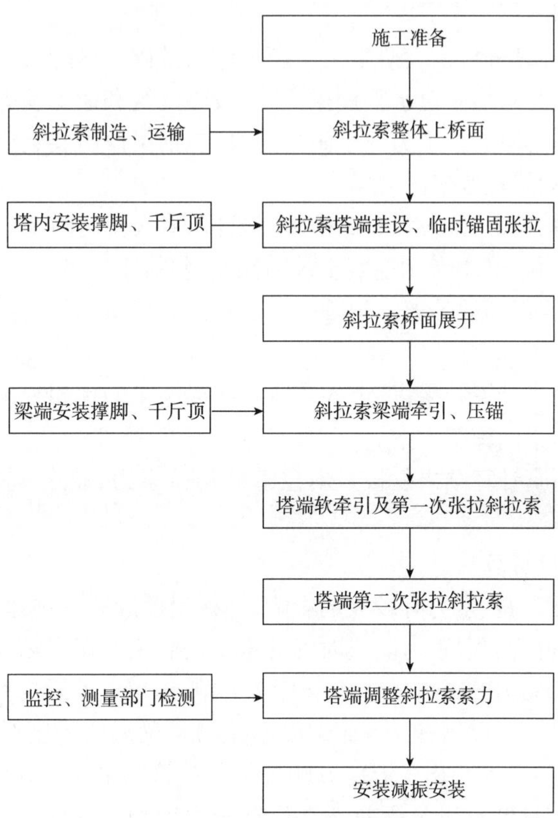

图 3-1-37　斜拉索施工流程图

第五节　施工控制

一、施工控制概况

1. 施工控制的目的和内容

采用悬臂吊装方式施工主梁时，斜拉桥主梁高程与索力一直处于改变之中，因此必须对斜拉桥每个施工阶段进行严格的监测与控制，及时调整梁段定位高程和斜拉索索力，确保主梁线形平顺，同时保证主梁与索塔应力变化控制在规范规定的限值范围内，消除施工过程中对结构安全与施工安全产生影响的不利因素。施工监控的最终目的是使成桥后主梁线形与内力满足设计要求。

根据黄埔大桥北汊斜拉桥的结构和施工方法的特点，大桥施工监控的工作内容主要包括：①施工过程的仿真计算；②施工过程的现场测量；③施工过程的参数识别；④施工过程的定位高程和索力调整。第①项工作的目的是获取施工过程大桥的理论数据，第②项工作的目的是获取施工过程大桥的实测数据，在上述两项工作的基础上即可进行第③项工作，对大桥的有关参数进行识别。上述三项工作均是为第④项工作服务的，通过第④项工作即可对大桥的施工实施控制。

2. 施工过程的仿真分析

根据黄埔大桥的结构和施工特点，监控项目组在施工过程中的计算分析内容包括全过程施工仿真计算以及针对施工与设计多个技术要点难点问题开展的其他详细计算分析，其中主要包括：吊装定位时的主梁局部变形计算；主梁施工期间的温度影响计算；主梁预拼线形验算；斜拉索无应力索长验算；结构振动频率和模态分析。

1）施工全过程的仿真分析

结构施工全过程的仿真计算分析是大桥施工监控工作的基础，具体而言，在索塔施工阶段，设定浇筑一个塔段为 1 个施工阶段，同时附加多道水平横撑施工、横梁浇筑和横梁预应力施加等若干施工阶段；在主梁施工阶段，设定一个标准梁段的施工为 6 个施工阶段，包括梁段吊装定位、检查小车前移、主梁焊接、斜拉索初拉、吊机前移、斜拉索终拉等工况。

建立了黄埔大桥三维结构模型，共设定 273 个施工阶段，对大桥的施工全过程（包括索塔施工阶段和主梁施工阶段）进行了仿真分析，其中考虑混凝土收缩徐变、斜拉索垂度效应等非线性效应的影响。

通过施工全过程仿真计算得到的各施工阶段的变形和内力增量结果，分别为索塔施工阶段和主梁吊装阶段的施工监控工作服务。

在索塔施工期间，根据仿真计算结果，设定各塔段和横梁施工的预偏和预抛高值、塔上各索锚管定位的预抛高值、比选水平横撑的不同施工方案。

在主梁施工期间，根据仿真计算结果复核各斜拉索的初拉索力，设定各梁段拼装时的定位高程和各斜拉索的终拉索力。

2）钢箱梁施工期间的温度计算

温度影响对于斜拉桥主梁高程、索力有较大的影响，把握温度的影响规律，对于消除温度效应、准确给定主梁定位高程以及寻找合理的高程、索力测量时间有重要的意义。在实际施工中，考虑了黄埔大桥各个施工阶段下温度对主梁高程和索力的影响，包括整体温差影响、索梁温差影响和主梁温度梯度影响等。

整体温差对于主梁高程与索力影响较小，而索梁温差与主梁温度梯度对结构有较大影响，且影响规律有所不同。图 3-1-38 ~ 图 3-1-45 给出了温度影响的部分计算结果通过分析可以得出：

（1）索梁温差与主梁温度梯度对于主梁前端高程有较大影响。因此主梁高程的测量应选择在索梁温差与主梁温度梯度均较小时进行，而确定主梁定位高程时必须考虑温度的影响，这一点对于保证主梁的线形平顺至关重要。

(2)索梁温差与主梁温度梯度对于索力的影响规律有所不同。索梁温差对于靠近梁根的斜拉索索力有较大的影响,而对于主梁前端的斜拉索索力几乎没有影响。主梁温度梯度的影响规律则正好相反。主梁每节段施工完毕后均要测量主梁前端 3 对斜拉索索力,因此可以选择在主梁温度梯度较小时进行索力测量,而索梁温差的影响可以不用过多考虑。

(3)主梁与临时墩连接后,索梁温差与主梁温度梯度对边跨高程的影响较小,而对主跨主梁高程的影响则明显加剧。

(4)主梁主跨合龙后,主梁温度梯度对上梁高程与索力的影响均较小,而索梁温差对于主梁主跨跨中高程以及主梁主跨端部索力有一定影响。

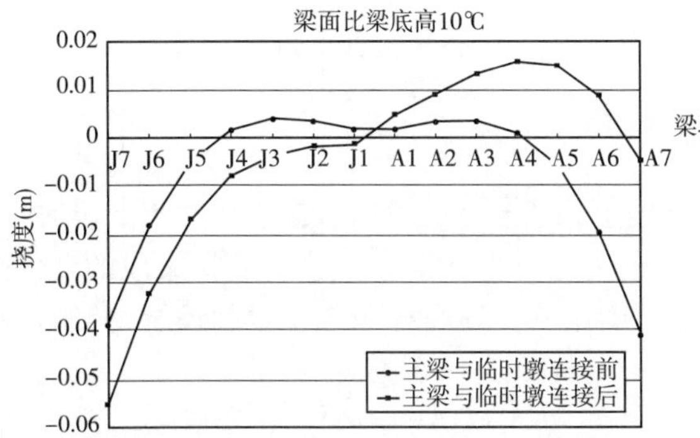

图 3-1-38　主梁温度梯度引起的主梁高程改变量（主梁与临时墩连接前后）

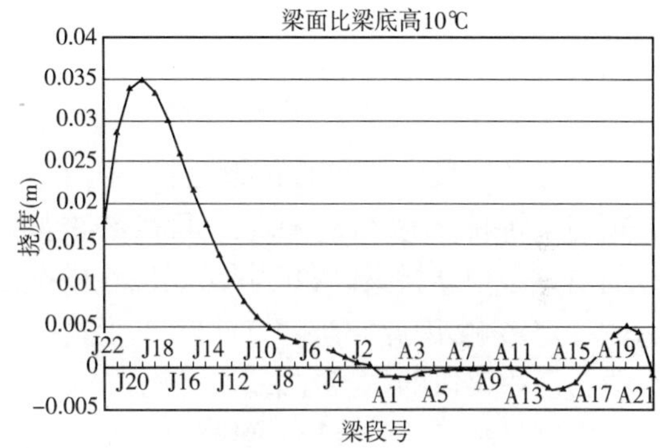

图 3-1-39　主梁温度梯度引起的主梁高程改变量（主跨合龙后）

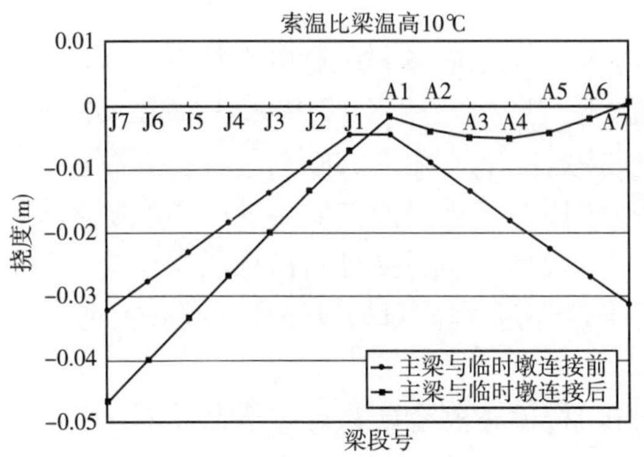

图 3-1-40　索梁温差引起的主梁高程改变量（主梁与临时墩连接前后）

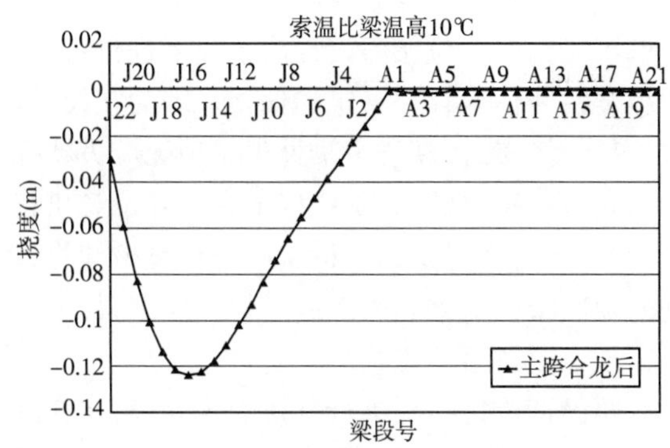

图 3-1-41　索梁温差引起的主梁高程改变量（主跨合龙后）

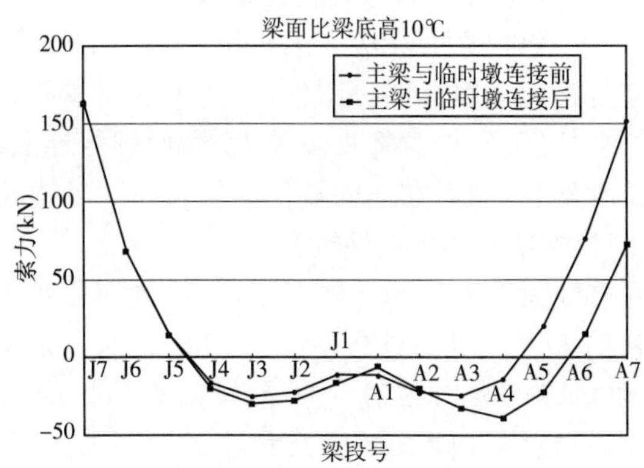

图 3-1-42　主梁温度梯度引起的索力改变量（主梁和临时墩连接前后）

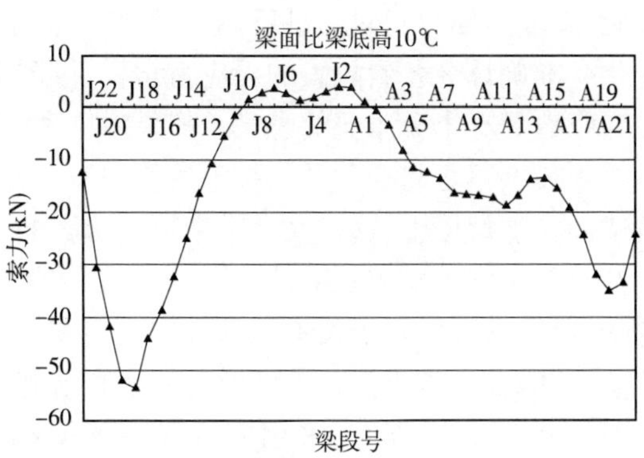

图 3-1-43　主梁温度梯度引起的索力改变量（主跨合龙后）

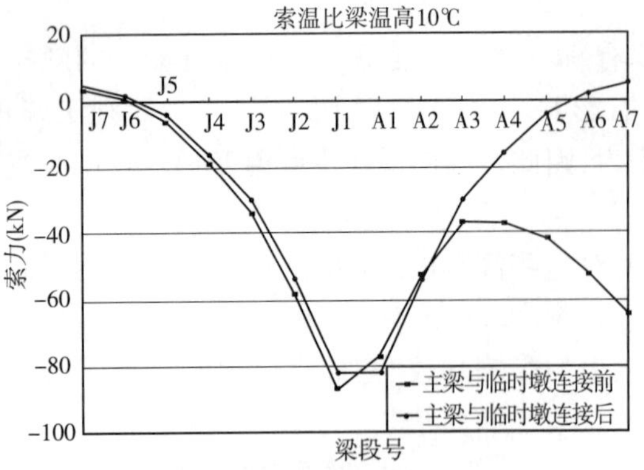

图 3-1-44　索梁温差引起的索力改变量
（主梁与临时墩连接前后）

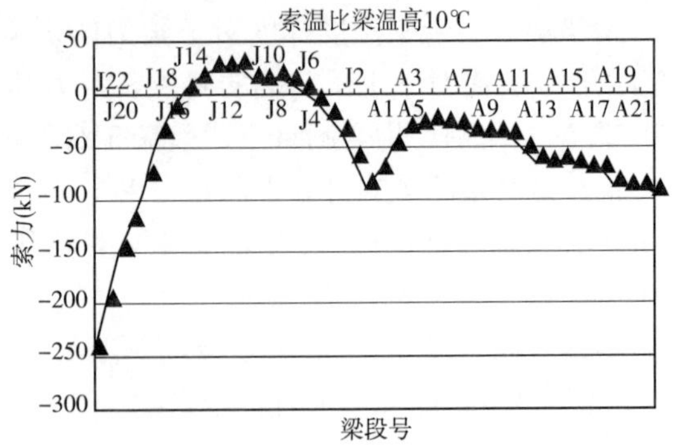

图 3-1-45　索梁温差引起的索力改变量
（主跨合龙后）

3）钢箱梁吊装定位时的局部变形计算

黄埔大桥桥宽达 41m，标准梁段吊装重量约 320t，再加上吊机自重约 210t，在主梁吊装定位时，近 530t 的荷载会使新拼梁段和已拼装梁段在横桥方向上产生较大的局部变形，从而会对新拼梁段的定位高程造成一定影响，因此，有必要对局部变形情况进行计算，继而用于指导高程测点位置的设置，并制订新拼梁段与已拼梁段的拼接方案。

在主梁吊装定位时，已拼梁段的中轴点比锚腹板点多下挠，新拼梁段的中轴点比锚腹板点多上抬。因此，梁段的高程定位以锚腹板点处高程为基准进行；此外，新拼梁段与已拼梁段的拼接先在锚腹板处对齐，再通过马板调整两个梁段在中轴点处的高程差。

4）钢箱梁制造尺寸及预拼线形计算

钢箱梁制造单位按照设计成桥线形进行各主梁的制造切割和预拼，这样一种制造情况与实际施工现场的吊装拼装情况存在一定的偏差。因为在设计成桥状态下，各主梁处于有应力状态，而在实际施工现场进行吊装拼接时，新拼主梁处于一种无应力状态。因此，按照设计成桥线形进行预拼时，各梁段在对接处的顶底板缝宽一致，并不能保证在实际吊装拼接时，新拼梁段与已拼梁段在对接处的顶底板缝宽也一致。因此，有必要对这样一种状况进行复核计算，验算在实际现场吊装拼接时新拼梁段与已拼梁段在对接处的顶底板缝宽差是否能满足焊接要求，如果不满足要求，则需要提前对梁段的顶板或底板进行切割，以保证现场梁段拼装焊接的顺利进行。

按照设计成桥线形进行预拼的各梁段，在实际吊装拼接时，顶底板缝宽差最大不超过 10mm，理论上能满足实际焊接要求，如无高程调整，则不必再进行局部切割处理。

5）斜拉索无应力长度及挂索牵引力计算

斜拉索无应力索长是斜拉索在工厂制作时的长度。在实际施工现场，一旦斜拉索被安装上桥并张拉到位后，除非后期再对索力进行调整，否则在整个施工过程中，斜拉索的无应力索长将保持一个定值，不再变化。准确计算各斜拉索的无应力索长，供制造单位进行钢丝下料和锚头制作，对施工现场的斜拉索挂设和张拉具有十分重要的意义。如果斜拉索无应力、长度偏短，斜拉索将难以挂上，即使勉强挂上，锚头的锚固长度不足将会危及斜拉索的使用安全性；如果长度偏长，则需在锚固端加垫钢板以保证锚头能有效锚固在螺丝段上，这样又会带来特殊防腐的要求，对斜拉索锚头的耐久性也会不利。

针对斜拉索无应力长度的计算，规范算法将实际的悬链线索形简化为抛物线索形，这种简化对于短索的计算精度较高，对于长索则具有较大误差。黄埔大桥跨度大，最长斜拉索将近 400m，这时再采用规范算法，可能存在较大误差。因此，分别采用规范算法和精确的悬链线算法对各斜拉索的无应力索长进行了验算。计算时，采用成桥状态下梁端和塔端的斜拉索锚固点坐标及相应的设计成桥索力进行。

通过两种算法的计算结果对比显示，如果采用规范算法，最长索的索长偏短将近 2cm。在制订斜拉索的无应力索长时，有必要采取精确悬链线算法的计算结果。

6）结构振动频率及模态分析

结构的振动特征是表征结构刚度和质量分布的一个重要特征。在大桥的施工过程中，对结构进行振动频率、模态分析，并辅以现场动态实测，能从总体上检验结构的实际刚度和质量分布是否符合设计理论状态，从而更好地检验施工质量、完善结构计算模型及评估结构安全性。

实际操作中，分别在索塔封顶后、主梁最大双悬臂状态、主梁最大单悬臂状态、主桥合龙后桥面铺装前等四个施工阶段进行了振动特性计算分析，并进行了相应的现场动态实测。

3. 施工过程的现场测试

1）材料性能测试

监控项目组对采自施工现场的索塔用混凝土的标准试块和试件，进行称重、弹模测定和为期一年的混凝土收缩徐变试验，得到混凝土重度、弹模、收缩徐变曲线等参数，供设计和施工单位参考。其中，混凝土重度和弹模分两批次进行了测试，第一批次的试块含粗集料较多，测试结果偏大；第二批次的试块测试结果正常。

综合测量结果如表 3-1-35 所示。测量结果显示混凝土材料性质正常。

混凝土实测数据表　　表 3-1-35

批　次	重度（kN/m^3）	7d 弹模（GPa）	14d 弹模（GPa）	28d 弹模（GPa）	56d 弹模（GPa）	90d 弹模（GPa）
第一批次	27.6	38.78	43.13	46.25	52.15	54.19
第二批次	24.5	34.22	36.62	—	41.35	43.02

2）几何测量

（1）索塔基础沉降监测

测点布置：在岸上布设两个以上监测基准点。在索塔基础的承台四周各布置两个监测点，充分反映承台基础的均匀沉降和不均匀沉降。

监测仪器：精密水准仪＋水准尺。

监测方法和精度：采用三等精密水准的测量方法，其每测站高差观测的中误差为 ±0.30mm。

（2）索塔顶变形监测

测点布置：在桥轴线（大致）方向上埋设两个建有观测墩和强制对中器的测站点（一个为测站，另一个为后视点）作为监测基准点，点与点之间的相对精度在 1/25 万以上。每个索塔顶布设两个监测点，也焊接有强制对中器。通过两个监测点的位移量比较，全面反映索塔的变形，包括扭转变形的情况，也可验证测量成果的可靠性和精度情况。

监测周期：在索塔竣工后、每一对斜拉索张拉完成后、边跨合龙前后、中跨合龙前后、二期铺装前后等典型阶段，分别施测。

监测仪器：全站仪和配套棱镜。

监测方法与精度：采取三角极坐标进行监测，横桥向和顺桥位移量的中误差为测点布置：在桥轴线（大致）方向上埋设两个建有观测墩和强制对中器的测站点（一个为测站，另一个为后视点）作为监测基准点，点与点之间的相对精度在 1/25 万以上。每个索塔顶布设两个监测点，也焊接有强制对中器。通过两个监测点的位移量比较，全面反映索塔的变形，包括扭转变形的情况，也可验证测量成果的可靠性和精度情况。

监测周期：在索塔竣工后、每一对斜拉索终拉完成后、边跨合龙前后、中跨合龙前后、二期铺装前后等典型阶段，分别施测。

监测仪器：全站仪和配套棱镜。

监测方法与精度：采取三角极坐标进行监测，横桥向和顺桥位移量的中误差为 ±1.5mm 和 ±1.0mm。

(3)主梁挠度变形监测

测点布置:在零号块顶端或者塔柱梁面高程位置布设2～3个监测基准点,以便基准点间的互检以及某一点受到施工干扰时启用备用点,此处的高程,基本上不受主梁施工及温度的影响,因此可确保挠度变形监测基准的稳定性。在每一个梁段前端外侧纵腹板与横隔板交界点布设两个监测点,在钢箱梁中线上设第三个点。监测点用直径15mm的短钢筋加工制作而成,顶部磨圆,焊接于主梁上并作红漆标志。

监测周期:以施工工况改变为划分标准,在悬臂施工的两个阶段中复测,即在待施工梁段吊装到位精确定位后、斜拉索终拉完成后,进行前5段已施工梁段的高程测量。此外,在边跨合龙前后、中跨合龙前后、二期铺装前后进行全桥高程测量。

监测仪器:精密水准仪+水准尺。

监测方法和精度:采用三等精密水准的测量方法,其每测站高差观测的中误差分别为±0.30mm。

(4)主梁中线变形监测

测点布置:布设4个监测基准点,边跨和中跨各布设两个点,其中中跨的两个基准点分别布设在中跨内的两个零号块顶面,而边跨的两个基准点,一个布设在边跨内的零号块顶面,另一个布设在岸上的适当位置处,布设时应注意基准点的稳定性,并不受施工干扰。作为监测点,在每个已施工梁段上各布置一个,具体位置为每个梁段前端断面线后退10～15cm的桥中线处,在钢箱梁顶面钢板上放出中点样后冲眼作为监测点。

监测周期:在每个梁段施工全部完成后观测一次。

监测仪器:经纬仪。

监测方法和精度:采用经纬仪视准线进行监测,主梁中线变形量的中误差为±1mm。

(5)几何测量监测仪器与设备(表3-1-36)。

仪器设备表 表3-1-36

仪器设备	生产厂家	型号	精度
全站仪	瑞士徕卡	TC702	测角:±2°; 测距:±(1mm+1ppm)
光学经纬仪	北光	DJ2	测角:±2°
精密水准仪	瑞士徕卡	NA2	±0.4mm/km
精密因瓦尺、水准尺	瑞士徕卡	2m、3m	
其他设备:数码相机、徕卡反射棱镜、笔记本电脑、对讲机、50m钢卷尺等			

在索塔施工期间,监控项目组分别在左右墩柱下预埋了钢筋头作为观测点,并分别于左墩11号块浇完、左墩13号块浇完和右墩13号块浇完、左墩19号块浇完和右墩19号块浇完、上横梁第一层6m浇筑完、上横梁第二层4m浇筑完、整个塔柱施工完等不同施工阶段对索塔沉降进行6次观测。在整个塔柱施工完毕后,塔柱沉降的观测值如表3-1-37所示。观测结果显示索塔沉降正常。

塔柱沉降观测值表 表3-1-37

位置	塔柱沉降(mm)	位置	塔柱沉降(mm)
左墩	4.02	右墩	4.04

在主梁施工期间,监控项目组在每一个梁段施工阶段及若干典型阶段均进行了主梁高程、里程、轴偏、塔顶偏位的测量,采用相对坐标法进行新拼梁段的高程定位;在斜拉索张拉完毕后,进行前端三个梁段的高程测量、新拼梁段的里程和轴偏测量、塔顶偏位的测量。此外,在主梁与40号墩连接后、主梁与41号墩连接后、边跨合龙后、主跨合龙后、二期调索后、二期铺装后等施工阶段,均进行了全桥高程测量和塔

偏测量。

3）索力测量

在主梁施工期间，对每一个梁段施工阶段及若干典型阶段均进行斜拉索力测量。在每一个标准梁段的施工阶段，在斜拉索终拉工况下，进行前端3对斜拉索的索力测量。此外，在主梁与40号墩连接后、主梁与41号墩连接后、边跨合龙后、主跨合龙后、二期调索后、二期铺装后等施工阶段均进行了全桥索力测量。在采用频率法测定斜拉索索力的过程中，使用了一种新开发的基于多阶测试频率和样本拟合技术的斜拉索参数识别与索力测试方法，索力测试精度得到了大幅提高。

（1）监测方法

斜拉桥索力测量的准确与否是关系到斜拉桥施工控制能否顺利实施、斜拉桥能否成功修建的几个关键问题之一。黄埔大桥北汊斜拉桥斜拉索索力的测量采用间接法——频率法进行。

频率法测索力分两步进行：

①在环境激励下，采用加速度传感器拾取斜拉索的随机振动信号，然后通过频域分析获取斜拉索的频谱图，根据此识别出斜拉索的各阶振动固有频率。

②通过理论分析（解析法与有限元法）与现场标定，获取斜拉索振动固有频率与索力之间的对应关系，从而可以由频率推算出索力。

采用样条拟合技术和斜拉索抗弯刚度识别法，使得索力的测试误差控制在1%以内。同时，为了提高索力量测精度，减少斜拉索支承条件、弯曲刚度、拉索垂度、制造误差等参数的影响，对每类索在施工中都进行标定。

（2）仪器与精度（表3-1-38）

测试仪器列表　　表3-1-38

仪器名称	型　号
加速度传感器	891－1
电荷放大器	LF－2
数据采集卡	INV－306D
分析软件(DASP)	V6.5
笔记本电脑	SONY/TOSHIBA

（3）测点布置

加速计通常布设在距梁段斜拉索锚头以上1.5～2m处。大桥主梁每个节段施工完毕后，测量主梁前端头5对斜拉索的索力。在边跨合龙前后、中跨合龙前后和二期铺装前后均进行全桥索力测量。如果在施工中需要进行多索的调整，则在测索前后测量全部的索力，在调索过程中连续跟踪测量索力，确保调索一次成功。

4）应力测量

（1）测试方法

目前应力测量有直接法和间接法两种，直接法是指利用应力传感器直接感知构件应力的一种测量方法，间接法是指首先利用各种应变传感器测量出构件应变，再通过一定的换算方法转换为构件应力的一种测量方法。

由于目前能直接测量混凝土应力点传感器非常少，且只能测量压应力，不能测拉应力，而且埋设工艺相当复杂，不便于应用。因此，黄埔大桥北汊斜拉桥的混凝土索塔的应力测量拟采用间接法，并与温度测量一并进行。

而钢箱梁的应力则采用在箱梁顶、底和腹板粘贴表面式应变传感器的方法直接量测钢箱梁的应变，然后乘以钢材的弹性模量即可得出箱梁的应力值。同时，也需要量测该点处的温度，以获取真实的应力值。

(2)截面选取

选取混凝土索塔和钢箱主梁共 12 个截面进行应力监测。全桥应力监测传感器布置如图 3-1-46 所示。

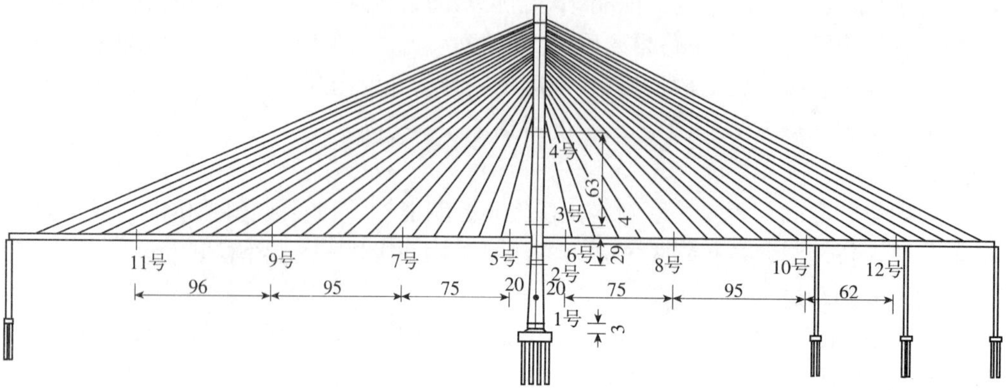

图 3-1-46　传感器布置图(尺寸单位:m)

其中,为了给大桥的长期健康监测需要做好准备,拟在混凝土索塔的 3、4 号断面的各 8 个测点和钢箱主梁的 5、6、7、8、9 号断面的各 6 个测点布设耐久性更好的进口钢弦应变传感器。其余测点采用国产优质的钢弦应变传感器。

(3)各截面的传感器布点

①索塔

索塔安排 4 个断面(1 ~4 号),共 64 个测点,测点布置如图 3-1-47 所示。

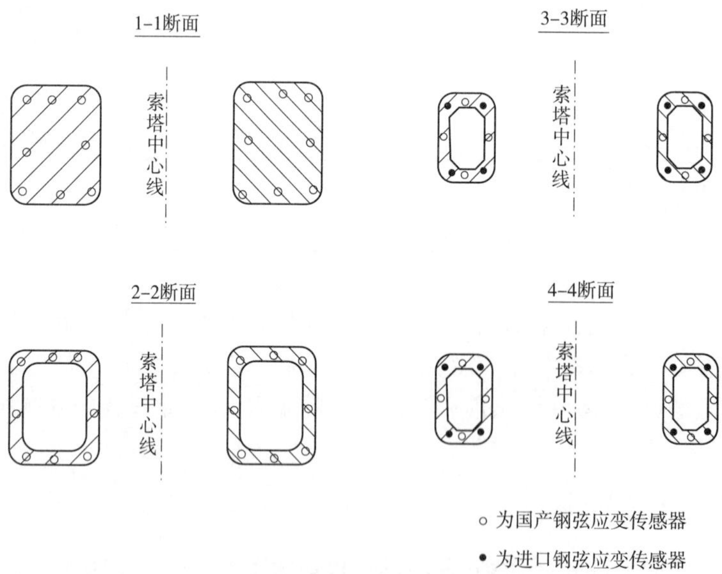

图 3-1-47　索塔传感器布置图

②主梁

主梁安排 8 个断面(5 ~12 号),共 80 个测点,测点布置如图 3-1-48 所示。

(4)监测仪器

采用澳大利亚 DATATAKER 公司生产的钢弦应变自动测试仪 DT615(90 通道)和国产南京南瑞公司生产的钢弦应变自动测试仪(16 点)。

进口传感器采用基康钢弦应变传感器,国产传感器采用金码钢弦应变传感器。

在索塔施工期间,索塔的应力按索塔高度分 4 个断面、含左右墩共 8 个截面进行测量,其中,1 号断面位于索塔下部(下塔柱 4 号块),2 号断面位于下横梁下部(下塔柱 10 号块),3 号断面位于下横梁上部(上塔柱 9 号块),4 号断面位于拉索锚固区下部(上塔柱 32 号块)。应变监测的频率为塔柱每施工两个塔段即进行一次数据采集。

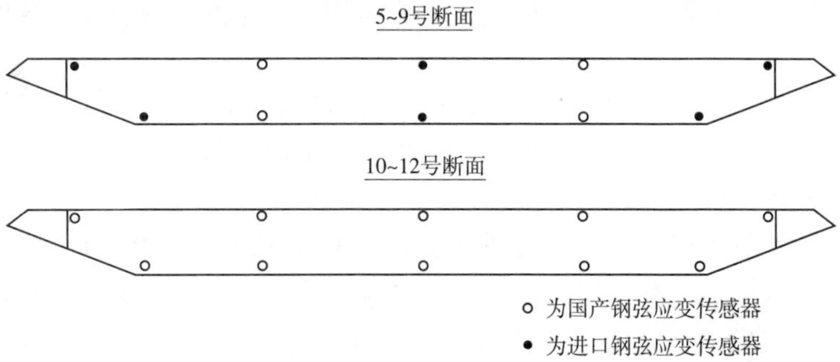

图 3-1-48　主梁传感器布置图

在主梁施工期间,主梁的应力测量共分 8 个断面进行。在每一个梁段施工阶段及若干典型阶段均进行主梁应力测量。在每一个标准梁段的施工阶段,在斜拉索张拉完毕后,进行所有主梁测试断面的应力测量。此外,在主梁与 40 号墩连接后、主梁与 41 号墩连接后、边跨合龙后、主跨合龙后、二期调索后、二期铺装后等施工阶段均进行了所有主梁测试断面的应力测量。

5)温度测量

(1)钢箱梁、混凝土索塔的内部温度测量

在埋设应变计时已进行考虑,采用能同时测量构件应变和温度的钢弦应变传感器,因此,通过钢弦应变自动测试仪即可自动地对钢箱梁和混凝土索塔的内部温度进行测量。

(2)斜拉索温度测量

选取不同直径的若干根废索套管,用胶带纸将每根废索套管绑扎于相应斜拉索旁,套管两端密封,在其内部埋入热电耦式温度计测量索内皮温度。

(3)大气温度测量

采用高精度温度计测量。

在索塔施工期间,为充分了解温度的变化和影响规律,进行了三次连续 24h 的温度观测,观测大气环境温度、索塔混凝土温度、混凝土应变以及塔偏量的变化规律,供设计和施工单位参考。

在主梁施工期间,虽然已经对温度影响作了详细的计算分析,同时也通过明确梁段吊装定位时间、斜拉索终拉时间、各项现场测量时间等措施,尽量规避了不均匀温度场对结构响应(高程、索力、应力)的影响,但对于现场施工控制而言,仍有必要对一天中温度的变化规律及其对结构响应,特别是主梁高程的影响进行实际观测。

6)结构振动频率和模态测量

结构的动力特性通常可以通过有限元计算和实验模拟分析两种方法获得。通过模态试验得到的结构动力学特性在模态振型的精确描述(它取决于测量点数和自由度数)方面虽然不能跟有限元计算的强大能力相比,但试验实测得到的模态频率及阻尼则比有限元计算可靠得多。因此,对于大型结构和重要的设备仅仅根据计算进行动力设计是不够的,必须通过实验获取结构的振动特性。

桥梁动力试验旨在了解桥跨结构的固有振动特性(自振频率、振型等),了解一座大跨桥梁的自振特性,对于分析桥梁结构是十分重要的,体现在:

(1)随着大跨度斜拉桥的大规模建设,桥梁的抗震能力、抗风能力和车桥振动问题往往是设计中的重要因素之一,在抗震分析中,无论是采取发散振动的颤振和驰振,还是限幅振动的涡振和抖振以及风洞试验,结构的动力特性数据都是不可缺少的;在车桥振动问题中,结构的动力特性数据更是基础。因此,桥梁结构的动力特性测试对进行桥梁的抗震设计、健康检测和维护具有十分重要的意义,是进行结构动力学和抗震分析的重要参数,也是使用阶段判别桥梁是否存在损伤的基本依据。

(2)对理论计算得到的固有频率和振型进行校核,从而完善计算力学模型。

(3)获得(理论计算尚无法得到的)阻尼比。

在索塔施工期间,监控项目组对索塔封顶后的裸塔结构进行了动力测试,获取裸塔的自振频率和相应振动模态。

在主梁施工期间,监控项目组分别在最大双悬臂状态、最大单悬臂状态和主桥合龙后桥面铺装前等三个阶段进行动力测试,获取主塔及主梁的自振频率和相应振动模态。

7)墩顶支座反力测量

在主梁施工期间,为充分了解实际模型与理论模型的区别,从而适当修改计算模型,监控项目组对临时墩顶和40号墩顶的支座反力进行了现场测量。测量频率为:每施工完成两个主梁节段测试一次临时墩顶的支座反力,直到主梁施工至边跨合龙;每施工完成两个主梁节段测试一次40号墩顶的支座反力,直到主梁施工至41号墩。合计共进行临时墩反力测试8次,辅助墩反力测试4次。

4. 施工过程的参数识别

影响主梁高程与索力的主要原因包括主梁节段重量、主梁抗弯刚度、斜拉索等效刚度及施工荷载等。其中主梁节段重量可以通过工厂称重获得,而施工荷载在进行主梁标准节段施工后基本不变,可以较容易把握。剩下的主梁抗弯刚度由于连接构件多、截面宽度大且形状复杂等原因,主梁实际抗弯刚度与理论抗弯刚度不可避免地存在一定的差别;此外,斜拉索弹模不易准确测定、索力较大时刚度算法不准等原因也可造成斜拉索等效刚度存在一定偏差。因此,主梁抗弯刚度以及斜拉索等效刚度的识别,对于黄埔大桥的施工控制就显得尤其重要。

黄埔大桥主梁和斜拉索等效刚度识别的方法如下:通过理论分析获得主梁每节段施工完毕引起的主梁前段3个阶段的索力与主梁高程以及塔顶偏位、主梁应力的理论增量值;通过现场实测获得上述量值的实测增量值;据此获得相应量值的增量偏差;通过主梁刚度和斜拉索等效刚度的影响矩阵识别出当前梁段刚度和当前斜拉索等效刚度;主梁刚度的平均值可以通过对各阶段的主梁刚度识别值做平均获得。

由此可见,在主梁刚度和斜拉索等效刚度的识别过程中,综合利用了主梁高程测量、索力测量、塔顶偏位测量以及应力测量的成果。

5. 施工过程的主梁高程和索力调整

斜拉桥主梁施工控制主要是通过对主梁高程(含定位高程)与索力的调整来实现的,这种调整是对于设计值而言的。

(1)斜拉桥的施工控制存在主梁高程与索力的控制问题,即所谓的“双控”问题。最理想的情况是主梁高程与索力同时控制在精度的范围之内,但由于设计参数与实际参数之间的差异,这是很难做到的。在黄埔大桥主梁施工过程中采用的控制原则是既要实现“双控”的目的,但主梁高程与索力的控制标准又可以不同,具体来说就是主梁高程控制在精度范围内,而索力(塔、梁应力)则控制在安全范围之内。由此可见,索力的控制可以适当放松,在结构安全的前提下可以适当调整索力以消除或减少参数差异的影响,确保主梁线形满足设计要求。

(2)具体实施方案。

以钢箱梁吊装施工过程中重点保证线形平顺和梁段高程控制为原则,设定控制参数为梁段定位高程和斜拉索终拉索力。为确保各梁段高程控制的线形平顺度及本梁段高程偏差在本节段施工中部分或全部消除的目的,在调整梁段定位高程以满足线形平顺度和兼顾梁段最终控制高程的基础上,有必要保留微调斜拉索终拉索力的手段,以实现在不占用施工工期前提下的局部高程调整。

根据以上思路,项目组将每一节段主梁吊装的施工控制通知单拆分为两张控制通知单来制定,第一张为钢箱梁吊装定位的施工控制通知单,第二张为斜拉索终拉索力的施工控制通知单。

第一张明示新拼梁段在吊装定位时的前端定位高程,并明示梁段定位拼装时的新拼梁段与已拼梁段间的顶底板理论张开宽度大小。第二张明示其后各工况变化时的各梁段高程变化和各斜拉索索力变化，并明示依据实际观测量间的差异修改得到的斜拉索终拉索力。

在第一张通知单中，共提出6个数据的控制目标：A 为前一已拼梁段的理论后端高程 H_3^0；B 为前一已拼梁段的理论前端高程 H_2^0；C 为新拼梁段的理论前端定位高程 H_1^0；D 由 H_3^0 和 H_2^0 根据预拼线形计算得到的新拼梁段前端高程与理论前端定位高程间的高程差 ΔH_1^0；E 由高程差 ΔH_1^0 计算得到的新拼梁段与前一已拼梁段间的顶板张口宽度 Δ_1；F 由高程差 ΔH_1^0 计算得到的新拼梁段与前一已拼梁段间的底板张口宽度 Δ_2。

理论上而言，钢箱梁如无制作误差，则实际结构响应与理想结构响应完全一致，则上述6个目标均可同时满足。但实际情况下，由于存在钢箱梁制作误差、结构实际变形与理论变形差异等原因，上述6个目标难以同时满足。此时即存在如何取舍目标进行控制的问题。

实施方案一：

确保新拼梁段的理论前端定位高程。该方案的缺点在于：梁段线形平顺度难以保证，梁段连接处容易出现尖点；顶板张口宽度 Δ_1 或者底板张口宽度 Δ_2 容易超出焊缝宽度要求。

实施方案二：

根据识别所得的刚度参数修正结构计算模型，预估梁段起吊挠度，在上一梁段终拉后的实测高程基础上，根据通过相对高差法制定新拼梁段的前端定位高程。该方案的优缺点在于：可保证顶板张口宽度 Δ_1 和底板张口宽度 Δ_2 保持不变，满足梁段拼装焊接的要求；新拼梁段的理论前端定位高程 ΔH_1^0 难以保证。

通过上述两方案的优缺点对比可见，方案二可保证线形平顺和对顶底板张口焊缝宽度的控制，而在定位时不能保证的梁段高程 ΔH_1^0 偏差还可通过斜拉索终拉索力微调来保证。

因此，在实际的黄埔大桥施工控制中，监控项目组选择方案二作为具体实施方案，通过分次调整主梁节段定位高程和斜拉索终拉索力来满足结构设计线形平顺和主梁高程控制要求。

二、关键阶段的施工控制

1.0号块施工

1）DA1、D0、DJ1梁段的施工

2）工作内容及界面

（1）在DA1、D0、DJ1梁段吊装施工的前3d，施工单位应提交本梁段施工临时荷载的位置和大小给监控组和设计代表；在吊装施工前一天，监控组根据梁段拼装高程和临时索施工索力的设计值，同时，参照施工实际现状，确定各梁段拼装高程和临时索施工索力的控制值，制定完成施工控制通知单。总监办交协调小组签发确认。

（2）钢箱梁的匹配精定位必须在一天的温度稳定的时间内完成（一般在清晨日出前5:00～7:00）。施工单位进行各梁段精确定位时，监控组和施工单位同时独立测量本拼接梁段的里程偏差、中线偏差和高程偏差，现场调整偏差满足要求：本拼接梁段的里程偏差和中线偏差应为±10mm，高程偏差应为±5mm。满足要求后，监控组和施工单位同时独立测量各梁段的高程、中线偏位和塔顶偏位，监控组还测量所有已建监测断面的应力。

（3）施工单位安装并临时斜拉索。为避免温度影响，索的张拉必须在晚上10:00后进行，由监控组现场测量张拉索力，现场调整索力偏差满足要求：张拉索的索力偏差应为±2%，且上下游侧索力误差不宜超过±1%的范围。同时施工单位测量索力张拉前后的各梁段高程。

（4）施工单位拆除托架。

（5）清晨日出前5:00～7:00，监控组和施工单位同时独立测量各梁段的高程、中线偏位和塔顶偏位，监控组还测量所有已建监测断面的应力。

(6)监控组和施工单位分别提交本阶段所有测量报告给总监办,由总监办交协调小组签发确认。

2. A1、J1 梁段施工

1)A1、J1 梁段施工流程

主跨桥面吊机前移就位→运梁船自泊定位→主跨桥面吊机起吊 J1 梁段就位→J1 梁段匹配粗定位,安装螺栓→J1 梁段匹配精定位(一般在清晨日出前5:00~7:00)→J1 梁段焊接→主跨桥面吊机前移就位→吊装边跨桥面吊机就位→边跨桥面吊机起吊 A1 梁段就位→A1 梁段匹配粗定位,安装螺栓→A1 梁段匹配精定位(一般在清晨日出前5:00~7:00)→A1 梁段焊接→桥面吊机前移就位→斜拉索安装和张拉(一般在晚上10:00后)。

2)工作内容及界面

(1)在梁段吊装施工前3d,施工单位应提交本梁段施工临时荷载的位置和大小给监控组和设计代表;在吊装施工前一天,监控组根据梁段拼装高程和斜拉索施工索力的设计值,再参照施工实际状况,确定梁段拼装高程和斜拉索施工索力的控制值,制定完成施工控制通知单。提交给总监办,由总监办交协调小组签发确认。

(2)施工单位用桥面吊机将钢箱梁起吊就位。

(3)钢箱梁匹配粗定位完成后,进行匹配精定位。钢箱梁的匹配精定位必须在一天的温度稳定的时间内完成(一般在清晨日出前5:00~7:00)。施工单位进行各梁段精确定位后,监控组和施工单位同时独立测量本拼接梁段的中线偏差和高程偏差,现场调整偏差满足要求:本拼接梁段的中线偏差应为±10mm,高程偏差应为±5mm。满足要求后,监控组和施工单位同时独立测量各梁段的高程、中线偏位和塔顶偏位,监控组还测量所有已建监测断面的应力。

(4)在施工流程中出现吊机移位的任一情况下,施工单位都要测量移位后的各梁段高程。

(5)施工单位焊接J1和A1完毕并终拧高强螺栓后,进行梁端斜拉索挂索并终拉。为避免温度影响,索的张拉必须在晚上10:00后进行,由监控组现场测量张拉索力,现场调整索力偏差满足要求:张拉索的索力偏差应为±2%,且上下游侧索力误差不宜大于±1%。同时施工单位测量索力张拉前后的各梁段(含本拼接梁段)高程。

(6)清晨日出前5:00~7:00,监控组和施工单位同时独立测量各梁段的高程、中线偏位和塔顶偏位,监控组还测量所有已建监测断面的应力。

(7)监控组和施工单位分别提交本阶段所有测量报告给总监办,由总监办交协调小组签发确认。

3. 标准梁段施工

1)A2~A11、A12′、A13~A16、A17′、A18~A21、A22′、J2~J24 梁段的施工

2)标准梁段施工流程

运梁船自泊定位→桥面吊机起吊钢箱梁段就位→钢箱梁匹配粗定位,安装螺栓→钢箱梁匹配精定位→(一般在清晨日出前5:00~7:00)钢梁段焊接→斜拉索安装和第一次张拉→桥面吊机前移就位,第二次张拉斜拉索(一般在晚上10:00后)→循环施工。

3)工作内容及界面

(1)在梁段吊装施工前3d,施工单位应提交本梁段施工临时荷载的位置和大小给监控组和设计代表;在吊装施工前一天,监控组根据梁段拼装高程和斜拉索施工索力的设计值,再参照施工实际状况,确定梁段拼装高程和斜拉索施工索力的控制值,制订完成施工控制通知单。提交给总监办,由总监办交协调小组签发确认。

(2)施工单位用桥面吊机将钢箱梁起吊就位。

(3)钢箱梁匹配粗定位完成后,进行匹配精定位。钢箱梁的匹配精定位必须在一天的温度稳定的时间内完成(一般在清晨日出前5:00~7:00)。施工单位进行各梁段精确定位后,监控组和施工单位同时独立测量本拼接梁段的中线偏差和高程偏差,现场调整偏差满足要求:本拼接梁段的中线偏差应小于

±10mm，高程偏差应为±5mm。满足要求后，监控组和施工单位同时独立测量前5梁段（含本拼接梁段）的高程、中线偏位和塔顶偏位。

（4）施工单位焊接完毕并终拧高强螺栓后，进行梁端斜拉索挂索并第一次张拉斜拉索。张拉斜拉索前后施工单位测量前5梁段（含本拼接梁段）高程。

（5）施工单位进行吊机前移。完成后施工单位测量前5梁段（含本拼接梁段）高程。

（6）施工单位将吊机前移就位后，进行斜拉索第二次张拉（即本阶段的终拉）。为避免温度影响，索的终拉必须在晚上10:00后进行，由监控组现场测量张拉索力，现场调整索力偏差满足要求：张拉索的索力偏差应小于±2%，且上下游侧索力误差不宜大于±1%。满足要求后，监控组测量前5对斜拉索（含本张拉索）的索力，同时施工单位测量索力张拉前后的前5梁段（含本拼接梁段）高程。

（7）清晨日出前5:00～7:00，监控组和施工单位同时独立测量前5梁段（含本拼接梁段）高程、中线偏位和塔顶偏位，监控组还测量所有已建主梁监测断面的应力。

（8）监控组和施工单位分别提交本阶段所有测量报告给总监办，由总监办交协调小组签发确认。

4. 非标准梁段施工

1）A12、A17、A22梁段的施工

2）非标准梁段施工流程

运梁船自泊定位→桥面吊机起吊钢箱梁就位→钢箱梁匹配精定位（一般在清晨日出前5:00～7:00）→边跨桥面吊机后退就位。

3）工作内容及界面

（1）在梁段吊装施工前3d，施工单位应提交本梁段施工临时荷载的位置和大小给监控组和设计代表；在吊装施工前一天，监控组根据梁段拼装高程的设计值，再参照施工实际状况，确定梁段拼装高程的控制值，制定完成施工控制通知单。提交给总监办，由总监办交协调小组签发确认。

（2）施工单位用边跨桥面吊机将钢箱梁起吊就位。

（3）钢箱梁匹配粗定位完成后，进行匹配精定位。钢箱梁的匹配精定位必须在一天的温度稳定的时间内完成（一般在清晨日出前5:00～7:00）。施工单位进行各梁段精确定位后，监控组和施工单位同时独立测量本拼接梁段的中线偏差和高程偏差，现场调整偏差满足要求：本拼接梁段的中线偏差应小于±10mm，高程偏差应小于±5mm。

（4）边跨桥面吊机后退就位。

（5）清晨日出前5:00～7:00，监控组和施工单位同时独立测量前5梁段（含本拼接梁段）高程中线、偏位和塔顶偏位。

（6）监控组和施工单位分别提交本阶段所有测量报告给总监办，由总监办交协调小组签发确认。

5. 合龙段施工

（1）A22′、J23梁段的施工。

（2）在边、主跨合龙前10d，施工单位必须提交详细的合龙方案和施工临时荷载的位置和大小给监控组和设计代表。

（3）边、主跨合龙前的准备工作，监控组和施工单位同时独立测量各梁段的高程、中线偏位和塔顶偏位，监控组还进行全桥的索力测量和所有已建监测断面的应力测量。监控组在合龙前进行24～48h的温度影响观测，测试合龙段长度和悬臂前端高程的变化。监控组根据观测确定合龙时间及合龙段长度，制定完成施工控制通知单。提交给总监办，由总监办交协调小组签发确认。

（4）施工单位根据通知单对合龙段进行切割。后续按标准节段施工流程安装。

（5）边、主跨合龙后，监控组和施工单位同时独立测量各梁段的高程、中线偏位和塔顶偏位，监控组还进行全桥的索力测量和所有已建监测断面的应力测量。

（6）监控组和施工单位分别提交本阶段所有测量报告给总监办，由总监办交协调小组签发确认。

6. 梁塔根临时压重和 1 ~ 7 次边跨压重施工

(1)在每次压重后的第二天清晨日出前 5:00 ~ 7:00,施工单位测量前 5 梁段(含本拼接梁段)高程中线、偏位和塔顶偏位。

(2)施工单位提交本阶段所有测量报告给总监办,由总监办交协调小组签发确认。

7. 桥面铺装施工

(1)临时墩拆除,第 8 次边跨压重。

(2)桥面铺装前,监控组和施工单位同时独立测量各梁段的高程、中线偏位和塔顶偏位,监控组还进行全桥的索力测量和所有已建监测断面的应力测量。

(3)监控组和施工单位分别提交本阶段所有测量报告给总监办,由总监办交协调小组签发确认。

(4)桥面铺装及附属设施施工完毕后,监控组和施工单位同时独立测量各梁段的高程、中线偏位和塔顶偏位,监控组还进行全桥的索力测量和所有已建监测断面的应力测量。

(5)监控组和施工单位分别提交本阶段所有测量报告给总监办,由总监办交协调小组签发确认。

第二章　南汉悬索桥施工

本章详细叙述南汉悬索桥主塔与主塔基础、锚碇与锚碇基础、主缆与吊索系统、钢箱梁及附属结构等施工技术，并特别对超深嵌岩地下连续墙成套创新技术、锚碇大体积混凝土的施工技术以及施工监控、钢箱梁桥面铺装施工工艺等内容作重点论述。

第一节　索塔基础、承台及塔柱的施工

黄埔大桥南汉悬索桥索塔采用门形索塔，索塔总高度为190.476m。索塔的整体造型以及各部分的断面形式既考虑了受力需要，又考虑了景观的协调，同时尽可能方便施工。通过空间及平面分析，在动、静荷载作用下，索塔结构满足受力及稳定性要求。以下主要以北索塔为例介绍索塔施工。

一、基础施工

北索塔桩基础由32根钻孔灌注桩组成，每个承台下16根，成正方形布置，桩径2.2m，中心距5.0m。桩基础采用C30水下混凝土。为保证结构安全，弱风化岩层厚度小于5m时，桩基础嵌入微风化基岩深度不少于4.4m；弱风化岩层厚为5~12.5m时，桩基础嵌入微风化基岩深度不少于2.2m；弱风化岩层厚大于12.5m时，桩基础嵌入弱、微风化基岩总深度不少于15m。

1. 工程难点

本桥风化岩层较厚，基桩入岩深度较深，对钻孔施工成孔质量、泥浆性能及钻孔进度都有很高的要求。为了提高成孔质量并保证钻孔进度，主要采取以下措施：

(1)桩基础处于水中时，设置刚度强大的钻孔平台，以保证钻孔过程中钻机的稳定性。钻孔平台直接采用钢护筒作为支撑。

(2)为适应标段施工进度，采用6台YCJF－25型全液压冲击反循环钻机。

(3)为避免塌孔，采用优质泥浆，进入岩层施工后适当加大泥浆相对密度。

2. 工艺流程

钻孔灌注桩编号如图3-2-1所示。

钻孔灌注桩施工工艺采用如下流程：

测量控制→钢护筒下沉→钻孔平台施工→钻机成孔钻进→终孔验收→第一次清孔并检测→钢筋笼吊装→下放导管→二次清孔→水下混凝土灌注→桩身质量检测。

3. 栈桥施工

栈桥长318m，宽6m，为平台与岸上便道连接通道。便桥共16跨，分15m及21m两种跨径，基础由26根ϕ40cm混凝土管桩及6根ϕ92cm钢管桩组成，下横梁(垫梁)为双拼36号工字钢，主梁为双排双拼

贝雷梁，上横梁为25号工字钢，面板直接用卧放的28号槽钢。便桥两侧设置栏杆，上水栏杆内侧布设泵管及自来水管，下水栏杆外侧布设电缆。具体结构如图3-2-2所示。

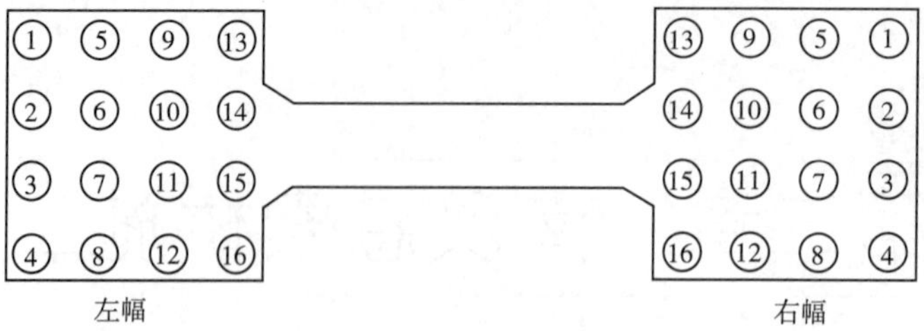

图3-2-1　桩基编号示意图

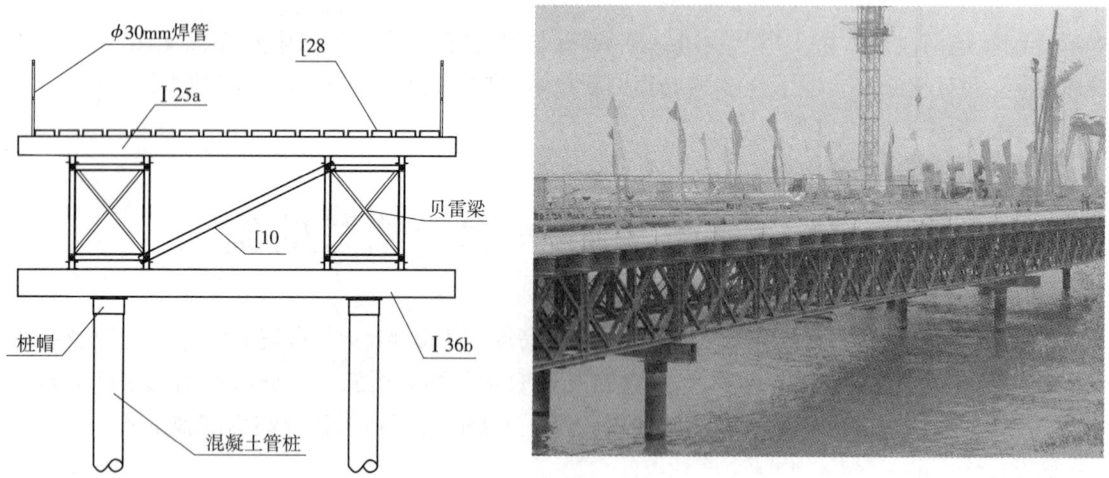

图3-2-2　栈桥结构

栈桥靠河端头设置索塔变电柜，通过此电缆把外电从岸上变电站引入索塔变电柜。同时安置2台450kW发电机，从而满足桩基施工用电需要。

钢管桩由500kN履带吊配合DZJ200振动锤沉桩施工，由大堤至承台位置逐步推进。

1）栈桥施工流程

栈桥施工遵循以下流程：

施工准备工作→履带吊就位→履带吊起吊钢管桩→测量人员对桩位、垂度控制→钢管第一节下沉就位→起吊、对接第二节→振动下沉就位→履带吊安装贝雷架→铺设次梁、分配梁及面板→履带吊前移就位→完成大堤段栈桥施工→完成承台前栈桥施工。

2）施工准备工作

在栈桥施工前，将起吊钢丝绳、卡环、电焊机和4台氧气乙炔、木板及发电机组准备好。

钢管桩在加工厂分节制作，然后用平板车运至现场。打桩前，将贝雷架按要求单片拼装完成，并将分配梁按要求尺寸加工好。

3）钢管桩下沉

钢管桩采用500kN履带吊车配合DZJ200型振动锤锤击下沉，将钢管桩底节与振动锤通过替打连接成整体，并确保钢管桩中心轴线与振动锤中心轴线一致。履带吊起吊钢管桩至设计桩位，经测量定位缓慢下放管桩，并在自重作用下入土稳定，观测其垂直度，满足要求后开始低挡锤击下沉，采用吊打以防偏位，待钢管桩入土一定深度后高挡锤击下沉，至钢管桩露出泥面或水面长度为1.5～2.0m时，接高钢管桩，下沉至设计高程。

待钢管桩下沉完毕，安装分配梁形成通道，吊车前移施工下一排钢管桩，按此推进直至完成整个栈桥的施工。

4）栈桥分配梁安装

钢管桩下沉到位后，割桩头，焊接桩帽，安装 I_{56} 帽梁，然后用履带吊吊装 4 榀贝雷梁，并依次安装贝雷梁顶的横梁、次梁及桥面钢板。

4. 钻孔平台施工

钻孔平台长 81m，宽 28.6m。平台顺桥向设四排每排 7 根的 ϕ92cm 钢管桩做基础，其上铺 36b 工字钢做垫梁，布四排三榀贝雷梁做主梁，主梁上顺桥向架设 45 号工字钢做上横梁，构成平台受力框架。除正在进行钻孔、下钢筋笼或浇筑混凝土等操作的孔位处，其余上横梁上布设 10 号槽钢或木板，为施工材料、机具安放及人员行走提供方便。具体结构如图 3-2-3 所示。

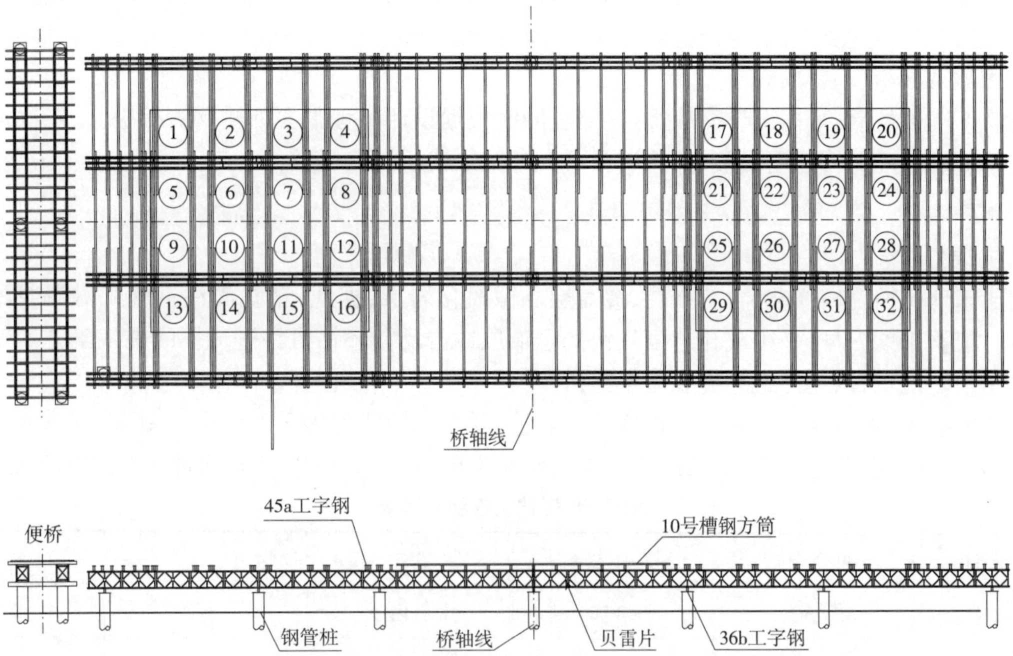

图 3-2-3　钻孔平台构造

平台布置以安全便捷、避免干扰为原则，包括水电线路布置、机具材料运输通道及堆放位置、起重设备布置安装等内容。电缆把外电或自发电直接从岸上变电站引入水上施工平台配电柜，配电柜设置在平台与便桥交接处。

1）施工工艺流程

钻孔平台施工工艺流程如下：

施工准备工作→导向架安装→起吊护筒就位→钢护筒振动下沉到位→分配梁及平联施工→钢面板铺装→完善钻孔平台。

2）施工准备工作

钻孔平台施工前，先将施工所需的钢丝绳、贝雷片、卡环、电焊机、割刀、氧气、乙炔、发电机等在施工现场准备齐全。钢护筒、型钢分配梁、导向架在加工厂按设计尺寸加工完成，用平板车通过栈桥运至施工现场。

3）钢护筒施工

（1）钢护筒制作与运输

拟定钢护筒直径比设计桩径大 30cm，即内径为 ϕ250cm，采用壁厚 $\delta = 12$mm 的 Q235 钢板卷制。钢护筒在加工厂加工制作，加工完成后用平板车运至施工现场，为避免钢护筒在起吊运输过程中变形，钢护筒设置加强箍，并设置型钢“＋”字形内撑，均匀布置，起吊后割去内撑。

（2）钢护筒下沉

钢护筒及其外侧钢管桩采用履带吊配合振桩锤施工，履带吊停放在施工完成的栈桥上。

①导向架。

先施工钢护筒外侧钢管桩，在钢管桩上拼装足刚度的贝雷架，在贝雷架上设置沿贝雷纵向微动形钢梁，该组合结构作为钢护筒定位的导向设施，确保钢护筒下沉时的平面位置和垂直度满足设计和施工规范要求。

②钢护筒下沉。

钢护筒下沉顺序为：由岸边至江心，由中心至两边。钢护筒与振动打桩锤的连接采用“法兰 + 焊接”的刚性连接方式，履带吊将钢护筒吊入导向架定位，采用全站仪观测护筒的平面位置和垂直度，然后吊装可调偏心振动桩锤于护筒顶，使振动锤中心线与护筒中心位置一致，上好液压夹具，开始振动下沉钢护筒。在下沉过程中，用经纬仪观察护筒的平面位置和倾斜度，若偏差较大则停止下沉，采取措施后，继续下沉。钢护筒下沉精度要求：平面位置偏差≤50mm，斜度 <1%。

4）分配梁及面板安装

钢护筒下沉到位后，报据设计高程焊接牛腿，同时根据设计高程割去外侧钢管桩桩头，依次用履带吊吊装贝雷梁、型钢分配梁，铺设面板，并将钻孔平台与施工栈桥连接成整体。

5. 成孔施工

1）钻机选型

基础河床地质情况较复杂，含有夹层、覆盖层和微风化岩层，据此，钻孔灌注桩施工对泥浆配置要求很高。同时根据工期安排，采用成孔速度较快的全液压冲击反循环钻机钻进成孔的施工工艺。钻渣用泥浆船运输至指定地点，以免污染环境和堵塞河道。

根据进度要求，索塔共布置 4 台钻机施工，钻机主要技术性能如表 3-2-1 所示。同时配置 4 台每分钟 $20m^3$ 排气量的空气压缩机、4 个 $\phi2.2m$ 菠萝钻头和 4 个用 $\phi2.3m$、高 2.25m 钢管制作的沉渣桶。

KP3000 型钻机性能参数表 表 3-2-1

主要项目	单位	技术参数	主要项目	单位	技术参数
钻孔直径	mm	≤3 000	钻孔内径	mm	241
钻孔深度	m	≤120	排渣方式		气举反循环
转盘扭矩	kN·m	≤100.0	转盘电机功率	kW	75
转盘转速	r/min	6 - 35	钻机自重	kN	480（含配套）
水龙头提升能力	kN	≤800	卷扬机牵引力	kN	75

2）泥浆性能

根据地质资料，桩基础穿过淤泥层、砂层、强风化混合岩层、弱风化混合岩层等地层，对泥浆的性能要求相当高，为了保证成孔时孔壁稳定，使用聚丙烯酰胺（高聚凝剂）泥浆，即用膨润土、纯碱和水制成原浆，加入按比例调制好的水解聚丙烯酰胺（PAM），按一定比例充分混合，这样配制而成的泥浆具有良好的絮凝作用，失水量小，泥皮致密，护壁效果好。

钻孔时泥浆指标要求如表 3-2-2 所示。地层变化时检查泥浆指标，一般情况下每天检查泥浆相对密度及黏度。

钻孔时泥浆指标 表 3-2-2

地层 \ 泥浆指标	相对密度	黏度	含砂率	胶体率
覆盖层	1.1 ~ 1.2	19 ~ 22s	≤4%	≥95%
岩层	1.05 ~ 1.1	17 ~ 20s	≤4%	≥95%

3)成孔

(1)钻机安装、移位

钻机用载货汽车经栈桥运至钻孔平台,采用500kN履带吊将钻机组装件吊到指定的孔位进行组装。然后用水平尺及水准仪将钻机底座转盘调平,经纬仪测量控制钻机平面位置,使得大钩提吊中心、转盘中心和桩中心在同一铅垂线上,其偏差不得大于2cm。钻机的移位主要采取轨道自行式或履带吊配合作业。

(2)泥浆制备、循环及钻渣排放

钻孔灌注桩泥浆循环系统由泥浆池、泥浆槽、沉淀池、筛网和出渣口组成。同时,在泥浆池内布置一台泥浆搅拌机,进行泥浆的制备,补充所钻孔内的泥浆。泥浆循环系统流程如下:

泥浆池补充新泥浆→钻进成孔→反循环出浆→泥浆净化分离→泥浆沉淀池→经钢护筒回流至所钻孔内→钻进成孔。

泥浆池直接利用旁边的钢护筒,制浆采用机械搅拌制备,按施工配合比将水注入搅拌机内。开始搅拌,逐步加入优质泥浆搅拌成浆,检验合格后再注入钻进的孔内。相邻护筒之间用钢管连接形成泥浆循环系统,见图3-2-4。

图3-2-5为索塔桩基成孔施工现场。

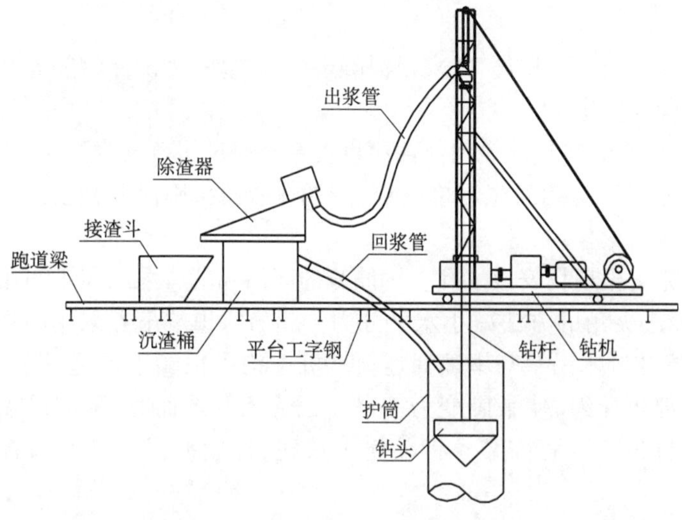

图3-2-4　索塔桩基施工泥浆循环系统示意图

图3-2-5　索塔桩基成孔施工

4)钻孔

(1)开孔阶段,采用低冲程冲击(0.6~1.0m),待整个钻头全部、均衡地进入地层后,再采用大冲程(1.3m)冲孔。在覆盖层中冲孔时,使用小冲程(0.6~1.0m)、正循环造浆成孔(随时检测泥浆性能指标,待满足要求后采用反循环)。

(2)当冲孔至基岩时,先采用小冲程冲孔,待钻头全部进入岩层后使用大冲程(1.2m)钻进,防止钻进中产生孔斜。

(3)在冲孔过程中保证护筒内的泥浆面始终高于地下水位2.0m左右,确保孔壁稳定。

(4)升降钻具应平稳,尤其是当钻头处于护筒底口位置时,必须谨慎操作,防止钻头钩挂护筒,避免冲撞钢护筒扰动钻孔孔壁。

(5)钻孔过程中,及时填写钻孔施工记录,交接班时由当班钻机班长交代接班钻机班长钻进情况及下一班应注意事项。

(6)钻孔作业分班连续进行,经常对钻孔泥浆进行试验,不符合要求时,及时调整;随时捞取渣样,检查土层是否有变化,当土层变化时及时报监理工程师并记入记录表中,且与地质剖面图核对。

(7)因故停止钻进时,孔口加护盖。严禁钻头留在孔内,以防埋钻。

5)清孔

当钻孔累计进尺达到孔底设计高程后,采用长为4~6倍的桩径、直径等于桩头直径的检孔器进行孔径和垂直度的检查,经监理工程师验收认可后,应立即采用泵吸反循环清孔。清孔时将钻头提离孔底20cm左右。钻机慢速空转,保持泥浆正常循环,同时置换泥浆。当泥浆指标达到相对密度1.03~1.10、黏度17~20s、含砂率<2%、胶体率>98%、沉淀厚度≤50mm后,可停止清孔,拆除钻具,移走钻机。

在清孔排渣时,注意保持孔内水头,防止坍孔。严禁用超深成孔的方法代替清孔。在足够的时间内,采用优质泥浆,经多次循环,将孔内悬浮的钻渣置换出来,并沉淀。

6.成桩施工

1)钢筋笼制作、安装

基桩钢筋笼均在钢筋加工厂内集中制作,用平板运输车运输到施工现场,用履带吊进行吊装。制作时注意50%错开断面的接头,在孔头进行钢筋笼接头对接时,采用滚轧螺纹接头连接。钢筋笼分段加工制作完成后,存放在平整、干燥的场地上。存放时,分不同桩孔号进行分类编号,并将钢筋笼垫高以免沾上泥土。

为防止钢筋笼在吊装过程中变形,在钢筋笼内环加强圈处用ϕ32钢筋加焊"+"字形支撑,待钢筋笼起吊至孔口时,将"+"字形支撑割去。

为确保钢筋保护层,钢筋笼环向加强筋处设置保护层钢筋,并安设混凝土预制垫块;为确保钢筋笼在浇筑混凝土过程中不上浮,钢筋笼应与护筒顶焊接固定。

为了检测成桩质量,根据建设单位相关文件要求,在钢筋笼内侧四周设置4根通长超声波检测管(推插式连接超声波探测管)。检测管应顺直,接头可靠,与钢筋笼焊接固定,上、下端密封,确保混凝土浇筑后管道畅通。

成孔经检孔器检孔验收合格,即可将钢筋笼运至现场安放入孔。钢筋笼的起吊和就位采用履带吊吊装,为保证钢筋笼起吊时不变形,采用长千斤绳小夹角的方法减小水平分力。起吊时顶端吊点采用两根等长千斤绳,根部采用一根千斤绳,吊点处设置弦形木吊垫与钢绳捆连。吊机主钩吊顶端千斤绳,副钩吊根部千斤绳,先起吊顶部千斤绳,后起吊根部千斤绳,使平卧变为斜吊。根部离开地面时,顶端吊点迅速起吊到90°后,拆除根部吊点及木垫,垂直吊其入孔安装。钢筋笼下放时,速度放慢以防止碰撞孔壁。

2)导管下放

混凝土灌注导管采用内径ϕ300型卡口管,在混凝土灌注前进行水密承压和接头抗拉试验、长度测量标码等工作。

导管底口至桩孔底端的间距控制在0.4m左右。首批混凝土储料斗设计容积为:满足导管初次埋置深度大于1.0m。

3)水下混凝土灌注

(1)混凝土供应

混凝土由拌和楼集中生产,配备三台混凝土运输车。保证基桩混凝土灌注连续、快速进行,做到一气呵成。

(2)二次清孔

在混凝土浇筑前,对孔底沉渣进行检测,若孔底沉渣超过设计和规范要求,需进行二次清孔。导管下端底口距离孔底(沉渣面)20~30cm,利用空压机配合气举反循环清孔。清孔时要保证孔内水头高度满足规范要求。

(3)首批混凝土浇筑

首批混凝土浇筑采用拔球法施工,集料斗内混凝土方量到8m^{3}时,开启集料斗阀门,将小漏斗内灌满混凝土后吊出木塞，同时开启集料斗阀门，让混凝土及时落入浇筑漏斗内，不间断地完成首批混凝土的灌注。

(4)混凝土连续浇筑

首批混凝土浇筑成功后，连续浇筑，直至完成整根桩的浇筑。在混凝土浇筑时，为保持护筒内泥浆面高于地下水位1～2m，随着混凝土的上升，泥浆通过设置在护筒间的连通管自流入附近的护筒内。混凝土终凝前，与该桩相距小于5m的邻近桩位不能进行钻孔作业。导管采用履带吊提拔、拆除刚性导管，并使混凝土储料斗口高出护筒顶不小于3m。

①首批混凝土灌注后，连续灌注，并尽可能缩短拆除导管的间隔时间。灌注过程中，每隔20min左右用测深锤探测孔内混凝土面高程，以便及时调整导管埋深，一般情况下导管埋深控制在2～6m。混凝土导管不宜埋置过深，拆除导管应迅速、及时，拆除后导管要检查密封圈好坏，及时更换密封圈，并保证导管有足够的安全埋管深度。测算混凝土上升高度和导管埋深要勤、要准。

②在灌注混凝土过程中，严格控制混凝土质量，随时检测混凝土坍落度(18～22cm)，并根据规范要求抽样制作混凝土试件，以检验桩基混凝土质量。

③为确保成桩质量，桩顶加灌0.8m高度混凝土。灌注过程中，指定专人负责填写水下混凝土灌注记录。

4)桩基检测

桩基施工完成且混凝土强度达到检测要求后，及时与检测单位联系进行检测。

二、承台施工

承台尺寸为19m×19m×6m，承台间设置与承台等高的8.0m宽系梁。塔柱与承台间设置塔座，高2m。承台、系梁平面布置见图3-2-6。承台顶高程为+2.8m，承台底高程为－3.2m。珠江桥位处100年一遇设计水位为+7.0m，风暴潮最高水位为6.73m。承台、系梁处于水下，结构尺寸较大，如何保证承台、系梁干施工且保证混凝土施工质量是本桥施工的关键。根据现场条件及工期要求，承台施工设置钢板桩围堰并进行封底，封底混凝土达到设计强度后，抽水进行干施工。

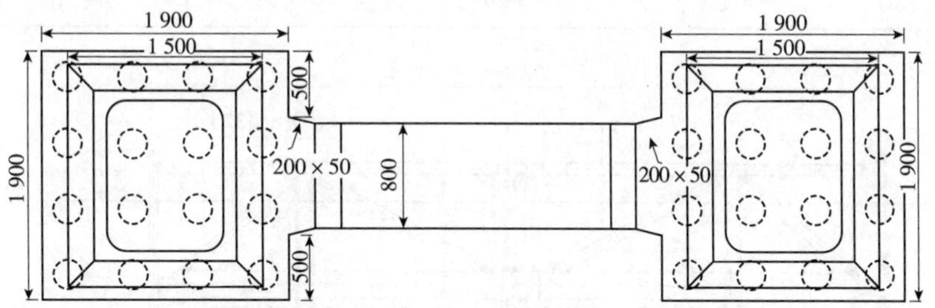

图3-2-6　承台、系梁平面布置图(尺寸单位:cm)

承台模板采用大块组合钢模，支护系统采用10号槽钢梁和ϕ48焊管支撑。混凝土采用泵送，其余材料运转采用平板车和装卸机，垂直运输采用履带吊、汽车吊或龙门吊。承台施工流程见图3-2-7。

1. 施工方案

在水中进行基坑开挖时，采用钢板桩围堰比较切合工程实际。

围堰板桩选用拉森Ⅲ型钢板桩；内撑围檩(圈梁)和上层撑杆采用双拼工字钢，下层撑杆采用螺旋焊管。各类材料力学参数如表3-2-3所示。针对钢板桩围堰施工渗水问题，将围堰分为3个隔箱。先施工左右隔箱，待承台施工完毕后，再施工中隔箱。采用三道内支撑，由上至下布置在+7.0m、+3.5m及－1.0m位置。钢板桩围堰总体布置和内支撑分别见图3-2-8、图3-2-9。

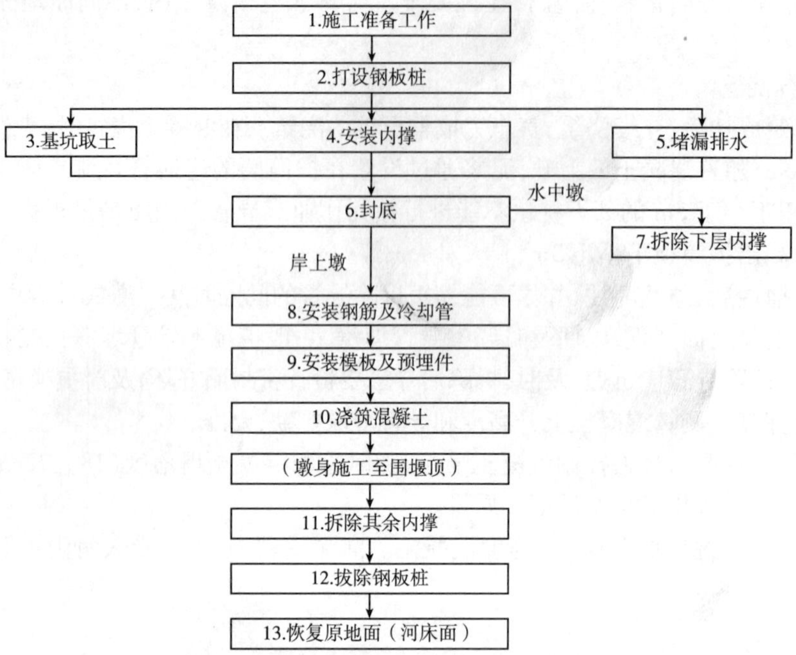

图 3-2-7　承台施工流程图

围堰材料力学参数表　　表 3-2-3

编　号	结 构 部 位	名　　称	型　　号	截面面积（cm^2）	惯性矩（cm^4）	抗弯模量（cm^3）
1	围堰面板	拉森钢板桩	Ⅲ型	197.5	16 833	1 363
2	上层围檩	双拼工字钢	45b	222.8	67 518	3 000
3	中、下层围檩	双拼工字钢	56b	292.9	137 026	4 894
4	上层撑杆	双拼工字钢	36a	254.5	31 520	1 750
5	中、下层撑杆	螺旋焊管	ϕ820	254.5	208 728	5 091

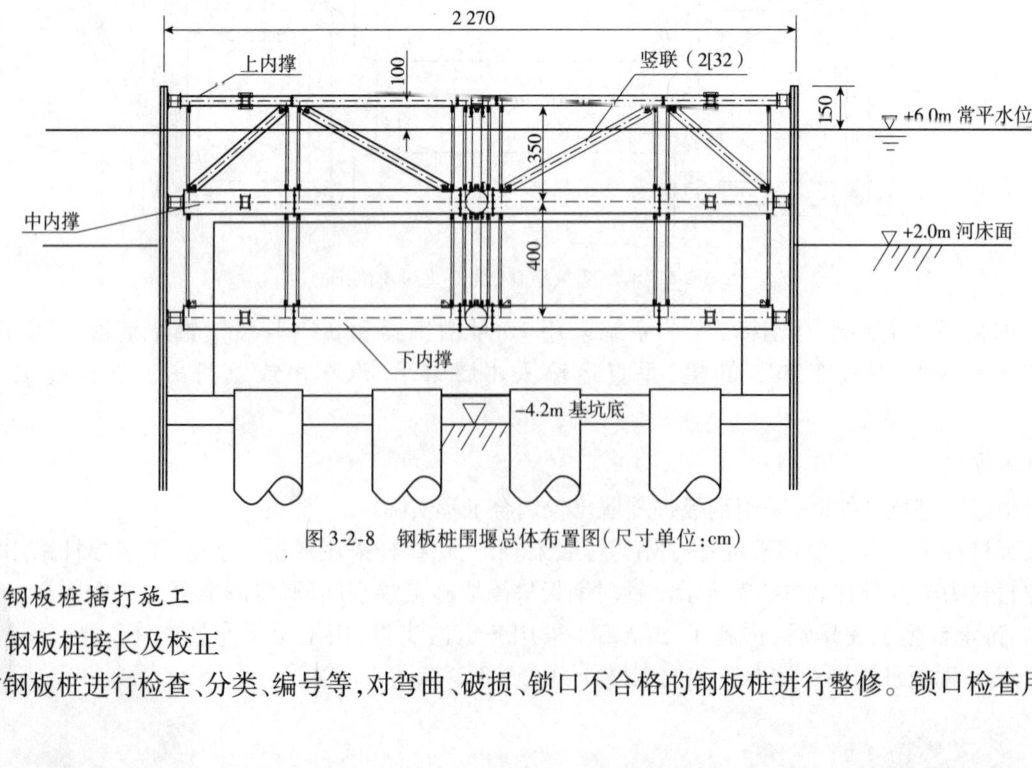

图 3-2-8　钢板桩围堰总体布置图（尺寸单位：cm）

2. 钢板桩插打施工

1）钢板桩接长及校正

对钢板桩进行检查、分类、编号等，对弯曲、破损、锁口不合格的钢板桩进行整修。锁口检查用一块长

3m、符合类形和规格的钢板桩作标准。对合格的钢板桩按设计接长，以满足不同位置的要求。钢板桩焊接时先对焊或将接口补焊合缝，再焊加固板，相邻板桩接长缝错开。

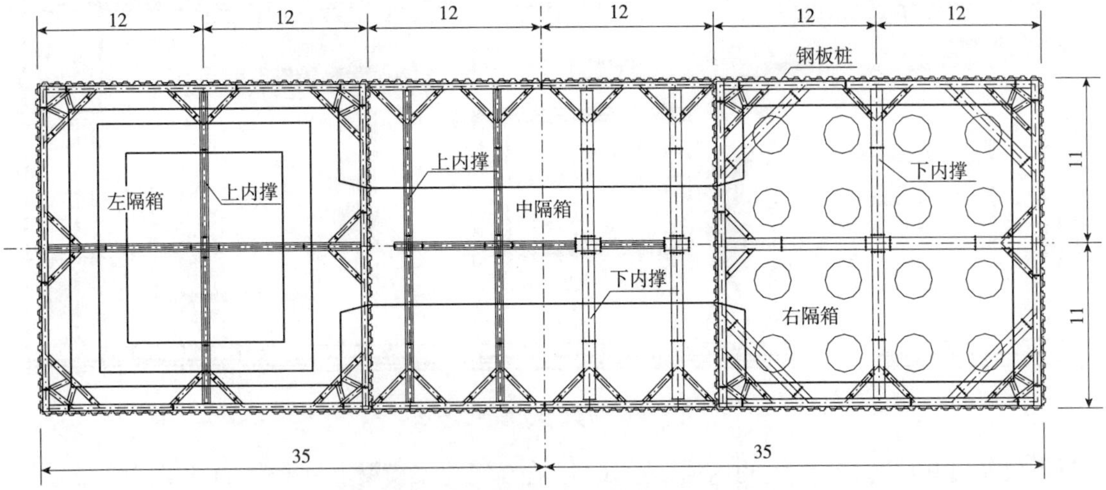

图 3-2-9　内支撑系统结构图(尺寸单位:m)

2)插打要点

(1)导向分上下两层导向系统，每层导向系统由内导向框及外导向框组成，两层导向系统的竖向距离 2m。圈梁外贴 10 号槽钢(槽口向里，截面 10cm 方向为竖向)直接作为内导向框，圈梁外侧焊接双拼 32 号槽钢作为外导向框，外导向框随打桩进度逐段设置，内、外导向框的净距仅比钢板桩组合的厚度大约 5mm。

(2)从围堰外围上游边中部开始，在下游边舱顺桥向直墙及中舱两隔墙此三处合龙。合龙点选在板桩较短处，这样有利于顺序合龙。

(3)为保证后续工序顺利进行，严格控制钢板桩的位置及垂直度。

(4)为保证钢板桩施工质量及进度，除设置有效的导向系统和选择合理的插打顺序及合龙点外，还制订一系列措施：

①在插钢板桩前，在锁口内涂润滑油以减少锁口摩阻力。

②每根桩插打过程一直用经纬仪和垂球观察控制钢板桩的垂直度。

③因锁口之间有缝隙，插打过程中，钢板桩下端有土的挤压，上端总会产生向远离前一根桩的方向倾斜，因此，为避免插打多根桩后上端总宽度拉大较多，在插桩时振动锤夹住板桩尽量靠紧前一根桩。

④每根钢板桩插到位后，用短槽钢焊牢在导向框顶层内导框上。

⑤严格控制合龙前几根钢板桩的垂直度，避免合龙桩两侧的桩向不同方向倾斜。

⑥对前 15 根桩就开始量测合龙距离，从而确定合龙方案，即确定是由合龙段的数根桩插打时向外绕圆弧而改变距离，还是增加钢板桩，抑或制作异形钢板桩来合龙。

3. 内撑拼装及下放

1)内撑加工

内撑构件在加工场内加工，并进行预拼。

2)内撑安装

钢围堰共设计三道内撑，高程分别为 +7.0m、+3.5m、+0.5m。支撑先整体拼装，再分次下放到位，其中竖联在相关内撑下放到位后安装。

内撑在使用前进行预拼，并用油漆编号。

内撑在临时安装平台(图 3-2-10)上拼装成型，各构件间采用螺栓连接，螺栓用梅花扳手上紧。每层内撑按先撑杆后圈梁的顺序安装。

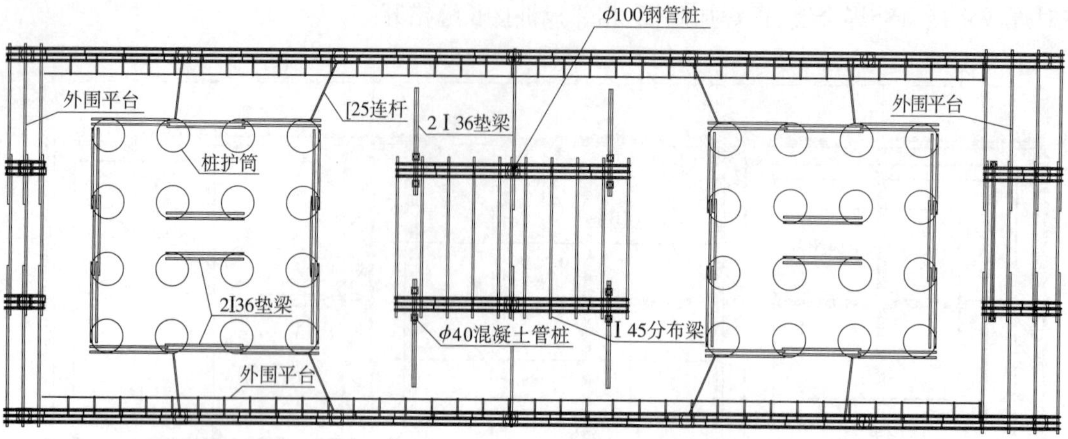

图 3-2-10　内撑安装平台布置图

内撑下放采用 10t 手拉葫芦，每道内撑设置 16 个，挂在下放架横梁上（图 3-2-11 和图 3-2-12）。下放选择在低潮水位时进行，按下、中、上的顺序依次下放。下放时须保证内撑大致水平，高差不得大于 10cm。

图 3-2-11　内撑下放架

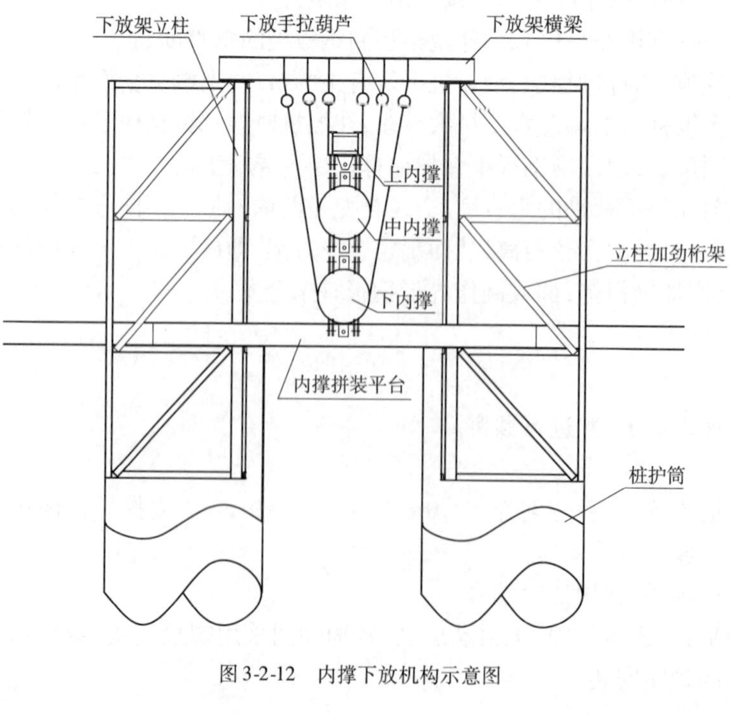

图 3-2-12　内撑下放机构示意图

上内撑下放到位后，在其下方钢板桩上焊接牛腿，等抽水并安装完竖联后，再拆除下放体系。

内撑下放及安装竖联应选在低潮时进行。

3）内撑拆除

索塔承台和系梁验收后往基坑内回填，回填到下一层支撑位置时拆除下一道支撑，然后继续回填，及至拆除完所有的支撑结构。

拆除前先回填粗砂或碎石至承台面，然后用千斤顶侧向顶住中内撑圈梁直杆（千斤顶另一端用型钢架顶在墩身上），按下层内撑的拆除方法依次拆除上内撑及中内撑其他构件，最后松开千斤顶，拆除中内撑圈梁直杆。千斤顶采用50t螺旋千斤顶，每侧布置两台，尽量靠近圈梁直杆两端，松开时行程应大于10cm。水上各墩松开千斤顶时应选在低潮期，拆除中内撑圈梁直杆后，马上回灌水。

4. 钢板桩的拔除

回填前应在钢板桩内侧涂刷废机油，以减少拔除时的摩阻力。

拔桩可利用振动打桩锤等设备，先进行一根钢板桩的拔出，再依次拔出。确有困难时，可考虑开挖一定深度，以减少摩阻力。

拔桩时利用振动锤将整根钢板桩一次拔出。如有困难时，可考虑开挖一定深度，以减少摩阻力。

5. 基坑开挖

基坑开挖分两层进行，+1m以上部分采用排水开挖，该部分主要为残渣，采用PC200型单斗挖掘机进行取土及将弃土转出基坑（图3-2-13），对边角不易挖掘到的地方，辅以人工开挖等常规方式处理。开挖到位后回灌水，进行内撑下放。

+1m以下部分采用吹砂包吸土（图3-2-14），高压射水配合松动土层，按每1m一层挖进。具体操作为用吊机起吊吹砂包于围堰的各个部位吸泥，吸进的泥渣通过泥浆管输送到沉淀池。

图3-2-13　挖掘机取土（排水开挖）

图3-2-14　用吹砂包吸土（不排水开挖）

吸泥时须注意堰内补水，保持合适水深，以确保吹砂包的工作效率。同时由专人观察出泥情况，并以此决定吹砂包的升降和移位。在围堰搅吸除泥的时候应随时向围堰内补水，保证围堰内外水头的平衡。

下内撑下放到位（+0.5m）前，基坑开挖面不得低于-0.5m。如内撑下放不到位，不得擅自加高围堰内水位或用反力架强行下压，应探明情况后再作处理。

清除的砂土，及时转运至指定地点存放。

6. 基坑封底

基坑开挖完成后基底土层为淤泥、淤泥质砂土和淤泥质粉土，灌注水下混凝土时混合料易陷入泥层影响封底质量。为确保封底质量，混凝土厚度由1.5m调整为2.0m，高程为-5.2～-3.2m，混凝土强度等级为C30，浇筑方量为2 180.4m^3，封底面积为1 090.2m^2。

采用垂直导管法进行水下混凝土灌注施工时,从承台的一端开始,按设计布点依次剪球,交错灌注。封底混凝土灌注过程中,频繁探测混凝土面高程,及时记录其变化。

7.承台及系梁结构施工

承台及系梁采用分层浇筑方法施工。根据内撑的设置和围堰受力要求,每幅承台均分二层施工,每层高3m。系梁分三层施工,第一层高1m,第二层高2m,第三层高3m。

采取大体积混凝土施工的常规质量控制措施。采用低水化热的混凝土配合比,分层施工;注意控制混凝土原材料温度和混凝土入模温度、通水冷却、混凝土表面保温、过程温度监控这几方面控制。

三、塔柱及横梁施工

1.塔柱设计

南汉悬索桥北塔桩号为K10+026.1,位于珠江北岸浅水区。索塔由塔柱、横梁组成门式框架结构,塔高190.476m(从塔座算起),下塔柱横桥向外侧面的斜率为1/12.868,内侧面的斜率为1/48.544,顺桥向侧面斜率为1/40.854;上塔柱内、外侧横桥向的斜率均为1/48.544,顺桥向为竖直向上。塔柱采用有两个对称轴的空心薄壁断面,折线端面设圆倒角。索塔共设上、下两道箱形横梁,上横梁断面尺寸为5.5m×11m,下横梁断面尺寸为5.5m×11m,腹板及顶、底板厚1m。上、下横梁皆为全预应力混凝土结构,上横梁共设置32束15-22+4束15-12钢绞线,下横梁共设置了52束15-22钢绞线。

2.施工顺序和流程

根据索塔结构特点,塔柱采用液压自爬模分段施工。塔柱采用分节浇筑施工,每侧塔柱分为39节,各节段从塔脚开始编号,最下为第1节,最上为第38节。其中首节高5.194m,第2~12节高5.07m,第13~34节和第36~38节高5m,第35节高2.312m,末节高2.2m。

为便于描述,将其归为四段:

第1~3节称为起步段;

第4~12节称为下塔柱(其中第4~9节称为下塔柱标准段,第10~12节称为下横梁段);

第13~37节称为上塔柱(其中第13~26节称为上塔柱标准段,第27~35节称为上塔柱加劲段);

第36、37节称为上横梁段;

第38、39节称为主鞍室(又称为塔顶段)。

具体施工顺序如图3-2-15所示。

1)起步段工艺流程

塔座顶面凿毛并放出塔柱轮廓线→安装轻型骨架(5m)及外侧脚手架(6m)→安装首节钢筋→安装冷却水管及冷却水循环系统→安装首节外模→安装首节内模→浇筑首节混凝土(5.2m)→拆除内模并加高轻型骨架(5m)及外侧脚手架(6m)→安装第二节钢筋及预埋件→安装第二节内模并提升外模→浇筑第二节混凝土→重复前四个步骤完成第三节混凝土→安装爬模爬升系统→(进入下塔柱标准节段施工)。

2)下塔柱工艺流程

下塔柱前5节(即第4~9节)为标准段,作业流程如图3-2-16所示。

下塔柱后3节(即第10~12节)为突变段,该部分塔柱内腔尺寸变化剧烈,且与下横梁相交,钢筋较密,同时预埋件较多,作业流程如图3-2-17所示。

3)上塔柱工艺流程

上塔柱等截面段(第13~26节)和加劲段(第27~35节)施工流程与下塔柱标准段相同,详见前述。上塔柱实心段(第36、37节)施工流程如下:

第35节顶面凿毛→安装轻型骨架→安装第36节主筋、上横梁预埋钢筋及预应力管道→爬升外模→安装冷却水管及冷却水循环系统→安装人洞竖直段模板→浇筑第36节第一次混凝土(1.6m)→

安装人洞竖直段模板及第 36 节剩余钢筋 → 浇筑第 36 节第二次混凝土(3.4m) → 安装轻型骨架 → 安装第 37 节钢筋、上横梁预埋钢筋及预应力管道 → 爬升外模 → 安装冷却水管及冷却水循环系统 → 浇筑第 37 节混凝土 →(进入塔顶节段施工)。

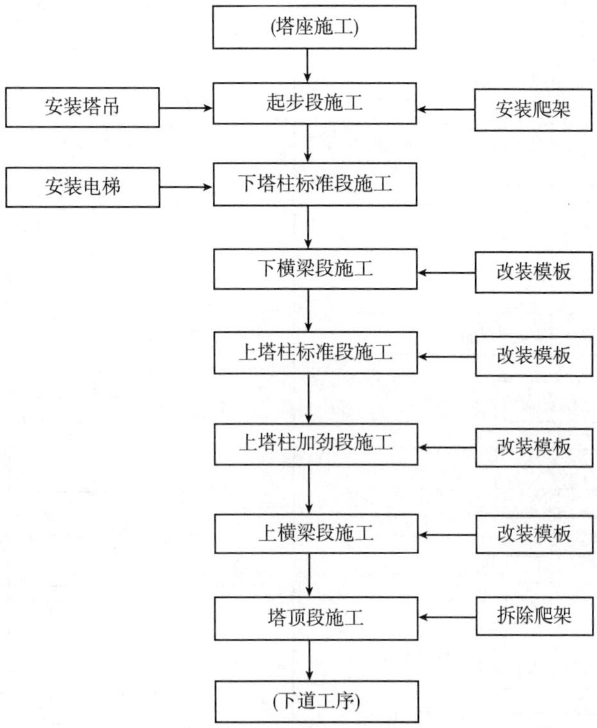

图 3-2-15　塔柱施工顺序框图

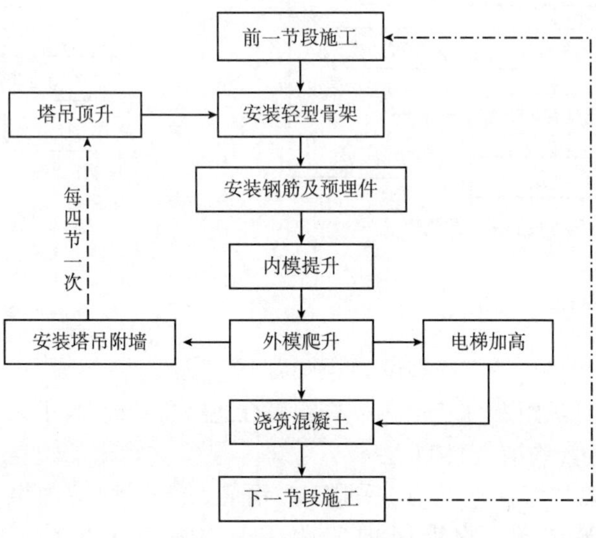

图 3-2-16　下塔柱标准段施工工艺流程框图

4)塔顶段工艺流程

索塔塔顶段施工工艺流程如图 3-2-18 所示。

塔柱施工主要工序包括:模架及钢筋定位架加工、脚手架及模架安装、结合面凿毛、钢筋定位架安装、钢筋安装、预埋件安装、模板安装、冷却管安装、混凝土浇筑、冷却水循环、模架爬升、内模提升、模板拆除等。其中模架爬升和混凝土浇筑为关键工序。

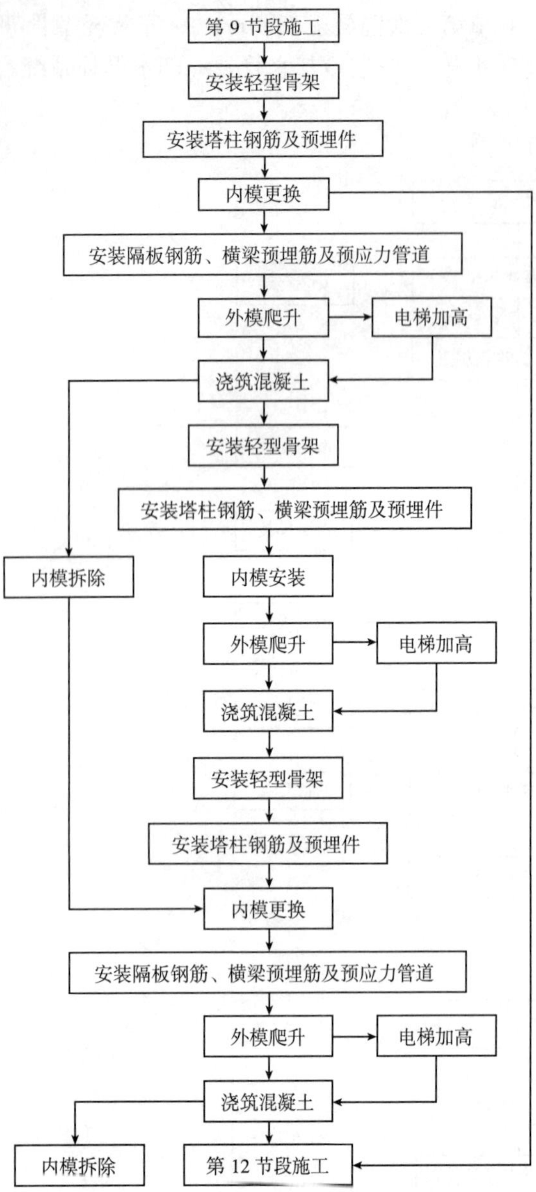

图3-2-17　下塔柱突变段施工工艺流程框图

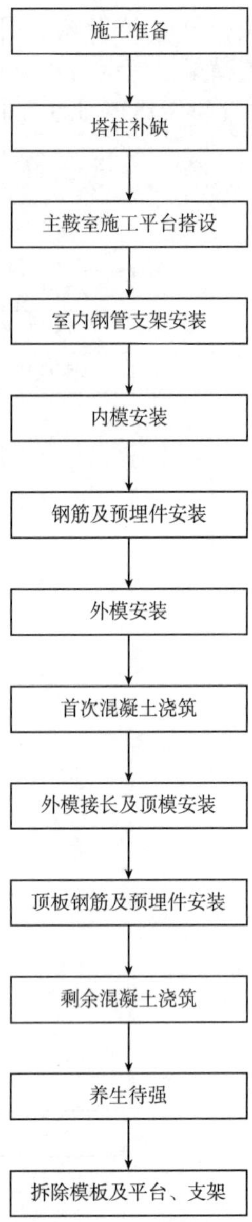

图3-2-18　索塔塔顶段施工工艺流程框图

3.起步段施工

1)脚手架施工

脚手架为双排钢管架,沿塔柱轮廓线搭设,如图3-2-19所示。

立杆横距 $b=1.5\mathrm{m}$,主杆纵距 $l=1.5\mathrm{m}$,内立杆距塔柱边缘0.6m。脚手架步距 $h=1.8\mathrm{m}$,脚手板从地面2.0m开始每1.8m设一道(满铺),共11层。

脚手架附墙(即脚手架与塔柱连接点)采用 $\phi6$ 钢筋、顶撑、钢管等组成的部件,其中钢筋承受拉力,压力由顶撑、钢管等传递。附墙竖向间距 $H_1=2h=2\times1.8=3.6(\mathrm{m})$,水平间距 $l_1=3l=3\times1.5=4.5(\mathrm{m})$。

脚手架与施工层之间要按验收标准设置封闭平网,防止杂物下跌。

通道口及靠近建筑物的露天作业场地均搭设安全挡板,通道口挡板向两侧各伸出1m,向外伸出3m。

脚手架大部分立杆落在承台和塔座面上,这部分地基不需要进行特别处理。但有一部分落在承台外侧的回填沙上面,需进行处理。处理办法是先将表层50cm厚的回填砂冲水振捣密实,再浇筑10cm厚素混凝土硬化。脚手架的搭设流程为:在牢固的地基弹线、立杆定位→摆放扫地杆→竖立杆并与扫地杆扣紧→装扫地小横杆,并与立杆和扫地杆扣紧→装第一步大横杆并与各立杆扣紧→安第一步小横杆→ 安第二步大横杆→安第二步小横杆→加设临时斜撑杆,上端与第二步大横杆扣紧(装设与柱连接杆后拆除)→安第三、四步大横杆和小横杆→安装拉杆→接立杆→加设剪力撑→铺设脚手板,绑扎防护及挡脚板、立挂安全网。

图 3-2-19　索塔起步段脚手架

2)钢筋施工

因塔柱钢筋需预埋到承台,所以起步段主筋按 5 段下料,靠下两段在承台和塔座施工时分别预埋。主筋间采用直螺纹套筒连接,相邻主筋接头错开 50cm,同时高出混凝土面 30cm 以上。主筋利用劲性骨架定位,断面构造见图 3-2-20。

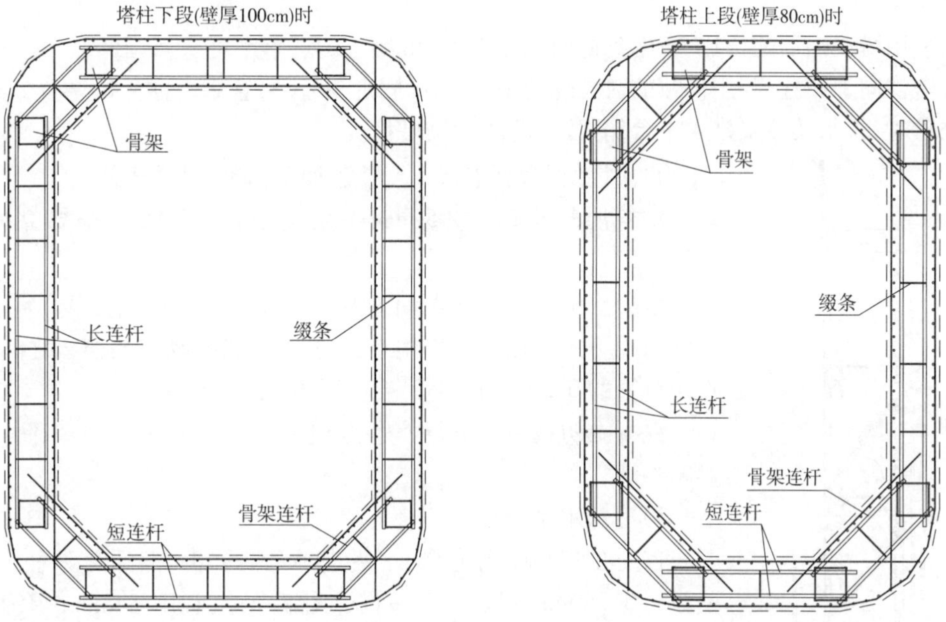

图 3-2-20　索塔劲性骨架断面构造

劲性骨架由四组骨架和长、短连杆组成。每个节段(5m)相邻骨架间设 2 层连杆,每层设 2 根 12.5 号等边角钢,用 $\phi16$ 钢筋缀条连接。每节骨架包括两根立柱、三组平连杆、两组斜连杆。立柱断面尺寸为 50cm×50cm,由 4 根 12.5 号等边角钢以 $\phi16$ 钢筋缀条连接而成;平连杆为一对 2m 长的 12.5 号等边角钢,以 $\phi16$ 钢筋缀条连接而成;斜连杆为一对 2.5m 长的 12.5 号等边角钢,以 $\phi16$ 钢筋缀条连接而成。钢筋缀条与角钢间、连杆与立柱间均以环形角焊缝连接,焊缝高 3mm。

图 3-2-21　索塔劲性骨架安装

骨架在预制场加工,长、短连杆在骨架安装完毕后再安装。劲性骨架安装过程如图 3-2-21 所示。

安装钢筋时,先将每个转角处两根立柱的连杆安装好,再将四对立柱按设计位置固定好,然后安装其余连杆。接着依次安装主筋、外围水平筋和蹬筋。安装蹬筋时由下向上逐层安装,当安装到下层连杆时,即拆除下层连杆和斜连杆,当安装到上层连杆时,再拆除上层连杆,并将立柱吊出,最后补完所有蹬筋。

3)模板工程

起步段模板采用自爬升模板的外模,内模另行加工。外模操作平台采用 ϕ48mm 焊管脚手架,内模操作平台则直接连模箱内撑杆。内外模板之间用对拉螺钉固定,对拉螺钉采用 H 形螺母连接。实心段为两侧外模对拉。

模板安装前将表面清理干净,并涂刷脱模剂。

模板采用塔吊辅助安装,外模分成 18 块,逐块顺序吊装;内模则先拼成 4 个模箱,逐个吊装。除首节模板是先装外模再装内模外,其余两节均是先装内模,再装外模。内模箱利用撑杆顶住混凝土而固定;首节外模直接放在塔座面上,其余两节则利用对拉螺钉固定。

模板定位采用限位法粗定位,极坐标法复核。首先在钢筋轮廓线折点处设置限位板,限位板与主筋焊接牢靠,再在其上放出塔柱轮廓线,并将轮廓线以外部分去除,等模板提升后,直接靠到限位板上,方才安装对拉螺钉。待下端锁紧后,用全站仪对上端进行复核,如有偏差则用手拉葫芦进行微调。

内模在混凝土初凝后方才拆除,外模则必须在混凝土浇筑完毕 16h 后拆除。

4)混凝土施工

起步段采用塔柱通用配合比,考虑到此时高度较小,混凝土的坍落度可适当调低。

泵管沿塔柱向上布置,利用模板的对拉螺钉 H 形螺母固定泵管,泵管每塔柱并排布置 2 条,其中一条为开盘及洗管时,将水及砂浆排入平台储浆罐,防止污染塔柱。

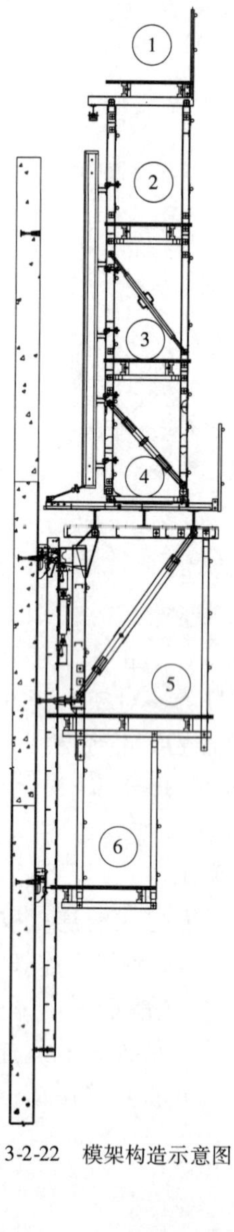

图 3-2-22　模架构造示意图

每次浇筑前,新老混凝土接触面要凿毛,冲洗干净。

浇筑混凝土时,按 50cm 一层逐层浇筑,每层振捣完毕再浇筑下一层。

混凝土采用插入式振动棒振捣,操作时以“快插慢拔”为原则,每个插点的间距不大于振动棒作用半径的 1.5 倍,振动棒与模板之间的距离大于作用半径的 0.5 倍,并尽量避免碰撞钢筋和预埋件。

混凝土初凝后即进行养生,养生用水要进行净化处理,防止污染塔柱,影响外观。

5)冷却水系统施工

首先在实心段浇筑前布设冷却水管,冷却水管采用外径为 ϕ42.3mm、壁厚为 3.25mm 的黑铁管,按设计图纸布设,利用 ϕ48mm 焊管立在塔座顶面上。ϕ48mm 焊管按 1.5m × 1.5m 布置,与冷却水管焊接固定。冷却水采用 4 台水泵同时供水。冷却水管在安装完毕后,须进行通水,以检验其是否通畅。

在混凝土初凝后即开始通水,通水流量为 2 ~ 2.5m^3/h,当进出口温度相同时停止。

4. 下塔柱施工

1)模架施工

(1)模架主要性能指标

采用 ZPM - 100 型液压自爬模系统(图 3-2-22)。架体支承跨度:≤3.6m(相邻埋件点之间距离);架体高度:16.29m;架体宽度:主平台④为 3.00m,模板平台①为 1.40m,②、③为 1.20m,液压操作平台⑤为 2.60m,吊平台⑥为 1.80m。

作业层数及施工荷载为:模板平台①≤3kN/m,模板平台②、③≤0.75kN/m,主平台④≤1.5kN/m,液压操作平台⑤≤1.5kN/m,吊平台⑥≤0.75kN/m。

电控液压升降系统的额定压力:25MPa;油缸行程:400mm;液压泵站流量:$n \times 2L/min$,n 为机位数量;伸出速度:约 300mm/min;额定推力:100kN;双缸同步误差:≤20mm。

系统爬升机构有自动导向、液压升降、自动复位的锁定机构,能实现架体与导轨互爬的功能。

(2)模架构造

①埋件板。液压自爬模体系的埋件总成包括:埋件板、高强螺杆、爬锥、受力螺栓和埋件支座等。埋件板与高强螺杆连接,能使埋件具有很好的抗拉效果,同时也起到省料和节省空间的作用,因为其体积小,免去了在支模时埋件碰钢筋的问题。埋件板大小、拉杆长度及直径须按抗剪和抗拉设计计算确定。爬锥和安装螺栓用于埋件板和高强螺杆的定位,混凝土浇筑前,爬锥通过安装螺栓固定在面板上。

②受力螺栓。受力螺栓是埋件总成部件中的主要受力部件,要求经过调质处理(达到 Rc25 - 30),并且经过探伤,确定无热处理裂纹和其他原始裂纹后才允许发货。

③埋件支座。埋件支座连接导轨和主梁,它受到施工活荷载、重力荷载、风荷载等荷载的联合作用,具有强的抗垂直力、水平力和弯矩作用。

④导轨。导轨是整个爬模系统的爬升轨道,它由两根槽钢[20 及一组梯档(梯档数量依浇筑高度而定)组焊而成,梯档间距 300mm,供上下轭的棘爪将荷载传递到导轨,进而传递到埋件系统上。

⑤液压爬升系统。液压爬升系统包括液压泵、油缸、上换向盒和下换向盒四部分。液压泵和油缸向整个爬模系统提供升降动力。上、下换向盒,是爬架与导轨之间进行力传递的重要部件,改变换向盒的棘爪方向,可实现提升爬架或导轨的功能转换。

(3)模架布置

在首次安装时,共有 14 个机位,如图 3-2-23 所示。斜爬的一侧各 4 个,2 侧共 8 个,斜爬支架的爬升轨迹与内侧斜度一致,此面各埋件控制与内侧的距离,各组埋件的距离为 1 900mm、1 700mm、1 000mm、1 200mm。仰爬、俯爬各 3 个,仰爬、俯爬的爬升轨迹为垂直向上,此面各组埋件控制与索塔中心线的距离,均为 2450mm。

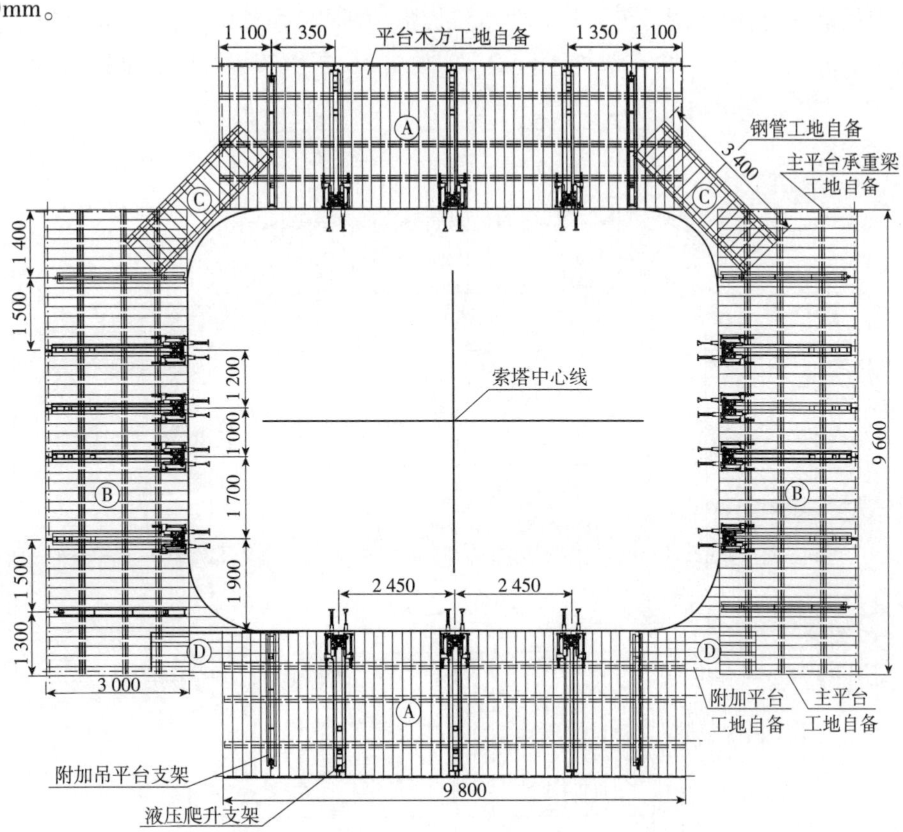

图 3-2-23　支架平台布置平面图一(尺寸单位:mm)

当到第四个浇筑层时,斜爬的一面外侧1个机位拆除,并拆除适当的平台后,继续爬升,如图3-2-24所示。拆除后的支架以备雀替及上塔柱使用。

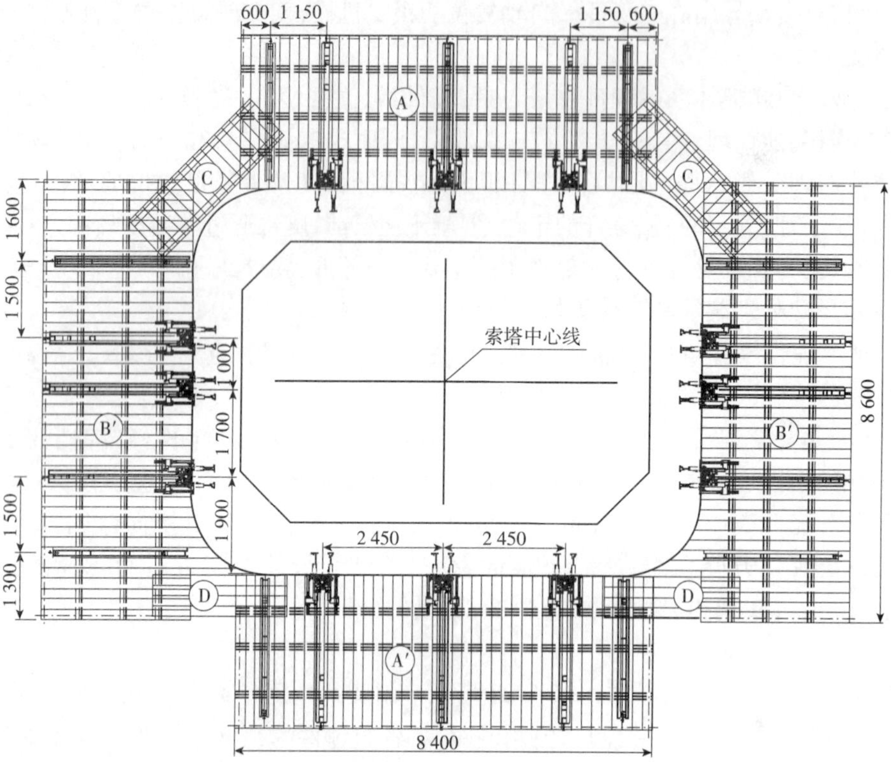

图3-2-24　支架平台布置平面图二(尺寸单位:mm)

当到第八个浇筑层时,斜爬的外侧另外2个机位拆除,并拆除适当的平台后,继续爬升。到此截面后即为标准机位布置的截面,共10个支架,如图3-2-25所示。此机位布置可以一直施工到下塔柱底部。

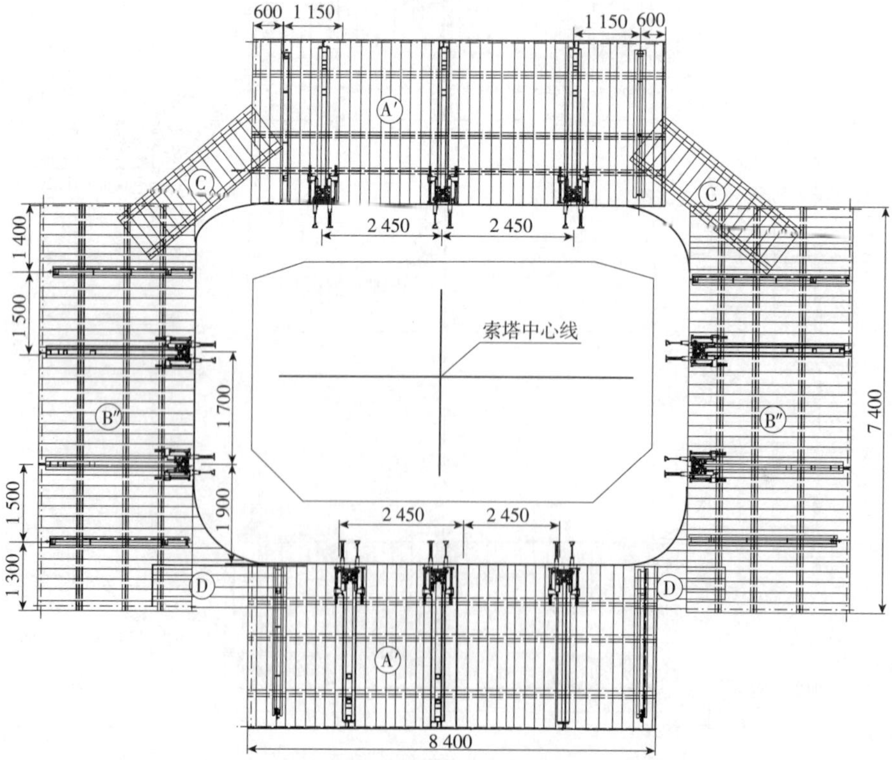

图3-2-25　支架平台布置平面图三(尺寸单位:mm)

当到第十三个浇筑层时，上塔柱到达标准节段。内侧直爬的中间支架变轨，并相应增加一个爬架，如图 3-2-26 所示。此面各组埋件控制与索塔中心线的距离，分别为 1 800mm、2 450mm。爬升轨迹为垂直向上，此支架平面布置能直至索塔施工完毕。

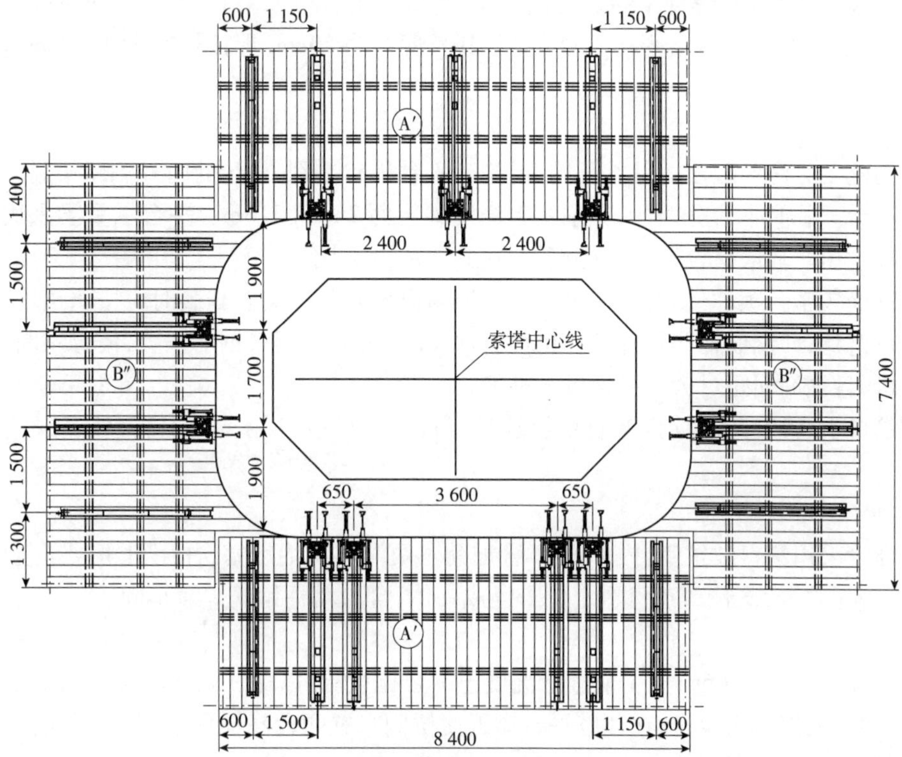

图 3-2-26　支架平台布置平面图四（尺寸单位：mm）

（4）模架安装及顶升

外模在首节施工时安装，爬升系统和外模操作平台在第三节浇筑完毕后安装，内模在第四节钢筋安装完毕后安装。爬模在内模安装完毕后进行第一次爬升。模板安装由塔吊协助进行。

自爬模的顶升运动通过液压油缸对导轨和爬架交替顶升来实现。导轨和爬模架互不关联，二者之间可进行相对运动。当爬模架工作时，导轨和爬模架都支撑在埋件支座上，两者之间无相对运动。退模后立即在退模留下的爬锥上安装受力螺栓、挂座体及埋件支座，调整上、下换向盒方向来顶升导轨，待导轨顶升到位，就位于该埋件支座上后，操作人员立即转到下平台拆除导轨提升后露出的位于下平台处的埋件支座、爬锥等。在解除爬模架上所有拉结之后就可以开始顶升爬模架，这时候导轨保持不动，调整上、下换向盒方向后启动油缸，爬模架就相对于导轨运动，通过导轨和爬模架这种交替附墙，互为提升对方，爬模架方才沿着墙体上预留爬锥逐层提升。

2）模板施工

模板系统包括外模、内模和操作平台。模板爬升在每节钢筋和预埋件安装完毕后进行。先将内模分开，挂在相邻主筋上，在下塔柱施工时还需去除调整部分。然后分块提升到位，组拼成模箱。待新浇混凝土达到 10MPa 后，开始脱模，并按固定规程提升模架。接着清理和调整外模，并涂刷脱模剂。最后将外模前推至设计位置，安装对拉螺栓。

外模为木模，由面板、木工字梁、横肋三部分组成。面板为 21mm 厚的维萨板，木工字梁高 20cm，设有吊钩，横肋为双拼 14 号槽钢。面板与木梁用木螺钉连接，木梁与背楞用连接爪固定。下塔柱施工时，每次外模模板提升均需调整平模尺寸，横桥向模板尺寸减少 57.9cm，顺桥向模板尺寸减少 49.7cm，通过拆分模板来实现。

内模采用组合钢模，由面板、加劲梁、附着结构三部分组成。面板为 1.5m × 1m 标准钢模，加劲梁采用双拼10号槽钢,附着结构包括内模操作平台和防坠平台,均用角钢制作。外侧操作平台宽1m,于外模紧贴,同时作为外模的支架,连接外模和爬升系统。操作平台主框架为双拼14号槽钢,以ϕ48mm焊管为辅助杆件。

对拉长度不大于3.5m时螺杆采用通常的方法,PVC套管用ϕ32。在大于3.5m时对拉螺杆采用焊接工地的ϕ24螺纹钢,拉杆的两端焊接M24螺杆,其长度约为20cm,焊接长度大于10cm,外部采用M24锥形接头连接。

3)钢筋施工

标准段钢筋施工方法与起步段基本相同,但施工平台稍有差别,由于此时外侧爬架尚未爬升,外侧需搭设临时操作平台。临时平台分两层,分别距新浇混凝土面2m和3.5m。平台承重梁采用槽钢三角架,由轻型骨架立柱挑出。环塔柱设置一对槽钢,并在其上铺设木板。

下横梁段钢筋较密且预埋件和预埋管也较多,容易出现互相冲突。安装时应按照预埋管→预埋件→钢筋的次序进行避让,即钢筋在与预埋件和预埋管冲突时,可适当调整钢筋位置,但每一断面钢筋总数不得少于设计数量,且钢筋间距过大时必须插入补筋。

横梁预埋筋横贯塔柱,两端均设有直螺纹连接套筒。套筒空腔用黄油填满,外裹封箱胶布,与外模紧贴。

4)预埋件施工

预应力预埋管采用塑料波纹管,内加PVC管加劲。两端用海绵堵塞,并用封箱胶布包裹。预埋管每隔50cm设置一道定位卡,同侧管道每道定位卡连成一体,且与塔柱钢筋焊接牢固。

5)混凝土施工

塔柱混凝土强度等级为C50,施工前进行混凝土配合比试验,以保证泵送混凝土的质量满足要求。

浇筑上塔柱时,采用接力泵送,在环塔平台靠近便桥侧布置两台高扬程泵,混凝土从拌和楼泵入接力泵,再由接力泵输送到浇筑点。

其余工艺与起步段相同。

5.上塔柱施工

1)爬模施工

上塔柱爬模施工方法与下塔柱基本相同,仅加劲段的内侧外模和实心段的内模有些许差异。

(1)加劲段

上塔柱加劲段包括第27~35节段,该部分塔柱内侧加设了一块三角形加劲块(雀替)。该段施工流程及工艺与上塔柱标准段基本相同,仅该段外模需为雀替作下列改动:

①在第27节施工时,内侧面中间的外模操作平台框架向桥轴线方向加宽3.5m,并将内侧平模换成雀替接头模Ⅰ型模板。

②在进行第28节施工时,将雀替接头模Ⅰ型模板换成Ⅱ型模板。

③在进行第29节施工时,将雀替接头模Ⅱ型模板换成雀替标准模板。

④在接下来的节段施工时,每节插入一块标准调整模板,并将内侧操作平台逐步外移,以给雀替模板让出空间。

(2)实心段

由于该段为实心段,所以不设内模,仅第36节设有人洞模板。人洞模板采用木模,以10cm方条加劲,ϕ48mm焊管支撑。其中竖直段制成模箱,水平段制成倒扣槽型。

由于第35节高2.312m,所以第36节施工时,外模仅需爬升2.312m。此时雀替施工已完成,内侧模板再次改回标准平模。

2)钢筋施工

上塔柱施工方法与下塔柱相同。

3）混凝土施工

上塔柱混凝土施工方法与下塔柱基本相同，仅实心段需按大体积混凝土施工，方法与起步段实心段相同。由于此时通水位置较高，所以供水设备采用一台 $200m^3/h$、扬程 400m 的高压水泵，并在爬架顶面设置一个分流器，同时向各层冷却水管供水。

4）水平支撑施工

上塔柱施工到加劲段时，需设置水平支撑以抵消塔柱部分水平力。水平支撑每 20m 设置一道，每道水平支撑设 2 根主管，间距 3m，以型钢联成桁片。第一道水平支撑位于 +82m，主管为 $\phi800\times12mm$ 直缝焊管，其余水平支撑按 20m 间距向上布置，主管采用 $\phi325\times10mm$ 直缝焊管。主管分段加工，以法兰连接。

水平支撑的预埋板在相应节段施工时预埋，在外模爬升后焊接端头段，待模架提升至水平支撑位置以上时安装主管，再焊接平联。当上横梁支架已安装时，主管与支架连接，在此之前各层水平支撑间用型钢制成桁片连接。

6. 主鞍室施工

1）塔柱补缺

塔柱在顺桥向引桥侧预留反力架缺口，尺寸为长 5.5m、宽 0.4m、高 1.5m，单个缺口混凝土方量约 $3m^3$。施工时，在索塔平台搭设支架，设置施工人员操作平台，按设计要求安装钢筋，利用操作平台固定大块钢模，采用塔吊吊装混凝土料斗，直接灌浆入模施工。

2）脚手架施工

塔柱施工完成后，方才开始主鞍室施工平台的施工。

主鞍室施工平台设置在主鞍室两侧上横梁上。钢管支架布置在主索鞍周围，是主鞍室顶板受力的主要承力管架。钢管支架采用不规则间距进行布置，钢管架高度约为 5.5m，最大步距 1.5m，各钢管间间距最大为 1.5m，并在顺桥向和横桥向设置剪刀撑及扫地杆。

3）钢筋及预埋件安装

主鞍室主筋在施工塔柱时预留接头，施工时，用直螺纹套筒或搭接焊接长。首先安装主鞍室壁钢筋。

施工时注意预埋件的安装，预埋件安装前首先进行测量放样，除设计图纸要求外，预埋件的固定直接采用与主鞍室结构钢筋焊接固定的方法进行施工。

4）模板施工

钢管支架安装完成后方才开始安装主鞍室内模。内模按高度分两次安装，首先安装 2.5m 高，利用塔吊吊装模板就位，通过设置临时拉杆将模板固定。

主鞍室壁钢筋完成后，方才安装外模。利用塔吊吊装模板就位，与内模对拉就位固定。

首次混凝土浇筑完成后，开始养生，并进行混凝土面凿毛、清洗后，方才进行内模接长与顶板底模安装施工。模板安装均利用塔吊配合进行施工。顶板底模安装时，首先测量放样好顶板底模高程线，控制好钢管支架顶上铺设的分布梁高程后，开始进行铺设顶板底模。待混凝土强度达到设计强度的 75% 后，方才拆除模板。外模及施工平台的拆除均利用塔吊配合进行拆除，并直接吊放到箱梁面上，内模及钢管支架采用人工分件拆除到上横梁上，再通过塔吊吊放到箱梁面上。拆除下来的模板、支架及施工平台材料均采用运输车转运到材料堆放场。

5）混凝土施工

（1）首次混凝土浇筑

模板安装就位固定，通过监理检查满足要求后，方可开始浇筑混凝土。

混凝土用拌和楼生产，由塔吊吊送到待浇混凝土处。混凝土分层对称浇筑，分层厚度为 30～50cm，插入式振捣器振捣。振捣棒的移动间距不超过振捣器作用半径的 1.5 倍，与侧模保持 50～100mm 的距离，振捣时间一般控制在 30s 左右，振捣棒快插慢拔，保证了混凝土振捣密实，不出现漏振、欠振或过振。

振捣模板附近的混凝土时，既要振捣好，又不碰撞模板（木模表面易损伤，严禁碰撞）；振捣时，尽量避免碰撞埋设好的预埋件，以确保拆模后埋件的外观效果；绑扎好的钢筋也尽量避免激烈碰撞，尤其是靠近模板的钢筋，以避免钢筋移位及散落而露筋。

（2）第二次混凝土浇筑

首先分层浇筑主鞍室壁混凝土，再一次完成浇筑顶板混凝土。

顶板混凝土浇筑时，均按顺桥向逐步布料并振捣施工。

（3）养生

混凝土浇筑完成后，即铺设土工布进行洒水养生，养生时间为7d。

7. 塔柱施工测量控制

索塔的塔柱断面复杂，随高程而变化的变截面和塔柱的倾斜受干扰的因素较多，根据本桥塔柱的施工方案，用三角高程法测定塔柱模板顶高程，采用单测站极坐标法结合钢尺法，控制塔柱模板角点的平面就位，使其满足设计及规范要求；一个塔柱每施工五节模板时，采用双测站极坐标精确测定模板各主要点的平面位置，同时用悬挂钢尺法精确测定塔柱模板顶的高程，以此来检核及修正三角高程。在塔柱施工中应考虑塔柱的预偏量，以免上下塔柱间距超出设计要求。

1）高程控制

索塔高程基准传递分三步骤进行：第一步是将设置于索塔附近地面上的水准基点传递至下横梁水准点；第二步是将下横梁水准基点传递至上横梁及塔顶水准基点。索塔高程基准传递方法以水准仪钢尺量距法为主，经全站仪 EDM 三角高程对向观测作为校核。

2）平面位置控制

塔柱施工首先进行劲性骨架定位，然后进行塔柱钢筋主筋边框架线放样，最后进行塔柱截面轴线点、边界点放样及塔柱模板检查定位与预埋件安装定位，各种定位及放样以全站仪三维坐标法为主（塔柱模板定位及竣工测量时，采取全站仪三维坐标法正倒镜观测），以定期检定过的钢尺丈量其各点位间几何尺寸的测量方法作校核，确保塔柱定位精度及施工质量。

塔柱的边界点和结构本身的特征点均采用业主提供的平面控制网所在水准面的坐标系施测，施测前，先将各坐标系的坐标统一到同一坐标系下。

为了减少大气、日照、风力等外界条件对放样点位及塔柱模板检查定位的影响，测量作业一般选择在气候条件较为稳定、塔柱受日照变化影响较小的时间段进行。

对外业测量放样计算数据、外业观测记录进行100%复核，确保原始记录及计算正确无误。

8. 横梁施工

1）横梁施工流程

上、下横梁现浇均采用落地支架，下横梁支架支撑在封底混凝土上，上横梁施工支撑在下横梁上。上、下横梁均分两次浇筑混凝土及张拉预应力钢束，每次浇筑高度为5.5m。横梁施工流程如下：

钢管支架设计加工→钢管支架安装→钢管立柱顶砂箱以及型钢横梁安装→贝雷桁架安装→底模梁系及底模板安装→底板、腹板、隔墙钢筋绑扎以及波纹管埋设（第一次钢筋绑扎）→外侧模板安装到位、内侧模板、隔墙模板安装固定→横梁混凝土浇筑（一次）→混凝土养护→预应力钢绞线穿束、张拉、灌浆（一次）→腹板、隔墙钢筋绑扎（第二次钢筋绑扎）→内外侧模板、隔墙模板、顶板底模系的安装→顶板钢筋绑扎以及波纹管安装埋设（第二次钢筋绑扎）→横梁混凝土浇筑（二次）→混凝土养护→预应力钢绞线穿束、张拉、灌浆（二次）→封锚。

2）横梁支架设计

下横梁采用斜腿钢管柱和贝雷架支承方案。为避免系梁承受大吨位的力，将施工竖向荷载经斜腿钢管柱传至承台，为确保水上钢管支柱的安装，设置临时混凝土墩台。塔柱上不设牛腿，主受力钢管采用

ϕ820×12mm 螺旋钢管柱，贝雷梁通过工字钢垫梁支承于钢管柱上，其上设36号工字钢分布梁。按支承情况，贝雷梁长度方向（横桥向）分为3跨。

支架形式如图3-2-27和图3-2-28所示。

图3-2-27　下横梁斜腿支架

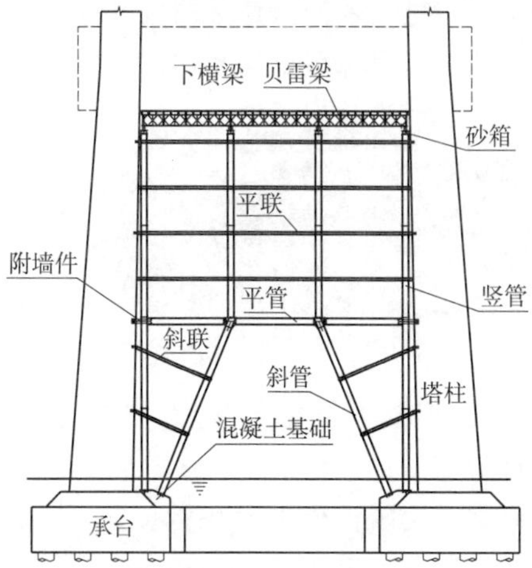

图3-2-28　斜腿支架构造

上横梁支架采用钢管柱和贝雷架支承方案。支架主承重梁为6根贝雷梁，外侧4根长30m，内侧2根长18m，每根贝雷梁由两排贝雷片以45cm支撑架联结而成。贝雷梁下方共设6组支点，两端支点采用双拼56号工字钢垫梁，以雀替为基础，贯穿雀替；中间支点采用三拼45号工字钢垫梁，其下为钢管立柱。钢管立柱建基在下横梁上，通过四组基础横梁固定在下横梁顶面上。立柱共有8根主管，利用纵、横联连成整体，同时利用平联附着在塔柱上。纵、横联采用28号槽钢，每12m设置一道。平联采用10号槽钢桁架，每15m设置一层。贝雷梁上面铺设36号工字钢作为分布梁。分布梁长12m（雀替部分长4.5m），横桥向间距1m。分布梁中间铺设底模，两侧搭设门式脚手架和作业平台。

支架形式如图3-2-29和图3-2-30所示。

3）横梁支架安装

（1）钢管立柱安装

立柱主管按12m一节加工成标准件，两端带法兰接头。纵、横联槽钢按6m下料。平联桁架每层分为10节加工，其中标准节（位于主管之间）长6m，端节（位于主管与塔柱间）的长度按设计值加工。

立柱的安装流程如下：

吊装第一节主管→调整主管垂直度并安装第一道纵、横联→吊装第2节主管→调整主管垂直度并安装第二道纵、横联→安装第一层平联及其剪刀撑→（重复以上步骤，直至安装完所有主管和平联）。

第一节主管与基础横梁之间焊接固定，主管之间采用法兰连接，法兰螺钉为高强螺栓，用气动扳手打紧。纵、横联和平联与主管之间采用焊接角钢连杆固定。平联两端焊接固定在塔柱上。主管安装过程中严格控制竖管的弯曲矢高及垂直度，标准如下：

弯曲矢高 $f \leqslant L/1\ 500$ 及10mm，管轴线偏差 $\leqslant L/1\ 000$

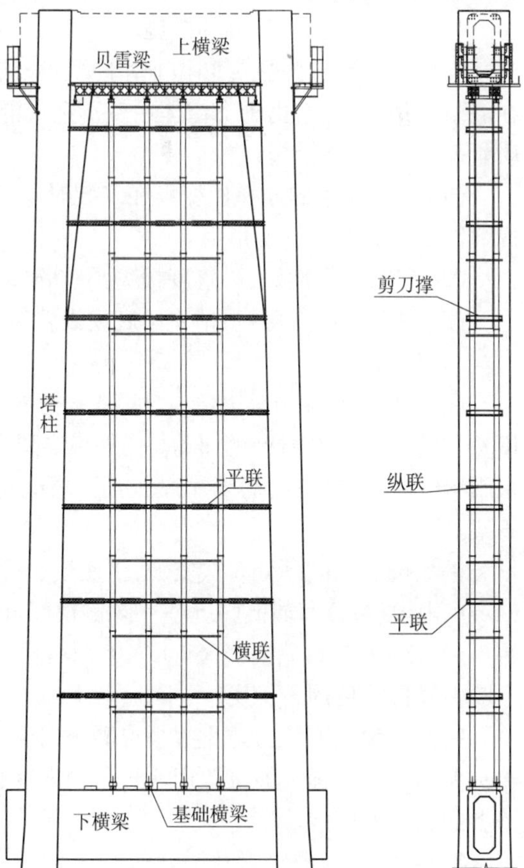

图3-2-29　上横梁支架构造

图 3-2-30　上横梁支架

及 35mm。

竖管及其纵、横联的安装、柱顶砂箱、工字钢垫梁和贝雷梁的安装需有空中操作平台，此操作平台采用吊平台及挂梯两种形式，安装竖管、砂箱、垫梁及贝雷梁时用吊平台，吊平台挂于竖管的横联管上；安装竖管的纵、横联时用挂梯，挂梯挂于每节竖管顶。

(2)贝雷梁安装

安装贝雷梁前，先将钢管立柱顶端调平，并垫高到设计高程，然后吊装垫梁。同时清出牛腿钢箱，并将端垫梁穿入其中。

安装贝雷梁时，按照由内到外的顺序进行。首先内侧两根短梁吊装到位，并固定牢靠后，再将外侧四根长梁吊到垫梁面上，最后用撬棍和手拉葫芦将长梁移动到设计位置。

端垫梁采用限位槽钢卡在雀替上，其余垫梁焊接固定在立柱顶。贝雷梁用槽钢 U 形卡，反压固定在垫梁上。

(3)分布梁安装

分布梁在加工场按设计长度下料，按吊装顺序分批运出塔位。安装时，6m 长的分布梁用塔吊从平驳吊运到贝雷梁或三角桁架上，每吊 4 ~6 根，解绳后，用人工搬移到设计位置。4.5m 长的分布梁则用塔吊逐根吊装，固定牢靠方才松钩。

分布梁用骑马螺钉固定在贝雷片上，其中端垫梁上方的分布梁需加设槽钢焊接固定到端垫梁上。

4)消除支架变形影响的措施

支架变形包括弹性变形和非弹性变形，非弹性变形是由支撑体系间隙在混凝土荷载作用下造成的。在混凝土初凝之后，由于支撑体系变形造成混凝土的开裂，因此，为消除支架变形的影响，保证混凝土的质量，应采取如下措施：

(1)支撑体系的非弹性变形在安装时应尽量减少间隙，并用薄钢板垫实所有间隙。通过堆载预压掌握弹性变形和非弹性变形值。

(2)配制和易性好、坍落度损失小、初凝时间长的混凝土，以确保混凝土浇筑在其初凝前完成。

(3)根据弹性变形值，预先给底模设置拱度。

5)横梁模板

底、侧模面板为组合钢模，双拼 10 号槽钢加劲。内模及端模采用木模，面板采用 2cm 厚胶合板，背楞为 10cm 方条，双拼 10 号槽钢加劲。内外模之间设 ϕ20mm 对拉螺钉，顶模用 ϕ48mm 焊管架支撑。外模脱模剂采用清机油，内模脱模剂采用废机油。塔间横梁操作平台采用门式脚手架，塔外突出部采用 ϕ48mm 焊管架。

模板按浇筑顺序分 6 次安装：①底模、下圆弧模、侧模(1m)、内模(下倒角)和端模(1.6m) → ②侧模(4m)、内模(4m)和端模(4m) → ③侧模(3m)、内模(顶箱)和端模(3.5m) → ④侧模(1m)、上圆弧模、端模(2m) → ⑤封端模(5.6m)→ ⑥封端模(5.5m)。其中第③次的侧模和上圆弧模由第②次的侧模和下圆弧模拆除后周转使用。

底模设预拱度。为防止腹板混凝土向底板处外翻，横梁底板设压脚模板，内侧模之间用剪刀撑加固。端头模加工时按锚具的位置用 5 号角钢设置相应的定位块及安装木盒子，端头模用横梁腹板范围内塔柱壁上的预埋件固定。

6)横梁钢筋、波纹管及锚具施工

(1)钢筋施工

横梁主筋在施工塔柱时预埋接头，横梁施工时，用直螺纹套筒接长。安装腹板钢筋时，为增加其稳定性，用铁线把腹板钢筋临时固定于内模处。考虑美观与经济，横梁外露面的钢筋采用塑料垫块保证保护层，其他面仍用水泥砂浆垫块。

(2)波纹管埋设

横梁预应力管道采用埋设波纹管的方法进行预留。波纹管除外观检查外，还应进行合格性检验，检查合格后，波纹管才可运到现场施工。

波纹管安装工艺：波纹管安装由定位架定位，接头管接长波纹管，两端用胶带缠包，以防接头处漏浆，然后用钢筋卡子与定位架固定，以防止浇筑混凝土时波纹管上浮。波纹管的安装误差要满足设计要求和规范要求。

在波纹管就位过程中，应避免弯曲以防管道开裂，同时防止电火花烧伤管壁，并检查有无破损、接头是否密实，若有则及时修复。横梁波纹管与塔柱内波纹管的连接，采用塔柱预埋带接头的波纹管，管内填海绵以防砂浆进入堵塞管道，同时按设计及规范要求埋设排气孔和压浆孔，横梁波纹管通过接头管与塔柱波纹管连接。

(3)锚具安装工艺

锚具定位于槽口模板上，槽口模板通过测量定位、固定于劲性骨架上。

7)横梁预应力施工

(1)施工流程

预应力下料→穿索→安装锚具→预应力张拉→锚固→压浆→封锚。

(2)钢绞线下料，人工穿束

钢绞线经检查合格后，通过计算确定下料长度，用砂轮切割机分批下料，编号成捆，运输至现场进行人工穿束。穿束前应检查锚垫板位置是否正确，采用空压机清除杂物，确保孔道畅通。

(3)张拉

张拉前准备工作：张拉千斤顶、配套油泵、压力表标定；张拉平台搭设；检查千斤顶、锚具安装位置是否正确。

张拉注意事项：张拉设备设专人保管使用，并定期检验、标定、维护；锚具应保持干净，不得有油污。张拉人员须经过专业培训，持证上岗并具有一定的实际操作经验，张拉时要注意安全。

预应力张拉：横梁预应力钢绞线采用15-22和15-12钢绞线，标准强度为1 860MPa，控制张拉应力为1 395MPa，每束张拉力分别为4 297kN和2 344kN，采用YCW—500型千斤顶，严格按照设计给定的顺序进行张拉。

张拉步骤：张拉到15%张拉吨位→持荷3min→开始量测引伸量→张拉到设计吨位→持荷3min→测量引伸量→回油→测量引伸量。

张拉时以张拉应力和伸长量进行双控，并以应力控制为主。张拉过程中应做好记录，对张拉中出现的滑丝、断丝等异常现象应及时报告，进行处理以确保质量。张拉顺序严格按设计图进行。

(4)孔道压浆、封锚

张拉结束后，严禁撞击锚头，禁用火焰切割锚头外多余的钢束，应采用砂轮切割机，留余长度应大于3cm、小于5cm。

张拉后24h内，采用真空压浆法进行压浆施工。

①真空辅助压浆原理

压浆前，先用真空泵抽吸预应力管道中的空气，使管道中的真空度达到负压0.1MPa，然后在孔道另一端用压浆泵以一定的压力将搅拌后的水泥浆压入管道。由于管道内置有少量空气，浆体很难形成气泡，同时，由于管道内和压浆泵之间的正负压力差，可大大提高管道内浆体的饱和度和密实度。不仅是压浆，而且还增加了吸的功能。真空压浆的关键是要保证管道和锚固体系的密封性，能保证管道内能形成一定的负压。

②真空辅助压浆工艺特性

减少孔道中阻力，加速浆液的流动，可以提高施工工效。强化了浆液的惯性流动和冲击力，确保孔道灌注的密实性。封锚与灌浆一次完成，保证了结构的整体性和美观。

③使用设备

真空辅助压浆系统主要由标准压浆设备(压浆机、高压喉管、隔离式压力表、密封球阀、水泥浆测试用具等)和抽真空设备(真空泵、负压容器、一个三通连接管、密封球阀、加固透明喉管等)两大部分组成。后锚面压浆端(进浆端)采用传统压浆工作程序，抽真空端(出浆端)工作程序见图3-2-31。

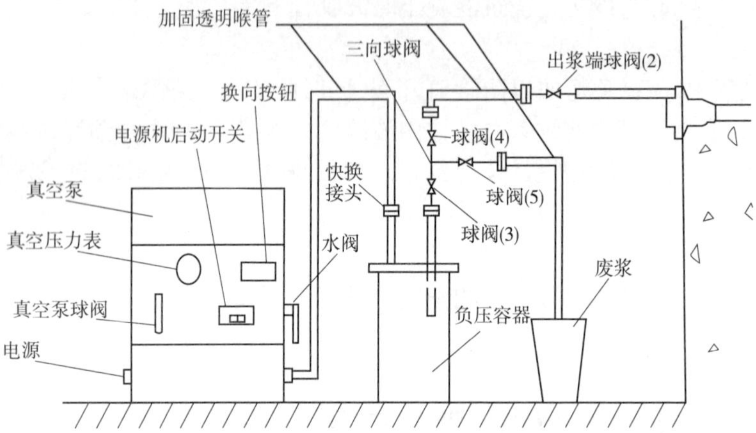

图 3-2-31　抽真空端(出浆端)工作程序图

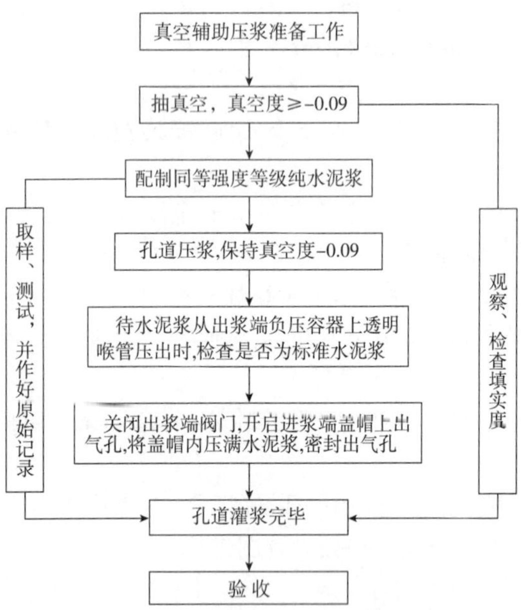

图 3-2-32　真空辅助压浆工艺操作框图

④工艺操作

真空辅助压浆严格按照规范进行操作，以保证水泥浆填满孔道，确保灌浆质量。工艺操作框图见图3-2-32。

⑤操作注意事项

施工人员要求坚守工作岗位，严格履行工作职责，按照规范操作，确保施工安全；启动真空泵前先开水阀，停泵时先关闭水阀；负压容器内水泥浆不得超过其容器的50%；完成抽真空工作时，要及时排空泵内余水，确保水泥浆不得进入真空泵内；孔道压浆应做好原始记录，压浆过程中，要防止水泥浆溢出污染塔柱，如出现则立即用高压水冲洗干净；压浆完毕后，将锚具周围冲洗干净并凿毛，然后设置钢筋网和浇筑封锚混凝土，以防锚具锈蚀。混凝土强度应与塔柱混凝土相同，保证封锚混凝土与塔柱混凝土颜色一致，保证外观质量。

第二节　嵌岩地下连续墙施工成套创新技术

一、地下连续墙施工技术概述

1. 国内、外地下连续墙施工技术

地下连续墙(简称“地连墙”)是基坑围护结构的主要受力结构。它是在泥浆护壁的条件下，利用特殊的挖槽设备与机具沿着深开挖工程的边界开挖一条狭长的深槽，然后在槽内放置钢筋笼并浇筑水下混凝土,形成一条连续的地下墙壁。根据地连墙形状的不同,又分为异形地连墙和普通地连墙。地连墙在基坑工程中应用广泛,具有以下优点:

(1)施工时振动小,噪声低,非常适合在城市施工。

(2)墙体刚度大,用于基坑开挖时,可承受很大的土压力,极少发生地基沉降或塌方事故,已经成为深基坑支护工程中必不可少的挡土结构。

(3)防渗性能好。由于墙体接头形式和施工方法的改进,使地下连续墙几乎不透水。

(4)可以贴近施工。由于具有上述几项优点,可以紧贴原有建筑物建造地下连续墙。

(5)可用于逆做法施工。地下连续墙刚度大,易于设置埋设件。

(6)适用于多种地基条件,地下连续墙对地基的使用范围很广,从软弱的冲击地层到中硬的地层、密实的砂砾层,均可使用地下连续墙。

(7)可用作刚性基础。目前地下连续墙不再单纯作为防渗防水、深基坑维护墙,而且越来越多地用地连墙代替桩基础、沉井或沉箱基础,承受更大荷载,占地少,可以充分利用建筑红线以内有限的地面和空间,充分发挥投资效益。

(8)工效高、工期短、质量可靠、经济效益高。

2. 黄埔大桥地连墙施工及施工流程

(1)地连墙分为Ⅰ、Ⅱ期两种槽段各25个槽段,每个槽段又分为上、下两层。上层为覆盖层及全风化岩层,采用液压抓斗机或铣槽机施工;下层为强、弱风化岩层,采用正循环冲击钻成孔,再用方锤修成槽。清孔利用铣槽机的泥浆循环系统,清刷槽壁用附在抓斗上的特制钢刷。

(2)地连墙钢筋笼共75个(其中每个Ⅰ期槽段有2个钢筋笼,每个Ⅱ期槽段有1个钢筋笼),钢筋笼在胎架上预制完成,用150t履带吊转运。下放钢筋笼时采用1台150t履带吊作主吊,1台50t汽车吊作辅吊。

(3)地连墙混凝土浇筑,Ⅰ期段采用两根导管浇筑,浇筑导管距槽孔端头净距不大于1.5m,两导管的间距不大于3m;Ⅱ期槽段采用一根导管浇筑,导管尽量居中。首批混凝土方量(每根导管)为$7m^3$,采用剪球法施工,导管埋深为1.5m。浇筑过程中,导管埋深控制在2~6m,相邻导管混凝土浇筑面高差不能超过50cm。

二、地下连续墙成槽技术

地连墙的成槽是地连墙施工中的关键工序。它受地层等自然条件影响最大,是影响工期、工程成本,甚至是决定工程成败的主要因素。要高质量、高效率地进行槽段施工,选择合适的成槽工艺以及相应的成槽机械是非常重要的。

地下连续墙的挖掘成槽,总的可以分成抓斗型挖泥(土)成槽和粉碎型挖泥(土)成槽两大类。为适应各类地层中成槽的要求,抓斗型施工机械已从绳索式重力抓斗发展成各类绳索式、绳索导杆式及全导杆式液压抓斗。粉碎型施工机械则从潜水电动立铣式发展到全液压卧铣式成槽设备。目前常用机械主要有钢丝绳抓斗、液压导杆式抓斗、液压铣槽机、冲击钻。如何根据黄埔大桥的工程地质选择配套的成槽机械,在确保成槽精度和工期的前提下,实现优质、高效、经济的施工目标,成为课题研究的关键技术。

1. 成槽机械

黄埔大桥锚碇工程展开施工后具备的成槽机械有如下几种。

1)液压铣槽机

本工程使用的铣槽机主要有BC36和HF12000液压双轮铣槽机,BC36液压双轮铣槽机主要用于南锚地连墙的施工,是目前世界上最先进的硬岩成槽设备。该机由德国宝峨公司生产,主要用于建筑基础及地下连续墙施工,可适应各种地质情况,尤其在硬岩地质情况下优势更为突出,而且施工效率高,噪声低，精度高(3‰)，深度大(80m)。与其配套的有 BE500 型泥浆净化系统，该机目前在国内仅有 3 台，由三大部分组成，即起重机、铣槽机、泥浆站。运行系统如图 3-2-33 所示。

2)卷扬式冲击钻机

卷扬式冲击钻机在本工程冲击硬岩层方面发挥了重要作用。工程施工进入高峰时，投入了 16 台该型号钻机，配 16 台 3PN 泥浆泵，其中 8 台冲机配套 8 个方锤。工作原理为：在同步双卷扬通过两根平行的钢丝绳带动空心的冲击钻头上下冲击并在地层中形成圆形钻孔的同时，用砂石泵抽吸孔底钻渣与泥浆，送至泥浆净化机进行除砂处理后返回槽孔内，见图 3-2-34。

图 3-2-33　BC36 型液压铣槽机

图 3-2-34　卷扬式冲击钻机

3)抓斗

施工中主要采用液压导杆式抓斗和钢丝绳抓斗，其中，液压导杆式抓斗主要用于南锚施工，钢丝绳抓斗主要用于北锚的施工，如图 3-2-35 和图 3-2-36 所示。抓斗可实现直接抓取淤泥质土层、黏性土层和砂土、砂砾石等地层，液压导杆式抓斗的施工精度比钢丝绳抓斗较高，但是钢丝绳抓斗可以通过悬吊重凿对坚硬岩层予以冲砸破碎，配合液压铣槽机进行硬基岩的成槽施工。

各类施工机械的功效如下所述：

(1)抓斗成槽适用于比较松软的土层，如果配合重凿施工还可以抓取碎石。在本工程中，使用的抓斗主要有液压导杆式抓斗和钢丝绳抓斗。施工时，可以用抓斗抓取上部松软的覆盖土层形成先导孔，方便后续进场的铣槽机施工。

(2)液压铣槽机采用泵送连续出渣的方式，与一般液压成槽机相比，在槽底清淤方面更具优势；液压铣槽机可用于岩层切削，故适用于嵌岩地下连续墙，施工速度快；液压铣槽机的垂直精度很高，可保证深度大于 50m 的连续墙的施工质量，BC36 铣槽机可以满足 80m 深的墙施工并能够将垂直精度控制在 3‰以内；由于采用“铣接头”，无需配置专门提拔“锁口管”的大型设备。接头部位的密水性更好；泥浆在现场处理，废浆外运的费用减少，泥浆消耗量降低，有利于环境保护。

图 3-2-35　液压导杆式抓斗

图 3-2-36　钢丝绳抓斗

(3)液压铣槽机对不同土层的适应性较好，通过更换不同的铣齿就可以实现不同地层的铣削施工；在覆盖层的砂层及强风化层中成槽，成槽效率高，孔形好，采用液压铣槽机进行槽孔的最后清孔，效果比较好。

(4)液压导杆式抓斗抓取覆盖层效率较高，但本工程由于施工中可能出现的粉喷桩斜入槽位或单侧槽壁塌孔等情况，导致液压抓斗抓取该层土时受粉喷桩的导向作用，成槽垂直度受到一定影响。

(5)冲击反循环钻机应用于硬基岩段成槽的效率很高，特别是与圆形或方形重锤、采用液压铣槽机或机械抓斗配合，则功效更高。在本工程南锚施工时，采用冲击钻成孔，抓斗抓取碎石，最后用铣槽机修侧边。

2. 成槽方法及其功效分析

根据上述成槽机械，常用的成槽方法有：纯抓法、纯铣法、钻抓法、钻铣法、凿铣法、钻凿抓(铣)法和钻劈法，见表 3-2-4。

成槽方法　　表 3-2-4

成槽方法	使用机械	施工工艺	功效分析
纯抓法	钢丝绳抓斗和液压导杆式抓斗	用机械抓斗开挖一侧主孔至软土层结束→用机械抓斗开挖另一侧主孔至软土层结束→用机械抓斗开挖中间副孔至软土层结束	采用纯抓法施工，费用较低，但是只能应用于软土层，硬岩中施工需要配合其他机械
纯铣法	液压铣槽机	适应范围广，施工效率高，尤其在强度较大的砂层和硬岩地层具有绝对的优势。工艺：用铣槽机铣削一侧主孔至硬岩面→用铣槽机铣削另一侧主孔至硬岩面→用铣槽机铣削中间副孔至硬岩面	成槽精度高，孔形规则，对铣削过程可以进行全自动跟踪，随时进行纠正；环境污染小，具有密闭的泥浆循环系统和良好的隔音效果，广泛用于基岩的成槽，但是施工费用较高
钻抓法	冲击钻和抓斗	当用纯抓法施工效率降低时(即软土层开挖完毕进入砂层时)，可以采用钻机钻进两个主孔，用抓斗成槽机抓取两孔间的副孔，形成两钻一抓，同样方法连续一孔则形成三钻二抓	在适合抓斗施工的砂层，功效较高，并且抓斗和钻机的费用都比较低

续上表

成槽方法	使用机械	施工工艺	功效分析
钻铣法	铣槽机和冲击钻	冲击反循环钻机钻进主孔至终孔若干个→换用液压铣槽机直接铣削副孔下部较硬土层和岩层强风化岩层	适用于抓斗效率不高的硬基岩的成槽，功效很高，施工费用比钻抓法高
凿铣法	钢丝绳抓斗、重凿、铣槽机	当液压铣铣削进尺缓慢时，采用钢丝绳抓斗主机提升重凿冲击破碎基岩后，再用液压铣铣削或抓斗清孔至难以进尺，重凿和液压铣（抓斗）交替使用，直到设计的槽孔深度	多用于硬基岩的成槽施工，如槽孔下部的弱风化基岩
钻凿抓（铣）法	冲击钻、重凿、铣槽机、抓斗	用冲击反循环钻机沿槽孔轴线钻3~5个主孔至孔底→换用圆形或方形重凿冲击副孔硬岩至破碎→采用液压铣槽机或机械抓斗将破碎岩石吸出或抓出（第2、3步骤分层循环进行）	用于硬基岩的成槽施工，与凿铣法相比，由于铣槽机台班减少，施工费用大大降低

3. 地质条件对南、北锚成槽方案的影响

由表3-2-4成槽方法可知，地连墙的成槽机械主要有抓斗、铣槽机、冲击钻和重锤（凿）等，其中抓斗适用于较软的土层，液压铣槽机不仅在软弱土层、粉砂层中可以施工槽段壁面较光滑的槽孔，而且在砾石、卵石以及软弱基岩中直接铣削成槽，具有很高的效率，但是对坚硬基岩的直接铣削效果很差，施工费用高，应配合冲击钻或重凿进行施工。

由于地连墙成槽效率主要受地质情况的制约，只有根据实际的工程地质情况选择适合的成槽机械才能取得较好效果。图3-2-37和图3-2-38为南锚和北锚的地连墙槽段展开图，对比两图可以发现，南锚场地的强、弱风化岩层的高程高于北锚，即南锚地连墙在硬基岩的成槽深度更大，而北锚场地强、弱风化岩层的高程较低，地连墙槽孔主要位于全风化岩、砂层和软弱土层等开挖难度较小的土层，在较硬基岩的工作量较小。因此，根据南、北锚不同的地质情况，应该选取不同的成槽技术。

4. 地连墙槽段划分

南锚与北锚的槽段划分方法基本相同，地连墙施工槽段为Ⅰ期、Ⅱ期两种槽段，各25个槽段，共50个槽段，Ⅰ期槽段采用三铣成槽，边槽轴线处长2.8m，中间槽轴线处长1.12m，槽段轴线处总长6.72m，边槽与中间槽交角为176.9°；Ⅱ期槽段长2.8m，Ⅱ期与Ⅰ期之间交角为175.9°。Ⅱ期与Ⅰ期槽段在地连墙轴线处搭接长度为0.25m。槽段断面如图3-2-39所示。

5. 导墙和施工平台

根据以往国内外地下连续墙施工的经验，导墙一般采用钢筋混凝土结构，按施工方法分类，有现浇和预制安装两种；按断面形状，可分为"L"形、"T"形、"I"形和直角梯形等。根据本工程的地质条件、施工方法、槽孔深度以及施工期的地下水位，本工程南锚和北锚都采用"L"形导墙，并且在导墙内外侧设置钢筋混凝土施工平台。导墙主要作用有以下几点：

（1）控制地连墙施工精度。导墙是地连墙的轴线、高程、垂直度的控制基准，也是开槽机械起始定位的基准面，它的施工精度直接影响地连墙的成槽质量。

（2）起挡土、挡水的作用。地连墙施工设备重量大，对导墙及施工平台地面造成了很大的附加土压力。导墙起到挡土作用以保护槽口附近土体的稳定，防止土体坍塌；施工平台将上部的施工荷载分散到地基上。另外，导墙可防止施工中的废水、雨水对槽内泥浆的污染。

（3）维持稳定泥浆液面的作用。导墙内蓄泥浆，使泥浆面高出施工期的地下水位1.2~2.0m，这样才能保证槽壁稳定。

导墙施工流程如图3-2-40所示。

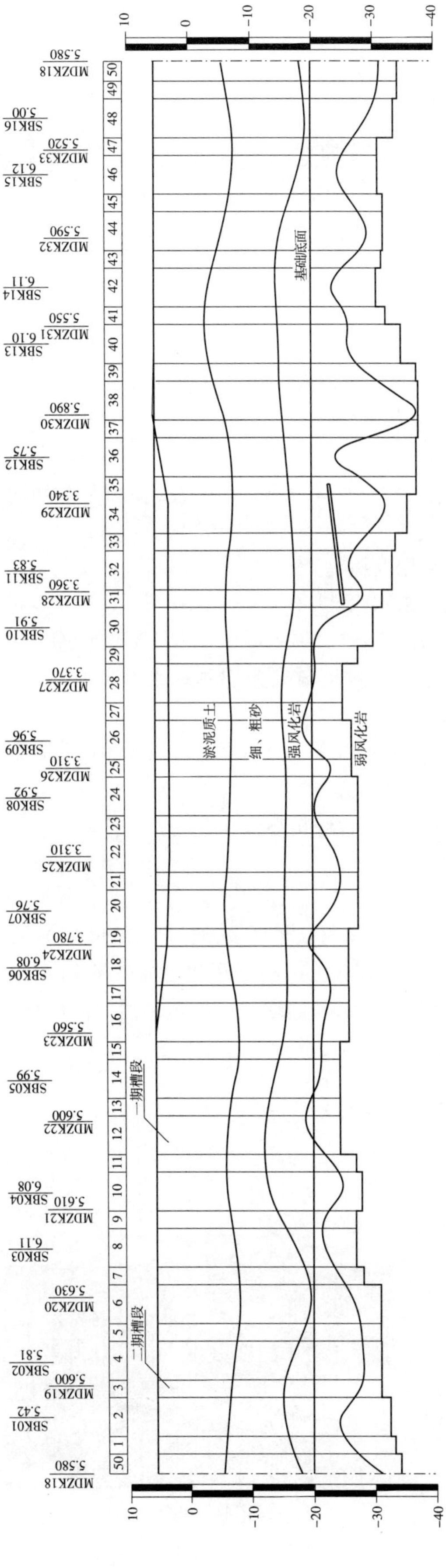

图 3-2-37 南锚槽段展开图

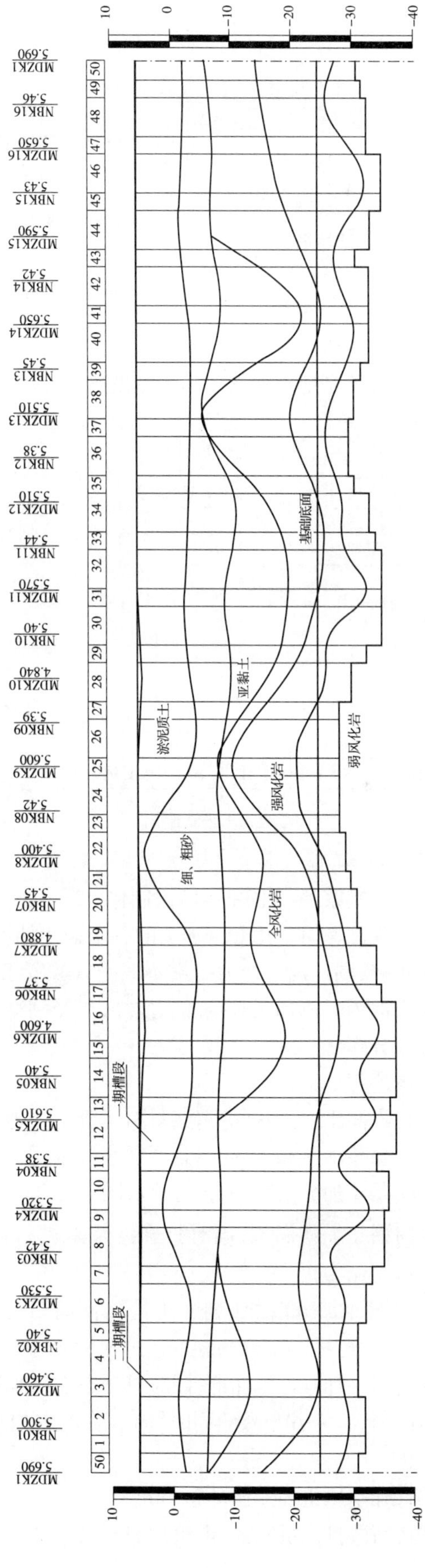

图 3-2-38 北锚槽段展开图

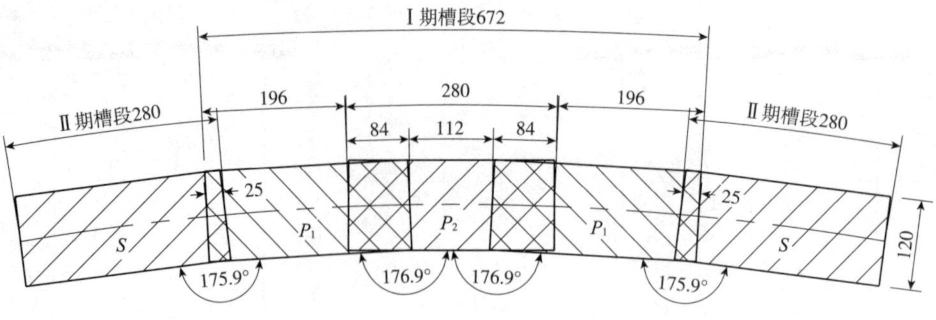

图 3-2-39　地下连续墙槽段断面示意图(尺寸单位:cm)

6. 泥浆系统

泥浆系统是地连墙施工的关键设施,由集中制浆站、供浆管路、泥浆回收和净化设施等组成。

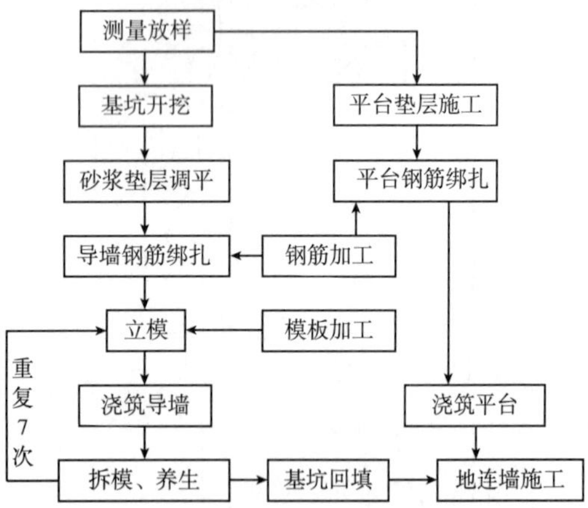

图 3-2-40　导墙施工工艺流程框图

1)南锚泥浆系统

(1)泥浆制作

制浆材料分列如下,具体材料使用要根据施工前的泥浆制作试验来决定。

①膨润土:采用Ⅱ级钙土。

②水:采用自来水。

③分散剂:采用工业碳酸钠,掺量为0.1%~0.5%。

④增黏剂:选用中黏度碱性羧甲基纤维素(CMC),掺量为0.05%~0.1%。

⑤加重剂:选用重晶石粉($BaSO_4$),视具体情况确定掺量。

⑥黏土:就近取材,含砂量尽量小。

(2)具体流程

泥浆在制浆池(图 3-2-41)内制作。

新泥浆制作时采用专门加工的一个漏斗加料,即在泥浆池里放置一台泥浆泵,通过一条 $\phi120$ 软管与漏斗底相接,漏斗出口处为一条 $\phi48$ 的管放置于造浆池中,人工在漏斗上加料。膨润土堆在漏斗内,用循环浆冲入池内。添加剂直接加入搅拌,当受潮结块时,适当延长搅拌时间。通过空压机加速内部循环,使得泥浆充分膨化。

具体流程如下:

①将膨润土、分散剂等造浆材料运到造浆池边,并向造浆池内加水到0.7m。

②向漏斗加膨润土,同时打开泥浆泵进行循环,到膨润土用量的一半为止。

③向漏斗加分散剂(2/3 用量),同时打开空压机加速循环 10min。

④向漏斗加膨润土,同时打开泥浆泵进行循环,将膨润土剩余用量用完为止。

⑤向漏斗加分散剂(剩余用量),同时打开空压机加速循环 5min。

⑥向漏斗加其他添加剂,同时打开空压机加速循环 8min。

(在进行②~⑥步骤的同时,向造浆池内加水,直到本次造浆量为止)

⑦打开空压机加速循环 30min。

⑧将新浆排入供浆池,继续用泥浆泵循环。

图 3-2-41　泥浆制浆池

冲机正循环用泥浆，采用直接在槽孔添加黏土的方法改造。在冲机就位后，在冲锤下投放黏土，冲机小冲程反复敲打造浆。泥浆先在槽孔内上下循环，到泥浆浓度接近使用指标时，改为与冲机工作泥浆池连接的正循环。

(3)泥浆循环

铣槽机用专用的 BE500 泥浆处理系统净化泥浆。工作时，铣头中的泥浆泵将孔底的泥浆输送至地面上的 BE500 型泥浆净化机，由振动筛除去大颗粒钻渣后，进入旋流器分离泥浆中的粉细砂，经净化后的泥浆流入供浆池，再用泥浆泵抽回到槽孔内，形成反循环。

在覆盖层中含有大量的细砂，为了防止铣槽机的除砂器无法清除，在 BE500 系统中的供浆泵前设置一个三通阀门，当供浆池内泥浆质量急剧下降时，调整泥浆流向，待用 BE500 系统将供浆池内泥浆净化后，再与槽孔进行循环。

由于铣槽机的工作能力为 $400m^3/h$，所以必须保证供浆池里至少有 $200m^3$ 泥浆才可以工作。泥浆净化系统高出地面 3m，以利于排渣。

冲机采用过滤法净化泥浆。冲机前从液压抓斗泥浆池中抽浆至工作池内，在工作池中用一台 22kW 泥浆泵抽浆到槽孔底，槽孔内泥浆从泥浆沟回流到工作池，形成正循环。在每条泥浆沟进入工作池处，设置一道滤网，将泥浆中的残渣清出，用斗车转运至铣槽机泥浆净化系统的堆渣处。

液压抓斗机工作时用一台 22kW 泥浆泵，将液压抓斗泥浆池内的泥浆直接供到成孔槽段内。抓斗机抓出来的渣直接用两台高度不大于 3m 的自卸车转运到弃渣场。清孔时泥浆循环与铣槽机成槽时类似，仅储存泥浆的地方换成回浆池。

地连墙泥浆循环示意图见图 3-2-42。

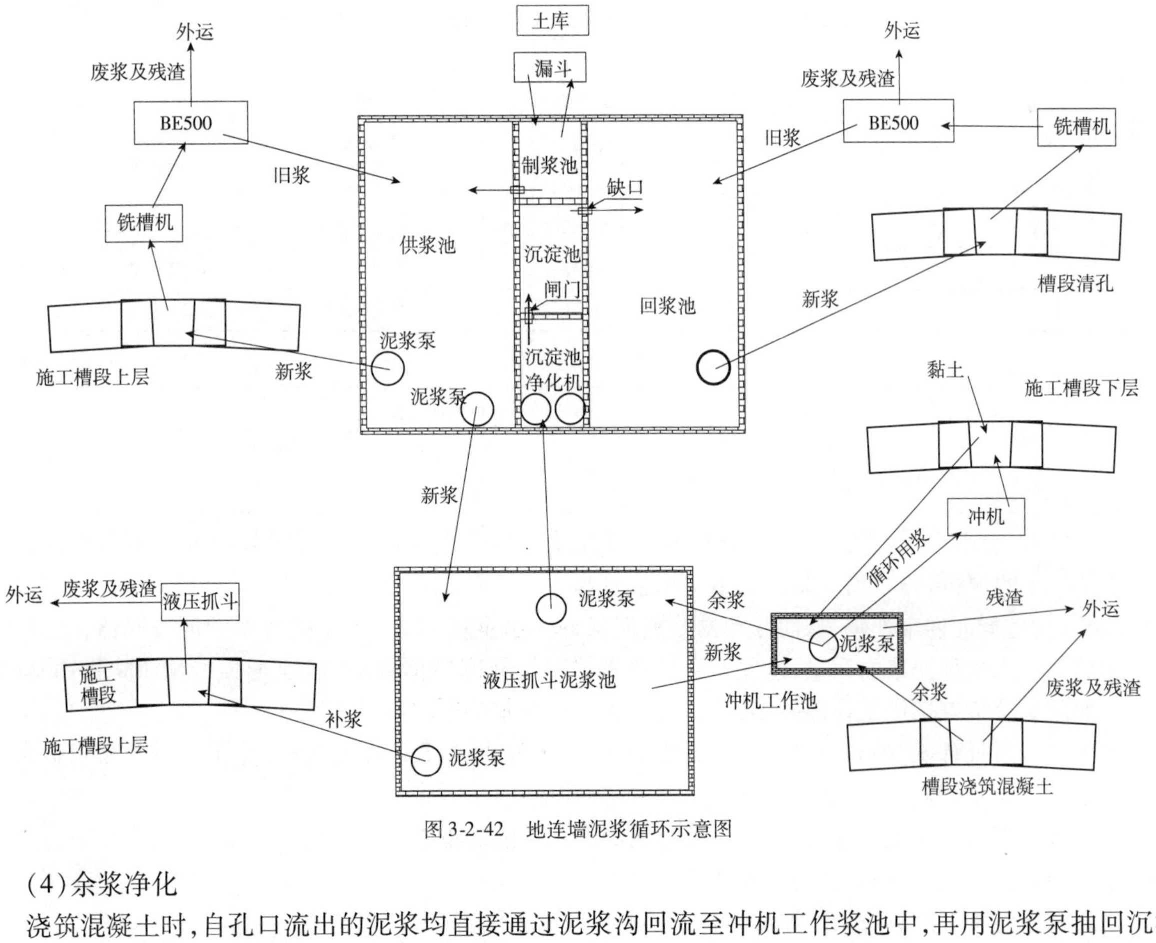

图 3-2-42　地连墙泥浆循环示意图

(4)余浆净化

浇筑混凝土时，自孔口流出的泥浆均直接通过泥浆沟回流至冲机工作浆池中，再用泥浆泵抽回沉淀池中，用 4 台 ZX200 泥浆净化机进行处理，最后储存在回浆池内备用(可由回浆池内抽浆到造浆池内，调整后作供浆池内新浆)。当回浆池正在使用时,可先用备用泥浆池。

2)北锚泥浆系统

(1)泥浆制作

泥浆搅拌设备选用法国地基公司设计制造的GRM—2000L型旋流立式高速搅拌机,高速搅拌机主要由搅拌罐、高速泥浆泵、电机、管路和阀门等组成。其中搅拌罐底部与泵的吸入口相连,泵的排出管以切线方向连接搅拌罐,并在其中安置两个旋塞,当打开不同的旋塞时,便可以实现搅拌浆液和排出浆液的不同工作状态。固液两相物质在泵壳内由于叶轮的高速旋转(1 430~1 470r/min)而被强烈搅拌分散达到充分混合后,再从泵内排出,以切线方向返流到罐内产生巨大的涡流,使浆液进一步搅拌,在多次循环作用下,使浆液具备良好的流变性能及稳定性,由此而搅拌成浆液。新制泥浆需膨化6h后方可使用,采用泥浆泵泵送泥浆,4″供浆管路送至槽口,管路接口采用快速接头。

(2)泥浆配合比分析

制浆土料的选用主要以泥浆的各项物理、化学指标来决定。而在防渗墙工程施工中,泥浆的各项性能指标中甚为重要的一项,即密度指标。

泥浆的密度是指单位体积泥浆的质量。泥浆密度的大小取决于泥浆中的固相含量,即泥浆中固体颗粒所占的百分比。固相颗粒中有的是泥浆性能所必需的,如黏土颗粒;有的是对泥浆性能有害的,如黏土中的无用固相物质、岩粉、钻渣等。泥浆密度的大小决定着槽孔中的静浆柱压力,根据地层的不同及地下水的情况正确地调节泥浆密度,对于防止槽壁坍塌是十分重要的。北锚使用的泥浆质量标准见表3-2-5和表3-2-6。

泥浆质量控制标准 表3-2-5

性质	阶段			试验方法
	新制泥浆	循环再生泥浆	混凝土浇筑前槽内泥浆	
密度(g/cm^3)	≤1.05	≤1.15	≤1.15	泥浆比重秤
马氏黏度(s)	30~60	30~50	≤40	马氏漏斗
失水量(mL/30min)	≤20	≤40	不要求	1009型失水量仪
泥皮厚(mm)	1.5	≤3	不要求	
pH值	≤10.5	9.5~12	9.5~12	试纸
含砂量(%)	不要求	不要求	≤5	1004型含砂量测定仪
检测频次	2次/d	2次/d	1次/槽	

新制泥浆配合比 表3-2-6

膨润土品名	材料用量(kg)				
	水	膨润土	CMC(M)	Na_2CO_3	其他外加剂
钙土(Ⅱ级)	1 000	60~80	0~0.6	2.5~4	适量

泥浆中的无用固相含量(含砂量)指标是衡量泥浆优劣的重要指标。对泥浆中的无用固相含量(粒径大于74μm的颗粒)要严加控制。无用固相含量高于允许值的泥浆流变性能就会变坏,泥皮质量也会变得疏松,韧性低而透水性强,从而导致槽孔内泥浆的失水量增大,引起孔壁坍塌和泥皮脱落,造成大量渗浆和塌孔。为确保泥浆的质量,以免发生孔壁坍塌以至局部坝体塌陷,本项工程采用200目钙基膨润土制备泥浆。分散剂选用工业碳酸钠,选择使用膨润土泥浆的原因有以下几点:

①本工程所处理的基础有覆盖层、淤泥质黏土、黏土等地层,很不稳定,施工中漏浆现象不可避免,因此应采用优质泥浆固壁,这样能够减少泥浆漏失、槽孔塌孔。

②沉渣如果被埋在地下连续墙底部,将影响墙底部位的防渗能力,这些沉渣在高水头作用下,甚至将会产生集中渗流、流土、管涌,使地下连续墙失稳。

③膨润土泥浆可形成致密的泥皮,可最大限度地确保槽孔孔壁的安全。

④膨润土本身含砂量很低,所制作的泥浆密度较普通黏土泥浆小,有利于泵槽孔清孔;

⑤膨润土浆密度较黏土浆小，可减少槽孔泥浆对周围地层产生劈裂的危险性和可能性。

7. 成槽工艺细节

1）南锚成槽工艺细节

成槽施工顺序为：将槽段分成8个工作区域，同时施工；每个工作区域先施工Ⅰ期槽段，再施工Ⅱ期槽段；Ⅰ期槽段上层采用三抓或三铣成槽，下层先冲3个主孔，再冲2个副孔，最后用方锤或铣槽机修孔；Ⅱ期上层采用一铣成槽，下层先冲2个圆孔，再用方锤或铣槽机修孔。

（1）槽段上层成槽方法

槽段上层采用液压抓斗和铣槽机成槽，其工作流程如下：

槽口开挖→就位→抓（铣）→进下个孔位→修孔→检查→下个槽段。

施工时，首先根据槽段划分，在导墙顶面及侧面用红漆做好标志。在铣槽机工作之前，用挖掘机开挖此槽段顶部2～3m深，以使铣槽机铣削头处的泥浆泵可以淹没在泥浆中。

指挥人员根据导墙上的标志，指挥司机使抓（铣）头移至设计槽位上，并检查铣头的垂直度，同时打开泥浆循环系统，运转正常后即开始铣进。液压抓斗则由指挥人员用经纬仪检查抓杆垂直度，并指挥司机进行调整，同时开启泥浆泵向槽口供浆，调整完毕即开始抓进。

Ⅰ期槽成槽时，必须先施工两侧槽孔，最后施工中间槽孔。液压抓斗在连续三抓空抓时，即可停抓，由施工员对比地质钻探资料及调查最后一抓的弃渣，如距离强风化面较远，则改用铣槽机继续成槽，否则按到达上、下层分界面处理。

当铣槽机压力表读数急剧上升时，即可停铣，按到达上、下层分界面处理。液压抓斗和铣槽机在完成每个槽孔后，均需用测井仪检查，合格后即进行下个槽孔或槽段的施工。如不合格须进行修孔，修孔可采用液压抓斗、铣槽机或方锤，由施工员根据实际情况决定修孔方案。整幅地下连续墙的施工方案如图3-2-43所示，铣削工艺布置如图3-2-44所示。

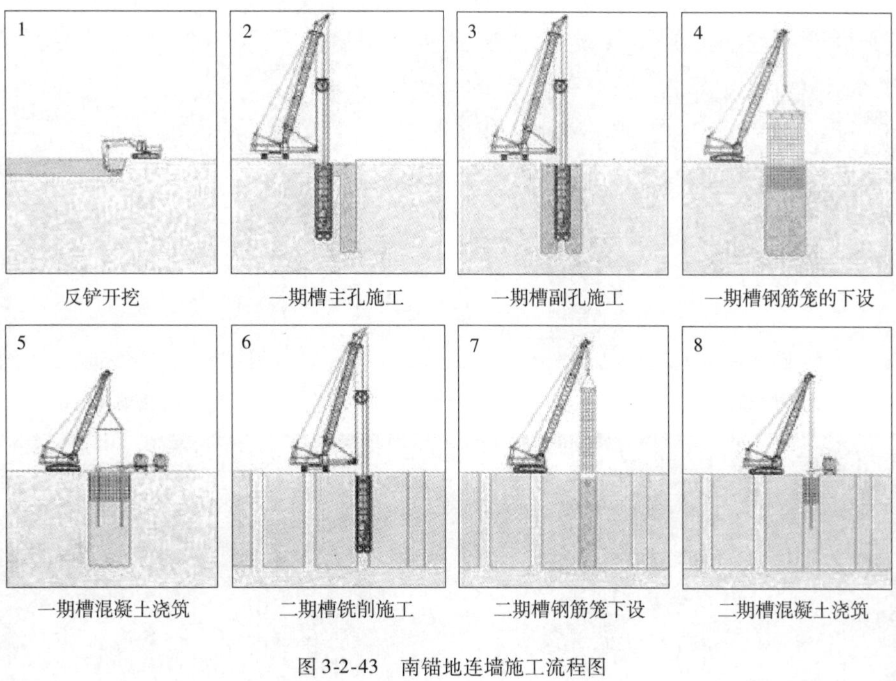

图3-2-43　南锚地连墙施工流程图

（2）槽段下层成槽方法

槽段下层采用冲击钻成槽，其工作流程如下：

回填黏土→就位→造浆→冲进→下个孔位→修孔→检查→下个槽段。

冲机在上层槽孔施工前进入内侧平台，并在上层槽孔完成前调试好，在液压抓斗或铣槽机移开后自

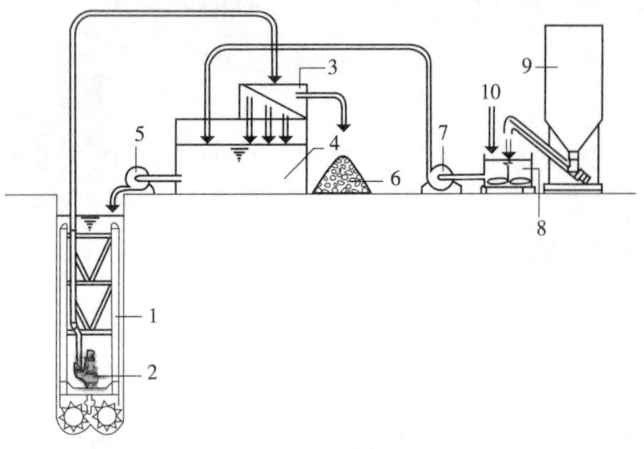

图 3-2-44　铣削工艺布置

1-旋转铣刀;2-铣刀泥浆泵;3-除砂器;4-供浆池;5-地泵;6-出砂;7-供浆泵;8-泥浆搅拌机;9-斑脱土罐;10-水;

行就位。回填黏土分两次进行,第一次在冲机就位前,用装载机下料,使槽底形成一层30cm厚的覆盖层,以免冲锤撞击在凹凸不平的岩面时出现意外情况。第二次在冲机就位后,采用人工在冲锤位置下料,同时利用冲锤击碎泥团,以调整泥浆性质。

冲锤就位时,指挥人员根据导墙上的标志,指挥司机移动机架,使冲锤移至设计槽位上。冲机先用圆锤冲出5个圆孔,再换成方锤修孔。方锤由圆锤在外围加4cm钢板改装而成,形状为1.2m×1.8m。圆锤成孔和方锤修孔与普通冲击钻成孔工艺相同。

每个Ⅰ期槽段布置两台冲机,圆孔成孔及修孔均按先边后中的顺序进行,每个孔在确认进入弱风化层3m后,再进行下一个孔的成孔作业。

冲击钻终孔深度以设计深度为依据进行验收,由监理和设计代表做现场鉴定确定最终深度。具体流程为:在两侧圆孔接近进入弱风化时(按地质图差1m时),对滤网筛出的岩样进行现场取样,每小时取一次(所有岩样在编号后予以保留,以便各方进行地质鉴定),当判断已进入弱风化时,通知质检人员进行复核,再由质检人员通知监理进行确认。

槽段下层用方锤修孔完毕后,用超声波测斜仪(图2.3.14)检查槽孔,如不合格须进行修孔。修孔可采用铣槽机或方锤,由施工员根据实际情况决定修孔方案。合格后即通知质检人员进行复核,再由质检人员通知监理进行确认。

2)北锚地连墙成槽工艺

成槽工艺主要为液压铣铣削成槽,施工流程见图3-2-45,主要分为以下三种情况:

Ⅰ期槽段第一铣　　Ⅰ期槽段第二铣　　Ⅰ期槽段第三铣

Ⅰ期槽段下放钢筋笼　　Ⅰ期槽段浇筑混凝土　　Ⅱ期槽段施工

图 3-2-45　北锚地连墙施工流程图

(1)在上部10m范围内的土层采用钢丝绳抓斗设备进行“纯抓法”成槽。

(2)10m以下的土层至基岩部分采用HF12000液压铣槽机进行“纯铣法”成槽。

(3)进入坚硬岩石层以后,采用重凿和液压铣(抓斗)交替使用,直到设计的槽孔深度,即重凿破碎岩石层,再使用铣槽机成槽。

施工工艺如下:铣槽机施工至基岩,难以进尺→提出铣槽机→下入重凿(锤)→重凿破碎岩石→提出重凿(锤)→下入铣槽机成槽。

8. 清孔换浆

1)南锚工程清孔施工工艺

南锚工程清孔利用铣槽机和BE500系统完成,泥浆循环与铣槽机成槽时类似,仅储存泥浆的地方换成回浆池,增加一台回浆泥浆泵。

清孔前在回浆池储备200cm^3新浆。清孔时,先将铣削头置入孔底(保持铣轮旋转),然后开启吸浆泵将槽内泥浆抽到BE500系统。BE500系统将处理后的泥浆注入回浆池,两台回浆泵将新浆直接抽至槽段中。换浆时如新浆抽放速度低于铣槽机时,铣槽机可适当调整流量,以达到平衡。

清孔结束后,检查泥浆指标,满足要求则通知质检人员进行复核,再由质检人员通知监理进行确认。否则继续清孔。Ⅱ期槽段清孔前,须用抓斗带钢刷清刷接口槽壁。清刷时抓斗两边装配特制钢刷,从上而下往复清刷,直到钢刷面无明显的泥皮。

2)北锚工程清孔施工工艺

北锚工程主要采用泵吸反循环法清孔。本工艺具有清孔效率较高、质量好、孔内淤积少、造孔时被污染的泥浆可大批量地抽吸出孔外进行净化、保证泥浆在长时间静置后仍有较高的清洁度的特点。清孔设备为TOYO的DP-50型(图3-2-46)潜水泥砂泵配设泥浆净化系统,可有效地对孔内及泥浆内泥砂进行清除。在清孔的同时,不断地向槽内补充新浆,以改善泥浆的性能及有利于混凝土浇筑,确保成墙质量。补充新浆的数量以槽内泥浆各项性能指标符合设计标准为宜。但考虑到槽内预埋管的下设,补充新浆的数量应达到槽内总浆量的1/3左右。特殊情况如槽内泥浆浓稠、槽内泥砂沉积较多等,采用泵吸反循环与抓斗抓捞法配合的方式进行清孔。

图3-2-46 DP-50泥浆净化系统

9. 地连墙接头技术

地连墙施工接头一方面要满足结构受力和防渗的要求,另一方面要求施工简单,质量可靠,对下一槽段施工不会造成影响。常用的接头形式主要有钻凿法连接、接头管法连接、铣削法连接以及在接缝中设置止水构造和刚性连接构造等。其中以接头管法和铣接头连接最为多见。接头管法的优点是墙体间的接缝完整,结合面形状规则,成本较低。采用该种方法时,超深地下连续墙锁口管起拔难度大。根据初步经验估算,在理想垂直状态下,顶拔锁口管需克服的锁口管自重(约500kN)与侧壁土摩阻力(单位侧阻取20kN/m^2)之和就已达6 000kN以上。如此大的顶拔力,对锁口管自身与导墙承载力的考验都是相当大的,因管身材料焊接加工质量或导墙后座强度不够导致锁口管拔断或埋管的风险几率将大为增加。受墙深较大的因素影响,对于超深嵌岩地连墙施工,拔管非常困难,需要刚度很大的导墙,因此,对于超深地下连续墙槽段之间的连接,可以采用“铣接法”,黄埔大桥悬索桥南、北锚都是采用了该类连接方法。

施工工艺如下:在两个Ⅰ期槽段中间下入铣槽机,铣掉Ⅰ期槽孔端的部分混凝土以形成锯齿形搭接,Ⅰ、Ⅱ期槽孔在地下连续墙轴线上的搭接长度为25cm。此方法在国内外大型地下连续墙项目中得到了广泛的采用,施工方法成熟。

该接头形式的特点是:由于采用液压铣槽机施工,铣轮在旋转的过程中不断地将Ⅰ期槽的混凝土切割成锯齿状,这相当于在原有的混凝土表面打毛的作用;浇筑Ⅱ期槽的混凝土时可以很好地与Ⅰ期槽混凝土相结合，是较为理想的一种连续墙接头形式；同时，该接头形式施工的工艺简单，出现事故的几率很低。

图 3-2-47 和图 3-2-48 分别为铣接头的施工工艺和铣槽机切削Ⅰ期槽段形成的混凝土表面。

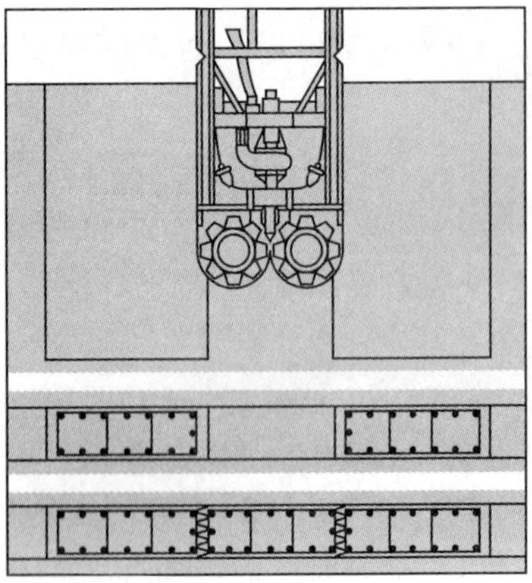

图 3-2-47　铣接工艺

图 3-2-48　Ⅰ期槽段铣削效果

10. 槽底压浆技术

后压浆技术多用于钻孔灌注桩桩底注浆施工中，针对由桩底沉渣不易清除而导致的桩端阻力发挥这一问题，不少工程采用了后压浆技术，即在桩内预埋压浆管，并在灌注桩混凝土终凝到一定强度后，通过预埋的压浆管，用压注浆泵以一定的压力将预定水灰比的水泥浆压入桩底或桩侧，对桩底沉渣、桩端持力层及桩周泥皮起到渗透、劈裂填充、压密和固结作用，以此提高桩的承载力，减少其沉降变形。

黄埔大桥锚碇基础支护结构施工首次在地连墙底部采用后压浆技术，使这一技术应用领域有了新的扩展。由于基坑开挖深，地连墙的最大开槽深度达 44m 以上，成槽机开挖后，槽底沉渣彻底清理干净非常困难，此外，泥浆护壁的质量、成槽机挖成的竖向偏差等可能引起槽壁坍塌，造成地连墙槽底沉渣量加大。考虑本工程特点，地连墙在使用阶段除具有挡土功能外，还要承受自身重量及上部结构传来的较大竖向荷载，槽底沉渣量过大，会使地连墙产生附加竖向沉降。附加沉降会使地连墙与顶板连接处产生附加沉降差，槽底虚土和沉渣越多，沉降差越大。考虑到这一不良影响因素，为降低槽底沉渣压缩量，消除沉降差，本工程经现场测量槽底虚土和沉渣厚度，将用于桩基的桩底压浆技术扩展到本工程地连墙槽底加固中来。压浆采用 C30 水泥浆，控制压力平均为 2MPa，利用压浆管将水泥浆液压入槽底，在槽底形成水泥浆加固区，去除虚土和沉渣的不良影响。经现场施工后连续观测，采用槽底压浆技术可以有效控制地连墙竖向位移，使地连墙与基础底板的变形协调一致。

1）压浆参数的确定

（1）浆液水灰比：主材料采用普通硅酸盐水泥，水灰比一般为 0.5～0.7，出盘水泥浆过滤后才能使用。

（2）压浆时间：后压浆起始作业时间一般于墙身混凝土养护 3d 后，具体时间可视施工情况进行调整，但一般不宜超过成墙后 30d。

（3）压浆压力：理论上压浆开环压力由于影响因素较多，难于精确计算，一般凭经验估计为 2.0～4.0MPa，必要时可以采用更高的压力强行开环。压浆压力是指克服浆液流阻力进行渗透扩散的压强，通常由压浆深度确定，其计算公式为：

$$P_0 = (0.2 \sim 0.23)H/10$$

式中：P_0——压浆压力；

H——压浆深度。

2)工艺流程

地下连续墙槽底压浆工艺流程如图3-2-49所示。

3)地连墙槽底压浆施工

(1)按先内环排、后外环排的顺序施工,各排孔按逐序加密的原则进行墙底灌浆。

(2)采用自下而上和自上而下法分段灌浆工艺流程。

(3)浆液的配制进行了24组配比试验,并确定了最终稳定浆液的配比。

(4)钻孔分段和灌浆分段一致,均为三段,按规范采用合适压力进行灌浆,直到灌浆结束。

(5)检查孔压水试验在灌浆结束14d后进行,采用单点法,压水试验合格标准按规范要求为:透水率$q \leqslant 5Lu$。

高喷设备及注浆施工如图3-2-50、图3-2-51所示。

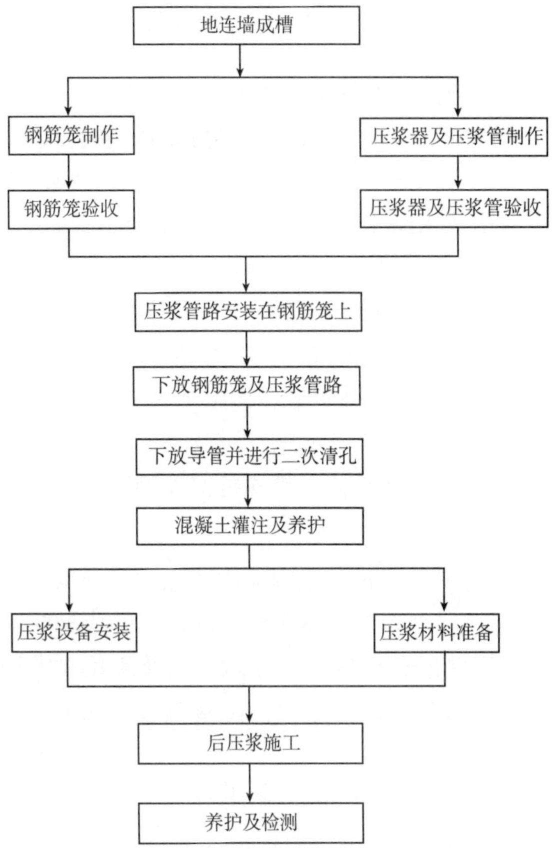

图3-2-49　槽底压浆工艺流程图

通常在高地下水位又邻江地区,为了确保锚碇施工的安全,工程界常在地下连续墙围护壁的外围再做一围封闭的止水帷幕,以保证基坑施工的安全。而广州珠江黄埔大桥锚碇基础采用地下连续墙墙下注浆帷幕、基坑内降水管井、砂砾渗井等层层排水、防渗措施,确保了基坑开挖能够安全顺利地进行,实现了锚碇基础施工部署优化的一大创新,在结合地下连续墙施工工艺改进和创新工作的基础上,保证了地下连续墙的止水性能,果断地在施工部署上取消了冻结法、外围止水帷幕,在保证安全的前提下,节约了大量的工程资金,加快了工程进度,实现了总体技术的创新。

图3-2-50　高喷设备

图3-2-51　注浆施工

三、成槽方式及技术创新点

1. 南锚地连墙成槽工艺

南锚成槽技术可以概括为:抓孔,卷扬式冲击钻成槽,铣槽机修槽,铣侧边。

考虑到在较硬岩层成槽工程量大的特点,将槽段分为上、下两层,采用不同的成槽技术。在上部淤泥层采用液压抓斗成槽,砂层中使用铣槽机成槽,到铣槽机进尺困难时,换用冲击钻成孔,并配合方锤、铣槽机修槽,最后使用铣槽机铣去侧边混凝土形成接头。

2. 北锚地连墙成槽工艺

北锚成槽技术可以概括为:抓孔,铣槽,重锤凿,抓碎石,铣槽机,修槽,铣侧边。

考虑到北锚地连墙在较硬基岩的成槽工程量相对较小,主要采用铣削法成槽。在上部10m厚的淤泥层,直接采用抓斗成槽,然后在砂层中换用铣槽机成槽,对于较硬基岩采用重凿、钢丝绳抓斗、铣槽机交替作业施工,最后使用铣槽机铣去侧边混凝土形成铣接头。

3. 技术创新点

根据南、北锚的工程地质情况和可能的成槽机械组合,分别对南、北锚的成槽方案进行了部署和试成槽,形成了两个适合本工程实际情况的成槽施工工艺,并且通过施工实践,实现了在坚硬层中集中大量使用简单成孔机械达到计划功效及质量要求和使用较先进的成槽机械及较低劳动力消耗达到成槽施工目标的两个成功案例。在国内嵌岩地下连续墙施工领域,实现了成槽施工工艺的成套技术的完整创新。

南锚施工时,将地连墙槽段根据开挖的难易程度分为上、下两层,在土层较软的上部槽段采用抓铣结合的办法进行施工。相比北锚而言,南锚岩层位置稍高,起伏较大,在较硬的下层槽段,采用了钻凿抓(铣)法进行施工,利用冲击钻对硬度很大的岩层进行打孔,再利用重锤修孔,最后采用抓斗和铣槽机清除石块和土渣,充分发挥了各种机械的长处,又避免在风化程度低的岩层单一使用铣槽机成槽,减少了铣槽机损耗,节约了成本。同时,冲击钻的机械使用费用和设备价格较低并且配备比较容易。对于有较大工作面的岩层,可以用多台钻机集中钻孔,这样大大提高了在坚硬基岩中成槽的功效。

同样道理,黄埔大桥北锚对上层较软的土体主要采用抓孔、铣削砂层,对下层基岩的较弱部分采用纯铣法施工,在较坚硬的基岩位置采用了凿铣法施工,确保了成槽质量和钢筋笼顺利下放。但是铣槽机的工时耗用较多、劳动力使用较为节约,实践和完善了较先进的成槽工艺。通过地连墙墙底压浆工法代替止水帷幕方案,可封闭地连墙底岩体缝隙渗流,阻隔地下水进入基坑,节省工期和投资费用。

四、地下连续墙施工质量控制要点

1. 泥浆质量控制措施

在成槽质量控制过程中,由试验室派专人对泥浆进行检查。按各关键点的特点,在不同的位置检验不同的指标。按检查结果采取相应的措施,以保证泥浆性能满足施工要求。具体操作步骤如下:

(1)泥浆液面距导墙顶高差不宜超过50cm。施工时,定期观测周围地下水位。当槽孔内液面低于地下水位0.5m时,不得继续进行槽孔施工。

(2)在施工过程中,经常对泥浆性能指标进行检测,使之满足施工要求。泥浆在泥浆池内存放时间不宜少于3d,在存放时必须设置泥浆泵进行循环,使泥浆保持流动状态。

2. 成槽施工质量控制措施

地下连续墙成槽施工常见问题有孔壁坍塌、漏浆、斜孔等。

1)孔壁坍塌控制

(1)泥浆指标:试验室及技术员、操作员要严格控制泥浆指标以确保两侧土体的稳定,保证护壁泥浆的质量,防止废水流入槽内,使泥浆质量变坏,造成孔壁失稳;加强对使用泥浆各项性能的检测,禁止不合格泥浆的使用。

(2)水压力:保证泥浆面与地下水位有一定的水头差,并在锚碇外侧设置4个集水井以适当降低地下水位,同时保持槽段内的泥浆高度。

(3)土压力:技术员和机械操作员要控制重型机械设备与导墙之间的距离。槽段施工时,为了确保槽壁的稳定,必须严格控制槽壁附近的堆载集度不大于30kN/m^2。

(4)成槽时间:尽量缩短槽段开挖结束至混凝土初凝之间的时间。如在成槽过程中因机械等因素影响了成槽时间,要果断变换机械。

2)漏浆控制

(1)施工槽段前对两侧一定深度内土体进行粉喷桩加固。粉喷桩施工要严格控制其质量,防止出现断桩或漏桩等问题。

(2)试验人员要严格制备性能良好、黏度较大、密度较小、泥皮致密的护壁泥浆,对于新浆要严格控制其性能要求,并根据成槽工艺的相对调整要采取相应的措施。

3)斜孔控制

(1)机械施工前操作人员要控制施工平台的平整度,枕木尽量水平。

(2)冲击钻头直径不应超过墙,钻进时应平稳,冲击轻重适宜,放绳时勤放少放。

(3)液压抓斗时,每挖掘1~2次,应将抓斗斗体旋转180°。

(4)采用液压铣槽机施工时,通过机上自带测斜仪,随时对孔斜和孔深进行测量。

(5)操作人员要经常校核桅杆的垂直度,铣头中心应与开挖槽孔中心相吻合,铣削槽孔时,根据地层情况,选择合适的铣轮转数和铣削给进力。

(6)用冲击钻机造孔,施工员和操作员要每2m检测一次斜孔,一旦发现偏斜超标,立即进行修孔。

(7)单孔终孔时,应用超声波测井仪测量孔形和斜孔。

3. 混凝土浇筑质量控制措施

(1)在一个Ⅰ槽段进行混凝土浇筑时,要停止旁边四个槽段的冲击成孔工作。

(2)首批混凝土尽量加大混凝土的坍落度(22~24cm),特别是第一根导管浇筑时的首批坍落度,以形成符合要求的堆高和不小于1:5的流动坡度。

(3)在浇筑之前,要对所用的测绳用钢卷尺进行复测,误差不超过0.1%,对于不符合要求的禁止使用。在测量时要注意测绳不可被钢筋笼或导管法兰挡住。

(4)向导管内浇筑混凝土时,速度不能太快,以防止压入过多的空气造成堵管,同时也会使得墙体含有气泡而影响质量。

(5)在浇筑过程中,导管不可作横向移动,否则会使泥浆或沉渣混入混凝土内,影响混凝土的质量。

(6)导管拆除过程中必须垂直起吊、下放,防止导管被钢筋笼卡住。

(7)混凝土浇筑的原始记录必须认真填写并且完整,以备在出现突发情况时查证。

(8)必须保证混凝土表面高差不得大于0.5m,导管埋深为2~6m,以防止混凝土内混入泥浆或泥土。

(9)混凝土均匀进料,混凝土灌注间隔时间不得超过2h。

(10)灌注混凝土的速度不小于2m/h,但不宜大于4m/h。

(11)混凝土浇筑过程中要准备5根测绳,其中2根为备用。

第三节　锚碇大体积混凝土浇筑

一、锚碇混凝土分块、分层及配合比

南、北锚碇由锚碇基础和锚体两部分组成，锚体又分为锚块、前支墩、锚室底板和侧墙等。为了解决大体积混凝土的施工问题，根据以往的施工经验和相关资料，将锚体大体积混凝土平面分块，竖向分层浇筑混凝土。其中，水平锚块间设置2m宽的后浇带，散索鞍支墩底板与锚体之间设置3m宽的后浇带；后浇带采用C30微膨胀混凝土。

1. 混凝土配合比

配合比设计原则为：在保证混凝土的设计强度、满足施工性能的基础上，尽量降低绝热温升，减少收缩，提高抗裂性。

水化热对混凝土结构影响很大，内外温差过大直接导致温度应力产生裂缝，通过水化热测试可以进行一定控制，其测试方法按照《水运工程混凝土试验规程》(JTJ 270—98)中的直接水化热法，目的在于考察粉煤灰掺量(0%，15%，30%，45%)和外加剂类型(聚羧酸系超塑化剂和萘系高效减水剂)对水化热、水化放热速率的影响。其结果为水泥水化热随龄期增长而增加，随粉煤灰掺量的增大而降低；粉煤灰掺量越高，水化热越低，放热速率越小；添加外加剂减少了水化热，有效降低了早期的温升。

绝热温升试验是在绝热状态条件下，确定混凝土在水泥水化过程中温度变化及最高温升值，其反映了早期混凝土中胶凝材料的水化速率和水化程度，且它的影响因素有很多，如水泥的水化热、混凝土中的水泥用量、混凝土比热、掺和料的使用及水泥的水化程度等因素。其试验参照《水工混凝土试验规程》(SD 105—82)中绝热温升试验方法规定进行，测定混凝土在水化中的温升值及其变化过程。黄埔大桥进行了配合比试验，最终确定的混凝土配合比分别如下。

1) C30微膨胀大体积混凝土

C30微膨胀大体积混凝土的使用部位为锚碇基坑底板、顶板后浇带，其配合比见表3-2-7。

C30微膨胀大体积混凝土配合比　　表3-2-7

编号	各组分用量(kg/m³)								初凝时间(h)	坍落度(cm)		抗压强度(MPa)		抗渗等级
	水	水泥	粉煤灰	矿粉	膨胀剂	砂	石	减水剂		0h	1h	7d	28d	
1	175	240	140	0	30	724	1 086	7.4	18	21	16	24.2	38.3	S16
2	175	160	140	120	30	708	1 062	8.1	20	21	18	22.4	36.5	

考虑降低大体积混凝土的水化温升，采用第2组配合比较优，并根据施工时气温和原材料实际情况建议，减水剂掺量可在胶凝材料总重的1.8%～2.0%范围内进行调节。

2) C30大体积混凝土

C30大体积混凝土的使用部位为锚碇基坑顶板、锚体大体积混凝土，其配合比见表3-2-8。

C30大体积混凝土配合比　　表3-2-8

编号	各组分用量(kg/m³)							初凝时间(h)	坍落度(cm)		抗压强度(MPa)		抗渗等级
	水	水泥	粉煤灰	矿粉	砂	石	减水剂		0h	1h	7d	28d	
1	180	160	150	140	708	1 062	8.1	21	22.0	19.0	23.5	35.8	S14

根据施工时气温和原材料实际情况建议，减水剂掺量可在胶凝材料总重的1.8%～2.0%范围内进行调节。

3)C20 大体积混凝土

C20 大体积混凝土的使用部位为锚碇基坑填芯混凝土,配合比见表 3-2-9。

C20 大体积混凝土配合比　　表 3-2-9

编　号	各组分用量(kg/m^3)							初凝时间(h)	坍落度(cm)		抗压强度(MPa)	
	水	水泥	粉煤灰	矿粉	砂	石	减水剂		0h	1h	7d	28d
1	175	140	140	100	730	1 009	5	20.0	21.0	18.0	18.8	30.5

根据施工时气温和原材料实际情况建议,减水剂掺量可在胶凝材料总重的 1.2% ~1.5% 范围内进行调节。

4)原材料来源

水泥:广州水泥厂金羊牌 PO32.5R 水泥。

粉煤灰:广州电厂Ⅱ级灰。

膨胀剂:安徽淮南矿物局大通速凝剂厂生产的 UEA 膨胀剂,限制膨胀率为 3×10^{-4}。

矿粉:广东番禺矿粉厂,比表面积为 $450m^2/kg$。

砂:中砂,细度模数为 2.6 ~2.8。

石:5 ~25mm 连续级配碎石。

减水剂:江门 WH 高效减水剂。

2. 混凝土分块、分层浇筑

锚体大体积混凝土平面分成 A、B、C、D 四块,如图 3-2-52 所示。其中锚块设置 2m 宽的后浇带,散索鞍支墩底板与锚块之间设置 3m 宽的后浇带,后浇带采用 C30 微膨胀混凝土。

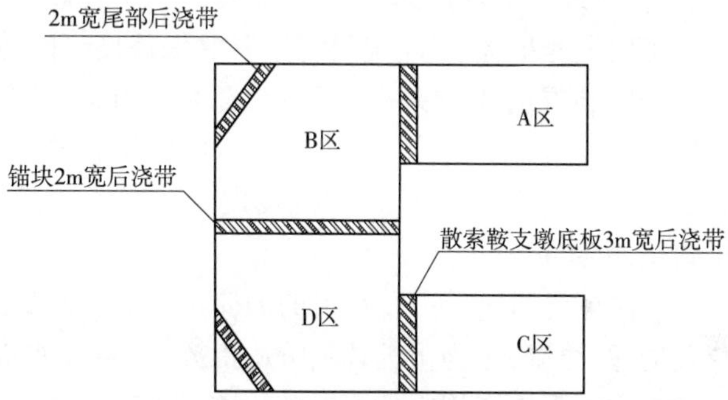

图 3-2-52　锚体平面分块示意图

3. 混凝土竖向分层方案

锚块共分 15 层,其中第 1 ~6 层每层厚度为 2m,第 7 ~14 层每层厚度为 2.25m,第 15 层厚度为 1.5m;3m 厚散索鞍底板分为 2 层,每层厚度为 1.5m;散索鞍支墩顶部分为 3 层,厚度分为 2m、2.25m、3.08m。锚体竖向分块如图 3-2-53 所示。

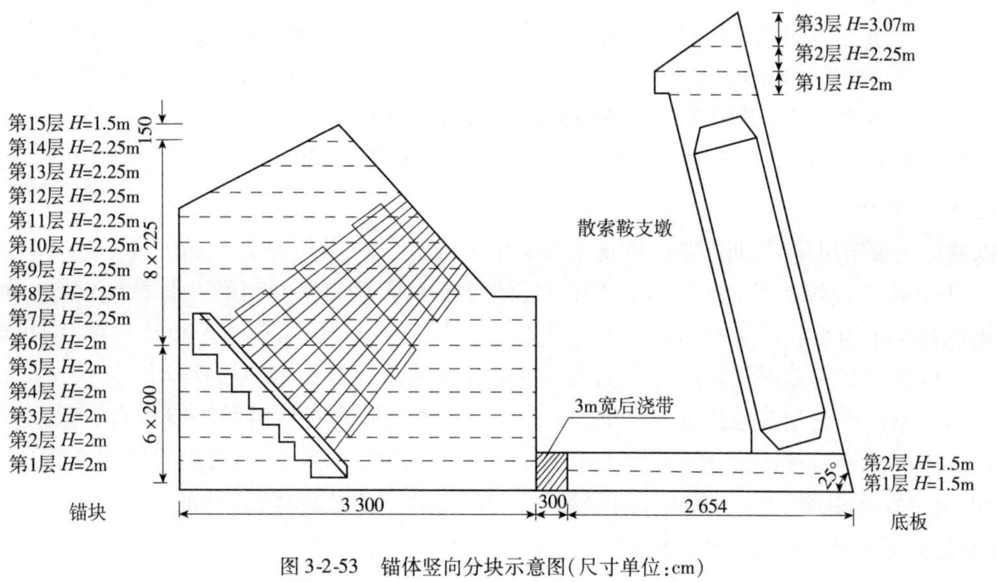

图 3-2-53　锚体竖向分块示意图(尺寸单位:cm)

二、锚碇基础施工

1. 大体积混凝土浇筑

(1)由于在锚碇底板、填芯、顶板施工时属于大体积混凝土浇筑,混凝土经过升温,降温及稳定期阶段,混凝土体积变化如受到约束,就会产生温度应力,即在表面产生拉应力,所以,需要在施工过程中采取措施来预防混凝土产生裂缝,要求其内外表面温差不大于25℃,混凝土在浇筑完成3d后一般达到峰值,在保持24h后开始缓慢下降。

(2)施工时采取下列温控措施,以防止混凝土开裂。

①混凝土:采用微膨胀混凝土。即在混凝土内部预加一个压应力,在混凝土变化过程中以平衡其表面拉应力。

微膨胀混凝土技术要求:初始坍落度为210mm,2h后坍落度为210mm。初凝为12h,凝结时间为60h。对于线膨胀率,1d,0.012%;3d,0.014%;7d,0.016%;14d,0.018%。

②冷却管布置:在混凝土浇筑过程中要保持通水,以防止水泥浆液体留在管中,且有利于混凝土的温度控制。

③控制原材料的温度:存货在使用前不得超过15d,使用温度不得超过50℃,并且在浇筑前及浇筑过程中,在不改变水灰比的前提下,要对水泥罐及砂石料进行洒水冷却。

④加强养护:混凝土浇筑完毕后要保持良好的养生工作,在其表面洒一层5cm高的水。

⑤控制混凝土的入仓温度:由于混凝土浇筑在夏季,温度较高,而入模温度不得超过26℃,所以要控制混凝土的入仓温度,但降温速率不超过1.5℃/d。同时,要做好混凝土坍落度、入模温度的测试和记录工作。及时反馈现场混凝土实际坍落度、可泵性、和易性等质量信息,以有利于控制搅拌站出料质量。

⑥保证浇筑过程中砂石料的需要量,以满足泵送要求,并由拌和楼人员专门负责检查,车辆进出场由专人指挥、协调,车辆司机必须听从指挥,严防交通堵塞。

⑦在混凝土浇筑前必须提前检查拌和楼机械,并提前预备易损零件,尽可能在短时间内恢复生产。在混凝土浇筑过程中需在泵管上覆盖麻袋并洒水淋湿。

2. 混凝土防离析措施

(1)在混凝土浇筑过程中,由于混凝土落差高达25.5m,为了防止混凝土在浇筑过程中产生离析现象,造成混凝土质量无法达到设计要求,必须采取有效措施。

(2)泵管在垂直方向固定在内衬墙的预埋件架上,在高程-13.9m处即底板顶处接一个90°大半径弯管,在混凝土出口处接130mm的软管。混凝土浇筑时可用麻绳绑住移动,以防止软管断裂。

(3)泵管在垂直方向5m处用手拉葫芦固定,以防泵管移动。

(4)混凝土配合比泌水率不得大于2%,入仓坍落度不得大于22mm。

3. 钢筋连接处理

(1)钢筋接头采用焊接时,两钢筋的搭接端部要预先折向一侧,使两结合钢筋轴线一致。单面焊接的焊缝长度不小于10d,双面焊的焊缝长度不得小于5d,且错开布置,两接头间距不得小于1.3倍的搭接长度。

(2)钢筋接头采用绑扎接头时,搭接长度受拉区不小于35d,受压区不小于25d,绑扎时钢筋直径在12~25mm时铁丝规格为20号,钢筋直径为25~32mm时铁丝规格为18号,铁丝长度不小于25cm。

(3)同号规格的钢筋接头采用连接器时,钢筋下料的切口端面应与钢筋轴线垂直,不得有绕曲,镦粗头的基圆直径应大于丝头螺纹外径,长度大于1/2的套筒长度。接头拼装时用管钳扳手拧紧,使两个丝头在套筒中央位置互相顶紧。完成后套筒每端不得有一扣以上的完整丝扣外漏。

4. 锚碇基础施工总体步骤(图3-2-54)

(1)平整场地:平整场地,使地表凹凸坑洼处整平至设计地面高程5.600m;工作场地的表土夯实。

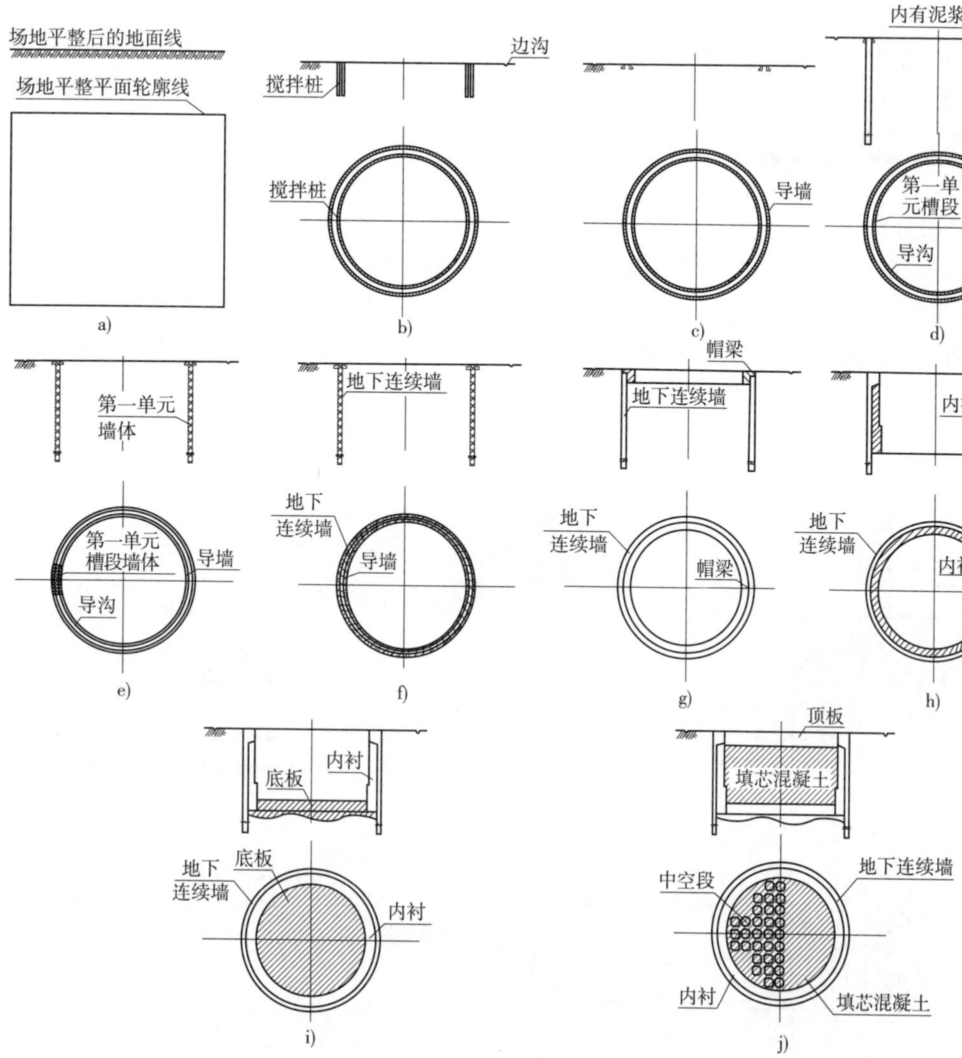

图 3-2-54　锚碇基础施工总体步骤

(2)筑边沟及施工平台,施工搅拌桩:施工放样,砌筑边沟及施工平台平面(图中未示出);淤泥质黏土层采用水泥搅拌桩加固;进行黏土层砂桩施工。

(3)挖导沟,筑导墙:地下连续墙测量放样,开挖导墙沟槽(未示出搅拌桩);绑扎导墙钢筋并立模板,浇筑混凝土并养生;拆除模板,在两片导墙之间设置木支撑。

(4)地连墙成槽施工:根据单元槽段的划分,进行第一单元槽段的施工;不断施工,不断补给泥浆,直至开挖到设计高程。

(5)清底,下钢筋笼,浇筑混凝土:成槽机械移位,清除基底沉淀物;将钢筋笼吊放到槽内就位;浇筑地连墙水下混凝土。

(6)依次进行余下单元的地连墙施工:重复第四和第五工序,直至完成连续墙墙体施工;地连墙按Ⅰ期、Ⅱ期槽段分段施工;待两个槽段强度达到80%后,施工中间Ⅱ期槽段。

(7)墙底防渗压浆,拆除导墙,施工帽梁:地下连续墙底脚以下进行防渗压浆、降水井施工;进行抽水试验,根据试验结果,决定是否进行槽段接缝处的高压旋喷封水施工;拆除导墙,开挖坑槽,施工帽梁。

(8)基坑开挖,施工内衬:按设计要求分层开挖基坑内土方,采用逆筑法施工连续墙内衬;待已浇筑内衬达到规定的强度后再继续开挖,再施工下一道内衬,直到到达设计高程以上0.5m。基坑开挖需分区进行,每一区域开挖后36h内浇筑内衬。

(9)浇筑垫层混凝土,施工底板:采用人工突击连续开挖,直至设计高程;进行基底处理;浇筑垫层及封底混凝土；施工底板。

(10)浇筑填芯混凝土：分层浇筑填芯混凝土直至设计高程；布置顶板内各层冷却管，预埋锚体钢筋；分块、分层浇筑基础顶板。

三、锚块混凝土分层浇筑

锚块施工采用分层分块施工进行，并在锚块尾部设置上、下游两个后浇段，高度为4m。另外在桥轴线处设置一个后浇段，高度为16.5～31.171m，宽度均为2m。施工时先进行锚块尾部两部分，高度为4m，观测其日沉降量，若基础日沉降量小于2mm，后尾部后浇段可同锚块同时施工(取消此后浇段)。而桥轴线处的后浇筑将锚块分成上、下游两部分施工，此后浇段在已浇筑的相邻锚块混凝土内部温度与大气温度相差小于10°C时可进行施工。

锚体施工总体步骤如图3-2-55所示。

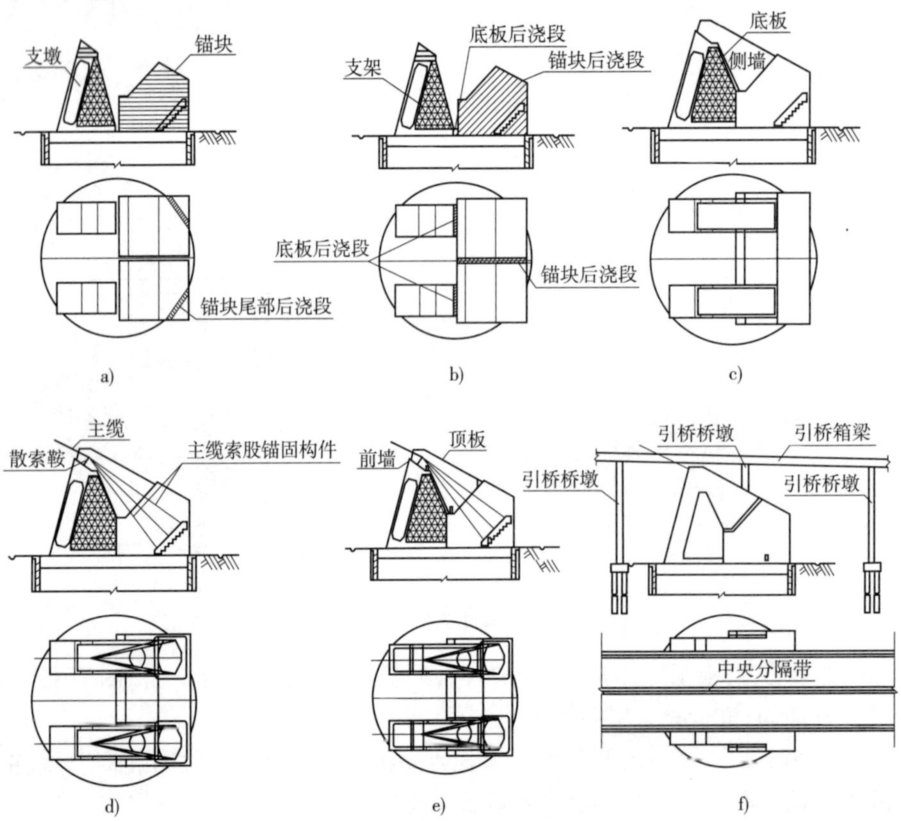

图3-2-55 锚体施工总体步骤

(1)分层、分块浇筑锚块、散索鞍支墩及底板：分层设置预应力定位支架；预应力管道定位、绑扎钢筋、布置冷却管；分层分块浇筑锚块、散索鞍支墩及底板混凝土。浇筑过程中按外保内降原则做好混凝土养生工作，防止产生温度裂缝；锚块尾部后浇段高度4m，在尾部锚块基础日沉降量小于2mm后浇筑，待其强度达到设计强度的90%以后，方可进行上层锚块的施工。

(2)后浇段施工：待先浇的锚块、散索鞍支墩及其基础混凝土冷却至设计要求后，绑扎各后浇段钢筋；浇筑各后浇段混凝土并养生。

(3)前锚室底板、侧墙施工：搭设支架，支底板模板，绑扎前锚室底板、侧墙钢筋，立模浇筑前锚室底板及侧墙。

(4)张拉锚块预应力，安装主缆索股锚固连接构件，架设散索鞍，主缆索股安装：待锚块混凝土达到设计强度后，张拉锚固预应力钢绞线；按设计要求安装主缆相应锚固连接构件；架设散索鞍[可与步骤(2)并行施工]；架设主缆索股，完成主缆索股锚固施工。

(5)前锚室前墙、顶板施工:待主梁及主桥桥面的主要二期恒载施工完成后,绑扎前锚室顶板及前墙钢筋,立模浇筑各部混凝土。

(6)支架拆除,附属工程安装施工:拆除前锚室支架;安装锚室检查门,检修楼梯施工;进行其他维护设备(如:配电、照明、抽湿、通风等设施)的安装施工;同时完成引桥桥墩及上部结构的施工。

四、前支墩混凝土浇筑

前支墩分19层施工,其中第1、3、14、16~18层高2m,第2层高1m,第4~12层高2.5m,第13、15层高1.5m,第19层高64.7cm,其余各层高2.5m。为了便于描述,第1、2层称为底板,第3~14层称为空腔段,第15~18层称为实心段,第19层称为墩尖。底板和实心段按大体积混凝土施工,墩顶与同层前锚室底板一起浇筑。第15层设有临时人洞,该处钢筋采用镦粗直螺纹套筒连接。为保证外观质量,外围模板系统采用卓良DP180悬臂模板,空腔及与其他构件接触面模板采用自行加工的钢模板,用槽钢加劲,焊管支撑。竖向钢筋根据混凝土分层要求分段安装,主要采用钢筋连接器连接。钢筋定位利用轻型骨架。附属结构由现场自行加工后直接用塔吊安装就位。实心段施工前,在+21.4m处设置一道水平支撑,以抵抗前支墩的倾覆力。

五、锚碇前锚室底板及侧墙混凝土浇筑

平底板采用附墙支架施工,底板内外模均采用钢模,侧墙外模采用专用木模,内模采用普通木模。侧墙外侧脚手架直接利用专用木模附架,内侧脚手架则采用焊管支架。混凝土采用泵送,其他材料采用塔吊转移。人员通道利用前支墩上、下通道。

六、锚碇大体积混凝土施工技术创新

1.锚碇基础顶板大体积混凝土内部温度监测及成果分析

1)监测数据

锚碇顶板断面平均温度过程线图如图3-2-56~图3-2-58所示。

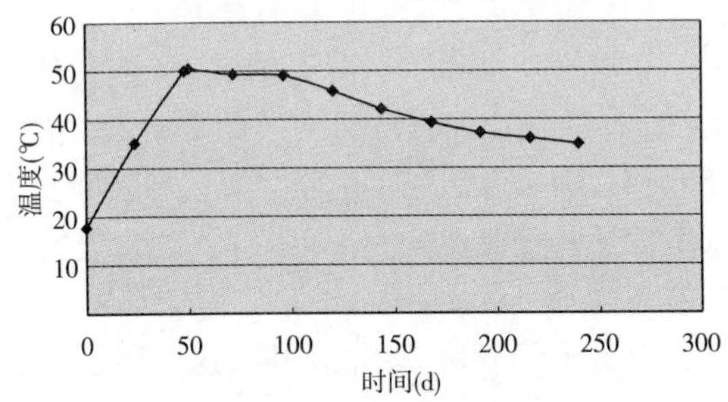

图3-2-56　顶板A区第一层测温断面平均温度过程曲线

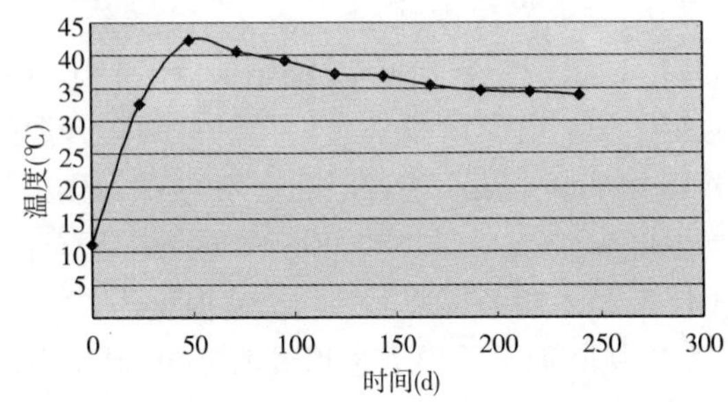

图3-2-57　顶板A区第二层测温断面平均温度过程曲线

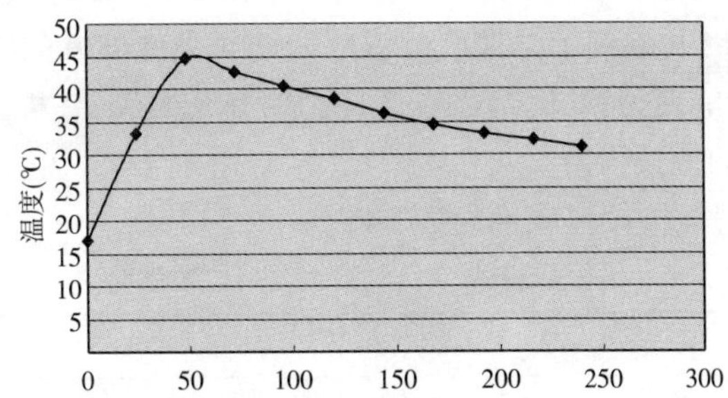

图3-2-58　顶板A区第三层测温断面平均温度过程曲线

锚碇顶板混凝土温度监测综合成果一览表见表3-2-10。

锚碇顶板混凝土温度监测综合成果一览表

表 3-2-10

部位＼项目	内部最高温度(℃)	温峰持续时间(h)	最高温度出现时间(h)	断面平均最高温度(℃)	断面最大内表温差(℃)	混凝土入舱温度(℃)	混凝土浇筑气温(℃)
顶板 A 区第 1 层混凝土($h=1$m)	53.1	6	50	50.4	19	20~25	19~24
顶板 A 区第 2 层混凝土($h=2$m)	45.3	6	48	42.3	17.5	21~28	20~25
顶板 A 区第 3 层混凝土($h=2$m)	47.9	4	48	44.7	16.9	22~29	20~27
顶板 B 区第 1 层混凝土($h=1$m)	50.6	4	52	49.4	17.4	23~30	19~28
顶板 B 区第 2 层混凝土($h=2$m)	49.3	6	46	47.2	15.4	22~31	20~27
顶板 B 区第 3 层混凝土($h=2$m)	53.1	6	44	51.3	12.7	23~30	19~27
顶板 C 区第 1 层混凝土($h=1$m)	48.8	4	50	46.2	17.4	24~31	23~28
顶板 C 区第 2 层混凝土($h=2$m)	45.5	4	54	43.9	15.7	23~32	22~29
顶板 C 区第 3 层混凝土($h=2$m)	41.4	4	50	49.2	17.4	25~34	24~30
顶板 D 区第 1 层混凝土($h=1$m)	51.5	4	56	49.9	25	24~31	23~29
顶板 D 区第 2 层混凝土($h=2$m)	50.5	4	48	48.6	24.5	23~32	20~28
顶板 D 区第 3 层混凝土($h=2$m)	49.9	6	40	47.8	25.3	24~33	21~29

2)综合成果及分析

(1)通过观测数据可知,锚碇顶板混凝土温度变化都有急剧的升温和缓慢降温的特征,直到最后达准稳定阶段。升温阶段一般只有 44~54h,升温达到峰值后,高温峰值时间较短,一般约 2~6h。锚碇顶板 A 区第 1 层至第 3 层各层断面平均最高温度为 42.4~50.4℃,顶板 B 区第 1 层至第 3 层各层断面平均最高温度为 47.2~51.3℃,顶板 C 区第 1 层至第 3 层各层断面平均最高温度为 43.9~49.2℃,顶板 D 区第 1 层至第 3 层各层断面平均最高温度为 47.8~49.9℃。

(2)从断面平均温度过程线图可知,混凝土峰值出现后,混凝土降温速率不尽相同,这与各层混凝土浇筑时层厚、浇筑温度、气温和通水时间有关。

(3)冷却水进、出口水温差,锚碇底板、顶板各层最大值在 2.5~12.2℃之间,并且控制顶板混凝土各层每日最大降温值在 2.0℃/d 内,起到了早期削减温峰及防止温度回升的效果。

(4)温控计算得到的底板龄期为 7d 的最大温度应力为 0.91MPa,底板龄期为 14d 的最大温度应力为 1.57MPa,远小于顶板混凝土的抗拉强度。

顶板 C30 大体积混凝土劈裂抗拉强度见表 3-2-11。

顶板 C30 大体积混凝土劈裂抗拉强度

表 3-2-11

龄期(d)	7	14	28
R_{pl}(MPa)	1.60	2.80	3.30

(5)锚碇顶板各层断面最大内表温差均在 18.7~25℃之间,低于温度设计要求的 25℃。因为控制温度应力和温度变形效果好,锚碇顶板没有出现温度裂缝。

3)温控结论

在锚碇基础顶板混凝土施工中,通过温控措施,在锚碇顶板混凝土施工中,顶板增设冷却水管通水冷却,并依靠混凝土配合比设计,降低水泥用量,提高矿物掺和料用量,很大程度上降低了混凝土的水化温升,提高泵送施工性能和耐久性能,整个顶板混凝土温度变形和温度应力都符合设计要求,顶板没有出现温度裂缝,满足设计要求。

2.锚碇基础底板大体积混凝土内部温度监测及成果分析

1)监测数据

锚碇底板断面平均温度过程线如图3-2-59、图3-2-60所示。

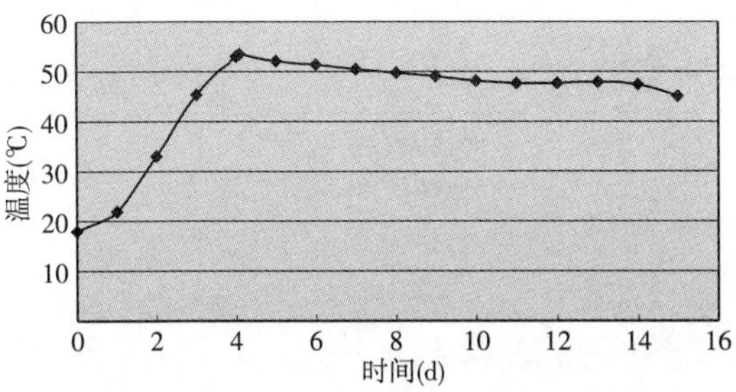

图3-2-59 底板第一层测温断面平均温度过程曲线

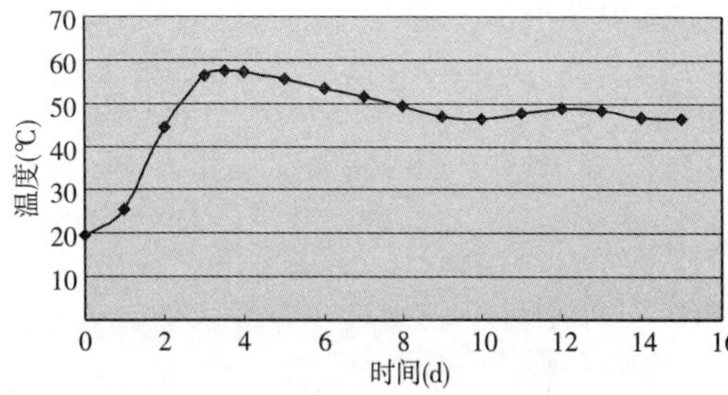

图3-2-60 底板第二层测温断面平均温度过程曲线

锚碇底板混凝土温度监测综合成果一览表见表3-2-12。

锚碇底板混凝土温度监测综合成果一览表 表3-2-12

项目 部位	内部最高温度(℃)	温峰持续时间(h)	最高温度出现时间(h)	断面平均最高温度(℃)	断面最大内表温差(℃)	混凝土入舱温度(℃)	混凝土浇筑气温(℃)
底板D1第1层混凝土(h=2.5m)	57	8	98	53.6	22.0	25~28	15~22
底板D1第2层混凝土(h=2.5m)	58.2	6	72	58	26.3	24~29	14~23
底板D2第1层混凝土(h=2.5m)	57.6	6	94	55.1	15.7	23~28	16.5~20
底板D2第2层混凝土(h=2.5m)	59.2	8	64	58	17.3	22~25	17~21

2)综合成果及分析

根据监测结果,可以得出:

(1)由断面平均温度过程线可知,锚碇底板混凝土温度变化都有急剧的升温和缓慢降温的特征,直到最后达准稳定阶段。升温阶段一般只有64~98h,升温达到峰值后,高温峰值持续时间较短,一般约2~8h。锚碇底板第1层至第4层各层断面平均最高温度为50~55℃。

(2)从断面平均温度过程线图可知,混凝土峰值出现后,混凝土降温速率不尽相同,这与各层混凝土浇筑时层厚、浇筑温度、气温有关。

(3)控制了锚碇底板各层每日最大降温值在2℃/d内,起到了早期削减温峰及防止温度回升的效果。

(4)根据温控计算得到的底板龄期为7d的最大温度应力为0.92MPa,底板龄期为14d的最大温度应力为1.53MPa,远小于底板大体积混凝土的理论抗拉强度。

底板C30大体积混凝土劈裂抗拉强度见表3-2-13。

底板C30大体积混凝土劈裂抗拉强度 表3-2-13

龄期(d)	7	14	28
R_{pl}(MPa)	1.60	2.80	3.30

(5)底板各层断面最大内表温差均在17.3~25℃之间,低于温度设计要求的25℃。因为控制温度应力和温度变形效果好,锚碇底板没有出现温度裂缝。

3)温控结论

在锚碇底板混凝土施工中,底板在没有设置冷却水管通水冷却的情况下,依靠混凝土配合比设计,降低水泥用量,提高矿物掺和料用量,降低混凝土的水化温升,提高泵送施工性能和耐久性能,底板混凝土各龄期的温度应力小于混凝土的抗拉强度,没有出现温度裂缝,满足设计要求。

3. 锚碇填芯大体积混凝土内部温度监测及成果分析

1)监测数据

锚碇填芯混凝土温度监测综合成果一览表见表3-2-14。

锚碇填芯混凝土温度监测综合成果一览表 表3-2-14

项目 部位	内部最高温度(℃)	温峰持续时间(h)	最高温度出现时间(h)	断面平均最高温度(℃)	断面最大内表温差(℃)	混凝土入舱温度(℃)	混凝土浇筑气温(℃)
填芯第1层混凝土($h=2.5$m)	50.1	2	76	47.2	18.4	19~22	18~20
填芯第2层混凝土($h=2.5$m)	51.3	4	90	48.7	19.6	18~24	16~21
填芯第3层混凝土($h=2.5$m)	44.9	2	62	43.7	17.8	19~23	16.5~20
填芯第4层混凝土($h=2.5$m)	52.1	4	88	50.3	20.3	20~24	17~21
填芯第5层混凝土($h=2.5$m)	52.2	4	72	50.2	19.7	20~23	17~20
填芯第6层混凝土($h=2.5$m)	45.7	4	86	43.5	16.4	18~22	16~20
填芯第7层混凝土($h=2.5$m)	52.6	2	58	50.4	20.5	21~24	19~22
填芯第8层混凝土($h=2.5$m)	54.6	5	76	52	21.7	20~23	17~21

2)综合成果及分析

根据监测结果,可以得出:

(1)锚碇填芯混凝土温度变化都有急剧的升温和缓慢降温的特征,直到最后达准稳定阶段。升温阶段一般只有58~90h,升温达到峰值后,高温峰值时间较短,一般约2~5h。锚碇填芯第1层至第8层各层断面平均最高温度为43.7~52℃。

(2)混凝土峰值出现后,混凝土降温速率不尽相同,这与各层混凝土浇筑时层厚、浇筑温度、气温有关。

(3)控制了填芯混凝土各层每日最大降温值在2.0℃/d内,起到了早期削减温峰及防止温度回升的效果。

(4)根据温控计算得到的底板龄期为7d的最大温度应力为0.58MPa,底板龄期为14d的最大温度应力为0.83MPa,远小于C20混凝土的抗拉强度。

(5)填芯各层断面最大内表温差均在16.4~21.7℃之间,低于温度设计要求的25℃。因为控制温度应力和效果好，锚碇填芯没有出现温度裂缝。

3）温控结论

在锚碇填芯混凝土施工中，在没有设置冷却水管通水冷却的情况下，依靠大体积混凝土配合比设计，降低水泥用量，提高矿物掺和料用量，降低混凝土的水化温升，提高泵送施工性能和耐久性能，整个填芯混凝土温度应力都符合设计要求，填芯没有出现温度裂缝，满足设计要求。

第四节　钢箱梁制造与架设

一、钢箱梁制造

1. 钢箱梁制造过程的技术和工艺控制

1）钢箱梁制造

（1）U 肋制造：钢箱梁板单元生产，U 肋生产是关键，采用先进的 2-PPEB800/80 型双机联动数控折弯机，压制 U 肋，由于其一次折弯，所以成型好、质量稳定、效率高。

（2）顶、底板单元制造：为保证顶、底板单元质量，特制作专用无码定位门架式胎型，进行板单元组装，严格按纵横基准线精确对线就位组装 U 形肋；为了控制顶、底板单元出现焊接变形，根据单元焊接过程中的输入热量、应力分布及变形趋势，总结焊接变形的规律，确定反变形量，设计制作顶、底板焊接反变形胎架，提高生产效率，同时保证单元制造质量。

（3）锚箱单元制造：锚箱单元为直接承受、传递索力的结构，是桥梁的传力关键部位，全桥共 170 个，锚箱合件由承力板、部分斜顶板和耳板组成。耳板在箱体上的位置和角度精度及耳板与承力板的焊接质量十分重要。为了保证锚箱总拼装安装质量，将含有锚箱合件的斜顶板单元分为三段制造，锚箱合件沿吊点中心向两端各 2m，形成 4m 长的锚箱合件，其余部位，按斜顶板单元制作。

（4）隔板单元制造：横隔板是箱梁组装的内胎，精度直接影响箱梁的断面尺寸精度，它的周边加工精度和 U 形肋槽口精度的控制是确保钢箱梁顺利组装的关键。

（5）人行道单元制造：根据人行道的结构特点，采用“倒装法”在人行道组焊胎架上进行组焊。即先将箱梁斜底板单元和人行道顶板单元背面朝上置于胎架上进行定位、拼装、焊接、探伤，再按线组装、焊接人行道隔板和挡风板。完成后用吊具空中翻身，之后矫正、修正纵横基准线。

（6）顶、底板二拼一：为控制板单元合件的组装精度，加快生产进度，设计了板单元二拼一胎架。胎架高度为 1.2m，胎架具有较好的刚性，采用反变形控制板单元焊接变形。采用码板定位拼接，以保证组装精度且控制焊接变形。此方案同时减少总拼胎架上焊接的工作量，这样即保证了焊接质量，同时加快了总拼进度。

（7）钢箱梁节段组装焊接

①钢箱梁支撑胎架的制作：为保证钢箱梁的外轮廓尺寸及部件位置的准确性，针对该桥结构特征，设计刚架式梁段组装及预拼装胎架两组。预拼装胎架每个总长约 64m、宽 41m，胎架高 1.8m，每个胎架每次可一次组装 4、5 个梁段。根据斜底板、底板外形确定胎架形状，利用型钢制作支承刚架，与基础预埋件焊接，支承刚架分横向刚架和纵向连杆，每 1.6m 设一横向刚架，用纵向连杆将横向刚架连接起来，形成网架结构，使其具有足够的刚度，不会随使用时间的延续发生变形。为抵消箱体的弹性变形，确保两端吊耳间距，胎架在制作时斜底板外边缘处下移 10mm，中心线外移 10mm；同时在钢箱梁底板设 20mm 的预拱度，以抵消钢箱梁自重产生 8.2mm 的下挠和焊接产生的弹性变形量（隔板在数控下料时按横向起拱下料）。

②钢箱梁的制作：梁段组装时以胎架为外胎，组装底板、斜底板、人行道，以横隔板为内胎控制箱口尺

寸,组装锚箱、斜顶板、顶板。通过测量塔和横向基准点即“三纵一横法”控制板单元、板单元合件就位精度,在尽可能少的码板约束下施焊。

③钢箱梁预拼装:钢箱梁预拼装按照架梁的顺序,分别在总拼胎架(一)、总拼胎架(二)上,由跨中向两端预拼,全桥共进行12次预拼装,每次预拼有4个或4+1个梁段参加。第一次预拼是4个梁段,以后每次预拼为4+1个梁段。每次预拼装留下一个复位梁段参与下次预拼装,这样首尾相接完成所有预拼装作业。每次预拼装完成后,将不复位的梁段运至临时存梁区,修磨及组装检查车轨道、泄水孔等,然后进行梁段除锈、涂装。

2)钢箱梁运输

黄埔大桥南汊悬索桥运输共计87段钢箱梁和两台检查车,最大梁段质量为230t,标准梁段质量为215t。

在广东省汕头市中铁宝桥钢结构工程有限公司码头装船,经珠江口,到达广东省广州珠江黄埔大桥桥位。其中从汕头到珠江口205n mile(海里),从珠江口到黄埔大桥桥位70n mile(海里),全程共275n mile(海里)(511km)。

钢箱梁装船运输方案如下:

(1)黄埔大桥南汊桥钢箱梁水上运输,采用驳船叠梁运输方案。首先使用两台运梁平车,将钢箱梁转运至运输码头。

(2)然后用专用吊具利用250t门吊,吊起装船。

(3)装船形式为在驳船面板上设置钢支墩,供支撑梁段用;在下层梁段上同样摆放钢支墩,供支撑上部梁段用。钢箱梁装载完成后进行绑扎加固。在桥位后吊装的梁段,放在底层,先吊装的梁段放在上层。

3)钢箱梁工地焊接

钢箱梁桥位安装焊接主要包括四个方面,即环缝接口组装、环缝调整定位焊接、U肋嵌补段组装及U肋嵌补段焊接。

(1)环缝接口组装

钢箱梁吊装后,由于梁段偏心,对接口上、下错台,需要制作工具调整接口,并利用码板码固接口,保证钢箱梁在工地焊接的质量。

(2)环缝调整定位焊接

环缝焊接前,打磨坡口,背面贴陶瓷衬垫,采用CO_2打底、埋弧自动焊盖面的工艺,保证钢箱梁环缝焊接质量。

(3)U肋嵌补段组装

U肋嵌补段组装为配切工艺,按每个接口焊接后实际尺寸量取配切嵌补段长度,进行组装焊接。

(4)U肋嵌补段焊接

U肋嵌补段焊接,均在钢箱梁内部进行,其中顶板U肋嵌补段焊接由于采用仰焊,最为困难,采用架设平台并用合理的焊接工艺,可保证U肋的焊接质量。

2.钢箱梁制造的质量控制

1)质量保证体系的建立

针对黄埔大桥钢箱梁制造项目,必须建立完善的质量保证体系,明确责任分工,将相关质量职责落实到人,并编制《质量管理及奖惩制度》进行考核。

2)焊接工艺评定

由于黄埔大桥悬索桥钢箱梁为全焊结构,根据设计图的结构要求,编制焊接工艺评定大纲,共38个接头形式,并逐项进行工艺评定试验,通过焊接工艺评定试验报告选择合适的坡口、焊接材料、焊接方法及工艺参数等,确保焊接接头的力学性能达到设计要求。焊缝接头坡口形式、焊接方法、代表接头见表3-2-15。

焊接工艺评定试验项目表　　表 3-2-15

序号	接头名称	焊接方法	焊接材料	代表接头	接头描述
1	δ12 + δ12 平位对接	12/135	H10Mn2(ϕ4) SJ101 ER50-6(ϕ1.2)	底板、斜底板板块(单元)对接	b = 6, α = 50°, 陶瓷衬垫
2	δ16 + δ16 平位对接	12/135	H10Mn2(ϕ5) SJ101 ER50-6(ϕ1.2)	底板、底板板块(单元)对接	b = 6, 陶瓷衬垫
3	δ16 + δ16 平位对接	12/135	H10Mn2(ϕ5) SJ101 ER50-6(ϕ1.2)	底板、底板板块(单元)对接	大间隙, b = 25, 陶瓷衬垫
4	δ16 + δ16 平位对接	135	ER50-6(ϕ1.2)	HG2、HG3、HG4、HG5 立位对接	双面 V 形, b = 6, α = 45°, 陶瓷衬垫
5	δ12 + δ12 平位对接	135	ER50-6(ϕ1.2)	所有板肋(δ10)嵌补	单面 V 形, b = 6, α = 45°, 陶瓷衬垫
6	δ16 + δ16 平位对接	135	ER50-6(ϕ1.2)	HG2 横位对接	
7	δ12 + δ12 平位对接	135	ER50-6(ϕ1.2)	HG3、HG4、HG5、δ12、δ10 横位对接	单面 V 形, b = 6, α = 45°, 陶瓷衬垫
8	δ16 + δ16 平位对接	135	ER50-6(ϕ1.2)	锚腹板(直腹板)与顶板, HG3、HG4 与斜顶板熔透角焊缝	
9	δ16 + δ10 平位对接	135	E71T-1(ϕ1.2)	锚腹板(直腹板)斜底板熔透角焊缝	
10	δ16 + δ16 立位对接	135	ER50-6(ϕ1.2)	HG3、HG4 与直腹板熔透角焊缝	
11	δ30 + δ10 横位角接	135	ER5015(ϕ4) E71T-1(ϕ1.2)	承力板与斜顶板、斜底板熔透角焊缝	
12	δ30 + δ40 横位角接	136/111	ER5015(ϕ4) E71T-1(ϕ1.2)	耳板加劲与耳板熔透角焊缝	
13	δ30 + δ10 横位角接	136	E71T-1(ϕ1.2)	锚腹板与承力板熔透角焊缝	
14	δ30 + δ16 横位熔透角接	135	ER50-6(ϕ1.2)	承力板与顶板熔透角焊缝	
15	δ16 + δ16 横位角接	136	E71T-1(ϕ1.2)	直腹板与顶板熔透角焊缝	
16	δ16 + δ16 横位角接	135	ER50-6(ϕ1.2)	HG1、HG2 与地板坡口角焊缝	K 形坡口, P = 6, α = 55°
17	δ30 + δ40 横位角接	136	E71T-1(ϕ1.2)	耳板与承力板坡口角焊缝	K 形坡口, P = 6, α = 55°
18	δ8 + δ16 仰位角接	135	ER50-6(ϕ1.2)	U 肋嵌补	P = 1, α = 55°
19	δ10 + δ10 平位熔透角接	111	ER50-6(ϕ4)	连接座焊接	K 形坡口, P = 0, α = 55°
20	δ10(Q345D) + δ12 (Q345C)仰位 K8 角接	111	ER50-6(ϕ4)	连接座与底板焊接	
21	δ16 + δ16 平位对接	12	H10Mn(ϕ5)SJ101	顶板、底板、HG、直腹板接料	
22	δ12 + δ12 平位对接	12	H10Mn(ϕ5)SJ101	底板、HG 接料 δ12、δ10	
23	δ16 + δ16 平位对接	12/135	H10Mn(ϕ5) SJ101 ER50-6(ϕ1.2)	顶板、底板板块(单元)对接	b = 6, 陶瓷衬垫
24	δ16 + δ16 平位对接	135	ER50-6(ϕ1.2)	斜底板接宽、桥位接口斜底板对接	b = 6, α = 50°
25	δ12 + δ12 大间隙对接	12/135	H10Mn(ϕ5) SJ101ER50-6(ϕ1.2)	桥位大间隙对接焊缝	b = 30mm, α = 50°
26	δ8 + δ8 仰位对接	135	ER50-6(ϕ1.2)	桥位 U 肋对接	b = 6, α = 30°

续上表

序号	接头名称	焊接方法	焊接材料	代表接头	接头描述
27	δ8 + δ8 立位对接	135	ER50-6(ϕ1.2)	桥位 U 肋对接	$b=6,\alpha=30°$
28	δ8 + δ16 横位对接	136	E71T-1(ϕ1.2)	桥位 U 肋焊接	$P=1,\alpha=50°$
29	δ8 + δ14 仰位角接	135	ER50-6(ϕ1.2)	U 肋嵌补	$P=1,\alpha=50°$
30	δ6 + δ16 横位角接	136	E70T-1(ϕ1.2)	板块 U 肋焊接	$P=1,\alpha=50°$
31	δ20 + δ20 平位角接	136	E70T-1(ϕ1.2)	竖向支座中 N6、阻尼器中 N5 ~ N8 的熔透角焊缝	$b=6,\alpha=45°$,钢衬垫 δ4
32	δ20 + δ20 仰位角接	136	E70T-1(ϕ1.2)	横向抗支座中 N3 + N2 的熔透角焊缝	$b=6,\alpha=45°$,钢衬垫 δ4
33	δ20 + δ20 立位角接	136	E70T-1(ϕ1.2)	横向抗支座中 N3 与 N1 的熔透角焊缝	$b=6,\alpha=45°$,钢衬垫 δ4
34	δ6 + δ16 横位角接	135	ER50-6(ϕ1.2)	U 肋嵌补	$P=1,\alpha=50°$
35	δ30 + δ16 仰位(横位)焊接	136/111	ER50-6(ϕ1.2) E71T-1(ϕ1.2)	抗风支座中 N1、N2 与底板熔透角焊缝	
36	δ25 + δ16 平角位熔透角焊	136	E70T-1(ϕ1.2)	抗风支座中 N5 与底板、耳板加劲与上斜顶板,临时吊耳熔透角焊缝	
37	K8 立位角焊缝	135	ER50-6(ϕ1.2)	K8 立位贴角焊缝	
38	K8 仰位角焊缝	135	ER50-6(ϕ1.2)	K8 仰位贴角焊缝	

3)钢箱梁材料控制

材料是钢箱梁结构的主体,包括钢材、焊接材料、涂料等,在整个制作过程中必须实行严格的材料控制。

(1)钢材

钢箱梁所用钢材全部有出厂质量证明书,并按要求进行了复验。钢箱梁及其配件制作采用的钢材,其化学成分、力学性能等均满足表 3-2-16 规范规定和设计图纸要求。

钢材标准表 表 3-2-16

材料名称	牌号	标准名称	备注
钢板	Q345C	低合金高强度结构钢	GB/T 1591—1994
	Q235C	碳素结构钢	GB/T 700—1988
	35、45	优质碳素结构钢技术条件	GB/T 699—1988

钢材表面锈蚀等级满足《涂装前钢材表面锈蚀等级和除锈等级》(GB 8923—1988)规定的 A、B、C 级。

钢板厚度 a(mm)的偏差满足招标文件要求,即:$5<a\leq8$ 时,容许偏差为 +0.8 ~ −0.4mm;$8<a\leq16$ 时,容许偏差为 +1.2 ~ −0.5mm;$a>16$ 时,容许偏差为 +1.3 ~ −0.6mm。顶板 16mm 厚钢板有特殊要求,即容许偏差为 +1.2 ~ 0mm。

(2)焊接材料

焊接材料根据焊接工艺评定试验结果确定,焊接材料除进厂有生产厂家的出厂质量证明书,并按要求进行抽样复验外,焊接材料还需满足表 3-2-17 的要求。悬索桥钢箱梁焊接材料使用情况见表 3-2-18。

焊接材料标准表　　表 3-2-17

材料名称	标准	标准号
焊条	《碳钢焊条》	GB/T 5117—1995
	《低合金钢焊条》	GB/T 5118—1995
焊丝	《熔化焊用钢丝》	GB/T 14957—1994
	《气体保护焊用焊丝》	GB/T 14958—1994
	《气体保护电弧焊用碳钢、低合金钢用焊丝》	GB/T 8110—1995
焊剂	《碳素钢埋弧焊用焊剂》	GB/T 5293—1985
	《低合金钢埋弧焊用焊剂》	GB/T 12470—1990

焊接材料使用情况表　　表 3-2-18

类别	规格	质量(t)	检验批数	检验结果
焊条	ϕ4.0/ϕ3.6	7.29	7	合格
CO_2药芯焊丝	ϕ1.2/ϕ3.6	56.54	11	合格
CO_2实芯焊丝	ϕ1.2/ϕ1.0	100.11	11	合格
埋弧焊丝	ϕ5.0/ϕ4.0	19.12	6	合格
焊剂		16.3	6	合格
合计		199.36	41	

(3)涂装材料

涂装材料进厂后，首先验收质量保证书，再按要求进行复验。悬索桥钢箱梁涂装材料使用情况见表 3-2-19。

钢箱梁涂装材料及检验情况表　　表 3-2-19

类别	进场量(L)	检验批数	检验结果
车间底漆	71 340	15	合格
底漆	28 035	14	合格
中间漆	113 560	41	合格
面漆	30 260	10	合格
合计	243 195	80	

4)钢箱梁的无损检测

因悬索桥钢箱梁为全焊结构，其焊接是钢箱梁质量控制的关键，无损检测是焊接质量的保证。根据设计要求，焊缝无损检测的级别、检验方法及检验范围按表 3-2-20 执行，焊缝探伤检验的等级按表 3-2-21 执行，其技术要求要符合《钢焊缝手工超声波探伤方法和探伤结果分级》(GB 11345—1989)的有关规定。全桥无损检测数量及一次探伤合格率见表 3-2-22。

焊缝的级别、检验方法及检验范围表　　表 3-2-20

焊缝部位	焊缝级别	探伤方法	探伤比例(%)	探伤部位
顶板、底板纵向、横向对接焊缝	Ⅰ级	超声波	100	焊缝全长
		X 射线	10	焊缝两端及中间各 250 ~ 300mm

续上表

焊 缝 部 位	焊缝级别	探 伤 方 法	探伤比例(%)	探 伤 部 位
工地环向对接焊缝	Ⅰ级	超声波	100	焊缝全长
		X 射线	10	每3m拍一个片,每片长300mm;但顶板十字焊缝部位应进行100%的检查,底板十字焊缝部位应进行不少于30%的检查
产品试板	Ⅰ级	超声波	100	焊缝全长
		X 射线	100	焊缝全长
锚箱部位的熔透角焊缝(除与斜顶板相接处)	Ⅰ级	超声波	100	角焊缝全长,板厚大于等于30mm时增加磁粉探伤
		磁粉	100	
横隔板与斜顶板、斜底板熔透角焊缝	Ⅰ级	超声波	100	焊缝全长
		磁粉	100	
直腹板与顶底板间熔透焊缝	Ⅰ级	超声波	100	焊缝全长
		磁粉	100	
锚箱与斜顶板、斜底板坡口角焊缝及斜顶板与耳板熔透角焊缝	Ⅱ级	超声波	100	焊缝全长
		磁粉	100	
横隔板对接焊缝	Ⅱ级	超声波	100	两端各1m,≤2m全探
斜底板与人行道水平板熔透焊缝	Ⅱ级	超声波	100	焊缝两端各1m及中间1m
锚箱耳板加劲板坡口角焊缝	Ⅱ级	磁粉	100	焊缝全长
板条肋、U肋与顶底板间角焊缝	Ⅱ级	磁粉	100	每条焊缝两端各1m
板条肋及U肋段对接焊缝	Ⅱ级	磁粉	100	焊缝全长

注:当探伤面板厚、结构几何尺寸及组装工序不能满足超声波要求时,可采用磁粉探伤的方法进行检验。探伤比例的百分比是指焊缝条数的百分比。

焊缝探伤检验的等级表 表3-2-21

焊缝接头形式	检 验 方 法	检 验 等 级	焊缝接头形式	检 验 方 法	检 验 等 级
对接焊缝	射线探伤	AB级	熔透角焊缝	超声波探伤	B级
不等厚对接焊缝	超声波探伤	A级	不熔透角焊缝	超声波探伤	A级
等厚对接焊缝	超声波探伤	B级			

焊缝探伤长度及一次探伤合格率表 表3-2-22

位 置	检 测 方 法	梁 段 编 号	探伤长度(m)	返修长度(m)	一次探伤合格率(%)	最终合格率(%)
钢箱梁制造	UT 超声	B43-N43	50 001.05	375.66	99.25	100
	RT 射线	B43-N44	1 066 张	17 张	98.93	100
	MT 磁粉	B43-N45	45 515	0.07	100.00	100
桥位环缝焊接	UT 超声	B43-N43	7 793.334	194.49	97.50	100
	RT 射线	B43-N44	1 534 张	6 张	99.61	100
	MT 磁粉	B43-N45	30 276.1	0.1	100.00	100

5)产品试板

(1)在焊接主要构件产品的同时制作产品试板，从焊接试板取样进行破坏性试验，取得焊缝力学性能资料，用以监控焊缝质量的稳定性。

(2)产品试板的材质、厚度、轧制方向和坡口形式与受检结构相同；对于顶、底板纵向对接焊缝，每10条焊缝做一组焊接试板(以每次总拼梁段为单位分批制作)，桥位拼接对接焊缝，每5个接口做一组焊接试板(顶、底板各做一块)。

(3)破坏性试验项目、试样数量及试验方法见表3-2-23规定。产品试板合格标准见表3-2-24规定。全桥产品试板数量统计见表3-2-25。

破坏性试验项目、试样数量及试验方法表　　表3-2-23

试件形式	试验项目	试样数量	试验方法
对接接头试件	接头拉伸(拉板)试验	1	按《焊接接头机械性能试验方法》(GB 2649~2654)的规定
	接头侧弯试验(弯曲角 $\alpha=180°$)	1	
	焊缝中心低温冲击试验	3	

焊接试样合格标准表　　表3-2-24

试验内容	σ_b(MPa)	AKV(J)	$d=2a,d=3a$
接头拉伸	不低于母材标准		
焊缝金属0℃AKV		≥27	
侧弯			180°不限

全桥产品试板数量统计表　　表3-2-25

类　别	焊接块数	试验合格数量
梁段制造	221	221
桥位焊接	36	36
合计	257	257

6)钢箱梁涂装

(1)油漆涂装要求

①经表面处理后的零部件，宜在8h内进行涂装。

②涂装前钢材表面温度高于露点3℃以上，钢材表面不得有雨水、结露，环境温度应为5~38℃，相对湿度≤80%。

③油漆涂层不允许有剥落、露底、气泡、分层等缺陷。

④涂层应均匀、平整、有光泽，允许有不影响防护性能的轻微流挂、起皱。

⑤油漆涂层厚度及梁体具体部位的涂装方案见表3-2-26。

钢箱梁表面涂装方案表　　表3-2-26

部　位	涂装方案		道数	厚度(μm)
钢箱梁外表面(包括防撞护栏、人行道栏杆、灯柱、底座、路缘石、导流板等附属构件，不含桥面)	预处理	清洁度:Sa2.5级		
		无机硅酸锌车间底漆	1	20
	二次除锈	清洁度:Sa2.5级 粗糙度:Rz40~60μm		
	环氧富锌底漆		1	80
	厚浆环氧云铁中间漆		1	150
	丙烯酸聚氨酯面漆		2	2×40

续上表

部 位	涂装方案		道数	厚度(μm)
钢箱梁内表面(布置抽湿机,相对湿度小于50%)	预处理	清洁度:Sa2.5级		
		无机硅酸锌车间底漆	1	20
	二次除锈	清洁度:St3级		
	厚浆型环氧云铁底漆		1	150
桥面	预处理	清洁度:Sa2.5级		
		无机硅酸锌车间底漆	1	20
	二次除锈	清洁度 Sa2.5级 粗糙度:Rz40~60μm		
		环氧富锌底漆	1	75
检查车及轨道	喷砂除锈	清洁度:Sa2.5级		
	环氧富锌底漆		2	2×40
	聚氨酯面漆		2	2×40

(2)钢箱梁涂装

①打砂除锈:钢箱梁除锈分为手工除锈和喷砂除锈,手工除锈用在不可使用大型设备或局部返修的部位,采用砂轮机清除。喷砂除锈,采用大型抛丸机除锈,其清洁度高。在汕头总拼场地,新建了45m×50m的专用涂装厂房,用大型抛丸机除锈,保证钢箱梁涂装质量。在桥位工地,桥面大面积的打砂除锈采用专门的无尘除锈设备,既清洁环保,又无污染。

②涂装:钢箱梁涂装有刷涂、滚涂和喷涂。对有棱角部位,不易喷涂部位或是焊缝补涂部位等,采用滚涂或刷涂,这样既可以保证施工方便,又可保证整体涂装厚度。对大而平的涂装部位,如钢箱梁外表面、桥面、内表面等,采用喷涂的方案进行,效率高,厚度均匀,质量好。

③涂装厚度检测:钢箱梁涂装的质量检测,包括厚度检测和附着力检测。厚度检测用测厚仪器,附着力用拉拔仪检测。悬索桥钢箱梁涂装经检测全部符合设计要求。

二、钢箱梁架设

1. 钢箱梁节段吊装顺序及吊装方法

钢箱梁吊装分段及吊装顺序如图3-2-61所示。

(1)直接采用垂直吊装法吊装跨中梁段Z0、标准段B1~B38、N1~N38。其中N15~N38梁段对应河床为浅水区,吊装前进行河床疏浚处理并选择高潮位时吊装。吊装时加强与海事联系,在吊装区域设置禁航标志。

(2)跨缆吊机定位位置应保证钢箱梁起吊后与已安钢箱梁梁段有30~50cm的间隙,以便钢箱梁顺利垂直起吊。

(3)将钢箱梁运输船定位在跨缆吊机的吊点下方,定位精度在50cm以内。跨缆吊机放下吊具,然后根据跨缆吊机吊具位置,收放定位船锚绳进行精确定位。

(4)垂直起吊。用销轴将钢箱梁临时吊点与跨缆吊机分配梁销接,经检查,符合安全吊装要求后,同时启动塔顶两台JZ25卷扬机,钢箱梁缓慢离开驳船,并利用架在岸边的仪器观察钢箱梁是否水平,以便调整提升设备的运行速度,使得跨缆吊机吊点均匀受力。

综合考虑水位及河床地形、跨缆吊机性能、吊装顺序及运梁船舶的吃水深度等因素,采取以下三种吊装方法。

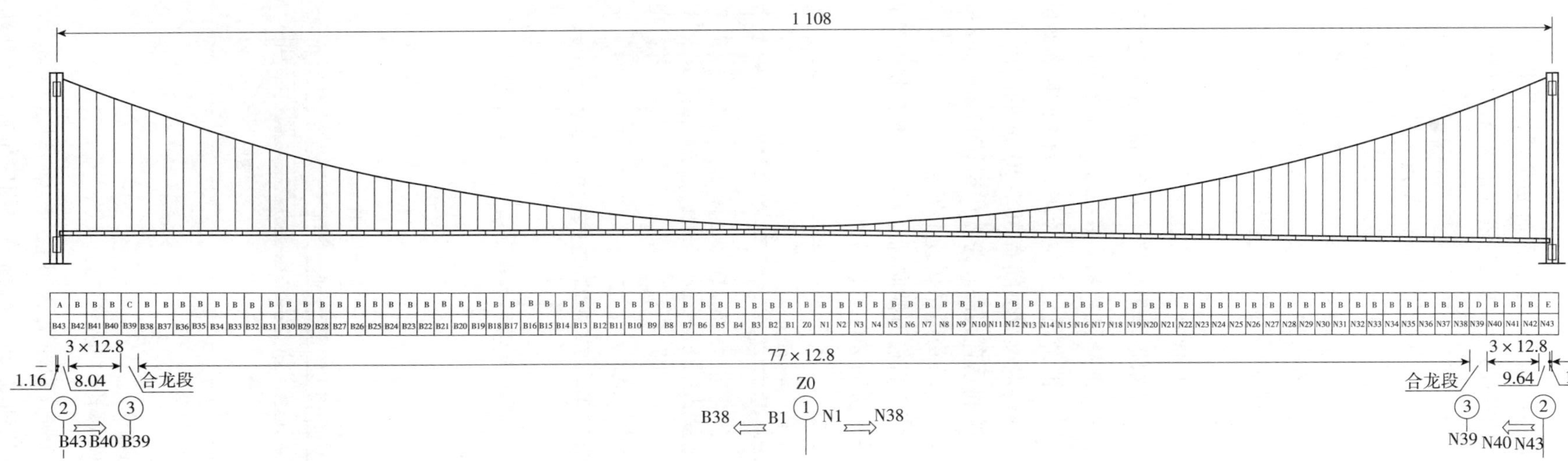

梁段编号	A	B	B	B	C	B	B	B	B	B	B	B	B	B	B	B	B	B	B	B	B	B	B	B	B	B	B	B	B
梁段制造编号	B43	B42	B41	B40	B39	B38	B37	B36	B35	B34	B33	B32	B31	B30	B29	B28	B27	B26	B25	B24	B23	B22	B21	B20	B19	B18	B17	B16	B15
安装阶段	39	40	41	42	43	38	37	36	35	34	33	32	31	30	29	28	27	26	25	24	23	22	21	20	19	18	17	16	15

梁段编号	B	B	B	B	B	B	B	B	B	B	B	B	B	B	B	B	B	B	B	B	B	B	B	B	B	B	B	B	B
梁段制造编号	B14	B13	B12	B11	B10	B9	B8	B7	B6	B5	B4	B3	B2	B1	Z0	N1	N2	N3	N4	N5	N6	N7	N8	N9	N10	N11	N12	N13	N14	N15
安装阶段	14	13	12	11	10	9	8	7	6	5	4	3	2	1	0	1	2	3	4	5	6	7	8	9	10	11	12	13	14	15

梁段编号	B	B	B	B	B	B	B	B	B	B	B	B	B	B	B	B	B	B	B	B	B	B	B	D	B	B	B	E
梁段制造编号	N16	N17	N18	N19	N20	N21	N22	N23	N24	N25	N26	N27	N28	N29	N30	N31	N32	N33	N34	N35	N36	N37	N38	N39	N40	N41	N42	N43
安装阶段	16	17	18	19	20	21	22	23	24	25	26	27	28	29	30	31	32	33	34	35	36	37	38	43	42	41	40	39

全桥梁段数量及吊装重量

梁段编号	A	B	C	D	E
全桥数量	1	83	1	1	1
梁段吊装质量(t)	211	215	213	214	230

说明:

1.钢箱梁由跨中向南、北塔方向对称架设，共分三种类型及吊装顺序：①标准段架设；②端部梁架设；③合龙段架设。

2.从南塔至跨中约350m为浅水区，在吊装该区域梁段前要对河道进行疏浚工作。

图 3-2-61　钢箱梁吊装分段及吊装顺序示意图（尺寸单位：m）

①从运梁船上由跨缆吊机直接将箱梁垂直吊装到位：标准节段 Z0、B1 ~ B38、B40、N1 ~ N14；合龙段 B39、N39。

②对河床疏浚后，运梁船舶移至跨栏吊机下方，直接将箱梁垂直吊装到位：N15 ~ N38、N40。

③荡移法安装，将梁段垂直起吊到桥面高度时，水平拉移就位安装：塔根部和无索端梁段 B41、B42、B43、N41、N42、N43。

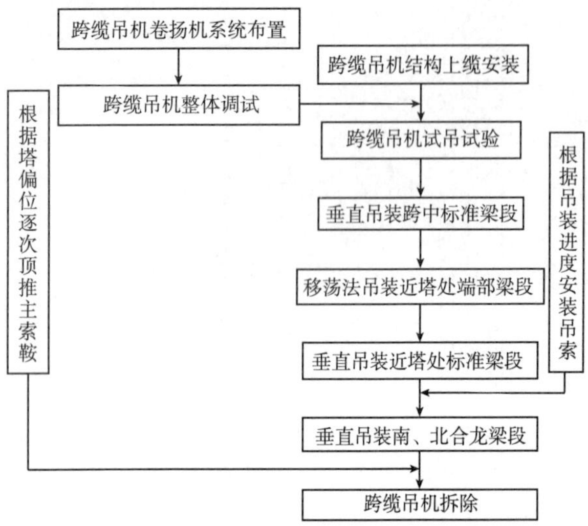

图 3-2-62　钢箱梁吊装施工流程图

为保证钢箱梁吊装过程中的安全以及调整定位方便，采用两台卷扬机提升、跨缆吊机"四点法"吊装。钢箱梁吊装施工过程中，根据施工监控，及时顶推塔顶主索鞍，以控制塔偏在允许范围内。钢箱梁端段吊装前，主塔下横梁主桥有关的制作必须安装完毕。

2. 钢箱梁吊装施工流程

钢箱梁吊装施工流程如图 3-2-62 所示。

3. 跨缆吊机安装、试验、行走和定位起吊

跨缆吊机定位位置，应保证钢箱梁起吊后与已安钢箱梁梁段间有 30 ~ 50cm 的间隙，以便钢箱梁顺利垂直起吊。跨缆吊机结构如图 3-2-63 所示。

1）跨缆吊机缆上安装

当猫道横向通道拆除、猫道改吊工作完成后，在索塔顶附近靠中跨侧的主缆上利用塔顶门架以及塔吊协助进行缆载吊机的拼装。

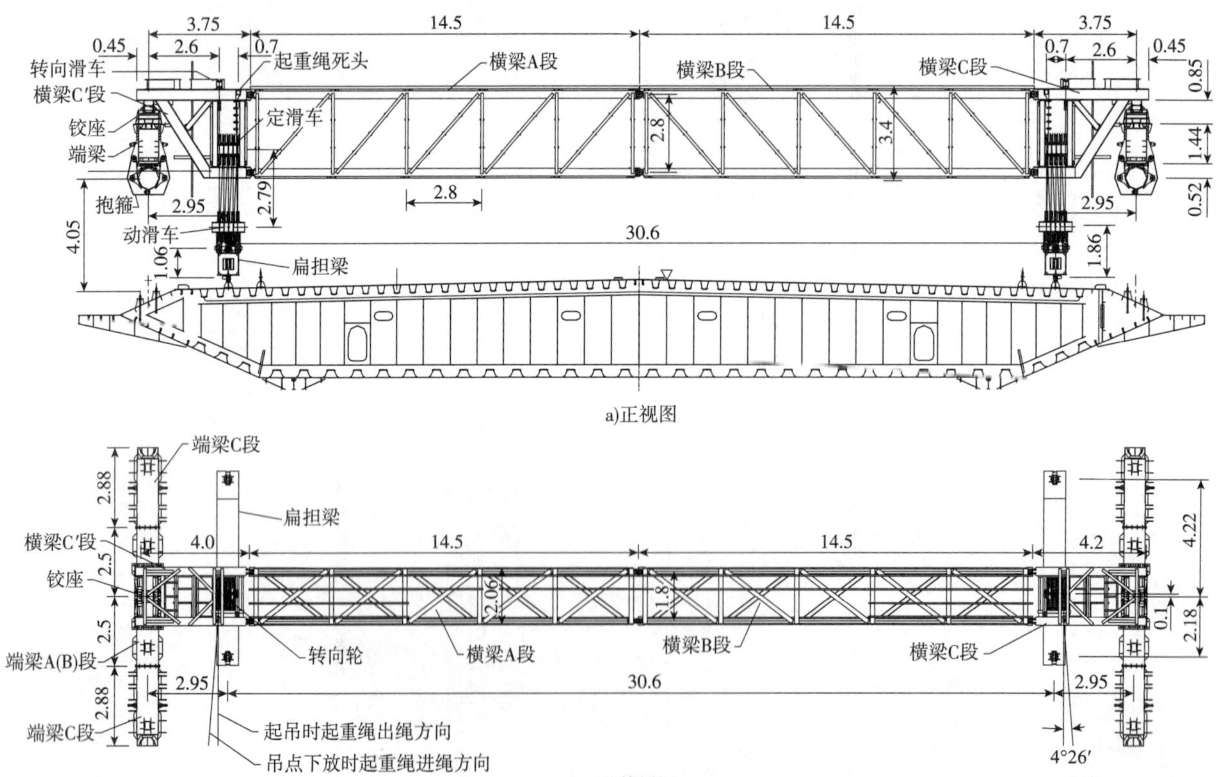

图 3-2-63　跨缆吊机结构示意图（尺寸单位：m）

根据实际情况以及塔吊起重能力，将缆载吊机结构分为横梁 A、B 段，横梁 C 段，横梁 C′段，端梁 A（B）段，端梁 C 段等分别安装。安装前先将缆载吊机的油缸、行走机构等按相应位置安装到端梁不同的

节段上,同时在驳船上将横梁 A、B 两段组拼成整体。

(1)端梁安装

①利用塔吊把端梁 A(B)段吊至主缆靠塔处最后一个索夹处并临时固定好;

②接着把两节端梁 C 段利用塔吊吊到相应的位置与端梁 A(B)进行对接并临时固定;

③安装抱箍和侧挡装置;

④把横梁铰座与端梁连接的铰座底座吊到相应位置进行安装;

⑤安装端梁各节段间的所有连接螺栓,并全部紧固到设计轴力。

(2)横梁安装

利用塔吊将横梁 C(或 C′)段吊到预定位置上与端梁上的铰座底座穿销连接固定一端,另一端用手拉葫芦挂在塔顶门架挑梁上。

先将横梁 A、B 两段在平驳船上拼成整体;再安装抬吊系统,包括卷扬机、滑车组、上挑架和底挑架,滑车组挂在上挑架上,底挑架则栓接固定在横梁 A、B 段的底部。

利用布置在同一主塔顶门架顶上的 8t 卷扬机将横梁 A、B 段抬吊到位,然后与两侧的横梁 C(或 C′)段穿销固定后,最后拆除抬吊系统。

(3)起吊系统安装

提前布置好卷扬机系统,包括卷扬机、储绳筒、控制室和各转向滑轮等,并通电调试好。

将动滑车组吊入临时作业平台临时放置。然后依次吊装定滑车组和转向滑车。

将起重钢丝绳从卷扬机引出穿过各转向滑车,然后按设计的穿绕方法将起重钢丝绳穿入定动滑车组内,并将死头锁在横梁 C 段上。

将扁担梁吊到滑车组底与动滑车组连接,最后安装配重块。

(4)行走系统安装

在端梁安装前提前把行走系统附着在端梁上的部分安装好。

将布置在塔顶门架上的 8t 卷扬机的钢丝绳引出与缆载吊机端梁行走系统的连接构件连接。

2)跨缆吊机调试

为了保证钢箱梁在吊装过程中跨缆吊机的正常工作,在跨缆吊机安装前进行过载试验,以验证跨缆吊机的性能。过载试验在吊机试验架上进行,模拟吊机最不利工况下的工作状态,过载荷载不小于 1.1 倍最大吊装质量(280t)。

过载试验内容:卷扬机系统运转、钢结构承载能力、连接件应力、控制系统运转等。

过载试验方法为:

(1)按最大吊装重量的 70% 设置第一次试吊配重荷载。

(2)将缆载吊机固定于靠近主塔的主缆上,下放吊具,将配重荷载与吊具连接。

(3)仔细检查缆载吊机各部件的连接情况,确认无误后,启动缆载吊机卷扬机,缓缓垂直提升配重。

(4)待配重荷载全部由缆载吊机承担后,再次检查并做好记录。配重荷载的悬空高度控制在 10cm 内。配重荷载悬空并稳定后,持荷 60min 并在该时间段内进行挠度观测和应力测点的数据采集,经检查一切正常后下放配重荷载。

(5)将第二次试吊配重荷载加载到最大吊装重量的 100%。

(6)然后重复(2)~(4)步骤。

(7)将第三次试吊配重荷载加载到最大吊装重量的 120%。

(8)然后再重复(2)~(4)步骤。

(9)将三次试吊所测量及所采集的数据进行分析,并编制试吊试验报告。

3)跨缆吊机行走

跨缆吊机在主缆上行走采用“跨步方式”。在塔顶沿纵向各备一台牵引能力为 5t 的慢速卷扬系统,作为吊机沿主缆向上行走的动力和向下行走的限制装置，通过滑轮组、导向滑轮和固定于索夹的钢丝绳托辊，连接于卷扬机，另一端锚固在行走系统上。在吊机移动前，收紧卷扬机，解开、收起吊机夹紧和抗剪装置，直至完全悬空，逐渐将吊机荷载转换至行走轮上，操作吊机沿主缆行走一个循环，重新落下夹紧装置及抗剪装置至主缆上。

4）跨缆吊机吊装钢箱梁时的固定

跨缆吊机行走至吊装位置后，利用锁定装置固定在主缆上，锁定装置由三部分组成：通过吊机两端梁承压—夹紧机构夹住主缆；拉紧辅助移动卷扬系统；在邻近索夹两侧安装调整垫片、抗剪块及顶紧螺栓，顶紧索夹。

5）将吊索与钢箱梁永久吊点连接

用葫芦水平拽拉钢箱梁至安装位置，与相邻安装钢箱梁节段临时连接，放松吊具，使吊索受力实现荷载转换，完成一段钢箱梁的吊装，移动跨缆吊机进行下一节段吊装。

4. 钢箱梁节段吊装、合龙与临时连接

钢箱梁吊装正处于珠江洪水期和台风多发时期。吊装期间，为保持桥塔受力平衡，在完成阶段梁段吊装后，根据监测、监控计算结果，对桥塔主索鞍鞍座进行分次顶推。

1）航道管制

在钢箱梁吊装期间，运梁方驳停泊在钢箱梁起吊位置且占用航道，吊装前会同航监部门制订周密的通航方案，要求对过往船只限制航速、限制航道通行，以确保钢箱梁运输船安全抛锚就位。在方驳前后方设立通航标志，加强巡逻，确保安全。

2）深水区梁段及南侧浅水区梁段吊装

直接采用垂直吊装法进行跨中梁段 Z0、标准梁段 B1～38、N1～38 的吊装。其中 N15～38 梁段对应河床为浅水区，吊装前进行河道疏浚处理并选择高潮位时段吊装。吊装时加强与港监联系，在吊装区域设置禁航标志。

（1）吊装作业命令下达后，缆载吊机就位，并对安装位置及安全设备进行详细检查。

（2）核对运梁船装运的梁段编号、数量、朝向，指挥运梁船进入桥下停靠位置，并进行航道安全警戒。

（3）缆载吊机将吊具下放，指示运梁船的停靠位置。

（4）运梁船根据吊具指引的位置抛锚停靠。

（5）运梁船停靠后，缆载吊机再下放吊具到梁段顶面上后，吊具连接人员登船到梁段上，将吊具与梁段临时吊点连接，如吊具与临时吊点距离较大，连接不上时，可指挥船调整船的锚绳，使船微微移动，配合吊具连接作业。

这项作业难度较大，如运梁船与吊机配合不好，连接四个吊具要 1h 多，动作熟练，配合默契时，则只用 20～30min 即可完成。

（6）提升梁段。

当吊具与临时吊点连好后，吊机微微提升使四个吊具开始受力，此时运梁船要抽紧四角锚绳，使船牢固定点，经检查待各吊具均匀受力后，再指挥吊机同步慢慢提升。

当梁段将离船而未离船时，停止提升。再检查梁段是否水平，吊索是否垂直，经检查无误后，再提升。待梁段提升高出船面 50～80cm 时，作业人员和运梁船撤离。

当梁段提升到接近设计高程（比已吊入梁段低约 50～80cm 时），暂停提升，吊索连接作业人员登上梁段，查看梁段距已吊入梁段的间距，如距离偏小，则推开，以防梁段进入时相碰。

（7）当提升的梁段高出已吊入梁段 30～50cm 时，吊机制动，吊索连接作业人员登上梁段，设置安全护栏，用手拉葫芦将梁段向已吊入的梁段靠拢。

由于主缆的线形特征，跨中梁段吊入时，接口呈现“∧”形（图 3-2-64），箱梁顶板接口先靠拢，然后底板都相隔一段距离，因此先靠拢顶板再用手拉葫芦使底板靠拢。由于跨中吊索较短，拉动力较大，如吊机定位精度较高，其难度将会减轻很多。

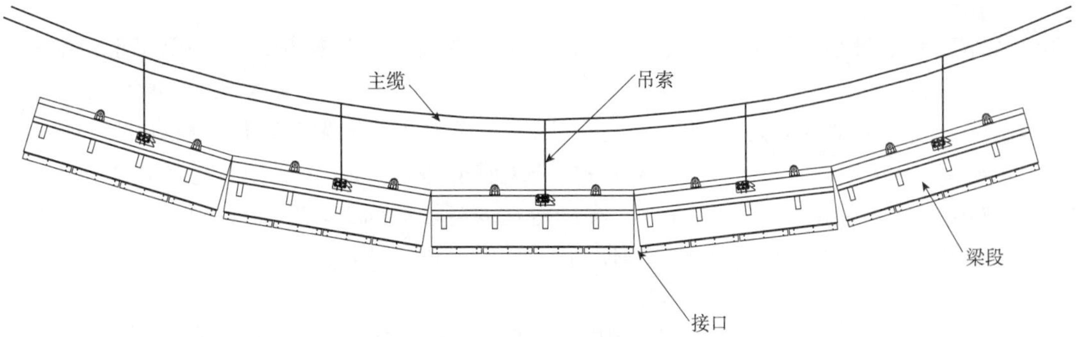

图 3-2-64　梁段接口形状（跨中部分）

（8）连接吊索（图 3-2-65）。吊索连接时，注意纠正吊索的扭转现象，并将连接销和销孔涂上一层黄油，插入连接销后，再安装连接销的挡板，拧紧固定螺钉。

（9）调整接口间隙，连接匹配件（图 3-2-66），经检查吊索连接确实后，指挥缆载吊机徐徐下放吊具，让吊索受力，随后调整梁段的中轴线（要求偏差不大于 2mm），然后调整顶板、底板接口的间隙和高差错台，达到要求后，连接匹配件。作业时，打入临时连接定位销，再插入对拉螺杆。

（10）吊索及匹配件连接好后，再测量梁段四角的高程，测试吊索受力的均匀度，如发现高差超标时应调整吊索的长度（转动与锚头连接螺纹），如偏差超标，应做出标记和记录，在梁段焊接前精调时加以纠正。

（11）经检查各种连接件和相关的尺度无误后，解除吊具与梁段的连接，到此这一梁段的吊装作业即告完成，缆载吊机可移向下一梁段的吊装位置。

图 3-2-65　吊索与钢箱梁锚座的连接

图 3-2-66　临时连接匹配件

3）端梁段安装

黄埔大桥悬索桥两端梁段设计均未设吊索，梁段吊装到设计位置后，需设置临时吊索，以支撑梁段自重。由于索塔的承台和岸边水深的限制，运梁船不能直接将端梁运至桥下垂直提升，需采用荡移方案吊装。

由于端梁成桥位置已部分进入横梁范围，比运梁平驳最靠塔位置要向边跨偏 11m（A 梁、北边）和 12m（E 梁、南边）。采用垂直起吊、到设计高程后荡移的安装方案。荡移到位时，A 梁需要 195kN 的水平拉力，E 梁需要 235kN 的水平拉力，然后再通过钢丝绳临时吊索锚固于主缆上。

（1）荡移形式

荡移系统包括拽拉卷扬机、拽拉钢丝绳、动定滑车、定滑车锚固架和转向机构（此项仅 A 梁有）。拽拉卷扬机能力为 5t，A 梁拽拉卷扬机布置在塔顶，E 梁拽拉卷扬机布置在南引桥塔侧现浇段上。拽拉钢丝绳为 $\phi21.5$ 钢丝绳，采用 3 匹绳。动定滑车均采用双轮 20t 滑车，A 梁动滑车挂在靠跨中的临时吊点上，定滑车及其锚固架挂在塔柱人洞上；E 梁动滑车挂在靠边跨的临时吊点上，定滑车及其锚固架锚在南引桥塔侧现浇段上。A 梁拽拉钢丝绳转向机构直接利用缆载吊机安装吊架。

(2)荡移系统布置

荡移系统布置按定滑车及其锚固架安装→拽拉卷扬机安装→转向机构改装→拽拉钢丝绳穿绕→动滑车下放的步骤进行。

A 梁定滑车锚固架为型钢桁架，在人洞位置现拼；E 梁定滑车锚固架为穿过预留孔的夹具，在加工场预制，现场安装。定滑车用 20t 卡环与锚固架上的耳板(或吊环)连接。A 梁拽拉卷扬机焊接固定在主索鞍吊架顶；E 梁拽拉卷扬机用 4 组 2ϕ21.5 钢丝绳固定在现浇段梁面上。穿绕拽拉钢丝绳时，动滑车放在下横梁顶面。穿绕完成后，临时固定在下横梁顶面。

(3)荡移系统运作

端梁垂直起吊到设计高程后，用塔吊将动滑车吊到端梁面上，同时用吊笼将人转移到梁面上。然后用拽拉千斤绳将动滑车挂到临时吊点上。拽拉千斤绳采用 ϕ24 钢丝绳，插成封闭环形，对折使用，中间穿过动滑车的吊环，两端用 20t 卡环与端梁上的临时吊点连接。

在作业人撤离端梁面后，回收拽拉钢丝绳，将端梁拽拉到设计位置。在挂好临时吊索后，与起吊系统和临时吊挂系统协调作业，调整端梁的姿态，使端梁的顶面高程和边跨端面里程符合设计要求。

在竖向支座与支座垫石固结后，收紧拽拉钢丝绳，将端梁向边跨方向平移 30cm，然后在定滑车位置将拽拉钢丝绳锁死(活头与死头连锁)。

(4)荡移系统拆除

拽拉钢丝绳在合龙段吊装就位，并与中跨侧梁段连接后拆除自锁。荡移系统在合龙段与边跨侧梁段连接后拆除，拆除顺序与安装顺序相反。

端梁段安装如图 3-2-67 所示。

4)合龙梁段吊装

(1)工艺流程

合龙段的吊装工艺流程如图 3-2-68 所示。

(2)合龙口宽度测量

①合龙口距离测量，要求在凌晨 1 ~ 5 点进行，每小时测一次。

图 3-2-67　端梁段安装

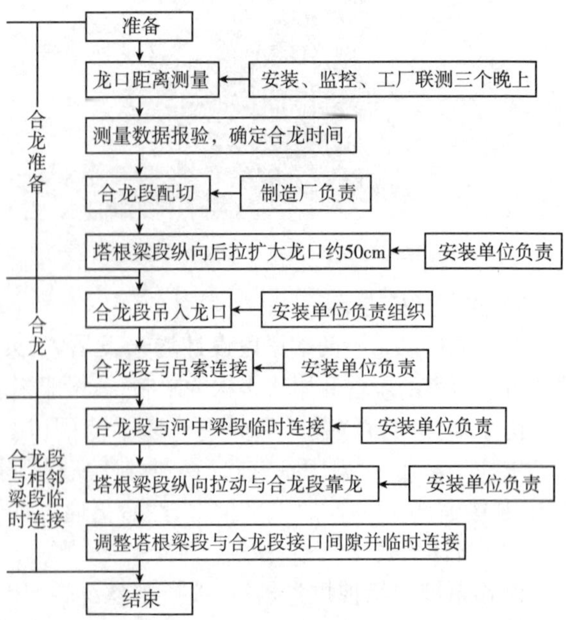

图 3-2-68　合龙段的吊装工艺流程

②基于测量的重要性,通常组织安装、制造厂、监理等单位联测,以相互校核。

③测点布置如图 3-2-69 所示。

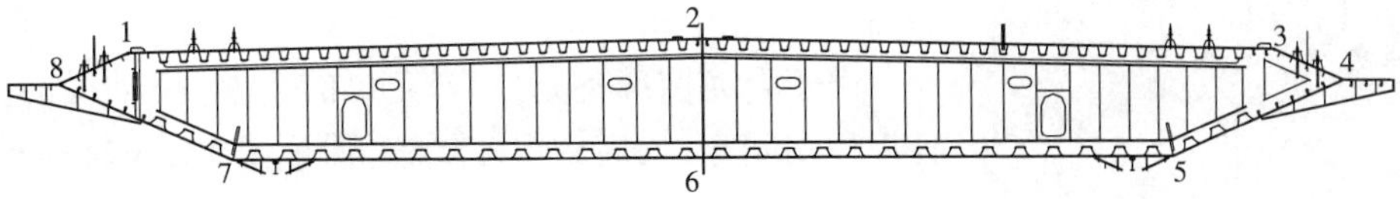

图 3-2-69　合龙段口测量点布置(图中 1～8 数字为测量点)

a. 测点布置前应复核桥轴线,并纠正偏差。

b. 所有测点均以梁段中轴线为基准,布于梁段测量线上。

c. 顶、底板测点画线以轴线为基准画出,斜底板的测点以腹板内皮为基准画出。

d. 测点位置画十字测量基准线,并打样冲眼,用红油漆标志。

④按照规定测量时段,对合龙口相邻梁段所分布的成对的测量点进行连续测量(悬尺拉力 10N,压尺点在索塔岸侧),记录整理测量数据,并绘制每一时段温度及合龙口宽度变化值,计算出配切量(即用火焰切割合龙段超长部分)。计算示意如图 3-2-70 所示。

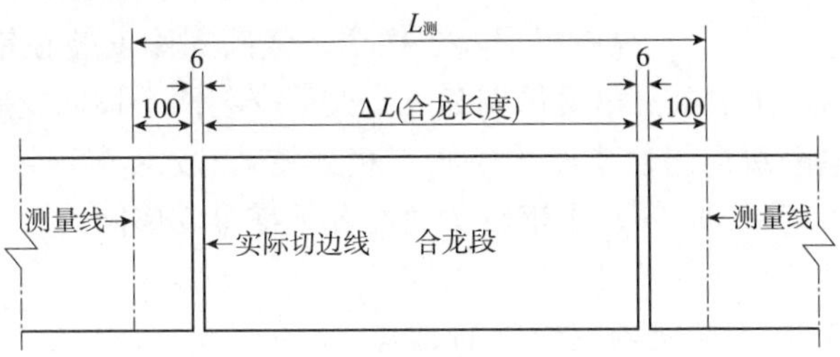

图 3-2-70　配切量计算示意(尺寸单位:mm)

注:①测量时合龙口的桥轴线及高程必须处于正确状态;

②$\Delta L = L_{测} - 212\text{mm}$;

③画切割线时,以合龙段横基线为基准线,同时注意坡口(钢板对接焊缝的形状)方向,如图 3-2-71所示;

④在合龙口测量时应设安全防护栏杆,安装好照明设备。

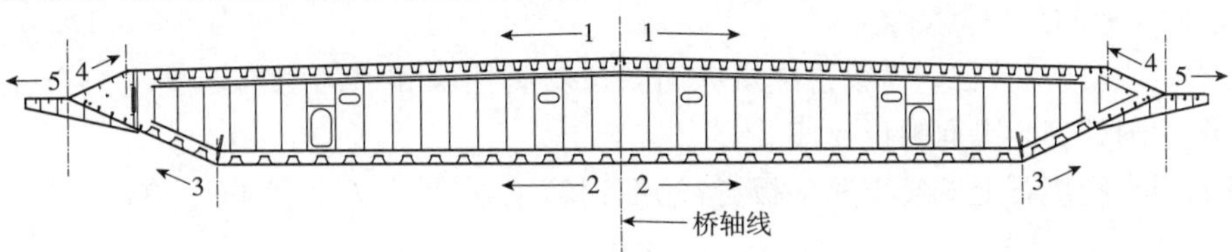

图 3-2-71　配切方向示意

(3)合龙段的配切

合龙段配切作业在运梁船上进行。

①画线(由制造厂负责)。合龙温度及时段确定后,依据测量统计所对应的每对测量点的 $L_{测}$ 值,计算出合龙段长度值 ΔL,以合龙段横基线为基准,按照所确定的合龙长度值 ΔL 画切边线及坡口,并打上样进行冲眼,检查合格后报验。画线时,应特别注意坡口方向,并以实际切边线(坡口底部)为基准画出坡口割线。

②切割(按工厂制定的工艺进行)。

③打磨。对火焰切边周围打磨,清除坡口边及周围 30mm 范围的油漆、铁锈和熔渣。

④在合龙段上焊接临时连接件座。

(4)合龙段的吊装

合龙段配切好后,在当日气温稳定时,将合龙段船运到桥下垂直提升进入合龙口,先连接吊索,再与河中侧的梁段进行临时连接,在连接吊索之后,以纵拉卷扬机拉动近塔的两个梁段靠拢合龙段,调整接口间隙,完成临时连接件座的焊接。

图 3-2-72 合龙段吊装

临时连接件安装完成后，卸下缆载吊机的吊具，让吊索受力，到此时合龙段吊装即告完成。随后由工厂负责对合龙段两侧环缝的焊接。

由于合龙前准备充分，合龙口的高差、桥轴线的偏离、合龙口各板件的间隙，均满足规范要求，保证了合龙顺利进行，一次合龙成功。

合龙段吊装如图 3-2-72 所示。

5)钢箱梁临时连接

箱梁吊装过程中，随着梁段不断地吊装就位，上、下缘开口不断变化，在吊装初期，箱梁节段上缘顶紧，下缘开口，随着梁段不断地吊装就位，下缘开口不断地减小，直至闭合。因此，临时连接需要不断地调整连接螺栓，保证相邻节段能够牢靠地连接。

6)支座安装

全桥两索塔下横梁共有竖向支座、横向支座、纵向限位支座和纵向阻尼器各四个。竖向支座安装在钢箱梁的两端，每端安装两个，每件总成质量为 10 751kg；在钢箱梁箱梁每端和下横梁处安装两个横向支座和一个横向支座挡块，横向支座采用 QZ 系列球形支座；纵向限位支座为一矩形板式支座，安装在钢箱梁的两端头的纵向限位牛腿上，纵向阻尼器为液压黏滞阻尼器，安装于钢箱梁两端和下横梁支座间。

(1)竖向支座安装

端部钢箱梁梁段吊装前，在下横梁顶安装地脚螺栓，浇筑竖向支座垫石，用塔吊安装支座底板和支座，在钢箱梁底板安装滑板等。

(2)横向支座安装

端部钢箱梁梁段吊装前，在下横梁顶安装地脚螺栓，浇筑竖向支座垫石，用塔吊安装下支座板和支座，在钢箱梁底板横向支座牛腿处安装上支座板。

(3)纵向限位支座和阻尼器安装

端部钢箱梁梁段吊装前，在下横梁顶浇筑纵向限位支座挡块和纵向阻尼器支座垫石，用塔吊在钢箱梁纵向限位支座牛腿处安装纵向限位支座。

在纵向阻尼器支座垫石上安装支座垫板，待端部钢箱梁顶推到位后，通过手拉葫芦等吊装纵向阻尼器，并销接。

7)钢箱梁检查车安装

钢箱梁检查车根据主梁结构形式，采用悬挂式吊车方案，位于钢箱梁底部，检查车主要由桁架和驱动机构所组成。本桥配置两台检查车，检查车悬挂在标准梁段下方，随标准梁段同时吊装完成。

安装方法：在岸上将检查车拼装成整体，移至平驳工作船上，将检查车分别运输至两梁段下，通过跨缆吊机调整钢箱梁高度，利用手拉葫芦辅助，将检查车安装在梁底检查车轨道上，并临时固定，两梁段安装到位，即完成钢箱梁检查车的安装。

8)钢箱梁节段运输桥位疏浚工程

根据所掌握的资料，钢箱梁节段采用海轮单节段运输方案。海船参数：吨位 2 500 ~4 000t，吃水深度 3.5 ~4m，舱口宽度 13 ~13.5m，长度 44 ~45m。根据在桥位处实测河床高程资料，平均低潮水位为 3.5m 时，北塔近塔处 26m 以外水深大于 4m。此范围采用 33.64m 长钢箱梁采用空中荡移法安装，无须河道疏浚。

南塔近塔处 320m 长度为浅滩区，必须进行疏浚，以确保钢箱梁运输船吃水深度，并安全抛锚就位。

9)主索鞍的顶推

主索鞍在钢箱梁节段吊装的过程中，应逐步向塔顶中心顶推。以使塔柱两侧主缆的水平力接近相同，使塔顶纵向位移控制在允许范围之内。根据设计图，单个主索鞍最大顶推力为 2×500t。

主索鞍的顶推时间、顶推量应根据设计和监控单位的要求而确定。

10）钢箱梁焊接

钢箱梁梁段吊至设计位置后，与前一梁段临时连接，待全部梁段吊装完毕，在一合适的温度时段，精确调整焊缝间隙，调平板件错边，间段焊接定位码板。根据工艺规程，先焊接周边板横向环缝，进行无损探伤，合格后焊接纵向嵌补段，检验合格后，对焊缝进行必要的打磨处理，完成梁段工地焊接。

5. 施工监控、主鞍顶推及塔顶偏移控制

钢箱梁吊装阶段涉及结构变形的问题，而在吊装钢箱梁的过程中，索塔要发生倾斜，为了不超出允许的倾斜值，主索鞍在钢箱梁吊装前也将预偏移安装。并在吊装钢箱梁过程中，根据索塔的水平倾斜值，分次进行顶推，确保索塔处于安全状态。通过对索塔的变形监测，及时掌握索塔的倾斜位移情况，为索鞍的顶推量提供可靠的数据，钢箱梁吊装过程中的监控项目有索塔的倾斜监测、索塔间跨径测量、主缆线形的监测、两索塔承台的沉降监测。对于索塔的倾斜监测，可采用极坐标方法或距离法进行，索塔间跨径测量采用距离法进行；两索塔的沉降监测，采用精密水准仪按三等水准测量方法对预埋在塔柱承台上的水准点进行监测。主缆线形则用三角高程测量方法进行。下面主要对索塔倾斜监测所用两种测量方法的精度估算进行分析。

1）极坐标法监测精度估算

在四个索塔塔顶各建立一个变形观测点，采用极坐标法观测，由于整体控制网中控制点安装了强制对中器，而强制对中器具有较高的对中精度，所以可以不考虑测站和后视点的对中误差。又由于整体控制网具有较高的点位精度，所以用极坐标方法对索塔进行监控的精度分析时，也可以不考虑整体控制网点的点位误差。因此，极坐标方法对索塔监控的主要误差来源为观测点的对中误差，对观测点影响值为 m_1（$m_1 = \pm 2\text{mm}$），角度测设中误差对观测点位的影响值为 m_2，观测误差对观测点位的影响值为 m_3：

$$m^2 = m_1{}^2 + m_2{}^2 + m_3{}^2 = 21.93\text{mm} < 30\text{mm}$$

根据变形监测的有关精度要求，一般规定，变形监测的测量中误差为监测变形量的 1/20～1/10，在 30cm 以内，则测量中误差为 ±1.5～3.0cm。因此，该极坐标法满足施工实测要求。

2）距离法监测精度估算

距离法监测方法就是利用全站仪，基准点设在引桥桥面上或地面上，直接测量此两点间的距离，以距离的较差来反映索塔的变化。

在索塔施工完成后，把控制站建立在南北塔上横梁和中引桥与南引桥桥面上，其中，A、B、E、F 点设在塔安装主索鞍后仍能安置仪器的地方。C、D、G、H 四点设在引桥桥面上，为距离法的基准点。变形监测时，可采用两套全站仪，同时进行观测，A 测站观测 S_{AC} 及 S_{AB}，B 测点观测 S_{BA} 及 S_{BD}，这样两测站都观测了 A、B 点的变形值及跨径；同样，E 测站观测 S_{EG} 及 S_{EF}，F 测点观测 S_{FE} 及 S_{FH}，这样两测站都观测了 E、F 点的变形值及跨径。

6. 钢箱梁吊装质量控制要点

（1）根据具体的施工进度，提前确定桥位所在的水域封航、局部封航、水上航道管制的范围和时间，确保运梁驳船及时、顺利、准确地就位。

（2）准确测量近塔处浅水区范围的水位情况，提前掌握桥位水域涨、退潮的变化规律，以确定钢箱梁合适的吊装时间。

（3）协助钢箱梁运输船只进行水中驳船定位，确保其定位精度满足吊装要求。

（4）在钢箱梁吊装施工前，对跨缆吊机进行全面的调试，确保其整个系统正常运行。

（5）加强操作人员的培训，使其完全熟悉钢箱梁吊装的各个工序，并熟练掌握跨缆吊机起吊系统、行走系统的操作。

（6）与设计、监控及监理单位密切配合，确保施工过程中及时发现并解决相应的问题。

第五节　主缆及吊索制造

一、索结构系统参数与内力关系识别

1. 索力识别的重要性

主缆是结构体系中的主要承重构件,悬索桥的承载能力和跨越能力很大程度上也取决于主缆,其形状直接影响整个系统的内力分配和变形。主缆的主要受力特征如下:

主缆是几何可变体,主要承受拉力,可通过自身几何形状的改变来影响体系平衡,具有大位移的力学特征。主缆在恒荷载作用下具有很大的初始张力,能保持一定的几何形状,主缆初始张力对后续结构形状改变提供强大的“重力刚度”。

吊索是将外荷载传递到主缆的传力构件,是联系加劲梁和主缆的纽带,承受轴向拉力。吊索的初始拉力,既决定成桥状态的真实索形,也决定了加劲梁的恒荷载弯矩,是研究悬索桥内力状态的关键。

主缆和吊索是悬索桥安全运营的重要因素。因此,分析主缆及吊索在恒载、活载、温度荷载、温度梯度等荷载及各种荷载组合作用下的内力,以及主缆和吊索在施工阶段和运营阶段的内力,找出主缆和吊索在不同荷载、荷载组合及不同阶段内力的规律性,具有重要意义。将分析研究的数据与主缆及吊索的设计内力相比较,找出在不同阶段和不同荷载组合下影响主缆和吊索内力的变化因素,以便为桥梁安全运营提供参考资料。

研究模拟大桥在服役期间的力学行为,能够较为精确地评估大桥索结构在役期间的使用安全性能,对大桥在服役期间索结构内力作出正确的分析和判断,预测大桥索结构内力及线形未来的发展趋势,并制订出实时诊治机制,能更精确、更科学地对服役桥梁进行状态评定,为大跨度悬索桥梁维护、管养提供科学依据。

实践表明,建立基于桥梁服役期间悬索线形上的使用安全性能评估方法,能够比较好地描述大桥结构服役期间体系退化演化历程和其所处的实际状态,克服了传统定期桥梁索结构内力计算的种种不足,另辟了一条基于桥梁悬索真实构形分析基础上准确、高效地评定服役桥梁索结构的新途径,这对既有新型大跨度悬索结构的状态评估极具实际意义。

2. 主缆及吊索理论分析

1)直杆弯曲振动理论

直杆弯曲振动理论的计算模型如图 3-2-73 所示。

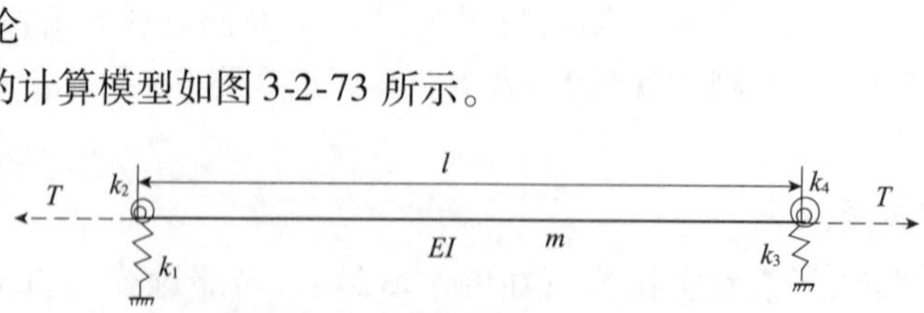

图 3-2-73　直杆弯曲振动理论模型

计算模型概述:k_1、k_3 为索两端的横向约束支撑刚度;k_2、k_4 为索两端的横向转动约束刚度;EI 为索的抗弯刚度,对于较长的柔性吊索,可忽略不计;m 为吊索的线密度;l 为吊索的计算长度;T 为吊索的张拉力。

对于张紧的单根吊索,更一般的横向振动计算模型为,当其垂直度的影响可忽略不计,且拉应力 T 为恒值时,其在无阻尼时的横向自由振动方程为:

$$EI\frac{\partial^4\eta}{\partial x^4} - T\frac{\partial^2\eta}{\partial x^2} + m\frac{\partial^2\eta}{\partial t^2} = 0 \tag{3-2-1}$$

经分析后可知，因为边界条件的确定往往成为影响计算结构精度的主要因素，只有在边界条件明确的情况下，才能得到其微分方程的解析解。然而，在特殊的边界条件下，也不一定有显式解析解，从而限定了解析法的应用范围。并且，在实际工程问题中，本项目的吊索结构，边界条件也难以确定。因此，如何准确地识别索结构边界条件，也就成为目前工程上亟待解决的问题。

2）简支边界

在简支边界条件下，$k_1=k_3=\infty$，$k_2=k_4=0$，由通解可得频率特征方程为 $\sin\beta l=0$，从而可以得到工程上普遍应用的索力使用计算公式：

$$T=\frac{4ml^2f_n^2}{n^2}-\frac{n^2\pi^2EI}{l^2} \tag{3-2-2}$$

对于较长的柔性索，通常忽略其抗弯刚度时，从而得到更简单的形式为：

$$T=\frac{4ml^2f_n^2}{n^2} \tag{3-2-3}$$

3）固支边界

在固支边界条件下，$k_1=k_3=0$，$k_2=k_4=\infty$，由通解可得到频率特征方程为：

$$2\beta\alpha+(\beta^2-\alpha^2)\sin\alpha \mathrm{sh}\beta l-2\beta\alpha\cos\alpha l\mathrm{ch}\beta l=0 \tag{3-2-4}$$

频率特征方程属于超越方程，无法求得显式解，难以直接应用于工程实践。

4）弹性支撑边界

在实际工作中，几乎没有绝对的固支和简支边界，绝大多数是介于它们之间的弹性支撑边界。

对于本项目中比较长的柔性吊索，索的抗弯刚度可忽略不计；在吊索下端锚固处的刚度相对来说很大，可简化成固接；在减振架处，可简化为弹性支撑，一端固支，一端为弹性支撑的计算模型，如图3-2-74所示。

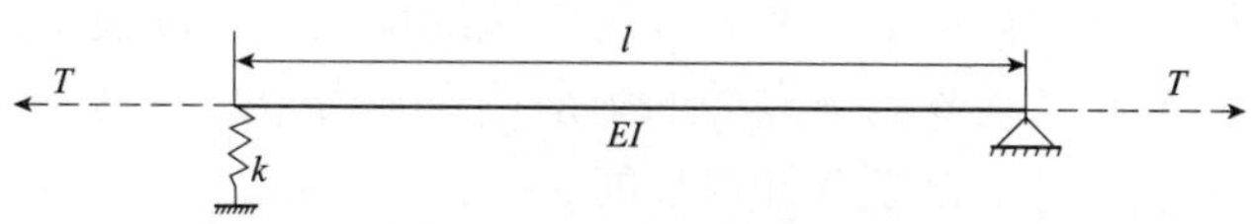

图3-2-74　横向弹性支撑的计算模型

由上可看出，弹簧刚度的变化对计算结构影响比较大，对于一些非线性弹性边界，弹簧刚度的确定，已成为计算的关键内容。而对于本项目中的吊索，不管是短吊索还是长吊索，都不单是单根索和在索的端部约束组成，边界条件均比较复杂，仅采用上述三种情况，均不能较准确地识别索的内力。鉴于此，运用有限单元法，开发了三维多自由度的索单元，并编译了能考虑多种因素影响的有限元计算程序进行仿真分析计算。

5）含有初始内力的有限元法

目前振动频率量测法在中长斜拉索的索力测试中有成熟的应用。因为斜拉索的索都比较长，刚度比较小，将其简化为两端铰接的弦，有足够的精度，采用弦振动理论可精确计算索力。然而，如果弦振动理论不加发展就将振动法应用于短索，将会遇到很多困难，导致测试不准确。因为索比较短，刚度很大，弯曲刚度不可忽略，边界条件影响也很大，这明显不符合弦振动理论，同时没办法考虑索的护套、减振器的影响，而对于长索，必须考虑垂直度的影响，常用方法明显不能解决。所以常用方法只适合边界条件很明确的中长索。

为了将吊索平行束紧，在主缆中心下1.5m处设置了吊索夹具，且吊索的相应部位设有锥形铸块，以定位支撑吊索夹具并保护钢丝绳。对于长度大于20m的吊索，在悬吊长度的中央设置了减振架，以将一个索夹上四根吊索互相联系，减少吊索的风致振动。由于吊索夹具和减振架的影响，使得索结构系统更加复杂，常用的公式完全不能用，必须开发新的计算模型和方法以辅助分析。

有限单元法是工程中计算复杂结构广泛应用的方法，可与模拟综合法结合，用于子结构的计算。

6)长吊索有限元计算模型

本项目涉及的长吊索是单索股的长度大于20m、索组的中间含有减振架的吊索,吊索上端通过索夹挂在主缆上,主缆相对稳定且刚度较吊索大得多。固长吊索的上端可看做铰支边界,吊索的下端通过锚头连接于劲梁上,可以看作固支边界且将四股吊索、减振架和吊索夹具等一起考虑的三维计算模型。减振架、吊索夹具和铸块是由整块的铁块制成,其刚度较吊索来说大很多,相当于一块刚体。因此,在计算中,采用有限单元法,把长吊索看成柔性单元,把减振架、吊索夹具和铸块看成是刚体,对索股之间的位移有约束作用,且对吊索的振动附加了质量,对吊索采用一致质量矩阵,其余采用堆积质量矩阵进行模拟计算。

由四股索通过减振架连成一组的吊索结构系统,其系统结构的振动响应可分解成若干构件的振动响应之和。由于减振架和吊索架具等的影响,导致吊索在顺桥向和横向的约束形式或刚度不一样,从而每股吊索在顺桥向和横桥向的自由振动频率也将会是不一样的,有必要建立三维模型进行模拟计算。把单股吊索下半部分从吊索结构系统中分离出来,对其进行单独建模计算,把该股吊索的上半部分给予的竖向弹性约束和扭转弹性约束,分别以一根等效的竖向弹簧和一根等效扭转弹簧代替,对减振架给予的水平转动和两平动约束,分别以一根等效的扭转弹簧和一根顺桥向、一根等效弹簧代替,下端同样进行固结。该模型更具简便性,轴向弹簧刚度与吊索的材料由几何尺寸本身确定。横向弹簧刚度与吊索内力值是一一对应的,因此对应于不同阶次的实测频率,计算所得的索力值也应该是一致的。顺桥向和横桥向弹簧互不相干,所以可以通过实测多阶频率来识别弹簧刚度。由于吊索下端锚头上面还有锚杯和缓冲器的作用,因而,在计算时还应考虑修正其计算长度。

7)短吊索有限元计算模型

短吊索具有较好的抗弯能力,边界条件更加复杂,而其自振频率对边界条件的约束、其自身刚度和附加质量块等的影响均较敏感,因而,有必要建立能综合考虑这些因素的力学简化分析模型。在吊索悬挂的主缆处,不能简单地视为铰支边界,而应该考虑其为弹性约束。该计算模型把吊索看成有抗弯刚度的梁单元,把吊索夹具视为刚臂,把铸块作为节点处的附加质量。由于短吊索下端锚头上面还有锚杯和缓冲器的作用,因而,在计算时还应考虑修正其计算长度。

由于吊索夹具和索夹等的影响,导致吊索在顺桥向和横桥向的约束形式或刚度不一样,从而每股吊索在顺桥向和横桥向的自由振动频率也将会是不一样的,有必要建立三维力学简化模型进行模拟计算。在进行频率测试时也要注意传感器的粘贴方向。

8)计算方法的比较和本文方法的优点

目前振动频率量测法(常用方法)在中长斜拉索的索力测试中有成熟的应用。因为斜拉索的索都比较长,刚度比较小,将其简化为两端铰接的弦有足够的精度,采用弦振动理论可准确计算索力。然而如弦振动理论不加发展就将振动法应用于短索,将会遇到很多困难,导致测试不准确。因为索比较短,刚度很大,弯曲刚度不可忽略,边界条件影响也很大,这明显不符合弦振动理论,同时没办法考虑索的护套、减振器的影响。而对于长索,必须考虑垂度的影响,常用方法明显不能解决。

为了将吊索平行束紧,在主缆中心下1.5m处设置了吊索夹具,且吊索的相应部分设有锥型铸块,以定位支撑吊索夹具并保护钢丝绳。对于长度大于20m的吊索,在悬吊长度的中央设置了减振架,以将一个索夹上四根吊索相互联系,减少吊索的风致振动。由于吊索夹具和减振架的影响,使得索结构系统更加复杂,常用公式完全不能用,必须开发新的计算模型和方法以帮助分析。本桥在计算时考虑到以上情况,结合实际工程中有限单元法和模态综合法,用于子结构的模态计算。开发了三维多自由度的索单元,并专为黄埔大桥的长吊索和短吊索编译了涉及减振架、吊索夹具和铸块等影响的计算程序,采用了含有初始内力的有限元法。

相比常用频率方法,带初始内力的有限元识别方法有明显的优点:对于各种边界条件能准确模拟,可以充分考虑(杆)的细部构造,包括减振器的减振刚度、附加质量块、锚头端部的边界条件及多点弹性支承边界等。该法还可以方便地应用于系杆拉力测定问题,因为系杆实际上就是多点弹性支承边界条件的拉杆。

具体比较各方法可以看出：常用方法能考虑的仅仅为简支边界一种情况，固支边界、介于简支与固支间的边界、护筒作用、减振器作用、多点弹性支撑作用均不能考虑到，其适用范围也仅仅为中长索一类。

带初始内力有限元计算法对于简支边界、固支边界、介于简支与固支间的边界、护筒作用、减振器作用、多点弹性支撑作用均可考虑到。其适用范围包括短、中、长索，吊杆及系杆。适用性明显比一般常用方法要好。

9）计算方法验证及可靠性分析

计算方法从试验、试索和拱桥吊杆等三个方面进行验证。

试验验证：鉴于反力架的长度，选择长3.26m、线密度为1.092kg/m的钢绞线模拟吊索。反力架内部装有传感器，张拉力由液压控制设备控制，张拉力数值可通过电脑读取。在试验之前，先对其进行预张拉，然后进行逐级张拉，等张拉稳定一段时间以后，采用激振法进行激振，用加速度传感器进行拾振采样，再对采样结果进行数据处理，提取钢绞线在不同拉力作用下的自振频率。试验数据表明，本桥计算采用带初始内力有限元计算法的计算结果与实测张拉力吻合较好，最大偏离值为4.845%，小于5%，同时表明此方法的优越性和可靠性。

试索验证：为验证带初始内力的有限元计算方法的可靠性，对长、中、短斜拉索各若干根进行测试。先对拉索进行索长和减振器位置、刚度等边界条件进行详细调查，获取所有必要的结构参数，然后在适当位置进行拾振采样。结果表明，实测值与计算值最大偏离值不超过5.5%，而由微分方程推导的简单公式完全不适合计算此类含有复杂边界约束的索，从而说明此法在工程应用上具有可靠性和极大的应用价值。

拱桥吊杆验证用一具体算例得出吊杆（或系杆）的内力结果，也验证了上述实测值与计算值相差不大，计算值可应用于实际工程中。

影响计算结果可靠性的因素是多方面的，包括简化的计算模型和计算方法、物理参数的确定性、测试结果的可靠性和温度变化等。对于计算模型和计算方法，已在实验、应用或算例中得到验证。而提高计算结果的方法在于：获取实际自由振动频率（在合适的外部环境中进行测试）、明确边界条件（采取能量法，选取近似的振形函数，结合实测的频率，准确获取结构中的各种参数）、修正计算长度、考虑吊索的抗弯刚度及频谱分析。

10）现场实测及吊索内力

采用一套DASP和一套DASYLAB拾振系统进行频率测试，用水准仪测桥面线形，采用全站仪测主缆吊点的相对位置坐标。

通过收集和检测索结构系统的基本参数、吊索的自振频率测试、建立有限元计算模型、建立振动频率方程，求解吊索索力进行现场实测，采用频率法测定索力。测得吊索的自振频率后，根据针对该桥研究的有限元方法，用大型矩阵处理软件Matlab7.0自编程序进行吊索内力计算。从计算索力与设计索力来看，大部分计算索力与设计索力的偏差在5%以内，少数在5%～10%之间。

静载试验的测试结果表明，满载工况与空载相比，各索的索力均有明显的提高，而与最小破断拉力相比，还有相当大的富余，也即吊索的承载能力是安全可靠的。

3. 主缆内力识别

1）计算方法

（1）精确有限元单元法

由于缆索本身没有刚度，也没有固定的形状，在给定的边界条件下，所施加的预张力和外部荷载需要通过调节索的形状来保持平衡，也即索的初始平衡形状与所施加的预张力和外部荷载有一个对应关系。

把主缆的中间悬索段划分成若干节点单元，同时在各吊点位置上设置单元节点。任取第 e 个单元进行分析，令单元水平投影长为 L，两节点分别为 i 和 j。计算分析模型如图 3-2-75 所示。索单元受到吊索的集中荷载和沿自身索长的均布荷载的作用，取单元中的任一微段进行受力分析，如图 3-2-76 所示。

此方法受影响的参数少，且方便计算。如能开发一次性准确计算各吊点位置参数的程序，则更能保证计算的准确性。

(2)截面法

由于桥梁成形后，任意相邻两吊点之间主缆的长度已经确定，其自重可视为常数，令主缆含有 n 个吊点，第 $e(e=1,2,3,\cdots,n+1)$ 段的自重为 G_e。对于主缆来说，只承受竖向荷载作用，在某一稳定状态下，主缆在任意位置的水平分力为一常值 H_0。在通过频率法识别出成桥后所有吊索的索力的基础上，即获得各吊点的吊索索力 P_k，可把其视为集中作用力。主缆索段受力分析如图 3-2-77 所示，V_A、V_B 和 H 为主缆切向张力 T 的竖直和水平分力。

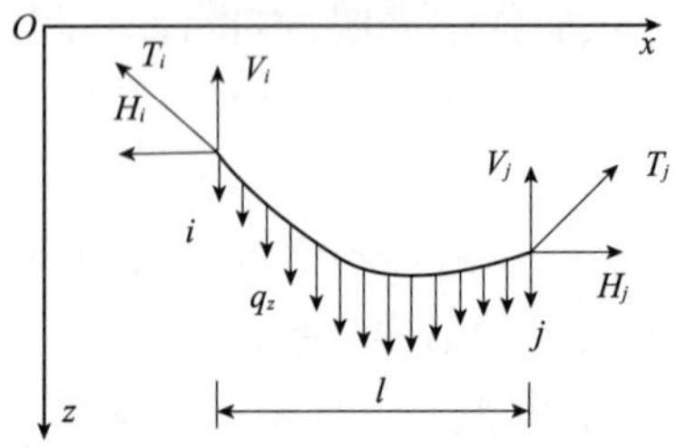

图 3-2-75　缆索单元计算简图

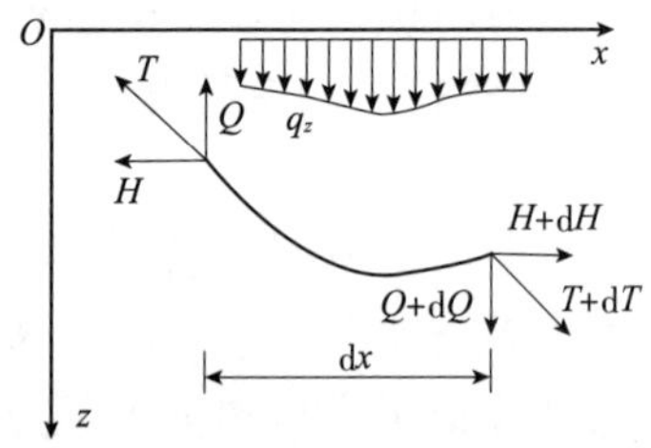

图 3-2-76　索微段受力分析

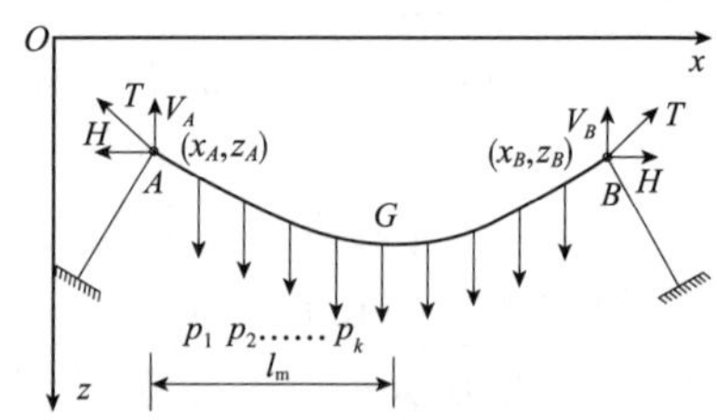

图 3-2-77　主缆受力分析简图

由于索截面的内力只有轴向拉力，所以据此法也可以方便地计算出主缆的内力值。该方法运用的是经典力学理论，适用于主缆比较高、难于测准各吊点高程、受环境因素影响比较大且吊索的内力更易于获得的情况，在获准水平分力的情形下，更能保证其准确性。

(3)频率法

加劲梁自重及桥面荷载通过吊索传至主缆，对主缆的自由振动来说，相当于吊索给它一个约束，即可把众吊索看成是对主缆只受拉不受压的弹簧约束。截取两组吊索之间的一段进行建模分析，通过高精度拾振仪拾取若干段主缆的振动信号，然后根据动态有限元建立振动方程进行求解计算。

由于主缆的振动受很多因素的影响，所测的频谱结果包含很多噪声信号，难以辨别其模态，主缆的内力识别主要以前面两种方法为主。

2)现场测试及处理结果

(1)桥面线形

对于大跨度悬索桥梁来说，主缆线形是时刻变化着的，难以准确获得其在某一时刻的整体线形。相比之下，桥面线形较容易获得，结合各吊索的长度，可推算出主缆吊点的高程。

(2)主缆线形

大跨径悬索桥的主缆线形是悬索桥上部构造的关键，但主缆线形测量的外业环境和特殊要求之间存在着矛盾。主缆线形测量一直是个难题，主缆相对桥面的高度、测点的布置和主缆本身受风等因素干扰的稳定性等，给主缆线形测量带来困难。本桥避开了直接测量主缆线形的方法，而选择了在比较稳定的天气下(气温稳定、微风)，由桥面高程数据和各吊索的长度叠加来获取主缆吊点的高程。

(3)主缆找形

把吊索的索力看成是对主缆吊点的拉力，采用精确有限元法对中跨主缆进行找形计算，得到中跨东侧、西侧主缆吊点找形高程。

在各吊点处设置节点，并把两索塔视为两端点，把中跨悬索部分有序分为若干个两节点索单元，由精确有限元法求得空载中跨东侧、西侧各节点的竖向拉力。

从现场实际计算结果来看，主缆的水平拉力接近200 000kN，竖向拉力最大在两塔处，近80 000kN，最大轴力近215 000kN，在主缆的承载能力范围内，且还有较大的富余量。

二、工程质量管理及保证措施

1. 索股及吊索质量控制和工艺保证措施

为保证索股及吊索的质量，在正式制造前，编制原材料采购、验收到产品制造过程控制至成品检验、发运包装在内的质量计划。

在生产过程中，从原材料采购开始到每道工序的加工直至最后产品完成，都严格依据职业标准进行，实行层层把关，并执行三级检验制度：自检、复检和抽检。对关键工序和特殊工序进行100%全检。

2. 锚具质量和工艺保证措施

（1）锚具生产单位的质量管理体系通过了GB/T 19002：1994—ISO 9002：1994体系，覆盖了锚具产品的生产制造和服务。其质量管理体系对原材料的采购、生产过程控制、不合格品控制、质量记录控制、顾客意见反馈等都有程序化的文件规定，从体系上确保整个产品制造在受控的状态中进行。

（2）制造过程保证：在产品生产过程中，从原材料采购开始到每道工序的加工直至最后产品完成，都严格依据企业的标准执行，实行层层把关，从而严格保证锚具的质量。

（3）超声波探伤：工件在调质半精车后，进行超声波探伤，主要检测材料内部有没有裂纹缺陷，合格后方能转入下道工序，且锚具技术要求必须是100%探伤检测。

（4）磁粉探伤：磁粉探伤是检测工件表面裂纹的一种有效方法，可及时发现零件在加工过程中因应力集中产生的表面裂纹。

3. 一般质量问题的处理措施

（1）原材料质量问题的处理措施：制订严格的合格供方管理制度和严格的进货质量检验制度，对不符合标准要求的材料做出明确标志，不允许投入生产，并在第一时间通知原材料供应商，召开由公司总工程师、技术员、采购人员、质检人员以及原材料供应人员参加的专题会议，并形成处理意见；整改后的原材料将加大质量检验的频率和力度，必要时委托第三方单位进行复检，以保证原材料的质量稳定。

（2）生产过程中质量问题的处理措施：在生产过程中的质量控制实行二级管理，三级检验制度。对于生产过程中出现的质量问题，实行“三不放过政策”，对于出现质量问题的半成品，进行返工、返修或报废处理。

（3）索股及吊索成品的质量问题的处理措施：索股及吊索成品出厂时，必须出具工程师签署的质量保证书，作为对建设单位的质量承诺；在运输、现场出现的质量问题，在24h之内现场分析原因，对运输单位提出索股及吊索的运输保护，以避免运输过程中造成质量问题。对于由于在施工过程中造成的拉索的损伤，将立即提出解决办法。

三、生产过程中的具体质量控制

1. 原材料的质量控制

（1）锌镀钢丝的质量控制：黄埔大桥索股的镀锌钢丝，用新日铁盘条，交付前100%检测，交付后按照GB 2103抽取5%进行检测。监理在此基础上，抽取30%进行检测。

（2）锚具的质量控制：黄埔大桥索股及吊索用锚具制作为分包加工。项目部与监理工程师一起制订了严格的锚具检验措施，锚杯、叉耳等材料由铸锻造厂家进行100%自检，由厂家按每炉批进行100%的机械性能检测，100%的无损检测，监理独立抽检30%，并按照图纸要求进行验收；对锚具机加工尺寸、镀锌厚度、硬度及表面外观进行100%检测，监理工程师进行30%抽检。

（3）吊索用钢丝绳的质量控制：黄埔大桥吊索用钢丝绳由专业厂家提供。

(4)纤维胶带的质量控制:为了保证索股的成形,外缠绕保护带,纤维胶带由第三方检测,报监理工程师审批。

(5)锌铜合金的质量控制:锌铜合金进行抽检送检,合格后报监理工程师审批。

2.索股与吊索制作的质量控制

(1)索股制作质量控制:标准丝、标志丝制作,关键测量点长度,涂漆外观,平行钢丝索股成形,钢丝束成形外径,钢丝束和缠包外观,热铸锚,钢丝深入长度,锚杯预热温度、浇筑合金温度,索股与锚杯垂直度,合金灌注率,铸体反顶荷载、持荷时间,索体位移量等,满足 JT/T 395—1999 的要求。

(2)吊索制作质量控制:钢丝绳预拉下料,张拉力、疲劳性能、下料长度,热铸锚、丝深入长度,锚杯预热温度、浇筑合金温度,索股与锚杯垂直度,合金灌注率,铸体反顶荷载、持荷时间,索体位移量等,分别满足 JT/T 449—2001 和 JT/T 395—1999 的要求。

四、施工中新技术、新材料、新工艺的应用

1.标准丝长度精度控制技术

悬索桥一项重要参数就是主缆线形,为了保证主缆线形一致,受力状态满足设计要求,制作时要严格控制每条索股的长度。因此,主缆索的长度制作精度是一个重要的参数。索股制作精度较低是目前悬索桥主缆索股制作长度的一个主要问题。为控制标准丝的制作精度而达到控制每根索股精度,以往工艺中标准丝的精度差,主要是由于标准丝制作基线长度不够,标准丝标记转移次数过多,累计误差过多,温度、张力等工艺因素控制不够等原因造成的。针对以前的索股制作精度过低的问题,研制出国内最长的标注丝制作台座,并请专业测量机构进行长度标定。在制作过程中,严格控制标记丝的张拉力以及钢丝的温度,按照金属材料的弹性伸长理论进行张力、温度修正,消除了一切可能影响标准丝长度的因素,在此台座上生产的标准丝长度精度可达到 1/20 000。

2.新型连续自动缠带技术

为了保证悬索桥索股的成型性能,保证索股在制作、运输以及架设过程中不乱丝、散丝,主缆索股要求每隔 1.5m 缠绕缠包带。采用新型连续自动缠带技术,同时又选用优质缠包带,保证了主缆索股的缠带质量。

3.股内误差控制技术

悬索桥主缆索股股内误差过大是影响悬索桥主缆质量的另一个主要因素。从理论上计算,主缆索股内的每根钢丝都应该长度一样,在荷载作用下,同时受力。但是,在实际制作中,只能保证构成主缆的每根索股的总长,却不能保证索股内每根钢丝之间的误差。

对于悬索桥索股股内误差问题,通过控制钢丝的弹性模量以及直径,减小原材料的离散偏差,同时,运用自行开发研制的股内误差控制设备,控制减小股内钢丝的长度离散,保证索股中钢丝的一致性。

4.消除“呼啦圈”现象的主缆索股打盘技术

在索股牵引过程中,通常会出现内层松弛的现象。内层索股的松弛会引起钢丝的交叉、弯折、散丝及绑扎带断裂等问题,如不及时处理,将严重影响主缆架设质量和进度。内层索股的松弛,是指上盘时索盘上已卷绕好的索股向收紧方向出现滑动,当索股被放出一定的长度后,内存索股会慢慢松弛。随着时间的推移,由于松弛引起索股的下垂越来越大,如不及时处理,下垂的索股会打到放索架的钢构件上而损伤索股。这种现象一般发生在索股的中后段。因此,每隔一段时间就必须停止牵引,将松弛的部分收紧,严重影响了桥梁的建设速度。通过研究以前工程上的呼啦圈现象,结合理论分析,自行研制出了悬索桥索股打盘在线测力系统,该系统运用了传感技术和模数转换技术,连续精确地实现了索股打盘力的在线监控,彻底消除了索股放索过程中的呼啦圈现象。

第六节 索鞍与索夹制造

一、悬索桥索鞍、索夹工程数量

悬索桥索鞍、索夹工程数量见表3-2-27。

索鞍、索夹工程数量表

表3-2-27

序号	名称	单位	数量	序号	名称	单位	数量
1	北主索鞍Ⅰ	套	1	8	散鞍Ⅳ	件	1
2	北主索鞍Ⅱ	套	1	9	SJ1索夹	套	44
3	南主索鞍Ⅰ	套	1	10	SJ2索夹	套	44
4	南主索鞍Ⅱ	套	1	11	SJ3索夹	套	44
5	散鞍Ⅰ	件	1	12	SJ4索夹	套	38
6	散鞍Ⅱ	件	1	13	SJ5索夹	套	12
7	散鞍Ⅲ	件	1	14	SJ6索夹	套	58

二、索鞍、索夹制造质量管理

1.在用的检测设备质量控制

(1)对在该项目加工中所需使用的测试设备,进行了覆盖式的合理装备,并严格规定:量具、检测仪器要专用。

(2)对所使用的检测设备,按照国家标准鉴定的同时,对工件测量前、测量后必须进行校准,确保量值传递的标准唯一和检测数值精确无误。

(3)由于主索鞍、散索鞍、索夹、底板、底座、隔栅反力架等零件的焊缝、本体需要反复多次的超声、表面着色、磁粉等多种无损探伤检测,因此,探伤设备的配备及控制显得极为重要。我们经过周密规划,对现有无损检测设备的现状进行分析评估,结合产品的需要,添置新的检测设备,用于满足上述零件的检测需要。

2.板材、毛坯件、配套件等进场材料的质量控制

原材料进场的材质证明除供检验员核对外,还需经质量主管技术人员进行审核,同时向现场监理报验合格后才能接收。

为了加强对毛坯质量控制,对主索鞍、散索鞍、底板、底座、索夹等大型、结构复杂、要求较高的铸件毛坯的生产,派出经验丰富的人员到承包单位进行驻场监造,并与监理工程师一道对模具造形、炉前分析、热处理、理化试验、化学分析等铸造生产的全过程开展质量控制,在确认铸件毛坯质量合格后,签署发货通知,方可运回厂。

铸锻件进场均有合格的材质证明、供货方检验报告。为了确保产品制造质量,对重点零件如主索鞍、散索鞍、底板、底座、索夹等,在材料进场后,按工厂程序对随毛坯回厂的试样进行复验。

用于散索鞍、主索鞍制造的20g钢板回厂后,按照设计文件要求,对同一规格的钢板,按批次号取样进行材料机械性能和化学分析复验合格,厚度大于60mm以上的20g钢板,每件进行超声波探伤复检符合GB 2970—2004后,方可转入下料、切割工序生产。

为保证螺栓、螺杆、螺母等受力零件的质量,经监理工程师和建设单位的审核,特委托专业厂家订做。同时,派有经验的质检人员到场进行验收,确保万无一失。

3.大型、关键结构件的焊接质量控制

(1)为保证焊接质量,技术中心针对新的焊接形式,进行了全部的焊接工艺评定,在焊接形式的各项

指标合格并报监理工程师给予认可后，焊接工艺方案才用于正式指导生产。

(2)在焊接过程中，质检人员对焊接材料的牌号、型号，以及进行相应的烘干、加温、保温等处理手段进行经常性的督察，使之达到焊接要求；对焊接过程中的参数进行监督控制，如焊丝的偏摆角度、电流、温度等，都必须符合焊接工艺方案和作业指导书的规定要求。

(3)在主鞍、散索鞍构件的焊接过程中，根据工艺的要求，需要对构件进行预热处理，并在施焊过程中进行保温处理，专门建造1 376W加热退火炉，用于产品的加温、保温、预热、焊后退火等工件热处理施工。正是在各项指标完全满足工艺要求的条件下，最终保证了焊缝的质量。

(4)根据设计文件的要求，按照相关标准，对有探伤要求的焊接件的重要焊缝进行了相应的无损探伤检测，对焊接的外观质量严格把关，并报监理验收合格。

(5)主索鞍、散索鞍零件：钢板与鞍头本体焊接焊缝超声波探伤符合GB/T 11345—89B Ⅱ级合格要求；钢板与锻件焊接焊缝超声波探伤符合GB/T 11345—89B Ⅱ级合格要求，钢板焊接焊缝超声波探伤符合GB/T 11345—89B Ⅱ级合格要求，所有焊缝表面着色探伤符合JB/T 6062—92 Ⅱ级合格要求。

(6)格栅反力架零件，钢板拼接焊缝超声波探伤符合GB/T 11345—89B Ⅱ级合格要求，焊缝表面着色探伤符合JB/T 6062—2002 Ⅱ级合格要求。

(7)主索鞍下承板零件：钢板拼接焊缝超声波探伤符合GB/T 11345—89B Ⅱ级合格要求，焊缝表面着色探伤符合JB/T 6062—2002 Ⅱ级合格要求。

4.零部件加工的质量控制

(1)根据设计文件的要求，按照相关标准，对有探伤要求的铸锻件本体、圆材加工件等进行了探伤检查。

(2)主鞍头、散鞍头本体加工面超声波探伤符合GB/T 7233—87 Ⅱ级合格要求，散索鞍底板、底座加工面超声波探伤符合GB/T 7233—87 Ⅱ级合格要求，散索鞍上、下承板加工面超声波探伤符合JB 4730—94 Ⅱ级合格要求，用于散索鞍、主索鞍上的拉杆件加工面超声波探伤符合JB 4730—94 Ⅱ级合格要求，磁粉探伤符合JB 4730—94 Ⅱ级合格要求，拉杆螺纹面渗透探伤符合JB 4730—94 Ⅱ级合格要求。索夹超声波探伤符合GB/T 7233—87 Ⅲ级合格要求。

(3)对所有零部件加工，均按工厂颁布实施的ISO 9000:2000版《质量体系程序文件》的要求进行严格的质量控制。经检验，零部件的主要加工尺寸、表面粗糙度及形位公差均符合图纸要求，且按有关规定填写记录，并报监理验收合格。

(4)为保证鞍座绳槽的型值点准确无误，公司对于所有鞍座的绳槽全部采用大型数控机床编程加工，技术人员对所编程序进行反复验证，确认无误后方可进行正式机加工。在加工过程中，充分考虑了刀具的磨损、材料的弹性变形，对程序的修正值进行反复摸索，所有鞍座绳槽经加工后报检验证，全部合格，达到图纸设计要求。

5.建立产品质量信息反馈制度

(1)产品在制造过程中难免会出现质量问题，关键是及时发现、及时反映、及时处理、及时预防，将损失降到最低程度。为确保产品质量受控，质量信息通畅，建立了产品质量信息及时反馈的制度，主管检查员、主管检验技术员在巡检过程中发现的问题或者操作者反映的问题，一经核实，视严重程度立即以书面形式反馈到技术部门、主承制部门、生产管理部门及主管厂领导，督促责任单位与技术部门一道尽快拿出解决方案并立即实施，在产品制造过程中起到了明显的作用。

(2)在制造过程中与监理一起，组织相关部门召开了质量专题会，技术、生产、品质等部门主管经常与监理进行定期巡查，针对施工过程中出现的质量问题，及时制订纠正措施，形成闭环，确保质量。

6.主要零部件质量事故分析与处理措施

采取有效措施，在第三方总监办与监理的帮助和指导下，广州黄埔大桥T01合同段索鞍、索夹制造项目，几乎全部零部件加工制造，检验都是一次性合格。索夹在加工中有少量索夹射线探伤检查不合格，技术部门作出报废处理,并通知物供部门及时补充索夹毛坯回厂加工,保证索夹经射线探伤检查全部合格。

三、施工中新技术、新材料、新工艺的应用

1. 主索鞍的分体加工

主索鞍分边跨、中跨两部分,如何让两部分合为一个整体而达到使用效果,一直是各方专家担心的问题。首先进行详细的工艺策划,采用数控机床统一加工基准,并缩小相关尺寸的公差带。通过一系列精确的定位、加工,保证了边、中跨鞍体的连接高度的一致性。

2. 索鞍槽的焊前加工

按通常的铸焊加工次序,精加工一般安排在焊后加工,充分考虑散索鞍的结构形式,采用合适的焊接工装和焊接工艺,结合合理的加工方法,在确保质量的前提下,将散索鞍鞍槽的加工提前到焊前进行,然后,再以鞍槽主基准加工散索鞍装配定位面、定位槽。通过各种方式检测、对比,该方式制作的四件散索鞍完全合格,满足图纸及相关文件要求。

3. 大量采用进口先进刀具

进口刀具振动小,发热少,断、排屑更可靠,加工精度高。与国产刀具比,进口刀具可更高速地切屑,且加工表面质量高。因此,采用先进的进口刀具,大大提高了加工效率和质量。

4. 精心设计焊接坡口

焊接工艺方面,对焊接坡口进行了精心设计。鞍头上不开坡口,大大缩短了周期,降低了制造成本,设计了很多带衬垫的单面坡口,降低了因操作空间太小而造成的焊接难度,减轻了人工的劳动强度,同时对装配、焊接顺序进行了充分、合理安排,确保结构件的制作有条不紊,并采用了大量的装配焊接工艺,有效地控制了焊接变形。

第七节　主缆系统与吊索系统安装

一、主索鞍及散索鞍安装

1. 主索鞍安装

索鞍安装是悬索桥上部结构安装施工的首期工程,首先安装格栅,上、下承板,再安装鞍体,在主缆架设过程中再安装部分隔板和填锌块、拉杆等;在钢箱梁吊装过程中,分段将鞍体顶推至设计位置(索塔中心),最后安装防护罩、抽湿系统。总的安装流程见图3-2-78。

1)安装准备

(1)塔顶预埋件及塔顶平台的布设

在索塔施工完成后,塔顶是悬索桥上部结构安装的重要工作面,上部结构多数构件须经过塔顶转运到安装位置,部分构件甚至在塔顶进行改装和拆箱。

根据施工组织设计,在塔顶横系梁混凝土施工阶段,将各种预埋件理入混凝土中,以保证后续施工的需要,如吊装索鞍的吊架、猫道架设、主缆索股架设、索夹与吊索安装,以及吊装钢箱梁跨缆吊机的卷扬机等,都需用预埋件与塔顶混凝土连接。

各种预埋件的布设都在实施性的施工组织组织设计中进行设计,对重要的预埋件设计还需经过评审,以保证安全。

用贝雷桁架搭设的平台,在塔顶混凝土施工时,先将贝雷架阴头预埋,在索鞍吊装完成后,用塔吊提升拼成悬臂梁,如图3-2-79、图3-2-80所示。

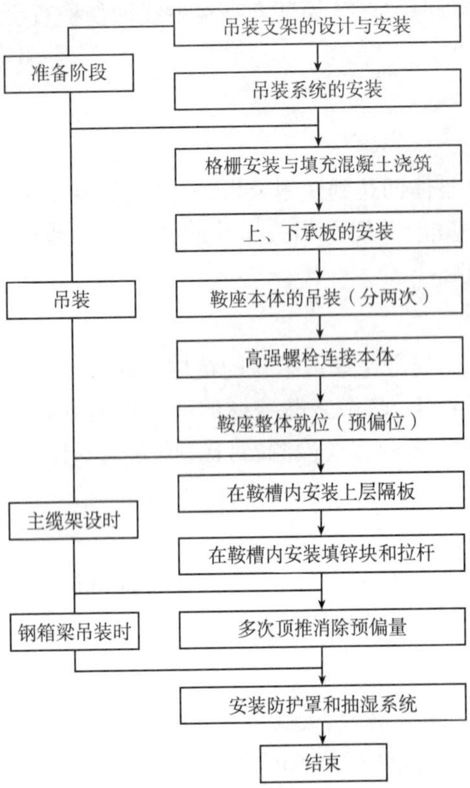

图 3-2-78　主索鞍安装流程图

图 3-2-79　中跨侧塔顶平台

图 3-2-80　边跨侧塔顶平台

(2)塔顶门架设计与安装

①主索鞍吊装门架设计

塔顶门架是吊装鞍座、安装钢箱梁跨吊机的主要吊装系统，同时也是牵引系统的重要构件，该牵引系统是安装索夹和吊索、架设猫道等构件的主要设备。

黄埔大桥悬索桥塔顶门架采用双排钢桁架式结构，主要用型钢焊接而成。门架的柱脚与主塔上横梁顶的预埋件焊接锚固。

根据门架在索鞍吊装、猫道架设、索股架设、钢箱梁吊装等多种工况下使用和所承受的荷载及组合，找出最不利的荷载和工况，进行门架结构的受力分析和结构设计。同时根据门架各种工况下的受力分析与风荷载组合进行验算，设计最大吊重为80t，悬臂长7.5m，门架高8m，宽5m，钢材用Q345，钢材容许应力的安全系数按临时荷载取1.5，为便于安装，杆件采用栓焊连接方法，门架结构如图3-2-81、图3-2-82所示。

②门架安装

图 3-2-81　主索鞍吊装门架

门架采用焊接结构，部分构件在加工场地分片焊接，经试拼后，分片运往工地组装。

门架组件采用塔吊分片吊装，先拼装直立片段，保证其垂度，然后拼装斜桁片及其他杆件。安装时用钢垫板调整柱脚高度，门架调整定位后，柱脚底板与预埋板焊接固定。两片门架组件之间焊接连接。

门架桁片拼装完成后，在桁片上弦杆顶面设置轨道、横梁等行走系统及检修平台、梯道，然后在门架尾端（靠边跨侧）布置卷扬机平台、提升卷扬机，并安装其他提升系统构件。门架安装完后，对整个系统进行检测、调试，然后用80%、100%和120%重量进行过载提升检验。

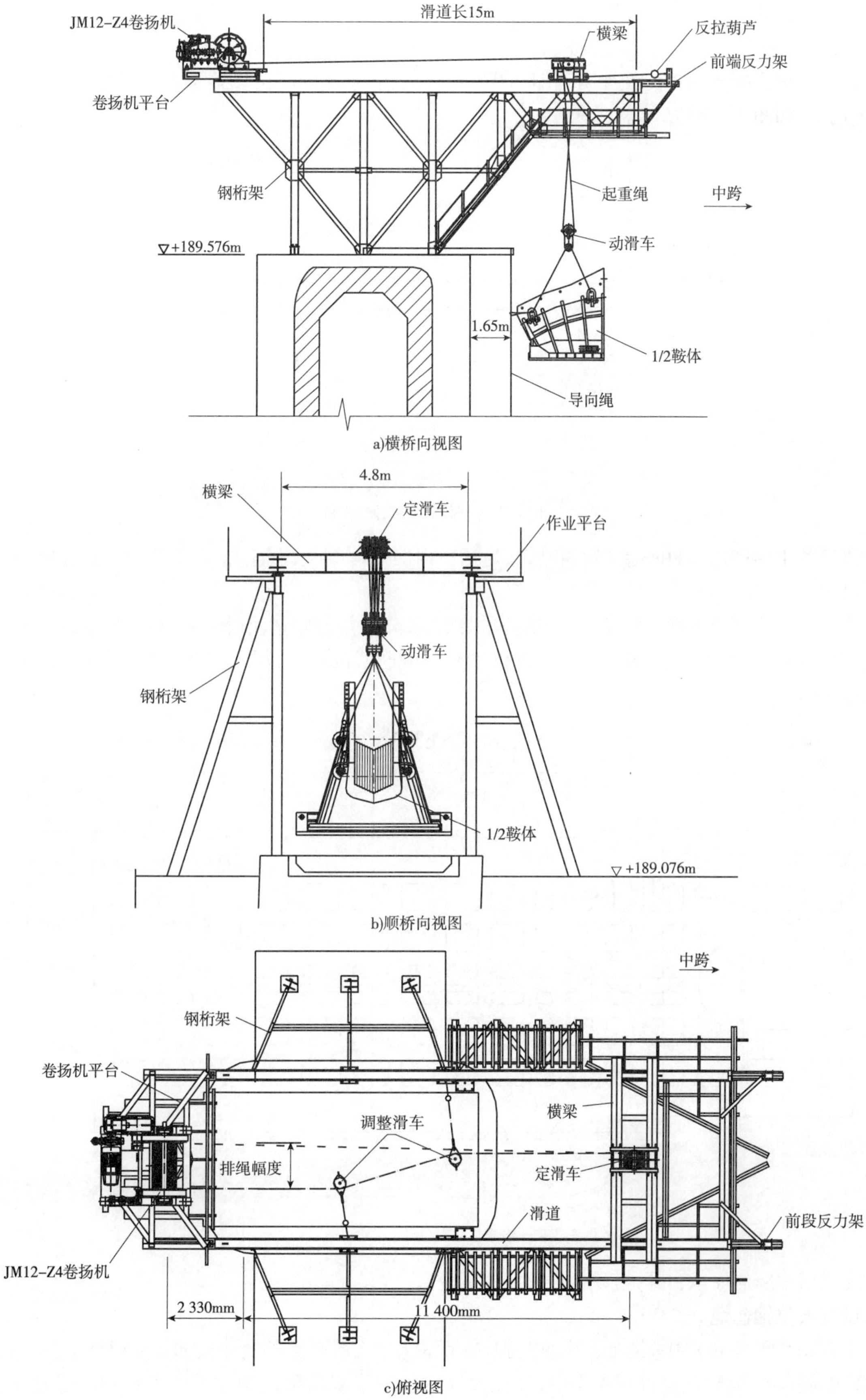

图 3-2-82　主索鞍吊装门架结构

2)格栅的吊装

(1)吊装准备

①在索塔顶混凝土施工到设计高程 189.076m 时,在格栅预设部位设置反力架预埋件,预留格栅槽口,预埋钢筋,如图 3-2-83 所示。

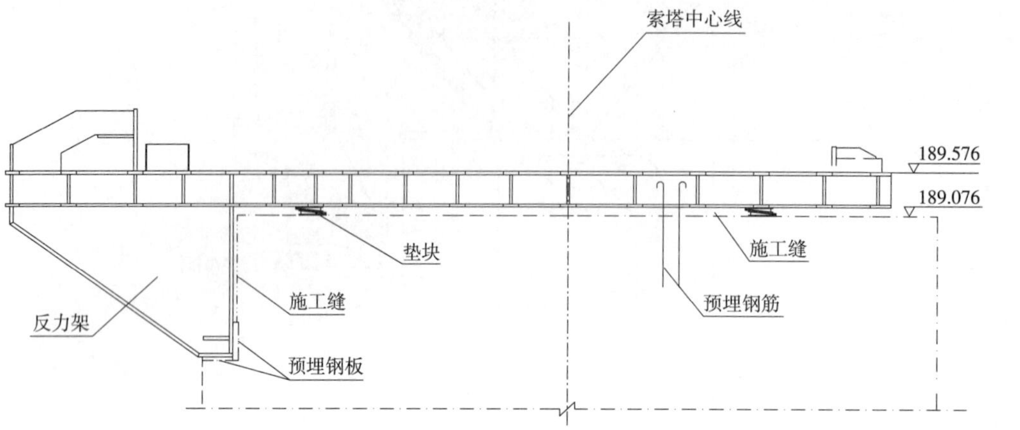

图 3-2-83 格栅反力架及预埋件

②待混凝土强度达到 80% 后(约 3d 后),对槽口内四侧混凝土面(沿施工缝)凿毛,其幅度要满足格栅安装尺寸。

③待塔顶横梁预应力筋张拉完后,在格栅吊装前,按位置放好钢垫块(图 3-2-84),安装时将有冲突的预埋钢弯折,使垫块放置稳定,并用普通水准仪抄平。格栅就位后,再用手拉葫芦调整,使格栅平面度误差不超过 1mm。

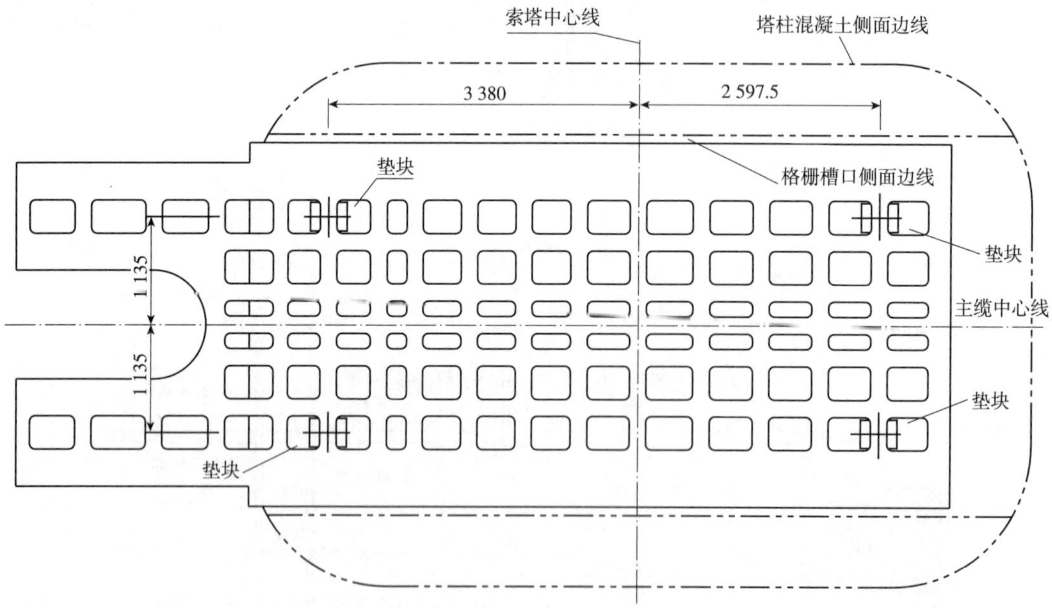

图 3-2-84 格栅垫块布置图(尺寸单位:mm)

④在索塔中跨侧原承台处,搭设格栅承放的平台。

⑤设置限位钢丝绳。

过去在吊装鞍座过程中,经常发生重物扭转、摆动现象,最严重的是中途被某物卡住,鞍座提升受阻,故障很难排除,为防止这种现象发生,黄埔大桥悬索桥采取设限位钢丝绳的方法解决了这一问题,即在吊重(物)提升部位,从塔顶往下设一钢丝绳(ϕ24mm),下端固定在重物上并拉紧使索保持垂直,不随风摆动,再在起重物上连一千斤绳(ϕ10mm 钢),千斤绳端用吊环套入导向索内(图 3-2-85)。注意不要拉得太紧,重物起吊提升时吊环在导向索中滑动随之上升,如遇风和扭转时,千斤绳与导向索联合作用,控制重物摆动。黄埔大桥悬索桥自采用了这种措施后,顺利完成了 4 个格栅、8 个鞍座半体的装备任务。

(2)格栅吊装

①确认门架能够满足格栅进入的空间后,在格栅的重心部位安装千斤绳,通过吊具与起吊钢丝绳相连(图 3-2-85),启动卷扬机吊装。开始进行试吊,提升 1m 高停止,检验重心和导向索是否恰当,确定无误后继续提升,提升速度为 5 ~ 10m/min。

②当格栅提升高出塔顶约 1m 左右时,提升暂停,再启动纵向牵动小车,将格栅拉到安装位置,徐徐下降至槽内约 50cm 高位停止(不用摘吊钩)。

③安装调位。格栅吊到槽内上方后,在测量人员和操作手的协同下,用靠模使格栅的纵、横轴线与槽口标记精确对位,降落在槽内,再调整楔形垫块,格栅平面度误差达到要求后,焊接预埋钢板。

图 3-2-85　格栅安装及限位钢丝绳

④浇筑混凝土,振捣密实,进行养生。

3)下承板吊装

(1)吊装前首先复测格栅表面高程和纵横轴线偏差,清洁表面和四周销孔。

(2)下承板吊装质量,北索鞍为 20.101t,南索鞍为 19.860t,吊到塔顶后正对格栅四周销孔位,插入连接销,清洁四氟板表面,并涂少量黄油。

4)上承板安装

上承板吊装质量,北索鞍为 13.8t,南索鞍为 11.4t,提升到塔顶后对底部不锈钢板再做一次清洁,安装在预偏位置上。

5)索鞍本体吊装

(1)先吊靠河中侧的半体,半体重 47.5t(北索鞍)、46.5t(南索鞍),提升前设好限位钢丝绳,提升过程中,设专人指挥,做到匀速平稳提升。

(2)提升到塔顶后,初始安装位置偏离塔柱中心,北索鞍预偏差为 1 241mm,南索鞍预偏差为 1 614mm,安装线预先标记在下承板上,边跨侧半体就位后,再以同样方法起吊中跨侧半体。就位靠拢后,用螺栓连在一起,经检查无误后,用拉杆将本体临时固定在下承板上,然后用黄油填塞两侧缝隙。

(3)索鞍安装就位后,用防雨器材进行遮盖,保证在主鞍室竣工前,索鞍不被雨淋,保持鞍槽的清洁、干燥。

6)主索鞍安装的质量检验(表 3-2-28)

主索鞍安装精度要求　　表 3-2-28

项　次	检查项目		偏　差	检查方法和频率
1	最终偏值(mm)	顺桥向	符合设计要求	经纬仪或全站仪;每鞍测量
		横桥向	10	
2	高程(mm)		+20, -0	全站仪,每鞍测量一处
3	四角高差(mm)		2	水准仪或全站仪;每鞍测量四角

2. 散索鞍安装

散索鞍安装特点有：

(1)整体一次吊装重达69t。

(2)散索鞍安装地形条件较差，吊装门架结构较为特殊。

(3)散索鞍安装在锚碇、散索鞍支墩前的斜面上，加之本身又是摇轴结构，安装时需在其后部设临时支撑，以保持稳定和安装角度，安装难度较大。

1)散索鞍支墩门架设计与安装

散索鞍支墩门架的设计兼顾两个用途：门架首先用于索鞍的吊装；其次用于安装牵引系统钢丝绳的门架导轮组、固定天车承重索、门架顶安装卷扬机及定滑车(整形、横移索股)。门架杆件选用型钢组焊而成，索鞍吊装完成后需做局部改进，以便下步工序使用。

图3-2-86　散索鞍支墩门架

锚碇门架亦采用钢桁架结构，高13.5m，宽6m(净宽5.36m)，上弦杆长18.5m。散索鞍从鞍墩边侧起吊，门架横桥向布置。

索鞍安装采用钢结构悬臂门架+卷扬机滑车组吊装+横梁负重滑移的方式。根据实地考察，南散索鞍由支墩横桥向内侧悬臂垂直起吊，北散索鞍由支墩横桥向外侧悬臂垂直吊装。

散索鞍支墩门架如图3-2-86所示。

2)散索鞍吊装及定位

(1)吊装工艺说明

散索鞍体单元件就位于散索鞍支墩横向外侧地面，南塔经平板车+汽车吊运输吊装就位，北塔经驳船+平板车+汽车吊运输吊装就位。

散索鞍体单元件就位于地面起吊位置后，起动卷扬机滑车组垂直起吊；起吊过程中为防止动滑轮扭转，应在动滑轮上设置由地面人工控制的两条防扭转麻绳；索鞍单元件提升至安装高度后用绳夹临时索紧跑绳；在两个桁片门架顶部的不锈钢板+四氟板滑动副轨道上，用手动链葫芦牵引承重横梁，使横梁在负重情况下移动就位上方；最后松开绳夹，下放索鞍单元件并就位安装。散索鞍体吊装特点如下。

①底板安装：锚碇散索鞍墩施工到顶时，在设计位置安装底板(图3-2-87)和地脚螺栓，保证地脚螺栓与底板垂直，并将地脚螺栓与散索鞍墩钢筋有效连接。

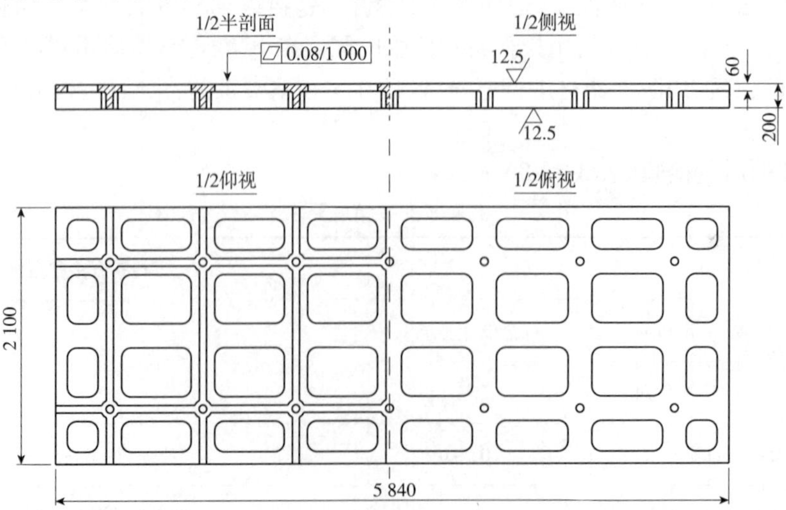

图3-2-87　散索鞍底板(尺寸单位:mm)

由于底板仅重5.09t,利用塔吊安装底板,保证底板平面位置和高程达到设计要求,浇筑混凝土至设计位置。北锚因基坑原因,塔吊无法起吊,采用50t履带吊安装底板。

②底座安装:由于底座为一整体铸钢件(图3-2-88),重达23.02t,在底板混凝土强度达到设计要求后,南、北锚碇分别利用门架起吊系统吊装底座。

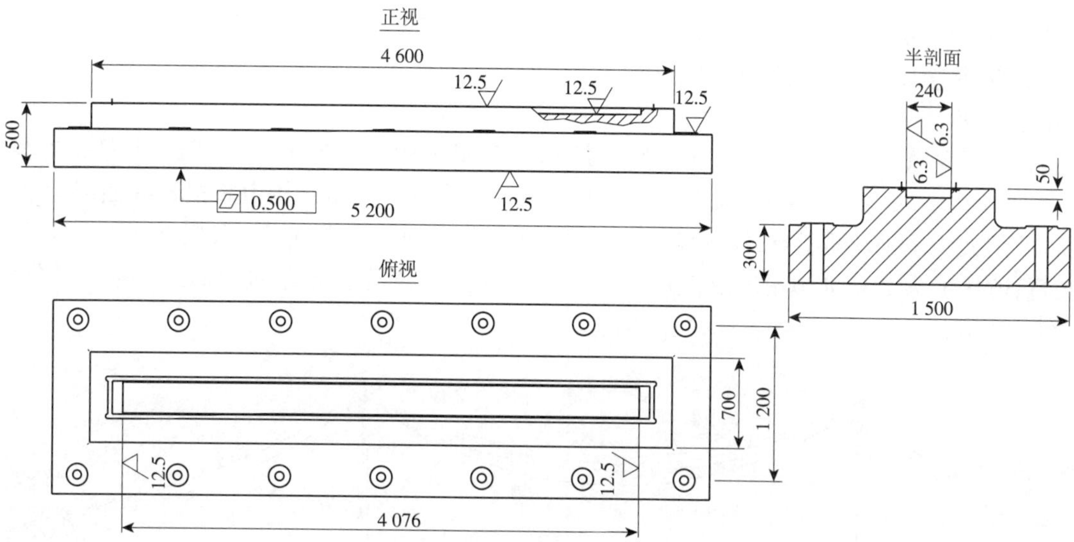

图3-2-88　散索鞍底座(尺寸单位:mm)

门架起吊系统在起吊前进行试吊。起吊时,调整好底座倾角,从散索鞍墩侧面起吊底座。当底座底面高出安装位置一定高度后,停止提升,将底座平移至安装位置,缓慢下放。若底座倾角与安装角度有所偏差,采用手拉葫芦或卷扬机调整底座,直至底座与底板地脚螺栓位置吻合。门架起吊系统配合手拉葫芦缓缓下落底座至底板上,并利用全站仪等仪器校核底座平面位置。安装螺栓,紧固底座。北锚碇采用50t履带吊安装底座。

③鞍体安装:由于散索鞍鞍体呈狭长状,与底座相连后可纵向摆动,且"空缆"安装状态向锚跨侧倾斜一定角度,吊装前在散索鞍墩侧面搭设吊装支架,使散索鞍呈"空缆"状态倾角放置。鞍体重达69.07t,采用100t拖车将鞍体运至散索鞍墩边侧,直接由门架起吊系统从鞍墩边侧面吊装散索鞍。

正式吊装前,先进行试吊(试吊荷载为1.2倍散索鞍自重)。

当门架起吊系统把散索鞍提升到要求位置时,停止起吊,并水平向内移至缆索中心线处。

将散索鞍慢慢放下,直到鞍座的上承板快进入散索鞍底座凹槽时,用手拉葫芦将散索鞍调整到位;根据底座上的标志检查测量基准线的垂直度,必要时可用手拉葫芦调节散索鞍横向和水平方向的位置;继续放下,直至散索鞍完全置于底座上面,此时不得松开起吊系统。

纵向锚跨侧采用临时定位杆,将散索鞍与混凝土面的预埋件相连,调节其长度,横向两侧采用手拉葫芦将散索鞍与鞍墩顶相连。目测所有散索鞍临时定位结构和钢结构之间的连接都安全;逐步放松起吊系统,直到散索鞍通过临时定位结构完全支撑在底座上。

利用全站仪等测量仪器配合千斤顶调节定位螺杆调节器,将散索鞍调整至空缆状态。

(2)散索鞍安装测量

安装散索鞍时严格按照设计图要求的预偏角度进行,在散索鞍后部设置临时定位支撑架。底座与底板的栓接严格按照设计高程执行,必要时加入垫片调整。

散索鞍安装完毕后,进行三维坐标复核。上部构造施工期间,进行实时监控。

(3)底板轴线纵横偏差5mm,底板中心高程5mm,底板扭转2mm,安装基线扭转1mm,散索鞍竖向倾斜角符合设计要求。

二、猫道设计、试验及架设

1. 猫道总体布置及主要结构

猫道(Cat Walk)是大跨径悬索桥施工必备的临时结构,为主缆架设、索夹和吊索安装、钢箱梁吊装、主缆防护等提供施工操作平台、材料及工具运输通道。其使用从始至终贯穿整个悬索桥上部构造安装施工的过程,使用周期长,必然经过各种自然灾害天气的考验。其设计首先考虑抗风稳定性和结构安全性,确保施工安装;其次要考虑施工简便、降低成本。

1)猫道布置

猫道面层距主缆空载中心线形下方 1.5m,宽 4m。猫道采用三跨连续结构,跨径与桥形布置相同:288.81m +1 108.56m +348.442m,猫道面长约 1 790m。每条猫道承重结构由 8 根 ϕ48 面层承重钢丝绳及 2 根 ϕ48 门架支承钢丝绳组成,面层承重绳和门架支承绳之间通过猫道门架及门架斜拉绳联系形成空间结构。猫道扶手为 2 根 ϕ36 钢丝绳,并且参与承重受力。猫道总体布置、面层结构布置分别如图 3-2-89、图 3-2-90 所示。

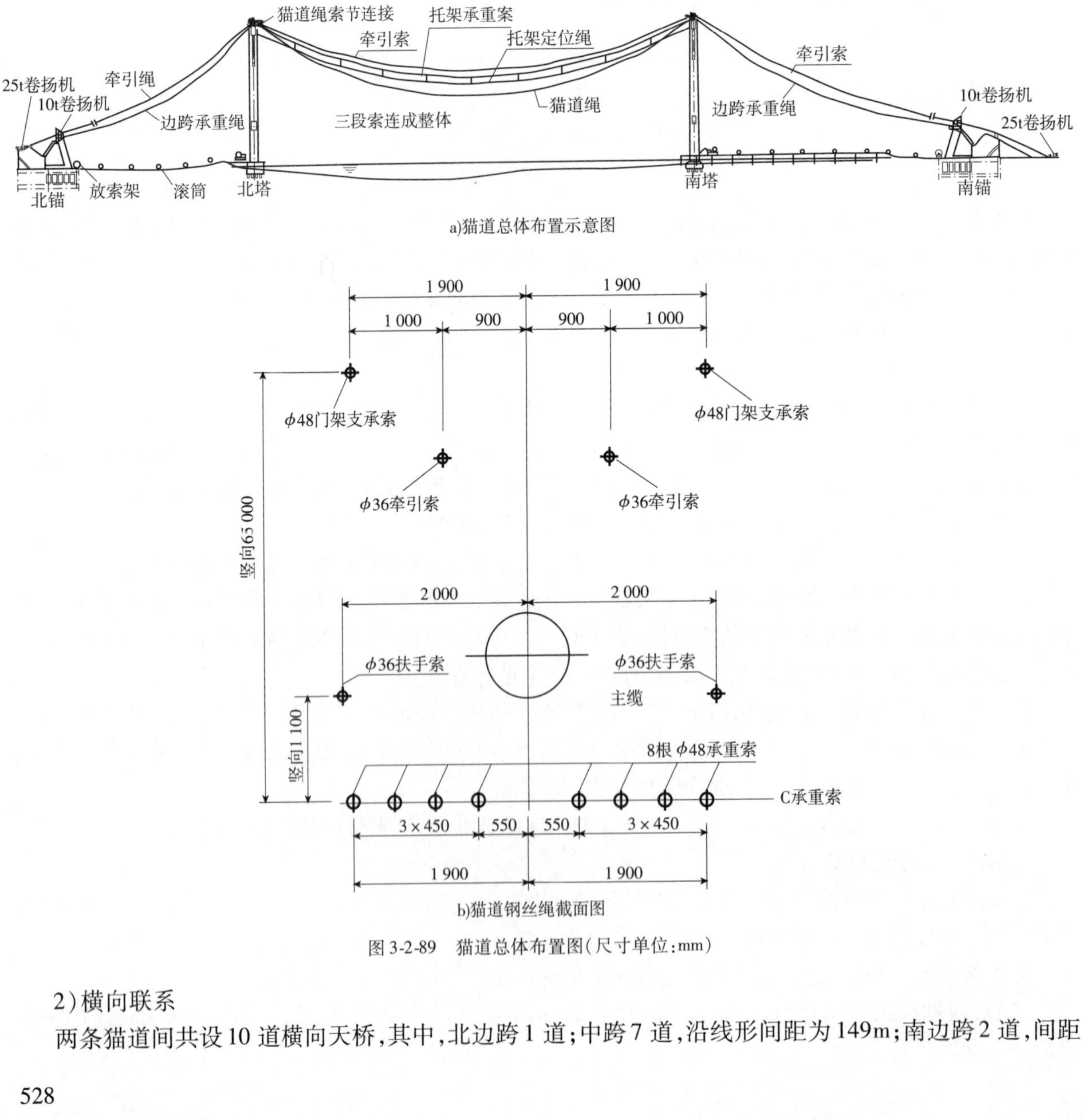

a)猫道总体布置示意图

b)猫道钢丝绳截面图

图 3-2-89 猫道总体布置图(尺寸单位:mm)

2)横向联系

两条猫道间共设 10 道横向天桥,其中,北边跨 1 道;中跨 7 道,沿线形间距为 149m;南边跨 2 道,间距

159m。在中跨5道天桥顺桥向两侧设交叉 ϕ28 钢丝绳，作为水平抑振。天桥主要用 ϕ127mm 的钢管制作，如图3-2-91所示。

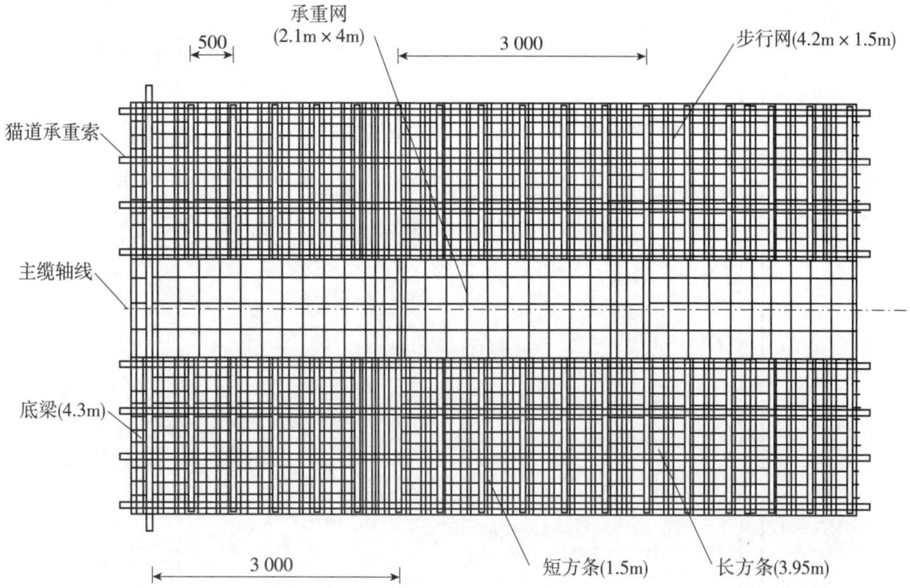

图3-2-90　猫道面层结构布置图(尺寸单位:mm)

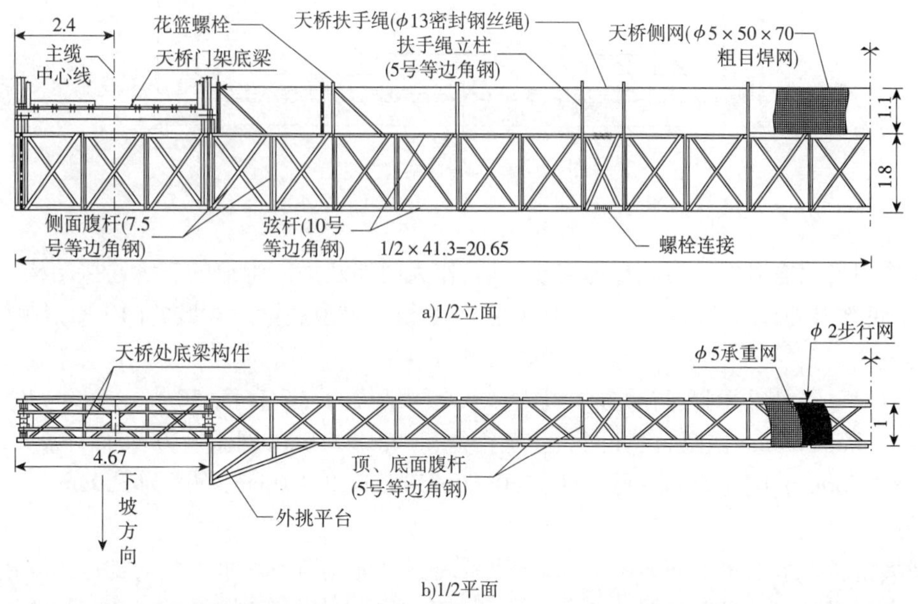

图3-2-91　猫道横向天桥构造示意图(尺寸单位:m)

3)猫道门架和滚轮

由于主缆牵引系统采用门架式单线往复式牵引系统，每条猫道设门架34个，北边跨5个、间距53m，中跨23个、间距49m；南边跨6个、间距53m。与 2ϕ48mm 的门架承重索和猫道自身框架连接，形成整体空间结构，增加猫道稳定性。每道门架上外侧设有一组门架导轮组，支撑牵引系统的牵引索。门架主梁采用180mm×180mm×6.3mm的方钢管，滚轮为尼龙滚轮。滚轮用于索股通行，降低摩阻力。在猫道上每隔8m布置一对滚轮，两滚轮间距为2.0m，距猫道底部1.0m，在入鞍位置适当加密。猫道门架构造、门架导轮、滚轮构造分别如图3-2-92～图3-2-94所示。

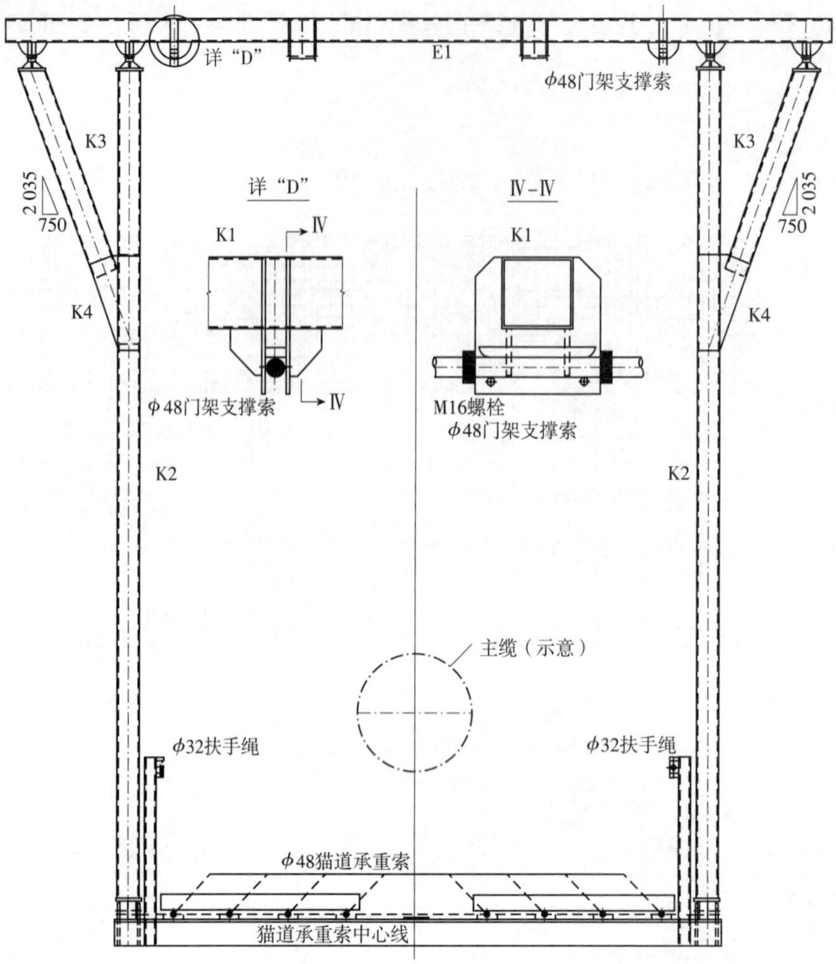

图 3-2-92 猫道门架构造图

4）底梁

猫道底梁作用是把猫道面层与承重绳连成一体，作为门架及横向走道的支承连接结构。猫道底梁分三种：横向走道底梁 10 根，门架底梁 24 根，中间底梁 35 根。猫道底梁用双肢的[10 槽钢制作。

5）猫道面网

猫道面层由承重网、步行网及防滑方木组成。承重网结构为：ϕ5 直径、50mm × 70mm 网眼；步行网结构为：ϕ2 直径、25mm × 25mm 网眼；栏杆网为：ϕ5 直径、50mm × 70mm 网眼。方木加劲条有两种，一种是 60mm × 30mm × 1 500mm，间距 50cm；另一种是 60mm × 50mm × 3 950mm，间距为 300cm。

6）抑振系统

由于黄埔大桥所跨水道水运交通繁忙，故猫道系统不设抗风缆绳。水平横向抑振主要由横向天桥及天桥两侧交叉钢丝绳组成。竖向抑振主要由门架及 ϕ22 斜拉钢丝绳组成。

7）锚固及垂度调整系统

面层承重绳、门架支承绳及扶手绳均通过散索鞍支墩顶的转向装置，锚固在索股前锚面上。每根 ϕ48 钢丝绳通过 2 根 ϕ36 精轧螺纹钢筋锚在锚固件上，承重绳的垂度通过精轧螺纹钢调整。

8）承重绳下压装置及变位刚架

由于采用三跨连续钢丝绳，当面层承重钢丝绳通过塔顶主索鞍或散索鞍两侧时，面层承重钢丝绳之间间距必须进行调整，其间距调整装置为变位刚架，变位刚架用型钢制作。

为保证猫道面层与主缆之间的距离有足够的操作空间，在索塔顺桥向的两侧设承重绳下压装置，下压装置主要由下压架、滑车组及锚固结构组成。

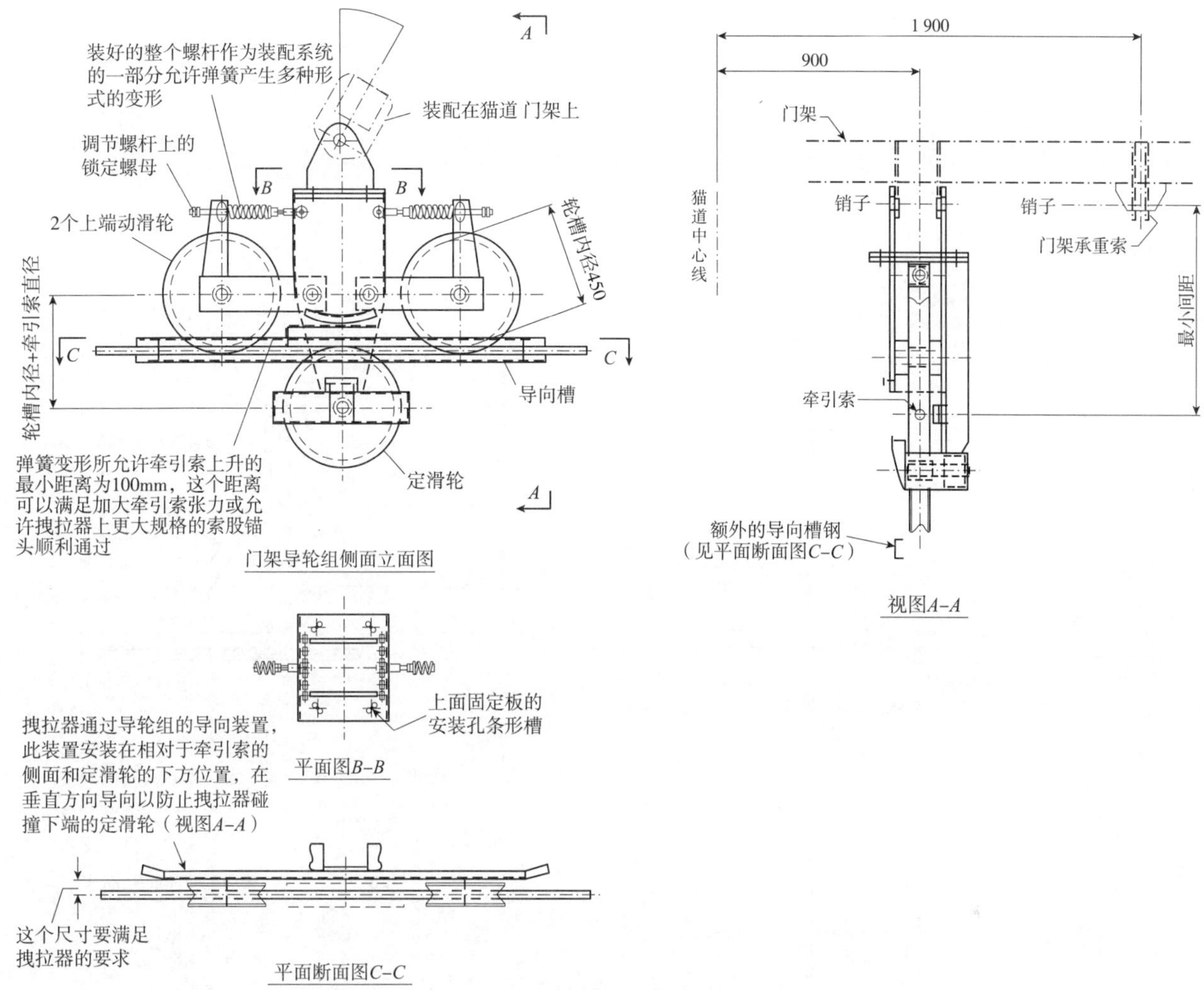

图 3-2-93　猫道门架导轮组(尺寸单位:mm)

为保证面层承重绳与猫道门架支承绳之间竖向有 650cm 的间距,门架支承绳在塔或锚碇的转向点均在塔顶门架或支墩顶门架顶部。

2. 主要钢丝选型

面层承重绳及门架支承绳采用 8 × 36SW + IWR 线接触 ϕ48 钢丝绳,采用标准为 GB/T 8918—1996,强度级别为 1 960MPa,最小破断力为 1 560kN,近似重量为 10kg/m。

扶手绳选用 6 × 37SW + IWR 线接触 ϕ36 钢丝绳。强度级别为 1 870MPa,最小破断力为 773kN,近似重量为 4.94kg/m。扶手绳在猫道承重绳架设过程中作为托架承重绳。两托架定位绳 ϕ16 钢丝绳则转为下扶手绳。

猫道门架斜拉绳用 ϕ22 钢丝绳,水平横向抑振用 ϕ28 钢丝绳。

3. 猫道承重索的制造

1)锚头

套筒采用 45 号锻钢,套筒内灌注锌铜合金。为保证锚头质量的稳定性和长期使用的安全性能,锚头必须符合如下规定:套筒需按《锻轧钢棒超声波探伤方法》(GB/T 4162—1984)进行超声检验,每副热铸锚头需带有探伤检验记录,并出具合格证明书;套筒内灌注的锌,应控制纯度。

2)灌注工艺

(1)于距猫道承重索或门架支承索 ϕ48 钢丝绳端头 335mm 处,用铁丝把 ϕ48 的钢丝绳扎紧,然后套入套筒,用钢钎将钢丝绳拆散,将拆散的钢丝绳调直后设置弯钩。

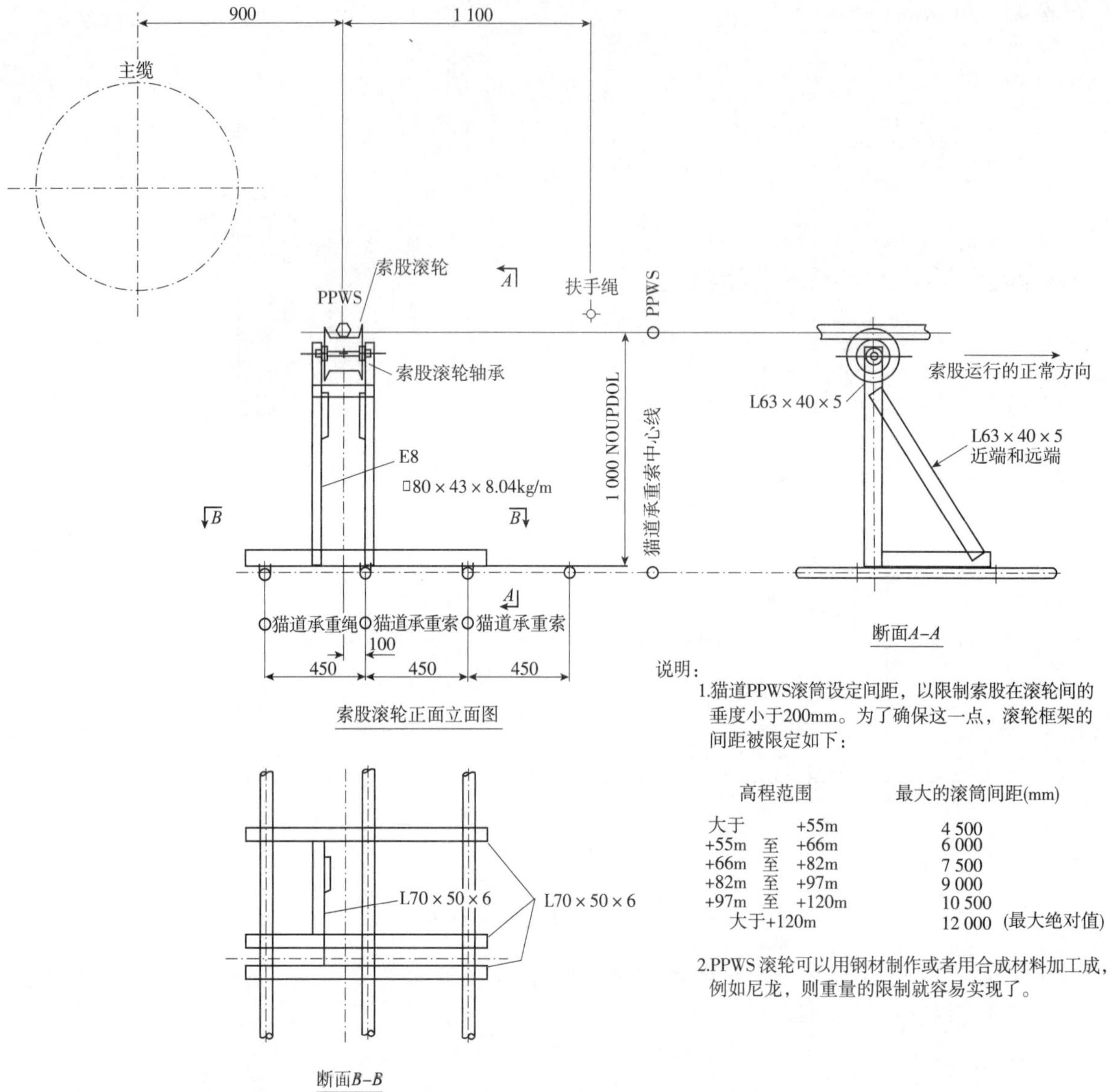

图 3-2-94　猫道滚轮构造(尺寸单位:mm)

(2)用汽油洗去钢丝油污后,用浓度 50% 的稀盐酸或硫酸冲淋,以清除钢丝表面的防锈层和氧化物,再用煮沸的肥皂水冲淋,以中和留在钢丝表面的稀盐酸,最后用开水冲去肥皂水,晒干备用。

(3)设置锚头灌注支架,将锚头竖放。浇铸合金前,钢丝头处于套筒中心位置,先将套筒用喷灯预热至 150℃ ±10℃。

(4)调整坩埚内已经熔化的锌铜合金,使之达到要求的温度,将锌铜水注入预热的锚头内,必须连续浇铸,同时用小锤轻敲套筒使锌密实,并注意降温收缩,及时补注,使表面填平,锚头在浇铸 2h 内严防振动。

(5)套筒及浇铸的锌铜合金完全冷却后,对浇铸锌铜进行背面预顶。

3)锚头静载试验

试验内容为:钢丝绳的伸长率、断丝情况、实际破断索力。

试件采用分级加载,加载步骤为:按钢丝绳公称抗拉强度的 20%、40%、60%、80% 分四级等速加载,要求加载平稳,加载速度每分钟约 100MPa,每级荷载达到后持续 5min,达到 80% 公称抗拉强度后持续 1h,随后每级增加 5% 公称抗拉强度,每级持续加载 5min 直至破坏。

要求每索实际破断力不小于 1 600kN。试验束钢丝绳自由长度不得小于 3m。破坏时钢丝绳的延伸率不小于 2%。

4）钢丝绳的预张拉

钢丝绳非弹性变形较大，将影响索垂度的变化，须进行预张拉以消除非弹性变形，然后再根据设计索长下料加工。

（1）预张拉荷载为 50% 破断拉力（800kN/索），保持 60min，并且要进行两次。场地受限制时可以分段进行。

（2）测长和标记在温度稳定的夜间进行。首先，新猫道承重绳在使用之前必须进行预张拉，以消除其非弹性变形。其次，张拉后按设计长度下料，再灌注锚头。承重索预张拉力为钢丝绳最小破断力的 55%，持荷时间大于 60min。

5）猫道承重索的改进

（1）基本方案

猫道承重索，要跨越两个塔顶，并与索鞍相交。承重索布置一般采取下述两个方案，一是将承重索连续通过塔顶，中间不断开，一索到底；二是将承重索在塔顶断开，分成三段。这两个做法的优缺点如下：

连续式（连续通过塔顶）。优点：承重索中间不断开，无接头，结构简单，造价低。缺点：单根索重，架设难度大，猫道改挂，放松量大。

分段式（塔顶断开，分段锚固调整）。优点：施工难度小，长度调整短。缺点：中间增加四个锚固点和长度调节装置，构造复杂，造价高。

经过分析比较，珠江黄埔大桥南汊悬索桥猫道承重索采取“分段架设，受力连续”的方案，其做法如下：

①将整根承重索分三段制造、架设，分段点不是在塔顶而是在索塔靠中跨一侧，如图 3-2-95 所示。

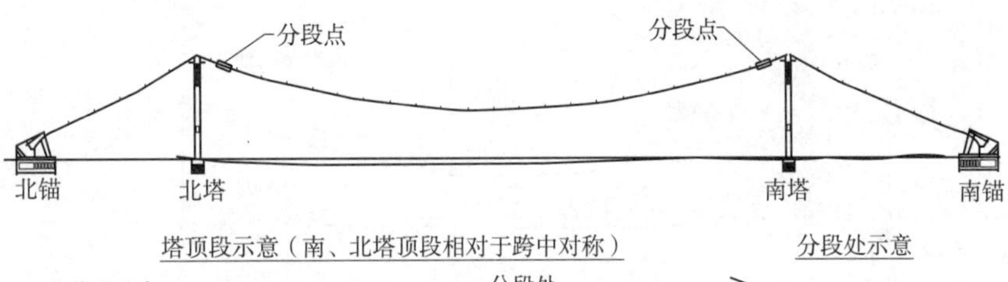

图 3-2-95　承重索分段位置

②分段点用热铸叉形锚头，钢销连接。

③分段索连成整根通过顶点处设变位刚架，避开索鞍。

④整根索在两岸锚碇部位锚固，用精轧螺纹钢做长度调节器。

⑤承重索调整和猫道改挂时，用两岸锚碇处的长度调节器调整承重索长度和垂度。

（2）改进特点

①黄埔大桥南汊悬索桥猫道承重索全长近 2 000m，重约 20t。分三段后，最长的一段小于1 120m，重约 10t，降低了承重索运输、架设的重量，并在低应力状态下进行连接作业，猫道改挂时的放张也都在两岸陆地上进行。

②比常规的分段法减少了两索塔侧的四个锚固点，降低造价约 10%。

③与常规的连续式比较，虽然是中跨承重索多了两个连接点，但这两个连接点没有锚固梁和长度调整器，总造价增加不多。

④构件制作,完全实现工厂化,现场施工难度较小,工期较短,节省场地建设与运输费用。

⑤门架承重索、扶手绳计算时都参与受力,使计算结果更符合实际。

4. 猫道架设时的牵引系统设置

猫道架设与主缆架设共用一套牵引系统。该套牵引系统为单线往复式门架天线牵引系统,由主动力体系、天线体系、天线支承体系、被牵物支承体系和局部辅助牵引机构五部分构成。其中,主动力体系和天线体系在架设完毕后直到拆除,基本保持不变;天线支承体系、被牵物支承体系和局部辅助牵引机构则因猫道构件和主缆构件的特点,有较大变动。

1)牵引系统构造

(1)猫道架设时的牵引系统

主动力体系由4台25t摩擦卷扬机及其配套部件构成,布置在两个锚碇后方。其中北锚后两套为主牵引,南锚后两套为副牵引。天线体系为4段$\phi 36$钢丝绳,通过拽拉器连接成两根牵引绳。牵引绳的北、南两端分别卷入同侧的主副牵引卷扬机内。

天线支承体系包括4个塔顶门架、4个支墩门架、4个南锚背门架、4个北锚背转向滑轮架和2个水平转向架以及各个门架上的导轮组和各个转向架上的滑车组。各个门架和转向架均焊接固定在其下构造物的预埋板上。

被牵物支承体系由6组托架系统(每组托架系统包括2根$\phi 36$托架承重索及其锚固架、若干个U形托架、1根$\phi 16$托架定位索)、主索鞍托辊、支墩平台前端转向托辊、S形挂钩等构件组成。

局部辅助牵引机构包括2台南支墩门架上的8t反拉卷扬机及其上$\phi 24$钢丝绳,主要作用是锚住牵引绳索(主要是中跨绳索)的末端,防止其在自重作用下加速滑落;4台在支墩门架上的5t提升卷扬机及其上$\phi 21.5$钢丝绳,主要作用是将猫道绳索的绳头从锚碇前的解盘架牵引提升到支墩平台上。

此时的牵引系统总体布置如图3-2-96所示。

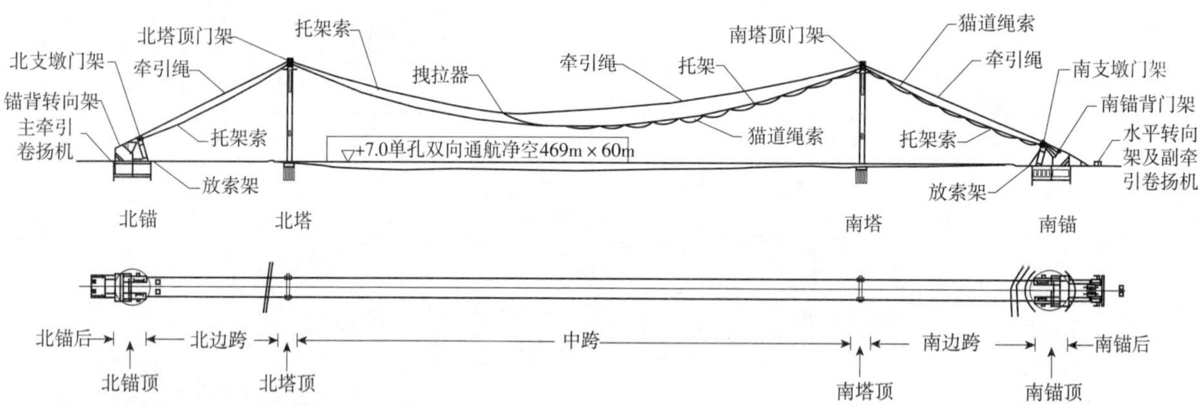

猫道绳索布设索引系统构件在各区域内的分布情况:

北锚后　主牵引卷扬机及其储绳筒、主测力滑车
北锚上　北锚背转向滑车、北支墩门架及其上导轮组、托架索锚固机构、支墩平台托滚
北边跨　北边跨托架定位索、托架
北塔顶　塔顶门架、塔顶导轮组、托架承重索支撑梁、托架索锚固机构
中　跨　中跨托架定位索、托架
其　他　托架承重索分布在北边跨—北塔顶—中跨—南塔顶—南边跨范围;牵引绳分布全线范围,其中拽拉器在北边跨—北塔顶—中跨—南塔顶—南边跨范围内来回移动。

南锚后　副牵引卷扬机及其储绳筒、副测力滑车、水平转向架
南锚上　南锚背门架及其上导轮组、南支墩门架及其上导轮组、托架索锚固机构、支墩平台托滚、反拉卷扬机及其上钢丝绳
南边跨　南边跨托架定位索、托架
南塔顶　塔顶门架、塔顶导轮组、托架承重索支撑梁、托架索锚固机构

图3-2-96　牵引系统总体布置示意图

(2)猫道面层结构安装时的牵引系统

主动力体系、天线体系和天线支承体系均保持不变。

被牵物支承体系为已安装好变位刚架的猫道承重索。

局部辅助牵引机构包括8台塔顶8t反拉卷扬机及其上ϕ24钢丝绳，作用是锚住面层下滑段，使其在拼装过程中不会下滑，而且在下滑初段保持均匀的速度。

(3)主缆通长索股架设时的牵引系统

主动力体系和天线体系保持不变。

天线支承体系在原有构件的基础上，增加了猫道门架系统，包括4根ϕ48门架承重索及其两端锚架、68组猫道门架及其上导轮组。门架承重索两端销接锚固在南、北锚碇前锚面上的预埋件上。猫道门架上横梁用索子与门架承重索锁紧，立柱下端与猫道面层底梁销接。

各构件的具体布置如图3-2-97所示。

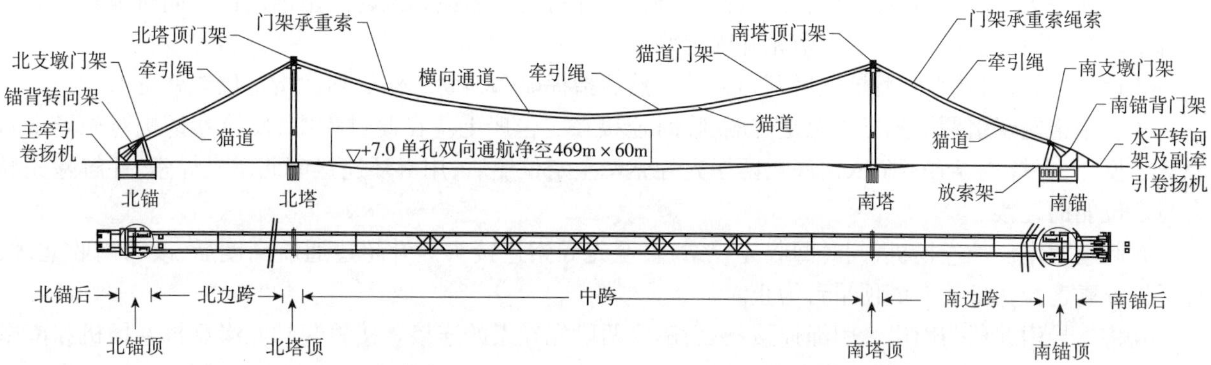

图3-2-97　主缆通长索股架设牵引系统总体布置示意图

被牵物支承体系包括摆在放索架前的长托辊、绑在水平转向架上的限位托辊、分布在南锚范围(包括锚后栈桥、南锚背和锚跨栈桥)的矮托辊、锁在索鞍拉杆孔上的索鞍托辊、绑在猫道面层上的猫道托辊，以及挂在拽拉器上的索头架和焊接在锚后栈桥上的锚头滑道，两者的作用是将锚头抬高，避免其与沿途障碍物碰撞。

局部辅助牵引机构包括：锚头牵引卷扬机及其上钢丝绳，负责索股锚头由放索架到锚后栈桥脚(索股锚头在此处与锚头架连接)这段距离的牵引；入锚卷扬机及其上钢丝绳和转向滑车，负责将索股两端锚头拉入锚固拉杆范围，卷扬机布置在锚背，转向滑车布置在锚块顶端和前锚面预应力锚头上。

(4)主缆背索架设时的牵引系统

主动力体系、天线体系和天线支承体系均保持不变。

被牵物支承体系增加了小拽拉器和后锚头提升手拉葫芦，负责将北岸背索的后锚头抬高，避免其与沿途障碍物碰撞。小拽拉器自锁在牵引绳上。

局部辅助牵引机构增加了背索反拉卷扬机及其上钢丝绳和转向滑车，主要作用是锚住北岸背索的末端，防止其在自重作用下加速滑落。

2)主动力体系、天线支承体系和局部辅助牵引机构布置

将塔顶门架及散索鞍支墩门架作必要的改装后：安装门架导轮组；安装塔顶滚筒；拆除索鞍吊装横梁；安装塔顶及散索鞍支墩平台；南、北锚碇分别布设25t牵引卷扬机，并将牵引钢丝绳(ϕ36)绳头牵引至两岸塔顶平台上。

3)天线体系布设

天线体系采用先导索牵引布设，先导索采用ϕ24mm钢丝绳，由南岸索、北岸索两部分先导索组成。

(1)封航方案

过江选择在晴朗、风力小的天气进行。上、下游先导索过江在同一次封航时完成。

悬索桥桥区航道每天通行的船只较多，封锁航道时间不宜过长。先导索过江采用“分段牵引，江中对接”法，即南岸导索用拖轮拖至江上定位驳船(距南塔约500m)处临时连接，待北岸导索拖至定位驳船后用卡环将两岸导索对接锁紧，后提升至通航高程。由于分两段牵引，牵引距离将大大缩短，减小牵引动

力，有利于导索牵引和提升，可以缩短封航时间。

（2）准备工作

先导索过江前，将牵引机械设备、材料布置到位，与港监、港务、航道部门提前进行沟通，发出禁航通告。牵引前对相关人员进行技术、安全交底，做好施工组织准备工作。同时，将渡江导索由塔顶平台垂到塔脚拖轮上。

（3）导索过江及天线布设

①在南塔上横梁设置一台8t卷扬机，北塔塔底边跨侧固定一台20t卷扬机，分别卷入南、北岸先导索，利用塔顶塔吊提升先导索索头，经塔顶转向滚轮，下放至塔靠中跨一侧，临时固定在塔底，准备与拖轮连接。

②提前一天对航道南侧部分河道实行限制通航，并将定位船拖到该区内抛锚定位。同时拖轮靠到两塔脚中跨侧，并将先导索索头引上拖轮并固定好。

③过江当天，封航港监艇抵达后开始封航。然后指挥船和辅助工作船到达指定位置就位。

④利用拖轮牵引两岸先导索至定位船，临时连接在定位船上。在此过程中，反拉卷扬机对先导索施以适当反力，保持先导索不坠入河底。两岸先导索牵至定位船后，用卡环连接南北岸先导索，并解除先导索与定位船的连接。

⑤起动两岸反拉卷扬机，同时回收先导索，直至先导索连接头提升超过通航高度后，改为南收北放，直至先导索连接头抵达南塔顶平台为止。

⑥将先导索北段与南岸牵引绳连接，然后解除两段先导索的连接。接着起动北岸反拉卷扬机和南岸牵引卷扬机，以北收南放的形式将南岸牵引绳渡过跨中，牵引到北塔顶平台。在此过程中，保持绳索的最低点始终高过通航高度。

⑦将南、北两岸牵引绳用拽拉器连接成整体，然后解除先导索与南岸牵引绳的连接，接着起动南岸牵引卷扬机回收牵引绳，将牵引绳跨中垂度调节到设计值。

⑧重复步骤④~⑦，将另一条牵引绳渡过跨中。

⑨解除封航。

（4）托架系统架设

为在猫道承重索架设时不影响通航和边跨下方作业面的施工，采用托架系统承托的方法架设。因此，承重索架设前须架设托架系统。

①托架索架设步骤。

每条猫道的承重索架设之前，预先架设2根ϕ36mm的托架承重索（中跨扶手绳），长度约为1 240m，分别临时锚固在塔顶预埋件上。安装步骤如下：

a. 将托架承重索（中跨扶手绳）与240m长的ϕ24mm钢丝绳接长，并盘于南塔底边跨侧15t卷扬机，将其索头用塔吊提升至塔顶，并与主牵引索的拽拉器相连；

b. 起动牵引系统，同时南塔底边跨侧15t卷扬机放索，由南向北牵引架设托架承重索。在牵引过程中，为了减小钢丝绳的垂度，每隔100m用双环式吊具悬挂于牵引索上，将被牵引的托架承重索吊住。放索卷扬机始终提供适当的反张力，使钢丝绳保持一定垂度，以维持一定的通航高度。

c. 当拽拉器到达北塔塔顶后，将托架承重索索头锚固于北塔的预埋件上，然后回拉牵引索，在南塔顶操作平台上逐个取下环式吊具，至拽拉器回到南塔顶。利用南塔底边跨侧15t卷扬机调整托架ϕ36mm承重索达到设计的垂度，并将索头在南塔锚固。

②托架承重索架设实施。

步骤一：

a. 在两岸上、下游塔门架顶、支墩门架顶各布置一台8t卷扬机，在南岸河堤上、下游主缆下方布置带制动装置放索架。

b. 在放索架至南塔底间设钢绳临时托辊，把待架设钢绳索盘安放索架上并引出钢绳，利用塔门架顶8t卷扬机及塔吊钢绳头引至塔顶，并与牵引系统拽拉器连接。

c. 起动牵引系统卷扬机架设钢绳，放索架索盘在吐绳同时起动制动装置，施加一定的后张力，保持中跨假设钢绳垂度。

d. 每牵出100m，在南塔顶安装牵引绳和架设钢绳之间的双环滑钩，以确保架设钢绳不侵入通航净空，双环滑钩固定在牵引绳上，架设钢绳在滑钩上可以自由滑动。

步骤二：

a. 架设钢绳绳头跨越中跨到达并绕过北塔顶，把中跨侧双环滑钩拆除并安装在北边跨，继续把架设钢绳绳头牵引至北锚附近，与北锚支墩门架顶8t卷扬机钢绳连接。

b. 当放索盘的钢绳少于30m不能起到制动作用时，从南锚支墩门架顶8t卷扬机引出钢绳与架设钢绳连接，用8t卷扬机提供后张力。

c. 利用南北锚支墩门架顶8t卷扬机牵引架设钢绳入锚并调整垂度，把牵引系统拽拉器拉回南塔顶，拉回过程中在塔顶回收滑钩。

d. 用同样方法架设另一条托架承重绳。

③托架及定位索的安装。

在托架承重索架设完毕并进行最终的垂度调整之后，即进行托架的安装。

用ϕ16mm的钢丝绳作为托架定位索，在南塔顶操作平台上，将定位索索头与牵引系统拽拉器相连，向北牵引50m左右，暂停牵引，将托架挂在托架承重索上并在定位索上按100m左右的间距进行固定，边安托架边牵引，至定位索索头被牵引至北塔，然后将定位索的两端分别锚固于南、北塔顶上。这样就在空中形成了一条托架通道。

同样的方法可实现另一侧托架承重索的架设。

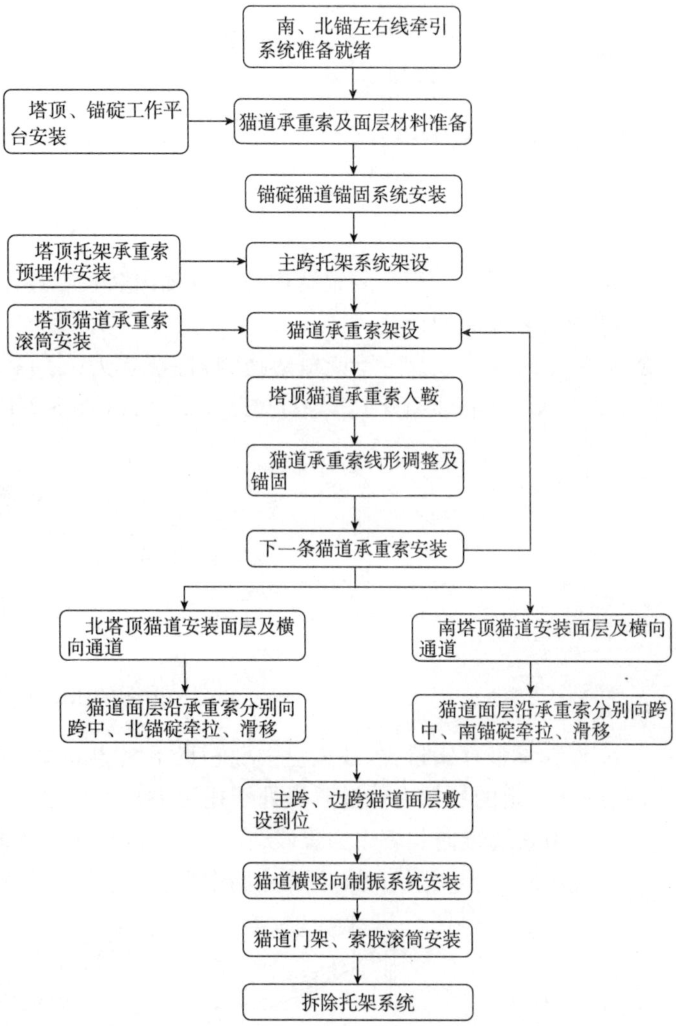

图3-2-98　猫道架设工艺流程图

5. 猫道架设

1）猫道架设工艺流程

猫道架设工艺流程如图3-2-98所示。

2）猫道承重索架设

待猫道牵引索和托架承重索架好之后，就架设猫道承重索。

（1）架设顺序

每幅猫道的8根承重索应严格按编号①～⑧的顺序进行，如图3-2-99所示。

图3-2-99　猫道承重索架设顺序示意图

(2)各跨索段的架设方法

①边跨索段的架设：

a. 先将边跨的索盘置于边跨侧，将索头拉至塔底，用塔顶卷扬机(10t)将索头拉过塔顶(注意：翻过塔顶时，索要从变位“索盘”中通过)，临时固定，准备与相应(同号)的中跨索段相连(图 3-2-100)。

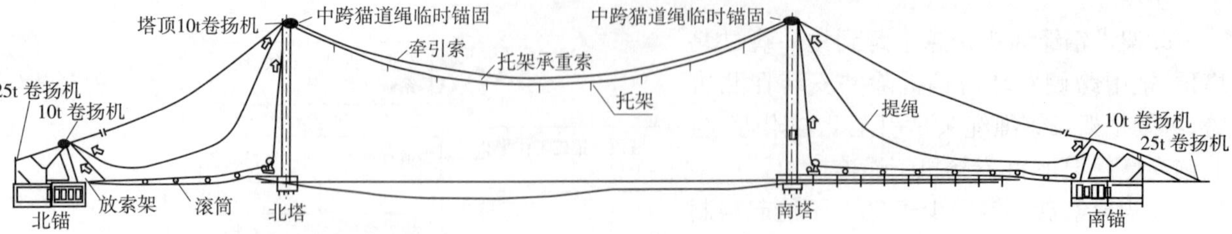

图 3-2-100　将南、北跨索段拉上塔顶

b. 将边跨索另一端拉到锚碇部位与其锚固装置相连。

②中跨索段的架设：

a. 将中跨索段索盘置于南塔边跨侧，将索端头(北)拉出，用塔吊翻过塔顶，与牵引系统的拽拉器相连，向北塔牵引(将索置于托架中)过跨中后暂停(图 3-2-101)。

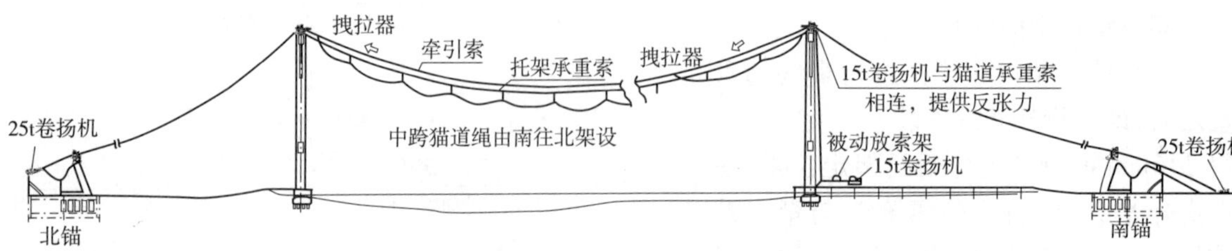

图 3-2-101　中跨索段由南向北架设(通过托架)

b. 查看索盘存索量，当放索盘中存索量不足 30m 时，将索端头与塔底卷扬机相连(在索段向北塔牵引时，施加一定的反拉力保证索段处于托架中)。

c. 牵引索继续向北塔牵引索段，在工作平台与北跨索段相连接。

d. 利用南塔下卷扬机(15t)回牵中跨索段至南塔顶与南边索段连接，此时三段索即连成整体(图 3-2-102)。

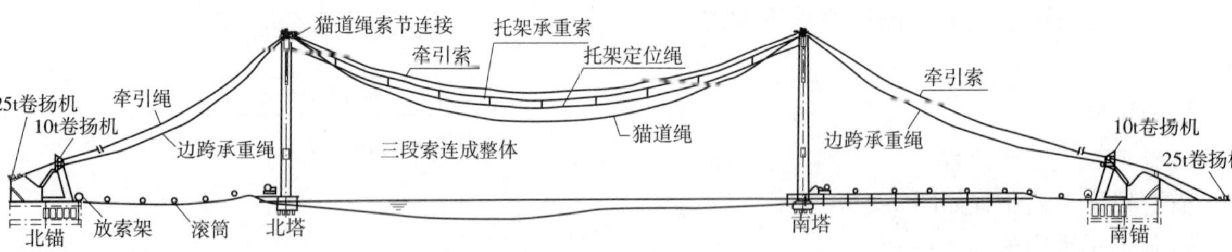

图 3-2-102　三段索分别于南、北塔连成整体

(3)整索就位

三段索连成整体后，首先提升出托架，然后横移，入变位“索座”，调整垂度。

(4)猫道承重索垂度调整办法

①初调：

a. 拉好一根，调整一根。

b. 先中跨，后边跨。

c. 每条猫道先精调靠边的索，即①号和②号索，其余的索可用相对高度(比高法)调整。

d. 中跨索中点位置先计算其三维坐标，然后用全站仪交会测定。

②精调：

首先进行中跨猫道承重索调整。全站仪测量中跨跨中点垂度及中跨跨径，并测量温度，计算出实际需要的调整量，并与监控单位计算值比较。调整时，利用塔柱地面20t卷扬机调整，直至满足要求，并在塔顶索座处锚固，并用油漆做好标记。

待中跨猫道承重索固定好后，进行边跨猫道承重索调整。边跨调整通过设在锚碇锚梁上的拉杆进行，调整方法同中跨。

调整垂度时，注意边跨塔顶处变位刚架的影响。猫道承重索高程调整允许偏差可控制在50mm以内，要特别控制好两边索（即①、②号索）垂度偏差。

(5)施工要点与注意事项

①上、下游猫道的承重索应按编号对称架设，以降低索塔的水平力差。

②由于南、北引桥箱梁的外翼板和猫道承重索相碰，此段箱梁应预留缺口，待猫道拆除后再补充施工。

③必须保证，中跨索段在无应力下与边跨索段相连接。

④南边索拉过塔顶后须临时固定，以防索段下滑。

⑤索段在翻越塔顶时，需用手拉葫芦上提入"索座"，中跨索两端头离"索座"的距离不得小于1.7m，"索座槽"的宽度应比承重索直径大1～2mm。

⑥变位刚架安装顺序：先安中跨，后边跨。变位刚架距"索座"不得大于3.5m。

3)猫道面层及横向走道架设

(1)中跨面网和横向走道的安装

在两条猫道的承重索设好并将垂度调整好后，即可进行猫道面网构件和横向走道的安装，其安装步骤、方法如下：

①先将面网和横向走道的材料运至塔顶，横向走道在塔脚平驳上拼装成形。

②先在两侧猫道承重索上安装型钢底梁，然后用塔吊将横向走道提升，挂到底梁上，并用反拉绳控制不使其自由下滑（南、北塔同时进行）。在其后，铺面层钢网，用活扣与承重索连接，同时将地梁与反拉绳绑紧。铺好一段，下放一段，利用猫道承重索的斜坡有控制地让横向走道和面网下滑。

③铺面下滑到47m长一段（即中跨横向走道的间距）时，暂停铺设面层钢网，而将整段面层结构下放到跨中。在进入承重索坡度较缓地段，不能自动下滑时，用牵引绳拽拉到位。

④重复步骤②、③，完成其余各段面层结构的安装。

⑤待面网和横向走道安装好后，再安装栏杆柱和扶手索、防滑木条和底梁。

⑥面层附件和横向走道严格固定。

(2)边跨面网和横向走道的安装

边跨面层和横向走道一般从散索鞍部位开始向上往塔顶方向安装，但也可用塔吊将构件吊上塔顶，在塔顶拼装下放，但必须控制好后拉力。

(3)安全措施

①在绳索牵引时设置了反拉保险。

②施工中使用的钢丝绳均为整体化钢丝绳。

三、猫道抗风稳定性设计与风洞试验

(1)猫道抗风稳定性及风洞试验委托同济大学风洞试验室进行。

(2)利用有限元软件进行结构的非线性分析，以及利用风洞试验准确测定猫道三分力系数，从而通过计算分析，获得猫道上风荷载响应及评价其风致振动稳定性。

(3)主要研究内容如下。

①猫道结构强度分析。用大型ANSYS有限元软件对猫道进行非线性结构荷载分析，确定各荷载作

用下所有猫道承重缆的最大轴力,从而判断猫道结构强度的安全性。主要计算的荷载工况有:

恒载,结构在自重下的状态;

恒载+活载;

恒载+活载+温度荷载。

②猫道阶段模型测力风洞试验。利用同济大学土木工程防灾减灾重点试验室的大气边界层风洞,通过5分量测力天平对猫道节段进行-5°~+5°攻角的静力三分力试验,测试猫道断面静气动力性能。试验结果包括猫道的静风阻力系数、静风升力系数以及静风升力矩系数。

③猫道风荷载计算及稳定性分析。利用已获得的猫道三分力系数试验数据,对结构的风荷载及稳定性进行进一步的计算分析,主要内容包括:

通过调查该桥位处的地形、周边环境及甲方提供的风参数数据,确定桥位处的设计基准风速、阵风风速等;

按照恒载+活载+作业风速的荷载组合,对猫道结构进行强度验算;

按照恒载+最大阵风荷载的组合,对猫道结构进行强度验算;

对猫道进行静风稳定性验算,通过施加不同风速下的风荷载,确定猫道的横向和扭转发散风速,确保该风速大于猫道施工的阵风风速,使结构具有足够的稳定安全性。

④猫道线形分析计算,包括如下内容:

承重绳、门架支撑绳无应力长度计算及标记点之间的长度计算;

承重绳、门架支撑绳在20%破断拉力状态下的长度计算及标记点之间的长度计算;

承重绳、门架支撑绳安装过程三种工况下线形计算;

空载状态下线形计算;

变位刚架及下压装置安装后线形计算;

猫道安装完成后的线形计算。

四、主缆架设工艺

本桥每根索股由127丝ϕ5.2mm-1 670MPa高强镀锌钢丝组成。单根索股长约1 891m,其两端设有锌铜合金热铸锚头,重约43t。每根主缆从北锚至南锚的通长索股有147股(图3-2-103),另外北边跨增设6根背索,南边跨增设2根背索。主缆在索夹外的直径分别为北边跨ϕ805.4mm、中跨ϕ789.4mm、南边跨ϕ794.8mm。

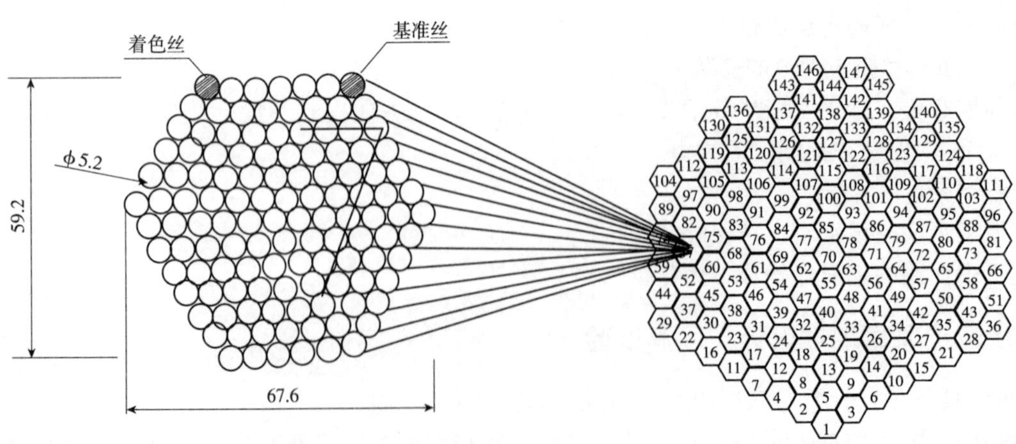

图3-2-103 主缆中索股的排列及索股断面(尺寸单位:mm)

索股索盘计划在黄埔港码头卸船,通过汽车运输到南锚索盘存放场。

索股按设计排列，逐根架设成近似正六边形，经紧缆机挤压成为圆形。

主缆各区段横断面形式如图 3-2-104 所示，主干圆形断面孔隙率：索夹处为 17%，索夹外为 19%。

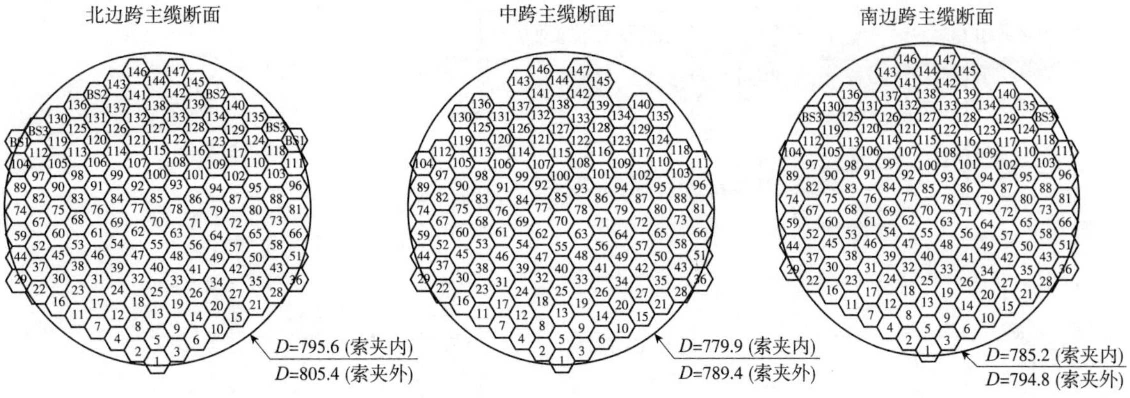

图 3-2-104　主缆各区段横断面形式（单位：mm）

主缆线形如图 3-2-105 所示。

1. 索股架设

1）施工准备

（1）索股牵引系统的架设

牵引系统是索股架设的重要设施。黄埔大桥悬索桥主缆索股架设采用门架拽拉器往复式牵引系统，在猫道承重索架设牵引系统的基础上转换而成。根据施工进度，猫道承重索牵引系统在完成猫道面层铺设以及南北锚锚体施工完成后，进行索股牵引系统体系转换。

在完成猫道架设面层铺设、南北锚锚体施工完成并移交后，在预先设置的预埋件上安装锚块门架及转向导轮，在塔顶、鞍部门架上吊挂门架导轮组。

在南、北锚后按设计位置设置 25t 卷扬机基础。在南锚锚后按设计位置设置索盘装卸龙门吊、牵引绳转向架及大转向轮、锚后栈桥、沿线索股滚轮等。

①门架承重索架设

猫道面层铺设好后，在面层上牵拉门架承重索。门架承重索与猫道承重索一样，分三段连接或三跨连续体系，连接点设置在塔顶中跨侧。

中跨门架承重索架设时，将索盘放置在南猫前的放索架上，用辅助卷扬机的钢丝绳穿过猫道面层，将门架承重的索头吊上猫道面，与牵引系统的拽拉器连接，将门架承重索由南至北牵引，直至后绳头到南塔顶。

边跨门架承重索架设时，将索盘放置在散索鞍支墩前的放索架上，用辅助卷扬机的钢丝绳穿过猫道面层，将门架承重索的索头吊上猫道面，与牵引系统的拽拉器连接，将门架承重索由锚碇向塔顶牵拉，至塔顶后，将锚头与中跨门架承重索锚头连接成三跨连续，同时将塔顶处承重索置入锚固点。承重索后端用塔吊吊上工作平台，穿过锚碇门架（同样将承重索置入门架上锚固点），与锚块上的预埋件连接。

门架承重索的垂度利用南北塔顶、南北锚碇门架上 10t 卷扬机调整，先调整中跨垂度，调好后在塔顶门架上进行固定，再调整边跨垂度（锚块处使用 10t 手拉葫芦调节），在锚碇门架及锚块预埋件上固定。

②猫道门架安装

猫道门架均在塔顶组装下滑到位。猫道门架构件用塔吊吊上塔顶，在门架承重索上拼装好（包括牵引系统导轮组），用塔顶 5t 卷扬机进行反拉将门架下滑，门架到位后与猫道横梁连接。对于无法下滑到位的门架（靠近中跨的少数几个），则采用人工配合牵拉到位。

随后进行索股托辊的安装，完善整个牵引系统。

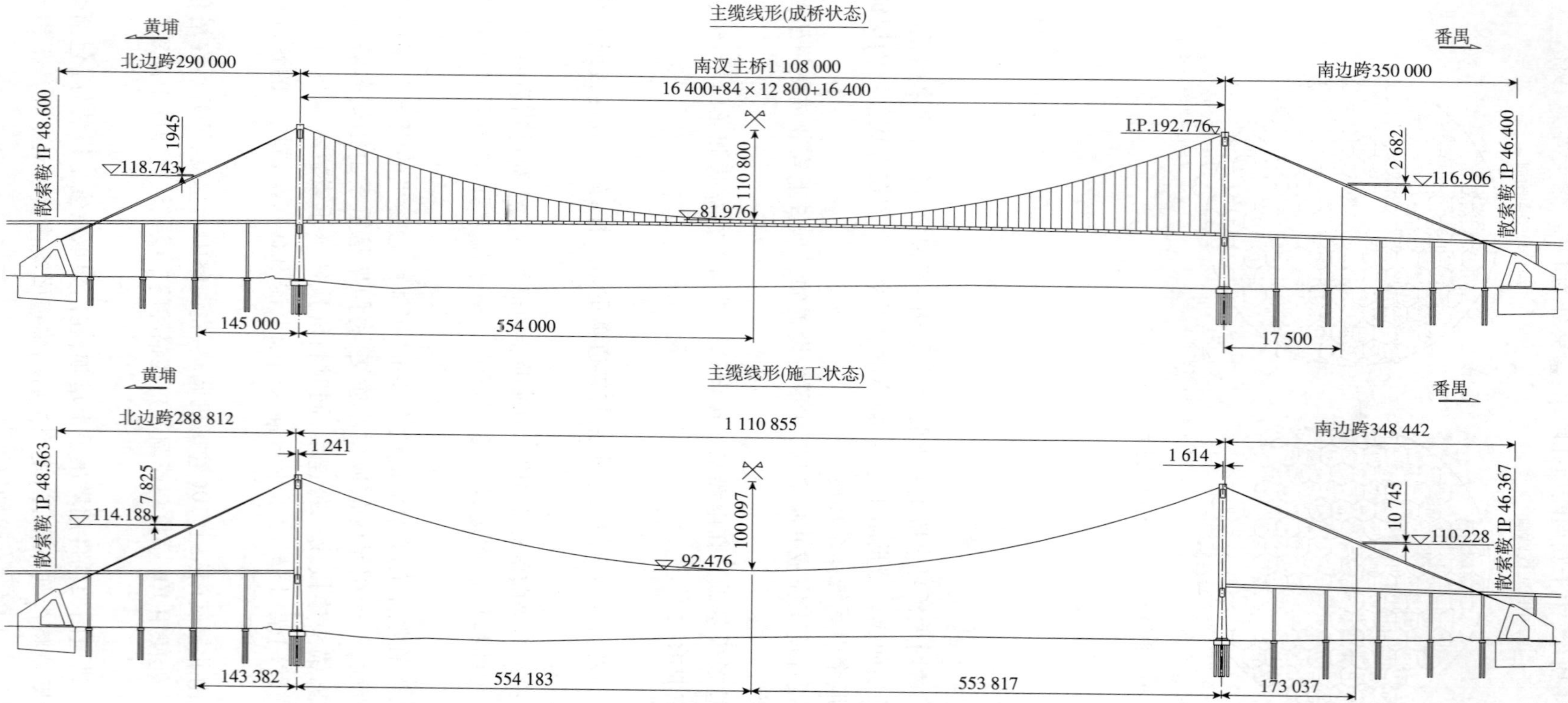

主缆主要参数表

项目		单位	北边跨	中跨	南边跨
主缆钢丝公称抗拉强度		MPa		1 670	
钢丝公称直径		mm		5.20	
单股丝数		丝		127	
单缆股数		股	153	147	149
单缆净面积		cm^2	4 126.6	3964.8	4 018.7
空隙率	索夹内	%		17	
	索夹外	%		19	
缆径	索夹内	mm	795.6	779.9	785.2
	索夹外	mm	805.4	789.4	794.8
主缆形状长度		m		1 899.505	
通长索股平均无应力长度		m		1894.359(平均钢丝总长)	

注：1.本图尺寸除高程以m计外，余均以mm为单位。
2.空缆线形中的各跨中点对应为通长索股上相应各跨跨中标记点。

图 3-2-105　主缆线形图

③牵引绳改装

牵引绳改装的主要工作是将牵引绳放入沿线门架导轮组导轮槽内，并调整导轮组压轮弹簧，使牵引绳拽拉器在导轮上行走顺畅，而同时又不易跳槽。

改装由塔顶向跨中和锚碇进行，首先放松牵引绳，使其自由卧放在猫道上，然后将门架导轮组的压轮弹簧收紧，使压轮与导向轮尽量分离，接着用麻绳将牵引绳提上导轮组，并放入导向轮轮槽内。最后释放压轮弹簧，使压轮与导轮轮槽闭合，完成该段牵引绳的改装。重复前述步骤，依次将其余各段牵引绳放入导轮组内，然后在拽拉器上吊挂300kg(约为索股锚头质量的1.2倍)的重物，在牵引系统沿线低速(5～10m/min)往返两次，再高速(25～30m/min)往返一次。在此过程中观察拽拉器、牵引绳通过导轮组的状况，并调整至最佳位置。

(2)细化实施性的施工组织设计

①作业队人员编组，对参加作业人员进行技术交底和培训。

②复检猫道系统的质量，修补存在的缺陷。

③调试检验索股牵引系统。

④选定基准索股。

大跨径悬索桥，组成主缆的索股较多，一般要设2～4根辅助基准索股，通常将第一号索股作为基准索股，黄埔大桥悬索桥除设"1"号索股为基准索股外，还增设"29""111"号索股为辅助基准索股，如图3-2-106所示，辅助基准索股一般根据下述条件选定："29""111"号索股靠边缘，周围索股对其干扰性小；便于测量其他索股；便于对辅助基准索股的监控和复测。

⑤确定索股架设顺序。

为保证主缆索股钢丝的平行性，施工图设计时对索股在主缆中、鞍槽中、锚碇中的位置已排定，按顺序编码，如图3-2-106所示。施工时将编码以文件形式发给施工人员按序施工，防止错位；索股牵引出发时，先通报索股的编号，及时核对。在施工时，遵照"先中后边"的原则，即同一边的索股先拉靠主缆中心部位的，后拉边缘的，而且在拉索过程中还遵循"单号与双号索相间"的原则，即前一根拉的双号索，下一根就拉单号索。如先一根拉的是"70"号索，后一根就拉"71"号索等。

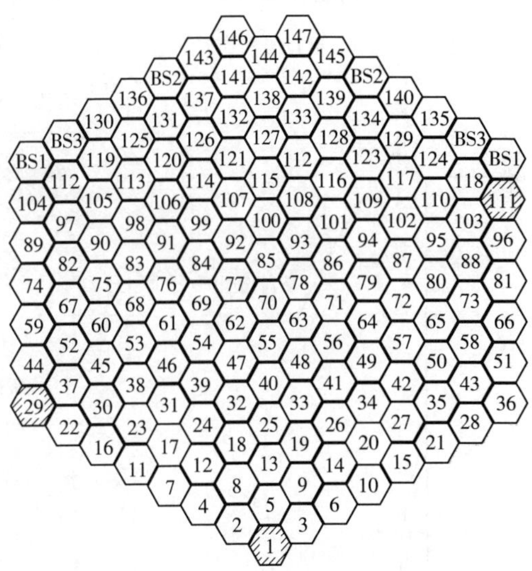

图3-2-106　索股架设顺序及基准索股位置图

⑥落实架设机具的布置方案。

a.牵引系统设备布置。黄埔大桥南汊悬索桥索股牵引采用往复式门架系统结构，牵引绳采用ϕ36mm的钢丝绳，北端卷入主卷扬机，负责牵引索股由南锚碇到北锚碇；南端卷入副卷扬机内，负责将主牵引索由北锚碇拉回南锚碇，南、北两段牵引绳由拽拉器相连。

拽拉器外形(图3-2-107)近似一个三脚架，其长度串联主副牵引索的交汇点，随牵引索的移动而动，拽拉器三角形另两边构成一托架，托起索股锚头，牵引索拉动拽拉器时，随之将索股牵引前进。在三角形托架平面外还设有一平衡锤，以维持拽拉器的平衡状态，保证索股在牵引过程中不致扭转。

在两岸锚碇后方分别安装25t主、副牵引卷扬机和容绳量超过2 800m的容绳筒，见图3-2-108。牵引绳位于每根主缆中心线外侧0.9m处，散索鞍墩门架导轮组、塔顶门架导轮组、猫道门架导轮组、猫道面层托辊、塔顶锚碇鞍部托辊的中心位置与牵引索位置一致，均在同一垂直面上。

南锚碇后分别对应牵引系统正下方安装放索支架。由于南锚锚块顶面与地面高程相差较大，在南锚块与放索架间设一上锚栈桥，并在放索支架与后锚面之间设置滑道，便于牵引索股。

b.索股入锚、整形设备布置。南锚前锚面设置一台5t卷扬机，作反拉索股后锚头入锚用；在鞍部门架顶部安装一台5t卷扬机、一台8t卷扬机,卷扬机出绳方向为桥轴线方向,提升卷扬机前端,为安装吊梁固定滑车使用。同样,在塔顶门架安装两台8t提升卷扬机,北锚前锚面布置一台5t卷扬机,作反拉索股前锚头入锚用。

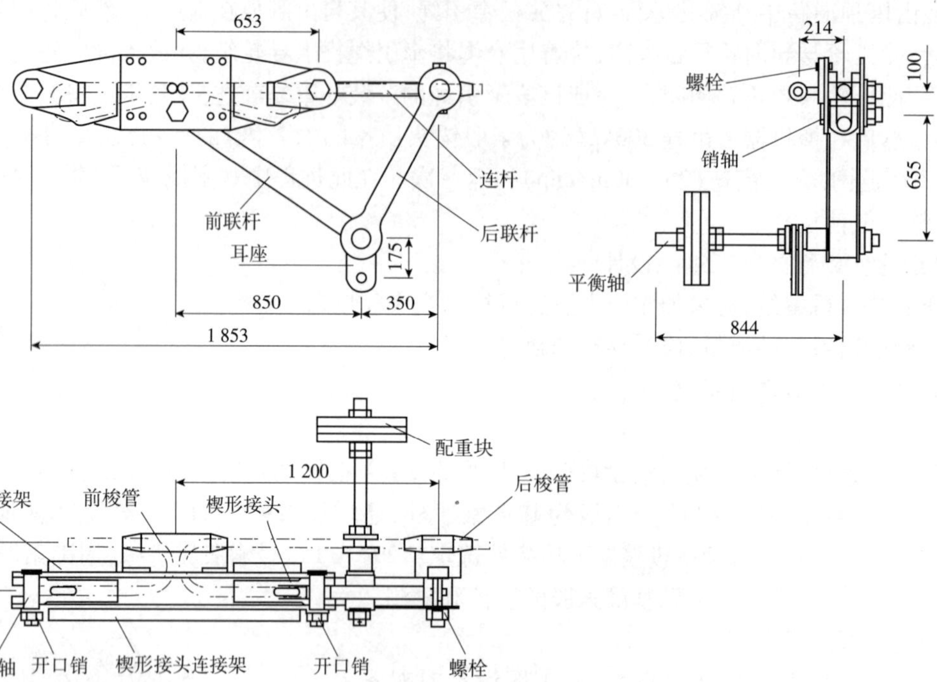

图3-2-107　拽拉器构造图(尺寸单位:mm)

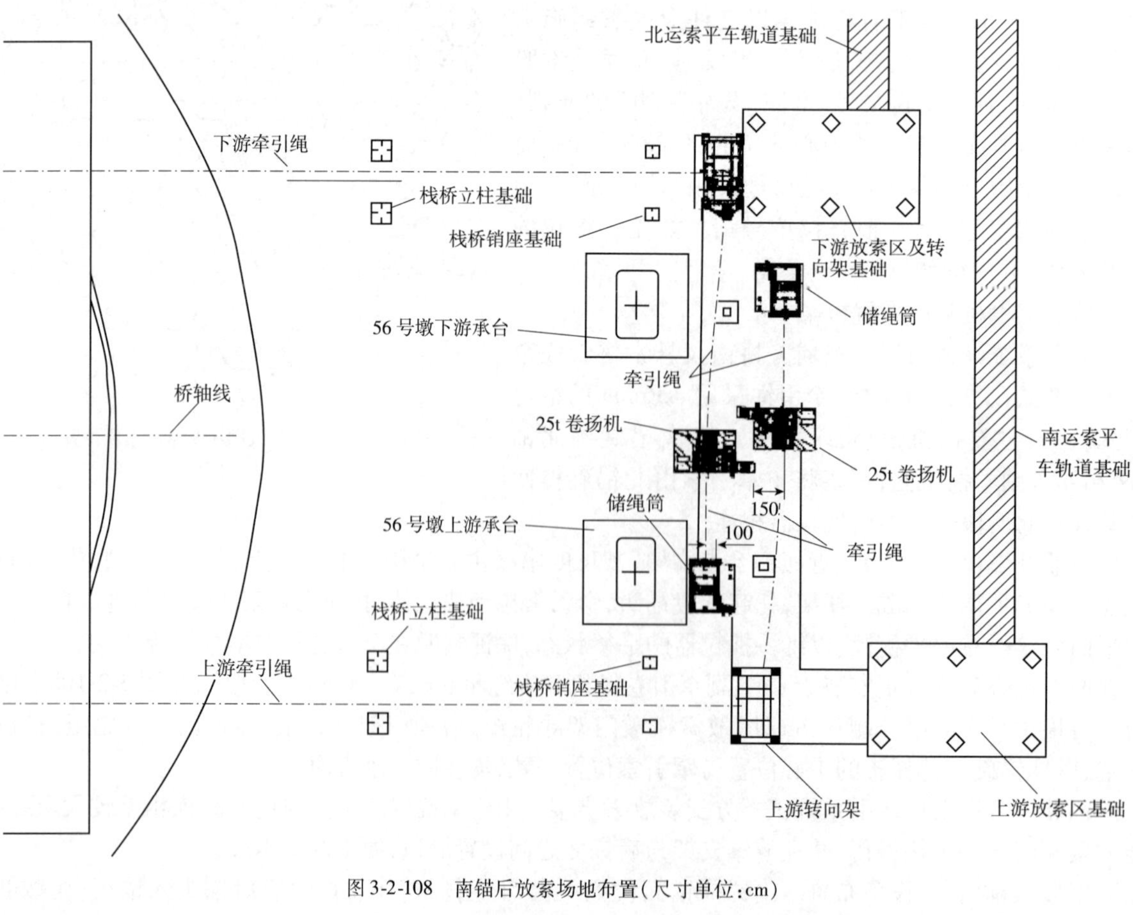

图3-2-108　南锚后放索场地布置(尺寸单位:cm)

在塔顶、鞍部门架分别配置1t、3t、5t、10t手动葫芦，80t滑车组，供索股横移、整形、入鞍及垂度调整收紧放松索股时使用；配备六边形、四边形整形器、插片及一定宽度硬木楔块，在索股横移后整形、固定时使用。锚室内分别配置两台100t穿心式千斤顶，作为调整索股垂度和入锚锚固用。

c.存索区及放索区设备布置。根据施工实际情况，在南锚锚块后方原搅拌站堆料场布置存索区，在存索场地内布置两台80t龙门吊，进行场内索股装卸作业。

根据现场场地情况，结合南岸总体施工布置，在南锚锚后布置放索区，放索区内布置两台放索架，满足上、下游侧同时放索的需要。

2)索股架设

索股架设流程为：

锚头从索盘中引出→锚头与拽拉器连接→索股牵引→前端锚头牵展到达对岸锚位→检查索股引开状况（扭曲等）→两岸锚头临时锚固→索股上提、横移→主索鞍部位索股整形入鞍→散索鞍部位索股整形入鞍→两岸锚头与锚碇锚固拉杆连接→索股线形调整→锚跨索力调整→架设下一根索股。

(1)索股牵引

索股牵引是将其展开于全桥之上的一项重要工序，由于索股粗长、笨重，在展开过程中要翻越两个高塔、五个区段、四个鞍座，要求在整个牵引过程中不让索股出现扭转、断带、散丝和磨损等现象。在各区段内索股牵引工艺要点如下。

①南锚跨区段内索股牵引

在南锚后将待架索股从存放区运至放索区内，利用80t龙门吊把索股移至运索平车，用平车运至放索架后，再用放索区龙门吊安装在放索架上，将索股前锚头从索盘中拉出，由卷扬机牵引至锚后栈桥脚，与主牵引系统拽拉器连接，调整好拽拉器的平衡，起动主卷扬机，牵引索股前进（图3-2-109）。

②在中、边跨内牵引

索股在中、边跨运行过程中，每隔一定距离，安排专人监护索股的运行情况。观察索股是否出现扭转、包扎带破损断裂；是否出现鼓丝等情况，如有，应及时纠正处理。在整个牵引过程中，被动卷扬机要提供一定的反张力，将牵引速度控制在20~25m/min之间。通过塔顶时可以适当放缓速度，减小对门架的冲击。

③在北锚跨内牵引

当索股前锚头接近北锚室时，后锚头已经从索盘脱出，这时应利用在北锚后的5t卷扬机挂住锚头，降低牵引速度。在北锚锚跨内利用塔吊或卷扬机辅助，解除索股前锚头与拽拉器的连接，利用北锚面上的卷扬机牵拉前锚头，缓慢放入锚室内。当索股两端锚头均进入前锚室后，待索股横移、整形、入鞍后，利用手拉葫芦配合，将索股两端的锚头与对应位置的锚固系统拉杆连接，临时进行锚固，等到索股线形调整完成后，再张拉锚跨索股，最终与拉杆固定。

图3-2-109　索股牵引（南锚背）

在牵引过程中，要随时检查索股状况，及时发现和纠正扭转、松弛、散丝等不良现象。

④索股牵引过程质量控制要点

a.牵引系统一定有适当的后张力，保持牵引索具有连续、平顺的线形，不使拽拉器位置出现折弯或下垂现象。

b.索股牵引速度一般控制在20~30m/min，适应监控人员行走跟进。为使拽拉器顺利通过门架滑轮组，应适当降低牵引速度（10~15m/min）。

c. 对牵引过程中出现的索股扭转现象，及时通过均布在索股上的扭转纠正器纠正，以免出现扭转圈数积累。

d. 对出现索股断带的部位，要及时补回缠丝带，以免出现散丝。

e. 协调索盘放索与拽拉器牵引的速度匹配，避免放索盘出现"索股切入"或"呼啦圈"现象。

f. 严禁出现索股与其他结构物摩擦现象，保护钢丝镀锌层不被损坏。

g. 此外还应注意索盘放索工艺。通常索盘放索主要为"呼啦圈"问题，即由于盘上索股的松弛而引起索股切入下层索股，导致缠丝带断裂、索股之间摩擦，以及牵引索股阻力变化(忽大忽小)等问题。

⑤索股牵引过程中常出现的问题和纠正措施

a. 索股出现松弛现象的措施。

单根索股重达40.1t，在放索过程中可能因牵引速度与放索速度不匹配，牵引与放索产生时间差以及放索盘的惯性等因素，出现索股在索盘上松弛，并因松弛而出现散丝、断带鼓丝等不良现象。为此，采用组合式力矩电机被动放索架，控制索股放索质量。.

b. 索股出现扭转的措施。

索股的扭转，会对钢丝受力的同步性和均匀性产生影响。

索股的扭转实际上主要由两个因素造成，一是制索的原因，高强钢丝本身在无应力状态下不可能保持直线线形，制索时要施加一定的张力并用绑扎带绑扎才能形成预制平行索股，造成索股内各丝的内部应力差。二是施工原因，猫道为柔性结构，现场架设索股出现的扭转现象，原因主要表现在：猫道因结构荷载分布不均时倾斜；采用单侧牵引系统，猫道门架、门架导轮组及索引索股时自重偏心影响，造成猫道倾斜。索股在牵引过程中偏离滚轮中心线，受到滚轮斜面的单边侧向约束引起扭转，引起滚动扭转；由于牵引变化对猫道门架的影响传递于猫道，索股有横向滚动趋势，造成扭转；沿途众多的平面和竖向弯曲，对索股的扭转影响也很大。

为避免索股扭转，一般采取如下措施：合理分布猫道承重索，门架与猫道刚性连接，提高猫道的刚度；将滚轮锥角做成60°；每隔300m安装一个鱼雷夹具(图3-2-110)，由一名工人跟踪控制，不让其发生转动。

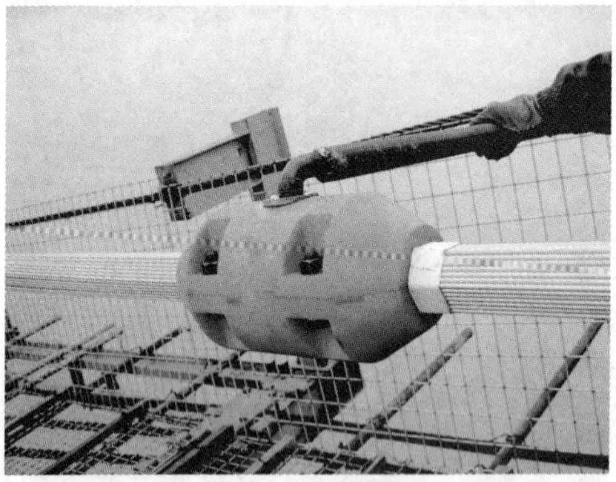

图3-2-110　鱼雷夹

c. 防止索股鼓丝、散丝、绑扎带断裂的措施。

绑扎带的断裂、钢丝的交叉、弯折、散丝等归根到底主要是由索盘上的内层索股的松弛引起的。

上盘时，索盘内已卷绕好的索股向收紧方向出现滑动，导致索股绑扎带损伤甚至割断；放索时，索盘内的索股向松开方向滑动导致松弛，钢丝和绑扎带也受到损伤。究其原因，是因为上盘力小，而索盘上索股层数太多，索股自重使索盘上方索股过于紧密，而下方则较松散。当索股被放出一定的长度后，索盘上外层索股对内层索股的约束减小，内层索股会慢慢松弛。

在牵引过程中，底层索股钢丝受滚轮的摩擦受到拉应力而产生应变，应变累积到一定程度就会出现局部鼓丝现象。当伸长量积累到钢丝缠绕处时，无法将积累量传递到另一边，造成较大形状的鼓丝。

在牵引过程中，由于受支架滚筒高度的限制，索股在通过塔、锚处时，竖向弯曲半径偏小，主缆索股径向压力较大，造成绑扎带崩断散丝。

施工中当牵引卷扬机停止工作时，索盘由于惯性的作用还会继续转动，而此时由于没有牵引力的作用已放出索股的移动速度会小于索盘转动的线速度，这样每次牵引的暂时停止均会造成盘上内层索股的松弛，随着牵引的进行，松弛的累积值越来越大。随着时间的推移，由于松弛引起索股的下垂越来越大，如不及时处理，会造成"呼啦圈"现象，下垂的索股将会打到放索架的钢构件上而损伤索股。

为避免索股鼓丝、散丝、绑扎带断裂，还可采取下述措施：

首要的是提高索股的制作质量，减小股内钢丝相对误差，并控制绑扎带质量，加大卷盘力；选择合理的整形入鞍工艺；采用被动放索架，提供索股后张力；牵引过程中，杜绝局部钢丝受挂现象的发生；在主、散索鞍位置提高滚轮的高度，使索股进入索鞍时保持一个较大的竖向角度，同时加密主、散索鞍处滚轮的支撑间距。

（2）将索股两端引入临时锚固

当索股牵引到位后，将两端锚头卸下，用轮滑车引入锚碇与锚固拉杆连接（图3-2-111），连接时可将索股放松一些，以便后续工序的作业。

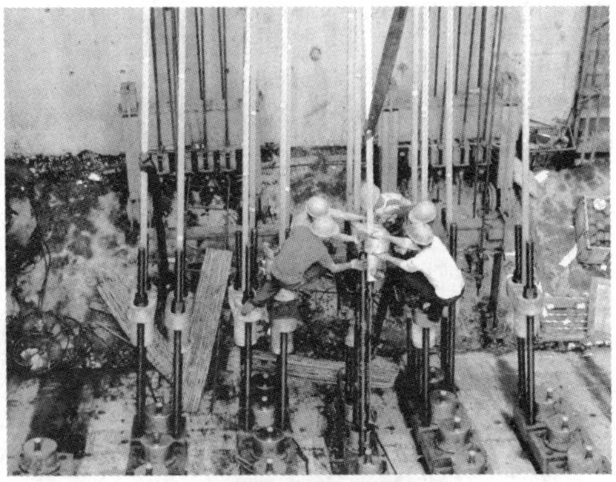

图3-2-111　索股入锚

（3）上提与横移

索股牵引时，不在主缆设计轴线上，而是离开轴线约1.0m低于主缆轴线1.5m猫道面上展开的。索股牵引在猫道上展开后，需要将索股安装到设计位置，由于索股长而且笨重，安装工作不可能马上完成，需逐段上提，逐段横移到设计位置。

其具体做法：索股利用散索鞍墩、塔顶门架卷扬机，将索股上提和横移。在距离主索鞍前后各20m、散索鞍前20m处，将握索器安装在主缆索股上，并分次拧紧握索器上的紧固螺栓，确保主缆索股与握索器不产生相对滑移，将塔顶、散索鞍墩门架的卷扬机起动、定滑车组绕线后与握索器相连组成提升系统，待全部握索器提升系统安装完毕后，起动各提升卷扬机，用整条索股提高猫道面托架滚轮，同时利用塔顶、散索鞍墩门架上手拉葫芦，将主塔及散索鞍墩处索股提离托架滚轮，并进行横向移位至主、散索鞍顶。

在索股上提之前，必须沿全线检查索股的扭转情况，并将检查出来的扭转进行纠正，使索股处在完全平行状态。

上提顺序为先主跨、再边跨，主跨应南北同时进行上提，防止索股向某一方向偏移过大，边跨可以南北独立进行上提。

（4）整形入鞍

预制索股按设计要求，钢丝排列成六角形，以便在组成主缆时减少空隙率。但主缆通过索塔鞍座时方向改变，受力变得很复杂，为适应这一变化，传统的做法是将索股的六角形改变成矩形（图3-2-112），压入鞍槽的隔板之内固定，不让索股滑动。而且要求索股整形后，钢丝仍排列有序，不扭曲，不交叉，保持平顺性，索股整形入鞍是索股架设的一项重要工序，是保证主缆施工质量的重要一环。

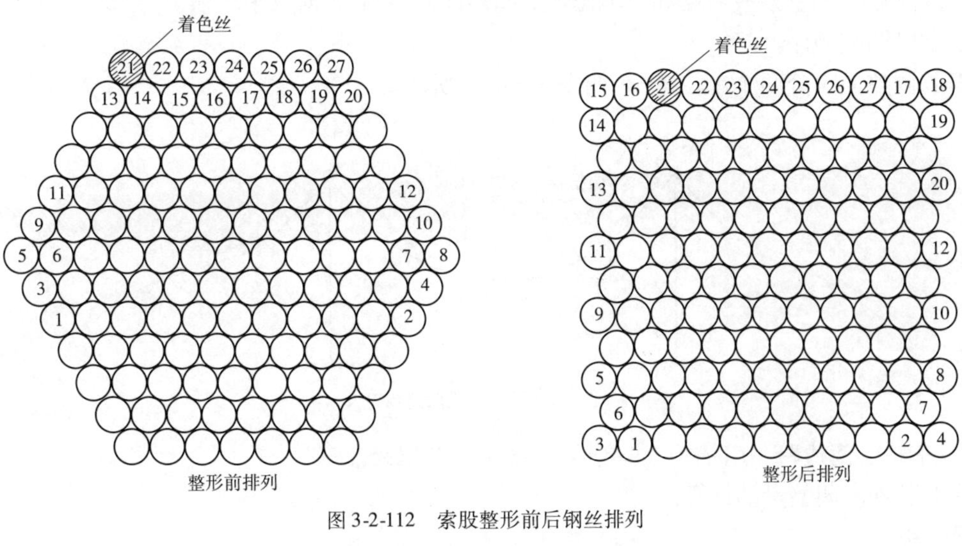

图3-2-112　索股整形前后钢丝排列

具体做法：解开索股调形段→在索股中插入钢片，分丝→安装整形器，用整形器整形→入鞍、固定。

整形入鞍质量控制措施如下：

索股入鞍前，必须核对索股编号与鞍槽的坐标，做到"对号入座"。

索股入鞍固定后，对索股垂直调整有一定影响，对入鞍固定的索股，调整时，拉动索股的施力偏大，解决的办法：加大索股调整机具的吨位，对需拉动部位的入鞍索股，只做半固定，调整时拉动锚跨索股，这种状况，南鞍座的索股可以完全固定，而北鞍座内的索股可以有滑动的余地，待索股调整后，再全固定。

为防止隔板变形，在打入索股时，可用木楔填塞相邻鞍槽。

入鞍时，需将索股中心标记与鞍座中心对齐，考虑到索股安装数增多后，下层索股标记点可能被上层索股遮挡，可将索股标记点移到鞍槽的主跨（或边跨）侧下方便于观察的位置。

入鞍槽的索股必须每根每层压紧压实，不使滑移；必须采取防雨措施，防止雨水浸入鞍槽的索股内。

正规整形入鞍工艺施工，初期工人不熟悉，可能要多花一些时间，工效较低，但操作熟练之后，进度并不慢，平均每天可以完成3～4根的索股整形和架设任务。总之，保证施工质量是第一位的，绝不允许也不应该以牺牲质量来换取进度。

（5）基准索垂度调整

黄埔大桥南汊悬索桥主缆线形为悬链线，其特性是不论索股的规格和跨距如何，只要其斜率和跨中垂度确定，线形也就确定，故主缆索股线形主要是调整其跨间中点的垂度。索股垂度调整是索股架设中一项重要工序，特别是基准索股垂度的调整，它是主缆施工线形的依据。基准索股以跨中绝对高程为准，一般索股以跨中相对于基准索股高程为准。索股调整，均在风速小、气温稳定的午夜进行。

①施工准备。

测量仪器：全站仪一台，大型卡尺4把，连通管2根，钢尺、红外线测量仪、气压计、对讲机等。

测量索塔、鞍座等构造物的实际施工尺度，为确定基准索股实际施工垂度做准备。猫道架成后，要对索塔、鞍座的里程、方向以及边跨的尺度进行一次精密的测量，重新计算基准索股中跨跨中的绝对高程，这项工作，与监控单位一起进行，由监控单位以文件形式下达。

测点布设：利用索塔、锚碇施工测量的控制网，对索股架设进行观测。为测量方便，通常布设三个观测点，分别布设在主跨和边跨跨中。

基准索股垂度的测定：先在索股跨中标记处吊挂一棱镜，再将全站仪置于观测点上，后视其他控制点，即出现观测点的高程，再测量索股上棱镜即测出索股跨中的绝对高程。

上、下游主缆的基准索股测点之间的相对高程，用直径16mm的透明塑料管组成的连通管进行测量。

用红外线测温仪测量索股温度和环境温度，每次测3～4组数据取平均值。

②基准索股调整顺序。

基准索股调整通常分两个单位进行，如图3-2-113所示。

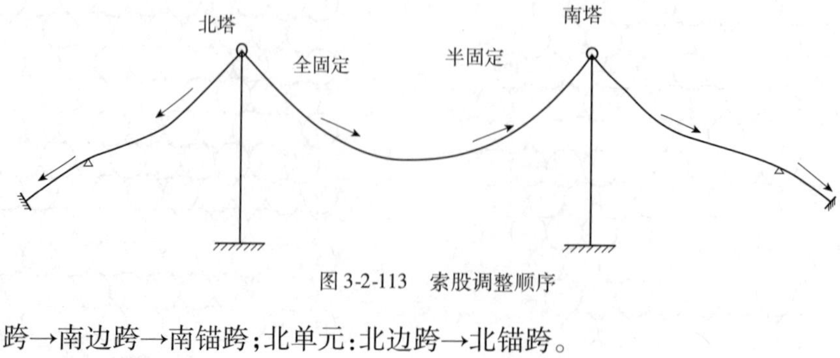

图3-2-113　索股调整顺序

南单元：中跨→南边跨→南锚跨；北单元：北边跨→北锚跨。

③基准索股垂度调整量的计算。

a. 对于中跨：

$$\Delta f = 3/16 \cdot n \cdot \Delta s \quad (3\text{-}2\text{-}5)$$

b. 对于边跨：

$$\Delta f = 3/16 \cdot n \cdot \Delta s \cdot \sec^3\alpha \quad (3\text{-}2\text{-}6)$$

式中：Δs——索股在索鞍上的移动量；

Δf——跨中垂度的调整量；

n——索股的垂跨比 f/L；

f——基准索股中跨（边跨）垂度；

L——基准索股中跨（边跨）垂度；

α——边跨索股的倾角。

施工时，可把 Δs 索股在索鞍上的移动量和 Δf 跨中垂度的调整量制成数据表，随时查用。

④基准索股垂度调整。

a. 中跨索股跨中垂度的测量与调整。

先将北塔索股的标记点（制索时已标出）对准鞍座中心，如图 3-2-114所示，用木楔“全固定”，不使滑动，而对南塔顶索股只做“半固定”。

作业分工与方法如下。

● 位于桥上的作业人员，负责测量索股温度、观察测量鞍槽中的索股移动情况。

● 位于锚跨的作业人员，负责操纵锚固拉杆的千斤顶，拉动索股移动。

● 桥下测量人员，负责测量索股跨中垂度的绝对高程，并与规定值对照。如与规定值不符，则通知位于桥上和锚跨的作业人员，调整索股。

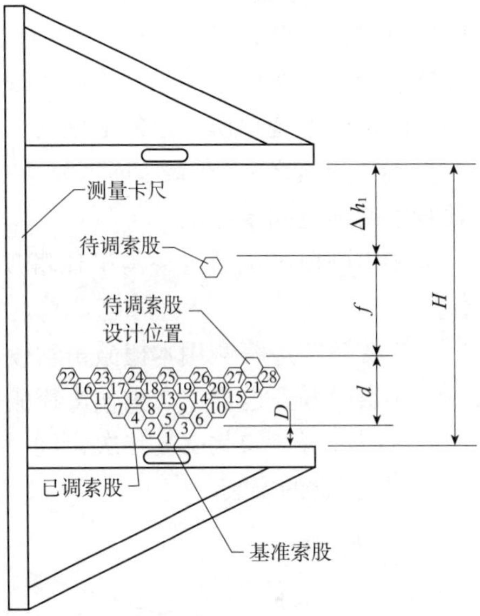

图 3-2-114　一般索股高差测量示意图

● 在三处（桥下、桥上和锚跨）作业人员的相互配合下，经多次的调整（进行三个夜晚），将跨中垂度调整到符合要求（平均测量误差不大于 20mm）之后，桥上作业人员将索股在塔顶固定。

● 调整中做好记录。

索股在鞍槽内移动的调整方法：索股垂度调整，是通过调整索股的跨度，即上文中的 Δs 来实现的。调整方法：一般通过调整锚碇的锚固拉杆的松紧来实现。也有在塔顶安装张拉千斤顶来拉动和推送索股的方法。如为了避免索股在鞍槽内移动时的阻力，而将索股吊出鞍槽来调整，是弊大于利的，很少采用。

b. 边跨索股垂度的调整。

中跨索股垂度经数夜调整达到要求后，将南、北塔顶鞍槽中的索股进行全固定，然后调整边跨垂度。边跨索股调整方法与中跨相同，两边跨可同时进行。

⑤锚跨索股张力的调整。

两边跨索股垂度调整好后，将散索鞍槽的索股全固定，然后调整锚跨索股的张力，如测量的拉力与规定值之差在 ±1t 以内，可视为达到要求。

（6）一般索垂度调整

基准索股以外的索股为一般索股，其调整方法、顺序与基准索股基本相同。将南索鞍相应标志点与南索鞍固定，然后分别采用相对垂度调整法。在各跨跨中点利用大型测量卡尺（图 3-2-114）测出待调整索与基准索的相对高差，经温度修正后，求出调整量。

调整量可由式（3-2-7）计算：

$$f = H - \Delta h_1 - \Delta h_2 - D - d \tag{3-2-7}$$

式中：H——卡尺测量的尺寸；

Δh_1、Δh_2——卡尺与上、下索股的距离，卡尺与上、下索股靠近时此值为0；

D——索股高度，取59.2mm；

d——调整索股与基准索股间设计高差。

索股的垂度测定和调整应反复进行多次，调整后的索股之间应保持若即若离状态，同时被调索股要预提一定高度：中跨跨中预提高30～40cm，边跨跨中预提高10～20cm。

(7)鼓丝现象的纠正

调索时，鞍槽内的索股受到自边跨的拉力，改变了索股原来的平衡状态。上层的钢丝在不平衡力的作用下移向主跨，而底层钢丝与下面索股之间有相当大的摩擦力，底层钢丝不可能随上层钢丝同步移动，这样就会在主鞍的边跨端产生鼓丝现象。同样，散索鞍的锚跨端也出现过这个问题。

纠正鼓丝现象所采取的措施为：

①在调索之前，在鞍座前10m左右的位置加一个六边形夹具，将索股牢牢绑住，从而使局部范围内索股中的钢丝同步运动。

②用塔顶吊机通过夹具吊住塔顶边跨侧的待调索股，改善索股与鞍座之间的夹角，减小摩阻力的作用。

③在鞍座边跨侧用木槌敲击索股，通过振动来消除摩阻力。

④索股调整过程中在主鞍边跨侧产生鼓丝后，可将千斤顶移到鞍座的主跨侧，安装好夹具，将该索股重新拉回边跨。如此反复几次，当可消除鼓丝。

(8)背索的安装

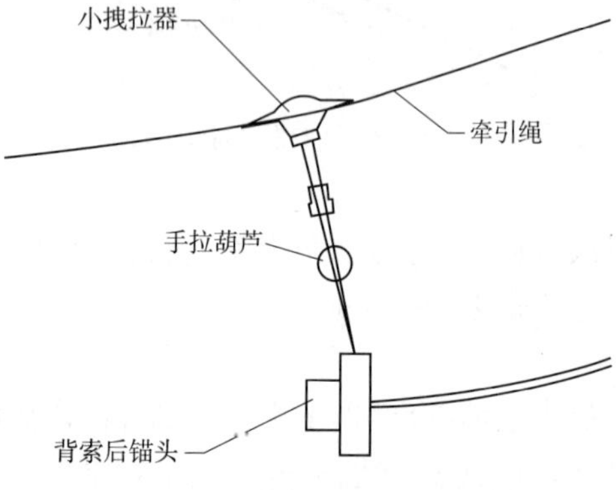

图3-2-115　小拽拉器工作位置示意图

全部通长索股架完后，中间跨在预紧缆时，开始拉背索。黄埔大桥南汊悬索桥每根主缆中北边跨背索6根，南边跨2根，张拉时，北、南对称进行。

背索安装的方法如下：

①因存索区在南岸，背索张拉时，都从南岸向北岸牵引，因背索两端锚头构造不同，事前与制索厂明确锚头的朝向，南边背索索端与索鞍锚固的锚头均放在索盘最外层，而北边跨背索索端锚头则卷在索盘最里层。

②牵引北背索时，尾部锚头用小拽拉器(图3-2-115)吊在牵引索上，以免磨损索股镀锌层。

背索与鞍座的连接如图3-2-116所示。

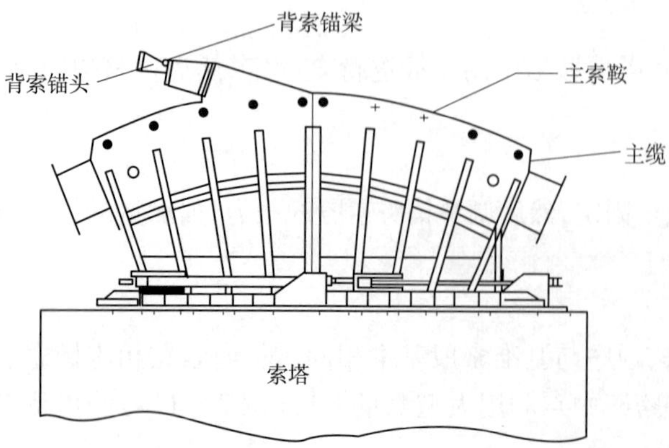

图3-2-116　背索与鞍座的连接示意图

2. 紧缆

索股架设完成后，需将索股群整合压紧成圆形主缆。

1）工艺流程

紧缆工艺流程如图3-2-117所示。

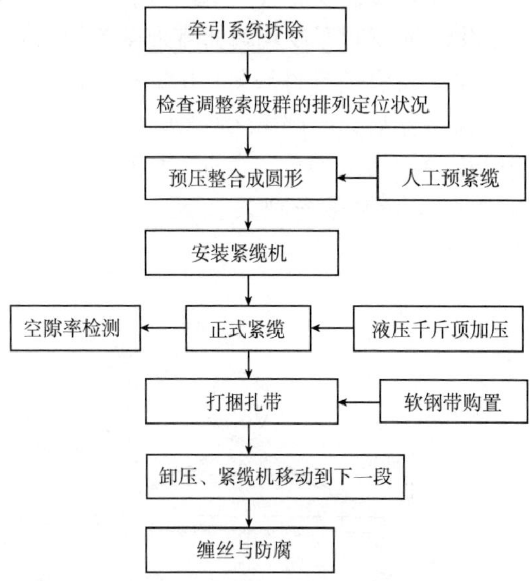

图3-2-117 紧缆工艺流程示意图

2）主要机械设备

紧缆需要的机械包括：LSJ900紧缆机、缆索吊、10t卷扬机、3t手拉葫芦、3t手扳钢丝绳葫芦、打包机、25t汽车吊。

主缆紧缆机是用来将初整圆后的主缆平行钢丝段挤紧、挤圆的专用施工设备，采用LSJ900型，其基本工作原理与国内外同类设备相同，即在链环形挤紧器机座上配置6台液压千斤顶，以6×2 000kN的紧固力向主缆向心挤压，将主缆截面挤紧成圆，并达到设计规定的空隙率。每1m主缆挤紧一次、捆紧一道。

主要构件链式挤紧器由紧固蹄、液压千斤顶组成，紧固蹄的曲率半径以主缆空隙率为18%时的主缆直径为基准确定，六台液压千斤顶安装于可分离的六边形框架结构上，其结构如图3-2-118所示。挤紧装置与液压系统都吊装在移动装置上，在移动装置上方加设平衡吊梁，保证系统运行平稳。

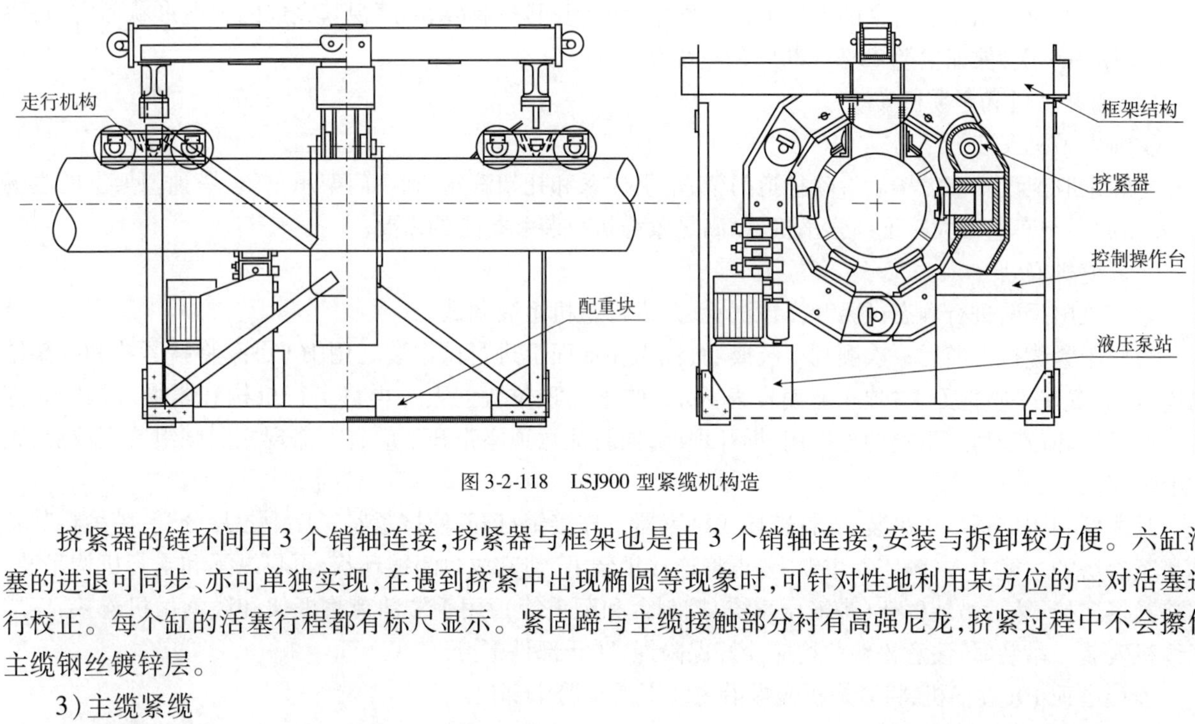

图3-2-118 LSJ900型紧缆机构造

挤紧器的链环间用3个销轴连接，挤紧器与框架也是由3个销轴连接，安装与拆卸较方便。六缸活塞的进退可同步、亦可单独实现，在遇到挤紧中出现椭圆等现象时，可针对性地利用某方位的一对活塞进行校正。每个缸的活塞行程都有标尺显示。紧固蹄与主缆接触部分衬有高强尼龙，挤紧过程中不会擦伤主缆钢丝镀锌层。

3）主缆紧缆

（1）紧缆方案

紧缆分两个阶段进行：预紧缆、正式紧缆。紧缆作业由塔顶向中跨和边跨进行。先中跨，后边跨。

（2）紧缆准备工作

主缆索股架设完毕后，拆除猫道门架、猫道上滚轮及牵引系统。注意门架和滚轮的拆除顺序，须保持塔顶处的猫道索张力差在可以接受的范围内；同时调整猫道线形，确保紧缆机有足够的运行空间。

完成鞍座锌填块的填塞，在扶手索上标出索夹位置，拆除预紧缆10m范围内主缆外层索股上的缠包带,拆除缆机前100m内的主缆成形装置(线形保持器和绑扎钢丝绳)。

(3)预紧缆作业

主缆架设完成后,即使垂度调整好了的索股群,如果索股之间产生温度差,索股的排列也会产生微妙的变化。因夜间温度均匀而排列整齐的索股,到了白天,受日照的影响也会产生起伏、扭曲等紊乱现象。

在夜间温度条件较好,主缆表面温度趋于一致(索股温度稳定)时,进行预紧缆作业。在拆除主缆形状保持器后,于主缆表面相应位置处铺设麻袋片,以免预紧缆时损伤钢丝,利用手拉葫芦收紧主缆,同时拆除周边索股的绑扎带,人工用大木锤均匀敲打主缆四周,校正索股和钢丝的排列顺序,避免出现绞丝、串丝和鼓丝现象。然后用软钢带捆扎紧,使主缆截面接近圆形。预紧缆示意图如图3-2-119所示。

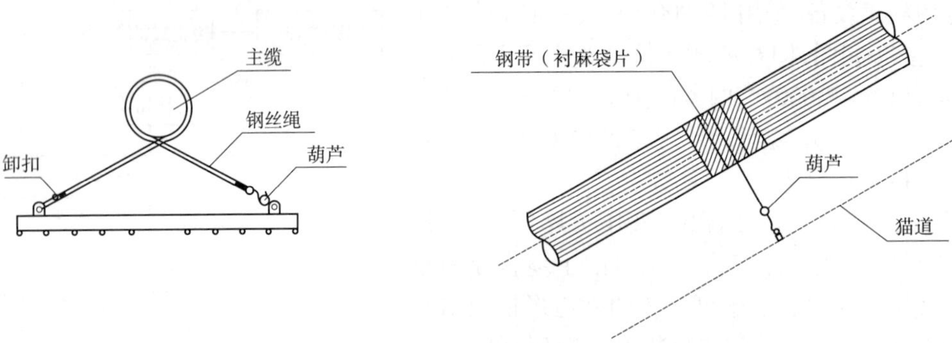

图3-2-119 预紧缆示意图

预紧缆作业采用先疏后密的方法进行。预紧固时间间隔和移动顺序视其完成的主缆形状而定,每隔5m左右紧固一次,保证主缆28%~30%的空隙率。

(4)缆索吊机和紧缆机安装

①缆索吊机安装

主缆索股架设安装完毕后拆除猫道门架、牵引体系和托架滚轮,利用门架承重索、塔顶门架上的卷扬机、专用起吊跑车组成大跨度缆索吊机,以满足紧缆机拼装和行走的需要。

②紧缆机安装

紧缆机出厂前进行静态试验和模拟试验,并进行整机组装调试。

为便于紧缆机上缆后一次顺利组装成功,预先在地面上进行试组装。用16t吊车将挤紧器和框架结构连接,放置在平整地面上,顶座上编号为No.1的千斤顶位置向上。再将走行机构和紧缆机构安装连接。然后拆卸位于顶座下端的连接销,拆开顶座,同时注意顶座张开不应有卡滞现象。试组装完成后,正式上缆安装。

紧缆机利用塔顶吊机吊装,先将链环式挤紧器下连接销打开,使挤紧器三片中二片分开,塔吊将其整体吊至近塔的主缆上方,骑跨在主缆上,再将连接销装上,使其成封闭链环状,再将纵梁和走行机构吊装,与挤紧器连接,然后吊装框架(带液压系统、控制台和配重等),用手拉葫芦将框架和缆索吊机连接,完成紧缆机安装。吊装时,注意松钩前均应拴好保险绳,防止部件下滑。

连接塔顶10t卷扬机,将紧缆机慢慢沿主缆下滑至跨中部位。

(5)正式紧缆

预紧缆作业完成后,使用紧缆机将主缆截面紧固为圆形,并达到设定的空隙率:索夹处18%,索夹间20%。紧缆顺序为:紧缆从塔顶向跨中和锚碇方向进行,先中跨,后边跨。预紧缆完成一段后,即开始进行正式紧缆。

①主缆回弹率试验

由于主缆的实际架设情况及主缆线形的变化等因素的影响,在正式紧缆前,在主缆上进行主缆回弹率试验,确认紧缆状态空隙率与打紧钢带紧缆机离开5m左右范围后的空隙率,比较空隙率差得出主缆的回弹率。在正式紧缆过程中,检查并调整紧固力,或调整主缆直径,以确保主缆紧缆质量。紧缆试验在中跨跨中进行。

②紧缆作业

正式紧缆作业可在白天进行。

当紧缆机移动到位后,操作液压系统,顶推紧固蹄,开始进行紧缆作业。初期,以低压(5MPa)进行,使各紧固蹄轻轻接触主缆表面,且相互重叠,然后升高压力逐步加载。工作压力由试紧缆试验和实际工况确定。紧固蹄行程达到设计位置保压。当工作压力超过设定值时,油泵自动停止工作,起保护作用。

在初加压阶段,严格控制6个紧固蹄的同步性,防止因紧固蹄动作不一致,以及在各紧固蹄在接触主缆表面时,钢丝钻入紧固蹄之间的缝隙内,造成切断或变形。

紧缆过程中,缆索吊机吊挂紧缆机,处于受力状况,防止紧缆机失稳侧翻。

主缆紧缆每隔1.0m紧固一道,主缆应紧至最靠近鞍座处,当紧缆机工作时,每次只能拆除一个猫道绑扎,在紧缆及完成紧缆后将该绑扎复位。紧缆时,在紧固蹄和主缆之间布置橡胶垫保护主缆。

③打捆扎带

一道紧缆完成后,在靠近紧固蹄位置捆扎两道镀锌钢带。钢带接头应在主缆圆周的下半部分均匀分布,防止因接头在同一位置而在主缆上留槽影响主缆外形;在索夹的位置,紧压和钢带绑扎都加密到每隔0.5m一次,同时在索夹两端的靠近处增加了附加钢带,以确保当拆除钢带安装索夹时,索夹两端仍然有钢带捆扎来控制主缆的尺寸。

④紧缆机行走

当完成捆扎后,液压千斤顶卸载,由塔顶卷扬机牵拉紧缆机,缆索吊机沿门架承重索向上滑移,紧缆机行走机构沿主缆向上行走至下一紧缆位置。紧缆机行走时要匀速、平稳,防止侧翻失稳。

⑤主缆直径测定

紧缆过程中紧缆机每次移动操作中都要对主缆的周长、垂直直径和水平直径进行2~3次检查,测量在紧压时测一次,用捆扎带扎紧后再测一次。前一数据是主缆的压实程度,更能代表索夹内主缆的状态。

主缆平均直径按下式计算,确保缆径反弹后的空隙率符合要求。

$$主缆平均直径 = (竖径 + 横径)/2$$

或
$$主缆平均半径 = 主缆截面圆周长/圆周率\ \pi$$

主缆全部紧固完毕后,沿全跨径测定捆扎带旁的主缆直径及周长,确认实际的空隙率。

五、索夹与吊索安装

索夹是传递吊索拉力给主缆的结构,通过索夹将钢箱梁、桥面系等恒载以及钢箱梁面的活载传递给主缆。同时也是保持主缆形状、使钢丝受力较为均匀的重要结构,索夹和吊索安装是在紧缆结束后,在加劲梁吊装之前,承前启后的一个重要施工工序。索夹作为主缆的定形结构,必须在缆载吊机安装、移动之前全部安装完成;吊索安装和钢箱梁吊装可以平行作业。

全桥共120对、240个索夹,分为SJ1~SJ5、SJ5S、SJ6S、SJ5N、SJ6N九种类型,其中,有吊索索夹为SJ1~SJ4四种,其余为无吊索索夹。如图3-2-120所示,吊索与索夹为骑跨式连接。全桥索夹采用左、右对合上、下栓接的形式。吊索上端骑跨索夹,中间安装吊索夹具、减振器及缓冲器,下端与钢箱梁为销铰式连接。钢箱梁每节段每侧吊点设1个永久吊点,每根吊索的叉形耳板与锚杯之间设有±20mm的调节量。

本桥中跨吊索索夹85对,2对无吊索索夹;北边跨无吊索索夹15对;南边无吊索索夹18对。全桥各类索夹的布置如图3-2-121所示。

索夹螺杆(图3-2-122)直径为ϕ38.5mm,螺纹尺寸为M42×3,长度为210mm,材料为40Cr合金钢,安装索夹紧固力为482kN。

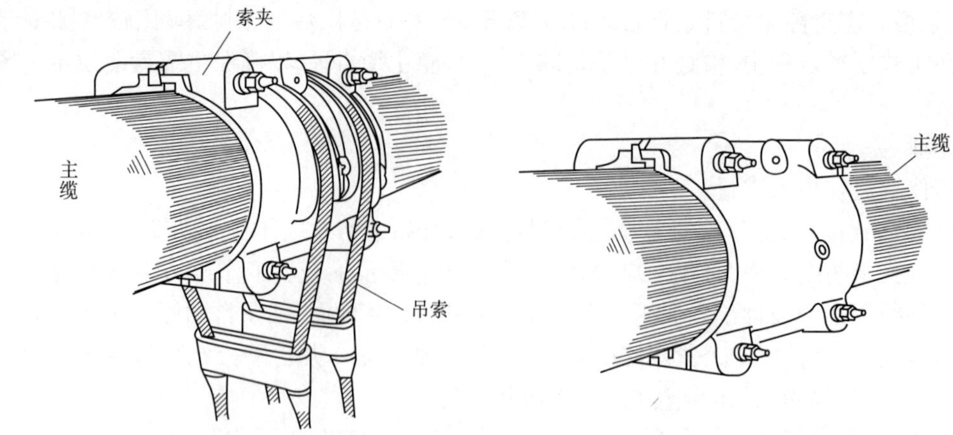

a)有吊索索夹　　　　b)无吊索索夹

图 3-2-120　吊索与索夹为骑跨式连接示意图

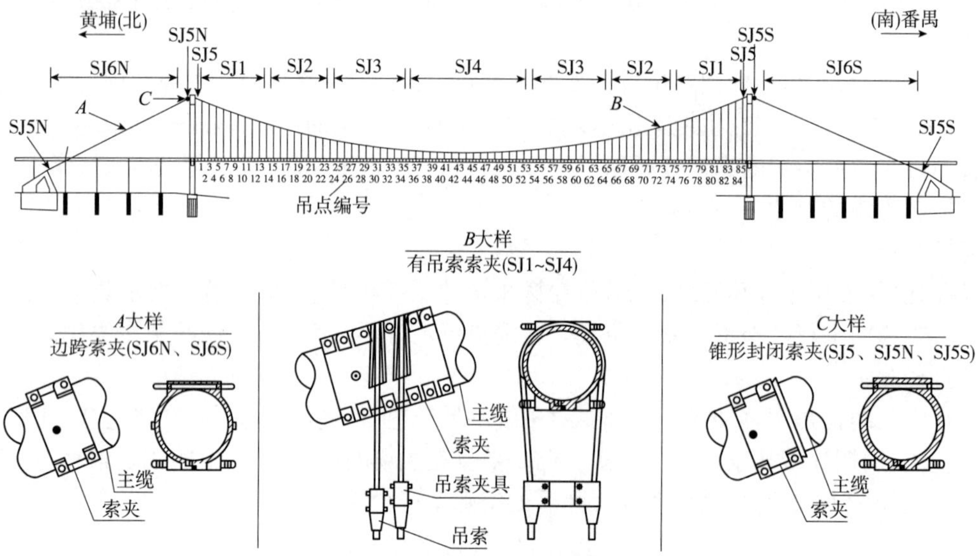

图 3-2-121　索夹的布置示意图

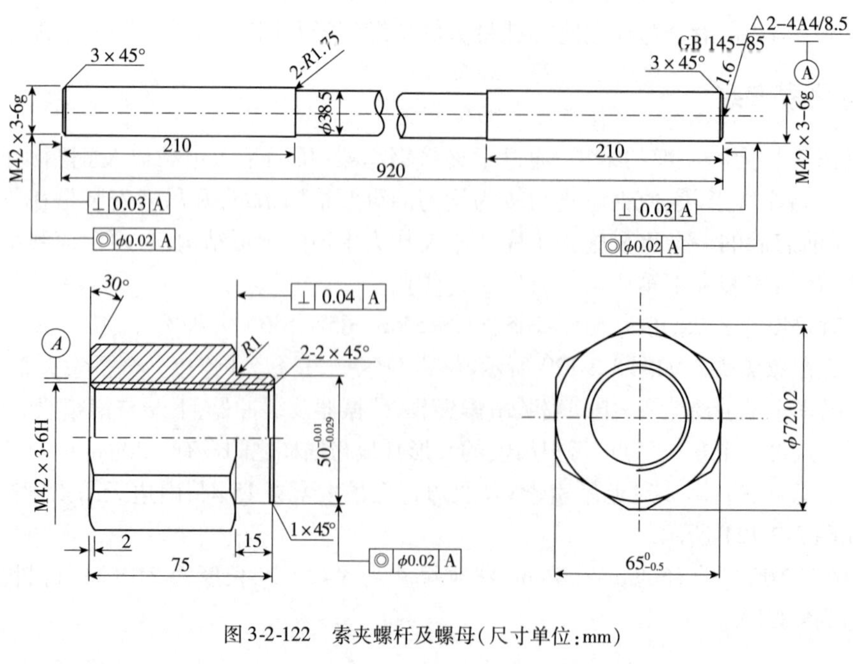

图 3-2-122　索夹螺杆及螺母(尺寸单位:mm)

1. 索夹安装

1)索夹的安装流程

索夹安装流程如图3-2-123所示。

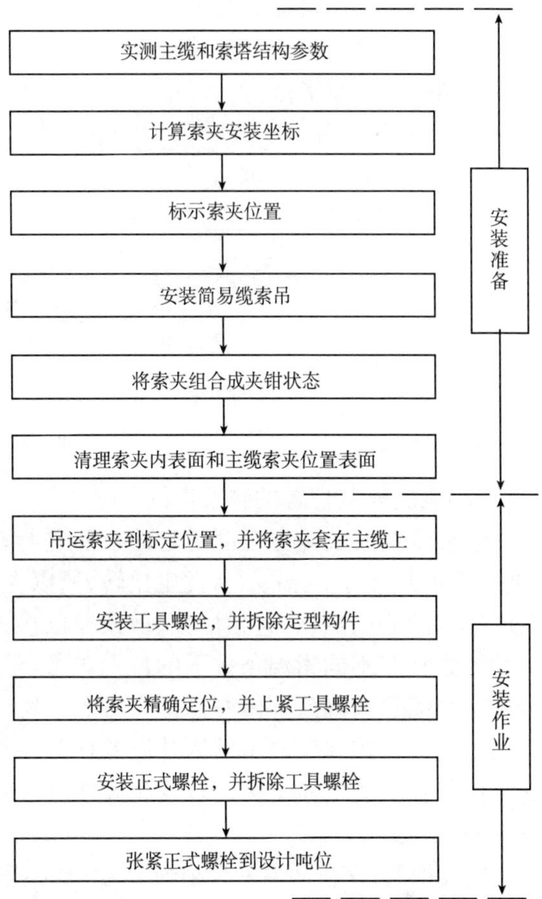

图3-2-123　索夹的安装流程示意图

2)有吊索索夹安装技术要求

(1)索夹位置影响吊索的间距、垂直度和钢箱梁的连接,因此,要求安装准确,纵向误差不大于10mm。

(2)索夹的两半合缝应与主缆中轴线一致。

(3)索夹固定的牢固程度,直接关系吊索乃至整个钢箱梁的稳固性。因此,索夹的高强螺杆应随恒载的增加逐次紧固,终拧轴力各个螺栓必须一致,达到设计要求。

3)索夹定位测量

考虑主缆空缆线形和成桥线形的差异,需进行坐标换算和修正。测量放样时一次将全跨放样完成,并进行误差调整。每个索夹测量放样完成后在主缆索夹对应两端10cm位置做上明显的标记,并分别标示出主缆天顶线及两侧面中线,方便索夹安装。索夹放样完成后,再对每一个索夹放样点进行复核。测量方法如图3-2-124所示。

(1)索夹放样准备

测量放样的准备工作:主缆施工成形后,应实测主缆线形、南北塔的实际里程以及两塔顶的间距(即跨径),为索夹放样提供一个准确的初始依据。

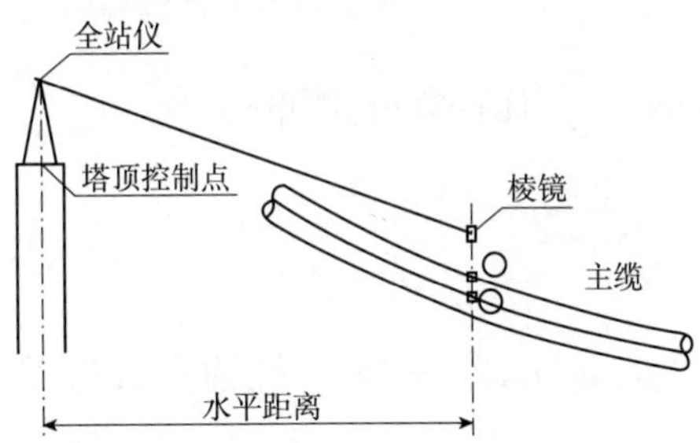

图3-2-124　索夹安装时放样测量示意图(一)

索夹施工放样的计算内容:索夹放样之前,必须进行坐标计算,为施工测量放样准备数据。主要包括两部分内容:一是吊索中心线与主缆中心线交点在空缆状态下的坐标计算和吊索中心线与主缆天顶线交点的坐标计算;二是吊索中心线与主缆天顶线交点到索夹两端的距离计算。

上述第一项工作内容应根据现场实际测得的主缆空缆状态下的线形计算出实际放样数据。这方面的内容需要使用计算机辅助计算,由监控单位或设计部门提供。

天顶线交点到索夹两端的距离,不同位置的索夹数值也不同,且同一型号的索夹其数据也有差别。同时根据测量放样的需要,对与交点水平坐标相同的天顶线上的点到索夹两端的距离也要提供,如图3-2-125所示,图中L_1、L_2、L_3、L_4是需要提供的数据,计算公式如下:

$$\left.\begin{aligned}L_1&=a+c\times\tan\alpha\\L_2&=b-c\times\tan\alpha\\L_3&=L_1-R\times\tan\alpha\\L_4&=L-L_3\end{aligned}\right\}\tag{3-2-8}$$

式中:a、b——索夹销轴中心连线中点到索夹两端的距离;

L_1、L_2——主缆中心线与吊索中心线交点O到索夹两端的距离;

L_3、L_4——空缆状态下O点在主缆天顶线垂直投影点O到索夹两端的距离;

α——空缆状态下索夹位置的水平倾角；

c——索夹销轴中心到主缆中心线的垂直距离；

R——主缆半径。

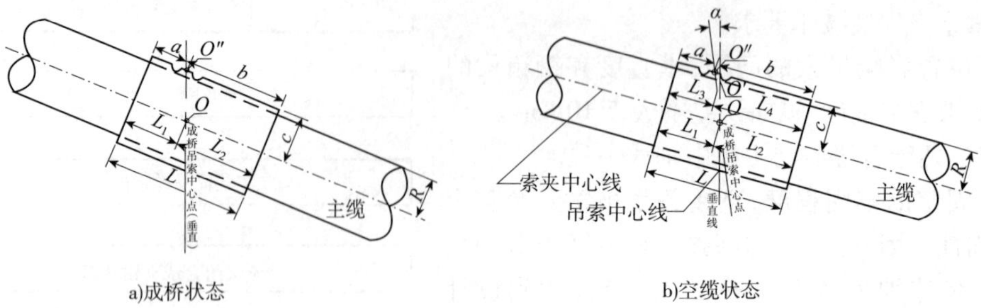

图 3-2-125　索夹安装时放样测量示意图(二)

(2)索夹安装位置的测量定位

索夹位置的放样在温度稳定的夜间进行较为适宜。因为在夜间主缆的顺桥向、横桥向,内、外及上、下温差均较小,主缆不易发生扭转,所以主缆天顶线放样容易掌握。先观测各监控点,取得计算索夹放样点的原始数据,包括塔柱、散索鞍位移,主缆中、边跨跨中高程和实时索温,得出空缆线形,计算出每个索夹在不同索温条件下的位置参数,然后采用全站仪进行放样。先放出初样,并找出中心点,然后在主缆顶精确放样做好标记。对于中跨索夹放样时,每隔 1h 测量一次主缆表面温度,以表面温度加上当夜监控单位测出的内外温差作为主缆温度,再按照该温度条件下的理论数据放样。把索夹安装位置在主缆上做出标记。索夹放样完成后,再对每一个索夹放样点进行复核,保证放样误差控制在 5mm 之内。

精度控制:在夜间温差较小的情况下,主缆放样的精度容易控制,用全站仪在主缆上放样出 O 点,利用 O 点用直尺和水平尺将 L_3、L_4 在主缆两侧的位置标出,然后根据提供的数据把索夹两端的位置标出来,同时在索夹两端标记外 10cm 的地方注上参考标记。

测距误差:距离法放样采用全站仪,精度 2mm + 2ppm。

根据所采用测距仪的标称精度计算距离放样误差对放样定位的影响,具体计算公式如下:

$$ms^2 = 2^2 + (2 \times 0.5)^2$$

则

$$ms = \pm 2.24\text{mm}$$

仪器安装误差及棱镜安置误差:根据经验,仪器安置中的误差可取 $m_1 = \pm 2\text{mm}$,棱镜安置误差 $m_2 = \pm 3\text{mm}$。

综合上述三项误差,按误差传递规律可得:

$$m_{总}^2 = ms^2 + m_1^2 + m_2^2 = 2.24^2 + 2^2 + 3$$

$$m_{总}^2 = \pm 4.2\text{mm}$$

取 2 倍中误差作为极限误差:

$$\Delta \leqslant 2 \times m_{总}^2 = 2 \times 4.2 = 8.4(\text{mm})$$

由此可知,采用全站仪进行索夹放样,其放样误差可控制在 1cm 内,能满足施工要求。

(3)索夹的搬运

索夹的搬运是指把索夹从仓库运到安装地点的整个过程,包括:用汽车或船把索夹运到塔底;通过塔顶塔吊将索夹吊到塔顶系梁;用天车(即缆索吊机,以下同)把索夹运到跨间安装地点。

黄埔大桥南汊悬索桥索夹最重的约 2 700kg,最轻的约 850kg。工具螺栓采用 ϕ36 精轧螺纹钢制作,长度为 2.5m,形状保持器用 10cm × 20cm 的方木制作。

索夹在猫道上的搬运采用天车作为运输工具。天车承重索利用原来猫道门架的两根 ϕ28 钢丝绳,把钢丝绳之间的间距由原来的4m 调整为2.5m。天车由塔顶的卷扬机牵引,天车承重索的垂度由运输物体的质量而定。

(4)索夹安装定位

索夹安装顺序:中跨的由跨中分别向两索塔方向安装,边跨的从散索鞍处向索塔方向安装。索夹到位后,把形状保持器卸下,收紧工具螺栓螺母,同时注意对准索夹位置标记点,调平索夹使主缆天顶标记保持在索夹上缘夹缝中间,然后穿上正式的高强螺杆,装好密封条,预紧高强螺杆,把工具螺栓换下,同时用千斤顶给螺杆导入轴力。

具体做法如下:在索夹下缘一个螺栓孔内插入工具螺栓,同时卸下吊装定形构件→对索夹位进行调整,然后顶紧工具螺栓使其固定。调整时要注意天顶线标志的位置及日照的影响→卸下绑长索,绑套钢环→在索夹其余螺栓孔内装入索夹螺杆,并预紧。然后卸下工具螺栓,换上索夹螺杆→在索夹螺栓上安装油压千斤顶,并初拧(永久性)。

对有吊索的索夹螺杆轴力导入的要求如下:

①对中跨倾角较大的 SJ1、SJ2 型索夹,导入轴力时,每个索夹应安装不少于 3 对油压千斤顶,上、下对称布置。

②油压千斤顶应配 0.4 级精密油表,为保证轴力的同步,对称各个千斤顶应串联在一起。为使各个螺杆导入轴力均匀,采用等张拉值法,以控制压力表读数为准,以螺杆长度读数进行监测、参考。

③每个索夹第一次紧固时,须均匀分为三级紧固。本桥索夹螺杆设计紧固力为 482kN,则每级施力为 160kN。

④在安装钢箱梁过程中,每隔 3 ~ 4 周,对螺杆的总长量核对一次,如发现松弛量超过所需拉力的15%时,须立即对螺杆进行再拉紧。

⑤在钢桥面铺装完成后,应对螺杆总伸长量再进行一次校核,再次拧紧,使其拉紧力达到 482kN。

⑥中跨 SJ1 ~ SJ4 每个索夹的螺杆均应建立轴力档案,供长期运营检查维护参考。

2. 吊索安装

黄埔大桥南汊悬索桥吊索采用的是镀锌钢芯钢丝绳,公称直径 ϕ56mm,公称抗拉强度 1 770MPa,结构形式为 8 × 55SWS + 1WR,两端采用叉形热铸锚头,吊索与索夹连接为骑跨式,每个索夹设 2 根(四肢)吊索,吊索下端与钢箱梁连接为销铰式。

吊索锚头由锚杯与叉形平板构成。叉形平板与锚杯之间通过螺纹连接,每端叉平板之间的螺纹各设有 ±20mm 的调节量,用以调整、消除施工引起的吊索长度误差。为将吊索平行束紧,在主缆中心下 1.5m 处设有吊索夹具,并在相应部位设有锥形铸块,以定位支撑吊索夹具并保持吊索钢丝绳。对于长度大于20m 的吊索,在其中央设有减振架,以减少吊索的风振。吊索的构造如图 3-2-126 所示,吊索锚头构造如图 3-2-127 所示。

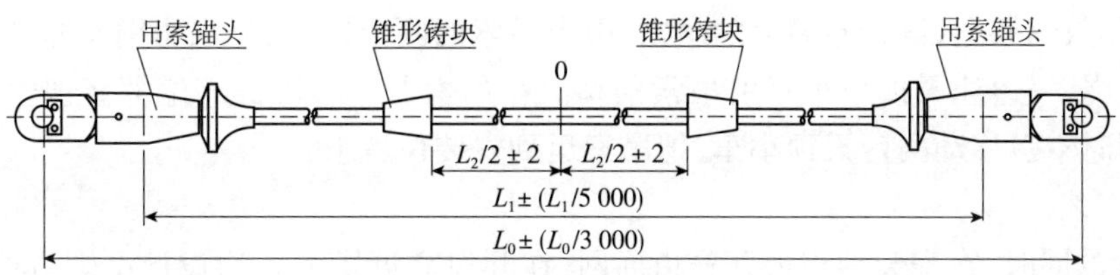

图 3-2-126 吊索构造

黄埔大桥南汊悬索桥的吊索共 340 根,最长的为 221.768m,最短的为 10.984m;每根吊索应力设计长度(设计图纸提供)与应力实测长度(工厂制作长度)之差,多数为 2 ~ 3mm,极少为 4 ~ 5mm;顶压荷载为 600kN。

1)吊索安装流程

中跨从跨中分别往南、北塔方向进行,流程如图 3-2-128 所示。

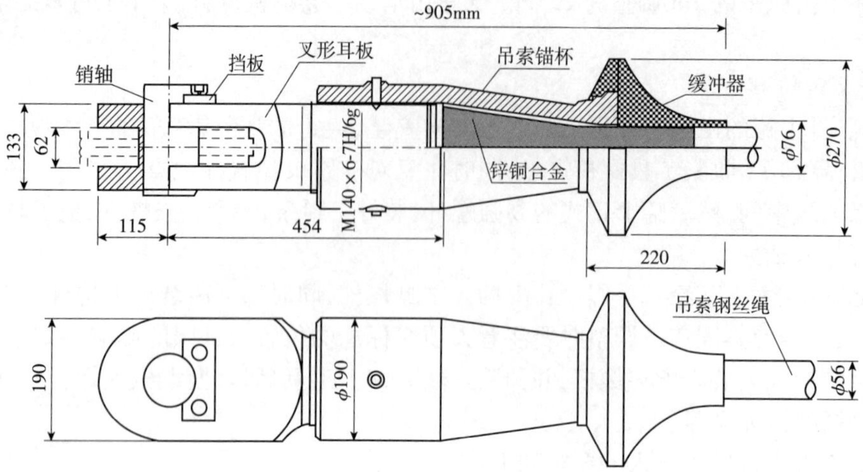

图 3-2-127　吊索锚头构造(尺寸单位:mm)

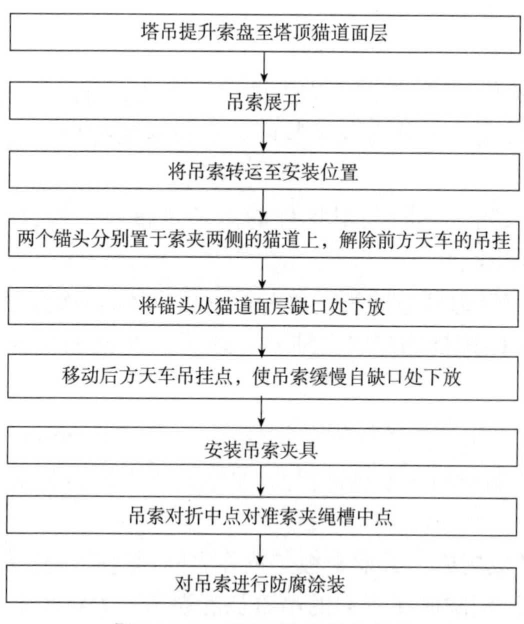

图 3-2-128　吊索安装流程示意图

将吊索成品运至塔柱位置,用塔吊将吊索运至塔顶横梁上。临时存放长度较短的吊索安装较简便,直接用塔吊辅助展开。长吊索的展开及运输较为复杂。先用塔吊把吊索平放于主索鞍附近,放索时,首先将吊索卷筒放到放丝架上,解开卷筒上的吊索,引出吊索的两个锚头,分别用钢丝绳绑套于前方天顶小车上,然后一边放绳,一边让天顶小车牵引吊索前移。在吊索"U"形弯折部位绑套钢丝绳。分别挂于后方天顶小车上,同时牵引移动两台天顶小车,把吊索运到安装位置上。

2)吊索安装工艺

(1)运输吊索的同时,在安装地点剪开猫道面网,在开口靠近塔的一边设计吊索就位导向滚轮,其余三方设置可移动的钢管栏杆。

(2)吊索锚头到达安装地点后从天顶小车上卸下,把两个锚头分别置于主缆两侧,在两个锚头间安装间隔保持构件,然后从猫道面开孔处沿导向滚轮下放。

(3)移动后方天车,同时放绳。

(4)待后方天车到位后,放松手拉葫芦,把吊索弯折部骑置于索夹鞍部。

(5)当弯折部位的中心标记与主缆的顶面标记吻合后,解下钢丝绳,从而完成这一吊索的安装。

(6)用同样方法安装同一个索夹的其余吊索,完成后,安装吊索夹具和减振架,从而完成本组吊索的全部安装任务。

(7)最后将猫道面开孔恢复。

3. 猫道改吊

猫道为三跨连续形式,平行于主缆线形布置。索夹安装完毕后、钢箱梁吊装之前,需进行猫道改吊工作。

猫道全长约为1 850m,在钢箱梁吊装过程中,中跨主缆的中点要下降10.5m,北边跨主缆的中点上升4.555m,南边跨主缆的中点上升6.678m,主缆的线形随着施工进程不断地变化。因此,在钢箱梁吊装前,为了使猫道随主缆的线形变化而变化,需要把猫道悬挂于主缆之上,使其保持与主缆线形一致,并在吊装过程中放松猫道锚固系统调整装置,控制猫道与主缆间距离相对不变。

1)猫道改吊过程

猫道改吊是在猫道上每隔24.5m有猫道横梁型钢的位置,用一道ϕ21.5钢丝绳按图3-2-129所示的方法交替将猫道悬挂于主缆上,每隔49m经过猫道面网的小孔,用ϕ21.5钢丝绳套住猫道承重索悬挂于主缆之上。猫道的稳定通过主缆来实现。

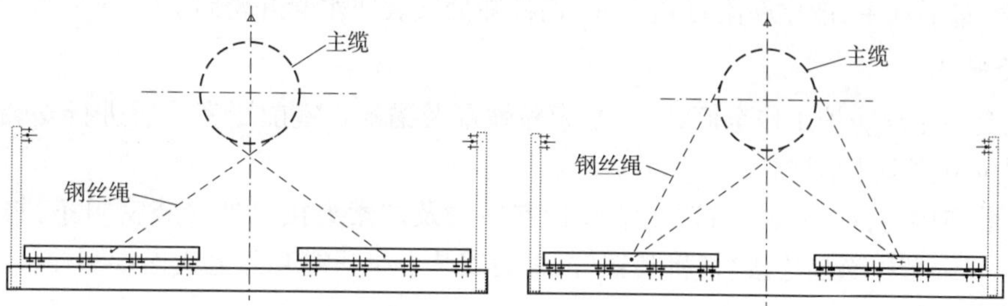

图3-2-129　猫道改吊示意图

猫道改吊的顺序为从中跨由跨中开始,同时向南、北塔方向进行,边跨由中跨开始,同时往塔顶和锚碇方向进行。

猫道改吊过程中,适当放松猫道锚固系统的两端连接拉杆,搭好便桥,调整塔顶变位刚架。

为了在工作车通过时减少门架承重索的偏移,同时也为了便于主跨的两个半跨工作车在门架承重索上的独立操作,在索夹安装前,在主跨跨中附近用钢丝绳将门架承重索与主缆连接,形成跨中"硬点"。

箱梁吊装前要对猫道进一步调整,使之适应钢箱梁吊装引起的主缆线形变化。

2)横向通道拆除

猫道改吊结束后,拆除横向通道。由塔顶门架10t卷扬机进猫道面层导向轮转换后,吊挂横向通道两端,然后拆除横向通道与两侧猫道的连接。起动卷扬机,缓慢落下横向通道,注意横向通道两端平衡,将横向通道落至江面驳船上或江滩上。

六、主缆附属设施安装

1. 主索鞍鞍罩安装

(1)鞍罩结构:塔顶主索鞍设鞍罩防护。鞍罩为钢结构,由骨架、带肋围壁一级顶棚组成,鞍罩骨架焊接于塔顶预埋钢板上,全桥共四套。

(2)安装准备:在主索鞍就位后,割除格栅千斤顶支架,浇筑塔顶缺口处混凝土后,拆除塔顶门架和猫道系统。鞍罩安装前必须在地面进行预拼,在拼接处设置临时连接板,用螺栓连接再分解。

(3)安装:先安装骨架、内外侧围壁,并焊接加劲板,再焊接临时拉条,安装顶棚并焊接加劲板,拆除临时拉条及临时连接板。依次安装中跨侧端罩、补板,边跨侧端罩、补板,安装斜梯、扶手栏杆。

2. 主缆检修道安装

（1）为主缆检修人员和主缆检修车通行，在主缆顶面设主缆检修道。在主缆两侧设有钢丝绳制成的扶手绳及栏杆绳。钢丝绳上端锚固于塔顶主索鞍锚架上，锚架通过鞍槽拉杆固定于主索鞍槽壁上，边跨下端锚固于锚碇处、散索鞍锚架上，中间通过立柱支撑在索夹上。

（2）主缆检修通道各组件制造：主缆检修通道各组部件的加工，委托相关单位制造。扶手钢丝绳采用金属绳芯钢丝绳 ϕ32ZAA6 × 19W + IWR1670，南、北边跨各 4 件，中跨 4 件，全桥 12 件。栏杆钢丝绳采用金属绳芯钢丝绳 ϕ18ZAA6 × 19W + IWR1670，南、北边跨 2 种每种 8 件，中跨 1 种 8 件，全桥共 24 件。扶手绳和栏杆绳分别按 265kN 拉力进行长度下料。锚头与钢丝绳浇筑完成并检查合格后进行装配。螺杆加工螺纹前必须经磁粉和超声波探伤检验。

（3）主缆检修道安装：当主缆防护涂装完成之后，进行主缆检修道的安装。首先安装主、散索鞍处的支架、部分索夹上的立柱。当主缆防护完成后，检修道的立柱基本安装完成，利用塔吊将扶手绳、栏杆绳卷盘吊至塔柱上横梁处，利用两塔柱辅助卷扬机及猫道面上的简易滚筒，将扶手绳、栏杆绳展放在猫道面上，然后人工将两种钢丝绳都安装在立柱上之后，在主索鞍处利用链条葫芦张紧扶手绳、栏杆绳，张紧力需满足设计要求。将扶手绳、栏杆绳锚固在主、散索鞍处支架上，逐步将检修道立柱上的扶手绳、栏杆绳卡上的螺栓拧紧，最后在主、散索鞍附近扶手绳、栏杆绳处安装防水套并密封。

3. 主缆缆套安装

（1）主缆缆套在主缆防护工作全面结束，主索鞍鞍罩及锚碇护室前墙完成后进行安装。缆套安装前应在主缆钢丝表面喷注防护漆。

（2）缆套安装步骤为：在主索鞍鞍罩或锚碇护室前墙及端索夹接口处安装密封条，将拼接条板上密封垫片先与下半只缆套用螺栓连接后，将其就位，最后安装上半只缆套并上紧连接螺栓，与主缆缠丝统一进行防油漆喷涂。

4. 主桥桥面系施工

（1）主桥桥面系主要包括防撞护栏及路缘石、灯柱底板、主桥泄水管。防撞护栏又分为桥边缘防撞护栏、中央分隔带防撞护栏、主桥伸缩缝处边缘防撞护栏、中央分隔带防撞护栏。

（2）主桥桥面系施工：在完成防锈涂装及攻丝孔后，对防撞护栏底座板进行焊接，再安装防撞护栏立柱。防撞护栏所有螺钉都进行镀锌钝化并清理螺纹。路缘石及泄水管在涂装防锈后，分别进行焊接。

5. 伸缩缝安装

主桥与南、北引桥的衔接处各设一道大位移的伸缩缝，以适应钢箱梁较大的伸缩及转动变位。伸缩缝由专业厂家制造，伸缩缝安装严格按照设计和厂家提供的说明要求和安装方法步骤进行安装。

七、主缆系统防腐涂装

主缆是容易锈蚀而且还是不可更换的构件，对防护有很高的要求。根据主缆多个区段构造特点、断面形状和所处环境位置的不同，黄埔大桥南汊悬索桥的主缆采用了下述防护方法。

对主缆的主跨、边跨规则区段：采用缠丝 + 多层长效涂层体系，即磷化底漆 + 不干性腻子 + 缠丝 + 磷化底漆 + 聚硫密封剂嵌缝 + 环氧底漆 + 防护面漆。

涂层体系为长效形，重涂期为 25 年。对于主缆鞍室和主缆锚室内钢构件，如主索鞍、散索鞍、锚跨索股及锚固体系等，采用除湿防护技术，要求抽湿机常年工作，以保持系统内部相对湿度不大于 50%。

1. 防护涂装结构

主缆涂装结构如图 3-2-130 所示。

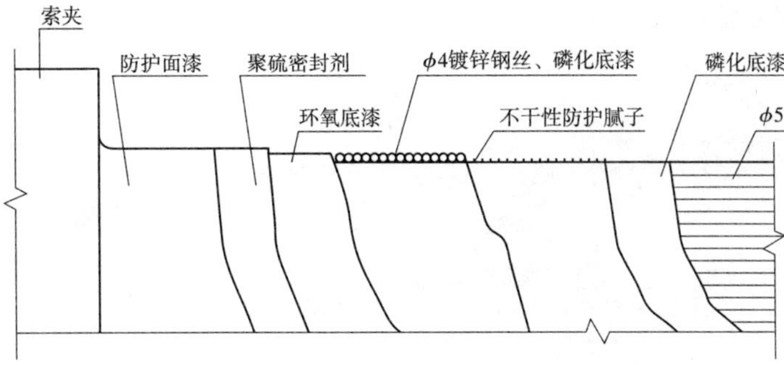

图 3-2-130　主缆涂装结构图

2. 涂装方案

1）材料

（1）9501B 不干性密封膏，单组分膏状黏稠体，永久不结块，不硬化。用于主缆缠丝前缝隙防腐密封。

（2）HM106 聚硫型高强防水密封剂，双组分膏状黏稠体，可反应形成高强弹性橡胶体。用于主缆缠丝后表面防护密封。

（3）XF06-2 磷化底漆，可加强镀锌层表面与防腐涂料的结合力，并对镀锌层损伤处有磷化和修复作用。用于主缆索股、缠绕钢丝及索夹等镀锌层表面。

（4）881D02 环氧云铁底漆，用于主缆、索夹、螺栓等部位作防腐底漆。

（5）881Y01 聚氨酯面漆，用于主缆、索夹、螺栓、不规则主缆段等部位作防腐面漆。

2）涂层寿命

（1）9501B 密封膏与主缆同寿，为 100 年。

（2）HM106 密封剂保质 40 年。

（3）881 系列防护涂料保质 15 年。

（4）上述材料在保质期内和保质期后均可复涂、更新维修，可确保主缆防护安全。

3）技术方案

（1）主缆缠丝区部分

在按工艺要求清洗干净表面后，按如下顺序涂装：缠丝前先刷涂 XF06-2 磷化底漆 1 道，干膜厚度 10μm；涂覆 9501B 密封膏，平均厚度为 3 500μm；缠丝后刷涂 XF06-2 磷化底漆 1 道，干膜厚度 10μm；刷涂 881D02 环氧云铁底漆，共 2 道，干膜厚度 80μm；刮涂 HM106 密封剂，共 3 道，平均厚度 2 500μm；刷涂 881Y01 聚氨酯面漆，共 2 道，干膜厚度 80μm；顶部 30cm 宽用 881Y01 聚氨酯面漆涂刷并加石英砂（20 目）做成防滑涂层。

（2）缆与索夹交接环缝部分

主缆缠丝后，刮涂 HM106 密封剂时，直接过渡对环缝进行缝外密封，密封结构尺寸为 1/2 × 30mm × 30mm，索夹环缝密封结构示意图如图 3-2-131 所示。

（3）索夹、缆套对接缝部分

用 HM106 密封剂进行缝外密封，缝隙密封结构尺寸为 10mm × 30mm，以填满表面缝隙为准。

（4）索夹、鞍座外表面涂装部分

在完成上述密封工序后，进行表面清洗，刷洗 881Y01 聚氨酯面漆 2 道，干膜厚度 80μm。

（5）鞍座顶口处密封部分

先将鞍座顶口处索股表面、垫板、螺栓等部位清洗干净，用 HM106 密封剂将暴露的索股及顶口各接缝部位密封，密封剂平均厚度 5mm，然后涂刷 881Y01 聚氨酯面漆 2 道，干膜厚度 80μm。

（6）其他部分

检修道栏杆绳、扶手绳、缆套外表面、锚杯、叉形耳板、主缆索股锚杯、吊索减振架、螺栓头等部分，经表面清洗后，涂刷 881Y01 聚氨酯面漆 2 道，干膜厚度 80μm。

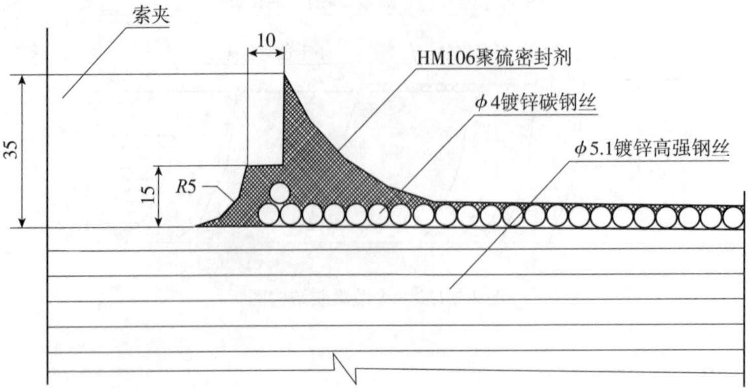

图 3-2-131　索夹环缝密封结构示意图（尺寸单位：mm）

4）吊索防护涂装

涂装体系包括底漆、防水漆、面漆。

底漆：环氧富锌底漆，干膜厚度 75μm；

防水漆：聚氨酯防水漆，干膜厚度 640μm；

面漆：防紫外线面漆，干膜厚度 160μm。

5）施工工艺

涂装施工（包括检测、验收），按《悬索桥主缆系统防腐涂装技术条件》（JT/T 694—2007）实施。

八、主缆锚固系统安装

1. 概述

1）总体布置

黄埔大桥悬索桥的主缆索股与锚碇的连接构造，设计为可换式无黏结预应力锚固系统，总体布置如图 3-2-132 和图 3-2-133 所示。

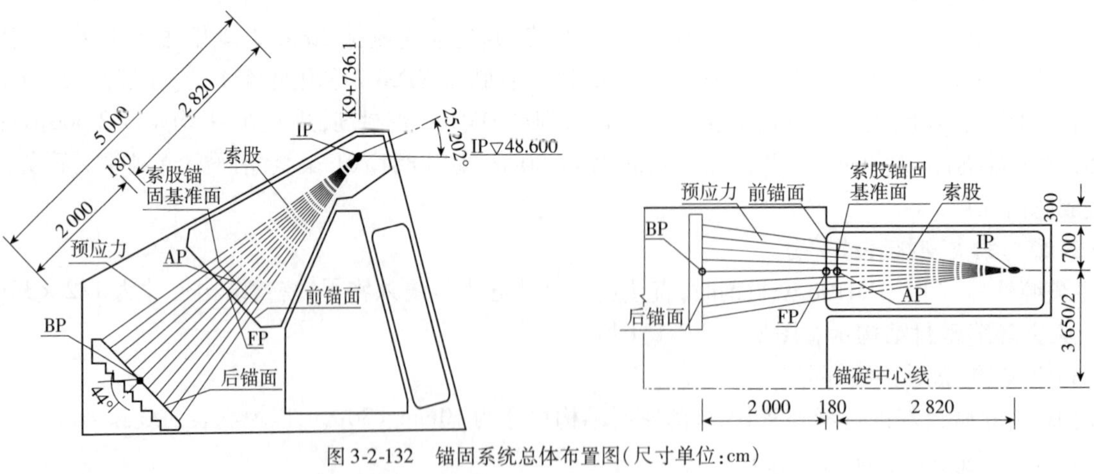

图 3-2-132　锚固系统总体布置图（尺寸单位：cm）

2）索股锚固单元

索股锚固单元有单索股锚固单元和双索股锚固单元两种，单索股锚固单元每侧锚体 58 套，全桥共 4×58 套。双索股锚固单元，每侧锚体 120 套，全桥共 4×120 套。分别见图 3-2-134 及图 3-2-135。

注：图 3-2-134、图 3-2-135 中错固系统设计为无黏结可更换式。预应力系统采用“环氧涂层钢绞线 + 油脂”防腐方案，钢管及前后锚头防护帽内均充满油脂。锚头防护帽安装时，后锚头防护帽注油孔均位于立面的最下方，前锚头防护帽出油孔均位于立面最上方。运营期间，根据实际情况可进行预应力钢绞线

及夹片的更换。管道、锚具、连接器、防护帽组合构造的密封性能通过必要的试验,并通过监理确认合格后方可用于本工程。

3)施工流程

锚固系统施工流程如图3-2-136所示。

4)施工特点

(1)预应力锚固系统预埋在锚块混凝土中,由于混凝土的体积大,锚管较长,数量多,定位架构件纵横交错,必须按照分层浇筑混凝土、分层分段安装支撑定位架和锚管的施工顺序进行。

(2)锚管安装轴线,必须与索股方向一致。因此,要求架体安装时必须定位准确,连接可靠,总体稳固,保证在混凝土施工过程中,整个系统不变形,锚管不漏浆。

(3)由于前后锚面混凝土与主缆索股方向不正交,为保证锚垫板和预应力束的受力良好,制作相应角差的槽口模板与前后锚垫板一并安装。

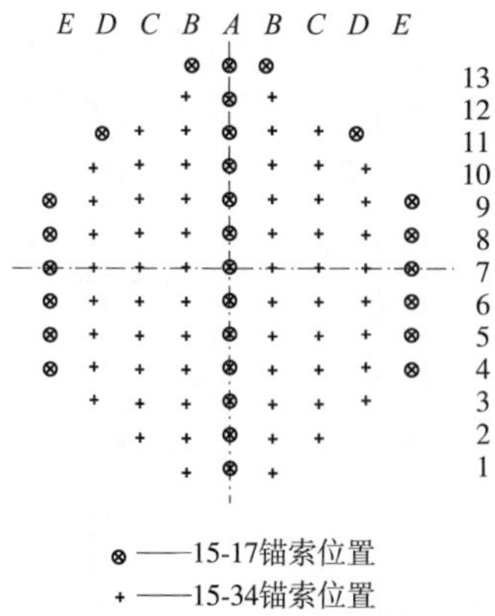

图3-2-133 锚固系统预应力钢束布置图

(4)锚管和定位系统是一个复杂的空间构件体系,装配式结构,为保证锚管和定位系统构件加工、制作和安装的精度,必须对定位架系统进行详细的施工设计,并计算出各个锚管与各层定位架的交汇点坐标,作为定位架制作、安装的依据。

2. 定位系统的安装

1)准备工作

向作业人员进行技术交底,交代安装步骤、方法、要求,首批安装的构件,应在现场示范安装。落实起重工具,核对构件。检查预埋设置情况,测量控制点的坐标。

2)基架安装

在相应分层混凝土面上预埋铁件。用全站仪测出基架柱脚支承高程,并调整、找平,达到安装的要求。用全站仪测设基架安装线。用塔吊安装基架,校核基架的空间位置后焊接固定。

3)骨架和片架安装

(1)在基架斜面上放出骨架安装纵、横轴线。

(2)安装骨架。

(3)底层小片架安装:用全站仪测量片架的横基线;在安装第二大片的底层片架时,要测量与已安装片架的间距;参考已安装锚管(或锚垫板)的坐标和中轴线的方向;安装第二层以上的小片架时,须校正大片架的平面度和垂直度;小片架吊装就位后,初调位置,达到要求后,先用螺栓临时固定,经过反复调整、确认无误后,焊接。

(4)安装要求。定位架安装应按基架、骨架、片架的顺序进行,并与锚管安装协调配合,以保持杆件体系的稳定。小片架吊入顺序应严格按照计划编码进行,随吊随装,对号入座,保持现场整齐有序的环境。吊入安装的小片架和构件应先就位,临时用螺栓固定,待测量调整复核无误后,方可焊接。构件和小片架吊入就位后,如发现尺寸、形状偏差较大,无法安装时,应查明原因,妥善处理。抓好现场管理,妥善处理混凝土浇筑、定位架安装与锚管安装交叉作业的关系。采取安全措施,在混凝土浇筑过程中,应派专人检查定位架系统和锚管的稳固状态。

3. 槽口模板的制作与安装

由于主缆锚跨索股与锚体是一个空间结构,前后锚面混凝土与预应力的锚垫板不成正交,为保证锚垫板与混凝土面相互垂直,设计要求在锚管的两端槽口模板,保证预应力有效地传送。

1)槽口模板的制作

根据设计图提出的槽口参数,结合施工图给出的索股中心坐标,严格按计算出的各个槽口形状尺寸制作,如图3-2-137所示,精度和要求如下:

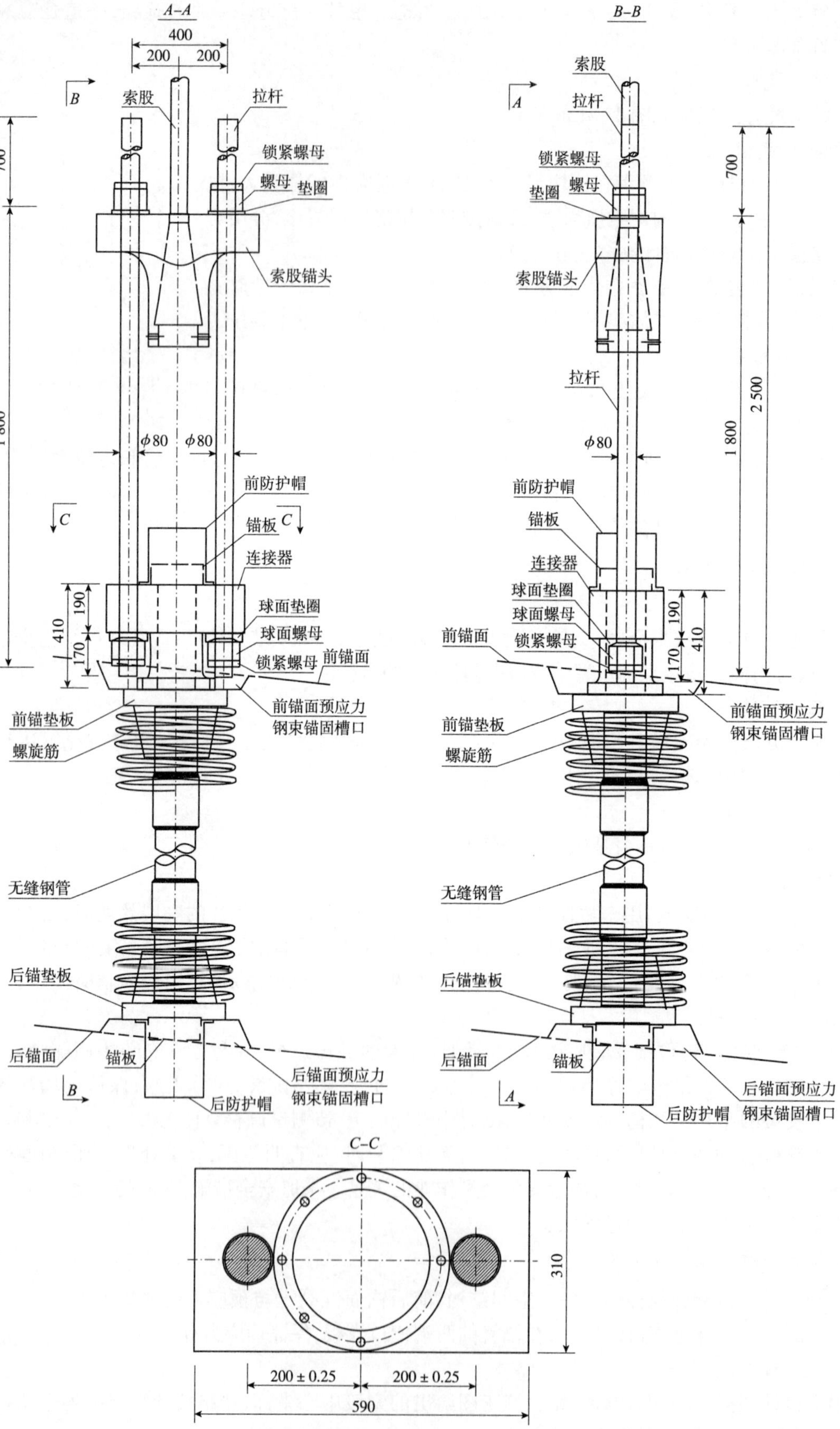

图 3-2-134　单索股锚固单元构造(尺寸单位:mm)

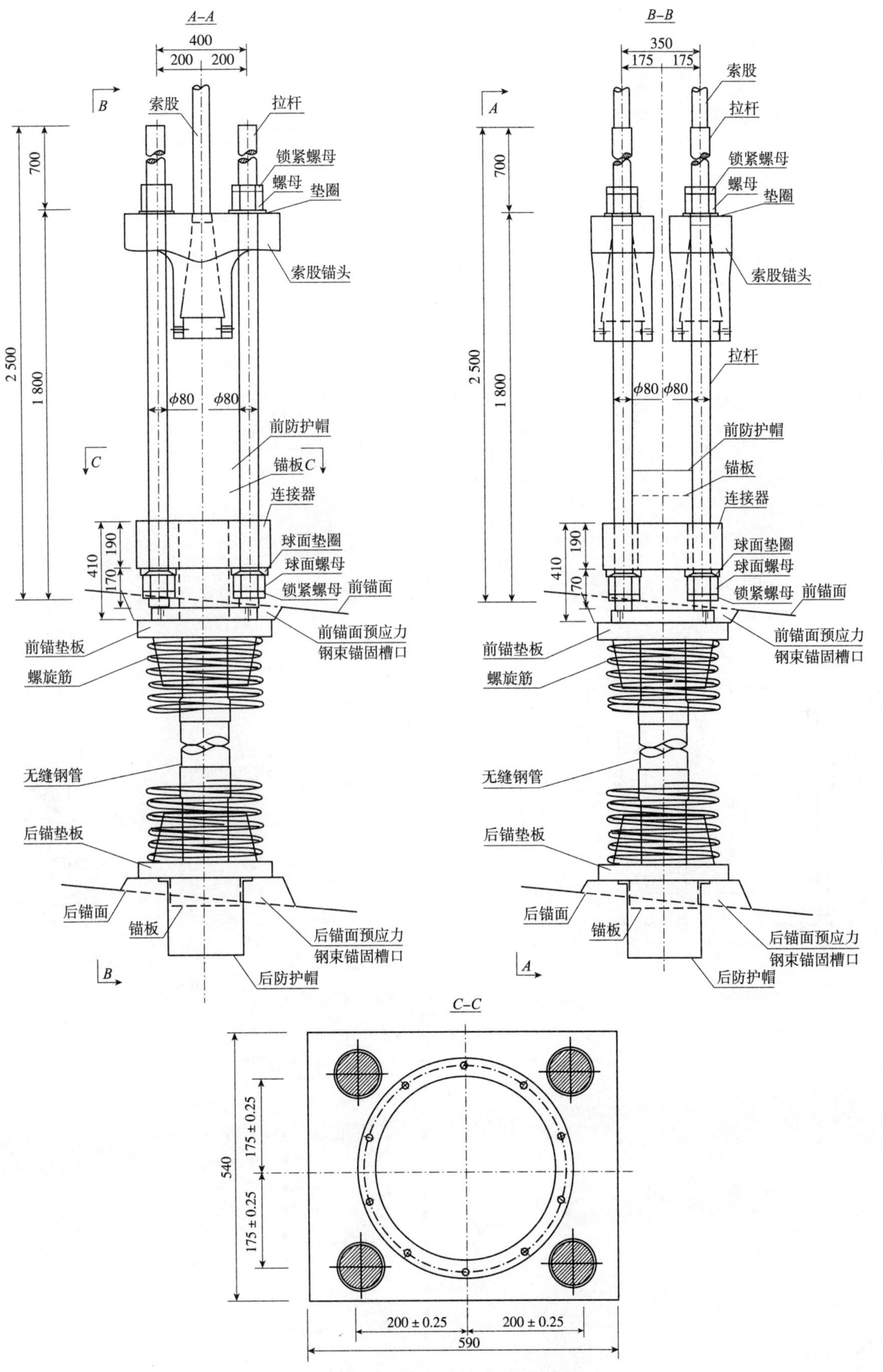

图 3-2-135　双索股锚固单元构造(尺寸单位:mm)

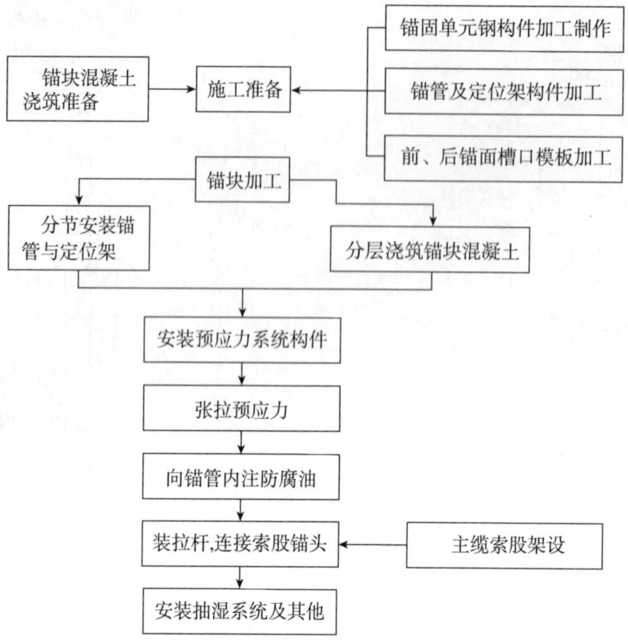

图 3-2-136　锚固系统施工流程图

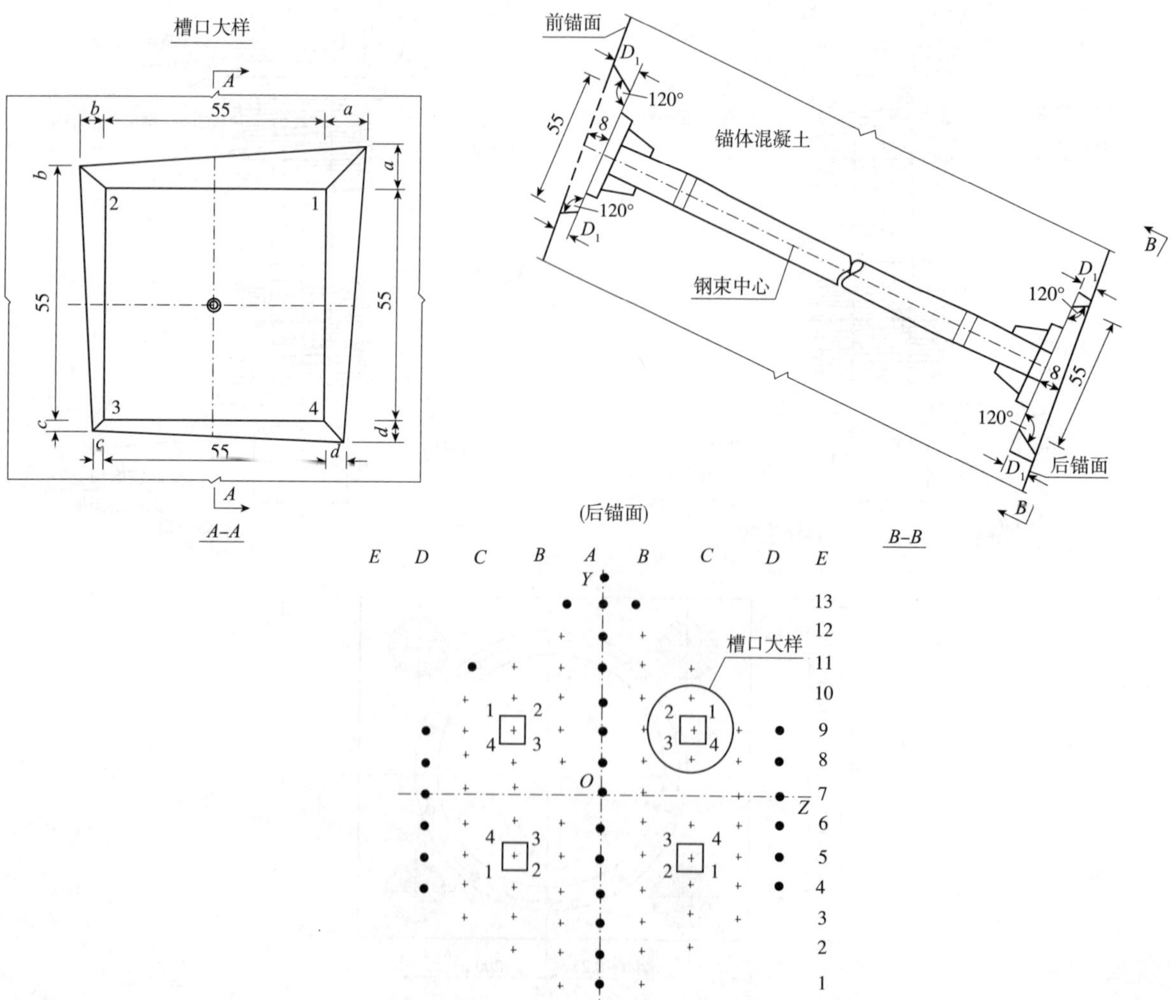

图 3-2-137　槽口形状尺寸示意图

(1)连接牢靠,具有较强的刚度,外侧面(与混凝土连接面)要光滑。

(2)外形尺寸符合设计要求。

(3)槽口中心点至锚面的距离,保持8cm。

(4)槽口侧面与底面的夹角在60°左右。

(5)槽口模底与槽口模底面(即锚面)的夹角,尺寸误差≤1mm,角度误差<0.2°。

2)槽口模板的安装、定位

(1)后锚面槽口定位

用3mm厚的钢板制作后锚面的各个槽口模板,按锚管编号,对号安装;将槽口模板与锚垫板焊接成一个组件;在后锚面模板上测量放出相应编号模板的设计位置;将槽口锚垫板组件固定在后锚模板上;在底层定位架安装定位后,安装下节锚管。因下节锚管起导向作用,须反复校核后焊接。

(2)前锚面槽口模板安装定位

前锚面槽口模板用木质胶合板按设计尺寸制作。在锚跨混凝土分层浇筑的前锚面,设计前锚垫板位置时,先在已安装好的锚管端头安装前锚垫板,安装时首先检查已安装好锚管的中轴线和三维坐标,在临时支撑架上安装的1t手拉葫芦的配合下,将前锚垫板与锚管结合点焊,之后再将前锚面槽口模板与锚垫板连接,经测量检查位置坐标无误后,再将锚垫板、锚管、前锚面模板固定,最后处理接缝,保证混凝土施工时不跑位,不漏浆。

4. 锚管的安装

1)锚管的分节

锚管采用无缝钢管,单索股的为ϕ38×5mm;双索股的为ϕ230×5mm。每根锚管长20m,等分为上、中、下三节安装焊接(其中靠近后锚面的为下节)。三节连成整体的中轴线偏差不得大于10cm,必须保证预应力束能顺利通过。

2)安装

(1)在安装后锚垫板及槽口模板的同时,安装第一大片底层定位架,测量组复核相关坐标位置。

(2)根据锚块混凝土浇筑的高度,从下至上安装锚管。安装方法:先用塔吊吊起下节锚管,其一端与后锚垫板结合,然后将另一端插入定位架的定位板凹槽内,经测量校正下节锚管的中轴线和三维坐标后,将锚管的一端与后锚垫板焊接,另一端与定位架焊接,其他各根锚管下节安装方法以此类推。

3)上节锚管的安装

上节锚管的安装方法与中节基本相同。

5. 预应力钢束安装

1)预应力钢绞线下料

(1)下料选择在一块平整干净的能防潮、防雨的面积约为50m×10m的场地上进行。为了吊装及穿束方便,在锚碇塔吊吊臂起吊范围内的空场地上进行下料。

(2)砂轮切割机下料,切割时用力均匀,以保证切口平整,不散股。

(3)彩条布垫在索盘及牵引出来的钢绞线下面,防止下料时钢绞线表面的环氧涂层受损。下好的钢绞线下面垫好彩条布,上面再盖一层彩条布防护。

2)预应力钢绞线编束

(1)下好料后,根据每束预应力筋中钢绞线的根数(17根或34根)进行编束准备:在钢绞线切割处的另一端放置连接器和工作锚具,将已切割好的钢绞线先穿入连接器后再从工作锚具上的孔道依次穿入,穿完后需在工作锚具上装满工作夹片和压板。连接器和工作锚具在钢绞线束上的相对位置,以穿束后后锚室内有50cm左右的长度为准,以方便工作锚具的安装。穿完后,必须用铁线将连接器和工作锚具绑牢在钢绞线上,以免吊装穿束时掉下。以上工作做好后可进行编束。

(2)编束方法:凡在工作锚具上处于同一排的钢绞线可编为一排,并用细铁线进行绑扎。选取靠注油孔的一根进行涂油漆标志，确保安装前后工作锚具时每一根钢绞线均与预应力管道平行。利用细铁丝将钢绞线按排捆扎，保持每根钢绞线平行且顺直，铁丝间距根据施工情况而定。

(3)对编束的钢绞线做标记，采用钢绞线两端单根标记和整束编号相结合的方法。

(4)利用塔吊配合，在钢绞线束前端装好索股连接器，接着装上前锚面工作锚板及工作夹片和限位板，用铁丝扎牢，以防止吊装和穿束时脱松。

(5)在钢绞线束前端套一自制导向帽，防止在钢绞线下放过程中，端头与孔道壁碰撞散头。

3)钢绞线束穿束

(1)穿束前，清除预应力孔道内和锚垫板表面的杂物，在孔道入口垫油毛毡或麻袋，并将钢绞线束穿入端用封箱带或彩条布捆扎好，同时核对编号与孔道的对应关系。

(2)采用整束从前锚面穿入，穿束必须有塔吊配合，需配备一较长钢丝绳，其具体长度按下料长度而定。钢丝绳一端系在连接器的圆孔上，另一端系在钢绞线束的另一端(距末端1/3左右处)。穿束时先将穿入的一端用胶带绑紧或戴上自制“子弹头”，穿束时应缓慢进行并将后端稍稍抬高，以减少预应力管道对钢绞线的摩擦而导致钢绞线被擦伤。

(3)拆除该钢绞线束的限位板，用于下一束钢绞线束的穿束工作。

(4)各钢绞线束穿束顺序：从下排往上排进行穿束。

(5)穿束过程中注意预应力束的顺直，以防止预应力束在孔道内打绞。

4)安装后锚面锚具

(1)钢绞线穿束完成后，先安装后锚面工作锚板及工作夹片。

(2)锚板必须与孔道中心线相垂直，且与锚垫板密贴，位于锚垫板止口内。

(3)安装时需注意如下问题：后锚面锚具外的预留长度必须符合后续换索要求(此工程要求为28cm)，考虑到张拉时钢绞线束会有少许跟进，故需在设计要求上外加5mm的长度(此工程保留外露长度为28.5cm)；前后锚具对应注油孔的连线必须与预应力管道平行，确保钢绞线与工作锚具垂直；检查每一根钢绞线的两端在前、后工作锚具上的相对孔位是否一致。

5)连接器定位

(1)在前锚面用YDC240Q千斤顶拉住预应力束中央某根钢绞线，拉力约1t，稍停。

(2)用葫芦配合，将连接器撬入锚垫板止口内，旋转连接器以调整其方向，然后安装连接器螺栓，再打紧工作锚板上其余工作夹片。

(3)千斤顶回油并退出，然后打紧该根钢绞线上的工作夹片。

重复上述步骤，将所有钢绞线束安装到位。

6)张拉钢绞线束和锚头密封

张拉钢绞线束采用YCW型穿芯式千斤顶，ϕ15-34预应力钢绞线束采用YCW650千斤顶，ϕ15-17预应力钢绞线束采用YCW350千斤顶。

张拉分四级：15%控制应力，30%控制应力，60%控制应力，100%控制应力，持荷2min，锚固。并采用张拉力和伸长量双控，计算伸长值与实测伸长值偏差应在±6%之内。

锚头密封时切除多余钢绞线，保留换索工作长度。保护罩与锚垫板结合处加密封垫圈，拧紧保护罩螺栓。

7)灌注防护油脂

灌注油脂采用OVM—UBL3R注油泵，最大工作压力2.0MPa，每分钟输送量45L/min。检查环氧树脂密封的各个缝隙的贴合密封性。

注油在后锚面进行。打开前锚面的观测端盖排气，连接好UBL3R注油泵、注油管、储油桶、出油孔透明管。注油前先排空注油泵的空气，待注油管管口出油后，再将其接到后锚端保护罩的进油口球阀上。注油泵从下到上灌注油脂，直到油脂由上锚头保护罩出油孔透明管见到油脂完全盖过钢绞线头，油脂灌至保护罩透明管出口立即停止，关掉注油截止阀。

重复上述步骤，同一个锚块，由下向上依次灌注。防止油脂溢出污染环境。

6. 安装锚固拉杆

1）构件进场

构件进场作业包括验收、运输和堆放等工序。

（1）构件验收

拉杆构件由专业厂家加工制作，进场前在工厂内按照施工图和国标《钢结构工程施工及验收规范》（GB 50205—2001）的规定进行验收。在现场接收时，主要检查构件数量、外观和关键尺寸（拉杆长度、直径和螺纹长度等），以及下列验收资料：产品合格证及技术文件；加工过程中的设计变更文件；制作中技术问题处理的协议文件；钢材、连接材料、涂装材料的质量证明或试验报告；主要构件检验记录；构件发运和包装清单。

（2）构件运输

构件进场后，先原装保存在仓库内，在安装前拆装组套，再整套运入锚碇。场内运输主要采用装卸机，进入前锚室则利用塔吊。

（3）构件存放

构件使用前（包括组套后）均在室内存放。每批构件按安装数量外运，构件不在露天位置存放。拆装后的零件和组套后的构件均放置在帆布或枕木上，不与地面直接接触。组套后的构件在场内运输时，螺纹外露部分用麻袋包裹，以避免沾染灰尘。

2）构件安装

（1）安装顺序

拉杆安装按索股安装顺序进行，分批安装。锚头高度相同的拉杆为一批，在该批拉杆对应的索股安装前一天安装。每套拉杆各构件的安装顺序为：

连接器（与预应力体系同时安装）→主杆→下端球面垫圈、球面螺母→下端锁紧螺母→（索股锚头套入主杆）→上端垫圈、螺母→上端锁紧螺母。

（2）安装过程

①将前锚面上的预应力张拉施工平台稍作改动，形成拉杆安装平台。改动主要是将支架下层加宽2m，使其能兼作拉杆临时固定支架。

②用吊笼将同批拉杆（3～9套）同时吊运至前锚室内。

③将拉杆的下端球面垫圈、球面螺母、锁紧螺母拆出，装入安装人员随身挎包内。

④用塔吊辅助，将主杆插入连接器内。然后将下端球面垫圈、球面螺母、锁紧螺母依次旋入，并在拉杆前端设临时支撑。

⑤重复步骤③、④，将同批拉杆安装到位。

⑥在每根索股的锚头进入前锚室时，将对应拉杆的上端垫圈、螺母、锁紧螺母拆除，装入安装人员随身挎包内。

⑦在索股锚头套入主杆后，将上端垫圈、螺母、锁紧螺母依次旋入。

⑧在索股调整时，根据需要调节上端垫圈、螺母、锁紧螺母的位置。

⑨在该批拉杆对应的索股架设完毕后，及时安装下一批拉杆。

第八节　钢箱梁桥面铺装

本节分析了黄埔大桥环氧沥青混凝土铺装层的施工工艺，选择了合适的桥面铺装施工与质量控制技术，为钢桥面铺装的设计和施工提供了科学合理的指导。

一、美国环氧沥青铺装施工工艺

黄埔大桥钢箱梁桥面环氧沥青行车道铺装施工工艺流程为：钢桥面喷砂、除锈→喷涂环氧富锌底漆→

防水黏结层施工→摊铺桥面下层(EA10)→黏结层施工→摊铺上面层→养护→桥面清理、画线→开放交通。

1. 施工前期准备

只有在钢桥面干燥、气温及表面温度至少为10℃时,才可以洒布环氧沥青黏结层材料。如果有大雾或预报即将下雨,或在铺装施工完成前预计下雨情况下,不准进行黏结层施工。

1)主要设备

(1)环氧沥青设备

采用ChemCo Systems公司的TC3.2洒布机来计量、混合、喷洒黏结层环氧沥青,采用ChemCo Systems公司的MM2.2计量—混合机完成环氧沥青的计量、混合,并注入拌和楼的拌和仓。

(2)拌和楼

需要对拌和楼作一些改造以便生产环氧沥青混凝土。拌和楼的产量至少为70t/h,每锅料不少于1.5t。承包人控制的重点是每批混合料生产过程中温度变化关系、运输时间、摊铺温度。为了满足环氧沥青施工温度要求,拌和楼位置的选择也非常关键。

(3)运料车

运料车可载8t以上环氧沥青混合料,每车备有可以完全覆盖混合料的油布。在运料车货仓侧壁留有3个温度检测孔(可插入30cm长温度计),孔位距货仓底板以上30cm±5cm,3个孔位水平方向分别为距货仓两端60cm±10cm及货仓中央位置。运料车轮胎胎面花纹应清晰,禁止使用磨损严重的轮胎。

(4)摊铺和碾压设备

摊铺和碾压设备应能够生产满足本标准的环氧沥青混凝土施工要求,承包人应具有备用设备,在设备出现故障时可随时投入使用。

黄埔大桥钢桥面铺装使用设备见表3-2-29。

主要施工设备一览表　　表3-2-29

序号	机械设备	规格	数量	序号	机械设备	规格	数量
1	J-2000拌和机	—	1	10	振动抹平机	—	4
2	沥青混合料摊铺机	ABG423	4	11	发电机	潍柴	1
3	非接触式平衡梁	SAS	1	12	环氧沥青各组分储存罐	—	3
4	双钢轮压路机	10t	2	13	环氧沥青洒布机	专用设备	1
5	双钢轮压路机	13t	2	14	环氧沥青混合机	专用设备	1
6	小型钢轮压路机	—	2	15	切缝机	手持式	10
7	胶轮压路机	25t	4	16	鼓风机	—	4
8	装载机	ZL-50	3	17	侧喂料机	—	2
9	自卸车	黄河	25	18	Cooker	—	4

2)原材料准备

确保所有材料(集料和沥青)在试验段摊铺开始前应该运到拌和场地,分类堆放好并采取有效的防雨与防潮措施。在拌制环氧沥青混合料之前夜,要预先将A、B_V(用以配制结合料)及B_{1d}(用以配制黏结料)加热脱筒,将组分A保持在87℃±5℃,组分B_V保持在128℃±5℃储存;分别泵入各自的厂内储油罐中。

钢桥面铺装对集料的质量要求高,必须选择坚硬致密、耐磨、颗粒形状较好,并与结合料有较好黏结性能的硬质石料。集料与矿粉的性能检验,由承包人配合现场监理在工地试验室进行。组分A、B_V、B_{1d}及环氧沥青均必须进行性能检验。

3)设备调试

在正式施工之前,必须精心检验所有的机械,确保其处于正常使用的状态。运料车、摊铺机、压路机都不准有漏油、漏水现象。

各种量具(尤其是拌和机、混合机和喷洒机的量具)使用前都要重新校验,确保计量准确。

拌和楼控制室内的自动打印装置,应能打印日期、时刻、盘数、每盘的各料质量及温度、每盘混合料的质量及温度、拌和时间等。

2. 撒布防水黏结层

在黏结层即将施工前，需要对撒布黏结层钢板表面采用机械清扫机进行清扫，清除所有碎片杂物，之后采用真空吸尘器或无油干燥压缩空气进行清洁。油滴或其他污染需要采用去污剂清理，该位置表面需要用清水冲洗、干燥，并需要经监理工程师确认。在撒布黏结层前，钢板表面必须完全干燥。

只有当漆膜和钢板之间的附着力(按照 ASTM D 4541 测试)大于 5MPa 时才开始环氧沥青黏结层的施工。若钢板防腐漆出现开裂或破坏时，破坏部位的钢板必须采用富锌漆重新喷涂。

只有在钢桥面干燥，气温及表面温度至少为 10℃时，才可以洒布环氧沥青黏结层。如果有大雾或预报即将下雨，或在铺装施工完成前预计下雨情况下，不准进行黏结层施工。

在黏结层施工过程中，需要对桥梁栏杆、新路面及桥梁其他部位进行防护，避免黏结层材料污染这些部位。

在撒布作业前 5～8h，将已预热的组分 A、B_{Id}分别注入洒布车的储存罐内，并继续将组分 A 保持在 82～93℃，组分 B_{Id}保持在 141～152℃，以备洒布。防水黏结层洒布量为 0.78L/m^2(±0.05L/m^2)，层间黏层表面洒布量为 0.45L/m^2(±0.05L/m^2)。

黏结层需要均匀一致地撒布于已有路面的垂直面、路边、水槽、接缝表面，以及桥面板或铺装表面和监理工程师指定的其他位置。

黏结层应在铺装摊铺前一定时间施工，以防止摊铺机滑移。如果黏结层施工后 48h 铺装层没有铺筑，需要重新撒布黏结层，重喷量为 0.35L/㎡；黏结层撒布宽度不超过摊铺宽度 80mm。

本桥采用 ChemCo Systems, Inc. TC3.2 型洒布机洒布黏结层。操作人员必须穿着防护服装，戴面罩和防尘呼吸器。

3. 环氧沥青混合料的生产及运输

1)储油罐内材料的预热

在拌制环氧沥青混合料之前夜，要预先将 A 及 B_V加热脱筒，分别泵入各自的厂内储油罐中。储油罐内的加热温度：A 加热至 87℃±5℃；B_V加热至 128℃±5℃，并始终保持这一温度。

2)环氧沥青混合机上储油罐内材料的保温

在拌制环氧沥青混合料之前，须将厂内储油罐中的 A 及 B_V，分别泵入混合机的相应罐内。泵入量分别为相应罐体积的 2/3。将罐体温度分别设定在 87℃和 128℃。

3)控制矿料加热温度

根据试拌时确定的各冷料仓的流量，向拌和机进料，经加热后进入热料仓。按生产配合比设计确定的各热料仓集料质量及石粉、矿粉的质量，投入拌缸，然后出料量温。热料仓的矿料温度应稳定在 115～121℃。

4)控制混合料出料温度

当矿料的出料温度稳定在规定范围内后，即可加入结合料进行混合料的拌和。按现场设计确定的油石比设定混合机的流量，并喷入拌缸中。干拌 3s，湿拌 38s。将热混合料卸入临时热料斗中，立即测温。要求混合料温度为 110～121℃。环氧沥青混合料的生产、运输时间界限如表 3-2-30 所示。

环氧沥青混合料的生产、运输时间界限　　表 3-2-30

混合料温度(℃)	110	111	112	113	114	115	116	117	118	119	120	121
最长时间 从第一盘料放入料车(min)	94	90	86	82	79	76	73	70	66	63	60	57
最短时间 从第一盘料放入料车(min)	69	66	63	60	58	55	53	51	49	48	46	45

(1)混合料温度为料车中各盘料温度的平均值。

(2)最长时间：从第一盘料生产至清空运料车的允许最长时间。

(3)最短时间:从第一盘料生产至清空运料车的允许最短时间。

环氧沥青混凝土采用具有牢固、清洁、平滑车厢的卡车从拌和楼运到施工现场。车厢内表面涂布薄层经许可的隔离剂,防止混合料黏结车厢表面。每车混合料上表面采用帆布或其他隔热物覆盖,以减少热量损失。被雨水淋湿的混合料必须弃掉。

当混合料温度满足规定范围后,即卸入运料车;对超出混合料容许温度范围的料,应予作废,并由临时热料斗卸入装运废料的另外一辆运料车中,运至预先选定的废料堆场内。

4. 环氧沥青混合料的摊铺

运料车到达桥面后检测混合料温度,取3个孔位温度平均值来控制,按表3-2-30推导该车料的允许运输时间。如果实际运输时间已超出允许值,则该车料应废弃,被废弃料应运离桥面。

1)幅宽及纵缝

中央分隔带两侧各分三幅摊铺,各设两条纵缝,纵缝建议设在行车道中间部位。施工缝设置原则:纵向施工缝禁止设置在纵隔板和U形肋肋顶处;上、下层的纵向施工缝间距应在10cm以上;原则上不设置横向施工缝,不得已时上、下层施工缝要间隔1m以上,横向施工缝禁止设置在横隔板处。

2)摊铺速度

摊铺速度要根据供料能力及各料车送料单上的"容许卸料时间"确定,并尽可能减少摊铺过程中的拉料与鱼尾纹等现象的产生,非特殊情况不得随意变换摊铺速度。

3)调平系统

自动调平装置采用非接触式平衡梁。在摊铺前先用4m直尺测量桥面钢板上的纵向平整度,若均在3mm内,则摊铺基准可取原桥面板。否则应以挂线为基准。

4)摊铺顺序

施工放样时,都以中央分隔带的纵轴线为起点。

5. 混合料的碾压

压路机组合及碾压遍数如表3-2-31所示。一台摊铺机至少需要2台不低于10t的钢轮压路机和1台轮胎压路机来完成环氧沥青混合料的碾压工作。轮胎式压路机宽度不小于1.2m,且所有轮胎具有相同的尺寸、直径和经工程师同意的轮面花纹。不能使用活动式轮胎。轮胎的布置应使相邻轮胎间的间隙能被后面轮胎覆盖。具体碾压遍数与压路机组合应通过试铺试验段确定,在正桥施工时可根据现场碾压情况进行适当调整。

压路机组合及碾压遍数 表3-2-31

铺装层	初压	复压	终压
铺装下层	轮胎压路机4遍	双钢轮压路机4遍	轮胎压路机4遍
铺装上层	双钢轮压路机4遍	轮胎压路机4遍	双钢轮压路机4遍

初压终了温度≥82℃;终压终了温度≥65℃。

初压、复压和终压应竖立明显标志牌,以便压路机手辨认。

对碾压遍数及碾压温度等,应设专岗检查和记录。初压和终压都是在压完了3遍时,用红外线测温计测记表面温度。当表面温度不满足要求时,再用插入式温度计测记内部温度。当内部温度不满足要求时,除多补压两遍外,还应查明原因,采取有效措施,杜绝再次发生。

6. 接缝的处理

尽量避免横向施工缝的设置。当因故无法避免时,横向施工缝必须设置在钢箱梁的横隔板(南汉悬索桥间距为3.22m,北汉斜拉桥为3.75m)中间附近,且相邻两幅及上、下层的横缝应错开1m左右。为此,在铺装施工前,应预先将钢箱梁横隔板位置标记在中央分隔带的路缘上。

7. 养护

关于环氧沥青铺装养生期问题,ChemCo公司认为,因温度不同,环氧沥青桥面铺装可在两周到六周内完全固化。

但由于我国交通条件较复杂,为提高安全可靠度,考虑养护期温度条件,黄埔大桥环氧沥青铺装养生期不少于30d,养护期内禁止货车通行及任何车辆停留。

关于美国环氧沥青钢箱梁桥面铺装的各道施工程序如图3-2-138~图3-2-141所示。

图3-2-138 洒布环氧沥青黏层油

图3-2-139 摊铺前的检查

图3-2-140 摊铺环氧沥青混凝土

图3-2-141 碾压

二、日本环氧沥青铺装施工工艺

1. 黏结层施工

防水黏结层和黏层施工所使用的HYPER—PRIMER由主剂和硬化剂组成,将主剂和硬化剂分别加热到50~60℃,以1:1的比例混合后搅拌5min使其充分混合,以备撒布。

本桥使用滚筒毛刷涂刷。对于防水黏结层,用量为0.4kg/m^2;对于层间黏结层,用量为0.3kg/m^2。

必须严格按照标准距离进行均匀喷涂,以防止多喷或漏喷情况发生。此外,为防止HYPER—PRIMER在喷涂时飞散到喷涂范围以外,应适当设置员工用挡板进行必要遮挡。而且在喷涂时,操作员应注意安全卫生,带好风镜、防尘面罩、围巾、橡胶手套及围裙等,保证皮肤不直接与外部空气接触。

HYPE—PRIMER的可使用时间可参考表3-2-32。主剂和硬化剂从混合到涂抹结束必须在可使用时间的范围内完成,特别是夏季高温时。因此,在涂抹的施工过程中,必须时刻牢记可使用时间这个概念。

HYPER—PRIMER的可使用时间(混合量30kg) 表3-2-32

混合液温度(℃)	20	30	40
可使用时间(min)	45	20	5

撒布后,对防水黏结层进行养生,直到确定树脂已达到所需硬化程度(用手指按压黏结层,无黏手指情况)。其标准可参考表3-2-33。如确认已达到所需硬化程度,则可进行接下来的铺装程序。如果没有,则应继续养生。已达到所需硬化程度的HYPER—PRIMER,可在沥青混合物的热量下熔融,在碾压机的

重压下，将钢桥板与基层、基层与表层强力黏结起来。但如果养生时间过长，会导致黏结力下降。如因故不能按时完成摊铺碾压工作，在混合料摊铺前，应重新喷洒黏结料，喷洒量为0.18kg/m²。

如预测施工当日，或养生过程中有下雨可能的时候，请停止施工。

黏层油的养生天数及有效期参考表 表3-2-33

温度条件	养生天数(d)	黏结有效期限*(d)
40℃以上50℃以下	0.5	1.5
30℃以上40℃以下	1	2
20℃以上30℃以下	1	3
10℃以上20℃以下	2	6

*包括养生天数。

2. 日本环氧沥青混合料的生产

日本TAF环氧沥青，其混合料的生产无须特殊设备，用普通的沥青拌和楼即可生产。

TAF环氧沥青混合料生产前，将基质沥青加热到150℃，环氧树脂主剂加热到60℃，按质量配合比——主剂: 硬化剂 = 56: 44的比例进行预先计量混合后，与基质沥青同时投入搅拌机中。通过对拌和楼料仓温度的调整，来测试出料温度是否在设计要求的范围之内，TAF环氧沥青混凝土出料温度范围为170～180℃，并能保持拌和温度、出料温度的稳定。TAF环氧沥青混合料干拌时间不少于3s，环氧树脂投入后拌和时间为45～50s。

日本环氧沥青混合料配合比见表3-2-34。

黄埔大桥日本环氧沥青混合料配合比(质量比) 表3-2-34

基质沥青	环氧树脂	
50	50	
	主剂	硬化剂
	56	44

3. 日本环氧沥青混合料的运输

为了防止装料车里混合料温度降低，在混合料上要盖帆布进行保温，特别是气温较低或强风天气，要盖两层帆布来提高保温效果。如果不采取保温措施，即便是内部温度没有降低，但混合料表面的温度下降，仍会引起环氧沥青混合料的表面固化，则施工时会影响铺装表面的效果。所以，一定要用帆布进行混合料的保温。并且注意混合料不要有局部露在外面。

4. 日本环氧沥青混合料摊铺

日本环氧沥青混合料受温度影响很大，故日本环氧沥青混合料摊铺的关键是要在混合料温度没有降低、固化没有超时的情况下及时按所规定的厚度进行摊铺。为了保证这点，要事先预热摊铺机，等混合料运到现场后及时摊铺。由于混合料摊铺的厚度较薄，空气和桥板很快吸收混合料的热量，造成混合料温度下降较快，所以摊铺后尽快进行初碾压。同样，复压和终压也要及时进行。

5. 日本环氧沥青混合料的碾压

压路机组合及碾压遍数如表3-2-35及表3-2-36所示。具体碾压遍数与压路机组合应通过试铺试验段确定，在正桥施工时可根据现场碾压情况进行适当调整。

施工设备的组成 表3-2-35

设备名称	要求	设备名称	要求
摊铺机	摊铺宽度3m以上	轮胎压路机	8～16t级
钢轮压路机	10～12t级	钢轮压路机	7～8t级

压路机组合及碾压遍数 表 3-2-36

铺装层	初压	复压	终压
铺装下层	轮胎压路机 3 遍	钢轮压路机 3 遍	轮胎压路机 3 遍
铺装上层	钢轮压路机 3 遍	轮胎压路机 3 遍	钢轮压路机 3 遍

初压开始温度≥155℃；复压开始温度≥110℃；终压开始温度≥90℃。

6. 日本环氧沥青混合料的养护

日本环氧沥青混合料采用自然养护方式，养护期不少于 3d。具体养护期根据施工进度与现场试验确定。在此期间禁止一切车辆通行。

关于日本环氧沥青钢箱梁桥面铺装的施工程序见图 3-2-142、图 3-2-143。

图 3-2-142 黏层油涂布

图 3-2-143 环氧沥青混凝土摊铺

三、环氧沥青混凝土施工质量检测控制

环氧沥青混凝土的施工难度大、要求高，所以在施工过程中要加强质量控制。为了保证环氧沥青混凝土的施工质量，在环氧沥青混凝土施工过程中，要求对主要项目进行严格检测，结合设计文件及国内外工程经验，提出了黄埔大桥钢桥面铺装施工质量控制标准，具体检测项目及要求见表 3-2-37。

施工过程中质量控制检测项目及要求 表 2-3-37

工程分项	检测指标	要求	检测结果或合格判定	检测频度
喷砂除锈	光洁度(级)	Sa2.5	全部达到要求	
	粗糙度(um)	50～100	85	
钢板环氧富锌底漆	涂层外观	无缺陷	全部达到要求	
	干膜厚度(um)	60～80	73	
	与钢板附着力(25℃)(MPa)	≥5.0	5.8	
防水黏结层	美国环氧沥青黏结剂			
	用量(L/m^2)	0.78±0.05	0.8	
	外观	无缺陷	全部达到要求	
	黏结强度(25℃)(MPa)	≥2.75	3.0	
	日本环氧沥青黏结剂			
	用量(L/m^2)	0.40±0.05	0.42	
	外观	无缺陷	全部达到要求	
	黏结强度(25℃)(MPa)	≥3.0	3.5	

续上表

<table>
<tr><th>工程分项</th><th colspan="2">检测指标</th><th>要求</th><th>检测结果或合格判定</th><th>检测频度</th></tr>
<tr><td rowspan="4">黏层</td><td colspan="5">美国环氧沥青黏结剂</td></tr>
<tr><td colspan="2">用量(L/m^2)</td><td>0.45±0.05</td><td></td><td></td></tr>
<tr><td colspan="5">日本环氧沥青黏结剂</td></tr>
<tr><td colspan="2">用量(L/m^2)</td><td>0.30±0.05</td><td></td><td></td></tr>
<tr><td rowspan="4">美国环氧沥青结合料</td><td colspan="2">A与B_V加热温度(℃)</td><td>87±5,128±5</td><td>允许偏差±5</td><td>随时</td></tr>
<tr><td colspan="2">A与B_V混合比例(%)</td><td>100:585</td><td>允许偏差±3</td><td>当天施工前</td></tr>
<tr><td rowspan="2">结合料</td><td>抗拉强度(23℃,MPa)</td><td>≥1.52</td><td>最小1.52</td><td rowspan="2">1次/批</td></tr>
<tr><td>断裂延伸率(23℃,%)</td><td>≥200</td><td>最小200</td></tr>
<tr><td rowspan="8">日本环氧沥青结合料</td><td rowspan="3">基质沥青</td><td>针入度(25℃,0.1mm)</td><td>60~80</td><td>最小60,最大80</td><td rowspan="3">1次/批</td></tr>
<tr><td>软化点(℃)</td><td>44~52</td><td>最小44,最大52</td></tr>
<tr><td>延度(10℃,cm)</td><td>≥15</td><td>最小15</td></tr>
<tr><td colspan="2">主剂与固化剂混合比例(%)</td><td>56:44</td><td>允许偏差±3</td><td rowspan="3">当天施工前</td></tr>
<tr><td colspan="2">环氧树脂和基质沥青混合比例(%)</td><td>50:50</td><td>允许偏差±3</td></tr>
<tr><td colspan="2">环氧树脂和基质沥青加热温度(℃)</td><td>60,150</td><td>允许偏差±5</td></tr>
<tr><td rowspan="2">结合料</td><td>抗拉强度(23℃,MPa)</td><td>≥2.5</td><td>最小2.5</td><td rowspan="2">1次/批</td></tr>
<tr><td>断裂延伸率(23℃,%)</td><td>≥100</td><td>最小100</td></tr>
<tr><td rowspan="13">环氧沥青混凝土</td><td>级配(通过率,%)</td><td>厂拌取样4.75mm
2.36mm
0.075mm</td><td>±5
±3
±2</td><td>与施工级配目标值比对,每次结果均达到要求</td><td rowspan="4">2次/施工日</td></tr>
<tr><td>油石比(%)</td><td rowspan="3">厂拌取样</td><td>±0.2</td><td>与设计值相比,每次结果均达到要求</td></tr>
<tr><td>空隙率(%)</td><td>1.5~3(美国)
2~5(日本)</td><td>与设计马歇尔空隙率对比,平均值</td></tr>
<tr><td>流值(mm)</td><td>2~5</td><td>平均值</td></tr>
<tr><td colspan="2">马歇尔稳定度(kN)</td><td>≥40.4(完全固化)</td><td>最小40.4</td><td></td></tr>
<tr><td colspan="2">出料温度(℃)</td><td>110~121(美国)
155~180(日本)</td><td>最小110,最大121(美国)
最小155,最大180(日本)</td><td>每车</td></tr>
<tr><td colspan="2">前场料车内混合料平均温度(℃)</td><td>110~121(美国)
150~180(日本)</td><td>最小110,最人121(美国)
最小150,最大180(日本)</td><td>每车</td></tr>
<tr><td colspan="2">压实温度(℃)</td><td>初压终了≥82,
终压终了≥65(美国);
初压终了≥110,
终压终了≥90(日本)</td><td>初压最小82,终压最小65(美国);
初压最小110,终压最小90(日本)</td><td>随时</td></tr>
<tr><td rowspan="2">铺装厚度(mm)</td><td>总厚度</td><td>-6
-11</td><td>代表值满足要求
极值满足要求</td><td rowspan="2">钢桥面铺装厚度按总混合料用量和碾压遍数计算</td></tr>
<tr><td>上面层</td><td>-4
-8</td><td>代表值满足要求
极值满足要求</td></tr>
<tr><td colspan="2">空隙率(%)</td><td>1.5~3(美国)
2~5(日本)</td><td>全部满足要求</td><td>1点/2 000m^2</td></tr>
<tr><td colspan="2">平整度(mm)</td><td>IRI≤2.0m/km,
σ≤1.2mm</td><td>平均值满足要求</td><td>每车道,100m连续测量10尺</td></tr>
<tr><td colspan="2">横坡坡度(%)</td><td>±0.3</td><td>全部满足要求</td><td>每断面</td></tr>
</table>

四、施工经验总结

黄埔大桥钢箱梁桥面铺装采用美国 ChemCo Systems 公司生产的环氧沥青黏结剂和日本大有建设株式会社 TAF 环氧沥青黏结剂进行施工，获得主要经验如下：

(1)重视钢板表面检查及黏结层质量控制。铺装施工前严格检查钢板表面洁净度和漆膜厚度、拉拔力等性能指标是否满足铺装要求。施工期钢桥面必须保持干燥，不能含有水分。控制黏结层撒布的均匀性，尤其控制好边缘黏结层撒布量不能过多或不足，做好桥面钢板及黏结层的保护工作。铺装层间结合以及铺装层与钢板之间的良好结合，是保证铺装层与钢桥面板之间协同工作的关键，直接影响铺装层的耐久性。

(2)施工设备、组织管理、施工工艺控制是保证环氧沥青铺装质量的关键环节，要做好前期准备、检查和培训工作，加强施工过程中的动态控制。如混合料压实均匀性和接缝是控制的难点和重点之一，要保证压实的均匀性和可靠性。同时对接缝的施工工艺和质量进行严格检查和监控，保证接缝的平顺和密实。

(3)通过配合比设计复验，确定最佳沥青用量和矿质混合料级配。

(4)原材料备料，尤其是集料备料的质量、规格、含水率对环氧铺装质量影响非常大，做好原材料的防水、防潮措施，要增加料场现场抽检，保证施工质量的稳定。

(5)试验段检验、评价和完善工作是保证环氧沥青铺装质量的关键前提条件，通过试验段的试铺、检验和改进，完成对铺装混合料生产配合比验证，从而建立施工和质量控制要点，熟练掌握钢桥面铺装施工工艺，保证主桥的铺装质量。黄埔大桥选择了共 4 500m^2多的路段铺筑环氧沥青混凝土试验路段。

(6)优化施工组织设计和铺装方案。施工接缝不可设在钢箱梁纵隔板、横隔板及 U 肋的正上方。因为这些点容易产生应力集中而使铺装层发生开裂。由于环氧沥青铺装施工连续性要求非常高，因此要避免交叉施工对环氧沥青混合料运输的干扰。整体上有序组织和规划是减少交叉干扰，保证环氧沥青铺装施工质量的重要条件。

(7)美国环氧沥青混合料铺装施工适宜在夏季高温环境下进行，严禁在下雨、结露或桥面有水分的条件下施工。施工时应严格遵循工艺要求，控制好混合料出料温度和施工时间，避免出现固化反应不完全或过早固化。美国环氧沥青混凝土铺装层应该根据气温和气候条件，封闭养护 30d 以上，方可开放交通。日本环氧沥青混合料对施工条件的要求没有美国环氧沥青混合料苛刻，但是施工也适宜在夏季进行，施工时应注意温度的控制。

(8)开放交通后应加强铺装的检查和保养工作，进行预防性养护。

第九节　施工控制

一、施工控制概况

1. 施工控制的特点

(1)主跨结构不对称。道路竖曲线的顶点虽然位于主跨跨中，但是由于两侧分别采用了 1.0% 和 2.05% 的纵坡，造成道路竖曲线不对称，结构线形也不对称。这一点虽然对主跨结构受力影响不大，但是对结构线形、高程的计算及构件无应力长度的计算、结构施工定位带来了很大的复杂性，在施工控制工作中需要密切关注这一点。

(2)边跨缆索不对称。由于锚碇布置位置的需要，边跨缆索的水平跨度在黄埔侧(北侧)为 290m，在番禺侧(南侧)为 350m，两边跨缆索不对称，造成主缆及锚碇受力不同，线形、索股数量也不同，在施工控制中需要区别对待。

(3)该桥设置了人行道。为适应城市人行过桥的要求，在箱梁两侧风嘴外侧各设置了宽为 1.5m 的人行道,这在国内大跨度悬索桥中是第一次。

2. 监控计算

1)施工监控目标和控制程序

悬索桥是一种以缆索为主要承重构件的柔性桥梁,缆索长度和线形对全桥的几何形状和受力具有决定性影响。因此,悬索桥设计和施工中必须保证缆索长度和线形的准确。悬索桥缆索的长度和线形是通过事先精确计算、制造和安装时严格控制误差来保证的,施工中进行调整的措施非常有限。因此,悬索桥施工监控的计算成为施工中极为重要的环节。另一方面,悬索桥在施工过程中存在着各种各样的随机因素,它们都可能影响悬索桥在施工过程中的安全和成桥后线形。通过施工实时监控,掌握实际荷载情况并结合测量得到的结构状态,找出结构产生误差的原因,并通过以后各阶段的各种可能的修正来保证施工过程中结构的安全,使成桥状态最大可能地逼近设计内力和线形。

从设计到施工,由于各种计算或施工误差,悬索桥实际所呈现的线形和内力与设计者当初的意图往往有很大的差距。这种引起误差的因素主要有以下几种:

(1)设计时的计算误差。对于主缆的计算,设计单位和施工监控单位采用的方法不一样,对于一些参数的处理也有较大的差异,而且在设计过程中没有也不可能全面考虑施工中存在的各种因素。因而,施工监控中不能直接采用当初设计时所计算的用于控制施工的各种参数值。

(2)施工中结构定位存在的误差。实际施工中,索塔、锚碇的定位不可避免地存在误差。当索塔或锚碇的实际位置与设计不符时,必然影响到主缆的线形,进而对结构的内力和主梁的线形产生影响。因此,必须对施工监控数据进行修正计算。

(3)施工中还存在着其他误差,如材料特性、安装精度、环境温度等,都将影响结构线形和内力。

这些误差对黄埔大桥南汊悬索桥这种大跨径的、结构不对称的悬索桥来说,表现得更为明显,所以必须加以严格控制。施工监控实施过程中,一方面应该根据施工中的实际参数严格按照施工过程进行精确地分析计算;另一方面,必须根据施工中的实际监控数据,进行计算参数的识别修正,并且考虑各种意外变异因素的影响,对下阶段发出的施工监控指令作出修正,这样才能保证悬索桥的整体线形和内力最终达到设计者的意图。

黄埔大桥南汊主桥施工监控的主要目的,是通过施工前构件无应力尺寸的精确计算和施工过程中施工误差和结构参数误差的识别,对大桥施工过程结构状态进行有效控制,确保结构在施工过程中的安全和成桥后结构受力和线形满足设计要求。

本桥施工监控的重点,是缆索系统安装过程和主梁安装过程内力和几何外形的监控。

黄埔大桥南汊悬索桥施工监控的主要目标,是通过施工前构件无应力尺寸的精确计算和施工过程中施工误差和结构参数误差的识别,对黄埔大桥南汊悬索桥施工过程结构状态进行有效控制,确保结构在施工过程中的安全和成桥后结构受力和线形满足设计要求。本施工监控项目的目标如下。

全桥建成后在20℃基准温度下缆索线形:跨中高程与理论值偏差在40mm以内;

主梁线形:高程与理论值偏差在30mm以内,且全跨线形匀称;

塔顶偏位误差:$\Delta_i = \pm H/3\,000$mm,且不大于50mm;

桥面中线偏位:10mm;

桥长偏差:+300mm,-100mm;

桥头高程衔接误差:±3mm。

对结构内力的控制精度目标为:在成桥状态下实测应力使结构处于安全受力状态。

混凝土结构应力误差:相对于计算应力±20%。并且,混凝土结构不出现拉应力,普通钢筋混凝土构件压应力不超过混凝土材料轴心抗压强度设计值的0.8倍,预应力混凝土构件压应力不超过混凝土材料轴心抗压强度设计值的0.7倍;主缆及吊索索力误差:$\Delta_i = \pm 5\% \times T_0$;钢结构应力误差:±10%,且不超过钢结构材料允许应力。

对于黄埔大桥南汊桥这样的大跨度悬索桥的施工控制，主要控制参数为：构件无应力尺寸，包括主缆无应力长度及吊杆无应力长度；塔顶鞍座的预偏位，在不同的施工阶段设置不同的预偏位，以上参数需要通过精确的前期结构分析得到。另外，在实际施工过程中，下列参数对结构的控制精度也有较大影响：环境温度、临时荷载、塔柱混凝土的收缩徐变系数，在实际施工过程中，如果以上参数与前期计算取用参数不同，需要对前期计算得到的控制参数结果进行修正，以保证结构施工的结果能够与设计吻合。在施工控制计算中涉及的其他结构参数（如拉索和钢绞线的弹性模量和实际面积、钢梁和混凝土梁面积和质量、材料的热膨胀系数等）往往与设计时考虑的有差别，为了保证施工监控仿真计算的准确性，在施工监控工作正式开展前和施工时进行必要的数据收集与对数据的分析计算。施工控制计算参数主要来源于两方面：一方面来源于施工设计图纸，对施工设计图纸进行深入的分析，把握桥梁结构计算模型主缆、梁、墩、塔、吊索等的坐标，依据图纸对桥梁结构构件（主缆、梁、墩、塔、吊索等）进行面积和质量计算；另一方面来源于设计、施工（加工）、监理等单位，通过对设计图纸的深入理解，向有关单位收集计算的实际参数，包括主梁和吊索的弹性模量和实际面积、钢梁和混凝土梁的面积和质量、材料热膨胀系数、混凝土徐变系数、施工机械质量等。完整的悬索桥施工控制工作包括以下各个阶段：前期计算阶段、主塔施工阶段、猫道架设阶段、索股架设阶段、紧缆及索夹安装阶段、吊索安装阶段、主梁架设阶段、加劲梁焊接阶段、桥面铺装及成桥阶段。按桥梁建设的先后顺序，分别根据各个阶段的监控需求和实际施工情况编制了施工控制实施细则，实现结构内力和线形的双控。

在采用精确计算理论进行分析的前提下，控制的精度主要取决于计算中采用的参数与其真实值的差别。施工过程中，出现实测结构响应与计算不相符的异常情况时，调控手段仅局限于未加工构件无应力尺寸的调整和索鞍位置的微调。要得到比较准确的控制调整措施，必须先根据施工中实测到的结构响应来修正计算模型及参数取值，以使计算模型在与实际结构磨合一段时间后，自动适应结构的物理力学规律；当计算模型与实际结构相吻合后，再用计算模型来指导以后的施工，这就是自适应控制的基本原理。控制原理见图 3-2-144。

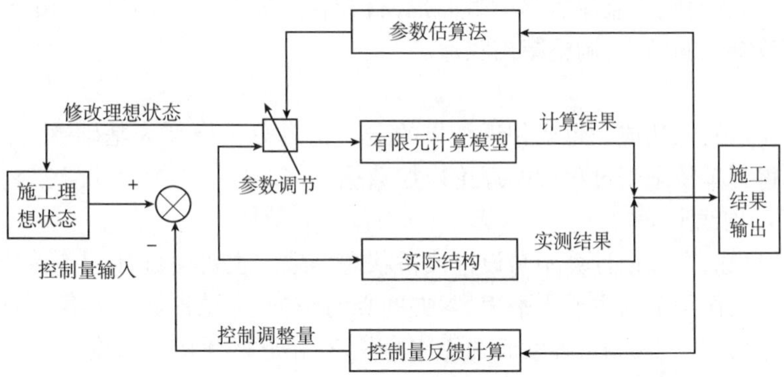

图 3-2-144　施工控制基本理论

施工监控在组织形式上分两个层次开展施工监控工作，即设立施工监控协调小组与施工监控工作小组。

施工监控协调小组由建设方、设计、监理、施工和施工监控等单位参加，包括建设方、设计、监理、施工和施工监控等单位的领导或技术负责人，其中，建设单位相关人员任组长。施工监控协调小组不定期开会，由组长召集，讨论施工监控中出现的重大问题，并提出修改方案。

施工监控工作小组由施工监控、监理、设计、施工等单位参加，包括施工监控单位的现场负责人、监理单位的现场代表及测量人员、施工单位的现场施工负责人和测量人员、设计单位的设计代表和建设单位的相关人员，其中，施工监控单位的现场负责人任组长。施工监控工作小组定期开会，由组长召集，讨论施工控制中存在的问题，并提出修正方案。如遇到重大施工问题，或需要修改设计的，提交施工监控协调小组讨论。施工监控的工作流程如图 3-2-145 所示。

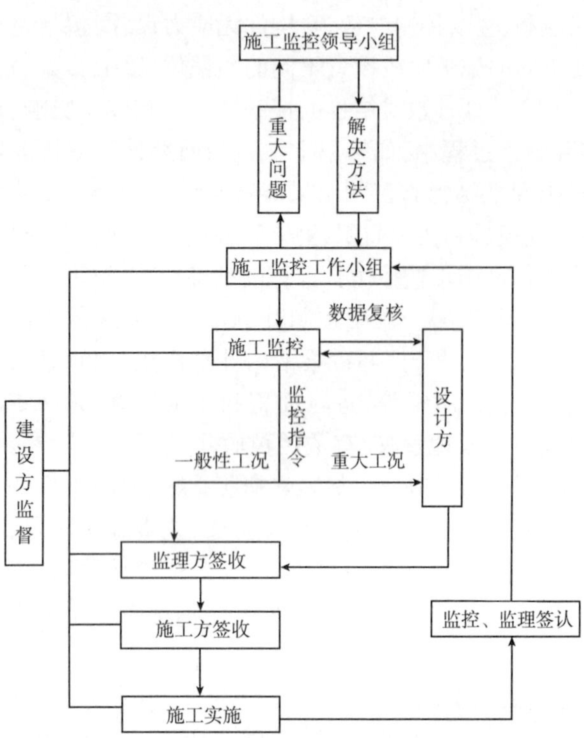

图 3-2-145　施工监控工作流程示意图

虽然在施工监控开始前期进行了大量的、精确的结构分析，得到了悬索桥的各项施工控制参数，包括主缆索股无应力下料长度、索鞍预偏量及基准线形、空缆状态下索夹安装位置、吊点到索夹两端的距离、主索鞍顶推次数及各次顶推量等。按照此控制数据进行施工，一般能够得到较为理想的结果。但是，由于大跨度桥梁结构及施工过程的复杂性，不可避免地会产生误差。在施工监控工作中专门设置异常情况警戒线，当结构实际响应的偏差超出警界线时，即认为出现了异常情况。

异常情况包括：

(1)混凝土结构出现拉应力，或压应力超过计算值的 20%；

(2)结构应力超出允许应力，或应力相对于计算值偏差超过 20%；

(3)主缆索力太大，安全系数降至 2.2 以下，或相对于计算值偏差超过 20%；

(4)吊索索力太大，安全系数降至 3.5 以下，或相对于计算值偏差超过 20%；

(5)桥梁结构线形偏差超出允许范围。

出现上述异常情况时，施工监控方将立即发出停工令，并判断异常情况出现的原因，将此异常情况及其初步判断作为重大问题向施工监控协调小组汇报，召开各方联席会议，对异常情况产生的原因作出结论，并采取有效措施改善结构内力，调整结构线形。

2)前期计算

本阶段的主要内容是：以达成一致或相近结果的全桥仿真分析模型为基础，结合悬索桥构件线形计算的理论方法，计算得到本桥施工过程中的理论监控数据。

(1)理想的成桥结构线形

这是施工监控的目标，在前期计算中与设计成桥状态一致。主要项目有：主缆的成桥线形，成桥时鞍座的圆心位置，成桥恒载作用下的主缆水平力，索夹的竖向坐标，主缆各索段的有应力、无应力长度，索段两端倾角，主缆与鞍座的切点坐标值，各索股的无应力长度，吊索的无应力长度。

(2)空缆状态计算

主要的计算项目是：空缆状态下索鞍的定位坐标、索鞍的预偏值、索夹的定位坐标。

①施工过程仿真：

该部分的计算主要是为了确定索鞍的顶推时间和顶推量。

解析法中认为悬索桥的恒载都由主缆承担，吊索的索力已知等于吊索所在的梁段及其附属的重量。其计算过程有如下假设：

a. 主缆为柔性索，不计其本身的弯曲刚度；主缆为弹性材料，服从虎克定律，并忽略泊松效应；

b. 加劲梁恒载由主缆承担；

c. 索夹、吊杆及其附属设施和加劲梁自重都等效为作用于吊点的集中力，主缆自重沿索长均匀分布。

由假定 c 可知，成桥状态下的主缆线形呈多段悬链线组成的索多边形，计算主缆线形采用的是非线性循环迭代法和基于成桥状态的反算法。

②主要计算原理如下：

a. 主缆索股无应力下料长度计算。

进行该步计算之前，还要进行主缆成桥线形的计算。这也是整个悬索桥施工监控计算中最为关键的部分。

成桥状态的主缆线形不是单一的悬链线或抛物线，而是由多段悬链线连接而成的复合线形。任一相邻的吊索之间的索段则是单一的悬链线。对于图3-2-146中的任意单一的索段，满足：

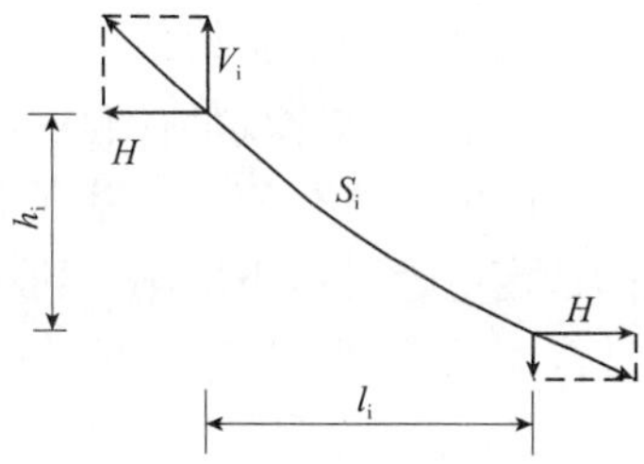

图3-2-146　主缆索段分析

$$y = \frac{1}{c} \cdot \cosh(c \cdot x + c_1) + c_2 \tag{3-2-9}$$

式中：$c=\frac{q}{H}$，参数 c_1、c_2 的值与边界条件有关。

对于每一索段，若已知其一端的水平力和竖向力，其几何线形就确定下来，其几何曲线长度就是该索段的有应力长度。根据虎克定理，就可求得索段的弹性伸长，索段的无应力长度就等于两者之差。

计算时先假定主缆在某一端点处的水平、竖向力，计算第一段索段的有关值，利用两索段在同一吊点处水平、竖向力的相关关系，计算下一索段相对应的值，如此重复至整跨所有的索段均计算完毕。然后，判断计算出来的主缆垂度和主缆两端的纵坐标之差是否同设计所要求的值相等，决定是否进行迭代计算。迭代计算结束后，将所有索段的有应力长度、无应力长度和弹性伸长相加，就是该跨主缆的总有应力长度、总无应力长度和总弹性伸长量。同时，我们可以求得成桥状态下的主缆水平力。然后，按同样的方法对其他跨进行计算。由于实际上索鞍具有一定的半径，因此精确计算主缆长度时应对此进行修正。

主缆中各索股的无应力长度也不一样。计算中跨、边跨处的索股时，可依据各索股与主缆中线的关系，分别求得各索股的有应力长度和无应力长度。锚跨处，索股呈现离散状的空间曲线，须分别加以计算。各跨索股无应力长度之和，就是主缆索股无应力下料长度。

b. 索鞍预偏量计算及基准索股线形计算。

吊索安装之前也即主缆空挂时，若鞍座轴线与桥塔轴线仍然重合，中、边跨各自产生的水平力将会有很大的差值。这对鞍座甚至主塔的安全都不利。为使主塔受到的弯矩尽量小，鞍座应向外移动一定的距离（若是摇轴式散索鞍，散索鞍应向外转动一个角度），以使主缆无应力索长空挂于索鞍上后，左、右边空索水平拉力相等。空缆状态的计算主要是为了解决这个问题。鞍座相对于主塔中心线向外移动的距离就是鞍座预偏量。主缆空缆状态的计算还可计算主缆在空缆状态下的线形、缆力、索夹安装位置和吊点到索夹两端的距离的计算等。空缆状态下主缆线形计算的依据是主索鞍、散索鞍的受力平衡，也即边跨、中跨水平力相等。散索鞍处需分情况讨论，对摇轴式散索鞍而言，是两侧索力对散索鞍转点的力矩相等，辊轴式散索鞍则为两侧沿支承面方向的分力相等；中跨主缆无应力索长度与成桥状态下中跨主缆无应力索长度相同。若散索鞍是辊轴式的，边跨和锚跨的无应力长度也需分别和成桥状态下的相应值相等；若散索鞍是摇轴式的，边跨无应力长度的减少值应等于锚跨无应力长度的增量。

空缆状态中，跨中切点之间的主缆是单一的悬链线，具有统一的几何曲线方程。对于中跨的空缆状态计算，两主索鞍顶点间的无应力长度等于成桥时的相应值。故空缆状态的计算采用试算法。其中涉及切点位置的确定。首先假定切点的位置在鞍座顶点，从此处开始，成桥状态下的切点为终点，左、右切点一步步移动一小量，每次移动后计算中跨缆索总的无应力长度，看是否等于成桥时的无应力长度，以确定是否进行下一步迭代计算。

由于索是有应变的，索的应变量是水平力 H 的函数，水平力一定，索长也就一定。计算时先根据索的无应变索长 S_0 和水平拉力 H，初估一个有应力索长 S，用计算无应变索长平衡相同的方法，计算出相应的平衡位置和水平力 H，再反算出对应的无应变索长，S 与 S_0 相比较，反复修正 S 的长度，直至 S 的无应变索长与 S_0 相等为止。根据这一原理就能精确计算索鞍预偏量，即找出一组适当的鞍座中心位置和水平拉力 H，使索鞍两边悬索自由平衡。计算采用数值迭代法。

为了使架设后主缆线形与设计一致,必须在施工中对主缆的线形进行控制。主缆由基准索股和非基准索股组成。索股线形控制就是指索股架设时,对基准索股的跨中绝对高程和非基准索股的跨中相对高程及锚跨张力进行控制。基准索股是非基准索股调整的基础。因此,要选定和监控好基准索股。基准索股的选定应遵循以下原则:索股要处于相对自由状态,周围索股对其干扰性最小;便于测量其他索股;每根基准索股管理一定数量的非基准索股。

在主缆的成桥线形计算中,索鞍两端的主缆内力沿滑面平衡,这种平衡只在给定的温度和索鞍位置下是平衡的,在其他温度下或者桥塔塔顶偏位的情况下仍然存在不平衡力,这种不平衡力对桥塔安全影响不大,但温度变化会引起悬索长度的变化,桥塔偏位会引起悬索跨度的变化,而跨度和索长的变化会引起垂度显著的变化。为保证各跨架设的无应力长度等于成桥时的无应力长度,必须考虑温度和跨度,对线形进行修正。此时主缆的长度为计入温度引起的伸长的无应力长度。在主缆设计截面内,根据主缆中心索股与基准索股的相对距离,对主缆中心索股的线形进行修正。

c.空缆状态索夹安装位置计算。

这一计算过程也在空缆状态计算下完成。由于索夹的位置在整个悬索桥的施工过程中一直保持不变,故在每一个计算循环中,我们根据各索段的无应力长度和其一端的坐标,就可以求得另一端的坐标,接着进行下一索段的计算,如此下去,在最后一次循环中的各索夹的坐标就对应于空缆状态下的索夹安装位置。不过,此时的计算同样要考虑温度及桥塔偏位的影响,计算方法同基准索股架设线形计算,只是在计算出主缆中心索股线形后需考虑索夹的测量定位方法,由吊索中心位置确定索夹定位点的位置。

d.主索鞍预偏量计算。

为了保证成桥态主塔不受弯,必须保证成桥状态下主缆中、边跨水平分力是自平衡的。如果在挂索初期就强迫将主索就位于成桥状态,塔顶两边索的不平衡水平力必将在塔内产生强大的弯矩,导致主塔损坏或发生很大的弯曲内力与变形。为了使主塔在施工过程中始终处于低弯矩状态,从挂索开始就必须使鞍座有一个预偏量,并在施工过程中对它进行不断调整。确定鞍座预偏量的原则是挂索初态索自重在塔两边引起的水平力相等。

根据索长、索力与索竖向投影和水平投影的关系,通过迭代计算,就可求出鞍座的预偏量。

我们知道,对一已处于平衡状态的结构,如果将其中的一些构件拆除并代之以这些构件相应的杆端力,则结构不产生位移,并仍将处于平衡状态。因此,对悬索桥而言,如已知处于平衡状态的理想恒载状态,而将吊索和加劲梁拆除并将相应的吊索力作用在主缆上,则此时的索塔结构的内力不变,主缆的线形也不变。又因为一般认为悬索桥的理想恒载状态下主塔的弯矩为零,因此,将主塔拆除并代之以相应的约束,则主缆的索力和线形与理想恒载状态还是相同的。因此,确定悬索桥理想恒载状态的最重要参数,是连接主缆和加劲梁的吊索的索力。确定了吊索力,悬索桥的状态也就确定了。

由已有的实践经验可知,解析法具有很好的计算精度和计算速度,当输入的吊索力精确时,采用解析法通过成桥状态分析得出的主缆和吊索的无应力长度就是精确的。

但是,因不能考虑加劲梁的影响,对主塔的模拟也有近似之处,悬索桥的解析法的适用范围和计算精度受到一定的限制。而有限元法是结构分析的通用方法,也是能考虑各种因素影响的比较精确的方法,因而也是悬索桥分析的精确方法。但有限元分析的精度高低,取决于所用单元和算法的精度及对结构模拟的精确程度,由于悬索桥所特有的特点:主缆与鞍座的切点难以模拟,而且切点的位置会随着施工的进展发生变化;锚跨处的索股离散成既有平弯又有竖弯的复杂的空间曲线。这些问题利用有限元就很难解决。

实际施工过程中对这两种方法各自进行了完善,然后在此基础上将这两种方法有机地结合起来,建立了悬索桥施工过程精细化分析的理论基础和基本的程序体系;完善了各种状态下平面缆索悬索桥主缆线形和无应力长度等参数的计算方法;完善了基于悬索精确解析解的索单元;提出了可用来模拟各种鞍座的通用的鞍座—索单元;采用了适用于大转动的 CR 列式梁单元,提高了计算的精度;通过引入轴向力的收敛精度的概念，改进了适用于梁单元的多次循环迭代法，从而使计算结果具有更好的可靠性；根据数值解析法和有限元法各自的优缺点，提出了将这两种方法有机地结合起来进行悬索桥理想恒载状态求解的方法；可考虑各种鞍座及其顶推、吊索、主塔刚度、猫道、温度变化等因素的影响，且适用于常规多跨悬索桥的场合；按照锚跨索股的实际布置考虑索股离散性的影响，同时将锚跨索股分析与总体计算有机地结合起来，通过索股架设过程分析能精确地计算基准索股的线形和索股架设过程中锚跨索股的理想张拉力，从而为施工提供准确的依据，也可用于散索鞍的优化设计。

③程序能很好地模拟悬索桥的施工过程，各单元也具有很好的计算精度，非线性求解也是十分有效的。图3-2-147给出了这种方法的流程图，具体方法可简述如下：

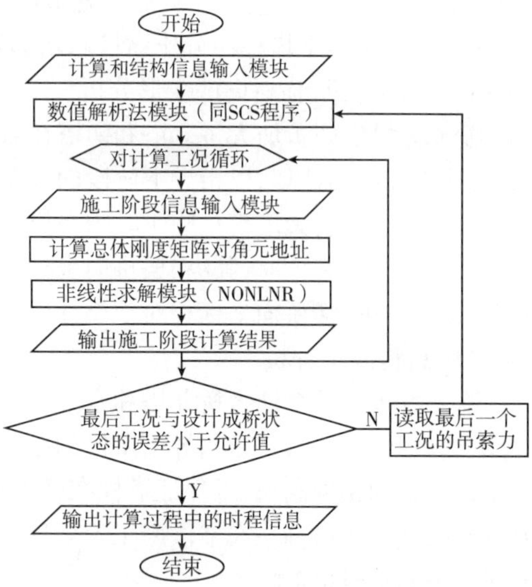

图3-2-147　理想恒载状态求解流程

a. 首先假定各吊索的索力（可简单地取与吊索对应的梁段重量），由数值解析法计算出主缆各段和吊索的无应力长度，作为有限元分析的初值。

b. 按照设计的施工顺序逐工况计算直到成桥状态，与设计的理想恒载状态相比较，收敛条件为成桥状态各控制参数小于给定的允许误差。

c. 如未收敛，则采用前项有限元分析得出的吊索力，采用数值解析法重新计算主缆各段和吊索的无应力长度，作为有限元程序输入数据的修正值。

重复以上第a、b、c项，直至收敛为止。

显然，只要吊索力足够精确，数值解析方法提供的初值就是足够精确的，而通过有限元程序的多次迭代，吊索力必定逐渐逼近真实值。因此，采用上述方法总能收敛到理想的恒载状态，而且收敛速度应该是比较快的。

3. 主塔施工控制

本阶段工作内容：收集上部结构施工前续工况的测量资料，包括基础高程、沉降观测数据；主塔施工计算分析，确定主塔定位数据；阶段测点纵、横桥向的变形分析；主塔高程测量分析；应变计的埋设及主塔应变测量。

1）监控成果

（1）施工定位数据计算值

根据工程经验，悬索桥工程一般不设置主塔纵向预偏量，且本桥计算值不大，因此，为使主塔施工方便，决定不设纵向预偏量。

（2）主塔纵、横桥向变形分析

主塔测点的实测偏移与剩余偏移计算值（横桥向）的差值最大为15.9mm。主塔纵桥向的偏移实测值与计算值相差不大，除一个点为14mm外，其他均在10mm范围内，基本符合要求。

（3）主塔测点高程分析

南塔上、下游塔柱的塔顶节点高程比计入预抛高和施工变形的高程分别高38.0mm和36.3mm，说明南塔柱的预抛高设置出现偏差，但对主索鞍安装定位不会有影响。

（4）主塔应力分析

各测点应力实测值与计算值基本吻合，结构受力在安全范围之内。

2）监控方案

（1）主塔施工计算分析，确定主塔定位数据主塔施工计算主要包括：主塔施工各节段顶点沿桥梁纵向预偏移量、沿桥梁横向的预偏移量、塔梁交界点预抬高量（主梁下塔柱部分压缩量）、塔顶预抬高量（塔柱全高压缩量）等。

（2）阶段测点纵、横桥向的变形分析

将施工方提供的黄埔大桥北塔和南塔在若干高度处截面各测点坐标的实测值与理论计算值进行对比，得出结论并给出建议，以指导下阶段的施工。考虑到索塔在施工期间所受外力的影响以及索塔自重和收缩、徐变的影响，索塔塔柱施工时须在横桥向设置一定的预偏移量，以保证塔柱在施工完成后处在设计的位置。在节段定位时，其纵、横桥向坐标相对于设计坐标设置预偏移量；在该节段施工定位后的各施工阶段，该节点纵、横桥向坐标相对于设计坐标的偏差应等于预偏移量加上施工期发生的变形。

（3）塔高程测量分析

将施工方提供的黄埔大桥北塔和南塔在若干高度处截面各测点高程的实测值与理论计算值进行对比，得出结论并给出建议，以指导下阶段的施工。考虑到混凝土的轴向压缩和收缩、徐变影响，塔柱要在竖向设置一定的预抛高值，以保证塔柱在施工完成后处在设计的高程位置。在节段定位时，其顶端高程应为设计高程 - 预抛高。在节段施工定位后的某一施工节段，该节点顶端高程应为设计高程 + 预抛高 + 施工期发生的变形（向上为正）。

根据上述原则，可计算得到每一施工阶段主塔各节段顶端的理想高程（高程计算值），再与高程实测值对比，即可得到两者之间的误差，并对施工的精度作出评价。

（4）应变计的埋设及主塔应变测量

在主塔的底部截面、下横梁附近、上横梁处埋设应变传感器，定期观测主塔应力情况。各测点位置如图 3-2-148 ~ 图 3-2-151 所示，应力以受压为负。

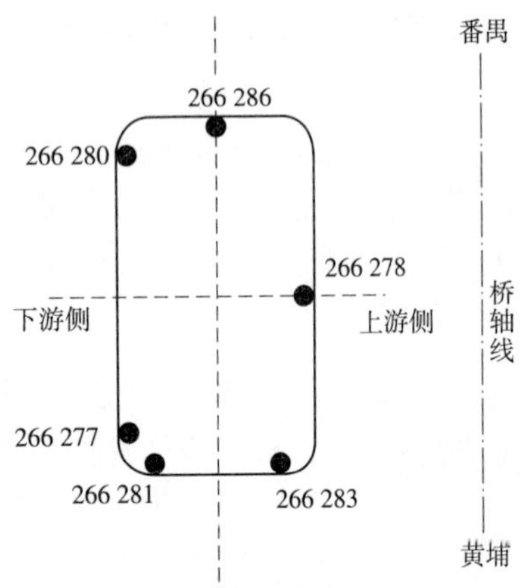

图 3-2-148　北索塔 72.081m 高度应变计布置示意图

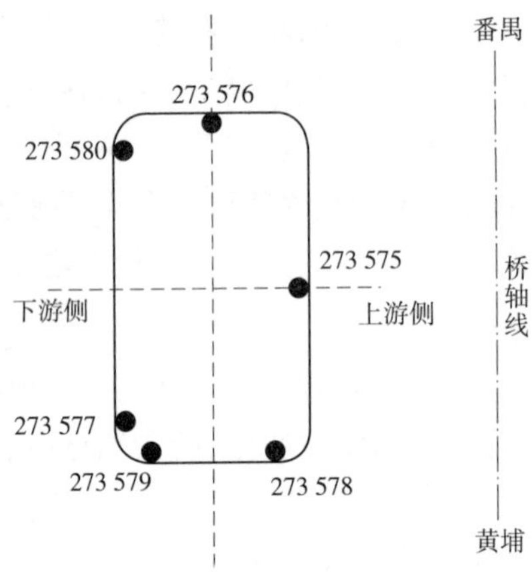

图 3-2-149　北索塔 177.526m 高度应变计布置示意图

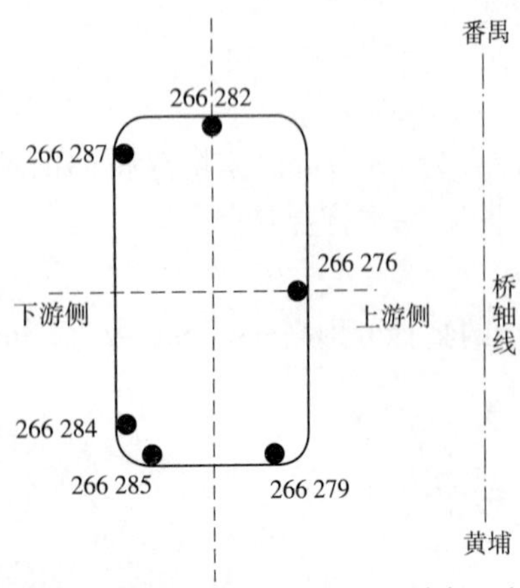

图 3-2-150　南索塔 54.264m 高度应变计布置示意图

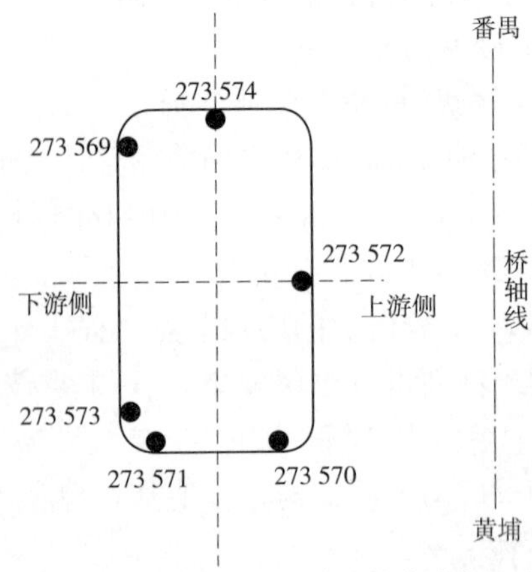

图 3-2-151　南索塔 177.526m 高度应变计布置示意图

3）监控数据分析

经过对主塔各个测点实际偏移值与计算偏移值的比较，得到以下几点结论：

①南塔测点的实测偏移与剩余偏移计算值（横桥向）的差值最大为 15.9mm。

②南塔纵桥向的偏移实测值与计算值相差不大，除一个点为 14mm 外，其他均在 10mm 范围内，基本符合要求。

（1）主塔测点高程分析

根据《黄埔大桥南汊桥施工监控指令表》001 号的要求，南索塔需要在鞍座底面即设计高程189.576m处设置 9.888mm 的预抬高值。黄埔大桥南索塔的上、下游塔柱均已施工到主索鞍的隔栅顶面即189.576m高度，所以需分析施工单位的预抬高值是否设置，以及设置值是否在偏差允许范围内。

南索塔上、下游塔柱 37 段设计高程 189.576m 处的测点高程表分别见表 3-2-38 和表 3-2-39。

南索塔上游塔柱 37 段设计高程 189.576m 处的测点高程表　　表 3-2-38

南索塔上游塔柱 37 段 189.576m		
设计高程（m）	实测高程（m）	偏差值 H（mm）
189.576	189.703	127
189.576	189.700	124
189.576	189.709	133
189.576	189.695	119
实测值平均		125.75
计算值	施工到 189.576m 高度节点竖向变形	−11.16
	节点预抛高	98.88
	预抛高 + 施工变形	87.72
计算值 − 实测值		−38.03

南索塔下游塔柱 37 段设计高程 189.576m 处的测点高程表　　表 3-2-39

南索塔上游塔柱 37 段 189.576m		
设计高程（m）	实测高程（m）	偏差值 H（mm）
189.576	189.703	127
189.576	189.705	129
189.576	189.698	122
189.576	189.694	118
实测值平均		124.00
计算值	施工到 189.576m 高度节点竖向变形	−11.16
	节点预抛高	98.88
	预抛高 + 施工变形	87.72
计算值 − 实测值		−36.28

经过对以上节点高程的分析，南塔上、下游塔柱的塔顶节点高程比计入预抛高和施工变形的高程分别高 38.0mm 和 36.3mm。说明南塔柱的预抛高设置出现偏差，但对主索鞍安装定位不会有影响。

（2）主塔应力分析

在南塔上横梁和北塔上横梁部分施工完毕后，主塔各测点的应力实测值如表 3-2-40 所示。可以看出，各测点应力实测值与计算值基本吻合，结构受力在安全范围之内。

索塔各截面应力实测值表

表 3-2-40

截面位置	点位编号	传感器编号	应力实测值(MPa)
北索塔塔中高程 72.081m 处	1	266 277	-3.150
	2	266 278	-3.533
	3	266 280	-4.191
	4	266 286	-4.446
	5	266 283	-3.561
	6	266 281	-3.850
北索塔塔中高程 177.526m 处	1	273 576	-0.337
	2	273 580	-0.515
	3	273 577	-0.623
	4	273 579	-0.446
	5	273 578	-0.680
	6	273 575	-0.412
南索塔塔中高程 54.264m 处	1	266 285	—
	2	266 282	—
	3	266 276	—
	4	266 287	—
	5	266 279	-3.964
	6	266 284	—
南索塔塔中高程 177.526m 处	1	273 570	-0.337
	2	273 571	-0.456
	3	273 569	—
	4	273 574	-0.652
	5	273 573	-0.563
	6	273 572	—

4. 主索鞍及散索鞍安装控制

在本阶段所做的主要施工控制工作内容包括：锚碇散索鞍底板测量；散索鞍 IP 点坐标测量；索塔主索鞍格栅平面位置及高程测量。

南散索鞍实测位置与设计位置的最大差值为：纵桥向 3mm，横桥向 2mm，竖向 4mm。北锚碇上游散索鞍实测位置与设计位置的最大差值为：纵桥向 3mm，横桥向 2mm，竖向 2mm。散索鞍定位误差符合设计和控制要求。

经过对南索塔主索鞍各测点实测值和理论值的对比分析发现，与理论值相比，上游纵桥向最大差值为 2mm，横桥向最大差值为 3mm，高程最大差值为 3mm；平面不同测点间最大高差为 3mm。与理论值相比，下游纵桥向最大差值为 2mm，横桥向最大差值为 1mm；平面不同测点最大差值小于 1mm。因此，南索塔主索鞍定位误差符合设计和控制要求。

经过对北索塔主索鞍各测点实测值和理论值的对比分析发现，与理论值相比，上游纵桥向最大差值为 1mm，横桥向最大差值为 5mm，高程最大差值为 2mm；平面不同测点间最大高差为 1mm。与理论值相比,下游纵桥向最大差值为 3mm,横桥向最大差值为 3mm;高程最大差值为 2mm;平面不同测点最大高差为 1mm。因此,北索塔主索鞍定位误差符合设计和控制要求。

1)索塔主索鞍安装控制

(1)南索塔主索鞍格栅平面位置及高程测量

根据《黄埔大桥南汉桥施工监控指令表》002 号的要求,得到南索塔塔顶格栅顶面的定位高程为 189.683m。格栅的中心点平面坐标与主塔中心点平面坐标重合,根据测点位置与格栅中心位置的关系,计算出测点坐标理论值,从而实现实测坐标和理论坐标的对比分析。

11 月 25 日主索鞍格栅测量成果如下:南索塔格栅测点布置,见图 3-2-152;南塔上游格栅测点平面坐标,见表 3-2-41;南塔上游格栅测点高程,见表 3-2-42;南塔下游格栅测点平面坐标,见表 3-2-43;南塔下游格栅测点高程,见表 3-2-44。

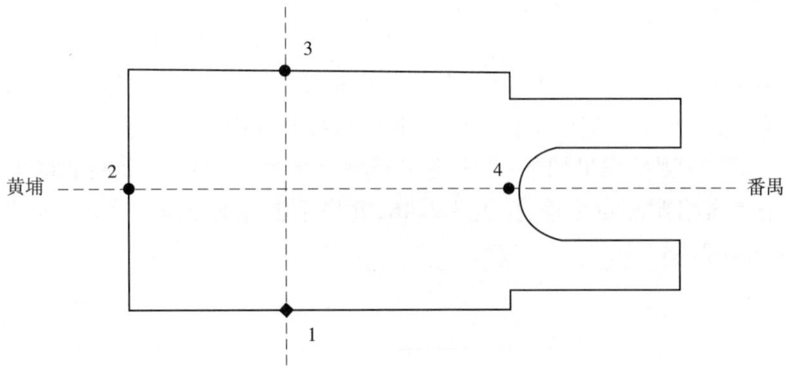

图 3-2-152　南索塔格栅测点布置

南塔上游格栅测点平面坐标表　　表 3-2-41

测　点	理论坐标		实测坐标		差　值	
	x(m)	y(m)	x(m)	y(m)	Δx(mm)	Δy(mm)
1	22 356.021	59 375.525	22 356.020	59 375.522	-1	-3
2	22 357.848	59 378.941	22 357.847	59 378.938	-1	-3
3	22 353.979	59 378.754	22 353.977	59 378.751	-2	-3
4	22 351.032	59 374.630	22 351.032	59 374.627	0	-3

南塔上游格栅测点高程表　　表 3-2-42

测　点	理论高程(m)	实测高程(m)	差值 △h(mm)
1	189.683	189.685	2
2	189.683	189.686	3
3	189.683	189.685	2
4	189.683	189.683	0

南塔下游格栅测点平面坐标表　　表 3-2-43

测　点	理论坐标		实测坐标		差　值	
	x(m)	y(m)	x(m)	y(m)	△x(mm)	△y(mm)
1	22 336.511	59 406.373	22 336.512	59 406.372	1	-1
2	22 334.469	59 409.602	22 334.471	59 409.601	2	-1
3	22 331.522	59 405.478	22 331.522	59 405.479	0	1

南塔下游格栅测点高程表

表 3-2-44

测　点	理论高程(m)	实测高程(m)	偏差值 Δh(mm)
1	189.683	189.684	1
2	189.683	189.684	1
3	189.683	189.684	1
4	189.683	189.684	1

经过对以上测点实测值和理论值的对比分析发现，与理论值相比，上游纵桥向最大差值为2mm，横桥向最大差值为3mm，高程最大差值为3mm；平面不同测点间最大高差为3mm。与理论值相比，下游纵桥向最大差值为2mm，横桥向最大差值为1mm；平面不同测点最大差值小于1mm。

(2)北索塔主索鞍格栅平面位置及高程测量

根据《黄埔大桥南汊桥施工监控指令表》002 号的要求，得到南索塔塔顶格栅顶面的定位高程为189.686m。格栅的中心点平面坐标与主塔中心点平面坐标重合，根据测点位置与格栅中心位置的关系，计算出测点坐标理论值，从而实现实测坐标和理论坐标的对比分析。

12 月 26 日主索鞍格栅测量成果如下：北索塔格栅测点布置，见图 3-2-153；北塔上游格栅测点平面坐标，见表 3-2-45；北塔上游格栅测点高程，见表 3-2-46；北塔下游格栅测点平面坐标，见表 3-2-47；北塔下游格栅测点高程，见表 3-2-48。

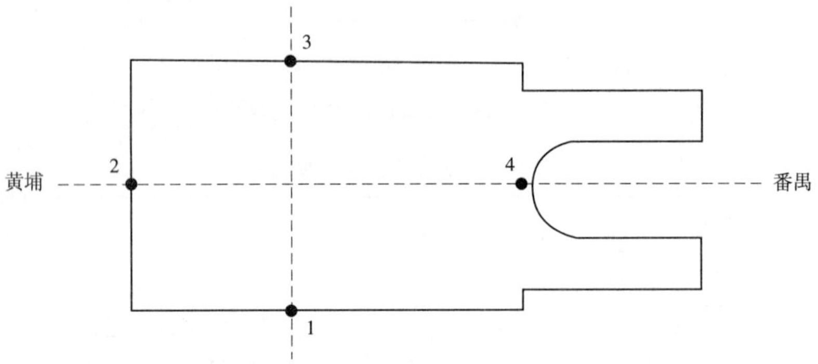

图 3-2-153　北索塔格栅测点布置

北塔上游格栅测点平面坐标表

表 3-2-45

测　点	理论坐标		实测坐标		差　值	
	x(m)	y(m)	x(m)	y(m)	Δx(mm)	Δy(mm)
1	23 292.447	59 967.783	23 292.447	59 967.788	0	5
2	23 294.274	59 971.199	23 294.275	59 971.196	1	-3
3	23 290.405	59 971.012	23 290.405	59 971.010	0	-2
4	23 287.834	59 967.126	23 287.835	59 967.126	1	0

北塔上游格栅测点高程表

表 3-2-46

测　点	理论高程(m)	实测高程(m)	差值 Δh(mm)
1	189.686	189.687	1
2	189.686	189.687	1
3	189.686	189.687	1
4	189.686	189.688	2

北塔下游格栅测点平面坐标表　　表 3-2-47

测　点	理论坐标		实测坐标		差　值	
	x(m)	y(m)	x(m)	y(m)	Δx(mm)	Δy(mm)
1	23 270.895	60 001.860	23 270.897	60 001.859	2	-1
2	23 274.764	60 002.047	23 274.767	60 002.044	3	-3
3	23 272.937	59 998.631	23 272.939	59 998.632	2	1
4	23 268.324	59 997.974	23 268.326	59 997.972	2	-2

北塔下游格栅测点高程表　　表 3-2-48

测　点	理论高程(m)	实测高程(m)	偏差值 Δh(mm)
1	189.686	189.688	2
2	189.686	189.687	1
3	189.686	189.688	2
4	189.686	189.688	2

经过对以上测点实测值和理论值的对比分析发现，与理论值相比，上游纵桥向最大差值为1mm，横桥向最大差值为5mm，高程最大差值为2mm；平面不同测点间最大高差为1mm。与理论值相比，下游纵桥向最大差值为3mm，横桥向最大差值为3mm；高程最大差值为2mm；平面不同测点最大高差1mm。

2）锚碇散索鞍安装控制

（1）南锚碇散索鞍底板测量

对南锚碇散索鞍底板进行了竣工后的测量复核，上、下游的底板各取四个测点，测量出四点的坐标和高程后与设计坐标和高程进行比较、分析，测点布置如图 3-2-154 所示，测量和分析数据如表 3-2-49、表 3-2-50 所示。

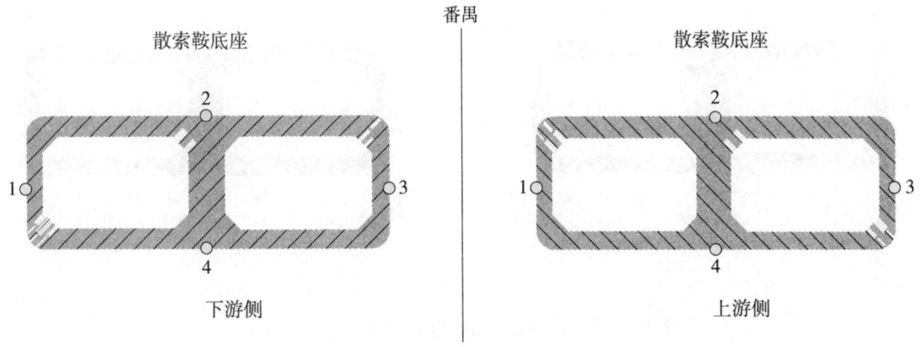

图 3-2-154　南锚碇散索鞍底板竣工测量测点布置

南锚碇散索鞍底板竣工后坐标和高程数据表　　表 3-2-49

位置	测点	测量值(m)			设计值(m)		
		x	y	H	x	y	H
下游	1	11 481.843	-15.323	42.583	11 481.841	-15.33	42.578
	2	11 482.749	-18.252	42.045	11 482.744	-18.25	42.044
	3	11 481.845	-21.176	42.583	11 481.841	-21.17	42.578
	4	11 480.939	-18.253	43.116	11 480.937	-18.25	43.112
上游	1	11 481.839	15.326	42.579	11 481.841	15.33	42.578
	2	11 482.748	18.253	42.043	11 482.744	18.25	42.044
	3	11 481.841	21.172	42.576	11 481.841	21.17	42.578
	4	11 480.944	18.254	43.116	11 480.937	18.25	43.112

南锚碇散索鞍底板坐标和高程数据分析表　　表 3-2-50

测点	测量值 - 设计值(mm)					
	下游			上游		
	x	y	H	x	y	H
1	2	7	5	-2	-4	1
2	5	-2	1	4	3	-1
3	4	-6	5	0	2	-2
4	2	-3	4	7	4	4
平均值	3.2	-1.0	3.7	2.2	1.3	0.5

从表 3-2-50 可以看出，在 x 方向即纵桥向，下游 4 个测点坐标的平均偏差为 3.2mm，上游 4 个测点坐标的平均偏差为 2.2mm；在 y 方向即横桥向，下游 4 个测点坐标的平均偏差为 -1.0mm，上游 4 个测点坐标的平均偏差为 1.3mm；在竖直方向，下游 4 个测点高程的平均偏差为 3.7mm，上游 4 个测点高程的平均偏差为 0.5mm。

(2)北锚碇散索鞍底板测量

项目组在 2006 年 10 月 10 日对北锚碇散索鞍底板进行了安装定位后的测量复核，上、下游的底板各取四个测点，测量出四点的坐标和高程后与设计坐标和高程进行比较、分析，测点布置如图 3-2-155 所示，测量和分析数据如表 3-2-51 和表 3-2-52 所示。

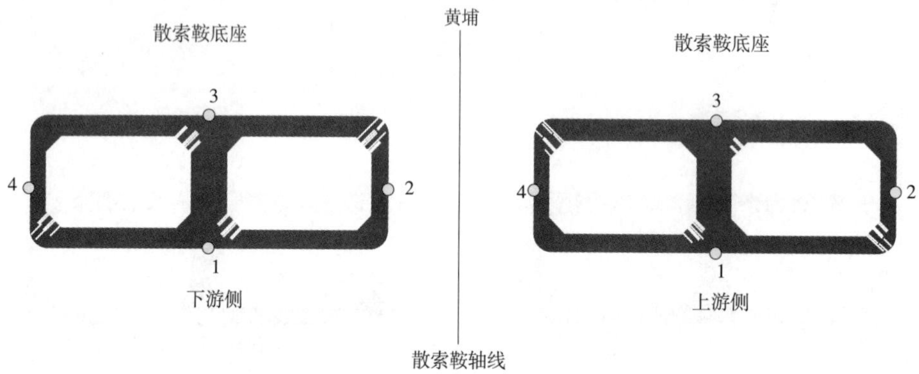

图 3-2-155　北锚碇散索鞍底板竣工测量测点布置

北锚碇散索鞍底板竣工后坐标和高程数据表　　表 3-2-51

位置	测点	测量值(m)			设计值(m)		
		x	y	H	x	y	H
下游	1	6 288.344	5 018.25	44.349	6 288.343	5 018.255	44.352
	2	6 287.479	5 021.17	44.945	6 287.481	5 021.171	44.948
	3	6 286.614	5 018.25	45.541	6 286.618	5 018.254	45.542
	4	6 287.479	5 015.33	44.945	6 287.481	5 015.333	44.948
上游	1	6 288.344	4 981.75	44.349	6 288.343	4 981.755	44.344
	2	6 287.479	4 984.67	44.945	6 287.481	4984.673	44.948
	3	6 286.614	4 981.75	45.541	6 286.618	4 981.751	45.544
	4	6 287.479	4 978.83	44.945	6 287.481	4 978.833	44.946

北锚碇散索鞍底板坐标和高程数据分析表　　表 3-2-52

测点	测量值 - 设计值(mm)					
	下　游			上　游		
	x	y	H	x	y	H
1	-1	5	3	-1	5	-5
2	2	1	3	2	3	3
3	4	4	1	4	1	3
4	2	3	3	2	3	1
平均值	1.8	3.3	2.5	1.8	3.0	0.5

从表 3-2-52 可以看出,在 X 方向即纵桥向,下游 4 个测点坐标的平均偏差为 1.8mm,上游 4 个测点坐标的平均偏差为 1.8mm;在 Y 方向即横桥向,下游 4 个测点坐标的平均偏差为 3.3mm,上游 4 个测点坐标的平均偏差为 3.0mm;在竖直方向,下游 4 个测点高程的平均偏差为 2.5mm,上游 4 个测点高程的平均偏差为 0.5mm。

(3)南散索鞍 IP 点坐标测量

对南散索鞍 IP 点进行平面位置及高程复核,首先把设计文件平面位置转换为实地坐标,即理论坐标,再通过实测坐标值与理论坐标的对比、分析,得出施工与设计差值。测量成果见表 3-2-53。

南散索鞍 IP 点坐标值表　　表 3-2-53

测点位置	实测坐标(m)			理论坐标(m)			差 值 (mm)		
	x	y	z	x	y	z	x	y	z
上水 IP 点	11 484.099	18.253	46.404	11 484.1	18.25	46.4	-1	2	4
下水 IP 点	11 484.103	-18.251	46.403	11 484.1	18.25	46.4	3	-1	3

从表 3-2-53 可以看出,南散索鞍实测位置与设计位置的最大差值为:纵桥向 3mm,横桥向 2mm,竖向 4mm。

(4)北散索鞍 IP 点坐标测量

对北散索鞍 IP 点进行平面位置及高程复核,首先把设计文件平面位置转换为实地坐标,即理论坐标,再通过实测坐标值与理论坐标的对比、分析,得出施工与设计差值。测量成果见表 3-2-54、表 3-2-55。

北锚碇上游散索鞍 IP 点坐标值表　　表 3-2-54

项　目	方　向		
	x	y	z
实测坐标(m)	23 517.007	60 155.257	48.602
理论坐标(m)	23 517.009	60 155.259	48.600
差值(mm)	-2	-2	2

北锚碇下游散索鞍 IP 点坐标值表　　表 3-2-55

项　目	方　向		
	x	y	z
实测坐标(m)	23 536.523	60 124.411	48.600
理论坐标(m)	23 536.520	60 124.411	48.600
差值(mm)	3	0	0

从表 3-2-54、表 3-2-55 可以看出,北锚碇上游散索鞍实测位置与设计位置的最大差值为:纵桥向 2mm,横桥向 2mm,竖向 2mm。北锚碇下游散索鞍实测位置与设计位置的最大差值为:纵桥向 3mm,横桥向小于 1mm,竖向小于 1mm。

5. 猫道架设、承重索索力、线形及塔偏控制

猫道架设期间的主要施工控制工作内容如下:

(1)测量主塔、锚碇空间位置;

(2)对桥塔顶部空间位置进行 24h 连续观测,总结桥塔日照温差引起的变位规律;

(3)猫道绳温度测量;

(4)测试主塔预埋测点的应变;

(5)猫道线形测量与调整。

猫道结构全部架设完毕后,从监控的测量数据来看,中跨各承重绳跨中理论高程与实测高程的误差均控制在 40cm 之内;北边跨各承重绳跨中理论高程与实测高程的误差均控制在 20cm 之内;南边跨各承重绳跨中理论高程与实测高程的误差均控制在 40cm 左右。因此,猫道各承重绳在 2 月份进行最后一次垂度调整后至现在所做的跟踪监测看,猫道各跨的垂度总体达到了控制要求。

1)猫道调整的方法

猫道虽为临时结构,但它对主塔位置有影响。因此,当在猫道架设完成时,若该状态索塔位置与裸塔时位置不一致,就应调整猫道结构使索塔回到裸塔位置,以消除猫道对索塔位置的影响。具体的调整方法是改变猫道承重索长度。

(1)承重索的调整

在空索状态下,首先需要调整同幅猫道各承重索间的相对垂度,再调整上、下游两幅之间的相对垂度和同幅各承重索的绝对垂度。调整同幅猫道各承重索间的相对垂度是为了使各根承重索受力均匀,若某一根或几根偏高过大时,则受力较大,猫道存在安全隐患;调整上、下游两幅之间的相对垂度,是为了使横向通道下滑方便和减少索塔扭曲;调整两幅猫道承重索的绝对高程,是为了减少猫道全部形成后的调整工作量。猫道面层形成后,再进行调整时所需要的力较大,且必须所有承重索一起调整,因而调整难度较大。

调整精度的标准问题事关承重索的受力和调整工作量。标准过高,调整工作量大,且承重索在空缆状态时无法在跨中悬挂棱镜,测量是通过水平角与竖直角进行控制,精度也无法达到要求;标准过低,则存在各承重索受力不均问题。调整时考虑索塔偏位的影响和温度修正。承重索空缆高程是与索塔偏位相对应的,在调整过程中,索塔偏位不断变化,因此,每根索调整前先测量索塔偏位,并计算出此偏位下对应的空缆高程,再进行调整。调整承重索时,同时进行温度测量,考虑温度修正。全部调整完成后,选择阴天或日出前、气象条件较好的情况下进行复测,确保空缆达到该温度下的设计线形。

(2)面层与横向通道完成后的调整

若承重索空缆状态下的调整较好,弹性模量及荷载又与设计值无偏差,则猫道全部施工完成后的线形应与设计线形相符。若猫道施工完成后的高程偏高,则可能是由于实际弹性模量偏大或荷载偏小引起,而弹性模量只影响弹性伸长量,对受力影响较小,故可将高程降低至设计高程;若猫道施工完成后高程偏低,应仔细分析原因,若是由实际弹性模量较设计值偏低引起,可直接进行高程调整;若是由于荷载偏大引起的,如将高程调整到设计高程将会引起承重索受力较设计值偏大,引起不安全因素,应考虑荷载情况后再决定高程是否调整。

2)猫道架设阶段测量方案

(1)线形监测测点的布置

猫道线形监测点布置在猫道边跨的 2 分点处和主跨 4 分点处,全桥布置 5 个测试断面,断面布置如图 3-2-156 所示。用全站仪测量中跨跨中垂度及中跨跨径,并测量承重索温度,计算出实际调整量。按照

先中跨后边跨的顺序，利用塔和锚碇支墩上的卷扬机，将承重索的标记点调整到相应标记点位置。高程调整偏差控制在60mm以内。

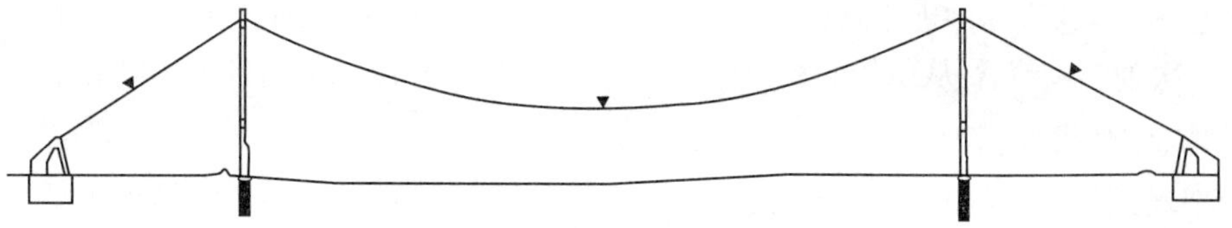

图3-2-156 猫道测点布置图

观测时间宜选在日出前，在猫道形成后，应与施工方、监理方一起联合测量，根据测量结果决定猫道线形是否需要调整。

(2)塔偏位及内力测试

猫道架设前应对主塔顶空间位置和主塔中心线间距进行观测，计算出实际跨径。在承重索架设过程中，对南、北塔柱预埋点进行观测，计算出跨径的变化值，通过调整承重索的跨径，使其跨中垂度达到要求。在进行线形调整的同时，对塔的偏位及应力进行测定，以确保施工过程中塔的安全。南、北索塔的空间位置观测点布置如图3-2-157和图3-2-158所示，塔柱应力测量点布置同前文。

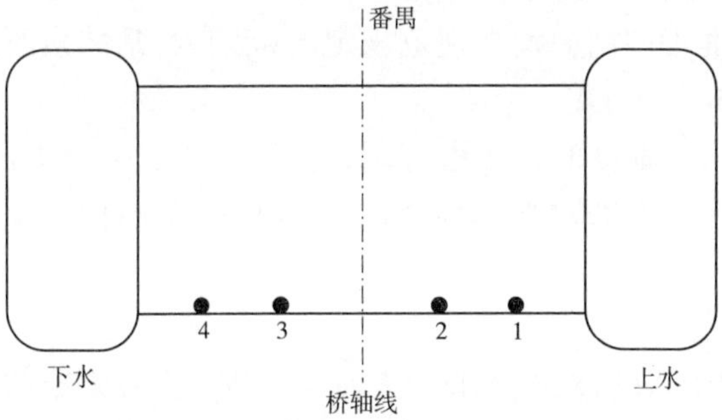

图3-2-157 北塔上横梁变形观测点布置

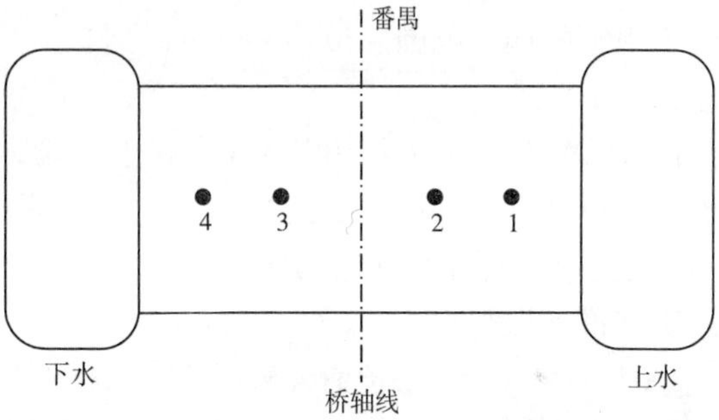

图3-2-158 南塔上横梁变形观测点布置

(3)温度的测试

猫道承重索调整过程中，监控方用点温计测试承重索的温度，为猫道承重索的调整提供依据。

(4)猫道承重索索力监测

猫道承重索的索力在架设过程及高程调整过程中不断变化，为监测承重索的真实索力，并校验同幅猫道中承重索索力的均匀性，特对承重索索力进行监测。采用锚索索力计与索力动测仪相结合的方法进行测量。

3)猫道承重绳的线形监测

2007年2月22日，黄埔大桥南汉悬索桥的猫道承重绳垂度调整结束，对实测高程与理论高程对比分析后可看出，中跨各承重绳跨中理论高程与实测高程的误差均控制在10cm之内；北边跨各承重绳实测高程总体比理论高程高，除一根绳(5号)与相邻绳之间高差(32cm)较大外，其他各绳之间的相对高差均小于10cm；南边跨各承重绳实测高程总体比理论高程高，除一根绳(9号)与相邻绳之间高差(20cm)较大外，其他各绳之间的相对高差均小于10cm。因此，猫道各承重绳垂度调整后，各跨的垂度总体达到了控制要求。

在猫道承重绳垂度调整的过程中，存在的主要问题是：由于无法在猫道跨中布置棱镜，因此猫道跨中实测高程的误差相对较大。

4)猫道架设完成的监控分析

2007年3月25日，黄埔大桥南汉悬索桥的猫道除下拉装置外的所有结构及荷载全部施工完毕(含扶手绳、门架绳、门架、横向通道、托辊等)，3月26日凌晨对猫道承重索的各跨跨中高程进行观测，跨中测点布置棱镜以精确观测。观测后猫道承重绳各跨跨中的实测高程与理论高程分析可以得出,中跨各承重绳跨中理论高程与实测高程的误差均控制在40cm之内;北边跨各承重绳跨中理论高程与实测高程的误差均控制在20cm之内;南边跨各承重绳跨中理论高程与实测高程的误差均控制在40cm左右,因此,猫道各承重绳在2月份进行最后一次垂度调整后,从所作的跟踪监测看,猫道各跨的垂度总体达到了控制要求。

6. 索股架设、索股线形、塔偏及索股垂度调整

基准索股架设期间,经过四天的稳定观测之后,从基准索股绝对垂度测量的结果来看,各跨绝对垂度差最大的为中跨下游基准索,误差为+18mm,处于设计图纸规定的误差范围-20~+40mm之内,上、下游基准索的高差均在规范规定的范围内,基准索股的线形达到了要求。

主缆其他一般索股架设期间,南塔上游塔柱在纵桥向的偏位在-17~13mm之间;南塔下游塔柱的塔顶偏位在13~31mm之间;南塔下游塔柱向边跨方向偏移。北塔上游塔柱在纵桥向的偏位最大值为91mm,一般情况下在60~70mm之间,下游塔柱的塔顶偏位在30~40mm之间,北塔两个塔柱均向中跨方向偏移。各测点的偏移值较为稳定,变化幅度基本上在15mm内,塔柱受力安全。

2007年4月23日,黄埔大桥南汉悬索桥29号索股开始架设,因原有基准索股已受到上面索股的轻微挤压,为确保后续一般索股的架设精度,特选定29号索股作为第二根基准索。经过垂度调整和3d的稳定观测,测量结果显示,29号索股各跨绝对垂度差最大的为中跨下游基准索,误差为+39mm,处于设计图纸规定的误差范围-20~+40mm之内,上、下游基准索的高差均在规范规定的范围内,基准索股的线形达到了要求。

1~28号、29~147号、BS1~BS4属于一般索股,按相对垂度的方法进行调整。一般索股架设期间,考虑塔偏位、环境温度、索股温差后,其与基准索股相对垂度的实际值和理论值的差值Δa基本控制在±10mm范围内,符合设计和控制要求。

1)基准索股架设

2007年3月28日,黄埔大桥南汉悬索桥1号索股开始架设,3月28日至4月1日进行1号索股的垂度调整。1号索股作为基准索股,其高程的测量与调整,实质上就是以后主缆的线形,因为主缆中其他索股的线形是根据基准索股的线形进行相对控制的。因此,基准索股的测量,应绝对可靠和满足设计精度要求,同时应顾及温度的变化。基准索股绝对垂度的测量,必须在夜间温度变化较小及气温稳定的时间段内观测,观测时间段定为凌晨3:00~5:00。

基准索股垂度调整完后,4月2日~4月6日进行了连续四天的稳定观测。根据连续四天观测的结果统计整理的基准索股的线形见表3-2-56。

基准索股最终线形数据表 表3-2-56

项目	北边跨		中跨		南边跨	
	绝对垂度差(mm)	上、下游高差(mm)	绝对垂度差(mm)	上、下游高差(mm)	绝对垂度差(mm)	上、下游高差(mm)
上游基准索	-17	8	+17	1	+16	1
下游基准索	-9		+18		+15	

从表3-2-56可看出,各跨绝对垂度差最大的为中跨下游基准索,误差为+18mm,处于设计图纸规定的误差范围-20~+40mm之内,上、下游基准索的高差均在规范规定的范围内,基准索股的线形达到了要求。

2)一般索股架设

(1)塔顶偏位的测量与分析

黄埔大桥南汉悬索桥的主塔为混凝土门式框架结构,主塔总高度约190m。主缆索股架设过程中,为保证主塔受力安全,本监控组在南、北塔顶设立观测点,对南、北塔顶纵桥向偏位进行观测。为避开日照温差对主塔变位的影响,将塔顶偏位测量工作集中在凌晨2:00~5:00的这段时间内进行。测点布置如图3-2-159所示。

主缆索股架设期间，南塔上游塔柱在纵桥向的偏位在 -17 ~ 13mm 之间；南塔下游塔柱的塔顶偏位在 13 ~ 31mm 之间；南塔下游塔柱向边跨方向偏移。北塔上游塔柱在纵桥向的偏位最大值为 91mm，一般情况下在 60 ~ 70mm 之间，下游塔柱的塔顶偏位在 30 ~ 40mm 之间，北塔两个塔柱均向中跨方向偏移。各测点的偏移值较为稳定，变化幅度基本在 15mm 内。主缆索股架设期间，上、下游基本保持同步，架设索股相差不超过 1 根。塔顶纵桥向偏移值都远低于塔顶允许偏位 250mm，塔柱受力安全。

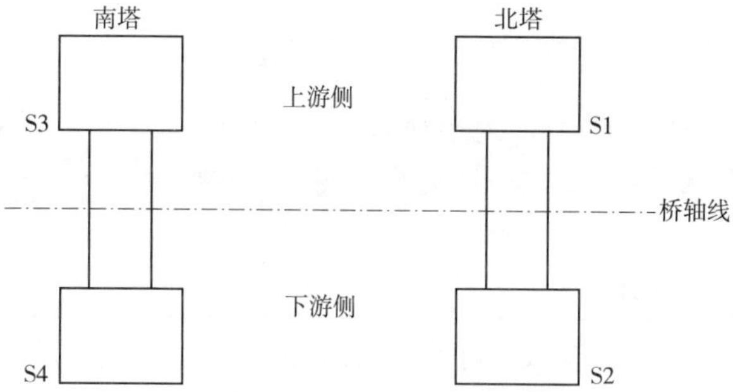

图 3-2-159　塔顶偏位观测点布置示意图

(2)一般索股线形的测量与分析

主缆的 1 号基准索股架设完毕并稳定后，一般索股的线形根据其与基准索股的相对垂度进行控制(即按若即若离原则控制)。由于环境温度对索股线形非常大，所有一般索股调整的监控工作均在凌晨 2:00 ~ 5:00 进行，这段时间内温度较为稳定。同时，根据待调整索股与基准索股的实测温差，对施工期间的实际结构定位数据作出实时修正。根据悬链线的特性，在上、下游的南边跨、中跨、北边跨跨中各取一点进行其他索股的线形控制，共六个点，以油漆标明标记点，并在每个索股上标明索股号。一般索股根据其与基准索股的相对垂度关系进行线形调整，调整方法如图 3-2-160 所示。假设基准索股的直径记为 d_0，被调索股的直径记为 d_1，相对垂度的理论值记为 ΔH，则相对垂度的实际值 $\Delta h = h_1 - (d_0 + d_1)/2$，垂度差 $\Delta a = \Delta h - \Delta H$。根据垂度差进行一般索股的索长调整。若 $\Delta a > 0$，增加索长；若 $\Delta a < 0$，减少索长。各跨的垂度差与索长调整量之间的近似比例关系为：中跨为 2.12；北边跨为 7.76；南边跨为 6.65。

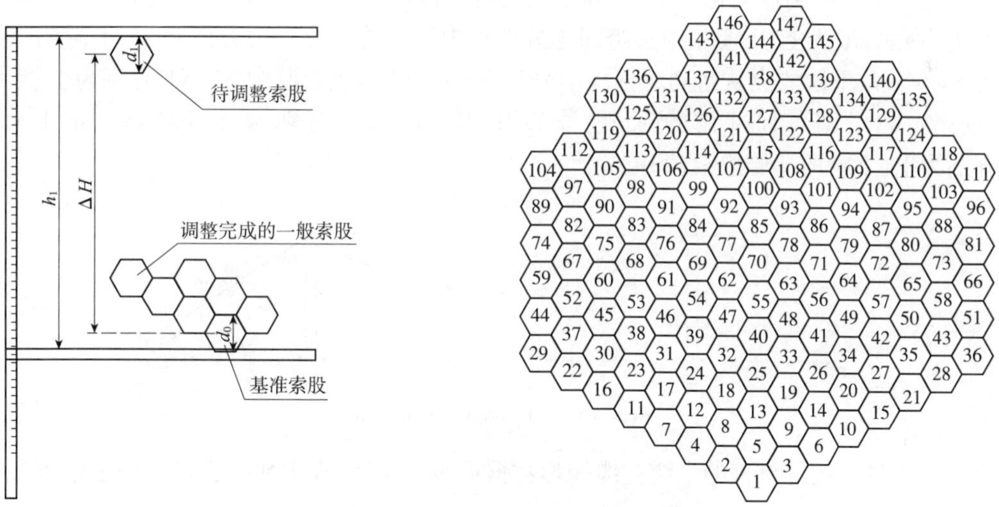

图 3-2-160　一般索股相对垂度调整示意图

索股线形调整过程中，要防止基准索股被其他索股所压而变位，还要防止架设好的索股在索鞍处滑移。一般索股与基准索股相对垂度的差值控制目标为：Δa 在 ±10mm 范围内。

3)基准索股的重新设定

2007 年 4 月 23 日，在黄埔大桥南汊悬索桥索股架设中，因原有基准索 1 号索已受到上面索股的轻微挤压，为确保后续一般索股的架设精度，特选 29 号索股作为第二根基准索。

基准索股绝对垂度的测量，必须在夜间温度变化较小及气温稳定的时间段内观测，观测时间段定为凌晨 3:00 ~ 5:00。

基准索股垂度调整完成后，4 月 23 日 ~ 4 月 25 日进行了连续三天的稳定观测。根据连续三天观测的结果统计整理的基准索股的线形见表 3-2-57。

29号基准索股最终线形数据表　　表3-2-57

项　目	北边跨		中跨		南边跨	
	绝对垂度差(mm)	上、下游高差(mm)	绝对垂度差(mm)	上、下游高差(mm)	绝对垂度差(mm)	上、下游高差(mm)
上游基准索	-17	2	+24	5	+36	3
下游基准索	-19		+19		+39	

从表3-2-57可看出，各跨绝对垂度差最大的为南边跨下游基准索，误差为+39mm，处于设计图纸规定的误差范围-20~+40mm之内，上、下游基准索的高差均在规范规定的范围内，基准索股的线形达到了要求。

7. 索股张力调整、空缆线形控制及索夹定位

1）索股张力调整

采用JMM-268动测仪、压力环、油压表、延伸量相结合的方式进行相互标定，对索力仪相关参数进行修正，确定索股长度调整与索力调整值的关系，并与计算值相比较。测量工作在晚上9点到第二天5点温度稳定时进行，每根索股测三组数据，对数据不稳定的情况加测几组数据取较为稳定值。整理数据，计算索力调整量，进行下一次调整并复测锚跨张拉力。经过调整，索力已达到较为合理的状态。

通过锚跨张拉力及理论数据对比可以看出，索股张拉力差值绝大部分控制在+5%~-5%以内，最大差值不超过8%，符合设计要求。

2）空缆线形控制

观测时间选择在夜间温度变化较小、气温稳定的时间段内，定为凌晨2:00~5:00。主缆线形观测测点如图3-2-161所示，取为上、下游主缆边跨四等分点和中跨八等分点。为方便测量，上游测点从南到北依次编号为S1~S17，下游测点从南到北依次编号为X1~X17号点。其中S1、X1分别为上、下游的南侧散索鞍IP点；S5、X5分别为上、下游的南塔主索鞍IP点；S13、X13分别为上、下游的北塔主索鞍IP点；S17、X17分别为上、下游的北侧散索鞍IP点。

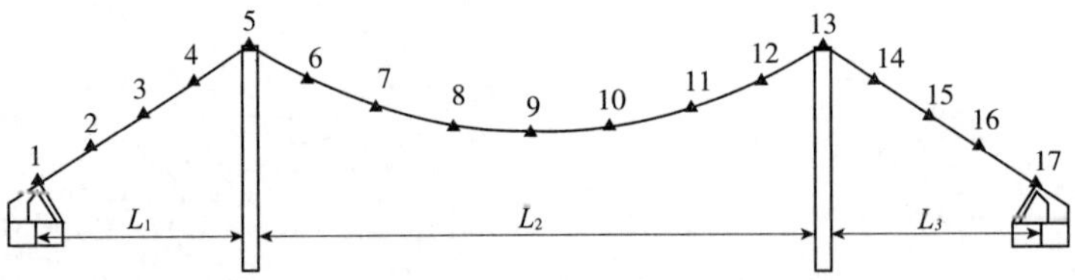

图3-2-161　主缆线形测点布置图

根据测量结果进行统计整理的主缆空缆线形数据见表3-2-58，表中数据已经考虑了塔顶偏位和温度的修正。

主缆空缆线形数据表　　表3-2-58

位　置	北边跨		中跨		南边跨	
	绝对垂度差(mm)	上、下游高差(mm)	绝对垂度差(mm)	上、下游高差(mm)	绝对垂度差(mm)	上、下游高差(mm)
上游	-36.2	124.8	5.5	9.4	-84.7	109.7
下游	-140.1		14.8		-93.5	

注：表中绝对垂度差为实测值-理论计算值。

从表3-2-58可看出，中跨主缆绝对垂度差最大值为14.8mm，上、下游高差仅为9.4mm，说明主缆中跨线形良好，基本达到了设计要求。边跨主缆绝对垂度差较大，最大值达到140mm，但由于边跨无吊索和

钢箱梁，所以对整个桥梁的受力影响不大。

3）索夹定位

观测时间选择在夜间温度变化较小、气温稳定的时间段内，定为凌晨2:00～5:00。索夹位置测点取为索夹端面与主缆天顶线的交点。塔顶偏位测点布置如图3-2-162所示，在南、北塔塔顶边角处各取两个固定点进行观测。

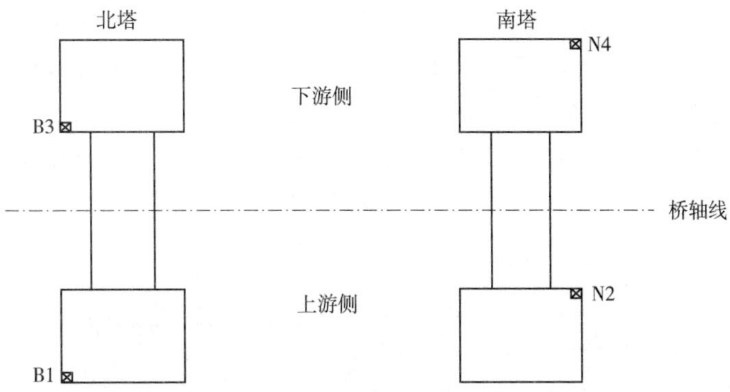

图3-2-162　主塔塔顶偏位测点布置图

主缆线形必须进行温度修正，主缆温度测点布置如图3-2-163所示，上、下游主缆各取9个测点。

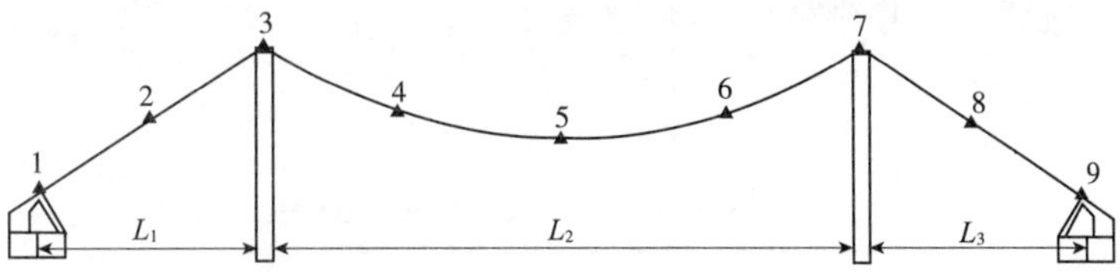

图3-2-163　主缆温度测点布置图

索夹坐标、塔顶偏位采用高精度全站仪TCA2003进行测量；主缆温度采用红外测温仪和温度传感器进行测量。

根据测量结果进行统计整理的索夹位置，并考虑塔顶偏位和温度的修正分析后可以得出，各跨索夹坐标与理论计算坐标基本吻合，最大误差绝对值不超过10mm，索夹位置放样精度符合要求，可以开展吊索安装等后续工作。

8. 钢箱梁安装应力、线形、主塔偏位及吊索内力控制

1）钢箱梁安装应力

施工阶段钢箱梁应力监测断面根据施工计算的控制截面确定。根据施工模拟计算结果，将主跨8等分，选取其中5个等分截面作为应力监测断面，每个断面设置6个传感器，全桥主梁共设30个传感器。测点布置如图3-2-164所示，每个断面在顶板、底板的上游侧、中心线、下游侧处各布置一个测点。

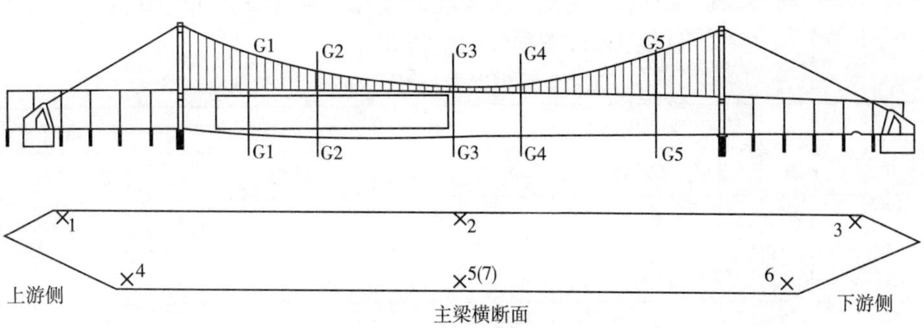

图3-2-164　主梁应力（含温度）测点布置

钢箱梁焊接之前，各梁段之间主要通过临时匹配件临时连接，匹配件只传递纵向推力及竖向很小的

剪力,并不传递弯矩或者传递的弯矩很小。钢箱梁应力主要由于自重引起,其数值不大。钢箱梁焊接前,其应力水平很低。

2)钢箱梁顶面线形

钢箱梁高程直接关系到成桥后的桥面线形,因此,必须对钢箱梁的高程进行监测。钢箱梁的高程仅受主缆高程及吊索长度的影响,所有对主缆高程及吊索长度产生影响的因素对钢箱梁的高程都会产生影响,且主缆高程、索夹位置及吊索长度的误差也都会使在钢箱梁的高程产生误差。《公路工程质量检验评定标准(土建工程)》(JTG F80/1—2004)中对钢箱梁的高程误差要求为 $L/20\ 000$,对于本桥,即为55mm。

钢箱梁顶面线形测点布置如图3-2-165所示,在每个梁段上、下游吊索中心连线上布置3个测点,分别位于上游路缘内侧、桥面轴线处、下游路缘内侧。端梁测点布置在端梁的塔侧梁端端口处。由于温度对主缆线形影响较大,从而影响钢箱梁线形,所以,测量高程的同时应测量大气温度和主缆温度。

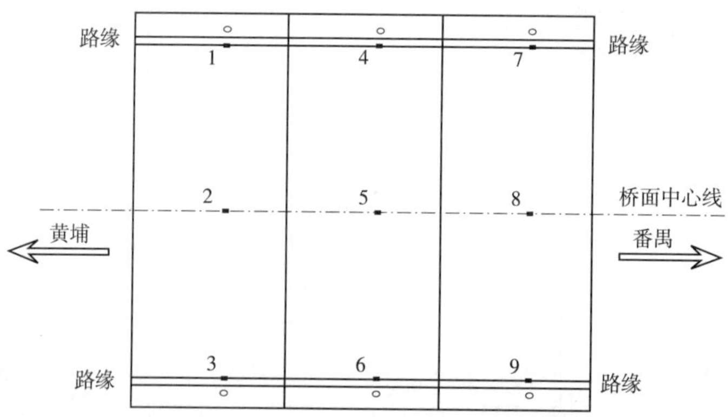

图3-2-165 钢箱梁顶面线形测点布置示意图

由实测温度条件下的钢箱梁顶面沿桥面中心线的高程可以看出,钢箱梁顶面中心线处的高程与理论计算结果吻合较好,实测值比理论值稍大,最大为50mm,这与主缆的线形状况相近。二期荷载未加之前,跨中钢箱梁呈反拱现象,由于成桥后桥面线形的不对称,反拱最大处位于跨中偏黄埔侧,桥面纵坡也由两侧向中间逐渐减小,实测结果基本上反映了这一规律。由于端梁坡度偏小,与相邻梁段线形衔接不好,而端梁采用临时吊绳,可在下一阶段工作中进行调整,调整时要按坡度调节到与相邻梁段平顺衔接。

对钢箱梁顶面,上、下游路缘内侧测点的高程分析后可以得出,上游侧普遍低于下游侧,最大差值为22mm,其余大部分差值在14mm左右。

3)主塔偏位

钢箱梁合龙后,对主塔塔顶偏位进行了观测,测量得到的塔顶纵向偏位值如表3-2-59所示。其中,塔顶偏位正值表示塔顶向番禺侧偏移,负值表示向黄埔侧偏移。从表3-2-59中可以看出,主塔塔顶偏位在1cm左右,上、下游差值也在容许范围内,塔顶偏位情况正常。

主塔偏位情况表(单位:mm)

表3-2-59

项目	北主塔			南主塔		
	上游	下游	上、下游差值	上游	下游	上、下游差值
实测值	14	-11	25	-6	13	-19
理论值	14	-3	17	3	5	-2
差值	0	-8	—	-9	8	—

4)吊索内力控制

吊杆随着位置的变化,其长度各异。同一吊点处的吊索,理论上要求其拉力完全相同,实际施工中很难做到。但吊索的拉力偏差必须在一定的范围内,以保证吊索的安全。特别在全桥合龙后,必须对吊索索力的变异性进行监测。

索力测量采用弦振法测量,测试时可利用环境激励获得吊索的振动频率,环境激励主要来自桥上的施工荷载和环境风力。测试时,利用附着在拉索上的高灵敏加速度传感器,采集拉索在环境激励下的振动信号,经过滤波、放大和频谱分析,再根据频谱图来确定拉索的自振频率,最后根据各拉索的实测振动频率以及有效计算长度、单位索长质量以及索端的边界条件,计算拉索的拉力。索力的计算由专用索力检测系统自动进行。

弦振法测定索力的原理为:将吊索假定为两端张紧的钢弦,通过其频率变化来测量吊索的应变,然后换算成索力。钢弦的振动频率 f 与弦的张力 T 之间的关系可以表示为:

$$f = \frac{1}{2l}\sqrt{\frac{T}{\rho'}} \tag{3-2-10}$$

因此

$$T = 4l\rho' f^2 \tag{3-2-11}$$

式中:l——钢弦的长度;

ρ'——单位长度钢弦的质量。

采用弦振法测定索力,一般要求满足以下几条假定:钢索只能受拉而不能受弯、受剪,即只有抗拉刚度;钢索质量在全长范围内是均匀的;钢索振动时没有外力作用,且其横向位移极小;钢索两端嵌固,可以看作固定端约束。

对于悬索桥的吊索而言,吊索两端的约束条件比较复杂,看作固定端约束会产生一些误差,特别是对于跨中的短吊索,误差更大。所以,弦振法只适用于长吊索的索力监测。

钢箱梁合龙后,根据吊索索力监测的结果可以得出,吊索索力受力均匀,除跨中短吊索(33 ~ 53 号)外,实测值与理论值吻合较好,误差在5%以内,满足监控要求。

5)合龙段吊装控制

(1)监控方案

钢箱梁在梁段依次安装中必然存在误差,合龙前,误差得到一定的积累,所以必须在合龙安装前,并顶推向塔侧梁段后,根据现场测量数据修正合龙段长度,对合龙梁段进行二次下料(配切),然后方可安装。安装时,将近塔侧梁段向岸侧拽拉一定距离,一般为30 ~ 50cm,然后吊装合龙段进入缺口,再将岸侧梁段与合龙段拉拢,连接匹配件。

合龙段钢箱梁吊装施工控制的方法及步骤为:

①24h 连续观测,确定温度对加劲梁全长的影响规律。与水平位移温度影响的计算值进行校核。并根据合龙期间当地的天气变化情况,确定合龙时的温度。

②设置支座上梁段的预偏。为控制成桥时加劲梁全长满足监控目标,需先将塔下的几片梁段预先往边跨预偏,其预偏量等于主梁的二期荷载引起的轴向变形、钢箱梁焊接时的焊缝收缩量、合龙温差引起的梁轴向变形的总和。

③测量合龙段所在位置两相邻梁段间的距离。确定合龙段长度,并交与相关单位对合龙段进行二次下料(配切)。

(2)焊缝横向收缩量的确定

环缝焊接是桥位施工中对线形影响较大的因素,而焊缝收缩量是个难以控制和确定的因素。钢箱梁顶板和底板的焊接横向焊缝收缩量取值,与焊接材料、焊缝断面面积、板厚、焊接工艺、操作水平、实际坡口、实际缝宽等多方面因素有关。

根据黄埔大桥南汊悬索桥钢箱梁焊接施工单位提供的经验值,在计算合龙段长度时,取每道横向焊缝垂直于焊缝方向的收缩量为3mm。

(3)合龙段长度的确定

①计算原理：

合龙段的加工长度，等于20℃时合龙段处的缺口长度，加上后期的焊接收缩量δ_h和二期恒载引起的伸长量δ_d。

全桥有86条焊缝，根据施焊方提供的数据，每条焊缝的收缩量为3mm。故全桥的焊缝收缩量为$\delta_h = 86 \times 3 = 258$(mm)。

二期恒载引起的梁段纵桥向的位移分别为：南侧 -1mm(以向南为正)，北侧 -26mm。

②N39的顶板加工长度：

根据实测值转换到20℃时的值。

20℃时缺口水平长度为：12.406 2m；

20℃时缺口竖向高差为：0.403 7m；

20℃时缺口弧长为：$S_N = 12.412\ 8$m。

N39顶板加工长度等于20℃时的缺口弧长加上$1/2\delta_h$和二期恒载引起的伸长量$l_N = 12.542\ 8$m。其底板加工长度等于顶板加工长度减0.015m，等于12.5278m。后考虑到目前部分梁段离缝偏大的现状，南端合龙段(N39)加工长度调整为12.573m，另照顾到切割工作和后续焊接工作的方便性，顶板与底板按相同长度实施。

③B39的顶板加工长度：

根据实测值转换到20℃时的值。

20℃时缺口水平长度为：12.529 0m；

20℃时缺口竖向高差为：0.126 1m；

20℃时缺口弧长为：$S_N = 12.529\ 6$m。

N39顶板加工长度等于20℃时的缺口弧长加上$1/2\delta_h$和二期恒载引起的伸长量$l_N = 12.632\ 6$m。其底板加工长度等于顶板加工长度减0.021m，等于12.611 68m。其值与顶板加工长度相差很小，考虑到切割工作和后续焊接工作的方便性，顶板与底板按相同长度实施。

④梁段的预偏量：

合龙段吊装完成后，钢箱梁南、北两端应向外有一定的预偏，预偏量等于后期的焊接收缩量δ_h和二期恒载引起的伸长量δ_d。

南侧梁段的预偏量：$d_N = 12.542\ 8 - 12.412\ 8 = 0.130$(m)；

北侧梁段的预偏量：$d_B = 12.632\ 6 - 12.529\ 6 = 0.103$(m)。

9. 钢箱梁焊接过程线形、坡口角度、顶面偏斜调整

1)钢箱梁焊接过程线形

焊接完成后，钢箱梁轴线分布均匀。以跨中为界，南半跨除个别梁段，钢箱梁轴线偏位基本全部在控制范围之内；北半跨跨中处钢箱梁偏位较大，最大值为32mm，偏位沿着轴线向端部逐渐减小，恢复到理想控制范围内。整个施焊过程阶段，结构内力变化微小。施焊完成后，钢箱梁整体线形比较平顺。

2)坡口角度调整

钢箱梁吊装完成后，端梁坡度偏小，与相邻梁段线形衔接不好。钢箱梁焊接进行到第五阶段，通过端梁的临时吊绳，调整端梁纵坡，以保证与相邻梁段平顺衔接。

端梁调整基于两个原则。首先，要保证端梁和相邻梁段平顺衔接；其次，要保证端梁和引桥的平顺衔接。

由于钢箱梁桥面作用二期恒载，钢箱梁的坡度会进一步减小，所以调整端梁时，依据端梁和相邻梁段平顺衔接，确定临时吊点调整量。依据端梁和引桥的平顺衔接，验算临时吊点调整量。

钢箱梁南、北端梁焊接完成后，实测数据如表3-2-60。由表中数据可知，焊接完成后，端梁端部实测纵坡坡度与理论纵坡坡度吻合良好。

钢箱梁端梁焊接后实测状态表　　表 3-2-60

位　　置	实测纵坡	理论纵坡	差　　值
南端梁	0.026 1	0.026 0	0.000 1
北端梁	0.014 6	0.015 5	-0.000 9

注：表中状态为焊接完成后，二期恒载前。由于临时吊点拆除，实测纵坡变小。

10. 成桥状态主缆、吊索、主塔和箱梁线形、应力检测及调整

1）成桥状态主缆线形

成桥后主缆中跨跨中点高程如表 3-2-61 所示，表中实测值和理论值均指实测温度下的数据，高程已换算为主缆中心处的高程。

成桥后的主缆线形表（单位：m）　　表 3-2-61

项　目	上　　游		下　　游		上、下游差值
	里程	高程	里程	高程	高程
实测值	10 580.136	81.934 5	10 580.119	81.909 0	0.025 5
理论值	10 580.136	81.904 2	10 580.119	81.904 2	0
差值	—	0.030 3	—	0.004 8	—

从表 3-2-61 中可以看出，上游主缆中跨跨中点实测高程比理论值高约 30mm，下游主缆中跨跨中点实测高程比理论值高约 5mm。主缆中跨跨中点上、下游实测高差 26mm，满足监控要求。

2）箱梁线形

钢箱梁顶面线形测点布置如图 3-2-166 所示，在每个梁段上、下游吊索中心连线上布置 3 个测点，分别位于上游路缘内侧、桥面轴线处、下游路缘内侧。端梁测点布置在端梁的塔侧梁端端口处。

在实测温度条件下，由成桥后钢箱梁顶面沿桥面中心线的高程可以看出，钢箱梁顶面中心线处的高程与理论计算结果吻合较好，实测值比理论值稍大，但不超过 30mm，这与主缆的线形状况相近。测量钢箱梁顶面，上、下游路缘内侧测点的高程后也可看出，上、下游差值基本在 20mm 以内。总体来说，钢箱梁顶面整体线形比较平顺，满足监控目标。

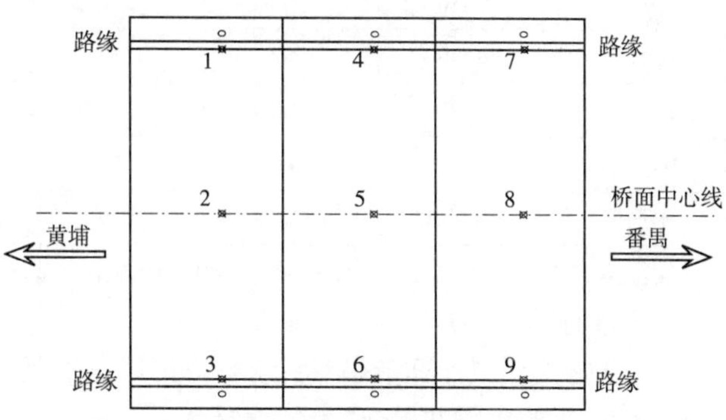

图 3-2-166　桥面线形测点布置示意图

3）主塔偏位

成桥后，对主塔塔顶偏位进行了观测，测量得到的塔顶纵向偏位值如表 3-2-62 所示。其中，塔顶偏位正值表示塔顶向番禺侧偏移，负值表示向黄埔侧偏移。从表 3-2-62 中可以看出，塔顶偏位情况正常，北主塔的上、下游差值为 25mm 左右，南主塔的上、下游差值在 10mm 左右，实测值与理论值吻合较好，塔顶偏位情况正常。

成桥后主塔偏位情况表（单位：mm）　　表 3-2-62

项　　目	北　主　塔			南　主　塔		
	上游	下游	上、下游差值	上游	下游	上、下游差值
实测值	25	53	28	7	17	10
理论值	18	41	23	1	15	14
差值	7	12	—	6	2	—

4)应力检测及调整

(1)主塔应力

成桥后主塔应力见表3-2-63。

成桥后主塔应力表(单位:MPa) 表3-2-63

测点位置	江侧边缘平均应力			岸侧边缘平均应力		
	实测值	计算值	误差	实测值	计算值	误差
北塔72.081m处	16.02	14.17	1.85	—	13.27	—
南塔54.264m处	9.84	8.19	1.65	—	7.85	—
南塔177.526m处	5.28	4.61	0.67	5.15	4.58	0.57

注:"—"表示该处的应变计已破坏。

从表3-2-63中可以看出,主塔应力与理论值吻合较好,满足监控目标要求。成桥后,主塔未出现拉应力,压应力控制在容许值范围之内,且不超过混凝土材料轴心抗压强度设计值的0.8倍。

(2)锚跨索股张拉力

成桥后,对南、北锚跨中预埋永久性压力传感器的索股进行索股张拉力监测,测量结果如表3-2-64所示。从表中可以看出,南、北锚跨索股张拉力受力均匀,与理论值吻合较好,均值误差在10%以内,基本满足监控要求。

锚跨索股张拉力(单位:kN) 表3-2-64

北锚跨(kN)				南锚跨(kN)			
索股编号	实测值	理论值	误差	索股编号	实测值	理论值	误差
29号	—	—	—	29号	1 354	1 466	-7.6%
36号	1 532	1 469	4.3%	36号	1 352	1 466	-7.8%
70号	1 470	1 473	-0.2号	70号	1 456	1 469	-0.9%
BS1-1	1 470	1 466	0.3%	104号	1 428	1 520	-6.1%
BS1-2	1 424	1 478	-3.7%	111号	—	—	—
144号	1 480	1 473	0.5%	144号	1 350	1 467	-8.0%
平均值	1 475.2	1 471.8	0.2%	平均值	1 396.5	1 480.5	-5.7%

注:北锚跨29号索股、南锚跨111号索股上的压力传感器被破坏。

(3)钢箱梁应力

根据施工模拟计算结果,将主跨8等分,选取其中5个等分截面作为应力监测断面,每个断面设置6个传感器,全桥主梁共设30个传感器。

钢箱梁应力测点布置如图3-2-164所示,每个断面在顶板、底板的上游侧、中心线、下游侧处各布置一个测点。成桥后,钢箱梁应力如表3-2-65所示。

成桥后钢箱梁应力监测表(单位:MPa) 表3-2-65

测点	G1-G1	G2-G2	G3-C3	G4-G4	G5-G5
1	—	-51.66	29.19	-0.84	—
2	-9.66	-5.46	45.99	21.84	67.62
3	-10.08	-77.7	—	-37.17	-12.81
4	17.01	25.41	-19.83	22.89	-28.35
5	—	-14.91	-31.08	-0.84	-52.71
6	3.78	56.49	-13.86	-3.57	-41.37

注:"—"表示此处应变计被破坏。

(4)吊索索力

对于悬索桥的吊索而言,吊索两端的约束条件比较复杂,看作固定端约束会产生一些误差,特别是对于跨中的短吊索,误差更大。所以,弦振法只适用于长吊索的索力监测。安装减振器后,应考虑减振器的影响,计算中把减振器处看成弹性支撑点。

成桥后,对吊索索力进行监测可以看出,吊索索力受力均匀,除跨中短吊索(33～53号)外,实测值与理论值吻合较好,误差基本在5%以内,满足监控要求。

二、施工控制结论

黄埔大桥南汊悬索桥施工监控的目标是确保结构在施工过程中的安全和成桥后结构受力和线形满足设计要求。

1.施工过程监控

黄埔大桥南汊悬索桥施工控制工作包括以下各个阶段:前期计算阶段、主塔施工阶段、索鞍安装阶段、猫道架设阶段、索股架设阶段、紧缆及索夹安装阶段、吊索安装阶段、主梁架设阶段、加劲梁焊接阶段、桥面铺装及成桥阶段。分别根据各个阶段的监控需求和实际施工情况编制了施工控制实施细则,严格实施各阶段数据采集分析工作,实现结构内力和线性的双控过程。实现了确保结构在施工过程中安全的监控目标。

2.成桥结构线形和内力

黄埔大桥主体工程于2008年10月13日顺利完成,2008年10月16日实施成桥试验。在实施成桥试验前,对结构线形和内力状态进行了全面测量,检测结果表明,成桥后结构受力和线形达到既定的监控目标,满足设计要求。

3.成桥结构线形

(1)缆索线形:上游中跨跨中点实测高程比理论值高约30mm,下游主缆中跨跨中点实测高程比理论值高约5mm。主缆中跨跨中点上、下游实测高差26mm,满足监控要求。

(2)主梁线形:钢箱梁顶面线形与理论值的差值均在30mm以内,钢箱梁顶面上、下游高差在20mm以内,钢箱梁整体线形比较平顺,满足监控要求。

(3)塔顶偏位误差:北塔偏位最大误差为12mm,南塔偏位最大误差为6mm,满足监控要求。

(4)桥面中线偏位:南半跨基本满足监控要求,北半跨小部分梁段偏位较大,经调整,后续梁段轴线恢复到监控目标范围内,整体评价基本满足监控要求。

(5)桥长偏差:钢箱梁施焊完成后,钢箱梁实测长度与理论长度相差-42mm,满足监控要求。

(6)桥头高程衔接误差:桥头平顺,满足监控要求。

4.结构内力

(1)主塔应力最大误差为1.85%,且没有出现拉应力,满足监控要求。

(2)南、北锚跨索股张拉力受力均匀,与理论值吻合较好,均值误差在10%以内,基本满足监控要求。

(3)吊索索力受力均匀,除跨中短吊索(33～53号)外,实测值与理论值吻合较好,误差基本在5%以内,满足监控要求。

(4)钢箱梁应力没有超过钢结构材料允许应力。

第三章 引桥施工

本章以黄埔大桥为例，介绍预应力连续箱梁、预应力连续刚构箱梁的移动模架施工。

黄埔大桥引桥主要采用移动模架施工，尤其是跨径 62.5m 大跨径等截面连续梁组合，采用上行式 MSS62.5 型移动模架造桥设备施工。对于 30m 跨和 45m 跨，分别采用 MSS45 和 MSS30 下行式移动模架施工。

MSS62.5 移动模架总重 1 568t，总长度 143.4m，起吊高度 50m，是我国目前跨度最大、起吊高度最高、一次起吊重量最重的造桥设备。

第一节 桩基础与承台施工

一、桩基施工

北引桥每墩均设置为群桩基础（左右幅各 4 根）、直径为 ϕ1.8m 的钻孔灌注桩，共有 104 根；桩基础均进入弱风化、微风化混合岩地层，全部为嵌岩桩。桩基采用 C30 混凝土；基桩长度为 33.1 ~ 55.9m。

钻孔灌注桩施工作业的主要内容包括：施工前准备（围堰筑岛、场地平整）、测量放样、钢护筒埋设、钻机就位对中、钻孔、成孔、钢筋笼制作与安装、水下混凝土灌注、桩检等。

钻孔灌注桩施工工艺流程见图 3-3-1。

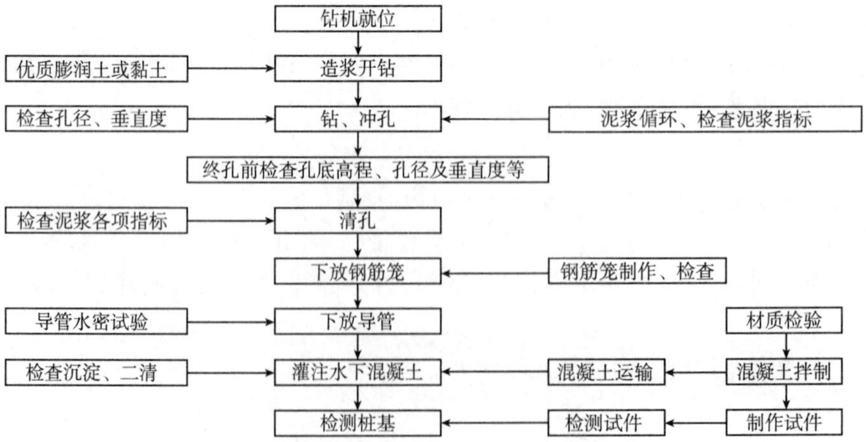

图 3-3-1 钻孔灌注桩施工工艺流程图

二、承台施工

南汊桥从 58 ~ 70 号墩左右幅共有 26 个承台。承台尺寸为 7.4m × 7.3m，承台施工采用 C30 混凝土，除66号墩承台采用围堰和井点降水法施工外，其余均采用常规方法施工。承台施工工艺流程为：

准备工作→基坑开挖→凿桩头→基底处理（浇筑混凝土垫层）→桩基检验→测量放样→绑扎钢筋→支立模板→浇筑混凝土→养护→拆模→检验→下道工序施工。

第二节　墩身施工

桥墩均采用矩形倒圆角花瓶式结构实体墩；混凝土强度等级为C40。采用无对拉杆墩身模板（图3-3-2），翻模法现浇施工工艺。墩身直线段采用分段浇筑法，顶部曲线段一次浇筑。墩身浇筑共需三节3m模板，每次拆除下面两节，最上一节作基础模板，下面两节6m翻到上面，连接好后构成新的6m浇筑段模板。

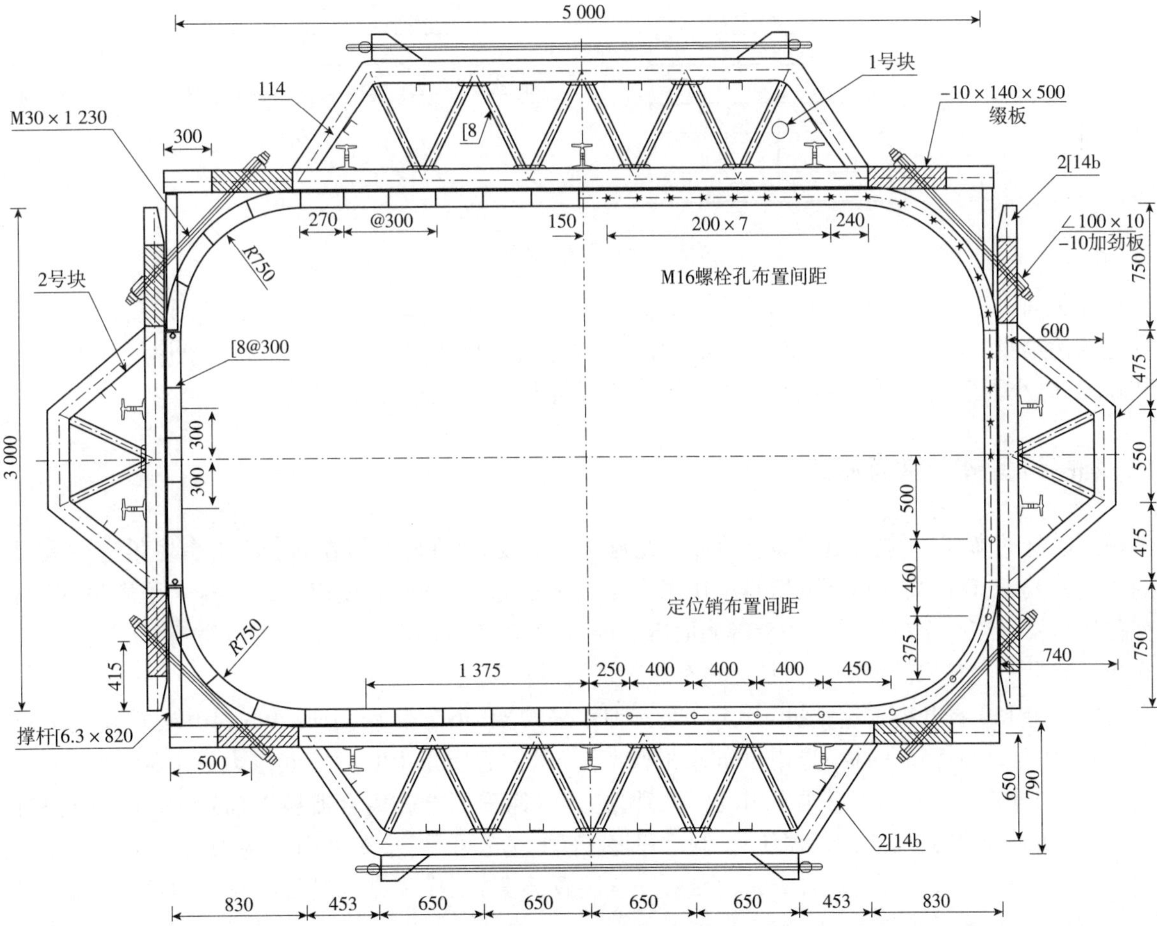

图3-3-2　无对拉模板结构（尺寸单位：mm）

墩身施工流程如图3-3-3所示。

一、无对拉杆墩身模板应用

单片模板成型后，定要作二次抛光处理，四片拼成筒状后，相邻模板间水平接口处错台不得大于0.5mm，竖缝不得有错台，否则应打磨平整。横、竖接缝处钢板均要铣边；单块模板平面尺寸误差必须控制为：横截面长、宽±1mm，模板单节高±3mm；面板整体平整度要求2m尺测量值不大于1mm；3m高模板成型的垂直度不得超过2mm；保证所有直线段的连接都具有互换性。验收前，全部节段都要试拼合格：弧形模板必须圆顺、自然过渡，半径准确，圆倒角与正板拼焊时，水平、垂直方向均不得错台；在同一节相拼的四片模板中，面板钢板水平拼接焊缝须处于同一断面上，如有面板焊缝需处理，打磨成一体；等截面板横向直线段必须为通长板，不得焊接接长，曲线段长边中间 3.5m 宽幅度内为通长板，两侧可接长焊接。

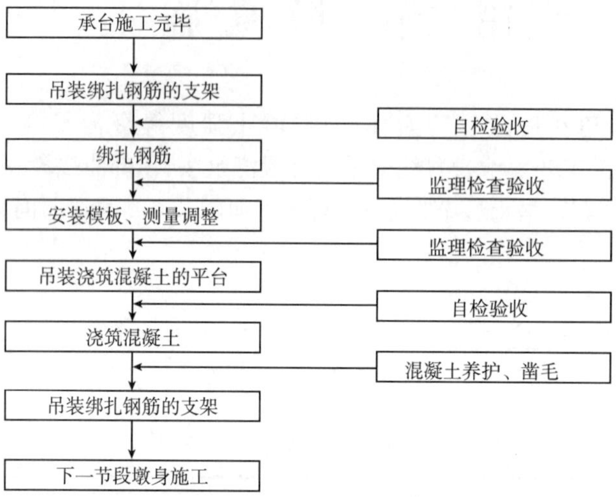

图 3-3-3　墩身施工流程

模板安装前进行除锈工作，使模板表面光亮无锈斑。除锈后，用清洁剂清理干净，保证模板表面无粉尘和其他的污染物。随后在模板表面涂一层专用的模板漆，模板漆要涂刷均匀。安装模板过程中，要注意安装顺序，先小面后大面，保证结构物的尺寸、垂直度符合设计及施工规范要求。

二、塔吊设备辅助墩身施工

考虑到墩身的高度，一般的起重设备难以满足施工的需要，故在每个墩左右各需 1 台塔吊进行模板、钢筋的吊装。其中，18m 高度以下的墩身采用吊车吊装模板施工，18m 高度以上的墩身采用塔吊配合整体轻型爬架翻模施工。全标段共用 3 套等截面墩身模板、2 套变截面墩身模板。每段墩身浇筑混凝土高度为 6.0m，混凝土浇筑采用混凝土搅拌运输车运至现场后再泵送。

塔吊采用 JL150 自升塔式起重机。JL150 是一种水平臂架、小车变幅、上回转的自升塔式起重机，其臂长有 40m、45m、50m、55m 四种（选用 40m 水平臂架）。最大起质量 10t，额定起重力矩 1 500kN · m，最大起重力矩为 1 750kN · m。该塔机采用液压顶升，起升机构采用电磁离合器换挡，涡流调速；回转和行走机构用液力耦合器和磁盘式制动器使起、制动平稳，工作安全可靠；小车牵引机构采用三速电机驱动，变幅效率高；电气系统采用新型元件，布置合理；安全装置齐全，工作可靠；侧置式司机室视野开阔，操作方便。

具体施工墩身、箱梁时，塔吊采用固定附着式，每隔一定高度便采取措施使塔吊与墩身固定。

三、墩身大体积混凝土无裂缝施工

1. 优化墩身施工混凝土配合比

在 C40 混凝土里面掺入一定比例的粉煤灰，增加了混凝土的和易性，降低了施工水化热，防止了混凝土开裂。

2. 合理布置循环冷却水管

在墩身处合理布置循环冷却水管，在混凝土浇筑后，安排专人负责循环冷却水，缩小了混凝土内部与表面的温差，防止了混凝土表面裂纹的出现。

3. 混凝土养护

墩身混凝土每次浇筑6m高(除墩顶段外)，混凝土量约$75m^3$，采用吊机配合浇筑，浇筑应连续进行。如因故必须间断时，其间断时间应小于前层混凝土的初凝时间或能重塑的时间；若间断时间超时，应设置施工缝。混凝土浇筑完成后，在墩身顶面用喷雾器喷水雾养生或立即用塑料薄膜覆盖，待混凝土初凝后，将薄膜撤走，换铺粗麻布，并洒水湿养4d或保持潮湿状态至下一节段浇筑。墩身侧面拆模前喷涂了泡沫塑料用于混凝土养生。拆模后立刻用湿土工布将墩侧面覆盖严密，洒水保持潮湿状态15d。养生24h不间断进行，并做好详细记录，记录包括混凝土养护期间的大气温度(每日测4次，8h一次)、天气、撤膜时间、洒水时间、风力风向等。

第三节　上部结构施工

一、移动模架现浇箱梁施工

移动模架现浇箱梁施工包括移动模架的安装、加载试验、绑扎底板钢筋及预应力管道、绑扎顶板钢筋及预埋件、浇筑混凝土、预应力张拉、模架系统前移等若干工艺，其施工工艺流程如图3-3-4所示。

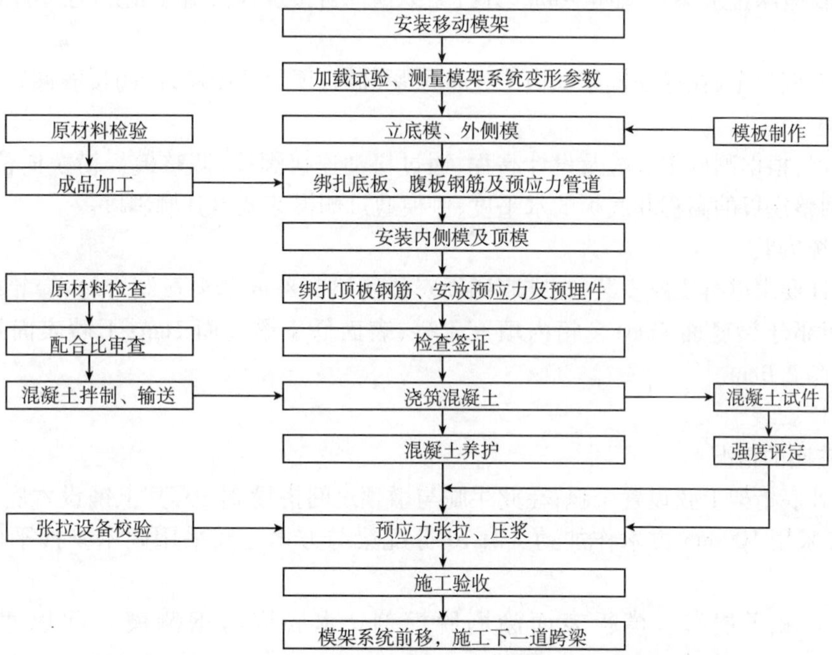

图3-3-4　现浇箱梁施工工艺流程图

1. 模板施工

1)模板结构设计

侧、翼模：由钢板及型钢骨架组焊而成，其中面板厚度为6mm，骨架由20号工字钢及不等角钢组焊而成，每块模板在横向和纵向都有螺栓连接。标准模板每段长为10.5m，由四副吊架支承。为保证模板起拱时调节方便，在侧、翼模的横桥向连接缝处留有2cm的伸缩缝，为防止此缝漏浆，两块模板之间嵌有10mm厚的橡胶板。模板与吊架侧模支架用螺栓连接在一起，调整吊梁上的螺旋顶来调节模板的预拱度，起拱线形按二次抛物线分布，其跨中最大值应根据桥梁设计方提供的数据来定。侧模和底模起拱必须是同一线形同一拱量。在起拱后的状态下，翼模横桥向连接缝上边的螺栓连接要紧些，而其下边的连接要松些，具体的松紧要根据第一孔和第二孔的试验而得。预拱度调节完成后，通过张拉穿心顶用吊杆把模板吊挂到吊架上。

底模及其桁架：底模由钢面板及型钢骨架组焊而成，其中面板厚度为6mm，骨架由20号工字钢及不等角钢组焊而成，每块模板在横向和纵向都有螺栓连接。标准模板每段长为10.5m，由四副底桁架支承。底模用螺栓固定在底桁上，通过底桁上的吊挂轮组、导向轮组和水平油缸的伸缩，实现底模的打开与合龙。底模桁架分横向底桁和纵向底桁。横向底桁是由][16a槽钢及][8组拼成的“米”形桁架，每副为左右两片，中间用ϕ60销轴连接。桁架中心高为1 800mm，在模板开合处的底桁上焊接有人行通道，便于操作人员拆卸与脱模。

2)模板制作安装质量标准

钢模板制造：由移动模架生产厂家配套设计加工，此处不详述。

钢模板安装如下所述。

(1)模板面板处理

模板面板应严格打磨除锈，打磨除锈完成后必须清理干净，安装、点焊大块不锈钢板并采取防护措施。

(2)合模

①外侧模合模：按照移动模架施工步骤进行。

②拼缝处理：合模后对模板拼缝的接头处按模板设计图进行处理。对于侧模间、侧模和底模间拼缝应夹填10mm橡胶泡沫止浆垫，压缩至4mm，并拧紧纵横向拼接螺栓。对无止浆垫的细小拼缝，嵌填腻子止浆。

③外侧模放在底模上，在移动模架底横梁设置顶紧机构，顶紧外侧模，严防接缝漏浆。

(3)模板调整

使用测量仪器，根据测放中心线及设计高程，通过松动连接螺栓，调整模板横桥向位置；通过对吊杆的收进及放松，调整模板的高程和底板的水平度；侧模通过侧模架调整其倾斜度。

3)支座处木模安装

提前按照设计要求进行支座安装；在支座四周安装使用1.8cm厚夹板制套箱，套箱较支座尺寸每边大5cm左右，顶面低于梁底面2cm；套箱内填充干砂，表面低于梁底面2cm；干砂表面及木套箱顶面用M7.5砂浆抹面，厚2.0cm。

4)墩位处木模安装

(1)墩顶有支座的情况

在靠近墩身处底桁架上弦设置牛腿；在此牛腿与墩顶之间搭设2[10，其上铺设木底模。木底模采用18mm厚胶合板，采用100mm方木作加劲。2[10分配梁与方木之间采用硬木楔抄平模板并便于卸荷拆模。

模板间隙采用腻子嵌缝。模板表面涂刷脱模剂。木底模与钢侧模之间填塞压缩橡胶泡沫止浆。

(2)墩顶无支座的情况

在墩顶设置预埋件，安装钢牛腿；在底桁架牛腿与墩顶侧牛腿之间搭设2[10分配梁，其余与墩顶有支座的情况相同。

(3)墩身附近木底模

墩身附近木底模部分应在木模下部设置侧模对拉拉杆。

5)内模安装

采用ϕ48mm钢管支架体系支撑，利用自带吊机分块安装内模。

6)两端堵头模板

两端堵头模板采用钢模，具有足够的刚度，并支撑牢固，在浇筑混凝土的过程中不能移位、跑模、胀模等,而且要垂直。封端模板的质量好坏直接关系到预应力管道是否符合要求,有锚垫板的地方,锚垫板应与堵头模密贴并定位牢靠。封端模板位置及预应力孔道位置应准确,分段长度依靠封端模板来定位。所有模板均应保证结构物尺寸准确。

7)内模顶板

底板混凝土浇筑完成,内模顶板预留下混凝土浇筑口,钢筋及时恢复。

8)验收

模板制作及安装完成后,按照《公路桥涵施工技术规范》(JTJ 041—2000)进行验收。

(1)模板加工成形后应符合的要求

除外观平整、顺直,接缝面平整、顺直、打磨光滑,并除锈、除污干净、焊接牢固外,还应使尺寸误差满足规范规定。

钢模板　长和宽:0,－1mm;高:±5mm;
面板端偏斜≤0.5mm,板面及板侧挠度±1.0mm;
板面局部不平整(用2000mm长平尺检查):≤1.0mm;
螺栓孔眼位置:孔中心与板面的间距为±0.3mm;
沿板长、宽方向的孔:±0.6mm。

木模板　模板长和宽:±5mm;
相邻两板面高差≤1mm(刨光,不刨光为≤3mm);
平板模板表面最大的局部不平(2mm直尺检查):≤3mm(刨光;不刨光为5mm);
拼合板中木板间的缝隙宽度:≤2mm。

两端封端模板应有足够的刚度,并且其上所钻的穿钢筋的孔眼位置及穿塑料波纹管的孔眼大小、位置偏差均要准确(最大偏差控制在40mm以内)。

所有分块制造的模板,经有关部门检查符合要求以后(做好编号标志)运至工地安装。

(2)检验标准

模板高程:±10mm;模板内部尺寸:+5~0mm;轴线偏位:10mm;模板相邻表面高低差:2mm;模板表面平整度:5mm;预埋件中心线位置:3mm;预留孔洞中心位置:10mm;预留孔洞截面内部尺寸:+10mm,0mm。

2. 钢筋及预埋件施工

1)材料及现场管理

材料验收质量标准:钢筋应有出厂合格证,每批到达工地的钢筋均向监理工程师提供试验报告和出厂质量证明书,外观检查合格后每批应按TB 10210—2001要求抽取试样,分别做拉、弯复查试验。如有一项不合格,则加倍取样;如仍有一项不合格,则该批钢筋为不合格。并按不同钢种、等级、牌号及生产厂家,分类堆放、挂牌,以便识别。钢筋在使用前,进行调直和除锈,保证钢筋表面洁净、平直,无局部弯折。钢筋的加工制作在加工车间严格按设计图进行,成品编号堆码,以便使用。

2)钢筋制造安装

(1)钢筋制造、成形质量标准

钢筋加工检查项目如表3-3-1所示。

钢筋加工检查项目表　　表3-3-1

项次	检查项目	规定值或允许偏差(mm)	检查方法
1	受力钢筋顺长度方向加工后的全长	±10	按受力钢筋总数的30%抽查
2	弯起钢筋各部分尺寸(mm)	±20	抽查30%
3	箍筋、螺旋筋各部分尺寸(mm)	±5	每构件检查5~10个间距

钢筋安装检查项目如表3-3-2所示。

钢筋安装检查项目表 表 3-3-2

<table>
<tr><th>项 次</th><th colspan="3">检 查 项 目</th><th>规定值或允许偏差(mm)</th><th>检 查 方 法</th></tr>
<tr><td rowspan="4">1</td><td rowspan="4">受力钢筋间距(mm)</td><td colspan="2">两排以上排距</td><td>±5</td><td rowspan="4">每构件检查 2 个断面,用尺量</td></tr>
<tr><td rowspan="2">同排</td><td>梁、板、拱肋</td><td>±10</td></tr>
<tr><td>基础、锚碇、墩台、柱</td><td>±20</td></tr>
<tr><td colspan="2">灌注桩</td><td>±20</td></tr>
<tr><td>2</td><td colspan="3">箍筋、横向水平钢筋、螺旋筋间距(mm)</td><td>0, -20</td><td>每构件检查 5~10 个间距</td></tr>
<tr><td rowspan="2">3</td><td rowspan="2">钢筋骨架尺寸(mm)</td><td colspan="2">长</td><td>±10</td><td rowspan="2">按骨架总数的 30% 抽查</td></tr>
<tr><td colspan="2">高、宽或直径</td><td>±5</td></tr>
<tr><td>4</td><td colspan="3">弯起钢筋位置(mm)</td><td>±20</td><td>每骨架抽查 30%</td></tr>
<tr><td rowspan="3">5</td><td rowspan="3">保护层厚度(mm)</td><td colspan="2">柱、梁、拱肋</td><td>±5</td><td rowspan="3">每构件沿模板周边检查 8 处</td></tr>
<tr><td colspan="2">基础、锚碇、墩、台</td><td>±10</td></tr>
<tr><td colspan="2">板</td><td>±3</td></tr>
</table>

(2)现浇箱梁钢筋绑扎工艺

①将加工好的钢筋运至模板内,按设计图放样绑扎,在交叉点处用扎丝绑牢,必要时采取点焊,以确保钢筋骨架的刚度和稳定性。

②为便于施工,腹板钢筋每 12m 为一段进行绑扎。根据弹好的线安放腹板箍筋;穿入主梁纵向水平筋。

③墩顶横梁钢筋绑扎:现场采用 ϕ48mm 钢管搭设钢筋绑扎支架,将成形横梁钢筋现场焊接成形;绑扎腹板箍筋形成横梁钢筋骨架。横梁钢筋下料时,应根据需要,预留出移动模架钢立柱所使用的横梁二次浇筑空间。

④纵向水平筋采用搭接绑扎,其搭接长度及接头错开应满足设计及规范的要求。

⑤预埋墩身预应力蹬筋(移动模架抗风),在达到设计的要求后加以固定,以确保其墩身的预埋钢筋在浇筑完混凝土后位置不变。

⑥垫好钢筋保护层的水泥砂浆垫块,侧面的垫块与钢筋绑牢,并检查有无遗漏。保护层垫块强度应等同于梁体混凝土强度。每平方米按四块布置,垫块厚度要准确,且牢固固定于钢筋上。

⑦凡与预应力束以及与移动模架钢立柱发生冲突的普通钢筋,均适当移动以避让。如需割断普通钢筋或主要普通钢筋移动较大,应与监理工程师和设计代表商议后再决定。

⑧锚固齿板内的钢筋应与腹板、底板钢筋采用点焊连接;箱梁底板内平衡拉筋必须与底板内上、下层主筋点焊连接。

⑨凡需焊接的受力部分,均需满足可焊性要求,并且当使用强度不同的钢材焊接时,所选用的焊接材料的强度,应能保证焊接及接头材料强度高于较低强度的钢材。

⑩盆式橡胶支座的地脚螺栓安装孔,待螺栓安装后用环氧树脂砂浆灌实。

3)预埋件安装

施工中应注意安装如下预埋件。

(1)伸缩缝预埋件、防撞栏及泄水孔预埋件。

(2)梁体内排气管、移动模架设计所需抗风预埋件(含墩顶抗风 ϕ32mm 预应力蹬筋)。

(3)交通工程等方面的预埋件。

(4)伸缩缝处翼缘板加厚端采用后浇,对于其横向预埋筋外伸部分折成与侧面模板相应角度,绑扎时与侧面模板顶紧。对于封锚及各类预留孔等二次浇筑混凝土的预留钢筋采用同样做法。

4)注意事项

钢筋下料、加工、连接及绑扎，必须严格按施工图纸进行。因施工需要，对钢筋位置或接头形式进行调整及变更时，应征得监理工程师的同意，个别需作较大调整时应以报告形式征得设计单位同意，监理工程师认可后方可进行。钢筋绑扎时扎丝不得外漏。主梁预应力钢筋的位置及设置方式原则上不能变动，确因施工困难时，应在充分讨论、研究并同意后实施。预应力管道定位应根据管道形式设置定位钢筋、防崩裂钢筋，保证在混凝土浇筑过程中不上浮、不变形、不堵塞。波纹管的质量在安装前必须严格检验，确保能承受一定的径向压力，不得有漏浆现象。对于塑料波纹管，要求预应力钢绞线应先穿，防止管道在高温下变形堵塞；在浇筑混凝土过程中应对钢绞线抽动或灌水，防止管道堵塞。

3. 混凝土施工

1）混凝土供应

由 1 500L 强制式搅拌机混凝土拌和楼供应。运输采用 $6m^3$ 混凝土搅拌运输车；垂直运输及梁面水平运输采用混凝土输送泵，由独立输送管道将混凝土输送至浇筑点，泵送能力 $\geq 80m^3/h$；混凝土灌注速度：$\geq 60m^3/h$，允许重塑时间：$\geq 21h$，混凝土坍落度：18 ~ 20cm。混凝土浇筑方向：自跨中向两端对称进行，先底板，后腹板；水平分层、斜向分段，连续施工，分区浇筑，分区振捣。箱梁底板混凝土采用滑槽下灰，内模顶板合理设置下灰孔。

箱梁 C50 混凝土一次浇筑最大方量：1 100m^3。

2）混凝土原材料

混凝土原材料应满足《公路桥涵施工技术规范》（JTJ 041—2004）有关要求。

3）混凝土配合比

箱梁混凝土数量大，一次浇筑最大方量 1 100m^3，混凝土配合比既要经济适用，也要保证混凝土工作性能，同时满足施工要求。混凝土单独掺优质磨细矿渣粉时，掺量控制在 15% ~20%，如单独掺Ⅱ级粉煤灰时，掺量控制在 10% ~15%。混凝土水泥用量控制在 380 ~400kg/m^3，用水量控制在 155 ~160kg/m^3，外加剂控制在 1.0% ~1.1%。

混凝土缓凝时间 21h，坍落度 18 ~20cm，根据施工现场温度可适当调整，保证混凝土浇筑完成前不能初凝。

混凝土 3d 强度 >45MPa，弹性模量达到设计规范要求，满足设计预应力施工的要求。

4）混凝土浇筑

各梁段施工前应严格对结合部进行凿毛、冲洗，保持干净湿润，以保证连接牢靠。浇筑混凝土前，将模板内杂物和钢筋上的油污擦洗干净，涂脱模剂，并对模板进行加固，适当洒水湿润，经监理工程师检查合格后，进行混凝土浇筑。

混凝土要满足施工所需的和易性、流动性和可靠性，混凝土强度达到设计规定和满足耐久性等技术要求。

混凝土浇筑从分段梁体一端向另一端按水平分层、斜向分段依次浇筑，一次全断面浇筑完成。混凝土在混凝土工厂集中拌制，用混凝土输送泵泵送至待浇梁体，同时采用两台输送泵对称泵送浇筑。

浇筑混凝土时按梁的断面水平分层、斜向分段地进行，上层与下层前后浇筑距离不小于 1.5m，每层浇筑厚度不超过 30cm。在混凝土浇筑过程中，注意使混凝土入模均匀，避免大量集中入模。派有经验的混凝土工负责振捣，振捣采用插入式的振动器，移动间距不超过其作用半径的 1.5 倍；与侧模应保持 5 ~10cm的间距，插入下层混凝土 5 ~10cm 左右，将所有部位均振捣密实；密实的标志是混凝土停止下沉，不再冒气泡，表面平坦、泛浆。每处振捣完毕后，慢慢提出振动棒，避免碰撞模板、钢筋、预应力管道和其他预埋件。

指定专人填写施工记录，包括原材料质量、混凝土坍落度、拌和时间、质量、浇筑和振捣方法、浇筑进度和浇筑过程中出现的问题及处理方法、结果。浇筑顶板时在顶板钢筋上设人行道，控制好顶板高程。顶板表面进行二次收浆抹面，并于终凝前拉毛，及时养护，防止裂纹产生。

5)混凝土养护

混凝土终凝后，及时进行养护。由于大面积混凝土养护不及时，容易产生裂缝，所以，混凝土收浆拉毛后，先覆盖塑料薄膜，再采用土工布覆盖并洒水保湿养护。每天洒水次数视环境湿度而定，洒水以能保证混凝土表面经常处于湿润状态为准。在内模拆除后，对腹板也应进行浇水养生。对于箱内底板，根据现场施工情况，混凝土初凝后及时用土工布覆盖洒水，保温保湿养护，控制箱内、外温差不大于25℃，以避免内外温差过高引起裂纹。混凝土养护时间不得少于7d，混凝土的养护应安排专人负责。

6)混凝土泵送措施

本工程由于桥墩较高，因此，箱梁的混凝土输送主要采用泵送混凝土的施工方法。

泵管数量足够，型号齐备，连接卡箍及螺栓的安装正确、牢固；应设立足够的支点和悬挂点，不可悬空，特别是弯头处，须切实支好拴牢。与接口泵管相连的第一根泵管宜为直管，不可直接连接弯管，不得已时，宜有1.0m长直管过渡。泵管道必须有独立的支架，不能依托在模板上。

泵送混凝土宜由强制式拌和机拌制生产；拌制时试验室应有专人值班，并随时根据集料实际含水率等施工条件的变化，适度调整试验配合比。

混凝土泵送前，应将泵管内壁清洗润湿，并先行泵送少许砂浆。

开始压送泵送混凝土时，泵机应处于低速压送状态，并应注意观察泵的压力和各部件工作情况。待压送顺利后，方可提高到正常压送速度。

泵送混凝土的压送顶升应连续进行，尽量避免停泵。当混凝土供应不足时，宜降低压送速度，以免中断。

当混凝土压送困难、泵的压力升高、管路产生振动时，不可勉强压送，应对管路进行检查，并放慢压送速度或使泵反转，以防堵塞。

压送混凝土时，料斗应装满混凝土。在混凝土压送过程中，如吸入空气，应立即反泵，将混凝土抽回到料斗内，待除去空气后，再改为正转。

混凝土的泵送作业，应使混凝土连续不断地输出，且不产生气泡。泵送作业完成后，管道里面残留的混凝土应及时排出，并将全部设备彻底进行清洗。

夏季施工，泵管应湿布包裹遮盖，避免太阳直射。

4.预应力施工

1)纵向及横向预应力体系

纵向预应力主要布置在腹板内，共布置20孔15-22的预应力钢绞线；钢绞线在各施工缝处张拉并用连接器接长。在墩顶附近，除腹板布置预应力束外，在顶底板内分别布置4孔15-4和2孔15-16的钢绞线。横向预应力采用扁锚15-4的钢绞线，沿顺桥向以75cm等间距布置，交替单端张拉。纵向预应力束除了T1、T2束采取两端对称张拉外，其余纵向预应力钢绞线均采取一端张拉；纵向预应力钢束在箱梁横断面应保持对称张拉，两端张拉的纵向钢束张拉时两端应保持同步。锚下控制应力为1 395MPa。纵向预应力管道采用塑料波纹管成形，型号为：D-120、D-100、D-70X19。

预应力损失计算中孔道偏差系数$K=0.001\,5$，管道摩擦系数$\mu=0.25$，一端锚具回缩6mm，混凝土徐变系数$\phi=2.0$，收缩应变$\varepsilon=2.1\times10^{-4}$，钢束松弛率3.5%。

2)预应力材料及设备

(1)采用的预应力钢绞线，使用前按规定分批抽样进行检验。钢绞线的表面不得有润滑剂和油渍，允许有轻微的浮锈，但不得锈蚀成可见的麻坑。钢绞线内没有折断、横裂的钢丝。钢绞线直径偏差不超过规定。如抽样检查不合格，则加倍抽查，如再不合格，则对该批钢绞线逐盘检查。

(2)锚具和夹具的类型符合设计规定，并抽样进行外观尺寸、硬度及锚固力检查和试验。检查结果如有一套不合格,则另取双倍数量进行检查,如仍有一套不合格,则逐套检查,合格者方可使用。

(3)钢绞线进场后,必须按照有关规定对其强度、外形尺寸、初始应力和物理及力学性能等进行严格试验。锚头应进行裂缝探伤检验,夹片应进行硬度检验,锚具应进行组合锚固性能试验。同时应就实测的弹性模量和截面积对计算引伸量作修正。

(4)张拉机具应与锚具配套,使用前对张拉机具进行检查和校验,校验时,千斤顶与压力表配套校验,以确定张拉力与压力表读数间的关系曲线。

(5)预应力钢绞线、锚具和夹具储存在清洁、干燥的地方,加以遮盖,并定期检查有无损坏和腐蚀。

3)孔道安装

波纹管底口点焊定位筋(ϕ10);分节安装波纹管,每节波纹管长6m,接头管较标准管大一号,接头管长30cm;接头处用封箱纸密封。电焊反"U"形定位卡环,定位架间距在直线段为1.0m,曲线上为0.5m,波纹管孔到中心满足设计要求。管道的制作、安装及连接必须保证质量,现场在预应力管道附近对钢筋等施焊时,应采取保护管道的措施,严禁因管道漏浆造成预应力管道堵塞。箱梁在绑扎钢筋、浇筑混凝土过程中,严禁踏压波纹管,防止其变形,以免影响穿束及张拉。

孔道安装质量要求:

管道坐标(mm)　梁长方向30,梁高方向10;

管道间距(mm)　同排10,上下层10。

4)预应力筋制作及穿束

钢绞线通过移动模架自带15t吊机及5t电动葫芦,从地面转移至桥面下料。下料后,应梳整编束,每隔1~1.5mm用铁丝绑扎,编束后的钢绞线应顺直不扭转,按编号分类存放。钢绞线搬运时,支点距离不大于3m,端部悬出长度不得大于1.5m。钢绞线切断前的端头先用铁丝绑扎,切断后端面用胶布缠紧封头,以利于穿束。

穿钢束前应清除孔道内积水和杂物,并用风吹干。穿索宜采用人工或慢速卷扬机牵引,由端部一次穿索。对进出索口要有良好的导向措施。

5)张拉

(1)准备工作

①利用移动模架前端施工平台并在箱梁前端搭设张拉架,以便进行张拉、压浆作业。

②预应力筋和锚具使用前,必须按有关规定进行抽检,必要时需进行预应力孔道摩阻试验,且应征得监理工程师同意后,方可施工。

③预应力筋穿束前,必须对预应力筋进行下料、编束,油泵、油顶必须进行标定,以确定张拉力与油表读数对应。标定有效期为6个月或张拉200次。

④张拉前应向监理工程师提交详细说明、图纸、张拉应力和延伸量计算,并征得其同意。

⑤在梁体的混凝土达到设计强度的90%时,方可进行预应力钢束的张拉。张拉前对梁的外观尺寸、锚垫板位置及孔道内杂物等进行清理检查。

⑥锚具垫板必须与钢束轴线垂直,垫板孔中心与管道孔中心一致,安装千斤顶必须保证锚圈孔与垫板孔中心严格对中。

(2)张拉过程注意事项

①张拉人员应持证上岗,监理人员应现场旁站,并认真做好张拉记录。

②预应力钢束张拉应严格按设计的张拉顺序、张拉控制应力和工艺进行。

③纵向预应力束张拉时,张拉控制以张拉力和伸长值双向控制,以张拉力控制为主,伸长值为校核。当张拉控制应力达到稳定,并确认伸长、滑丝等合格后,方能进行锚固。纵向预应力束张拉程序为:$0 \rightarrow 20\%\sigma_k$(画线)$\rightarrow 80\%\sigma_k$(量伸长值)$\rightarrow \sigma_k$(量伸长值、持荷2min锚固)$\rightarrow$测定回缩量。

④钢束张拉时,应尽量避免滑丝、断丝现象。当出现滑丝、断丝时,其滑丝、断丝总数量不得大于该断

面总数的1%，每一钢束的滑丝、断丝数量不得多于1根，否则应换束重新张拉。锚固时也要做记号，防止滑丝。

⑤如果预应力筋的伸长量与计算值超过±6%，要找出原因，重新进行校订和测定预应力筋的弹性模量。

⑥张拉时，还应对上拱进行测量，观察水平、垂直方向的位移，以便采取措施，对预制梁加强支撑，以防万一。张拉完成经监理工程师同意后，方可锚固，用砂轮切割机切割钢绞线，钢绞线自夹片外露长度2~3cm长，张拉温度不宜低于5℃。

⑦钢束张拉锚固后，严禁碰撞锚头和钢束，钢束多余长度采用砂轮切割机切割，并采用水泥膏封锚头。

⑧张拉作业过程中，千斤顶后严禁站人。

6）压浆及封锚

预应力钢束张拉完成后，应尽早进行孔道压浆，并切实保证压浆质量。压浆材料、外加剂及水泥浆配比应根据管道形成、压浆方法、材料性能及设备条件通过试验确定。原则上要求尽量减小灰浆收缩，保证压浆密实饱满。压浆所用的水泥浆强度等级原则上要求其设计强度达到箱梁混凝土的设计强度，并据此进行配合比设计。水灰比在0.40~0.45之间，水泥浆的掺和材料要求对预应力束不能起腐蚀作用。压浆由一端压入，当另一端溢出的稀浆变成浓浆并与进浆口的水泥浆浓度一样时，关闭出浆口继续压浆，保持2min，关闭压浆阀，等水泥浆终凝后，再拆卸压浆阀，最后进行封锚。

（1）施工步骤

①准备工作：检查确认材料数量，种类是否齐备，品质是否保证；检查机具是否齐备、完好。压浆端要具备压浆所用机具材料，抽真空端开始抽真空，浆体压进前，真空度控制在-0.08~-0.1MPa之间。压浆过程中，真空泵保持连续工作。

②搅拌水泥浆：

a. 搅拌要求。搅拌水泥浆之前，加水空转数分钟，将积水倒净，使搅拌机内壁充分湿润。搅拌好的灰浆要做到基本卸尽。在全部灰浆卸出之前不得再投入未拌和的材料，更不能采取边出料、边进料的方法。

b. 装料顺序。首先将水、水泥倒入搅拌机，搅拌2min。

将减水剂倒入搅拌机中，搅拌3min出料。水灰比不大于0.45，所用水泥出厂时间不能超过一个月，不允许掺氯盐，减水剂的掺量由试验确定。水泥浆出料后应马上进行泵送，否则要不停地搅拌。必须严格控制用水量，否则多加的水全部泌出，易在管道顶端形成空隙。对未及时使用而降低了流动性的水泥浆，严禁采用补加水的办法来增加灰浆的流动性。

③灌浆：将灰浆加到灌浆泵中，在灌浆泵的高压橡胶管出口端冒出浆体，待这些浆体浓度与灌浆泵中的浓度一样时，关闭灌浆泵。将高压橡胶管末端通过球阀连接到锚垫板上的进浆孔，并开始压浆。

观察排气管的出浆情况，当浆体稠度和灌入之前稠度一样时，"关闭排气阀"且仍持续灌注2~3min，使管道内有一定的压力（0.8~1.0MPa），最后关闭灌浆阀。

④清洗：拆下灌浆胶管、球阀，清洗灌浆泵、搅拌机以及黏有灰浆的工具。

（2）纵向预应力真空辅助压浆法的技术要求

①水泥浆的水灰比控制在0.3~0.5之间，可采用专用真空压浆添加剂。

②孔道及两端必须密封，且孔道内无杂物，保持畅通。

③抽真空时真空度控制在-0.08~-0.1MPa之间。

④灌浆工作宜在灰浆流动性下降前进行，孔道一次灌浆并连续。

⑤灌浆过程中，真空泵保持连续工作。

⑥当灰浆从排气阀顺畅流出，且稠度与灌入的浆体一样后，在0.5~0.7MPa下持压2min。

⑦拌和后的水泥浆必须进行泌水性、流动性等试验，并做浆体试块。

（3）施工注意事项

①严格掌握材料配合比,灰浆进入灌浆泵之前应过筛。

②灌浆管应选用牢固结实的高强橡胶管,最后有压力时不易破裂。

③灌浆工作宜在灰浆流动性没有下降的30min内连续进行。

④按照规范要求,及时制作压浆试件。

⑤压满浆的管道应进行保护,使在一天内不受振动,做到使监理工程师满意。且管道内水泥在注入后48h内,混凝土温度不得低5℃。当白天气温高于35℃时,压浆工作安排在夜间进行。在压浆后两天,应检查注入端及出气孔的水泥浆密实情况,需要时进行处理。

(4)封锚

凡设槽口的埋入式锚头,管道压浆后,均须封锚。封锚混凝土应密实并与梁体混凝土结合良好。

5. 箱梁施工质量检验

1)质量控制标准(表3-3-3)

移动模架现浇箱梁检查项目表　　表3-3-3

项次	检查项目		规定值或允许偏差	检查方法
1	混凝土强度(MPa)		在合格标准内	
2	轴线偏位(mm)		10	用全站仪或经纬仪,每孔测量3~5处
3	顶面高程(mm)		±10	用水准仪检查,每孔5处
4	断面尺寸(mm)	高度	+5,-10	每孔用尺量3~5个断面
		顶、底板宽	±30	
		顶、底、腹板及翼缘板厚	+10,-0	
		翼缘长	+5,-10	用尺量
5	总长度(mm)		+0,-10	用尺量
6	平整度(mm)		6	用2m直尺检查
7	支座板平面高差(mm)		2	查浇筑前记录
8	横坡(%)		±0.15	用水准仪每孔测3~5处
9	预埋件位置(mm)		5	用尺量

2)外观鉴定

线形平顺,无明显折变,色泽一致;棱角分明,混凝土无露筋、孔洞、蜂窝、夹杂物、局部疏松现象;宽度在0.1mm及以上的裂缝应作处理,麻面的面积不超过该面面积的0.5%,箱室内的施工垃圾清理干净。

6. 黄埔大桥移动模架施工技术

1)预应力梁移动模架施工概述

移动模架施工法自1950年联邦德国在考勃林茨近郊克钦卡汉桥施工以来,由于其具有很多优点而得到了广泛应用。我国的移动模架法的施工跨度从30m、40m到50m,发展到目前黄埔大桥上的62.5m,已经达到世界上最大跨径。我国移动模架的施工能力虽然已达到了国际水平,但由于我国移动模架施工方法起步相对较晚,在钢材品质及制作加工工艺上同国际先进水平相比还存在一定的差距,导致移动模架在实际应用中还存在诸多的问题,给人员安全、工程质量及工程进度等都带来了一定的影响。鉴于目前我国移动模架的设计、制造及施工养护均未有统一的规范和标准,为确保黄埔大桥的施工安全及质量,提高我国移动模架施工能力和水平,以黄埔大桥移动模架施工为背景,开展系列研究,以形成移动模架的设计、制造及施工养护工作指南,具有一定的理论意义和工程指导意义。

MSS62.5m移动模架总体布置如图3-3-5所示。

2)62.5m跨径移动模架施工概述

(1)北引桥62.5m跨径概况

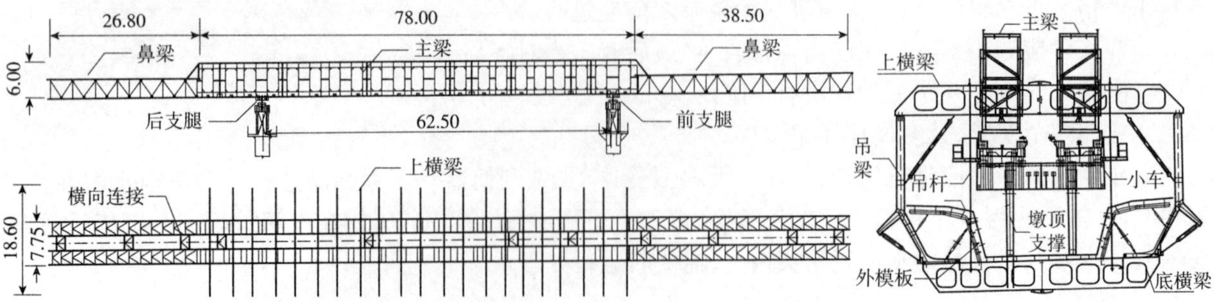

图 3-3-5　MSS62.5m 移动模架总体布置图(尺寸单位:m)

黄埔大桥北引桥第 4 ~7 联的跨径组成为:(45 +2 ×62.5)m +(2 ×62.5)m +(5 ×62.5)m +(5 ×62.5)m。分上、下行分离的两幅桥,每幅桥宽 16.70m,两幅桥之间留 0.70m 宽的净距,以便于张拉横向预应力束。引桥均为等截面单箱单室、宽翼缘、斜腹板的现浇预应力箱梁结构。

第 4、5 联跨越瘦狗岭断裂带,受地质条件制约,将其设计成连续梁。边跨采用 45m 过渡到 62.5m 的结构,梁高由 2.5m 按直线过渡到 3.5m。第 6、7 联设计采用连续刚构体系。箱梁中心高 3.5m,箱梁横桥向底板保持水平,顶板设 2% 横坡,采用纵横二向预应力体系。

设计箱梁采用单箱单室截面,顶板宽 16.7m,底板宽 7.2m,翼缘悬臂长 4.0m,顶板厚 28cm,腹板厚 40cm。在距支点 13.5m 范围内底部厚度由 26cm 加厚到 60cm,腹板由 40cm 过渡到 60cm 厚。

在端支点处设置 150cm 的横梁,在中支点处设 250cm 的横梁,跨中不设横梁。与主桥相连跨的箱梁由于要放置大型伸缩缝的位移箱,受构造限制,将此处端部横梁加宽到 200cm。

箱梁双向预应力纵向预应力束主要布置在腹板内,共布置 20 孔 15-22 的预应力钢绞线,钢绞线在各施工缝处张拉并用连接器接长。在墩顶附近,顶底板内还分别布置 4 孔 15-4 和 2 孔 15-16 的钢绞线。横向预应力用扁锚 15-4 的钢绞线,沿顺桥方向以 75cm 等间距布置,交替单端张拉。锚下控制应力为 1 395MPa。

预应力损失计算中,孔道偏差系数 $K=0.0015$,管道摩阻系数 $\mu=0.25$,一端锚具回缩量为 6mm,混凝土徐变系数为 2.0,收缩应变为 2.1×10^{-4},钢束松弛率为 3.5%。

该桥主梁混凝土强度等级采用 C50,桥墩采用 C40。

桥墩采用矩形墩,低桩承台,钻孔灌注桩基础。中间墩的外形尺寸为 500cm ×250cm,在四角设置 $R=$ 75cm 的圆角,在距离墩顶部 5m 处设置半径为 5m 的圆弧,桥墩横桥向宽度由 5m 沿圆弧线向上变宽到 7.2cm,即与梁底同宽。过渡墩顺桥向加宽至 300cm,其余与中间墩保持一致。承台厚 300cm,平面尺寸为 740cm ×740cm。基础采用直径为 180cm 的钻孔灌注桩,使其成为群桩基础。

(2)南引桥 62.5m 跨径概况

黄埔大桥南引桥第 2 ~4 联的跨径组成为:(5 ×62.5)m +(5 ×62.5)m +(4 ×62.5 +45)m。分上、下行分离的两幅桥,每幅桥宽 16.60m,桥中间设 2m 宽的中央分隔带。引桥均为等截面单箱单室、宽翼缘、斜腹板的现浇预应力箱梁结构。

南引桥第 2、3 联分别由五跨连续刚构组成,跨径均为 62.5m,梁高 3.5m;第 4 联由五跨连续刚构组成,62.5m 跨径梁高 3.5m, 45m 跨梁高由 3.5m 渐变至 2.5m。第 2 ~4 联除过渡墩处采用单向支座外,其余桥墩位置均为墩梁固结。

箱梁为双向预应力混凝土结构,纵向预应力采用 15-22、15-12 钢束,箱梁顶板横向采用 15-4 钢束,预应力钢束设计张拉控制应力为 0.75 倍的公称破断强度,单根钢绞线张拉吨位:195kN。管道摩阻系数:0.17;偏差系数:0.000 8;一端锚具变形钢束回缩 6mm;钢束松弛率为 0.035。

该桥主梁采用 C50 混凝土,桥墩采用 C40 混凝土。

62.5m 跨径箱梁标准横断面如图 3-3-6 所示,均采用移动模架逐孔施工。上行式移动模架造桥机施工步骤见图 3-3-7(步骤一、步骤二)和图 3-3-8(步骤三、步骤四),箱梁施工流程见图 3-3-9(流程一 ~流程五)。

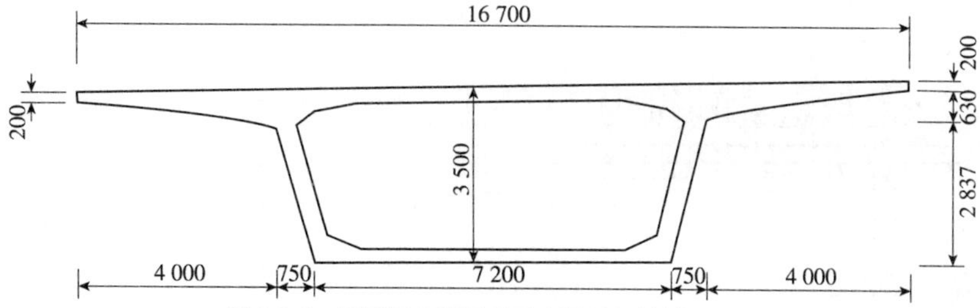

图 3-3-6　桥梁标准横断面示意图(尺寸单位:mm)

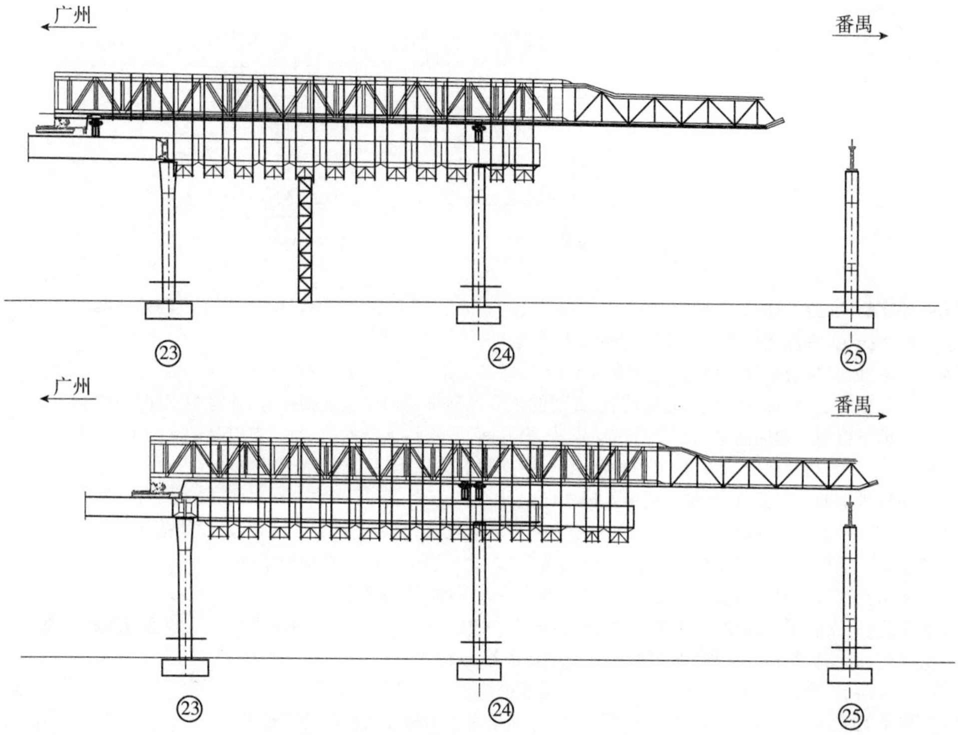

步骤一:①分别在第一跨的 23 号墩和 24 号墩的墩帽顶部预埋钢板上立支架;

②将前支腿、中支腿分别安装在 23 号墩和 24 号墩的支架上,并用螺栓固定;

③在跨中搭设万能杆件支架,后支腿搁在支架上;先在地面上分段拼装上、下弦杆框架;

④然后将拼装好的下弦杆框架吊装在搭设的支架及后支腿和前、中支腿上;下弦杆框架连接成整片框架,然后分别拼装腹杆和上弦杆框架形成主桁架,分段连接导梁,主桁架与后支腿用螺栓连接;

⑤在拼装完的主桁架的两侧安装挑梁,连接吊架及外模、底模及桁架;

⑥整个模架造桥机安装就位后,合龙外模及底模,并用螺栓将底模及桁架在中部连接;

⑦起动前、中支腿的顶升油缸,将主梁及模板顶升至制梁高程,锁紧油缸,墩身处的底模及外模板采用散模板拼装;

⑧检查制梁相关尺寸,扎制底板和腹板的钢筋,布置波纹管,铺设内模小车轨道及垫块;

⑨安装内模板,扎制顶板钢筋,吊装端模板,张拉悬挂钢绞索调整模板预拱度;

⑩浇筑混凝土、混凝土养生、张拉、压浆。

步骤二:①第一跨梁制好后,进行脱模,松开前、中支腿的顶升油缸,将模架主梁落于支腿的走行轮上;

②松开底模桁架中部连接螺栓及悬挂钢绞索,分别起动吊架和底模桁架油缸,将侧模及底模打开;

③将中支腿的走行轮销轴插入,起动前、后支腿的顶升油顶,将主桁架及模架顶升同时也将中支腿挂起;

④起动卷扬机,将中支腿拖行至前支腿近旁,拆除 23 号墩的支架并运往前方 25 号墩安装;

⑤松开前、中支腿的顶升油顶,使主桁架落于走行轮上,起动后支腿的滑移油缸,推动模架向前移动 16. 5m;

⑥起动中支腿的顶升油顶并将前支腿提起,并由卷扬机将前支腿向前移动 2m,至已制好的混凝土梁面上;

⑦松开中、后支腿的顶升油缸,将主梁落于支腿的滚轮上,并将中支腿的走行轮插销插入;

⑧起动前、后支腿的顶升油缸将主梁再次顶起 150mm 左右,并由卷扬机将中支腿牵引至原前支腿的支架上并连接;

⑨松开前、后支腿的顶升油顶,主桁梁落于前支腿的滚轮上,并插入前支腿走行轮的销轴。

图 3-3-7　上行式移动模架造桥机施工步骤图(一)

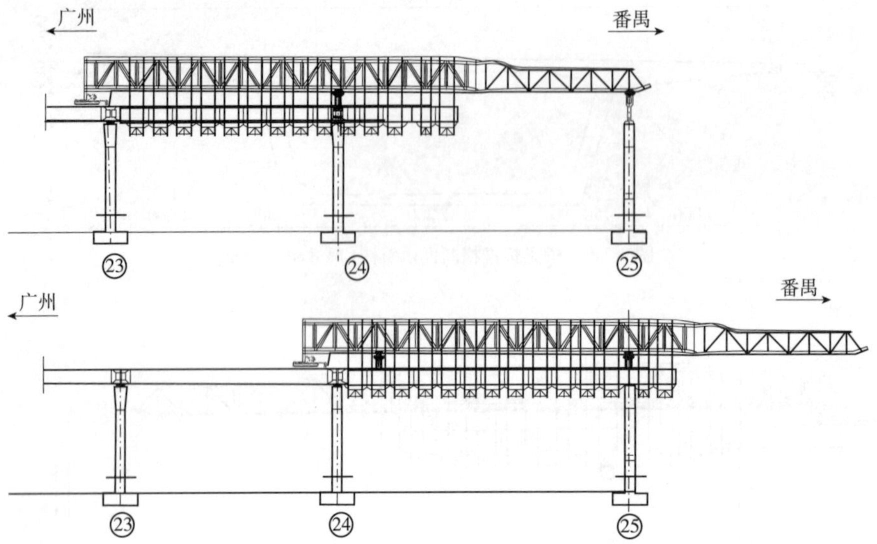

步骤三：①将前支腿的走行轮的插销插入，起动中、后支腿顶升油缸，将主桁梁及模架顶升，将前支腿悬挂起；

②开动卷扬机，将前支腿牵引至导梁前端的25号墩处；

③松开中、后支腿的顶升油顶，使前支腿落于25号墩的支架上，并用螺栓固定；

④将中支腿的走行轮插销插入，起动前、后支腿的顶升油顶将主桁梁及模架顶升，并将中支腿悬挂起；

⑤由卷扬机将中支腿向前牵引至1号墩支架处，松开前、后支腿顶升油顶，使中支腿落于支架上，并固定；

⑥松开前、后支腿的顶升油顶，使主桁梁落于前、中支腿的滚轮上，后支腿落于滑靴上。

步骤四：①起动滑靴上的步履油缸，顶推主桁梁及模架向前移动；

②每滑移一步后，须再次顶升后支腿，由滑移油缸将滑靴收拢，然后松开顶升油顶，后支腿落于滑靴上；

③滑靴上的滑移油缸推动主桁梁及模架，向前滑移；如此一步一步向前移动模架；

④主桁梁及模架步履式逐步向前移动，第二次移位46m，直至新的制梁位；

⑤启动前、后支腿顶升油顶，将主桁梁顶起并同时将中支腿悬挂起，由卷扬机牵引中支腿至已浇筑的混凝土梁前端；

⑥松开前、后支腿的顶升油顶，中支腿落于混凝土梁上，拆卸中支腿走行轮销轴；

⑦同时起动前、中、后支腿的顶升油顶，将主桁梁及模架顶升至新的制梁高程；

⑧收拢吊架油缸和底模桁架油缸，使模板合龙，并连接底模桁架及底模的连接螺栓；

⑨由模板设置的螺杆，分别调整模板的预拱度及坡度，根据制梁情况的要求来调节中、后支腿油顶受力状态；

⑩检查模板安装质量和定位精度，保证制梁质量；

⑪重复前面所述的制梁工序，箱梁施工缝布置在次跨的前12.5m梁段，以此类推，直至箱梁施工完毕。

图3-3-8 上行式移动模架造桥机施工步骤图(二)

3)预应力梁移动模架法施工的研究内容

对移动模架成套技术进行科学研究的最终目的是，确保桥梁结构具有优良的使用性能，研究内容分为三个方面：①移动模架设计制作及使用的系列问题研究；②大跨度移动模架现浇混凝土箱梁裂缝控制技术及耐久性研究；③移动模架法施工现浇箱梁的施工监控。

(1)移动模架设计制作及使用的系列问题研究

①移动模架设计。

a.一般规定。

移动模架施工方法的选用，应根据桥址处地形地貌、水文地质、通航要求、景观环境以及桥下的交通等因素，对移动模架施工的预应力混凝土连续梁桥方案中的跨径布置、结构形式等综合考虑，并进行合理布置。图3-3-9为典型的下承式移动模架施工示意图。

移动模架的各个组成包括主梁子系统、模板子系统、液压子系统、移位子系统及其电器、控制附属部分各子系统的构造与功能，材料、结构形式和技术参数等，设计时必须协调进行，同时要满足支架浇筑预应力混凝土连续梁桥和行走的方便。

移动模架的设计计算，必须确保结构和构件满足强度、刚度和稳定性要求。在计算荷载作用下，应对

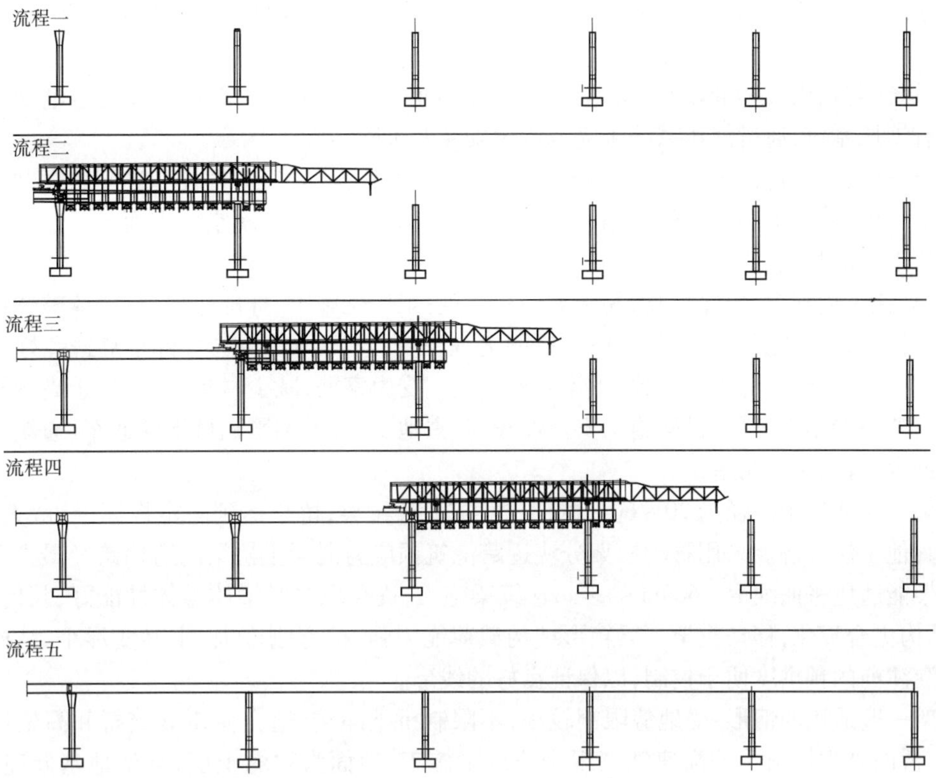

流程一：桩基施工→桥墩身施工，安装好预埋件→支座安装→桥墩处安装支架。
流程二：在第一孔墩身支撑上安装好造桥机及内外模板，浇筑箱梁混凝土→张拉第一孔钢束。
流程三：安装滑移吊架，前移造桥机一段后，安装后支点→移动造桥机到第二孔位置，浇筑箱梁混凝土→张拉第二孔钢束。
流程四：移动造桥机到第三孔位置，浇筑箱梁混凝土→张拉第三孔钢束。
流程五：依次浇筑完第四、五孔，并张拉钢束→造桥机移到下一联，形成五跨一联体系。

图 3-3-9　箱梁施工流程图

移动模架结构按受力程序分别验算其强度、刚度及稳定性。

在移动模架的总体设计中，应对其结构形式等进行同等深度的多方案比较，以得到最经济合理的方案。模板板面之间应平整、接缝严密、不漏浆，保证结构物外露面美观，线条流畅，可设倒角。

移动模架的结构应简单，制作、装拆方便。移动模架所采用的钢材和其他材料应符合设计要求及国标的材料制作要求。

浇筑混凝土之前，模板应涂刷脱模剂，外露面混凝土模板的脱模剂应采用同一品种，不得使用废机油等油料，且不得污染钢筋及混凝土的施工缝处。

设计考虑的要点：能满足同一桥梁不同跨径的斜弯坡桥的施工；尽可能满足无盖梁单柱式或双柱式高墩连续梁桥的整孔施工要求；具有足够的刚度、强度、稳定性及安全性，确保设备性能和生产效率，有利于维护；组成的构件应长度适宜，单件质量适当，有利于装卸、运输和吊装组合；考虑设备的使用机械化、自动化，且方便施工。

b. 结构形式。

移动模架由主梁子系统、模板子系统、移位子系统、内模子系统及其他附属设施构成。

主梁子系统：包括主框架总成、横梁、导梁、墩旁托架、龙门吊走行轨道、步行板及栏杆等部分。移动模架功能的优劣，包括其安全性、经济性、合理性、实用性和先进性等，主梁子系统设计将起关键作用。

模板子系统：包括非标准模板、标准模板、模板支撑、底模桁架及外模系统等，其中底模桁架及外模系统由底模桁架、底模、腹模、翼模、可调支撑系等组成。

移位子系统：包括支承台车、传动链条、外模架液压系统（横移油缸、纵移油缸、顶升油缸）及电气系统。

内模子系统：包括内模标准段、内模小车、内模车轨道等。模板的运输及安装通过电动小车来完成。电动小车配有液压系统，通过液压系统来完成内模安装及拆除。

其他附属设施：主要包括工作平台、爬梯、走道、悬吊设备、操作平台、栏杆和遮阳防雨棚等。

在实际工程中，移动模架类型的选用，应根据梁体结构设计及桥下净空要求而定。

移动模架工法的特点：

工序简单，施工周期短；工序重复，易于掌握和管理；工厂化施工，标准化作业，梁体整体性好，利于工程质量和安全控制；逐孔施工，经济效益好。桥型美观，多孔连续，伸缩缝少，行车舒适性好，亦可降低噪声；施工时的受力与运营时的受力一致，不需要增加施工受力钢筋，减少材料消耗；对于高墩桥梁，尤其是城市立交和高架桥的施工，移动模架施工安全性较高；占地少，基本不影响桥下的通车、通航要求，对环境的影响和污染少，有利于文明施工。

移动模架工法适用于跨径为 20 ~ 60m 的简支梁或者连续梁，桥长达到一定规模（一般大于 800m）时采用此法较其他工法经济。采用移动模架分块逐跨浇筑预应力混凝土桥梁的适用跨径最大可达 80m；上行式移动模架能适应平曲线 $R > 600$m 的多跨连续梁施工，逐孔现浇时梁体整体性能好，几何尺寸易于调整，使梁体结构更合理化；移动模架主梁箱形结构载荷能力强，抗弯刚度大，主梁变形小，结构安全可靠。箱梁混凝土灌注前的预拱度便于控制，以保证良好的线形。

移动模架一般适用的情形：受地势限制较小，不限制桥下净空，适合城市立交桥和高架桥施工；要求模架变形小、桥面高程控制严的高速铁路现浇连续梁施工；地面为软弱土层，支架地基处理困难或费用高，如海滩、河滩等地区修建的混凝土连续梁桥；中小跨径、坡度小于 3%、半径大于 300m 的现浇连续梁桥。

一般移动模架适用于建造混凝土箱形梁。除了用于建造箱形梁外，也有用于建造 T 形梁的桥梁。如在中国台湾，就有运用移动模架技术进行双 T 形桥梁的施工，在中国台湾的桃园高架桥和大湳高架桥中用移动模架法施工了双 T 形梁。移动模架法桥梁若无扭矩传递问题，可采用双 T 形断面（一般适用于双车道桥面，跨径 35m 以下的高架桥），以利于模板脱模及移动。

移动模架的适用桥型：在实际工程中，移动模架更多地应用于直线桥梁，但对曲线桥、斜交桥和斜拉桥等也有应用。

移动模架的适用跨径：主要用在 20 ~ 70m 跨度的长桥，由移动模架的结构和施工工艺决定。对铁路桥梁较小跨度不宜小于 20m；对公路桥梁跨度不宜小于 25 ~ 30m。桥梁最大跨度一般不宜大于 60m，其适宜跨度为 30 ~ 50m，采用移动模架分块逐跨浇筑最大跨度一般不宜大于 80m。对于使用 DMSS 施工的桥梁，其桥梁跨径为 30 ~ 60m，经济跨径为 30 ~ 50m，适用的桥梁长度为 200m 以上，经济的桥梁长度为 800m 以上，其平面曲率半径以大于 400m 为宜。

总体布置及基本参数：

主梁。主梁是移动模架的主要承重结构，一般可采用钢箱梁、钢板梁和钢桁架梁等；主梁是整个移动模架结构的核心，合理地选取设计参数关系到整个结构的强度、刚度、稳定性，同时影响着结构的经济性、安全性，因此，对于参数的选取，一定要慎重考虑，并应进行优化比较。模架的总长度由模架纵移过程中的平衡条件来决定，一般为桥跨的两倍，导梁和主梁拼接好后，总长能达到标准跨的两倍多，以实现 MSS 的纵向自行移动；主梁一般根据桥跨长度，选取适当数量预先分段制造的箱梁，阶段拼装组成，每节箱梁节段长 8 ~ 12m。承重主梁一般采用分段组拼安装，每段长度、质量以方便装卸、运输和安装为原则。

移动模架属于混凝土梁浇筑支架，移动模架主梁在施工荷载下最大竖向挠度应满足如下条件：

钢板梁主跨最大竖向挠度应不大于 $L/500$；

钢桁梁主跨最大竖向挠度应不大于 $L/1\ 000$；

模板挠度比率应小于 1/800～1/600,宜为 1/1 000;

移动模架横向结构在混凝土荷载下最大竖向挠度应不大于 L/1 200。

导梁。导梁为桁架结构,导梁的长度一般约为主梁长度的 1/2。导梁梁高约为主梁的 2/3,为节省材料,可以做成变截面矩形或者三角形形式。

支承系统。模架支承一般设置在墩台位置处,即支承位置与梁跨支点位置相同。支承方案要根据墩台高度选择而定,可用支腿,牛腿或辅助墩。当墩台高度 >20m 时,模架宜选牛腿支承。牛腿多设计为三角形钢结构,可在桥墩两侧对称布置并通过钢拉杆连接定位。牛腿上支点要设在桥墩预留限位孔内,牛腿下支点则置放于墩身表面。墩台高度 <20m,支承方式采用辅助墩。辅助墩为拆装式钢结构或钢筋混凝土结构,模架荷载通过辅助墩传递给承台。移动模架的支承结构由活动支腿和墩顶预埋件组成。活动支腿有前、中、后三种,其主要作用:一是支撑移动模架的工作荷载,并将荷载传递到桥墩和混凝土箱梁;二是通过支腿的转换来完成整机过孔移位;三是调节移动模架主梁高度。前支腿与墩顶预埋件采用法兰螺栓连接,在使用时,需将支腿与墩顶预埋件或混凝土箱梁作必要的锁定,以保证移动模架的整体稳定性。

上行式移动模架的支腿系统由以下几部分组成:前辅助支腿;前、中支腿;中辅助支腿;墩顶支撑。下行式移动模架的支腿系统由以下几部分组成:支撑托架;前辅助支腿;中辅助支腿;后辅助支腿。

模架模板:模板系统主要由内模系统和外模系统两部分组成。箱梁模板由底模、侧模、内模及端模组成。端模根据梁端尺寸加工成整体钢模;外模根据梁体尺寸采用厂制加工成大块可调式钢模,用螺栓拼接;内模用小块钢模拼装,用钢管脚手架支撑顶模及加固侧模。每块模板在横向和纵向都有螺栓连接,其骨架由槽钢、工字钢和角钢组焊而成。外模系统由底板、腹板、肋板及翼缘板组成。长4～6m,面板厚6mm,骨架间距 50cm,加劲肋用 30 号工字钢,底板直接铺设于两相邻横梁间与横梁相对应,每对底板沿横梁销接方向由普通螺栓连接,沿桥轴线一分为二,该系统纵移时可分开,以避开墩身。内模系统包括内模板、内模车、内模梁及道轨。内模板采用分段式结构,长 6～8m,用带有液压油油缸的可调螺杆支撑。

移动模架在持久荷载作用下,主梁安全系数不应小于 3;移动模架在短暂荷载作用下,主梁安全系数不应小于 2.5。

c. 设计计算基本内容。

对移动模架需进行下述计算:静力计算、结构计算、抗倾覆稳定计算、抗风稳定计算、疲劳计算、焊缝及连接计算、移动模架施工桥梁的受力计算。

所依据的规范:《公路桥涵钢结构及木结构设计规范》(JTJ 025—86);《铁路桥梁钢结构设计规范》(TB 10002.2—2005);《钢结构设计规范》(GB 50017—2003)。

强度与稳定计算按容许应力法计算。即结构构件按标准荷载计算的截面应力 σ 应不超过《公路桥涵钢结构及木结构设计规范》(JTJ 025—86)规定的容许应力 $[\sigma]$;变形计算时对结构的静活载挠度加以限制,使 $f \leqslant [f]$。现行《钢结构设计规范》(GB 50017—2003)除了疲劳计算采用容许应力法外,其余均采用以概率论为基础的一次二阶矩阵极限状态设计法,用分项系数反映各随机参数的影响,是一种近似的概率设计法。

②移动模架的制作。

a. 移动模架加工制造的总体要求。

为确保移动模架主梁的产品质量,要求在制造生产过程中强化质量意识,牢固树立质量第一的观念;严格按图纸设计要求、工艺要求及技术规程施工,合理、均衡地组织生产,精心操作,认真进行自检、互检,做到生产文明有序;加强质量控制,认真执行"三检制",确保产品"尺寸精确、焊缝可靠、外观整洁",要让用户对产品满意。对重要工序、重要部件严格控制,把好质量关,同时做专检记录。

b. 制作要求。

移动模架的加工制造,特别是主梁桁架组焊,要严格依据产品设计图纸,并参照《铁路钢桥制造规范》(TB 10212—98)及《钢结构工程施工质量验收规范》(GB 50205—2001)进行。

产品主材质为Q345B。下料前要严格控制好材质,绝不可混料用错材质。材料代用要办理代用单,对进入作业现场的材料要严格管理,对其规格、外观、表面质量、材质保证书要认真核对、核查,发现问题及时反馈处理。

制作过程中,生产、专检人员必须使用经计量检定合格的计量器具,注意修正值的正确使用;对重要部件、重要工序,要使用专用钢卷尺;避免计量误差,正确使用计量器具;测长度较长的尺寸,必须将钢尺拉紧。

零件的加工制造按相关钢结构零件加工工艺执行。组装前必须按图纸及工艺要求认真复检,认真检查零件的外形尺寸及其他加工项目,必须符合图纸工艺要求,图纸要求开坡口的零件,必须于组装前切好坡口,需切角的零件亦应于组装前切好。

要求组装、焊接的工作必须严格按设计图纸、相关加工工艺及《钢结构工程施工质量验收规范》(GB 50205—2001)执行。

c. 技术要求。

对加工厂家从材料的进料、试验、加工全过程进行严格监督。

全部材料必须采用正规厂家生产的合格材料,所有材料必须提供材质证明单。材料进厂时认真核对质量证件、材料材质、尺寸规格、炉批号标记等是否与实物相符,按炉批号标记存放在专用区,避免与其他产品用料相混。

在每一环节加工完成后,请专门的权威检测机构到加工厂家进行无损(超声波,磁粉)探伤检测。探伤方法按照《金属板材超声板探伤方法》(GB/T 8651—2002)执行,对不符合要求的加工件坚决返工或报废。全部结构件加工完成后,按照《钢结构工程施工质量验收规范》(GB 50205—2001)的规定,做好质量文件的编制、填写、收集工作。

试验取样按照《钢及钢产品力学性能试验取样位置及试样制备》(GB/T 2975—1998)执行。化学成分分析按照《钢的成品化学成分允许偏差》(GB/ 222—2006)执行。钢材复验后必须做复验标记,为做到可追溯性,必须标记转移。

根据设计图纸提供的构件材料,由主管工艺师选择相匹配的焊材,编制焊接工艺,焊材入厂前必须有齐全的质量证件及完整的包装。对首次采用的焊材按国家标准进行复验,评定结果报质量监督部门批准后使用。焊接前首先进行钢材及焊材工艺评定试验,并应有工艺评定报告及焊接工艺说明,检查焊工是否持有相应焊工资格合格证,证件是否在有效期内。

钢构件加工制作按照《建筑钢结构焊接技术规程》(JGJ 81 — 2002)的规定进行焊接加工。

钢材必须进行预处理,使表面无锈蚀现象,无油渍、污垢。经过对钢材的预处理可以发现钢材的表面损伤,并为下一步号料切割做好准备工作。

经预处理后的钢材使用气割或半自动切割机下料,并满足相应精度要求。

构件涂装,按照《压力容器涂敷与运输包装》(JB/T 4711—2003)执行。主梁、鼻梁、横梁及牛腿制造完毕后,进行喷砂、除锈(主梁、鼻梁底板滑板及牛腿上横梁顶面除外),全部构件喷涂二度醇酸底漆、二度醇酸面漆。

喷漆之前,全部构件采用喷(抛)砂除锈(模板除外),使用表面清洁干净的磨料,去除金属表面铁锈、氧化皮、焊渣、灰尘、水分等杂物,构件表面除锈等级应符合《涂料前钢材表面锈蚀等级和除锈等级》(GB 8923—88)中的规定。除锈后,钢材表面涂装醇酸底漆两遍,使用涂装的涂料应遵守图纸规定。每层厚度、逐层涂装间隔时间、涂料配制方法和涂装注意事项,都要严格按设计文件和涂料生产厂家的说明书按规定执行。面漆采用醇酸磁漆,涂装两遍,颜色与甲方协商确定。在下述现场和环境下不得进行涂装:空气相对湿度超过85%;施工现场环境温度低于0℃;钢材表面温度未高于大气露点3℃以上。

按照《钢结构工程施工质量验收规范》(GB 50205—2001)的规定,做好质量文件的编制、填写、收集工作，做到质量文件齐全、数据真实可靠，及时提交给来厂监理和监造人员审查，并做好质量记录的归档和管理工作。

钢构件出厂时应提交下列资料：产品合格证；施工图和设计变更文件；制作中对技术问题处理的协议文件；钢材连接材料和涂料材料的质量证明书或检验报告；焊接工艺评定报告；高强螺栓摩擦面抗滑系数试验报告，焊缝无损检验报告及涂层检测报告；主要构件检验记录及验收记录；预拼装记录；构件发运和包装清单。

d. 加工工艺流程，如图 3-3-10 所示。

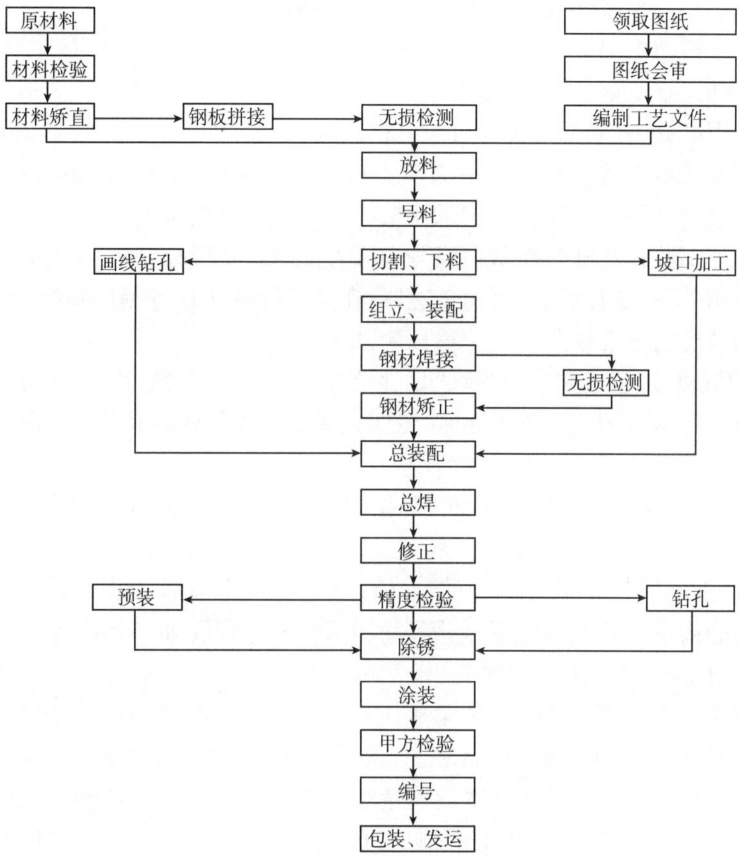

图 3-3-10　钢构件加工工艺流程图

（2）移动模架法施工现浇箱梁的施工监控

①移动模架监控工作状况分析。移动模架的三种工作状态是：行走状态、立模状态和混凝土浇筑状态。

当移动模架处于行走状态时，其结构体系是变化的，从行走开始到行走到位，要经历带双悬臂的简支、带单悬臂的两跨连续、带双悬臂的简支等体系变化过程；并且由于移动模架在不断移位，移动模架上各支承点的位置也是在不断变化的。移动模架处于行走状态的复杂性，主要体现在结构体系及支承条件的变化。在该状态下，在移动模架主梁底部将受到摩擦力作用，在移动前的临界时刻受到的是最大静摩擦力，在移动过程中受到的是滑动摩擦力；在该状态下，移动模架的前、后鼻梁处于受力较为不利的状态，须对前后鼻梁的应力进行监测。

移动模架的立模状态是指移动模架前移到位、合模的状态。在该状态下，移动模架处于空载，不是模架的最不利状态。但该状态是模架监控的基本状态，在该状态下要进行模架应力及变形的初值测量。

移动模架的混凝土浇筑状态是指在移动模架上浇筑完混凝土、预应力筋张拉前的状态。该状态下移动模架将承受浇筑本跨钢筋混凝土的全部重量。该状态又因施工位置的不同,其工作状况存在一定的差异,如首跨施工、中间跨施工、尾跨施工等。在该状态下,移动模架的主梁受力不利,主要表现在两个区域上:最大正弯矩区域、最大剪力区域,须对主梁进行应力监测。

②移动模架应力监测的内容。

a. 行走状态移动模架前后鼻梁受力不利构件的应力测量;

b. 立模状态移动模架鼻梁、主梁等的初始状态测量;

c. 混凝土浇筑状态移动模架主梁的应力监测;

d. 混凝土浇筑状态移动模架横梁吊杆系统的应力监测;

e. 混凝土浇筑状态移动模架支腿反力的监测;

f. 移动模架在各种状态环境条件下的影响监测;

g. 在移动模架使用过程中,局部区域临时、加密应力测量。

③移动模架的应力测点布置。具体的应力测点应由计算所得的受力最不利的位置来布置,主要包括:前后导梁、模架主梁、横梁及吊杆系统、支承托架或者支腿等不利位置。

④混凝土主梁的施工监控。施工控制一般分为应力控制和变形控制。

应力控制一般采用外贴式或内埋式应力传感器,在关键的截面进行测试和控制。关键截面点的变形一般采用全站仪或高精度的水准仪及各类位移计测试。

移动模架施工的混凝土连续梁的关键截面主要在:受力最大截面(如 $L/8$、$L/4$、$3L/8$、$L/2$ 等截面);内力变化剧烈处(反弯点附近);截面尺寸突变处附近;内力复杂和因特别目的需要监测的部位;对有横梁的桥梁结构,若横梁跨度较大,为确保横梁安全,应选取部分横梁正、负弯矩最大的截面进行应力测试;箱梁左、右监测截面宜对称设置,以便相互对比,剔除错误数据的干扰,增加整个测试系统的精度。

应力测试工况为:钢筋绑扎完毕;移动模架立模;浇筑混凝土前后;预应力张拉前后;移动模架行走时;模架前移到位;本跨或本联后续跨施工;每隔一段时间定期测量(如半年内每月一次,半年到一年之间 2 个月一次,以后每 3 个月一次);上二期恒载后。

为了尽可能消除不均匀温度、湿度对桥梁施工应力的影响,可采用固定观测时间(每天早上日出前),在梁体内外温度基本一致的情况下进行观测,这样可以消除大桥中不均匀温度的影响。对于不同湿度的影响,因该时刻也较稳定,采用前后两次的增量观测方法予以消除。对于主梁的不均匀收缩影响,亦采用增量观测方法予以消除。若前后两次观测时间较长,还需根据理论与试验资料拟定的收缩曲线修正。

⑤线形位移监测的项目:移动模架主梁的位移;移动模架上横梁的位移;移动模架吊杆的位移;混凝土主梁的位移。

⑥对移动模架施工的每一孔桥跨,应进行的测量工况有:立模后;钢筋绑扎后;混凝土浇筑后;预应力张拉前;预应力张拉后;脱模后;移模后。

⑦梁体自重、预应力、结构体系的变化及加载龄期、收缩徐变、温度变化、悬臂端长度、模架后支点的作用位置、移动模架的刚度等,对测试结果均有一定的影响。测试和理论分析中应按照相应的施工阶段,考虑温度、混凝土收缩和徐变等因素的影响。

⑧预拱度组成和设置。由于模架的自重,钢筋、混凝土的重量,将使主梁产生下挠,混凝土梁也下挠;同时,张拉预应力筋后,混凝土将起拱,两者的方向相反但大小不一致。因此,在施工时应设置预拱度。对于上行式移动模架现浇混凝土主梁预拱度的设置,应重点考虑以下几个方面:设计预拱度;移动模架主梁变形;移动模架横梁吊杆系统变形;移动模架外模板变形;移动模架内模架系统变形;温度效应引起的模架变形。

⑨施工控制是计算—施工—量测—修正—施工的循环过程。为达到施工控制的最基本要求,可按照施工过程实施控制,控制好每跨的预拱度值,并跟踪测量每次混凝土浇筑、张拉后及受力结构转换时,本

跨和已成梁各点高程的变化值，对结构状态理论值和实测值之间的误差进行分析、调整、预测。

⑩施工过程控制精度。混凝土梁变位与梁的预测设计高程误差应不大于 ±L/5 000；模架的钢梁实测挠度与理论预测挠度误差应不大于 ±L/10 000。上述 L 为梁的跨度。

立模高程允许误差≤ ±5mm；梁段重量误差应不大于 1% ~2% 。

7. 大跨度移动模架法施工现浇梁的空间仿真分析研究

大跨度移动模架施工混凝土连续刚构桥的结构形式及受力状况复杂，为了从设计上保证结构的安全可靠，有必要对其施工过程及运营阶段进行仿真计算分析研究。由于移动模架施工各联桥梁的结构形式及施工过程均相似，在此主要选取典型结构进行详细分析。

1）分析方法及思路

桥梁结构分析经历了从平面计算到空间计算、从线性计算到非线性计算、从静力计算到动力计算、从局部分析到全桥整体空间分析的发展过程。就大跨度复杂桥梁结构而言，一般要对结构进行三个层次的分析，即全桥结构的整体分析、主要构件的结构分析、复杂细节和局部构造的结构分析。

近 20 多年来，随着计算机和有限元技术的发展，出现了一大批优秀的商品化有限元软件，如 ANSYS, ALGOR, ASKA, DASAULT, MIDAS 等，桥梁结构分析随之也取得了较大的发展。从有限元理论来看，现已能用空间模型对桥梁结构进行比较细致的分析。但由于桥梁结构庞大及结构形式的复杂性，采用通用的商业软件进行准确的三维分析存在如下一些难题：

（1）准确的三维有限元模型的数据量庞大，计算效率低下，甚至无法进行运算。

（2）无法很好地对桥梁结构中大量预应力筋进行处理以及模拟预应力的实际效应。

（3）无法很好地对混凝土的收缩徐变效应进行模拟。

（4）对于复杂施工过程的仿真模拟更是束手无策。

移动模架施工大跨度预应力混凝土连续刚构桥的仿真分析，对桥梁结构的受力分析提出了非常高的要求，要求从空间仿真角度对结构的施工和运营阶段进行客观模拟，对预应力的空间效应进行评价，给出各工况的三维应力状态等。经认真考虑，认为采用目前通用分析程序无法全面对移动模架施工大跨度预应力混凝土连续刚构桥进行空间仿真分析，决定采用浙江大学交通工程研究所提出的实体退化系列单元理论及相关软件，对该桥进行空间仿真分析；用大型商用软件 ADINA 对自行开发软件的模型进行校准，并进行三维温度效应的分析。

为了对移动模架施工大跨度预应力混凝土连续刚构桥施工过程及运营阶段进行仿真计算分析研究，掌握结构在施工过程中和运营阶段的实际受力情况，采取了如下的工作思路：

（1）按照结构实际施工情况，采用实体退化单元分别建立各施工阶段及成桥状态的空间仿真分析有限元模型。

（2）根据结构的实际建造过程，用实体退化系列单元对分节段施工的过程进行空间仿真分析。

（3）根据预应力的实际作用机理，对预应力的三维效应进行客观模拟，即将预应力对结构的作用分成两个阶段来考虑；预应力张拉后灌浆前，用等效节点模拟预应力对结构的作用；预应力灌浆后，将预应力作为结构的一部分进行分析；用开尔文黏弹模型来模拟混凝土材料的收缩徐变特性。

（4）为了进一步掌握结构的受力特性，本研究还用通用商业有限元软件 ADINA 对桥梁结构进行了空间建模与分析，用其分析结果对实体退化单元的分析模型进行了校准，并用 ADINA 软件对温度效应进行了分析。

2）空间分析模型

为全面、准确分析移动模架施工大跨度预应力混凝土桥梁的各种荷载效率，在此，分别采用商用软件 ADINA 和自行开发的 USAP 建立了桥梁结构的空间分析模型。

（1）基于 ADINA 的空间分析模型

基于大型有限元软件 ADINA，采用三维实体单元建立结构分析模型。由于采用三维实体单元建模，计算量较大。黄埔大桥为5跨连续刚构箱梁桥，为了计算方便，本着遵循黄埔大桥实际桥型的原则，桥形为对称结构，因此简化为1/4结构计算。边界条件：墩和主梁固接，边墩和主梁为单向简支，由于建模为一联，边墩的受力为临近两联边跨共同作用，因此，建模时，为了防止边墩偏压，边墩直接用单向简支约束。

(2)基于实体退化单元的空间分析模型

黄埔大桥共分为两幅，该两幅桥横向对称，在此，选取右幅进行仿真分析。根据分段施工的实际情况，采用实体退化系列单元，按照桥梁结构的实际三维尺寸，分别建立了各施工阶段的空间仿真分析有限元模型。

有限元建模时，以桥梁纵向轴线为x轴，桥梁横向作为y轴，z轴竖直向上。用20节点的实体退化板单元对该结构进行仿真分析，全桥共划分1 376个单元。其中，主梁1 056个单元，薄壁墩320个单元，节点总数为10 635个。将结构尺寸变化、施工缝等处作为单元纵向划分处，同时沿纵向基本按3m的尺度进行单元划分；沿横向划分成8个单元：两翼缘板各一个单元，两腹板各一个单元，将箱室划分为4个单元；沿高度分为一个单元。

(3)荷载及边界条件

在进行黄埔大桥南引桥第三联仿真分析时，主要考虑自重、二向的预应力及桥面铺装等二期恒载等。将结构自重以体积力形式加以考虑，取$2.65\times10^4 N/m^3$，方向向下；纵横二向的预应力的作用采用等效节点荷载来处理；二期恒载以面荷载和线荷载的形式加以考虑。

根据结构的实际支撑条件，施工过程中各阶段及成桥状态下薄壁墩在承台固结，约束其三个方向的线位移；两边支墩处仅约束其竖向位移。仿真分析时，混凝土的弹性模量取$3.65\times10^{10}Pa$，混凝土材料的泊松比取0.16 667。

(4)仿真分析工况划分

在采用移动模架对桥梁结构进行施工的过程中，结构体系及其应力状态均处在不断变化中，为了分析施工各个阶段结构的应力状况，需根据现场施工的实际情况，正确划分和选取仿真分析的工况。在此，将整个桥梁施工分为5个工况，即首跨施工、三个标准跨施工及尾跨施工，具体如表3-3-4所示。

黄埔大桥移动模架施工连续刚构桥仿真分析工况一览表 表3-3-4

工 况 号	施工过程描述
1	第一跨(首跨)施工：主梁施工长度72.5m
2	第二跨施工：主梁施工长度72.5m+62.5m
3	第三跨施工：主梁施工长度72.5m+62.5m×2
4	第四跨施工：主梁施工长度72.5m+62.5m×3
5	第五跨(尾跨)施工：主梁施工长度72.5m+62.5m×3+52.5m

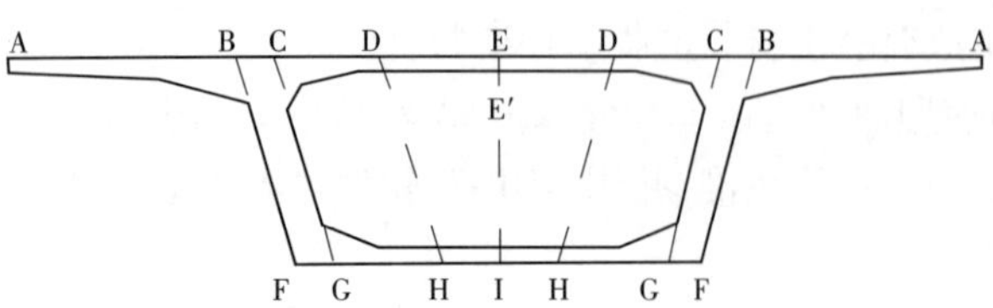

图3-3-11 主梁横截面关键点标识示意图

3)施工过程及仿真分析结果

(1)关键位置标识

为了说明问题方便，对主梁横截面上的关键点用英文字母进行标识，具体如图3-3-11所示。其中，A点为箱梁翼板悬臂端上缘点，B点为翼板根部上缘点，E点为桥面板上缘中心点，I点为箱梁底板下缘中间点，B、F点分别为腹板外侧上、下部点，C、G点分别为腹板内侧上、下部点。以箱梁横向中间为坐标零点，则主梁关键截面各关键点的坐标如表3-3-5及图3-3-11所示。

主梁横截面关键点横向位置列表　　表 3-3-5

关 键 点 号	横向位置(m)	位 置 描 述
A	8.3	上缘点,翼板悬臂端
B	4.454 8	上缘点,腹板外侧上部
C	3.832 9	上缘点,腹板内侧上部
D	2	上缘点,顶板中间
E	0	上缘点,中部
F	3.5	下缘点,腹板外侧下部
G	2.878 1	下缘点,腹板内侧下部
H	1.499 85	下缘点,底板中间
I	0	下缘点,中部
E′	0	顶板下缘中间

(2)仅以第五跨施工完毕时的分析结果为例说明

①x 向正应力,如图 3-3-12、图 3-3-13 所示。

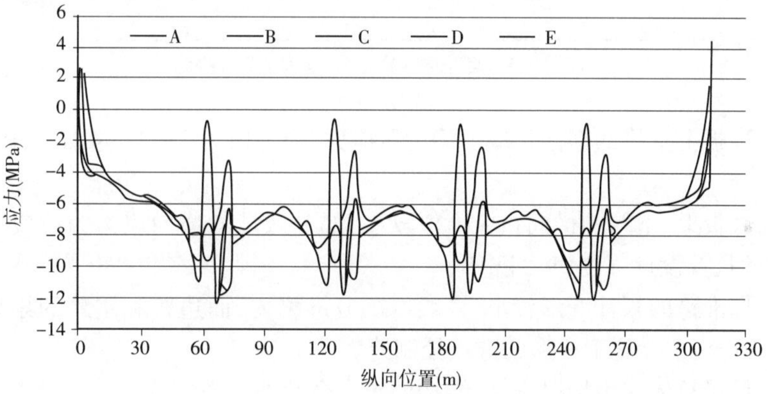

图 3-3-12　第五跨施工完毕时的上缘各关键点的纵向正应力状况

注:"+"为拉应力。

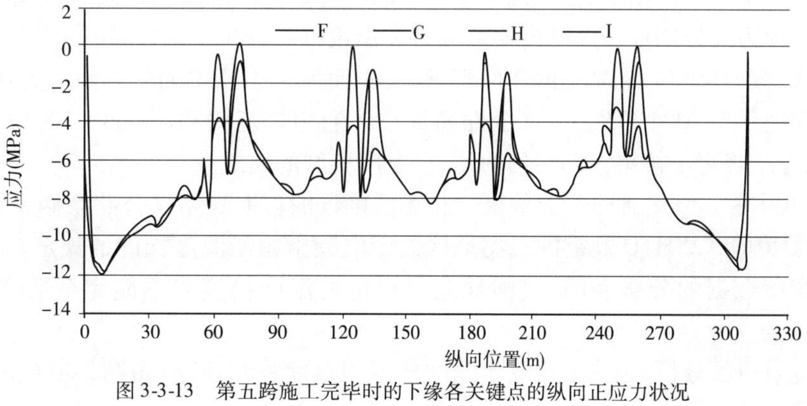

图 3-3-13　第五跨施工完毕时的下缘各关键点的纵向正应力状况

注:"+"为拉应力。

②y 向正应力,如图 3-3-14 所示。

③主梁挠度,如图 3-3-15 所示。

从上述的分析可以得到:

①施工过程各工况,主梁上、下缘的纵向正应力均为压应力,状态合理,其数值一般为 8 ~ 12MPa。

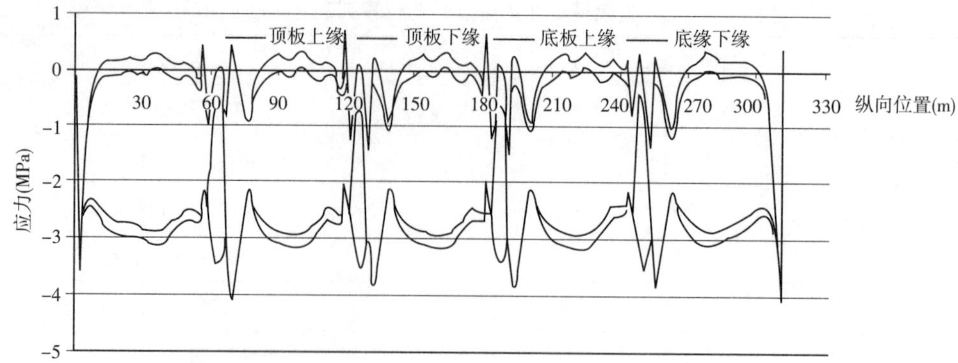

图 3-3-14　第五跨施工完毕时顶、底板中部关键点横向正应力状况

注:“+”为拉应力。

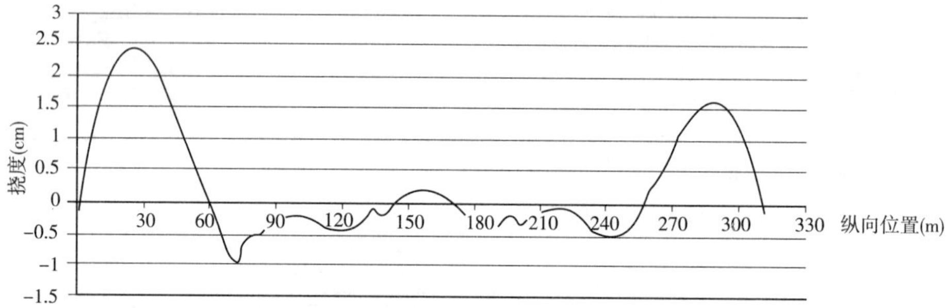

图 3-3-15　第五跨施工完毕时主梁的累计挠度

注:“+”为向上的挠度。

②施工过程中,顶板上下缘的横向正应力均为压应力,应力值为 2~3.5MPa,顶板横向受力处于安全状态。

③施工过程中,底板上、下缘的横向正应力值较小,部分区域的横向应力为拉应力,但该拉应力值小于 C50 混凝土材料的抗拉设计强度(1.84MPa)。

④施工过程中,标准跨的累计变形较小,一般均在 1cm 之内,而边跨和尾跨的累计变形相对较大,最大达 2~2.5cm,该两跨是主梁施工线形的重点控制跨。

⑤施工过程中,桥梁总体受力情况良好,结构处于安全状态。

4)温度效应分析

混凝土箱梁在温度场的作用下,会使混凝土产生温度应力。因混凝土箱梁的内部非线性伸缩和赘余约束而产生的温度应力又分别称为温度内约束应力和温度外约束应力。混凝土箱梁的内约束应力只与温度场的分布形式、截面尺寸和混凝土的弹性模量有关,而混凝土箱梁的外约束应力还与上部结构的构造形式有关。原交通部于 2004 年颁发了《公路桥涵设计通用规范》(JTG D60—2004),对桥梁结构的温度梯度作了修改,详细规定了桥梁上部结构的正、负温度梯度的模式。

然而,由于在我国并未系统地进行过混凝土桥梁温度场的长期观测,《公路桥涵设计通用规范》(JTG D60—2004)沿用了美国 AASHTO 规范的二类地区关于混凝土箱梁温度梯度的规定。地域、气候等条件因素的差别以及实测数据的分析表明,美国规范所规定的温度梯度并不能完全适合于我国的混凝土桥梁。

这里关于温度效应的分析,是基于现场实测的最不利温度分布,该分布结果所反映的是桥梁结构温度效应的客观情况。

(1)温度引起的变形

由于温度的作用,箱梁将产生温度变形,图 3-3-16 为计算温度梯度引起的挠度变化。

在整体温度作用下,翼缘边缘、底板边缘、顶板中心线与顶板横向(起点处)的挠度曲线如图 3-3-17~图 3-3-20 所示。

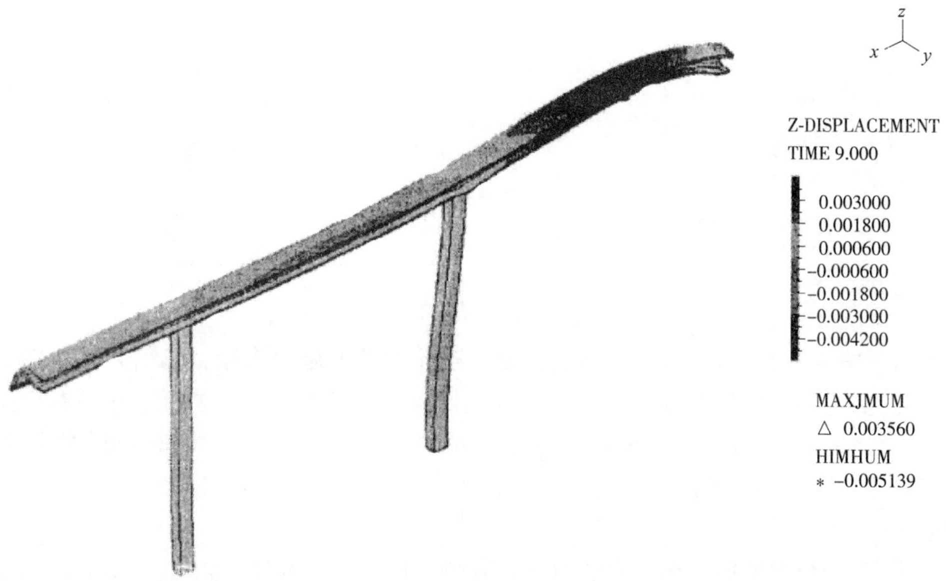

图 3-3-16　温度引起的挠度变化

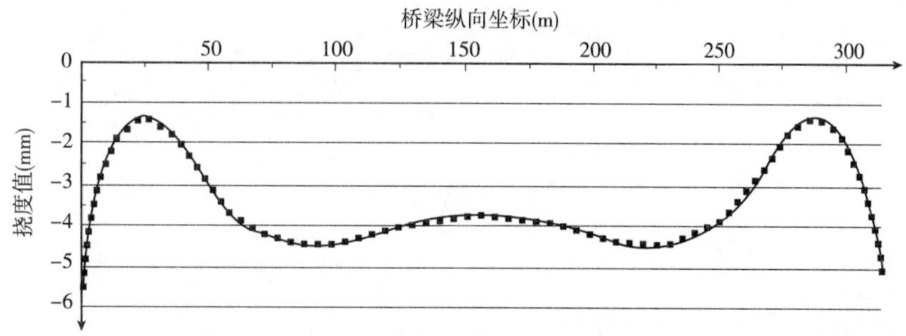

图 3-3-17　温度引起的翼缘边缘挠度曲线

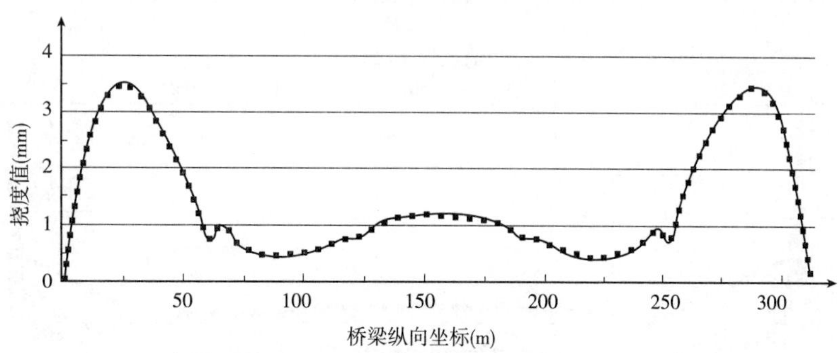

图 3-3-18　温度引起的底板边缘挠度曲线

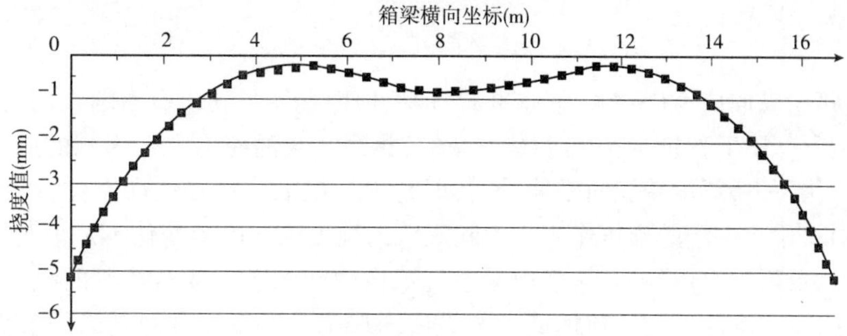

图 3-3-19　温度引起的顶板横向挠度曲线(起点处)

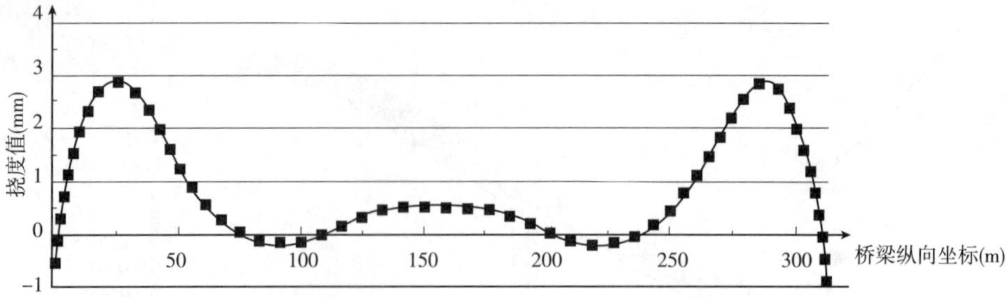

图 3-3-20　温度引起的顶板中线纵向挠度曲线

从图 3-3-14 ~ 图 3-3-19 可以看出,混凝土箱梁由于非线性温度的作用,箱梁各个部分的挠度产生了不同程度的变化,翼缘边缘整体挠度向下,对于整体箱梁而言,最大挠度不是出现在该联的跨中,而是在边跨跨中附近,从边支座中心向跨中 25m 处。最大挠度在翼缘边缘处向下 5. 2mm 处,最大的正向挠度出现在边跨底板跨中,为 3. 5mm 处。

(2)温度引起的纵向应力

为了方便说明,选取关键截面描述温度引起的应力。顶板上缘沿着桥梁纵向选取 T_1 ~ T_5 五个点,顶板下缘选取 T_1' ~ T_5'五个点,如图 3-3-21 所示。应力方向:拉为正,压为负。

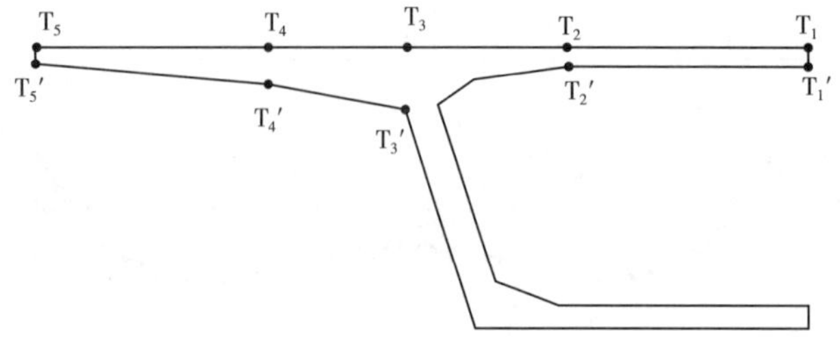

图 3-3-21　选取关键位置示意图

图 3-3-22、图 3-3-23 分别给出了顶板上、下缘在桥梁纵向的应力(S-XX)。

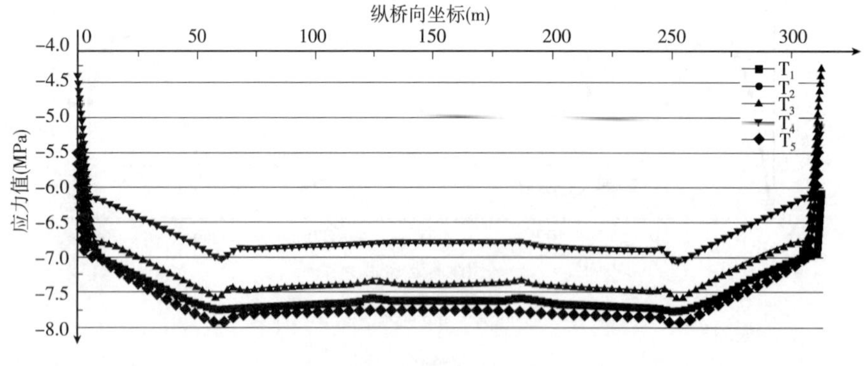

图 3-3-22　温度引起的顶板上缘应力(S-XX)

从温度引起的箱梁纵向应力(S-XX)整体来看,顶板顶面整体受到压应力的作用,顶板和翼缘的应力整体差别不大。顶板 T_1 和 T_2 纵向应力几乎是重合的,翼缘边缘的应力大于内侧的应力。对于连续刚构桥梁来说,在温度作用下,桥梁沿着纵向是伸长的,但是由于墩的作用在纵向有位移,有阻碍箱梁纵向变形的作用,相当于对箱梁有一定的预压作用。中间三跨的温度纵向应力变化不是很明显。边跨由于边墩和主梁在纵向没有约束可以自由伸缩,从而边墩也就不像中间的墩一样对箱梁的纵向变形有阻碍,所以在边跨纵向温度应力是逐渐降低的。顶板最大的纵向压应力达到 7. 4MPa,翼缘的最大纵向压应力出现在翼缘的边缘,为 7. 6MPa。

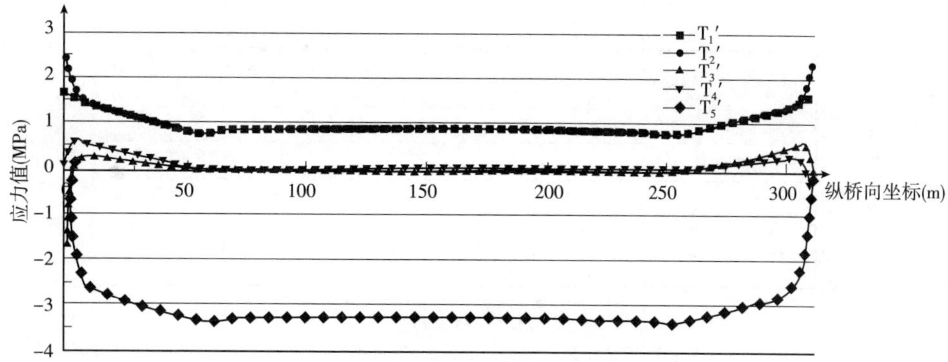

图 3-3-23 温度引起的顶板下缘应力(S-XX)

顶板下缘和翼缘下缘的应力差别较大,T_1'和 T_2'应力几乎重合,表现为拉应力,最大达到 2.45MPa。边跨的拉应力比中间三跨较大,这是由于墩纵向变形对主梁的预压作用致使中间三跨顶板下缘的拉应力减小。T_3'和 T_4'为翼缘的下缘,由于翼缘一端为自由端,所以纵向应力很小。由于翼缘边缘比较薄,在太阳辐射的作用下,翼缘边缘上、下缘较顶板要高,表现为压应力,为 3.3MPa 左右。

(3)温度引起的横向应力

为了方便说明,选取关键截面描述温度引起的应力。分别选取挠度最大处、第二跨跨中和第三跨跨中截面Ⅰ-Ⅰ、Ⅱ-Ⅱ和Ⅲ-Ⅲ,如图 3-3-24 所示。应力方向:拉为正,压为负。

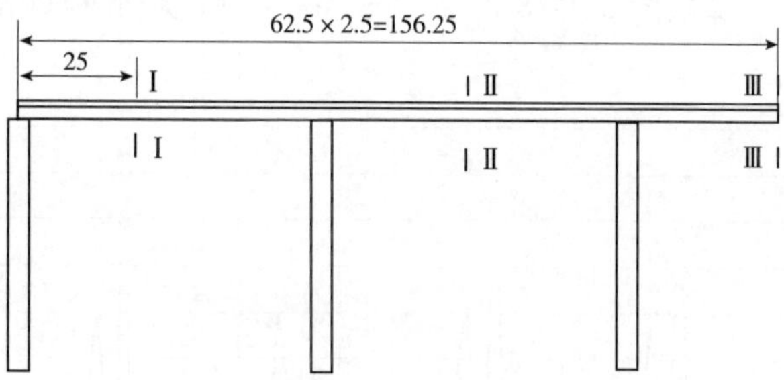

图 3-3-24 选取关键位置示意图(尺寸单位:m)

图 3-3-25、图 3-3-26 分别给出了顶板上、下缘在桥梁横向的应力(S-YY)。

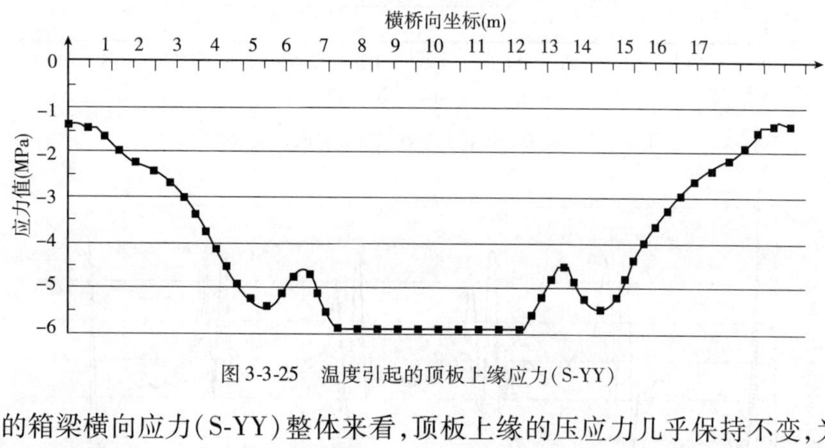

图 3-3-25 温度引起的顶板上缘应力(S-YY)

从温度引起的箱梁横向应力(S-YY)整体来看,顶板上缘的压应力几乎保持不变,为 5.9MPa。翼缘由于一端为自由端,在温度作用下可以有限地发生横向变形,故翼缘的横向压应力随着接近边缘的距离逐渐减小。由图 3-3-26 可知,顶板下缘表现为拉应力且沿着顶板横向几乎保持不变,最大拉应力 3.4MPa,对于混凝土结构来说应该引起足够重视。

从上述分析结果来看,对于混凝土箱梁结构,由于其结构复杂,在非线性温度场作用下,纵横向均存

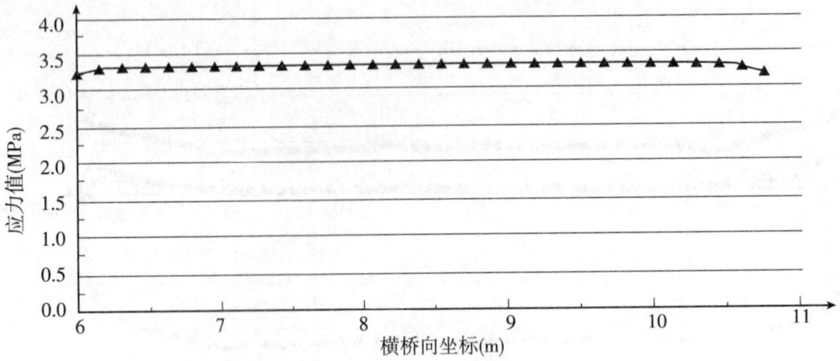

图 3-3-26　温度引起的顶板下缘应力(S-YY)

在较大的正应力,且有压应力也有拉应力。温度效应必须得到足够的重视,温度作用对预应力混凝土箱梁结构抗裂性能的影响不可忽略。

5)成桥仿真分析结果

(1)成桥恒载状态结构状况分析

主梁施工完成后,紧接着是桥面铺装及防撞护栏等的施工,这对于桥梁结构而言,相当于结构承受的荷载有所增加。同时,由于混凝土材料的时变效应,在成桥后相当长的一段时间内,混凝土要发生徐变,从而导致预应力发生损失、结构应力发生重分布、桥梁线形发生变化等。因此,有必要对成桥状态恒载作用下的结构受力状况进行分析评估。成桥一年后主梁上、下缘各关键点位置的纵向正应力状况分别如图 3-3-27、图 3-3-28 所示。成桥一年后顶、底板中部关键点横向正应力状况如图 3-3-29 所示。

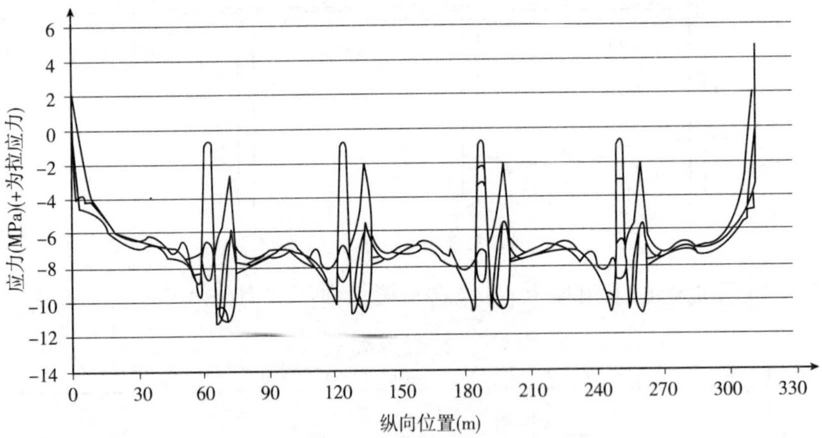

图 3-3-27　成桥一年后上缘各关键点纵向正应力状况

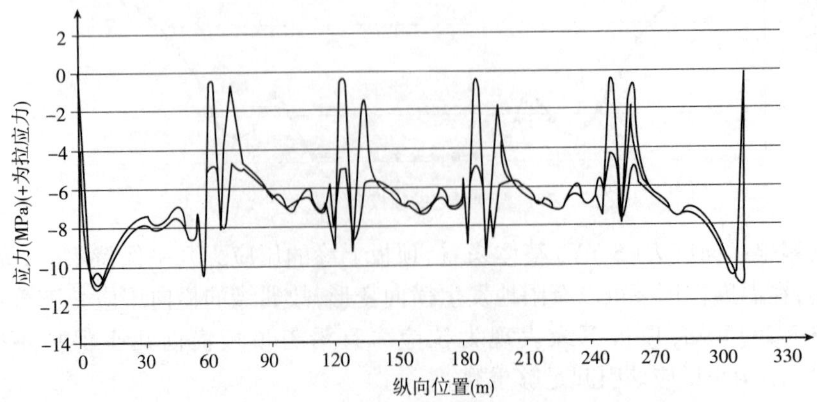

图 3-3-28　成桥一年后下缘各关键点的纵向正应力状况

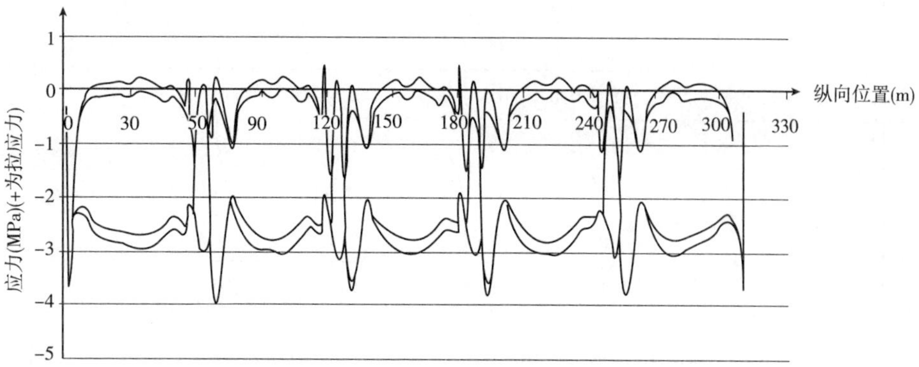

图 3-3-29　成桥一年后顶、底板中部关键点横向正应力状况

成桥一年后，主梁的累计变形如图 3-3-30 所示，同时为了与施工各阶段的累计变形情况进行比较，图中也一并示意出施工各阶段累计变形情况。从图中可以看出，混凝土的徐变效应对主梁变形产生一定的影响，其中对首、尾的影响较大，最大为 1cm；对标准跨跨中挠度的影响约为 0.5cm。因此，在桥梁施工中，应合理考虑成桥后混凝土徐变对立模高程所产生的影响。

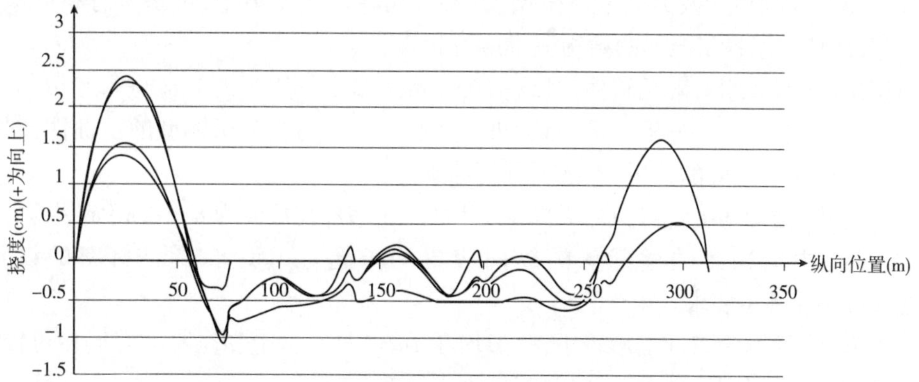

图 3-3-30　成桥一年后主梁的累计挠度(含以前各施工阶段)

(2)考虑温度效应的结构状况分析

非线性温度场对箱梁结构的纵、横向应力都有较大的影响，其中对顶板下缘的影响最为不利。考虑最不利温度作用，箱梁顶板下缘中部(E′点)的横向及纵向应力状况分别如图 3-3-31、图 3-3-32 所示。从图中可以看出，考虑最不利温度效应，箱梁纵、横向应力状况仍满足现行规范的要求，结构受力状况良好。

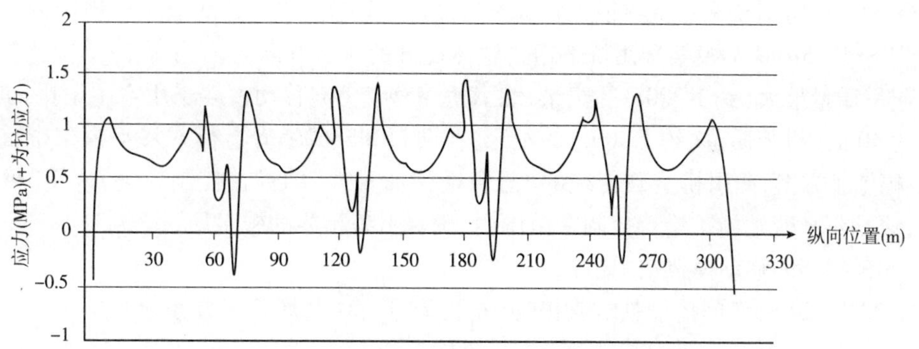

图 3-3-31　考虑温度效应的顶板下缘中部(E′)横向应力情况

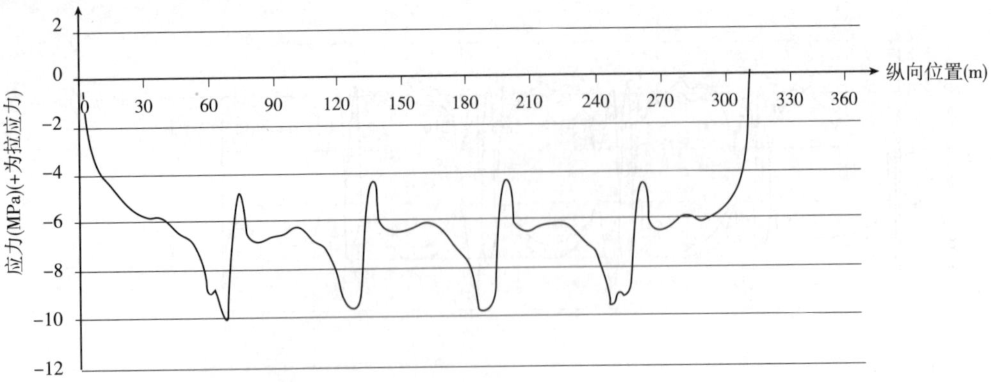

图 3-3-32 考虑温度效应的顶板下缘中部(E′)纵向应力情况

通过分析可知:在成桥恒载状态下,结构的纵向应力均为压应力,且量值合理,压应力储备充分;结构的横向应力未超出规范要求。在现场实测的最不利非线性温度场作用下,结构的纵、横向受力仍满足规范的要求,整个结构受力状况良好。

6)结论

(1)采用实体退化系列单元及离散钢筋模型、三参数黏弹性徐变模型,可仿真分析复杂预应力混凝土桥梁施工过程及成桥状态各工况下的结构三维应力状态。

(2)采用 ADINA 大型商用有限元软件,对结构在自重及温度作用下的效应进行了分析,自重荷载作用下的分析结果与实体退化单元分析结果一致,进一步验证本桥仿真分析模型的正确性;同时采用 ADINA 软件完成了对温度作用效应的分析,丰富了分析结果。

(3)在施工过程中,结构各关键部位的纵向应力均为压应力,其数值为 8 ~ 12MPa。

(4)在施工过程中结构各关键部位的纵向应力均未超过 C50 混凝土材料的设计抗拉强度(1.84MPa),结构抗裂性满足要求。

(5)在施工过程中,标准跨累计变形较小,一般均在 1cm 以内;首跨和尾跨的变形相对较大,达 1.5 ~ 2.0cm,桥梁施工过程中应特别注重对首、尾两跨主梁线形的控制。

(6)非线性温度场对预应力混凝土箱梁桥的纵横向受力均有较为不利的影响,在该类桥梁结构设计时,必须对非线性温度的作用进行准确分析与考虑。

(7)黄埔大桥移动模架施工的 62.5m 的预应力混凝土连续刚构桥的应力状况良好,结构的抗裂性符合现行桥梁规范要求。

二、大跨度移动模架施工关键工法

南、北引桥 62.5m 跨引桥采用世界最大跨 MSS62.5m 移动模架施工,创造了多项国内移动模架施工纪录。南引桥 MSS62.5m 移动模架采用桥下组拼整体提升的拼装方案,创造了国内单次整体起吊高度最高(约 42m)、起吊质量最大(约 1 300t)的纪录;北引桥 MSS62.5m 移动模架采用空中组拼,创造了国内空中拼装高度(约 40m)、拼装质量(约 1 400t)的纪录;在两台 MSS62.5m 上行式移动模架中首次采用了空中整体横移换幅施工方案;南引桥突破传统的"悬臂端施加反力"的错台控制方案,采用"模板悬挂系统主动调节法",成功将悬臂端施工错台控制在范围内,确保引桥箱梁的施工质量。

1)北引桥 MSS62.5m 移动模架空中组拼

第一步,在 23 号、24 号墩间搭设临时支撑,并安装 23 号、24 号墩顶支撑系统;

第二步,利用两台 220t 汽车吊机吊装第三、四节主梁下弦;

第三步,利用两台 220t 吊机吊装第一、二节主梁下弦;

第四步,安装一 ~ 四节主梁上弦及导梁;

第五步，安装剩余主梁及导梁，拆除临时支撑。

具体施工流程如图 3-3-33 所示。

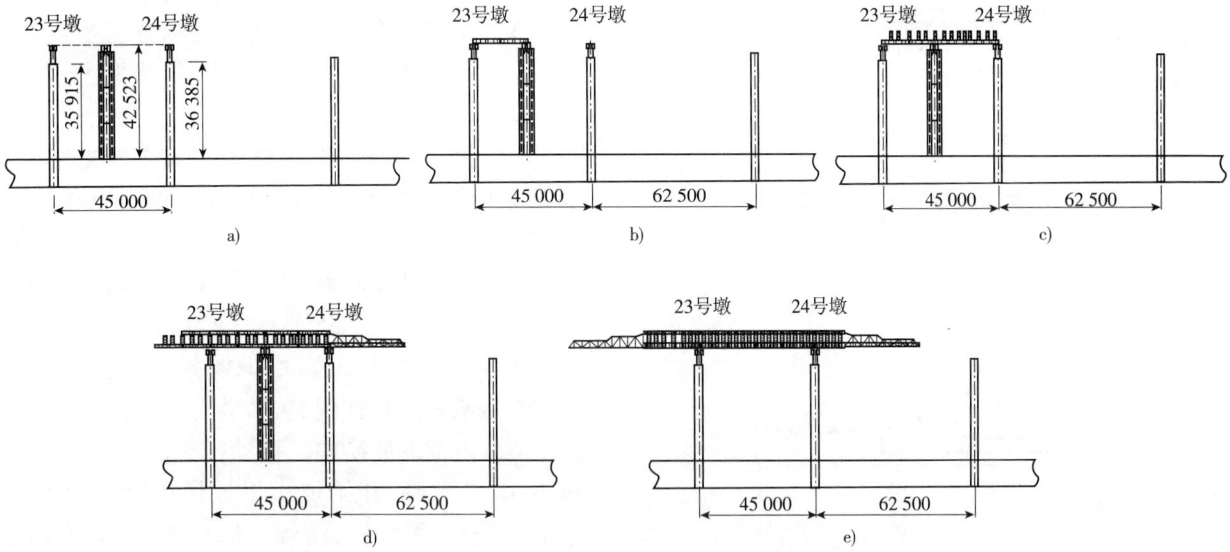

图 3-3-33　北引桥 MSS62. 5m 移动模架空中组拼流程图(尺寸单位:mm)

2) MSS62. 5m 移动模架整体提升

国内移动模架单次整体提升高度最大约 42m，整体提升质量最大约 1 300t。提升流程见图 3-3-34，MSS62. 5m 移动模架整体提升。

其步骤为：拼装主梁；第一次提升及模板安装到位；空载运行试验；第二次提升；拆除吊架，横移合龙就位。

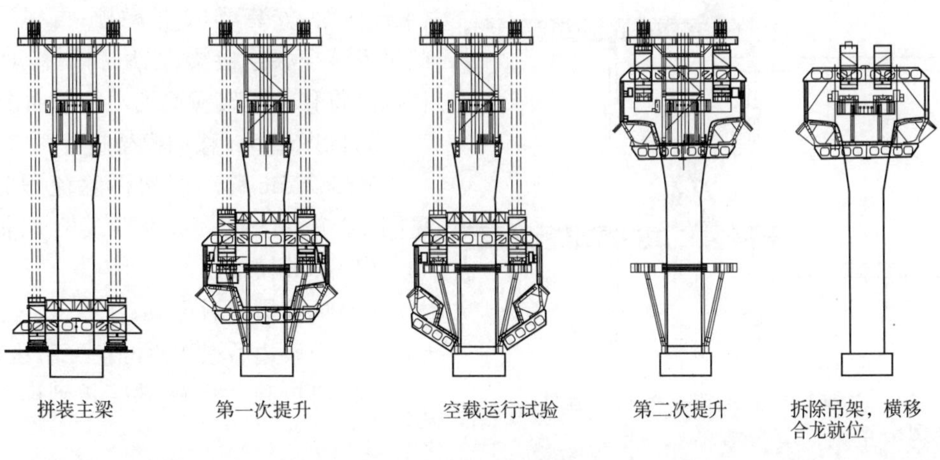

图 3-3-34　MSS62. 5m 移动模架整体提升

3) MSS62. 5m 移动模架纵移过孔

MSS62. 5m 移动模架纵移过孔的具体施工流程如图 3-3-35 所示。

移动模架纵移过孔分六步完成：

(1)利用梁顶龙门拆除后支腿；

(2)转运后支腿至梁前端安装于横架主梁上；

(3)模架开模、首次纵移；

(4)后支腿前移过孔变为前支腿；

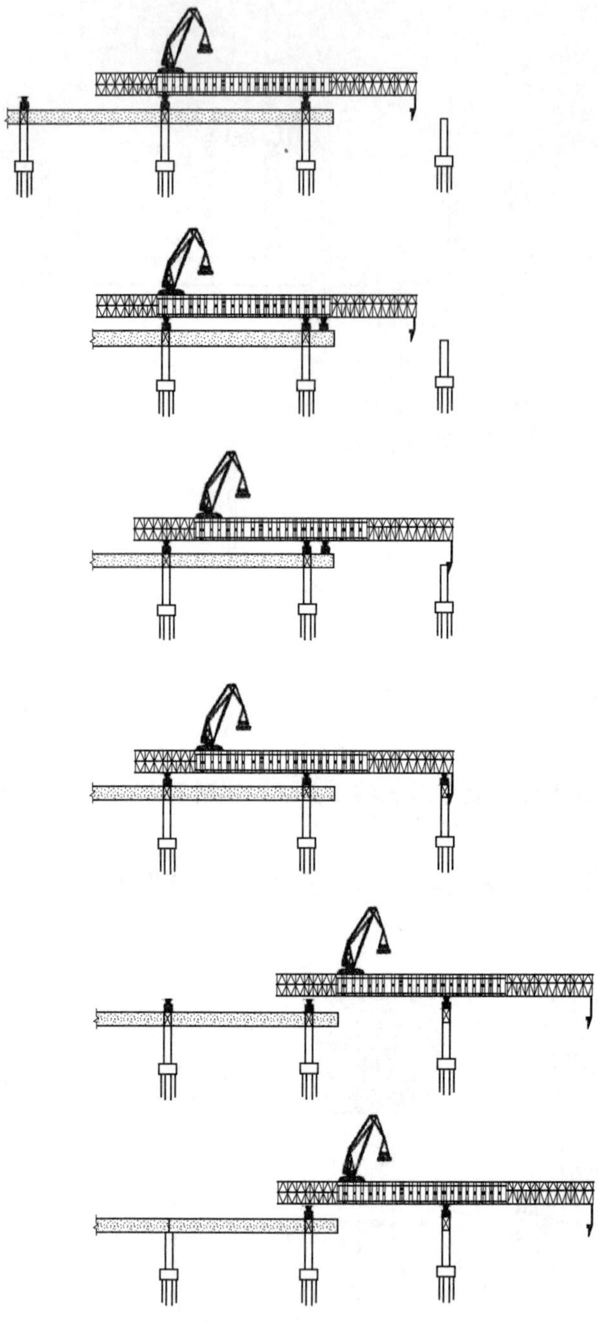

图 3-3-35　MSS62.5m 移动模架纵移过孔流程图

(5)模架二次纵移；

(6)合模开始下一节段箱梁施工。

4)MSS62.5m 移动模架横移换幅

MSS62.5m 移动模架横移换幅分三步实现，见图 3-3-36 MSS62.5m 移动模架横移换幅流程图。

(1)模架后退。移动模架完成右幅施工，打开模架使模架处于纵移状态，利用模架纵移油缸直接带模架后退。后退过程中，当前鼻梁退过前马凳后，将前马凳转移至后鼻梁后的墩位安装。例如：当前鼻梁退过 55 号墩马凳后，将 55 号墩马凳转移到 58 号墩安装，后退模架；退过 56 号墩后，56 号墩马凳转移到 59 号墩安装。以此类推。

(2)模板下放换幅。移动模架后鼻梁后退至 60～61 号墩时，开始依次下放模板至地面的滑轨，每下放一组模板，模架后退一步；模架下放至地面滑轨后，利用卷扬机首先将模板按顺序拉到左幅，再顺桥向拉动到指定位置摆放整齐。最后一组模板须待前面模板安装好后，再拉动到左幅指定位置。

(3)模架横移换幅。移动模架后退至 61～62 号墩位，将前鼻梁处右幅 61 号墩马凳(3 号马凳)转移到左幅 61 号墩顶安装；同时将另一备用马凳(4 号马凳)安装至 62 号墩顶；再利用回旋吊和龙门吊安装横移连接梁，之后利用移动模架自带横移油缸将移动模架横移到左幅桥面上。

5)MSS62.5m 移动模架拆除

MSS62.5m 移动模架拆除流程分五步完成，见图 3-3-37 MSS62.5m 移动模架拆除流程图。

(1)下放模板；

(2)拆除横架后鼻梁；

(3)横架边后退边拆除前三节主梁；

(4)将拆除的后鼻梁接长到前鼻梁，利用接长鼻梁拆除剩余主梁；

(5)在桥面搭设临时支撑，拆除前鼻梁。

6)MSS62.5m 移动模架其他关键步骤

MSS62.5m 移动模架其他关键步骤见图 3-3-38～图 3-3-41。

移动模架纵移后退时，后鼻梁向下挠曲，采用龙门吊将后鼻梁稍稍提高，将后鼻梁放在小车平台上，直至后鼻梁脱离马凳上的小车平台，见图 3-3-38。

当移动模架前鼻梁退离相应马凳后，拆除马凳，利用回转吊将小车、支腿和马凳直接转移到需安装的桥墩上，见图 3-3-39。

利用后鼻梁前的龙门吊将上步转移的马凳提到安装墩安装。见图 3-3-40。

马凳循环转移，配合移动模架后退至预定的孔墩，见图 3-3-41。

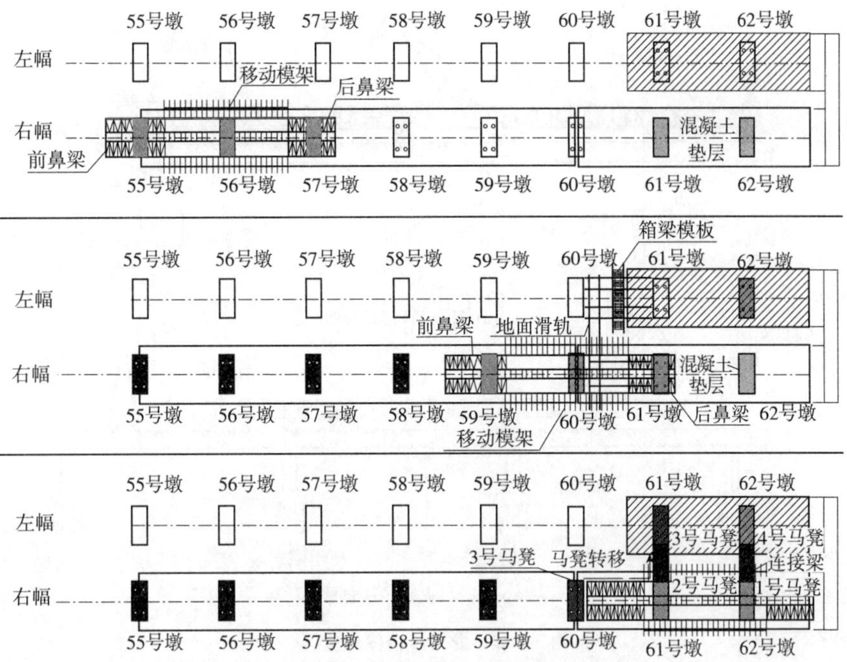

图 3-3-36　MSS62.5m 移动模架横移换幅流程图

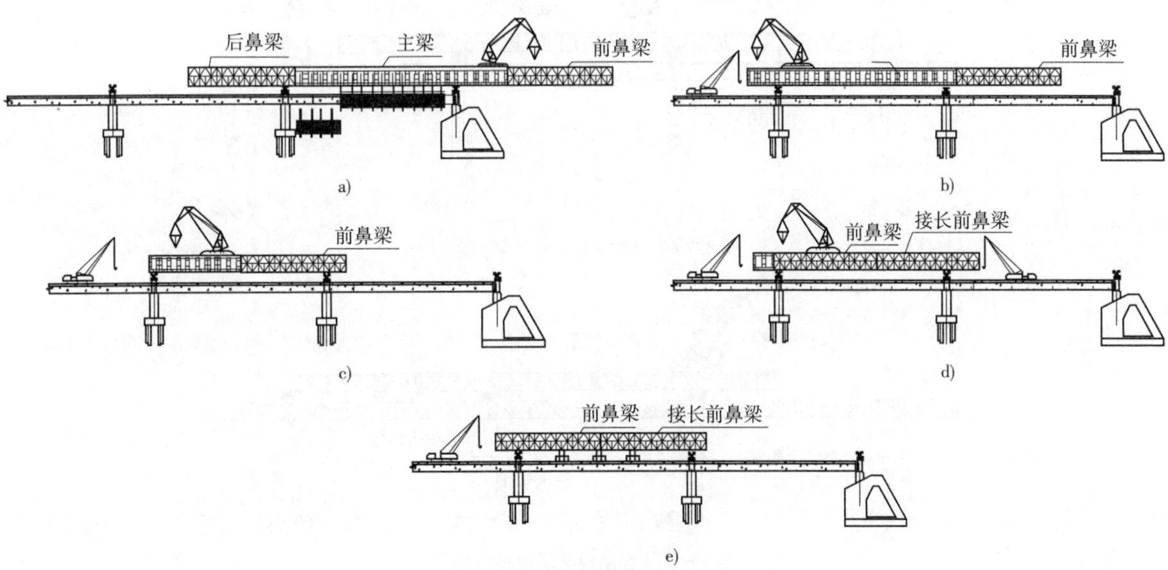

图 3-3-37　MSS62.5m 移动模架拆除流程图

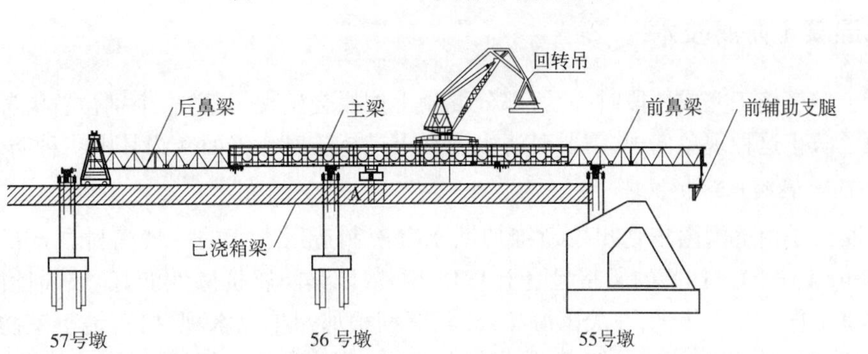

图 3-3-38　龙门吊提升后鼻梁示意图

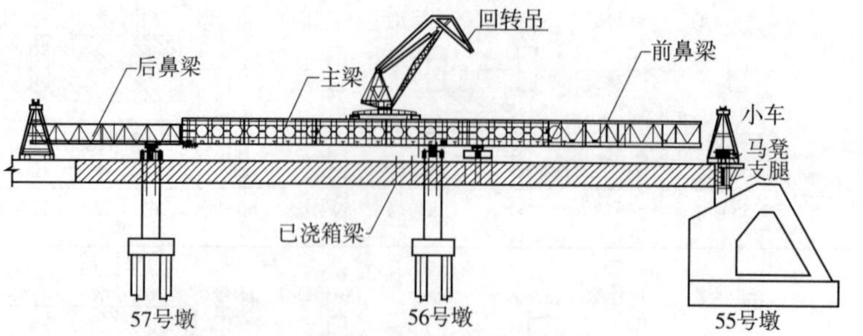

a)龙门吊转移55号墩马凳

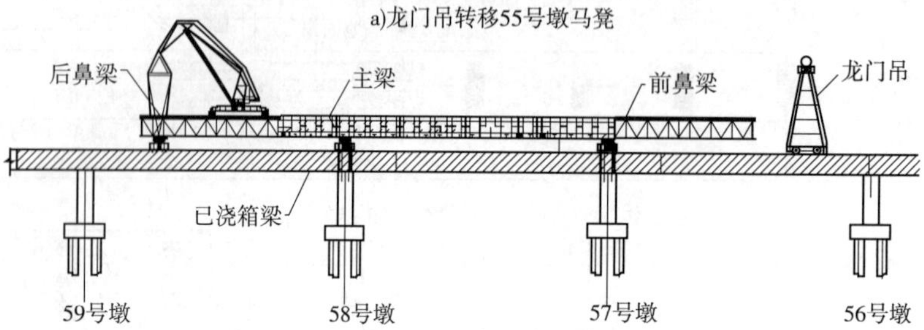

b)龙门吊提升转移55号墩马凳

图 3-3-39 龙门吊转移马凳示意图

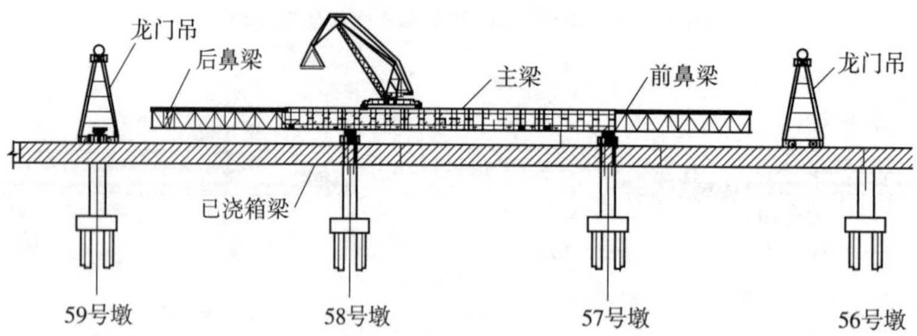

图 3-3-40 龙门吊安装马凳示意图

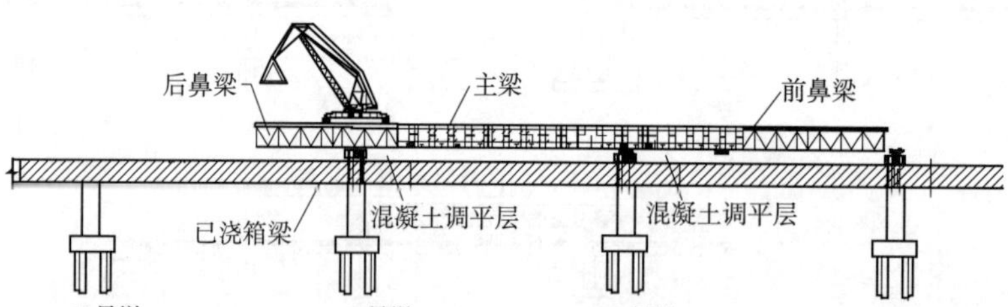

图 3-3-41 移动模架后退纵移到位

三、清水混凝土防腐技术

桥梁混凝土护栏施工完成一段时间后，部分混凝土护栏会出现污染物，个别位置混凝土出现碳化、霉变等现象。为了防止这种现象出现，需要对清水混凝土进行防腐。下面介绍其中一种防腐技术。

1. 永凝液 DPS 混凝土防护机理

混凝土永凝液是由美国内华达州拉斯维加斯永凝液制造厂生产的一种高科技产品，产品简称 DPS (Deep Penetrating Sealer)。DPS 的研制起始于 1918 年，曾以其防腐抗渗性能好、加固性能强而应用于二战期间盟军军事工程。几十年来，在美国海洋公园、亚利桑那州柏克水坝、白宫地下室防水工程、瑞典哥德堡机场跑道、美国佛罗里达州机场跑道、凤凰城核电站、挪威冬奥会场馆、澳洲过海隧道等重大工程得到大量应用；著名的埃及金字塔、美国 WEST 大教堂、迪斯尼游乐园等的防污染、防风化、木结构保护亦应用该产品。该产品在经过数十万项工程的应用后，证实了它的独特功效，是目前世界上处于领先地位的高科技产品。

DPS 集物理、化学、力学和混凝土结构学为一体，用以解决混凝土工程中的干缩、渗透。该产品现已通过 ISO9002 国际认证，于 1995 年进入亚洲地区，已在国内开始应用于实际工程并取得优良的工程成效。

DPS 是一种强碱活性化混凝土渗透性密封剂，DPS 进入混凝土内部与水中的游离碱在其催化剂的作用下进行反应，在混凝土空隙处和微粒的潮湿表面不断形成像凝胶一样的密封基体（无机硅胶膜）；同时，由于 DPS 对碱和湿气有亲和力，促进它沿着空隙和孔道渗透、移动，遇到更多的碱，覆盖更多的孔隙，该过程会不断重复，直至混凝土完全密封。长时间后，这种密封基体会水化变硬成为坚固透气的晶体物质，并永久成为混凝土的一部分。其作用体现在：

（1）改变混凝土的内部组织结构，缩小毛细孔，填充孔隙，使之更密实。

（2）能置换出混凝土内部有害的油脂、盐、酸等。

（3）能形成屏障，阻挡水从混凝土通过，而混凝土依然保持“呼吸”。

（4）能强化混凝土结构，随着时间的推移，混凝土表面强度可以提高 25% ~30% 以上。

（5）具有强大的密封作用和抵抗油、酸、盐碱的腐蚀侵袭和皂化。

（6）经处理后的混凝土具备一系列优良特性，能抗渗、防腐、防粉化，同时提高了表面硬度、防尘能力、耐压强度等。表 3-3-6 为 Fugro Technical Services Limited（辉固技术服务有限公司）对 DPS 的试验结果。试验数据表明了 DPS 具有上面阐述的各项功能。各项测试数据如下。

混凝土永凝液 DPS 鉴定检测报告　　表 3-3-6

项　次	试验鉴定内容	美国 ASTM 标准章、节
1	吸收率降低 25%	ASTM-6-67-13 节
2	真空度降低 35%	ASTM-6-67-25 节
3	改善混凝土的抗冻融抵抗能力	ASTM-C-666
4	增强混凝土的抗风化能力 50%	ASTM-C-67-29 节
5	明显改善混凝土的养护效果，抵抗其发丝裂缝和局部干点	ASTM-C-156
6	100% 增进混凝土磨损粉化的抵抗能力	ORF Method 抵抗能力
7	能增进混凝土在潮湿状态时，其冻融期间盐碱的破坏作用	ASTM-C-666 Using 5% NaCl 溶液
8	压缩强度：经过 8d（表涂层），强度增加 15%，经过 31d（表涂层），强度增加 23%	只是混凝土表面涂永凝液

①渗透性与吸收性的测试（BS 1881. Pt 5 1970 ISAT），结果表明：经过 DPS 处理过的混凝土，明显改善了其渗透性与吸收性。

②抵抗污迹的测试结果表明：经过 DPS 处理过的混凝土，显示有极好的抵抗污迹的能力。

③抵抗表面粉化的测试结果表明：经过 DPS 处理过的混凝土，显示对于表面粉化及剥落有 100% 改善。

④抗压强度的测试结果表明：经过 DPS 处理过的混凝土，显示抗压强度增加 80% 以上。

⑤减少水分渗透的测试（ ASTM—1755），结果表明：经过 DPS 处理的混凝土，对水分吸收减少超过 83%。

⑥渗透深度的测试：1999 年 4 月与 2001 年 6 月，经国立台湾海洋大学材料工程研究所两次测试，DPS 对混凝土的影响，证明 DPS 有良好的表现结果，即经 DPS 处理过的混凝土，作为混凝土的防水层能有效地渗透达 2cm 深。

⑦养护期间混凝土的水分保留（ASTM C156—03 标准），测试结果表明：经过 DPS 处理过的混凝土在

养护期间，混凝土内部的水分流失会降低60%以上，并且减少毛细裂缝的形成。

⑧在严寒的冰冻期和融雪的状况下抵抗除冰的化学物质和湿气（ASTM C672/C672N—03 标准），测试结果表明：混凝土的测试符合 ASTM C672/C672N—03 标准。经过 DPS 处理过的混凝土，在严寒的冰冻期和融雪的状况下，对于剥落，显示有400%（或4倍）极好的抵抗力，尤其在暴露于除冰的化学物质及湿气污染的情况下。

⑨水分的吸收性符合美国高速公路和运输协会指定的测试标准（AASHTO TP50—95 标准），测试结果表明：经过 DPS 处理过的混凝土，符合 AASHTO 的标准，归为"相当出色的防水剂"一类。

⑩高速公路及桥梁的防水工程[已获得美国维珍尼亚交通部（VDOT）的认可及批准使用]，测试结果表明：经过美国维珍尼亚交通部的测试，证实对于用上"美国永凝液"的高速公路及桥梁，起了很大的保护作用且效果优秀。

经过上海市建筑材料及构件质量监督检验站测试，"美国永凝液"（DPS/TS）对东海大桥混凝土起了很大的保护作用。Q/TMXZ 1—2004（DPS/TS 永凝液）已获得上海中港一航局东海大桥工程项目经理部的认可及批准使用。

2. 永凝液 TS 防护机理

石材保护剂是美国引进的一种无色、无毒的防水保护剂。由于其效果优越，如今在欧美已广泛使用，其应用范围包括各种工业、商业与一般家庭。可用于处理各种石材、水泥或混凝土表面。在使用时，不但不改变受处理物的颜色、组织和其他物理特性，反而使处理过的表面更鲜明清澈，且具有自然的光泽。亦可用于漆器底面，延长油漆寿命并防止脱色。

在保护效果方面，石材保护剂能渗透到物质表面约0.1～0.2cm（渗透的深度，取决于石材本身的孔隙率），并覆盖于表面形成防水层。此外，它能防止物质渗漏、潮湿和腐化。

香港建筑署、太古地产、九广铁路、路政处、金门建筑等已批核使用永凝液 TS，数家中小型承办商也将其应用于混凝土及石材表面的保护工程。

表3-3-7为《界面渗透型防水涂料质量检验评定标准》提供的检验报告。

《界面渗透型防水涂料质量检验评定标准》提供的检验报告 表3-3-7

序号	检验项目	标准要求	检验结果	本项结论
1	抗压强度比（%）	≥100	105	符合
2	渗透深度（mm）	≥2.0	大于2.0	符合
3	48Hu 吸水量（%）	≤65	58	符合
4	抗水压力比（%）	≥200	300	符合
5	抗冻性	-20℃、20℃，15次，表面无变化	表面无变化	符合
6	耐热性	8 072h，表面无变化	表面无变化	符合
7	耐碱性	饱和氢氧化钙溶液浸泡168h，表面无变化	表面无变化	符合
8	耐酸性	1%盐酸溶液浸泡168h，表面无变化	表面无变化	符合
9	钢筋锈蚀	无锈蚀	无锈蚀	符合

1）永凝液 TS 主要防护功能

（1）防水、防污渍及水渍；

（2）防止石材渗漏、潮湿和腐化；

（3）除尘、减低油污渗入；

（4）防止细菌产生；

(5)防止紫外线侵蚀。

2)永凝液 TS 的优点

(1)只需在表面施工一次;

(2)不会改变受处理物之颜色及组织结构;

(3)无需与其他原料混合即可使用;

(4)使用方法简易。

混凝土面上喷涂 DPS,DPS 随即渗入混凝土内 1 ~ 2cm 形成密封层,它使混凝土致密(正常情况下,DPS 可使混凝土强度提高 20% 以上)并获得永久性的防水防腐性能;DPS 同时能自行密闭 0.3mm 以下裂缝,它的二次渗透功能可自动修复新生细小裂缝并遏制旧裂缝的增长;此外,DPS 强大的聚合作用能促进硅灰修补层与基面连结成整体。磨去修补表层,可确保表面平整并恢复混凝土基本特征。

后喷涂永凝液 TS 一遍,TS 渗入混凝土表层 0.3mm 并覆盖于表面形成高密保护层,增强了混凝土结构的防风化、防碳化及抵抗酸碱盐侵蚀的能力;另外,TS 防尘防污功能使混凝土保持永久洁净如新。

DPS、TS 虽具有渗透反应的化学性能,但不改变混凝土的任何物理特征,它令混凝土致密但不影响混凝土"呼吸";DPS、TS 结合使用是"永凝技术"的核心,它大大延长了混凝土的耐久性。

3. 黄埔大桥护栏混凝土永凝液防护工艺

黄埔大桥引桥防撞栏为现浇混凝土结构,整座桥梁设计标准高,造价高昂。考虑到该桥梁的混凝土结构特点及其耐久性,采用高科技"永凝技术"对桥梁进行混凝土保护,减弱桥梁受酸、碱、盐物质的侵蚀,有效降低混凝土风化碳化速率,借此延长了桥梁使用寿命,同时令桥梁持久洁净如新。

结合黄埔大桥引桥护栏实际情况,区分南、北引桥制订不同的施工工艺。

1)南引桥混凝土防撞栏永凝液防护工艺

南引桥防撞栏混凝土面原本较为平整且色泽均匀,但受桥面沥青混凝土铺装的影响,基面出现点状沥青油污染物,需清洁或打磨干净后方能进行 DPS 及 TS 喷涂施工。

(1)清理防撞栏混凝土基面(如无法洗掉表面沥青油,则采取打磨措施将油污及表层混凝土磨去)。

(2)对基面混凝土缺陷进行点补修复。

(3)冲洗干净基面后喷涂永凝液 DPS 两遍(两遍间隔 24h)。

(4)过 48h 且基面干燥后养护 7d,使修补色差基本消除。

(5)清洗后待基面干燥,喷涂一遍 TS。

(6)待成品养护 3d。

2)北引桥混凝土防撞栏永凝液防护工艺

北段防撞栏混凝土面气孔较多,为防止钢筋锈蚀及风化、碳化对混凝土结构的破坏,需对混凝土基面进行全面修整并采取防护措施,确保混凝土外观的完整性及使用的耐久性。

(1)磨掉混凝土面的涂料掩饰层,令新混凝土面完全露出。

(2)修补混凝土气孔及裂缝。

①先用 SIKA Refit2000 对较大气孔进行局部点补;

②后对整个混凝土面进行大面积"涂抹法"修补。

(3)待修补料初凝后,用砂纸立即磨去浮于表面的多余修补料。

(4)将修补后的混凝土面用水清洗干净,直接喷涂 DPS 两遍(两遍相隔 24h)。

(5)养护 7d 时间,使修补色差基本消除。

(6)清洗基面,在基面干燥条件下进行 TS 施工。

(7)成品养护 3d。

第四篇　黄埔大桥荷载试验与养护技术

第一章　荷 载 试 验

本章以黄埔大桥为例，介绍斜拉桥和悬索桥的静载试验、动载试验，并以试验结果验证桥梁的设计计算结果，评价大桥的结构性能。

第一节　北汊斜拉桥荷载试验

一、试验目的和依据

1. 主要目的

(1)检验主桥结构的工作性能。

(2)评价主桥施工质量是否达到设计要求，并为工程交、竣工验收提供依据。

(3)为充实和发展大跨度斜拉桥的设计和施工技术积累基础性技术资料。

2. 试验依据

(1)原交通部《大跨径混凝土桥梁的试验方法》(1982)。

(2)《公路工程技术标准》(JTG B01—2003)。

(3)《公路桥涵设计通用规范》(JTG D60—2004)。

(4)《公路钢筋混凝土及预应力混凝土桥涵设计规范》(JTG D62—2004)。

(5)《公路斜拉桥设计细则》(JTG/T D65-1—2007)。

(6)设计单位提交的“北汊主桥动静载试验设计基础资料”。

(7)有关北汊主桥的设计资料。

二、试验项目与内容

1. 静载试验

(1)图 4-1-1$A-A$ 截面(主梁活载正弯矩控制截面，在主跨离塔 322.6m)应力检测。

(2)图 4-1-1$B-B$ 截面(主梁活载负弯矩控制截面，在 40 号墩墩顶，实际观测截面向 41 号墩方向偏移 3.35m)应力检测。

(3)图 4-1-1$C-C$ 截面(索塔中塔柱底弯矩控制截面，实际测试截面在距离下横梁顶面 6.8m 处)应力检测。

(4)索塔顶水平位移检测。

(5)主梁挠度检测。

(6)各主要截面和部位的裂缝观测。

2. 索力测量

(1)在试验前后对全桥恒载索力各进行一次测量，以考察试验加载对拉索索力的影响，并为工程交工验收及桥梁运营监测提供原始资料。

(2)在静载工况一中,选取主梁 $A-A$ 附近 J18 ~ J22 号索(共 10 根索)监测其索力变化情况。

3. 动载试验

动载试验内容包括跑车试验、跳车试验、脉动试验等,具体内容如下:

(1)车辆行驶荷载和跳车荷载作用下主梁 $A-A$ 截面的动应变。

(2)车辆行驶荷载作用下距 38 号墩中线 114.8m 处主梁 $D-D$ 截面的动挠度。

(3)桥梁的动力特性参数(频率、振型、阻尼等)。

三、试验方法

1. 静载试验方法

1)试验加载工况及观测截面选择

(1)工况一

主梁活载正弯矩、索塔中塔柱底弯矩、索塔顶水平位移、主梁挠度测试工况,选择 $A-A$ 截面为活载正弯矩控制截面,选择 $C-C$ 截面为活载索塔中塔柱底弯矩控制截面,选择主梁 $D-D$ 截面为最大竖向位移控制截面。

(2)工况二

主梁活载负弯矩测试工况,选择 $B-B$ 截面为主梁活载负弯矩控制截面。

测试截面位置见图 4-1-1。

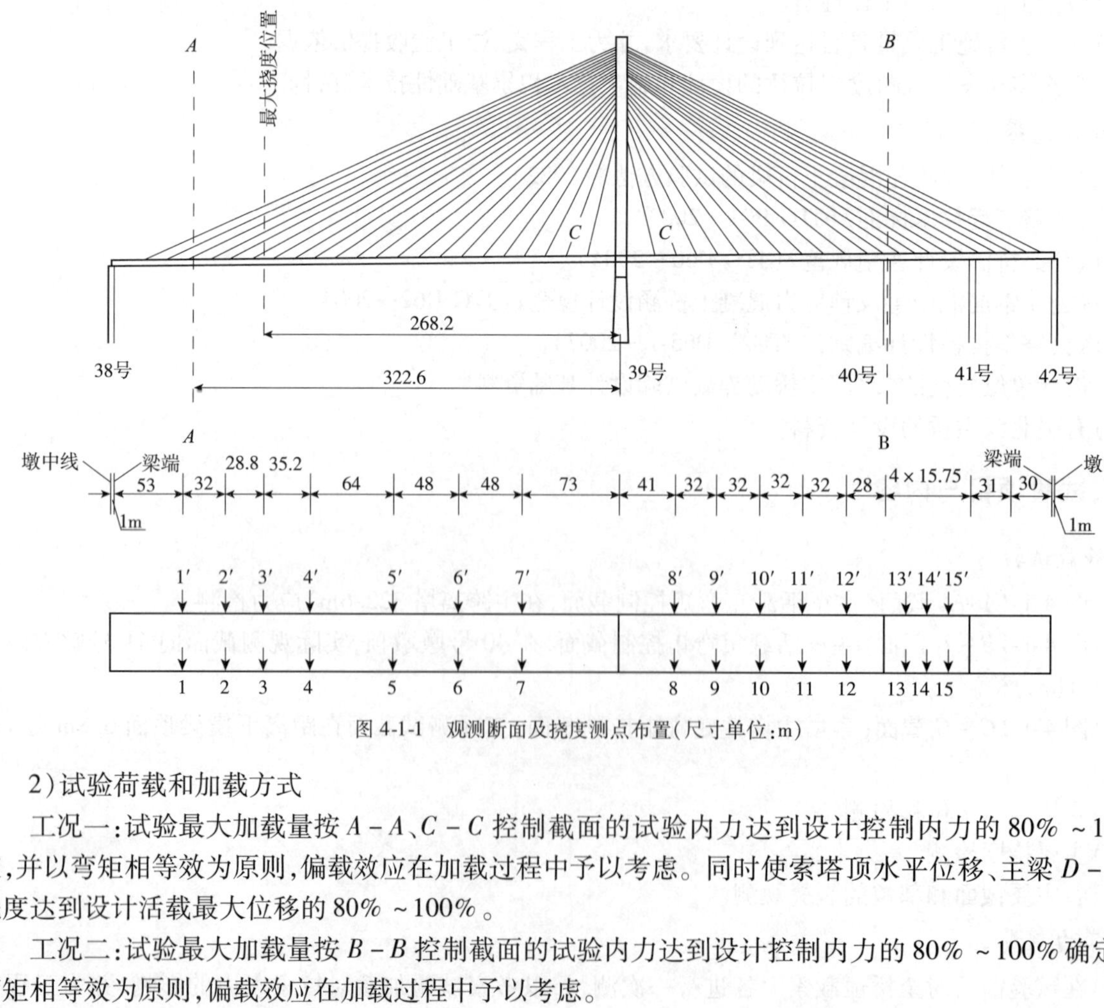

图 4-1-1 观测断面及挠度测点布置(尺寸单位:m)

2)试验荷载和加载方式

工况一:试验最大加载量按 $A-A$、$C-C$ 控制截面的试验内力达到设计控制内力的 80% ~100% 确定,并以弯矩相等效为原则,偏载效应在加载过程中予以考虑。同时使索塔顶水平位移、主梁 $D-D$ 截面挠度达到设计活载最大位移的 80% ~100%。

工况二:试验最大加载量按 $B-B$ 控制截面的试验内力达到设计控制内力的 80% ~100% 确定,并以弯矩相等效为原则,偏载效应在加载过程中予以考虑。

(1)工况一

试验采用44辆重约310kN的载货汽车进行加载。

加载分四级,即:3 453.9kN→6 911.5kN→10 379.6kN→13 839.1kN。满载后持荷至变形稳定。

卸载分一级,即:13 839.1kN→0kN。卸载后继续进行观测至结构稳定。

(2)工况二

试验采用24辆重约310kN的载货汽车进行加载。

加载分四级,即:1 888.1kN→3 774.0kN→5 774.2kN→7 552.3kN。满载后持荷至变形稳定。

卸载分一级,即:7 552.3kN→0kN。卸载后继续进行观测至结构稳定。

荷载位置、加载顺序见图4-1-2～图4-1-4。加载汽车重力见表4-1-1、表4-1-2。

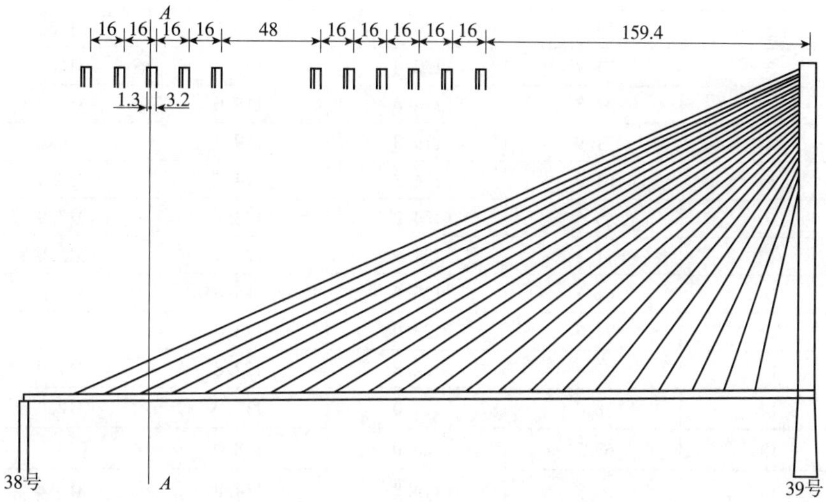

图4-1-2　工况一车辆纵向布置示意图(尺寸单位:m)

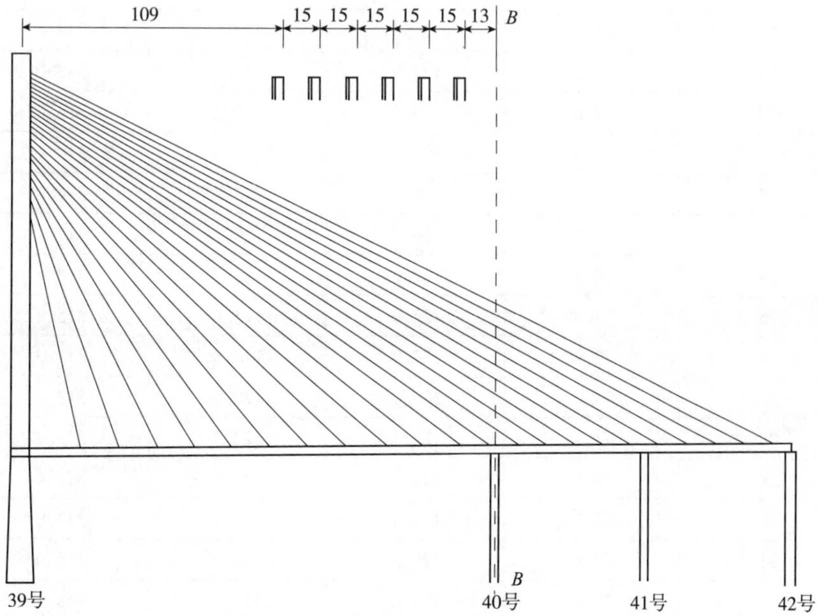

图4-1-3　工况二车辆纵向布置示意图(尺寸单位:m)

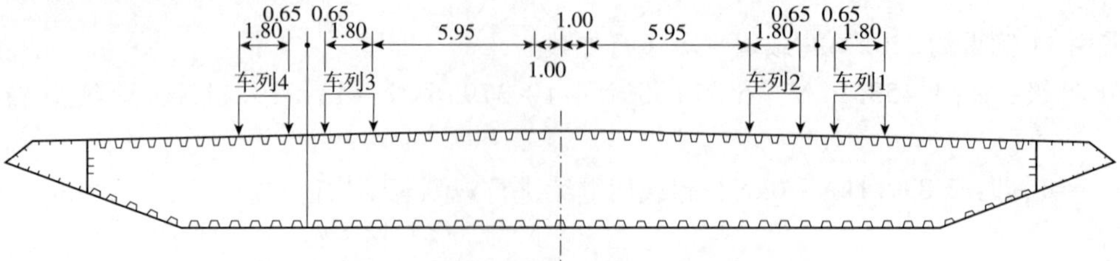

图 4-1-4　试验荷载横向布置图(尺寸单位:m)

注:加载分四段,按车列 1、车列 2、车列 3、车列 4 的顺序,每级增加一列车。

工况一加载汽车重量一览表　　表 4-1-1

加载分级	加载顺序	前轴重(kN)	中轴重(kN)	后轴重(kN)	一辆车重(kN)	总重(kN)
一级	1	78.4	116.2	116.2	310.8	3 453.9
	2	73.4	119.7	119.7	312.8	
	3	71.7	122.4	122.4	316.4	
	4	73.8	118.6	118.6	310.9	
	5	71.9	119.3	119.3	310.6	
	6	61.9	124.3	124.3	310.4	
	7	65.5	124.2	124.2	313.9	
	8	71.3	121.9	121.9	315.0	
	9	66.3	125.6	125.6	317.5	
	10	71.7	123.0	123.0	317.7	
	11	72.4	122.8	122.8	317.9	
二级	12	78.4	117.0	117.0	312.4	6 911.5
	13	63.2	128.0	128.0	319.2	
	14	80.9	114.8	114.8	310.4	
	15	69.6	121.3	121.3	312.2	
	16	69.7	125.8	125.8	321.3	
	17	71.3	122.7	122.7	316.8	
	18	71.9	121.5	121.5	314.8	
	19	69.2	121.9	121.9	313.0	
	20	72.6	120.2	120.2	313.0	
	21	79.3	115.4	115.4	310.1	
	22	76.8	118.8	118.8	314.4	
三级	23	71.2	120.7	120.7	312.7	10 379.6
	24	70.1	122.2	122.2	314.4	
	25	67.9	123.9	123.9	315.8	
	26	72.4	122.8	122.8	317.9	
	27	71.5	120.9	120.9	313.4	
	28	71.1	122.3	122.3	315.7	
	29	66.4	124.5	124.5	315.4	
	30	65.0	124.4	124.4	313.8	
	31	74.6	120.2	120.2	315.0	
	32	72.1	123.2	123.2	318.5	
	33	56.7	129.4	129.4	315.5	

续上表

加载分级	加载顺序	前轴重(kN)	中轴重(kN)	后轴重(kN)	一辆车重(kN)	总重(kN)
四级	34	70.4	122.6	122.6	315.6	13 839.1
	35	64.7	125.3	125.3	315.3	
	36	70.2	122.3	122.3	314.9	
	37	72.6	120.7	120.7	314.0	
	38	77.4	119.9	119.9	317.1	
	39	68.5	121.0	121.0	310.4	
	40	65.5	124.2	124.2	313.8	
	41	69.6	124.0	124.0	317.5	
	42	72.4	120.6	120.6	313.7	
	43	84.0	114.4	114.4	312.9	
	44	64.6	124.8	124.8	314.3	

工况二加载汽车重量一览表　　表 4-1-2

加载分级	加载顺序	前轴重(kN)	中轴重(kN)	后轴重(kN)	一辆车重(kN)	总重(kN)
一级	1	68.5	121.0	121.0	310.4	1 888.1
	2	64.7	125.3	125.3	315.3	
	3	72.6	120.7	120.7	314.0	
	4	77.4	119.9	119.9	317.1	
	5	65.5	124.2	124.2	313.8	
	6	69.6	124.0	124.0	317.5	
二级	7	72.4	120.6	120.6	313.7	3 774.0
	8	71.2	120.7	120.7	312.7	
	9	72.4	122.8	122.8	317.9	
	10	84.0	114.4	114.4	312.9	
	11	64.6	124.8	124.8	314.3	
	12	70.1	122.2	122.2	314.4	
三级	13	78.4	117.0	117.0	312.4	5 674.2
	14	69.7	125.8	125.8	321.3	
	15	71.7	123.0	123.0	317.7	
	16	71.9	121.5	121.5	314.8	
	17	12.1	123.2	123.2	318.5	
	18	56.7	129.4	129.4	315.5	
四级	19	78.4	116.2	116.2	310.8	7 552.3
	20	69.2	121.9	121.9	313.0	
	21	65.5	124.2	124.2	313.9	
	22	73.8	118.6	118.6	310.9	
	23	71.1	122.3	122.3	315.7	
	24	65.0	124.4	124.4	313.8	

3）主梁竖向挠度观测

（1）工况一

沿主桥两边防撞栏设置24个测点（1～12及1′～12′），各测点布置情况见图4-1-1。

（2）工况二

沿主桥两边防撞栏设置30个测点（1～15及1′～15′），各测点布置情况见图4-1-1。

4）主塔纵向位移观测

在主塔塔顶上布置两个反光棱镜测点，用全站仪对工况一试验荷载作用下主塔顶部的纵向位移进行观测。

5）应力（应变）观测

在 $A-A$、$B-B$、$C-C$ 截面上分别布置16～24个应变测点，使用振弦式应变计对各截面的应力（应变）进行观测。各测点布置情况见图4-1-5及图4-1-6。

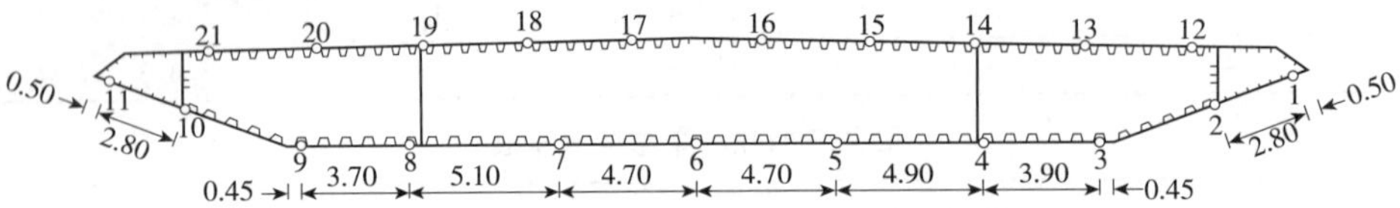

图4-1-5　主梁应变测点布置图（$A-A$ 及 $B-B$ 截面）（尺寸单位：m）

注：图中标记“○”处为应变测点。

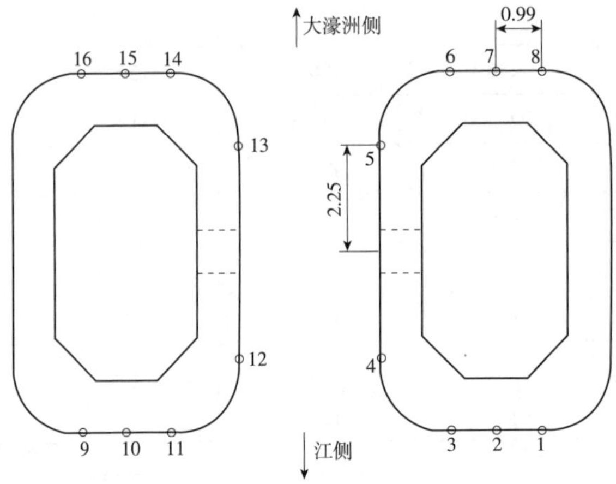

图4-1-6　塔柱底应变测点布置图（尺寸单位：m）

注：图中标记“○”处为应变测点。

6）裂缝和其他缺陷观测

试验前和试验过程中仔细检查各观测截面及部位的裂缝情况，并用裂缝测宽仪及千分表观测裂缝的宽度及其变化。

2. 斜拉索索力测量

索力测量采用频率法进行。即先通过安装在斜拉索上的加速度传感器拾取环境随机激励下拉索的振动信号，由此分析得到其特征频率，再结合斜拉索的相关参数，计算出其索力值。

3. 动载试验方法

1）脉动试验

脉动试验是在自然状态下，通过布置在桥梁上的加速度传感器拾取结构由大地脉动和周围环境的各种扰动引起的振动响应信号，经滤波放大后，用动态信号采集。系统进行采样、分析，以测定本桥的相关动力特性（固有频率、振型、阻尼比等）。试验测点布置见图4-1-7。

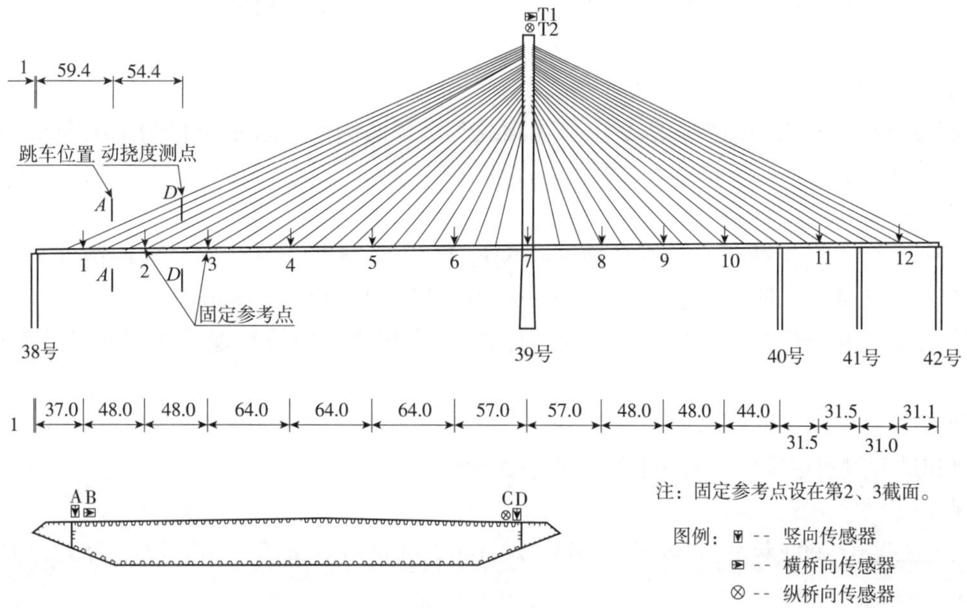

图 4-1-7　动载试验测点布置图(尺寸单位:m)

2)跑车试验

利用两台重约500kN的载货汽车,以10～60km/h的不同车速来回在桥面行驶,由加速度传感器拾取结构在行车荷载激励下的振动信号,测试在行车状态下结构的受迫振动特性。通过桥梁挠度仪和动态应变仪测量结构受移动荷载作用下的动挠度与动应变,并由此分析得到动力系数(冲击系数)。动挠度测点设于主梁 $D-D$ 截面(距38号墩中心线114.8m),动应变测点设于 $A-A$ 截面梁底。

3)跳车试验

利用1台重约150kN单后轴重车后轮越过高15cm的三角垫木后跳下,以冲击引起结构的振动,由加速度传感器拾取结构的振动信号,测试在跳车状态下结构的受迫振动特性,并通过动态应变仪测量 $A-A$ 截面梁底动态应变增量。跳车位置为主跨 $A-A$ 截面。

四、静载试验结果及分析评定

1. 试验结果

1)工况一

静载试验工况于2008年9月28日19:00～22:00之间进行。试验开始时温度为28.5℃,结束时温度为27.4℃。

(1)主梁 $A-A$ 截面的应力(应变)

在各级荷载作用下,该截面梁底平均应变为241.6με(正值为拉应变,负值为压应变,以下同),残余应变为-14.6με,即弹性应变为256.2με,小于理论计算值262.8με(指绝对值,以下同)。该截面梁顶12～21点的平均应变为-160.1με,残余应变为9.0με,即弹性应变为-169.1με,同样小于理论计算值-80.8με。

满载时,截面梁顶与梁底平均实测应变值均小于理论计算值,实测应变曲线与理论曲线的变化规律基本一致。

(2)中塔柱 $C-C$ 截面的应力(应变)

在各级荷载作用下,满载时,中塔柱截面江侧1～3点和9～11点平均应变为-48.8με,残余应变为7.9με,即弹性应变为-56.7με,小于理论计算值-59.0με。大濠洲侧6～8点和14～16点平均应变为45.4με,残余应变为9.5με,即弹性应变为35.9με,同样小于理论计算值36.1με。

满载时，$C-C$ 截面的实测弹性应变均小于理论计算值，实测应变曲线与理论曲线的变化规律基本一致。

(3)塔顶水平位移

在各级荷载作用下，塔顶纵桥向水平位移在满载时塔顶两侧平均水平位移为141.3mm，卸载后基本恢复，即弹性水平位移为141.3mm，略大于理论计算值134.0mm。

(4)主梁 $D-D$ 截面竖向位移(挠度)

在试验荷载作用下，满载时，$D-D$ 截面的挠度最大，其两侧对应测点3、3′平均挠度为622.5mm，卸载后残余挠度为15.4mm，即弹性挠度为607.1mm，小于理论计算值625.8mm。

满载时，全桥主梁挠度的实测值均小于理论计算值，实测挠度曲线与理论挠度曲线的变化规律基本一致。

(5)裂缝

试验前和试验过程中未发现观测断面附近有裂缝。

2)工况二

静载试验工况于2008年9月28日22:00~24:00之间进行。试验开始时温度为27.1℃，结束时温度为26.3℃。

(1)$B-B$ 截面的应力(应变)

在各级荷载作用下，满载时，该截面梁底3~9号测点平均应变为$-88.8\mu\varepsilon$，残余应变为$-1.7\mu\varepsilon$，即弹性应变为$-87.1\mu\varepsilon$，小于相应的理论计算值$-124.1\mu\varepsilon$。该截面梁顶12~21号测点平均应变为$90.0\mu\varepsilon$，残余应变为$1.9\mu\varepsilon$，即弹性应变为$88.1\mu\varepsilon$，同样小于理论计算值$98.8\mu\varepsilon$。

满载时，$B-B$ 截面梁顶与梁底平均实测应变值均小于理论计算值，但其应变分布存在很明显的剪力滞效应，其两侧应变比中间要大得多。

(2)主梁竖向位移

在各级荷载作用下，满载时，加载跨挠度最大的测点11、11′平均挠度为120.0mm，卸载后残余挠度为1.1mm，即弹性挠度为118.9mm，略大于理论计算挠度值113.1mm。

满载时，全桥挠度的实测值与理论计算值基本接近，实测挠度曲线与理论挠度曲线的变化规律基本一致。

(3)裂缝

试验前和试验过程中未发现观测断面附近有裂缝。

2. 分析评定

1)试验荷载效率

根据《大跨径混凝土桥梁的试验方法》(下称《试验方法》)规定，试验荷载的效率 $\eta=S_{stat}/(S\cdot\delta)$ 应满足 $0.8<\eta\leqslant1.0$。

根据设计单位提供的内力、位移控制截面的控制值及其影响线，利用Midas/civil2006桥梁结构分析软件检算，本次试验各工况的试验荷载效率见表4-1-3。

各工况的试验荷载效率　　表4-1-3

项　目	工况一				工况二
	主梁正弯矩(kN·m)	塔弯矩(kN·m)	塔顶水平位移(m)	主梁竖向位移(m)	主梁负弯矩(kN·m)
设计活载作用下控制值	123 942	171 178	0.135	0.633	-81 158
试验荷载作用下计算值	113 067	156 321	0.131	0.626	-72 791
试验荷载效率	0.91	0.91	0.97	0.99	0.9

表4-1-3说明，在试验荷载作用下，各工况下各控制截面的荷载效率为0.9~0.99，满足《试验方法》

的要求。

2）主要试验指标评价

量测结构试验效率最大部位的结果，应满足以下条件：

（1）量测的弹性变形或力值（S_e）与试验荷载作用下理论计算值（S_{stat}）的比值（校验系数 K）应满足

$$\beta < K = S_e / S_{stat} \leqslant \alpha$$

对本桥，$\beta = 0.7$，$\alpha = 1.05$。

表 4-1-4 给出了本次试验获得的应变及位移校验系数。

应变及位移校验系数　　表 4-1-4

工　况	测试内容		S_{tot}	S_p	S_e	S_{stat}	K	ξ
一	主梁 $A-A$ 截面应变	顶板	-160.1	9.0	-169.1	-180.8	0.94	-0.06
		底板	241.6	-14.6	256.2	262.8	0.98	-0.06
	塔 $C-C$ 截面应变	江侧	-48.8	7.9	-56.7	-59.0	0.96	-0.16
		大濠洲侧	45.4	9.5	35.9	36.1	0.99	0.21
	塔顶水平位移		-141.3	0.0	-141.3	-134.0	1.05	0.00
	主梁 $D-D$ 截面竖向位移		622.5	15.4	607.1	625.8	0.97	0.02
二	主梁 $B-B$ 截面应变	顶板	90.0	1.9	88.0	98.8	0.89	0.02
		底板	-88.8	-1.7	-87.1	-124.1	0.70	0.02
	主梁 $D-D$ 截面竖向位移		120.0	1.1	118.9	113.1	1.05	0.01
规范要求							0.7～1.05	≤0.20

表 4-1-4 反映，各工况位移及应变指标的校验系数 K 均在 0.70～1.05 之间，满足要求。

（2）量测的残余变形值（S_p）与量测的总变形值（S_{tot}）的比值 ξ 应满足：

$$\xi = S_p / S_{tot} \leqslant \alpha_1$$

对本桥，$\alpha_1 = 0.2$。

本次试验获得的应变及位移残余变形系数 ξ 中除中塔柱 C—C 截面大濠洲侧残余应变系数 ξ 略大外（为 0.21），其余测试指标的 ξ 值在 -0.16～0.02 之间，满足《试验方法》的要求。

（3）量测结构的最大变形或力的总值不应超过设计标准的容许值。根据《公路斜拉桥设计规范（试行）》（JTJ 027—96）的规定，主梁在汽车荷载（不计冲击力）作用下的最大竖向挠度（为钢主梁时）不应大于 $L/400$（L 为主跨跨径）。对本桥，结构的竖向挠度允许值为 $[\Delta] = L/400 = 383\ 000\text{mm}/400 = 957.5\text{mm}$。试验实测最大挠度为 622.5mm，满足《试验方法》的要求。

（4）试验荷载作用下裂缝宽度不应超过设计标准的许可值，并在卸载后应闭合到小于容许值的 1/3。原有的其他裂缝（施工裂缝、收缩裂缝和温度裂缝），受载后也不应超过标准容许宽度。

本桥在试验前和试验过程中未发现观测断面附近有裂缝，满足《试验方法》的要求。

五、索力测试结果与分析

1. 恒载索力

试验前后恒载索力测试分别于 2008 年 9 月 2 日 15:00～18:00 之间及 2008 年 9 月 29 日 9:30～11:30之间进行。两次试验测得的恒载索力分析结果见表 4-1-5、表 4-1-6。

江侧斜拉索恒载索力实测值表 表 4-1-5

索号	设计值（kN）	下游				上游			
		实测一（kN）	实测二（kN）	实测平均（kN）	偏差（%）	实测一（kN）	实测二（kN）	实测平均（kN）	偏差（%）
J1	2 615	2 699	2 626	2 663	1.8	2 687	2 679	2 683	2.6
J2	2 280	2 339	2 286	2 313	1.4	2 343	2 343	2 343	2.8
J3	2 570	2 622	2 598	2 610	1.6	2 632	2 622	2 627	2.2
J4	2 985	3 067	3 024	3 016	2.0	3 018	3 018	3 018	1.1
J5	2 973	3 031	3 024	3 027	1.8	3 017	3 058	3 037	2.2
J6	2 881	2 929	2 936	2 933	1.8	2 929	2 951	2 940	2.1
J7	3 190	3 215	3 215	3 215	0.8	3 224	3 054	3 139	-1.6
J8	2 977	2 960	3 006	2 983	0.2	3 063	3 063	3 063	2.9
J9	2 900	2 943	2 988	2 966	2.3	2 943	2 988	2 966	2.3
J10	3 132	3 140	3 302	3 221	2.8	3 190	3 190	3 190	1.8
J11	3 972	4 015	4 179	4 097	3.2	3 986	4 075	4 030	1.5
J12	3 991	4 054	4 070	4 062	1.8	4 054	4 070	4 062	1.8
J13	4 120	4 163	4 163	4 163	1.0	4 113	4 213	4 163	1.0
J14	4 397	4 517	4 497	4 507	2.5	4 478	4 478	4 478	1.8
J15	4 514	4 453	4 618	4 536	0.5	4 597	4 618	4 608	2.1
J16	4 752	4 748	4 837	4 793	0.9	4 837	4 859	4 848	2.0
J17	4 438	4 441	4 508	4 475	0.8	4 486	4 464	4 475	0.8
J18	5 485	5 454	5 592	5 523	0.7	5 536	5 620	5 578	1.7
J19	5 112	5 098	5 209	5 154	0.8	5 153	5 153	5 153	0.8
J20	5 197	5 165	5 220	5 193	-0.1	5 247	5 275	5 261	1.2
J21	5 002	4 991	5 019	5 005	0.1	4 908	4 991	4 950	-1.0
J22	4 935	4 934	4 963	4 948	0.3	4 934	4 963	4 948	0.3

注：表中拉索编号与设计相同，“实测一”与“实测二”分别指试验前后恒载索力实测值，“偏差”指实测平均值与设计值的偏差值，以百分比表示。

大壕洲侧斜拉索恒载索力实测值表 表 4-1-6

索号	设计值（kN）	下游				上游			
		实测一（kN）	实测二（kN）	实测平均（kN）	偏差（%）	实测一（kN）	实测二（kN）	实测平均（kN）	偏差（%）
Z1	2 550	2 583	2 555	2 569	0.8	2 583	2 638	2 611	2.4
Z2	2 248	2 268	2 288	2 278	1.4	2 272	2 288	2 280	1.5
Z3	2 383	2 426	2 440	2 433	2.1	2 422	2 464	2 443	2.5
Z4	2 935	2 945	2 945	2 945	0.3	2 969	3 023	2 996	2.1
Z5	3 003	3 026	3 032	3 029	0.9	3 032	3 073	3 053	1.7
Z6	2 580	2 578	2 632	2 605	1.0	2 605	2 646	2 625	1.8
Z7	2 682	2 684	2 706	2 695	0.5	2 706	2 744	2 725	1.6

续上表

索号	设计值（kN）	下游				上游			
		实测一（kN）	实测二（kN）	实测平均（kN）	偏差（%）	实测一（kN）	实测二（kN）	实测平均（kN）	偏差（%）
Z8	2 683	2 732	2 749	2 741	2.2	2 714	2 714	2 714	1.2
Z9	2 642	2 636	2 692	2 664	0.8	2 701	2 682	2 692	1.9
Z10	3 054	3 058	3 058	3 058	0.1	3 122	3 133	3 127	2.4
Z11	3 391	3 330	3 425	3 377	-0.4	3 437	3 485	3 461	2.1
Z12	3 697	3 752	3 723	3 738	1.1	3 752	3 767	3 759	1.7
Z13	4 028	4 126	4 110	4 118	2.2	4 126	4 027	4 077	1.2
Z14	4 023	4 072	4 195	4 133	2.7	3 985	4 107	4 046	0.6
Z15	4 782	4 765	4 765	4 765	-0.4	4 765	4 824	4 795	0.3
Z16	4 977	5 046	5 025	5 035	1.2	5 003	5 025	5 014	0.7
Z17	4 856	4 833	4 833	4 833	-0.5	4 962	4 897	4 930	1.5
Z18	4 938	4 938	4 983	4 960	0.5	4 983	5 012	4 997	1.2
Z19	5 221	5 274	5 274	5 274	1.0	5 351	5 325	5 338	2.2
Z20	5 480	5 522	5 549	5 536	1.0	5 549	5 522	5 536	1.0
Z21	5 681	5 699	5 757	5 728	0.8	5 757	5 873	5 815	2.4
Z22	5 651	5 764	5 734	5 749	1.7	5 585	5 734	5 660	0.2

注：表中拉索编号与设计相同，"实测一"与"实测二"分别指试验前后恒载索力实测值，"偏差"指实测平均值与设计值的偏差值，以百分比表示。

从表 4-1-5、表 4-1-6 中可以看出，全桥拉索恒载索力上、下游基本对称，其实测索力值与设计值比较接近，最大偏差为设计值的 3.2%（江侧下游 J11 号索）。同一编号的上、下游两根索索力差值最大者为大濠洲侧 Z22 号索，其上、下游索平均索力相差 89kN，约为该索设计成桥索力的 1.6%。

试验前后测得的拉索恒载索力略有变化，但绝大部分拉索索力值变化量在 3% 以内。从绝对变化量而言，江侧下游 J15 号索变化最大，该索在试验前后实测索力变化量为 165kN，约为该索恒载索力的 3.6%。这种变化主要与温度、桥上临时车辆荷载及测试误差等因素有关，结构本身无异常。

2. 工况一索力变化

在各级荷载作用下，江侧 J18～J22 共 10 根拉索的索力变化实测值见表 4-1-7。从表中可以看出，拉索索力变化较有规律。满载时，拉索实测索力与设计理论计算值比较吻合，卸载后也基本可恢复，说明结构工作性能良好。

索力变化实测值（单位：kN）　　表 4-1-7

索号		第一级	第二级	第三级	第四级（满载）	卸载	满载理论值
上游	J18	219.1	447.1	605.9	760.6	34.1	732
	J19	179.3	396.3	468.6	541.4	27.8	522
	J20	79.8	164.0	207.0	251.5	-18.3	247
	J21	47.9	65.5	61.1	69.8	13.8	-2.7
	J22	-23.8	-68.9	-146.4	-207.8	22.0	-249

续上表

索　　号		第　一　级	第　二　级	第　三　级	第四级(满载)	卸　　载	满载理论值
下游	J18	43.7	212.7	458.4	730.3	12.9	732
	J19	103.1	200.8	365.2	547.4	4.6	522
	J20	28.2	128.5	212.0	294.1	13.8	247
	J21	-20.1	-40.6	7.6	43.1	6.1	-2.7
	J22	-52.5	-109.7	-173.5	-232.8	-2.5	-249

六、动载试验结果及分析

1. 脉动试验

脉动试验于2008年9月3日9:00～12:30之间进行。试验中沿全桥共布置了两组固定参照测点及10组移动测点,每组测点设有两个竖向传感器及一个横桥向水平传感器,另外,在固定参照测点及塔顶各设置了一个纵桥向水平传感器,详见图4-1-7。试验分3组进行,每组采集20个通道数据。采样频率为50Hz,低通上限频率设为12.5Hz,每次采样时间为20min。

试验结果采用峰值拾取法进行分析,见表4-1-8。从实测结果来看,结构模态频率与理论分析基本相符,表明结构的整体刚度满足设计要求。其前几阶自振频率均较低,说明结构相对较为柔性。其前几阶模态的阻尼比为0.67%～3.72%,相对较小,说明在小振幅范围内,结构的阻尼比较低。

结构部分实测模态参数　　表4-1-8

序　　号	振型描述	自振频率(Hz)		实测平均阻尼比(%)
		理论值	实测值	
1	主梁一阶竖弯	0.296	0.293	2.71
2	主梁一阶横弯	0.332	0.342	—
3	主梁二阶横弯	0.407	0.403	3.72
4	主梁二阶竖弯	0.537	0.586	1.35
5	主梁三阶竖弯	0.682	0.708	2.01
6	主梁一阶扭转	0.649	0.769	1.05
7	主梁四阶竖弯	0.822	0.818	0.67
8	主梁五阶竖弯	0.846	0.891	1.53

2. 跑车试验与跳车试验

跑车试验与跳车试验于2008年9月22日18:00～20:00之间进行。由于每次测试时间均较短,可以忽略温度变化对测试结果的影响。

试验结果表明:当两辆重约500kN的重车以15～60km/h车速并排驶过平整桥面时,*D—D*截面最大动挠度为85.7mm,*A—A*截面梁底最大动应变为66.7με。实测挠度动力系数(冲击系数)为1.022～1.035,应变动力系数为1.016～1.042。从实测结果来看,应变与挠度动力系数均较小且与车速之间无明显的相关关系。

跳车试验所用的车辆相对较轻,但相应的应变动力系数为1.125,比跑车试验所得动力系数明显要大,说明桥面不平整对结构工作状况影响较为不利。

七、试验结论

(1)通过对试验实测数据的分析并与理论计算值相比较，本桥在试验荷载作用下，各项主要力学控制指标均满足《大跨径混凝土桥梁的试验方法》及设计要求，实测试验曲线变化规律与理论计算基本一致，并且在试验观测断面未发现受力裂缝，表明结构的工作性能良好。

(2)全桥拉索恒载索力上、下游基本对称，其实测索力值与设计值比较接近，最大偏差仅为设计值的3.2%。结构实测模态频率与理论计算基本相符，表明结构的整体刚度满足设计要求。

综上所述，本桥在力学性能上满足设计与使用要求。鉴于该桥桥型特殊，结构较为复杂，应严格限制超载车辆通行，并建议对其进行长期监测。

第二节　南汉悬索桥荷载试验

一、试验目的及试验依据

1. 试验目的

(1)验证设计计算结果，评价大桥结构在设计荷载下的结构性能。

(2)获得成桥空间几何状态和结构动力特性等桥梁特征参数。

(3)为竣工验收提供技术数据；建立基础数据档案，并为健康监测和运营管理提供基本信息数据。

(4)为大跨度悬索桥的设计规范、设计理论与施工技术积累技术资料。

2. 试验依据

(1)《黄埔大桥施工图设计文件》(含设计变更文件)。

(2)《公路工程技术标准》(JTG B01—2003)。

(3)《大跨度混凝土桥梁的试验方法》。

(4)《公路桥梁承载能力检测评定规程》(报批稿)。

(5)《公路工程质量检验评定标准(土建工程)》(JTG F80/1—2004)。

3. 试验检测内容

荷载试验进行初始状态调查、静力荷载试验和动载试验三方面内容。

1)初始状态调查

(1)外观检查部位

外观检查部位主要包括：主缆锚固区和吊索索梁锚固区的表观状况；支座和伸缩缝外观检查；主梁钢箱梁的表观检查；索塔、锚碇等部位混凝土裂缝检查；主梁、主缆、吊索的防腐层外观检查。

(2)成桥状态结构主要参数测定

①结构几何形态测试，主要测试以下内容：桥面线形；索塔塔顶坐标和主缆线形。

②结构恒载内力状态测试，主要测试南、北10号吊索前后6根吊索恒载索力。

2)静力荷载试验

静力荷载试验主要是检测桥梁结构在静力试验荷载作用下的变形和内力，以确定桥梁结构的实际工作状态与设计期望值是否相符。对以下参数进行测试：主梁(桥面)挠度；主梁梁端纵桥向位移；索塔塔顶变位；控制截面应力；吊索索力增量等。

3)动载试验

脉动试验，检测整体结构的振动特性参数，包括结构振动频率、振型和阻尼比等；行车试验，检测车辆以不同车速驶过桥面时,加劲梁控制截面的动力放大系数。

二、结构初始状态检测

1. 表观检查

(1)吊索锚固区:吊索锚固端各构件未发现变形,钢构件未发现裂缝。

(2)索塔和主缆锚碇:索塔和主缆锚碇可及部位混凝土未发现裂缝。

(3)钢箱梁焊缝:钢箱梁内顶、底板与 U 肋、横隔板间焊接良好,未发现焊接问题。

(4)主缆和吊索:表观未见明显病害。

(5)支座和伸缩缝:悬索桥两端伸缩缝平整,处于良好状态。各支座安装位置准确。

(6)桥面系检查:桥面铺装未见其他病害。

综合以上检查结果,表明主要构件总体质量状况较好。主缆、钢箱梁、索塔锚碇未见明显病害。伸缩缝、支座安装情况良好,无异常变形。

2. 桥梁结构初始几何线形检测

1)检测内容

桥梁结构初始几何线形主要包括主缆线形、加劲梁线形和主塔塔顶坐标。

2)起算数据及高程系统

测量平面及高程起算数据采用广州珠江黄埔大桥测量中心提供的《珠江黄埔大桥平面和高程控制点成果表》。

3)测量方案的选定与仪器选型

桥面线形及挠度采用 ZEISS DiNi 12 电子水准仪,标称精度为 0.3mm/km;主缆线形及塔偏测量采用徕卡 TCA2003 全站仪,测角精度 0.5″,测距精度 1mm + 1ppm;3m 铟瓦条形码水准标尺。

4)桥梁监测点选埋

(1)悬索桥主缆线形测点:在上、下游主缆上共选 18 个测点,点位均取索夹的上表面中心,并做标志。上游编号为 BYS、S1、S2、S3、S4、S5、S6、S7、NYS,下游编号为 BYX、X1、X2、X3、X4、X5、X6、X7、NYX,其中,BYS、BYX、NYS、NYX 分别为北引桥上游、北引桥下游、南引桥上游、南引桥下游主缆的近似跨中位置,其余点位均为八分点。

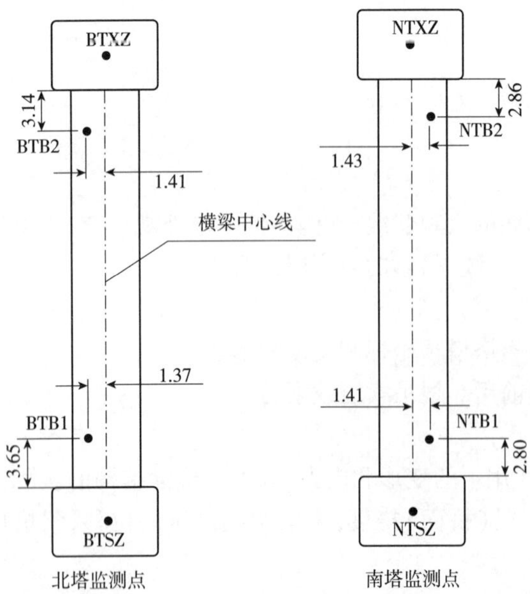

图 4-1-8　塔顶测量点位测点布置图(尺寸单位:m)

(2)加劲梁线形监测点:在主桥面上游侧、下游侧、中心线上分别选取三条线形测线,点号从北向南依次为 1、2、3、4……87,其中 11、22、33、44、55、66、77 为桥面八分点。共选布水准监测点 261 个,油漆标志(八分点为水准钢钉)。

(3)主塔偏位测点:在四个主塔顶端各设一个测点,编号分别为 BTSZ(北岸上游塔柱)、BTXZ(北岸下游塔柱)、NTSZ(南岸上游塔柱)、NTXZ(南岸下游塔柱),点位均位于塔柱顶端中心沿桥轴线方向偏南 15cm 处。

(4)在南岸、北岸塔柱的上横梁上各布设两个测点,用于测量横梁的初始位置,具体编号为 BTB1 及 BTB2(北岸塔柱上端横梁)、NTB1 及 NTB2(南岸塔柱上端横梁),点位为油漆标志。

监测点具体点位及编号见图 4-1-8 ~ 图 4-1-10。

5)加劲梁线形测量

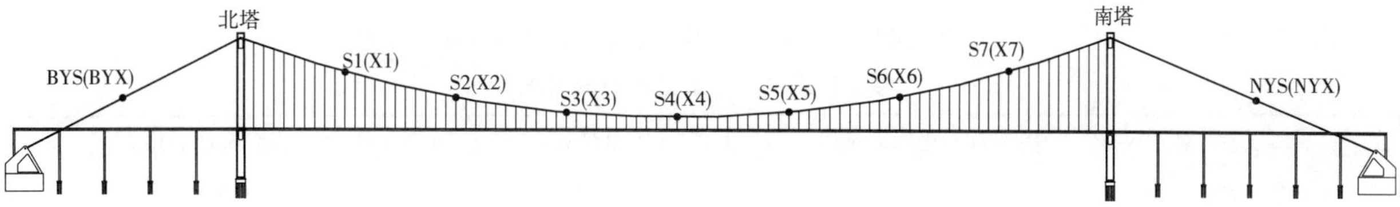

图 4-1-9　主缆线形测量点布置图

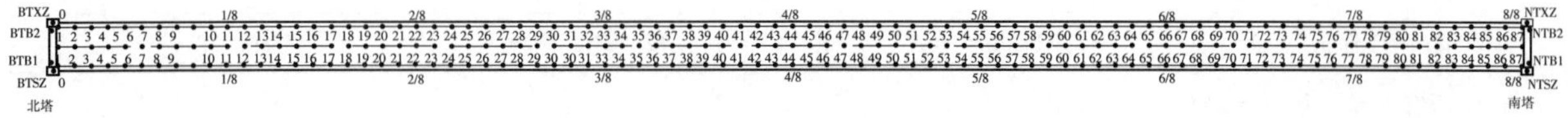

图 4-1-10　桥面线形测量点布置图

二等水准观测前，在实地丈量好立尺点与设站点，并用红漆标注，对 DiNil2 电子水准仪进行全面检查。前后视距用皮尺等距量取，并在实地标志。测站观测顺序为：奇数测站为后前前后，偶数测站为前后后前。测站观测限差应符合表 4-1-9 要求。

测站观测限差指标　　表 4-1-9

视线长度	前后视距差	前后视距累积差	视线高度	两次读数之差	路线闭合差
≤50m	≤1.0m	≤3.0m	≥0.3m	≤0.4mm	≤4L(mm)

实测桥面线形平顺，上、下游线形基本一致，跨中点上、下游相差 0.03m。

6）主缆线形测量

主缆线形测量采用施测三维坐标的方法进行测量，主要对上、下游主缆的八分点进行了测量。各监测点成果见表 4-1-10。

悬索桥主缆八分点成果表　　表 4-1-10

点　　名	坐标 x(m)	坐标 y(m)	高程 H(m)
S1	10 157.53	18.257	146.879
S2	10 298.38	18.307	111.077
S3	10 439.28	18.274	89.638
S4	10 580.17	18.295	82.492
S5	10 721.01	18.392	89.608
S6	10 861.88	18.683	110.933
S7	11 002.71	18.829	146.704
X1	10 157.39	-17.899	146.815
X2	1 029.37	-18.216	111.067
X3	10 439.3	-18.222	89.661
X4	10 580.16	-18.232	82.485
X5	10 721.01	-18.254	89.603
X7	11 002.73	-18.211	146.669
BYS	9 896.887	18.19	127.221
BYX	9 896.908	-18.14	127.248
NYS	11 303.13	18.248	119.975
NYX	11 303.12	-18.297	119.941

注：①所有高程均为 1985 国家高程基准。

②平面坐标为施工坐标系。

③以上坐标点布置在索夹顶面。

7）主塔塔顶坐标测量

塔顶坐标测点选择在主塔上横梁的长期监控点，测试结果如表4-1-11所列。

悬索桥主塔上横梁监测点成果表 表4-1-11

点　名	坐标 x(m)	坐标 y(m)	高程 H(m)
BTB1(北塔保护点1)	10 024.692	-11.786	189.182
BTB2(北塔保护点2)	10 024.682	-12.311	189.173
NTB1(南塔保护点1)	11 135.481	12.642	189.19
NTB2(南塔保护点2)	11 135.616	-12.581	189.182

注：①所有高程均为1985国家高程基准。

②平面坐标为施工坐标系。

3. 恒载索力测试

1）测试方法

恒载索力测试采用振弦法测量。由于索长对测试结果误差影响较大，试验选择北起4～16号吊索和70～82号（南起16～4号）吊索，上、下游共测试了104根吊索。

2）测试结果

测试结果见表4-1-12所列。表列结果表明，实测索力与设计值相对偏差为-7.0%～14.7%，其中，4根吊索索力相对偏差介于10.3%～14.7%之间，25根吊索张力相对偏差在5%～10%之间，其他75根吊索测试结果偏差在5%以内。测试结果表明，实测吊索索力与理论值基本相符，索力分布均匀。

成桥的吊索索力 表4-1-12

点　名	上游侧			下游侧		
	实测值(kN)	理论值(kN)	相对偏差(%)	实测值(kN)	理论值(kN)	相对偏差(%)
4N	368.6	365.5	0.8	349.83	365.5	-4.3
4S	366.3	365.5	0.2	350.37	365.5	-4.1
5N	358.4	367.4	-2.4	341.65	367.4	-7.0
5S	348.5	367.4	-5.1	371.98	367.4	1.2
6N	369.4	368.1	0.4	369.37	368.1	0.3
6S	368.5	368.1	0.1	379.88	368.1	3.2
7N	387.1	368.2	5.1	373.37	368.2	1.4
7S	369.3	368.2	0.3	376.05	368.2	2.1
8N	378.9	367.9	3.0	351.87	367.9	-4.4
8S	375.3	367.9	2.0	353.16	367.9	-4.0
9N	375.0	367.4	2.1	368.96	367.4	0.4
9S	390.3	367.4	6.2	384.87	367.4	4.8
10N	362.3	366.8	-1.2	350.49	366.8	-4.4
10S	361.3	366.8	-1.5	377.03	366.8	2.8
11N	420.2	366.2	14.7	352.44	366.2	-3.8
11S	351.8	366.2	-3.9	364.53	366.2	-0.5
12N	364.4	365.5	-0.3	370.31	365.5	1.3
12S	376.8	365.5	3.1	380.21	365.5	4.0

续上表

点　名	上　游　侧			下　游　侧		
	实测值(kN)	理论值(kN)	相对偏差(%)	实测值(kN)	理论值(kN)	相对偏差(%)
13N	368.8	364.9	1.1	391.27	364.9	7.2
13S	370.0	364.9	1.4	375.17	364.9	2.8
14N	376.7	364.3	3.4	374.85	364.3	2.9
14S	399.2	364.3	9.6	383.82	364.3	5.4
15N	355.4	363.7	-2.3	361.65	363.7	-0.6
15S	348.3	363.7	-4.2	365.40	363.7	0.5
16N	382.7	363.1	5.4	371.19	363.1	2.2
16S	376.1	365.5	2.9	358.38	365.5	-1.9
70N	341.8	363.1	-5.9	350.2	363.1	-3.6
70S	347.9	363.1	-4.2	362.8	363.1	-0.1
71N	382.9	363.7	5.3	344.6	363.7	-5.3
71S	396.6	363.7	9.0	401.2	363.7	10.3
72N	371.6	364.3	2.0	389.5	364.3	6.9
72S	373.2	364.3	2.4	396.5	364.3	8.8
73N	377.5	364.9	3.5	373.6	364.9	2.4
73S	380.4	364.9	4.2	377.7	364.9	3.5
74N	342.2	365.5	-6.4	375.0	365.5	2.6
74S	356.9	365.5	-2.4	362.7	365.5	-0.8
75N	384.7	366.2	5.1	382.2	366.2	4.4
75S	407.5	366.2	11.3	379.8	366.2	3.7
76N	381.7	366.8	4.1	342.8	366.8	-6.5
76S	374.0	366.8	2.0	376.9	366.8	2.8
77N	390.5	367.4	6.3	378.1	367.4	2.9
77S	393.8	367.4	7.2	383.3	367.4	4.3
78N	373.9	367.9	1.6	379.9	367.9	3.3
78S	419.1	367.9	13.9	382.8	367.9	4.1
79N	349.3	368.2	-5.1	373.4	368.2	1.4
79S	371.8	368.2	1.0	373.9	368.2	1.5
80N	383.7	368.1	4.2	345.9	368.1	-6.0
80S	384.6	368.1	4.5	351.0	368.1	-4.6
81N	350.6	367.4	-4.6	374.1	367.4	1.8
81S	348.7	367.4	-5.1	387.7	367.4	5.5
82N	388.8	365.5	6.4	376.9	365.5	3.1
82S	389.7	365.5	6.6	380.2	365.5	4.0

注:表中所列理论值为试验单位根据设计资料计算的结果。

三、静力荷载试验

桥梁静力荷载试验主要是通过对桥梁结构施加与设计荷载水平基本相当的等代荷载,测量桥梁结构变形和内力,以确定结构的实际工作状态与设计期望值是否相符,检验结构的强度、刚度等能否满足设计要求,并对其承载能力作出评价。

1. 试验加载方式

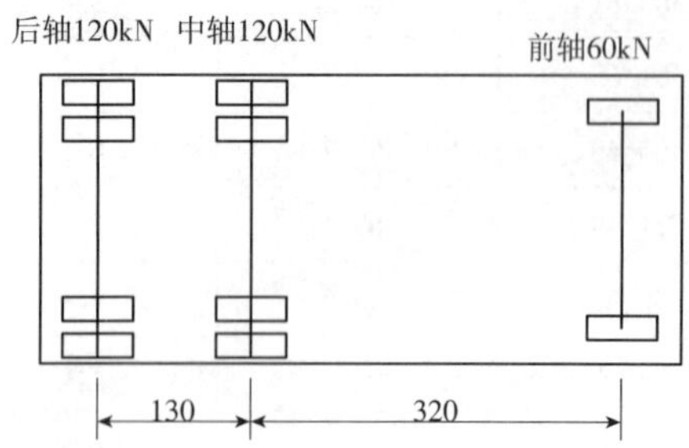

图 4-1-11　加载车辆示意图(尺寸单位:cm)

采用单重约 300kN 的三轴载货汽车 120 辆,加载车辆的有关技术参数及其轴重如图 4-1-11 所示。

2. 主要工况及加载效率

结构静力荷载试验测试项目包括如下内容:

(1)活载作用下索力增量及影响区测试,选择南、北 L/8 两个截面。

(2)跨中截面挠度影响线测试。

(3)北锚跨主缆最大缆力测试。

(4)主塔塔顶最不利活载作用下最大纵向变位。

(5)加劲梁跨中最不利活载作用下最大挠度。

(6)加劲梁最不利活载作用下最大挠度,L/4 附近截面。

(7)加劲梁梁端最大纵向飘移。

(8)北塔塔身塔梁交接处最不利活载作用下最大弯矩。

(9)加劲梁 L/8 最不利活载作用下最大正弯矩。

(10)加劲梁 L/4 最不利活载作用下最大正弯矩。

(11)加劲梁 L/2 最不利活载作用下最大正弯矩。

(12)标准预制节段桥面正交异性板局部应力测试。

主要测试项目试验计算值及荷载效率见表 4-1-13,试验加载效率为 0.831 ~ 1.056,表明试验荷载所产生的最不利效应可反映设计基本可变荷载效应的特征。

静力荷载试验计算值及荷载效率　　表 4-1-13

序　号	测 试 项 目	设 计 效 应	计 算 效 应	加 载 效 率
1	加劲梁 L/8 正弯矩(kN · m)	83 953	79 838.1	0.951
2	加劲梁 L/4 正弯矩(kN · m)	79 672	78 273.4	0.982
3	加劲梁 L/2 正弯矩(kN · m)	78 390	77 914.2	0.994
4	北塔塔顶纵向水平位移(cm)	16.6	17.4	1.051
5	南塔塔顶纵向水平位移(cm)	-23.6	-19.6	0.831
6	加劲梁跨中挠度(cm)	-213.3	-225.3	1.056
7	北塔塔身控制截面弯矩(kN · m)	-246 208	-204 980	0.833
8	北锚跨主缆缆力(kN)	36 412	30 479.3	0.837
9	加劲梁梁端纵向飘移(cm)	-66.5	-58.3	0.877
10	加劲梁 L/4 最大挠度(cm)	-248.7	-252.3	1.014

静力荷载试验分 9 个工况,表 4-1-14 给出了不同加载工况下对应的试验内容及其观测项目。

不同加载工况下对应的试验内容及其观测项目　　表 4-1-14

加载工况	试 验 内 容	观 测 项 目
Ⅰ	跨中挠度影响线、加劲梁内力影响线加载	跨中挠度和加劲梁 L/2 截面应力
Ⅱ	①正交异性桥面板加载试验； ②加劲梁北起 L/8 正弯矩	①加劲梁北起 L/8 截面应力； ②主缆和加劲梁的竖向挠曲变形； ③主塔塔顶纵向水平位移； ④正交异性桥面板挠曲变形； ⑤主塔塔身控制截面应力
Ⅲ	加劲梁 L/4 正弯矩	①加劲梁北起 L/4 截面应力； ②主缆和加劲梁的竖向挠曲变形； ③主塔塔顶纵向水平位移； ④主塔塔身控制截面应力
Ⅳ	加劲梁 L/2 正弯矩	①加劲梁北起 L/2 截面应力； ②主缆和加劲梁的竖向挠曲变形； ③主塔塔顶纵向水平位移； ④主塔塔身控制截面应力
Ⅴ	北塔塔顶纵向水平位移加载试验	①加劲梁控制截面应力； ②主缆和加劲梁的竖向挠曲变形； ③主塔塔顶纵向水平位移； ④主塔塔身控制截面应力； ⑤锚跨主缆缆力
Ⅵ	①加劲梁梁端纵向飘移； ②加劲梁最大挠度	①加劲梁控制截面应力； ②主缆和加劲梁的竖向挠曲变形； ③主塔塔顶纵向水平位移； ④主塔塔身控制截面应力； ⑤加劲梁梁端纵向飘移
Ⅶ	桥面板局部应力	L/4 截面局部应力和变形
Ⅷ	北侧 L/8 区域吊杆活载应力增量及其影响范围	吊杆张力
Ⅸ	北侧 L/8 区域吊杆活载应力增量及其影响范围	吊杆张力

3. 测试断面及测试方法

1）主要测试截面

主缆应力测试截面和缆力测试截面布置如图 4-1-12 所示，包括：北锚跨主缆张力；加劲梁 L/8、L/4、L/2 截面；塔柱与横梁交会处；L/4 桥面板局部应力、南起 L/8 附近索力增量、北起 L/8 附近索力增量。

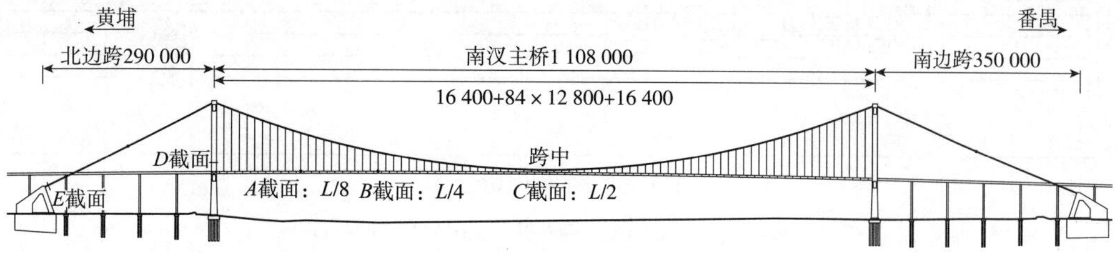

图 4-1-12　应力、主缆缆力测试截面布置图（尺寸单位：mm）

变形测试断面如图 4-1-13 所示，主要包括：主缆八分点、桥面八分点、塔顶纵向变位、加劲梁纵向位移。

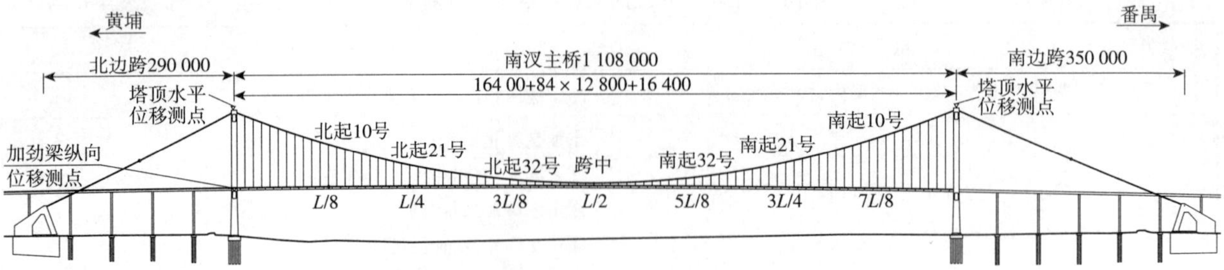

图 4-1-13　变形测试截面布置图(尺寸单位:mm)

2)测试方法

(1)加劲梁应力、正交异性桥面板体系应力、主塔塔身控制截面应力采用 DH3815N 数据采集分析系统。

(2)正交异性桥面板挠曲变形采用量程为 50mm 的应变式电测位移计,配以 Mdac 数据采集分析系统。

(3)活载吊索索力增量采用激振测定法。

(4)主缆锚跨张力,利用施工监控时预埋在主缆索股锚下压力传感器和激振测定法进行测试。

(5)加劲梁的竖向挠度变形按要求进行闭合水准测量。

(6)主塔塔顶水平位移,采用全站仪进行极坐标和三角高程观测。

(7)加劲梁纵向位移,测量钢箱梁梁端到北塔下横梁上固定点间距离变化。

(8)结构温度,采用 PN 结温度计进行点温度测量和监控预埋传感器测量。

4. 试验加载程序

静力试验荷载分成 4 ~ 5 级加载,2 ~ 4 级卸零。主要工况加载载位及车辆布置如图 4-1-14 ~ 图 4-1-18 所示。

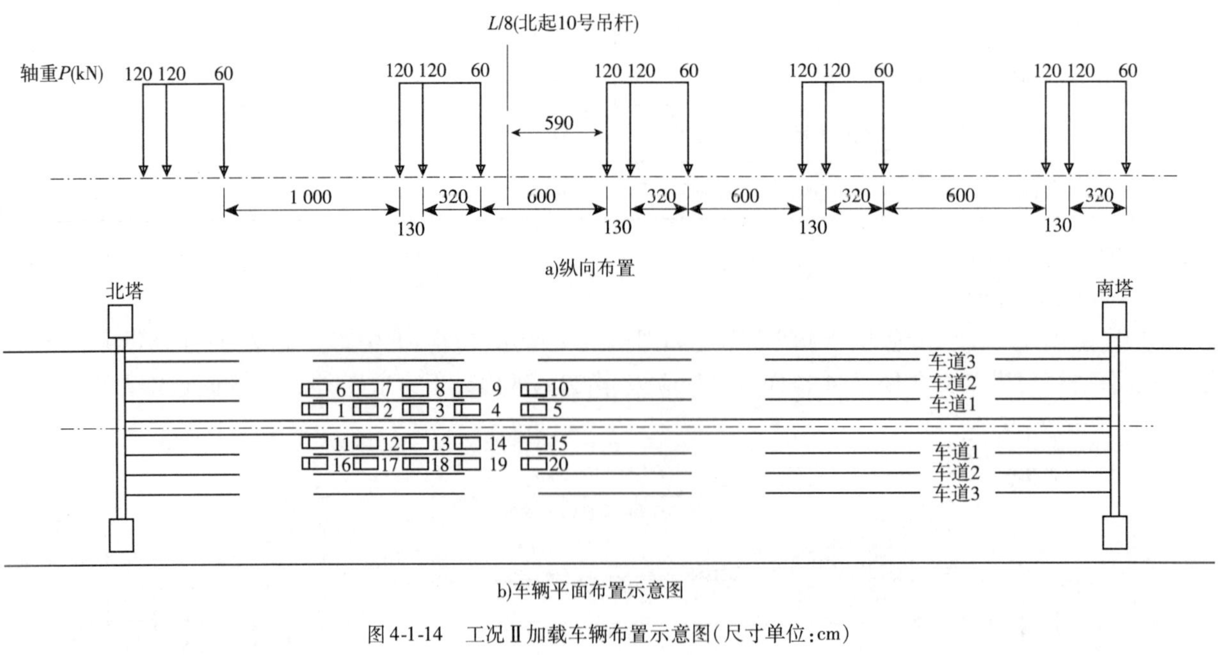

图 4-1-14　工况Ⅱ加载车辆布置示意图(尺寸单位:cm)

5. 测试结果

1)跨中挠度影响线测试结果

由跨中挠度实测影响线可知,上、下游变形特征相同,如图 4-1-19 所示。

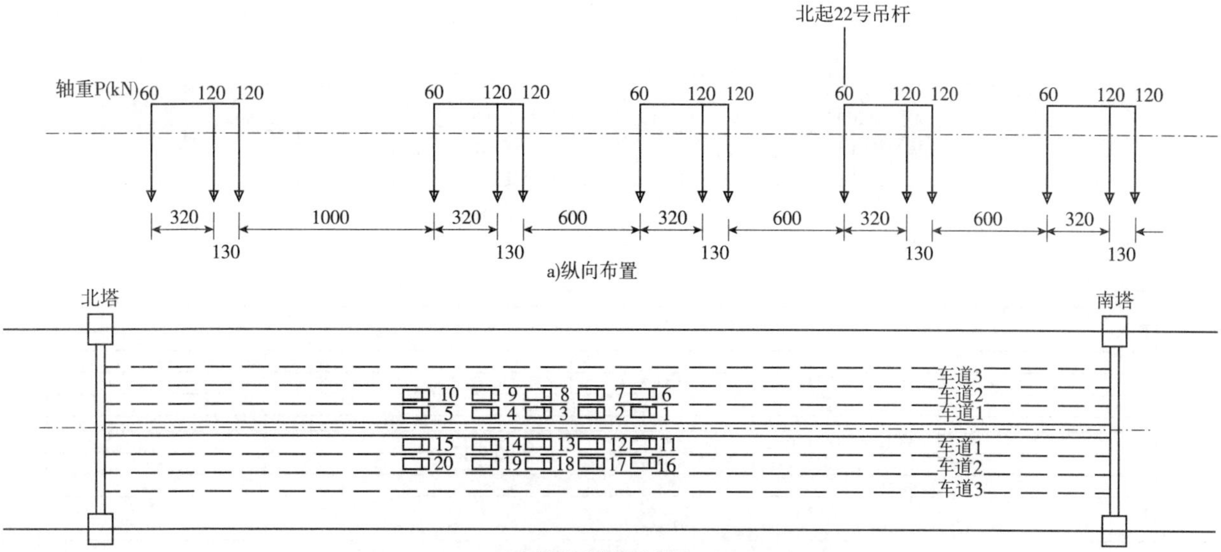

a)纵向布置

b)车辆平面布置示意图

图 4-1-15　工况Ⅲ加载车辆布置示意图(尺寸单位:cm)

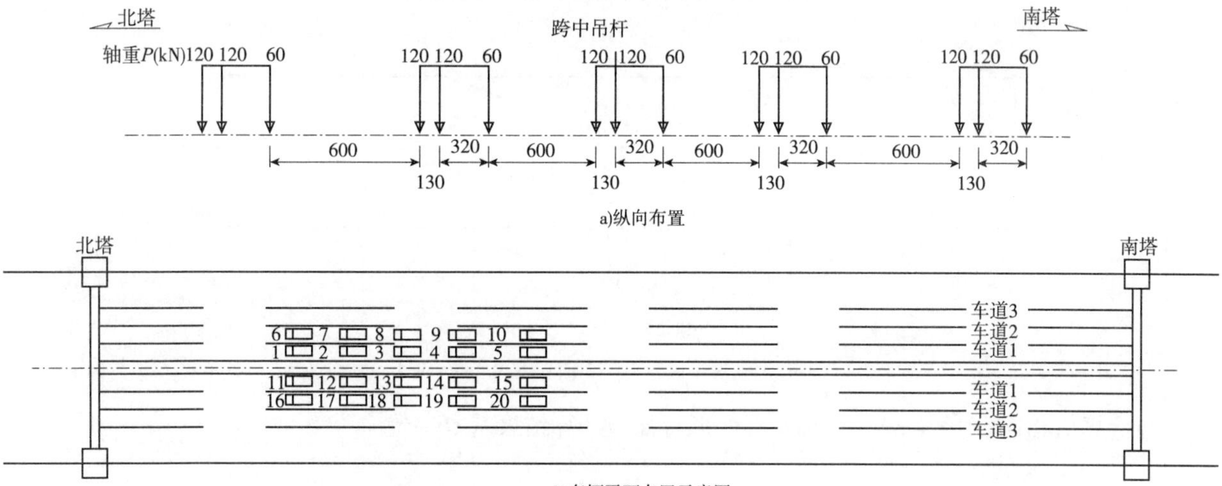

a)纵向布置

b)车辆平面布置示意图

图 4-1-16　工况Ⅳ加载车辆布置示意图(尺寸单位:cm)

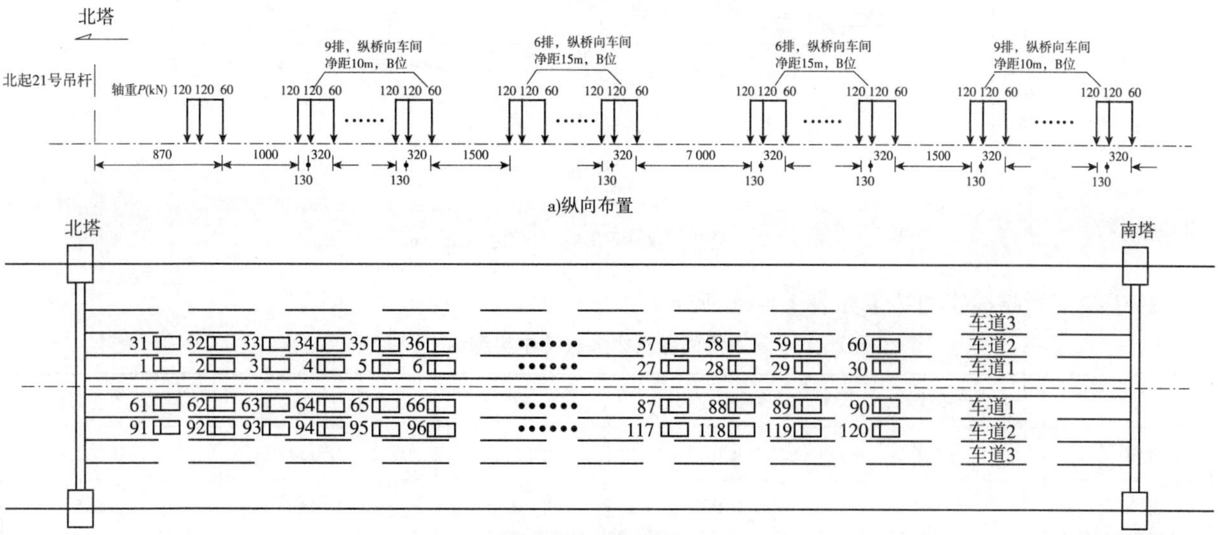

a)纵向布置

b)车辆平面布置示意图

图 4-1-17　工况Ⅴ加载车辆布置示意图(尺寸单位:cm)

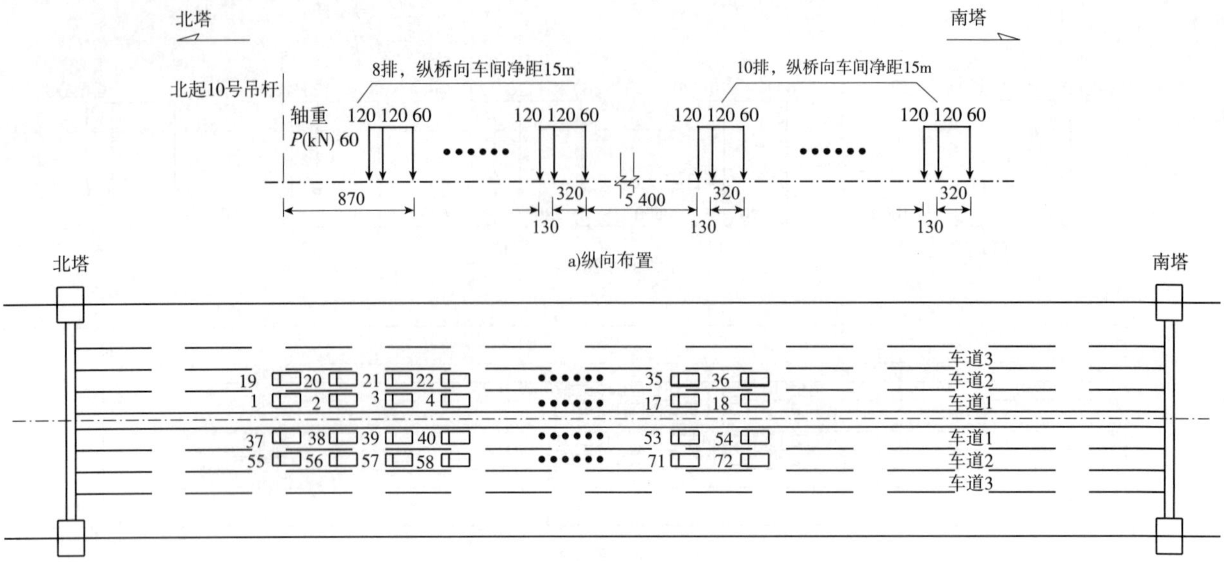

a)纵向布置

b)车辆平面布置示意图

图 4-1-18　工况Ⅵ加载车辆布置示意图(尺寸单位:cm)

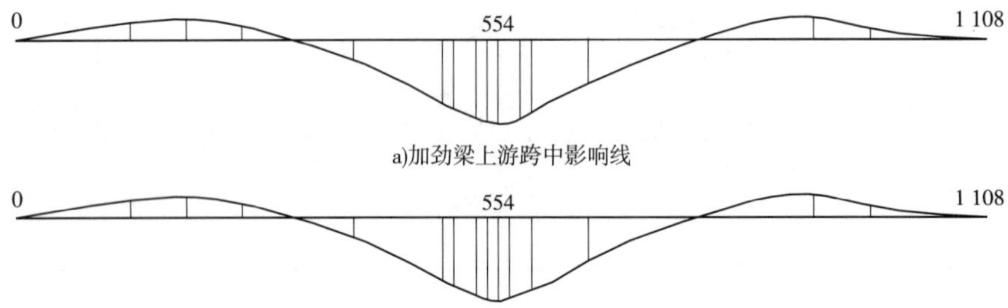

a)加劲梁上游跨中影响线

b)加劲梁下游跨中影响线

图 4-1-19　跨中挠度实测影响线(尺寸单位:mm)

与计算值相比(图 4-1-20),结构实际变形特征与计算结果基本一致。

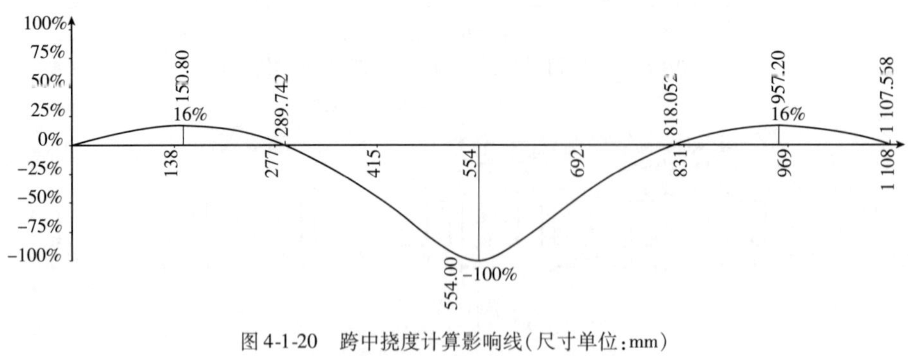

图 4-1-20　跨中挠度计算影响线(尺寸单位:mm)

跨中挠度影响线实测结果如表 4-1-15 所列。

跨中桥面影响线加载跨中实测值　　表 4-1-15

加　载　点	上游跨中变形(m)	下游跨中变形(m)	加　载　点	上游跨中变形(m)	下游跨中变形(m)
北 10 号	0.076	0.077	北 25 号	-0.004	-0.002
北 15 号	0.091	0.092	北 30 号	-0.087	-0.085
北 20 号	0.062	0.062	北 38 号	-0.277	-0.275

续上表

加　载　点	上游跨中变形(m)	下游跨中变形(m)	加　载　点	上游跨中变形(m)	下游跨中变形(m)
北39号	-0.303	-0.3	南40号	-0.316	-0.316
北41号	-0.341	-0.339	南35号	-0.191	-0.188
北42号	-0.359	-0.358	南25号	0.003	0.005
43号(跨中)	-0.366	-0.365	南15号	0.098	0.1
南42号	-0.349	-0.348	南10号	0.047	0.048

注:①采用假定高程,设初始读数为0,其余读数为相对初始读数的高程。

②测量时间:2008年10月18日20:30~22:15。

2)加劲梁应力测试结果

(1)应力测点布置图

L/8、*L*/2截面测点布置如图4-1-21所示。

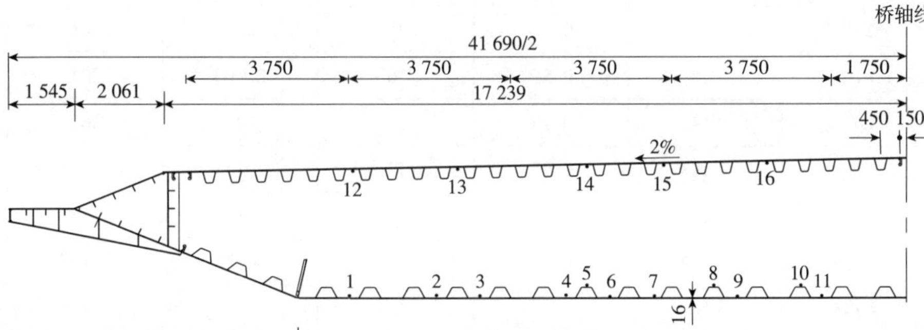

图4-1-21　*L*/8、*L*/2截面钢箱梁应变测点布置图(尺寸单位:mm)

L/4截面测点布置兼顾了桥面正交异性板应力测试的需要,在桥面板U肋布设测点,并在桥面钢板底面布设了应变花测点,如图4-1-22所示。

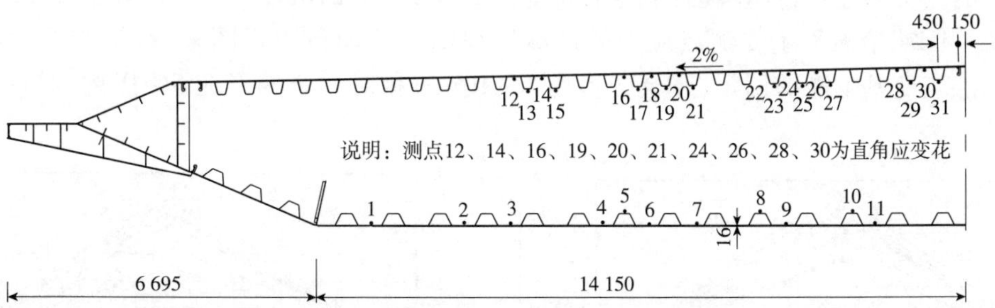

图4-1-22　*L*/4截面钢箱梁应变测点布置图(尺寸单位:mm)

(2)加载过程

加劲梁北侧*L*/8、*L*/4和*L*/2截面应力工况分别为工况Ⅱ、工况Ⅲ、工况Ⅳ。

(3)实测应力结果

①*L*/8截面应力测试结果

表4-1-16列出了*L*/8截面上、下游箱梁应力测试结果。总体来看,上、下游应力实测结果无明显区别,测试结果基本一致。在工况Ⅱ试验荷载作用下,加劲梁*L*/8截面实测底板纵向拉应力在38.02~55.04MPa之间,校验系数在0.79~1.07之间;顶板压应力在25.34~28.31MPa之间,校验系数在0.81~1.00之间。U形肋实测应力在24.95~32.47MPa之间,校验系数在0.56~0.72之间。箱梁顶、底板与U肋应力校验系数

基本属于同一水平，顶、底板与U肋应力之间的关系符合平截面假定，U肋和钢板能够协调变形。总体来看，除底板个别测点由于应力集中实测值略大于计算值外，多数测点实测应力小于理论计算值。

L/8 截面钢箱梁实测应变值及校验系数 表4-1-16

上游半幅箱梁应变测点				下游半幅箱梁应变测点			
测点号	实测应变	计算应变	校验系数	测点号	实测应变	计算应变	校验系数
1	248	261	0.95	1	278	261	1.07
2	274	261	1.05	2	253	261	0.97
3	256	261	0.98	3	238	261	0.91
4	231	261	0.88	4	197	261	0.75
5	163(U)	228	0.71	5	150(U)	228	0.65
6	225	261	0.87	6	231	261	0.88
7	223	261	0.86	7	231	261	0.88
8	164(U)	228	0.72	8	155(U)	228	0.68
9	206	261	0.79	9	244	261	0.93
10	126(U)	228	0.56	10	42(U)	228	—
11	207	261	0.79	11	192	261	0.73
12	-137	-143	0.95	12	-143	-143	1
13	-129	-151	0.85	13	-140	-151	0.93
14	-133	-157	0.85	14	-139	-157	0.89
15	-145	-161	0.9	15	-70	-161	0.43
16	-134	-166	0.81	16	-138	-166	0.83

注：U表示U肋测点。

在工况Ⅱ-2偏心荷载作用下，偏载侧应力增大效应不明显，比较上、下游外侧测点应力，偏心增大系数为1.02。

根据顶、底板实测应力，推算截面中性轴高度为2.072~2.216m，与理论计算值2.113基本吻合。图4-1-23、图4-1-24给出了主要测点应变的加载历程图。从加载历程图来看，结构受力线性特征明显，卸载后测点应变基本能够回零，残余变形为1~10με，相对残余变形在5%以内，结构处于弹性工作状态。

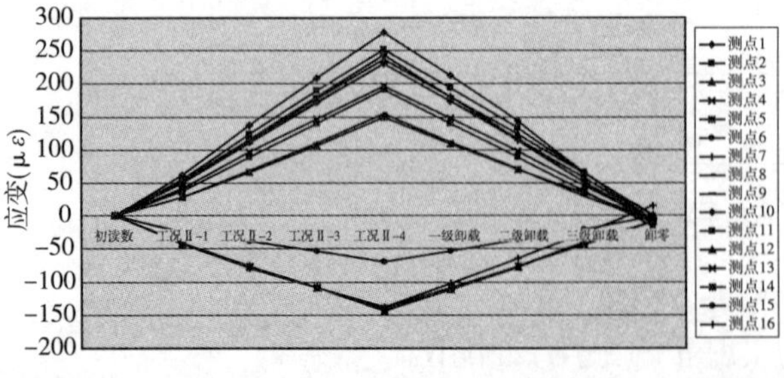

图4-1-23 工况Ⅱ L/8截面下游箱梁主要应力测点应变加载历程图

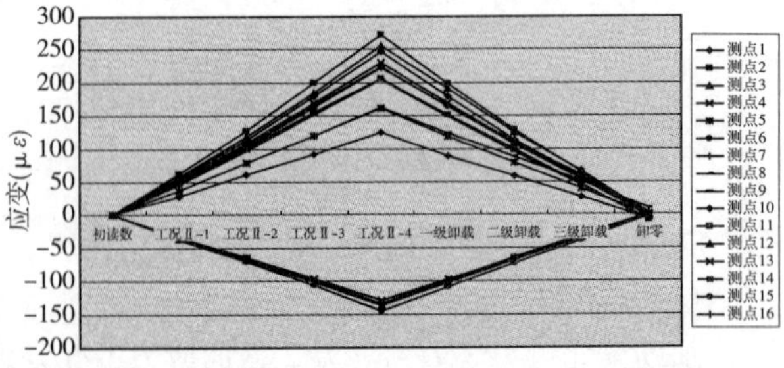

图4-1-24 工况Ⅱ L/8截面上游箱梁主要测点应变加载历程图

②L/4截面应力测试结果

在工况Ⅲ荷载作用下，L/4截面实测顶板纵向拉应力在36.43~54.85MPa之间，顶板压应力在21.38~31.23MPa之间。主要测点实测应力小于理论计算值，主要测点应力校验系数在0.66~1.00之间。底板U肋测点实测拉应力在22.57~31.48MPa之间，应力校验系数在0.51~0.71之间。顶板U肋测点实测压应力在7.72~15.253MPa之间，与计算值相比，顶板U肋测点应力总体偏小。

在工况Ⅲ-2 偏心荷载作用下，偏载侧应力增大较为明显，工况Ⅲ-2 底板测点偏心荷载增大系数平均为 1.17。根据顶、底板实测应力截面中性轴高度为 2.006 ~ 2.247m，可见多数测点略高于理论计算值。

由上、下游底板测点应变与加载量之间的关系来看，如图 4-1-25、图 4-1-26 所示，测点应变与荷载之间的线性关系明显。卸载后，主要测点相对残余变形在 10% 以内，在试验荷载作用下，结构处于弹性工作状态。L/4 截面钢箱梁实测应变值及校验系数见表 4-1-17。

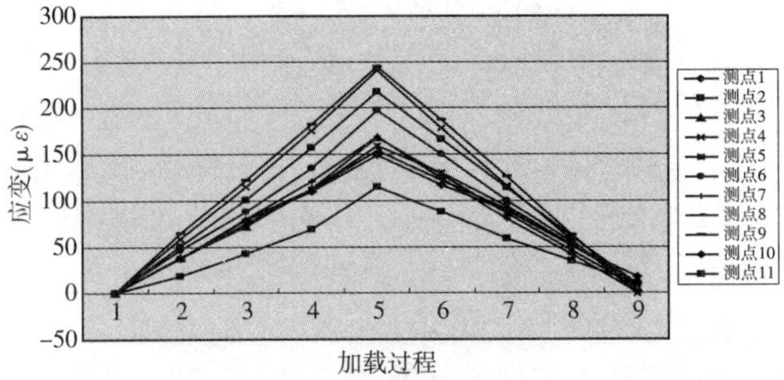

图 4-1-25　工况Ⅲ L/4 截面上游底板测点应变与加载历程图

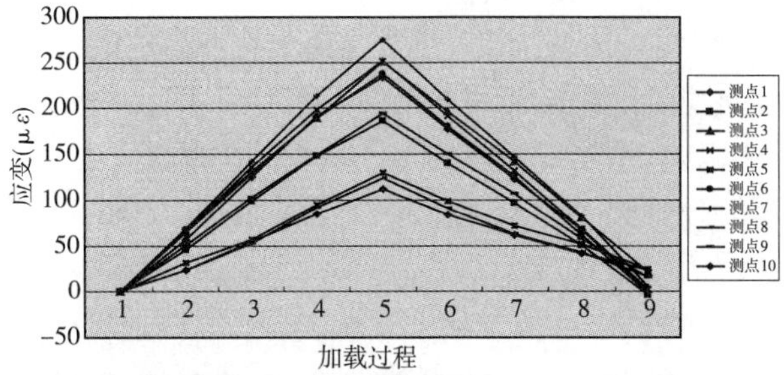

图 4-1-26　工况Ⅲ L/4 截面下游底板测点应变与加载历程图

L/4 截面钢箱梁实测应变值及校验系数　　表 4-1-17

上游半幅箱梁应变测点				下游半幅箱梁应变测点			
测点号	实测应变	计算应变	校验系数	测点号	实测应变	计算应变	校验系数
1	—	256	—	1	236	256	0.92
2	118	256	0.46	2	187	256	0.73
3	169	256	0.66	3	252	256	0.98
4	241	256	0.94	4	254	256	0.99
5	159(U)	223	0.71	5	130(U)	223	0.58
6	198	256	0.77	6	239	256	0.93
7	170	256	0.66	7	274	256	1.07
8	156(U)	223	0.7	8	126(U)	223	0.57
9	244	256	0.95	9	195	256	0.76
10	149(U)	223	0.67	10	114(U)	223	0.51
11	220	256	0.86	11	255	256	1.00
12	-108	-148	0.73	12	-132	-148	0.89
14	-111	-149	0.74	14	-124	-149	0.83
16	-122	-154	0.79	16	-158	-154	1.03
18	-120	-155	0.77	18	-128	-155	0.83
20	-133	-157	0.85	20	-135	-157	0.86
22	-123	-161	0.76	22	-125	-161	0.78
24	-142	-162	0.88	24	-144	-162	0.89
26	-142	-164	0.87	26	-137	-164	0.84
28	-139	-168	0.83	28	-140	-168	0.83
30	-137	-168	0.82	30	-134	-168	0.8

注：顶板 U 肋测点数据未列出。

③$L/2$ 截面应力测试结果

$L/2$ 截面实测底板纵向拉应力在 35.84 ~ 54.05MPa 之间，顶板压应力在 20.00 ~ 24.12MPa 之间。主要测点实测应力小于理论计算值，主要测点应力校验系数在 0.66 ~ 1.00 之间。底板 U 形肋测点实测应力在 24.95 ~ 37.22MPa 之间，应力校验系数在 0.57 ~ 0.85 之间。箱梁顶、底板与 U 肋应力校验系数基本属于同一水平，顶、底板与 U 肋应力之间的关系符合平截面假定，U 肋和钢板能够协调变形。

根据顶、底板实测应力，推算截面中性轴高度为 2.112 ~ 2.239m，多数测点实测结果与理论计算值相比偏大。分析其原因，主要是由于桥面铺装的影响，使中性轴高度提高。图 4-1-27、图 4-1-28 给出了主要测点应变的加载历程曲线图。图示表明，结构受力线性特征明显，卸载后残余应变较小，相对残余变形在 5% 以内，结构处于弹性工作状态。在工况 Ⅳ-2 偏心荷载作用下，偏载侧应力增大效应不明显，比较上、下游外侧测点应力，偏心增大系数为在 1.05 ~ 1.11 之间。$L/2$ 截面钢箱梁实测值及校验系数如表 4-1-18 所示。

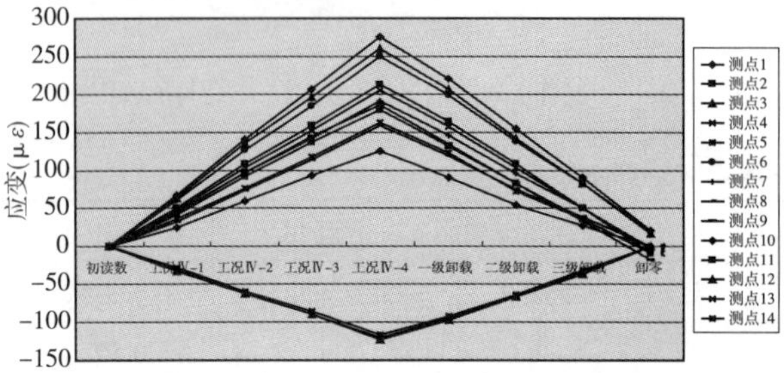

图 4-1-27　工况Ⅳ $L/2$ 截面下游箱梁测点加载历程图

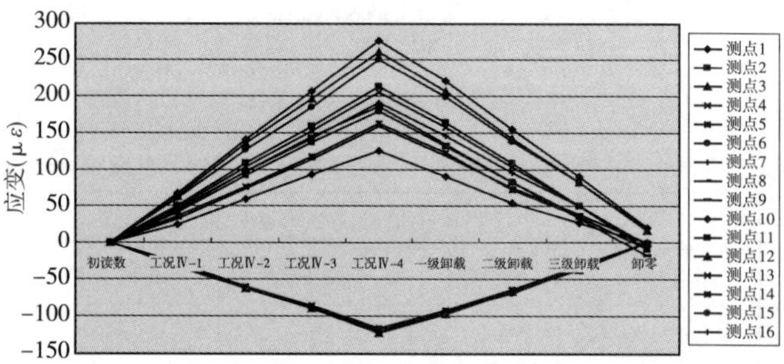

图 4-1-28　工况Ⅳ $L/2$ 截面上游箱梁测点加载历程图

$L/2$ 截面钢箱梁实测应变值及校验系数　　表 4-1-18

上游半幅箱梁应变测点				下游半幅箱梁应变测点			
测点号	实测应变	计算应变	校验系数	测点号	实测应变	计算应变	校验系数
1	249	256	0.97	1	273	256	1.07
2	236	256	0.92	2	213	256	0.84
3	222	256	0.87	3	260	256	1.02
4	190	256	0.74	4	205	256	0.8
5	188(U)	222	0.85	5	163(U)	222	0.74
6	224	256	0.88	6	248	256	0.97
7	208	256	0.82	7	191	256	0.75
8	164(U)	222	0.74	8	158(U)	222	0.71
9	227	256	0.88	9	187	256	0.73
10	129(U)	222	0.59	10	126(U)	222	0.57
11	211	256	0.83	11	181	256	0.71
12	-115	-140	0.73	12	-122	-140	0.87
13	-116	-147	0.78	13	-120	-147	0.82
14	-121	-153	0.62	14	-115	-153	0.75
15	-115	-157	0.52	15	-119	-157	0.57
16	-113	-162	0.7	16	-117	-162	0.62

3)塔柱应力测试结果

塔柱测点布置如图4-1-29所示,测点应变如表4-1-19所示。在工况V试验荷载作用下,主塔塔柱的塔梁交接处实测最大压应力在1.58~3.05MPa之间,最大拉应力在0.88~1.19MPa之间,均小于理论计算值,主要测点校验系数在0.57~0.81之间。上、下游塔柱实测应变基本一致,符合结构受力特征。从上、下游测点应变随加载过程变化情况来看,塔柱应变与荷载量基本呈线性关系,在试验荷载作用下塔柱处于弹性工作状态。卸载后,多数测点应变能回零,最大相对残余应变为9.2%。上、下游塔柱测点应变加卸载历程如图4-1-30及图4-1-31所示。

北塔塔柱实测应变值及校验系数　　表4-1-19

上游塔柱应变测点				下游塔柱应变测点			
测点号	实测应变	计算应变	校验系数	测点号	实测应变	计算应变	校验系数
1	27	44	0.61	1	29	44	0.66
2	29	44	0.66	2	—	44	—
3	27	44	0.61	3	34	44	0.77
4	31	44	0.7	4	34	44	0.77
5	28	44	0.64	5	33	44	0.75
6	25	44	0.57	6	28	44	0.64
7	—	4	—	7	—	4	—
8	—	14	—	8	—	14	—
9	-35	-51	0.69	9	—	-51	—
10	-50	-68	0.74	10	-45	-68	0.66
11	-77	-108	0.71	11	-69	-108	0.64
12	-87	-108	0.81	12	-74	-108	0.69
13	-75	-108	0.69	13	-72	-108	0.67
14	-73	-108	0.68	14	-77	-108	0.71
15	-69	-108	0.64	15	-76	-108	0.7
16	-67	-108	0.62	16	-86	-108	0.8

注:"—"表示测点损坏。

4)结构变形测试结果

(1)加劲梁及主缆变形

在工况V、VI作用下,桥面变形特征如图4-1-32、图4-1-33所示。从变形情况来看,上、下游变形协调一致,在工况V、VI对称荷载的作用下,上、下游变形具有较好的对称性,桥面总体变形形状与计算结果相符,未见异常变形。桥面主要控制点变形与加载量呈明显线性关系,跨中挠度加载变化情况如图4-1-34、

图 4-1-35 所示。从图中可以看出，在对应 50% 加载和 50% 卸载的工况下的桥面挠曲变形基本重合，桥跨结构变形处于弹性工作状态。卸载后桥面挠度存在一定的残余变形，工况 V 残余变形上游桥面在 0.003 ~ 0.040m 之间、下游桥面在 0.001 ~ 0.027m 之间，相对残余变形在 0.1% ~ 2.8% 之间。工况 VI 残余变形上游桥面在 -0.046 ~ 0.095m 之间、下游桥面在 -0.042 ~ 0.010m 之间，相对残余变形在 2.1% ~ 12.8% 之间。由于工况 VI 卸载后结构未得到充分恢复以及加卸载时间较长受温度影响，相对残余变形较大，最大相对残余变形为 1.4%，经过充分恢复以后，结构残余变形很小，结构处于弹性工作状态。

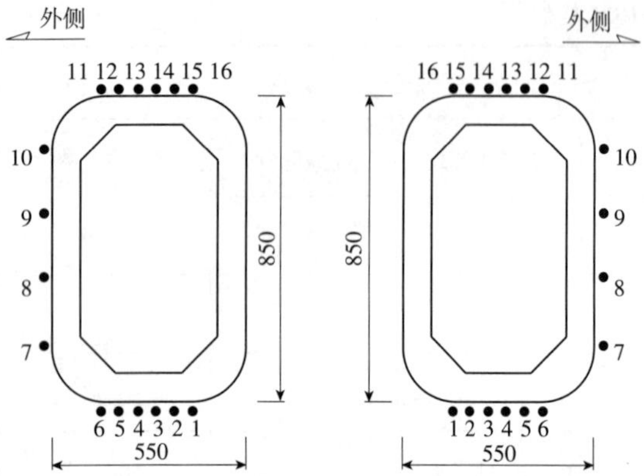

a)北塔东塔柱测点布置图　b)北塔西塔柱测点布置图

图 4-1-29　塔柱应力测点布置示意图(尺寸单位:cm)

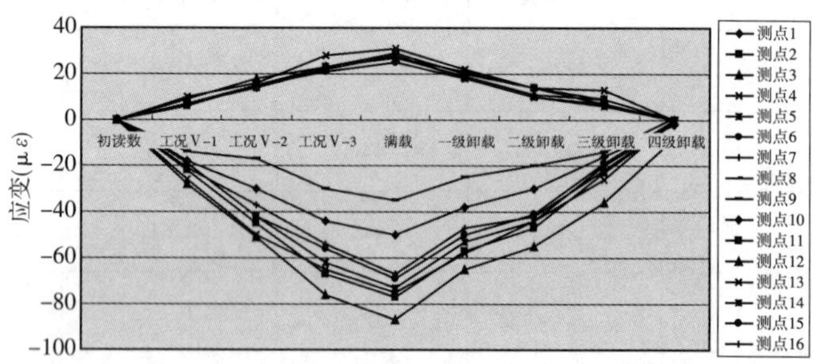

图 4-1-30　工况 V 上游塔柱测点应变加卸载历程图

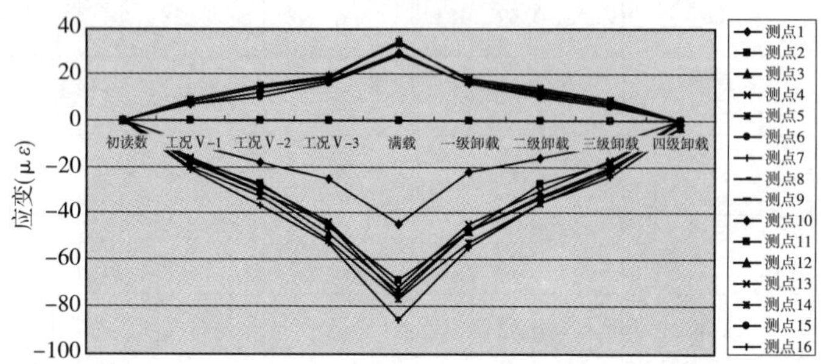

图 4-1-31　工况 V 下游塔柱测点应变加卸载历程图

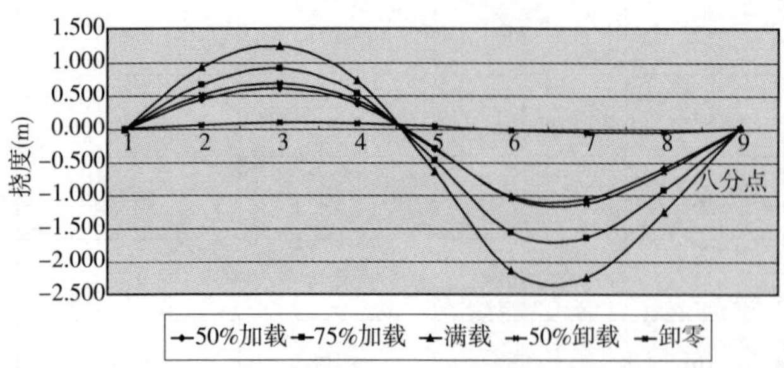

图 4-1-32　工况 Ⅵ 上游加劲梁变形加载历程图

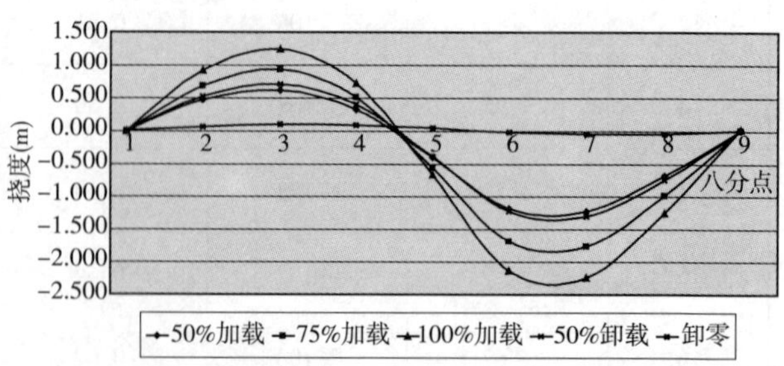

图 4-1-33　工况 Ⅵ 下游加劲梁变形加载历程图

在工况 V 荷载作用下，加劲梁跨中上、下游实测挠度分别为 -2.020m 和 -2.017m，与计算值相比，校验系数分别为 0.897 和 0.895。在工况Ⅵ荷载作用下加劲梁 $L/4$ 处最大挠度上、下游分别为 -2.233m 和 -2.238m，与计算值相比，校验系数分别为 0.885 和 0.887。加劲梁控制截面实测变形值及校验系数如表 4-1-20 所示。$3L/4$ 最大挠度上、下游分别为 1.255m 和 1.253m。四分点正、负挠度绝对值之和为 3.488m 和 3.491m，分别为跨径的 1/317.7 和 1/317.4。

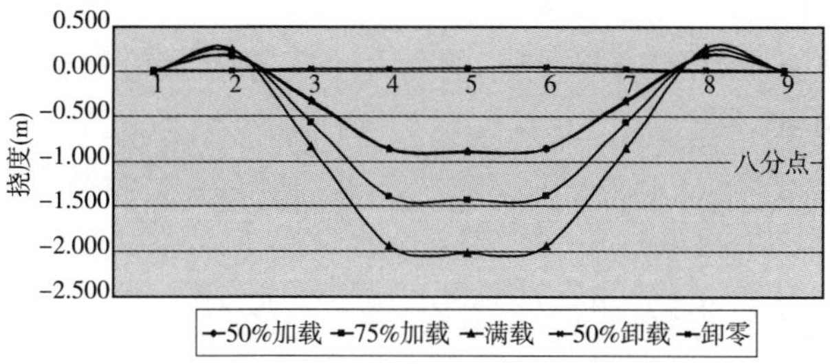

图 4-1-34　工况 V 上游加劲梁变形加载历程图

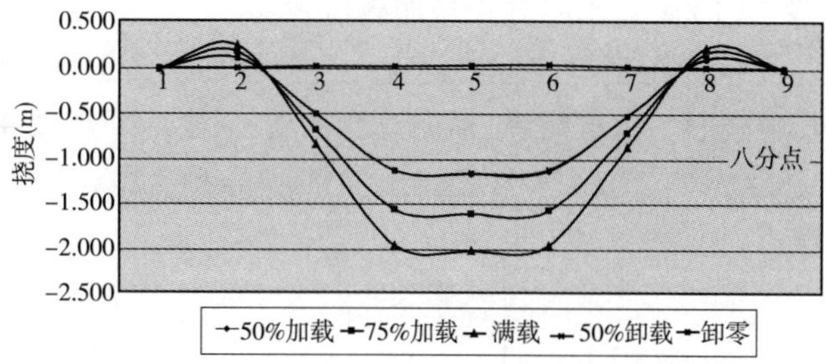

图 4-1-35　工况 V 下游加劲梁变形加载历程图

加劲梁控制截面实测变形值及校验系数　　表 4-1-20

测试截面	测点位置	实测值(m)	计算值(m)	校验系数
L/2 加劲梁最大挠度	上游	-2.02	-2.253	0.897
	下游	-2.017	-2.253	0.895
L/4 加劲梁最大挠度	上游	-2.233	-2.523	0.885
	下游	-2.238	-2.523	0.887

在工况 V-2 偏心荷载作用下，跨中上、下游挠度分别为 -0.885m 和 -1.165m，下游较上游偏大 32.1%，横向偏心增大系数为 1.14。在工况 VI-2 偏心荷载作用下，L/4 截面上、下游挠度分别为 -1.047m 和 -1.223m，上游较下游偏大 16.8%，横向偏心增大系数为 1.08。实测偏心增大系数小于设计计算取用值 1.15。

工况 V、VI 满载情况下主缆变形与桥面竖向变形基本一致，主缆变形与桥面竖向变形相差在 2cm 以内，主缆竖向变形特征与加劲梁基本相同。

(2) 加劲梁纵向变位

工况 V 满载时北塔梁端纵向变位上、下游分别为 -30.8cm 和 -30.0cm，考虑温度修正后，上、下游分别为 -33.0cm 和 -32.22cm，与计算值(-58.3cm)相比，校验系数分别为 0.57 和 0.55。与桥面变形和塔顶变位校验系数相比，以及与其他悬索桥梁的测试情况对比，加劲梁纵向变位校验系数偏小。主要是由于加劲梁端部设置了纵向限位阻尼器，致使纵向变位有滞后效应。

(3) 主塔变形

主塔塔顶实测变形值及校验系数如表 4-1-21 所示。在试验荷载作用下，主塔变形以纵桥向为主，横桥向变形较小。在工况 V-2 偏心荷载作用下，塔顶横桥向变形为 1.7cm，上、下游塔柱变形同步。南、北塔均向跨中变位，北塔塔顶最大纵向变位上游侧为 16.3cm，下游侧为 15.9cm，与计算值相比，校验系数分别为 0.936 和 0.913。南塔塔顶最大纵向变位上游侧为 19.5cm，下游侧为 17.2cm，与计算值相比，校验系数分别为 0.998 和 0.880。卸载后残余变形在 0.1 ~ 20cm 之间，相对残余变形在 10% 以内，结构处于弹性工作状态。

主塔塔顶实测变形值及校验系数　　表 4-1-21

测试截面	测点位置	实测值(cm)	计算值(cm)	校验系数
北塔最大	上游	16.3	17.42	0.936
纵向变位	下游	15.9	17.42	0.913
南塔最大	上游	-19.5	-19.54	0.998
纵向变位	下游	-17.2	-19.54	0.88

5) 桥面正交异性板局部承压试验

(1)荷载作用方式与加载位置

桥面正交异性板局部应力主要验证桥面正交异性板在局部轮压作用下的受力性能,测试截面布置在 $L/4$ 截面。满载时纵、横向车辆布置如图 4-1-36、图 4-1-37 所示。

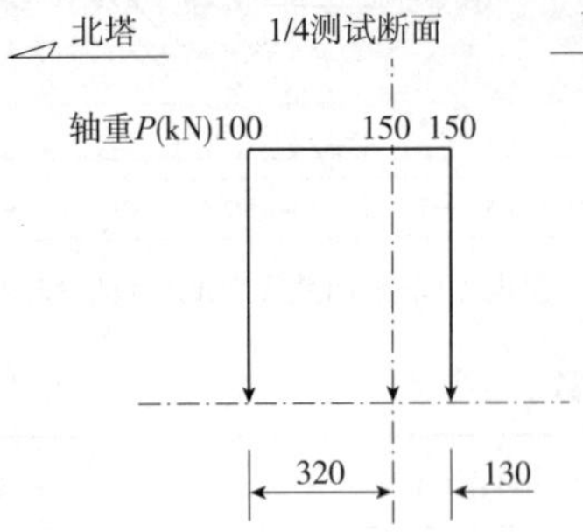

图 4-1-36 汽车荷载纵桥向布置示意图(尺寸单位:cm)

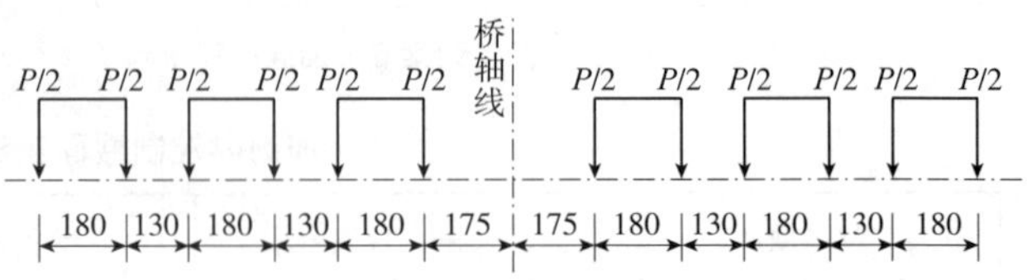

图 4-1-37 汽车荷载横桥向布置示意图(尺寸单位:cm)

(2)测点布置

应变测点对称布置见图 4-1-38,半幅共 31 个应变测点,其中 12 ~ 31 为顶板及其 U 肋布置点。U 肋测点全部为纵桥向布置,顶板测点除 12、14、28、30 点为横、纵桥向应变片外,其余点均为三向应变花(45°直角应变花)。

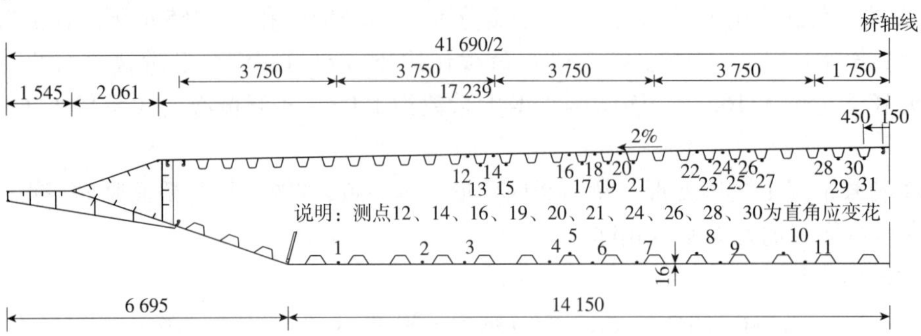

图 4-1-38 1/4 断面应变测点布置图(尺寸单位:mm)

(3)计算模型

采用 ANSYS 程序建模,钢箱梁模型采用四节点六自由度弹性壳单元 shell63 单元,既具有弯曲能力又具有膜力,可以承受平面内荷载和法向荷载。本单元每个节点具有 6 个自由度:沿节点坐标系 x、y、z 方向的平动和沿节点坐标系 x、y、z 轴的转动。

考虑荷载在梁段内的传递及计算规模的限制,分析 5 个梁段共 64m 范围的模型,如图 4-1-39、图 4-1-40所示。钢箱梁模型中梁端部节点 6 个自由度全部约束,箱梁吊杆处节点施加竖向约束。全模型共划分 8 万多个单元。

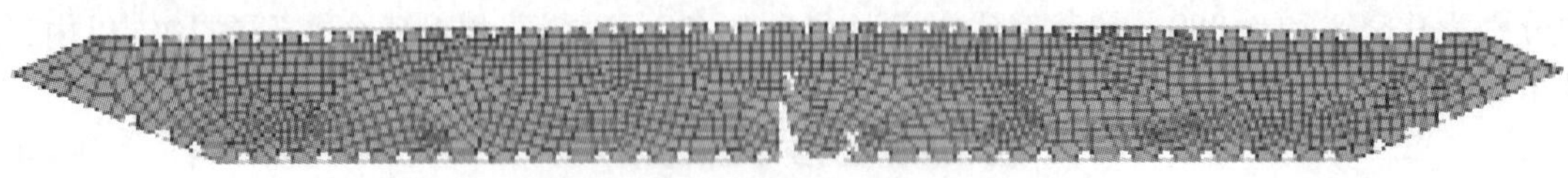

图 4-1-39 横隔板处断面网格模型

分析时主要考虑车辆荷载在桥面板单位及 U 肋上引起的应力程度。按照 400kN 的车辆荷载施加,荷载作用范围按照车轮着地面积(前轮着地面积 0.3m × 0.2m,中后轮着地面积 0.6m × 0.2m)计算,由此施加单元面荷载(图 4-1-41)。

(4)实测应力与变形

①实测应力

桥面正交异性板应力实测值、计算值的对比结果见表 4-1-22。应力以受压为负、受拉为正。σ_z 表示纵桥向应力,σ_x 表示横桥向应力,σ_1 表示最大主应力。

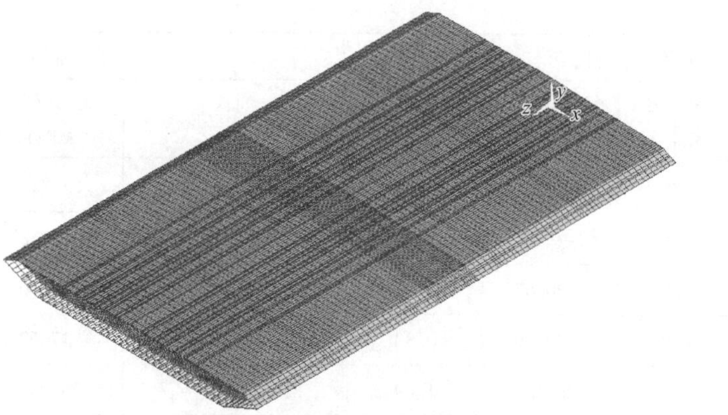

图 4-1-40　钢箱梁空间有限元模型

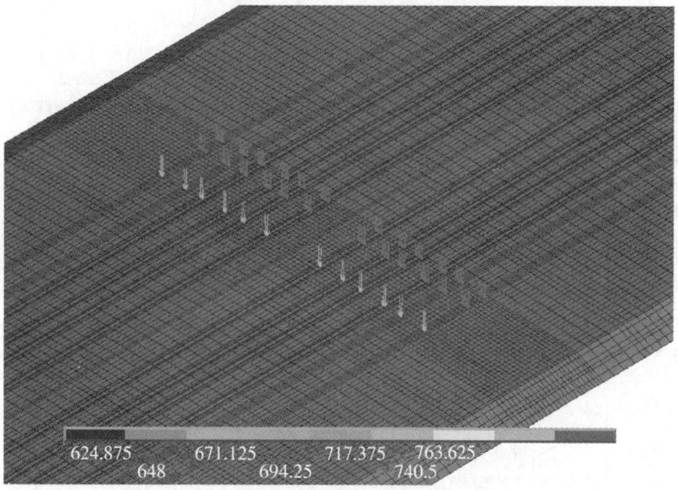

图 4-1-41　有限元模型车轮荷载加载图

桥面正交异性板应力实测值、计算值及校验系数　　表 4-1-22

上游半幅箱梁应力测点					下游半幅箱梁应力测点				
测点号	应力	实测应力（MPa）	计算应力（MPa）	校验系数	测点号	应力	实测应力（MPa）	计算应力（MPa）	校验系数
12	σ_z	-4.16	-17.82	0.23	12	σ_z	—	-17.82	—
	σ_x	-14.06	-38.38	0.37		σ_x	-7.33	-38.38	0.19
13	σ_z	34.06	45.13	0.75	13	σ_z	47.32	45.13	1.05
14	σ_z	—	-7.61	—	14	σ_z	-6.14	-7.61	0.81
	σ_x	-19.21	-15.34	1.25		σ_x	-17.82	-15.34	1.16
15	σ_z	31.88	23.42	1.36	15	σ_z	20.39	23.42	0.87
16	σ_z	-5.15	-12.26	0.42	16	σ_z	-17.62	-12.26	1.44
	σ_1	-19.92	-23.71	0.84		σ_1	-20.08	-23.71	0.85
	σ_x	-18.81	-23.66	0.80		σ_x	-19.40	-23.66	0.82
17	σ_z	39.20	50.92	0.77	17	σ_z	45.74	50.92	0.90
18	σ_z	-7.92	-16.74	0.47	18	σ_z	-7.13	-16.74	0.43
	σ_1	-16.24	-21.29	0.76		σ_1	-20.03	-21.29	0.94
	σ_x	-16.24	-21.23	0.76		σ_x	-20.00	-21.23	0.94

续上表

上游半幅箱梁应力测点					下游半幅箱梁应力测点				
测点号	应力	实测应力（MPa）	计算应力（MPa）	校验系数	测点号	应力	实测应力（MPa）	计算应力（MPa）	校验系数
19	σ_z	53.86	59.07	0.91	19	σ_z	57.82	59.07	0.98
20	σ_z	-11.88	-9.73	1.22	20	σ_z	-12.28	-9.73	1.26
	σ_1	-19.81	-20.67	0.96		σ_1	-17.70	-20.67	0.86
	σ_x	-18.22	-20.60	0.88		σ_x	-17.62	-20.60	0.86
21	σ_z	28.71	26.38	1.09	21	σ_z	26.93	26.38	1.02
22	σ_z	—	-12.81	—	22	σ_z	—	-12.81	—
	σ_1	—	-24.21	—		σ_1	—	-24.21	—
	σ_x	-6.34	-24.18	0.26		σ_x	-19.40	-24.18	0.80
23	σ_z	40.00	47.49	0.84	23	σ_z	31.09	47.49	0.65
24	σ_z	-19.40	-17.57	1.10	24	σ_z	-15.64	-17.57	0.89
	σ_1	-19.40	-20.62	0.94		σ_1	-20.00	-20.62	0.97
	σ_x	-18.02	-20.58	0.88		σ_x	-20.00	-20.58	0.97
25	σ_z	56.83	65.77	0.86	25	σ_z	65.34	65.77	0.99
26	σ_z	-6.34	-11.99	0.53	26	σ_z	-10.69	-11.99	0.89
	σ_1	-21.60	-25.29	0.85		σ_1	-22.80	-25.29	0.90
	σ_x	-21.58	-25.26	0.85		σ_x	-22.77	-25.26	0.90
27	σ_z	37.03	27.79	1.33	27	σ_z	35.84	27.79	1.29
28	σ_z	-11.09	-12.10	0.92	28	σ_z	-6.34	-12.10	0.52
	σ_x	-20.99	-24.81	0.85		σ_x	-20.59	-24.81	0.83
29	σ_z	38.21	27.43	1.39	29	σ_z	37.22	27.43	1.36
30	σ_{γ}	-15.44	-8.17	1.89	30	σ_z	-14.06	-8.17	1.72
	σ_x	-16.04	-18.90	0.85		σ_x	-17.03	-18.90	0.90
31	σ_z	17.62	19.95	0.88	31	σ_z	18.22	19.95	0.91

上述应力结果对比表明，轮压作用下，桥面正交异性板局部应力实测结果与计算结果基本吻合，顶板及其U肋协调变形共同受力。顶板局部处于受压状态，实测最大压应力为22.77MPa，多数小于20MPa，横向应力总体大于纵向应力。由于平面内剪应力很小，主应力基本和最大正应力一致。顶板U肋在局部轮压作用下处于受拉状态，最大拉应力在31.09～65.34MPa之间。受实际加载偏差和局部应力集中的影响，少数测点实测应力大于理论计算值，但均未超过最大理论计算值（65.77MPa），多数测点校验系数介于0.75～1.05之间。试验表明，桥面正交异性板局部承压性能能够满足设计要求。

②实测变形

桥面板变形测点在顶板共计12个，U肋处安装竖向位移计，测得的位移是顶板相对底板的变形量。表4-1-23列出了各位移测点实测变形量与计算变形量的对比结果。实测变形在0.1～0.90mm之间，计算变形在0.2～0.7mm之间，除个别点由于测试和计算误差，偏差相对较大外，其他各点变形实测值总体上与计算结果基本相符。

顶板 U 肋测点变形实测值与计算值对比表　　表 4-1-23

测点号	1	2	3	4	5	6	7	8	9	10	11	12
实测值	0	0.1	0.6	0.7	0.6	0	-0.1	0.4	0.9	0.7	0.2	0.9
计算值	0.7	0	0.6	0.6	0.5	0.2	0.2	0.5	0.6	0.6	0	0.7

注:表中数值以向下位移为正,单位:mm。

6)索力增量测试结果

(1)主缆最大缆力

①测点布置

主缆张力选择对北锚跨下游锚室内 12 根索股进行测试,其中 11 号、7 号、4 号、2 号、3 号索采用动测法;1 号、29 号、36 号、70 号、144 号、BS1 索通过预埋的压力传感器测试。测点布置如图 4-1-42 所示。

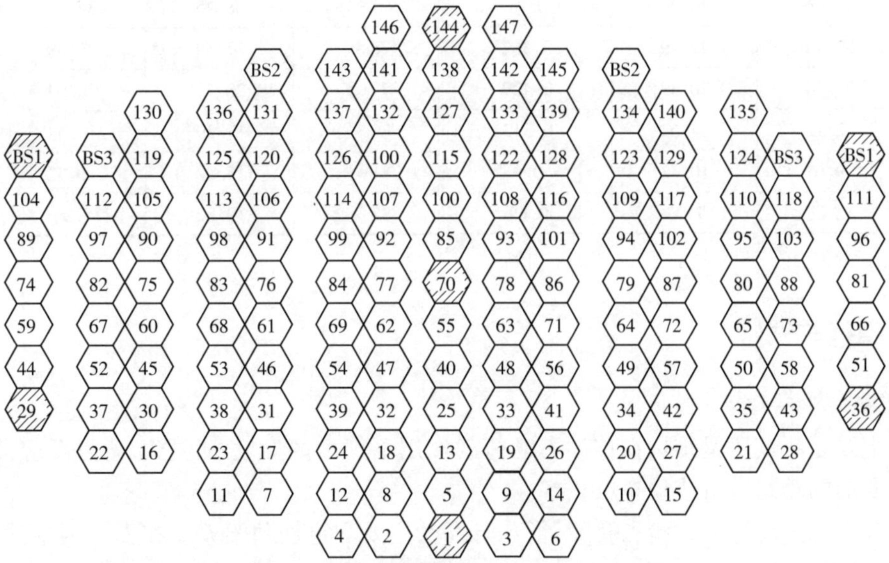

图 4-1-42　北锚跨主缆张力预埋索力测点布置图

②测试结果

在工况 V 试验荷载作用下,北锚跨主缆单股实测张力在 151 ~ 186kN 之间,与计算值相比,校验系数在 0.76 ~ 0.93 之间,主缆锚跨索力增量测试结果如表 4-1-24 所示。

主缆锚跨索力增量测试结果　　表 4-1-24

主缆索股编号	实测索力(kN)	计算索力(kN)	校验系数
11 号	151	199.2	0.76
7 号	182.5	199.2	0.92
4 号	160	199.2	0.80
2 号	172.5	199.2	0.87
3 号	154	199.2	0.77
BS1(左)	162	199.2	0.81
144 号	176	199.2	0.88
70 号	180	199.2	0.90
BS1(右)	186	199.2	0.93

(2)吊索张力增量

吊索张力增量分别测试了北起10号吊索和南起10号吊索及其前后6根索的索力增量。索力增量分布的总体特征与计算结果基本一致,测试结果如表4-1-25所示。

吊索索力增量表 表4-1-25

吊索编号	实测索力(kN)	计算索力(kN)	相对偏差	吊索编号	实测索力(kN)	计算索力(kN)	相对偏差
4号	6.93	7.75	-0.106	70号	6.7	6.95	-0.036
5号	9.3	10.19	-0.087	71号	7.5	9.94	-0.245
6号	17.01	14.08	0.208	72号	9.72	14.11	-0.311
7号	24.23	19.41	0.248	73号	19.71	19.72	0
8号	34.99	26.13	0.339	74号	23.33	26.72	-0.127
9号	39.93	33.46	0.193	75号	36.2	34.09	0.062
10号	45.56	38.25	0.191	76号	50.82	38.29	0.327
11号	42.06	34.76	0.21	77号	38.45	34.17	0.125
12号	37.44	27.49	0.362	78号	27.59	26.89	0.026
13号	29.14	20.39	0.429	79号	20.75	20.04	0.035
14号	22.12	14.63	0.512	80号	17.39	14.54	0.196
15号	19.61	10.32	0.9	81号	15.92	10.52	0.513
16号	12.22	7.23	0.69	82号	12.02	7.99	0.504

注:表中实测吊索数据为同一编号吊索南北两根的平均值。

四、无障碍行车试验

1. 试验内容与测试方法

行车试验主要是测试桥梁结构在移动车辆荷载作用下产生的振动、冲击等动力反应,测定在移动车辆荷载作用下变形的动态增量或动态增长率。

行车试验分为无障碍行车试验和有障碍行车试验,主要测定加劲梁$L/2$和$L/8$两个截面的动态增大效应。$L/8$截面采用光电挠度仪进行测试,$L/2$截面采用动态应变采集系统进行测试。

无障碍行车试验荷载作用方式为上、下游桥梁各一辆车对称居中行驶。有障碍行车试验荷载作用方式基本相同,在测试截面位置布置 个高约5cm的跳板,以模拟桥面铺装局部缺陷。

2. 无障碍行车试验

无障碍行车试验跨中截面实测动应变在22.4~31.1$\mu\varepsilon$之间,实测冲击系数在1.0166~1.0366之间,北侧$L/8$截面实测冲击系数在1.0026~1.0223之间。测试结果表明,$L/8$截面在车速20~30km/h时冲击系数较大,$L/2$截面在车速40~50km/h时冲击系数较大,冲击系数与车速相关性不明显。$L/8$、$L/2$截面无障碍行车实测冲击系数分别如表4-1-26、表4-1-27所示。

$L/8$截面无障碍行车实测冲击系数 表4-1-26

序号	工况	车辆行驶方向	最大动挠度(mm)	冲击系数($1+\mu$)
1	10km/h	由北向南	108.02	1.0026
2	20km/h	由南向北	112.62	1.0215
3	30km/h	由北向南	118.54	1.0223
4	40km/h	由南向北	114.87	1.0081
5	50km/h	由北向南	109.49	1.0052
6	60km/h	由北向南	106.26	1.0137

L/2 截面无障碍行车实测冲击系数　　　　表 4-1-27

序　　号	工　　况	车辆行驶方向	最大动应变(με)	冲击系数(1+μ)
1	10km/h	由北向南	23.2 ~ 25.9	1.023 3
2	20km/h	由南向北	22.9 ~ 27.4	1.016 6
3	30km/h	由北向南	22.4 ~ 28.2	1.016 6
4	40km/h	由南向北	24.4 ~ 31.1	1.036 6
5	50km/h	由北向南	23.3 ~ 27.6	1.026 6
6	60km/h	由北向南	23.4 ~ 27.0	1.023 3

五、有障碍行车试验

跨中截面有障碍行车试验跨中截面实测动应变在 23.0 ~ 29.8με 之间，实测冲击系数在 1.024 0 ~ 1.039 5 之间；L/8 截面实测最大动挠度为 108.3 ~ 121.2mm，冲击系数在 1.016 9 ~ 1.041 4 之间。冲击系数略大于无障碍行车试验结果，表明桥面局部缺陷会对桥面铺装受力较为不利，但对结构整体受力影响不显著。L/8、L/2 截面有障碍行车实测冲击系数分别如表 4-1-28、表 4-1-29 所示。

L/8 截面有障碍行车实测冲击系数　　　　表 4-1-28

序　　号	工　　况	车辆行驶方向	最大动挠度(mm)	冲击系数(1+μ)
1	10km/h	由北向南	108.3	1.016 9
2	20km/h	由南向北	115	1.034 1
3	30km/h	由北向南	121.2	1.041 4
4	40km/h	由南向北	115.8	1.025 8

L/2 截面有障碍行车实测冲击系数　　　　表 4-1-29

序　　号	工　　况	车辆行驶方向	最大动应变(με)	冲击系数(1+μ)
1	10km/h	由北向南	23.2 ~ 28.4	1.039 5
2	20km/h	由南向北	24.0 ~ 29.0	1.034 8
3	30km/h	由北向南	23.0 ~ 29.8	1.024
4	40km/h	由南向北	—	—

六、脉动试验

1. 试验方法

在桥面无任何交通荷载以及桥址附近无规则振源的情况下，通过风、海浪以及天然脉动等进行激励，测定桥跨结构由于自然脉动而引起的结构振动响应。通过对结构响应信号进行模态分析即可得到结构固有频率、振型及阻尼比等参数。脉动试验测试方法框架图如图 4-1-43 所示。

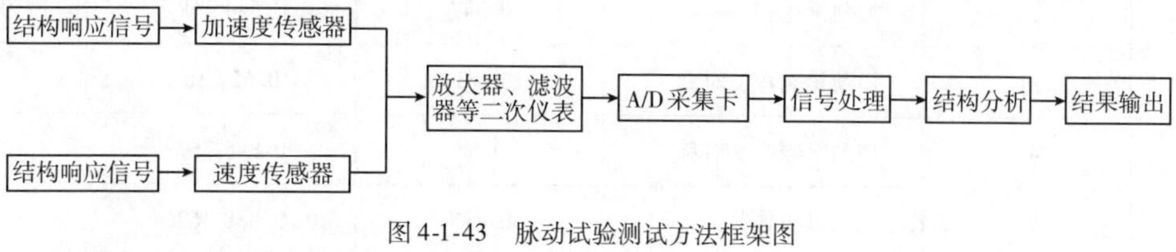

图 4-1-43　脉动试验测试方法框架图

试验采用GTS-2型力平衡传感器。桥跨测点在主跨8分点截面处,分上、下游布置,如图4-1-44所示。桥塔测点布置在塔梁交接处、塔顶和塔顶与桥面之间的中间部位,共三个截面,主要测试桥塔横桥向和纵桥向的振动响应。

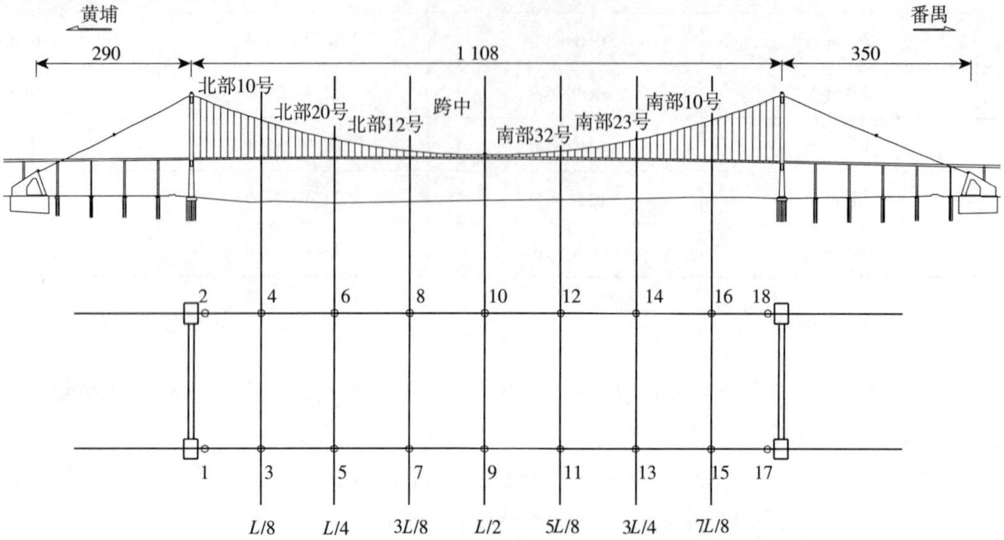

图4-1-44 桥跨结构脉动试验测点布置图(尺寸单位:m)

2. 测试结果

模态测试结果和理论计算结果如表4-1-30、表4-1-31所列。实测加劲梁的竖向弯曲一阶频率(对应反对称振型)是0.148Hz,比相应的理论计算值0.130 625Hz略大;实测加劲梁的一阶侧向弯曲频率(对应对称振型)是0.09Hz,比相应的理论计算值0.088 727Hz略高;实测加劲梁的一阶扭转频率(对应反对称振型)为0.117Hz,比理论计算值0.095 19Hz略高一些,后面几阶扭转频率基本上与理论计算值接近;实测桥塔的一阶顺桥向弯曲频率为0.293Hz,实测一阶横桥向弯曲频率为0.508Hz,均与相应的理论计算值接近。比较模态计算结果,实测特征频率一般都高于或基本接近于相应的计算值。

加劲梁自振频率实测值与计算值的比较及实测阻尼比　　表4-1-30

实测序次	计算阶次	振型	频率(Hz)		实测平均阻尼比
			实测	计算	
1	1	加劲梁侧弯对称	0.09	0.088 727	0.009 2
2	2	加劲梁扭转	0.117	0.095 19	0.017 8
3	3	加劲梁竖弯反对称	0.148	0.130 625	0.017 9
4	5	加劲梁竖弯对称	0.203	0.190 965	0.011 7
5	11	加劲梁侧弯反对称	0.28	0.275 818	0.008 9
6	19	加劲梁扭转	0.359	0.364 622	0.007 6
7	28	加劲梁扭转	0.547	0.544 169	0.004 1
8	31	加劲梁侧弯反对称	0.63	0.627 18	0.007 8
9	45	加劲梁侧弯反对称	0.88	0.888 367	0.007 6
10	46	加劲梁扭转	0.887	0.888 367	0.004

桥塔自振频率实测值与计算值的比较及实测阻尼比　　表 4-1-31

实测序次	计算阶次	振　型	频率(Hz)		实测平均阻尼比
			实测	计算	
1	14	塔顺桥向弯曲	0.293	0.295 904	0.015 2
2	20	塔顺桥向弯曲	0.371	0.378 041	0.013 9
3	23	塔顺桥向弯曲	0.469	0.464 863	0.011 8
4	25	塔横桥向弯曲	0.508	0.492 099	0.014 3
5	28	塔顺桥向弯曲	0.547	0.544 169	0.009 6
6	30	塔顺桥向弯曲	0.606	0.608 43	0.015 2
7	47	塔顺桥向弯曲	0.898	0.889 174	0.010 5

七、试验结论

(1)桥梁表观质量总体较好。主缆、吊索、索塔、锚碇、钢箱梁、支座、伸缩缝等主要构件未见明显病害。在试验荷载作用下,结构处于正常工作状态,主要控制截面未见异常变形和裂缝。

(2)主缆线形和桥面线形平顺且上、下游基本一致。跨中桥面高程上、下游相差 0.03m,跨中主缆高程上、下游相差 0.007m;塔顶四个监测点高程实测值在 189.173 ~ 189.190m 之间,与设计值(189.076m)基本相符。

(3)与理论计算值相比,实测索力与理论值相对偏差在 −7.0% ~ 14.7% 之间,其中,4 根吊索索力相对偏差在 10.3% ~ 14.7% 之间,25 根吊索张力相对偏差在 5% ~ 10% 之间,其他 75 根吊索测试结果偏差在 5% 以内。测试结果表明,实测吊索索力与理论值基本相符。

(4)比较模态计算结果,实测特征频率一般都高于或基本接近于相应的计算值。实测加劲梁的一阶侧向弯曲频率(对应对称振型)是 0.09Hz,竖向弯曲一阶频率(对应反对称振型)是 0.148Hz,均大于相应的理论计算值。实测阻尼比为 0.40% ~ 1.79%,多数模态阻尼比在 1% 以下;实测索塔的一阶纵桥向弯曲频率(对应对称振型)是 0.293Hz,竖向弯曲一阶频率(对应反对称振型)是 0.508Hz,均大于相应的理论计算值,实测阻尼比为 0.96% ~ 1.52%。

(5)无障碍行车试验 $L/2$ 截面实测冲击系数在 1.016 6 ~ 1.036 6 之间,北侧 $L/8$ 截面实测冲击系数在 1.002 6 ~ 1.022 3 之间;有障碍行车试验 $L/2$ 截面实测冲击系数在 1.024 0 ~ 1.039 5 之间;$L/8$ 截面实测最大动挠度为 108.3 ~ 121.2mm,冲击系数在 1.016 9 ~ 1.041 4 之间。冲击系数与车速相关性不明显,有障碍行车冲击系数略大于无障碍行车试验结果。

(6)试验荷载效率在 0.831 ~ 1.056 之间,表明试验荷载所产生的最不利效应可反映设计基本可变荷载效应的特征。

(7)主塔和加劲梁控制截面应力校验系数在 0.48 ~ 1.00 之间,桥梁结构正截面应力能够满足设计基本可变荷载的正常使用要求。

(8)主塔变位、加劲梁纵向变位和控制截面变形测试结果表明,结构整体刚度满足设计基本可变荷载的正常使用要求。试验残余变形较小,在 5% 以内,表明在试验荷载作用下,结构处于弹性工作状态。

(9)桥面局部应力实测结果与计算结果基本吻合,顶板及其 U 肋协调变形,能够共同受力。多数测点应力校验系数介于 0.75 ~ 1.05 之间。试验表明,桥面正交异性板局部承压性能能够满足设计要求。

(10)试验结果表明,桥梁结构总体受力特征与理论计算基本相符,桥跨结构刚度、控制截面承载能力均能满足设计荷载要求。

第二章　桥梁养护技术

本章以黄埔大桥为例，介绍大桥日常养护、定期质量检测与长期健康监测相结合的“三位一体”养护技术，并介绍大桥强震动监测及报警系统、长期健康监测系统的构建与应用，以及桥面铺装维护与预防性养护技术。

第一节　“三位一体”养护技术

一、“三位一体”养护技术组成

桥梁日常养护管理是桥梁养护管理的主要方式，桥梁长期健康监测系统、强震动监测与报警系统是掌握桥梁运营状态和安全状况的重要手段，桥梁定期质量检测是全面掌握桥梁结构安全状况和评价桥梁技术状况的主要途径。因此，要准确评价桥梁的养护质量及运行状况，必须将日常养护管理、桥梁定期质量检测、桥梁健康长期监测系统及强震动监测与报警系统紧密结合。

这种将桥梁日常养护管理、定期质量检测及长期健康监测有机地结合起来，定期对桥梁运行状况进行综合评估、反馈，并以此为基础制订桥梁养护计划及标准的管理技术，称为“三位一体”养护技术，其基本内容如图 4-2-1 所示。

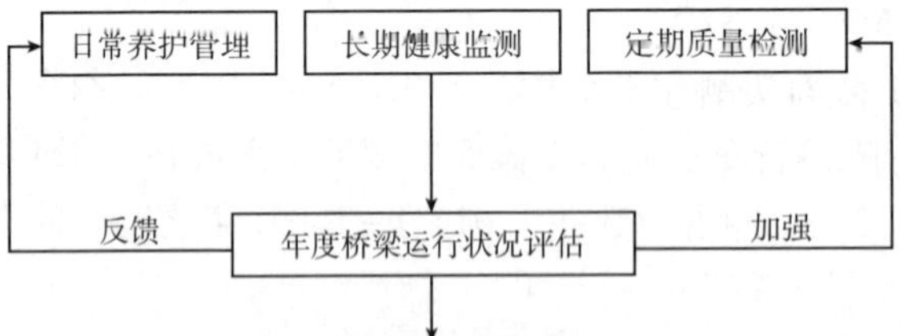

图 4-2-1　“三位一体”养护技术基本内容

1. 日常养护管理

日常养护管理是“三位一体”养护技术的基础，即通常的经常性检查及维修。日常养护记录可为制订桥梁定期质量检测的重点提供依据，在定期质量检测中，可以对公司养护部经常检查中不能判断的缺损做进一步的详细检查，判断缺损原因，提出维护对策。日常养护除按照养护手册、养护规范要求进行例行的检查外，还需根据桥梁定期质量检测的评定结果，并结合桥梁长期健康监测反映的桥梁实时运行状态，对桥梁存在病害的关键部位进行重点检查，并有针对性地开展维修养护工作。日常养护管理与定期质量检测的关系如图 4-2-2 所示。

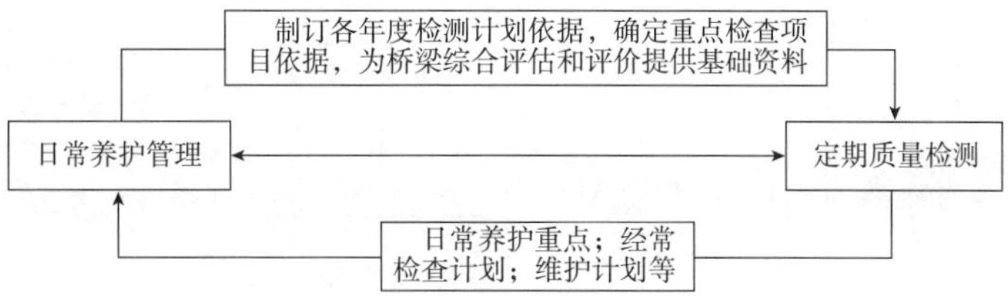

图 4-2-2　定期质量检测与日常养护管理的关系

2. 定期质量检测

定期质量检测是“三位一体”养护技术的核心,该工作可以反映检测时桥梁的整体力学行为,指导日常养护工作。在桥梁运营初期,可以通过定期质量检测校验、校正健康监测系统,保持其可靠性。同时,定期质量检测也是对日常养护工作实施效果的一个有效检验。定期质量检测的基本内容如图 4-2-3 所示。

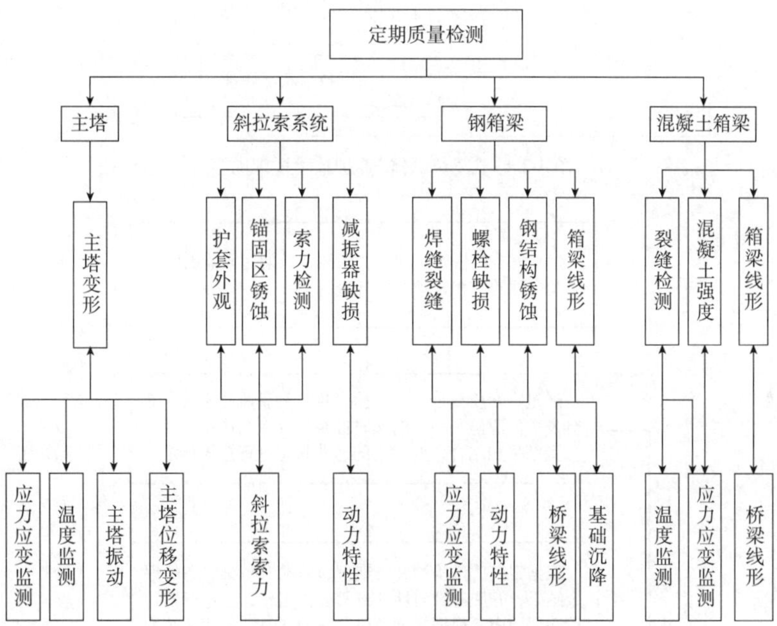

图 4-2-3　定期质量检测的基本内容

3. 长期健康监测

长期健康监测是通过安装在桥梁关键结构部位的各类型传感器,实时感知桥梁各部件的受力与变形情况,对桥梁的运营情况和安全状态进行评估,对潜在的安全隐患进行及时的预警,有针对性地指导日常养护工作的开展。同时,健康监测项目通过校检后可替代相同类型的定期质量检测项目,与定期质量检测的其他项目结果结合,评定桥梁的整体运营状态。

黄埔大桥的长期健康监测指标(桥梁线形、主塔位移变形、桥梁基础沉降、构件截面应变、动力特性以及温度、湿度)的正常与否可直接判断桥梁结构是否异常,根据长期健康监测指标所反应的情况对异常指标检测部件进行定期质量检测安排并实施。在定期质量检测中,若发现结构有异常,则应加强结构健康监测数据的观测,并及时对桥梁健康监测数据进行分析,判断出现异常的原因。定期质量检测和长期健康监测两者之间形成互补互辅的养护管理方式,不仅可以填补由于各种原因不能经常对关键指标进行人工检测的空缺,也能够为制订日常养护工作计划和决策提供帮助。

“三位一体”养护技术详细内容如图 4-2-4 所示。

“三位一体”养护技术实施流程如图 4-2-5 所示。

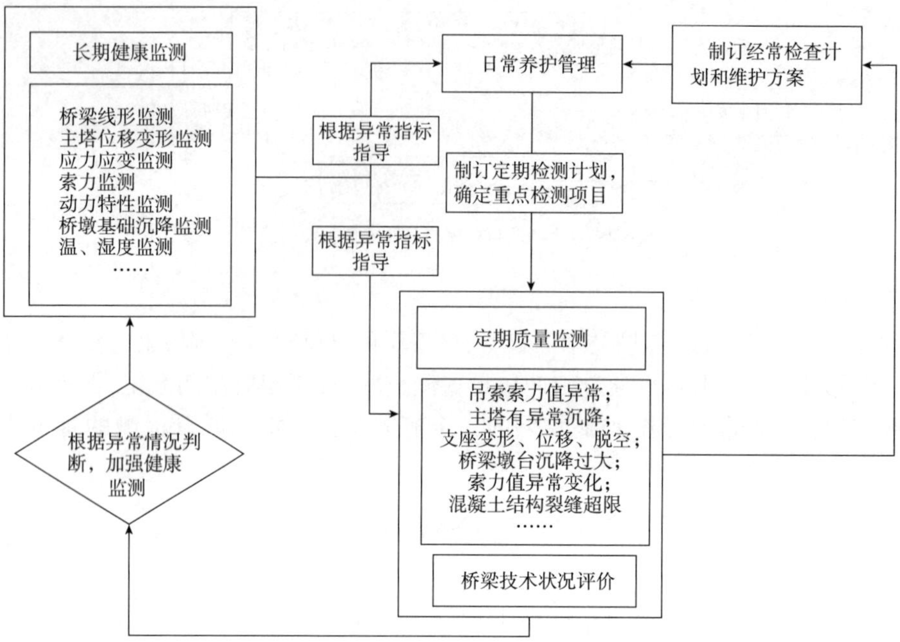

图 4-2-4 “三位一体”养护技术详细内容

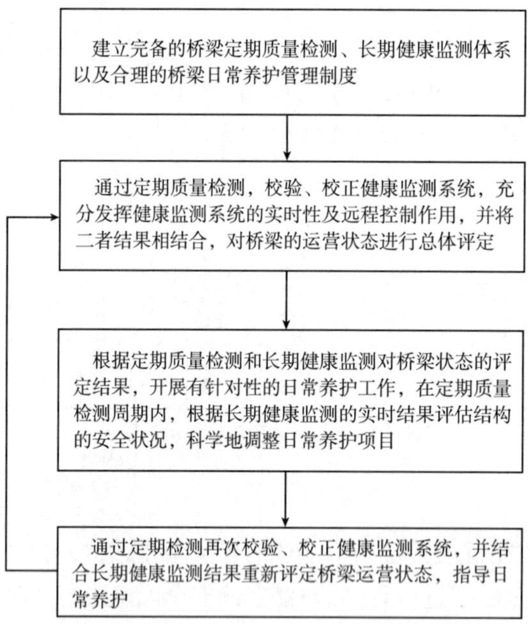

图 4-2-5 “三位一体”养护技术实施流程

二、桥梁技术状态评估及养护维修要点

1. 桥梁技术状态评估

桥梁技术状态评估依据日常养护、定期质量检测和长期健康监测所采集的技术状态数据进行分析和计算，通过设计、规范的评价指标，对桥梁使用功能和承载功能满足要求的程度做出识别、判断，以发现其劣化程度、劣化原因，并提出维护处理建议。该过程分为三个部分：数据采集、传输和处理；分析评估和决策；维修养护实施。

数据采集有三部分来源：①养护管理机构有计划、有组织、系统地经常、定期和突发事件后的特殊检查、荷载试验等大量数据；②专业检测机构按实施方案进行定期检测取得的数据；③大桥强震动监测和报警系统、大桥长期健康监测系统采集的数据等。

桥梁评估主要包括:安全性评估,即承载力评估;耐久性评估,即寿命评估;适应性评估,即对现行通过能力和交通状况的评估。三项评估的结果是养护维修决策的依据,尤其承载力评估的结果是桥梁技术状况综合评估的重要部分。一般通过荷载试验和结构理论分析的结果作出承载力的评定。耐久性和适应性评定结果较多和日常维护、定期维护计划相关,并提供依据。

桥梁承载力决定于三个方面:荷载条件,车流量和超载状况;结构几何尺寸的改变、强度及刚度的劣化程度;保养和维护是否处于良好状态。

适应性主要决定桥梁构件的病害和劣化程度。

承载力状态和适应性评定结果均可分为五个等级,如表 4-2-1。

技术状态分级表

表 4-2-1

评定等级	一级	二级	三级	四级	五级
承载力状态	完全足够	足够	临界	不满足	严重不足
适应能力状态	完全适应	基本适应	临界	不适应	完全不适应

在中华人民共和国行业标准《公路桥涵养护规范》(JTG H11—2004)中,对桥梁总体和各部分、各种构件技术状态分级标准有详细的描述。

按《公路桥涵养护规范》(JTG H11—2004)规定,桥梁技术状态评定等级分为:一类、二类、三类、四类和五类,依次描述为:完好或良好状态、较好状态、较差状态、差状态、危险状态。依据评估的结果类别进行决策,如表 4-2-2 所示。

桥梁技术状态评定等级

表 4-2-2

技术状况评定等级	桥梁技术状况描述	处置对策
1	完好或良好状态:全新状态、功能完好或没有损伤部件	日常保养
2	较好状态:有轻微缺损,对桥梁使用功能无影响	小修、保养
3	较差状态:有中等缺损,尚能维持正常作用功能,缺损恶化会发展	中修
4	差状态:主要构件有大的缺损,严重影响桥梁使用功能,或影响承载能力,不能保证正常使用	大修、加固、改建
5	危险状态:存在严重缺损,主要构件不能正常使用,危及运营安全	加固、改建、重建

为技术状态评定方便,《公路桥梁技术状态评定标准》(送审稿)对公路桥梁的各种结构形式、各种材质和结构构件均给出分类评定表格。

《公路桥梁承载力检测评定规程》(送审稿)对桥梁结构承载力计算方法和荷载试验作了详细的论述和规定,并给出评定、分类等级。

2. 养护检查要点

1)钢箱梁

(1)通过目测、手摸、借助放大镜等手段检查箱梁内部和外部涂层的漆膜色泽是否正常,涂层是否有粉化、起泡、脱落、裂缝等病害。

(2)检查钢箱梁内部腹板、纵隔板、横隔板、底板、顶板等钢结构和焊缝表面有无锈斑、锈迹或锈蚀,特别是箱梁内的隐蔽部位和构件易积雨水处。

(3)检查钢箱梁外部底板,斜底腹板等钢结构和焊缝表面有无锈斑、锈迹或锈蚀现象。

(4)检查箱内风嘴处是否有积水、锈蚀等病害。

(5)检查钢箱梁内部有无漏水、积水,特别是桥两侧的泄水管与箱梁的连接处等隐蔽部位,若出现积水，应注意检查水源。

(6)观察高强螺栓油漆是否破裂、脱落，高强螺栓本身是否锈蚀。

2)主塔

(1)检查主塔内部裂缝、露筋、剥落等表观缺损。

(2)塔内及塔身周围的检查梯道的涂装有无脱落，检修梯有无锈蚀、脱焊等病害。

3)锚碇

(1)检查锚室前墙、后墙及侧墙、底板有否开裂渗水，混凝土有无裂缝、剥落、露筋等缺损。

(2)检查锚杆防锈情况，与锚碇混凝土的接触界面是否良好。

4)斜拉索

(1)应用爬索机器人检查斜拉索PE护套外观有无裂缝、划伤破损、老化和积水等病害。

(2)目视检查塔端和梁端锚固系统及周围结构的外观情况，检查锚具有无渗水、漏水现象，周围结构是否有明显开裂以及锈水流出痕迹，做好标记和记录。

(3)观察斜拉索减振器有无锈蚀、破损、漏油、失效等病害，减振器连接节点是否可靠，有无断裂等现象发生。

5)主缆系统

(1)目视对主缆外观防腐涂装进行检查，检查涂装有无脱落、锈蚀、开裂等缺损。

(2)对锚室内的索股进行目视检查，查看有无钢丝松弛、鼓丝，扭曲、断丝、锈蚀现象。

(3)检查缆套端口及缆套上、下之间密封条的老化情况。

(4)检查索股锚固端包括锚头、锚板、螺母以及连接器和预应力锚具表面有无锈蚀、缺损。

(5)主缆扶手索立柱是否扭曲，扶手钢丝绳是否松动、锈蚀，走道涂层是否有老化等。

6)吊索系统

(1)目视对吊索外观进行检查，检查吊索锚头、叉形耳板、销子、吊索锚具的密封件等有无缺损。

(2)目视检查吊索索体涂层、吊索夹具、减振架螺栓是否有缺损。

(3)检查索夹和索夹螺杆的外涂装有无油漆开裂、剥落等现象；检查索夹螺帽是否有脱落等缺损。

(4)检查索夹环缝、直缝密封防腐层、索夹表面整体密封防腐层、索夹紧固螺栓防腐层有无缺损。

7)索鞍

(1)对索鞍及附近涂膜的缺损状况进行检查。

(2)检查鞍座螺栓、锚栓紧固状况。

(3)检查索鞍鞍室有无裂缝。

(4)对主缆和索鞍相对滑移的初始位置进行标注，便于以后测量相对滑移量。

8)桥面系

(1)钢桥面铺装是否平整，铺装层纵、横坡是否顺适，有无严重的裂缝(龟裂、纵横裂缝)、坑槽、鼓包等病害。

(2)桥面排水是否顺畅，有无堵塞、渗水或破损现象。

(3)检修道塑胶有无缺损。

(4)栏杆、护栏有无撞坏、断裂、错位、缺件、剥落、锈蚀等。

(5)桥上交通信号、标志、标线、照明设施是否损坏、老化、失效。

9)大位移伸缩缝

(1)检查钢构件、橡胶件破损状况、连接件松动状况。

(2)测量影响伸缩缝工作性能的指标。

10)支座和阻尼器

(1)防尘、防水装置是否完好，支座防腐是否有效。

(2)支座的相对位置是否正确。

(3)活动支座的伸缩及转动是否灵活。

(4)支座钢件有无肉眼可见裂纹,上、下支座板是否翘曲、脱空,钢件是否脱焊;测量支座位移等,检测锚固件联接固定状况,抗剪销、预紧螺栓是否剪断。

(5)支承垫石有无损伤及破碎现象。

(6)检查阻尼器外观是否清洁,周围有无杂物堆积;涂装有无粉化、起泡、脱落、锈蚀、裂缝等病害;阻尼器有无渗漏油等缺损;种类连接件、紧固件有无锈蚀、松动、缺失等现象。

三、养护维修管理

1. 指导依据

为规范黄埔大桥的养护管理,由广州珠江黄埔大桥建设有限公司组织编写《广州珠江黄埔大桥桥梁养护维修手册》,邀请国内知名桥梁专家进行评审,以此做为养护维修管理的工作指南。

2. 组织架构

设置养护工程部,统筹管理黄埔大桥养护维修工作。目前,日常、专项养护工程主要采用三级管理的模式,在养护工程实施单位按照养护手册、养护规范的工作要求进行例行检查、实施小修保养及专项工程的基础上,引入监理工作机制,在此基础上突出养护部门的层级管理。

第二节 强震动监测及报警系统

一、地震地质环境概述

1. 近场区及场区的地质构造

近场区主要断裂构造有北东向广州—从化断裂带,近东西向的瘦狗岭断裂带、广州—三水断裂带,北西向白坭—沙湾断裂带、狮子洋断裂带。其中瘦狗岭—罗浮山断裂带和狮子洋断裂带通过桥址,这两条断裂带的主要性质如下。

1)瘦狗岭—罗浮山断裂带(F2)

瘦狗岭—罗浮山断裂带走向为北东至近东西,倾角50°~60°。断裂带分成两段,西段为瘦狗岭断裂带,东段为罗浮山断裂带。瘦狗岭断裂带东起黄埔,往西经东圃、五山,沿广东北侧的瘦狗岭一带发育。罗浮山断裂带西起庙头,由庙头往东经新塘、仙村、三江、永宁、福田至长宁西南。

瘦狗岭—罗浮山断裂带是中—新生代沉积盆地的北缘边界断裂带,常具有数米至十多米宽的硅化带、挤压带或构造角砾岩带。断裂带形成于中生代,燕山运动中期活动强烈,导致断裂带北升南降,控制南侧红色盆地的生产和发展。喜山早期,断裂带东段的罗浮山断裂带两侧差异运动明显,在盆地边部出现大量的山麓堆积沉积。新构造时期以来断裂带仍有一定的活动,地貌上北为山地、南为平原,部分可见断崖等。总体来看,断崖在正断层活动的同时,往往伴随有明显的水平剪切,在断面上常可见大量的左、右剪切的位错阶步,其中以右旋扭动较为强烈,反映断裂带现今活动既有升降运动也有以右旋为主的走滑运动。在横沙新村、庙头、白石岗、石麟圩采集的断层样品TL年龄分别为30.9万年±2.47万年、8.38万年±0.67万年、34.68万年±3.02万年、23.05万年±1.82万年。

2)狮子洋断裂带(F5)

狮子洋断裂带主要由两条断裂带组成,分别沿珠江口和狮子洋东西两岸发育,断裂带的西支为化龙断裂带,北起黄埔吉山附近,往东南经茅岗—蟹山一带可见硅化构造岩。在珠江两岸的马腰岗东侧,震旦系强烈硅化,在化龙一带,断裂带倾向北东,倾角为60°~70°,由构造破裂带、硅化石英岩及透镜状的石英脉组成。目标区的断裂带发育在震旦系变质岩系与上白垩统三水组康乐段紫红色砂砾岩间，是狮子洋北段西侧的控制构造。断裂带的东支是文冲断裂带，西北起自文冲一带，在珠江东岸的黄埔石化厂医院内，见燕山期花岗岩与震旦系呈断层接触，形成宽10～20m的硅化构造岩、夹砾岩与石英斑岩，往东南进入珠江水道，断裂带隐伏在第四系下。1984年广州市规划局在大蚝沙东侧进行的水下钻探结果发现，断裂带破碎带宽度达120m。在石化厂医院采集的狮子洋断裂带的断层物质样品热释光测年为距今17.45万年±1.45万年，相当于中更新世晚期。据南海海洋地质调查局水上地质勘探资料显示，该断裂带切割了晚更新世至全更新世早期。近期在南岗一带记录到小震微震活动，证明断裂带现今仍具有一定的活动性。狮子洋断裂带的东支文冲断裂带通过斜拉桥的北侧，值得密切关注。

2. 近场地震活动性

近场及附近地区历史上曾发生地震，如1372年广州发生4.3级地震、1683年和1824年南海发生5级地震、1915年广州发生4.3级地震，对本场地的影响不会超过Ⅵ度。自1970年广东省地震台网建立以来，至2003年近场共记录到ML2.0级以上地震8次，最大震级仅为ML2.8级。因此，从历史和现今的地震活动性来看，近场的地震活动，无论从频度及强度上均处于相对较低的水平。

二、项目的内容和目标

1. 项目的内容

1）监测系统建设

监测系统新建观测箱一个，建筑面积1m^2，按遥测无人值守方式设计，测点12个（包括4个三分量加速度计、2个竖向—横向双分量加速度计、2个横向—纵向双分量加速度计和1个纵向单分量加速度计，共计24线道），选用三分量力平衡式加速度计、双分量加速度计、单分量加速度计和24通道数据采集器，分别布置在主塔和主跨等部位。依据通信接入条件和任务要求，采用光纤传输方式。供电采用直流供电模式。

2）地震及碰撞报警系统

强震动报警系统主要由数控电路、警报器和分析处理软件、大桥警报系统组成。大桥警报系统主要由Jboss服务器模块、Server模块、ComServ2Server数据采集模块、BridgeAlarm数据分析处理模块、IPPlot实时波形显示模块和MSDP波形浏览分析模块等组成。

2. 项目目标

依据环境条件完成监测系统到黄埔大桥管理中心、再到广东省地震台网中心数据传输信道的设计、建设，实现黄埔大桥管理中心对黄埔大桥监测系统数据的汇集与监控。

三、设计思路和系统结构组成

1. 设计思路

黄埔大桥南汊悬索桥地处珠江口，台风较为频繁，其施工及成桥状态的抗风稳定性是设计者最关心的问题之一。通过调整结构的气动外形和整体刚度，有效改善了大桥的颤振稳定性能。但是，在可能的强地震作用下，黄埔大桥的地震响应和破坏特点目前仍不清楚。黄埔大桥南汊悬索桥为特大型悬索桥，桥梁的自振周期长，根据有限元计算结果，大桥主梁横向挠曲1阶振型的周期达到13.5s，竖向挠曲一阶振型也达到11.8s。这类桥梁对长周期的震动比较敏感，远场大震的影响不可忽视。如1999年9月21日台湾7.6级地震，震中距汕头海湾大桥桥址约410km，大桥受到不小影响，桥梁纵向阻尼索被拉断，个别桥墩连接处产生了约9cm不可恢复的位移，这就是很好的证明。

本桥防震设计思路是，除了满足桥梁观测的三大功能外，通过强震观测和资料分析，掌握桥梁的地震响应情况，由小震推测大震的可能影响。由于桥梁结构的复杂性，桥梁的实际地震响应和破坏特点，往往不能在桥梁的抗震设计时考虑周全，所以，本观测系统可以为黄埔大桥提供未来地震桥梁的破坏特点和可能部位，为桥梁预防地震破坏和抗震加固提供科学根据。

2. 系统结构组成

黄埔大桥强震动监测和警报系统主要由监测系统和地震及碰撞警报系统组成。监测系统是由设计安装在大桥上的观测单元，负责收集大桥的震动信息并将信息打包向外发送；地震及碰撞警报系统接收监测系统打包发送来的数据，并对数据进行存储、分析、处理。

监测系统包括中国地震局工程力学研究所的 SLJ－100 力平衡加速度计、美国 Kinemetrics 公司生产的 GRANITE-12&GRANITE-EXPANSION 数字强震数据采集器、直流电源 GL－3B 等主要部件。

强震数据采集器是安装在大桥上的采集系统，收集由地震传感器传回来的震动信息；地震传感器是将加速度值直接转换成电信号的仪器，它按设计要求安装在大桥的重要部位上，由数据传输电缆与数据采集器连接起来；稳定的直流电源配电单元为系统的正常运行和防雷提供了良好的条件。

地震及碰撞报警系统主要由数控电路、报警器、分析处理软件和大桥警报系统组成。为了保证接收、分析监测系统发送来的数据的时效性，它和监测系统之间由光纤连接起来。它对接收到的数据通过 Jboss、Server 模块存储在 MySQL 数据库里，以备以后对数据的查询分析之用。另外，BridgeAlarm 数据分析处理模块将会根据警报触发条件实时分析判断数据，并通过对话框或警报器手段给出判断结果。

图 4-2-6 为台站专用设备技术系统构成图。

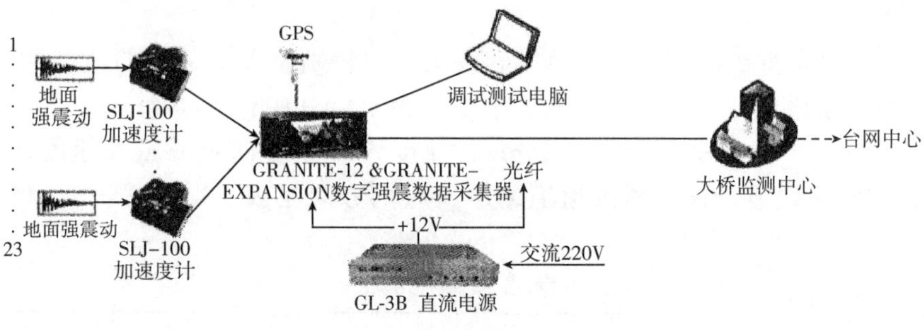

图 4-2-6　台站专用设备技术系统构成图

四、仪器设备及测点布置

1. 仪器设备

1）仪器箱

仪器箱里面安装有数据采集器、电池、光猫等高端设备，为了减轻外界环境变化对仪器设备的影响，保证其长期运转，仪器箱安装在悬索桥北塔电梯底层。仪器箱总建筑面积约 $1m^2$（1.0m×1.0m），里面有序安装数据采集器、光猫等设备，由爆炸螺钉固定在墙上，保护里面仪器设备的安全。仪器箱侧边安装有插座，后部留有数据采集器数据线入口、GPS 线入口、电源线入口和光纤入口。

2）Granite 数字强震数据采集器

Granite 数字强震数据采集器是 Kinemetrics 公司推出的新一代多通道记录器，具备高动态范围、高计时精度和高频谱纯度的特点，通道数可达 36 道；具有 GPS 授时和本机存储功能；具备阈值触发、手动触发等触发模式，数据采集模式为触发记录；支持远程通信与数据传输；支持 UDP/IP 协议。由于仅通过网页浏览器即可以修改参数，Granite 可以极方便地改变现有仪器的运行参数、改变记录与遥测的模式和格式、观察和回收记录文件。Granite 数字强震数据采集器可广泛用于水坝、电站、生命线工程、大型桥梁以及大型和高层建筑的结构健康监测与地震观测。

3）SLJ 系列传感器

SLJ 系列传感器由中国地震局工程研究所生产。SLJ 系列传感器是用来将三轴向振动加速度信号真实地转换成电压信号并输出，以实现对各种低频、超低频振动的测量。SLJ 系列传感器的原理是，采用力平衡反馈技术来弥补普通加速度计机械特性的缺陷，克服了弹性测量元件的非线性失真及灵敏阈值。具有灵敏度高、线性范围大、分辨率高等突出优点，实测动态范围已达到 140dB。低频从 0Hz 开始，具有加速度平坦型频率特性响应，在记录系统中采用数字技术，可获得满意的精度和足够的动态范围。

4）GL－3B 电源配电单元

GL－3B 电源配电单元是广东省地震监测中心结合实际情况自行研制的。GL－3B 电源配电单元能提供可靠的 12V 电压输出，能有效地减少高频干扰及浪涌电压对设备的损害，并具有防感应雷、外部直流电压检测、电池自动充电、自动保护电池和 UPS 等功能。

5）光纤

本工程采用的数据传输方式是光纤传输。光纤的通频带很宽，理论可达 30 亿兆 Hz，无中继段可达几十到一百多公里、不受电磁场和电磁辐射影响，质量轻、体积小，通信不带电，使用安全，使用环境温度范围宽，而且它的腐蚀方式是化学腐蚀，因而使用寿命长。用户可以通过以太网关或串口网关轻松地从基础网络上得到信息。在本系统中主要起到桥接地震信息网络节点的作用。

6）防雷系统

避雷采用黄埔大桥原有避雷系统。

2. 测点位置分布

为获取黄埔大桥悬索桥桥址场地输入地震和桥梁整体特别是关键部位的地震反应实测数据，本台阵测站分别布置在桥墩、桥塔、主梁等部位，共 12 个测点。其中包括 4 个三分量加速度计、2 个竖向—横向双分量加速度计、2 个横向—纵向双分量加速度计、3 个竖向单分量加速度计和 1 个纵向单分量加速度计，共计 24 线道。传感器及通道编号、位置、方向见表 4-2-3。强震观测系统布设如图 4-2-7 所示。

传感器编号表　　表 4-2-3

Granite 数字采集器通道编号	位　　置	传感器编号	传感器分量
1	悬索桥北塔塔顶下游	9 242	x
2	悬索桥北塔塔顶下游	9 242	y
3	悬索桥北塔塔顶上游	9 242	z
4	悬索桥北塔塔顶上游	9 657	x
5	悬索桥北塔中部	9 645	x
6	悬索桥北塔中部	9 659	y
7	悬索桥北塔脚	9 238	x
8	悬索桥北塔脚	9 238	y
9	43 格处钢箱梁下游	9 244	x
10	43 格处钢箱梁下游	9 244	y
11	43 格处钢箱梁下游	9 244	z
12	悬索桥北塔脚	9 238	z
13	43 格处钢箱梁上游	9 647	z

续上表

Granite 数字采集器通道编号	位 置	传感器编号	传感器分量
14	22 格处钢箱梁下游	9 651	y
15	22 格处钢箱梁下游	9 648	z
16	22 格处钢箱梁上游	9 679	z
17	0 格处钢箱梁下游	9 642	y
18	0 格处钢箱梁下游	9 680	z
19	0 格处钢箱梁上游	9 678	z
20	悬索桥南塔塔顶	9 652	x
21	悬索桥南塔脚	9 245	x
22	悬索桥南塔脚	9 245	y
23	悬索桥南塔脚	9 245	z
24	悬索桥南塔塔顶	9 644	y

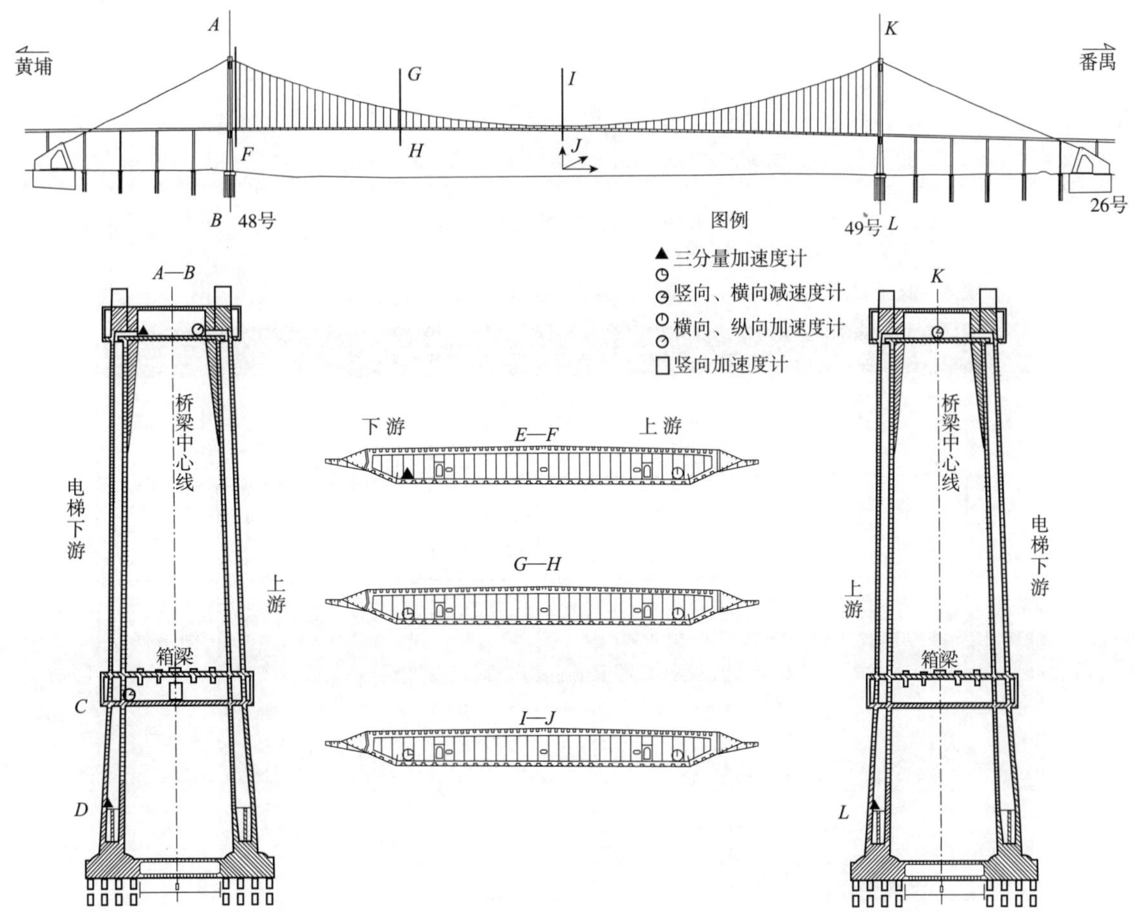

图 4-2-7 黄埔大桥强震观测系统布设图

五、大桥警报系统

1. 大桥警报系统软件简介

大桥警报系统接收并处理大桥地震传感器的数据，其内容实时在信息显示框里显示出来，数据采集各通道的运行情况也可以在程序的监视框里实时检测。当数据采集运行良好，数据正常时，则各通道颜色为绿色；当地震强度计数据大于某一阈值时，相对应的通道颜色变为红色。运行效果图如图 4-2-8 所示。

另外，大桥警报系统还与广东省地震台网联网，接收来自台网中心的地震信息，在地震信息显示框里显示出来。有影响的地震发生后，大桥警报系统将实时处理，并把处理结果记录在大桥综合信息框里，还会以对话框和播放警报声音的方式提醒检测人员，运行效果图如图 4-2-9 所示。

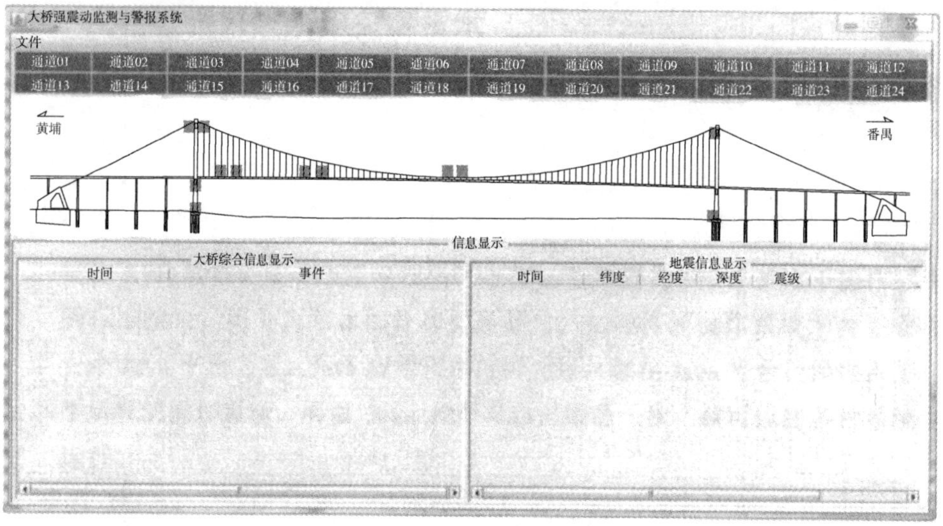

图 4-2-8　大桥警报系统正常运行图

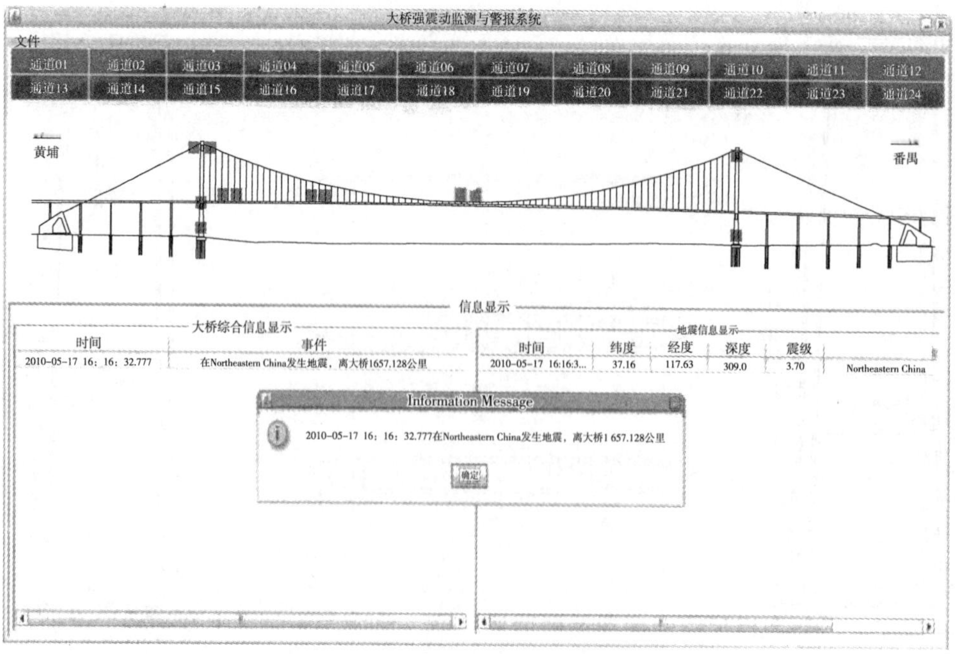

图 4-2-9　大桥警报系统处理地震信息图

2. 初步警报触发条件

为了保证特大型桥梁的安全，在强震观测系统中增设警报系统，由数控电路和警报器组成。主要针对地震和桥梁基础被撞击两类情况而设。警报触发条件如下。

1）地震警报触发条件

广东省的大型桥梁主要处于Ⅵ度、Ⅶ度、Ⅷ度区，相应的设防水准分别为Ⅵ度、Ⅶ度、Ⅷ度。由于不同设防水准的桥梁，其抗御强震动的破坏能力不同，触发警报的条件也不同。黄埔大桥为Ⅶ度设防桥梁，警报和触发条件如下：

由于大桥为长周期结构，长周期地震对桥梁结构具有特殊的破坏效应。当大桥主塔基础加速度峰值大于等于0.025g、发生长周期地震时，就有破坏的可能。所以，黄埔大桥地震警报触发条件初步设定为：先预读10s的基础数据，计算各通道绝对峰值加速度。当主塔底部任一通道记录的加速度峰值大于0.025g，或北塔下横梁内两个水平方向记录的峰值平均值大于0.050g时，触发地震警报器，然后每读进10s数据就重新计算，达到警报条件即触发警报器，警告大桥管理中心监测人员有重大情况发生，桥上的车辆应尽快离开桥面，准备过桥的车辆禁止上桥通行。同时，记录地震或爆破事件数据，并尽快把数据传到远程终端，分析人员迅速进行分析和诊断，提出初步诊断意见。如有明显异常，需要有关人员到现场进行关键部位检查和测试。

2）桥梁撞击触发警报条件

当某个主塔基础上的加速度计突然记录到较大的高频短持时的加速度记录，且该记录与相邻主塔基础上或自由场地上的加速度记录相比，峰值相差8倍以上时，初步可以判定桥梁下部遭遇撞击。突发桥梁主塔基础被撞击事件时，当记录到北塔、南塔底部水平向峰值加速度平均值比值达到8倍以上或小于1/8倍以下时，一律触发警报，自动判别加速度大的桥墩（即被撞击桥墩）。如果被撞击桥墩水平向峰值加速度平均值大于0.050g，桥梁暂时禁止通行，经现场人员实地检查后，如无明显破坏，即可恢复通行。如果被撞桥墩水平向峰值加速度平均值小于0.050g，弹出提示信息，提醒管理方检查可能出现的撞击情况。两种情况都记录事件数据，并尽快把数据传到远程终端，分析人员迅速进行分析和诊断，提出初步诊断意见。如有明显异常，及时通知有关部门并组织进行现场全面勘查，桥梁禁止通行。

六、系统试运行及结论

1. 系统试运行

在仪器设备正式投入运行前，为保证其处于最佳工作状态，进行了相关的调试。而仪器调试是一个不断设置试验的过程，为了达到最佳结果，将通过试运行不断摸索，确定仪器的最佳运行参数。

标定试验的目的就是依据其检验加速度计是否正常。监测系统安装时对其进行了标定试验，Granite数字采集器及地震传感器工作正常。

强震动监测系统建成后，在环境脉动条件下采集了连续47h的加速度记录，采样频率为200Hz。由于本监测系统侧重于强震动监测和突发事件报警，通道数有限，尤其是同一构件同一方向布置的传感器数量少，难以得到桥梁结构的全面模态信息。另外，模态参数难于做到准确、自动识别。在模态信息不全的情况下，如何自动、实时判断桥梁结构的损伤状况并及时提供警报，成为需要解决的一个关键问题。

过去几十年来，对工程结构损伤的早期诊断吸引了越来越多人的研究兴趣，产生了大量的研究成果。通常，人们采用模态信息（主要是频率和振型）作为损伤的判断指标，如直接比较损伤前后结构的固有频率、模态振型和阻尼的变化。固有频率诊断损伤的优点是测试较容易，且精度较高，但是不包含空间信息，并且对局部损伤不敏感。对比较振型人们提出了一系列指标，如模态置信度因子（MAC）、坐标模态置信度因子（COMAC）等；还有利用模态参数衍生出的一些指标进行损伤判断，如曲率模态振型、柔度矩阵、应变能方法等。

但总体来说，目前基于模态参数的结构损伤识别精度不高，一是结构模态参数识别精度不高，二是模态参数对结构损伤不敏感。另外,大部分方法自动化程度不高,不适合实时监测数据的自动处理与诊断。以上缺点使得这些已有方法不适合实时强震动监测系统,很有必要采取新的不需要模态参数识别的方法来进行桥梁结构损伤判断。基于此,本系统采取 CoC 矩阵(一种基于加速度响应的时域二次方差矩阵)方法分析环境脉动下的加速度记录。

2. 结论

黄埔大桥强震动监测和警报系统自建成以来,经过多次标定、双向通信遥测试验、人工触发试验、远程参数设定及数据传输等测试,除个别通道外,系统基本工作正常。试运行期间,数据采集器曾由于外部意外停电发生故障,经检修后已恢复正常。试运行期间,系统未记录到强震动事件。

数个月的试运行,不仅检验了仪器设备,更重要的是积累了实测数据,对大桥各部位的实际震动情况有了大致了解,有助于及时调整强震动报警系统的触发条件,争取最大限度地避免误触发。

在连续监测数据分析方面引入 CoC 矩阵方法,并引入了相关性指标 MAC 来衡量其随时间变化的程度,这种方法不需进行模态识别,非常适于实时监测数据的自动化处理。初步分析结果表明,CoC 矩阵计算结果稳定,能够较好地反映桥梁结构模态信息的变化。研究该矩阵的长期变化情况可以为桥梁结构的损伤评估提供科学依据,有助于及时判断桥梁的健康状况,及时向桥梁方提供异常情况报警。

第三节　长期健康监测

一、建立长期健康监测系统的目的

特大跨径桥梁由于其力学和结构特点以及所处的特定环境,仅通过桥梁设计和部分模型试验,很难完全掌握和预测结构的力学特性行为,因此,在桥梁建成后的营运期,为验证设计、确保结构的安全,向使用阶段养护管理系统提供必要的信息,也为特大跨径桥梁的研究与发展积累实际资料,有必要建立桥梁健康与安全监测、评估系统。黄埔大桥桥梁健康与安全监测系统可达到以下目的:

(1)通过对使用中桥梁结构的动态跟踪检查及对其所处环境条件的监测,及时查明结构现存缺陷与质量衰变,并评估分析其在所处环境条件下的可能发展势态及其对结构安全运营造成的可能潜在威胁,为养护需求、养护措施所采取的决策提供科学依据,以达到运用有限的养护资金获得最佳养护的效果,确保结构安全运营的目的。即设定结构的健康预警线,当桥梁结构处于"亚健康"状态时,及时提醒管理者进行针对性的检查,并加强相应的养护维修。

(2)设定结构安全预警值。对大桥结构的健康状况、结构安全可靠性进行评估,进而给大桥运营者提供等级预警信息。当桥梁性能退化,超过预警值时,能给出警报,提示立即对结构进行检查及维修。

(3)给出特殊事件交通管制控制值。对于台风、地震等特殊环境条件给予报警,以提示管理者进行车辆通行限制。

(4)通过对桥梁结构振动响应的监测分析,掌握结构动力性能,论证其抗风、抗震稳定性,确定桥梁使用过程中的振动环境控制条件,研究结构固有动力特性参数的演变,预报结构可能存在的隐患或质量衰退等。

二、设计原则

黄埔大桥健康与安全监控系统的重点是保证系统的长期稳定性以及长期的延续性,因此在设计中遵循以下原则。

（1）设计中主要关键技术问题为测试系统的实用性和可靠性，必须从设计中考虑到系统如何能够长期稳定地使用，因此优先采用成熟可靠的测试方法。

（2）设计中有针对性地考虑了系统的可更换性、系统的自诊断、系统的采集优化制度、数据库的合理设计等问题，在测点设计中，考虑可更换性和延续性的问题，采用表贴式等可更换性好的施工方法。

（3）系统设计在兼顾实用性、可靠性、可操作性、易维护和完整性的基础上，具有可扩展性，便于后续系统的维护和升级。

桥梁健康与安全监控系统存在使用、维护、管理等问题。由于系统大多使用电子设备，某些设备在恶劣环境中即使在使用期或寿命期内出现损坏的可能性也很大，并导致发生桥梁还未出现损伤而监测设备已经不能使用的情况。对黄埔大桥从结构和运营环境等实际情况出发，多方面调研大桥安全的实际需求，有针对性地制订测试方案、管理系统和分阶段实施计划。

分阶段实施方案是指根据桥梁结构特点，在结构使用初期对重要部位的重要参数进行监测，等结构运营一段时间后，根据实际需要进行测点和功能的扩展。分阶段实施主要考虑的因素为：①桥梁结构特点；②周围环境因素；③测试仪器的寿命；④测试项目的损伤周期；⑤测试元器件的安装和预埋方法。

黄埔大桥健康与安全监测系统通过分阶段实施方案，由原来 2 300 多万元的概算投资降为实施时的 640 万。

三、系统总体方案

桥梁健康与安全监测系统包括对大桥工作环境的监测、北汉斜拉桥的结构响应监测、南汉悬索桥的结构响应监测以及引桥的结构响应监测等，监测框图详见图 4-2-10。

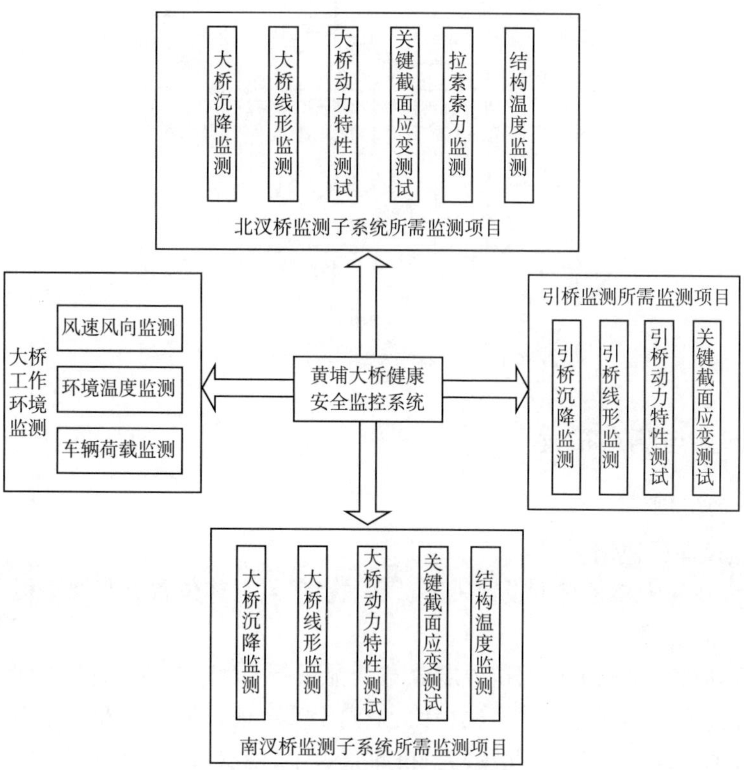

图 4-2-10　监控系统框架图

大桥健康与安全监控系统为各参数提供可扩容接口，并且在综合评估中综合考虑各参数信息，进行综合评估。

大桥风速风向及车辆荷载参数监测已在大桥交通工程设计方案中考虑,结构健康监测系统考虑实时取得相应数据,利用其进行状态的分析与评估,并利用环境参数进行采集的控制。

黄埔大桥桥梁健康与安全监控系统由测试系统、数据处理系统以及安全评估系统等组成,根据监测项目、测试手段、测点优化、信号传输等方面因素分析研究,桥梁健康监测系统的监测子系统(硬件系统)结构可分为三层:

第一层由各监测内容所属的各监测项目(参数)的测量系统构成。

第二层为监测外场数据采集站与通信系统外场。

第三层为监控中心的结构健康与安全系统工作站。

图 4-2-11 为桥梁监测系统结构拓扑图。图 4-2-11 所示布局方式可以将不同参数的采集系统优化组合,以尽量缩短测量元件到采集外场站的距离,提高系统的抗干扰能力,降低系统成本。

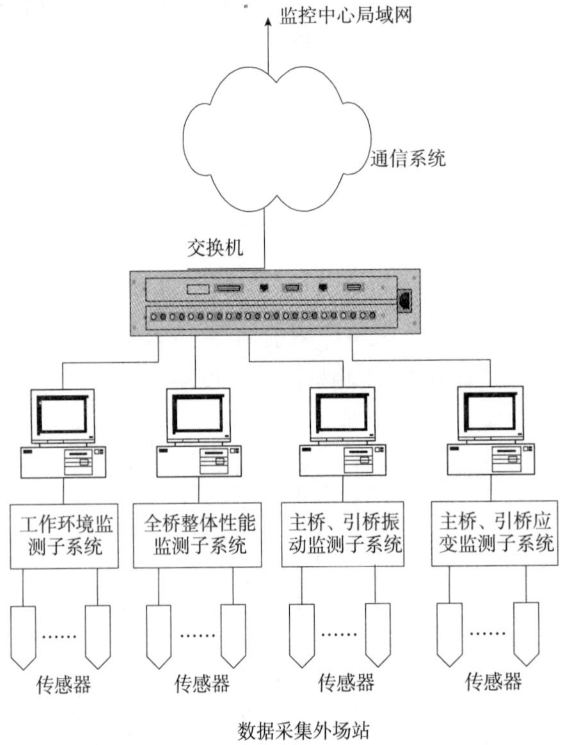

图 4-2-11　桥梁监测系统结构拓扑图

四、测试方法选择与测点布置

1. 桥梁工作环境的监测

(1)桥址处风速、风向的监测

在南、北汊桥索塔及悬索桥桥身上设置风速、风向检测器,具体位置见交通工程设置。

(2)桥址处环境温度监测

通过对环境温度和桥梁结构关键部位温度分布状况进行监测,并与设计时的理论取值进行比较,从而可以对桥梁在实际温度作用下与设计情况相比,是偏于安全还是偏于不安全作出评价。

桥址处大气环境温度测点布置:在北汊斜拉桥布置 1 个,南汊悬索桥布置 2 个,共计 3 个测点。

(3)锚碇锚室、主塔鞍室和钢箱梁温、湿度环境监测

由于地处亚热带与热带交界处,桥梁所处环境湿度较大,钢箱梁结构在潮湿环境中易于腐蚀。为了降低桥梁各结构的表面湿度,该桥在建造时布设了除湿系统,并设置无线传感器温、湿度监测系统,见图 4-2-12。该系统监测黄埔大桥温、湿度状况,实现对钢箱梁内室、塔顶鞍室、锚碇锚室等对湿度敏感的桥梁

构件的连续监测。

温、湿度监测系统在黄埔大桥北汊斜拉桥共布设4个测点，南汊悬索桥钢箱梁温、湿度传感器测点共5个，南北锚碇前锚室内各布置2个温、湿度传感器，后锚室内各布置1个温、湿度传感器，共12个测点。南、北主塔塔顶两侧鞍室各布置1个传感器，共4个。总计25个温、湿度传感器。

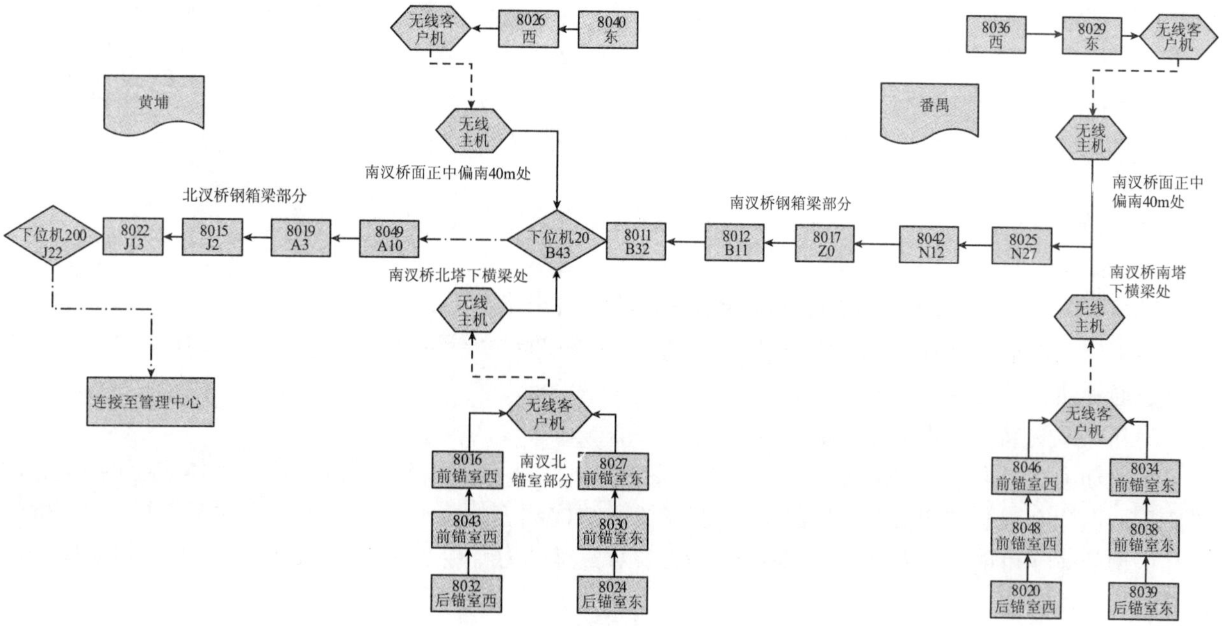

图4-2-12　温、湿度系统分布示意图

注：图中实线箭头均为有线连接。

本系统共使用无线传输模块4套，每套包含主机、客户机各1台，分别布置在南汊桥南北锚室、南北主鞍室、南北塔下横梁及桥面正中（路面正中防撞护栏内）偏南40m处。

（4）运行车辆荷载监测

车辆速度和轴重的数据由称重子系统提供，为桥梁结构使用工作性能评估提供明确的已知系统输入，并确定其对今后可能增长的交通荷载适应能力，控制超限运输对桥梁结构造成的不利影响。相应的车辆荷载数据需进入桥梁健康与安全监控系统，以便了解桥梁的承载情况，分析结构的受力状况，其数据可作为大桥健康与安全监测的重要参考资料。此项由交通工程称重子系统完成。

2. 桥梁结构整体性能监测

对桥梁结构整体性能的监测包括桥梁结构位移变形的监测和桥梁动力特性及振动水平的监测。

1）桥梁结构位移变形监测

桥梁结构位移变形监测，重点考虑桥梁基础沉降变形监测和南、北汊桥箱梁挠度以及桥塔位移变形监测。

由于大桥桥址处的气象条件较为恶劣，桥梁总长7 016.5m，采用经典的大地测量方法监测桥梁基础沉降和结构变形较为困难。所以，本项目用卫星高精度相对定位法、RTK实时动态测量系统测定主桥塔基及部分高墩基础沉降和通道桥箱梁挠曲变形和水平位移变形。

（1）监测方案

由于黄埔大桥在监测方案考虑上对南、北汊桥选择了无人值守自动监测方案，实时获取结构三维变形信息，目的在于获取长时段结构位移信息，使用GPS/北斗形变监测网和连通管垂直位移监测系统测定桥梁基础沉降、箱梁挠曲变形和桥塔位移的方案。对航道桥的桥墩沉降、主跨跨中挠度和桥塔位移采用GPS/北斗形变监测网监测。对南、北汊桥的箱梁挠度变形监测使用连通管垂直位移监测系统。

采用GPS/北斗监测的方案,可以发挥两个系统各自的优势,利用两个系统间关系进行联调,甚至可以提高测试精度。另外在特殊情况时,可以发挥具有自主知识产权的北斗卫星定位系统,从而保证黄埔大桥在日常与特殊事件下均能得到很好的监测。

南、北汊桥箱梁挠度监测断面主要布设在主跨 $L/4$ 点和边跨 $L/2$ 点上。考虑箱梁的扭转,在部分挠度测试断面拟布置上、下游两个测点。箱梁挠度采用垂直位移监测系统即连通管液位计进行监测。了解桥梁的变形情况,根据关键点的情况,对桥梁的使用状况进行一个大致的了解,以判定桥梁的总体健康情况。布点位置为:GPS/北斗布置在桥塔顶部、北汊桥的跨中,南汊悬索桥的 $L/4$ 处,共13点;连通管布置在北汊斜拉桥主跨的 $L/4$ 点处,边跨的 $L/2$ 处,南汊悬索桥的 $L/8$ 处,连通管测点20个。

(2)监测内容

桥塔、航道桥主跨三向实时变形,航道桥主跨、边跨静态竖向变形与桥墩沉降。

(3)采集制度

进行实时变形监控;另外可根据人工设置时间段进行采集。

当结构变形过大、超过采集警戒线时,自动启动GPS RTK系统进行采集,采样频率5Hz。

连通管位移计每30min采集一次。

2)桥梁动力特性及振动水平的监测

桥梁动力特性参数(频率、振型和阻尼等)和振动水平(振动强度和幅值)是桥梁整体安全的标志,桥梁质量的退化会引起结构振动特性的改变,例如桥梁结构刚度的降低会引起桥梁自振频率的降低,桥梁局部振型的改变可能预示着结构局部损坏。因此,对桥梁动力特性及振动水平的监测能够起到整体上对桥梁结构健康状态监测的目的。

另外,桥梁的振动水平能够部分反映桥梁的行车安全、桥梁路面状况的信息,并在意外状况下(地震、台风、船只撞击、车辆撞击等)可通过振动测试实时掌握桥梁的状况。

(1)监测内容

桥塔的双向水平振动、主梁的竖向和横向振动。

传感器布置考虑到所测振型的需要,并且考虑振动水平的问题,同时监测跨中的振动。另外,对于横向的振动也进行相应的监测;考虑塔顶的振动较大,因此对塔顶进行了监测;船只通过通航孔时可能发生意外,与桥墩发生碰撞,因此在通航孔桥墩处布置水平向传感器进行监测。测点布置考虑主要模态振型测试的可行性,同时注意扭转振型的测点布置和三个方向的振动。

了解桥梁的动力特性并分析数据,作为桥梁的健康档案,为桥梁健康评估储备信息。另外,利用测振传感器进行振动水平的监测,以便作为桥梁振动控制的依据。此阶段的测点为:箱梁振动测试断面布设在斜拉桥的 $L/4$ 点、悬索桥的 $L/4$ 和边跨 $L/2$ 点上,在桥塔沿高度方向上布置1个测试断面,共计28个测振传感器。

目前关于桥梁结构监测中动力测试的争议很大,关于桥梁结构监测中动力测试与静力测试的争论,作者另文讨论。

(2)采集制度

进行实时振动监控;可根据人工设置时间段进行采集。

当结构振动过大,超过采集警戒线时,自动启动系统进行采集,采样频率根据不同部位和情况采用5~50Hz。

3. 大桥结构控制断面应力(应变)的监测

1)静应变(应力)监测

目前振弦式应变计精度可以达到 $1\mu\varepsilon$,电阻式应变计精度也可达到此精度,光纤式应变计的精度也可达到微应变量级。考虑到与施工监控数据的连续性、设备的稳定性、经济性等因素,在设计中选用振弦式应变计。

为了充分有效地利用施工过程中的应力监控数据，保持箱梁控制断面应力监测的连贯性，应尽量利用施工监控预埋的应力传感器作为监测点处的应力传感器。

(1)监测内容

监测桥塔、箱梁主要截面静态应变及结构温度。

选取结构分析中的关键点为应变测试点，并且考虑结构应变值很大程度上是由恒载以及温度引起的，综合考虑此类应变大小的情况，并且考虑桥塔的应变值。

桥梁运营初期，初步了解桥梁的受力情况，根据关键点的情况，对桥梁的使用状况进行大致的了解，以判定桥梁的总体健康情况。布点位置为，北汉斜拉桥在主跨 $L/4$ 和桥塔处箱梁断面，边跨和次边跨 $L/2$ 处箱梁断面；南汉悬索桥在主跨 $L/4$、每隔一跨的边跨 $L/2$ 处箱梁断面和桥塔处箱梁断面，桥塔断面(每塔布置 2 个)。箱梁上共计布置 12 个断面，每座桥塔 2 个截面，共计 16 个断面，共计 120 个测点。

(2)采集制度

进行实时应变监控；可根据人工设置时间段进行采集。

应变每 30min 采集一次。

2)动应变(应力)监测

大桥箱梁直接承担着车辆荷载，受荷载的影响最为直接，极易因异常荷载而引起损伤。而对车辆荷载影响反应最直接的就是结构的动态应变，通过对结构动应变的监测，可以较好地掌握桥梁受动态荷载(车辆、地震、台风)下结构的响应，并可以通过动力放大系数、荷载，统计得出结构安全状况。

动应变的监测采用电阻式应变传感器进行，用于钢结构监测的电阻式传感器封装较好，稳定性得到提高，寿命较长，能够符合桥梁长期健康监测的使用。

根据桥梁结构情况，主要选择在桥梁主跨的 $L/4$ 处、支座处对外界荷载较为重要的部位，共计 13 个传感器。

采集制度为：

进行实时动应变监控；可根据人工设置时间段进行采集。

当结构动应变过大，超过采集警戒线时，自动启动系统进行采集，采样频率同桥梁动力测试。

4. 拉索状态的监测

斜拉索是通航孔桥梁结构的关键受力杆件，对其进行受力状态和拉索完好程度监控是大桥结构安全与健康状态监测的重要组成部分。其内容包括两部分：索力监测和索振动监测。

本方案考虑采取振动法对重要拉索进行实时监测。主要考虑斜拉桥拉索较长，受刚度影响较小，利用振动法监测斜拉桥的索力精度较高，可达 1% ~2% F. S，而且该方法可更换性好。另外振动法还可以监测台风状况下拉索的振动情况，可为拉索疲劳等问题提供数据。

1)监测内容

监测拉索索力的变化以及拉索振动水平的变化。

根据斜拉索不同情况在全桥选择 16 根拉索并在其上固定测振传感器，通过随机振动信号处理获得自振频率，根据索长、边界条件和单位长度质量计算出索力。斜拉桥拉索长度较长，受边界条件、拉索刚度影响较小，通过振动法能够准确地分析出拉索的索力。

其他斜拉桥拉索以及悬索桥吊杆的索力可以通过日常的巡回检测进行，得出拉索索力的变化。

2)采集制度

进行实时索力监控；可根据人工设置时间段进行采集。

索力监测每 15min 采集 2min 数据，采样频率暂定 20Hz。

当拉索振动过大，超过采集警戒线时，自动启动系统进行采集，采样频率暂定 20Hz。

图 4-2-13 为斜拉桥(北航道桥)测点布置图，图 4-2-14 为悬索桥(南航道桥)测点布置图。

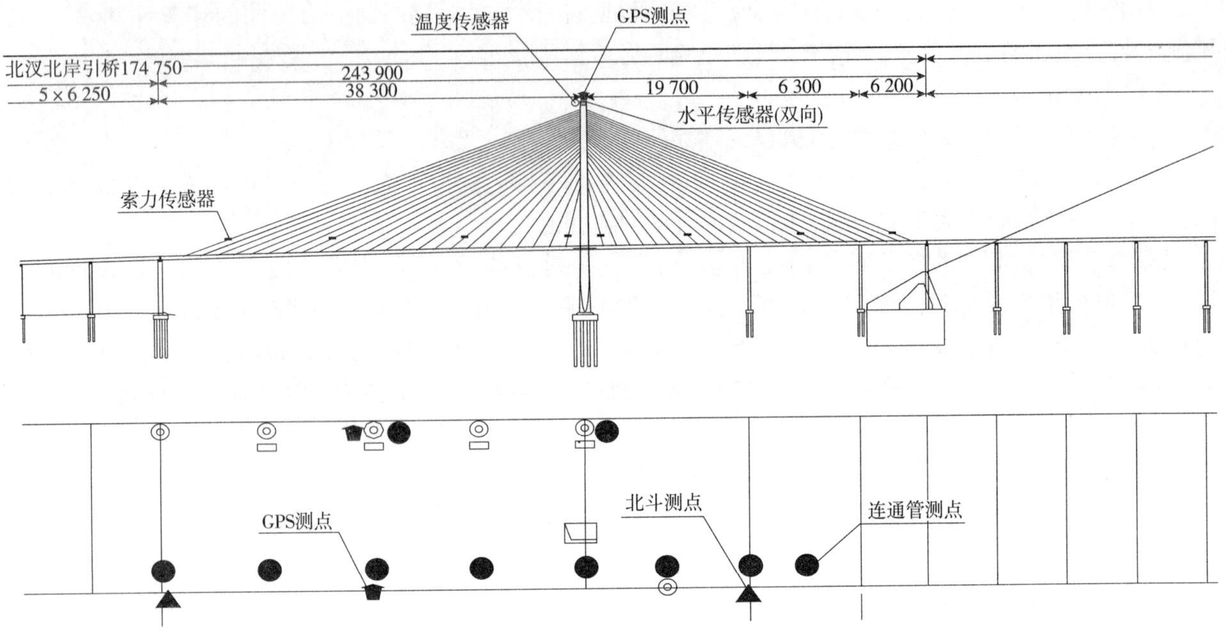

图 4-2-13　斜拉桥(北航道桥)测点布置图(尺寸单位:cm)

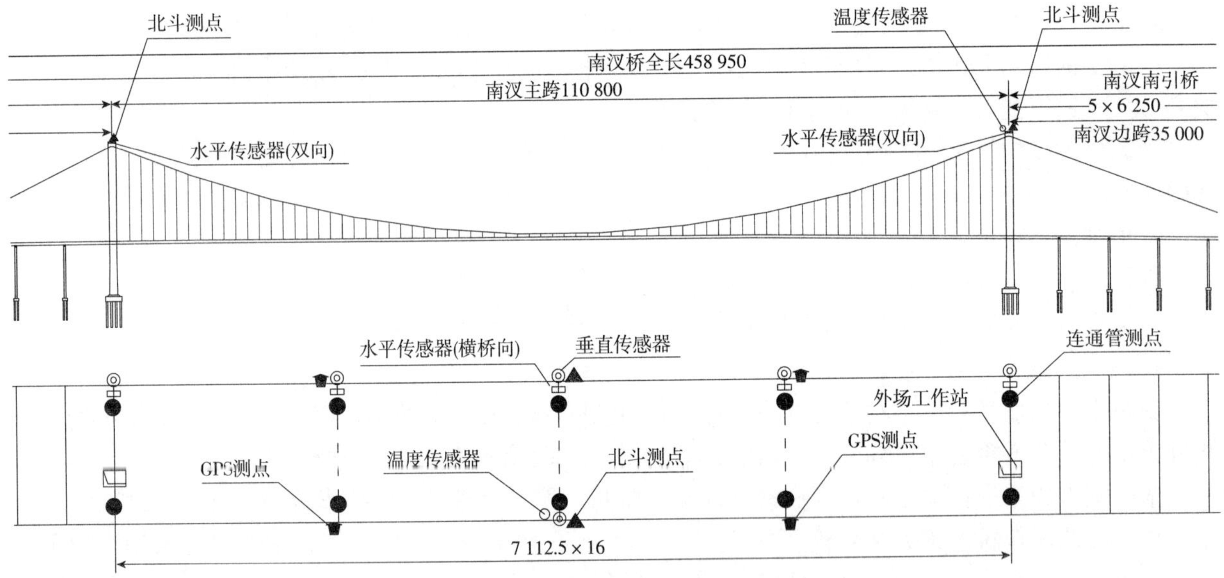

图 4-2-14　悬索桥(南航道桥)测点布置图(尺寸单位:cm)

5.引桥

由于引桥部分较长,采用实时监测方案造价过于昂贵,且数据量太大,难以处理,因此以定期检查与检测为主。监测/检测内容有:桥梁沉降观测、桥梁动力特性检测、桥梁支座检测等几方面的内容,以桥梁变形监测为主。

五、长期健康监测效果

黄埔大桥健康监测系统在2008年12月~2010年12月运行期间,系统监测的应力应变、位移线形、振动水平、索力等各项参数变化平稳。从运行监测期间数据分析来看,各测点在此期间内运行稳定可靠。与设计文件和交工荷载试验结果相比,监测指标均在正常变化范围之内,各测点参数监测值发展趋势平缓。风速监测子系统、应变监测子系统、变形监测子系统、振动监测子系统的变化范围见表4-2-4。

健康监测系统运行概况　　　表 4-2-4

传感器子系统	监测值主要变化范围	响应评价
风速监测子系统	0～20.97m/s	小于设计基准风速
应变监测子系统	-117.2～121.9με	变化正常,有较大安全储备
变形监测子系统	0～62cm	主梁线形变化平缓
振动监测子系统	0～1 470mm/s	振动幅度正常

1. 温、湿度监测效果

温、湿度监测子系统的主要任务为监测钢箱梁、锚室及鞍座的温、湿度,使桥梁管理人员实时掌握大桥上述关键部位的温、湿度变化情况,以便及时、合理地核查、调整抽湿机工作状态,确保大桥箱梁、锚室及鞍座的工作温、湿度处于合理的范围之内。温、湿度监测子系统采集软件如图 4-2-15 所示。

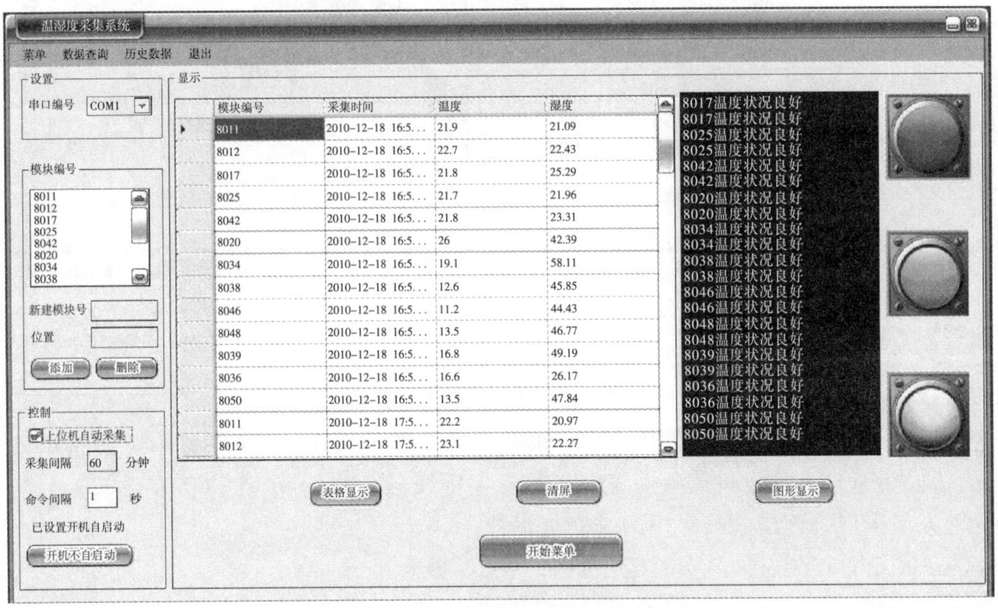

图 4-2-15　温、湿度监测子系统采集软件界面

在大桥健康监测系统运行期间,温、湿度监测子系统工作状态良好,实时地监测了大桥箱梁、锚室及鞍座的工作温、湿度状态,有效地指导了桥梁养护管理人员对温、湿度超标部位温、湿度指标的及时处置,确保了大桥在运营过程中处于良好的温、湿度环境。

表 4-2-5 所示为温、湿度监测子系统的温、湿度监测结果报表示例。

温、湿度监测结果报表　　　表 4-2-5

监测项目	斜拉桥箱梁	悬索桥箱梁	南汊南塔鞍座	南汊北塔鞍座	南锚室	北锚室	环境
温度(℃)	35.2	32.8	27.1	27.3	28.9	29.8	24.7
湿度(%)	43.0	44.0	48.0	46.0	48.0	*52.0*	—

表 4-2-5 中,斜体显示部分为湿度超出了大桥监测系统预设的湿度阈值,即该测点的湿度已经超出了湿度允许范围。

2. 风力监测效果

风力监测子系统的主要任务为监测桥面处的风速变化,使桥梁管理人员及时掌握风速情况,以便在风速超出行车允许范围时采取应急措施。同时,风力监测系统监测得到的风速变化与其他监测子系统的监测数据结合,可综合分析桥梁在不同风力条件下的响应情况。风力监测子系统的监测结果如图 4-2-16

所示，风力报表如表 4-2-6 所示。

风力监测结果报表(日最大风力统计) 表 4-2-6

发生时间	风速	风向	风力等级
2011-4-21 13:41:01	8.84m/s	157	5

黄埔大桥桥址位于台风多发区，夏季台风灾害频繁。大桥健康监测系统自运行之日起，先后监测了莫拉菲、巨爵、天鹅等多次台风经过时桥面的风力情况，对超限风速提出了及时预警，并在台风过后提供了相应的风速分析报告，为大桥在台风作用下的应急处置及台风作用后的状态分析提供了有力的支撑。

图 4-2-17 所示为台风莫拉菲作用期间黄埔大桥桥面处的日风速变化情况。

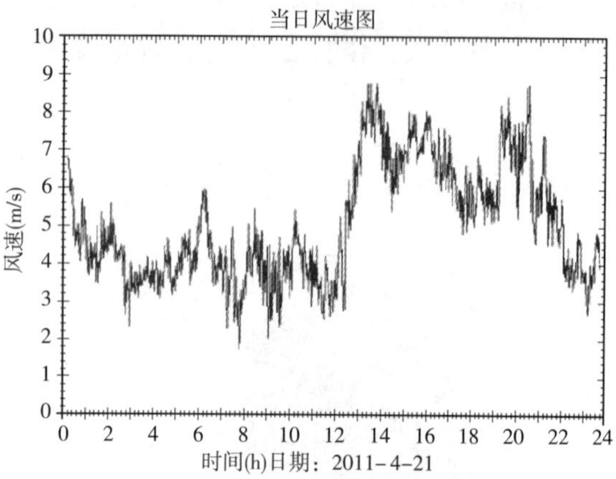

图 4-2-16 风速监测子系统日风速变化图

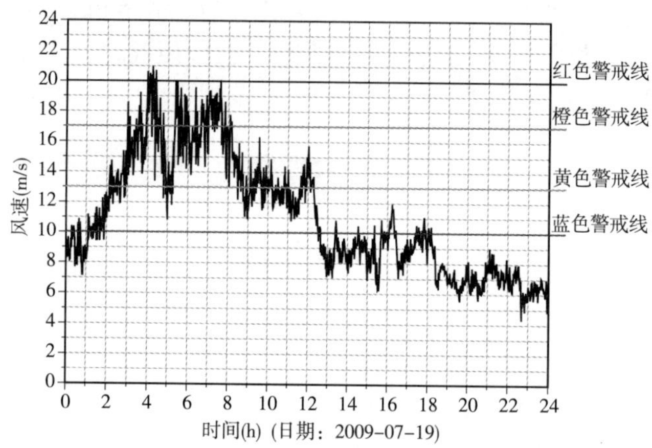

图 4-2-17 台风莫拉菲作用下大桥日风速变化图

3. 结构位移变形监测效果

位移变形监测子系统包括 GPS 监测子系统和连通管监测子系统，主要任务为监测桥塔及桥面的位移变形情况，使桥梁管理人员及时掌握桥塔的变形及主桥线形变化情况，在位移变形超限时提出预警并建议桥梁管理人员采取合理措施确保桥梁的安全运营。

GPS 监测子系统单点测点位移实时变化如图 4-2-18 所示。

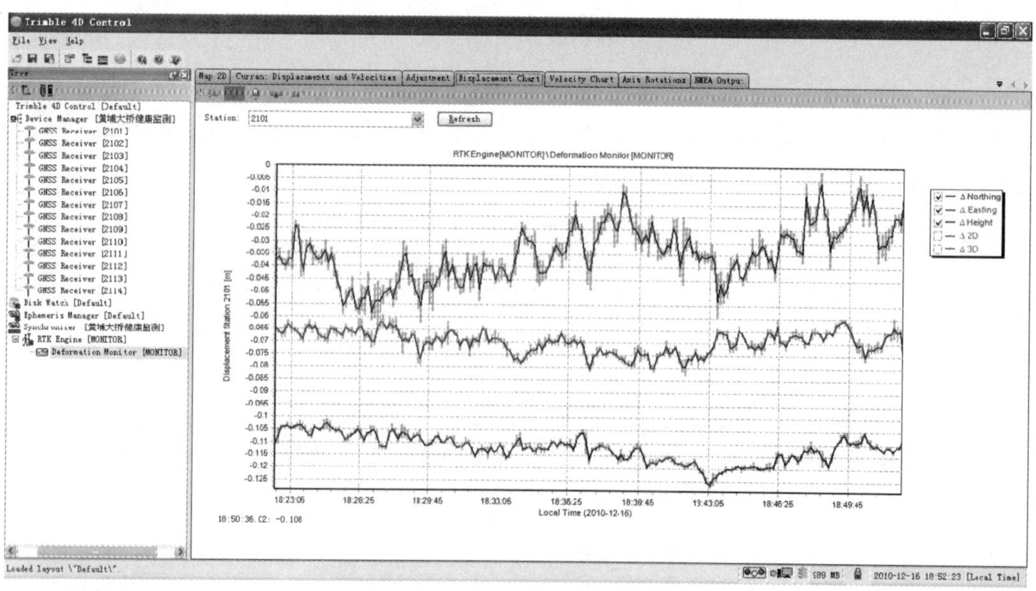

图 4-2-18 GPS 单点位移实时变化图

连通管监测子系统监测线形变化与定期检测线形变化对比如图 4-2-19 所示。

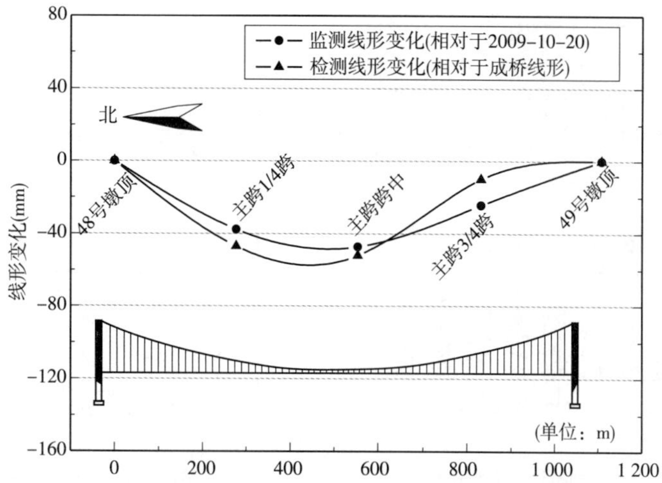

图 4-2-19　监测桥梁线形变化与定期检测线形变化对比图

4. 振动监测效果

振动监测子系统的主要任务是，通过对桥梁振动情况的监测，得到桥梁的各阶振动频率值，并与理论计算值进行对比，分析桥梁的频响状态，反映桥梁的整体运行情况。

振动监测子系统监测模态参数与理论计算模态参数对比如表 4-2-7 所示。

振动监测模态参数与理论计算模态参数对比(北汊斜拉桥)　　表 4-2-7

序　号	振型描述	理论计算值	实　测　值	实测阻尼比
1	一阶竖弯	0.296	0.292	2.71
2	一阶横弯	0.332	0.343	2.34
3	二阶横弯	0.407	0.402	3.72
4	二阶竖弯	0.537	0.587	1.35
5	三阶竖弯	0.682	0.709	2.01
6	一阶扭转	0.649	0.770	1.05
7	四阶竖弯	0.882	0.821	0.67
8	五阶竖弯	0.846	0.893	1.53

5. 索力监测效果

索力监测子系统的主要任务为监测主桥北汊斜拉桥的斜拉索索力变化情况，使桥梁管理人员及时掌握索力变化，以便对索力变化过大的斜拉索判别、检测，采取必要的工程措施，确保桥梁的安全运营。

斜拉索监测子系统监测斜拉索索力与桥梁定期检测索力对比如图 4-2-20 所示。

6. 应变监测效果

应变监测子系统的主要任务是监测桥梁关键截面的应变变化情况，使桥梁管理人员及时掌握桥梁各关键截面的应变变化情况，以便对应变变化异常的截面判别、检测，采取必要的工程措施。

应变监测子系统监测得到的钢箱梁截面日应变变化如图 4-2-21 所示。表 4-2-8 所示为对应箱梁截面日应变变化统计报表。

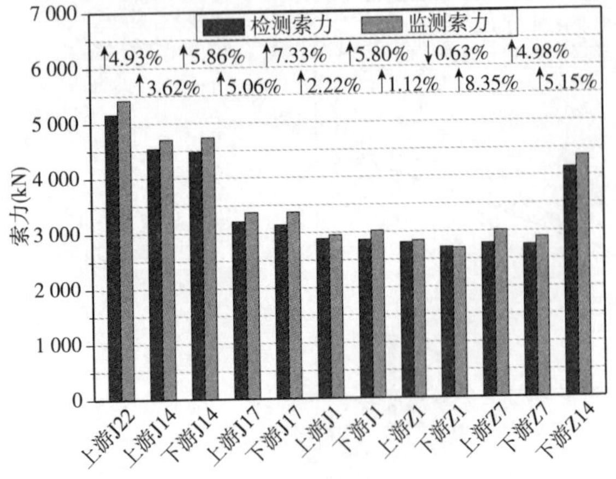

图 4-2-20　监测斜拉索索力与定期检测索力对比图

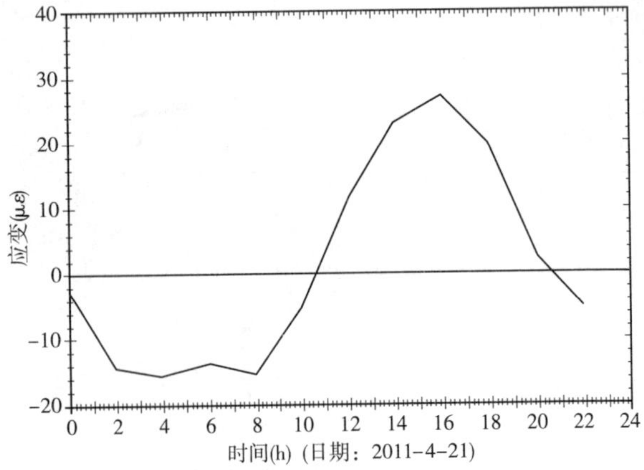

图 4-2-21　钢箱梁截面日应变变化图

钢箱梁截面日应变变化报表

表 4-2-8

传感器编号	受拉最大值	发生时间	受压最大值	发生时间	平均值
290618	27με	2011-4-21 16:00:00	-15.5με	2011-4-21 6:00:00	1.0με
290 630	—	—	-53.6με	2011-4-21 14:00:00	-25.5με
290629	—	—	-55.4με	2011-4-21 10:00:00	-28.9με
290604	2.9με	2011-4-21 16:00:00	-30.4με	2011-4-21 16:00:00	-15.8με

监测期内大桥的应变变化表现出如下特点：

(1)钢箱梁应力应变符合实际受力变化情况，且变化值在正常变化的范围之内。

(2)钢箱梁的静应变变化受温度变化的影响高于桥塔处混凝土，应变随温度的变化规律与实际情况相符。

(3)桥塔处混凝土的静应变变化范围较小，在50με(相对于通车前结构初始应变值)以内，结构运营状态良好。

第四节　桥面铺装维护与预防性养护技术

预防性养护是指单位工程在没有发生结构性破坏以前，为了更好地保持其良好运营状态，延缓破坏时间，获取其生命周期内的最大效益。在不降低结构层承载能力的前提下，针对结构出现或可能出现的病害，在适当时机采用相应的技术措施，通过改善或改变原有结构的承载指标或功能性指标，防止病害发生或扩大，从而达到延长结构使用寿命，节约养护成本，提升服务水平的目的。

一、桥面铺装预防性养护的作用

在很多发达国家已经解决的钢桥面铺装技术在我国仍然存在较多的问题，特别是从20世纪90年代引进的美国环氧沥青混凝土钢桥面铺装，由于施工质量问题，并在超标准的行车荷载、温度应力、桥梁结构挠曲变形等力学因素的影响下，陆续产生鼓包、坑槽、裂缝等局部病害，同时紫外线等外界污染加速了材料老化，裂缝和老化的材料导致雨水的侵入造成铺装层的致命破坏。

另外，连续混凝土引桥的改性沥青混凝土桥面铺装在行车荷载及自然条件的共同作用，不同程度地出现了表面沥青质老化、细集料轻微散失，局部混合料呈现疏松趋势，渗水性增强。

病害的出现影响了桥面铺装的耐久性、行车舒适性和安全性，同时影响到桥梁结构的耐久性。因此，必须加强对桥面铺装的养护，对病害进行及时的处理与维修。桥面铺装预防性养护技术就是在桥面铺装病害未出现或预计即将出现之前，通过施加表面的保护性材料，抵御外界因素对桥面铺装结构层的损害，从而达到延长主体结构使用寿命、改善使用性能、延长大修时间、节约总体养护成本的目的。预防性养护技术措施必须满足功能性、经济性、耐久性的目的。

经过改造后的桥面铺装要能提供安全、舒适的通行环境，且美观、耐久。方案编制应结合现场实际情况进行方案比选，并能满足使用功能和经济性。

二、桥面铺装预防性养护技术方案

1. 方案设计要求

(1)功能要求

要求改造后的桥面铺装能提供安全、舒适的通行环境，且美观、耐久。结合现场实际情况进行方案比选，能满足使用功能和经济性。

(2)水损害预防

水是引起钢桥面铺装层破坏的最重要原因。采用改性乳化沥青雾封层和高浓改性乳化沥青精细抗滑保护层技术分别作为混凝土引桥铺装和主桥钢桥面铺装的预防性养护技术方案，主要作用在于抗老化、抗损伤，达到预防水损害目的。

(3)延缓和减少病害发展

在桥面铺装层结构设计中，考虑原铺装材料美国环氧沥青混凝土成本高、施工困难等因素，采用成本相对较低、施工方便、能满足使用功能的改性环氧树脂碎石黏结层 + 特种高黏度改性沥青混凝土(SMA)，新技术或成本较高、施工方便的日本环氧沥青混凝土。

2. 钢桥面铺装病害处理方案

1)小面积坑槽、鼓包、裂缝处治

对于坑槽、鼓包、有锈迹泛出的贯通裂缝($1m^2$以下)及小面积网裂($10m^2$以下)，采用日本环氧沥青混凝土进行修复。钢桥面原铺装层结构参见第二篇第三章钢箱梁桥面铺装设计的有关内容。

图 4-2-22 为坑槽处理设计图。

2)较大面积网裂($10m^2$ 以上)处治

处理对于较大面积网裂采用改性环氧树脂碎石黏结层 + 特种高黏度改性沥青(SMA)混凝土进行修复。

图 4-2-23 为大面积网裂处理设计图。

3)施工缝开裂处治

采用专用改性环氧树脂对裂缝灌缝封闭。

3. 钢桥面铺装预防性养护技术方案

基于钢桥面铺装损坏机理分析及试验段实际效果比较，钢桥面铺装层采用高浓乳化沥青精细抗滑保护技术作为预防性养护实施方案，以提高其抗滑、耐磨耗和行车舒适性，并起到防水、防紫外线的保护作用。

4. 引桥铺装预防性养护技术方案

引桥改性沥青混凝土路面采用乳化沥青雾封技术作为预防性养护实施方案，以补充原路面损失的黏结材料，加强石料间的黏结及美观效果。

图 4-2-24 为桥面铺装封层和抗滑层设计图。

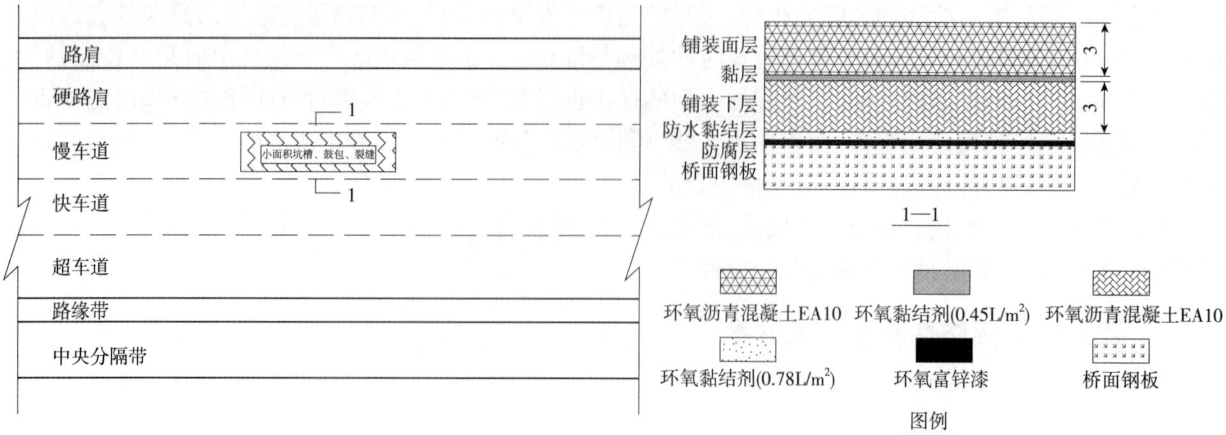

注：一、本图尺寸单位均以cm计。
二、对于坑槽、鼓包、有锈迹泛出的贯通裂缝及小面积网裂，采用与原设计相似的日本环氧沥青混凝土进行修复。
三、施工工艺要点：
1.凿出、清理坑槽，如果破损面在下层，且漆膜已经破坏，则采用打磨机对钢板进行打磨。
2.防水黏结层(HYPER–PRIMFR)施工，为了除去钢板上锈和原有涂装层，在开始铺装前，应对其进行彻底清洁。清洗后的钢板特别容易生锈，所以在清洁后应立即(4h内)进行HYPER–PRIMFR的喷涂，以确保隔绝空气。施工的方法有机械喷洒或者用滚筒毛刷涂刷0.4kg/m²。坑槽修补面积较小，可使用毛刷进行人工涂刷，撒布后，对防水黏结层进行养生，直到确定树脂已达到所需硬化程度。
3.环氧沥青混合料(TAF-MIXEP)的施工，在混合料运达现场后必须立即进行摊铺施工。摊铺厚度按照松铺系数为1.24控制。摊铺后必须马上进行初次碾压，同样第二次碾压也在初次碾压结束后马上进行。碾压次数为12次往返，碾压温度控制：初次碾压开始时的内部温度为155℃以上，第二次碾压开始时的表面温度为110℃以上，终压开始时的表面温度为90℃。碾压完毕马上进行修整、清理。
4.养生完毕，开放交通。

图 4-2-22　坑槽处理设计图

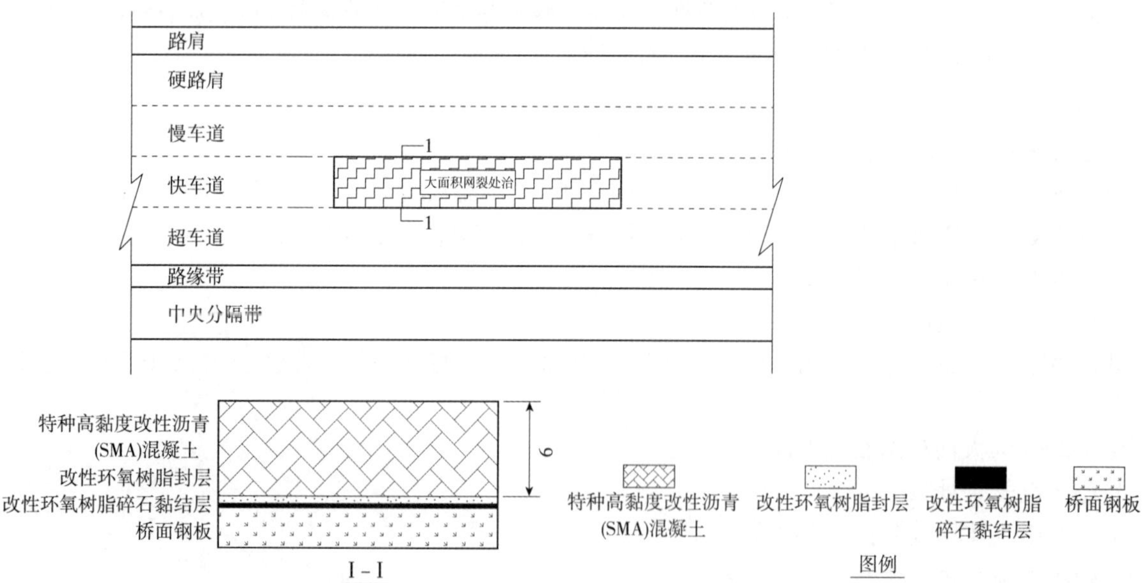

注：一、本图尺寸单位均以cm计。
二、本图主要针对大面积网裂病害，采用改性环氧树脂碎石黏结层+特种高黏度改性沥青(SMA)混凝土进行修复。
三、施工工艺：
1. 在环氧树脂防水黏结层施工前要求清除灰尘、石屑、砂粒等残留物，边角部位可以用电动钢丝刷打磨钢板表面，钢板处理到表面发白，将表面的锈蚀、氧化物和油渍等污染物全部去除，并用肉眼观察表面无任何污染物为止，待桥面板干燥后才可进行防水黏结层的施工。处理后的钢板表面不能再次接触到水、汗、油或其他污染物，否则需重新处理。
2. 将配置好的环氧树脂液体倒到预处理后的钢板表面，用刷子将液体均匀地刷到整个钢板表面。环氧黏结层材料固化后，即可进行下一工序的施工。
3. SMA施工前，在改性环氧树脂碎石黏结层上撒布改性环氧树脂封层作黏层。
4. SMA沥青混合料的摊铺工艺按《公路沥青路面施工技术规范》的规定进行，采用挂线的方法控制摊铺厚度及高程。

图 4-2-23　大面积网裂处理设计图

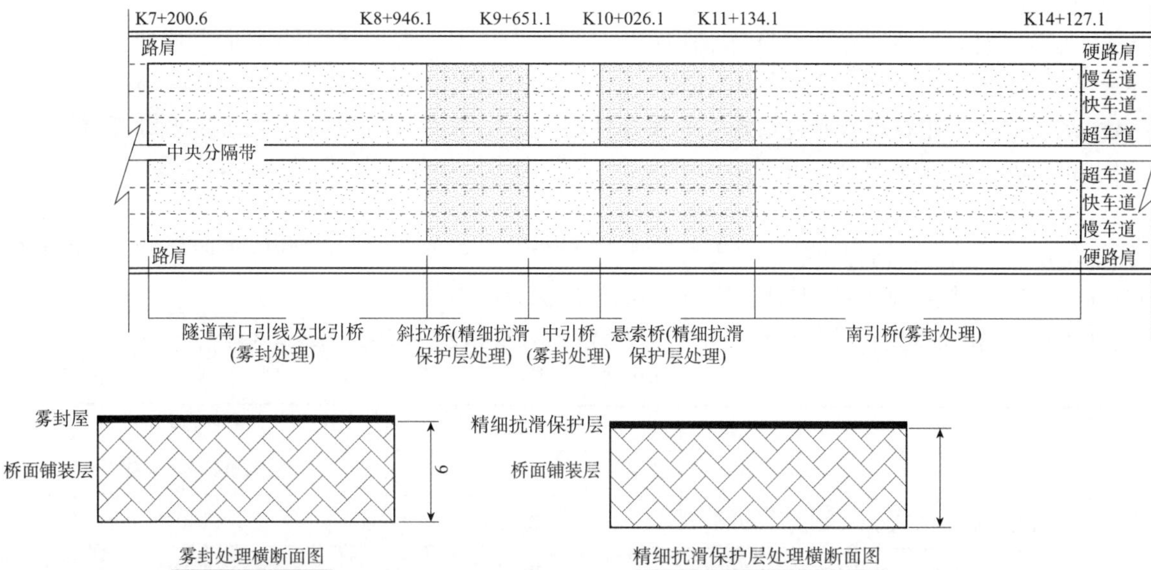

注：一、本图尺寸均以cm计。
二、本图主要针对黄埔大桥桥面的预防性养护，斜拉桥及悬索桥处理采用精细抗滑保护层进行修复，引桥段采用雾封处理。

图 4-2-24　桥面铺装封层和抗滑层设计图

三、维护和预防性养护的材料要求

1. 日本环氧沥青混凝土

日本 HYPER－PRIMER 防水黏结层、集料及矿粉、日本环氧沥青结合料等材料的物理性能和技术指标参见第二篇第三章钢箱梁桥面铺装设计的有关内容。

2. 改性环氧树脂碎石黏结层＋特种高黏度改性沥青(SMA)混合料

1)改性环氧树脂黏结层

改性环氧树脂黏结层采用 166.2 低黏度型改性环氧树脂。技术指标见表 4-2-9。

166.2 低黏度型改性环氧树脂技术指标　　表 4-2-9

黏结力(与钢板)	>5MPa(多断在拉拔头处)	ACI-503 R29
邵氏硬度(Shore D)	40～50	ASTM D-2240
拉伸强度(23℃)	15.4～19.5 MPa	ASTM C-109
延伸率(23℃)	65～90%	ASTM C-109
拉伸强度(0℃)	18.6～25.4 MPa	ASTM C-109
延伸率(0℃)	> 23 %	ASTM C-109
拉伸模量	204～272 MPa	ASTM C-109
吸水率(最大值)	<0.1%	ASTM C-243
抗磨损性（磨损测试 CS-17 轮，1 000 循环次数，1 000g)	60～70mg	ASTM C-501
低温弯曲蠕变，7d	>0.165 mm	Test 419

2）集料及矿粉

SMA 表面层粗集料必须符合 SMA 表面层用粗集料质量技术要求，同时粗集料必须质地坚硬，表面粗糙，外观接近立方体，有良好的嵌挤能力，宜采用玄武岩或辉绿岩。细集料须采用破碎人工砂。

SMA 填料必须采用石灰岩或岩浆岩中的强基性岩石等憎水性石料经磨细得到的矿粉，矿粉中不能含有泥土和有机物质，矿粉要求干燥、洁净，并满足《公路沥青路面施工技术规范》（JTG F40—2004）相关技术要求。

纤维稳定剂采用裹覆沥青颗粒状木质素纤维，掺量为混合料重的 0.3%（纯纤维质量）。添加纤维稳定剂应准确计量，严格控制干拌、湿拌温度与时间，应确保分散均匀。

粗细集料、矿粉及木质纤维等材料技术指标及级配组成见表 4-2-10 ~ 表 4-2-13。

粗集料技术指标 表 4-2-10

指　　标	技术要求	试验方法
	SMA 层	（JTG E42—2005）
石料压碎值　不大于（%）	22	T 0316
洛杉矶磨耗损失　不大于（%）	28	T 0317
表观相对密度　不小于	2.60	T 0304
吸水率　不大于（%）	2.0	T 0304
对改性沥青的黏附性　不小于	5 级	T 0616
坚固性　不大于（%）	12	T 0314
细长扁平颗粒含量　不大于（%）	15 *	T 0312
水洗法 <0.075mm 颗粒含量　不大于（%）	1	T 0310
软石含量　不大于（%）	3	T 0320
石料磨光值　不小于（BPN）	42	T 0321
具有一定数量破碎面颗粒的含量　不小于（%）	一个面 100 两个面 90	T 0327

细集料技术指标 表 4-2-11

指　　标	技 术 要 求	试验方法（JTJ 058—2000）
表观相对密度　不小于	2.50	T 0329
坚固性（ >0.3mm 部分）不大于（%）	12	T 0340
砂当量　不小于（%）	60	T 0334

木质纤维技术指标 表 4-2-12

评 价 指 标	木质素纤维规格要求
纤维长度	<6mm
灰分含量	18 ±5%，无挥发物
pH 值	7.5 ±1.0
吸油率	不小于纤维质量的 5 倍
含水率	<5%（以质量计）

SMA-13 矿料级配组成 表 4-2-13

结构层		通过下列筛孔（方孔筛 mm）的质量百分率（%）												沥青用量（%）
		26.5	19	16	13.2	9.5	4.75	2.36	1.18	0.6	0.3	0.15	0.075	
SMA-13	上限			100	100	75	34	26	24	20	16	15	12	6.6
	下限			100	90	50	20	15	14	12	10	9	8	5.0

3）沥青

混合料用特种高黏改性沥青为新粤—壳牌工厂特制，技术指标达到表 4-2-14 的要求，同时达到 PG82 - 22 等级、60℃黏度大于100 000Pa·s。

沥青技术指标 表 4-2-14

指　标	单　位	高黏 SBS 改性沥青
针入度(25℃,100g,5s)	dmm	40 ~ 60
针入度指数 *PI* 不小于		0
延度(5℃,5cm/min)不小于	cm	20
软化点 $T_{R\&B}$ 不小于	℃	70
运动黏度(135℃)不大于	Pa·s	4
闪点 不小于	℃	230
溶解度 不小于	%	99
弹性恢复(25℃) 不小于	%	75
黏韧性 不小于	N·m	—
韧性 不小于	N·m	—
储存稳定性		
离析,48h 软化点差,不大于	℃	2.5
TFOT(或 RTFOT)后残留物		
质量变化 不大于	%	±1.0
针入度比(25℃) 不小于	%	65
延度(5℃) 不小于	cm	15

4）SMA 混合料

SMA 混合料马歇尔试验配合比设计技术要求及技术指标见表 4-2-15、表 4-2-16。

SMA 混合料马歇尔试验配合比设计技术要求 表 4-2-15

试验项目	单位	技术要求	试验方法
		使用改性沥青	
马歇尔试件尺寸	mm	ϕ101.6mm×63.5mm	T 0702
马歇尔试件击实次数		两面击实 50 次	T 0702
空隙率 *VV*	%	3 ~ 4	T 0705
矿料间隙率 *VMA*	%	不小于 17.0	T 0705
粗集料骨架间隙率 VCA_{mix}		不大于 VCA_{DRC}	T 0705
沥青饱和度 *VFA*	%	75 ~ 85	T 0705
稳定度	kN	不小于 6.0	T 0709
谢伦堡沥青析漏试验的结合料损失	%	不大于 0.1	T 0732
肯塔堡飞散试验的混合料损失或浸水飞散试验	%	不大于 15	T 0733

SMA 混合料性能指标 表 4-2-16

指标	动稳定度(次)	残留稳定度(%)	冻融劈裂(%)	低温弯曲试验(με)	渗水系数(mL/min)
要求	不小于 5000	不小于 85	不小于 80	不小于 2500	不大于 80

3. 环氧树脂砂浆

SMA 铺装层接顺环氧树脂砂浆采用 163 型改性环氧树脂,集料宜采用最大密度线的连续级配,最大粒径不大于 9.5mm,163 型改性环氧树脂技术指标见表 4-2-17。

163 型改性环氧树脂技术指标 表 4-2-17

项　目	指　标	方　法
吸水率	≤0.2%	ASTM D570
拉伸强度(25℃)	≥15MPa	ASTM D368
断裂延伸率(25℃)	25 ±5%	ASTM D368
拉拔强度(25℃钢板)	≥5MPa	JC/T—975
拉拔强度(70℃钢板)	≥2MPa	JC/T—975
30°斜剪强度(25℃钢板间)	≥25MPa	JC/T—975
30°斜剪强度(70℃钢板间)	≥2MPa	JC/T—975
混合料低温弯曲抗弯拉强度(-10℃,50mm/min)	≥25MPa	JTJ 052—T0715
混合料低温弯曲最大弯拉应变(-10℃,50mm/min)	≥5 000με	JTJ 052—T0715

4. 灌缝专用改性环氧树脂

钢桥面裂缝封闭采用专用改性环氧树脂,型号:135,其特点是黏度低,表面张力小,能自然渗入结构的微小裂缝中。各项技术指标满足表 4-2-18 的要求。

灌缝专用改性环氧树脂技术指标 表 4-2-18

项　目	指　标	方　法
黏度(cP)	≤230	GB/T 506—82
吸水率	≤0.1%	ASTM D570
拉伸强度(25℃)	≥20MPa	ASTM D368
断裂延伸率(25℃)	≥30%	ASTM D368
邵氏硬度(Shore D)	70～75	ASTM D2240
拉拔强度(25℃水泥混凝土)	100%断裂在水泥混凝土	GB/T—5210
拉拔强度(60℃水泥混凝土)	100%断裂在水泥混凝土	GB/T—5210
拉拔强度(25℃环氧沥青混凝土)	100%断裂在沥青混凝土	GB/T—5210
拉拔强度(60℃环氧沥青混凝土)	100%断裂在沥青混凝土	GB/T—5210
斜剪强度(25℃水泥混凝土间)	≥5MPa	JC/T—975
斜剪强度(60℃水泥混凝土间)	≥3MPa	JC/T—975
斜剪强度(25℃环氧沥青混凝土间)	≥5MPa	JC/T—975
斜剪强度(60℃环氧沥青混凝土间)	≥3MPa	JC/T—975

注:$1cP = 10^{-3}Pa \cdot s$。

5. 精细抗滑保护层

(1)精细抗滑保护层选用的高浓改性乳化沥青应符合表 4-2-19 的技术要求。

高浓改性乳化沥青技术要求　表 4-2-19

试验项目		单位	指标要求	试验方法
破乳速度		—	中裂	T 0658
筛上剩余量(1.18mm 筛)		%	≤0.1	T 0652
电荷性质		—	阳离子正电(+)	T 0653
标准黏度 C25,3		s	8~25	T 0621
蒸发残留物含量		%	≥65	T 0651
与集料的黏附性,裹覆面积		—	≥2/3	T 0654
蒸发残留物性质	针入度(100g,25℃,5s)	0.1mm	40~120	T 0604
	软化点(℃)	℃	≥72	T 0606
	延度(cm,5℃)	cm	≥20	T 0605
	溶解度(三氯乙烯)	%	≥97.5	T 0607
储存稳定性	1d	%	≤1	T 0655
	5d	%	≤5	T 0658

(2)精细抗滑保护层选用的稳固层改性乳化沥青应符合表 4-2-20 的技术要求。

稳固层高浓改性乳化沥青技术要求　表 4-2-20

测试项目		技术要求	试验方法
破乳速度		慢	T 0658
筛上剩留量(1.18mm)(%)		≤0.1	T 0652
沥青标准黏度 $C_{25,3}$(s)		12~60	T 0621
恩格拉黏度 E_{25}		3~30	T 0622
存储稳定性(1d)(%)		≤1	T 0655
电荷		阳离子	T 0653
蒸发残留物性质	蒸发残留物含量	≥40	T 0651
	针入度(100g, 25℃,5s)(0.1mm)	40~100	T 0604
	软化点(℃)	≥65	T 0606
	延度(5℃,cm)	≥20	T 0605
	溶解度(三氯乙烯)(%)	≥97.5	T 0607

(3)精细抗滑保护层选用的集料应符合表 4-2-21 的技术要求。

精细抗滑保护层的集料建议采用玄武岩、辉绿岩,当地在缺乏以上石料的情况下可选择安山岩、闪长岩、片麻岩、石灰岩、花岗岩等,但集料的技术指标都必须满足要求。集料粒径应在 3~5mm 之间,其最大粒径应与处治层的厚度相同,集料应经过水洗并风干,且不含杂质,针片状含量不大于 15%。

精细抗滑保护层用集料技术要求　表 4-2-21

指　标	单位	技术要求	试验方法
集料的压碎值	%	≤26	T 0316
洛杉矶磨耗损失	%	≤28	T 0317
坚固性	%	≤12	T 0314
针片状颗粒含量	%	≤15	T 0312
水洗法 <0.075mm 颗粒含量	%	1	T 0310
软石含量	%	3	T 0320

6. 引桥雾封层

引桥雾封层所用的乳剂型雾封层材料应满足表4-2-22要求的技术指标。

改性乳剂型雾封层材料的主要技术指标　　表4-2-22

试验项目		单位	PCR	试验方法
破乳速度			中裂	T 0658
筛上剩余量(1.18mm筛)		%	≤0.1	T 0652
电荷			阳离子正电(+)	T 0653
恩格拉黏度(25℃),E			1~10	T 0622
沥青标准黏度 $C_{25,3}$		s	8~25	T 0621
蒸发残留物含量		%	≥40	T 0651
蒸发残留物性质	针入度(100g,25℃,5s)	0.1mm	40~120	T 0604
	软化点	℃	≥50	T 0606
	延度(cm,5℃)	cm	≥20	T 0605
	溶解度(三氯乙烯)	%	≥97.5	T 0607
储存稳定性	1d	%	≤1	T 0655
	5d	%	≤5	T 0658

四、维护和预防性养护技术施工工艺

1. 修复小面积坑槽、鼓包、裂缝

采用日本环氧树脂沥青混凝土修复小面积坑槽、鼓包、裂缝。

1)凿除、清理坑槽

用铁锤击打破损位置,击打时产生的声音较空洞的范围均需清除。

确定需挖除的范围后,用切割机切缝、铁锤和凿子配合清除破损的旧铺装层,并仔细清理粉层。如果破损面在下层,且漆膜已经破坏,则采用打磨机对钢板进行打磨。

清理干净、补坑形成后,须晾晒1h以上,尽量使其彻底干净。

2)防水黏结层(HYPER-PRIMER)施工

钢板面的表面处理:为了除去钢板上的锈和原有涂装层,在开始铺装前应对其进行彻底清洁。清洁后的钢板特别容易生锈,所以在清洁后应立即(4h以内)进行HYPER-PRIMER的喷涂,以确保隔绝空气。

HYPER-PRIMER的准备:HYPER-PRIMER由主剂和硬化剂组成,将计量后的主剂及硬化剂倒入容器中,用手动搅拌器搅拌30s后即可使用。

表4-2-23为HYPER-PRIMER的配合比例(质量比)。

HYPER-PRIMER的配合比例(质量比)　　表4-2-23

主　剂	硬　化　剂
1	1

防水黏结层的施工:施工的方法有机械喷洒或者使用滚筒毛刷涂刷0.4kg/m^2。坑槽修补面积较小,可使用毛刷进行人工涂刷。

操作员应注意安全卫生,戴好风镜、防尘面罩、围巾、橡胶手套及围裙等,保证皮肤不直接与外部空气接触。

HYPER-PRIMER 的可使用时间如表 4-2-24 所示。主剂、硬化剂从混合后到涂抹结束所要时间,必须在表 4-2-24 所示可使用时间的范围内。特别是夏季高温时,主剂、硬化剂的液温可上升到 30℃左右,此时就必须在 20min 内完成喷涂工作。因此在涂抹的施工过程中,必须时刻牢记可使用时间这个概念。此外,在主剂、硬化剂的保管场所乃至喷涂现场中,也应视情况进行一定的遮光处理,以防止液温的过度上升。

HYPER-PRIMER 的可使用时间(混合量 30kg)　　表 4-2-24

混合液温度(℃)	20	30	40
可使用时间(min)	45	20	5

养生:散布后,对防水黏结层进行养生,直到确定树脂已达到所需硬化程度(用手指按压黏结层,无黏手指情况)。其标准见表 4-2-25。

HYPER-PRIMER 养生日数的标准值　　表 4-2-25

温度条件	养生日数(d)	黏结有效期限(d)
40℃以上　50℃以下	0.5	1.5
30℃以上　40℃以下	1	2
20℃以上　30℃以下	1	3
10℃以上　20℃以下	2	6

已达到所需硬化程度的 HYPER-PRIMER,可在沥青混合物的热量下熔融,在碾压机的重压下,将钢桥面板与基层、基层与表层强力黏结起来。

但如果养生时间过长会导致黏结力下降。因此,必须在表 4-2-25 所示的有效期限内进行铺设,否则一旦超过有效期限,需重新喷涂 HYPER-PRIMER。

3)环氧沥青混合料(TAF-MIX. EP)的制造和摊铺

(1)场地安排

为使摊铺现场有充足的时间,根据计划修复坑槽的数量及混合料的摊铺时刻和时间,保证各点摊铺的连续性,采用沥青综合养护车进行现场拌和。

(2)温度范围

为确保环氧沥青混凝土具有良好的工作性能,不至于因固化而结块,必须严格控制各个环节的温度和时间。其中施工温度直接影响工程质量,要更加严格控制。各工序温度控制范围见表 4-2-26。

各工序温度控制范围　　表 4-2-26

工　序	温 度(℃)	工　序	温 度(℃)
基质沥青加热	170	拌和温度	165～170
环氧树脂和固化剂加热	60(固化剂保持常温,主剂加热到 60℃)	到场温度	不低于 150
矿料加热	165		

(3)环氧沥青混合料制造

日本环氧沥青铺筑采用环氧沥青油石比为 7.2%,1 号碎石:2 号碎石:3 号碎石:4 号碎石:5 号碎石:矿粉 =3:20:20:20:29:8。基质沥青、环氧树脂和固化剂脱桶时发现桶盖上有水或者其他杂物,必须在清理干净后方可打开桶盖。

TAF-MIX. EP 混合物制造流程图见图 4-2-25。

制造工艺:

①根据修补所需混合物的数量计量相应数量的 TAF-EPOXY 主剂和硬化剂,在烘箱中进行预热达到 50～60℃标准。按照 56:44 的比例倒入不锈钢桶内采用手动搅拌器拌和 30s 左右。然后将拌和后的溶剂搬运至拌和机附近以便随时都能按需投入。投入时,应看准在沥青倒入的同时,将溶剂倒入拌和机内。

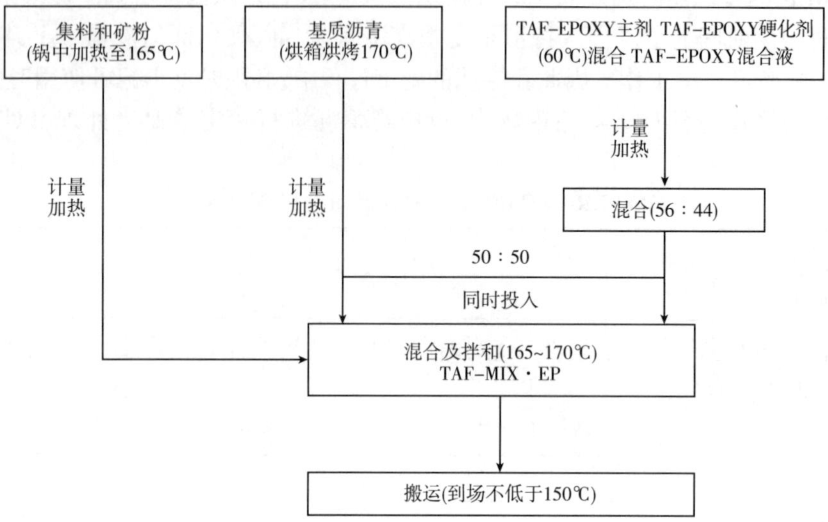

图 4-2-25　TAF-MIX. EP 混合物制造流程图

②根据需要将所需用量的基质沥青放入烘箱中,投入前将其加热至 170℃。

③将干燥的集料按照配合比分别计量,然后放入拌和机中炒至 165℃。

④根据 TAF-MIX・EP 混合料的油石比(7.2%),同时投入按比例(50:50)计量好的基质沥青和 TAF-EPOXY 混合溶剂,连续搅拌,制成的混合料目标温度为 165℃。

表 4-2-27 为环氧沥青配合比(质量比)。

环氧沥青配合比(质量比)　表 4-2-27

基质沥青	TAF-EPOXY	
50	50	
	主剂	硬化剂
	56	44

⑤搬运。TAF-MIX・EP 混合料在搬运途中会发生环氧树脂化学反应,导致环氧沥青的黏度增大及温度降低导致黏度增大等情况,所以搬运所用时间尽量要短。

(4)混合料的摊铺、碾压

①在混合料运达现场后,必须立即进行摊铺施工。摊铺厚度按照松铺系数为 1.24 控制。

②摊铺后必须马上进行初次碾压,同样,第二次碾压也在初次碾压结束后马上进行。碾压次数为 12 次往返。

注:碾压温度控制,初次碾压开始时的内部温度为 155℃以上,第二次碾压开始时的表面温度为 110℃以上,终压开始时的表面温度为 90℃以上。

③碾压完毕马上进行修整、清理。

(5)养生

TAF-MIX・EP 随着环氧树脂硬化反应的加剧,其强度也会加强。因此,在硬化反应还未完全进行完成,即铺设结束到初期阶段,其强度还不能应对卡车等大型交通工具时,应封闭交通让道路进行必要的养生。一般常温下养生 24h 即可。

(6)注意事项

已经开挖、清理的地方应注意保护,防止雨水、杂物进入污染,必要时采取加盖、围护等措施。

矿料必须分类堆放,不得受潮,受潮的矿料必须充分晾干后方可使用。

摊铺现场如果有超时摊铺的混合料,必须检查是否有结块的混合料,如果有必须剔除。

混合料采用人工摊铺时不断采用刮刀进行插捣,在控制温度范围内尽力增加碾压遍数。

及时碾压，确保碾压温度和压实度。

4）现场设备及工器具

现场设备及工器具使用表见表4-2-28。

现场设备及工器具使用表　　表4-2-28

名　称	数　量	名　称	数　量
沥青路面综合养护车	1台	ϕ100cm的圆锅	1口
小型压路机	1台	铲	5把
发电机	2台	ϕ40cm饭煲	2个
小型抛丸机	1台	凿子	5把
手持砂轮机	2台	加热棒	2个
烘箱	1台	灭火器	2个
搅拌器	1台	温度计	1个
电钻	1台	灰刀	2把
电子秤	1台	毛刷	10把
吹风机	1台	不锈钢桶	2个

2. 修复较大面积网裂

改性环氧树脂碎石黏结层+特种高黏度改性沥青（SMA）混合料铺装层用于处理网状裂缝，其施工工艺如下。

1）施工前处理

采用人工结合小型器械如风炮机进行挖除已破坏的环氧沥青铺装层，桥面板表面采用表面喷砂（抛丸）处理，喷砂清洁度Sa2.5，粗糙度50～100μm。桥面钢板喷砂（抛丸）处理不到的边角部位，可以用电动钢丝刷打磨钢板表面，钢板处理到表面发白，将表面的锈蚀、氧化物和油渍等污染物全部去除，并用肉眼观察表面无任何污染物为止。处理后的钢板表面不能再次接触到水、汗、油或其他污染物，否则需重新处理。尽量在桥面钢板处理后0.5h内施工环氧黏结层，且施工前保证钢板表面干燥。

2）改性环氧树脂碎石黏结层施工

按规定的比例量取改性环氧树脂的A、B组分并倒入清洁容器中，搅拌至液体混合至均匀状态，搅拌时间应不低于10min，将搅拌后的液体倒到预处理后的钢板表面，用刷子将液体均匀地刷到整个钢板表面，并用厚度尺测量是否达到设定的厚度。树脂涂布均匀后，立即将集料撒布到整个表面（撒布的集料必须经过水洗且干燥）。集料应过量撒布，覆盖所有树脂液体直至表面看不到液体。撒好集料的黏结层体系固化过程中，需注意防止水或其他污染物接触到黏结层，固化时间大约3h。

反应液与集料撒布的间隔时间要小于如下建议时间。

高于32℃　　<5min

27～32℃　　5～7min

21～27℃　　7～10min

16～21℃　　10～15min

10～16℃　　15～20min

环氧黏结层材料固化后，即可进行下一工序的施工。做一层环氧黏结层，按2.5～3.0kg/m^{2}树脂及撒布过量碎石，碎石浸入树脂的体积控制在2/3为宜。在铺筑SMA之前，该层树脂洒布后开始固化时涂布改性沥青黏层油，紧接着铺筑SMA。环氧树脂黏结层施工（含原铺装层清理）需用到的设备及器具如表4-2-29所示。

现场设备及工器具使用表　　表4-2-29

工具名称	数　量	用　途
多功能工程车	1辆	运载设备、发电
空压机	2台	用于风镐动力和裂缝清洁
风镐	4把	清除坑槽破损水泥混凝土
抛丸机	2台	路面浮浆清理(大)、坑槽除锈(小)
鼓风机	2台	吹除抛丸后的灰尘和多余集料的清扫
手持电动磨光机	2台	抛丸没有抛到的局部区域处理
平板手推车	2辆	运送材料和集料
电动搅拌机,搅拌头	2套	搅拌树脂材料及砂浆
发电机及接线板	1~2台	给场地设备供电
电子磅秤	1台	称重
防尘口罩	若干	
橡胶刮刀	4把	树脂涂刷
滚筒	4把	树脂涂刷
钉鞋	8双	
手套	若干	
80cm直径不锈钢平底大桶	4个	搅拌环氧树脂及砂浆
胶带	若干	
塑料小桶	20个	装集料,人工撒布用
扫帚	10把	清扫多余集料
塑料薄膜/彩条布		搅拌工作站,避免树脂污染路面
平铁锹	10把	
抹布	若干	
吸尘器	2台	清扫及集料回收
钢刷	6把	
锤子和凿子	10套	用于坑槽清除
石英粉	1袋	用于吸收工作区外污染地面的树脂

3)SMA沥青铺装施工

SMA的施工工艺既适合于改性环氧树脂碎石黏结层+特种高黏度改性沥青(SMA)混合料铺装层,也适合于斜拉桥的SMA线形调整。对于改性环氧树脂碎石黏结层+特种高黏度改性沥青(SMA)混合料铺装层,施工前,在环氧黏结层上用改性乳化沥青作黏层;而对于斜拉桥的线形调整,由于是铺筑在原环氧沥青路面上,则使用高黏改性乳化沥青作黏层,在黏结层施工前,需对原铺装层表面进行喷砂(抛丸)清洁处理。SMA施工要求如下:

(1)当气温低于10℃时,不得进行改性沥青混合料路面施工。如在0~10℃的气温下施工,必须采取确保施工质量的有效措施;在低于0℃及遇到大风的冬季不应施工,雨天不得铺筑沥青混凝土。

(2)改性沥青混合料宜随拌随用,若因生产或其他原因需要短时间储存时,储存时间不宜超过24h,储存期间温降不应超过10℃,且不得发生结合料老化、滴漏以及粗集料颗粒离析的现象。

(3)沥青混合料的拌和。

采用间歇式拌和机进行拌和,在拌和过程中应逐盘打印输出沥青和各种矿料的用量、拌和温度。

混合料的拌和温度应控制在170～185℃之间，混合料出场温度不能低于170℃。

混合料的拌和时间应经试拌确定，以均匀一致、无花白料、无结团成块、无严重的粗细料分离、全部矿料颗粒被均匀裹覆为原则。一般为30～50s/锅，干拌时间不少于5s。

拌和前应根据级配和矿料规格，调整好适宜的振动筛。

出厂的沥青混合料应逐车称重，并测量车中混合料的温度，签发运料单。

(4)沥青混合料的运输。

采用大吨位的自卸车辆运输成品沥青混合料。车辆的数量应与摊铺机的数量、摊铺能力和运距相适应，在摊铺机前应形成一个不间断的供料车流。

因采用改性沥青混合料，为便于卸车，运料车车厢和底板应涂抹隔离剂，但禁止使用纯石油制品。

运输过程中如遇雨，应及时用防水苫布覆盖整个运料车。混合料运到现场的温度不应低于160℃。

(5)铺筑改性沥青混合料前，应检查其下层的质量，按规定喷洒透层油或黏层油。喷透层油或黏层油时，宜采用沥青洒布车，喷油管宜与路表面形成约30°角，并有适当高度，以便路面上喷洒的透层油或黏油层形成重叠。

(6)沥青混合料的摊铺和碾压。

首先确认旧路面是否已洒黏层油，禁止在没洒黏层油的旧路面上摊铺沥青混合料。

摊铺温度应不低于150℃。有条件时，可以采用混合料供料机，以保证摊铺连续、均匀、不间断地进行。

沥青混合料的摊铺工艺按《公路沥青路面施工技术规范》的规定进行。

沥青混合料的碾压温度不应低于140℃，温度低于100℃时应停止碾压。

要求配备足够数量的碾压机具，如采用联和摊铺方式，每台摊铺机后面应跟两台以上数量的压路机。

沥青混合料的碾压工艺按《公路沥青路面施工技术规范》(JTG F40—2004)的规定进行。

(7)采用挂线的方法控制摊铺厚度及高程。

4)环氧砂浆施工

(1)施工准备。

现场使用的材料包括163型改性环氧树脂、连续级配的石料。使用前，材料需经检测合格，并包装好运至现场备用，机械与工具配置与环氧黏结层相同即可。

(2)抛丸处理。

路面抛丸处理采用大型抛丸机进行，目的是除去路面的油污、灰尘等，提供树脂与环氧沥青混凝土之间一个良好的黏结界面。

(3)拌制环氧砂浆。

使用最大粒径不大于9.5mm的连续级配碎石作为集料、163型环氧树脂作为黏结料并按4.5∶1的质量比进行拌制，拌制的砂浆要求均匀，不能存在离析、集料未裹覆的情况。

(4)铺筑砂浆。

将拌制好的砂浆倒至经抛丸处理好的工作面上，从SMA接头处到原铺装层5m范围内刮平，铺筑一般采用烫刀刮平，过程中注意不要使黏结料离析，边角位置要饱满充实。若刮平后存在树脂不足的情况，可酌情直接补洒树脂，以保证质量。表面洒布3～6mm碎石，作为精细抗滑保护层的过渡层。

3. 裂缝封闭

裂缝封闭一般可采用清缝、灌缝、表面处理等程序处理。

1)清理裂缝及表面

在铺装层干燥的情况下，维修前应清理裂缝，并用钢丝刷打磨裂缝附近区域，之后用高压风筒吹干净裂缝及附近表面。

2)灌缝

按比例配制改性环氧树脂作为专用灌缝材料，保证混合均匀，并使其完全渗透。混合树脂液在允许工作时间内完成灌缝。

3）撒碎石

现场准备1.18～2.36mm洁净干燥机制砂细料，撒布在封缝表面区域。

4）养生

按照要求完成养生后开放交通。

4. 精细抗滑保护层

1）施工准备

（1）精细抗滑保护层设计。

高浓改性乳化沥青洒布量的确定：设计高浓改性乳化沥青洒布量一般在考虑交通特性、表面构造、集料吸附性、表面刚度、气候、集料类型等情况后，对基本沥青洒布量进行调整。底层沥青用量可参照《公路沥青路面施工技术规范》（JTG F40—2004）表6.2.1“沥青表面处治材料规格和用量”的有关规定执行。稳定层主要是用于防止飞石和改善路容、路貌，其用量根据下层沥青用量及集料粒径的大小进行设计。

碎石选择及撒布量的确定：由于精细抗滑保护层是一种精细碎石形成的薄层罩面，因此所用的碎石尺寸大多采用4～6mm，可以采用玄武岩、辉绿岩等。碎石覆盖率为105%～110%。碎石的撒布量根据选择集料的密度和覆盖率确定。

（2）施工后场准备

根据工程所在地的交通、周边建筑及用地等情况确定施工后场的位置。

料场的大小，应根据工程规模而定，应考虑改性乳化沥青生产及储存、集料的筛分等因素。总之，应当从材料的存放、生产，设备的摆放，车辆的进出、调头、装料、停放等方面考虑。

在可选择的情况下，应考虑料场距石料场及距施工现场的距离。

考虑施工、生产、生活用水用电的方便性，施工车辆、材料运输车辆进出道路的承载能力，并考虑场地排水、设备停放安全等。

尽可能选择平坦的、硬化的、租赁价格合理的场地。

（3）材料准备

根据本方案对材料的技术要求确定料源。在初步确定料源后，在石料场料堆上取样送交试验室进行检测。对满足要求的集料，作为施工原材料的来源。

高浓改性乳化沥青的选用：采用成品材料时，应取代表性的样品送交试验室进行性能检测，检测合格后购买并妥善储存；当采用自产高浓改性乳化沥青时，若经检测不合格，调整配方后重新生产，直至符合方案技术指标要求。

（4）设备调试及标定

根据精细抗滑保护层的施工要求对其施工设备进行调试和标定。调试是为了保证设备能正常运作，并对易损零部件进行充分准备，保证设备在施工过程中尽可能不影响施工进度。标定是在施工开始之前根据设计参数进行的标定，当施工过程中材料比例发生变化或更换材料后应进行重新标定。

2）施工工艺流程

（1）施工路段的封闭、清扫

精细抗滑保护层施工前应进行交通管制。为保证安全、顺利地施工，首先要和当地的交警及路政等交通执法部门协商，确定交通管制方案，交通封闭形式、封闭时间等。

摊铺时应注意标线的保护。清理所有工作面上的泥浆、油污等杂物，必要时使用高压水或风机进行清理。

根据路幅宽度调整撒布宽度，沿摊铺方向画出控制线。也可以直接以车道线、路缘石等为参照，保证走线顺直、美观。纵向接缝尽量设计在标线或者靠近标线的地方。

(2)精细抗滑层施工

施工起始时应在起点处铺一层薄铁皮,当同步碎石封层车前进后立即取走,以保证一个非常整齐的起点和良好的外观。

同步碎石车施工过程中要保持车速稳定,走线顺直。在施工的起点和终点要铺设油毡以保证起点和终点整齐美观,避免污染施工区外的路面。

同步碎石封层车施工行驶速度为4~5km/h。

两幅搭接处10~15cm宽的沥青上不撒布集料,等下一幅施工时沿预留沥青边缘撒布同步碎石。若不覆盖标线,则可不预留沥青边缘。

同步碎石封层车应保证对沥青喷洒均匀、形成等厚度的沥青薄膜,必须保持高浓乳化沥青温度在50℃左右,且喷洒高度适宜。碎石撒布应均匀一致,局部采用人工辅助方法不使碎石上、下重叠。

(3)碾压、养生及浮料回收

在全段撒布未完成前采用胶轮压路机进行碾压,碾压时压路机以6km/h速度碾压1~2遍。

一般使用1~2台胶轮压路机,但数量和型号取决于需要碾压区域的宽度和集料的粒径,由试验段确定。

轮胎压路机的吨位应以没有集料被压碎的情况下达到最适宜的材料嵌入深度为标准。

碾压后进行养生,开放交通前禁止一切车辆和行人通行,养生时间为2~4h。

一次养生后,对表面多余集料进行清扫回收,应保证余料回收干净、彻底。

(4)稳固层施工

采用沥青洒布车进行稳固层材料的洒布。洒布前将材料加热至50~60℃。洒布车走线要顺直,车速要稳定。

(5)养生后开放交通

稳固层材料洒布后进行二次养生,养生期内禁止任何车辆驶入路面。待养生成型后,即可开放交通。

(6)施工接缝处理

在每一个洒布起步和结束的地方必须注意横向施工接缝。可以通过在接缝处铺设油毡纸而达到无缝衔接。洒布杆在每一个洒布末端的油毡纸处需要停下来以确保横断接缝平直。

撒布的宽度可以与车道线相一致,尽量减少纵缝数量,一般纵向应该设在车道线处,一般设置为对接。

纵向接缝不宜留在道路中间或轮迹带处。

(7)施工注意事项

尽量减少横接缝,纵接缝,接缝要对接合理。

轮胎压路机应在高浓乳化沥青破乳前及时碾压。

雨天或雨后路面潮湿时不得进行施工,大风天气不宜施工,在施工期间或养生期内有雨时不宜施工。

洒布过程中应防止因温度过低,导致黏度过高造成喷嘴堵塞。

为减少交通影响,宜实行单侧车道全封闭施工。

施工过程中,应注意对既有路面标线的保护,避免污染或覆盖。

5. 引桥雾封层

1)施工前准备工作

(1)路况调查

雾封层施工前,必须对施工路段的所有病害进行一次细致的调查,对病害部位应采取相应的技术措施予以处治,不留施工质量隐患。根据不同的路面情况,对路面的渗水系数和路面摩擦系数或构造深度进行检测,平均200m一点,特殊部位自行加密,为下一步的施工做好数据准备工作,同时也可以进行施工前后的数据对比,以反映施工效果。

(2)雾封层设计

洒布量的确定主要根据原路面的渗水状况及其粗糙程度确定,做到无积油,不流淌。影响路面雾封层洒布量的因素有通车年限、路面类型、构造深度及渗水系数等。雾封层设计按以下步骤进行:

按照初步设计的洒布量在原路面上选择具有代表性的三个点,每个点用粉笔或滑石笔画一个 $1m^2$ 的区域。

按照初步设计的洒布量,在这个区域内洒布雾封层材料,要求洒布均匀,无流淌、无漏洒或超出洒布区域。

待养生完成后,测定洒布区域的渗水情况及抗滑系数,若满足要求则可以将此洒布量作为实际施工洒布量。

(3)材料准备

根据本方案对材料的技术要求进行改性乳剂型雾封层材料的生产,若经检测不合格,调整配方后重新生产,直至符合方案要求的技术指标要求。

(4)设备调试及标定

对用于施工的各类机械作全面的检查、调试,使之处于良好状态,重要的机械设备要有备用配件。

2)施工工艺流程

(1)施工路段的封闭、清扫和画线

在雾封层施工前应进行交通管制。为保证安全、顺利地施工,首先要和当地的交警及路政等交通执法部门协商,确定交通管制方案、交通封闭形式、封闭时间等,施工现场的安全标志设置应完全按照《公路养护安全作业规程》(JTG H30—2004)标准进行。

根据路面情况可采用:①扫地机进行清扫,扫地机清扫完成后由人工采用强力鼓风机清除路面浮尘。②对于特殊路段应采用泵吸水冲刷清洗,洗掉灰尘、污垢等杂物。③一般路面可直接采用强力鼓风机清扫即可。

在雾封层施工前,必须保证路表是干燥清洁的。假如需要冲刷,必须在喷洒雾封层前 24h 完成,以保证路表足够的干燥。

将路面清理、吹扫干净,做到及时、有效,没有杂物。

根据洒布宽度沿洒布方向画出控制线,也可以直接以路缘石、车道线等作为参照,在保证标线不被污染的情况下应尽量靠近标线,保证洒布的走线顺直、美观。

施工中的纵向接缝在保证标线不被污染的情况下尽量靠近标线。

对于实标线可采用挡板的方式保护;虚标线可采用拖盖板的方式保护;对于路面标志或导向标线应采用胶带黏贴,保证胶带不漏油。

(2)施工流程

施工准备工作完成后即可进行雾封层的洒布。

对于局部渗水系数较大的路段可以采用人工洒布的方法,先洒布一次,待养生成型后再进行全面施工。

在施工前将改性乳剂型雾封层材料加热至 50 ~ 60℃。

施工起始时应在起点处铺垫一层薄薄的塑料布,当洒布机前进后立即取走塑料布,以保证一个整齐的起点和良好的外观。

洒布车走线要顺直,车速要稳定。

拖动盖板的施工人员应保护好标线不受污染。

施工车辆后方应有技术人员随车检查施工质量,保证不积油、不流淌,挡板无偏移,不污染路缘石或连续标线。

施工中洒布车喷洒完一个车道停车后,立即用油槽接住排油管滴下的雾封层材料,以防局部洒布过多。

洒布完成后应继续封闭交通养生,养生期内禁止任何车辆驶入施工路面。

养生成型后检测施工质量、路面的渗水系数、构造深度、摩擦系数。

(3)施工注意事项

在气温低于10℃和路面温度低于15℃时,雾封层不适合施工。

大风天气不宜施工,在施工期间或养生期内有雨时不宜施工。

为减少交通影响,宜实行单侧车道全封闭施工。

采用适当的措施保护标线。一般采用拖板将标线覆盖,拖板和车辆同步进行。当标线严重磨耗或横向坡度较大时,应采用透明胶带黏贴,对于行车道及超车道上的文字标识都采用胶带黏贴。

在雾封层施工中,要控制好横向接头衔接。在避免过度过密接缝的同时应提高接缝的施工水平。

施工过程中,应注意对既有路面标线的保护,避免污染或覆盖。

3)施工质量控制

(1)材料质量控制

必须提供雾封层材料的检测报告,并确认符合要求。检查时应对同一批材料进行检查,检查频率为每批一次。

(2)施工中的质量控制

施工中的质量控制见表4-2-30。

施工中的质量控制和检验频率　　表4-2-30

项　目	要求或允许误差	检测频率	检验方法
雾封层材料	符合方案要求	每2～3d检测一次	规范要求
外观	无漏洒、无流淌、色泽均匀	随时	目测
洒布量	符合设计要求	次/5 000m^2	托盘法
洒布宽度	符合设计要求	5个断面/200m	米尺测量

(3)完工验收标准

完工验收标准见表4-2-31。

完工验收标准　　表4-2-31

<table>
<tr><th colspan="3">项　目</th><th>质量要求</th><th>检测频率</th><th>方法</th></tr>
<tr><td colspan="3">表观状况</td><td>无漏洒、无流淌、色泽均匀</td><td>全线连续</td><td>目测</td></tr>
<tr><td colspan="3">洒布宽度</td><td>满足设计要求</td><td>5个点/km</td><td>米尺测量</td></tr>
<tr><td colspan="3">摆值 Fb(BPN)</td><td>≥45</td><td>5个点/km</td><td>T 0964</td></tr>
<tr><td rowspan="3">构造深度(TD)</td><td rowspan="3">年平均降雨量</td><td>≥1 000mm</td><td>≥0.55</td><td rowspan="3">5个点/km</td><td rowspan="3">T 0961</td></tr>
<tr><td>500～1 000mm</td><td>≥0.50</td></tr>
<tr><td>250～500mm</td><td>≥0.45</td></tr>
<tr><td colspan="3">渗水系数(mL/min)</td><td>≤50</td><td>5个点/km</td><td>T 0971</td></tr>
</table>

参考文献

[1] 张少锦. 公路工程建设执行控制格式化管理[M]. 北京:人民交通出版社 2007.

[2] 张少锦,等. 公路建设管理体系创新[J]. 科技进步与对策,2009,26(21).

[3] 张少锦,等. 重大公路建设项目科研创新与管理[J]. 科技进步与对策,2008,25(10):119.

[4] 张少锦,等. 珠江黄埔大桥结构健康与安全监测系统测点与测试方法设计[J]. 桥梁建设,2008(1):73.

[5] 张少锦,等. 广州珠江黄埔大桥嵌岩地下连续墙施工工艺研究[J]. 岩土工程学报,2008,30(增刊):549.

[6] 张少锦,等. 珠江黄埔大桥悬索桥锚碇设计与施工技术创新[J]. 公路,2008(8):56.

[7] 张少锦,等. 广州珠江黄埔大桥的造桥理念[J]. 公路,2007(5):53.

[8] 张少锦. 珠江黄埔大桥建设中的管理技术[G]. 第五届全国公路科技创新高层论坛论文集(下卷),2010:723.

[9] 张少锦. 广州珠江黄埔大桥建造技术[G]. 第四届全国公路科技创新高层论坛论文集(下卷),2008:489.

[10] 张少锦,等. 公路工程建设管理执行控制体系研究[J]. 公路,2006(11):124.

[11] 张少锦,等. 公路项目建设前期工作的合理化管理[J]. 公路交通科技,2005,22(7):131.

[12] 张少锦,等. 大跨径钢箱梁桥面铺装层降温系统的数值模拟研究[J]. 中外公路,2009,29(2):105.

[13] 广州珠江黄埔大桥建设有限公司. 广州珠江黄埔大桥建设信息(1-50 期).

[14] 广州珠江黄埔大桥建设有限公司. 广州珠江黄埔大桥悬索桥锚碇设计与施工技术研究报告[R]. 2004 年 6 月 ~2007 年 12 月.

[15] 中交第一公路勘察设计院. 京珠国道主干线绕广州公路东段(珠江黄埔大桥及引线工程)两阶段施工图设计 全一册 引桥,第一册第一分册~第六分册 北汊斜拉桥. 2005 年 5 月-11 月.

[16] 中交公路规划设计院. 京珠国道主干线绕广州公路东段(珠江黄埔大桥及引线工程)两阶段施工图设计 第一册~第六册 南汊悬索桥、中引桥、南引桥. 北京:2005 年 9 月 ~10 月.

[17] 铁路第四勘察设计院. 京珠国道主干线绕广州公路东段(珠江黄埔大桥及引线工程)两阶段施工图设计 第一分册 广深铁路跨线桥. 2005 年 10 月.

[18] 柳州欧维姆机械股份有限公司. 京珠国道主干线绕广州公路东段(珠江黄埔大桥及引线工程)悬索桥锚碇预应力锚固系统施工工艺研究. 2006 ~2007 年.

[19] 上海多乐空气处理设备有限公司. 京珠国道主干线绕广州公路东段(珠江黄埔大桥及引线工程)北汊斜拉桥主梁钢箱梁除湿工程及南汊悬索桥加劲梁钢箱梁、锚室、鞍室除湿工程,除湿系统总体布置图,各除湿段设备布置图. 2006 年 8 月.

[20] 王孟钧,黄成造,张少锦,王青娥. 公路工程建设执行控制体系理论与应用[M]. 北京:人民交通出版社,2008.

[21] 张少锦. 广州珠江黄埔大桥建设与创新[M]. 北京:人民交通出版社,2009.

[22] 广东省公路勘察设计院. 京珠国道主干线绕广州公路东段工程可行性研究报告(修编)第一册　共十二册. 广东:2001 年 10 月.

[23] 广东省公路勘察设计院. 京珠国道主干线绕广州公路东段工程可行性研究报告(修编)第三册　共十二册(比较方案图表). 广东:2001 年 7 月.

[24] 广东省公路勘察设计院. 京珠国道主干线绕广州公路东段工程可行性研究报告(简本). 2003 年 3 月.

[25] 广东省公路勘察设计院. 京珠国道主干线绕广州公路东段工程可行性研究报告(修编)第六册(地震安全性评价)共十二册. 广州:2001 年 7 月.

[26] 广东省航海学会. 广州珠江黄埔大桥通航安全论证报告. 广州,2005 年 3 月.

[27] 广东省气候与农业气象中心. 珠江大桥桥位气象观测和风参数专题研究报告. 广州:2005 年 6 月.

[28] 西南交通大学风工程试验研究中心. 珠江黄埔大桥初步设计方案风洞模型试验研究. 成都:2004 年 6 月.

[29] 西南交通大学风工程试验研究中心. 珠江黄埔大桥北汊主桥初步设计方案抗震抗风性能计算分析. 成都:2004 年 6 月.

[30] 西南交通大学风工程试验研究中心. 广州珠江黄埔大桥南汊桥抗风性能风洞试验研究(修改版). 成都:2006 年 6 月.

[31] 珠江水文水资源勘测中心. 珠江黄埔大桥工程动床河工模型试验水文测验成果报告. 2003 年 9 月.

[32] 广东省水利水电科学研究院,广东省水动力学应用研究重点试验室. 珠江黄埔大桥工程定床河工模型试验研究报告. 2003 年 10 月.

[33] 广东省水利水电科学研究院,广东省水动力学应用研究重点试验室. 珠江黄埔大桥桥墩冲刷局部动床模型试验研究. 2005 年 1 月.

[34] 上海船舶运输科学研究所. 珠江黄埔大桥船舶撞击力及防撞研究报告. 上海:2003 年 10 月.

[35] 西南交通大学,中交第一公路勘察设计院. 京珠国道主干线绕广州公路东段广州珠江黄埔大桥北汊斜拉桥施工阶段钢箱梁变形、横隔板及纵隔板稳定性研究报告. 2010 年 1 月.

[36] 江苏法尔胜新日铁缆索有限公司,广州珠江黄埔大桥建设指挥部. 广州珠江黄埔大桥长寿命拉索耐久性技术科技成果鉴定会资料. 2008 年 4 月.

[37] 国道主干线广州绕城公路东段(珠江黄埔大桥)交工验收委员会. 国道主干线广州绕城公路东段(珠江黄埔大桥)工程项目交工验收报告. 2008 年 11 月 8 日.

[38] 广州市规划局批文. 穗规城乡字[1997]第 61 号文:关于珠江三角洲环形高速公路东段方案的意见.

[39] 中交公路规划设计院. 京珠国道主干线绕广州公路东段初步设计 第五册 珠江黄埔大桥 第一分册 总体设计. 北京:2003 年 8 月.

[40] 杨征宇,宋桂峰,楼庄鸿. 我国独塔斜拉桥[J]. 预应力技术,2007,(3).

[41] 周孟波,刘自明,王邦楣. 斜拉桥手册[M]. 北京:人民交通出版社,2004.

[42] 周孟波,刘自明,王邦楣. 悬索桥手册[M]. 北京:人民交通出版社,2003.

[43] 广州珠江黄埔大桥建设有限公司,中交公路规划设计院有限公司,等. 广州珠江黄埔大桥悬索桥锚碇设计与施工技术研究科研项目技术报告(第二分册). 广东省交通厅建设科技项目. 2006 年.

[44] 广州珠江黄埔大桥建设有限公司,华南理工大学,等. 特殊条件下超宽大跨径钢箱梁斜拉桥上部结构施工关键技术研究项目鉴定资料汇编(上、下册). 2010 年 8 月.

[45] 广州珠江黄埔大桥建设有限公司,华南理工大学道路工程研究所. 珠江黄埔大桥桥面铺装工程施工检测、监控咨询项目总报告. 2009 年 4 月.

[46] 广州珠江黄埔大桥建设有限公司,中国矿业大学. 珠江黄埔大桥桥面和钢箱梁的通风降温除湿研究报告. 2008 年 2 月.

[47] 长安大学,广州珠江黄埔大桥建设有限公司,等. 大跨径钢箱梁桥面铺装技术体系研究鉴定文件. 2009 年 5 月.

[48] 中华人民共和国行业标准. 公路桥梁技术状况评定标准(送审稿).

[49] 杨春枝. 铁路桥隧维修管理手册[M]. 北京:中国铁道出版社,2006.

[50] 中华人民共和国行业标准. 公路桥梁承载能力检测评定规程(报批稿).

[51] 交通运输部公路科学研究院工程检测中心. 广州珠江黄埔大桥健康安全监控系统年度运行报告(2008.12 ~ 2009.12). 2010 年 3 月.

[52] 广东省工程防震研究院,广东省地震监测中心. 珠江黄埔大桥强震动监测和警报系统试运行报告. 2010 年.

[78] 中交集团第二公路工程局珠江黄埔大桥项目经理部. 珠江黄埔大桥北锚碇预应力系统工程施工组织设计. 2006 年 11 月.

[79] 交通运输部公路工程检测中心. 广州珠江黄埔大桥南汊悬索桥交工验收荷载试验报告. 2008 年 12 月.

[80] 广东省交通建设工程质量检测中心. 珠江黄埔大桥北汊桥主桥斜拉桥动静载试验报告. 2008 年 11 月.

[81] 黄卫,钱振东. 大跨径桥梁钢桥面铺装设计理论与方法[M]. 北京:人民交通出版社,2006.

[82] 黄卫,刘振清. 大跨径钢桥面铺装设计理论与方法研究[J]. 土木工程学报,2005,38(1):51-591.

[83] 刘文杰. 第一届全国公路科技创新高层论坛论文集[M]. 北京:人民交通出版社,2002.

[84] 乐云祥,常英. 大跨钢箱梁斜拉桥施工控制要点分析[J]. 国外桥梁,2000,(3):72-74.

[85] 兰中秋,何川,等. 钢箱梁桥 SMA 沥青路面温度场的数值模型[J]. 重庆大学学报,2003,(26)66-68.

[86] 美国沥青协会. 余叔藩译. Superpave 水准 I 沥青混合料设计[M]. 重庆:交通运输部重庆公路研究所,1997.

[87] 李洪涛,黄卫. 润扬大桥钢桥面铺装实桥试验研究[J]. 公路交通科技,2005,22:76-78.

[88] 吉林. 润扬长江公路大桥建设[M]. 北京:人民交通出版社,2005.

[89] 逯彦秋,张肖宁,等. 钢箱梁桥沥青混凝土铺装层温度场的模拟分析[J]. 沈阳建筑大学学报(自然科学版),2006,22:750-754.

[90] 方荣生. 太阳能应用技术[M]. 北京:中国农业机械出版社,1985.

[91] Ichiro Suzuki Ama , Shinou O Yashi. Design for Dehumidity[M] . Air2Condition Centre of China Building Research Academy Trans. Beijing :China Architecture and Building Press ,1980(in Chinese).

[92] 王应良,高宗余. 欧美桥梁设计思想[M]. 北京:中国铁道出版社,2008.

[93] Niels J. Gimsing , Christos T. Georgakis. Cable Supported Bridges: Concept and Design, 3th, John Wiley&Sons,2012.

[94] Yingliang Wang,Chengzao Huang,Yuncheng Feng. Huangpu Pearl River Northern Channel Bridge,Guangzhou ——the longest single-pylon cable-stayed bridge span in China,Steel Construction Design and Research. 2012,No1.

[95] 楼庄鸿. 我国主跨 400m 以上桥梁一览[J]. 桥梁,2012(2):108-110.

[96] 张敏,杨志芳,朱利明. 东海大桥桥梁结构健康监测系统研究与设计[J]. 桥梁建设,2006(2):67-70.

[97] 刘文峰. 桥梁动力参数及损伤识别的研究[D]. 北京:中国科学院力学研究所,2003.

[98] 刘文峰,柳春图,应怀樵. 考虑刚度及边界条件的索力精确求解[J]. 振动与冲击,2003,22(4):12-14.